中山大學學報

社会科学版（1955—2025）

史学卷

中山大学学报七十年学术文选

彭玉平 李青果 主编
赵洪艳 执行主编

中山大学出版社
·广州·

版权所有 翻印必究

图书在版编目（CIP）数据

中山大学学报社会科学版：1955—2025. 史学卷 / 彭玉平，李青果主编；赵洪艳执行主编. -- 广州：中山大学出版社，2025.7. --（中山大学学报七十年学术文选）. -- ISBN 978-7-306-08429-3

Ⅰ. C53

中国国家版本馆CIP数据核字第2025JS7403号

ZHONGSHAN DAXUE XUEBAO SHEHUI KEXUE BAN（1955—2025）·SHIXUE JUAN

| 出 版 人：王天琪
| 策划编辑：徐诗荣
| 责任编辑：梁锐萍
| 封面设计：林绵华
| 责任校对：邓诗漫
| 责任技编：靳晓虹
| 出版发行：中山大学出版社
| 电　　话：编辑部 020-84111996，84113349，84111997，84110779
| 　　　　　发行部 020-84111998，84111981，84111160
| 地　　址：广州市新港西路135号
| 邮　　编：510275　　传　　真：020-84036565
| 网　　址：http://www.zsup.com.cn　E-mail: zdcbs@mail.sysu.edu.cn
| 印 刷 者：恒美印务（广州）有限公司
| 规　　格：787 mm×1094 mm　1/16　38.75印张　872千字
| 版次印次：2025年7月第1版　2025年7月第1次印刷
| 定　　价：158.00元

如发现本书因印装质量影响阅读，请与出版社发行部联系调换

总　序

更有春光七十年

彭玉平　李青果

1955年6月15日,《中山大学学报(社会科学版)》(以下简称《学报》)创刊,今年适逢创刊70周年。70年发展的不凡历程,值得我们认真总结和反思,也理当庆贺。有所庆必有所纪,我们编选这套"中山大学学报七十年学术文选",以资纪念那些曾经的岁月,以期开启未来的道路。

《学报》甫一出版,就受到党和国家领导人的高度关注和重视。1955年11月23日,《学报》创刊才5个月,学校就收到中共中央办公厅秘书室来信:"你校出版的《中山大学学报》,我们准备从第一期开始,给毛主席订阅两份。但是已经出版的两期,在北京的书店买不到。这两期如果你校出版机构还有存的,可否售给我们两份。《中山大学学报》自明年第一季度起,我们已在北京邮局订到。"信中不仅转达了毛泽东主席订阅两份《中山大学学报》的情况,而且说要购买此前出版的两期,可见主席要一期不落地阅读。这份70年前的殷殷关切之情,至今温度犹存。

《学报》创刊伊始,就展现了不少中大学人的宏论佳构。一代学术名家陈寅恪、岑仲勉、许崇清、陈序经、容庚、商承祚、梁方仲、杨荣国等,先后在此发表了一批力作,如《述东晋王导之功业》《书世说新语文学类钟会撰四本论始毕条后》《西汉对南洋的海道交通》《青铜器的起源和发展》《共同纲领与宪法在社会主义事业中的作用》《哲学的命运——哲学改革的设想》《人的全面发展的教育任务》等,均成为学术史、教育史上引人瞩目的名篇。特殊的读者和一流的作者在《学报》内外交相辉映,这种特别的机缘,至今仍是令人感怀的。

从创刊之日起,《学报》就制定了坚持学术宗旨、加强思想性内容、服务祖国社会主义建设的编辑方针;改革开放后,《学报》立足改革开放前沿,发表了一大批结合时代、具有创新性理论的学术成果,有力地推动了新形势下我国经济社会的发展;党的十八大以后,《学报》明确提出"体现中国特色学术"的办刊宗旨,积极响应习近平总书记在哲学社会科学工作者座谈会上的讲话精神,致力于构建中国特色哲学社会科学体系与自主知识体系,取得了比较明显的成效。职是之故,《学报》也受到了国家有关部门的高度重视,陆续入选"教育部高校哲学社会科学名刊工程""国家社会科学基金资助期刊",连续三届获得"全国百强报刊"称号。2024年,《学报》"中国文体学研究"栏目入选中宣部首批哲学社会科学重点专栏建设名单;同年,以此专栏为重要发表平台的"中国古代文体学"成果,入选"中国哲学社会科学十大原创学术理论"。

一直以来,《学报》的中心工作是以哲学社会科学的理论创新推进中国自主知识体系建构,把核心目标牢牢锁定在坚持具有中国特色、体现时代精神、不断开拓创新的学术发展道路上。特别是在近十年间,《学报》针对高校综合性学报"全、散、小、弱"的情况,按照中宣部繁荣发展中国特色哲学社会科学和教育部把高校学报建设成"专、特、大、强"学术期刊的指导精神,创新办刊思路,实行开门办刊,重点建设特色专栏,逐步形成品牌效应。

一是"返本开新",开设"中国文体学研究""词学研究"等专栏,立足中国文学文化的本土语境和文学研究领域的核心与主干,围绕中国自身学术的主体性,深入阐释中华优秀传统文化,打造具有引领性和标识性的特色化、专业化精品学术栏目,追寻和建设具有现代意义的中国文史学术,致力于形成具有中国特色的学术体系和学科体系。

二是"会通中西"和"通变古今",开设"近代中国的知识与制度转型""经典与解释"等专栏,旨在透过近代知识与制度的转型,重审中国历史发展的脉络,重建中国自主的学术话语系统和知识体系,以及通过对中国古代经典的追根溯源与重新审视,为中国自主的学术文化的现代化转型和创新性发展,寻根源、识路径、辨优劣、定指归。

三是重视"冷门绝学",开设"出土文献与古文字研究"专栏。这个专栏是直接响应习近平总书记关于加强"冷门绝学"研究的重要指示,依托中山大学学科优势开设的,也是高校综合性学报唯一固定开设的古文字研究专栏。由于古文字学学科的规模不大,该专栏一时存在"叫好不叫座"的情况,在二次文献转载方面,尽管与《学报》上其他学科比较,成绩并不突出,但我们并不因为这个状况就对它有所轻视,而是一以贯之，予以重点扶持。

四是"东海西海，心理攸同"，开设"中西文明互鉴""亚欧文化研究""文明与宗教研究"等专栏，主打"中国学"与"国际化"，汇聚中外优秀学者共同研究中国问题，作者队伍的国际化程度较高。中外学者联手利用《学报》平台，"用学术语言讲好中国故事"，让世界更好地认识中国、了解中国，弘扬中国精神，同时也让中国与世界之联系更加密切。

五是"经世致用"，开设"新时代高质量发展研究"等社会学科的专题专栏，研究、阐释党的创新理论，推动经济社会的发展，增强文化自信，坚持中国道路，致力于为新时代中国特色社会主义建设贡献学术力量和理论支撑。

"中山大学学报七十年学术文选"依托70年来办刊的实际情况，尽力体现上述主要办刊思路和持之以恒的编辑方针，充分展示既往沉甸甸的学术成果。萧统在《文选》序中曾说，《文选》关乎"记事之史，系年之书"，其编选原则遵循"凡次文之体，各以汇聚。诗赋体既不一，又以类分；类分之中，各以时代相次"。"中山大学学报七十年学术文选"的编选大致按照这个方法和体例，分为"语言文学卷""史学卷""哲学卷"和"社会科学卷"，各卷由相关学科的责任编辑分任执行主编，以文章发表的时间先后为序，将70年来具有代表性和较高学术水平的论文编次成册，以此彰显《中山大学学报（社会科学版）》走过的漫长道路和取得的丰硕成果，以此映射中山大学文科的发展历程和中国哲学社会科学的学术变迁轨迹。由于70年来《中山大学学报（社会科学版）》出版了300余期，卷帙浩繁、佳作众多，然限于篇幅，只能萃取部分论文，窥豹于一斑，虽有以少总多之心，但还是不免有遗珠之憾。宋代鲍锐有"更有春光七十年"诗句，因录以为题。这七十年的春光，属于我们与之同行的新中国，属于坚毅挺拔的中山大学，属于关心和支持《学报》发展的所有作者、读者以及各界友人。过去未去，未来已来，我们将坚守初心，努力让《学报》发展之路走得更为稳健、更有格局、更有气势，为中国的学术文化建设贡献我们应有的力量。

2025年5月8日于广州中山大学康乐园

编辑说明

一、本书编选《中山大学学报（社会科学版）》史学学科七十年来刊发的优秀文章，依次分为"中国古代史及相关研究""中国近代史""海外学者之历史研究"三辑。

二、本书编选的文章时间跨度大，分属不同时代，为尊重历史，除对明显的文字、符号等错误进行修订外，一仍其旧。

三、本书所辑录的文章，均在文末注明刊发时间；由于时间跨度较大，刊版名称略有差异，本书均按照当年刊版名称表述。

四、《中山大学学报（社会科学版）》创刊七十周年，传统深厚，名家辈出，成果丰富，因编者识力与本书篇幅所限，遗漏或不当之处，敬请专家、读者指教。

目 录
CONTENTS

第一辑　中国古代史及相关研究

贡、助、彻的涵义及怎样施行（历史分期问题之三）…………岑仲勉　003

古代东方中央集权国家的建立与水利灌溉的关系

　　——从古代东方说到中国…………戴裔煊　016

述东晋王导之功业…………陈寅恪　039

书世说新语文学类钟会撰四本论始毕条后…………陈寅恪　052

论李栖筠自赵徙卫事…………陈寅恪　056

西周的社会性质…………刘　节　060

西周的社会性质（续完）…………刘　节　075

论唐代之蕃将与府兵…………陈寅恪　096

书魏书萧衍传后…………陈寅恪　104

据《史记》看出缅、吉蔑（柬埔寨）、昆仑（克仑）、罗暹等族由云南迁去

　　…………岑仲勉　106

西汉对南洋的海道交通…………岑仲勉　120

再论西周社会性质…………刘　节　129

唐代西域裴罗将军城考…………周连宽　144

骠国考…………陈序经　152

中国历代度量衡之变迁及其时代特征…………梁方仲　遗作　178

百越对缔造中华民族的贡献

　　——濮、莱的关系及其流传…………梁钊韬　197

论汉代太学的学风	张荣芳	204
国家与礼仪：元明二代祀孔典礼的仪节变化	朱鸿林	212
陈寅恪先生"胡化""汉化"说的启示	林悟殊	226
敦煌科举文书的社会功能		
——兼论敦煌写本中的社会史料	姜伯勤	233
唐宋时代摩尼教在滨海地域的变异	蔡鸿生	240
宗法、户籍与宗族		
——以大埔茶阳《饶氏族谱》为中心的讨论	刘志伟	245
明代前期潮州海防及其历史影响（上）	陈春声	255
明代前期潮州海防及其历史影响（下）	陈春声	271
岭南移民与汉文化的扩张		
——考古资料与文献资料的综合考察	王子今	281
清谈的演变	胡守为	290

第二辑　中国近代史

鸦片战争前后中国人面对西方双重挑战的回应	陈胜粦	305
孙中山对中国在未来世界中地位的构想	陈锡祺	320
粤籍人士与戊戌维新运动	李吉奎	326
辛亥革命与中国教育的近代化	林家有	337
陈炯明与辛亥革命	段云章	352
晚清民国的知识与制度体系转型	桑　兵	366
清末香山的乡约、公局		
——以《香山旬报》的资料为中心	邱　捷	377
苏联对孙中山黄埔办校建军的资金和军械援助	周兴樑	394
"红龙计划"与清末革命的域外回响	吴义雄	407

第三辑 海外学者之历史研究

国家与礼仪：宋至清中叶珠江三角洲地方社会的国家认同……………［英］科大卫 435

瑞典与中国的知识交流………………………………［瑞典］马悦然著，张振江译 444

晚清"睡狮"形象探源……………………………………………………［日］石川祯浩 450

晚清外务的形成
　——外务部的成立过程 …………………………［日］川岛真著，薛轶群译 463

西周留学荷兰与西方近代学术之移植
　——"近代东亚文明圈"形成史·学术篇 ……［日］狭间直树著，袁广泉译 477

突厥语的体动占卜书………………………………………………………［德］茨默 511

粟特语摩尼教文献中所见10至11世纪的粟特与高昌关系…………［日］吉田丰 517

阿拉伯、波斯史料中的海南岛………………………………［德］廉亚明著，王丁译 531

比中国人更像中国人：17—18世纪在华耶稣会士
………………………………………［法］弗朗索瓦·穆罗著，桑瑞译，程曾厚校 539

敦煌出土元代回鹘文书中的行在缎子
………………………………………………［日］森安孝夫著，冯家兴、白玉冬译 552

亦列、合答、豁孛格秃儿：蒙古史书中的三位金朝将领
………………………………………………………………［美］艾骛德著，马晓林译 568

摩尼教审判绘画二帧……………………………………………………［匈牙利］康高宝 578

一种独特的哺乳动物
　——大熊猫的科学发现及相关文献的人类世研究意义
　…… ［法］埃玛纽埃尔·卡尼亚尔（Emmanuel Garnier）著，郭丽娜、洪日译 593

后记…………………………………………………………………………………………606

第一辑 中国古代史及相关研究

贡、助、彻的涵义及怎样施行（历史分期问题之三）

岑仲勉

一、"井田"制已得到结论

孟子滕文公篇："方里而井，井九百亩，其中为公田，八家皆私百亩，同养公田，公事毕，然后敢治私事。"这是最先的"井田"记载，谷梁宣公十五年传的"古者三百步为里，名曰井田，井田者九百亩，公田居一"，无非抄袭孟子的话。

然而孟子的话，旧日经生已觉得它有点不合现实，为尊重圣人起见，于是凌曙四书典故核说孟子所规划之田制，系专为滕国说法，金鹗井田考又认为在滕不必尽画成棋局，来替孟子解围，这是第一层障碍。

孟子的话，拿来与周官、司马法、王制等所述古田制相比勘，又多互相牴牾，后世学者常抱着古书必无错误和制度必全国一律的观念，总要想出牵合调停的方法，结果遂致愈说愈密而愈失其真，[①]这是第二层障碍。

近数十年受疑古的影响，那两层障碍业已无形消失，学者们对于"井田制"的看法，可说几乎完全一致[②]，即是说：（1）豆腐块式的"井田"，是孟子个人的理想，也许带着些传闻之误，事实上不可能。（2）古代分田，大小总有多少规定，不然的话，金文中所见一田、二田、五田、十田等等，凭什么来制限？不过这仍是从大致来说，如果处在丘陵地带，有些总未必十分方整。国语鲁语下："其岁收田一井出稷禾、秉刍、缶米，不是过也。"韦昭注："凡数从夫井起，故云井耳。""井田"的意味大概就是这样。总言之，井田问题已算取得结论，这里不必繁叙。

二、贡，助，彻是同一种制度里的几个术语

我们最要讨论的是古代剥削的方式。商代文献不足征，难以研究，涉于周代，滕文公篇载有如下一段文字：

> 夏后氏五十而贡，殷人七十而助，周人百亩而彻，其实皆什一也；彻者彻也，助者借也。龙子曰：治地莫善于助，莫不善于贡。贡者校数岁之中以

[①] 见齐思和氏孟子井田说辨（燕京学报三五期一〇一—一二七页）。关于井田制的参考书，见同上一〇一页注1；此外郭沫若氏中国古代社会研究二九九—三〇五页，青铜时代一〇三—一八页，徐士圭氏中国田制史略二一—二六页，北平图书馆图书季刊新第五卷四期二十页拙著考据举例，都可参看。

[②] 钱某写周官著作时代考："若全由孟子造谎假托，正可造得完密些，不应如此般模糊。"（燕京学报十一期二二五三页）是例外的。

为常，乐岁粒米狼戾，多取之而不为虐，则寡取之，凶年粪其田而不足，则必取盈焉。为民父母，使民盼盼然，将终岁勤动，不得以养其父母，又称贷而益之，使老稚转乎沟壑，恶在其为民父母也？……诗云，"雨我公田，遂及我私"，惟助为有公田，由此观之，虽周亦助也。

说来虽颇模糊，但我们耐心寻索，仍可得到一点初周田制的真确消息。因为从各方面观测，西周有助耕制度是无可置疑的，否则孟子不会凭空造出个助法（卜辞未见"助"字）。可是孟子开首只引据了"夏后氏五十而贡，殷人七十而助"那两句极不可靠的传说，关于周制，他仅能引诗来作证，可见周之有助，他不特无所见，也无所闻。换句话说，在孟子身历的地方，助耕制之完全崩溃，最少约在他的前头二百年，大致相当于前元六世纪初（五九四）鲁宣公初税亩的时候。惟是助耕公田，系封建社会农奴的生产方式（奴隶无所谓助耕），助耕崩溃亦即原始的封建制度已发生转变，如果认为在此之后仍是奴隶时代，显与社会发展不符，所以我以为只根据孟子的话，已不能把封建时代放在春秋之后，这是大家很少注意的一点。

除此之外，这段文字还有多少疑问。日人加藤繁谓五十、七十、一百为儒家常用的整数，因之，五十、七十及百亩之分田，似皆龙、孟等的理想，[①]亩数既不必确，则夏后、殷、周之排列，安见不可同样动摇。

其次，前篇已揭出商代是否继夏的疑案，有些经生把"五十而贡"的"贡"字与禹贡的"贡"字相比定，如宋夏僎尚书详解六说："林少颖（之奇）谓禹法既有每岁常数，又有杂出他等之时，凶不取盈，无不善者，窃意后世子孙不善用之。……是孟子所谓不善者，特救战国之失耳，禹法实不然也。"又胡渭禹贡锥指二九："其实龙子所谓莫不善者乃战国诸侯之贡法，非夏后氏之贡法也。"皆以为孟子有激而云，未暇深求其义理。另一方面如程大昌禹贡说称："善乎黄门苏氏（辙）之言曰，贡之不若助也，俎豆之不若盘盂也，肉刑之不若徒流笞杖也，古之人不为此，非不智也，势未及也。"又以为贡法确不善。然而禹贡是战国人造说，事涉理想，故无论认为善或不善，皆属落空。我们既知无所谓"夏贡"，则"贡"之一辞自然亦本自周人，即是说，周也有贡法。再综合前文，我们可得到一个结论，就是贡、助、彻三种名称都属于周制，下文当分别条论，孟子对此之十分模糊，也正表现着周代旧有田制，在他出生的时代早已完全崩溃。

很早就有人提过周代实用贡、助、彻三种方法，像郑玄周礼匠人注："周制，畿内用夏之贡法，税夫无公田……邦国用殷之助法，制公田不税夫。"他所与我不同的：（1）仍相信贡和助是夏、商的旧制，周人只是采用。（2）周人用贡的地方不用助，用助的地方也不用贡。我则随近年上古史研究的转变，认贡、助、彻同是周制，夏、商怎

---

① 同前齐氏文引一九一六年东京杂志。

样无可考。那三个名称各自有其涵义，①下面即分别试作解释。

　　1. 贡　　"贡"的意义直到现在还很通俗，所以孟子没有解释。宋人林之奇、夏僎等将夏代的"贡"跟战国的"贡"区别开来（引见前文），他们的意见只重在征取方法和厚薄的不同，并非谓"贡"字的意义有变异。胡渭说："夫五十而贡，取诸受田之民，任土作贡，供之有土之君，名同而实异"，始强为划分；其实中古时蚕乡课丝，非蚕乡课麻，何尝不是任土作贡，诸侯贡给天王或卿大夫贡给国君，又何尝不是向直接生产者来榨取。"贡""赋"别而为二，只是文字跟着社会发展而分化。吕振羽氏论庄园制度时曾说："在赋的方面，农民除去一小部分的劳动时间，在自己的分有地即所谓私田劳动之外，则以一部分劳动时间支付在领主的土地即所谓公田上去劳动。……其次便是农民要向领主提供无定额的贡纳物。这在中世欧洲，一般为所谓牛乳、鸡子、蜜蜡、生果、肉类——之类的东西；在西周，从诗经上所能考出者，为兽皮、猪肉②、野味、蔬菜、羊肉等类。"③又据社会发展简史说："封建剥削有两种基本的形式：赋役与年贡。""往往同一地主，叫一部分农民赋役，叫一部分农民纳贡。"（六六及六八页）西周的情形想也多少相类。应如注1引金鹗之说，无论公田、私田，统叫做"贡"，晋语四称"公食贡，大夫食邑"，即由于此。其法非起自战国，如夏僎等所猜拟，钱某说："贵族阶级里自会想到把公田一并颁给他们的耕户，而在耕户们各自耕种的田上，抽他们一宗额定的租税。这便是所谓贡法。……照此说来，助法先有而贡法后起。"④显系承袭宋人的错误。又齐氏以为征论天子，即国君亦不能直接向庶人征敛，"天子向诸侯，诸侯向其卿大夫皆征贡，而卿大夫始于其采邑内食其公田之收入"⑤，那又由于不明白"食贡""食邑"只是文字的分化，齐氏既拿欧洲庄园和我国古典相比定，庄园的大封建主不是可直接向农奴征敛吗？论到我国，周王除分给诸侯及畿内卿大夫外自己仍保存一部分土地，列侯除分给其本国卿大夫外，亦自己保存一部分土地，那末，王及诸侯当然要由保存部分直接征敛。克鼎："锡女田于埜，锡女田于埤……"王非自有余田，那能随时锡予？其证一。载殷："命女作嗣土，官司耤田"，王非自有余田，何以

---

　　① 齐氏说："以贡、助、彻为一者苏洵也，而近儒顾炎武、金鹗、钱塘因之。"（同前引一〇九页及注20）按苏洵论衡下，田制云："井田，唐、虞启之，至于夏、商，稍稍葺治，至周而大备"（嘉祐集五），只认夏、商有井田，篇内全未提及贡、助、彻，吾人须知"井田有无"与"贡、助、彻是否同一"，系各别问题，苏氏对贡、助、彻何尝表示过意见？其次，日知录七"其实皆什一也"条云："盖三代取民之异，在乎贡、助、彻而不在乎五十、七十、百亩"，顾炎武非特未认贡、助、彻为同一，而且进一步认为有异。又其次，钱塘溉亭述古录所言三代田制无异，系根据蔡邕说夏十寸为尺，殷九寸为尺，周八寸为尺，指面积而言；钱塘又云："康成所谓公田不税夫，故其名曰莇与彻，夏则税夫，无公田而名为贡，贡为什一，助与彻为九一"（经解七一八），亦显言贡与助、彻之不同。谓贡、助、彻为一的只有金鹗，他根据汪瑟庵的话（"贡助通用，三代皆然，但立名取义不同"），在他的求古录礼说一一称："助、彻皆从八家同井起义，借其力以助耕公田，是谓之助，通八家之力以共治公田，是谓之彻。"他的周彻法名义解又说："谓之贡者取以下共上之义，示后世人君当恤民力，即公田所纳亦谓之贡也。"

　　② 中国社会史纲引诗经七月的"四之日其蚤"，误作"蜜蜡"（三六一页），兹删去。

　　③ 同上三五九—六二页。

　　④ 同前引二二四八页。

　　⑤ 同前引一〇七页注15。

委人管理？其证二。叔弓镈："余锡女釐都鄩剌，其县三百"，齐侯苟无余地，那能锡县三百？其证三。左传，隐八年，郑以泰山之祊易鲁许田，此项田亩，苟非公室直管，两国岂容易处分？况祊为祭田，尤不应归卿大夫享有，其证四。总言之，春秋之世，诸侯不宾，苞茅弗入，强卿专政，君公虚位，东周王假无若干直接收入，试问那能维持五百余年而不坠？齐氏所据只晋语一条，何况还是误解呢。

　　说到这里，我们不能不进一步寻求贡法在怎样施行，为求贡法的施行，也就不能不对公田、私田先得出一个合理的答案。郭沫若氏曾作出"公田""私田"的类别，说："公家把土地划成方块授予臣工，同时更分予些说话的工具为他们耕种。臣工们有了这样的便宜，便尽量榨取奴隶们的剩余劳动力以开辟方田外的荒地。畿外的诸侯在采取这种步骤上是有更多的自由的。公家所授的方田一律都是公田，在方田外所垦辟出的土地便是私田。公田有一定的规格，私田自可以因任地形而自由摆布。……公田是要给公家上一定的赋税的，私田在初却完全无税。"①这样来分别"公田""私田"，与一般的迥异，是否合乎西周的实际，我们不妨逐层加以讨论。（1）我们如果过分强调"莫非王土"那句话，则无论授予或自辟，名义上都不应作出"公""私"之别。惟其这句话的意义无非表示威力之大（见前篇），实际上大打折扣，所以凡各级领主要靠直接生产者替他种植的田都可以叫做"公"，直接生产者自己所有小块的田才叫做"私"，那么一来，"公""私"的界限非常清楚，故能使群众通用。假如像郭氏所设想那样复杂，某段是赐给，某段是自辟，经过日子稍久，非特别人茫然，本人恐怕也记不清，这实近于脱离实际的揣测。（2）商代也许已有方田，但还未得到确据。（卜辞未见"一田""二田"等字样。）周人占有的地域，多非商族的势力范围，如东夷到帝辛才平定下来（依郭氏说），再观楚之筚路蓝缕以启山林，郑之斩蓬蒿藜藿而共处，即使原有方田分画，在初周时也该是很少的，封建主能自安于窘乏而听任新垦的免税吗？前头引周幽王时郑国的故事，郭氏曾特别提出"当时的河南还是这样的情形，请注意"②，周人有国已二百余年（据《竹书纪年》说），近邻成周的大平原还是那么糟，则西周初年的情形，更可想而知。（3）无论那级领主的土地，绝不免要用多少农奴或自由民来替他们耕种，这些农奴或自由民又自有其小小分地，如果诸侯的田都叫做"私田"，岂不是与谷梁传宣公十五年"非公之去公田而履亩十取一也"的话不相对？就算依崔适、钱玄同两家，谷梁为西汉末年之书，然而直接生产者的分地是不是也叫做"私田"？恐怕称谓上不会这样混淆的。（4）诗经的"彻田为粮""彻申伯土田"和"彻申伯土疆"，我以为"彻"都是征税的意义（见下文），土疆即其封国之内，由此窥测，似没有"私田"免税的征据。③（5）什一征税，李亚农氏还以为封建剥削，没有那么便宜，④如说完全豁免，更属不可想像，考诸欧洲，也未找得相类的例子。总而言之，郭氏为要证实西周没有土地所有权，不得不从公田、私田别创新解以求自完，然而西周有土地所有权，已从实物（舀鼎及佣生毁）取得确据，则其说已不攻而自破，跟着"公田""私

---

① 奴隶制时代一九页。
② 十批判书四七页。
③ 参看李亚农氏中国的奴隶制与封建制八三页。
④ 同上七五、一三四及一三七各页曾再三提出。

田"的新解，也无从成立。

周的贡法，可能是依于两种方式：第一，各国对天子的贡，只大概征派，并没有按土田的多寡来比例伸算（无详细统计，实际也不可能），地方特产（如楚贡苞茅）当然责成国君，遇有特殊需要，也可随时征取。（如春秋桓公十五年，天王使家父来求车。）第二，直接生产者对领主的贡纳，平时有一定比例，额外榨取是意中之事，凶年必取盈也势所必至。比诸近世经济家之言，"贡"就是实物地租。

2．助　助者藉也，藉又作借，赵岐注："藉者借也，犹人相借力助之也"，"藉""助"实同一语之清浊互转，助耕公田即近世所谓力役地租。它与贡法相辅而行，依前引社会发展简史，欧洲封建主常任用其一，据我的窥测，周制当是贡助兼用，有大雅韩奕的"实亩实藉"可证。孟子尽心篇："有布缕之征，粟米之征，力役之征；君子用其一，缓其二，用其二而民有殍，用其三而父子离。"言外也见得古代常用其二，否则孟子可不必提出意见。又公孙丑篇"耕者助而不税"的下面，跟着说"信能行此五者"，更见得他以为助之外仍抽税。俞正燮谓彻指粟米之征，此外还有布缕、力役（续经解八三九），他虽然错解"彻"字，但认周代不是单纯的税制，那是对的。我们再观中古时既有租调复有庸，尤可信周代为贡、助并用。

吕振羽氏初以为布缕即贡纳物，粟米即现物地租，力役即徭役，后来一度认作粟米及力役是领主对农民之两者兼征，但觉如此则于布缕一项又不可通，于是再次改动，谓粟米是劳动地租，不是现物地租。①我觉得他三次所提，究以中间一次谓力役指劳役地租，粟米指现物地租，较为稳当。事因春秋中叶助耕已废，但封建主仍不肯放弃以前拥有劳役地租之权利，于是合并于力役之征，粟米还是现物地租，万不能归入劳动地租项下。至于布缕之征是什么，也不难解答；考北魏一般的均田称作露田，用来种植粮食，所以露田之外，又有"桑田"或"麻田"，西周授田的规定，当然没有那样严密，然而无论农民或领主，除粮食之外，同时也必顾到衣料问题，至于谷田及桑麻田所占之比重，又须随地理环境、人口多寡及性别等而各有不同。（例如男耕女织是古代的通则。）种植桑麻的田地，断不能向农民征取粟米，反之，种植谷食的田地，也断不能向他们征取布缕，因为上古时贸易还未发达，农民不可能把那些生产品去换取别的货物。换句话说，田有种桑麻的，有种谷食的，应该征布缕或征粟米，要适应着各块田地的生产情形，也就是说，"布缕之征"和"粟米之征"只是两种不同质的实物地租，与"力役之征"相对立，力役是必要的，布缕和粟米是兼征两项抑或单征一项，则视种植如何而决定。

3．彻　彻的意义，说最不一，徐士圭氏以为"孟子说彻者彻也，便是说什一是通例的呵"②。似无非结合郑玄两种不同的说法（见下文）。齐氏以为"在当时似为浅近易知之事，故不详说"③。然助亦何尝非浅近易知之事。李氏以为"孟子解释彻字，也认为是彻取实物的意思"④。可是孟子原文确没露出"彻取"的启示。孟子说：

---

① 同前引四一三—四页。
② 同前引五页。
③ 同前引一〇八页。
④ 同前引八三页。

"……周人百亩而彻，其实皆什一也；彻者彻也。"郭氏说："周人百亩而取十，会是事实。"①"彻"显然就是"什一"，故下面不须再作申明而用"彻也"了之，徐氏疑"彻"是"十"和"一"的合音，②已得其意。现在再将解释"彻"字的旧说，略列如下：

1. 赵岐孟子注："耕百亩者彻取十亩以为赋……彻犹取，人彻取物也。"求其实仍是什一，惟训"彻"为"取"，则孙诒让已辩称："贡助亦何非取于民，而彻乃独专此名。"（籀膏述林一彻法考）

2. 郑玄公刘笺及论语注："什一而税谓之彻"，但论语注跟着又说："彻，通也，为天下之通法"，跟后汉书陆康称"彻者通也，法度可通万世而行也"，大同小异。

3. 广雅释诂二，彻，税也。

4. 朱熹孟子集注："周时一夫授田百亩……耕则通力而作，收则计亩而分，故谓之彻。……惟助法乃是九一而商制不可考。周制则公田百亩，中以二十亩为庐舍，一夫所耕公田，实计十亩，通私田百亩为十一分而取其一。"金鹗周彻法名义解释"彻"为"通力合作"，即本自朱注。

郑既说彻为天下通法，复谓其法行于邦国而畿内不用，孙诒让已指出他的矛盾。朱注对"什一"系依汉书助耕的亩数计算（说见下），故误为十一分取一。其实最初之"什一"（即彻）系从当年生产品计算，不会有乐岁寡取、凶年取盈那种不合理的征税。龙子所举出的只是领土扩大以后统治者无法掌握和横征暴敛的结果。彻就是什一，从周代记载下来的书说，也有不少旁证，如管子大匡篇说："上年什取三，中年什取二，下年什取一"；李悝说魏文侯尽地力之教，"除十一之税十五石"（汉书食货志）；孟子："国中什一使自赋"；又周官、地官言载师凡任地，"近郊十一，远郊二十而三，甸、稍、县、都皆无过十二"。"什一""什二"系春秋战国期间税制上极流行的术语，再参合哀公向有若的质问，更无可疑。简单地说，"彻"是"贡"法征收的比率，并不是税制的名称，周代税法只有两种：（一）贡，即现物地租，（二）助，即劳役地租，跟欧洲封建的榨取方式相同。

齐氏既作"孟子称惟助为有公田，则彻无公田可知"之推论（说跟孙诒让同），但对于孟子引诗"雨我公田"以证"虽周亦助"，又认为"其言甚确"，处于两不相容的情况之下，遂不得不推翻彻为通制而另提"彻法之制，即在周初亦未尝普遍实行"的转圜话。③此由于他不知"彻"非税制的名称，孟子并未说出彻无公田，止说出"虽周亦助"，既有末一句，我们就不可能替孟子作出"则彻无公田可知"的推论。

李氏曾指出："假如哀公所征收的实物地租，仅仅是农民收入的十分之二的话，这是空前绝后的轻微的剥削。"④这段话似乎有点道理。但我们要记取在助耕未废之前，农民同时须付出一分劳役地租，后世没有助耕，税率当然比较增高，李氏系忘记了这一

---

① 十批判书二二页。
② 同前引四页。
③ 同前引一〇九——一一〇页。
④ 同前引一三七页。

点。其次，那时候农民于常赋之外，更须付出一笔很重的军赋如自备兵器等等，①或者地方特贡也要向他们摊派，加合起来数目很不小，正像李悝所说，"不幸疾病死丧之费及上赋敛，又未与此"②，李氏完全没有计算那些付出，无怪乎看作空前绝后的轻微了。总之，剥削跟着生产力发展而增加，是剥削的公例，战国时写成的管子一一说："上稽之以数，下什伍以征"，又同书二一："民失什伍之谷"。（吕氏以为是新兴地主对农民所征取的现物地租。）③汉书食货志载董仲舒说："（秦）用商鞅之法……田租口赋盐铁之利二十倍于古，或耕豪民之田，见税什五"，正与春秋末叶再三加税的史料一脉贯通。

诗经有几个"彻"字，前面已略提过，钱某谓"彻"字在先不像税制的名称，那倒很有见地；可是他不用郑笺，以"彻土田"为"划地"④，又谓"彻字有开列之义，彻田为粮只是开派田亩"，江汉诗的"式辟四方，彻我疆土"，"彻和辟同是开辟之义，正和商鞅开阡陌相似"⑤，把相类的"彻"字分作几种解释，颇难令人相信。我以为统应依照公刘的郑笺（引见前），不应各立一解，不过诗经那几个"彻"字全用作动词，犹言"税以什一"，广义就用作"征税"（如前引广雅）。

彻是什一，大致算明白了，至于梁惠王篇"昔者文王之治岐也，耕者九一"，又滕文公篇"请野九一而助，国中什一使自赋"，这个"九一"系征收劳役地租的比率，跟"什一"为征收实物地租的比率，迥然不同；因为依照孟子的理想，田系按井字形来划分，每耕垦九百亩中公家抽去一百亩，即是九分之一。那种说法是否合乎初周实际，很难作出决定（汉书食货志说九百亩中有二十亩作为庐舍之用，即是每耕垦八百八十亩抽去八十亩，伸算为十一分之一，但汉书也未必可靠），我们只知到孟子系以九一为助（劳役地租）的比率，什一为赋或贡（现物地租）的比率，说来是明白不过的。

三、哀公与有若对话的解题

论语颜渊篇记载着如下一段的问答：

> 哀公问于有若曰："年饥用不足，如之何？"有若对曰："盍彻乎？"曰："二，吾犹不足，如之何其彻也？"对曰："百姓足，君孰与不足？百姓不足，君孰与足？"

除郑玄注前文已引外，何晏集解："孔曰，二谓什二而税"，又朱熹集注："二，

---

① 这一点李氏书一三三页也曾提出。
② 徐士氏亦曾引李悝的话，以为"在单一租税以外，还有其他赋敛"（同前引一九页），又章书业氏称："中国古代所谓什一之税，虽然或许是事实，但这只是田税正额，此外还有力役、军赋和所谓布缕之征等等苛征，总括起来，恐在什分之五以上；后来或耕豪民之田、见税什五的私税，大概就是承袭古代的官税来的。"（文史哲一卷二期二七页）我所见与他们相同。
③ 同前引四一五页。
④ 侯外庐氏中国古代社会史一四一页略同。
⑤ 同前引二二四九及二二四五页。

即所谓什二也",又"周制一夫受田百亩,而与同沟共井之人通力合作,计亩均收,大率民得其九,公取其一,故谓之彻。鲁自宣公税亩,又逐亩什取其一,则为什而取二矣"。彻仍是什一,好像没有问题。可是从周代税制的沿革来看,有若初次的答话确来得非常突兀,使人不易领会,甚至朱注也说"公以有若不喻其旨,故言此以示加赋之意",疑心着"盍彻乎"一句之答非所问。因此之故,论语的"彻"是什么,"二"是什么,就引生出好几种不同的解法,这里先讲"彻"字。

1. 钱某以为"盍彻乎正是劝鲁哀公罢免常年的军赋,仍止征收其一分的田税",彻之义即是"征收田税"①。我们由那里体会到有若请罢军赋,且不必辨,彻的广义有时虽可作征税解(见前文),应用于论语则不合,假使彻非"一定的税率",征收时自可任意伸缩,那会患不够?

2. 吕氏说:"所谓彻便是地租,'二'便是包括彻与地税两者而说的。"据他的解释,"地租"是领主向农民的直接榨取,"地税"是领主向新兴地主的间接榨取,②但现在有若主张鲁国用彻,岂不是在那时以前鲁还没有彻即地租制吗?原文申说不够详细,令人不明白它的主旨。

3. 郭氏说:"哀公所说的二吾犹不足是由鲁国旧有的公田十分取二,而有若的彻是叫他撤去公私之分,不管你公田私田,而一律的十分取一。"③按撤去公私只是言外推测的话,论语原文丝毫未露出这种意味,而且既解"彻"为"十分取一",同时又似拿"彻"字来影射"撤去公私",说虽奇而未合于理。再依郭氏另一文的说法,在哀公百年以前,宣公已"合法地承认公田和私田的私有权而一律取税"(引见后),那末,"公""私"的分别恐怕早已消灭,原来的公田已十分取二,更不见得私田特蒙什一的优待。

4. 李氏称"彻是实物地租"④。按李书的前文说:"周初征收的是实物税(彻法),而非劳役税(助法)。"⑤但在别的地方又说:"最初宣王可能依照西周初年一贯的征收实物的政策……征收过实物税。当西周的奴隶制社会蜕变为封建制社会的时候,周初向农民征收的实物赋税也跟着变成向农民征收实物地租。"⑥依照他的意思,"实物税"跟"实物地租"截然不同,为什么忽而说彻是实物税,忽而又说彻是实物地租,殊令人无从捉摸。⑦

次提到"二"字的解释:

---

① 同上二二五一页。
② 同前引四〇九页。
③ 十批判书四三页。又依奴隶制时代一九页,他的近著以为诸侯所有也是叫做"私田",何从作出公私之分别?是不是已取消其旧说,并没交代清楚。
④ 同前引一三四页。
⑤ 同上七五页,八三页略同。
⑥ 同上九五一六页。
⑦ 李书下文又说:"宣王的改革,乃是把过去实物地租改为劳役地租。"综合起来,始而实物税,继而实物地租,终而劳役地租,宣王一朝计施行过三种制度,胪列非不详细,其奈没有相当史料何。

1．钱某以为"二吾犹不足是说我兼征了田税、军赋两分，尚嫌不够"①。按鲁国当日征取的方式是否止有两种，那是先决的问题。哀公对有若的答案正觉话不对头，分应更明白地展开讨论，他单用一个"二"字来指示"田税、军赋两分"，那样囫囵的话是不是有若所了解的呢？

2．吕氏说前文已引，他也以"二"为"二分"，但是"彻和地税"，又与钱说不同，这很可反映出"二为二分"说之不合理。

3．顾颉刚氏说，这是"民叁其力，二入于公而衣食其一"的"二"，李氏从之，说哀公征收的地租达到了农民整个收入的三分之二。②按民叁其力那两句只是齐晏婴说齐国的情形，我们怎能决定鲁国也是一样？而且计算上有三分之二，四分之二，五分之二以至于无穷，我们怎晓得"二"必是"三分之二"？李氏惟先存剥削没有那么轻微的成见（引见前），遂犯了文义难通的弊病。

直至定稿以前，我还疑有若是一个傻子，否则对鲁国税制不太了解，但把他第二次的答话再三寻绎，又觉得他丝毫没有傻气，才恍然这一章书如依照旧解，并没有错。他的主旨就是，百姓不够，国君就没有够的希望，如果减轻税收，使到百姓富足，国君也就跟着富足了。他追求的是长远的"够"，不是只顾目前的"够"，哀公尽管唠叨着收入不够开支，他仍坚持着不能多取，言外自然有要求哀公节省开支的意味。这种论调恰可表现纯粹派儒家省赋薄敛的本色，我们的错误在不能客观地把有若看作儒家却主观地把他看作财政家。有若委实不傻，我们反而有点傻气了。唯其彻即什一，故与"什二"对举，③论语文义简朴，故省去"什"字。郭氏对"彻""二"两字，都依旧解，是很对的，但以为公田才什二，私田仍是什一，那则令人难以相信。

四、"初税亩"变革了什么

哀公时已征取什二，那末什一（彻）制的打破是从什么时候开始呢？据春秋，宣公十五年初税亩，左传说："初税亩，非礼也，谷出不过藉，以丰财也"；杜预注："借民力而治之，税不过此。"又公羊传说："古者什一而藉"；何休注："时宣公无恩信于民，民不肯尽力于公田。"按两传的"藉"字，跟孟子"助者藉也"的"藉"相同，惟左传的"谷出不过藉"，文义颇晦，④必合公羊传比读，其义乃见。公羊谓"古者什一而藉"，即是说，助耕公田的农民应将其私田生产品贡纳十分之一，这正足证明我在前头所提"初周系贡、助并行"之确有本据。由是左传的"谷出不过藉"，即谓纳贡的数目不应比助耕制（藉）为较多，换句话说就是训斥宣公由什一税增为什二税。不过从领主方面看，他们原来拥有农民助耕的权利，现在废去公田，所以他们要再加一个"什一"来抵偿他们放弃助耕（藉）的损失，这是加税发展的经过。

---

① 同前引二二五一页。

② 同前引一三四页。

③ 同前引徐氏书也说："以二对彻，这可见彻之为什一，是当时很普遍的话。"（五页）

④ 齐氏以为依杜注则是助法，与孟子说周彻不合，"细审文义，似谓藉外不应再有他税"（同前引一二三页注64），按孟子"助者藉也，"则"藉"何尝非助法，为什么怀疑杜注？这皆由于不能抉出"彻"非税制名称及周代贡、助并用，故而无法沟通。

独谷梁传的记载，错得非常厉害，它说："古者什一，藉而不税。……三百步为里，名曰井田，井田者九百亩，公田居一。……初税亩者非（宣）公之去公田而履亩十取一也。"（一）既然是"什一"，为什么说"不税"？那是文字上的矛盾。（二）九百亩的中间公田占百亩，则未废公田前，公家得"百亩之收获"。废公田后，将公田加上八夫各百亩，总数为九百亩，如什取其一，则税亩之后，公家只得"九十亩之收获"，是因改行税亩而公家收入反比前为短少。换言之，初税亩是减低税率，很难令人相信。再进一步说，公田愈多，短收愈大，可反映出谷梁的话纯出于拼凑。

应附带辨正的是王制所说"古者公田藉而不税"；周代有税，人所共知，故郑玄注只得称"所云古者谓殷时"，其实王制为晚出之书，记载多不可靠，前篇已说过了。

这一次变革的动机，汉书食货志说"公田不治"，何休说"民不肯尽力于公田"①，钱某认为即助法要崩坏改革的先机，是对的，但他说鲁国由此创行履亩的贡法，②是不对的。郭氏说："初税亩的意思是表明鲁国正式宣布废除井田制，合法地承认公田和私田的私有权，而一律取税。"③比钱某较进一步；不过他的解释，"在这时才正式地承认了土地的私有。自殷周以来的土田都是国有的或王有的公田，虽然在西周末造已经有私田出现，但和国家的经济机构毫无关系，也可以说是未经合法承认的私有。因为初出现时不能影响大局，公家一直默认了它"④，可不能令人满意。欧洲由"王田"变私有，大致亦逐渐形成，非经过正式承认（参前篇）。而且鲁僻处一隅，面积不及近世的一府，怎样能够影响到各国使它们紧跟着它而转变？尤其郭氏所举楚、郑、秦数例⑤，也非废公田的明据。更如李氏谓宣公废劳役地租而征实物地租，⑥止有前半截说得对。简单地说，鲁宣公这一次的田制变革，系因农民缺乏助耕的兴趣（依何休说）⑦，迫得把公田开放为私有（依郭氏说），同时因为公家放弃公田，故无论公

---

① 吕氏春秋审分篇："今以众地者，公作则迟，有所匿其力也，分地则速，无所匿迟也。"可参看。
② 同前引二二四八页。
③ 奴隶制时代二二页。
④ 十批判书四一一二页。
⑤ 奴隶制时代二三页，按左传襄公廿五年："楚薳掩为司马，子木使庀赋，数甲兵。甲午，薳掩书土田，……既成，以授子木，礼也。"书土田的下面列举十几项，只说明薳掩上任后对各家盘查清楚，向首相报告，故左传批判其合礼。又昭公五年，"郑子产作丘赋"，正义说"服虔以为子产作丘赋者、赋此一丘之田，使之出一马三车，复古法耳"，则这种军赋非创自子产。更如商鞅开阡陌，也只是扩大生产力。以上三项都看不出创行新田制的痕迹。
⑥ 同前引一○三页。按李氏谓西周曾征过实物地租，后来宣王又改作劳役地租（引见前），鲁国是不是循着这个路程转变，都没有交代清楚；西周末以后各国发展不平衡，那是人所皆知的。
⑦ 李氏谓"劳役地租比较有利于农民"（一三二页），也不一定见得。如果领主严厉地督耕，则将如社会发展简史所说："如果赋役一加重，则农民的经济便不免地趋于衰落。在赋役制之下，特别痛苦的是，农民在农忙的时候须在领主的田里作工，等收割了地主的田禾，而自身的田禾就完蛋了。"（六七页）

田、私田，都由什一增为什二以抵偿损失（依朱注并参以管见）①。照这样来看，是鲁国最高的封建主——鲁侯（同时，周王已没有权力），自那时以后，名下已没有直辖的田亩，他的收入由地租变作地税，可算是封建制度本身的一种大变化，如果认为封建才在开始，似乎很难说得过去的。

假使我所提出的上项解题为不误，又假使助法确系八夫助耕，则由什一变为什二，比之未改制之前领主跟农民双方都可说没有什么得失，兹试设为一简单算式以明之。

用"助"法时，公家得公田一百亩的收入，又八夫的八百亩各"贡"什一，共得八十亩的收入，合计公家应得一百八十亩的收入。

助法既废，九百亩同照什二纳税，则 $900 \times 0.2 = 180$，公家也应得一百八十亩的收入。

只就数字的表值来说，是两两相等，但公田一经化为私有，则农民的生产兴趣大大提高，那一百亩的生产量也跟着提高，不特对公家是很有利，且可以加速经济的变化，故这一件事确值得大书特书的。

这里我们根据着分析周代赋税所得的结论，再结合先进文献来看，便知道当日的基本经济，正是封建地租；在地租三种主要形态中，劳役地租和实物地租当西周初期就已推行，惟劳役地租到春秋中叶便大致消灭。从这种发展经过来思索，封建开始究应放在什么时代，似乎可不至太多争执了。

波尔什涅夫论到劳役地租时说："马克思所指出的这一唯一的条件，对于历史学者显然是很重要的，因为这一条件说明了封建主义为什么不仅能够在那些已经经历过奴隶制度的'Народ'中产生，并且在刚走出原始公社社会形态的那些'Народ'中也可能产生。但是，可能性尚不等于现实性。把这种可能性变成现实性的第一点是私有制关系（即封建主对土地的垄断），第二点是对农奴的强制手段。"（历史问题译丛一九五四年一辑四五—六页）周天子把土地分给诸侯，诸侯又把来分给卿大夫，封建主对土地的垄断，已不消说，"藉"法或"助"法早在西周出现，我们又掌握着明了的证据，西周占有了那两个条件，能够不信它是由氏族社会急剧地转变为封建社会吗？

五、"田赋"

鲁用田赋，须趁便谈一下。鲁语称"季康子欲以田赋"，韦昭注"田赋，以田出赋也。贾侍中云：田，一井也，周制十六井赋戎马一匹，牛三头，一井之田而欲出十六井之赋也。昭谓此数甚多，似非也"。又哀公十二年，公羊传何休注："言用田赋者若今汉家敛民钱，以田为率。"同年左传正义："用田之所收以为赋，令之出牛马也。"按竹添光鸿氏说："赋有二，有军赋，有财赋。周礼九赋之法，此财赋也。用田赋，此军赋也。二者皆赋于民，故均谓之赋。曰用田赋，则知古不赋田也。"知田赋就是军事

---

① 侯氏否认初税亩为纳物地租（同前引六三页），又否认借田以力为劳力地租（同上一六五页）。依理必自己对于某事件有了一个概括（固然不一定很清楚）的见解，才能把别些意见加以否定，但初税亩的变化大致是怎样？借田以力究应如何解释？他的书里面却未能使读者得到一些概念，实在令人失望。

附加税。①这种军赋往日系按家摊派，现在改按田亩征收（如左传隐公十一年，郑伯使卒出豵，行出犬、鸡，就不是按田摊派），方法可算有了改进，因为各家的贫富不均，而在工商未发达的地方，富豪最后的投资，必是土地。惟李氏泥解"赋"字，以为要农民缴纳货币②，未免言之过早。我国直至六七十年前，据笔者所见，还是实物地租占优势，李氏所据，无非周礼冢宰郑玄注③，按注称："玄谓赋，口率出泉也，今之泉，民或谓之赋，此其旧名与？"并没有提出明确的决定，东汉的"赋"要出钱（泉），我们那能推定春秋的"赋"也是出钱。它又说："自邦中以至弊余，各入其所有谷物以当赋泉之数"，即是说，官中虽规定了赋泉的数目，人民仍拿实物来缴纳，略类于后世的"折征"。此外左传襄公廿二年载，穆叔罚御叔"令倍其赋"，事在用田赋之前几七十年，这正见"贡""赋"字本通用，后来才起了分化。（说见前二项）

此外，鲁国孟、叔、季三家两次瓜分公室，极易令人误解，必须加以说明。考左传襄公十一年，鲁"作三军，三分公室而各有其一，二子各毁其乘，季氏使其乘之人以其役邑入者无征，不入者倍征，孟氏使半为臣，若子若弟，叔孙氏使尽为臣，不然不舍"。其后再隔二十五年即昭公五年，左传又记着："初作中军，三分公室而各有其一，季氏尽征之，叔孙氏臣其子弟，孟氏取其半焉。及其舍之也，四分公室，季氏择二，二子各一，皆尽征之而贡于公。"这两回事写得不太明白，教人不好懂。郭氏以为"但鲁公室依然存在，它是靠着三家的贡税而维持着的"。④"公室"经过两回瓜分，还说它"依然存在"，文义上未免有点勉强。考明人朱大韶说："乘之人谓隶于军籍者，父兄子弟即指乘之人，……三子尽征其兵而贡于公，则公室无兵矣。……若并其农而征之，则公无一民尺土矣，以此知民赋、军赋各不同。"清江永说："所谓子弟父兄，皆其素在军籍隶之卒乘者，非通国之父兄子弟也。……若民之为农者出田税，自是归之于君，故哀公云二吾犹不足，三家虽专，亦惟其采邑，岂能使通国之农民田税皆属之己哉？"崔述也说："传云四分公室，说者缘是遂谓鲁国尽为三桓所分，而鲁君无复尺土一民之有。……都鄙之中，亦有公邑，仍为公有，故季武子取卞，曰卞人将叛，既取之矣，故告，……是季氏未取卞以前，卞仍属于鲁君也。"（均据左氏会笺转引）根据这些论辨，所以哀公仍操着加税之权。

六、附论开阡陌

开阡陌见史记秦本纪及商鞅传；汉书张晏注："开立阡陌"，通鉴二胡注引唐刘伯庄说："开田界道，使不相干"，后人遂多解为"开设""开创"。唯朱熹开阡陌辨说："但见阡陌之占地太广，而不得为田者多，则病其地利之有遗……垦辟弃地，悉为田畴……以尽地利……蔡泽亦曰：决裂阡陌以静生民之业而一其俗，详味其言，则所谓开者乃破坏划削之意，而非创置建立之名"，最为得解。余按鞅的政策如何，莫善于证以商君书，其书屡用"开"字，如"故有地狭而民众者民胜其地，……民胜其地，务

---

① 左氏会笺一五。
② 同前引一三三页。
③ 同上一三六页注六。
④ 十批判书四二页。

开";朱师辙氏解诂:"胜犹过也,开,辟也,谓务在辟草莱。"又如"垦草令"下解诂称:"垦,辟也,垦草,孟子所谓辟草莱,即后世垦荒政策。"盖开、垦两字可以互训,旧有阡陌,徒长草莱,故商鞅辟之以广事畜,即所谓"今以草茅之地,徕三晋之民而使之事本"。假作"开设"字解,是鞅举有用之地,变为不能生产,稍明经济发展的知其断不如是。杨宽氏也说:"商鞅的开去田的封疆阡陌,为的是开辟空地,增加生产,而平赋税,也就是李悝的尽地力之教。这和吴起在楚令贵人实虚广之地(吕氏春秋贵卒篇),目的是相同的。"①

可是,最近李亚农氏却提出异议,这对于经济政策的认识,关系颇大,有展开讨论之必要。

他说:"李悝所谓尽地力,不外乎提高土地单位面积的生产量。"②首先就错了;提高单位生产量是内延的方法,开辟荒废地是外延的方法,后者易举办,前者须应用科学辅助,才能收效,可见辟荒地是尽地力的第一着,"不外乎"三字恐怕有点疏略吧。

他又引董仲舒疏,以为"坏井田、开阡陌的结果,原来是使田地得以买卖。由此而知,所谓坏、开、除决不是开辟荒地或空地的意思"。③那末,我们可以来一个反质,不开阡陌就不可以买卖吗?原来董疏的"改帝王之制,除井田,民得卖买"意思是废去旧日的授田制,使田产可以互相买卖,"坏"和"除"指井田言,"开"指阡陌言,两不相干;"坏"和"除"当然不是"开辟荒地",李氏把它与"开"混为一谈,只可算自己搞不清。至于疏文跟着说,"富者田连阡陌",犹之说,富人兼并了许多土地,这个"阡陌"字与"开阡陌"无关。

他又引战国策"决裂阡陌"及史记商君传"为田开阡陌封疆而赋税平",以为决裂没办法解成开荒,只能解作破坏地界,赋税平是要封建主和中小地主或农民一样平均负担税赋。④按"决亦开也",见文选甘泉赋注,要开垦荒地,就非划平丘垄不可。荒地多辟,赋税自然可减轻,难道不破坏疆界便不能使封建主负担赋税吗?

总而言之,"自商鞅变法以来已有土地集中的形势而形成贫富的悬殊"⑤,"封建主"平日占地多,除骄奢淫佚之外,财富积累,当然较易,是买卖土地政策的创行,结果必"封建主"得其利而农民甚至中小地主都蒙其害,这就是董疏所谓富连阡陌,贫无立锥;李氏猥认为"削弱封建主的势力的政策"⑥,那真异乎吾所闻了。

一九五四、八、二九、中大。

原载《中山大学学报(社会科学版)》1955年第1期

---

① 文史哲一卷一期。
② 同前引一七〇—七二页。
③ 同上。
④ 同上。
⑤ 奴隶制时代二五页。
⑥ 同前引一七〇页。

古代东方中央集权国家的建立与水利灌溉的关系

——从古代东方说到中国

戴裔煊

一、古代东方专制主义中央集权政府产生的由来

西起撒哈拉沙漠,东至太平洋,在这样的一个古代东方广大区域里,首先出现人类历史上初期的奴隶所有制国家。在古代东方的国家中,彼此有许多共同的特征,所谓东方专制主义中央集权的统治就是其中之一。在这种制度下,最高权力集中在国王手里,土地是集体所有,国王作为高居于一切小集团之上的最高所有者或唯一的所有者而出现。①

古代东方社会为什么会产生这样的政治制度呢?

政治制度本身是属于上层建筑,我们知道:社会发展,在每一阶段上,有它的生产诸关系所形成的社会经济结构,即社会经济制度,作为基础。古代东方专制主义中央集权政府,就是建立在古代东方社会经济制度基础上的上层建筑。我们想要了解它怎样产生,要从社会经济基础去探求:

首先我们要注意的是古代东方最早的奴隶所有制国家出现的地方问题,古埃及、巴比伦、印度和中国都是出现于大河流域,埃及在尼罗河流域,巴比伦在幼发拉底河与底格里斯河流域,印度的最古国家在印度河和恒河流域,中国在黄河流域。人类社会首先发展于大河流域,我们不能认为偶然的事情,而有其必然的道理。关于这一点,资产阶级的地理环境决定论者往往毫不思索地把自然条件优越作为说明的根据,我们亦承认自然和经济条件对于社会发展有促进或延缓的作用,但起不了决定性的作用,如果完全归因于自然和经济条件的优越,根本不能说明问题。古代东方这些社会最先发展的地区,事实上,其自然和经济条件并不如一般人所想像的那么优越。诚然,这些大河流域冲积的平原,土壤是肥美松软的,是适宜于农业发展的。但我们同时也要注意,这些地区

---

① 参考马克思《前资本主义生产形态》,人民大学世界通史教研室编《世界通史参考资料》古代史与中世史部分第一辑三至七页。最近苏联阿夫其耶夫(В. И. АВДИЕВ)教授在其所著《古代东方史》(ИСТОРИЯ ДРЕВНЕГО ВОСТОКА,1953,Стр. 3-10)的序论中,除本文所举的古代东方社会特征外,还举出许多其他特征,如氏族制度的残迹长期留存,初时古代家族公社后来农村公社的残余牢固地保存、奴隶制在很大程度上限于家庭奴隶制、国王是神在地上的活的化身、王权神圣不可侵犯等等。马克思在《不列颠在印度的统治》一文里还举出农业和手工业结合在农村公社组织里。苏联学者认为这也是古代东方社会的特征之一。

的自然条件也有许多缺点。古埃及部分的尼罗河谷和三角洲，雨量稀少，印度河流域也有同样情形。印度各个地区的雨量分配极不平匀，在北部印度，雨量向东增大，中南部则向西增大。印度社会最先发展的印度河流域，就是雨量最缺少的地区。两河流域虽然有雨，但雨量在一年之间的分配又极不平匀。在美索不达米亚南部，每年十一月和十二月不断的大雨，在十一月以前，有一个时期，气候非常干燥。亢旱的地区，土地会旱得龟裂起来。这样的自然条件并不是理想的优越条件。可能又会有人这样说：河水泛滥可以补偿雨量之不足。不错，河水泛滥是有这样作用。但是，河水泛滥，同时也有它的害处：汪洋巨浸，使平原低洼的地区，变成泽国。假如人类不能和它作斗争，排洪蓄水，战胜灾害，生命、庐舍、财产，随水漂没，人已经有"吾其鱼"之叹，不特不能促进社会发展，反妨碍了社会发展。人类社会能够在这些地区首先得到发展，主要由于古代的人们在这些地区的生产斗争中积累了经验，发明了水利工程，建筑堤防，挖掘沟渠、运河、湖沼，把有害的自然条件变为有利的条件，由泽地农业过渡到灌溉农业，生产力的发展，才进入一个新的阶段。

生产力是生产中最活动和最革命的因素，也是生产发展的决定因素。农业是古代生产的最重要的部门，灌溉农业生产力的发展是古代东方生产发展的主要因素，而水利灌溉又是古代东方灌溉农业的基础。说到水利灌溉事业，那就不是一件简单的事情，它是有领导的集体劳动所得来的结果。就一般来说，生产工具的改善，提高劳动的效能，因而提高劳动的生产率，但就水利工程建设而言，不单是改善生产工具能够完成任务，特别是在金石并用时期的古代东方，从事水利工程建设，不是个人或少数人的力量所能为，必须依靠集体的力量，必须把个体的力量组织起来，构成行动的共同体。集体的行动，必须有领导。所以有领导的集体劳动成为古代东方灌溉农业生产发展的必要条件。

水利工程建设，如开凿河渠之类，也不是一个地区一个集团的人的力量所能为，必然牵涉到别个地区和别个集团。与生产力发展同时，水利网不可避免地要求扩大，尤其非牵涉到别个地区别个集团不可。马克思在《不列颠在印度的统治》一文里曾明白指出："在东方，因为文明程度太低、幅员太大，不能自愿地联合起来，所以就需要中央集权的政府来干预了。"古代东方专制主义中央集权政府主要建立在适应这种种需要的社会经济制度的基础上。我们知道经济制度本身是生产关系的总和所构成。灌溉农业生产既然是古代东方最重要的生产部门，灌溉农业的生产关系便是诸生产关系总和的一个最重要的组成部分，也就是基础的一个最重要的组成部分。古代东方中央集权政府之所以产生和存在，主要在乎遂行这方面的社会经济职能。中央集权政府的社会经济职能虽不止此，但这是其中最重要的一个部分。

马克思在《不列颠在印度的统治》一文里曾特别指出：

> 印度人像一切东方人一样，把作为他们农业和商业底首要条件的巨大公共工程交给中央政府去管理。[①]

---

① 马克思《论印度》十页。

又在《前资本主义生产形态》一文里也说及：

> 属于全体而以劳动实际占有的条件，如在亚细亚各民族中起着非常重要作用的灌溉河渠，如交通工具等等，在这情形之下，是最高统一体亦即高居各小公社之上的专制政府手里的事。①

为什么会这样呢？像开凿运河，挖掘湖沼之类的巨大工程，牵涉的范围广，需要的人力多，非集中领导、计划和管理不可。这就需要有一个中央集权的政治机构作为水利网的计划和管理者，集体劳动的组织者和生产的指导者。除了它，没有别个可能胜任。

恩格斯在《反杜林论》（三联书店一九五三年版中文译本二二四页）里对于政治统治与社会职能遂行的关系，特别是与经营灌溉事业的关系，早就说过：

> 政治统治的基础，到处都是社会职能的遂行。而且政治的统治，只有在它执行这种社会职能的场合上，方能长久地保持下来；在波斯印度等国，昌盛一时而后趋于衰落的许多前后相继的东方专制皇朝，每个都很好地知道自己首先是江河流域上灌溉事业的总经营者。在东方如没有灌溉，那末，农业是不能进行的。

在古代东方，没有水利灌溉，农业不能进行，水利灌溉事业没有中央集权政府集中领导、计划管理，亦不可能进行，由此我们可以理解生产关系对于生产力发展的作用。斯大林曾强调指出："新的生产关系是这样一种主要的和有决定性的力量，它真正决定生产力进一步的而且是强大的发展，没有这种新的生产关系，生产力就注定要萎靡下去。"（斯大林：《苏联社会主义经济问题》，人民出版社一九五二年版五五页）在古代东方，由泽地农业过渡到灌溉农业，这种发展，在生产发展上，无疑是向前迈进一大步。但集中领导，计划，和管理水利灌溉事业的进行，对于这种发展，有着决定性的作用。有领导的发挥集体力量，战胜自然灾害，把本来有害的自然条件变为有利的条件，使农业生产由泽地农业过渡到灌溉农业，这是生产力发展的重要关键。

毫无疑问，在古代东方很早就发明冶金的技术，铜的生产工具的应用，对于生产力的提高，有着一定的意义，但在发明铜器的时候，有一个很长时期是金石并用的，而且青铜主要是用来做兵器。在这种情况之下，生产力的发展，我们不能片面地归因于生产工具的改善，特别是灌溉农业的发展不能单纯归因于生产工具的改善，居主要地位的还是有领导的发挥劳动人民集体力量的作用。

从古代东方各古国的历史来考查，统一的中央集权政府的建立，有它的发展的过程。在首领的领导下进行水利事业的建设，在氏族社会里已经发生了。最初行于个别的氏族公社。与生产力发展同时，水利网不可避免地要求扩大，这样就需要更广大地区的人们组成行动的共同体，于是氏族公社组合成公社集团。由于水利网需要集中领导计划

---

① 《世界通史参考资料》古代史与中世史部分第一辑七页。

和管理，就出现了氏族公社集团的中央行政机构，强有力的氏族首领便成为氏族公社集团的首领。这种组合使不同氏族的人们组成行动的共同体，不同氏族的人们组合在一起，共同劳动，氏族的关系发生改变了。与生产力发展同时，又必然引起公社财产与阶级的分化：氏族公社的财产本来是公有的，土地经过集体劳动而实际占有；氏族首领领导水利灌溉事业的进行，作为公社的代表；随着阶级的分化，私有财产观念的发生，这种首领变成了一切土地的最高所有者。

与此同时，氏族首领的身分、地位、权利、义务也发生了变化。本来一般的氏族首领都是年纪高迈、经验丰富，能够为公社服务的人：他在群众中有威信，受群众尊敬，由于他善于执行公社所付托于他的各种任务。就我们所知，在古代东方，氏族首领的主要任务，除领导水利工程建设事业以外，还有领导作战和主持祭祀。因为他为全体公社服务，公社成员把一部分的剩余劳动，即一部分的生产品奉献于他，作为酬劳，和用来供奉公社所信仰的神，古代东方公社成员奉献这种剩余劳动的传统的标准，在巴比伦平原和中国黄河流域都是十分之一。可是由于生产力发展，私有财产发生，阶级分化的关系，氏族首领变成了像列宁所说的"专门从事管理的人"[①]；为公社服务变成了借此行使权力；公社成员所献出来的剩余劳动变成了首领应分享有的经常赋税；主持祭祀本来是奉神的，发展的结果变成了利用神权统治；领导作战本来是为着保卫公社的安全，防止外来的侵略，可是发展的结果，领导战争又变成了领导对外掠夺。这一切都发生了本质上的变化。

在这种情况之下，专门从事管理的人，成为居于特殊地位，享有特殊权利的统治阶级。社会分裂为敌对的阶级，维护阶级统治的国家机器产生了。政府变成了统治集团所把持的强制的暴力机关。古代东方中央集权的国家，就这样发生和发展起来。

二、古代东方各国史证

依照马克思和恩格斯的指示，从撒哈拉穿过阿拉伯、波斯、印度和鞑靼区直到亚洲最高高原的广袤的沙漠区域，利用运河和水利工程的灌溉成为古代东方农业的基础[②]。这些地区最早的中央集权国家的建立与水利灌溉的关系怎样，试从史实加以论证：

（一）古埃及　古埃及人本来是北非洲高原的猎人，他们移殖于尼罗河谷的开始，就要和尼罗河的水患作斗争，从他们遗留在尼罗河泛滥所淤积起来的九公尺深的黑土底下的遗物来判断，证明他们移殖于尼罗河谷距今有一万五千年至一万八千年之久。埃及人进入历史时代，到现在至多也不过六千多年。在这样漫长的先史时代过程中，他们的生活逐渐从狩猎走向牧畜和农业的过渡，他们的社会也逐渐由无阶级的原始社会发展到阶级和国家的产生。

---

① 见列宁《论国家》，人民出版社一九五三年版八页。
② 参考马克思、恩格斯《论中国》，解放社一九五〇年本二〇至二二页。

我们知道：古埃及中央集权统一的国家的出现，大约在公元前三四〇〇年①，由传说上的米尼斯（Menes），或米那（Mena）亦即历史记载的那米尔（Narmer）②统一上下埃及开始，中央集权的国家才真正建立起来，我们试从古埃及史实论证中央集权国家的建立和水利灌溉的关系。

埃及的尼罗河每年在六月底开始泛滥，至十一月才退回原位，水的泛滥决定了古埃及人一年季节的划分，古埃及的历法，一年只有三"季"（tr，古埃及文作 ⌂{⊙），七月至十月称为"泛滥季"（3ḫt，古埃及文作 ▨）；十一月至二月为"出现季"（prt，古埃及文作 ⌂◎），指土地从水中"出现"；三月至六月为"收获季"（Smw，古埃及文作 ▭〰⊙）③。由此表明尼罗河水泛滥与农业生产密切相关。在这种每年河水经常泛滥情况之下的古埃及人，他们要过定居的农业生活，必须和泛滥的尼罗河水作斗争，开掘沟渠，建筑堤堰，防水蓄水，都需要集体的力量共同行动，所以埃及的氏族公社基本上是一种基于血缘关系基础上的共同劳动的组合。初时这种共同劳动的工作，毫无疑问是在个别氏族公社中进行，每个公社各自为政，彼此不相统属。但是，开掘沟渠、运河、湖沼，无论在工程上个别氏族的力量不能进行，自然条件也决定了不是个别氏族公社能单独进行，必须由许多个氏族公社组成氏族公社集团，方能有效。由于这种客观情况的要求，个别氏族按地域组合起来，组成不一定以血缘关系为基础的公社集团，在古埃及这种公社集团叫做"塞普"（spt或hsaput），古希腊作家称它为"诺姆"（nome），约相当于我们所谓"州"，古埃及这种州有四十二个，上埃及二十二个，下埃及二十个。这种州在上埃及首先发展，下埃及发展较迟，这当然与水利灌溉事业在上埃及首先发展有关系。

从这种州的研究，首先我们可以看出它显然是氏族公社组织的扩大。古埃及每个州有其自己的名称，如鹰、兔、黑牛等等，这种名称也就是每州的神的标记，其渊源出于氏族公社的图腾。古埃及的氏族公社在新石器时代已经用视为神圣的动物作为公社的名称和神的标记④。氏族公社组织扩大，发展为州，也有图腾为名称标记。其次，关于州与水利灌溉的关系，从古埃及文这个字的构造也可以看出来："塞普"古埃及文的写法作 ▯▤。▯◎ 是表示音节的符号或字母，▥ 是表意的符号，象征由灌溉的河渠所切断的土地，可知州和公社相同，基本上也是一个水利和土地的组合，不过规模有大小而

---

① 关于埃及第一朝米尼斯（Menes）统一上下埃及的年代，各家的计算出入甚大，Flinders Petrie 把它定在公元前五五四六年；Borchardt 把它定在公元前四一八六年；Breasted 定为公元前三四〇〇年；Meyer 定为公元前三三一五年；晚近苏联东方史家如В. И. Авдиев 则定为约公元前三二〇〇年，大体上一般同意第一朝的开始在公元前四千年代的后半期。

② 根据荷尔（H. R. Hall）《近东古代史》（*Ancient History of the Near East*，pp. 104–107）的考证，Manetho 的埃及史残卷等的 Menes 以及 Turin 草纸卷的 Mena 同为古埃及传说上开国的第一个国王名称，在 Hierakonpolis 碑刻中所发见的 Narmer（全名即在 Tarkhan 所发见的 Narmerza），是历史上国王名称。兹姑从此说。

③ 参考加地纳（Alan H. Gardiner）《埃及文法》（*Egyptian Grammar*，Oxford，1927）p. 205。惟氏解释"收获季"为"缺水季"，与一般说法不合。兹从一般的解释。

④ 荷尔同前书八四至八五页。

已。州的统治者也就是州的最有势力的氏族首领，他管理州的行政，同时也是州的最高僧侣和军事首领，主持水利建设自然是他的最重要的职能之一。

州的形成，标志着氏族公社集团按地域的共同劳动的组合，也意味着生产力的发展，生产力的发展，必然引起公社财产和阶级的分化，州的"专门从事管理的人"，成为州的贵族阶级，阶级产生，州就具备了国家的雏形。古埃及在氏族公社制度崩溃、中央集权国家形成的过程中，州与州之间经常发生战争，结果形成下埃及以布陀（Buto）州为中心，上埃及以海埃拉空波利斯（Hierakonpolis）州为中心的两个国家，范围虽然近一步扩大，这两个国家同样保留着渊源于氏族公社的图腾崇拜的标记，上埃及为"鹰"，下埃及为"蛇"，国王的称号，分别附有 与 的标记，同时这两个神都是女神，也说明了本来是渊源于母系氏族。到米尼斯统一上下埃及，便采取"尼菩忒"（nebty，即两个图腾标记并合为一之称，其写法为"鹰"与"蛇"两个图形并列）的称号了①，这是古埃及由氏族公社发展为中央集权国家的过程。

一般人很容易误会，往往以为统一是武力达成的结果，事实上统一是建立在生产力的发展、经济联系加强和人们共同要求的基础上，统一的水利系统的建立，非有中央集权的政府的主持管理不行。这种共同的要求寄托在最高的统一体亦即高居于各小公社之上的专制君主身上，他作为这个统一体的最高代表，同时又是整个国家水利灌溉事业的总管理者。埃及考古学上的证据亦给我们说明这一事实。考古家曾发见一个权标的头，上面雕着那米尔手持锄头出去开掘濠沟并举行灌溉季节的开幕式的景象。这件古物现保存在牛津②。这证明了恩格斯"政治统治的基础到处都是社会职能的遂行"的理论的正确。主持水利灌溉是古埃及中央集权政府最重要的社会经济职能。伟大的水利灌溉工程，非中央集权政府便不能建设起来，像在古埃及第一朝顿（Den）王时期，由阿拜多斯（Abydos）到发雍（Fayum）洼地，长凡五百公里的巴尔·犹瑟夫（Bahr Yusuf）运河，已经井然有序，不是中央集权政府，不可能实现的。③

（二）古巴比伦　在两河下游的示拏（Shinar）平原，情况与埃及一样，在这里生活的居民，一开始就要与洪水作斗争。乌他纳庇什提（Uta-Napishtim）洪水方舟的传说，就是最早苏马连人（Sumerians）受到洪水灾害情况的反映。在这个地区，水利灌溉与埃及有同等的重要性，它同样是农业的基础，同样对于促进中央集权政府的建立有它的作用。两河流域真正中央集权政府的建立开始于公元前十八世纪初期的汉穆拉比（Hammurabi）时代④。但由泽地农业过渡到灌溉农业，早在苏马连人的氏族社会里已经发生。苏马连人的公社，基本上是一种"水利土地公社"。防洪蓄水、开掘和疏浚

---

① 见塞特（K. Sethe）《埃及历史与古物学的研究》（*Untersuchungen zur Geschichte und Altertumskunde Aegyptens*, Leipzig, 1866—1915），Band 3. S. 13。
② 见迈尔士（J. L. Myres）《历史的开端》（*The Dawn of History*, 1933）p. 67。
③ 迈尔士同书同页。
④ 关于汉穆拉比的年代，晚近的学者如捷克的罗士尼（Bedrich Hrozny）在其所著《西亚、印度与克列岛古代史》（*Ancient History of Western Asia, India and Crete*, trans. by Jindrich Prochazka）p. 82 所定为公元前一七九一至一七四九年；苏联阿夫其耶夫《古代东方史》六七六页古代东方史年表所定为公元前一七九二至一七五〇年。

河渠，建筑堤坝，涉及全体公民成员的共同利害，不论什么人都要参加共同治水的工作。促使苏马连人由氏族公社结合为城邦，以至于城邦的组合，它同样是最重要的因素之一。

因此，早在公元前四千年代之末，示拏平原已经出现了环绕较大的市镇和塔庙而形成的许多小城邦。这种小城邦的首领叫做"拍达西"（patesi），阿卡德语称为"伊沙库"（ishshakku），是"代理人"的意思①。"拍达西"是庙宇的最高僧侣，征战的军事首领，同时又是经常不断筑堤浚河与英勇防治洪水的领导者。这种领导者以警戒及战胜异族敌人的同一精神，非常认真地考察疏浚河道时的成绩②。

生产交换的增长，水利灌溉事业的发展，集中领导的需要，促使零散的小城邦发展为若干城邦的组合。为着争取领导权，城邦与城邦之间经常发生战争，强有力的城邦实现了把其他城邦置于自己的统治之下的时候，这个领导城邦的首领，不是称为"拍达西"，而是称为"卢格尔"（Lugal），"卢格尔"字义上为"大人"，俨然为一国王。在他统治下的"拍达西"成为他的附庸，这种"拍达西"与"卢格尔"之间地位的升降，视力量的强弱而定。姑勿论"拍达西""卢格尔"，主持管理水利灌溉事业，都是他们的重要职能。根据苏联斯特鲁威（B. B. CTPYBE）院士的研究结果，由拉格西（Lagash）的乌尔尼纳（Urina）到乌鲁卡基拿（Urukagina）为止（约公元前二五四〇至二四〇〇年），历史文献上有关于开凿河渠形形色色的记载。晚后历代的国王，通常将这条河渠或那条河渠的开凿，定为他在位年代的名称，由乌尔（Ur）第三朝（公元前二一一八至二〇〇七年）传下来的原文，证明拉格西诸王及其官吏都严格管制河渠以及河渠的运用。河渠的开放以及引水入田之事，均奉他们的命令而行③。由此可见，在苏马连社会里，开凿、修理和管理河渠是"拍达西"或"卢格尔"的最重要的任务；而集中管理与领导，这种职能的遂行，成为中央集权统治基础的重要组成部分。

在美索不达米亚南部，由分散的小城邦，发展为城邦的组合，又经过萨貢（Sargon）的阿卡德国家，最后产生汉穆拉比所张大起来的古巴比伦王国，显示出由分而合，由小而大，逐步走向统一的中央集权政府的确立，这种发展的主要条件当然由于经济的发展，由于经济的关系和联系加强。然而，阿卡德国王曾兴筑新河渠，使底格里斯河与幼发拉底河的水路与陆路联接。水利网的扩展，亦有助于国家趋向统一。不过关于阿卡德王国如何重视水利灌溉事业，政府如何遂行这种社会经济职能，我们缺乏充分资料，只是到了古巴比伦时代，有汉穆拉比所留下来的著名的法典和他给臣僚的文书④，我们对于古巴比伦王国的中央集权政府与水利灌溉关系才有更明确的了解。

古巴比伦王国巴比伦城的保护神马尔杜克（Marduk）被宣称为巴比伦尼亚（Babylonia）

---

① 按罗士尼《西亚、印度与克列岛古代史》六二页说苏马连语称为ensi，而写作PA.TE.SI。
② 斯特鲁威（B. B. CTPYBE）《古代东方社会》焦敏之译本一至三页关于苏马连城邦首领在治河方面的职能以及对于水利沟溉事业的重视，有很握要的说明，可以参看。
③ 斯特鲁威《古代东方社会》中译本第二页。
④ 汉穆拉比所留下来的重要文献，除法典外，有F. Thureau-Dangm所编的《汉穆拉比给沙马什喀斯尔的书信集》（*Lettres de Hammurapi a Samas-Hasir*，Paris，1927）。

灌溉系统的开创者①。汉穆拉比在他的法典序文里说马尔杜克命他来统治人类，保护地方的权力②。毫无疑问，他对于水利灌溉事业要特别注意。古巴比伦王国特别注意保护河渠，把它作为中央集权政府的重要社会经济职能之一，从法典的条文中可以看出，法典第五十三至五十五条明文规定：种田的人如果不能把堤堰保持正常状态，致水淹别人的田，或开沟不小心致水淹别人的田，都要受到严重的处罚，要赔偿别人的损失。法典第二五九及二六〇条明文保护灌溉用具：二五九条规定盗窃水车③的要赔偿五个"舍克尔"（shekel）银子给物主，二六〇条规定盗窃"沙都佛"（shadoof）即中国所谓"桔槔"④的要赔偿三个"舍克尔"银子。从汉穆拉比所给他的臣僚沙马什哈斯尔（Samas-Hasir）的文书中又可以看出有这种情形：田里缺水，"拍达西"向汉穆拉比报告，他直接指示他的臣僚沙马什哈斯尔以处理方法⑤。这些都说明古巴比伦的中央集权政府特别注意管理河渠，把它作为政府的最重要任务。其所以这样注意管理河渠，亦有原因：有正常的水利灌溉，田畴便可以丰收，田里有好的收成，国王和庙宇便可以更大量的榨取农民的剩余劳动。这种情形，在古巴比伦与在古代东方其他国家是一样的。

（三）古代印度 古代印度社会文化的发展首先是在北印度的印度河和恒河流域，特别是在印度河流域。由近三十年来在摩亨佐·大罗（Mohenjo-Daro）和哈拉巴（Harappa）等地方的发掘的结果获得证明⑥。从遗址中同样看出最早印度居民社会文化的进步与灌溉农业的发展有着密切的关系。不过印度河流域的最古城市还是在国家的形成期，不曾建立中央集权的国家。雅利安人入侵，使他们的社会文化受到摧毁，而雅利安人在当时却是过着氏族部落的牧畜生活，接受原来居民的文化，需要一个时间，所以

---

① 荷尔《近东古代史》二〇三页。

② 这里所引用的汉穆拉比法典是中山大学历史系根据Rossiter Johnson主编的《名史家所著大事记》（*The Great Events by Famous Historians*）第一册的法典译文重译本。英文本是从德国古代东方学者Hugo Winckler的译文译出的，原载在《古代东方》（*Deralte Orient*）第四册第四章"汉穆拉比法律"（Die Gesetze Hammurabis）中。

③ 这种取水机器，叫做"纳尔塔布"，按斯特鲁威的意见，是一种装有轮子而用皮带引水的机器。从他所引汉穆拉比给他的臣僚沙马什哈斯尔的信知道这种机器装设于渠口，但究竟是怎样的一种取水机器，仍不能说明。按英译法典译为水车（Water-Wheel），似颇可信。在东方并不见有轮子而用皮带引水的特殊机器。

④ 按"沙都佛"（shadoof）这个字现代语的语源出于阿拉伯语Shaduf。这种机械见《庄子》天地篇子贡对汉阴丈人语"凿木为机，后重前轻，挈水若抽，数如泆汤，其名为槔"，《太平御览》卷七六五将"为槔"作"桔槔"。又天运篇师金对颜渊语："且子独不见夫桔槔乎？引之则俯，舍之则仰。"所谓"沙都佛"，即中国的"桔槔"。

⑤ 见斯特威同书三页所引汉穆拉比信。

⑥ 关于摩亨佐·大罗和哈拉巴的发现及其文化，由Sir John Marshall的《摩亨佐大罗与印度河文明》（*Mohenjo-Daro and the Indus Civilization*, London, 1931, 3 vols.），G. Hunter的《哈拉巴与摩亨佐大罗的手迹》（*The Script of Harappa and Mohenjodaro*, London, 1934）；E. F. H. Mackay的《印度河文明》（*The Indus Civilization*, London, 1935）和《摩亨佐大罗进步的发掘》（*Further Excavations at Mohenjo-Daro*, Delhi, 1937-38, 2 vols.），以及 B. Hrozny的《摩亨佐大罗和哈拉巴原始印度人的铭文与文化》（Insebriften und Kultur der Proto-Inder von Mohenjo-Daro und Harappa, *Archiv Orientalni*, vol. 12, vol. 13, Prague, 1942）等著作的发表，使我们对于印度古代史的理解，比之吠陀时期，推进了一千多年。

早期雅利安人的文化，表现出与最早印度居民的文化有不衔接的现象，雅利安人最初虽然主要从事牧畜业，但入到北部印度以后，灌溉农业也逐渐发展起来。

关于雅利安人最早的水利灌溉事业，在《梨俱吠陀》（Rg-veda）里有许多处说到，如水井①、灌溉用的水②、以河渠灌溉田地③以及灌溉田地的耕作者④等等，都见于记载。《梨俱吠陀》（X.75.）又说"缚鲁挐（Varuna）为将来的水道开掘沟渠"。《阿他婆吠陀》（Atharvaveda Ⅲ.13）有引水入新沟之咒⑤，《摩奴法典》规定：故意破坏水池的水闸者，治以大辟之罪⑥。这些都说明了雅利安人入到北印度以后，逐渐发展灌溉农业，并且对于水利工程的兴修管理，非常注意。

水利事业的发展，促使部落结合为部落联盟，当亦有它的作用，其中经过情形，虽然缺乏可靠的资料供我们作充分的说明，但最早的小国家出现于北部印度的印度河与恒河流域，当然和灌溉农业的发展有关系。

我们知道编纂于公元前第四或第五世纪最古的印度文学传说，称古代在北印度有十六个国家以及许多其他小国⑦，这些国家我们可以理解为部族或部落联盟，也可以视为中央集权国家形成的过渡形式。统一的中央集权国家的产生是在孔雀王朝的创始者旃陀罗笈多（Chandragupta）把马其顿人的势力摧毁和统一北部印度以后，旃陀罗笈多中央集权政府如何注意兴修水利，把它作为政府的最重要的社会经济职能之一，从当时的措施可以了解。旃陀罗笈多的政府设有一个特殊的管理水利灌溉机构，负责测量土地，调节水闸的水流，使每人得到公平的水量供给。这表明当时有齐整的灌溉系统。

孔雀王朝的中央集权政府注意水利灌溉，还有种种事实可以供给我们作说明。在印度西部卡提阿瓦（Katlhiawar）省歧那尔（Girnar）地方著名的岩石上，刻有阿育王（Asoka）敕令的译文。关于这，在四百年以后（即公元后第二世纪中期以后不久），省总督卢德拉得曼（Satrap Rudrdaman）所刻的铭文载有直接的证据，证明孔雀王朝中央政府注意水利灌溉，即使在最辽远的省区亦没有例外。歧那尔濒阿拉伯海，距离孔雀王朝的国都最少有一千六百公里，当地农民的需要，未尝为中央政府所忽视。吠舍种姓的浦什雅笈多（Pushyagupta）为旃陀罗笈多的西部省区的总督，他见到把溪流用堤坝塞起来可以成为一个在灌溉上有巨大价值的水库，于是他在山的东边城寨与在更东的勒铭文的岩石之间建一个湖，取名为苏陀萨挐（Sudarsana），但对于必须补充的沟渠未能完成。到阿育王统治时代，在他的总督拉查吐萨斯发（Raja Tushaspha）监督之下才

---

① 《梨俱吠陀》（Rg-veda，trans，by R. C. Dutt）X.25.4.
② 《梨俱吠陀》X.93.13.
③ 《梨俱吠陀》X.99.4.
④ 《梨俱吠陀》X.68.1.
⑤ 《阿他婆吠陀》（Hymns of the Atharva-veda，trans，by Maurce Bloomfield，Sacred Books of the East，ed，by F. Max Miiller，vol. XLII），p. 146-47，348-51.
⑥ 《摩奴法典》（The Laws of Manu）Ⅰ. p. 279；Ⅷ. p. 248.
⑦ 按斯密斯（Vincent A. Smith）在其所著的《北印度古代史》（"Early History of Northern India"，Imperial Gazetteer of India，vol. Ⅱ. p. 272）把传说所指的时代定为公元前第六和第七世纪。而他在《印度古代史》（Early History of India，4 th ed. revised by S. M. Edwardes，1924）pp. 29-30只说公元前第四第五世纪的传说回忆更早的一个时候。事实上年代不容易确定。

兴建起来①。这些事实证明了孔雀王朝的中央集权政府不惮劳费，兴修水利灌溉工程，就因为这是中央集权政府的最重要的一种社会职能。正如马克思所说的"一旦灌溉和排水被忽视了，土地立刻就变得无用"。

在古代印度与在古代东方其他各国相同，土地税的收入，是国家最大的税收。注意兴修水利工程，调节水量，提高灌溉农业的生产力，也就是保证了专制君主对广大农民剩余劳动的榨取。根据塞琉卡斯（Seleucus）派往旃陀罗笈多朝廷的大使美加斯忒尼斯（Megasthenes）的记载："全印度是国王的财产，没有人被允许占有土地。"②在一般人认为旃陀罗笈多孔雀王朝的婆罗门顾问闪拏家（Chanakya）所撰集的《曷捔多论》（Arthasastra）第二册第六章里，说及"又有王家土地"，语意颇为含胡，似乎除王家土地以外，还有别种土地。但《曷捔多论》第二册第二十四章的疏有明白的阐释，"凡是精通诸论的人都承认：国王是水和土地的所有者，人民对于其他一切东西可以行使所有权，但此两者除外"③。印度地方的法律亦承认耕地是国王的财产，认为征收地税是应当的事。在这种情况之下，水利建设也就为着王家税收着想。旃陀罗笈多孔雀王朝征收公社农民的贡税，根据美加斯忒尼斯当时所见，除了土贡以外，农民还要把土地生产的四分之一缴纳给王家仓库④，但根据闪拏家《曷捔多论》所说，"耕者要纳税"⑤，国王"可以索取他的臣民的谷子三分之一或四分之一"，"有时他们要缴纳'萨达·婆伽'（Sad-Bhaga，即'六分之一'）"⑥，大抵并无定制，视土地肥瘠程度，位置以及其他自然条件而有等差。

由此可见，古代即印度旃陀罗笈多的中央集权政府非常重视水利灌溉，把灌溉工程的工作，掌握在政府手里，作为政府的最重要的社会经济职能。这种职能的遂行，构成它的统治基础的最重要部分，与古埃及和巴比伦并没有两样，同时为着保持这种社会经济制度中以国王为首的统治阶级的利益，反过来，统治集团又把中央集权政府作为巩固这种社会经济制度的工具，这种情形与古埃及和巴比伦也并没有两样。

（四）古代中亚与伊朗　　在古代中亚与伊朗地方，也有灌溉农业的各种形式，不过和上述三个地区比较，规模小得多了。在这些地方，山地区的农民，只能把山涧的水收集于人工筑成的蓄水池里；在有河流的平原地方，才能发展较大的水利建设工程：开

---

① 斯密斯《印度古代史》一三八至一四〇页。
② 美加斯忒尼斯（Megasthenes）的记载，已经散佚，由Schwanbeck从各家著述的引文里辑成书，名为《美加斯忒尼斯印度志》（*Megasthenes Indika*, Bonn, 1846）。Mc Crindle把它译成英文，名为《美加斯忒尼斯和阿利安所记述的古代印度》（*Ancient India as Described by Megasthenes and Arrian*, London, 1877）。本文所引见Crindle英译本四八页美加斯忒尼斯断简（Megasthenes Fragment）XXXV.
③ 梵语Artha之义为"义理"，旧音译作"阿陁""阿他"或"曷捔多"。sastra为"论"，姑译为"曷捔多论"，为旃陀罗笈多孔雀王朝的婆罗门顾问Chanakya（亦名Kautilya或Vishnugupta）所撰集，故又称为Kautiliya Sastra，有R. Shamasestry的英译本（Bangalore Government Press, 1915），一般人同意为孔雀王朝的作品。
④ 美加斯忒尼斯断简LVI. B, Mc Crindle本一五五页。
⑤ 《曷捔多论》第二册第一章。
⑥ 《曷捔多论》第五册第二章。

掘运河，建筑人工水库，堤坝和水闸。希腊史家希罗多德（Herodotus）曾描述及在花刺子模（Khorasm）的各种巨大的灌溉建筑工程，这个地区现代考古学上的调查证明那些运河在公元前第八至第七世纪时掘通，在布哈拉（Bokhara）的绿洲有巨大灌溉网的残余被发现，在乌浒河（Oxus）和药杀水（Jaxartes）以及萨拉夫珊（Zarafshan）河流域，人工灌溉的意义是比较大的①。但乌浒河与药杀水之间，地多沙碛，少数地方为溪流所灌溉，又往往为沙漠所隔绝，而时有游牧部落犯境，滋扰不已。在这个地区，水利灌溉虽然重要，而其在政治上所起的作用怎样，我们缺乏可靠的资料来作说明。

我们知道崇拜水、火、土本为伊朗人的旧习，把水弄污是被禁止的，灌溉的水，不许弄污，要人时时注意河床，有明白的教条规定。在《波斯古经》（Zend Avesta）里有这样的记载：

有一个灌溉麦田的人，水流落田里；再次流落田里；三次流落田里；而到第四次，有一个狗，一个狐，或一个狼把某魔鬼（Nasu）带入河床里，这个人要受什么处罚呢？

亚胡拉·马斯达（Ahura Mazda）回答道："由狗、鸟、狼、风或飞虫带来任何魔鬼，这个人没有罪。"②

关于这一点，《波斯古经要略》（Saddar）有所阐释：

如果一个人要灌溉田地，他必须留心河床有没有死的东西……如果他不觉意在水中偶然遇到死尸，他无罪，如果他不留心溪流，他就是不洁。③

这反映了伊朗人对于灌溉用的水重视到什么程度。亚胡拉·马斯达被认为"物质世界的创造者"，水就是他所创造的善良的东西之一。在《波斯古经》中，水称为"善良之水"。经里面有一个部分叫做"诸水的祭式"（Aban yast）是颂祝水神阿尔德维·苏拉·阿那赫塔（Ardvi Sara Anahita）的，从经文可以看出：她被认为天上的水源，一切地上水流所自出。她发目天星区域的胡开尔推（Hukairya）山巅。亚胡拉·马斯达用了很大的力量才把她请到地上来。当她落到来浸灌地上的时候，寰瀛海岸沸溢，海中心也沸溢，她有一千个洞穴，一千条河渠，每一个洞穴一条河渠之大，一个人骑着良马要走四十日才走得过，为什么要用很大气力把这条河降到地上来呢？在同一经文中有指出：

我亚胡拉·马斯达用很大的气力把它降下来，是为着屋宇、市镇、乡村

---

① 参考阿夫其耶夫（В. И. Авдиев）《古代东方史》（История Древнего Востока, 1953）Стр. 528。
② 《波斯古经》（Zend Avesta, Part Ⅰ. Vendidad, trans. by James Darmasteter, Sacred Books of the East, vol. Ⅳ. p. 51）Fargard Ⅴ. Ib. 5.6.
③ 见《波斯古经》同上页注释引要略。

的增加，护持他们，眷顾他们，护持他们聚在一起。①

这种历史性的传统，是东部伊朗和中亚部落从浪游的牧畜业过渡到定居的农业时期生活的反映。在中亚和伊朗高原，有许多地区都是沙漠，没有水利灌溉不可能定居下来，也不可能发展农业，所以特别把水看得神圣。这说明了伊朗人早就对水利特别重视。崛起于公元前第六世纪中期的波斯王朝，统治了两河流域以后，继承古巴比伦的业绩，像恩格斯所说的"知道自己首先是江河流域上灌溉事业的总经营者"，这种职能构成波斯中央集权政府最重要的社会经济职能的一部分，那是必然的事情。

从上述这些论证中，我们可以证明马克思和恩格斯的理论非常正确。对于说明古代东方社会问题，绝不应忽视灌溉农业占生产的统治地位情况下的生产关系对各方面所起的作用。

三、古代中国是不是例外？

马克思和恩格斯在关于这个问题上虽然说到一切东方人都有同样情形，但未曾明白提到中国。马克思所指的鞑靼区直到亚洲最高高原，自然不包括古代中国本部。我们知道：葱岭以东，塔里木河盆地，自古即有灌溉农业，《汉书西域传》渠犁传载搜粟都尉桑弘羊等奏语："故轮台以东，捷枝、渠犁皆故国，地广，饶水草，有溉田五千顷以上。"证明其地早就有灌溉系统。盗窃我国古物的帝国主义分子斯坦因（M. Aurel Stein）亦曾考查过这个地区汉代屯田的遗址。即使把这个地区计算在内，仍不能包括古代中国本部，那么，马克思和恩格斯都未曾明白指出古代中国，中国是不是例外呢？这是我要说明的主要问题。在我看来，中国并不是例外。中国古代中央集权政府的建立，同其他古代东方国家一样，与水利灌溉有密切关系，主持管理水利建设同样是中央政府最重要的职能。

中国古代统一的中央集权政府的建立，开始于秦始皇统一中国以后，毛主席已经有明白的指示：

> 自秦始皇统一中国以后，就建立了专制主义的中央集权的国家。（《毛泽东选集》第二卷六一八页）

也就是说：在秦统一中国以前，未曾有统一的中央集权的国家。从它的形式上说，它是随着生产力与生产关系的发展逐渐扩大而建立起来的。在这个发展过程中，水利灌溉同样起着很大的作用。

中国的社会首先发展于黄河流域，也绝不是偶然的事情。"黄河百害"，泛滥是常有的事。像《尚书》尧典所说的"汤汤洪水方割，荡荡怀山襄陵，浩浩滔天"；益稷

---

① 《波斯古经》（*Zend Avesta*, Part Ⅱ. Sirozahs, Yasts and Nyayis, *Sacred Books of the East*, vol. XXⅢ. pp. 52–55, 356）Aban Yast, 1.3.4.6；亦见 Nyayis Ⅳ. Aban Nyayis, 5.7.

的"洪水滔天,浩浩怀山襄陵,下民昏垫";诗商颂长发的"洪水茫茫";楚词天问的"洪水极深,何以窴之?地方九则,何以坟之?"诸如此类的记载,都是中国远古时代饱受水患情况在传说中的反映,中国人的祖先在定居于黄河流域的开始,就要与洪水作斗争。传说中的禹就是领导这种斗争获得胜利的首领。禹的功劳,历代为人所称颂。像周景王使刘定公慰劳赵孟于颖,住在洛汭的馆舍里,见着河洛的水,就想到禹的功绩,对赵孟说:"美哉禹功,明德远矣!微禹,吾其鱼乎!"①孔子也说:"卑宫室而尽力乎沟洫,禹,吾无间然矣。"②禹的主要功劳是在乎把"怀山襄陵"的洪水防治了。《荀子》成相篇说"禹有功,抑下鸿"。"抑下"是说防止了洪水的灾害,使它受到人的意志和力量的支配。但另一方面尽力沟洫,又得到水利,这虽然是一种历史传说,但绝不是无稽之谈,也不是像一些人所想像的那样,认为洪水的传说是从巴比伦传过来的。这种传说反映着中国人的祖先初定居于黄河流域和泛滥的河水斗争,防治了水患,发展了灌溉系统,由泽地农业过渡到灌溉农业的实际情况。

由此就产生了另外一个问题:从中国过去的载籍看来,好像治水就是禹一个人的功劳。这里以《史记河渠书》为例,司马迁引《夏书》称"禹抑鸿水,十三年,过家不入门,陆行载车,水行载舟,泥行蹈毳,山行即桥。以别九州,随山浚川,任土作贡,通九道,陂九泽,度九山……",好像什么都是禹一个人做的,完全抹煞了人民群众的力量,这当然是不可信的事情。我们应该这样理解:在中国原始社会时期,有过像禹这样领导治水的出色人物,但那些劳绩是经过许多个世代,千千万万群众与自然作斗争的结果,绝不容怀疑;治水要依靠集体的力量,社会越原始,可能发挥的集体力量亦越小,最初只能行于个别的氏族公社。氏族公社虽然是由血缘关系而结合起来的集团,事实上,也由于共同生产劳动,使公社成员生活在一起。在原始社会里,劳动工具简陋,只有通力合作,才有可能完成一个人根本不能完成的任务。像防治洪水,建立灌溉系统,更非全体公社成员通力合作不行。所以中国古代的氏族公社,基本上也是一种水利土地公社,井田制度也就是建立在这种共同劳动的基础上集体所有平均分配使用的土地制度。可是,井田制度给后来的说经家越解越糊涂,越令人不能相信。在战国时代,什么叫做井田,人们已经不大清楚。如果清楚,滕文公就不要使毕战去向孟子请教,孟子究竟清楚与否,我们不必研究他,最少他免不了画蛇添足,提出许多想像的说法,作为他自己的理论根据。所谓"方里而井,非九百亩,其中为公田,八家皆私百亩",完全为想像的说话③。孟子的说法是望文生义的。中国远古就有井田的制度,井田的"井",殷文作囲,见郭沫若先生《殷契粹编》。在卜辞中,圣囲连文,郭先生释为"圣囲",但未明言囲是井田的"井"字④,实即"井"字,口象回匝之形,在甲骨文与金文中,一个字有口与无口往往是同一意义,例如"國"字在宗周钟、毛公鼎等器铭

---

① 左昭元年传。
② 《论语》泰伯。
③ 详见《孟子》滕文公章句上。
④ 见郭沫若《殷契粹编》一二二一及一二二三,圣囲释文为"圣囲"。又在《奴隶制时代》上页写作"圣囲"。圣谓即许慎说文解字的"圣"字,引许氏说汝颍之间致力于地曰圣,从"土"从"又",读若"兔窟"。但未明白指出囲即"井"字。

文都作"或"，①甲骨文亦有同样情形②，井田的"井"，与水井的"井"有别，井田的"井"字是象疆理经界之形，诗《小雅》信南山所谓"我疆我理"，《孟子》滕文："夫仁政必自经界始，经界不正，井地不钧，谷禄不平"，这种疆理经界，就是井田的"井"字象形的依据，《周礼》小司徒地官职"乃经土地而井牧其田野"，郑注"采地制：井田异于乡遂，重立国，小司徒为经之，立其五沟五涂之界，其制似'井'之字，因取名焉"。郑氏所谓"立其五沟五涂之界，其制似'井'之字"，亦可以供我们作说明。平均分配土地的地区是在平衍肥沃的地方，也是公社所在的地方。左襄二十五年传载楚蒍掩书土田之法有"井衍沃"之文，可以为证，古代土地分配，井法行于公社周围附近的土地，所以谷梁宣十五年传说"古者公田为居，井灶葱韭尽取焉"。《孟子》滕文说"死徙无出乡，乡田同井"，是指公社周围附近的土地平均分配给公社成员使用，同在一个地区，并不限于八宗，亦不限于《周礼》小司徒所说的"九夫为井"。孟子所说的八家是和"乡田同井"自相矛盾的。中国古训，一乡的家数虽不一致，从来没有说八家为一乡的，亦不可能限于八家，八家九夫之说，纯然为望文生义的说法。

我们怎样说这种公社是水利土地公社呢？它和水利灌溉有什么关系呢？远古文献不足征，《周礼》的记载，颇可以供我们参考，《周礼》遂人：

> 凡治野：夫间有遂，遂上有径；十夫有沟，沟上有畛；百夫有洫，洫上有涂；千夫有浍，浍上有道；万夫有川，川上有路。

稻人：

> 以潴畜水，以防止水，以沟荡水，以遂均水，以列舍水，以浍写水，以涉扬其芟，作田。

这就表明中国古代有完整的水利灌溉系统。引水、蓄水、排水、防水为灌溉农业所不可少。虽然古代的灌溉系统未必如《周礼》所说的那样整齐，多少夫就有什么，《周礼》一书，虽然不尽可靠，但我们不能否认其中有可靠的成分。沟、洫、浍等的水利灌溉系统是有的，而且自古以来就有的。除上文所引孔子称禹尽力乎沟洫之外，《孟子》离娄下亦提到"七八月之间雨集，沟浍皆盈"，这种沟、洫、浍之类，是人工建立的水利灌溉系统，这种水利工程的建立，最初无疑要靠同井的公社成员通力合作，《考工记》匠人"九夫为井"句下郑注就有"一井之中，三屋九夫，三三相具，以出赋税，共治沟也"的解释，出赋税，共治沟，多少表明了公社的义务。又《周礼》里宰称"以岁时合耦于耡，以治稼穑"，《孟子》滕文称"乡田同井，出入相友，守望相助，疾病相扶持"，这类的证据很多，都足以证明兴修水利，通力合作，有事互相帮助，是这种公社依以建立的基础的一个重要组成部分。所以，中国古代的氏族公社虽然是由

---

① 参考容庚先生《金文编》第十二、二三页；又第六、一三页。
② 商承祚先生《殷虚文字类编》第六。

有血缘关系的人们结合起来的集团，但同时也是一种水利土地公社。土地之能够被利用，是由于公社成员共同劳动，兴修水利的结果。作为公社的一个成员，他有参加集体劳动的义务，同时也享有使用土地的权利。井田制度就是与这种生产关系相适应的一种制度。

时代推迁，生产力提高，水利网扩大，公社发展为公社集团，邦国都鄙出现了。左庄二十八年传，"凡邑有宗庙先君之主曰'都'"。"鄙"的解释很多，《周礼》大宰"以八则治都鄙"，郑注："都之所居曰鄙"。齐镈"与邦之人民都鄙"，"鄙"作䣊，①其字从㠯正表明其为许多同井公社的组合。都鄙就是邦国的构成部分。治都鄙的八则："一曰祭祀，以驭其神；二曰法则，以驭其官；三曰废置，以驭其吏；四曰禄位，以驭其士；五曰赋贡，以驭其用；六曰礼俗，以驭其民；七曰刑赏，以驭其威；八曰田役，以驭其众"，说明这种邦国有政教中心，有贵族统治阶级，有阶级剥削的贡赋，有达成阶级统治的法则刑赏，国家机器的规模具备了。从祭祀田役我们又可以看出其社会经济职能，田役主要是指水利灌溉工程的工作。根据周礼小司徒，每家所出力役人数与其家的人口及所分配份地的肥瘠有联带关系，上地家七人，可任劳役者家三人；中地家六人，可任劳役者二家五人；下地家五人，可任劳役者家二人，普通徒役，每家不支出一人，但有田役和军事行动（追胥），则全部都要出动，可见田役是邦国的重要社会经济职能之一。

贡赋与劳役，大都是古代东方公社成员的义务，《周礼》这种记载可以相信非出于虚构。《周礼》中的资料，一般人都不敢轻用，原因是不能确定它的年代，诚然，用这种材料来说明问题是有困难的。但在某种生产形态之下，有某种社会经济关系和某种社会形态，这也是不能否认的。我们可以把中国殷周间的社会和两河流域的苏马连的初期奴隶社会相比拟，所谓"王"，不过一个"卢格尔"而已，王与诸侯的关系也不过"卢格尔"和"拍达西"的关系，强有力的王室为诸侯的共主，诸侯充分保持其独立性。这些诸侯之国是公社集团所组成的城邦，因为缺乏经济上的密切联系，零散性是其特色。距离王室的远近，决定了王室力量对诸侯影响的程度，因此诸侯对王室的义务有了等差。由此分出五服。周初的制度，祭公谋父的说法可以供我们参考：

> 夫先王之制，邦内甸服，邦外侯服，侯卫宾服，蛮夷要服，戎狄荒服。甸服者祭，侯服者祀，宾服者享，要服者贡，荒服者王。日祭、月祀、时享、岁贡、终王，先王之训也。②

日祭、月祀、时享、岁贡、终王是因诸侯国离王室远近和王室控制诸侯力量的强度而定的不同等级的义务，对不尽义务的亦有"刑不祭、伐不祀、征不享、让不贡、告不王"③的差别。王室微弱，诸侯不修职贡，霸主假借名义，还有责修职贡的事情，如齐

---

① 《金文编》第五、三一页。
② 《国语》周语上祭公谋父对周穆王语，亦见《史记》卷四周本纪。
③ 见同上。

桓公伐楚，责楚"贡包茅不入，王祭不共，无以缩酒"①。楚人承罪，可以为证。这说明了殷周之际的国家是怎样的一种情况。

在西周的时候，有不少所谓诸侯之国，还是氏族组合成的部落，直至西周之末（公元前第八世纪初期），这种情形，还显然可见。其中有一部分是和周有亲缘关系的，有一部分简直是"不与同中国"的夷、蛮、戎、狄，太史伯对周幽王的司徒郑桓公语是最明显的证据，依其所列举："当成周者，南有荆蛮，申、吕、应、邓、陈、蔡、随、唐；北有卫、燕、狄、鲜虞、潞、洛、泉、徐、蒲；西有虞、虢、晋、隗、霍、杨、魏、芮；东有齐、鲁、曹、宋、滕、薛、邹、莒；是非王之支子母弟甥舅也，则皆蛮、荆、戎、狄之人也。"②这许多国差不多有一半是姬姓的。也就是说，其组合建立在血缘关系之上的。以血缘关系为组合基础，就是氏族部落的特征，并且当时的国，还有可以迁徙的，如郑桓公听史伯的说话，从棫林（陕西华县）③东徙其民于雒东（河南新郑县），建立郑国，由此也说明了当时一部分所谓"国"的部落性质。

到了春秋时代（公元前七七二至四八一年），由于铁的使用，改善了生产工具，生产力有了大大的提高。《国语》齐语称："恶金以铸锄、夷、斤、斸，试诸壤土"，证明最低限度在公元前第七世纪初，已经用铁来做耕具，当时称青铜为"美金"，铁为"恶金"。铁在战国以前已经普遍应用，在《墨子》里往往"金铁"或"铜铁"并称④。到战国时代（公元前四〇三至二二一年），《孟子》滕文称"以铁耕"，铁更普遍用来做耕具。生产工具改善，当然生产力提高，交换也随而增长。

与生产交换发展同时，为古代东方农业基础的水利灌溉系统，自然也要求发展和畅通无阻。而铁器的使用，又为水利工程技术的发展提供了有利的条件。春秋战国间，各国都注意兴修水利，发展生产。见于记载的，如楚庄王时（公元前六一三至五九一年），孙叔敖"决期思之水，而灌雩娄之野"，其事见于《淮南子》人间训。雩娄在汉属庐江郡⑤，孙叔敖所建立的水利工程，在汉称为芍陂，《后汉书》卷一〇六王景传称：景在章帝建初八年（公元八三年）迁庐江太守，"百姓不知牛耕，致地力有余，而食常不足。郡界有楚相孙叔敖所起芍陂稻田，景乃驱率吏民，修起芜废，教用犁耕，由

---

① 见左僖四年传，亦见《史记》卷三，齐太公世家。
② 见《国语》郑语。《史记》卷四二郑世家载太史伯语，但未列举诸国名字。
③ "棫林"有作"或林"，根据《史记》郑世家索引系本应作"棫林"。
④ 《墨子》旗帜篇称"凡守城之法……金铁有积，粟米有积"，又杂守篇称"寇近，亟收诸杂（离）乡金器若铜铁及他可以左守事者"，"金铁""铜铁"并称。又在旗帜篇言及"铁蘸"，杂守篇言及"铁錍"。证明当时铜铁并用，铁已经广泛使用，按"蘸"《说文》解为"弓曲"。"錍"，《说文》：鉴錍，斧也。扬子《方言》谓为箭镞，守城要把铜铁积集起来，说明铁不特用来做耕具，而且用来做兵器。赵翼《陔余丛考》卷二一古兵器皆不用铁条力言汉以前兵器用铜，皆不用铁，观墨子所言，可证是说不确。初时冶铁的技术不精，铁不可大用，多用青铜作兵器，则是事实，若谓皆不用铁，至少在春秋末战国初不尽然。反之，亦犹春秋战国以来已用铁来做耕具，而魏崔鉴为东徐州刺史，仍治铜为农器。可见亦有例外。
⑤ 《汉书》卷二八地理志庐江郡有雩娄，《后汉书》卷三二郡国志庐江郡有雩娄侯国。

是垦辟倍多，境内丰给"。陂周百二十许里，有五门，吐纳川流，灌田万顷①，其陂即现在安徽寿县南的安丰塘。

因为各国都注意兴修水利、发展灌溉农业，筑堤防的水利工程也发展起来，齐、赵、魏等国家，都建筑堤防，关于这种情况，有汉哀帝时（公元前六至一年）的水利专家贾让的奏语，可以供我们参考，他说：

> 堤防之作，近起战国，雍防百川，各以自利。齐与赵魏以河为境，赵魏濒山，齐地卑下，作堤去河二十五里。河水东抵齐堤，则西泛赵魏，赵魏亦为堤去河二十五里。虽非其正，水尚有所游荡。时至而去，则填淤肥美，民耕田之，或久无害，稍筑室宅，遂成聚落。大水时，至漂没，则更起堤防以自救，稍去其城郭，排水而居之。②

战国间，近河的国家都注意发展水利灌溉，贾让的说话是一个很好的说明。近河国家如果不注意水利工程建设，不特不能受其利，反而受到水的灾害，魏国就是一个很明显的例。魏国饱受水患，在未能战胜自然的灾害之时，邺（河南临漳县）人感觉到水的力量伟大，认为有神，即所谓河伯，三老廷掾与巫祝勾结，乘机剥削人民，因而有为"河伯娶妇"的惨无人道的迷信风俗，人民受到蛊惑，相信"不为河伯娶妇，水来漂没，溺其人民云"③。按为河伯娶妇的风俗，秦国和魏国都有，春秋战国之间，相当流行，见于记载的有《史记》六国表秦灵公八年，初以君主妻河，司马贞史记索隐谓"初以此年取他女为君主。君主，犹公主也。妻河，谓嫁之河伯，故魏俗犹为河伯娶妇，盖其遗风"。公元前第五世纪后期魏文侯时，西门豹为邺令，以其人之道，治其人之身，把巫祝和她的弟子抛入河中，破除迷信，另一方面发动人民凿十二渠，引河水灌民田，增加生产④。到魏文侯的曾孙魏襄王的时候（公元前四世纪末期），史起为邺令，又堰漳水溉邺田，得到人民的歌颂：

---

① 郦道元《水经注》卷三二肥水注"东北径白芍亭东，积而为湖，谓之芍陂。陂周百二十许里，在寿春县南八十里，言楚相孙叔敖所造。陂有五门，吐纳川流。西北为香门陂，陂水径孙叔敖祠下，谓之芍陂渎"。

按芍陂亦称"期思陂"。王应麟《玉海》卷三二汉芍陂楚期思陂条：引唐马总《意林》称"孙叔敖作期思陂而荆土用赡"，又引《后汉书》王景传李贤注"陂在今寿州安丰县东，孙叔敖所作期思陂是也。径百里，灌田万顷"。今本《后汉书》注无"孙叔敖所作期思陂"句。原名是否称为"期思陂"，无更早的记载可稽。期思为楚邑名，《荀子》非相篇："楚之孙叔敖，期思之鄙人也。"孙叔敖就是当地人，以地名陂，似亦有可能。

② 见《汉书》卷二九沟洫志贾让奏。

③ 详见《史记》卷一二六褚少孙所补西门豹传。

④ 此据褚补西门豹传。《史记》卷二九河渠书也说"西门豹引漳水灌邺，以富魏之河内"。

邺有贤令兮为史公，决漳水兮灌邺旁，终古舄卤兮生稻粱。①

在战国后期，特别注意兴修水利，发展生产，尤莫如秦。秦昭王时（公元前三〇六至二五一年），使李冰为蜀守，"凿离碓，避沫水之害，穿二江成都之中。此渠皆可行舟，有余则用溉浸，至于所过，往往引其水，益用溉田畴之渠，以万亿计"②。李冰所建立的水利灌溉工程，古称"都安大堰"，亦称"湔堰"，又谓之"金堤"③，即现今四川灌县的"都江堰"。

韩国见到秦国注意发展生产，兴修水利，富强起来，不断对外发动侵略，想着借此来疲劳它，使不向东侵略，派水工郑国说秦，"凿泾水自中山（陕西泾阳县北）西邸瓠口（泾阳县西北焦获泽）为渠，并北山东注洛，三百余里"④，据《史记》六国表，这条渠筑于秦始皇元年（公元前二四六年），渠成之后，用注填阏之水，溉泽卤之地四万余顷，收皆亩一钟……因命曰"郑国渠"。⑤

秦于公元前二二一年吞并六国以后，跟着略取扬越，在用兵当中，秦始皇"使监

---

① 兹据《汉书》沟洫志。案引漳水灌邺事，史汉之文互异，《史记》说是西门豹，《汉书》说是史起。考《汉书》沟洫志志文，本于《吕氏春秋》先识览乐成篇而略为删节，乐成篇说：

"魏襄王与群臣饮，酒酣，王为群臣祝，令群臣皆得志。史起兴而对曰：'群臣或贤或不肖，贤者得志则可，不肖者得志则不可。'王曰：'皆如西门豹之为人臣也。'史起对曰：'魏氏之行田也以百亩，邺独二百亩，是田恶也。漳水在其旁，而西门豹弗知用，是其愚也。知而弗言，是不忠也。愚与不忠，不可效也。'魏王无以应之。明日，召史起而问焉，曰：'漳水犹可以灌邺田乎？'史起对曰：'可。'王曰：'子何不为寡人为之？'史起曰：'臣恐王之不能为也。'王曰：'子诚能为寡人为之，寡人尽听子矣。'史起敬诺，言之于王曰：'臣为之，民必大怨臣。大者死，其次乃藉臣。臣虽死、藉，愿王之使他人遂之也。'王曰：'诺。'使之为邺令。史起因往为之，邺民大怨，欲藉史起。史起不敢出而避之。王乃使他人遂为之。水已行，民大得其利，相与歌之曰：'邺有圣令，时为史公，决漳水，灌邺旁，终古斥卤，生之稻粱。'"

《汉书》沟洫志之文如此。假如《吕氏春秋》所载史起的说话属实，则引漳水沟邺田，与西门豹无关。但战国的策士的说话，往往歪曲事实，不能尽信，仅此孤证，是否可靠，殊成问题。西门豹破除人民"河伯娶妇"的迷信，除害而不能兴利，亦无以见其为贤邺令。考汉王充《论衡》率性篇云"魏之行田百亩，邺独二百。西门豹灌以漳水，成为膏腴，则亩收一钟"。王充为中国过去的一个实事求是的科学家，所言必有根据。《后汉书》卷五安帝纪载元初二年（公元一一五年）春正月，"修理西门豹所分漳水，为支渠以溉民田"，亦可为证。缺乏充分证据，不能是此而非彼。因此，后来的作者，都采取折衷的说法。如晋左思魏都赋称"西门溉其前，史起灌其后。墱流十二，同源异口"。后魏郦道元《水经注》卷十浊漳水注亦称"昔魏文侯以西门豹为邺令也，引漳以溉邺，民赖其用。其后，至魏襄王以史起为邺令，又堰漳水以沟邺田，咸成沃壤，百姓歌之"。本文采取这种说法。

② 见《史记》河渠书。《汉书》沟洫志亦有记载。《史记》正义引《风俗通》云"秦昭王时，使李冰为蜀守，开成都县两江，灌田万顷"。案今本《风俗通义》无此文。惟晋常璩《华阳国志》卷三蜀志称："秦孝文王以李冰为蜀守，冰能知天文地理……乃壅江作堋。……溉灌三郡，开稻田，于是蜀沃野千里，号为陆海。旱则引水浸润，雨则杜塞水门。故记曰：水旱从人，不知饥馑。时无荒年，天下谓之天府也。"孝文王在昭王后，依《史记》六国表，孝文王在位仅一年，未知孰是。

③ 见《水经注》卷三三江水注。

④ 《史记》河渠书及《汉书》沟洫志。

⑤ 《史记》河渠书。

禄（即史禄）转饷，又以卒凿渠而通粮道"①。渠在广西兴安县东南，这条渠后来称为"灵渠"，也叫做"秦凿渠"②。当时凿渠的主要目的虽然是在乎运粮，同时也大有利于农田灌溉。据说渠道长六十里，沿渠两岸约有万亩稻田获得灌溉之利③。

秦国注意兴修水利，发展生产，从这些事例可以得到证明。

总括起来说，从春秋以还，灌溉农业在不断的发展，上面所举的事实阐明了这样的一个发展历程，与灌溉农业发展同时，手工业也发展起来。生产发展必然引起交换的发展，货币盛行于战国间，是有它的原因的。货币盛行对社会的影响那就大了。恩格斯说：

> 日益发达的货币经济，正如腐蚀性的酸类一样，浸入以自然经济为基础的古老的乡村公社生活方式中。氏族制度与货币经济绝对不能相容。④

春秋战国间货币经济的发展，破坏传统的村社生活，土地关系也发生变化。集体的土地所有转化为私人占有，新兴的地主阶级出现了。在战国的时候，土地的买卖，成为平常的事情。新兴的地主阶级成为社会上的一种力量，不特土地买卖，奴隶的买卖也发展起来。"强者规田以千数，弱者曾无立锥之居，又置奴婢之市，与牛马同栏"⑤。就是这种社会的描绘。其表现在政治上则"争城以战，争地以战"，强国以武力扩充领土，初则为强国争霸，迫使小国就范，彼此争夺领导权；继则强烈兼并，形成七国并峙，最后秦始皇统一六国。

春秋战国的历史趋向，很显明表现出从割据分裂的局面走向统一的中央集权政府的建立。在这样的发展趋向当中，我们又可以看出：随着生产交换的增长，经济上的联系要求进一步加强，诸侯分裂闭塞孤立的局面，越来越成为障碍，新兴的地主阶级和农民阶级都要求打破这种障碍。春秋的霸者像齐桓公假借尊王攘夷的名义，"九合诸侯"，很明显地表现出主要目的在打破经济发展的障碍，加强彼此间的联系。《春秋经》载僖公三年（公元前六五七年）秋，齐侯、宋公、江人、黄人会于阳谷（山东阳谷县）。《国语》齐语亦载大朝诸侯于阳谷。大会诸侯的目的何在，未有明言，但我们从《公羊传》中可以见到。《公羊传》载当时齐桓公所提出的口号是：

> 无障谷，无贮粟，无易树子，无以妾为妻。

---

① 此据《淮南子》人间训、《史记》卷一一二主父偃传称"使监禄凿渠运粮深入越"。《汉书》卷六四严助传载淮南王安上书亦称："臣闻长老言，秦之时，尝使尉屠睢击越，又使监禄凿渠通道。"又同卷严安传："又使尉屠睢将楼船之士攻越，使监禄凿渠运粮，深入越地。"
② 乐史《太平寰宇记》卷一六二称为"秦凿渠"。按汉代各种记载未言监禄所凿渠的名称。宋王应麟《玉海》卷二十二有唐灵渠条，似乎是在唐代始称"灵渠"。
③ 唐兆民：《关于灵渠》，一九五四年六月十日《光明日报》史学第二十三号。
④ 恩格斯：《家庭、私有制和国家的起源》中文本一〇七页。
⑤ 《汉书》卷九九王莽传王莽的说话。

过了六年，即鲁僖公九年（公元前六五一年），齐桓公又大会诸侯于葵丘（宋地，在今河南考城县东）。当时与鲁公、宋子、卫侯、郑伯、许男、曹伯等为盟，齐桓公壹明天子之禁，又提出五项禁令要大家共同遵守。这五项禁令见于《孟子》告子。最简要的是僖公九年《谷梁传》的记载：

> 毋雍泉、毋讫籴、毋易树子、毋以妾为妻、毋使妇人与国事。

把公羊谷梁两传之文相比较，可知葵丘之会的五禁，不过重新提出阳谷之会的要求，而加多了"毋使妇人与国事"一项。但《孟子》告子所载五禁比谷梁传增加了许多事情：

> 葵邱之会，诸侯束牲载书而不歃血。初命曰"诛不孝，无易树子，无以妾为妻"；再命曰"尊贤育才，以彰有德"；三命曰"敬老慈幼，无忘宾旅"；四命曰"士无世官，官事无摄，取士必得，无专杀大夫"；五命曰"无曲防，无遏籴，无有封而不告"。

《管子》大匡篇载管仲对桓公语亦有："诸侯无专立妾以为妻；毋专杀大臣；无国劳、毋专予禄；士庶人毋专弃妻；毋曲堤；毋贮粟；毋禁材"的说法。《管子》霸形篇又称齐桓公与楚王遇于召陵（今河南郾城县东）之上，而令于遇上，曰：

> 毋贮粟，毋曲堤，无擅废适子，无置妾以为妻。

把上项引文作比较研究，可以看出《孟子》有些地方是附会增益的；《管子》一书，虽然不可靠，但其中亦有真实可靠资料。我们对于齐桓公会诸侯的目的和要求，了然如指掌。归纳起来，不外两方面。一方面是建立贵族统治的社会秩序；另一方面则是加强经济联系，使生活资料交流，而要求水利灌溉系统的沟通，亦有同样的迫切。所谓"无障谷""毋雍泉""无曲防""毋曲堤"，都是同样的意思。也就是说，不要把水流阻塞，要让它畅通。这一事实，在《管子》霸形篇有明白举出。那里说楚人攻宋，"要宋田，夹塞两川，使水不得东流，东山之西，水深灭垝，四百里而后可田"。召陵之会之后，"东发宋田夹两川，使水复东流，而楚不敢塞"，所谓"雍泉"或"曲防"，就是指像楚人这类行为。我们可以看出沟通水利系统，发展农业生产，对于诸侯贵族统治阶级也是有利的，他们可以加强剥削人民，而无"年饥用不足"的忧虑。齐桓公提出"无曲防"的禁令，要会盟诸国共同遵守，并非出于偶然。由此亦可见春秋战国间的诸侯"雍防百川，各以自利"适成为这种要求的障碍，因而有打破这种阻碍生产力发展的人为障碍的必要。

我们考查春秋战国间的历史，可以很明显地看出这种障碍并没有扫除，从孟子的说话"今之诸侯，皆犯此五禁"就透露出来。我可以这样说：直至战国之末，这种障碍不特没有扫除，而且越来越厉害。《战国策》曾告诉我们这样的一个事实：

东周欲为稻，西周不下水，东周患之。苏子谓东周君曰："臣请使西周下水，可乎？"乃往见西周之君曰："君之谋过矣，今不下水，所以富东周也。今其民皆种麦，无他种矣。君若欲害之，不若一为下水，东周必复种稻，种稻而复夺之，若是，则东周之民可令一仰西周，而受命于君矣。"西周君曰："善。"①

按周定王二十八年（公元前四四一年）考王初立，封其弟揭（桓公）于河南，即成周（洛阳）西之旧王城，叫做西周。孝王十五年（公元前四二六年），桓公揭之孙惠公又封少子班于巩（河南巩县），叫做东周。东西周君都是桓公揭之后，而竟有不下水的事情发生，其他诸侯之国，更可想见。春秋战国间，许多国家彼此都发展水利灌溉事业，同时又彼此妨碍别国水利灌溉事业的发展。从这种矛盾可以看出问题的严重性。与孟子同时的水利专家白圭，自称他治水的本领胜过禹，事实上他治水的确有本领，他懂得"千丈之堤，以蝼蚁之穴溃"，他按视堤防，很留心地检查蝼蚁穴，一发见就把它塞住，因此，他治水就没有水患②。以这样善于治水的专家，在当时各国争雄兼并的局面之下，亦没有办法施展其本领。为求自己没有水患，只可"以邻国为壑"。孟子说禹以四海为壑，虽然是假托之辞，说白圭以邻国为壑，则是事实③。这一点也说明了分裂局面对水利灌溉事业发展的障碍。

春秋战国的分裂局面，还有一种情形与发展灌溉事业，提高生产力的要求相反的是：各国在争城争地的掠夺和兼并的战争中，还利用水来做攻城的武器。《史记》赵世家称襄子立四年（公元前四五五年），知伯率韩魏攻赵，赵襄子惧，乃奔保晋阳（山西太原）。岁余，知伯"引汾水灌其城，城不浸者三版"④。《史记》魏世家汾水作晋水，晋水为汾水的支流，分为二派，北渎即知氏故渠⑤。严格说来，知伯当时利用来灌晋阳的应称为晋水。根据魏世家所载知伯的说话"吾始不知水之可以亡人国也，乃今知之"，似乎首先发见水可以做攻城武器的就是知伯。以后到赵肃侯十八年（公元前三三二年），齐魏伐赵，赵也利用河水灌齐魏军⑥。秦始皇二十二年（公元前二二五年），王贲攻魏，引河沟灌大梁（河南开封），大梁城坏，魏王假请降，秦尽取其地而

---

① 见《战国策校注》卷二东周。按《水经注》卷十五伊水注引此文略有删节出入。
② 见《韩非子》喻老篇。
③ 见《孟子》告子。按《史记》货殖传称白圭为周人。赵岐注《孟子》以孟子同时的白圭即《史记》货殖传的白圭。阎若璩《四书释地续》（经解卷二一）白圭周人条力言有两白圭，未知孰是，在本文白圭果为一人抑或有二人同名，无关重要，不必详考，惟孟子与韩非子所言的白圭，同属一人，则毫无疑问。
④ 按知伯引水灌晋阳城事亦见于鲍彪《战国策校注》卷六、《史记》卷四四魏世家等书。
⑤ 据《后汉书》卷五安帝纪"修理太原旧沟渠，溉灌官私田"句下李贤注引《水经注》："晋知伯遏晋水以灌晋阳，后人踵其遗迹，蓄以为沼。分为二派，此渎即知氏故渠"。今永乐大典辑本水经注卷六晋水注将郦道元原文割裂，在水经"东入于汾水"句下注"沼水分为二派，此渎即知氏故渠"，非郦道元原文之旧。
⑥ 《史记》卷四三赵世家。

魏亡①。诸如此类的史实，俱足以证明分裂的局面不特妨碍了水利灌溉系统的沟通，阻碍生产力的发展，而且在各国互相吞并的情况之下，还利用水来做战争武器，使人民蒙受很大的灾害。

由此看来，历史事实给我们证明：加强经济联系，打破生产力发展过程中的障碍，自春秋时代开始，即已成为各阶层人民的共同要求。随着生产力的发展，财产与阶级的分化，各国掠夺战争的频繁，在战国时代，愈益感觉孤立闭塞分裂的局面成为生产力发展的障碍，特别表现在最重要的经济部门灌溉农业上面。各国都发展水利灌溉事业，兴筑堤防，同时又彼此妨碍着水利灌溉事业的发展，甚至利用川防作为战争的武器，使人民的生命财产受到严重的损害。这种矛盾，非解决不可。解决这样的矛盾，必然要打破孤立闭塞分裂的局面，扫除灌溉系统中的障碍，集中管理，统一计划。秦始皇统一六国后所建立的专制主义中央集权的政府就负起这样的一种任务。

秦自商鞅变法以来，为田开阡陌封疆，积极发展生产。"以牛田，水通粮，其死士死，列于上地，令严政行"②，以"好兴事"著称，特别注意发展水利灌溉事业，郑国渠筑成，"关中为沃野，无凶年"。乘诸侯之敝而统一海宇。在统一以前，对于水利灌溉事业的经营，已经素有经验，统一以后，秦始皇"很好地知道自己首先是江河流域上灌溉事业的总经营者"，建立中央集权的政府，遂行这种重要的社会经济职能。促成秦代中央集权政府的建立，水利灌溉事业的经营，虽然不是唯一的因素，可以说是最重要的因素之一。关于这一点，我们不是推理的或想当然的，我们在历史记载里有秦始皇自己碑刻上确实可靠的证据。秦始皇统一六国以后，巡游各地，到处刻石颂扬秦的功德，三十二年（公元前二一五年）东游到碣石（关于碣石所在地，历来有多种说法，今地未能确指），在碣石门刻有纪功碑文，特别举出堕坏城郭，决通堤防的功德。碑文里面说：

……皇帝奋威，德并诸侯，初一泰平，<u>堕坏城郭</u>，<u>决通川防</u>，夷去险阻。地势既定，黎庶无繇，天下咸抚，男乐其畴，女修其业，事各有序，惠被诸产，久（分）并来田，莫不安所。群臣诵烈，请刻此石，垂著仪矩。③

从刻文看来，可知秦始皇特别标出"堕坏城郭，决通川防"，作为他自己的功德。"堕坏城郭"就是打破春秋战国以来孤立闭塞分裂局面的标志，"决通川防"就是沟通水利灌溉系统，不使再有壅泉曲防的障碍。完成了这两大任务，就可以达到"男乐其畴，女修其业，事各有序，惠被诸产，久并来田，莫不安所"的目的。这段刻文充分说明了秦始皇知道这种社会经济职能遂行的重要性，必须建立统一的中央集权政府来负起这个很重要的任务。最近我读到苏联科学院院士著名经济学家瓦尔加（E. ВАРГА）的《帝国主义经济与政治基本问题》一书，他在说"帝国主义者入侵以前的中国"部分提

---

① 《史记》卷六秦始皇本纪，又卷四四魏世家。
② 《战国策》卷六平阳君赵豹对赵王语。
③ 见《史记》秦始皇本纪。按碣石刻石原文有脱漏，容庚先生《秦始皇刻石考》（一九三五年六月《燕京学报》第十七期单行本）举出有三种摹刻本，钱泳本、吴隽本及无名氏本，皆赝品。

到：在中国的三千年历史中，有时由于内战外征，中央政权削弱，有时国家分裂为许多部分，但经过相当期间中央政权又恢复起来。他论述中国古代中央集权国家的建立与水利灌溉的关系则说：

  在中央集权国家中起有很大作用的经济基础，就是极端必要的有组织的水利灌溉系统。中国的农业自古即建立在人工灌溉的基础上……大概当时必须建设大规模的灌溉系统，调节水的流动和利用，建筑堤坝以预防成千公里的广大地区在大河泛滥时遭受水灾的危险；为了这一切当时就有必要建立保护和管理水利系统的中央机关，调配大量的劳动力，建立国家的中央管理机构和政府。①

这段话可以作为一个简短的结论，说明古代中国和古代东方其他最早的国家一样，中央集权国家的建立，与水利灌溉有密切的关系。根据上面的论证，我可以肯定地说，古代中国并不是例外。

原载《中山大学学报（社会科学版）》1955年第2期

---

① 瓦尔加：《帝国主义经济与政治基本问题》，人民出版社一九五四年中文译本五〇九页。俄文原本三九一页。

述东晋王导之功业

陈寅恪

王鸣盛十七史商榷伍拾晋书王导传多溢美条云：

> 王导传一篇凡六千余字，殊多溢美，要之看似煌煌一代名臣，其实乃并无一事，徒有门阀显荣，子孙官秩而已。所谓翼戴中兴称"江左夷吾"者，吾不知其何在也。以惧妇为蔡谟所嘲，乃斥之云："吾少游洛中，何知有蔡克儿？"导之所以骄人者，不过以门阀耳。

寅恪案，王氏为清代史学名家，此书复为世所习知，而此条所言乖谬特甚，故本文考辨史实，证明茂弘实为民族之功臣。至若斥蔡谟一节，晋书殆采自世说新语轻诋类王丞相轻蔡公条及刘注所引妒记，源出小说，事涉个人末节，无关本文宏旨，不足深论。又门阀一端乃当时政治社会经济文化有关之大问题，不在本文范围之内，是以亦不涉及。本文仅据当日情势，阐明王导在东晋初期之功业一点，或可供读史者之参考也。

东汉之末，三国鼎峙，司马氏灭蜀篡魏，然后平吴，中国统一。吴、蜀之人同为被征服者，而其对征服者司马氏之政权态度不同，观下引史料可知也。

晋书伍贰华谭传略云：

> 华谭广陵人也。祖融吴左将军、录尚书事。父谞吴黄门郎。太康中，刺史嵇绍举谭秀才。谭至洛阳，武帝策曰：吴、蜀恃险，今既荡平。蜀人服化，无携贰之心；而吴人趑睢，屡作妖寇。岂蜀人敦朴，易可化诱，吴人轻锐，难安易动乎？今将欲绥静新附，何以为先？对曰：蜀染化日久，风教遂成；吴始初附，未改其化，非为蜀人敦悫，而吴人易动也。然殊俗远境，风土不同，吴阻长江，旧俗轻悍。所安之计，当先筹其人士，使云翔阊阖，进其贤才，待以异礼；明选牧伯，致以威风；轻其赋敛，将顺咸悦，可以永保无穷，长为人臣者也。

同书陆捌贺循传略云：

> 贺循会稽山阴人也。曾祖齐，仕吴为名将。祖景，灭贼校尉。父邵，中书令。著作郎陆机上疏荐循曰：伏见武康令贺循，前蒸阳令郭讷，皆出自新

邦，朝无知己。今扬州无郎，而荆州江南乃无一人为京城职者，诚非圣朝待四方之本心。至于才望资品，循可尚书郎，讷可太子洗马舍人。

寅恪案，吴蜀之人对洛阳统治政权态度不同，虽与被征服时间之长短有关，然非其主因，其主因在两国统治者之阶级性各殊所致。蜀汉与曹魏固是死敌，但曹操出身寒族，以法术为治。刘备虽自云汉之宗室，然渊源既远，不能纪其世数，与汉之光武迥异，实亦等于寒族。诸葛亮为诸葛丰之后，乃亦家世相传之法家，故两国施政之道正复相同。蜀亡以后，西晋政乱，洛阳政府失去统治权，然终能恢复独立者非蜀汉旧境内之汉人，而是自汉中北徙，乘机南返之巴賨部落，盖蜀汉境内无强宗大族之汉人组织，地方反抗力薄弱，洛阳征服者易于统治，此晋武帝所谓"蜀人服化，无携贰之心"者是也。吴之情势则大不然，孙氏之建国乃由江淮地域之强宗大族因汉末之扰乱，拥戴江东地域具有战斗力之豪族，即当时不以文化见称之次等士族孙氏，借其武力，以求保全而组织之政权。故其政治社会之势力全操于地方豪族之手，西晋灭吴以后，此种地方势力并未因之消灭，所以能反抗洛阳之统治，而与蜀亡后之情势不同也。观陆机荐贺循之疏及华谭对晋武帝之策，皆以笼络吴地之统治阶级为绥靖之妙用，此中关键不难窥知矣。后来洛阳政府亦稍采用此种绥靖政策，尚未收大效，而中州已乱，陈敏遂乘此机会据有江东，恢复孙吴故壤，此本极自然之趋势，不足为怪。所可怪者，陈敏何以不能如孙氏之创业垂统，历数十年之久，基业未定，遽尔败亡，为世所笑，斯又吾人所应研究之问题，而当日江东地域即孙吴故壤特殊情势之真相所在也。

晋书壹佰陈敏传略云：

> 陈敏庐江人也。少有干能，以郡廉吏补尚书仓部令史。惠帝幸长安，四方交争，敏遂有割据江东之志。会吴王常侍甘卓自洛至，教卓假称皇太弟命，拜敏为扬州刺史，并假江东首望顾荣等四十余人为将军、郡守，荣并伪从之。东海王军谘祭酒华谭闻敏自相署置，而顾荣等并江东首望，悉受敏官爵，乃遗荣等书曰：陈敏仓部令史，七第顽冗，六品下才，欲摄桓王之高踪，蹈大皇之绝轨，远度诸贤，犹当未许也。诸君垂头，不能建翟义之谋，而顾生俛眉，已受羁绊之辱。何颜见中州之士邪？周玘、顾荣之徒常惧祸败，又得谭书，皆有惭色。玘、荣又说甘卓，卓遂背敏。敏单骑东奔，至江乘为义兵所斩。

同书伍贰华谭传略云：

> 顾荣先受〔陈〕敏官，而潜谋图之。谭不悟荣旨，露檄远近，极言其非，由此为荣所怨。

寅恪案，陈敏之失败由于江东之豪宗大族不与合作之故，史传所载甚明，不待详论。西晋末年孙吴旧壤内文化世族如吴郡顾氏等，武力豪宗如义兴周氏等，皆当日最强之地方势力，陈敏既不属于文化世家，又非武力豪族。故华谭一檄提醒顾、周诸人之阶级性，对症下药，所以奏效若斯之神速也。东汉末年孙氏一门约相当于义兴周氏之雄武，而政治社会地位则颇不及之，孙坚、策、权父子兄弟声望才智又远过于陈敏，此孙氏为江淮之豪家大族所推戴，得成霸业，而陈敏则为东吴之豪宗大族所离弃，终遭失败也。

世说新语言语类云：

> 元帝始过江，谓顾骠骑曰：寄人国土，心常怀惭。荣跪对曰：臣闻王者以天下为家，是以耿亳无定处，九鼎迁洛邑，愿陛下勿以迁都为念。

寅恪案，东晋元帝者，南来北人集团之领袖。吴郡顾荣者，江东士族之代表。元帝所谓"国土"者，即孙吴之国土。所谓"人"者，即顾荣代表江东士族之诸人。当日北人南来者之心理及江东士族对此种情势之态度可于两人问答数语中窥知。顾荣之答语乃允许北人寄居江左，与之合作之默契。此两方协定既成，南人与北人勠力同心，共御外侮，而赤县神州免于全部陆沉，东晋南朝三百年之世局因是决定矣。

王导之功业即在勘破此重要关键，而执行笼络吴地士族之政策，观下引史料可知也。

晋书陆伍王导传云：

> 〔琅邪王睿〕徙镇建康，吴人不附，居月余，士庶莫有至者，导患之。会〔王〕敦来朝，导谓之曰：琅邪王仁德虽厚，而名论犹轻。兄威风已振，宜有以匡济者。会三月上巳，帝亲观禊，乘肩舆，具威仪，敦、导及诸名胜皆骑从。吴人纪瞻、顾荣，皆江南之望，窃觇之，见其如此，咸惊惧，乃相率拜于道左。导因进计曰：古之王者，莫不宾礼故老，存问风俗，虚己倾心，以招俊义。况天下丧乱，九州分裂，大业草创，急于得人者乎？顾荣、贺循，此土之望，未若引之，以结人心。二子既至，则无不来矣。帝乃使导躬造循、荣，二人皆应命而至，由是吴会风靡，百姓归心焉。自此之后，渐相崇奉，君臣之礼始定。

寅恪案，资治通鉴捌陆晋纪怀帝永嘉元年九月戊申琅邪王睿至建业条考异于此颇有疑义，然司马君实不过怀疑此传文中数事有小失实处，而于王导执行笼络江东士族之大计，仍信用此传所载也。考司马氏之篡魏，乃东汉儒家大族势力之再起，晋之皇室及中州避乱南来之士大夫大抵为东汉末年之儒家大族拥戴司马氏集团之子孙，其与顾荣诸人虽属不同邦土，然就社会阶级言之，实为同一气类，此江东士族宁戴仇雠敌国之子孙以为君主，而羞与同属孙吴旧壤寒贱庶族之陈敏合作之故也。兹更引史料以证明王导之政策及其功业所在之关键如下：

世说新语政事类云：

丞相（王导）末年略不复省事，正封箓诺之，自叹曰：人言我愦愦，后人当思此愦愦。（刘注引徐广历纪曰：导阿衡三世，经纶夷险，政务宽恕，事从简易，故垂遗爱之誉也。）

同书同类又云：

丞相尝夏月至石头看庾公，庾公正料事。丞相云：暑，可小简之。庾公曰：公之遗事，天下亦未以为允。（刘注引殷羡言行曰：王公薨后，庾冰代相，网密刑峻，羡时行遇收捕者于途，慨然叹曰：丙吉问牛喘，似不尔。尝从容谓冰曰：卿辈自是网目不失，皆是小道小善耳，至如王公，故能行无理事。谢安石每叹咏此唱。庾赤玉曾问羡：王公治何似，讵是所长？羡曰：其余令绩不复称论。然三捉三治，三休三败。）

同书规箴类云：

王丞相为扬州，遣八部从事之职，顾和时为下传还，同时俱见，诸从事各奏二千石官长得失，至和独无言。王问顾曰：卿何所闻？答曰：明公作辅，宁使网漏吞舟，何缘采听风闻，以为察察之政。丞相咨嗟称佳，诸从事自视缺然也。（参晋书捌叁顾和传）

寅恪案，东汉末年曹操、袁绍两人行政之方法不同，操刑网峻密，绍宽纵大族，观陈琳代绍罪操之檄及操平邺后之令可知也。司马氏本为儒家大族，与袁绍正同，故其夺取曹魏政权以后，其施政之道号称平恕，其实是宽纵大族，一反曹氏之所为，此则与蜀汉之治术有异，而与孙吴之政情相合者也。东晋初年既欲笼络孙吴之士族，故必仍循宽纵大族之旧政策，顾和所谓"网漏吞舟"，即指此而言。王导自言"后人当思此愦愦"，实有深意。江左之所以能立国历五朝之久，内安外攘者，即由于此。故若仅就斯点立论，导自可称为民族之大功臣，其子孙亦得与东晋南朝三百年之世局同其兴废。岂偶然哉！

世说新语方正类云：

王丞相初在江左，欲结援吴人，请婚陆太尉。对曰：培塿无松柏，薰莸不同器，玩虽不才，义不为乱伦之始。

同书排调类云：

刘真长始见王丞相，时盛暑之月，丞相以腹熨弹棋局曰：何乃渹！（刘注云：吴人以冷为渹。）刘既出，人问见王公云何？刘曰：未见他异，唯闻作吴语耳。（刘注引语林曰：真长云丞相何奇？止能作吴语及细唾也。）

同书政事类云：

> 王丞相拜扬州，宾客数百人，并加霑接，人人有说色，唯有临海一客姓任（刘注引语林曰：任名颙，时官在都，预王公坐）及数胡人为未洽，公因便还到过任边云：君出，临海便无复人。任大喜说，因过胡人前，弹指云：兰阇！兰阇！群胡同笑，四坐并懽。

寅恪案，后来北魏孝文帝为诸弟聘汉人士族之女为妃及禁止鲜卑人用鲜卑语施行汉化政策，藉以巩固鲜卑统治地位，正与王导以笼络吴人之故求婚陆氏强作吴语者，正复暗合。所可注意者，东晋初年江左吴人士族在社会婚姻上其对北人态度之骄傲与后来萧齐以降迥不侔矣。吴语者当时统治阶级之北人及江左吴人士族所同羞用之方言（详见拙著岭南学报第玖卷第壹期从史实论切韵），王导乃不惜屈尊为之，故宜为北人名士所笑，而导之苦心可以推见也。临海任姓自是吴人，故导亦曲意与之周旋。至"弹指"及"兰阇"寅恪别有解释，以其不在本文范围，故不赘及，惟颇疑庾信之小字兰成实与此有关，姑附记此重有趣之公案以待异日之参究耳。

王导笼络吴人之例证既如上述，其他东晋初年施行之大政策可以据此类推，不必列举。其最可注意不得不稍详加论述者，则有元帝王导对待义兴周氏一事，此事属于北人南来之路线及其居住地域问题，实为江左三百年政治社会经济史之关键所在，职是之故，多录史料并推论之于后：

晋书伍捌周处传附周玘传云：

> 玘宗族强盛，人情所归，帝疑惮之。于时中州人士佐佑王业，而玘自以为不得调，内怀怨望，复为刁协轻之，耻恚愈甚。时镇东将军祭酒东莱王恢亦为周颛所侮，乃与玘阴谋诛诸执政，推玘及戴若思与诸南士共奉帝，以经纬世事。先是，流人帅夏铁等寓于淮泗，恢阴书与铁，令起兵，己当与玘以三吴应之。建兴初，铁已聚众数百人，临淮太守蔡豹斩铁以闻。恢闻铁死，惧罪，奔于玘，玘杀之，埋于豕牢。帝闻而秘之，召玘为镇东司马。未到，复改授建武将军、南郡太守。玘既南行，至芜湖，又下令曰：玘奕世忠烈，义诚显著，孤所钦喜。今以为军谘祭酒，将军如故，进爵为公，禄秩僚属一同开国之例。玘忿于回易，又知其谋泄，遂忧愤发背而卒。将卒，谓子勰曰，杀我者诸伧子，能复之，乃吾子也。吴人谓中州人曰伧，故云耳。

同书同卷周勰传云：

> 勰常缄父言。时中国亡官失守之士避乱来者，多居显位，驾御吴人，吴人颇怨。勰因之欲起兵，潜结吴兴郡功曹徐馥。馥家有部曲，勰使馥矫称叔父札命以合众，豪侠乐乱者，翕然附之，以讨王导刁协为名。孙皓族人弼亦起兵广德以应之。馥杀吴兴太守袁琇，有众数千，将奉札为主。时札以疾归

家，闻而大惊，乃告乱于义兴太守孔侃。飚知札不同，不敢发兵。馥党惧，攻馥，杀之。孙弼众亦溃，宣城太守陶猷灭之。元帝以周氏奕世豪望，吴人所宗，故不穷治，抚之如旧。

同书同卷周札传略云：

札一门五侯，并居列位，吴士贵盛，莫与为比，王敦深忌之。后〔周〕莚丧母，送者千数，敦益惮焉。及敦疾，钱凤以周氏宗强，与沈充权势相侔，欲自托于充，谋灭周氏，使充得专威扬土，乃说敦曰：夫有国者患于强逼，自古鲜难恒必由之。今江东之豪，莫强周、沈，公万世之后，二族必不静矣。周强而多俊才，宜先为之所，后嗣可安，国家可保耳。敦纳之。时有道士李脱者，妖术惑众。弟子李弘，养徒灊山，云应谶当王。故敦使庐江太守李恒告札及其诸兄子与脱谋图不轨。时莚为敦谘议参军，即营中杀莚及脱、弘，又遣参军贺鸾就沈充尽掩杀札兄弟子，既而进军会稽袭札。札先不知，卒闻兵至，率麾下数百人出拒之。兵散见杀。及敦死，札、莚故吏并诣阙讼周氏之冤，宜加赠谥。事下八坐，尚书卞壸议以札石头之役，开门延寇，遂使贼敦恣乱，札之责也。追赠意所未安。司徒王导议以宜与周顗、戴若思等同例。朝廷竟从导议，追赠札卫尉。

寅恪案，东晋初年孙吴旧统治阶级略可分为二类，一为文化士族，如吴郡顾氏等是，一为武力强宗，如义兴周氏等是，前者易于笼络，后者则难驯服，而后者之中推义兴周氏为首，钱凤所谓"江东之豪莫强周、沈"者，诚为实录，盖此等强宗具有武力经济等地方之实力，最易与南来北人发生利害冲突，而元帝、王导委曲求全，以绥靖周氏，实由其势力特强之故，必非有所偏爱。不过畏其地方势力之强大而出此，断可知也。然江东之豪族亦不止义兴周氏，孙吴旧统治阶级亦多不满南来之北人，何以义兴周氏一门特别愤恨北人，至于此极者，颇疑其所居住之地域与南来之北人接触，两不相下，利害冲突所致也。

北人南来避难约略可分为二路线，一至长江上游，一至长江下游，路线固有不同，而避难人群中其社会阶级亦各互异，其上层阶级为晋之皇室及洛阳之公卿士大夫，中层阶级亦为北方士族，但其政治社会文化地位不及聚集洛阳之士大夫集团，除少数人如徐澄之、臧琨等外（见晋书玖壹儒林传徐邈传），大抵不以学术擅长，而用武勇擅战著称，下层阶级为长江以北地方低等士族及一般庶族，以地位卑下及实力薄弱，远不及前二者之故，遂不易南来避难，其人数亦因是较前二者为特少也。兹先就至长江下游之路线言之，下层阶级大抵分散杂居于吴人势力甚大之地域，既以人数寡少，不能成为强有力之集团，复因政治社会文化地位之低下，更不敢与当地吴人抗衡，遂不得不逐渐同化于土著之吴人，即与吴人通婚姻，口语为吴语，此等可以陈之皇室及王敬则家等为代表。（陈霸先先娶吴兴钱氏女，续娶吴兴章氏即钮氏女，见南史壹贰陈武宣章皇后传。王敬则接士庶皆吴语，见南齐书贰陆王敬则传。陈霸先之先世，不知其在西晋末年真为何地人，但避难南来，定居吴兴郡长城县。王敬则之籍贯，据南史肆伍王敬则传，本为临淮射阳，后侨居晋陵南沙县。然则同为自北而南避难过江之伧楚，俱是北来南人之下层社会阶级，故杂居吴人势力甚大之地域，遂同化于吴人也。）此等人之势力至南齐以后始渐兴起，其在东晋初年颇不重要，故本文姑置不论。

东西晋之间江淮以北次等士族避乱南来，相率渡过阻隔胡骑之长江天堑，以求保全，以人事地形便利之故，自必觅较接近长江南岸，又地广人稀之区域，以为安居殖产之所。此种人群在当时既非占有政治文化上之高等地位，自不能亦不必居住长江南岸新立之首都建康及其近旁。复以人数较当时避难南来之上下两层社会阶级为多之故，又不便或不易插入江左文化士族所聚居之吴郡治所及其近旁，故不得不择一距新邦首都不甚远，而又在长江南岸较安全之京口晋陵近旁一带，此为事势所必致者也。据元和郡县图志贰伍江南道壹润州丹阳县条云：

> 新丰湖在县东北三十里，晋元帝大兴四年晋陵内使张闿所立。旧晋陵地广人稀，且少陂渠，田多恶秽。闿创湖，成溉灌之利。初以劳役免官，后追纪其功，超为大司农。

可知东晋初年京口晋陵一带地广人稀，后来此区域之发展繁盛实有赖于此种避难南来者之力也。又据元和郡县图志贰伍江南道壹常州义兴县条云：

> 晋惠帝时妖贼石冰寇乱扬土，县人周玘创义讨冰。割吴兴之阳羡并长城县之北乡为义兴郡，以表玘功。

及宋书叁伍州郡志壹南徐州刺史条略云：

> 晋永嘉大乱，幽、冀、青、并、兖州及徐州之淮北流民，相率过淮，亦有过江在晋陵郡界者。晋成帝咸和四年，司空郗鉴又徙流民之在淮南者于晋陵诸县，其徙过江南及留在江北者，并立侨郡县以司牧之。故南徐州备有徐、兖、幽、冀、青、并、扬七州郡邑。户七万二千四百七十二，口四十二万六百四十。晋陵太守领户一万五千三百八十二，口八万一百一十三。义兴太守领户一万三千四百九十六，口八万九千五百二十五。

世说新语捷悟类郗司空在北府桓宣武恶其居兵权条刘注引南徐州记曰：

> 徐州人多劲悍，号精兵，故桓温常曰：京口酒可饮，箕可用，兵可使。

晋书捌肆刘牢之传略云：

> 刘牢之彭城人也。曾祖羲，以善射事武帝，历北地、雁门太守。父建，

有武干，为征虏将军。世以壮勇称。牢之面紫赤色，须目惊人，而沉毅多计画。太元初，谢玄北镇广陵，时符坚方盛，玄多募劲勇，牢之与东海何谦、琅邪诸葛侃、乐安高衡、东平刘轨、西河田洛及晋陵孙无终等以骁猛应选。玄以牢之为参军，领精锐为前锋，百战百胜，号为"北府兵"，敌人畏之。

宋书壹武帝纪略云：

高祖武皇帝讳裕，小名寄奴，彭城县绥〔舆〕里人。〔曾〕祖混始过江，居晋陵郡丹徒县之京口里。〔帝〕乃与〔东海何〕无忌同船共还，建兴复之计。于是与弟道规、沛郡刘毅、平昌孟昶、任城魏咏之、高平檀凭之、琅邪诸葛长民、太原王元德、陇西辛扈兴、东莞童厚之，并同义谋。

魏书玖捌岛夷萧道成传略云：

岛夷萧道成晋陵武进楚也。

又同书同卷岛夷萧衍传略云：

岛夷萧衍亦晋陵武进楚也。

则知此种人群所住居之晋陵郡，其人口之数在当时为较繁庶者，但尚不及周氏住居之义兴郡，是周氏宗族之强大可以推见。此种北来流民为当时具有战斗力之集团，易言之，即江左北人之武力集团，后来击败苻坚及创建宋、齐、梁三朝之霸业皆此集团之子孙也。此种人群既为勇武之团体，而与豪宗大族之义兴周氏所居之地接近，人数武力颇足对抗，其利害冲突不能相下，又不能同化，势成仇敌，理所必然。此东晋初年义兴周氏所具之特殊性，而为元帝、王导笼络吴人政策中最重要之一点，抑可知矣。至南来北人之上层社会阶级本为住居洛阳及其近旁之士大夫集团，在当时政治上尤其在文化上有最高之地位，晋之司马氏皇室既舍旧日之首都洛阳，迁于江左之新都建业，则此与政治中心最有关系之集团自然随司马氏皇室，移居新政治中心之首都及其近旁之地。王导之流即此集团之人物，当时所谓"过江名士"者是也。但建业本为孙吴旧都，吴人之潜在势力甚大，又人口繁庶，其经济情势必非京口晋陵一带地广人稀空虚区域可比。此集团固占当日新都政治上之高位，若复殖产兴利，与当地吴人作经济上之竞争，则必招致吴人之仇怨，违反当日笼络吴人之国策。此王导及其集团之人所不欲或不能为者也。然此等人原是东汉儒家大族之子孙，拥戴司马氏篡魏兴晋，即此集团之先世所为。其豪奢腐败促成洛阳政权之崩溃，逃命江左，"寄人国土"，喘息稍定，旧习难除，自不能不作"求田问舍"之计，以恢复其旧日物质及精神上之享乐。新都近旁既无空虚之地，京口晋陵一带又为北来次等士族所占有，至若吴郡、义兴、吴兴等皆是吴人势力强盛之地，不可插入。故惟有渡过钱塘江，至吴人士族力量较弱之会稽郡，转而东进，为经济之发展。观下引此集团领袖王、谢诸家"求田问舍"之史料,可为例证也。

晋书捌拾王羲之传略云:

> 〔王〕述后检察会稽郡,辩其刑政,主者疲于简对。羲之深耻之,遂称病去郡,于父母墓前自誓。羲之既去官,与东土人士尽山水之游。与吏部郎谢万书曰:顷东游还,修植桑果,并行田视地利,颐养闲暇。

宋书陆柒谢灵运传略云:

> 灵运因父祖之资,生业甚厚。奴僮既众,义故门生数百。凿山浚湖,功役无已。寻山陟岭,必造幽峻,岩障千重,莫不备尽。登蹑常着木履,上山则去前齿,下山去其后齿。尝自始宁南山,伐木开径,直至临海,从者数百人。临海太守王琇惊骇,谓为山贼,徐知是灵运乃安。在会稽亦多徒众,惊动县邑。

寅恪案,世人以为王右军谢康乐为吾国文学艺术史上特出之人物,其欣赏自然界美景之能力甚高,而浙东山水佳胜,故于此区域作"求田问舍"之计,此说固亦可通,但难解释阳羡溪山之幽美甲于江左,而又在长江流域,王、谢诸名士何以舍近就远,东过浙江"求田问舍",特留此幽美之溪山,以待后贤之游赏耶?鄙意阳羡溪山虽美,然在"杀虎斩蛟"之义兴周氏势力范围以内(可参晋书伍捌周处传),王、谢诸名士之先世(参晋书柒玖谢安传)及本身断不敢亦不能与此吴地豪雄大族竞争。故唯有舍幽美之胜地,远至与王导座上群胡同类任姓客所居临海郡接近之区域,为养生适意之"乐园"耳。由此言之,北来上层社会阶级虽在建业首都作政治之活动,然其殖产兴利为经济之开发,则在会稽临海间之地域。故此一带区域亦是北来上层社会阶级所居住之地也。

上述南来北人至长江下游之路线及其居住之区域既竟,兹请再论南来北人至长江上游之路线,及其居住之区域如下:

梁书拾萧颖达传略云:

> 兄颖胄,齐建武末行荆州事,颖达亦为西中郎外兵参军,俱在西府。东昏遣辅国将军刘山阳为巴西太守,道过荆州,密敕颖胄袭雍州。时高祖已为备矣。仍遣颖胄亲人王天虎以书疑之。山阳至,果不敢入城。颖胄计无所出,夜遣钱塘人朱景思呼西中郎城局参军席阐文、谘议参军柳忱闭斋定议。阐文曰:萧雍州蓄养士马,非复一日,江陵素畏襄阳人,人众又不敌,取之必不可制。

寅恪案,此传最可注意之点为席阐文所谓"江陵素畏襄阳人"一语。此点不独涉及梁武帝之霸业,即前此之桓玄、刘毅、沈攸之,后此之梁元帝、萧詧诸人之兴亡成败皆与之有关也。若欲明了此中关键,必先考释居住襄阳及江陵之南来北人为当时何等社会阶级。此种南来北人亦可分为三等,与南来北人之迁居长江下游者之类别亦约略相似。兹为简便计,其下层阶级南来北人与吴人杂居者,关系不重要,可置不论,只论上中两层南来北人之阶级如下:

宋书叁柒州郡志叁雍州刺史条略云:

> 晋江左立。胡亡氐乱,雍、秦流民多南出樊、沔,晋孝武始于襄阳侨立雍州,并立侨郡县。宋文帝元嘉二十六年,割荆州之襄阳、南阳、新野、顺阳、随五郡为雍州,而侨郡县犹寄寓在诸郡界。孝武大明中,又分实土郡县以为侨郡县境。

南齐书壹伍州郡志雍州条略云:

> 雍州。
> 新野郡。

寅恪案,史言"胡亡氐乱,雍、秦流民多南出樊、沔"。此谓永嘉南渡后事。然西晋末年中州扰乱,北人莫不欲南来,以求保全,当时具有逃避能力者自然逐渐向南移动,南阳及新野之上层士族,其政治社会地位稍逊于洛阳胜流如王导等者,则不能或不必移居江左新邦首都建业,而迁至当日长江上游都会江陵南郡近旁一带,此不仅以江陵一地距胡族势力较远,自较安全;且因其为当日长江上游之政治中心,更为占有政治上地位之人群所乐居者也。又居住南阳及新野地域之次等士族同时南徙至襄阳一带。其后复值"胡亡氐乱",雍、秦流民又南徙而至此区域。此两种人之性质适与长江下游居住京口晋陵一带之北人相似,俱是有战斗力之武人集团,宜其为居住江陵近旁一带之文化士族所畏惧也。请更分析解释下引史料,以证明之:

北周书肆壹庾信传哀江南赋云:

> 我之掌庾承周,以世功而为族;经邦佐汉,用论道而当官。禀嵩、华之玉石,润河、洛之波澜。居负洛而重世,邑临河而晏安。逮永嘉之艰虞,始中原之乏主。民枕倚于墙壁,路交横于豺虎。值五马之南奔,逢三星之东聚。彼凌江而建国,此播迁于吾祖。分南阳而赐田,裂东岳而胙土。诛茅宋玉之宅,穿径临江之府。

隋书柒捌艺术传庾季才传略云:

> 庾季才,新野人也。八世祖滔,随晋元帝过江,官至散骑常侍,封遂昌侯,因家于南郡江陵县。

梁书壹玖宗夬传略云:

宗夬，南阳涅阳人也，世居江陵。祖景，宋时征太子庶子，不就，有高名。父繁，西中郎谘议参军。夬少勤学，有局干。弱冠，举郢州秀才。齐司徒竟陵王集学士于西邸，并见图画，夬亦预焉。永明中，与魏和亲，敕夬与尚书殿中郎任昉同接魏使，皆时选也。

南齐书伍肆刘虬传（参南史伍拾刘虬传）略云：

刘虬南阳涅阳人也。旧族，徙居江陵。建元初，豫章王为荆州，教辟虬为别驾，与同郡宗测、新野庾易并遣书礼请。永明三年，刺史庐陵王子卿表虬及同郡宗测、宗尚之、庾易、刘昭五人，请加蒲车束帛之命。诏征为通直郎，不就。

世说新语栖逸类（参晋书玖肆隐逸传刘驎之传）略云：

南阳刘驎之高率善史传，隐于阳岐。荆州刺史桓冲征为长史。（刘注引邓粲晋纪曰：驎之字子骥，南阳安众人。）

又同书任诞类略云：

桓车骑在荆州，张玄为侍中，使至江陵，路经阳岐村。（刘注云：村临江，去荆州二百里。）俄见一人持半小笼生鱼，径来造船，云：有鱼欲寄作脍。张乃维舟而纳之，问其姓字，称是刘遗民。（刘注引中兴书曰：刘驎之一字遗民。）

吴士鉴晋书刘驎之传斠注引洪亮吉东晋疆域志曰：

石首有阳岐。

寅恪案，上述北人南来之上层士族，其先本居南阳一带，后徙江陵近旁地域，至江左政权之后期，渐次著称。及梁元帝迁都江陵，为此集团最盛时代。然西魏灭梁，此种士族与北方南来居住建业之上层士族遭遇侯景之乱，幸得逃命至江陵者，同为俘虏，随征服者而北迁，于是北方上层士族南渡之局遂因此告一结束矣。

宋书捌叁宗越传云：

宗越南阳叶人也。本河南人，晋乱，徙南阳宛县，又土断属叶。本为南阳次门，安北将军赵伦之镇襄阳。襄阳多杂姓，伦之使长史范颖之条次氏族，辨其高卑，颖之点越为役门，出身补郡吏。

梁书玖曹景宗传略云：

　　曹景宗新野人也。父欣之，为宋将，位至征虏将军、徐州刺史。景宗幼善骑射。

同书拾蔡道恭传（南史伍伍蔡道恭传同）略云：

　　蔡道恭南阳冠军人也。父郡宋益州刺史。道恭累有战功。

同书同卷杨公则传（南史伍伍杨公则传同）略云：

　　杨公则天水西县人也。父仲怀，宋泰始初为豫州刺史殷琰将，战死于横塘，公则殓毕，徒步负丧归乡里。（寅恪案，宋书叁柒州郡志雍州刺史条下有南天水太守及西县令。公则之乡里当即指此。）

同书壹贰席阐文传（南史伍伍席阐文传同）略云：

　　席阐文安定临泾人也。齐初，为雍州刺史萧赤斧中兵参军，由是与其子颖胄善。（寅恪案，宋书叁柒州郡志秦州刺史条有安定太守。又云：晋孝武复立，寄治襄阳。阐文既为雍州刺史府参军，疑其家亦因晋孝武时"胡亡氐乱"南迁襄阳者也。）

同书壹柒马仙琕传（南史贰陆袁湛传附马仙琕传同）略云：

　　马仙琕扶风郿人也。父伯鸾，宋冠军司马。仙琕少以果敢闻。（寅恪案，宋书叁柒州郡志雍州刺史条下有扶风太守郿县令。）

同书壹捌康绚传（南史伍伍康绚传同）略云：

　　康绚华山蓝田人也。其先出自康居。初，汉置都护，尽臣西域，康居亦遣侍子待诏于河西，因留为黔首，其后即以康为姓。晋时陇右乱，康氏迁于蓝田。绚曾祖因为苻坚太子詹事，生穆，穆为姚苌河南尹。宋永初中，穆举乡族三千余家，入襄阳之岘南，宋为置华山郡蓝田县，寄居于襄阳，以穆为秦、梁二州刺史，未拜，卒。绚世父元隆，父元抚，并为流人所推，相继为华山太守。绚少倜傥有志气，齐文帝为雍州刺史，所辟皆取名家，绚特以才力召为西曹书佐。永明三年，除奉朝请。文帝在东宫，以旧恩引为直。后以母忧去职，服阕，除振威将军、华山太守。推诚抚循，荒余悦服。迁前军将军，复为华山太守。永元元年，义兵起，绚举郡以应。

寅恪案，上述诸人皆属长江上游南来北人之武力集团，本为北方中层社会阶级，即宗越传所谓"次门"者是，与长江下游居住京口晋陵一带之南来北人为武力集团者正同，但其南迁之时代较晚，观杨公则、席阐文、康绚诸传，可知此等人其先世之南迁当在"胡亡氐乱"以后，故其战斗力之衰退亦较诸居住长江下游京口晋陵一带之武力集团为稍迟，梁武帝之兴起实赖此集团之武力，梁之季年此集团之武力已不足用，故梁武不得已而改用北来降将。至陈霸先则又别用南方土著之豪族，此为江左三百年政治社会上之大变动，本文所不能详及者也。

总而言之，西晋末年北人被迫南徙孙吴旧壤，当时胡羯强盛，而江东之实力掌握于孙吴旧统治阶级之手，一般庶族势力微薄，观陈敏之败亡，可以为证。王导之笼络江东士族，统一内部，结合南人北人两种实力，以抵抗外侮，民族因得以独立，文化因得以续延，不谓之民族之功臣，似非平情之论也。

寅恪草此文时，距寓庐不远，适发见一晋墓（墓在广州河南敦和乡客村），其砖铭曰：

永嘉世，天下灾。但江南，皆康平。
永嘉世，九州空。余（馀）吴土，盛且丰。
永嘉世，九州荒。余（馀）广州，平且康。

呜呼！当永嘉之世，九州空荒，但仅存江南吴土尚得称康平丰盛者，是谁之力欤？

原载《中山大学学报（社会科学版）》1956年第1期

书世说新语文学类钟会撰四本论始毕条后

陈寅恪

世说新语文学类云：

钟会撰四本论始毕，甚欲使嵇公一见，置怀中，既定，畏其难，怀不敢出，于户外遥掷，便回急走。

刘注云：

魏志曰：会论才性同异，传于世。四本者，言才性同，才性异，才性合，才性离也。尚书傅嘏论同，中书令李丰论异，侍郎钟会论合，屯骑校尉王广论离。文多不载。

寅恪昔年撰《论陶渊明之思想与清谈之关系》一文，其大旨以为六朝之清谈可分前后两期。后期之清谈仅限于口头及纸上，纯是抽象性质。故可视为言语文学之材料。至若前期之清谈，则为当时清谈者本人生活最有关之问题，纯为实际性质，即当日政治党系之表现。故前期之清谈材料乃考史论世者不可忽视之事实也。世说此条之刘注实为前期清谈重要资料，而昔年之文所未及释证者。今略论之，以补昔文所未备也。

东汉中晚之世，其统治阶级可分为两类人群。一为内廷之阉宦。一为外廷之士大夫。阉宦之出身大抵为非儒家之寒族，所谓"乞匄携养"之类。（三国志魏志陆袁绍传裴注引魏氏春秋载绍檄州郡文中斥曹嵩语。）其详未易考见，暂不置论。主要之士大夫，其出身则大抵为地方豪族，或间以小族。然绝大多数则为儒家之信徒也。职是之故，其为学也，则从师受经，或游学京师，受业于太学之博士。其为人也，则以孝友礼法见称于宗族乡里。然后州郡牧守京师公卿加以征辟，终致通显。故其学为儒家之学，其行自必合儒家之道德标准，即仁孝廉让等是。质言之，小戴记大学一篇所谓修身齐家治国平天下一贯之学说，实东汉中晚世士大夫自命为其生活实际之表现。一观后汉书党锢传及有关资料，即可为例证。然在西汉初中时代，大学所言尚不过为其时儒生之理想，而蕲求达到之境界也。（小戴记中大学一篇疑是西汉中世以前儒家所撰集。至中庸一篇，则秦时儒生之作品也。寅恪别有说，今不具论。）然则当东汉之季，其士大夫宗经义，而阉宦则尚文辞。士大夫贵仁孝，而阉宦则重智术。盖渊源已异，其衍变所致，自大不相同也。

魏为东汉内廷阉宦阶级之代表，晋则外廷士大夫阶级之代表。故魏、晋之兴亡递嬗乃东汉晚年两统治阶级之竞争胜败问题。自来史家惟以曹魏、司马晋两姓之关系目之，殊未尽史事之真相也。本来汉末士大夫阶级之代表人袁绍，其凭借深厚，远过于阉宦阶级之代表人曹操，而官渡一战，曹氏胜，袁氏败。于是当时士大夫阶级乃不得不隐忍屈辱，暂与曹氏合作，但乘机恢复之念，未始或忘也。东汉末世与曹孟德合作诸士大夫，官渡战后五十年间（官渡之战在汉献帝建安五年，即公元二〇〇年。司马懿夺取曹爽政权在魏齐王芳正始十年，即公元二四九年）多已死亡，而司马仲达，其年少于孟德二十四岁，又后死三十一年（曹操生于后汉桓帝永寿元年，即公元一五五年，死于献帝建安二十五年，即公元二二〇年。司马懿生于后汉灵帝光和二年，即公元一七九年，死于魏齐王芳嘉平三年，即公元二五一年），乘曹氏子孙孱弱昏庸之际，以垂死之年，奋起一击。二子师、昭承其遗业，终于颠覆魏鼎，取而代之，尽复东汉时代士大夫阶级统治全盛之局。此固孟德当时所不及料，而仲达非仅如蒋济之流，老寿久存，遂得成功。实由其坚忍阴毒，有迥出汉末同时儒家迂缓无能之上者。如晋书壹宣帝纪所云：

  魏武察帝有雄豪志，闻有狼顾相，欲验之。乃召使前行，令反顾，面正向后，而身不动。帝于是勤于吏职，夜以忘寝，至于刍牧之间，悉皆临履，由是魏武意遂安。

可为例证也。

  夫曹孟德者，旷世之枭杰也。其在汉末，欲取刘氏之皇位而代之，则必先摧破其劲敌士大夫阶级精神上之堡垒，即汉代传统之儒家思想，然后可以成功。读史者于曹孟德之使诈使贪，唯议其私人之过失，而不知此实有转移数百年世局之作用，非仅一时一事之关系也。今迻录孟德求才三令，而略论释之于下。

三国志魏志壹武帝纪建安十五年云：

  〔建安〕十五年春，下令曰：自古受命及中兴之君，曷尝不得贤人君子与之共治天下者乎？及其得贤也，曾不出闾巷，岂幸相遇哉？上之人不求之耳。今天下尚未定，此特求贤之急时也。孟公绰为赵、魏老则优，不可以为滕、薛大夫。若必廉士而后可用，则齐桓其何以霸世？今天下得无有被褐怀玉，而钓于渭滨者乎？又得无盗嫂受金，而未遇无知者乎？二三子其佐我明扬仄陋，唯才是举，吾得而用之。

  〔建安十九年十二月〕乙未令曰：夫有行之士，未必能进取，进取之士，未必能有行也。陈平岂笃行，苏秦岂守信邪？而陈平定汉业，苏秦济弱燕。由此言之，士有偏短，庸可废乎？有司明思此义，则士无遗滞，官无废业矣。

  〔建安二十二年裴注引魏书曰：〕秋八月，令曰：昔伊挚、傅说出于贱人，管仲，桓公贼也，皆用之以兴。萧何、曹参，县吏也，韩信、陈平负污辱之名，有见笑之耻，卒能成就王业，声著千载。吴起贪将，杀妻自信，散金求官，母死不归。然在魏，秦人不敢东向，在楚，则三晋不敢南谋。今天下得无有至德之人放在民间，及果勇不顾，临敌力战；若文俗之吏，高才异质，或堪为将守；负污辱之名，见笑之行，或不仁不孝而有治国用兵之术。其各举所知，勿有所遗。

东汉外廷之主要士大夫，既多出身于儒家大族，如汝南袁氏及弘农杨氏之类，则其修身治家之道德方法亦将以之适用于治国平天下，而此等道德方法皆出自儒家之教义，所谓"禹贡治水""春秋决狱"，以及"通经致用""国身通一""求忠臣于孝子之门"者，莫不指是而言。凡士大夫一身之出处穷达，其所言所行均无敢出此范围，或违反此标准者也。此范围即家族乡里，此标准即仁孝廉让。以此等范围标准为本为体。推广至于治民治军，为末为用。总而言之，本末必兼备，体用必合一也。孟德三令，大旨以为有德者未必有才，有才者或负不仁不孝贪诈之污名，则是明白宣示士大夫自来所遵奉之金科玉律，已完全破产也。由此推之，则东汉士大夫儒家体用一致及周孔道德之堡垒无从坚守，而其所以安身立命者，亦全失其根据矣。故孟德三令，非仅一时求才之旨意，实标明其政策所在，而为一政治社会道德思想上之大变革。顾亭林论此，虽极骇叹（日知录壹叁正始条），然尚未尽孟德当时之隐秘。盖孟德出身阉宦家庭，而阉宦之人，在儒家经典教义中不能取有政治上之地位。若不对此不两立之教义，摧陷廓清之，则本身无以立足，更无从与士大夫阶级之袁氏等相竞争也。然则此三令者，可视为曹魏皇室大政方针之宣言。与之同者，即是曹党，与之异者，即是与曹氏为敌之党派，可以断言矣。

夫仁孝道德所谓性也。治国用兵之术所谓才也。当魏晋兴亡递嬗之际，曹氏司马氏两党皆作殊死之斗争，不独见于其所行所为，亦见于其所言所著。四本论之文，今虽不存，但四人所立之同异合离之旨，则皆具在。苟就论主之旨意，以考其人在当时政治上之行动，则孰是曹魏之党，孰是司马晋之党，无不一一明显。职是之故，寅恪昔文所论，清谈在其前期乃一政治上党派分野向背从违之宣言，而非空谈或纸上之文学，亦可以无疑矣。兹更略征旧籍，以证实之于下。

三国志魏志贰壹傅嘏传略云：

曹爽秉政，何晏为吏部尚书。嘏谓爽弟羲曰：何平叔外静而内銛，巧好利，不念务本。吾恐必先惑子兄弟，仁人将远，而朝政废矣。晏等遂与嘏不平，因微事以免嘏官。起家拜荥阳太守，不行。太傅司马宣王请为从事中郎。曹爽诛，为河南尹，迁尚书。正元二年春，毌丘俭、文钦作乱。或以司马景王不宜自行，可遣太尉孚往，惟嘏及王肃劝之。景王遂行。以嘏守尚书仆射，俱东。俭、钦破败，嘏有谋焉。及景王薨，嘏与司马文王径还洛阳，文王遂以辅政。嘏以功进封阳乡侯。

三国志魏志贰捌钟会传略云：

毌丘俭作乱，大将军司马景王东征，会从，典知密事，卫将军司马文王为大军后继。景王薨于许昌，文王总统六军，会谋谟帷幄。时中诏勒尚书傅嘏，以东南新定，权留卫将军屯许昌，为内外之援，令嘏率诸军还。会与嘏谋，使嘏表上，辄与卫将军俱发，还到雒水南屯住。于是朝廷拜文王为大将军、辅政。会迁黄门侍郎，封东武亭侯，邑三百户。及（诸葛）诞反，车驾住项，文王至寿春，会复从行。寿春之破，会谋居多。亲待日隆，时人谓之子房。以中郎在大将军府管记室事，为腹心之任。

据此傅、钟皆司马氏之死党，其持论与东汉士大夫理想相合，本极自然之理也。世说新语贤媛类王公渊娶诸葛诞女条刘注引魏氏春秋曰：

　　王广字公渊，王凌子也。有风量才学，名重当世，与傅嘏等论才同异，行于世。

三国志魏志贰捌王凌传云：

　　〔凌子〕广有志尚学行。〔凌败并死，〕死时年四十余。

三国志魏志玖夏侯尚传略云：

　　中书令李丰虽宿为大将军司马景王〔师〕所亲待，然私心在〔夏侯〕玄。遂结皇后父光禄大夫张缉，谋欲以玄辅政。嘉平六年二月，当拜贵人，丰等欲因御临轩，诸门有陛兵，诛大将军。大将军微闻其谋，请丰相见。丰不知而往，即杀之。

据此，王、李乃司马氏之政敌。其持论与孟德求才三令之主旨符合，宜其忠于曹氏，而死于司马氏之手也。

世说此条所记钟士季畏嵇叔夜见难掷与疾走一事，未必尽为实录，即令真有其事，亦非仅由嵇公之理窟词锋，使士季震慑避走，不敢面谈。恐亦因士季此时别有企图，尚不欲以面争过激，遂致绝交之故欤？今考嵇、钟两人，虽为政治上之死敌，而表面仍相往还，终因毌丘俭举兵，士季竟劝司马氏杀害叔夜。世说记此一段逸事，非仅可供谈助，而论古今世变者，读书至此，亦未尝不为之太息也。

抑更有可论者，嵇公于魏、晋嬗替之际，为反司马氏诸名士之首领，其所以忠于曹魏之故，自别有其他主因，而叔夜本人为曹孟德曾孙女婿（见三国志魏志贰拾沛穆王林传裴注引嵇氏谱），要不为无关。清代吕留良之反建州，固具有民族之意义，然晚村之为明室仪宾后裔，或亦与叔夜有类似之感耶？因附论及之，以供治史论事之君子参证。

原载《中山大学学报（社会科学版）》1956年第3期

论李栖筠自赵徙卫事

陈寅恪

白氏长庆集陆壹唐故虢州刺史赠礼部尚书崔公墓志铭略云：

> 公讳玄亮。汉初始分为清河博陵二祖，故其后称博陵人。公之将终也，遗诫诸子云："自天宝已还，山东士人皆改葬两京，利于便近，唯吾一族，至今不迁。我殁，宜归全于滏阳先茔，正首丘之义也。"

寅恪案，大唐帝国自安史乱后，名虽统一，实则分为两部。其一部为安史将领及其后裔所谓藩镇者所统治。此种人乃胡族或胡化汉人。其他一部统治者为汉族或托名汉族之异种，其中尤以高等文化之家族，即所谓山东士人者为代表。此等人群推戴李姓皇室，维护高祖太宗以来传统之旧局面，崇尚周孔文教，用进士词科选拔士人，以为治术者。自与崇尚弓马，以战斗为职业之胡化藩镇区域迥然不同。河北旧壤为山东士人自东汉魏晋北朝以降之老巢，安史乱后已沦为胡化藩镇之区域，则山东士人之舍弃其祖宗之坟墓故地，而改葬于李唐中央政府所在之长安或洛阳，实为事理所必致，固无足怪也。

吾国中古士人，其祖坟住宅及田产皆有连带关系。观李吉甫，即后来代表山东士族之李党党魁李德裕之父所撰元和郡县图志，详载其祖先之坟墓住宅所在，是其例证。其书虽未述及李氏田产，而田产当亦在其中，此可以中古社会情势推度而知者。故其家非万不得已，决无舍弃其祖茔旧宅并与茔宅有关之田产而他徙之理。此又可不待详论者也。

崔玄亮之言乃指天宝安史乱后山东士人一般情形，此可以今日洛阳出土之唐代墓志证之。如李德裕一家，其姬妾子妇诸墓志，即是其例（见罗振玉贞松老人遗稿石交录并拙著李德裕贬死年月及归葬传说考辨）。然观李德裕一家在未葬洛阳之前，实有先徙居卫州汲县之事。其徙居之时代复在天宝安史之乱以前，则其中必别有未发之覆。兹略取李氏一家徙居史料释论之。其他山东士族亦可据以推说之也。

新唐书壹肆陆李栖筠传略云：

> 李栖筠世为赵人。始居汲共城山下。〔族子〕华固请举进士，俄擢高第，帝（代宗）引拜栖筠为〔御史〕大夫。〔后〕内忧愤卒，年五十八。

寅恪案，李栖筠者，吉甫之父，德裕之祖也。新书此传当取材于权德舆之文。据权载之文集叁叁唐故银青光禄大夫御史大夫赠司徒赞皇文献公李公文集序略云：

> 初未弱冠，隐于汲郡共城山下，营道抗志，不苟合于时。族子华名知人，尝谓公曰："叔父上邻伊周，旁合管乐，声动律外，气横人间。"感激西上，举秀才第一。病有司试赋取士，非化成之道，著贡举议。德舆先公与公天宝中修词射策为同门生。

可知也，又据李德裕会昌一品集壹捌请改封卫国公状略云：

> 亡祖先臣曾居卫州汲县，解进士及第，傥蒙圣恩，改封卫国，遂臣私诚。

综合上引史料观之，有可注意者二事。一为李栖筠自赵迁卫之年代，二为李栖筠何以迁卫之后，始放弃其家世不求仕进之传统，而应进士举。此二事实亦具有连带关系。兹姑依材料之性质，分别论之于下。

金石粹编玖玖黄石公祠记碑题"布衣赵郡李卓撰"。碑阴有大历八年高阳齐嵩之题记。其文云：

> 所题赵郡李卓，即今台长栖筠。

又旧唐书壹壹代宗纪云：

> 大历八年正月甲子御史大夫李栖筠弹吏部侍郎徐（阙）。

寅恪案，权宋两氏俱言李栖筠年未弱冠，即自赵徙卫，新传言栖筠卒年五十一。若自大历八年（七七三年）栖筠为御史大夫之岁，年未弱冠，即二十岁以前，当在玄宗开元之晚年。其时中国太平无事，号为唐代极盛之世。栖筠忽尔离弃乡邑祖宗历代旧居之地，而远隐于汲县之共城山，必有不得已之苦衷，自无可疑。此事当于李唐一代河北地域在安史乱前求其解释，亦即玄宗开元时代河北地域政治社会之大变动所造成之结果也。寅恪尝于拙著唐代政治史述论稿上篇已详言之，兹仅迻录最有关之材料一条于下，而略论释之，读者别取拙著参之可也。

旧唐书壹玖肆上北突厥传（新唐书贰壹伍上突厥传同）略云：

> 〔开元〕四年默啜又北讨九姓拔曳固，战于独乐河，拔曳固大败。默啜负胜轻归，而不设备，遇拔曳固逋卒颉质略于柳林中，突出击默啜，斩之。

寅恪案，吾国旧史所谓北突厥即东突厥。自颉利可汗败灭后，未几又复兴。默啜可汗之世，为东突厥复兴后最盛时代。其大帝国东起中国之东北边境，西至中亚细亚，实包括东西突厥两大帝国之领域也。凡与吾国邻近游牧民族之行国，当其盛时，本部即本种，役属多数其他民族之部落，即别部。至其衰时，则昔日本部所役属之别部大抵分离独立，转而归附中国，或进居边境，渐入内地，于是中国乃大受影响。他不必论，即以唐代吐蕃为例。吐蕃始强盛于太宗贞观之时，而衰败于宣宗大中之世。大中之后，党项部落分别脱离吐蕃本部独立，散居吾国西北边境。如杨氏即戏曲小说中之"杨家将"之"杨"，如折氏即说部中"佘太君"之佘，皆五代北宋初活动于西北边塞之部族也。至若西夏之拓跋氏则关系吾国史乘，自北宋至元代者，至钜且繁，更无待言矣。吐蕃之衰败时，其影响如是，突厥之衰败时，其影响亦然。盖自玄宗开元初东突厥衰败后，其本部及别部诸胡族先后分别降附中国，而中国又用绥怀政策，加以招抚。于是河北之地至开元晚世，约二十年间，诸胡族入居者日益众多，喧宾夺主，数百载山东士族聚居之旧乡，遂一变而为戎区。辛有见被发野祭于伊川，实非先兆，而成后果矣。夫河北士族大抵本是地方之豪强，以雄武为其势力之基础，文化不过其一方面之表现而已。今则忽遇塞外善于骑射之胡族，土壤相错杂，利害相冲突，卒以力量不能敌抗之故，惟有舍弃乡邑，出走他地之一途。当李栖筠年未弱冠之时，即玄宗开元之晚年，河北社会民族之情状如此，斯实吾国中古史之一大事，又不仅关系李栖筠一家也。

旧唐书壹捌上武宗纪会昌四年十二月条云：

〔李〕德裕曰："臣无名第，不合言进士之非。然臣祖（李栖筠）天宝末（寅恪案，徐松登科记考柒李栖筠为天宝七年进士。又权德舆言其父皋与栖筠'天宝中修词射策为同门生'。故天宝末疑当作天宝中）以仕进无他伎，（寅恪案，"伎"新唐书肆肆选举志上作"岐"。"岐""歧"通用字。）勉强随计，一举登第。自后不于私家置文选，盖恶其祖尚浮华，不根艺实。

寅恪案，李德裕所言其痛恶进士科之理由，盖承述其祖栖筠贡举议之说，自不待多论。但最可注意者，即谓其祖于天宝时仕进无他途一语。考山东士族之兴起，其原因虽较远较繁，然其主因实由于东汉晚世董卓黄巾之变及西晋末年胡族之乱。当日政治文化中心之洛阳，失其领导地位，而地方豪族遂起而代之。于是魏晋南北朝之门阀政治因以建立。虽隋唐统一中国，江左之贵族渐次消灭，然河北之地，其地方豪族仍保持旧时传统，在政治上固须让关陇胡汉混合集团列居首位，但在社会上依然是一不可轻视之特殊势力也。职此之故，河北士族不必以仕宦至公卿，始得称华贵，即乡居不仕仍足为社会之高等人物。盖此等家族乃一大地主，终老乡居亦不损失其势力，自不必与人竞争胜负于京邑长安洛阳也。考国史补中所载李德裕祖宗事迹云：

李载者，燕代豪杰。常臂鹰携妓以猎，旁若无人。方伯为之前席，终不肯任。（寅恪案，"任"当作"仕"。）载生栖筠，为御史大夫，磊落可观，然其器不及父。栖筠生吉甫，任相国八年，柔而多智。"公惭卿，卿惭长。"近之矣。吉甫生德裕，为相十年，正拜太尉，清直无党。

是栖筠之父载终身不仕，而地方官吏敬惮之如此。斯亦山东士族本为地方豪强，不必以仕宦而保持其地位势力之例证也。又参以新唐书柒贰上宰相世系表赵郡李氏两祖条载：栖筠父名载，祖名肃然，皆无官爵。惟曾祖君逸下注"隋谒者台郎"。则知栖筠之祖肃然亦不仕进，其行事当与其子载相似。两世如此，足征其家固不必以仕宦保持其社会地位也。至栖筠曾祖君逸仕为隋谒者台郎，姑无论自隋末年至唐之中叶，其时代已颇久远，即就为谒者台郎一事，亦有可得而论者。隋书贰捌百官志下略云：

  炀帝即位，多所改革。增置谒者司隶二台，并御史为三台。
  谒者台又置散骑郎从五品二十人，承议郎（正六品）通直郎（从六品）各三十人，宣德郎（正七品）宣义郎（从七品）各四十人，征事郎（正八品）将仕郎（从八品）常从郎（正九品）奉信郎（从九品）各五十人，是为正员，并得禄当品。又各有散员郎，无员无禄。寻改常从为登仕，奉信为散从。

  寅恪案，隋炀失政，命官猥多。谒者台之散员郎，疑即李君逸之所任。此等职名亦如后世小说中之所谓"员外"者，正是乡居土豪之虚衔耳，固未必常时寄居京邑也。李氏累代既为地方土豪，安富尊荣，不必仕宦，故亦不必与其他自高宗武则天以降由进士词科出身之人竞争于长安洛阳之间，作殊死之战斗，如元和以后牛李党派之所为者也。李栖筠既不得已舍弃其累世之产业，徙居异地，失其经济来源，其生计所受影响之钜，自无待言。又旅居异地，若无尊显之官职，则并其家前此之社会地位亦失坠之矣。夫李氏为豪纵之强宗，栖筠又是才智不群之人，自不能屈就其他凡庸仕进之途径，如明经科之类，因此不得不举进士科。举进士科，则与其他高宗武则天后新兴之士大夫阶级利害冲突。此山东旧族之李党所以与新兴词科进士阶级之牛党不能并存共立之主因。然非河北士族由胡族之侵入，失其累世之根据地，亦不致此。斯则中古政治社会之大事变，昔人似未尝注意，故因李栖筠自赵徙卫事，略发其覆如此，以待治国史考世变之君子论定焉。

原载《中山大学学报（社会科学版）》1956年第4期

西周的社会性质

刘 节

一、问题的提出

西周的社会性质是讨论中国史分期问题的中心环节，目前中国史学界对于这一个问题尚未能得到一致的意见；但问题已经渐渐地讨论得更为深入了，因此我也把个人的私见先提出来，希望专家同志们加以批评和讨论。以前对于这个问题的意见大体上分为三派：最早的一派，主张中国的历史从西周开始便已走入封建社会了；后来又有一派人主张中国的封建社会起于春秋战国之际，大约公元前五、六世纪左右，中国已经进入封建社会了；但是在这一派人中间又有人主张周宣王时就开始封建化了的，照这样说来西周后期已经转入封建社会了；另外还有一派人以为从春秋战国以后一直到两汉都还是奴隶社会，更不必说西周是奴隶社会了。这些情况都是大家知道的，不过这第三派人近来渐渐多起来，这派人以研究世界史的同志们为多。他们一方面根据苏联学者研究古代东方史的方法，以为从殷代（本来应称商代，兹从周初人的称呼）直到东汉末都还是古代东方式的奴隶社会；另外一方面根据马克思在前资本主义生产形态一文中所说的理由[①]，以为西周的社会是属于马克思所说的第一种生产形态，其特征是亚细亚生产方式——公社长期残存，没有土地私有制。并且马克思曾说过"尽人皆是奴隶制之东方"[②]一句话，因此这派人很强调中国的西周时代应该属于古代东方式的奴隶社会。在这三派说法中，作者同意第一派人的说法。但是我的讲法稍微有些不同。虽然，其结论是相同的。东周以前，我们中国基本上说来是没有土地私有制，但是土地私有的个别事实是存在的；公社的残存也是不可否认的事实，可是我们得研究一下这种公社是属于那一种类型。马克思所说的亚细亚生产方式，以及苏联学者所指的古代东方式的奴隶社会，应该以殷代为限；到了西周，中国的土地私有制已经开始要发芽了。当然土地私有制在奴隶社会里也有的，单就这一点来判断西周的社会性质是不够的，我们还有很多理由要说。现在从下列几个方面去分析我们所要研究的问题：首先就是从低级的奴隶制社会的基础之上是否有可能出现封建社会呢？因为有人以为在初期奴隶制的基础之上是不可能产生封建社会的。照我的看法是可能产生的。其次，就要说明封建制度的主要内容，这应该是土地所有制，而土地所有制与公社形式是有连带关系的。殷周之际的公社究竟是属

[①] 马克思著：《前资本主义生产形态》一文，见1953年《文史哲》第1期至第3期，又见中国人民大学世界史教研室出版《世界古代史参考资料》第1辑。

[②] 见1953年《文史哲》第3期，39页，上栏，11行。

于马克思所说的那一种公社呢？从公社形式这一角度去看当时的土地制度，会可以得到比较正确的结论的。再其次，就是封建社会与奴隶社会的基本区别在那里呢？照我的看法，西周是封建社会了，其特征何在呢？其封建化的经过如何？对于这些问题，我准备作一番更为透彻明确的解释。现在还有这样一个问题，殷代既然是初期奴隶制社会了，为什么不向前发展呢？它的灭亡原因何在呢？因此我在这里补充说明中国古代奴隶制没落的原因。末了我还要说明社会发展是不平衡的，各部落之间的发展水平也是不平衡的。我们说西周是封建社会，并不就等于说西周时黄河流域各地都是封建社会；不过是说当时某些先进部族已进入封建制度，不是说所有的部落或部族都已进入封建社会。就因为某些先进部族已经出现封建制度，自然那个时候是封建制度占主导势力的时代了。有人甚至说秦汉都还是奴隶社会，我也附带的对于这个问题说了几句。不能因为看见有相当多的关于奴隶的记载，就认为这时是奴隶社会。奴隶社会与封建社会的分界线不仅仅在奴隶人数的多寡上，主要的还是封建土地所有制。我们的主要论点就是这些问题。

二、从低级的奴隶社会的基础之上是否可能出现封建制度呢？

马克思在《政治经济学批判》序言上说："无论那一个社会形态，当从它所给以充分发展余地的那一切生产力还没有展开以前，是决不会灭亡的；而新的更高级的生产关系当它藉以存在的那些物质条件还没有在旧社会胞胎里成熟以前，是决不会出现的。"[①]因此，有一派人就根据这几句话说："殷代既然是低级的奴隶社会，它正是要向高级奴隶制发展的，为什么西周会出现初期封建社会呢？"[②]我以为马克思这几句话照原则上应该可以这样说的。可是从另一方面看，也有"由一个社会形态过渡到另一个更高级的社会形态的生产关系，是在这个旧的生产关系未完结以前的。但是这样的过渡，只有在护有更高级的生产力的基础之上，才有可能实现。"[③]象东方斯拉夫人，就未曾经过奴隶社会阶段而走向封建社会的。又如中国古代的鲜卑族，也未曾达到高度的奴隶社会，即走向封建社会的。这就可以说明在低级的奴隶社会的基础之上是可以转向封建社会的。当然他们都已经进入铁器大量使用的时代，牛耕也已经成为很普遍的耕种技术了。即就这两点来说，西周的时候不只是有此可能，而且兽耕或牛耕已经成为确定的事实了。前年北京历史博物馆展览出的古物中就有战国时代的铁器，而发现的地方在兴隆山和鞍山，这些地方在战国时代还是老远的边区。翦伯赞先生说得好：

> 这说明了当时的铁制生产工具已经不仅是普遍用于当时文化发达地区，而且也普遍使用于当时中原以外边远地方。从铁制生产工具的发明到使用，需要一段时间；从文化发达的中原地区的普遍使用，到边远地区的普遍使用，又需要一段时间；从边远地方的普遍使用，到自己制造，乃至大规模制

---

① 马克思著：《政治经济学批判序》，人民出版社1955年版，页3，第9行。
② 这样说法的人相当多，不列举姓名了。
③ 中国人民大学油印本苏联专家报告。

造，又需要一段时间。①

这一事实的发现，对于我的说法大有帮助。兴隆山在河北省靠近热河的地方，所出的铁范都是铸铁，有七八十件之多，不能不承认是大规模制造了。既然是铸铁，可以想到中原一带早已知道锻铁了。左传鲁昭公29年（前512）"晋国一鼓铁以铸刑鼎"，这是说已经以生铁铸鼎。在欧洲"从15世纪起，铁的生产已不用湿法，而学会了熔铸法"②，中国人对于铸铁的知识早过欧洲人一千多年。按照社会发展的规律来推论，铁的开始使用，总在殷代晚年。我以前曾经有过这样看法，现在也有实物作证了。战国以前的铁器出土并不是不可能的，因为铁容易氧化，所以出土的很少。公刘诗中已经说到"取厉取锻"，尚书费誓篇也说到"锻乃戈矛，砺乃锋刃"，这两处的"锻"字应指锻铁而言。说文："锻，小冶也。"段玉裁说："小冶，即小作炉鞴以冶金；冶之则必椎之，故曰锻铁。"古器中铜是说铸的，铁还是说锻。当然，纯铜的最初使用也是用冷淬法锻冶而成的；但是殷周之际的铜兵早已是青铜，用铜锡合铸而成，淬铜这件事在那时已成过去了。周礼考工记："段氏为镈器。"段即锻，小篆作叚。象一手执椎、一手执钳，作椎击的形状。考工记段氏一节今已亡佚，但可推证所锻者显然不是兵器，也不是乐器，乃是农具。周颂良耜篇："如镈斯赵"，臣工篇："庤乃钱镈"，都可以证"镈器"确是金属农具。此外还有其他方法可以证明中国古代早已有金属农具。从殷代到西周，有两种乐器：在殷代就有的名"铎"，到西周中期才出现的③有"钟"，形式相近。"钟"与"铎"都象农具形。尤其是"镈钟"，像两镈相合之形。因此农具名"镈"，钟也有名"镈"的。古代农民以农具为乐器，于农隙时，在田间相撞击以为乐，以后才有变为镈钟一类的乐器。金属农具也曾经作过交换媒介的，因此东周以后出现了大量似农具形的"铲币"，④这就是农具名"钱"、货币也有名"钱"的缘故。东周以后又有像犁辕的"磬币"，⑤也是以农具作交换媒介的又一证明。钱币之模仿农具形，决不是偶然的事。必定金属农具先已成为交换媒介，然后才有象农具形的钱币出现。从使用金属农具到用金属农具作交换媒介要有一段时间，从使用金属农具作交换媒介到模仿农具形的钱币的出现又需要一段时间。金属农具之出现于殷周之际是可以相信的。安阳小屯虽然出现大量石镰⑥，但不能说这些石镰是殷代末年的东西。那么西周初年的金属农具是铜制的呢，还是铁制的？铜是相当贵的，西周人称之为"吉金"，战国时人称之为"美金"。以铜制农具是有的，过去也曾经出现过春秋时的铜犁⑦，最近也

---

① 翦伯赞先生著：《考古发现与历史研究》，载1953年，5月22日，光明日报。
② 《封建社会历史译文集》262页，3行。梅伊曼与斯喀兹金合著《论封建社会形态的基本经济法则》一文中所载。又英国人李约瑟所著《中国科学技术史》一书中略同此说。
③ 宗周钟系厉王时器。
④ 丁鹂保编《古钱大辞典》，载东周的铲币有城市名的，约50种之多。
⑤ "磬币"也出于东周。尔雅释乐："大磬谓之磬"。郭璞注："磬形似犁辕"也似桥，故又名"桥币"。其实从犁辕形出。
⑥ 1954年《历史研究》第6期，陈梦家先生著：《西周文中殷人的身份》，页106。
⑦ 见前历史语言研究所集刊第二本，第一分，徐中舒先生所著《耒耜考》。又见《燕京学报》第37期，陆懋德先生《关于铜犁的考证》。

出现殷代晚期的"铜铲"。铁字古文从夷作"銕"，表示这类金属出于东夷，或南夷。诗鲁颂泮水："元龟象齿，大赂南金。"这"南金"可能就是铁，可能殷代晚期就有了。这件事是非常重要的！因为生产工具起了变化，于是引起生产关系的大变化；而且就因为创造了新的生产工具，正在早期奴隶社会末年，所以引起生产关系大变动也正在这个时候了。现在还有一个问题，这"农具"是领主们所有呢？还是村公社所有呢？或者是农民自己所有呢？对于这个问题，现在人都着重在臣工篇"命我众人，庤乃钱镈"的"乃"字上做文章。我以为无论如何解法，不管这"钱镈"是领主们所有、公社所有，或农民自己所有，在文句上还不可能得到解决。但既然可以用农具作交换媒介，假定农民们每个人自己都没有的话，还可能用来作交换媒介吗？农具这东西在西周时之可以农民们私有是可信的。牛耕这件事，据胡厚宣、陈梦家两位先生的说法，在殷代都已有此迹象。郭沫若先生也是承认的。古代传说"舜以象耕"，并且原始部族也有以犬耕的。关于这个问题已经有许多人作过解答，也不必详细说了。

  周人在渭水流域起家，"周原膴膴，堇荼如饴"，那一带农业是很发达的！《史记》货殖传说："关中自汧渭以东至河华，膏壤沃野千里；自虞夏之贡，以为上田；而公刘适邠，大王王季在岐，文王作丰，武王治镐，故其民犹有先王之遗风；好稼穑，殖五谷。"农业发达就是生产力提高了的标帜。当然，殷人的农业也是相当发达的，而且很重视农业。但是渭水流域的农业更为发达，而且很重视农业，以后稷为"田祖"；其部族自名为𤰒，其字象田畖形，在西周铜器中早已有"稻粱"①之名，周人恐怕早已知道种植水稻。欧洲中古初期的生产技术，也不过只知道用重犁，用牛耕。据陆懋德先生所得春秋时的铜犁也相当大。至于榨油，做酒，更不稀奇了。中国人从殷代以来就已经知道养蚕，缫丝，这种技术比榨油，做酒，不知高明了多少。有人说：周人的生产力水平低，文化水平低。这是不可相信的。殷代晚期，周族早已经知道制造铜器。今所传貊子卣、同卣，就是武王以前的器。此外还有好几件称𢆷王、矢王、吕王的器都应该属于姬姜之族。尤其是貊子卣，器身铸上几只鹿，与铭文相应，更显出是初期的作风。如果把周人当作"野蛮人"看待，恐怕比之把日耳曼人当作"野蛮人"看待还要没有根据。当然劳动力之能够得到解放，是有一些先决条件的。马克思曾经这样说过："直接生产者必须：（一）有足够的劳动力；（二）他的劳动的自然条件必须是充分丰沃的。那就是他的劳动的自然生产率必须是够大的，足以使他在做过满足自己必要的需要所必需做的劳动以后还有做剩余劳动的可能。这种可能是不会创造出地租的，由这种可能性创造出一个现实性的强制，才把地租创造出来"。②这就是说生产技术提高了，劳动人民才有出现剩余劳动的可能，于是奴隶主们才能用超经济的强制来实行劳役地租。奴隶社会末期的隶农制就是在这种条件下出现的。依照这一种说法殷周之际不只是有"前徒倒戈

---

  ① 见史免簠。"稻粱"之"稻"作𥝩。从秜，从臼，从米作。其字从秜，必起于西周以前的游耕部族。金文中有䍙嫘殷，其字从㭌，从臼，从米作。似为一字。知䍙也是一部族名，可能就是发现稻的部族。上举二器并见三代吉金文存卷10，及卷7。

  ② 马克思著：《资本论》，人民出版社1953年版，卷3，页1034，行3至行9。

攻于后，以北，身流漂杵！"①这样的大革命，这样巨大的阶级斗争，必定因为早已经有生产技术的改进，与渭水流域的地方肥沃，生产力正在向前发展，使原有殷人所保存的生产关系已经不能适应这一种生产力的性质，于是才引起殷人本部的大革命，这才是顺应时势要求的创举。从这一观点去说，那时确乎是有从低级的奴隶社会转向封建社会的可能。

专就生产力一方面去看，殷周之际的社会正在向前发展是肯定了的。但据我更深入一层去看，欧洲中世纪之能从奴隶社会转向封建社会，却不仅仅是在技术方面的向前提高，主要的还是因为劳动力之得到解放。欧洲中世纪当奴隶制度转向封建制度时，其最初的关键是由于奴隶之变为"隶农"②。这种制度在东罗马比之在西罗马还要出现早一点，但是封建化的完成东欧反比西欧方面晚一点。这是什么原因呢？隶农制就是解放奴隶的初步措施。"结果隶农制得到广泛流行"，成为"中世纪农奴的先驱"③（这是恩格斯的话）。这种制度在拜占庭农业中占显著地位，于是奴隶与隶农之间的社会地位与财产地位愈久而愈相接近；就在这种转变中，使劳动者能够直接处理生产资料：如自己有一小块土地，有生产工具，及自己的住屋等等，由此劳役地租才能成为初期封建地租的主要形式。其次，就是作为东罗马帝国土地制度主要特征的，是早期拜占庭比西欧在较大程度上保有自由农民和自由农民公社的残余④。再其次，从4世纪到6世纪时，东罗帝国区域以内也出现了大领地的不断兼并，和奴役自由农民的过程，作为大地主手中奴役自由农民的有力工具的投靠制开始急剧地发展；大地主利用农民的经济困难，并用直接压力，迫使农民把土地交给他们，而使之成为依附者⑤。在西欧的情况也是一样的，这是恩格斯早已说过的。总而言之，不论东欧或西欧，在农奴化的过程方面基本上是一致的，不过有快慢的不同而已。但是生产力基本上未遭到破坏的东欧，在封建化的过程上，反而慢些。在这里，我们现在只能从生产力得到解放这一角度去看生产力的得到提高，否则就难于得到正确的解答了。因为在西欧，奴隶来源减少了比较早些，于是生产关系不能适应生产力性质的实际矛盾也开始早些，因之旧日的枷锁被打破也来得快些，如果只是从生产技术上去看，仍是不能够得到正确的解答的。

一定还有人这样问：中国人为什么会在那么早的时候就发现封建制度呢？象殷代这样低的奴隶社会底胞胎里也能够产生封建制度吗？这怕是不可能的吧！好了！我再来答复这个问题吧！据我的看法，封建制度的基本因素，正是产生在低级奴隶制的胞胎里的。首先要说明，从奴隶社会到封建社会，与从封建社会到资本主义社会有一个很大的区别。从奴隶社会转到封建社会，在生产技术上并没有一个不可逾越的距离，可是必须

---

① 此伪古文本武成文。但其事见于史记周本纪，孟子《尽心篇》下，王充《论衡》艺增篇，逸武成文当与此相近。

② 隶农一名见国语晋语一。原文云："其犹隶农也。虽获沃田，而勤易之，将不克飨，为人而已"。与世界史中所谓"高伦"一义相近。

③ 见恩格斯著：《家庭私有制和国家起源》，载1955年莫斯科外国文出版局本《马恩文选》第2集，298页。

④ 柯斯明斯基著：《世界中世纪史》，郭守田译文，52页，1行。

⑤ 见《家庭私有制和国家起源》，《马恩文选》，第2集，302页。

要做到一点，就是必须使生产资料基本上转归直接生产者自己来支配。这种生产方式与古代氏族公社里的生产方式还比较接近些，因为那时候的公社成员还比较能自由地处理自己的生产资料；但是与高级奴隶制社会的生产方式是根本不相同的，因为那时候的奴隶们连自己的生存权都不能保有。"前资本主义的地租是以生产者有较大独立性为前提的"①，奴隶社会与封建社会的主要分别应该从生产关系上看问题，而不应该专从生产技术上看问题。列宁在《俄国资本主义的发展》一书中也曾经指出封建生产方式有4个特点：（1）自然经济占统治地位；（2）小生产为封建生产的基础，以别于奴隶制大庄园生产，并且劳动者没有与生产资料分离，而是和生产资料有机地连系着的；就是说：还必需把直接生产者束缚于土地上；（3）超经济强制农民在地主土地上工作，就出现劳役地租；或者强迫农民向地主交纳部分产品，即实物地租；（4）受小生产所限制的低下而粗笨生产技术水平。②这就是我上文所说的话的重要根据。再其次，我们可以把高级奴隶制社会象晚期罗马帝国的工商业拿来与欧洲中世纪初期封建社会的工商业作一比较，反而觉得初期封建社会的工商业落后许多。欧洲中世纪的生产水平，到了9世纪才渐渐好转。"在西罗马灭亡后400年内，生产水平毫无改变，它甚至把居民群众重新拉回到了原来那种起点状态上"，③直到11世纪以后，工商业才慢慢的走向繁荣。这种情况虽然与我国殷周之际不是完全相同，但是用日耳曼人的新制度来改革罗马人的生产关系一点却是同一类型的。

即就欧洲中世纪的农业技术方面来说，也不过是从换地休耕制为二圃制所代替，更进一步便出现三圃制。这种制度恩格斯在论《玛尔克》一文中有详细的叙述。他说"凡属实行所谓三田制（即三圃制）的地方，——而事实上几乎是到处实行的，——村落中全部可耕的土地总是分成三个相等的部分，每个部分与其他部分总是轮流的；第一年播冬天种子，第二年播夏天种子，第三年休息，只犁不种。所以一个村落每年都有它的冬田、夏田、和休耕田"。④这种轮耕的制度最早出现于9世纪加洛林王朝的文献中，其推广乃在10世纪至11世纪之间，⑤这时已经进入封建社会中期了。中世纪农业的发达全在三圃制的推广。我们就从这一角度看中国古代的农业技术，三圃制的推行，当在春秋中叶开始；到了汉武帝的时候，在技术上又更进了一步（公元前7世纪到前2世纪）。鲁僖公15年（前644），晋国作"爰田"，国语晋语三作"辕田"。章昭注引贾逵说："辕，易也。为易田之法，尝众以田。易者，易疆界也。"说文走部引作"趄田"。注云："趄田易居。"可见"易田之法"即换田法。爰，辕，趄，3字皆与"换"字同音义近。此外如周礼大司徒职分不易之地，一易之地，再易之地，3种。遂人职又分

---

① 《奴隶社会历史译文集》，页70，行12。施塔耶尔曼著：《关于奴隶制瓦解的问题一文》。
② 列宁著：《俄国资本主义之发展》。解放社本，161页至162页。
③ 《奴隶社会历史译文集》页27，第6行至9行。又见《家庭私有制和国家起源》，《马恩选集》第2集，303页。
④ 恩格斯著：《玛尔克》。见中国人民大学世界通史教研室出版世界古代史参考资料第1辑，72页。
⑤ 同前柯著：《世界中世纪史》15，"在凯撒时代已盛行由一地向另一地时常转移耕地的休耕制"。又见谢苗诺夫著：《世界中世纪史》，东北师范大学世界史教研室译本，78页。

上、中、下及莱4种。这"莱"就是"辟艹莱"的"莱"，是未垦的荒地。从耕种技术的发展史上去看垦荒的方法，无疑地是与换地休耕制到三圃制有直接关系的。在殷周之际，垦荒的方法已经知道分3个步骤，尔雅释地："田一岁曰菑，二岁曰新田，三岁曰畬。"这三个名称在西周初年就已经出现。在诗经周颂、易经卦爻辞里就已经提到了。大田篇说"以我覃耜，俶载南亩"；周颂载芟篇也说"有略其耜，俶载南亩"，训诂家读"俶载"二字为"炽菑"。新垦起来的荒田叫做"菑"。郭璞说："江东呼初耕地反艹为菑"，炽菑就是焚田的意思。第一年反艹烧田，到了第二年便成"新田"了。采芑篇说："薄言采芑，于彼新田，于此菑亩。"菑亩说已经解释过，新田就是"耕之二岁，渐成柔和"的田，到了第三年，便成为"新畬"了。周颂臣工篇："如何新畬？于皇来牟，将受厥明。"易经无妄六二爻辞："不耕获，不菑畬。"据郭璞说："治田三岁，则土脉膏肥，田已柔和，故曰畬。"本来有了"柔田"，既然"土脉膏肥"了，也就没有换田耕种的必要了。据胡厚宣先生的说法，殷代人已经知道施肥了，又何必再来换田耕种呢？不过土脉膏肥的地段究竟是不多，即使知道施肥，也不见得普遍，因此"三田法"在春秋以后就普遍地推行起来了。国语晋语一说隶农"虽获沃田，而勤易之"。这"易之"的"易"，显然是"易田"。管子乘马数篇又说："相壤定籍，而民不移"，就是用土壤的肥硗，定"籍田"的高下，使劳动人民能够安土重迁。吕氏春秋乐成篇也说："魏氏之行田也以百亩，而邺独二百亩，是田恶也。"都可以证明"易田法"从春秋战国以来是普遍存在的。汉书地理志也说"秦孝公用商君制辕田"，孟康注云"三年爰土易居，古制也"；商鞅以后"自在其田，不复易居"。所谓古制，到底古到什么时候呢？小雅斯干云"爰居爰处"，大雅公刘篇也说"爰众爰有"，可见"爰土易居"的办法在西周时已有。何休注公羊僖公十五年传也说："三年一换主易居。"何、孟二人都把"易田法"解作"爰土易居"的。照我的看法，这是换地休耕制，还不能真是三圃制。贾逵注国语是说："易者，易疆界也。"这就是三圃制了。食货志也是说："三岁更耕之，自爰其处。"但在地理志里孟康又注云："爰自在其田，不复易居。"我以为"不复易居"的就是"易疆界"，这样便与赵过"代田法"相近了。班固也以为这是古法。墨子节葬下篇："垄若参耕之亩"，这就是"一畮三甽"的办法，自然是"不复易居"了，这才是真正的三圃制。食货志："赵过能为代田，一畮三甽，岁代处，故曰代田，古法也。"又说"苗生叶以上，稍耨陇艹，因隤其土以附苗根。故其诗曰：或芸，或芋，黍稷儗儗！"据说这样做法，可以"陇尽而根深，能风与旱"。似乎比上引恩格斯的话还要更进一步。总而言之"代田法"比"易田法"是更进一步的，至少春秋战国间"三田制"一定已经在中国黄河流域普遍推行的，但这件事在欧洲的出现，已经进入封建社会的中期11世纪以后了。

有人说中国古代是古代东方式的奴隶社会，那末我们在两河流域，或古代埃及，也曾经发现过三圃制没有呢？中国在公元前7世纪以后已经逐渐普遍推行三圃制了，为什么到了汉代都还是奴隶社会呢？殷周之际有些先进的部族在黄河流域各地创造出几个封建社会的据点，就从这些据点上推行先进的封建主义的社会经济制度。由点及面，逐步地把那些夹杂其间的落后部落慢慢地提高了，才造成两汉时代一般地在黄河流域各地都实行着封建土地所有制，地主普遍存在了。汉代以后，才又慢慢地推向长江流域各地。

假定不是在周代初年就已经发现"耤田以力"的原则，那末从殷代的低级的奴隶制社会的娘胎里所发展起来的，一定是高级奴隶制社会。到了战国以后，就会更为发达了。虽雄才大略如汉武帝，也没有力量能够把这一自发的经济势力压伏下去的。"封建社会与奴隶社会有许多共同之点存在的（约有六点）。因此使一些具备建立发达的奴隶制社会形态的条件的国家有可能越过发达的奴隶制生产方式的阶段，从家长奴役制，甚至从原始公社制，立即过渡到封建制度。这条道路的好处就在于向封建制度直接过渡，意味着过渡到历史上比发达的奴隶制度更为进步，浪费更少的制度。"①这一说法，与我在上面所提供的意见是完全相符合的。

三、土地制度与公社形式，以及殷周之际的公社究竟属于马克思所说的那一种形式？

马克思所谓亚细亚生产方式的主要内容，是假定古代东方各地"土地公有"，与"公社长期存在"，为前提的。因此有人主张周代的公社是属于马克思前资本主义生产形态一文中所说的第一种类型的公社，或者是古代东方式的氏族公社。从土地所有权方面去看，马克思也曾经说过："如在大多数基本的，亚细亚的形态里面，高居于这一切小集团之上的统一体，作为最高所有者而出现。因此，实际的公社却不过作为承袭的占有者而出现。"②照有一派人的看法，"那就是在原始公社末期，当'共同体'所有的土地已在逐渐地转为'私人'所有的一段期间的地租形态"。"同时从事耕作的，最初也既非奴隶。也非农奴"，而是"自由的，但对土地有参加集体耕作义务的自耕土地所有者"，③若照我的看法，象这样的土地所有制形式，与公社形式，都应该属于我国殷代晚期的社会，而不能够把它说成是西周以后的社会。我们先来说公社形式吧。象上面所说的那样的公社，在欧洲方面有如下一些例子：古代克里特的公社，后来残存的斯拉夫族的公社，在波兰，罗马尼亚，也有过这样的公社。其中只有克里特的公社是转向希腊的奴隶社会以外，其他大都是在这样的基础之上转向封建社会的。据马克思在答维拉·查苏里奇的信里说："各种原始公社——历史构成的系统中，也有着一系列的原生的，次生的，再次生的等形态。——直到今天，我们所有的只有一些贫乏的描绘。"④虽然如此，马克思也曾经把这些原生的，次生的，与再次生的公社，作过一次概括的叙述。他说："首先，所有较早的原始的公社都是建立在自己的成员的血缘关系上的。农村公社则割断了这种强韧的，然而狭窄的联系，从而更能适应环境，更扩大维系与其他公社的联系。——其次在公社内部房屋及其附属物——庭园，已经是农民的私有财产。可是远在农业兴起以前，公有的房屋曾经是当时各种形式的公社的物质基础之一。最后在农村公社中虽然耕地仍归村公社所有，但公社各个成员之间，已经进行定期分配。因

---

① 1954年《史学译丛》第1期99页。又见《封建社会历史译文集》249页，梅伊曼与斯喀兹金合著：《论封建社会形态的基本经济法则》一文。
② 《前资本主义生产形态》，《文史哲》本，第1期，34页，上栏，22行。
③ 同上《文史哲》本，29页，上栏，33行。又见28页，吴大琨先生著：《论前资本主义社会地租的三种基本形态》。
④ 1955年《史学译丛》第3期，第5页，7行至10行。

此每一个农民是用自己的力量来耕种分给他的一份田地，并把从耕作得来的果实留为己有。然而在较早的公社中，生产则共同进行，被分配的只有产品。"①在这里所说的两种公社形式：前一种是原生的原始氏族公社，这种公社的血缘纽带很强。在生活资料方面，如房屋一类东西还是公有的，作公社的物质基础之一。在公社以内进行被分配的只有产品。后一种公社呢，血缘纽带稍稍解开了；房屋一类东西已经归私人所有了，公社已经拿土地来定期分配了。这后一种公社就是日耳曼人的马克公社（即后期的玛尔克），也就是马克思在前资本主义生产形态一文中所说的第三种类型的公社。在这种再次生的与原生的公社之间，应该还有一种中间型的公社，但不是马克思所说的第二种生产形态中的公社。因为那第二种公社是属于"希腊罗马古典奴隶社会中的公社，——耕地是城市的领土，乡村不是等于土地附属物，土地等于耕作者的工场"②。那末我们所要说的中间型的公社，也就是一种次生型的公社，究竟是什么样子的公社呢？这种公社就是早期日耳曼人的公社。恩格斯在玛尔克③一文中说到"在罗马凯撒的年代里，至少日耳曼人的一大部分，就是历史上所称的苏维菲人，还没有找到定居的地方。当时他们的田地是共同耕种的。从别的部落的情况加以推论，可知所谓共耕，就是个别的氏族中所包括的若干血亲相近的家族，一起耕作一块分到的土地，而一起分享到所有的产物，而这块地也是逐年改换的。但在公元将近开始的时候，苏维菲人就在新的土地上定居下来之后，这种办法就很快地停止了"。在"后于凯撒150年的泰基图斯的历史著作里，只说到耕作是由个别的家族进行的"。据上述恩格斯所说的话，算是次生型的公社之一。其次，马克思也曾经在资本论中说过的。他说："在古代土地共有制过渡为自耕农业以后，这种共有制的遗迹在波兰、罗马尼亚等处保留下来。——在那里土地一部分是属于个别农民，是由他们独立耕作，别一部分则是集体耕作的。"④这种公社，据说也就是古代东方式同一类型的公社。苏联学者奥斯特罗维强诺夫先生说："照例是国家财产的土地是在公社的掌握中。一部分公社土地共同耕种，其他一部则分成份地，交给个别家族。（即前所谓'共同体'与'私人'的关系。本文作者注。）农民约有三分之一时间用公社的工具，牲畜，在公社田地上工作，而其余时间则在自己份地上劳动。国营农业收入，以及征自份地的税收，由国王和贵族支配。"⑤这种制度，据有一派人的了解，以为中国的井田制度与上述这种制度很相似，因此说中国古代与这个阶段"最相符合的——应当是周代"。⑥若专就形式一方式看来，是有点相似的。但是最相符合的到是殷代的公社，而不是周代的公社。

根据孟子的讲法：殷代是行过"助法"的，而"助法"确是有"公田"的。孟子说："助者，借也。"依照现在所能举出的关于甲骨铜器等方面的资料，也确实可以

---

① 同上刊第6页，23行，至第7页，8行。
② 《前资本主义生产形态》，《文史哲》本，第1期24页，下栏，33行，至25页，上栏，2行。
③ 见中国人民大学世界史教研室出版世界古代史参考资料第1辑，67页。
④ 《资本论》人民出版社本，卷3，1048页，18行。
⑤ 见1954年《历史研究》第6期，吴大琨先生著：《与范文澜同志论划分中国奴隶社会与封建社会的标准问题》一文中所引。
⑥ 1953年《文史哲》第2期，25页，下栏，12行。

证明了这一点。甲骨文中屡见："观耤"（后编下卷，28页，16片），及"耤受年"（前编7卷，15页，3片），"小耤臣"（前编卷6，页17，片5）等名词。从字形上去研究，耤字作 ⿱，象人形执耒，会意，其字应写作"倈"，或"徕"。到了金文里，如令鼎："王大耤农于諆田"；又載毁："令女官嗣耤田"，这里又出现了"耤农"，与"耤田"，两个名词；这时的耤字已变为形声字，作 ⿱，从人形执耒，昔声。可见从人，昔声，的借字；与从草，耤声，的藉字；显然看出都是西周以后的字。但是正好在这里保存下"助"字中就含有"借"字的意义。再来看"助"字吧！小篆虽然从力，且声；若以甲骨文"叠田"的"叠"从耒作证，可知原本"助"字也是从耒的。我们如果把嘉字作 ⿱、静字作 ⿱，等字一齐比较一下，就可以证明原本都是从耒；"且"即"田祖"之祖，原是从且，从耒，会意。因为从祖与从人有同样的意义。再说：助字，借字，协字，在意义上也都是相通的。说文引"殷人七十而助"之助作"耡"，并且说："耡，耤税也"；其实原本就是锄头的锄字，也作"耡"；耒与耡，都是古代两种最主要的农具。郑众注周礼地官遂人，及里宰，都读耡为耤。杜子春也以耡为助。都可以看出助、借两字其造字之初与农具都有直接关系，其原意都是从用农具借给农民耕种土地这一观点而出的。从这里又可以看出用农具借给劳动人民这一事实，是与古代一般奴隶社会中奴隶主给奴隶以农具耕种土地的情形有一部分相近；不过在殷代，是以公社用农具给劳动大众来耕种的可能性为多，如同前引奥斯特罗维强诺夫先生所说的东方奴隶制度一样。现在还要问：是不是把农民大众们所耕种出来的产品全部收归公社所有呢？还是一部分由劳动大众自己保有呢？周礼遂人职说："以兴耡利甿。"甿就是"甿庶"，也就是殷代人所说的"众人"；耡就是"助法"，用现代的话说：就是行"助法"以利劳动大众。这样说来，这种借农具给劳动人民的"助法"，决非古典奴隶社会的剥削方式，比之全部出产品都归奴隶主所有的剥削方式是要减轻许多的。据孟子滕文公上篇的讲法，殷人已经行"助法"，又说"惟助为有公田"。最近有人把殷虚书契前编卷2，页45，片1，"贞！乎帚敎田于 ⿱"，释为"田于公"，因此也说殷代已经有"公田"。其实"⿱"字说文作"分"字解，从二八，读如"上下有别"的"别"字。帚敎所田的与其说是"公田"，还不如说是"份地"。续编卷4，页26，片1，"辛丑，卜殷贞！帚妌乎黍□商"。如果"⿱"是"份地"，"商"便是"公田"了。"黍于商"，很象是耕耤田；因此才有"观耤"，"耤受年"，等等说法。即使"⿱"不是"份地"，是一地名，也不能否定殷代已经行耤田法。我们可以从甲骨文中看出殷人确是用大批的农民大众来耕种的。前编卷4，页30，片2，"贞！宙小臣令众黍，一月"。又卷5，页20，片2，"壬寅，卜宾贞，王往 ⿱众黍于冏"。又卷7，页30，片2；续编卷2，页28，片5；及殷契粹编866条合看，得如下一文："敨贞，王大令众人曰：叠田，其受年。"（续编一文中叠田的田字十分清楚。粹编条有剥落。前编条文稍异。）这里很明显的可以看出殷王，乃至于当时的公社，是命令大批人众在田野里耕作的。众字甲骨文从日下三人作 ⿱，三字代表多数；这个字本身就是表示多数人在太阳下劳作，因此就名劳动人民为"众人"，或者就称为"众"；同时"叠田"的"叠"字也从三个耒字，作 ⿱，表示叠田时也是有多数人。从此推想起来，当时的生产方式是奴隶主，或者公社里用大批劳动人民来耕种的，不是以小农经济为主的封建社会，也可想而知。

殷代既然不能认为是高级的奴隶社会，其为古代东方式的奴隶社会的生产形态，也可以据上述事实来推定的。据马克思的说法："在这种制度内，国君是主要的土地所有者。"①象这种代表着"共同体"的个人，或代表着国家作为最高地主的"国君"，也只有殷代的王才可以当得起；所谓"私人"，也只能当作个别家族看待，如"帚妌"之类。严格的说来，"土地王有制"，也只有殷代是如此；到了西周的时候，显然的已经不是严格的"王有"了。小雅北山篇所歌咏的"普天之下，莫非王土；率土之滨，莫非王臣"，正是透露出"土地王有制"将趋向没落的呼声；如果我们再来看大雅瞻卬篇所说的："人有土田，女反有之；人有民人，女复夺之！"几句话，就可以相信我所推断是相去不远的。而且在恭王、孝王相近的时候，已经有土地私有的事实存在。岑仲勉先生举出格伯簋："格伯叚良马乘于倗生，厥贮30田，则析。"郭沫若先生也举出曶鼎最后一段，把田七田，人五夫，抵禾30秭等显明例子。如果当时土地不属于私人所有，怎么可以用来作抵价，作赔偿呢？既然称"厥贮"，自然这30田是格伯的"私田"，那还用说吗？封建社会的土地制度基本上是从氏族社会里来的。从再生型的氏族公社转变为初期封建社会里的农村公社，土地基本上是公社所有。"萨利克法典丝毫没有提到土地买卖，和根据遗嘱把土地赠予，或转让别人；实质上，法兰克人在那时还不存在土地私有制，公社组织才是土地所有者，单独的法兰克人只有在一定条件下占有，和使用自己的一份土地。""农村公社——马克——在其存在的最初阶段，显然是带着溯源于氏族制度的特征而出现的。"②在我国殷周之际的公社，至少已经是拿土地来分配了，更不能认为是仅仅拿产品出来分配的原始氏族公社，这是没有什么可以疑问的。那末西周以来的公社具体情况如何呢？应该说它属于那一种类型呢？据我的看法就是马克公社。

现在我有必要把殷代以来到了战国时候的各种公社都约略的说一说了。礼记王制篇说："田里不粥，墓地不请"，这倒是有点象原生型的公社了，象这种公社，甚至在战国晚期的黄河流域一带还有存在，是可以想象的。正如马克思所说的："它的天年却为两个事实所证实"，其中一个就是在马克思的家乡"特里尔区"③。这些公社真是得享天年的原生型的公社了！不过那些原生型的公社，在中国古代文化水准较高的地区早已变了样子。原始的公社，主要的是以一图腾作血缘钮带的。中国到了殷代已经有姓了，姓的产生是渊源于图腾。"女生为姓"，很明显的，这是出于母系氏族社会。在甲骨文里从女的姓，已经有20几个到30个光景；西周铜器中更多，所以到了殷周之际，早已经不是以一姓作血缘钮带的公社了。左传隐公8年："天子建德，因生以赐姓；胙之土，而命之氏。""图腾"与"姓"都是代表血缘关系的，"氏"是代表地缘关系的。在甲骨文里已经有许多小国，氏的出现，也在殷代。由"图腾"到"姓"是一阶段；由"姓"到"氏"又是一阶段；这是与公社形式的转换有直接关系的。到了殷周之际，如

---

① 马克思著：《剩余价值学说史》，三联书店1949年版，第3卷，448页，15行。利奥特地租Ryotrente，这是琼斯根据印度的资料研究所得的。这种地租常常和劳役地租及半佃地租相混。在这种制度内，国君是主要的土地所有者。这种地租即实物地租之一种。换言之，这与封建中期实物地租由劳役地租转变出来的情况是相近的。

② 同前举谢苗诺夫著：《中世纪史》32页。

③ 1955年《史学译丛》第3期，6页，又21页。

散宜生，南宫括，之例；已经出现以氏为姓的倾向。就很可以说明殷周之际的公社决不会是原始的公社，这不是可以肯定的吗？西周以后，有些先进部族中的公社早已超出于一姓一氏的血缘关系；因而其中必然要渗杂着一些地缘关系。我们也可以举出一个简单的例子来说明这个问题。例如：妌，在殷代是姓，如前举"妇妌"的例子可证；但是到了西周：如乙亥父丁鼎，井侯彝等其字皆不从女作井，即后来从邑之邢，而邢国就是邢氏，有姬姓也有姜姓；这里分明有这样一种关系在里面，就是妌姓所居之地后来成为井国，再到后来井地所居之族有姬姓也有姜姓；而井族也散处黄河流域各地，也不只是姬姜两姓；据白田父毁有井姒，可是还有姒姓的井氏；又如郑井叔钟中有郑井叔，分明这是依附于郑国的井氏；到了春秋以后，才出现从邑的邢，而井与井也又发生了区别。这种复杂关系从殷周之际早已开始存在，其例子是不胜枚举的。①史记周本纪："毕公分居里成周郊。""居里"在金文里也作"里君"，如史颂毁："里君百生"；尚书酒诰篇又作："百姓里居"；在立政篇又说："式商受命，奄甸万姓"。可见当时的公社，在某些先进部族中，并不是只有一姓一氏的。庄子则阳篇："丘里者，合十姓，百名，而以为风俗也。""丘里"与"居里"，也是同样的名称；那时的公社是合十姓、百姓而成的，因为必定要这样，才能够达到扩大与其他公社的维系作用，这还能够说它是原生型的公社吗？

　　从西周直到春秋，战国，中国的公社不断在解体，也不断在转变中。从殷代晚期以来，农村的单位称之为"甸"。其字在甲骨文中就作"田"，金文里也作"田"（盂鼎、矢彝），或从人作佃（克钟、扬毁）。在甲骨文中又有些地方称之为"屯"。从语源上说来"甸"与"屯"两个字同声，汉代人甚至把它读成同样声音。（马融广成颂："校队按部，前后有屯；甲乙相伍，戊巳为坚。"可知屯读如田。）小屯乙编4119条有："丙寅、卜亘贞，王㦰多屯若！贞、王㦰多屯若！于下乙。"②又甲编2395条："从多田于多白（即伯字）征盂方。"殷契粹编1189条也与此略同。依我的看法"多田"与"多屯"，应该是同性质的名称；或许"屯"与"田"有边地与内地之别，所以用㦰字（即戍守之戍）；但是盂鼎上又说："殷边侯甸"，扬毁上说："官嗣粜田甸"，格伯毁说："格伯安及甸。"所以"屯"，与"甸"还以同实异名为是。到了西周以后"屯"之一名是不大普遍了。在经传里又有"畿甸"与"郊甸"之称。国语楚语上，"四封不备一同，而至于是有'畿田'以属诸侯。"这里所谓"畿田"，实即"畿甸"；又左传襄公21年乐盈说："天子陪臣盈，得罪于王之守臣；将逃罪，罪重于'郊甸'，无所伏窜。"这是说明围绕着"王畿"与"国都"附近的农村称之为"畿甸"，或"郊甸"；当时的农民大众是集中于"畿甸"，或"郊甸"的；所以多士篇有"俊民甸四方"的说法，与立政篇的"奄甸万姓"有同样的意义。诗韩奕篇："奕奕梁山，惟禹甸之"；田与甸既然相通，"甸之"也就是"田之"了；田与甸是相连着的，所以有"嗣田甸"的说法。甸既然是当时的农村，"甸人"就是当时公社里的自由农民。

---

① 这些例子是很多的，详见吴其昌著：《金文世族谱》。
② 现在的甲骨学专家对于这个"屯"字的解释都相当保守，我同意王承祖先生的解释，见北京大学学报人文科学版第1期。

"甸人"一名屡见于仪礼，及周礼各篇。①礼记祭义："古之道，五十不为甸徒。"可见"甸徒"也就是"甸人"，是当时的基本的劳动人民。郑玄注周礼小司徒职说："甸之言乘也，读如'维禹塪之'之塪"分明是说"乘"就是"甸"，也作"塪"。这是指春秋、战国时的情况而言的。左传哀公17年："良夫乘衷甸，两牡，紫衣，狐裘至。""衷甸"也是指乘马而言。所以管子侈靡篇又说："乘马甸之众以制之"，都可以证明春秋、战国间的"乘"，就是古代的"甸"，因此乘马篇又说："方六里为一乘之地。"周礼春官肆师职："凡师甸，用牲于社宗。"大约西周以来的"社"都在"甸"中，于是管子乘马篇又有"方六里名之曰社"的说法；足见晚周人都知道一乘即一社，也就是古之一甸。在春秋、战国的时候，我想有些地方还是有"屯"存在的。上党郡有地名"屯留"，古泉币中也有"屯留币"，左传襄公18年作"纯留"，都是同指一地，原是赤狄邑"留吁"，在古为一屯之地，所以名"屯留"，古地名中又有"屯氏""屯子"，或许也出于一义的演变。到了秦汉之际"屯"之一名又普遍的出现了。汉书陈胜传："胜广皆为屯长。"颜师古注："人所聚曰屯。"因知古村字原从屯作"邨"。照此说来，从殷代晚期以后，一直到了秦汉之际，村社的单位有称"屯"称"甸"称"乘"称"社"，乃至称"亭"的（其实都是一音之衍。从土字如杜，也与屯甸诸字声近。例如"荡社"，也作"汤杜"，即左传之"唐杜氏"），最后就有"邨"字出现了。从氏族社会以来，公社组织是以血缘关系为基础的；到了西周，这一点基本上未完全消灭；但是公社组织已发展成为一种农业上的"组合"（当然不是现代的组合）。这也是一种很明显的事实了。

专从社的形式方面去看，殷周两代也有不同。淮南子齐俗训："殷人之礼，其社用石。"这些"石社"即后来所谓"郊宗石室"，也名之为"宗祊"，又名之为"宗祊"。②这一制度在甲骨文本身就可以得到证明。殷代的先公中有上甲、报乙、报丙、报丁。上甲的甲字作田，在口形中写一甲字；而报乙、报丙、报丁，就在半匚形中作乙丙丁三字；这口匚两形都读"方"音，就是后来所谓"祊"③祭。诗大雅云汉："方社不莫"，小雅甫田："以社以方"，都是"方"与"社"连称的。殷人之社用石，还保着古代传下来的习惯。到了殷代晚期已经有"邦社"，其字作"𰀀土"。前编卷4，页17，片3："贞勿𥝩年于邦土。"这已经不是"石社"了。并且与农业已发生了联系。所谓"社树"，恐怕到了周代才有的。因为周代社树用栗，才有"殷人以柏"④的说法。庄子人间世篇："匠石之齐，至乎曲辕，见栎社树。"社之必须有树，是周代人才普遍起来的事，直到近世的乡村中，还保存着这种风俗；这里面说明了一件事，周代的社是农村公社，与农业发生更密切的关系，不仅是一种血缘组织而已了。那末古

---

① 周礼春官大税甸祝；仪礼大射礼，公食大夫礼，士丧礼，既夕礼，并见。
② 左传庄公14年："命我先人，典司宗佑，社稷有主。"又襄公24年："若夫保姓受氏，以守宗祊，世不绝祀。"说文示部，佑字注："周元有郊宗石室。"知许氏以石为祏，实即石社。甲骨文有𥘶字，王国维戬寿堂殷墟文字考释第18页，以为即祏字。其实𥘶即左传引逸胤征"辰不集于房"的房字。因知祊，祏，在殷代原为一字。
③ 唐兰先生有此说。见朱芳圃先生著《甲骨学商史编》卷下，21页所引。
④ 论语八佾篇宰我说："殷人以柏。"这是指周代的殷人而言。

代那些"石社",在周代还有没有呢?据我看还是有的。吕氏春秋贵直论:"晋文公围卫,取曹,拔石社。"这恐怕还不是周代仅存的"石社"呢!照诗经所歌咏的,西周时有"社",也有"祊"。墨子明鬼下篇正是说"吉日丁卯,周代祀社方"。也可以说明"以社以方",确是周代初年的一般事实。但是我们必须进一步说明"社"与"祊"的关系,原就是从"社"与"祖"的关系而来的。尚书甘誓篇先秦古籍有引作禹誓的,有作启与有扈氏战,也有作禹与有扈氏战,这故事当出于春秋、战国间。墨子明鬼下篇引禹誓说:"若不供命,是以尝于祖,而僇于社。"周礼地官大祝职也说:"宜于社,造于祖。"都是"祖"与"社"并举。以甲骨文上甲、报乙、报丙、报丁的例子看来,"祊"原是用来祭祖的,祖社并言与祊社并言是有同样意义的,都可以看出二者并存的事实。考其原始,"社"与"祖"原先还是一件事。祭祖起于古代原始部落的生殖器崇拜,祖字甲骨文大都作"且",社字也只作"土"。以前编卷1,页18,片4,祖庚的𖠚字;与同编卷7,页7,片4,土方的𖠁字相比,知社字实从祖字简化而来。古文字"且"字实象男性生殖器形,其后垒土以象之,才有代表地缘的几个部族合在某一地区所立的社,因此祖与社才分而为二。社的出现是相当晚的事,西周时的"社"包括在"甸"中。社所祭者是"田祖",与殷代已经不同。周礼大司徒职:"设其社稷之壝,而树之田主。"礼记郊特牲篇:"社,所以神地之道也。"古代表示血缘关系的"祖",到这个时候,已经变为结合着农业经济来表示地缘关系的"社"了。社中所祭者,诗人名之为"田祖",礼家名之为"田主",此外如"后稷""后土"等等名称在意义上都是一样的。上面已经说过:西周时候的"甸",到了春秋以后,称之为"社",这才是村社的"社"。在古代,社稷的社是包括在"甸"之中的。这种"甸",也就是现在人所说的农村公社,是当时社会的基层组织。在春秋的时候,有些落后的部落中,"组"与"社"还有未分开的。墨子明鬼下篇:"燕之有祖,当齐之社稷,宋之有桑林,楚之有云梦,此男女之所属望而观也。"象"桑林""云梦"一类的"社",只是带原始性质的"祖"而已。总起来看,从原始拜物教进入氏族公社是一个阶段,从氏族公社进入农村公社又是一个阶段。从制度上看,殷代以前组社是合而为一的。到了殷代,祖社分而为二,祭祖时用匸,因而又有祊祭之称,在甲文里又有称之为"祏"的。到了西周后期,正是快要走出"以社以方"的阶段了。此后民间只有"社"特别发达,其名目更多。"社"既然是"男女所属望而观也"的地方,这就很明显的告诉我们是一种在当时社会里的基层组织。吕氏春秋慎大览说武王克殷以后,"尝诸大夫以书社";在管子版法解作:"武王伐纣,士卒往者人有书社";这一事实想来是存在的,但其中所用的名词,如"大夫""士卒""书社",都是很晚才有的;这是后来人用当时的名词说明古代事的讲法。墨子耕柱篇:"季孙绍与孟伯常治鲁国之政不能相信,而祝于丛社。"吕氏春秋怀宠篇:"故入于敌境,——问其丛社大祠,民之所不欲废者而复兴之。"由此说来,西周以下的统治阶级,其政权基础就在于这许许多多的农村公社。左传昭公25年:"齐侯曰:自莒疆以西,请致千社以待君命。"哀公15年:"昔晋人伐卫(定公九年),齐为卫故,伐晋冠氏,丧车五百,因与卫地。自济以西:禚,媚,杏,以南书社五百。"吕氏春秋知接篇:"卫公子启方以书社四十一下卫矣。"就是这件事,在管子小称篇作:"公子开万以书社七百下卫矣!"吕氏春秋高义篇:"越王欲以故吴之地,阴江之浦,书社三百以封墨子。"足见这些"书社",或"丛社",在春秋以后,还很普遍的存在于当时黄河流域各地。当时各国不只是这些作为政权基础的农村公社,而且还有一些与当时政权相冲突的"胜国之社"。史记秦本纪,秦宁公2年(鲁隐公9年),有"荡社"[①];到了3年,"灭荡社";注家以为"荡社",就是"汤社"。我们必须要了解这些社需要"伐而灭之",必定是一个与当时政权相冲突的独立单位,这是可想而知的。据左传记载,鲁国有"亳社"。定公6年:"阳虎盟公及三桓于周社,盟国人于亳社。"汤会居亳,因知"亳社"也就是"汤社";据我看,这种"亳社"又与前举的"荡社"有所不同,已经不是独立性质的"社"了;因为在周人势力直接管辖下的"胜国之社",还能够独立存在吗?总之,从周初以来,农村公社虽然逐步在转变,在解体中,但已经成为当时社会的基层组织单位一点,是应该可以肯定的。

现在再来从土地所有权一个角度去看公社的内容吧!在诗经里如豳风七月,小雅甫田,大田,三首诗里都有"同我妇子,馌彼南亩,田畯至喜"三句;看来这三首诗的时代是相差不远的。"田畯",如卜辞里的"小耤臣"一类的小田官。这与殷人的制度也相去不远。至晚也总在西周中期以后到东周初年这一段时间。这几首诗大体上说来都是为歌咏公社里的生活而作的。甫田诗说:"以御田祖,以祈甘雨";大田诗说:"田祖有神,秉畀炎火";他们在公社里既然祭的是"田祖",因此自称为"曾孙"。大田诗说:"曾孙来止!以其妇子。"甫田诗说:"曾孙之稼,如茨如梁;曾孙之庾,如坻如京。"此外如生民诗是"肇祀后稷"。信南山诗也说:"疆场翼翼,黍稷或或;曾孙之穑,以为酒食。"从"田祖"与"曾孙"的关系上,以及各篇中把农夫的家庭生活提到很显著的地位上看来,就可以了解这种公社是把血缘关系与农业生产联系起来的基层组织,还能够说它是第一种生产形态下的公社吗?豳风七月诗结尾说:"跻彼公堂,称彼兕觥,万寿无疆。"这里所谓"公堂",就是公社之堂。又说:"言私其豵,献豜于公。"显然公私已经分得很清楚了。公社成员的私有物是自己保有的。否则为什么又说"献豜于公"呢?可是大田诗里说:"彼有不获穉,此有不敛穧;彼有遗秉,此有滞穗,伊寡妇之利。"这又看出一种很明显的事实来,这种公社决非第一种形式的公社,甚至也非如奥斯特罗维强诺夫先生所说的古代东方式的公社。寡妇若同是公社成员,难道连田地上的出产物都分不到吗?仅仅只有"遗秉滞穗"才是寡妇之利吗?甚至连不获之穉都要算在利之内吗?我们可以把这几句话与"有嗿其馌,思媚其妇"(周颂载芟)以及"或来瞻女,载筐及筥"(周颂良耜)两两相比,岂不是很明白的可以看出来公社成员已向两极分化,小农经济不就是在这样的情况下出现的吗?在西周的时候,分田的办法一定照常在进行,所以大田诗说:"雨我公田,遂及我私";夏小正里也说到"初服于公田",但是土地私有制也正在这样的基础之上,在那些先进的部族中,渐渐地向前发展着。因此说殷周之际,确实是一个开始进入封建化的大时代。(此文未完,待续。)

原载《中山大学学报(社会科学版)》1956年第4期

[①] 见史记秦本纪集解,正义,两注。

西周的社会性质（续完）

刘 节

四、西周封建社会的特征与封建化的经过

  殷周之际确实是一个变革的时代。诗经大雅文王之什说："周虽旧邦，其命维新！"孟子告诉滕文公行井田制时也说："子力行之，亦以新子之国。"从西周以至战国的知识分子，都认为周人所行的制度，对于殷代说来，确是一种新的制度。后人以为周公制礼，这传说不是无因的。先就土地制度来说，在上文已经提到过，"耤田制"在殷代晚期就已经出现；但西周初年的令鼎有说到："王之耤农于諆田。"到底殷代的"观耤"，与周代的"耤农"，究竟有什么显著的不同呢？假定公田私田的制度在殷代晚期已经实行，那末周代的土地制度与殷代的土地制度又有一些什么不同呢？既然殷代的公社与西周以下的公社不同，这很显然的，殷代的土地制度也会与西周以后的土地制度有所不同的。我以为最显著的不同就是"分田"以外还有"赐田"一件事，这是很重大的区别。欧洲中世纪初期，国王因为得到许多罗马人的荒地，也曾经以土地赏赐将领与臣属。"6世纪下半期起，法兰克的社会开始发生急剧的变化；那时土地变成自由让予的一部分私有财产，这些土地按私有者的意志，可以出售，交换，购买，馈送，和传给后代。"①从这里可以看出日耳曼人在6世纪以前，土地还是不可以买卖的；从6世纪下半期起，土地才可以自由出售，或让予。我们既然知道在恭王孝王的时候，土地就已经可以作抵价，作赔偿，至少在公元前10世纪9世纪的时候，已经在某些地方有土地可以出让的事实存在了。可是在殷代的遗文里还未发现"锡田"的文献。（吴泽先生著古代史，页341说："殷金父乙鼎有锡田事。"今遍查殷文存、续殷文存，皆未见。不知指那一器而言。）在周初的全文中就有很多"锡田"的事了，如成王时的趞尊，说到"锡趞采"；南宫仲鼎，也有"作乃采"之文；又如新出土的夨毁②，"锡邑"就很多；至于说到"锡田"的就更多了，如克鼎、卯毁、不娶毁等等都有说到；田里连称"锡里"也就是"锡田"，大毁说："余既锡大乃里"；同时也就是"锡亩"，贤觥有"贤百亩"之文。土地既可以随便赏赐，就暗示着将要趋向于自由买卖了。锡田、锡邑等等事件是不能把它们同殷代以来就有的封国事件等量齐观的。周初既然出现了这样的锡田、锡里、锡采、锡邑等事件，到了恭王孝王时，田地之可以作抵价、赔偿，这是很

---

  ① 谢苗诺夫：《世界中世纪史》，第34页，13行至16行。
  ② 新出夨毁见1955年《文物参考资料》第5期，及《考古学报》第9册，图版八，及165页陈梦家先生释文。

合乎情理的事。农民所分到的"份地"是不可以买卖的，但可以把他们自己连同土地一起依附于某一领主。这种制度在欧洲中古初期也还是如此。"当公社与农民土地所有制进一步解体，就已经变成了封建类型生产关系产生的基础。公社里开始分解出大土地主与依附农民。"①这种向两极分化的现象，"是通过剥削已经贫困了的公社农民，并把他们固着在土地上的办法，来实行封建化的"。在西周，也已经很显著地可以看出这种依附关系。不嬰𣪘"锡臣五家，田十田"，以及曶鼎用田与臣众连带作抵价等事件，都可以说明这些臣是固着在土地上的依附农民，正是盂鼎上所谓"授民授疆土"制度的更向前推进一步。这些"臣"只不过是"甸人"之比，还有比"臣"的地位更低的。矢𣪘上说："锡臣十家，鬲百人。"可见"臣"的地位一定比"鬲"要高些，如"甸人"与"众人"之比。较之欧洲中古史上的"隶农"与"奴隶"的地位似乎还要高些的。他们在经济上和人身地位上，以及等级关系上，依附于封建主，被迫在领主的田地上服劳役。总之，西周初年，农民们对于领主的依附关系，显然是存在的。

"封建主义，一般说来是有条件的土地所有制"，"它以等级结构，保证了统治阶级对于农民的统治"。②在西周也是如此。甸人是依附领主，当时的农民又依附于甸人的。这种土地制度上的等级关系，在殷周之际，也确实已经逐步地形成了，殷代晚期的"侯领"中早已有侯、伯、子、田、男、妇等名称。殷代所谓"多亚"，实即周代的"诸侯"。后编卷下页41，片9，"否多亚"。以西周初年的遹彝（有一说以为殷代器，又名辛巳作子丁𣪘）的"王饮多亚"与龏𣪘的"诸侯大亚"相比，可以知道在西周初年，"多亚"与"诸侯"还是并用的。因为有"多亚"，所以殷代又有称"亚侯"的。如前编卷4，页5，片1，"贞，囗古囗亚矦，二月"；后编卷下，页4，片3，"贞，𦰩立事于亚矦，六月"。又有"作亚宗"一句（后编卷下，27页，片1）。有人说：古代东方式的奴隶社会也有"侯领"，这就是殷代的"亚侯"，不是周代的"诸侯"。殷代的"侯领"是很多的，③但其中是否有等级关系就很难说了。如前编卷8，页7，片1："庚辰、卜贞、男出亼亡献！"这个"男出"与称"矦口""田口"的语法相同，也许是一个小"侯领"。但据"侯甸"的连称，以及"多田于多白"的讲法，还只能说"侯"与"甸"是有等级上的关系，因此有人说"男"就是"甸"。但据我的看法，"甸"倒是从"男"上升的。在西周初年的矢彝里正是说到"诸侯：侯、田、男"。这不是很明显的把诸侯分为侯、田、男三等吗？这一事实不只是见于金文，在尚书里也有说到。召诰说"侯、甸、男、邦伯"。酒诰说"侯、甸、男、卫"。康诰说"侯、甸、男；邦、采、卫"。用矢彝、盂鼎作佐证，可以相信尚书各篇所说大体上不错，左传桓公二年："今晋，甸侯也。"都可以证明"甸"是"侯"的等级，不是毫无根据的。其中侯、甸、男为封建等级制度中最初出现的三个等级，我名这种等级制度为

---

① 《奴隶社会历史译文集》第45页，8行至9行。
② 《封建社会历史译文集》第101页，13至15行。
③ 胡厚宣先生著：《殷代封建制度考》，见《甲骨学商史论丛初集》第一册，页1至41。

"侯服制度"①。尚书中所谓"邦伯"，就是"侯"；所谓"采"，就是"甸"；所谓"卫"就是"男"。殷代晚期这些"侯领"都是并立的，到了西周初年才用侯、甸、男三个等级去统摄它。矢彝确是成王时器，可以说侯、甸、男的三级关系，在那个时候已成确定的制度。但这三级关系本身不是从政治上开始的，却是由一种生产关系所构成的。"侯"当然是封建主了，"甸"呢？盂鼎、矢彝，就以"田"字作，克钟从人作"佃"，原就是从"甸人"上升的"甸服"。卜辞中的"多田"就是"多甸"。"男"字不论在甲骨文，或金文，都是从耒从田会意；其字在夔侯簠②中作🖳，像以手执耒在田里耕作之意；原先只不过是家长奴役制中家族内的力役者而已，其上升为"男服"一类的小领主，应当是在殷代晚期以后。最初，"男"只是公社里的成员，后来上升为"多田"的"佃人"，再上升为"甸服"，最后才出现封建大领主中某一等级的"侯"。这种等级制的确定，当在殷周之际。"本来土地所有制的等级结构，就是封建主义的特征；并且土地的等级制度，是军事、政治、等级制度的基础。"③既然侯、田、男是有等级制度上的关系，同时又可以看出公、侯、伯、子、男五等爵又是在侯、甸、男这个基础上发展起来的；并且"侯服"中最主要的三个等级原是从经济地位上有依附关系的三个不同等级而来的。这不是一个很重要的关键吗？并且事情的重要还不止于此，就是说：侯、甸、男，从经济上的关系上升为政治上的关系时，显然是一种依附关系的深刻化，就是土地所有者与政权所有者相结合的表征，这才成为"封建主义乃是土地所有制与政权相结合"④的科学说明。但是当侯、甸、男成为政治上的等级关系时，一般社会经济上那种领主与甸人、甸人与力役者的依附关系，还是照旧存在的；不只是照旧存在，并且这种关系到了这个时候才正式确定下来。这样的生产关系还不是封建土地所有制的生产关系吗？就是说，在殷代晚期虽有这种生产关系的萌芽，必定要到了周人克殷以后，这种生产关系才能够正式确定下来。

说到这里又出现了一个新的问题，就是到了东周以后，五等爵中已没有"甸"在里面了。虽然五等爵中没有"甸"，但不能证明"甸"在这个时候已失去作用；相反的，却可以证明"甸"在社会经济关系中其作用是加强了。左传昭公十三年郑子产说："昔天子班贡，轻重以列；列尊贡重，周之制也。甸，服也；郑伯，男也；而使从公侯之贡，惧弗给也！"在这里又反映出一个情况来，就是"甸"在侯服中的地位是很低的，"男"原本只是一个力役者，到了自身都上升为小领主的时候，自然他们的贡也重起来。照上文看起来，"甸人"既然有承上启下的关键地位，当然所负担的经济义务是很重的。领主们的取给，一切都向"甸人"剥削得来的；自然"甸人"的剥削对象也就是

---

① 侯服制度只能说它开始于周初。文王之什说："侯于周服"，又说："侯服于周"。周礼夏官职方氏："方千里曰王畿，其外方五百里曰侯服，又其外方五百里曰甸服，又其外方五百里曰男服。"以上都是有根据的。此下尚有许多服，出于杜撰者居多。并且每一服相距都方五百里，也是一种附会。但是可以说明先秦的人都认为侯、甸、男三服起于周初，殷代虽有侯领，但未成为这种规制。
② 见《三代吉金文存》第10册，14页后面。
③ 1945年《史学译丛》第3期，67页。
④ 《封建社会历史译文集》第218页，2行。

"男"；到了他们都上升为领主时，当然他们的负担又要重些。左传成公二年："晋侯欲麦，使甸人献麦。"谷梁桓公十四年："甸粟而内之三宫。"礼记少仪篇："臣为君丧，纳货贝于君，则曰纳甸于有司。"从"甸粟"与"纳甸"一些名词上来看，还不够证明"甸人"，或"甸服"是当时大小封建主的剥削对象吗？至少可以这样说：西周以后，"甸人"原是封建领主下的佃户，自然是被剥削很重；但是也可以从另外一个角度去看，有许多诸侯其自身都是甸服上升的。左传定公四年："曹为伯甸，非尚年也。"可见曹国原是从甸服起始的。其次周人自己，也是从甸服上升的。尚书无逸篇："文王卑服，康功田功——自朝至于日中昃，不遑暇食。"这些都确实的证明"甸人"上升为"甸服"，在西周初年也是很多的。正在这个时期，土地所有者与政权所有者就相合为一了。这就说明了这个时候是开始进入封建制度了。

在西周初期，"甸服"与"甸人"已普遍存在于周人的直接统治区域以内的。他们都是率其族人集体耕作的。周颂噫嘻一诗说："噫嘻成王，既昭假尔！率时农夫，播厥百谷；骏发尔私，终三十里；亦服尔耕，十千维耦。"这首诗是西周初年①的诗，这里所谓"骏发尔私"的"私"，是指"私田"；"亦服尔耕"的"服"，是服劳役于"王田"，也就是"率其属而耕耨王藉"②的"藉田"；所谓"率其属"，就是噫嘻篇的"率时农夫"，因此可知这首诗中的"尔"字是指"甸人"，在周礼天官中称之为"甸师"；这些"农夫"就是力役者，但不一定是"男"了。"甸人"既可以率其农夫播种百谷，才会有"骏发尔私，终三十里"的可能。公社里的份地是不能属于私人的，但当时"公家"既可以允许"甸人"率其农夫去开垦荒地，归于私人所有，这比之"言私其豵，献豜于公"的情况还要更进一步了。因知大田诗中所谓"雨我公田，遂及我私"的"私田"，可能是指他们自己开垦起来的荒田了。周人克殷以后，对其臣下赐以田邑，于是逐渐出现了私有土地，这是由"赐田"一条途径所造成的土地私有制；其次，就是既然可以允许"甸人"率其"农夫"开发荒地，成为私有，这是造成土地私有制的又一条途径。这样一来，从西周到春秋中叶约600年光景，造成公社成员不断向两极分化，于是从殷代晚期以来的领主制，就逐渐为地主制所消灭了，这是完全合于社会发展规律的。在西周初年，"甸人"的地位大部分是在上升的，"甸服"也是在"侯服"之中的。等到东周以后，"甸服"就被排摈于五等爵以外了。这一方面可以看出宗法制度在政治上的加强，另一方面又可以看出"甸服"在政治地位上的下降。就是说，"甸服"虽然不见于五等爵，而一般社会上的"甸人"是还未消灭的。不只是未消灭，并且就在"甸人"之中出现地主；这就说明封建制度又向前推进了一步，使这种制度本身又起了一次变化，于是封建土地所有者与政权所有者就走向分离了。西周初年应该是公社的转变时期，那时候"甸人"或"甸服"，在经济上与政治上的地位都是上升的。殷周之际才出现了"士"一阶层，封建时代的知识分子是出现于"甸"这一基层组织

---

① 周颂的时代是很早的。王国维观堂集林卷2：周大武乐章考，说勺舞象舞，说周颂，诸篇都可以说明这个问题。匡卣是懿王时器，已经说到象舞。大武乐章作得更早。周颂中如臣工篇称农民为"众人"，载芟篇称"侯主侯伯""侯亚侯旅"等等，都还是殷代人用的名词。周人在世时称王号，噫嘻篇是成王时诗。各诗可能有经过后人润色的，但所依据的本子很早。

② 周礼天官甸师职。

的。殷代当然有知识分子，他们是出于氏族贵族，也并不称之为"士"。尚书多士篇所谓"殷遗多士"，以及文王之什所谓"殷士肤敏"，是殷周之际的"士"，又都是周代人的称呼。"士"之一阶层是出现于西周初年的。诗文王之什所谓"济济多士，文王以宁"，确是当时的实际情况。这是当时社会进一步分工的必然产生的现象。殷周之际的"甸人"的地位有一部分确实是上升的，我们从仪礼与周礼各篇中所记载的"甸人"，或"甸祝""甸师"等的职守上可以看出他们所执司的，大体上都是士所做的事。仪礼士丧礼："甸人置重于中庭。"郑玄注云："甸人，有司主田野者。"周礼天官称之为甸师："掌帅其属而耕耨王藉。"归纳起来看，所谓"甸人"，其原始不过如后世的佃户或佃农。但再从其他诸篇所称的"甸人"看来，其身份又都是"士"。如周礼春官大祝职："甸人读祷。"甸祝职："掌四时之田，表貉之祝号。"这里很明显的是代替了殷代"贞人"的职务。国语晋语四："公食贡，大夫食邑，士食田，庶人食力。"食力者正是"男"，食田的还不是"甸"吗？这不是由佃户上升为地主的经过情况吗？"甸人"的上升，正说明中间阶层的上升，这也是反映了公社里的自由农民向两极分化的又一方面；当然在这种情况下，土地所有权方面也会连带着起了变化的。周人克殷以后，劳动力得到解放，不论甸人或农人，其上升的部分是要多些的，于是"士"一阶层就不断在扩大了。到了东周中叶以后，农村公社再度起了分解作用，因而公社中的"甸人"也就与直接政权分离。所以"甸服"虽然被排摈于五等爵以外，而"甸人"的地位并不是下降的，甚至在经济上的关键作用更为加强起来。因为古代的"甸人"，到了春秋以后，有好多逐渐变成地主了。这不是小农经济逐渐抬头的很好说明吗？这才真正是由领主封建制转向地主封建制的转变关键？也可以这样说：公社瓦解的途径，就是由领主封建制转向地主封建制的途径。我以为这种关键不仅表现在土地可以买卖这一类事实上，同时也表现在"甸人"可以垦荒而成"私田"这一类事实上。土地既然可以作抵价，荒地开辟了可以私有，这不是导向土地可以买卖的必由之途径吗？可见这个时候的公社必然不是次生型的公社，只能说是比中间型更为进步的农村公社了。

在这种公社以内所实行的地租是"九一"，或"什一"，要比前说古代东方式的奴隶社会中的地租为低（约占农民们三分之一的时间。见上引奥斯特罗维强诺夫先生著东方奴隶制特点一文）了。本来，"封建地租就是封建主实现封建土地所有制的经济形式"①，我们有必要进一步来说明一下西周以后的封建地租的转变过程了。国语鲁语上："先王制土，藉田以力，而砥其远近。"据郑玄在王制篇的解释："藉之言借也，借民力以治之，故谓之藉田。"不论"公田"，或"藉田"，凡借农民的力量来耕种的，即孟子所谓"力役之征"的一种。在周代初年，就已经建立起这种"藉田以力"的原则，而这原则却渊源于殷代的"助法"，这与欧洲中世纪初期农民们为领主耕种土地的"劳役地租"②是很相近的。建立在"藉田以力"的原则之下的剥削制度，在我国古代也有几种不同的方式。照孟子滕文公上篇所说的一种，孟子以为是殷代人的剥削方

---

① 《封建社会历史译文集》第254页，17行。
② 照马克思在《剩余价值学说史》3卷，418页上的解释："租是用劳动支付，不是用生产物支付"的，就是劳役地租。

式。孟子说："惟助为有公田"，这是公社里的田，这种制度就是现在有一派人所说的古代东方式的奴隶社会里的剥削方式。农民们用一部分时间为公社耕种土地，同时他们自己又有"份地"。另外一种，据孟子说是周代人的"助法"："请野九一而助，国中什一使自赋。"又说："卿以下必有圭田，圭田五十亩，余夫二十五亩。"这里的解释很多，但是可以确定这是在赐邑、赐田的基础上所产生的地租。农民大众所耕种的是领主的土地，这还不是劳役地租吗？此外还有一种是商君书徕民篇所说的，秦人用三晋人耕种，其佃租方式中有"给其田宅，而复之三世"，想来也是根据"藉田以力"的原则下的劳役地租。因为有了田宅，其非奴隶而为自由农民可知。在这三种剥削方式的特点上看来，都不是高级奴隶社会里的生产关系。就第一种所谓"助法"的剥削方式说来，确实是从家长奴役制社会里产生的。农民们最初是为公社里耕"公田"，再进而为国王耕"藉田"，自从"采邑制"出现以后，就为领主们耕种"采邑"里的田地，这是合乎发展规律的一贯程序。"采邑制"也是封建社会的特征之一，而采邑的出现，也正是在西周初年，南宫仲鼎与趞尊都是成王时器。并且"采"字已见于卜辞，这种制度在殷代是有渊源的。我们看欧洲中世纪史上的法兰克王国，从克洛维（481年到515年）以后①，其封建化的过程，也是用采地的形式，将国王的土地广泛地分给自己的侍从，因此渐渐地变为世袭的领主。这种情况正与西周初年相同。农民们为世袭领主的无偿劳动，直到战国时期都还有存在的。吕氏春秋审分览："今以众地者：公作则迟，有所匿其力也；分地则速，无所匿其迟也。"分明是说为公家耕种土地就不肯用力，为自己耕种土地就非常之出力。这还不是在劳役地租下的实际情况吗？"农民们在耕种地主土地时，绝对没有任何一种内在力量来刺激他提高自己的劳动生产率的，因此封建主便采取恫吓的手段。"——列宁说："农奴式的社会劳动组织是棍子维持的。"②在我们古代是靠"小藉臣"与"田畯"一类小田官来管理的。在"助法"开始出现时，农民们还只是为公社耕种田地；到了采邑制度出现之后，农民们为领主耕种土地，其时已成为正式的"劳役地租"还有什么疑问呢？这是封建地租的简单形式，农民们以一部分时间在领主的土地上无偿劳动；同时也在自己的份地上或占用一部分领主的土地，以谋取自己的生活资料；这种剥削方式正是与前述封建依附关系，使农民们附着在土地上的投靠制相联系在一起的。本来，"封建社会形态"的特点是："等级制的土地所有制，和土地占有制的存在，这是封建主所有制。公社的土地所有制和土地占有制，这是直接生产者农民——不管是依附于封建主或不依附于封建主——的所有制，在这种所有制内部保持有个人对地段的占有制，和对劳动工具和牲畜的私有制。"③在西周初年既然有等级制的土地所有制，同时又已经建立了"藉田以力"的原则，而且这一原则又建立在采邑制的基础之上的，这就标帜着封建主义土地所有制已经出现了。在殷周之际，已有上述所举的事实作证据，这当然就是一个很重要的分界线。

现在必须说明上面所说的"助法"，已经是周代人的"助法"了；并且不只是"助

---

① 谢苗诺夫著：《中世纪史》34页，23行。
② 《政治经济学教程》第二分册，《资本主义以前的诸社会经济形态》第92页，12行。
③ 1955年《史学译丛》第1期，第34页，8行至12行。

法"本身起了变化,而且又出现了第二种地租形式了。本来,"封建地租形式的更替与剥削的加强没有关联的,而与生产力的增长及商品生产的发展有关系"①。因为生产力增长了,剥削量自然也加强了,才有可能使劳役地租转变为实物地租;到了后来,又因为商品生产的发展,农民们把剩余产品出卖了,变成货币,同时地主对于货币的需要也增加了,于是便出现了货币地租。地租的转变,就在生产力向前发展的基础上出现的。在西周中叶以后直到周宣王时,就出现了第二种地租形态——彻法了。大雅公刘篇曾经说到"彻田为粮",若以为周人在公刘时代就已经有"彻法",那是不可能的。什么叫做"彻法"呢?从前的训诂家有人训为"通",也有人训为"治"。我们既不知如何通法,更不知如何治法。这些都是后来人引申的意义。说文古文"彻"字作𢃇,从彳,从鬲,从攴,会意。象人手上拿着一个"量","鬲"就是"量"之一种,逼迫着农民缴纳粮食,这就叫做"彻田为粮"。这种剥削方式的特点就是向农民们收取实物,不象高级奴隶社会一样剥削农民大众的全部收获,也不象"助法"一样剥削农民们的一部分的劳动时间。据大雅崧高篇记周宣王时命召伯、申伯,到江汉流域开发荒地。也说到"王命召伯,彻申伯土田";又说:"王命召伯,彻申伯土疆,以峙其粻。"粻就是粮,与"彻田为粮"一说相合。但是我们要注意:召伯、申伯到江汉流域去开发荒区时,却用"彻田为粮"的方法;就在同时代前后,韩奕一诗中说韩侯到北方去绥静北国时,却用"实墉、实壑、实亩、实藉"的方法把一些田亩都归了"公"为"藉田"。可见"彻法"在这个时候并未普遍施行于周人势力所到之处。在开始的时候,"彻法"虽然以收取实物为主,但还不能算是较"助法"更为进步的"实物地租",不过出于"军事征粮"一方式。我们相信武王东征,乃至周公东征,一定用过这种筹粮的方法;因为在军事倥偬中,到远方向不同部族征收军粮,也只能用这种方法。后来召伯、申伯初到江汉流域,也是用这种方法征粮的。周代初年的"彻田为粮",只能讲到彻取实物为止。到了西周中叶以后,"彻法"就在"助法"的基础上变成"实物地租"了。所以孟子有"虽周亦助也"的说法。论语哀公问于有若曰:"年饥,用不足,如之何?"有若对曰:"盍彻乎!"曰:"二吾犹不足!如之何其彻也?"这里表现了三种情况:第一,"彻法"是十一之租;第二,在鲁哀公时,"彻法"虽然还不是一般最普遍的地租形态,可是在鲁国看来,早已经是十二之租都不够开销了;第三,在当时,"彻法"以外一定还有一种较为普遍的地租形态,这就是周人所行的"助法"。至于"彻法"的正式出现,我们要把它放在周宣王时代。国语周语上篇说周宣王"不藉千亩",就是说周宣王不愿意出去观耤田。就因为"彻法"在周人直接统治的区域内,在生产力的高涨的基础上出现了"实物地租"了。这是"藉田以力"的原则在周人方面已经开始动摇了,宣王不愿意再出去观耤田,这也是很自然的事。到了春秋中叶以后,好多落后的小国也都实行藉田法了;而且已经进一步,超出于"藉田以力"的原则而开始"藉稻"了。

左传昭公十八年(前524年),"鄅人藉稻"。按照"藉田制"应有的原则,是"以力",不"以物"的。既然是"藉稻"了,就成为孟子所说的"粟米之征"的一种,这不是超出于"藉田以力"的限制以外吗?因此引起"邾人入鄅,尽俘以归"的大

---

① 《封建社会史译文集》第285页,18行至21行。

惨剧！在鲁国是早已"藉稻"了的。鲁宣公十五年（前594年），左传已有"谷出不过藉"一说；公羊传也说："古者十一而藉"，虽然提到"藉"，事实上是说"彻法"；谷梁说得更清楚："古者公田为居：井、灶、葱、韭，尽取焉！"归结起来，就是说：鲁国这时已经是从"助法"的基础上变为"彻法"了。这种情况，很像马克思所说的，在亚洲常见的，"劳役地租及半佃地租相混"的利奥特①地租形态相近。因为"谷出不过藉"一语，分明是在"助法"的基础上行"实物地租"的；虽然是"藉稻"，或"藉谷"，其数目是不超出于"藉田以力"这一份量之上的。这才是"谷出不过藉"的正确解释。以百亩作一单位来说："助法"呢，其中十亩是"公田"；一般王田是以"千亩"作一单位的，那末百亩是"公田"；公田所出全部归"公"，这才有谷梁"私田稼不善则非吏"，"公田稼不善则非民"的说法。但是从西周以来"采邑制"逐渐扩大，所谓"公田"，有大部分只能作领主的田看待了；后来"彻法"推行了，不论"公田""私田"，总的地租率还是十分之一，才有孟子所谓"其实皆什一也"的讲法。这是我所了解的"彻法"是在"助法"的基础上来推行的道理。但是这种"实物地租"，在有些国家很晚才推行；并且在推行之初，还引起劳动人民很大的反抗，例如前举"郑人藉稻"一事。又如秦国，到了简公七年（前408年），才开始"租禾"，可见推行"实物地租"的时间，也是因社会基础的不同而有所先后的。有一派人说：鲁宣公十五年鲁国"初税亩"，是中国封建社会的开始。据我们的看法，却不一样。这件事原就是马克思所说的政权所有者与土地所有者分离的表征，与"甸服"之被排摈于五等爵以外是一件事的不同方面。马克思说："却象在亚洲一样是那种对于他们是地主又是主权者国家，地租和课税就会合并在一起，或不如说不会再有什么和地租形态不同的课税。"②这不就是我在上文所说的封建依附关系初建立时的情况吗？但是鲁宣公十五年"初税亩"，恰恰相反，是摆脱这种初期的状态，使"地租"与"赋税"分离；也就是土地所有者的"地租"与政权所有者的"赋税"分开。这是封建社会更向前推进了一步，社会生产更为发达的结果；同时也就是领主制走向没落，地主制开始出现的表征。那里会是奴隶制经济与封建经济的分界线呢？

先秦各国的经济水平是不均衡的，从鲁宣公十五年"初税亩"，到了鲁哀公十二年（前483年），才正式"用田赋"，中间距离112年，可见"初税亩"还不过是附加税③性质。从秦国说来也是一样，到秦孝公十四年（前338年）商鞅变法以后才"初为赋"，上距"初租禾"时145年了。这里可以说明中国封建社会从领主制开始没落，到地主制实际占优势，中间相距两个世纪左右。其经过是先有"劳役地租"，后有"实物地租"，然后再进一步，租与税分途。"初税亩"只能说明自西周以来社会已向前发展，在某一种土地制度的基础之上更向前推进了一步；那时的土地所有者与政权所有者从鲁国说来，已经开始分离了，并不能看作是一种新的土地制度的开始出现。"助法"

---

① 《剩余价值学说史》卷3，页448，行15。
② 《资本论》卷3，第1032页，8行至11行。
③ 赋的出现，也是为筹措军费。鲁成公元年，鲁国作"丘甲"；襄公二十五年，楚国"赋车兵"；昭公四年，郑国作"丘赋"；及宣公十五年的"初税亩"，都可以说是附加税性质。到了"用田赋"的时候，不能再是附加税了。

与"彻法"都是从西周以来早就有了的,就从"郏人藉稻"、秦国"初租禾"两件事上看出"助法"与"彻法"的交替现象。这正是在封建制度下"劳役地租"的基础上向前推进一步变为"实物地租"的实际经过。在封建初期,于"劳役地租"以外还有贡纳制度,这就是中国学者所谓"贡法"。贡、助、彻三者不能用三个不同时代去严格分开的。不过据苏联学者贝尔纳得斯基先生的意见:"劳役地租是封建地租的主要形式。"① 至少在封建社会初期,这句话是非常正确的。我国从西周初期就建立起"藉田以力"的原则,一般农民为领主们耕种土地,已经用他们的劳动来支付地租,这就标帜着封建主义的土地所有制已开始了。有人把中国的井田制度说成是低级奴隶社会里自由农民为公社耕种土地的形式。这一说法若专指殷代的"助法"而言,是相当合理的。照我看来,这种制度正是转向封建社会的过渡形式。上述波兰、罗马尼亚,以及古代俄罗斯的土地制度,也都是按照这一形式转变到封建制度的。并且不只是上述几个例子。据恩格斯在玛尔克一文中所说的:"在法国摩塞尔河流域,和德国高林地带,在称为农户共营区中,现在还可以看到。在那里,所有可耕的土地——根据土地的地位与品质,分成若干'格方',即若干小区。每一小区又划分成若干大小相等的狭长条块,即若干股。究竟分多少股,就得看共营区中的人数的要求了。——使每人可以领到每一'格方'中的平均的一份。"② 这个例子的时代比古代俄罗斯,以及波兰、罗马尼亚,都要近得多;可是这种分成"格方"的制度,却很像孟子所说的"井田制"。并且与上文所举的"相壤定藉",以及"砥其远近",等等限制都很相合。我们能够说9世纪以后的俄罗斯,以及更后的波兰、罗马尼亚,甚至近代的法国摩塞尔河流域和德国高林地带都是奴隶社会吗?如果单把公田私田制看成是低级奴隶社会的公社以内的制度,还不能算是全面看问题。所谓周人的"井田制",原本就是从殷代的"藉田制"而来的;到了周初,既然出现了"采邑制",农民们为领主耕种土地,这确是从低级奴隶社会转向初期封建社会的绝好证明。更从地租形态上去看,也是在劳役地租的基础上转向实物地租,

---

① 1955年《史学译丛》第5期,69页,20行。
② 井田制度在中国古代是存在过的。不但孟子说过,国语齐语也说:"井田畴均,则民不憾。"又鲁语下也说:"其岁收,田一井出稷,禾,秉,刍,缶米,不是过也。"左传襄公二十五年:"町原防,牧隰皋,井衍沃。"可见井田制度在古籍中说到的不只一处,不能完全否定的。据我的看法:在最初阶段,似乎是多少田中间有一个井的意思。小篆耕字从耒,从井,会意。这字就是金文中的荆字。沈伯毁"反荆"的荆字作㓝,师虎毁"緐荆"的荆字作㓝,遹毁"伐荆"的荆字作㓝,都是从井,从耒作,甚至省去井字旁。"荆山"就是"荒山"的意思。有了水井,又有耒耜,就可以披荆斩棘,开垦荒地了。又据梁伯戈的梁字,也从水,作耒,作㴫;与从井,从耒的意义相近。诗所谓"奕奕梁山",与左传"辟在荆山",都是指荒山而言。以上说明井与耒是耕种时必不可少的条件。造井术确是中国人最早发明的,甲骨文中已有"井方",又有"姘"姓,到了周代便成为井侯,春秋以后又出现了邢国。罗振玉辑:玺印姓氏征静韵下有人名"井耤",足证井与"耤田"或"耤农"是有密切关系的。这些都是大家所公认的事,因知多少田有一井这一事实是可能存在的。孟子所谓"井地不均",齐语所谓"井田畴均",以及左传所谓"井衍沃"都可以作如此了解。井田制度在中国古代是存在过的,但不一定非与"公田"制度连在一起不可。照上文所引恩格斯在论玛尔克一文中所说到的德、法两国"共营区""格方"的制度,就很象"井田制"。这样说来,孟子所说的井田制,可能在某些平衍的地区实行过,而且中国黄河流域是有很多平原地区的。徐中舒先生有与此相近的见解,载1955年《四川大学学报》第一期。

这是从西周到东周时土地制度中应有的经济形式。你说这是从劳役地租转向实物地租，是合乎顺序的；若把它说作从非封建地租走向封建地租，就有割断社会发展程序的嫌疑了。

五、中国古代奴隶制没落的原因，与西周为什么不是奴隶社会

我们承认殷代是家长奴役制的奴隶社会，同时殷人也是奴役着其他落后部落的。从家长奴役制一角度去看，例如酒诰上所说的"惟亚惟服"的"内服"；据我的解释，就是孟鼎上所谓"邦酇"。又从奴役其他落后部落一观点去看，就是酒诰上所谓"外服"，孟鼎上所谓"夷酇"这一类现象在殷代晚期是普遍存在的。到了西周，自然不能完全消灭。对于"内服""外服"，与"邦酇""夷酇"的不同解释，我们暂且不论。殷人以"多孖族"来奴役其他落后部落的事实是确乎存在的。在殷代晚期，有许多落后部落因为农业生产技术提高了，生产力蓬勃地向前发展，在黄河流域开拓出一种新的社会基础。这些新兴的部族确乎是从低级奴隶制社会就转向封建社会的。在这里我们有必要先来说一说殷代低级奴隶制社会崩溃的原因，大约有下列两点。

第一，我们要考察一下当时黄河流域中下游一带散布的各部族情况。大体上说来，存在着两种类型的落后部落，与殷人夹杂相处于各地。这两种类型生产形态不同的部落，其中一种就是易经卦爻辞中所说的"邑国"；另外一种，就是所谓"行师"。如谦卦上六爻辞说："利用行师征邑国。"也名之为"邑人"，或"行人"。如无妄六三爻辞："行人之得，邑人之灾"，这两种类型的部落，在汉代西域各地还是继续存在的。史记大宛传把西域各国分为这两大类型。其一类，太史公称之为"土著，田稻麦"；又一类，称之为"行国，随畜移徙"。易经卦爻辞里所说的"邑国"或"邑人"，就是太史公所谓"土著"；易经里所谓"行人"或"行师"，就是太史公所谓"行国"。总之"邑国"是定居的园艺部落，"行师"是随畜移徙的"游牧"或"游耕"部落。马克思在前资本主义生产形态一文中所说的古代原始部落，也正是从这种移徙的情况中走向定居的。他说，"首先，自然形成的集团：家族和扩展为部落的家族，或许多以自相通婚以来结合的家族，或部落联合，便是这种土地所有制之第一形态的第一前提。因为我们可以设想，游牧，以及一般从一地到另一地的移徙，这便是一种生活方式的第一形态；在这种生活方式下，部落不是定着地安居于固定地方，而是移动着利用它所遇到的牧场。——人类并非天生定居的。——那末这种原始的共同体就要视种种外界的条件，乃至人类的天性（如部落特征），而在若干程度上有所改变"，而"终归要变成定居的"。[①]从各方面研究来，我国古代的殷人原也是从移徙的部落走向定居的；到了殷代晚期（盘庚以后），虽然已定居相当久，农业已成为社会经济上的主导力量，但是他们是作为代表"行国"文化而兴起来的。

殷人自称其族属为"多孖族"，而这个"孖"字从"仈"，从"子"，就是早先的"游"字。殷人子姓，是大家所公认的；从仈，是说明他们原先是游牧部落；且就在当时的黄河流域，也还有相当多的这一类部落。在殷代早期，还是"不常厥邑"的；就

---

① 1953年《文史哲》第一期，第23页到第24页。

因为他们发展得比较快些，照一般奴隶社会的标准说来，水平是低些，表现出在社会发展途上的局限性。说到那些"土著"部落，在初期虽然是受"行国"所压迫；但是一到定居生活与农业技术得到再度发展，那时便起而征服了"行国"了。当周人克殷以前，黄河流域各地大体上说来还有相当多的"游牧"或"游耕"的部落，与"土著"部落夹杂相处着，照一般情况说，"行国"还是压迫"土著"的。我们可以看讼卦九二爻辞说："不克讼，归而逋其邑人三百户，无眚！"照这种情况看来，这时的[①]"邑人"分明是为"行人"，也就是"行国"所奴役的。否者"邑人"为什么要逋逃呢？同时又要说明这些"邑人"不仅是少数的俘虏而已，因为"行人"是飘忽往来的，"邑人"是安居垦殖的，才会有"行人之得，邑人之灾"的说法。本来在文化水平较高的地区，游耕或游牧的部落都是臣服于农业部族的。殷代晚期已成为相当大的农业部族了，因此也臣服了许多落后部落；尤其是"多孖族"，属于殷人的直接系统。但就卜辞中所表现的例子看来，情况就不是这样简单的。例如殷虚书契菁华第6片"土方牧我田十人"。又第2片："土方𢦏于我东啚，弋二邑；𢀛方亦牧我西啚田。"同片："𢀛方牧我示𤔲来田，七人。"以及小屯甲编3510条"令众人口入羌方种田"，殷契粹编1222条"王令多羌圣田"，诸条都可以说明在殷人所处之地，还夹杂着许多小部落的。他们之中有"行国"，也有"邑国"；而且是交往既频烦，又零碎的；殷人在那时，是掩护着某些"行国"来侵略"邑国"的。直到殷代末年，黄河流域与渭水流域各地农业向前迅速发展了，因而土著的"邑国"的势力一天天膨胀起来；殷人想再以领导"多孖族"奴役其他"邑国"或"邑人"的办法来进行生产，事实上已经不能适应这一趋势了。殷人的奴隶社会里已经出现了生产关系不适合于生产力性质的严重矛盾了，因此造成殷代奴隶社会走向崩溃的地步。周人克殷以后，其情况就大不相同了；他们就在殷人所建立起的农业国的基础之上更向前迅速发展，黄河流域两种生产形态不同的部落逐渐趋向于同化；从此以后，中国境内的部族总是以定居的农业部族占统治地位了。这是殷周之际社会发展史上一个很重要的分界线。你能说这不是社会发展史上的转变关键吗？

周人本以农业起家，在上文已经说过。他们原先也是家长奴役制的土著部落，不过与殷人相比，当然是后起。当殷代末年，在渭水流域，就出现许多新兴的小邑国。我们可以从散盘、鬲从簋、鬲从鼎、克鼎等器里看出几个与周族有密切关系的重要邑国。先说散盘里三个重要的邑国——矢、散、井三国。其中"矢氏"出现最早。矢尊、矢彝、矢𣪘，都是周代初年器。同卣是周人克殷以前的器，里面说："唯十又一月，矢王锡同金车、弓、矢。"可见"矢"之称王尚在克殷以前，到了厉王时代的散盘，还称矢

[①] 易经卦爻辞的大部分，应该看作是从殷代到周初的史料；在文字上，可能有一部分是东周以后人掺入的成分，但基本事实都是早的。如帝乙归妹，箕子之明夷，丧牛于易，丧羊于易，康侯用锡马蕃庶等等故事最晚的也是殷末周初的事。从前王国维、顾颉刚两位先生都已经研究过。此外如甲骨文中的"田"字，多数作畋猎之"畋"用，易经卦爻辞中也是如此。如师卦六五爻辞："田有禽"，恒卦九四爻辞："田无禽"，解卦九二爻辞："田获三狐"，巽卦六四爻辞："田获三品"。获野兽称"品"，在卜辞里有时用牲数也称"品"。《卜辞通纂考释》书后第二页："乙未酒，𪊽品：上甲十，报乙三，报丙三，报丁三，示壬三，示癸三；大乙十，大丁十，大甲十，大庚十，小甲三。"不只是动物称品，称畜；连人也称品，称畜。周初器中的周公彝有"锡臣三品"一文，遯卦九三爻辞有说："畜臣妾，吉！"大体上可以说明卦爻辞的时代应该在殷末周初。

王。此外还有矢王鼎，时代也相差不远的。其次说"散氏"，在周初有散宜生。用散伯作矢姬𣪘作证，矢是姬姓，与周人同族；"散"也是姬姓，有散姬鼎。据我看，散氏也是姜姓，因为宋人所得的散季𣪘有叔姜。再其次说"井氏"，有井伯，也有井侯。据井姬鬲及韦昭说，"井"也是姬姓。又白田父𣪘有井姒，郑井叔甗①中有季姞。姞姓就是姜姓，与姓苑的说法相合，井也有姜姓，也是周人的同族。此外就是太王居豳的"豳"了，也称豳王，又称豳伯，也是姬姓。再有一个与周族有密切关系的，就是吕望的"吕"了。用吕行壶是成王时器作比，貉子卣就要更早，是殷代末年周人未克殷以前的器。铭文中说："王格于吕。"这个王可能是吕王，以同卣称矢王作比，又以吕王鬲作证，是可以相信的。再来提出一个王，就是"匽王"了。古器中称匽王的都是兵器，时代相当晚；但匽就是韩弈"燕师所完"的燕，其地在河东韩原。据克鼎说："锡女田于匽。"因知渭水流域也有"匽"，有姬姓的匽，也有姜姓的匽。这样说来，在殷周之际，渭水流域姬姜之族中，早已经有许多称王的邑国，周人之能克殷奄有天下，不是偶然的事。

现在我们有必要说一说这些国为什么都是小邑国起家的呢？这些"邑国"在殷周之际名之为"俘邑"。②如上举卜辞中所谓"弋二邑"的邑，都是役属于殷的"俘邑"。易经夬卦卦辞说："孚号有厉！告自邑，不利即戎，利有攸往。"足见"告自邑"的邑，原就是"俘邑"（其字也作孚）。"孚"既大号有厉（疫疠之厉）了，自然要迁国。所以说"不利即戎，利有攸往。"而益卦六四爻辞正是这样说："利用为依迁国。"像这样容易迁的国，还不是小国吗？又井卦卦辞说："改邑不改井，无丧无得。"这些邑既然经常可以改，可以迁，而"邑人"又经常可以逃，也必定是一些小的"俘邑"。"邑人"也称"国人"，都是"邑国"中的人。班𣪘："王命毛公以邦冢君土徒驭域（国）人，伐东或（国）痛戎，三年静东国。"（这里的或字，域字，都作国字用。宗周钟东国、南国，字也只作或。也从水作淢。新出长由盉"下淢"即"下国"。）足见周人东征时，是带领许多西方的"邑国"里的人去解放东方各地的邑国的。在渭水流域的小邑国是很多的，决不只是上举散盘中矢、散、井一类比较大的"邑国"。据新出的矢𣪘说："锡土厥川二百□，厥□百又□，厥小邑卅又五，〔厥〕□百又卅。"其中确实明白的是"厥小邑卅又五"个。这些小邑可能连方六里都不到的，真是很小了。又如散盘中就有好多小邑，我们可以明白举出来的，如州、如眉、如原。鬲从盨也说到州与泸二邑，又说到巤、柟、才三邑；此外还有几个认不清楚的邑，共有13个邑。邑与田是连带着的，前举卜辞中已有这种关系，如"𨈶于我东啚，弋二邑"。又说："𠙴方亦牧我西啚田。"田必定附属于邑的。舀鼎上正是这样说："必尚俾处厥邑，田厥田。"因此知克鼎上所谓："锡女田于埜，锡女田于渒——锡女田于康，锡女田于匽，锡女田于陾原，锡女田于寒火。"又说："锡女井人奔于梁。"以上所说锡田于某者，都是说某邑的田。散盘开头一段就是说封土建界的事，所谓："井邑田：自根

---

① 郑井叔甗见《缀遗齐彝器考释》第9卷。井字作丼。
② "俘邑"的说法到春秋后期都还有，左传昭公十八年，郑国说许国是他的"俘邑"；因为隐公十一年"郑"灭"许"而复存之，故有此说。说明这是古代的讲法。至少"许"在那时已非"俘邑"了。

木道左至于井邑封道，以东一封。还，以西一封。陟刚，三封。降，以南封于周道。陟州刚，登栘，降棫，二封。"这显然可以看出，这些小邑都是从土著的园艺部落起家的。与无逸篇所谓"即康功田功"的说法可以互相印证。周人在克殷以前就是这些小邑国的领袖，因为殷代晚期国力扩张，役属了许多小邑国；但是压迫他们太厉害了，这些邑国纷纷起来反抗；周人就利用这个机会，在东方造成自己的潜势力，所以有"三分天下有其二，以服事殷"的传说。我们再来考察上举那些渭水流域的小邑国，就有好些同族散处在东方南方的。如井氏、匿氏、吕氏、麦氏；以及秉人、州人、原人、泸人之类。因为有周族首先号召，这些"邑人"才普遍都动起来。在武王起兵的时候，还带着许多不同部落，如"庸、蜀、羌、髳、微、卢、彭、濮人"（牧誓篇文）造成"前徒倒戈"①这样的大革命，把整个旧势力推翻了，使殷代的初级奴隶制社会倾覆掉，使这些被压迫的大小邑国全都得到解放；于是从武王到成王这一阶段，就建立了封建依附关系，打下了初期封建制度的基础，这是合乎社会发展规律的。

第二，从当时的家长奴役制本身去看，也有造成殷代奴隶制社会崩溃的原因。只要我们一考察为什么从"邑国"里会出现封建制度，就可以得到问题的解答。恩格斯曾经这样说："一切民族的原始历史，或几乎是一切民族这部分的历史，是受着两桩自然发生的基本事实所管制。一是人民根据了亲属关系而组织起来，二是土地公有。"②就是马克思也是以为家族组织是"土地所有制之第一形态的第一前提"。③足见从原始社会以来，家族组织确是成为土地所有制密切关联的第一前提，所以邑国里的婚姻制度与家族组织，也必然与他们的经济生活相联系着的。就是说"邑国"与"行国"不仅是经济生活有不同形态，连婚姻制度也是各不相同的。当时殷人虽已进入奴隶制度，但是他们还保存许多氏族社会里的残遗习惯，在小臣諌殷上说到"殷八自"，宋代所出的成鼎上同样说到"殷八自"和"扬六自"；近年出土的禹鼎，文字与成鼎相同，但作"西六自，殷八自"；在舀壶里又作"成周八自"，这些都是殷代的遗族之存于周代的。此外左传定公四年："分康叔以殷民七族"，有"陶氏，施氏，繁氏，锜氏，樊氏，饥氏，终葵氏"；"分鲁公以殷民六族"，有"条氏，徐氏，萧氏，索氏，长勺氏，尾勺氏"；史记殷本纪赞作"契为子姓，其后分封，以国为姓，有殷氏，来氏，宋氏，空桐氏，稚氏，北殷氏，目夷氏"；这些都可以说明是氏族社会里留下来的残遗痕迹，殷代确实是有氏族贵族的。（史记夏、殷、秦三个本纪赞都有氏族分枝。惟周本纪赞没有，就可以证明周人没有那样多的分族）。殷人是用鸟类作氏族图腾的。诗经商颂玄鸟篇："天命玄鸟，降而生商"；楚辞天问："简狄在台喾何宜？玄鸟致贻女何喜"？不只是殷人以鸟类作图腾，其他部族也以鸟类作图腾的。逸周书作雒解把殷人和东人并举，东人之中如"郯"，就是以鸟类作图腾的。左传昭公十七年郯子说他的祖先是以鸟类作图腾的，就是"纪于鸟，为鸟师而鸟名"。我们现在只能从郯子的话里看出他们的祖先把他们的部族分为三层的氏族组织，在鸟图腾之下分为五鸟，五鸟之中有鸠有雉，而鸠类雉

---

① 此伪古文本武成文。但其事见于《史记·周本纪》，《孟子》尽心篇下，王充《论衡》艺增篇，逸武成文当与此相近。

② 中国人民大学世界史教研室所出《世界古代史参考资料》第一辑，65页。

③ 1953年《文史哲》第一期，第23页到第24页。

类之下又分为五鸠五雉。① 这显然是与易洛奎部族的三层组织很相似。这种氏族组织，到了希腊罗马的奴隶社会里还有残存的，因此在希腊罗马是有氏族贵族的。殷代的通婚制度，据我的研究，也与易洛奎部族有相同之处，他们都是行多胞族通婚制，或三胞族通婚制。在中国古代称之为"三恪制"。左传襄公二十五年"庸以元女大姬配胡公而封诸陈，以备三恪"。这"恪"字《说文》引作"窓"，其实即貉子卣之"貉"，就是古代貉族中的三胞族通婚制。三胞族间的通婚制与多胞族间的通婚制其基本性质是一样的，虽然是三胞族或多胞族间的通婚，而实际上也只有两胞族之间的通婚事件；所以氏族社会向前发展的结果，大都残存为两胞族之间的通婚。在卜辞里还有"五族"与"三族"② 的记载，以及前引的殷民七族、殷民六族、殷八族等都可以说明殷人从氏族社会进入奴隶社会是比较早期；那时还正在多胞族或三胞族通婚的时候，而那些土著部落之进入家长奴役制是比较晚的。据恩格斯的看法也是如此。他说："氏族制度在绝大多数场合，大概是从普那路亚家庭中直接发生的。"又说"这一基于习惯的对偶同居现象，随着氏族的日益发达，以及随着不许互相通婚的'兄弟'等级，和'姊妹'等级，的愈益加多而一定要逐渐巩固起来"。③ 照这种看法，也就很可能，二胞族通婚制是从多胞族通婚制的进一步简化之结果。

现在就要问：中国古代是否也曾经有过二胞族婚的制度呢？同时又要问：宗法制度到底是从那一种婚姻制度的基础上发展起来的呢？我的答复是：宗法制度确实从两胞族通婚制的基础上发展起来的。在中国古代的婚姻制度中，周族是行姬姜两姓耦婚制的。左传宣公三年："姬姞耦，其子孙必蕃。"又哀公三年："刘氏范氏，世为婚姻。"这些部落原本只是两胞族通婚，后来才分为两姓通婚。周人的两姓通婚，在历史事件中并不严格，但从这些事实中可以看出，在过去是曾经严格过的；这可以说明从两胞族通婚走到两姓通婚时，已经有相当长的时间。据我们看，在中国古代行这种两胞族通婚制的，大体上说来，会都是那些已进入"耕田，田稻麦"的土著部落；这种安土重迁的部落行两胞族通婚制，也正与他们的经济生活相配合的。有人以为殷人也曾经行过大小宗制，也有人以为行两胞族通婚制的不一定是土著部落；我以为殷人所谓"大示""小示"与大小宗不同，殷人于大小宗以外还有"中宗"。古代中国行两胞族耦婚制而把他们的部落分为大小二宗的，在诗经里有大东小东；左传里有大邾小邾、大戎小戎；在孟子里有大貉小貉、大桀小桀。据我看，墨子的大取小取，原当作大郰小郰；诗经里的大雅小雅，原就是大夏小夏；这些多半是后起的土著部落。凡是在某一部族中分为大小二宗的，原先是为便于族内通婚的两胞族通婚而起的。就是从经济生活一角度去看，也是有重大意义的。大小宗制度的最高形态，就是长子继承的嫡长制；这种制度原是从家长奴役制，而且是从安土重迁的土著部落中成长出来的。至少殷人没有两姓耦婚的制度，同时在帝系中不可否认的有兄终弟及的相当多的例证，因此知殷代行嫡长继承制是相当晚的时期。

---

① 易洛奎族的氏族组织见张栗原、杨东莼合译莫尔根《古代社会》第二编，第二章至第五章。郯国祖先的氏族组织见拙著《中国古代宗族移殖史论》第二章。
② 胡厚宣：《甲骨学商史论丛初集》第1册，第2篇，第11页至12页。
③ 《家庭私有制及国家起源》文选本，第2卷，201页及206页。

就侯、田、男三个等级在经济上的关系看来，也应该是出于土著部落中的家长奴役制。在殷代末年，"男"之成为小领主的并不多，不过前举"男㠯"一例。其实在周金中称男的诸侯也是很少的，趞小子𣪘里有"鼍男"，𤔲侯簋中有"寺男"，此外又有叔男父匜。当殷周之际，大部分的"男"，还处于被奴役的地位。就是到了春秋，"男服"的地位也还是很低的。左传昭公十八年，郑国人说许国人是他的"俘邑"；襄公二十七年，叔孙曰："邾、滕，人之私也。"定公元年，宋仲几曰："滕、薛、郳，吾役也。"在殷周之际，"男服"的地位其低可想而知。至于一般的"男"，原就是力役者；在家长奴役制的社会里，正处在奴役的地位。这就是初期奴隶社会中生产关系矛盾之一端。当两胞族通婚制变为两姓通婚制时，在家族以内便产生了"舅"与"甥"两个名称。从前"族众"中的"男"，就是后世人所谓"赘婿"。恰恰好"舅"与"甥"两个字都从"男"作。我从前曾经注意到过这个问题。在两胞族通婚制中，甲乙两胞族中"祖"一辈人的"甥"，就是孙一辈人的"舅"（指舅父之舅）；在甲族中的"舅"，也就是乙族中的"甥"。但这些名称在两胞族通婚制中是没有的，在甲骨文字中也是没有的。必待两姓通婚制出现以后，才有所谓"舅甥"。周代以前，在行两胞族通婚制的部落中只有"男"之一名。这些"男"就是后世人所谓"赘婿"，原就是两胞族通婚制，同时也是家长奴役制社会里一个力役者的"族众"。这些"赘婿"，一直从西周到战国末期还是有的。（当然现代中国人都还有入赘一事，那与古代的赘婿又稍不同了。）诗经大雅桑柔篇："天降丧乱，灭我立王"，"哀恫中国，具赘卒荒"。①又召旻篇："民卒流亡，我居圉卒荒。"又公刘篇："度其夕阳，豳居允荒。"（"允荒"之"允"即"允姓之奸居瓜州"之"允"，也就是"猃狁孔棘"之"狁"。）这些"赘卒"就是后人所谓"赘婿"，也就是牧圉一类的"圉卒"（周人的始祖中有高圉、亚圉）。在殷人看来这些都是外族的"众"，其文化程度是很低的。殷人就当他们是奴隶。尚书盘庚中篇："予岂汝威，用奉畜汝众"；又说："既劳乃祖乃父，汝共我作畜民。"易经遯卦九二爻辞也说到："畜臣妾，吉！"都是把这些"众"当作畜类看待的。这些"众"多半是外族之"众"，因此在卜辞里有"丧众"与"不丧众"的说法。如殷契佚存487条："贞，我其丧众人"；又594条："贞，𪚥其丧众"；殷契粹编119条："丧駿众"；后编卷下，35页，1片："贞，并亡灾，不丧众。"这些"众"既然要逃亡，自然就会是外族之"众"了。殷人子姓，所以有"子宋""子画""子渔""子奠""子嬭"以及"多子"②等名目。却未见"多男"的名称，在诗大雅思齐篇就说："则百斯男"了。可见"侯、田、男"中的"男"虽见于卜辞，其名称还是出于当时与殷人共处的"邑国"中的。到了周代，"邑国"被解放了，这些"男"的地位才稍稍提高了。

周人克殷以后，邑国的土著部族普遍得到解放，所以诗人们才把"民"与"卒"对称起来说；同时也就把"中国"（就是说国中）与"荒"相对起来说。照殷代人看来，

---

① 桑柔篇"具赘卒荒"的"具"字作"俱"字解，就是"及"字的意思。诗小旻"则具是违"之"具"，郑笺也以为"俱"字。

② 见《甲骨学商史论丛初集》第1篇、第2篇，其中有称"多子族众"的。

这些所谓"荒",原都是"小邑国";对于"小邑国"是采取役属的方式的,这就是有一派人所谓"种族奴隶制"。到了周代,就认为是"中国"与"荒"郊的关系,采取了同化的方式,这就成为封建社会中的政治关系了。假定当时没有一种先进的封建社会的生产关系在那里起主导作用,也无法采取同化的方式了。同化方式也是一种剥削关系,不过已经进入封建社会对待少数民族的剥削关系了。这种情况从西周一直到战国,还是一样的。我们看孟子与滕文公说:"请野九一而助,国中什一使自赋。"又说:"公事毕然后敢治私事,所以别野人也。"这不是同样的把"国中"与"野人"对立起来说吗?孟子又说:"夫滕壤地褊小,将为君子焉?将为野人焉?"可见一直到战国中期,例如滕、薛一类小国尚且有"中国"与"野人"的对立关系。其实何止于战国中期?后世的汉族对待少数民族,还不都是这一种同样的关系吗?恐怕在西周初年,这种剥削关系还要轻些,因为这些"邑国"与周人还是站在同一条战线上刚刚被解放出来的缘故。到了战国以后,情况就逐渐变了。历史记载中确实出现了接近于奴隶社会的一部分现象,但是就认为这是奴隶社会,那就不对了。有了奴隶的记载,并不见得那个社会就是奴隶社会;我们要看当时的社会生产关系的主导力量是什么,然后才能够决定那个社会是什么样的生产关系。按照马列主义的理论,为要了解某一社会经济的性质,必须从最基本的,或者说从主导的所有制形式,去考察全面问题,不能够只就某一局部的,那至于是次要的社会经济现象,去概括一切,因为那些次要现象是受主导的生产关系所制约的。在我国古代西周的时候,既然在先进的部落中已经建立起"藉田以力"的原则,已经产生封建主义的土地所有制,小农对于领主的依附关系已经存在了;当时的生产关系已经是领主对于甸人,甸人对于力役者的经济外强制,那末当时的社会经济的主导力量已经是封建社会生产关系了;即使发现有部分的奴隶制残余痕迹,按照马列主义的理论原则,只能说那时已经进入封建社会的时代了。

其次,"藉田以力"的原则是从低级奴隶社会的娘胎里孕育起来的,像波兰、罗马尼亚,那种自由农民为公社耕种土地的方式,确实有点像我国古代的"藉田制"。要知道这种制度正是转向封建社会的初期情况。马克思正是这样说:"例如在斯拉夫的公社,在罗马尼亚的公社,等等。在这里为过渡到劳役制等等奠立了基础。"[①]从这种制度再向前推进一步,就会出现小农经济的。在封建社会里,小农经济是最基本的生产细胞。从西周以后,社会上的基础组织是农村公社。自从公社逐渐转变乃至解体以后,公社里的成员向两极分化,就出现了许多个体农民经营着的独立自主的经济,就在这个基础上,把早期的封建制度巩固下来,才能够照现在人看来很保守的制度,在当时社会上却能成为很大的力量;虽然在几种不同性质的经济制度,如氏族制经济、奴隶制经济等,多种成分的斗争中,而封建经济却能以压倒的势力向前迈进。如果不承认封建制经济优越于奴隶制经济那就罢了,但是早已确定了的封建制度是优越于奴隶制度的;那么虽然西周以后到了战国,是一个有多种经济成分同时并存的社会,也就是说从西周到战国期间,黄河流域各地有许多不同文化水平的部落与部族存在,但是主导的封建土地所有制已经出现了,并且已成为压倒的势力了,我们就应该认为那时已经进入封建制度的

---

① 见1953年《文史哲》第1期,24页,下栏,13行至15行。

时代了。

马克思在前资本主义生产形态一文中的注里曾经说到"尽人皆是奴隶制之东方"①一句话，因此有一派人就把中国古代也解释成是这样的社会。据他们说："古代东方的农民在身份上是独立的，但这并不等于说这些自由农民们所受的剥削压迫就比奴隶或农奴们来得少。在某些情况下，自由农民所受的专制统治者们的压迫剥削还来得特别厉害。"②我以为这样说是不大妥当的，我们不能离开土地所有制形式来专谈经济外强制。如果对自由农民的压迫剥削超过了限度，那些被剥削者就不是自由民了。若以劳动人民所提供的剩余劳动量的大小来说，那末资本主义时代的工人所提供的剩余劳动量最多了，我们能够说它是奴隶社会吗？有人又说："古代东方的专制统治者们运用了他的政治上的权力，可以驱使广大的人民为他从事奴隶式的劳动。古代东方的一切巨大的工程建设，如若不是因为统治者们有权力可以驱使全国自由农民来为他工作的话，即几乎不可想象它是怎样能够完成的。"③是的，像巴比伦的灌溉工程，古代埃及的金字塔，是在这种情况下完成的。在我们中国，从春秋以前上溯到殷代，有过这样巨大的工程没有呢？恰恰相反，大雅灵台诗说周文王造灵台时"庶民子来！"孟子也说周文王时"罪人不孥"。周人克殷以后，对劳动人民的剥削，确实是相当减轻了的。到春秋战国以后，才有造长城、筑驰道、以及各项灌溉工程等等，倒是需要大量的劳动力，就因为如此，才有人说那时候是高级的奴隶社会了，这在下文就有明确的解释。

六、结束语

中国封建社会的基础是在西周到战国末年这一阶段中打定了的。这一事实在中国古代社会经济史与文化史各方面都可以看出来的。不只是西周与东周不能截然分为两种不同的社会，就是秦汉两代也不能够与周代分为截然不同的两种社会：因为社会发展有它的一贯性，奴隶社会与封建社会是有它们之间的基本区别的。我们不能把土地私有制作为划分这两种社会的界线，因为奴隶社会发展到某一阶段也会出现土地私有这一事实的；汉谟剌比法典④中已经出现有关土地私有的条文，可以证明巴比伦早已出现土地私有制；至于古典的奴隶社会如希腊罗马的后期就更不必说了。其次，也不能用工商业的发达繁荣作为主要现象来说明任何社会出现的基础，因为奴隶社会或封建社会发展到相当高度，工商业都要繁盛起来的，决不能与资本主义社会来相提并论，更不能够用货币大量流通作为这两种社会的分界线。在奴隶社会晚期，因为货币大量流通，也曾经出现过货币地租，例如罗马帝国晚期，就有过这一事实。照此说来，所谓封建土地所有制一句话是需要加以很详尽而深刻的科学说明的。必须是劳动人民能够直接支配生产资料，如自己有"份地"，有"农具"；就在这个基础之上出现了封建依附关系，以及为封建主耕种土地的"劳役地租"，这才是初期封建社会与奴隶社会的最基本的分界线。就因为封建地租的主要形式是劳役地租，才可以基本上区别"奴隶"与"隶农"的经济

---

① 见1953年《文史哲》第3期，29页，上栏，第11行。
② 见1953年《文史哲》第1期，第30页，吴大琨《论前资本主义社会地租的三种基本形态》一文。
③ 同上文第30页，下栏，12行至16行。
④ 沈大銈译：《汉谟剌比法典》，商务印书馆出版。

地位。奴隶主对于奴隶的剥削根本没有什么"地租"可言，必须从劳役地租的基础上发展起来的实物地租与货币地租才能算是封建社会的地租形式。中国古代的"彻法"，尤其是东周以后的"彻法"，确实是从"助法"的基础上发展起来的（谷出不过藉）。我们必须要有从劳役地租的基础上发展起来的实物地租，与货币地租，才能算是封建地租形式；否则奴隶社会里也有实物地租，与货币地租；到底与封建社会的实物地租与货币地租有什么区别呢？这个区别就在于奴隶社会的主导经济力量是奴隶主对奴隶的生产关系，在这个时候的实物地租，与货币地租，是大土地所有者对自由农民的剥削方式。在奴隶社会里，主要的、大部分的劳动人民不能直接支配生产资料；在奴隶社会里从一开始到最后，都不是以小农经济占统治地位的。古代东方式的公社里的自由农民也是集体耕作的，也不能完全直接支配生产资料，如所使用的农具只能算作公社所有物。就因为这种公社瓦解了以后，才会出现小农经济占统治地位的封建社会。

周人克殷以后的情况与欧洲中世纪初期封建化开始时的情况是同一类型的生产形态。当我国殷周之际社会经济之进一步发展，是在以下两条途径相结合下开始出现的。第一条路径是从瓦解了的奴隶社会内部产生出来的封建主义的萌芽。例如"藉田以力"的原则，是从殷代的"耤田制"的基础上发展起来的，于是出现了公田私田的制度，因此才有劳役地租形式的"助法"，然后进而为实物地租形式的"彻法"。第二条途径是从比较落后的"邑国"里开始的，自从"邑国"里的氏族组织解体了以后，就出现了新的宗法制度，同时也出现了再次生型的农村公社；西周人所谓"农夫"与"农人"①原是农村公社里的自由农民，他们有自己的金属农具，并可以用来作交换媒介；这种公社从殷末以来逐步得到发展，又慢慢走向瓦解，才出现了土地私有制；当"侯、田、男"三者从经济上的依附关系，进而为政治上的从属关系时，因此就发展成为封建等级制度。这两条途径经过了殷周之际的大革命，而趋向于更具体化，与系统化，于是就打定了秦汉以后以小农经济占主导势力的坚实基础。这种情况，在法兰克国家的历史中所发现，与我们在殷周之际所发现的，其在基本类型上是相同的。我们就在这里得到中国古代封建社会所以能够出现的根本原因，而且照理论原则上说来，中国古代的封建社会才是真正标准的封建社会。

现在有人把战国以来直到东汉，那些用大批奴隶在工商业上生产，以及在家庭以内服劳役的事实举出来，以为这样就算是奴隶社会，而且说那时候是古典的奴隶社会。这是不符合于事实的。他们为什么不把那些处于主导地位的小农经济如"佃农""雇农"等等事实也举出来呢？（汉书食货志："今农夫五口之家，其服役者二人，其能耕者不过百亩，百亩之收，不过百石。"这就是指当时一般小农情况而言。）秦汉两代如果真是高级的奴隶社会，为什么不把大量奴隶用之于农业呢？这许多关于奴隶的记载是事实（但不能把不同时代的奴隶都算起来凑数），却不是当时社会的主导的经济势力。在欧洲中世纪，城市平民总是与封建主作斗争的；农村里的被压迫阶级总是逃到城市，

---

① 在《周颂》里称劳动人民为"众人"，这是沿用殷人名称；但也称为"农夫"，如噫嘻篇的"率时农夫"；又称为"农人"，有小雅甫田篇的"食我农人"；所以令鼎上称"耤农"，不称"耤田"，可证"耤农"是周代人才有的名称。

想摆脱他们被奴役的地位的，就造成一种与封建领主或封建地主相对抗的势力。在中国汉代呢，农村里的农民也是流向城市的；（汉书地理志："汉兴，立都长安，郡国辐辏，浮食者多，民去本就末。"又成帝纪阳朔四年诏："间者民弥惰怠，乡本者少，趋末者众。"王符潜夫论浮侈篇："今举世舍农桑，趋商贾；牛马车舆，填塞道路；游手为巧，充盈都邑；治本者少，浮食者众。"略举三例以说明之。）但是一直为代表农村地主的统治阶级所压倒，始终未曾造成城市的市民阶层，与封建地主作对抗。这就证明了封建社会的小农经济已经取得主导地位，所以从战国以后直到两汉，据某一角度去看，似乎奴隶制经济在那里向前发展，如当时的大商贾吕不韦，以及乌氏倮、寡妇清之流，确实也代表着这一势力在蠢蠢思动；但是封建主义土地所有制早已取得主导的地位，因此虽有秦始皇、李斯等人的雄才大略，也不能使奴隶制经济再走向繁荣复兴的地步。

有人把公元前6世纪到4世纪领主封建制趋向没落、地主封建制走向更高阶段这一事实说作"货币贵族排挤了氏族贵族"。①据我们的看法，这是地主经济排斥了领主经济。晋之六卿多属士族，这是出于西周以来就有的知识分子这一阶层的。齐之田氏这样拉拢人民，（史记田敬仲世家："田厘子乞事齐景公为大夫，其收赋税于民，以小斗受之，其粟予民以大斗。"后"田常复修厘子之政，以大斗出货，以小斗收。齐人歌之曰：妪乎采芑！归乎田成子"。）也不像是奴隶主。春秋以后是封建等级制开始崩溃的时候。"礼乐征伐自诸侯出""政逮于大夫""陪臣执国命"（论语季氏篇），一步不如一步走向没落的封建等级制，是领主封建制；到了战国晚期孟尝君、平原君、信陵君、春申君，他们自己就是贵族，也是领主，又就是高利贷者，都不能用氏族贵族或奴隶主贵族去概括他们。现在人所举出来的，关于奴隶制的资料，都只是战国以后直到后汉的事；东周以前，没有那么多关于奴隶的记载，就是因为封建制度刚刚开始，许多自由农民尚未走向农奴化的途径；同时周人在一开始，就向落后部族进行"扰远能艺"②的怀柔政策的。这种情况与欧洲中世纪初期的历史也大体上相同的。到了东周以后，为了争土地，各封建国家间就不断有战争。墨子非攻下篇说："今天下好战之国齐、晋、楚、越。若此四国者得意于天下，此皆十倍其国之众而未能食其地者，是人不足而地有余也。今又以争地之故而反相贼也，然则是亏不足而重有余也。"到了战国以后，战争就更多了。孟子在离娄上篇说："争地以战，杀人盈城；争城以战，杀人盈野。"都可以说明这时候的战争是封建社会里的"争地"之战，不是奴隶社会里的"争人"之战。恩格斯曾经说过："因为封建制度的基础是农业，而其掠夺的远征目的，本质上在于获得土地"③，因此有人解释封建社会中期的十字军东征为军事殖民④。封建主彼此争夺土地，确实是封建主义的重要性质之一。

我们中国自春秋以来的思想家不论是儒家，或法家，更不必说墨家了；如孔子、

---

① 人民大学油印苏联专家报告。
② 这是克鼎上文句，《书》尧典、雇命，《诗》大雅民劳篇，均作"柔远能迩"，是一句能表现实际事件的成语。
③ 《封建社会历史译文集》第10页，恩格斯《论封建社会之解体》一文。
④ 谢苗诺夫：《世界中世纪史》124页，10行。

墨子、孟子、荀子，或商鞅、韩非，一直到晁错、董仲舒、王符、仲长统，都是很积极地为封建领主或封建地主服务的，才能够用他们的思想武器，把那些自战国以来才起来的奴隶制经济的残余势力，一齐把它们压伏下去。我们为什么说这是自发的经济势力呢？就因为当时黄河流域有许多文化水平很低的部落，当时的社会发展也是不平衡的。在先进的部族中已经行封建土地所有制，公社走向瓦解，小农经济开始抬头。但是春秋以后商人的势力也不断在向前发展，所谓商人，原是指那些从殷代留下来的亡国之民，专以"懋迁有无"为生活的。左传昭公十六年，郑国子产说："昔我先君桓公与商人同出自周，庸次比耦，以艾杀此地。斩之蓬蒿藜藿而共处之，世有盟誓，以相信也。曰：尔毋叛我！我毋强贾。"这里所说的"商人"，就是商族的后裔。这些商人到了春秋以后势力越来越雄厚了！如弦高之流，都参与了政治活动。他们就代表着落后的奴隶制经济蠢蠢思动，役使着那些文化水平更低的部落，想借此以恢复他们的政治地位；因而就在封建社会的基础上，造成一部分奴隶制经济现象。此外公社里的自由民遭到封建领主的严重剥削，丧失了土地，也有一部分流为奴隶。但是这种自发的、残遗的奴隶制经济在封建社会的基础上是不能够再生下根来的；虽雄才大略如秦始皇、李斯，也不能将它推向前进，这才是符合于社会发展的规律的。虽然我们承认殷代是低级的奴隶社会，所谓"耤田制"也在殷代就已经出现了。但是有些人以为西周还是初级的奴隶社会，从春秋到战国，是奴隶制发展的时代；到了秦汉以后，就是像希腊、罗马一样的，高级的奴隶社会了。据马列主义的理论，上层建筑都是为基础服务的，那末春秋战国以后应该出现一大批如同柏拉图、亚里斯多德一样的为奴隶主服务的思想家，有很鲜明皎著的标帜来鼓吹奴隶制度才对呢？恰恰相反，我国古代思想家不论哪一位，都是坚决反对奴隶制的，甚至连法家都在内，都是大声疾呼来咒诅奴隶制的。提倡奴隶制经济是需要发展工商业的。工商业繁盛了，充其量是可以破坏自然经济，使封建主义走向崩溃的。所以在封建社会鼎盛的时代，总是实行重农轻商政策，这与我国从战国以后直到秦汉两代的思想意识形态也是适相符合的。就因为有大批的封建领主或封建地主作他们的后盾，他们才敢于为封建制度努力，否则就不符合于社会发展规律了。

小农经济是以"佃农"与"雇农"作基础的，这是中国农村里的骨干分子，这些难道都是秦汉以后从天上掉下来的吗？史记陈涉世家："尝为人佣耕。"范雎传也说"臣为人庸赁"。这些制度原是出于西周以来农民对于领主的依附关系，到了战国时候，其性质就不同了。韩非子外储说左上篇："夫卖庸而播耕者，主人费家而美食，调布而求易钱者，非爱庸客也。——庸客致力而疾耕者，尽巧而正畦陌者，非爱主人也。曰：如是，羹且美！钱布且易云也。"（据王先慎集解校改）这正是由初期封建社会转向中期封建社会中应有的现象。就这一事实说，已经不是奴隶社会的生产关系了。有了土地可以买卖的事实以外，又出现了出卖劳动力为人佣耕的"雇农"，这还不是封建社会的生产关系吗？从这里可以说明先秦的封建制度已经进入相当成熟的阶段了。

现在有人把希腊的梭伦变法（前594年）与我国古代的商鞅变法（前356年到338年）打比，这真是拟不于伦了！梭伦变法要积极提倡工商业，这才是奴隶社会里的变法；商鞅主张重农抑末，这是封建社会里的变法。此外梭伦是提倡民主政治的，若照商鞅的办法，要走向中央集权制的专制政治，这两种变法怎样能够相提并论呢？说他们都是抑制贵族是可以的，但不能忘记了他们之间基本性质上的不同。从汉高祖一直到汉武帝都是压制商人的，他们为什么都能成功呢？就因为他们是为封建地主服务。吕不韦、秦始皇、李斯为什么失败呢？就因为要推行变相的奴隶制度。他们发"诸尝逋亡人、赘婿、贾人，略取陆梁地"，甚至征兵到了"闾左"。造万里长城，筑驰道，滥用民力。先秦的自由民都有岌岌乎不可终日之势了。如果秦始皇能得到成功，恐怕汉代的城市势力更加要发达起来，奴隶制经济也会得到更多的发展机会。奈何这一种复古事业只能如昙花一现，就遇到毁灭性的打击，因为那时候封建制度已根深蒂固，不可动摇了。只有在两汉书里留下一些局部现象，供后世人做文章的资料而已。

有些人把黄巾起义前后作为划分中国奴隶社会与封建社会的分界线。我真是找不出来黄巾起义以前与以后，有那些制度属于决定性的巨大变革，可以作为奴隶社会与封建社会的明确界限呢？除掉两汉以来黄河流域各处的地主遭到毁灭性的打击以外，我看不出有什么巨大不同。"部曲"制度也不是汉代才有的。师旅鼎（有人作师旂鼎）上说："师旅众仆不从王征于方雷，伯懋父罚得氒古百爰。"这就是后来所谓"部曲"的关系。这种封建依附关系早在西周初年就有了。毛公鼎上也说："以乃族干吾王身。"班毁上也说："以乃族从父征。"但是封建依附关系的最重要一面，还是在于农民固着于土地，而依附于领主这件事上。"部曲"制度原是从部族以内的依附，进而有部族以外的依附，这是很明显的事实。如果一定要说从先秦到两汉都还是奴隶社会，只举出"部曲"一制度是不够的。必须要举出更多的事实，说明自先秦以至两汉的社会与希腊、罗马有更多相同之点；同时又要把小农经济占统治地位这一事实根本否定掉才能算是完成任务。可是事实上无法否定这一现象。难道到了汉代，这些"佃农"都还是公社里的自由农民吗？这是说不过去的。

现在还有一些人这样说：中国的封建社会是从秦始皇统一中国以后才开始的。因此就说，中国的封建社会有几个特点：第一、没有劳役地租；第二、没有经过领主制经济；第三、没有经过采邑制度；第四、没有封建等级制度。其实这四点早已出现于先秦的初期封建社会这一阶段里。照这种说法，比之说两汉还是奴隶社会更加难于解释，更显出其自相矛盾了。为什么一定要把前期封建社会全部否定掉，把它给与古代东方式的奴隶社会，但又不能不承认秦汉以后是封建社会呢？既然承认了中国的封建社会是从秦汉之际开始的。我正可以答复，这四个特征原是从西周以来早已就已经有了的，又正好可以说明秦汉以后的社会经济与先秦的社会经济是一脉相承的。中国初期封建社会与欧洲中世纪初期封建社会没有什么基本上的差别，更不会没有上述四个特征而能成为封建社会的。我们承认春秋战国以来到了秦统一中国，社会上有很大的变动；但这个变动是经济趋向繁荣，不是像欧洲奴隶制末期的经济趋向衰落。秦汉之际也有很大的变动，这是政治上的变动，是小农经济与奴隶制经济相斗争中，取得决定性胜利的大变动，因而出现了中央集权制的封建大帝国。秦汉以后所有关于奴隶的记载只能说明封建社会的更加巩固，组织得更加完善，使这些奴隶制事件变成更为突出的局部事件而已。

1956年，4月，12日。

原载《中山大学学报（社会科学版）》1957年第1期

论唐代之蕃将与府兵

陈寅恪

唐代武功自开国至玄宗为最盛时代。此时期之兵力可分为蕃将及府兵两类。其关于府兵者,寅恪已于拙著隋唐制度渊源略论稿兵制章述其概要,然止限于府兵创设及初期与后期不同诸点,其他未遑多及。至于蕃将,则世之读史者,仅知蕃将与唐代武功有密切重要关系,而不知其前期之蕃将与后期之蕃将亦大有分别在也。今请先论李唐开国之初至玄宗时代之蕃将。玄宗后之蕃将问题,则本文姑不涉及。次论李唐开国之初至玄宗时代之府兵,而专就太宗、武后、玄宗三人关于此两种武力组织之政策,略加论辨,或可供治唐史者之参考欤?

唐之开国其兵力本兼府兵蕃将两类,世人习见唐承西魏、北周、隋代之后,太宗之武功又照耀千古,遂误认太宗之用兵其主力所在,实为府兵,此大谬不然者也。兹举一例,证成鄙说于下:

贞观政要贰直谏篇略云:

> 右仆射封德彝等并欲中男十八以上简点入军。敕三四出:〔魏〕征执奏,以为不可,德彝重奏:"今见点者云,次男内大有壮者。"太宗怒,乃出敕:"中男以上虽未十八,身形壮大,亦取。"征又不从,不肯署敕。征曰:"且比年国家卫士不堪攻战。岂为其少?但为礼遇失所,遂使人无斗心。"

通鉴壹玖贰武德九年十二月上遣使点兵条胡注云:

> 唐制,民年十六为中男,十八始成丁,二十一为丁,充力役。

寅恪案,魏征所谓"国家卫士"即指府兵而言。盖府兵之制,更番宿卫,故称之为"卫士"也。由此可知武德之世,即李唐开国之时代,其府兵实"不堪攻战"也。然则此时期太宗频年用兵,内安外攘。高宗继之,武功之盛,照耀史乘。其所用之兵,主力部分必非"不堪攻战"之府兵。既非府兵,其主力果为何种兵耶?治史者习知唐代之蕃将关系重要,故新唐书特为蕃将立一专传。兹择其最有关者节录之,并略附旧唐书西戎传有关之文如下:

新唐书壹壹拾诸夷蕃将传略云:

史大奈本西突厥特勒（勤）也。与处罗可汗入隋，事炀帝，从伐辽。后分其部于楼烦。高祖兴太原，大奈提其众隶麾下。桑显和战饮马泉，诸军却。大奈以劲骑数百，背击显和，破之。军遂振。从平长安，赐姓史。从秦王平薛举、王世充、窦建德、刘黑闼。

阿史那社尒，突厥处罗可汗之次子。贞观十四年以交河道行军总管平高昌，封毕国公。从征辽东，所部奋属（厉？）皆有功。二十一年以昆丘道行军大总管与契苾何力、郭孝恪、杨弘礼、李海岸等五将军发铁勒十三部及突厥骑十万讨龟兹。

执失思力突厥酋长也。及讨辽东，诏思力屯金山道，领突厥扞薛延陀。复从江夏王道宗破延陀余众。与平吐谷浑。

契苾何力铁勒哥论易勿施莫贺可汗之孙。〔贞观〕九年与李大亮、薛万彻、万均讨吐谷浑于赤水川。十四年为葱山道副大总管，与讨高昌，平之。帝征高丽，诏何力为前军总管。俄以昆丘道总管平龟兹。高宗永徽中西突厥阿史那贺鲁叛。诏何力为弓月道大总管，率左武卫大将军梁建方统秦成岐雍及燕然都护回纥兵八万讨之。显庆中为沮江道行军大总管，与苏定方及右饶卫大将军刘伯英伐高丽。龙朔初复拜辽东道行军大总管，率诸蕃三十五军进讨。黑齿常之百济西部人。仪凤三年从李敬玄、刘审礼击吐蕃。调露中，吐蕃使赞婆等入寇，屯良非川。常之引精骑三千夜袭其营，即拜河源道经略大使。凡莅军七年，吐蕃憺畏，不敢盗边。垂拱中突厥复犯塞，常之率兵追击至两井。贼夜遁。久之，为燕然道大总管，与李多祚、王九言等击突厥骨咄禄元珍于黄花堆，破之。

李谨行靺鞨人，父突地稽部酋长也。隋末率其属千余内附，居营州。刘黑闼叛。突地稽身到定州，上书秦王，请节度。以战功封耆国公。徙部居昌平。高开道以突厥兵攻幽州，突地稽邀击，败之。贞观初赐氏李。

旧唐书壹玖捌吐谷浑传略云：

贞观九年诏特进李靖为西海道行军大总管，并突厥、契苾之众以击之。

同书同卷高昌传略云：

〔贞观十四年〕太宗乃命吏部尚书侯君集为交河道大总管，率左屯卫大将军薛万均及突厥、契苾之众，步骑数万以击之。

寅恪案，观上引史料，固知太宗以府兵"不堪攻战"，而以蕃将为其武力之主要部分矣。但详绎史文，则贞观四年破灭突厥颉利可汗之前，其蕃将如史大奈、突地稽等以外，亦未见太宗有何重用蕃将之事。然则贞观四年以前，太宗对内对外诸战争，究用何种兵力，以补救其"不堪攻战"之府兵耶？寅恪尝拟此问题之答案，即太宗未大用蕃将以前，其主要兵力实寄托于所谓"山东豪杰"集团。至"山东豪杰"与唐代初期之重要关系，寅恪已于拙著论隋末唐初所谓"山东豪杰"一文（载岭南学报第一二卷第一期）详言之，故不赘论，读者可取参阅也。

治唐史者习知唐之用蕃将矣。然似未能辨唐代初期太宗、高宗之用蕃将，与后来玄宗之用蕃将有重要之区别。盖此两期为唐代武功最盛时代，而蕃将又多建战功。若笼统含混，视为同一，则于史事之真相及太宗、玄宗之用心，皆不能了知。请举一例以证明之。

旧唐书壹佰陆李林甫传云：

> 国家武德、贞观以来，蕃将如阿史那社尔契苾何力，忠孝有才略，亦不专委大将之任，多以重臣领使以制之。开元中，张嘉贞王晙张说萧嵩杜暹皆以节度使入知政事。林甫固位，志欲杜出将入相之源，尝奏曰："文士为将，怯当矢石，不如寒族、蕃人。蕃人善战有勇。寒族即无党援。"帝以为然。乃用〔安〕思顺代林甫领〔朔方节度〕使。自是高仙芝、哥舒翰皆专任大将。林甫利其不识文字，无入相由。然而禄山竟为乱阶，由专得大将之任故也。

据此可知太宗所任之蕃将为部落酋长，而玄宗所任之蕃将乃寒族胡人。太宗起兵太原，与突厥酋长结"香火盟"，谊同骨肉。若自突厥方面观之，太宗亦是与突厥同一部分之酋长，所谓"特勤"之类也。此点寅恪于拙著论唐高祖称臣于突厥事一文中详证之。（载岭南学报第一一卷第二期。）兹不赘论。太宗既任部落之酋长为将帅，则此部落之酋长必率其部下之胡人，同为太宗效力。功业成后，则此酋长及其部落亦造成一种特殊势力，如唐代中世以后藩镇之比。至若东突厥败亡后而又复兴，至默啜遂并吞东西两突厥之领土，而建立一大帝国，为中国大患。历数十年，至玄宗初期，以失政内乱，遂自崩溃。此贞观以来任用胡族部落酋长为将之覆辙，宜玄宗以之为殷鉴者也。职此之故，玄宗之重用安禄山，其主因实以其为杂种贱胡。（详见拙著唐代政治史论稿上篇。）哥舒翰则其先世虽为突厥部落酋长，然至翰之身，已不统领部落，失其酋长之资格，不异于寒族之蕃人。是以玄宗亦视之与安禄山相等，而不虑其变叛，如前此复兴东突厥诸酋长之所为也。由是言之，太宗之用蕃将，乃用此蕃将及其所统之同一部落。玄宗之用蕃将，乃用此蕃将及其统领之诸种不同之部落也。

太宗、玄宗任用蕃将之类别虽不同，而有任用蕃将之必要则相等。蕃将之所以被视为重要者，在其部落之组织及骑射之技术。兹先言其骑射之技术如下：

新唐书伍拾兵志略云：

> 唐之初起，得突厥马二千匹，又得隋马三千于赤岸泽，徙之陇右，监牧之制始于此。初，用太仆少卿张万岁领群牧。自贞观至麟德四十年间，马七十万六千。方其时，天下以一缣易一马。万岁掌马久，恩信行于陇右。自万岁失职，马政颇废。永隆中，夏州牧马之死失者十八万四千九百九十。

开元初，国马益耗。太常少卿姜诲乃请以空名告身市马于六胡州，率三十四雒一游击将军。命王毛仲领内外闲厩。毛仲既领用闲厩，马稍稍复，始二十四万。至十三年，乃四十三万。其后突厥款塞，玄宗厚抚之。岁许朔方军西受降城为互市。以金帛市马，于河东、朔方、陇右牧之。既杂胡种，马乃益壮。议谓秦汉以来，唐马最盛。〔天宝〕十三载陇右群牧都使奏，马三十二万五千七百。安禄山以内外闲厩都使兼知楼烦监。阴选胜甲马归范阳。故其兵力倾天下。

寅恪案，骑马之技术本由胡人发明。其在军队中有侦察敌情及冲陷敌阵两种最大功用。实兼今日飞机、坦克二者之效力，不仅骑兵运动迅速灵便，远胜于步卒也。中国马种不如胡马优良。汉武帝之求良马，史乘记载甚详，后世论之者亦多，兹不赘述。即就上引史料观之，则唐代之武功亦与胡地出生之马及汉地杂有胡种之马有密切关系，自无待言。至弓矢之用，若不与骑马配合，则仅能防守，而不能进攻。只可处于被动之地位，而无以发挥主动进攻之效用。故言射而不言骑，则止得军事技术之一面。若骑射并论，自必师法胡人，改畜胡种之马，且任胡人血统之人主持牧政。此必然之理，必致之势。今所存唐代马政之史料虽众，要不出此范围也。

至军队组织，则胡人小单位部落中，其酋长即父兄，任将领。其部众即子弟，任兵卒。既本为血胤之结合，故情谊相通，利害与共。远较一般汉人以将领空名，而统率素不亲切之士卒者为优胜。此点以寅恪之浅陋，唯见宋吕颐浩所论，最得其要领。（四库珍本忠穆集壹上边御十策）读者可于吕文详究之也。

玄宗所用蕃将为寒族胡人，如安禄山等。与太宗所用蕃将为部落酋长，如阿史那社尔等。两者既大不相同矣。或疑寒族胡人以非酋长之故，无与之相同血胤部卒可统率，其所领士兵，亦将同于汉将所领者不异，则蕃将虽长于骑射之技，而部队却失去组织严整之效，何以玄宗必用蕃人为大将耶？应之曰，玄宗所用蕃将，其本身虽非酋长，无直接之部属，但其人则可统率其他诸不同胡族之部落。质言之，即是一诸不同胡族部落之最高统帅。盖玄宗时默啜帝国崩溃后，诸不同胡族之小部落纷杂散居于中国边境，或渐入内地。安禄山以杂种胡人之故，善于抚绥诸胡种，且其武力实以同一血统之部落为单位，如并吞阿布思之同罗部落及畜义子为"曳落河"，即收养诸杂类勇壮之人，编成军队，而视为同一血统之部落。职此之故，其人数必非寡少。通鉴贰壹陆玄宗天宝十载述安禄山收养"曳落河"八千余人事。司马君实于其所著考异中以养子必无八千之数，而疑姚汝能之说为不合，则殊未解胡人部落之制也。此种方法后来安史余党胡化汉人田承嗣亦遵依之，遂创启唐末五代之"衙兵"，或唐人小说红线故事中所谓"外宅男"者是也。（详见姚汝能安禄山事迹上、新唐书贰贰伍上安禄山传及拙著唐代政治史述论稿上篇。）上述安禄山及其余党所为皆足为例证。故玄宗之用蕃将，除用其骑射之技外，更兼取其部落组织严整之长。此点实与太宗用蕃将之心理未尝有别也。

太宗之时，府兵虽"不堪攻战"，但亦未致全部废弛之阶段。太宗一方面权用蕃将，以补府兵之缺点。一方面仍竭力增加及整顿府兵，以期恢复府兵盛时之原状。故太宗时之武功，固以蕃将部落为主力。然太宗贞观以后，至于玄宗之世，府兵于逐渐衰废之过程中，仍有杰出之人才，并收攻战之效用。观后引史传，可以证知也。惟唐代河北设置府兵问题为治唐史者所亟待解决者，近时颇有不同之论，兹略述鄙见于下：

玉海壹叁捌兵制门唐府兵条引唐会要云：

> 关内置府二百六十一，精兵士二十六万，举关中之众以临四方。又置折冲府二百八十，（此是贞观十年事。）通计旧府六百三十三。河东道府额亚于关中。河北之地，人多壮勇，故不置府。其诸道亦置。

玉海壹叁捌兵制门引邺侯家传云：

> 玄宗时奚、契丹两蕃强盛，数寇河北诸州，不置府兵番上，以备两蕃。

寅恪案，邺侯家传无传世完本，惟可据通鉴及玉海诸书引述者，加以论释。虽其中颇多误失，如言唐玄宗时禁军已有六军之类，寅恪亦尝征引前人旧说及鄙意辨正之矣。（见拙著元白诗笺证稿长恨歌章。）但关于河北初不置折冲府事，则鄙意以为甚得当时情势之实，虽有时代差错，而无文字之讹误也。近日谷霁光君于其所著唐折冲府考校补（在二十五史补编）论邺侯家传纪此事文字有误，其言云：

> 上引一段事实，多不可通解。如"不置府兵，以备两蕃"一句，语意不相属，既谓之不置兵府，何云"番上"，更何云"备蕃"。此其一。两蕃入寇，与不置府兵文义亦自相违。此其二。末又指出兵府总数，不记年代，易于混乱。此其三。综观全传，不应致此。余疑"不"字乃"又"字之误。如将"不置府兵"易为"又置府兵"，则文义连属，于史实亦不背谬。

寅恪案，若上引史料中"不"字果为"又"字之误，则新唐书叁玖地理志河北道幽州大都督府条云：

> 有府十四，曰昌平，涿城，德闻，潞城，乐上，清化，洪源，良乡，开福，政和，停骖，柘河，良杜，咸宁。

是此等河北道之折冲府皆非玄宗以前所设置者。但据陆增祥八琼室金石补正肆陆本愿寺僧庆善等造幢题名（第伍面下载长安三年乞留检校令裴琳记在获鹿本愿寺）云：

> 应天神龙皇帝（中宗）顺天翊圣皇后（韦后）幢主昭武校尉右屯卫前檀州密云府左果毅都尉上柱国孙义元。

杨盈川集陆后周明威将军梁公神道碑云：

天授元年九月十六日加威武将军，守左玉钤卫翊善府折冲都尉。

罗振玉唐折冲府考补云：

> 河北道怀州翊善（劳补）。
> 唐书经墓志："授怀州翊善府别将。"玉案，劳氏据杨炯撰梁待宾神道碑补此府，不知何属。据志，知属怀州。

则知武则天、中宗之时河北道实已设置折冲府矣。唐高祖以刘黑闼重反之故，竟欲尽杀河北壮丁，以空其地。（详见拙著论隋末唐初所谓"山东豪杰"。载岭南学报第壹贰卷第壹期。）盖河北之人以豪强著称，实为关陇集团之李唐皇室所最忌惮。故太宗虽增置兵府，而不于河北之地设置折冲府者，即因于此。此玉海引唐会要所谓"河北之地，人多壮勇，故不置府。其诸道亦置"者也。至武则天以山东寒族攫取政权之后，转移全国之重心于洛阳，即旧唐书陆则天皇后纪所云：

> 载初二年七月，徙关内雍、同等七州户数十万以实洛阳。

者是也。盖武后以前，唐承西魏、北周、杨隋之遗业，以关陇为本位，聚全国之武力于此西北一隅之地，藉之宰制全国，玉海引唐会要所谓"举关中之众，以临四方"者。又据唐会要捌肆移户门云：

> 贞观元年朝廷议，户殷之处听徙宽乡。陕州刺史崔善为上表曰：畿内之地是为殷户。丁壮之民悉入军府。若听移转，便出关外。此则虚近实远，非经通之义。其事遂止。

寅恪案，崔善为言"畿内之地是为殷户。丁壮之民悉入军府"，实深得唐初府兵设置分配之用意，故不容许移徙畿内之民户，东出关外也。今武后徙雍、同等州之民户，以实洛阳，即是将全国武力之重心自关中而移于山东。河北之地即在山东区域之内。若非武后之世，决不能有此违反唐高祖、太宗以来传统之政策。故今日所存之史料中，河北道兵府之设置，其时代在玄宗以前，武后以后，实与唐代当日之情势相符应也。国内情势既改，而东突厥复兴，国外情势又因之大变，此两大原因乃促成河北自武则天后始置兵府之真相。特邺侯家传以之下属玄宗之世，时代未免差错。至其文中"不"字是否"又"字之讹误，或字句有脱漏，恐须更待考证也。

太宗虽增加及整顿府兵，冀能一扫前此"不堪攻战"之弊，而可不必倚赖蕃将。然在其生存之日，盖未及收府兵之效用也。及太宗崩殂之后，府兵之效始渐表现。观下引史料，亦足证知武后至玄宗朝，其汉人名将实与府兵有关，即可推见太宗增加及整顿府兵之心力，亦非虚捐矣。至郭子仪父子皆与折冲府有关，而子仪复由武举出身。武举本由武曌创设。（见新唐书伍拾兵志）此则武后用词科进士拔选文士之外，又别设置武举，拔选武人。其各方面搜罗人材之方策，可谓不遗余力。斯亦治史者所不容忽视之点也。

旧唐书壹佰叁郭知运传略云：

> 郭知运瓜州常乐人。初为秦州三度府果毅。

同书同卷张守珪传略云：

> 张守珪陕州河北人。初以战功授平乐府别驾，再转幽州良社府果毅。

金石萃编玖贰郭氏家庙碑云：

> 敬之府君（郭子仪父）始自涪州录事参军，转瓜州司仓，雍北府右果毅，加游击将军，申王府典军，金谷府折冲。
>
> 碑阴：男。昭武校尉守绛州万泉府折冲都尉上柱国珛，子仪武举及第，左卫长上，改河南府城□府别将，又改同州兴德府右果毅，又改汝州鲁阳府折冲。

府兵之制虽渐废弛，有关史料颇亦不少，兹无详引之必要，止取下引史文观之，当能得其蜕变之概要也。

旧唐书玖叁张仁愿传云：

> 时突厥默啜尽众西击突厥施娑葛，仁愿请乘虚夺取汉（应作漠）南之地，于河北筑三受降城，首尾相应，以绝其南寇之路。仁愿表留年满镇兵以助其功。时咸阳兵二百余人逃归，仁愿尽擒之。

是中宗时府兵番上之制尚存旧规，可以推见。又据唐大诏令集柒叁开元二十六年正月敕亲祀东郊德音云：

> 朕每念黎甿，弊于征戍。所以别遣召募，以实边军。锡其厚赏，使令长往。今诸军所召，人数尚足。在于中夏，自能罢兵。自今已后，诸军兵健并宜停遣。其见镇兵，并一切放还。

则知玄宗开元中府兵番上之制已为长征召募之制所代替。至玄宗天宝中如新唐书伍拾兵志所云：

> 〔天宝〕八载折冲诸府至无兵可交，李林甫遂请停上下鱼书。其后徒有兵额、官吏，而戎器、驮马、锅幕、糗粮并废矣。

则知宇文泰、杨坚、李世民、武曌四主所创建、增置、迁移、整顿之制度于此而告结束矣。

自是之后，唐平安史之乱，其主力为朔方军，而朔方军实一以胡人部落蕃将为其主要成分者。其后平淮蔡，则赖李光颜之武力。李氏之军队亦为胡兵。至若庞勋之役及黄巢之大会战，无不与沙陀部落有绝大关系，此皆胡兵蕃将之问题。然此等均在玄宗以后，不在本文范围，故不一一具论。读者可取拙著唐代政治史述论稿下篇参之也。

综括论之，以唐代之武功言，府兵虽至重要，然其重要性殊有时间制限，终不及蕃将一端，其关系至深且钜，与李唐一代三百年相终始者，所可相比也。至若"河北之地，人多壮勇"，颇疑此集团实出自北魏冀、定、瀛、相诸州营户屯兵之系统，而此种人实亦北方塞外胡族之子孙。（详见拙著论隋末唐初所谓"山东豪杰"。载岭南学报第壹贰卷第壹期。）李唐出身关陇集团，故最忌惮此等人群。太宗因亦不于其所居之地设置兵府，武曌改移政权以后，情势大变，虽于河北置折冲府，然府兵之效用历时不久，至玄宗之世，全部废止矣。玄宗后半期以蕃将代府兵，为其武力之中坚，而安史以蕃将之资格，根据河北之地，施行胡化政策（详见拙著唐代政治史述论稿上篇），恢复军队部落制，即"外宅男"或义儿制。故唐代藩镇如薛嵩、田承嗣之徒，虽是汉人，实同藩将。其军队不论是何种族，实亦同胡人部落也。延及五代，"衙兵"尚是此"外宅男"之遗留。读史者综观前后演变之迹象，自可了然矣。寅恪尝谓欧阳永叔深受北宋当时"濮议"之刺激，于其所著五代史记特标义儿传一目，以发其感愤。然所论者仅限于天性、人伦、情谊、礼法之范围，而未知五代义儿之制，如后唐义儿军之类，实源出于胡人部落之俗。盖与唐代之蕃将同一渊源者。若专就道德观点立言，而不涉及史事，似犹不免未达一间也。兹以此端非本文所宜辨证，故止略陈鄙见，附记于篇末，更俟他日详论之，以求教于当世通识君子。

原载《中山大学学报（社会科学版）》1957年第1期

书魏书萧衍传后

陈寅恪

魏书玖捌岛夷萧衍传云：

> 衍每募人出战，素无号令。初或暂胜，后必奔背。〔侯〕景宣言曰，城中非无菜，但无酱耳。以戏侮之。

寅恪案，梁武晚岁，用北来降人为将，实出于不得已。此端寅恪于"述东晋王导之功业"一文中，附论及之，（见中山大学学报社会科学版1956年第一期。并可参高教部油印拙著两晋南北朝史参考资料中江东统治阶级之转移章。）可不详述。惟台城被围时，其守御之良将，乃北来降人之羊侃。侃守城之事迹，并侃殁，而城不能守之悲剧，详见梁书叁玖及南史陆叁羊侃传。史传备具，不须赘引。兹仅录侃同时人所言者于下，以供旁证。

颜之推颜氏家训上慕贤篇云：

> 侯景初入建业，台门虽闭，公私草扰，各不自全。太子左卫率羊侃坐东掖门，部分经略，一宿皆办，遂得百余日抗拒凶逆。于时城内四万许人，王公朝士不下一百，便是恃侃一人安之，其相去如此。

北周书肆壹庾信传哀江南赋云：

> 尚书多算，（寅恪案，羊侃时为都官尚书。）守备是长。云梯可拒，地道能防。有齐将之闭壁，无燕帅之卧墙。大事去矣，人之云亡。

然则，台城被围时，城中有兵卒无将帅之情况，可以证知。故侃既死、而台城不能守矣。其成为问题者，即（一）侯景所言"酱""菜"之解释。（二）造作此戏侮之语者，究出自何人？"酱"与"将"同声，可不必论。"菜"即指"兵卒"之"卒"而言。但菜为去声，卒为入声，何以同读？必有待发之复。检南史捌拾王伟传（参梁书伍陆侯景传。）云：

> 王伟其先略阳人。父略仕魏为许昌令，因居颍川。伟学通周易，雅高

辞采。仕魏为行台郎。〔侯〕景叛后，高澄以书招之。伟为景报澄书，其文甚美。澄览书曰，谁所作也？左右称伟之文。澄曰，才如此，何由不早使知邪？伟既协景谋谟。其文檄并伟所制。及行篡逆，皆伟创谋也。

寅恪案，王伟虽称陈留人，其家世实出略阳。据北齐书叁伍裴让之传附弟谳之传（参北史叁捌裴佗传附子谳之传。）云：

> 杨愔每称叹曰，河东士族，京官不少。唯此家兄弟，（寅恪案，谓裴让之诹之谳之兄弟也。）全无乡音。

及北史捌壹儒林传上李业兴传略云：

> 李业兴上党长子人也。祖虬，父玄纪，并以儒学举孝廉。业兴家世农夫，虽学殖，而旧音不改，梁武问其宗门多少？答云，萨四十家。使还，孙腾谓曰，何意为吴儿所笑？对曰，业兴被笑，试遣公去，当着被骂。

可知当日北方文儒之士，语言多杂方音。王伟家世既出自略阳，其语言当不免杂有乡土之音。陆法言切韵序云：

> 秦陇则去声为入。

略阳正是秦陇地域，王伟若用其家世乡土之音，则读"卒"为"菜"，固所当然也。况侯景本非清流，自不能作此雅谑，以戏侮梁武。伟为景之谋主，"城中非无菜，但无酱耳。"之言，其为伟所造作，当无疑义。寅恪尝论切韵与史实之关系，（见岭南学报第玖卷第弍期拙著"从史实论切韵"。）师丹老而健忘，未及取证魏书此传。今为记之，并不避重录昔日文中所引裴李两传之嫌，以资说明，借补旧稿之疏漏，近代学人有以秦之先世"柏翳"及"伯益"一端，（见史记伍。）以证法言序者，亦颇精确。但似不如取伯起所记梁末之事，以证法言隋初之语者，具有时代性，更较适切也。鄙说如此，然欤？否欤？特举出之，以求教于当世审音治史之君子。

原载《中山大学学报（社会科学）》1958年第1期

据《史记》看出缅、吉蔑（柬埔寨）、昆仑（克仑）、罗暹等族由云南迁去

岑仲勉

缅族祖先之试探

缅的祖先，来历不明，哈威氏缅甸史也不能追溯其缘起，偶因研究云南民族，略有所悟。《史记》一一六西南夷传："西南夷君长以什数，夜郎最大，其西靡莫之属以什数，滇最大。"其下又云："滇王者其众数万人，其旁东北有劳浸、靡莫，皆同姓相扶，未肯听，劳浸、靡莫数侵犯使者吏卒。元封二年，天子发巴蜀兵击灭劳浸、靡莫。"劳浸，《汉书》九五作劳深。王叔武氏以为劳浸、靡莫在滇池区域①不过从《史记》文面意想得之。

《史记》正义："靡州（原讹"非"②）在姚州北，去京西南四千九百三十五里，即靡莫之夷。"又"楪泽在靡（州）北百余里，汉楪榆县在泽西，益都（？郡）靡州（原讹"非"，今校正）本桑榆王属国也"。桑榆王未详，靡州系武德七年韦仁寿南征时所置，③据旧书四一地理志："靡州下：武德七年置西豫州，贞观三年，改为靡州，领县二，与州同置，磨豫，七部。领户一千二百，在京师西南四千九百四十五里，南接姚州。"距长安里数比正义只差十里。贞观三年为什么要改作靡州，似乎系因当日的住民而立称，括地志谅有说明，正义所谓"即靡莫之夷"，可信总有根据，不是望文生义。姚州今姚安，又靡州北去楪泽（即洱海）百余里，则靡州当在今大理与姚安之间，亦即唐人所传靡莫的住地。《史记》说在滇的东北，固许方向有误，亦或后来迁徙。

哈威氏说："缅甸之英名为Burma，掸名为Man，华人昔称为缅（Mien），盖均自梵名Myamma转出，而Myamma一名，当自Brahma一字而得……按中古时代之石刻，凡宜用Brahma一名者，常以Myamma代之。如Brahmadesa（婆罗门国）每作Myammadesa。十一世纪时之得楞碑铭中，亦称缅人为Mirma。"④这一个考证最强的据点就是碑刻常用Myamma代Brahma，故Myamma为梵名。我们为要加以辨正，先须明白古代僧徒牵扯附会的伎俩。

那连提耶舍（Narendrayasas），北印度人，北齐天保五年（五五六）自漠北来邺，

---

① 一九五七年《历史研究》四期一二页。
② 依拙著通鉴隋唐纪比事质疑校正。
③ 参同上拙著。
④ 姚译《缅甸史》新版四七页注1。

遇周武帝灭佛，易服潜匿。隋开皇元年（五八一）诏请入京，三年，译出法护长者经一部，经中称佛曾预言，将来佛法末世时，月光童子（Candraprahha Kumara）将托生大隋为国王，能令国内一切众生，信奉佛法，"亦大书写大乘方广经典无量百千亿数，处处安置诸佛法藏，名曰法塔，造作无量百千佛象，及造无量百千佛塔"。这些预言，非梵本所有，烈维已经指出。那连提入居中国廿余年，身历周武灭佛的惊险，自然想把隋文帝笼络住，以巩固其宣传事业，伪经一段，就乘时产生。晋竺法护《译大宝积经》卷十密迹金刚力士会第三之三，改梵文的"佉沙"为"丘慈、于阗、沙勒、禅善、乌耆前后诸国"，改梵文的"支那"为"鲜卑、吴、蜀、秦地"。又同人译《申日经》说："佛告阿难，我般涅槃千岁已后，经法且欲断绝，月光童子当出于秦国作圣君，受我经法，兴隆道化。秦土及诸边国鄯善、乌长、归兹、疏勒、大苑、于填及诸羌虏夷狄，皆当奉佛尊法。"烈维评之云："此处之意思表现颇为明了，盖有一作伪之信徒，以一满足诸地土人之预言，附隶于尸利笈及延佛供食之故事也。"刘向的《列仙传》原作"七十四人已见仙经"，北齐的传本却改"仙经"为"佛经"。① 此外大理附近还点染着许多佛教圣迹，把西南各族与阿育王联系着。这些这些，无非僧人每到一处，便想把当地的历史与他们的祖国结合在一起，使其落地生根，不会横受排斥。此种方法，施之文化落后的民族，收效尤大，比方今山西五台山，佛徒就利用为圣迹之一，但我国文化发展，还在佛教之前，它的作用所以影响不大。缅甸文字，虽可能发生于五世纪前，但在这以前的碑铭，迄今仍未发现，所见到最古的系用印度迦檀婆字母写成，② 既是用印度字母，那末，它的作者也可能是印度人了。哈威氏说，缅甸"市镇常有二名，其一为土名，其一则为印度古名……现存之缅甸传统，系属于印度，盖其自己之蒙古传统，早已湮没无闻之故，能读写而保存其传统者，仅为若辈之统治阶级，而统治阶级则舍印度移民莫属也。"③ 由于缅甸古代文化，完全掌握在印度人手中，他们要把"缅"与"婆罗门"结合在一起，是意中的事；但我们却不能说Myamma这个名系由Brahma转变而来。不然的话，他们可径写为Brahma，用不着转写为Myamma，依是推之，Myamma断然是缅族的梵化名称，与Brahma言音无关，哈威的推测殊近于臆想。

说到缅甸交通，可能有四条干线：1. 西南方面从印度沿海岸而来。2. 西北方面从阿萨密越大陆而来。3. 东北通中国为永昌之路。4. 东南接潞江下游则入昔日之扶南。缅族属东方族类，不可能自印度侵入，而缅地各族又"均自北而来"，④ 故认缅族经永昌一路移入缅甸，为近于事理。靡，上古音mjwia，莫，切韵mâk，故如Myamma读如mya'ma，或mirma读如mi'ma，均得与靡莫相合，因收声之-a在汉语常等于-ak，如Tughla隋译独雒，Sälängä唐翻仙薯，可以为例。

如果靡莫确为缅族的前身，他们究于什么时代迁去的呢？从中国史来看，可能有三个时期：（甲）汉武元封二年（元前一〇九）之后。（乙）隋文帝开皇十七年（五九七）史万岁南征至唐高祖武德七年（六二四）韦仁寿南征之后。（丙）唐玄宗

---

① 重庆《真理杂志》一卷一期一八—二〇页拙著。
② 同前引《缅甸史》三六页。
③ 同上三七页。
④ 同上三五页。

开元十八年（七三〇）南诏皮逻阁灭并五诏时期。但唐初姚州附近仍留靡莫名称，则（甲）的时代过早。南诏既强，似不许其辖下部族，随便迁出，而且蛮书没记及与靡莫相近的称谓，（丙）之时代又太后。较可能的惟开皇、武德年间，即六世纪末至七世纪初经两次汉兵侵入，被迫向永昌方面逃去。惜碑铭 Myamma 的最初出现，约在何年，手头无可参考，尚待证定耳。

靡州有一县名"七部"，同是武德年置的曾州有县名"三部"，利州有县名"十部"，"部"殆指氏族，七部即有七个氏族也。《骆丞集》四姚州破贼露布云："遂敢乱我天常，化九隆而背诞，负其地险，携七部以稽诛。"七部和九隆都是滇西民族的上古传说。靡州又有一县名"磨豫"，音颇近于缅甸之 Monyua，①（似即《新唐书》骠传之摩曳余）。缅甸古史言曾有国君七位往攻直通（Thaton），哈威氏以为所谓国不过一个村镇。②那些事实究有无相关，以文证简单，未敢质言，姑录出以供参考。

哈威氏曾说："骠族则已湮没无闻，或即为缅人之前身也。"③这个猜测大有疑问。首先，骠族的王系，现上推至公元一六七年，④而缅族呢，如果靡莫之证不误，则他们转入缅甸，最早只在六世纪末，无联接之可能。其次，父子连名之制，保守很强固（观近人所举彝族的例子便可见），非受到外周大力的影响，不会停止，或改章，蒲甘王骠系父子连名的只有六个王，缅人连名尚未见举出例子，骠为缅人前身之说，只看此一点的差异，已很难成立。据个人所见，骠可能为彝族的一派或其相近的族类，当日曾在蒲甘建立王权，后为异族所篡代，遂再不见连名制度，试细心阅读梯丹以后各王的继承，⑤便可参透多少消息。王名用 Shwe- 的在六四〇年以后，⑥也很象划时代的区别。伯希和举几个蒲甘王名以示南诏文化与缅甸之相关，⑦我们多被其所惑，今细思之，我们只能说缅甸某一时期有过彝族之文化而已。

骠族在中史出现于三世纪初，我也寻出一个可信的证佐。南中志永昌"有闽濮、鸠僚、僄越、躶濮、身毒之民"，身毒指印度，躶濮我曾证其为今之卡钦（说见《论白族源流篇》），则南中志所列，实包括永昌以西。僄越一名，旧日似未尝有人注意，按玉篇僄、匹妙切，骠亦毗召、匹妙二切，然则僄、骠同音，僄越正唐史所谓骠国也。《华阳国志》约成于永和三年（三四七）后，其书多采辑旧闻，僄越总可上推蜀汉（三世纪初），今缅甸史著录骠苴低（Pyusauti）在位为一六七—二四二年，"越"（切韵 jiwt）殆（s）awt（i）之不规则译法也。曹树翘滇南杂志云："力些，迤西皆有之，在大理名栗粟，在姚安名僄僥。"檀萃《滇海虞衡志》一三云："力些一名僄苏，一名栗粟，一名僄僥。"属藏缅系之罗罗组，按"僄"当"僳"之讹，与"骠"无关，恐生误会，故顺正之。

---

① 名见同上四七页。
② 同上三六页。
③ 同上三五页。
④ 同上五四页。
⑤ 同上三九五—六页。
⑥ 同上三九六页。
⑦ 《交广印度两道考》二九页。

雟昆明（即吉蔑）族及昆仑族

"汉代洱海区的昆明人往哪里去？"①这个提问是很得窍的。《史记》西南夷传："其外，西自同师以东北至楪榆，名为雟昆明，皆编发，随畜迁徙，毋常处，毋君长，地方可数千里。"头两句应"其外，西自同师以东北至楪榆"为句，不是"其外西自同师以东"为句，说见拙著《白族源流的试探》，这里不再复述。集解："徐广曰，永昌有雟唐县。"是否分雟与昆明为两部，语欠明白。索隐："崔浩云，雟、昆明，二国名。"《汉书》颜注："雟即今之雟州也，昆明又在其西南，即今之南宁州诸爨所居，是其地也。"又《史记》正义："雟音髓，今澧（？礼）州也。"②始以雟昆明为二部，我则认它只是一部的名称。有人提出反证，说《史记》下文"自雟以东北"系将雟分言，殊不知古人行文，常从省略，"徙筰都"而《史记》仅曰"自筰以东北"，"冉駹"而《汉书》仅曰"自駹以东北"，单凭字句差异，是不能达到决定性作用的。雟，切韵swie，应与缅甸语之shwe同出一源，犹言金黄色；③试翻开缅甸史，古代王名如Shweonthi Shwelaung, Shwemauk等，地名如Shweli（龙川江）、Shwezayan（塔）、Shwedagon（塔）、Shwemawdaw（塔）、Shwegu等，许多都用着Shwe字，而且必用以冠首。又《西南夷传》："自雟以东北，君长以什数，徙筰都最大"，索隐："服虔云，徙、筰二国名。韦昭云，徙县在蜀，筰县在越雟"。然汉以"徙"名县，不见得徙定是一部，徙音斯，切韵sic，与雟音所差极微，乃方言之小异。"雟昆明""徙筰都"立名的例子相同，大宛列传："四道并出，出駹，出冉，出徙，出邛僰"，只举徙而不举筰，东汉后学者昧于西南氏族语言，遂各分为二部，至今不悟。总的来说，雟昆明、徙筰都及雟唐的命名方式，与缅语同以Shwe先行，乃邻近各族之相同语法。"越雟"则为汉语式名称，《汉地志》应劭注："有雟水，言越此水以章休盛也"，雟水犹言"金水"，即现在的金沙江是矣。

之后，昆明事迹见于六朝前史册者如下：

汉武遣使"间出西夷，西指，求身毒国，至滇，滇王尝羌乃留为求道西，十余辈，岁余皆闭昆明，莫能通身毒国"（《史记》西南夷传）。

发间使，四道并出……南方闭雟昆明，昆明之属无君长，善寇盗，辄杀略汉使，终莫得通（《史记》一二三大宛传）。

元封六年（元前一〇五）三月，"益州昆明反，赦京师亡命，令从军；遣拔胡将军郭昌将以击之"（《汉书》六）。

元封四年（元前一〇七），以太中大夫为拔胡将军，屯朔方，还，击昆明，无功，夺印（《史记》一一一郭昌传）。

乃遣使柏始昌、吕越人等岁十余辈，出此初郡抵大夏，皆复闭昆明，为所杀夺币

---

① 《云南白族的起源和形成论文集》六三页。
② 《元史》六一建昌路礼州："州在路西北泸沽水东……至元九年，平之，设千户，十五年改为礼州。"泸沽县在西昌北一百二十里，最近地图尚著礼州之名，"澧"是"礼"讹，似无疑问，但《元志》谓至元始改名，由正义观之，唐代实已设此州而各志失记也。
③ 同前引《交广考》三二页及张礼千中南半岛八七页。

财,终莫能通至大夏焉。于是汉发三辅罪人,因巴蜀士数万人,遣两将军郭昌、卫广等往击昆明之遮汉使者,斩首虏数万人而去。其后遣使,昆明复为寇,竟莫能得通(同上一二三大宛传)。

劳莫数侵犯使者吏卒,元封二年,天子发巴蜀兵击灭劳深、靡莫,以兵临滇,滇王始首善,以故弗诛(《汉书》九五西南夷传)。按元封二年郭昌、卫广之出,并非击昆明,《汉书》此节系纠正前条《史记》之误。

建武十八年(四二),夷渠帅栋蚕与姑复、楪榆、拵栋、连然、滇池、建伶、昆明诸种反叛,杀长吏(《后汉书》一一六西南夷传)。

建初元年(七六),哀牢王类牢与守令忿争,遂杀守令而反叛,攻巂唐。……明年春,邪龙县昆明夷卤承等应募,率种人与诸郡兵击类牢于博南;大破斩之(同上,据刘攽说校正。邪龙,今巍山、漾濞)。

汶山曰夷,南中曰昆明,汉嘉、越巂曰筰,蜀曰邛,皆夷种也(《华阳国志》三蜀志)。

永昌郡,古哀牢国,哀牢,山名也。其先有一妇人,名曰沙壶……南中昆明祖之,故诸葛亮为其国谱也(同上四《南中志》)。

细读各条资料,便见得两汉时昆明位置,确合于《史记》所谓"自同师以东北至楪榆",《唐会要》之昆明国"以爨之西洱河为界"[1],亦无背旧说。独《三国志》四三李恢传称:"先主薨……雍闿跋扈于建宁……而恢案道向建宁,诸县大相纠合,围恢军于昆明",却难解释。江应樑氏注云"按即巂昆明,在今四川盐源附近"[2]。按依同书引《云南通志》,三国时四川未有昆明县,[3]李恢时住平夷,与建宁同在清代曲靖府辖内,无从远出大理,或者那时候已有人误认滇池是昆明池吧?(《南中志》作"李恢向益州"。)

下至唐代,《新书》二二二下说:"咸亨三年,昆明十四姓率户二万内附;析其地为殷州、总州、敦州以安辑之;殷州居戎州西北,总州居西南,敦州居南,远不过五百余里,近三百里。"戎州今宜宾,依其道里约计,总、敦二州得在川、滇交界及滇之东北,不见得在贵州象王叔武氏所考。[4]《新书》同传下文又说:"昆明东九百里即牂柯国也……开成元年,鬼主阿珮内属,会昌中,封其别帅为罗殿王……皆牂柯蛮也,东距辰州二千四百里。"其大鬼主属于牂柯,不属昆明,《旧五代史》天成二年之"昆明大鬼主罗殿王",当是编史者误会。牂柯东距辰州二千四百里,则西距九百里之昆明,显然近于大理。王氏又引蛮书一○"昆明牂柯界接丽水相近"一条,以为牂柯有昆明之证,[5]殊不知此条错误极多,首句应读如"昆明、牂柯界接",跟《新书》"昆明东九百里即牂柯国也"同一意味;倘必坚持其说,则蛮书的"丽水"指禄昱江,不指金沙江,王氏又怎样立解呢?《新传》又称西赵蛮"西属昆明,南西洱河",如果昆明不达

---

[1] 说见拙著《白族源流的试探》篇。
[2] 《西南边疆民族论丛》二六八页。
[3] 同上三八页。
[4] 同前引《历史研究》一四页。
[5] 同上一三页。

到大理西北，这个界至就很难说得清楚。总之，王氏详舸有昆明之说，系纯因分析史料未够深入所引起之误会。

昆明最初的区域本来很清楚的，后世增设了同名的县，乃渐引生误会；其一为唐嶲州之昆明（今盐源），《旧唐书》四一昆明，"后周置定笮镇，武德二年，镇为昆明县，盖南接池故也"。其二为元中庆路之昆明，《元史》六一昆明，"唐置。……其地有昆明池五百余里"。元人计犯了两项错误：以今日的昆明为唐嶲州之昆明，一也；由于上项误会，遂把盐源南接之昆明池（即洱海），移为今之滇池，二也。然而这一错误也不始于元代，考《汉书》二八上地理志益州郡，滇池县有滇池泽，叶榆县有叶榆泽，前者无疑指今之滇池，后者今之洱海。但同书六元狩三年发谪吏穿昆明池，臣瓒注："西南夷传有越嶲昆明国，有滇池方三百里，汉使求身毒国而为昆明所闭，今欲伐之，故作昆明池象之，以习水战。……《食货志》又曰，时越欲与汉用船战逐，乃大修昆明池也。"（今本三辅黄图一段系抄自此注。）已明白地误称昆明国的洱海为"滇池"。推原武帝作池的目标，瓒说自为不易，越地滨海，池战哪能适合？而且对付外族，难道不分敌友，滇王首善，无需加兵，惟昆明屡拒汉使，故致武帝动火，欲伐昆明而象形滇池，未免太不顾名思义，《旧唐书》四一之注，实无可非难。方国瑜氏所拟汉昆明人分布地区，① 尽得其大概，但我以为西界须伸至永昌（同师）而已。

嶲昆明究是什么族类，问题却不易解决，《隋书》地理志考证二引《夷书》，"又有昆明蛮，亦谓之乌蛮"，乌蛮种类不一，这只说昆明属于乌蛮，并非谓昆明就是彝族。我个人的意见以为就言音来说，除嶲已见前外，昆明、切韵 kuən miwɒng。《南中志》，"自四姓子弟仕进，必先经都监夷人，大种曰昆，小种曰叟……无大侯王如汶山、汉嘉夷也"。犹之说，夷人大部的头目叫做昆，小部的头目叫做叟（叟另有说），缅甸史得椤英雄有名叫 Kun Atha 的，② 就是一例，但昆明应是两字专名，与昆、叟的"昆"为通名者无关，我们不要误会③。

柬埔寨人自名其国曰 Khmer，在占文碑铭中作 Kvir 或 Kmir，占语作 Kur，大食人名曰 Comar，现时暹罗人习惯写作 Khmer，音读则为 Khamen，越南人称曰高绵；④ 我国则唐慧超五天竺国传译为阁茂，旧、新《唐书》译为吉蔑。试参合各国不同的读法，此名在古代汉语得转为 kuan men，即"昆明"音写所自本，干脆一句话，昆明族是迁转到中南半岛去。

据阿剌伯作家说，吉蔑，Komr 与中国三族之祖，原同居于大地之东，后因不和，吉蔑移于柬埔寨，Komr 移于马达伽斯加岛，⑤ 费琅以为 Komr 即中史的昆仑人，⑥ 近世论云南民族堆层的也承认该省有过蒙吉蔑族之往落。⑦ 蒙族的得椤，哈威《缅甸史》强调

---

① 同前引论文集六三页。
② 三九页。
③ 同前引论文集如六二、六七等页都有此误会。
④ 同前引《交广考》四九—五〇页。
⑤ 《昆仑及南海古代航行考》六八页。
⑥ 同上一三二页。
⑦ 参拙著《隋唐史》二八三页。

其从印度海岸东迁，①若扶南之吉蔑，我则相信原自云南移去，后来多少受蒙族映响而梵化，同时，Komr 即昆仑族由亚洲西北高原南下，也是通过今云南的。《列子》周穆王篇："西极之南隅有国焉，不知境界之所接，名古莽之国。"我曾证古莽即后世之吉蔑（《安徽历史学报》创刊号五九—六〇页拙著《再论列子的真伪》），那时我还不明白昆明族的来源。由现在来看，《列子》的传说总当在庄蹻入滇以前，云南不是汉族势力范围，则昆明族当日所占地域，战国前称为"西极之南隅"是恰当不过的。

我之这样想象，也因僰僮问题而愈坚其信。秦及西汉有僰僮，见秦纪及史、汉，东汉只服虔一提而曰"旧京师有僰婢"，谅东汉时代已不常见。旧日一般解释，都以为僰族把他们的子女卖给汉人，然而唐代的新罗婢，是常由不肖汉人掳来贩卖的，非洲黑奴贸易是常由欧洲的资产阶级经营的，我们难道不可以设想，这些奴婢系由僰族从别的部落掠来，只因僰人经营，就称为僰僮僰婢吗？最可疑的这一类奴隶买卖，何以到东汉突然匿迹？代之而出现的却为名称迥异之昆仑奴（昆仑见《南州异物志》及《晋书》三二李太后传，昆仑奴的历史最少可上推至三世纪），再合观纪元前僰族已入滇的推定（说见拙著《云南白族源流的试探》篇），这些事件总有互相钩连的关系，我们不可不加以寻究。据近年杨成志、徐益棠、江应樑数家的调查，大凉山彝族旧有的奴隶叫做哇子，大多数是虏掠而来②，（按"小哇子者下人之称"，见嘉庆九年周蔼联《西藏纪游》一，是川、藏一带的通称。）夏光南氏说僰僮应为彝族，③我初时也涉此想，最难解决的是，凉山彝族的住地，自汉以来没有移动（说见同前引拙著），既是许久做下来的贸易，不会戛然停止的。

职是之故，我们应向别方而求其原因，趁此并先略谈一下吉蔑与昆仑的关系。《晋书》九七扶南传："人皆丑黑，拳发倮身"，三世纪初，吴之交广刺史吕岱已遣使赴彼宣传国化，则其立国可能上推至纪元之前（依前引费琅说）。慧超往五天竺国传说："昆仑诸国，阇茂为大"，是古人把吉蔑看作昆仑一体的。

昆仑的原语，在古吉蔑语作 Kurun，犹言国王或摄政王，占波文 klun，暹罗语 hrun。④其势力范围西南伸至缅甸（《竺枝扶南记》，"顿逊国属扶南，国王名昆仑"）。《新唐书》二二二下云："骠弥臣至坤朗，又有小昆仑部。……骠坤朗至禄羽，有大昆仑王国。"弥臣，余早年拟为怒江下流东岸之 Meezan，⑤对音直无可非议。新书又云："骠昆仑小王所居，半日行至磨地勃栅"，磨地勃，伯希和拟为 Martaban 之音对，⑥坤朗、余今仍主 Rangoon⑦倒拼之说。⑧余又尝说："今缅甸之主要山民有 Karens，占全缅人口六分之一……彼人史话则称由汉、藏间沙漠迁来，Karens 与金邻或

---

① 《隋唐史》三七—八页。
② 林惠祥《中国民族史》二五三页，《民族学研究集刊》五期三六页及《凉山夷族的奴隶制度》一——五页。
③ 《中印缅道交通史》九页。
④ 同前引《交广考》七三页及《昆仑考》四二页。
⑤ 一九三三年《圣心》二期拙著《南海昆仑与昆仑山之最初译名及其附近诸国》三四页。
⑥ 同前引《交广考》六九页。
⑦ 参《中南半岛》八六页。
⑧ 同前引《圣心》二期拙著三六页。

昆仑有无关系……不敢妄赞一辞也。"①今张礼千氏已确认Karens即昆仑，但未详证，且他认坤朗亦同名之异译，②却不敢附和；《新唐书》此段系由北向南顺叙，加兰尼山远在北边，地形不合，改"半日行"为"半月行"以迁就自说，③尤不可为训。禄羽何地，旧日无解，今再详之，实即Ligor地峡，乃Ligor——lug go（r）之对音（羽上古音giu）也。Ligor又作Lakhon，近世还翻作禄坤。顿逊旧属昆仑地面，已见前文，伯希和言，马来半岛曾为蒙吉蔑族完全占领，④说者亦谓克伦南方伸展至克老地峡，⑤时代有盛衰，范围也伸缩。得上文地域相对证，Karen为昆仑之对音，至此可算成为定案了。

《晋书》李后传："形长而色黑，宫人皆谓之昆仑"，可见昆仑不定短小，《隋书》真腊传称，"人形小而色黑"，当是吉蔑、昆仑二族与小黑人（Negritos）混血之结果。

上文阐述既竟，寯昆明等族的转徙，其经过情形如何，我们就可以进行拟测。首先，云南初时是住有吉蔑及昆仑等族的。次依《史记》大宛传，一路出印僰，印部今西昌之南，昆仑当更南，则秦至汉初僰族已徙入滇省；他们向再南的昆明人等用暴力俘虏，卖给汉族，僰僮僰婢实即后来昆仑奴的前身。昆明人等受不了僰族压迫，另方面又捱不住汉武用兵（斩首虏数万人），从公元前一世纪起，陆续分路逃窜，主要的寯昆明冲向东南，后来成立扶南王国。昆仑部则西南走入缅甸，成为现时的Karens（克伦）人；⑥Deniker及Heine-Geldern都认为他们来自云南，但说约在公元五世纪⑦则失之太晚，他们入缅比蒙族迟是对的，比缅族则较早，靡莫（缅）是跟在他们后面的，总之，他们断不是最早来缅之一族，⑧广义的昆仑应包吉蔑族在内。

有人会问，东汉及唐史何以仍屡提昆明呢？我们可拿下述四种理由来解答：（一）寯昆明部落当日必有不少支派，而纪元初建武之役，昆明只居七八种之一，反映着他们的实力已大为削减。（二）咸亨三年所谓昆明十四姓，不过以昆明领衔，不见得全是昆明部落，而且东汉后他们已失去冠首"寯"字，表示出留下来的不是主流，尤其《蛮书》绝未提及昆明这一部。（三）裴矩《西域图记》序曾说，"或人非旧类，因袭旧名"，秦已久亡而外人管着叫我国曰"秦"，契丹今已不可复辨而外人管着叫我曰契丹，又如匈奴远去而唐人常呼突厥为匈奴，在古代搞不清族类称谓时往往发生同样的错

---

① 前引《圣心》二期拙著四七—八页。
② 《中南半岛》四五及五七页。
③ 同上四五页。
④ 同前引《交广考》七五页。
⑤ 《民族学研究集刊》六期七〇页。
⑥ 斯·伊·布鲁克同志说："克伦人之列入缅甸语族是否恰当；个别的研究家认为他们接近于泰族。"又"从词汇成分上来看，克伦语则从孟高棉语族那里借用了不少"（一九五六年《民族问题论丛》四期六〇及六四页）。他们长期与缅甸人接触，语言自然较近缅甸，但从历史来看，他们还似与吉蔑为近族。英人Cochrane曾假定克伦人与弄栋白蛮为同族（《人类学集刊》一期七八页）。
⑦ 《民族学研究集刊》六期七〇页。
⑧ 哈威谓克伦人似为最早来缅之一族（《缅甸史》三五页），斯·伊·布鲁克同志则谓得楞人是缅甸最早居民蒙吉蔑人的孤独残余（同前引论丛六七页）。

误。（四）甚至现在，吉蔑系还留了少许人如崩竜（Palaung），在云南极西及边境。①崩竜我认为即勃弄的遗民，《隋书》五三史万岁传，"入自蜻蛉川，经弄栋，次小勃弄、大勃弄，至于南中"。《蛮书》五，"白崖谓之勃弄脸"，又"（蒙舍）川中水东南与勃弄川合流"，勃弄川今称礼社江，盖因受他族压迫而避往滇西，亦即是赶不上大队而留落在后的。

还有可讨论的即吉蔑族的文化。据说，他们所到之处，好筑吉蔑式的石塔，今泰人呼为"石宫"，石的材料不一样，只求当地所有，②技艺颇工，禄兀（Anghor）有一寺，建于十二世纪，石块大的重过吨，而石与石之配合，至为精密，每石几有镂刻，或狮或龙，或其他神兽怪物。③昆明在前千年，当然没达到这样巧技，但也应有其雏形，据近年洱海区考古，发现居民大半列石为灶。④去年晋宁石寨山发掘了十九座墓葬，大多数是西向东，夹在大石头旁或其当中，好象作为墓葬的范围。铜兵器的柄都焊铸有很生动活泼的动物。有一所小铜房，房外有九十多铜人，不分男女，绝大多数都只穿裙子，赤足，编发。参加发掘者的意见，以为年代上限可能是战国末到西汉中期。⑤这些报导似乎与吉蔑可能相关，尤其是编发合乎寯昆明而异乎滇，两国既东西相邻，文化应互为影响，唯整理报导尚未发表，遽作断论，还嫌过早。这一发现，对云南古代民族分布之研究，极为重要，则是可以断言的。

罗暹族也从云南迁去

还须附带论及的即劳浸，切韵音Lâu tsiəm，依《汉书》作深则为śiəm，韵母相同，不过发声略异。

罗斛之名，初见于宋，《宋史》四八九言丹眉流"东北至罗斛二十五程"，《诸蕃志》上以罗斛为真腊属国。《元史》则暹与罗斛互见。《明一统志》九〇谓元至正间（一三四一——六八），暹始降于罗斛，因合为暹罗国，暹土硗确，罗斛土平衍。伯希和以为就暹罗斛或暹罗之名称言之，皆以暹字居首，似占优势者为暹种。但《一统志》明言"暹始降于罗斛"，《明史》三二四言"其后罗斛强，并有暹地"则事实不符。考十三世纪末之《真腊风土记》及十四世纪中《岛夷志略》均称曰暹罗，一三七六年明太祖所赐印亦曰"暹罗国王之印"，殆因其名沿用已久而仍以旧名名之也。⑥此关于暹罗名称之解释。

泰族初发源于中国南方，如云、贵、两广等省，泰人所撰暹罗古代史，固自承如是。⑦艾莫涅言，中国西南诸省之泰族，殆被迫逐而于纪元前侵入印度支那，自东京以

---

① 斯·伊·布鲁克同志谓崩龙人是缅甸古代居民蒙吉蔑人的残余（同前引论丛六七页）。
② 《暹罗古代史》八页。
③ 《中南半岛》三一页。
④ 同前引论文集七九页。
⑤ 《文物参考资料》一九五七年四期五七—八页。
⑥ 同前引《交广考》七七，八〇及八五页。
⑦ 《暹罗古代史》一二页。

达缅甸。①暹罗族之南迁，中国史究有无记载，以前考据家都未见论及。伯希和曾说，十世纪末暹罗Lopburi城断碑即见Lvo国名称。一〇五〇年占波碑文列举Syam（暹）奴。又十二世纪时柬埔寨古都石刻记及Lvo（罗）人军众，又称特种兵士曰Syam（暹）kut。②由这来看，汉文的暹（切韵应为Siäm）与西方的Siam，其语原都由Syam转出，甚为明白。

暹罗古代史却持不同的见解，它说：外人称暹罗曰Siam这个词，近代才有，Siam一字原属梵文，因疑Siam的名称，系由印度人首先称呼，后来中国人等跟着使用。Siam一字有两种意义，用之于人，意即棕色，用之于国，意即其地多金。据外国考古学者之推测，Siam一名原用以称南部泰人，大泰（Nyai）之住于缅境者为Shan，Shan字恐为Siam之变形。但持反对论者亦大有人在，谓泰人皮肤比之吉蔑及老挝为洁白，棕色之解不合。暹地产金，多金之说较为近情，且与阿育王遣使二人至Suvannabhumi（黄金地）传教之故事，更觉吻合也。③但黄金地的名称，有人说是指缅甸和苏门答腊，④这种比定离事实很远；Shan之音译为"掸"，东汉早已出现，合观暹罗古代石刻，Siam显不是Shan的音变。

六朝时翻梵语云，迦罗奢末，此言"满鹰金"也（勉按"满"为"海"讹），烈维以为迦罗（khara）之义，得释海鹰，但śyāmāka或śyāma则不知缘何训义为"金"？（冯译《药义名录舆地考》七八页）按śyām与Syam相类，"金"或"金地"之义，似同出于一种解法。又śyāmāka，汉译商弥国，据Gtesias（元前五世纪希腊史家）说，其王为塞种，塞与西南民族密接，"暹"或"深"之得名相信最少语言上有其关系。

据我的意见，Lvo可读如luo，在吾县罗、劳同音lō，"深"之对Syam，自无问题，然则"罗暹"之祖先，于西汉为"劳深"也（Lopburi的buri只是"地"的意思，⑤故原语应作Lvosyam）。其初当是两个氏族组成之部落（古代是常有的，如初唐之薛延陀），在云南被迫而向西南迁走，处于扶南吉蔑族势力强盛之下，千年来无法出露头角。同时两氏人口日繁，渐渐分立，初时由"深"氏在北边领导，故曰暹罗（深劳），其后南边的"罗"（劳）氏又雄长，然两者初本一体，以"暹"先行或以"罗"先行，在他们固无谓争长。今得约推其族姓的本源，世人往日所斷斷计较于名称之先后者可以无费口舌矣。《汉书》二八上越嶲郡青蛉县，"仆水出徼外，东南至来唯入劳"，又益州郡来唯县，"劳水出徼外，东至麓冷入南海"，此劳水可能与劳浸有关，青蛉今大姚，来唯今文山西，若然则劳族之领地在红河上游之元江流域，亦与靡莫相近。

滇省是西南民族向南冲出的一个大关口，研究那地域的社会和文化发展，总得对民族转徙先有所了解，才不至立论落空。因之，我写《隋唐史》时也曾就云南民族堆层问题，试参拙见。然由于当时研究未深入，拿不出佐证，今通过前头各项的试解，南方的猛吉蔑族、缅甸的缅人和泰国的暹罗人，都是从汉前到初唐一个时期陆陆续续迁去，那

---

① 《国闻译证》一册一一七页。
② 同前引《交广考》七八页。
③ 《暹罗古代史》一五—六页。
④ 《缅甸史》五一—二页注16。
⑤ 《暹罗古代史》一五页。

么，他们的来路先有了头绪，他们发展的迟早也易得解决，关于亚洲这几个国家的古史探讨是有其相当作用的。

地名杂证

往年写过"释越"一篇，把地名的"越"字作为公式化，现在通过各种研究，觉得有部分的修正之必要。

1. 於越名见春秋，亦作于越，於读如乌，切韵uo，越Jiwɒt。

公羊传："於越者何？未能以其名通也。越者能以其名通也。"

淮南原道："于越生葛绪"，高诱注："于，吴也。"①

汉书音义："于，南方越名也。"

刘熙释名："越，夷蛮之国，度越礼义，无所拘也。"

春秋杜注："于，越人发语声。"

谷梁集解引旧说："於越，夷言也。"

观上引各解，知汉、晋诸家，无非望文生义，所谓"夷言"，亦不能举其说。据说缅人称中国皇帝为Udi-bhva，bhva之义，与"皇帝"相当，Udi则写作udan，等于udaya，义为"日出"及"东方"。②如把udi分并为u ud，便与广州读uū t合，越地临东海，於越犹云东方之国而已。此之命名当日究属某族方言，尚待考核，一般人往往名曰"越族"，我则未敢赞同。复次，正法念处经有优陀延山，西藏本译作"东方"，即梵文称日所自出之Udaya山。按梵文多为印度西北之羌语，"越"之得名，显然有其关系，禹出西羌而於越说是禹后，草蛇灰线，固非无迹也。

句吴、於越为相邻之两国，统治的土人都是断发文身，"於越"那个名既然很象西南民族的语言，而吴语直到现在，于汉语中还自成一系，就很容易令人想到"句吴"这个名也许跟西南民族的语言有多少关系了。句吴之名怎样得来的呢？据世本"孰哉居蕃篱，孰姑徙句吴"（《史记》三一索隐引），宋忠因谓"句吴，太伯始所居地名"。《汉书》地理志下颜注则云："句，夷俗语之发声也，亦犹越为于越也。"发声云者直是不得其解之妄说。《左传》宣八年正义："句或为工，夷言发声也"。按周金文者减钟："工𢼸王皮襲之子者减"，元廐剑："攻敔王元廐自作其宝用"，又夫差鉴："攻吴王大矾择氒吉金，自作御监"，综合起来，句吴当日写作"工吴"，那边与中原音有异，如用现时的吴语来读，则为kong ngu（广州读"吴"如ng），又"句"，吴语kəu，合而简化之则为kəu-ng，亦即khun之延音，称君长之辞也。由此观之，无论句吴或於越，皆自有其涵义，夷语发声者后世小学家臆说而已。

2. 瓯越 《战国策》赵策，"被发文身，错臂左衽，瓯越之民也"。《史记》一一四索隐引姚氏云："瓯，水名。"按瓯，切韵·əu，即"於"之音转，瓯之义同是"东方"。王会解"越沤鬋（发）文身"，越沤即瓯越之先后易位。

3. 瓯邓 《逸周书》王会，"正南瓯邓"。按瓯邓，切韵·əu d'əng，其语原同

---

① 《读书杂志》十谓于越应作干越，干越夷转四者皆国名，似非定论。
② 同前引《交广考》二六—七页。

乎udan，应在东方，究指某一地区的东边，难以考定。王会这篇书，得此可证其当日实本自各族方言，绝非闭门造车者。陆翔氏以Yuen当"瓯"①，非也。《淮南子》有"使但吹竽"之句，或以为"但"即蜑，《说文》："蜑，南方夷也"，五代以前，湘有长沙夷蜓、天门蜑，蜀有巴蜑、让蜑，桂有蜑洞，滇有蜑、夷蛮蜑（又作蛮坦）及姚蜑，安南有蛮蜑，称谓极不一致，我旧日未寻得其语原，疑为未必种族之区别。②今按但，切韵d'án，但、邓只一音之转，由于瓯邓之考定，我颇疑"但"本（u）dan之音对，犹言东方人，或者从东海边缘转徙入内地，不是由南方倒流向北，这是比较近理的试测。惜关于海滨较古之文献，尚未获得相当材料以充实这一说。

4. 越裳　周成王时越裳氏来朝，最初见于竹书纪年，《越史通鉴纲目》考为今之顺化，③安南人读如viet-thuong，意即"远裳也"。④按裳，上古音diang，即dan之音变，越裳似应在一个区域的东边，安南史家置之顺化，尚属合理。

旧日我把地名之"越"等同于梵文语尾之vat（安南语呼粤、越两字为viet，见徐松石书一四四页），惟现在对前四项的地名，却应用缅文来解释，可是缅语不会行用于我国东南部。考吉蔑国王也曾见过Udaya tija varman的名称（一〇四九年），⑤是Udi为通名，不专用于一地，也非缅语独有，在西南一带少数民族语言中，似应尚有保存，须待语言专家来考定；这一调查对我国上古南方民族分布问题是极关紧要的啊。

5. 文狼国　麓冷　龙编《太平寰宇记》一七〇峰州，"峰州，古文狼国"。又嘉宁县，"麓冷，古文狼夷地"。《安南书史》说是他们的最古之国。⑥按麓冷县见《汉书》二八下交趾郡，注："应劭曰，麓音弥。孟康曰，音螟蛉。师古曰，音麋零。"无论从哪种读法，在中古时其发声都与"文狼"很相近，换句话说，文狼即麓冷的异译。欲申明拙说，先取老挝之Luang Prabang（銮佛邦或隆勃剌邦）为例，pra如p、m互转则为m'a，与弥（切韵mjie）或麋（mjwie）相对，又luang对零（lieng），此先后互倒而Luang Prabang得等于麓冷之原语者也（汉语只取两音立名，故略去bang之音组，并参下文）。汉交趾郡又有龙编县，颜注："编音鞭"，切韵piän，字母易位则pra→par→pan，此乃语序相同而Luang Prabang得等于龙编之原语者也；日人桑原误认大食文al-wakin为其音译，余已辨之。⑦或以既有麓冷，何故复有龙编为疑，则须知我国内地常见同名的州县，既顺序倒序之不同，正以别文立义也。

暹罗相传有古王，名叫Phrah Ruang（还有Pra-Ruang等几种写法⑧），其时代则

---

① 《国闻译证》八四页注59。
② 拙著《隋唐史》四四七—八页。
③ 《史地丛考续编》三页。
④ 同前引《国闻译证》七八页。
⑤ 同上一〇〇页。
⑥ 《秦代初平南越考》一二四页。吴士连《大越史记全书》言周赧王五十八年，安阳王并文郎国。
⑦ 《东方杂志》四〇卷二十号拙著《唐代最南大商港al-Wakin》。
⑧ 同前引《国闻译证》一二七页及《民族学研究集刊》六期一二七页注109。徐松石书云，泰语"圣"及"长官"也（四〇页）。《滇南杂志》，摆夷谓天为法。《新书》二二二中称南诏世隆之子为"法"，当再考之。

有五世纪①、六世纪、七世纪、十世纪、十二世纪、十三世纪②之不同安排。而且有人说，"在速古台京之暹罗历史中，有一问题，须事考究者，即在古书中所用帕龙之一名词是也。谓统治速古台京之王族名曰帕龙，但在速古台京碑文之中，历代国王，绝不见有名帕龙其人者"。③Phrah Ruang无疑即Luang Prabang之音转及倒序，省作Pra-Ruang，正与麓冷、龙编相合。总的来说Luang Prabang本是安南北部的王名或族名，其后西南移于今之老挝，又再南传至柬埔寨而渗入暹罗传说之内，他们就拿来附会为近世之王。我们明白了这段长历程，则对于时代之那样参差，人物之有无难定，便不觉得什么可异了。Pra-Ruang，柬埔寨语读如Ponhéa Roung，④可见此名在各族语言中方音各不同，Pon→mon，不就是文郎的切韵音miuən lâng吗。

6. 夜郎国　我因文狼之证定，更得夜郎之语原。夜，切韵ia，是喻纽四等字，吾县呼如he，正合乎喻匣双飞之例，⑤依此读之，则吉蔑语的（pon）héa Roung恰为夜郎（郎，广州Long）之语原了。换句话说，文郎与夜郎实同一语原，所异者Ponhéa之字，只读其前半则为"文郎"，只读其后半则为"夜郎"，可上溯于元前二世纪之先，相传Phrah Ruang为古国，是丝毫没有夸大的。由是又可见汉初滇、黔间吉蔑语还相当流行啊。

7. 巴　古巴、蜀连称，王会解特提巴人及蜀人，宋玉文："客有歌于郢中者，其始曰下里巴人，国中属而和者数千人。"旧说以为下里本谓乡里，因其为乡鄙歌谣，遂以下里名之，这种解释，近于望文生义。考巴志称巴民喜舞，谓之巴渝舞，舞必有曲，下里巴人者巴族之曲也。以余观之，"下里巴"即巴族的全名，"巴"乃其简称，前5项所引Phrah字或写作Phraya，如读作ha rya p（a），便与下里巴（切韵gha lji pa）相合。渝，切韵iu，巴渝也许是p'a ya之别一读法。巴之南为夜郎（《元和志》巴界南极牂柯），巴族的一部可能同夜郎南徙为泰族之祖先。徐松石氏说："周秦时巴国土著必与今日的僮泰人同族"，⑥泰是大可相信的了，是不是僮，我却不敢断定。《海内经》："西南有巴国，大嗥生咸鸟，咸鸟生乘厘，乘厘生後昭（今本'照'，据御览一六八校改；又'後''后'通用，国策地名考引作'后昭'），後昭是始为巴人"。其族名及始祖名同于掸语酋长号之sau-pha，这断不能诿为附会或巧合的。

范成大《吴船录》下云："涪虽不与蕃部杂居，旧亦夷俗，号为四人，四人者谓华人、巴人及廪君与盘瓠之种也。"似乎留下的巴人，到南宋时还未完全汉化。

庄语呼人为pa（巴），如chang-pa（降巴），犹言北边人也（Trotter in J. Geog vol. 48, 1878, P. 185）。此外头目叫碟巴，道士叫朱巴，百姓叫葱巴，男女叫结巴，妻叫钦巴，贼叫甲巴，和尚叫扎巴，管钱粮的叫仓储巴，管理家计头人叫业尔巴，听役头人叫乃兴巴，主征收的叫业尔仓巴，分管地方的叫希约第巴（均《西藏图考》六），

---

① 同上集刊七五页。
② 同前引《国闻译证》一二七—八页。
③ 《暹罗古代史》三三页。
④ 《国闻译证》一二七—八页。
⑤ 拙著《两周文史论丛》一七四页。
⑥ 《泰族僮族粤族考》七四页。

与巴人之巴也可能有联系。

8. 邛　照《史记》的分析，邛和滇及夜郎都习俗魋结，同乎泰族之古代习惯，滇及夜郎已有了着落，邛的来源又怎样呢？据说泰族世袭之会长名"诏"，间亦称khun，传说中之第一代王名就以Khun冠首，[①]以后十一至十三世纪时，王名也有这样称谓的。[②]khun之延音为khung，与邛（切韵g'iwong）不过清浊略异，据个人窥测，邛族也是泰族的一支，后来怎样及何时流入南方，却无法作进一步之讨论了。

我最近所考定的名称，依拉丁字母次序录出之。

1. Kaen　昆仑
2. Khamon　古莽，昆明
3. Khun　句吴，邛
4. Kun　昆
5. Ligor　禄羽
6. Lvo Syam　（罗暹）劳浸，劳深
7. Mirma　靡莫
8. Monyua　磨豫
9. Myamma　靡莫
10. Palaung　勃弄
11. Phraya　下里巴，巴渝
12. Ponhéa Roung　文狼，夜郎
13. Prabang　彭濮
14. Pra-Ruang　麓冷，龙编
15. Pyusawti　僄越
16. Rangoon　坤朗
17. Sau-Pha　巴蜀　昭巴
18. Shwe-　嶲，徙
19. Udan　瓯邓，越裳，？但（蜑）
20. Udi　於（于）越，瓯越，越沤

一九五八年八月二日广州。

原载《中山大学学报（社会科学）》1959年第3期

---

① 《国闻译证》——七页。
② 《中南半岛》一二九页。

西汉对南洋的海道交通

岑仲勉

哈威氏说：缅甸"自纪元前二世纪以来，中国已以缅甸为商业通道"，①但又说："中国史籍中未尝提及十三世纪以前对缅有任何直接关系"，②原英文未检对，语意却大有矛盾，而且他所谓商业通道，专指陆路而言。③但元前二世纪后半，中国与缅确已有海道交通，《汉书》二八下《地理志》云：

> 自日南障塞徐闻、合浦船行可五月，有都元国。又船行可四月，有邑卢没国。又船行可二十余日，有谌离国，步行可十余日，有夫甘都卢国。自夫甘都卢国船行可二月余，有黄支国。……黄支之南，有已程不国。

整个海程的概论，已在拙著《隋唐史》发表，④这里所要说的只几个地名。

1. 黄支　藤田丰八首作出Kânci之考定，随后费琅亦发表相同的说法。
2. 夫甘都卢　费琅谓夫甘之原音，与占波碑的Pukam，暹罗文的Phukam，巴利文的Pokkan，缅甸文的Pukan，音皆相类，至"都卢"两字只谓得为tru之对音，未经考定。《旧唐书》一九七，骠国"自谓突罗成，阇婆人谓之徒里拙"，《新书》二二二下云："骠，古朱波也，自号突罗朱，阇婆国人曰徒里拙。"伯希和云："考Prome之梵名作Criksetra，缅人讹为Sarekhettara，读若Thayekhettaya。……然徒里拙之拙，古读有齿音收声，或者为Thayekhettaya缅语读法之对音。"⑤无论如何，徒里拙究不能为Thayekhettaya之音对。张礼千拟改读《新书》"自号突罗朱阇婆"为句，⑥验之《旧唐书》，未见其可。张氏又证突罗朱为Tulksetra，⑦这却可信。朱波，张氏谓即喀箐（Kachiu）辞典中的Chyau Pa，乃一族之名，⑧对音虽然相当，然是否即骠族所承继之族，是否可以代表缅甸，却没见说明。考骠语称国君曰Tdaba，⑨得转读如tdavba。

---

① 《缅甸史》新版三九页。
② 同上四九页注5。
③ 同上五一页注13。
④ 五七五—七页注6。
⑤ 《交广印度两道考》三五页。
⑥ 《中南半岛》六四页。
⑦ 同上。
⑧ 同上。
⑨ 《缅甸史》四九页注5。

朱，上古音tiu，等于tdav，盖以国君之号为国名也。复次，缅甸王江喜佗（一〇八四——一一一二）的得楞碑铭，称蒲甘为Tattadesa，犹云"干地"。①今如依语言学省去重复声母及D转l之例，则Tattadesa→Ta'ale'a便可译为都卢，夫甘都卢犹言"夫甘干地"，与得楞碑铭之称谓相合。又据外人勘察，旧蒲甘城遗址北濒多罗伐（talawa）河②但西汉时尚未建城，其地可能只以Pukamtalawa为名（蒙古语呼平原为tala，明译塔拉），末一名拼作Talawa，是都卢的对译。十世纪时丽江（伊拉瓦底江）流域下游有Dala国，纪年则名Damavati，③a，u互换，亦得为dulu，其名与Tala或是同源。以上数解，姑并存之，相信其中总有适合的。

缅甸史说，缅都卑谬（Prome）于公元八百年后，或即被毁，人民移殖蒲甘，此后即以缅人闻于世。蒲甘原不过十九个村落汇聚之处，发展为一重镇，十一至十三世纪时更跃为全缅之国都。其地形势优胜，位于弥诺江与伊洛瓦底江汇口之附近。顾土地干燥，似不适合于建都，惟河边岛屿，无疑能丰产谷类，上缅甸之干燥地带，亦有理由可信其于某一时期曾有润湿而肥沃之土地，今则五谷不生。④玄奘、义净、贾耽及《新唐书》均言卑谬为骠国首都，未尝提及蒲甘，其地在八四九年以前，犹未为要镇。⑤按夫甘，中间固一度废弃，但依《汉志》记载，它在武帝时必为彼方一都会，也是阿萨密输出印度贵重物品之聚处，所以汉使称为"国"，特步行二十多天以赴其地。总之，当纪元前，夫甘必尝成为一重镇，费琅引《印度通志》《缅甸志》，相传此王都建于二世纪，⑥比较可信。《汉志》这一段是缅甸古史中有确年可考而极为重要之部分，惜原著者不知引用，译注者亦未补充也。

3．谌离　《梁书》五四《扶南传》，"其南界三千余里有顿逊国，在海崎上，地方千里，城去海十里，有五王，并羁属扶南。顿逊之东界通交州，其西界接天竺、安息徼外诸国，往还交市，所以然者，顿逊回入海中千余里，涨海无崖岸，船舶未曾得经过也。其市东西交会，日有万余人，珍物宝货无所不有"。Schlegel以顿逊为Tenasserim，⑦试观梁传所描写之地势，确非此莫属。传下文又云，"攻屈都昆、九稚、典孙等十余国"，伯希和谓典孙即顿逊。⑧又《洛阳伽蓝记》言，从句稚国"北行十二日至孙典国，从孙典国北行三十日至扶南国"，余曾证"孙典"实"典孙"之倒文。⑨今按顿逊、典孙均Ten（as）ser（im）——Tensen之略译，惟《梁书》谓城去海十里，则古代或别有滨临海岸之市，非今日舆图中去海约百里之Tenasserim耳。⑩

上说既明，斯可以进谈谌离；谌离，切韵Ziəm ljie，考缅甸仰光附近有地名Syriam

---

① 《缅甸史》五五页注25。
② 《南洋学报》四卷二辑一七页。
③ 《西域南海史地考证译丛》一六三—四页。
④ 同前《南洋学报》四二及四四页。
⑤ 同上四九—五〇页注5。
⑥ 《昆仑及南海古代航行考》一一四页。
⑦ 《史地丛考续编》一一—二页。
⑧ 同上一四页。
⑨ 《圣心》二期拙著《南海昆仑与昆仑山之最初译名》二一页。
⑩ 同上。

（沙廉），据说现尚有许多葡萄牙船坞的遗迹，①汉使所到，当是此埠。仰光原名Dagon，字义为蒙人（Mons）之地，即今下缅甸，后缅人战胜蒙人，始改称Rangoon。仰光市临仰光河，其河接白古河，沙廉位白古河旁，与仰光相对。②由此来看，Syriam的地名必早存于蒙族占领时代，如读作sy'amri，便与谌离相合，其地距夫甘可五六度，故须步行十多日。这一带地方居缅甸以东、马来以西之间，占中介位置，在海航较难直达的汉代，自应比梁时更为重要，求市奇货之汉使，确非到此不可。如果不结合当日经济贸易之地位如何，使途何以必须改陆与夫日程多少，而随便安放在一处，那就完全脱离实际了。本条的事实，《缅甸史》并未说及，又是另一缺陷。

4. 都元　离井合浦后所记最先到之一国，似应在马来半岛，余曾拟为半岛东岸克老（Kra）地峡北之Htayan，③南去万仑湾（Bay of Bandon）不远；万仑，余证为《隋书》之边斗或班斗（据《御览》七八八引）。④Wales氏云："万仑湾实为半岛东海岸最良好之港口，有数大岛屿充屏障，足以御东北季候风之猛势，其更显著者，则为在此纬度间，有河流二道，自分水岭东西分流，其源头相距仅五哩，所谓横越半岛之水道，盖即此二河所形成者也。"⑤由是知汉使之舟泊是地，实有其重要理由。

5. 邑卢没　据《汉志》，合浦船行五月才到都元，又都元船行四月才到邑卢没，但邑卢没船行只二十余日便到谌离，这是比较难以索解的。我曾说："其航行之缓，或因驾驶未精，或因风逆弗利，或因沿途延搁，任一事皆有理由。"⑥现在更进一步确定我的看法，即是《汉志》所谓四月、五月，断包括饤留在口岸等待买卖的时间，《汉志》搞不清，遂误会为航行所需，这一点是必应先行澄清的。

　　日程问题得到解答，邑卢没的地址便较易推测。由我国往印度洋，大约自古已走麻六甲海峡，苏门答腊实必经之路。伯希和曾以Yavadvipa与托烈美（Ptolemy）书的Iabadiv比定于《后汉书》六之叶调，⑦按叶，切韵iap，邑，iep，译"叶"的音自然可以译"邑"，⑧与希腊文的iab恰相当。Sahriyar撰的《印度珍异记》，十世纪顷食人之国有Lamuri，地在苏门答腊北端，汉译为蓝无里、南哑里、喃巫里、南无里、南浡里或蓝里，今马来文名为Aceh，汉译亚齐（Achin）。但别有一同名Lamuri之地，据大食人Sidi Ali书，则在缅甸沿岸。⑨Lamuri之汉译，得为lamut，与卢没切韵luomuet符合。Yava（耶婆提）之名，古时或用以称苏门答腊，或用以称爪哇，没有一定，这里的Lamuri系指苏门答腊的，故用"邑"（Yava）以示别，正是从马来半岛东岸前往缅甸之中站，同时又是古代贸易繁盛的地方。由这再往缅甸南边的谌离，费二十多天，并不算很慢。综合来说，汉使从合浦出发，先经马来半岛东岸之Htayan，次泊苏门答腊

---

① 《缅甸史》五三页注19。
② 《中南半岛》八六页。
③ 同前引《圣心》二期拙著二三页。
④ 同上一○页。
⑤ 《古代南海史地丛考》七六页。
⑥ 同前引《圣心》二期拙著二三页。
⑦ 同前引《交广考》八八—九页。
⑧ 参拙著《突厥集史》附录。
⑨ 同前引《昆仑考》一○九页。

之Yava Lamuri，又次船抵缅甸南边的Syriam，始弃舟循陆赴缅甸重镇或都城之Pukam Tattadesa，行程之先后合，音译之对写合，经济之重要合，倘不顾这些条件而随便安置，怕很难使人接受的。

汉使海程的再次讨论

前项之稿刚写毕，恰遇旧雨韩振华君以近著见赠，①其中有不能不再申拙见之处；以艰于改写，便把它别成一节，为求彼此得切磋之益，不免言之喋喋。韩文搜采弘博，辨斥旧说，多中肯綮，独临到自提意见时，却常带点附会，所因古今地对考本一件困难工作，任谁都很难不落恒蹊的。

1. 都元国　韩文首先以"都"为汉语通名，其次，"元"是"玄"的俗字，第三又要以"都元"为"玄都"，经过这三重变化，才得出地点所在，流弊有甚于改字释经，须知每一度变化都含有不容易解决的问题吗。（甲）都元的都是通名，何以都卢的都又不是？汉人既用通名的"都"来表示地名，末尾又缀一个"国"字，他们不会九窍不通的，何故这样叠床架屋？《史记》一集解："皇甫谧曰，都亳，今河南偃师县"，犹之说，高辛都于亳，其地即偃师，并不是用"都亳"为地名。各国地名起首与"都"字音同或相近的很多，稍读外文者便知之。（乙）讳"玄"为"元"，始于宋、清，今《汉书》存"玄"字很多，为何偏改了一个"都玄"？而且元，切韵ngiwbn，玄，ghiwen，其发声不相同，说汉代"玄"已俗写为"元"，是出自臆测的。（丙）据《逸周书》及《竹书纪年》的玄都国记事，是比较开化的国家，与小黑人有异，以Hindu对玄都，②可云恰合，这两本大书有其悠远的历史，象韩文轻轻说了一句"我认为这是魏晋以来的伪作"③是不是就可以抹煞的呢？（丁）考地须兼顾历史源流，这是对的，汉使这回远出求宝，谓尤应顾及其经济地位，南圻东岸海边的小黑人当时是否很有通贸的价值？这一点似不应忽略。简言之，韩文前段考地之误，造端于"横越中印半岛"（文内屡次提出）之挟持成见。然而步行也可能横越马来半岛或根于他种原因，不单止此一路，唯其胸有成竹，遂不得不把汉使前段路程，向后退缩，以求相合。那末，所谓每日平均航行速率者，已不发生什么证定性作用了。

谈到我所比定的Htayan，ht是复辅音，翻汉时应任弃其一，外语a常转为汉语u，④故ta可译"都"；《汉书·陈汤传》，"至郅支城都赖水上"，白鸟考定都赖水即唐之怛罗斯河，今之Talas河（《塞外论文译丛》壹辑一四页），是西汉时都可对ta之证。又冠首元音及半元音（如y），汉语往往以喉鼻声ng一读之，故得为ngyan，并非韩文所想象"读如今音之yuán"。⑤论其地位，则处在海岬之端，有河从西山流出海，与西岸的Pakchan河相对，正前文Wales氏所称横越半岛之水道，其地位宁能说不重要？它的历史虽然还未找着，但西南洋的上古史非常蒙昧，这到不是严重问题，中国史有不少记载，

---

① 《厦门大学学报》中国与印度东南亚的海上交通。
② 拙著《西周社会制度问题》（上海人民社版）一六三页。
③ 原文二〇一页注6。
④ 拙著《两周文史论丛》一七二—四页。
⑤ 原文一九七页。

确足以补它们的缺陷，只要不乱扯而已。

2. 邑卢没国　韩文认"邑"为都邑之邑，为什么不跟前条一样称作"都卢没"呢？如果说免与夫甘都卢相混，又为什么不把都元改作"邑元"呢？翻译外地，却要仗心独运，处处替它命名，恐怕并无同样的先例。"都"与"国"、"邑"与"国"还不是倒装语问题而是"两头装"的问题，"大邑周"和"大邑商"同例，"大邑"应一顿，不是"邑周""邑商""邑裘""邑由"的旁证，都不能作为掩护。考证方法，先要求其所不可疑而后求其所可疑，我曾这样屡次提出过，汉使海程的对证也不能例外。韩文既砾去"邑"字，复改"卢没"为"卢殁"迂曲牵强，与前条证都元同；然而假使"卢殁"（下呼骨切）恰符乎Lvo的音译，犹可说也，今费九牛二虎之力，仍不能表现出"骨"音之一t，怎么能够令人信服呢。

韩文说："暹罗的湄南河流域一带，在公元前的若干世纪以来，已经住有Lava人。"①以下还花了不少篇幅，数说暹罗历史，用意无非替Lvo之证打下基础。从另一方面看，艾莫涅力称《北方王朝年纪》的年月不可信，其中传说文字无历史上之价值，②传下碑刻，到十世纪才见Lvo字，罗斛在中史亦只能上溯至十二世纪。《诸蕃志》我们不是说暹和罗斛二族之南迁很晚，只是说，他们长期服从于吉蔑人统治之下，没有形成国家组织。

艾氏又说，阿逾陀（Ayuthia）系继一古城俗名Lawek雅名Dvaravati者而兴起，这两个名称实际上与Lvo或Lophaburi相适合。③韩文引之，④殆藉以证成罗（Lvo）人的古迹。按Lawek为柬埔寨古城，遗址在乌东（Udong）之北，伯希和以为此在澜沧江流域柬埔寨之Lawek，不能为湄南江下流故暹罗王所言之Lawek；又阿逾陀在Lopburi之南不远，Lopburi似为古之Lvo或Lavo，暹罗王的话似有误解。⑤以上所引，对于韩文考证的基础，都具有不同看法，如果Lvo族当日还没有自己的国家组织，而且不在海边，哪能替它戴上"邑卢没"的帽子呢？

韩文继引林邑以"邑"称国为证，⑥因上文刚说过Lawek，关于扶南之建立源流，我想趁机在这里多说几句话。扶南立国，费琅谓应在纪元以前，⑦从中史来看，并不过早，那末，罗斛在汉武时断不能作这一方面的代表，即"卢殁"之基地亦摇。廿多年前，我证Lawek即《晋书》等"柳叶"的原语，⑧今华侨呼南圻之Go vap为旧邑，也可作证。"林邑"，《南海寄归内法传》写作临邑，所以我说它不是取义于象林和城邑而是"柳叶"的音变，⑨但只提出林、柳双声，说亦不够，今知双唇音在各种语言中都常可通转，则lawep得转Iam-ep而与切韵Iiem·iep（林邑，安南文拼为Lam-âp）符合

---

① 同上二〇三页。
② 《国闻译证》一册一一三及一六一页。
③ 同前引《国闻译证》一四六页。
④ 原文二〇四页。
⑤ 同前引《交广考》七九—八〇页。
⑥ 原文二〇五页。
⑦ 同前引《昆仑考》九九页。
⑧ 同前引《圣心》二期拙著二七—八页。
⑨ 同上二八页。

了。总括来说，印度化的吉蔑族混填，早在纪元前把原住的占波族赶走，①建立扶南王国，②占族被迫东迁而别创林邑国，扶南称雄了好几世纪，才衰落下去。同时，金邻大湾即现时暹罗海股，湾边有金邻国，其名称著录可溯至纪元一世纪。③这一个长时期，罗斛并无抬头之余地。晋、宋对西南洋开通，有一定成绩，而留下的记载，曾没记及罗斛或其相类名称，这到应注意的一点。至于托烈美的Lestan，从言音来看，是跟"僚"较相近而跟"罗"较相远的。

3．谌离国　韩文关于这国的考证，未能中肯，完全因为它先固定了"横越中印半岛"的前提，这样一来，前后各地的安排，便不免有意迁就。张礼千氏曾说："缅甸与吾国交通，在宋以前，常遵陆而不循海"，④这是有它地形上的原因的。汉武使人西行，均闭于昆明，自然无法遵陆，东汉以后不然，初则掸国入贡，继而南中渐辟，中缅交通，都走云南之路，若取道三塔及干富里（Kanburi），在中外书史上未见有过纪录。韩文亦承认苏门答腊汉时已与中国发生联系，⑤汉使无非随舶所之，为什么遽在暹罗湾登陆？何况当日海船还未十分发展，并非随处可能搭乘，他们能不能这样冒险？但依拙所考定，着陆在仰光附近，步行赴蒲甘，再退回来乘原船去黄支，以古代交通设备之简陋，黄门使者途程之不熟，认为这回系经马来半岛，泊苏门答腊西岸而遹赴缅甸，岂不更近于事理？帆船要靠信风，绝非随时可出发，《汉志》言"自黄支船行可八月到皮宗"，韩谓"应指包括船行与汀留的时间"，⑥这种条件，我以为在讨论"船行可五月"和"船行可四月"时应同样适用，《汉志》记载如此简略，遽依它来计算每日航行速率，根据恐怕太薄弱吧？

韩既认邑卢没为Lopburi，同时还要把再走廿余日的谌离放在暹罗湾内，这实令人感到惊奇；他虽援引九个月的时间来作比例，⑦然九个月不尽是航行所需日程，前条已给以辨正，则其证佐的作用可说微乎其微的。⑧谌离呢，他拟拿Samarattha或Syamrattha的Syam-rat作对音，⑨可是"离"为阴声，与rat是不大吻合。他又以为这个名的意义犹言黄金国；按金地的故事，有的以为在孟加拉西南，有的以为在缅甸，有的以为在苏门答腊，费琅据《西域求法高僧传》"金洲"的记录，认末一说为可信，⑩张礼千说，"其实暹罗并不产金"，⑪故事还悠悠无定论，在未搞清以前，是不能拿来牵合黄金的

---

① 同上二八—九页及徐松石《泰族僮族粤族考》二九页。
② 《中南半岛》三三及一二八页。
③ 同前引《圣心》二期拙著三—四及三〇页。
④ 《中南半岛》六五页。
⑤ 原文二二五页。
⑥ 同上。
⑦ 原文二〇八页。
⑧ 韩文引《中南半岛》三三页的话，以为柬埔寨的"海岸有可能是位于大湖北岸之禄兀"，航程便需增多三百多公里（二〇五页）。按《中南半岛》的原文说："原禄兀冬古城，于有史之前，应系海口，"明系推测"有史之前"的话，下去汉武帝很远了，依此来计算，还脱不了牵强的成见。
⑨ 原文二〇八页。
⑩ 同前引《昆仑考》七一、八四及八九页。
⑪ 《中南半岛》九八页。

梵名（Syam）的。黄金国（Samarattha）既不见得与后来之"暹"有联系，"暹"又远处北方的速古台（Sokotai），不在海边，那末，Sam（a）rat即使言音偶近于谌离，也没有发生作证的效力。

韩文又引成光子说，金地在阎浮提洲之南，义净《南海寄归内法传》称扶南即瞻部南隅，因连系为金地在扶南之证。① 殊不知成光子之说，从其所用名词观之，实从佛典抄出，"扶南在瞻部南"，得不出"凡在瞻部南的都是扶南"的结论，义净求法高僧传两称"佛逝"（即苏门答腊）为"金洲"，所记金洲方位不更直捷明确吗。金邻（金陈的"陈"殆"陵"字之讹）即阿拉伯文Kamrun的音写，亦即昆仑的音转，② 以比"金"国，未免只从字面求解。

论到行程，如果谌离在暹罗湾头，则与夫甘相差纬度最少八度，斜行更在十度以上，走三塔路须爬过顿逊及白古二山脉，绝非十余日步行所能达，韩文虽有意把每日赶路加速为一百里，③ 还是大大不够的。

之外，《岭外代答》二真腊属国有三泊国，《诸蕃志》上作三泺，英译《诸蕃志》言三泊的"三"字为Syam（kut）之对音，张礼千从之，④ 韩文亦主其说，但谓应以"三泺"为正，即Syamrat（tha）的音译。⑤ 按广韵，泺、匹各切，陂泺也，俗作泊；作陂池解的不读音"历"，与rat无关。今柬埔寨湄公河东岸有地名Sombok，稍北又有地名Sambor，以为真腊属国，可谓音、地均符，不在暹罗湾头也。

4. 夫甘都卢国　韩文谓得楞人的语言为Telugu，又梵文曾称下缅甸为Tulaksetra，tula即Telu（gu）之省译，亦即"都卢"所自出，夫甘都卢，前人已视为二名云云，⑥ 关于"都卢"的还原，比较令人满意。但还有一个疑问，都卢如果即今之得楞，他们那时的势力，是否伸到北方而统治了夫甘？所以夫甘都卢"即都卢人所建立的夫甘国"这问题未得到确切解答以前，我前文所拟，仍暂时保留。

论到夫甘建置，韩文以为太公城被毁之后，"于是另建夫甘城以居之，是谓之夫甘王国，亦称旧夫甘王国，后来又被迫南徙，乃于公元前四四三年建卑谬城"。⑦ 考它所引的《缅甸史》，只称"太公于纪元前约六〇〇年时为华人所毁，其民乃建旧蒲甘，复向南徙，于纪元前四四三年建卑谬城"。⑧ 译者姚柟氏已指出，"缅史所志，是否可靠，殊成问题"。⑨ 而且旧蒲甘者指城言，并无"王国"字，若照韩改，好象卑谬在蒲甘王国统治之下，似乎混乱耳目了。

5. 已程不国　头一个字，有人读为自己之己，又有读为已经之已，更有读为辰巳之巳，我是主从第二种读法的。我曾说："今Conjeeveram南有地名Chingleput或

---

① 原文二〇九页。
② 同前引《圣心》二期拙著三〇页。
③ 原文二一〇页。
④ 《中南半岛》一二九页。
⑤ 原文二一〇页。
⑥ 原文二一三—四页。
⑦ 原文二一四页。
⑧ 四八页注5。
⑨ 同前引《南洋学报》一七页。

Chengalpat，略去第二音，则与古音"程不"完全吻合；此地去马达拉斯三十六哩，昔为Vijayanaga王室之都，惟未获考印度古地史一为决其当否耳。"①韩文的驳论是："并谓已字有如伊兰语、波斯语的—i-，作为转接语之用。"②按我的原文并未说及"已"应如何解释，当系韩君约忆十年前与我面谈的大概。"已"是i的音译，我现时还保持这个看法，此处应加以说明：伊兰语的i跟阿拉伯文的al性质相近，有点象冠词，例如Wakin（比景）写作Al-wakin，又台湾名Al-qur，都属此类。伊兰语中固有以i居间之例，但也有在字首特延i音的，如《新唐书》塞迦审，今作Iskashim，③又狼牙修，太米尔碑铭写作Ilangasorm，蓝无里，同上碑铭作Ilamuri，④还有玉尔氏云："肯宁翰少将谓印度回教徒于欧人姓名无音字前有S者，往往不能读清，例如Smith或Sparks悉讹作Ismit及Ispako。"（见张译《马哥索罗游记》三七六页）相类之例子不少，犹之汉语好用齐齿读法耳。

黄支国正是太米尔族的范围，在Chingleput前加上一个i正合于上举的例子。韩说，"为什么要用伊兰语、波斯语的—i-作为转接语，而且其—i-的前面，又没有其他名称，可以转接，所以这个考释，难于接受"。⑤盖考之未详，我当时所以提伊兰语者，因上古西亚海运，多波斯人从事，沿途探讨地名，自会为所影响。

韩文再说："至于Chingleput的历史，是否可以追溯到二千年前，尚属疑问，何遑论及远在二千年前，它是否可以作为南印度对东方贸易的一个海港。"⑥按《汉志》："黄支之南，有已程不国，汉之译使，自此还矣。"古所谓"国"，有时仅一个城镇，我们不可泥读。更要的是，Conjeeveram地点在今Chingleput州之内，北纬十二度五〇分，东经七九度四二分，马达拉斯西南四十三哩，Chingleput市西北廿哩，位Vegavati内河之边，并非临海。七世纪初，巴罗婆（Pallava）王朝曾于Chingleput建置了许多石窟庙，有名之七塔大建筑，即在其东南十五哩。⑦巴罗婆王朝之纪年可考者，始三世纪前半叶，⑧但再上溯还有别的王朝。现结合这些史地材料，加以分析，知黄支国都地在内河，Chingleput属黄支管辖，即其海口，汉使要说谕黄支入贡，自须至其国都，Chingleput才是泊船的海口，故云"汉之译使，自此还矣"。论者没有详观地图，因疑其不是海港，且无史可稽，今由同属一国详之，则黄支的历史便是"已程不"的历史，无可疑也。如从言音来看，以Ching（le）put对"程不"，假使现时执一粤人命他用拉丁字母来拼写，也不外如此，已程不必为Chingleput殆已达到宣判的地步。

由南印度转到锡兰，是合理的设想，唯是把Sihadipa读如Si（ha）dipa以与"已

---

① 一九三二年《圣心》一期拙著一三八—九页。
② 原文二二二页。
③ 藤田丰八《五天竺国传笺释》七九页。
④ 同前引《国闻译证》三二页。
⑤ 原文二二二页。
⑥ 同上。
⑦ 高驹桑吉《东南印度诸国研究》二四〇、二四二、二五〇及二八五页。
⑧ 同上四一八页。

程不"相当,却不敢苟同。楚辞怀沙如何取韵,大有疑问。① 让一步说,"程"读如"迭",但di没有齿音收声,pa之对"不"亦然。"程"读如"迭","不"读如"否",都是违背常规的读法,不料韩氏竟有取于此。明陈第屈宋古音义一:"匹音偝,平声,详见毛诗古音考。"是"程"字并不叶入声。

6. 皮宗　韩文设想汉使的回程系利用信风径渡印度洋,同时又承认经八月才到皮宗为包括仃留的时间,受了这两种条件的束缚,于是不得不把已程不移到锡兰,而放弃了对地名对音不确的批判。考证凡先存成见,往往出现这样的窘态。古人叙事从简,去程已举出沿途湾泊的口岸,回程不再复记,是合理的事,横渡印度洋既无确据,八个月又可信为包括仃留时间,哪见得非循原途回来的呢?信风发见时代,晓夫(Schoff)氏以为在公元四五年,文生　(Vincent)氏定为公元四七年,② 都是王莽之后的事啊。Pisang为"香蕉",与Kandāri为"香蕉",已无必然的联系,何况"皮宗"是否Pisang的对音,还大有问题,展转比附,信值未免太弱。皮宗(切韵bjie tsuoug)我曾疑即后来之比嵩(切韵Bji siung),地当今之Pakchan。③ 据藤田丰八《岛夷志略校注》:"自Pakchan河口经Kra以至半岛东岸之Chumpon,仅约二十余英里,在昔为东西交通要道之一。"今须补充的,这河虽流出马来半岛西岸,然源头处去东岸不过六七十里,且为交通要道,那末,东岸也得以此而名。我的管见认为汉使仍系回到都元附近。Kandari究在苏门答腊何处,尚渺茫不可知,Pakchan则有它的历史,如此安置,似没有什么不妥之处吧。

一九五八年七月廿一,修补完。

原载《中山大学学报(社会科学)》1959年第4期

---

① 今本《离骚·怀沙》"乱曰"之下,共二十句,《史记》则二十四句,章句中已大有疑问。"程"韵之四句,今本为"怀质抱情,独无匹兮,伯乐既没,骥焉程兮",《史记》作"怀情抱质兮……伯乐既殁兮,骥将焉程兮"。按情、程今同入庚韵,匹入质,没入月,质、月应该可以通协,我以为四句中可能第一句与第四句韵,二三两句自为韵,即是押韵的别格(参《日知录》二一所举车攻五章之例)。否则谓一、三两句误错,亦通。总之,"程"断不是与"匹"为韵的。

② 《塞外史地论文译丛》一辑一七二页。

③ 同前引《圣心》二期拙著一六一八页。

再论西周社会性质

刘 节

古史分期问题，在近年集体编写中国通史教本的新形势下，又展开很热烈的讨论，这是很好的现象。我一向是同意西周封建社会说的，在1956—1957中山大学学报社会科学版中继续发表过《西周的社会性质》一文。其中所提出的问题和阐说，似乎并未引起同志们的注意，现在把这些论点加以补充修正，再提出来向同志们请教。在最近两年来，主张西周封建说的同志们中提出几个相当重要的论点，我以为是值得注意的。如唐天日同志：《关于古史分期讨论中的生产力水平问题》（1960年10月18日文汇报）。其次，束世澂同志：《论领主制社会是封建社会初期必经的阶段》（1961年1月20日光明日报）。这两篇论文中的个别论点我也不完全同意，其基本论点我是同意的。其次，如"公社性质""土地所有制性质""剥削者和被剥削者间的关系"等等，都应该提出来仔细讨论。我以为决定封建制度形成的原因，不是铁制农具的出现；而且生产力的发展水平也不只是决定于生产工具，主要的在于劳动者和生产资料的结合方式，这到是一个重要关键。我们必须区别"奴隶主贵族"和"封建领主"的不同性质，才能决定西周政权是属于奴隶主贵族或是属于封建领主，并且社会的发展次第有它一定的继承性。例如说：西周到春秋是封建领主占优势的时代，从战国以后便是由封建领主转变为封建地主的时代，那就比较合乎社会发展的规律。如果说西周是奴隶社会，到了春秋中叶以后就转入封建社会，那就是社会性质的根本转变，但事实上战国以后到秦统一中国的变革都是从上到下的改良，没有经过大规模的奴隶革命。我认为从殷周之际到秦汉之际，只有两次大规模的社会革命，一次是殷周之际奴隶和"俘邑"的连合起义，推翻了奴隶主贵族的统治，又一次是秦汉之际以贫雇农为主的统一战线，肃清了封建领主制的统治，不过为封建地主阶级篡夺了革命的果实。不错的，封建社会不一定经过领主制阶段，那是另有客观原因存在，那时候世界上已经有很多封建制的国家了，因此有些部族没有经过奴隶制阶段就转向封建社会。但是典型的封建制，而且最典型的封建社会是中国，都是经过封建领主制的。我这篇论文准备依照上述几个问题，用事实作一些说明，来阐发西周封建说的看法。因为马列主义水平有限，希望同志们多加指正。

一、殷周之际部族间的关系

毛主席在很早以前就说过："中国自从脱离奴隶制进到封建制以后，其经济、政治、文化的发展，就长期地陷于发展迟缓的状态中。这个封建制度，自周秦以来，一直延续了三千年左右。"（《毛选》第三卷593—594页）中国的封建社会确是从西周开始的。封建制度为什么在中国会起来这样早呢？首先要弄清楚的是殷代的社会结构和西周的社会结构是否有根本性质的转变？这种不同是从那一个角度看出来的？据我的看法，两者之间有根本性质上的不同。虽然孔子说过："殷因于夏礼"，"周因于殷礼"。但同时又说："所损益可知。"所以两者之间是有根本不同的性质存在的。殷代的社会确是奴隶制，荀子说"刑名从商"。刑罚是从商代开始的，殷代如果还是氏族制社会，就不能够有刑罚，从甲骨文字上看来，殷代的刑罚是存在的，应当肯定殷代是奴隶制社会。至于是怎样的一种奴隶制社会呢？可以概括的说一句，是某一部族奴役其他另一部族的奴隶制社会。那时候部族与部族之间的界限是很严的，"多子族"与非多子族之间是有统治者与被统治者的阶级关系。也可以用另一句话说：好姓部族与非好姓部族间是奴役者与被奴役者的关系。因此有人说这是"种族奴隶制"。其实这只是部族间的关系而已。商代的卜辞或刻辞中的记载是很零碎的，就在这些零碎的记载中又可以看出部族间的交往是很频繁的；虽然经传上有高宗伐鬼方的记载，殷代的铜器中也有征"人方"，征"井方"等等规模相当大的战争，而且殷人所到之处其足迹也相当远，但究竟他们的统治区域是不稳固的，不能同希腊，罗马这样的奴隶社会打比，他们对于"井方""人方""盂方""鬼方"等等方国还不能显出有很大的统治力量，这个奴隶制国家实在未能表示出强大的组织力。凡是上述这些事实，都可以说明殷代的奴隶社会还带有相当多的初期性。卜辞中所记载的史事，如："王令多羌圣田"，"令众人羌方种田"，"土方牧我田，十人"，"㝅方亦牧我西鄙田"，都很明白地可以看出来，殷王自己所处理的事情规模如此之小，与尚书无逸篇说文王"即康功田功"的情况相差不多了。其中有些资料确乎是说王自己出来领导的，如"王往𠂤众黍于冏"。又说"王大令众人曰：協田，其受年！"甚至王室的妇女也出来领导耕作，如："贞！帚妌黍受年！"在这些数据中可以看出几种现象是值得我们注意的：（1）所谓"羌方""土方""㝅方"决不是殷人的同族，而且其地域距离殷人不很远，与殷人处于杂居状态之中。（2）例如"多羌"，肯定不是殷人本族，因此同时知道这些所谓"众人"或"众"是被殷人所奴役的外族，所以卜辞里有所谓"丧众"或"不丧众"的占卜，虽然是外族，但他们是有氏族组织的"众人"或"族众"，是整个氏族或部族都被奴役着的。（3）在这些族外的劳动大众之上却有殷人所派遣的"小臣""小藉臣""妇姘"等等人在控制着他们在劳动，这就是部族奴役制的特征之一了。殷人是娶外族的女子为妻妾的，在殷人族内地位很低，所以在卜辞里对于好姓女子是特别重视的，如"贞！御帚好于父乙"。对于异姓的女子便不同了，如"贞！勿御帚媒于唐（即汤）"。所谓"父乙"即"天乙"都指的是"汤"。"帚媒"因为是外族，只可以"御帚媒于㚤"。此外尚有所谓"归姘拿奴""归侄奴"等等的记载，因此知道，"妇姘"之流也不过是一种"臣妾"，比较高等一点的奴隶而已，这也是部族奴役制的另一个特征。若从社会经济这一角度去看，也不是一个很高级的奴隶社会。（4）从上举的这些史料中看来，这些"众人"是整个"氏族"或"部族"被奴役着的，不只是"众"字从日下三人，而且"協田"的"協"字也是从三个"耒"字。三是代表多数，他们是"率其族人以耕耨王藉"的，这又是奴隶制社会的特征之一。说到这里我们应该特别注意，就是殷人也仍旧保存有氏族组织的残余，不只是卜辞里有"三族""五族"等等记载，而且左传定公十年还把殷民六族、殷民七族的名称都列举出来。史记殷本纪赞,夏本纪赞,秦本纪赞都各举其氏族之名,惟周本纪独否,这还不值得引起我们深切的注意吗。据我的看法,殷人是行多胞族通婚制的社会。卜辞里虽然有"大宗""中宗""小宗","大示""小示"等等名目,这决不能与周人的大小宗制度等量齐观的,其间是有绝然不同的地方。周人是从两胞族通婚制转入两姓通婚制的社会,所谓"姬姞耦,其生必蕃",原是从两胞族通婚制而来的,因此周人的大小宗制度是与两胞族通婚制有直接关系,这在氏族社会中是比较后起的制度。就是说,周人在克殷以前,还处于比较后起的氏族制度时代,在其他制度方面,对殷人说来,也自有其独特之处。说到这里,我们可以进而讨论当时部族之间的另一问题了。

当殷周之际,在黄河流域中下游一带,大概说来有那些社会性质不同的部族?这些社会性质不同的部族对于殷周之际的社会变革会起了怎么样的作用?其实就是说从殷代的奴隶社会的基础上为什么就会产生出西周的封建社会萌芽?殷人原先是从游牧到游耕的"行国"而来的,周易谦卦上六爻辞说:"利用行师征邑国。"可以看出那时黄河流域中下游一带至少有两种经济生活不同的部族:一种就是"行师",周易里也称之为"行人";另一种是"邑国",周易里也名之为"邑人"。这种情况,在西汉初年的西域一带,还可以得到缩形。司马迁在史记大宛传的序里,正是归纳为两种,一种是"行国,随畜移徙",另一种是"其俗土著,耕田,田稻麦"。可以肯定,"行国"就是易经中的"行师","土著"就是易经中的"邑国"。在殷周之际,这种土著的"邑国"部族是为当时的"行国"所奴役的,所以无妄六三爻辞说:"行人之得,邑人之灾。"殷人自命为"多子族"的代表,而甲文中的"游"字也从子从氿作"斿"会意,"子"其实在甲文里就是"巳"字,殷人是"好"姓,其实原当作"妃"姓;所以"多子族",实质就是"多斿族",殷人往往"田斿"并称,都可以说明其原始是从游牧或游耕的部族而来,虽然在殷代后期已形成为定居的农业部族,事实上当时黄河流域中下游,还有大量游牧或游耕的"多子族"存在。在当时,"邑人"或"邑国"是为"行人"或"行师"所奴役或侵扰的。所以讼卦九二爻辞说:"不克讼。归而逋其邑人三百户,无眚!""邑人"既然要逋逃,自然是被奴役着的部族,这与"臣妾逋逃",以及"丧众""不丧众"的说法是相合的。"邑人"就是"邑国"里的人,这些"邑国",在左传里谓之"俘邑"。其实易经夬卦卦辞已经说到:"俘号有厉!告自邑。不利即戎,利有攸往!"这些"俘",正是"俘邑"里的人。在甲骨文及经传上"俘"也可以省人旁作"孚"。这些"俘邑"或"邑国"与周人一样都是土著的园艺部族。周人是以农业起家的,就农艺技术说来,恐怕周人还胜于殷人。周字古文作"",正象征园艺的形象。殷人祭祖,以"高祖夋"为最隆重,但周人所祭者是"田祖后稷",他们之间所崇尚者不同,是与他们的经济生活不同有关系的。论语说周文王"三分天下有其二,以服事殷"。文王为什么会有那么大的势力呢?就是因为殷人带领"多子族"奴役着中原一带很多的"邑国",他们都汹汹然想起而抵抗,而周文王都与这一大批的"邑国"有连系的,所以牧野之战中,武王振臂一呼,中原一带的"邑国"全部起来响应,同时在纣王的军队里,奴隶们也在阵前起义,这就是逸武成篇所说的"前徒倒戈,攻于后,以北"。并且齐心合力,而"夫致死焉",一下子就把殷人的统治势力给打垮了，这还能说不是奴隶大革命吗？既然推翻了以殷人作领导的"行国"势力，以及对于"多子族"的奴役关系，于是那一大批"俘邑"的地位都提高了。也就是说那些以农业技术占优势的"邑人"普遍得到了解放，自然会创造出一些新的生产方式来以适应这转变趋势。殷代晚期的农业也已经相当发达，但比之以渭水流域为中心的"周原膴膴"之区，恐怕还不够先进。不论就阶级斗争一角度看，或从生产力水平一角度看，社会大变革的基础是确已形成了的，文王、周公就此掀开了新社会的第一页。

这种变革应该说是从武王克商以后就开始的，其中心区域起于渭水流域，直达黄河流域的中部和东部，如齐鲁之区。这种变革的关键是以殷代的"俘邑"转变为西周的"采邑"开始的！在这一转变关键中，周人就在从前的"俘邑"的基础上创造出"采邑"制度来。最可以令人注意之处就在于从商代奴隶社会中的奴役关系转变为西周时代的附庸关系，也就是封建领主制的附庸关系。周人克殷以后，首先是对付亡国的后裔，封纣子武庚于殷。逸周书作雒解说："武王克殷，乃立王子禄父（即武庚），俾守商祀；建管叔于东，建蔡叔、霍叔于殷，俾监殷臣。"此外就是世俘解里所说的："凡憝国九十又九国"，"凡服国六百五十又二"。憝当作恶字解，是指与殷人同盟的国家而言。"服国"就是周人的同盟国，事实上就是从前殷人的"俘邑"，也就是诗经文王之什中所谓"侯服于周，天命靡常"的"服国"。这些"服国"现在都改变了地位，依附于周人了。这就是诗所谓"仪型文王，万邦作孚"。"孚"不能解作"信"，其实就是"俘邑"的"俘"字。虽说"作俘"，其性质已与前一时期大不相同了。所谓"服国"，既然与"憝国"不同，其本身又有内外之分。录戎卣说："淮夷敢伐内国。"据我的看法，"内国"应该与"内服"相近。尚书酒诰篇有"内服"与"外服"之分。"内服"既然是指"百僚庶尹"，"外服"指的是"侯甸、男卫、邦伯"；所以我以前有"内服"就是大盂鼎上的"邦嗣"，"外服"就是该鼎上的"夷嗣"之说。酒诰上又说到"惟亚，惟服"，是指殷代以来的"多亚"，到了西周时代就成为"服国"了。在铜器里，凡是族徽，总是画在亚形之内，每一亚，在殷代都是一氏族单位，可见"服国"也是以氏族或部族作单位来臣服的。"多亚"是指许多"亚侯"，已见于卜辞，例如"立事于亚侯"，而且又有所谓"亚宗"，也是指氏族以内的"宗"。在邐彝里说到"王饮多亚"，应该是殷代的铜器。在西周的铜器里，例如齵毁，也说到"诸侯大亚"。因此我说"多亚""大亚""亚侯""亚旅"都应该看作是殷代留下来的名称。"诸侯"是西周新起的名称，从名称的不同上也可以看出内容的不同。其不同的关键就在于对"俘邑"的奴役关系转变为对"采邑"的附庸关系。西周对于殷代的制度是有所继承的，但不能不承认，这是新时代的开始。古代的诗人说得好，"周虽旧邦，其命维新"。究竟新在那里？我们有必要进一步讨论下面几个问题。

二、从殷周之际到战国时代的土地制度转变中看封建等级制的出现

封建社会的土地制度与奴隶社会的土地制度是有根本性质的不同，封建社会的土地制度是与封建等级制有密切关系的。而且封建社会的土地制度基本上是从氏族社会里来的，在最初阶段中，土地基本上是公社所有。本来土地所有制的等级结构，就是封建主

义的特征；并且土地的等级制度，是军事、政治、等级制度的基础。以上所说的特征都是许多位研究欧洲中世纪史的学者所共同得到的结论（见于柯斯敏斯基、谢苗诺夫、阿伯拉姆逊、切列波宁等人的著作），以此来区别于奴隶社会的土地制度。而这些最本质的东西恰恰符合于我国从西周时代就开始的土地制度。

我就从"耤田以力"这一原则开始谈起。这句话见于国语鲁语下，"先王制土，藉田以力而砥其远迩"。"砥"字解作"平"，就是平衡的意思。这当然是总结性的解释，若就事实而论，这一制度是从殷代开始的，但这里所谓先王是指周代的先王。首先我们要看甲骨文中的"耤"字，从人从耒会意，字形如㑒，象人以两手执耒而耕之意。孟子说："助者借也。"郑玄在礼记王制篇的注上说"藉之言借也，借民力以治之，故曰藉田"。其实"藉"与"助"是相对待的名词。助法的"助"字是就土地所有者一面而言的，当时的土地是公社所有，而"助"字的本义是农具，其字从且从耒，"且"即"祖"，殷代称公社为"祖"，此时农具为公社所有，甲文中尚有即字，也是从且从刀，恐怕还是"助"字的最早写法。周礼地官遂人职："以兴耡利甿"，即以"耡"作助法的"助"字用，可见"助法"是用公社借公社成员以农具为基本意义。公社以农具借给公社成员来耕种公社里的土地，这是"助法"最早的意义，那时可能还是氏族公社，到了后来，便成为某一氏族率其族人以耕耨王藉了，大概殷代晚期到西周初年都还有这一事实存在。自从武王克殷以后，逐渐转入"普天之下，莫非王土"的局面，周天子与公社争土地所有权，那时候所谓"公田"也就是"王田"了。关于"耤田"的记载，在甲文里与金文里有什么不同呢？殷代已经有"小耤臣"，可以证明"耕耨王藉"这一事实在殷代已经存在，"小耤臣"就是用以监督奴隶劳动的。其次又有"耤受年"的记载，以上述"王往𤔲众黍于冏"，"王大令众人曰：叶田，其受年"来比证，王之"观耤"是有实际的经济意义的，不是象国语所说的："王耕一墢，班三之，庶民终于千亩"，而是"王治农于籍，搜于农隙，耕获亦于籍"的实际工作。到了西周早期的令鼎上也说："王大耤农于諆田"，䰞殷上又说："令汝官嗣耤田"。其字已写作㑒，变为从人，从耒，昔声，这是形声字了。足见西周初年的"耤农"或"耤田"与殷代的"观耤"都是有实际意义的耕耤田，如果那时周天子没有控制到一部分土地，就根本谈不上"官嗣耤田"一件事。因为生产水平提高了，土地制度方面也有了转变，周宣王自然没有必要"籍千亩"了。那时已经不是集体耕作，小农经济已经抬头。臣工诗说："命我众人，庤乃钱镈。"载芟诗说："有略其耜，俶载南亩。"良耜诗说"畟畟良耜，俶载南亩。"都是颂扬新式农具，农民自有农具的歌声。又如噫嘻诗一方面说："亦服尔耕，十千维耦。"但又说："骏发尔私，终三十里。"都可以说明集体耕作已成尾声，小农经营已占优势。所谓"亦服尔耕"，正与夏小正"初服于公田"的"服"字是有同等意义的。政治上的"侯服"，事实上是从经济上的"亦服尔耕"而出的。从周代初年到宣王之世，大概有二百年到三百年左右的时间。因为"俘邑"起义与奴隶倒戈，在生产关系上不能不起了很大变化，就在这变化中出现了新的因素，其最主要的是分田制度起了变化。按照经传上的资料，"王田"是千亩作一单位，其他"采邑"里的"公田"呢？百亩作一单位，就是孟子所说的"惟助为有公田"。在最初阶段，是公社里的田，与一般封建社会初期，农村公社对公社成员的分田方法是一样的。

恩格斯在玛尔克一文中说："在法国摩塞尔河流域，和德国高林地带，在称为农户共营区中，现在还可以看到。在那里，所有可耕的土地……根据土地的地位与品质，分成若干'格方'，即若干小区，每一小区又划分成若干大小相等的狭长条块，即若干股。究竟分多少股，就得看共营区中的人数的要求了。……使每人可以领到每一格方中的平均的一份。"（参照人民出版社1957年出版的《德国古代的历史和语言》137—138页。）这里有几点与我国古代的井田制度完全相同的：（1）格方与井地相同，（2）根据地位分田与"砥其远迩"相同，（3）根据土地的品质划分，和"相壤定藉"相同。（"相壤定藉而民不移。"二语见于管子乘马数篇，也见于国语齐语，作"相地而衰征，则民不移"。同篇中又说"井田畴均，则民不憾"。我以为"相壤定藉"指分地而言，"相地衰征"亦见荀子王制篇，指征税而言，二者稍有不同，而根源于一种制度。）这三点都是分田制度中的骨干。孟子所说的"方里而井，井九百亩，其中为公田，八家皆私百亩，同养公田；公事毕，然后敢治私事"，虽然过分形式化，但是能够掌握了当时农村公社里的分田精神的。周代既然宣称"普天之下，莫非王土"，又设有"嗣耤田"的官职，显然是通过"公社"，用"藉田以力"的原则剥削当时的劳动人民，这种方式就是封建社会的劳役地租。其剥削的对象是"隶农"和其他公社里的自由民。

据国语晋语一说："其犹隶农也，虽获沃田，而勤易之；将不克飨，为人而已。"这还不是封建社会里的依附农民吗？西周以来铜器中屡见的，所谓："锡田几田，臣几家"的，就是这种"隶农"。这种"隶农"也就是在殷周之际，公社转变时下降的公社农民。我们用东周以后的史料加以比较，便可以看出来，例如左传桓公二年："士有隶子弟"。襄公十一年传又说："孟氏使半为臣，若子，若弟。"昭公五年传又说："叔孙氏臣其子弟。"可见西周时所谓"臣几家"，就是这些"隶子弟"。到了秦国的制度中，便成为"战得甲首者益田宅，五甲首而隶役五家"。可见西周以来的"隶农"是在"授土授民"的制度下才出现的，这分明不是殷人的制度，而是从奴隶社会转变为封建社会的关键。"隶农"的社会地位，远比后世的佃农为低，就因为他们仍旧有室家，可知其并不是奴隶社会里的奴隶。这是带有封建性的农奴，而中国古代的小农经济就从这个基础上发展起来的。其次就要解释一下"锡邑""锡田""锡里""锡采"，这是"授土授民"的另一讲法。"锡采"的制度在成王时就已经存在，趞尊铭说："锡趞采"。南宫中鼎也说到"作乃采"。这就是"采邑制度"在西周初年已经出现的证明。因为克殷以后大批"俘邑"得到解放，由奴隶社会的奴役关系转变为封建社会的附庸关系，而这种关系也就在"锡之山川，土地附庸"的过程中实现的。象这样的"采邑主"，我们说他们是封建社会里的"领主"，比之说他们是奴隶社会里的氏族贵族恰当得多！所谓"附庸"，就是说封建依附关系，然而这种"附庸"是有等级性的，我们应该据它的原始意义来说。大克鼎说："锡汝井家𤲃田于埜，与厥臣妾。"在召伯虎𣪘上说到"土田仆墉"。足见西周早期锡采邑时，于土田以外，尚有"臣仆"，又有"墉堡"，所以"仆墉"的"墉"字是指墉堡而言，而这些"臣仆"与"墉堡"，都是依附于土田的附属物，正是束缚劳动人民于土地上的早期事实。"仆墉"所指的是事实，"附庸"只是说明其意义，其本字当作"仆墉"。封土建邦必须与"授土授民"一事连带看待。易经中屡次说到"利建侯"（如屯卦，豫卦卦辞），这所建之侯应该是封建性质的"侯"。诗大雅韩奕篇说得很清楚，宣王锡韩侯的正是"实墉，实壑，实亩，实藉"。"墉"即"仆墉"之"墉"，"藉"即"耤田"之"耤"。可见正规的"锡采"是把该采邑的土地，人民，城堡，以及土地制度一起赏给该采邑主的。这不是封建制度是什么制度呢？并且中国古代封建制度一开始就有等级关系的，而这种等级关系也是以土地制度作基础的，是从经济形式上升为政治形式的。周初的铜器大盂鼎上说："殷边侯、甸，率肆于酒。"在卜辞里也有所谓"从多田于多伯征盂方"的记载。又矢彝铭也说到"诸侯：侯，甸，男"。已故丁山教授即以甲文中的"多田，亚，任"，就是周之"侯，甸，男"。我以为侯，甸，男三者确是侯服中的三个等级，"男"之作"任"，也是经传上常见之事。"多田"即"多甸"也无问题。但"亚"乃殷代之"多亚"或"亚侯"，非周代之"诸侯"，而且照甲文次第，也不能与周代的侯，甸，男等量齐观。我以为田，亚，任不是直接变为侯，田，男。田，亚，任三者没有等级上的关系。若以邐彝中的"王饮多亚"一语看来，在殷代，多亚，多田，多伯都可以视为贵族奴隶主，但与周代的侯，甸，男大有区别。在甲文里又有所谓"侯口""田口""子口""寻口"等等名称，又如"庚辰，卜贞！男⚆◠亡献！"中的"男⚆"，我想都是"多亚"性质的氏族贵族。因为殷周两代的铜器都把氏族徽帜绘入亚形之内的。但照矢彝铭看来，很可以肯定侯，甸，男是诸侯中的三个等级。麟殷铭也说到"诸侯，大亚"。当然周代的"诸侯"不能与殷代的"大亚"无丝毫关系的，但我以为周初的侯服，只有侯，甸，男三级。甸服之成为侯，在左传里还有痕迹可见。桓公二年，师服说："今晋甸侯也，而建国；本既弱矣！其能久乎？"可见"甸"是一个小侯。又定公四年，子鱼说："曹为伯甸，非尚年也。今将尚之，是反先王也。"可见曹是早期上升的甸服或甸侯。此后禹贡里的"五服"，周礼夏官职方氏的"九服"都是以侯，甸，男三服作基础的理想制度，而五等爵中已经没有"甸"了。因此我们就以侯，甸、男作基础来研究一下侯服制度在当时的社会根源。在周代铜器里，如格伯殷："格伯安及甸"。这个甸字从人田声作"佃"。又据扬殷上说："官嗣⚆田甸。"已经分出"田"与"甸"的不同来，已与早期的田甸通用大有区别了。因此想到尚书多士的"俊民甸四方"就是"田四方"，大雅韩奕"惟禹甸之"，也可以作"惟禹田之"。从这里可以看出原先的佃人，后来上升为甸服的过程。仪礼各篇中屡见"甸人"，周礼天官有"甸师"，而且其职管是"率其属以耕耨王藉"，就是耕王的藉田。左传成公十年："晋侯欲麦，使甸人献麦。"谷梁桓公十四年传："甸粟而内（纳）之三宫；——夫尝，必有兼甸之事焉。"又礼记少仪篇："臣为君丧，纳货贝于君，则曰纳甸于有司。"从这些资料里可以看出"甸人"原只是"郊甸"或"畿甸"里的人民，其后上升为管理生产事业的职官，如周礼的甸师。所以礼记祭义篇说："古之道，五十不为甸徒。"因为"甸人""甸徒"本是劳动人民，其实就是当时的公社成员。后来虽然上升为"侯服"，其地位仍旧是很低的。左传昭公十三年郑子产说："昔天子班贡，轻重以列，列尊贡重，周之制也。卑而贡重者，甸服也。郑伯男也，而使从公侯之贡，惧弗给也。""甸服"是天子剥削的对象，"甸人"自然是采邑主剥削对象，足证"甸人"原是生产队伍里的主要成员，否者那能成为剥削对象呢？照卜辞里"多田"一名来看，"甸人"之上升为"甸服"恐怕也在殷代晚期，所以称"殷边侯甸"。至于"男"的上升为"男服"也在殷代晚期。上举"男✡"一条以外，卜辞尚有"雀男"一名，都可以为证。"男"的原始意义是象以手执耒，在田里耕作之意，其字形如"✡"；或者从田从来，作"✡"。从字义上看来，是家内力役者，也就是"士有隶子弟""臣其子弟"的"子弟"。因此我们知道从家长奴役制社会里慢慢长成的"男"一等级的"侯服"是经过一个相当长的时间的。其经济地位是从服役者的"男"，上升为替奴隶主贵族种土地的"甸人"或"甸徒"，然后上升为"亚侯"中的一级。我以为殷代晚期已经有侯领通过"甸人"来剥削力役者的剥削方式，作为当时"邑国"群的社会基础，然后在这个基础上创造出采邑制的侯领来。到了周初，侯，甸，男都已成为不同等级的"采邑主"，而且有等级上的关系。同时还可以肯定管理劳动者的"甸人"或"甸师"，以及力役者的"男"照样在社会上还有大量存在。至于侯，早就是"领主"了。可见周人侯服制度中的三个等级原是从经济上有依附关系的侯，甸，男三个等级而来的，这就不能不算是封建主义的重要关键了。"本来土地所有制的等级结构，就是封建主义的特征；并且土地制度上的等级关系，是军事、政治等级制度的基础。"①事情的重要性还不止于此，就是说：侯，甸，男从经济上的关系上升为政治上的关系时，显然是一种依附关系的深刻化，是土地所有者与政权所有者相结合的表征，这才成为封建主义乃是土地所有制与领主政权相结合的科学说明。

现在再从剥削方式的演进轨道上来说明封建土地所有制的基本形态。这就是辨别奴隶制度与封建制度的主要途径之一。本来，封建社会里的土地制度基本上是从氏族社会，家长奴役制这一路线而来的；从再生型的氏族公社转变为初期封建社会里的农村公社，土地基本上是公社所有。在西欧中世纪时代，法兰克人那时也不存在土地私有制，公社组织才是土地所有者，单独法兰克人也只有在一定条件下占有和使用自己一份土地。②从这点看来，我们也可以说：殷代人是通过公社组织来剥削公社农民，而公社农民是隶属于某一氏族或某一部族的，这是那时候剥削形式的主要面。这种剥削形式就名为"助法"，是出于"籍田以力"这一原则的，也就是欧洲中世纪时代的劳役地租。到了西周中叶以后，又出现了一种新的剥削方式，虽然是新方式，但是只能说是在旧的剥削方式的基础上发展起来的。所以孟子说："虽周亦助也。"这种剥削方式原出于周族，诗大雅公刘篇说："彻田为粮。"照汉代经学家的解释，什么"彻，治也"，又说"彻，通也"；就永远解决不了问题。孙诒让先生在籀𢑥述林里作过一篇《彻法考》，其中理想推测之说为多。我以前曾经根据古文字上的材料，先来考一下"彻"字的本义。自从虢羌钟出土以后，这个字在金文里也有了。说文古文，其字作"✡"，从彳，从攴，从鬲会意。金文的写法相近，作敵，省彳旁；甲文作✡，与金字写法相同。"✡"字是象人执鬲，逼迫着，要人拿出粮食。攴字有逼迫之意。鬲，也就是量具。向被剥削者收取粮食，应该是"彻田为粮"的本意。诗大雅崧高篇也说到"彻召伯土田"，"彻召伯土疆"，"以峙其粻"。这"粻"字也就是"粮"，"峙"是藏储的意思，与彻田为粮的说法也正相符合。我以为彻田为粮还只是军事征粮性质，如崧高篇所

---

① 1954年《史学译丛》第3期，第67页。
② 谢苗诺夫著：《中世纪史》第32页。

说,已经是"彻法"了。彻是征取实物,与藉田以力的"助法"是根本不同的两种剥削方式。虽然法出周初,所行并不普遍。申伯,召伯到新开辟的江汉流域就行"彻法",韩侯到韩原一带就仍旧是"实亩,实藉"。但一到东周,就大不相同了。论语颜渊篇:"哀公问于有若曰:年饥,用不足,如之何?有若对曰:盍彻乎!曰:二吾犹不足,如之何其彻也?"在这里有一点很重要:就是"彻法"虽然与"助法"不同,但都是十一之租,就证明孟子所说的"其实皆什一也"一句话是有根据的。贡,助,彻三者都是地租,不是赋税,事实上先秦以来"租"与"税"的分别是很清楚的。孟子说:"夏后氏五十而贡,殷人七十而助,周人百亩而彻。"其中不能无缘饰的成份,至少贡,助,彻三种地租这一事实是存在的,要在我们根据事实来进行科学分析而已。"贡"是最原始的地租,即所谓贡献方物。这种贡纳制度在家长奴役制时代就已经有了的,直到周代的落后部族中恐怕还是有的,不一定只行于夏代。"助"是起于殷代,到了西周,直至战国,恐怕有些后进国家中也还有行"助法"的。至于"五十而贡""七十而助",就可能只是孟子的想法。"百亩而彻"呢?原从助法而来,不过这种什一之租是一种实物地租。左传昭公十八年:"鄅人藉稻。"就是在这个后起国家中从助法的基础上"藉田以物"而已。这是不超出于耤田制的分量以上的实物地租,只是把"力役之征"改为"粟米之征"而已。鄅是春秋时代的小国,实行"藉稻"以后,竟而引起"邾人入鄅,尽俘以归"的大惨剧。但在鲁国之类的先进国家,早已实行"彻法"了。鲁宣公十五年,左传已有"谷出不过藉"的记载,正是在耤田制的基础上实行实物地租。公羊传也说:"古者十一而藉。"虽然提到"藉",事实上是在说"彻法"。与孟子"周人百亩而彻""其实皆什一也"的说法恰恰相符合。这种情况很有点与马克思所说的,在亚洲所常见的,"劳动地租及半佃地租相混的"利奥特地租形态相近(《剩余价值学说史》卷三,页四四八)。"在这种制度内,国君是主要的土地所有者。"这与"普天之下,莫非王土"的精神也就相符合了。这正是劳役地租与实物地租交替时候的现象。以百亩作一单位来说,"助法"呢?其中十亩是"公田",一般"王田"是以千亩作一单位,那末百亩是"公田"。"公田"所出产全部归公,这才有谷梁"私田稼不善则非吏","公田稼不善则非民"的解释。从西周以来,采邑制逐渐扩大了,所谓"公田",基本上只能作为领主的田看待;后来"彻法"推行了,不论王的"藉田",或公社里的"公田",总的地租率基本上是十分之一,才有孟子所谓"其实皆什一也"的讲法。这是我所了解的,"彻法"是在"助法"的基础上推行的道理。不过这种实物地租,在有些后进的国家推行得很晚。例如秦国,据史记六国年表,到了秦简公七年(前408)才"初租禾"。足见推行实物地租的时间,也是因社会基础不同而有所先后的。有一派人说:鲁宣公十五年(前594)"初税亩"是中国封建社会与奴隶社会的分界线。我的看法却不一样。孟子已经说到:"耕者藉而不税。"礼记王制篇也说:"古者公田,藉而不税。"在行"助法"和"彻法"的初期是没有税的。"初税亩"一事,原就是马克思所说的,政权所有者与土地所有者分离的表征。马克思说:"却象在亚洲一样,是那种对于他们是地主又是主权者的国家,地租和课税就会合并在一起。或不如说,不会有什么和这个地租形态不同的课税。"(资本论卷三,页1032)这正是我在上文所说的封建依附关系初建立时的情况,但是鲁宣公十五年"初税亩"恰恰相反,是摆脱这种初期状态，使地租和赋税分开，也就是土地所有者的"地租"和政权所有者的"赋税"实行分离。这是封建社会更向前推进一步，社会生产水平更为发达的结果，同时也就是领主制走向没落，地主制开始抬头的表征。那里会是奴隶制经济与封建制经济的分界线呢？先秦各国间的经济水平是不平衡的。从鲁宣公"初税亩"到哀公十二年（前483）"用田赋"，中间距离一百十二年，可见"初税亩"还只是附加税性质。从秦国说来，也有一段相当长的时间，从简公七年到孝公十四年（前348）"初为赋"，相隔六十年左右。这里可以说明中国初期封建社会，从领主制开始没落，到地主制实际占优势，其间必经百年上下的时间。若把这个初期阶段总的趋势概括地说来，是先有劳役地租，然后进而为实物地租，更向前推进一步，"租"与"税"就分途了。那末这段时间从周初开始，也有五六个世纪上下了。

三、公社形式的转变中看西周以来的封建化经过

中国的封建社会是从家长奴役制的基础上生长起来的，而且中国的奴隶制社会也只到了部族奴隶制就终止了，即为在家长奴役制的基础上所产生的初期封建社会所代替了。因此在这样的两种性质的转变中，都不可能使公社组织解体，只能在性质上起了一些转变。对于公社问题，马克思在答复维拉·查苏里奇的信里有过相当深刻的分析。他说："首先，所有较早的原始公社，都是建立在自己的成员的血缘关系上。农村公社则割断了这种强韧的，然而狭窄的联系，从而更能适应环境，更扩大维系与其他公社的联系。——其次，在公社内部，房屋及其他附属物——庭园，已经是农民的私有财产。可是在农业兴起以前，公有的房屋，曾经是当时各种形式的公社的物质基础之一。最后，在农村公社中，虽然耕地仍归村公社所有，但公社各个成员之间，已经进行定期分配。因此每个农民是用自己的力量来耕种分给他的一份田地，并把从耕作得来的果实留为己有。然而较早的公社中，生产则共同进行，被分配的只有产品。"（史学译丛1955年第三期，页6至7）根据马克思这一科学的分析，以及他在资本主义以前产生诸形态一书中所举的三种不同形式的公社来比较，我们的推论是以殷代的公社为再生型的氏族公社，血缘纽带较强，从社会经济方面看来，生产工具还是公社所有。公社是以农具借给公社成员，帮助他们生产，从而剥削他们的劳动成果，所以劳动工具名"耡"，地租形态也名"耡"。他们都是整个民族参加集体劳动的。"亚旅"一名屡见于卜辞和经传中，说明他们是组织了队伍来参加劳动的。例如周颂载芟篇就是形容这种情况："千耦其耘，徂隰徂畛；侯主，侯伯；侯亚，侯旅；侯彊，侯以。"这是西周的早期情况，就在这个时候，也已经出现了新式农具，小农经济跟着就出现。"有嗿其馌，思媚其妇""骏发尔私，终三十里"的现象也就同时存在了。并且七月诗中还说到"言私其豵，献豜于公"。都可以说明已经有自己的私有物，不是一个分产品的时代了。早期的氏族公社正是以"祖"为名。墨子明鬼下篇说："燕之有祖，当齐之社稷，宋之有桑林，楚之有云梦，此男女所属而观也。"我以为"祖"是再生型的氏族公社，"社"是周代新起的农村公社，如"桑林""云梦"之类就可能是原生型的氏族公社了。"祖"的血缘纽带强，其所崇祀者是"高祖夋"。西周以来的"社"，原都是包含在"郊甸"或"畿甸"之中，其所祭者，礼家称之为"田主"，见于周礼大司徒职。诗人称之为

"田祖"，或"田祖后稷"，见于诗经大田，甫田诸诗。礼记郊特牲篇说："社者，所以神地之道也。"可见在殷代表示血缘关系的"祖"，到了西周以后，已经变为结合着农业生产，表示地缘关系的"社"了。周代建国以来，公社的作用扩大了，联系不同族姓间的要求越来越迫切。正如马克思所说："从而更能适应环境，更扩大维系与其他公社的连系。"例如左传昭公十六年郑子产对韩宣子说："昔我先君桓公与商人同出自周，庸次比耦，以艾杀此地，斩之蓬蒿藜藿而共处之，世有盟誓，以相信也。"在这种部族或氏族间的杂居状态下所组织起来的农村公社，其关系是相当复杂的。在西周初年，初克殷的时候，情况应当更为复杂。所以尚书立政篇说："式商受命，奄甸万姓。"这个"甸"字作动词用，就是把所有的族姓都组织到农村公社里去。庄子则阳篇正是这样说："丘里者，合十姓百名而以为风俗也。"周人克殷以后，对于"宗周"以及"成周"一带的"畿甸"或"郊甸"的"百姓"是经过一番组织工作的，这种组织单位有称"邑"，也称"甸"，又称"里"，都是农村公社的三种不同等级。其最低一层称"里"，如大𣪘铭上说："余锡大里。"龖𣪘也说："命汝嗣成周里人。"史颂𣪘又说到"里君百生"，"百生"就是"百姓"，等于说管理成周一带的百姓。"里君"又作"里居"，也作"居里"，例如尚书酒诰篇就作"百姓里居"，逸周书有几处说到"里居"，史记周本纪又说作："毕公分居里成周郊"，都是指管理公社的人员。公社应该是农村公社，礼记王制篇说："田里不粥，墓地不请。"孟子也说："死徙无出乡，乡田同井"，这些都是农村公社里的习惯法。低一级是"里"，中一级是"甸"，这一级最普遍。所以说："俊民甸四方。"在扬𣪘里"田甸"是并称的。这"甸"，也就是侯，甸，男的"甸"，卜辞于"多田"以外，又有"多屯"。小屯乙编4119条："丙寅，卜𠄻贞！王敦多屯若！贞！王敦多屯于下乙。"我以为"多屯"与"多甸"是同一语根的不同字。颜师古解释说："人所聚曰屯"，东周到战国间，尚有地名"屯留""屯子""屯氏"。古字"村"，从邑屯声作"邨"。而且"屯""甸"双声；据马融广成颂，"校队按部，前后有屯；甲乙相伍，戊己为坚"。"屯"与"坚"韵，"屯"字也读同田声了。所以说它们是同一语根的不同字。管子乘马篇："方六里，一乘之地也；方一里，九夫之田也。""乘"与"甸"也是同类双声，原本也出于一个语根。西周时候的"甸"，到了东周中叶以后称之为"乘"。左传襄公十一年，鲁季武子作三军时就说到："三子各毁其乘"，即毁其所属之农村公社，所以又说："季氏使其乘之人以役邑人者无征，不入者倍征"。恐怕西周以来的农村公社到了春秋中叶以后逐渐遭到毁坏，此其一例而已。乘马篇既说"方六里为一乘之地"，在同篇中又说："方六里，名之曰社，有邑焉，名之曰央。"可见一"社"就是一"乘"。而"邑"在社中，与孔子"十室之邑"，与上举"役邑人者"之说也相符合。如从土字之"杜"即与"甸"字双声，因此我说：屯，甸，乘，社都是声义相近之同一语根的方国字。至于"邑"呢？应该是最高一级的农村公社。在甲文中作"𠃊"，象人蹲处之形，卜辞已有"大邑商"之称。最初应该是从"邑国"而来。西周以来的文献里，田里连称，田甸连称，田邑也连称。例如舀鼎说："必尚俾处厥邑，田厥田。"嘏从𣪘也说到："射分田邑"。新出宜侯夨𣪘里说到的田邑就更多了。但都不能说就是"十室之邑"。在西周早年"邑"比"甸"大，"甸"比"里"大。春秋以后便出现"丛社""书社"之名。墨子耕柱篇："季孙绍，孟伯常治鲁国之政不能相信，而祝于丛社。"吕氏春秋怀宠篇："兵入于敌境，问其丛社大祠，民之所不欲废，而复兴之。"我以为西周以后的统治阶级的政权基础就在于这些社会单位，虽然各方国，各时代的名词不同，其等级的大小不一，都是农村公社性质的社会组织单位，而且考之于殷周以来的史料，都有根源可寻的，不能置而不谈。

上文已经说到"男"是家长奴役制社会里的"力役者"，就是"臣其子弟"的"子弟"。现在要研究一下，这个名词应该出于那一种氏族组织？我以为也是出于"邑国"，出于两胞族通婚制的氏族组织。殷周之际的"男"，是指公社成员，一般社会上的力役者。就是秦汉之际的"赘婿"，在诗经里，就是大雅桑柔篇的"赘卒"，召旻篇的"圉卒"，而周人的祖先中就有"高圉""亚圉"。到了由两胞族通婚制转变为两姓通婚制时，在这两胞族中的"男"，便产生了两个新名词，就是"舅"与"甥"，这两个字都是从"男"作。在前一个时期，都谓之"男"，是"舅甥不别"的。从西周以后，尤其是在左传里，名甥的人有好多个，大都出于晋，郑之例的姬姓后起部族，可见是姬姜两姓中的特有名称。如大雅崧高篇说："往近王舅，南土是保"；又说："丕显申伯，王之元舅。"照"申吕由太姜"的说法，申伯是姜姓，当然是周天子的"元舅"，左传里，周天子也称齐侯为"伯舅"。在两胞族通婚制时代，甲乙两胞族祖一辈的"甥"，就是孙一辈人的"舅"；在甲族中的"舅"，事实上都是乙族中的"甥"，这些名称在两胞族通婚制的部族里都可以不存在的。尔雅释亲说："妻之父为外舅""妇谓夫之父谓舅""姑之子为甥""舅之子为甥""妻之昆弟为甥""姊妹之夫为甥"。这些名称用两姓通婚制来解释，都是畅通无碍的。这种社会组织，应该说是周人统一中国以后，农村公社里的主要结构。周人的大小宗制度以嫡长继承制作主要骨干，此一时期的大小宗，事实上从前一时期的两胞族而来。以这样的制度组织起来的公社，说他是殷代的氏族公社，还能讲得通吗？虽然说："农村公社——马克，在其存在的最初阶段，显然是带着溯源于氏族制度的特征而出现的。"①但这种氏族制度，在中国说来，应该溯源于家长奴役制，两胞族通婚制。在西周的时候，分田办法一定照常进行，在大田诗就说到"雨我公田，遂及我私"。夏小正说到"初服于公田"。管子乘马篇也说到"正月，令农始作，服于公田农耕"。但是土地私有制也正在这样的基础上，在那些先进的部族中，渐渐地向前发展着。因此我说：殷周之际，从任何一个角度去看，确实是一个开始进入封建化的大时代。这种封建主义等级制的剥削关系，就表现在"公食贡，大夫食邑，士食田，庶人食力"的等级关系上。我从前就说过，"士"之一级，与古代的"甸人"相等；"庶人"一级，与古代的"男"相等。这是完全符合于封建社会的发展过程的。

四、西周封建主义时代的奴隶和平民

现在否认西周是初期封建社会的人，总以西周时还有很多奴隶作证据，说西周是奴隶社会。我以为奴隶多少是不能作为决定社会性质的唯一原因的。封建社会的主要关键

---

① 谢苗诺夫著：《中世纪史》第32页。

在小农经济占统治地位，必须使生产资料基本上转到直接生产者手上，由他们自己来支配，所以小生产是封建生产的基础，而小农经济在西周早期就已经开始的，到了周宣王不藉千亩，已经成了定局，为当时社会经济的主导力量了。殷代是奴隶社会，"众人"或"众"是当时的奴隶。尚书盘庚篇说："予岂汝威？用奉畜汝众。"又说："汝共我作畜民。"拿来同易经遯卦九三爻辞"畜臣妾，吉！"作比较，知道"众人"是奴隶。在周初就不同了。虽然臣工诗说到"命我众人"。但诗经里也说到"率时农夫""食我农人"，这些"农夫"或"农人"就不一定是奴隶，其地位也比"隶农"高。并且一般劳动人民以"夫"计，舀鼎说："用众一夫，曰益；用臣曰窠，曰朏，曰奠，用兹四夫。"这里的"众"已经在"臣"之上了，可见两周的劳动奴隶是"隶农"。左传襄公二十三年："斐豹隶也，著于丹书。"也是"隶农"或"徒隶"之属；昭公三年："栾、郤、胥，原，狐，续，庆，伯降在皂隶。"也只是与汉唐之世的官奴婢相近，都不能确定是奴隶社会的奴隶。西周以来的奴隶至多也只是封建领主制下的"农奴"，不是可以自由生杀的奴隶。所以我们有必要把西周以来的奴隶与平民的社会地位，以及其身分的逐步提高作一比较详细的分析。战争俘虏怎样多，也说明不了他们在社会经济上的地位。如果说地位低，我想西周时也还有社会地位比较"隶农"还低的奴隶，这些就是"人鬲""御""庶人""赘卒""圉卒"之类人，社会地位都是比较低的。就字义看来，"鬲""庶人"，很象汉代人所谓"灶下养"。不过我们选择在当时人数最多的来说，那就是"国人"与"庶人"了。我们照经传上，及古器物铭文上的记载看来，"国人"和"庶人"的地位转变最快，而且都在西周的时候，并不是春秋战国之际。这一事实是非常重要的，可以说明社会性质已在转变。

甲文里有"或"字，字形如"㦰"，也有作"𢦏"、作"𢦒"的，象戈下挂一人头。到了金文里，字形作"或"、如班簋的"徒御国人"，严可均所见拓本，就作"或"；西清古鉴本刻作"或"，从戈，从口，从土；从土与从一义同，我以为也是"或"字。宗周钟的"东国""南国"，很明白就作"或"。为什么知道戈下所挂的是人头呢？是从这个字的衍变本身上看出来。经传上所谓"俘馘"之"馘"，其字音与"国"同；从首，或声，而其字也可以从耳，或声，在盂鼎又作从或，从爪；虢季子白盘又作从戈，从爪；这样比较的结果，知道字音是"国"字，而从耳，从首，从爪的字都是后起的。因为那时"或"字已经作"国"字用，"俘或"之"或"必须另作，从首，从耳，从爪以明其原义，这才知道从戈下挂一口是代表人头。到了后来，杀俘变生俘，便出现割耳、断爪之事；馘、聝、聝、戝等字是在这种情况下陆续出现的。"或"字从一与从土同，口是代表"生口"，是"俘邑"里的"俘虏"。在殷周之际，"或人"是称"邑国"里的人，与"邑人"义同，是当时"俘邑"里的部族奴隶。这些"或人"地位在"徒御"之下。本来是"生俘"，到了西周以后，随着"俘邑"上升为"采邑"，变为"内国"了，其人民地位自然要跟着提高了。国语周语上："国人谤王"，这些"国人"当然是自由民，证明地位早已提高。左传里说到"国人"的地方更多，然而"国人诵曰"，有时也作"舆人诵曰"，这"舆人"也就是"众人"。以左传昭公七年："舆臣隶"一语看来，这些所谓"舆人"，可能地位还是低的！这就反映出"国人"的地位，在前一个时期也是低的。但是也有很大一部分是跟"邑国"的解放而提高的。再从"国中"与"野"对立的关系而言,到了战国时,"国"所函的意义,已非从前的"邑国"了。这时的"国人",主要的指自由民而言。

其次说到"庶人",关于"庶"字的字形解释,我同意周谷城先生的说法,据我看"庶人"可能就是"鬲"的别名。大盂鼎铭说:"鬲自驭至于庶人六百又五十有九夫。"也是把"庶人"包括在"鬲"之下的。我以为"鬲"就是"有鬲氏之民,在当时是一种落后部族,是殷代以来的部族奴隶。西周初年,地位并未有显著提高。春秋以后,有"畎庶""众庶"之称,可见这一名称是代表大部分的劳动人民的,这时候的"庶人"可能与大盂鼎、宜侯矢𣪘上所说的"庶人"还有本质上的区别。不过到了毛公鼎上,已经说:"勿壅逮庶民",这时"庶民"的地位一定已在提高的途径上了。春秋以后,"庶人"已经成为自由民,比之西周时代的"男"的地位还要高些了。礼记曲礼下已经指出:"问庶人之富",则"数畜以对"了。所以在左传,论语,孟子里的"庶人"已经与一般平民无异了。现在再来说一下"百姓"。我总觉得不能说"百姓"是贵族,就其原始字义来说,也是"俘虏"上升的。在金文里作"百生",如上引"里君百生",里君都可以管得着他们的,既然"百姓"也可以作"万姓",那末"奄甸万姓"决不是奄甸贵族,一定包括平民在内。据我看"百生"还是从"生白""生口"而来,原只能作"生俘"看待,"女生为姓",自从母系氏族社会以后,姓恐怕不一定贵族才有。"坠命亡氏,蹻其国家""保姓受氏,以守宗祊"都是后起的事,这是指从公族中没落下去的人而言的。"置妾不知姓,则卜之"也是后起的事,而且从这里知道古代的女人一定是有姓的。假定没有姓,也一定有所属的部族或氏族"图腾",考察古代人的族姓,是不是应该采取这一方法呢?

此外尚有臣、妾、仆、御等等名目也都属于奴隶的范畴,因为大体上说来都是有室家的,不能说他们是奴隶社会里的奴隶,而且数量也不会太多。如上述"国人""庶人""百姓"三个名词都代表封建社会里的大量人民,其所占地位很普遍,但从西周开始,直到春秋战国,其地位一直在上升中,尤其是"国人"或"庶人",在殷代时是没有人身自由的奴隶;相反的,在西周以后便成为劳动人民的主体,这就很明显地是一种社会性质的转变。"隶农"的地位是很低,也只是封建社会里的农奴。比之商君书徕民篇所说的"给其田宅,而复之三世"的佃农的地位要低很多,据"虽获沃田,而勤易之"二语看来,他们还只是"藉田制"基础之上的劳动人民。照吕氏春秋乐成篇所说:"魏氏之行田也以百亩,而邺独二百亩,是田恶也。"可见分田制到了战国中叶以后,在魏国都还照样实行的。就以吕氏春秋审分览所说的:"今以众地者,公作则迟,有所匿其力也;分地则速,无所匿其迟也。"这还只是"隶农"性质的劳动者。到了韩非子外储说左上篇所说的就大不同了。"夫卖庸而卜耕者,主人费家而美食,调布而求易钱,非爱庸客也。——庸客致力而疾耘耕,尽巧而正畦陌者,非爱主人也。曰:如是,羹且美!钱布且易云也。"这比之"给其田宅,而复之三世"的客籍农民又自由了许多。总之,"隶农"的剥削者是封建领主,"庸客"的剥削者是封建地主,前者是藉田制下的农奴,服劳役地租;后者是藉田制已经破坏了,变为出卖劳动力的雇佣农民。自西周以来劳动人民的地位演变其主要经过是如此。以上所说是西周以来封建化的具体事实,我们不能任意把中国封建社会的初期,即封建领主制阶段轻轻地抹掉,给了奴隶社会，说这是奴隶主贵族。单从封土建邦看固然是片面，但是放弃了许多与封建土地制度有关的事实，也是不正确的。例如师旅鼎说"师旅众仆不从王征"时是有罚的，可见这也是封建社会的臣仆从征之例。所以毛公鼎说："以乃族捍敔王身"，这也是说封建领主对王室有服兵役的义务。封建领主在西周以来到战国时代是存在的。从西周以下到秦汉之际，只能说是在一种制度下的渐变，共和政变以后到春秋、战国间的国人暴动，民溃，舆人起义等等个别阶级斗争事件，只能说有起促进作用，主要的改革是自上而下的变法。但是在殷周之际和秦汉之际便是两次大规模的阶级斗争。周人所代表的是"俘邑"中的部族奴隶普遍起来革命，推翻了殷代的奴隶主统治，就从家长奴役制的社会里带来了新社会的萌芽。陈胜，吴广所代表的是雇佣农民和一般中小地主的统一战线，来扫除领主制的残余，不过其成果给地主阶级篡夺了去。若把春秋战国之际的变革看作由领主制转变为地主制的渐变阶段，那末秦汉之际就是由这一渐变阶段走向突变。这些都是顺理成章，合乎社会发展规律的事实，值得提出来再向同志们请教！

1961年党的生日，于中山大学历史系。

原载《中山大学学报（社会科学）》1961年第3期

唐代西域裴罗将军城考

周连宽

一

《新唐书》卷四三下《地理志》羁縻州条引贾耽《皇华四达记》云："五十里至热海，又四十里至冻城，又百一十里至贺猎城，又三十里至叶支城，出谷至碎叶川口，八十里至裴罗将军城，又西四十里至碎叶城，北有碎叶水，北四十里有羯丹山。"这是最早记载关于裴罗将军城的一段史料，自此以后，裴罗将军城之名，几隐没无闻，直至清代乾隆年间修《钦定皇舆西域图志》，其卷十三疆域六天山北路三什巴尔图和硕条才重提此城云："裴罗将军城者，回纥骨力裴罗初与葛逻禄称左右叶护，后袭破拔悉密，自称骨咄禄毗伽阙可汗，又攻杀突厥白眉可汗，遣使上功拜左骁卫员外大将军，当时必曾建城于碎叶川口，故称裴罗将军城。"按此书谓图斯库勒（Issikul），即唐时的碎叶水，而把碎叶城置于图斯库勒之南，其说大谬，但对裴罗将军城的解说，则颇有可取，惜未为中西学者所注意。王国维撰《西辽都城虎思斡耳朵考》①，更进一步论证西辽都城八喇沙衮，即唐裴罗将军城的对音，其说甚辩，故冯承钧、张星烺、岑仲勉诸氏均从其说②。

十二世纪末回教著作家依宾爱尔阿梯儿（Ibn el Athir）谓土耳其斯坦汗国的著名君主博格拉汗（Boghra khan）建都于八喇沙衮（Belasagun），其后陀干汗（Toghan）在位，秦（中国）军来攻，距八喇沙衮仅三日程。但未说明八喇沙衮究在何地。十三世纪中叶波斯作家志费尼（Alai eddin Atta Mulk Djuveni）谓回鹘人原居鄂尔坤（Orkun）河流域，其开国始祖白库可汗（Buku khan）率兵西征，抵土耳其斯坦，驻跸处，水丰草茂，乃筑八喇沙衮城，又谓黑契丹葛儿汗（Gurkhan）率四万余户，迁抵八喇沙衮，今蒙古人称为古八里（Gu-balik）③，波斯作家既谓回鹘可汗所建的八喇沙衮，即后来的西辽都城，正与西域图志所谓裴罗将军城为回纥骨力裴罗所建之说，似相吻合，而王氏之说，更得佐证，于是西辽都城八喇沙衮即唐裴罗将军城几已成为定论，但我认为此一问题，仍有探讨之必要。

按王氏之说，主要是根据两名的对音，他所举对音以外的三证，均属地理上的论

---

① 王忠悫公遗书《内编》《观堂集林》卷十四，史林六。
② 冯承钧《西域地名》"Balasaqun"和"Gus Ordo"条；张星烺《中西交通史料汇篇》第四册，第232—233页；岑仲勉《读西辽史书所见》，《金陵学报》第四卷，第二期。
③ E. Bretschneider："Mediaeval Researches" vol. 1, p. 225 – 229, 254 – 259；张星烺：《中西交通史料汇篇》第五册，第275—276页，289—291页。

点，而此等论点不仅适用于西辽都城，并且适用于碎叶城，盖两地仅相差四十里，仍难确指其究为何地故也。请先从对音论之，裴字据《唐韵》薄回切，罗字据慧琳《一切经音义》鲁何反，将字据《一切经音义》精样反，军字据《一切经音义》窘云反，伯希和谓裴罗将军四字的古音为Boïlasängün（Buĭlasangun）①、我以为有些地方还不符合上述各个字的反切，应该读如Buâilâtsi̯angki̯uən。兹将此字与Belasagun一字比较如下：

Buâi——lâ——tsi̯ang——ki̯uən
Be——la——sa——gun

第一个音节不同，第二个音节相同，第三个音节不同，第四个音节不同，这样，我们就可以看出，两字各个音节比较，不同的部分多于相同的部分，冯承钧《西域地名》谓新疆出土突厥文写本，将军之对音为Sangun，但从突厥语音还原为中国字是否可靠，很有可疑，即使可靠，其第一个音节的Sa与San仍有差别，不如直接与唐代古音对比为妥，所以仅凭对音，不能决定回教作家和波斯作家所称的八喇沙衮即唐裴罗将军城的同名异译。②

至于回教作家和波斯作家所谓回鹘白库可汗建都八喇沙衮是否专指西辽都城一地而言，关于这一问题，首先要考查一下辽金元史籍及其他著作如何称呼西辽建都之地，《辽史》卷三十天祚纪："延庆二年耶律大石班师东归，马行二十日，得善地，遂建都城，号虎思斡儿朵。"《金史》卷一二一粘割韩奴传："大定中，回纥移习览三人至西南招讨司贸易，自言本国回纥邹括番部所居城号骨斯讹鲁朵"，《元史》卷一二〇曷斯麦里传："曷斯麦里，西域谷则斡儿朵人，初为西辽阔儿罕近侍，后为谷则斡儿朵所属可散八思哈长官"，同书卷一四九郭宝玉传："甲戌从帝讨契丹遗族，历古徐鬼（儿）国讹夷朵等城"。《元遗山文集》卷二八大丞相刘氏先茔神道碑："车驾征契丹遗族，是为西辽，历古续儿国讹夷朵等城"，元耶律楚材《西游录》："又西有大河曰亦列，其西有城曰虎思窝鲁朵，即西辽之都"③。元长春真人《西游记》卷上："十有六日，西南过板桥渡河，晚至南山下，即大石林牙（大石学士，林牙小名），其国王辽后也，自金师破辽，大石林牙领众数千走西北，移徙十余年，方至此地。"元王恽《玉堂嘉话》卷二引刘郁撰《常德西使记》："二月二十四日过亦堵（一作六塘），两山间土平民多，沟洫映带，多故垒坏垣，问之，盖契丹故居也。"以上诸书所称虎思斡儿朵、骨斯讹鲁朵、谷则斡儿朵、古徐鬼（儿）国讹夷朵、古续儿国讹夷朵、虎思窝鲁朵、亦堵（六塘），都是西辽都城虎思斡儿朵的同名异译，惟有大石林牙是以西辽始祖耶律大石之名及其原有职衔以称其地，至关于《元史》地理志西北地附录有八里茫一地，元

---

① 伯希和：《蒙古侵略时代之"土耳其斯坦"评注》，冯承钧译《西域南海史地考证译丛》三编，第9页。
② 或谓在边疆民族的语言中，以n收音的字，其n音可能会消失，但据罗常培先生说，在维吾尔族语言中Sangun一字的n音是不会消失的。（《唐五代西北方言》第38—40页）
③ 范寿金《西游录略注补》谓"虎思"之上当有"索房城云云"，为盛氏所删，按此段逸文见于李光廷《汉西域图考》卷一附论特穆尔图泊条。

《经世大典》图亦有之，屠寄《蒙兀儿史记》谓即八里沙之讹，而八里沙亦即八喇沙衮之省称，王国维从其说，查《经世大典图》曾由清魏源从明《永乐大典》内转录，刻于其所著《海国图志》卷前元代疆域图叙之后，八里茫在阿里麻里之南而略偏西（仅差一格）亦剌八里正南，倭赤（乌什）正北，但此图的另一抄本旧藏北京俄国传道会图书馆，后归莫斯科路米安卓夫博物院（Roumiantzoff Museum）图书馆，为俄人白莱脱胥乃窦（E. Bretschneider）翻印于其所著《中世纪研究》（Mediaeval Researches）第二册书前，据此图八里茫乃在乌什之东北，而不是正北，无论那一个图，都与长春《西游记》所谓渡河（吹河）行一日程到达地点的方位不符，此一地点的正确方位应在阿里麻里之西而略偏南，倭赤之西北，屠氏之说，不特方位不符，且两字读音亦相差很大，足见八里茫为另一地名，而非八喇沙衮之讹，从以上材料可以证明辽金元史籍及其他元人著作都称西辽都城为虎思斡儿朵或其异译，而不是称为八喇沙衮。考虎思斡儿朵的对音为Hu-Sze-wa-rh-do，回教作家则称为Gu-Sze-olu-do，Wa-rh-do也作war-do，蒙古语作ordu，土耳其语作orda，通古斯语作ordo，意即可汗的牙帐，至于"虎思"的对音Hu-Sze，满洲语作Hosun，意为"有力"，虎思斡儿朵的整个字的意义为"有力的牙帐"①，伯希和谓"古突厥语的ordu，此言营帐或宫殿，中世纪时从突厥语移植到蒙古语中，始读作ordu，继读作ordo，后经君临俄属中亚的成吉思汗后裔又从突厥语移植到波斯语中，最后移植到印度斯坦语中，而成为印度的蒙古朝廷用语之代称，即urdu是已"②。

在这里，我们不能不发生一个疑问，即为什么辽金元史籍和元代著作家都称西辽都城为虎思斡儿朵，而不采用回教作家和波斯作家所称的八喇沙衮（Balasagun）？对于这个问题，王氏的解说是"虎思斡儿朵者契丹之新名，行于东方，八喇沙衮者，突厥之旧名，早行于东西二土"，这一解说乃以八喇沙衮即裴罗将军城的对音为前提，对音之不尽可靠，已如上述，则此种解说自亦不能成立，我认为八喇沙衮原来不是西辽都城虎思斡儿朵的旧有名称，而是阿拉伯人和波斯人对回鹘可汗牙帐的通称，吹河以南，阿历山大山以北一带，曾为西迁回鹘可汗建牙之地，阿剌伯人和波斯人因而亦以此名称之，后来波斯作家更把八喇沙衮附会成为西辽都城的专称，我的理由有二：

（一）志费尼所述关于回鹘族起源和白库可汗事迹的传说，其大意谓回鹘族初居哈喇和林山（Karakorum），人口既繁以后，乃推举一王以统之，阅五百年而白库可汗生，古宫城遗址在鄂尔坤河（orkun）边，名斡耳朵八里（Ordu-balik），今名毛八里，宫前有碑，其文曰：

> 孔兰朱（Kumladju）位于图果拉（Tugola，今作图拉河）及色林喀（Selinga，今作色楞格河），两河之交，其地有树两枝……两河皆发源于哈喇和林山，两树之间，有丘陵一所，有一线白光，自天降于陵上……丘陵忽开，有五蓬帐出现，每帐中有一婴儿，邻近居民皆敬礼之，最幼者曰白库的

---

① 日人箭内亘著，陈捷、陈清泉译《元朝怯薛及斡耳朵考》第60—62页。
② 伯希和："斡耳朵"，冯承钧译《西域南海史地考证译丛》五编，第22—23页。

斤（Buku Tekin），敏慧过于诸童，及长，回鹘人推以为君……白库可汗尝梦女神引之至库脱塔格山（Kuttag），每夜会议，如是者凡七年零六月二十二日，最后之夜，女神别白库，并告以将统治世界，白库信之，乃征集军队，遣其诸兄征伐蒙古、黠戛斯、唐兀和契丹诸国。所向克捷，班师回鄂尔坤河时携俘虏及战利品，不可胜数，是后乃筑斡儿朵八里（Ordubalik）城，白库可汗又梦一白衣人，给与玉一块，玉形状如松，谓曰："常有此玉，即可治理四方"，国中大臣亦皆得同梦，白库可汗后率兵西行，抵土耳其斯坦。驻跸处，水丰草茂，乃筑八喇沙衮城（Belasagun），今曰古八里（Gubalik），白库可汗用兵十二年，竟得征服全世界……白库可汗大功既成，乃离八喇沙衮而归故国。……白库可汗福运终身。卒，子嗣位。回鹘人闻野兽及家畜幼童皆唱曰"改赫！改赫！"（Ghech, ghech），以为是上帝命其迁徙。盖"改赫"犹云离去也。于是举族西徙，直至别失八里（Bishbalik）始不闻"改赫"之声，遂留其地，分五部而居。别失八里为五城之义，即源于此，白库可汗子孙，自是君临其地，称号曰亦都护（Idikut）。①

关于此一传说，亦见《元史》卷一二二巴而术阿而忒的斤传和元虞集《道园学古录》卷二四高昌王世勋之碑，但《元史》和《虞录》所说只叙回鹘族起源于和林，以至西迁至交州，臣于西辽，并未涉及征略西部土耳其斯坦事。②此与波斯作家所引碑文有三点不同的地方：一、两者虽然都说回鹘族的开国始祖是白库可汗（不可罕或卜吉可汗），但波斯作家所引碑文谓回鹘族从开国一直至西迁别失八里之前，其国主都是白库可汗，而《元史》和《虞录》则谓不可罕或卜吉可罕之后，传三十余君，乃至玉伦的斤，玉伦的斤之后又数传，然后迁交州；二、两者所说迁徙原因不同，前者所说原因是闻"改赫"之声，后者所说原因是唐人以烈火焚毁福山之石以致屡遭灾害；三、前者说白库可汗西征土耳其斯坦，筑八喇沙衮城，后者则无之，两者大概都取材于回鹘族的传说，从关于追述可汗功绩一点来看，《元史》和《虞录》所说比较接近于回鹘原来的传说，但辗转传至阿剌伯人和波斯人之后，就有些改变了，上述两者不同的第一、三两

---

① "Mediaeval Rasearches" vol. 1, p. 254–259。张星烺《中西交通史料汇篇》第四册，第229-234页。

② 《元史》卷122，巴而术阿而忒的斤传："巴而术阿而忒的斤亦都护。亦都护者，高昌国主号也。先世居畏吾儿之地，有和林山，二水出焉，曰秃忽剌，曰薛灵哥，一夕有神光降于树，在两河之间，人即其所而候之，树乃生瘿，若怀妊状，自是光常见，越九月又十日，而树瘿裂。得婴儿者五，土人收养之，其最幼者曰不可罕。既壮，遂能有其民人土田，而为之君长。传三十余君，是为玉伦的斤。数与唐人相攻战，久之议和亲，以息民罢兵。于是唐以金莲公主妻的斤之子葛励的斤，居和林别力跋力答，言妇所居山也。又有山曰天哥里干答哈，言天灵山也。南有石山曰胡力答哈，言福山也，唐使与相地者至其国，曰和林之盛疆，以有此山也。盍坏其山，以弱其国。乃告诸斤曰，既为婚姻，将有求尔，其与之乎？福山之石，于上国无所用，而唐人愿见，的斤遂与之，石大不能动，唐人以烈火焚之，沃以浓醋，其石碎，乃辇而去。国中鸟兽为之悲号。后七日，玉伦的斤卒。灾异屡见，民弗安居，传位者又数亡，乃迁于交州。交州即火州也，统别失八里之地，北至阿术河，南接酒泉，东至兀敦甲石哈，西临西蕃。居是者九百七十余载，而至巴而术阿而忒的斤，臣于契丹。"

虞集《道园学古录》卷24"高昌王世勋之碑"所叙略同，惟删去唐人毁福山一事。

点，对我们现在所欲考证的问题很为重要。从第一点我们就可以知道阿剌伯人和波斯人所传说的白库可汗，乃回鹘可汗的通称，并不是专指某一可汗而言，否则，绝不会自开国以至于西迁，始终都是一个白库可汗；从第二点，我们又可以看出，在阿剌伯人和波斯人中同时流行一种关于回鹘可汗征略西部土耳其斯坦的传说。阿剌伯地理家早在第九世纪或第十世纪时已说及回鹘可汗征略西部土耳其斯坦事①，又回教作家依宾爱尔阿梯儿在志费尼之前已把这种传说放入他所著的《喀迷尔—乌脱—泰瓦力克》（*Kamil-ut-Tevarikh*）一书中，所以波斯作家所引碑文也加入这种传说，但志费尼因为看出回鹘开国可汗不可能同时又是西征西部土耳其斯坦的可汗，故在碑文前增加"阅五百年而白库可汗生"一句，把白库可汗的出生推迟了五百年，使之符合回鹘族的势力自骨力裴罗（骨咄禄毗伽阙可汗）始伸张及于西部土耳其斯坦的史实。为什么我说是志费尼增加的呢？因为碑文明说白库可汗是天降下来出现于和林山的回鹘开国始祖，并未说经过五百年之后才生出来。白库可汗既然是阿剌伯人和波斯人对回鹘可汗的通称，而回鹘族自和林发迹以后又屡经迁徙和征战，那么，碑文中所谓筑八喇沙衮城，也不可能专指一地而言，而是对回鹘可汗牙帐或行宫的通称。大约在第九世纪和第十世纪以前，八喇沙衮原来是阿剌伯人和波斯人对回鹘可汗牙帐的通称，自此以后，因为回鹘可汗势力统治西部土耳其斯坦，乃逐渐变成为该地区回鹘可汗牙帐的专称，至十二世纪初期西辽建国于西部土耳其斯坦，波斯作家又附会成为西辽都城的专称②。

（二）八喇沙衮一字的语原是出自波斯语言的本身，而不是因为回鹘可汗牙帐或西辽都城原有此称，然后为波斯人所传用，据白莱脱胥乃窦说，Belasagun一字可能是由蒙古语Balgasun（义为"城"）转化而来③。颇培氏（N. Poppe）曾假定"Qazwini"书中所著录蒙古语来历不明的鳄鱼名称bslqun（basalqun）是蒙古语balqasun（鱼）之字母颠倒的写法，而突厥语之鱼的名称则作baliq，伯希和试图仿照这一假定来解说Balāsāgun一字是balghasun之字母颠倒的写法（蒙古时代的写法如此，旧蒙古语作balghasun），突厥语相对之称则作baligh，义为"城"，但伯希和终于觉得这种假定很不可靠④，考蒙古时代的地名带有balghasun一词者不止一处，除蒙古时代旧都哈喇和林附近的回鹘古城称为哈喇八喇哈孙（Karabalghasun）之外，还有察罕巴勒哈孙（Tchagan-balgasoun），哈赤巴勒哈孙（元世祖至元十三年所建东凉亭行宫原名）等。蒙古语地名辗转传译至波斯人著作中，发生若干字音之变化，很有可能，但即使是这样，balghasun一字在蒙古语中仍是对"城"的通称。

我认为Belasagun一字仍应从波斯语本身去找寻它的来源，考清洪钧《元秘史译文证补》卷二六上亦剌八里条云："八里为'城'，回纥语，亦突厥语，蒙古先时谓'城'曰'巴剌哈孙'（此见元《秘史》、长春《西游记》），继称'八里'，则沿回纥语（今波斯谓城亦曰八里）。"今查波斯语belad（或作baldah），义为"城"，bárgáh义为"宫殿"，则洪氏谓"今波斯谓城亦曰八里"，其言可信。又波斯语Sákin

---

① Henry Yule: "Cathay and the Way Thither", vol. 4, p. 164.
② "Mediaeval Researches" vol. 1, p. 225–226.
③ Ibid p. 227. note. 532.
④ 伯希和：《蒙古侵略时代之"土耳其斯坦"评注》。

义为"住所",复数作Sukkán,则"城市住所"应作belad-sákin,"宫殿住所"应作bárgáh-sakin,此与Belasagun一字最近,然则Belasagun（Balasgun、Balasaghun）即从上述两字缀合而成,行之既久,乃连成一字,所以Belasagun一字原来就是波斯语,乃波斯人用以称回鹘可汗牙帐或行宫的通称,波斯语belad可能与突厥语baligh有关,但从Belasagun整个字来说,则不必从蒙古语寻其源流也。

根据上述两个理由,更足以证明八喇沙衮不是西辽都城虎思斡耳朵的旧有名称,更不是裴罗将军城的同名异译,至于裴罗将军城是否为回鹘可汗骨力裴罗所建,虽则有这个可能,但仍不能加以肯定,因为裴罗是突厥和回鹘族的人名,而两族亦各有"将军"之称,如《新唐书》回鹘传:"初回鹘至曲沃,叶护使将军鼻施吐拨裴罗旁南山",此外,王国维还举出六七个例,所以要肯定裴罗将军城的创建者,还缺乏充分的证据。

二

在我们把裴罗将军城与西辽都城区别开来之后,就可以进而讨论裴罗将军城的具体地点问题,中西学者既多误以西辽都城虎思斡耳朵为唐之裴罗将军城,因而他们所推论的地点,都是根据有关西辽都城的史料,自然不适用于裴罗将军城,我们要考查裴罗将军城的地点,仍应首先根据贾耽《皇华四达记》,但贾耽所记由热海西至裴罗将军城的一段路程,很不明确,所谓"五十里至热海,又四十里至冻城,又百一十里至贺猎城,又三十里至叶支城,出谷至碎叶川口,八十里至裴罗将军城",所有冻城、贺猎城和叶支城究竟在什么地方？从贾耽所记越拔达岭之后,过乌孙所治赤山城,又渡真珠河,此河即指今锡尔河上游的纳林河,渡河后越过招哈山隘（Zauka Pass）,然后抵热海,沿热海南岸西行,至冻城,此城在冻河（Ton River）附近,以河得名,再西行至贺猎城,此城在贺猎河（Ulakol River）附近,亦以河得名,至叶支城,此城或系指热海西端的库特摩尔帝（Kutemaldi）城,由此离热海西行,越昆吉—阿剌—套山（Kungi-Ala-Tau Mts.）与阿历山大山（Alexandev Mts.）相会处之山谷,出谷后抵碎叶川口。这里就发生一个疑问,通过山谷,究竟需要多少里？出口后抵碎叶川口又需要多少里？贾耽没有说明,贾耽不是亲历其地,而是据当时出使西域诸国的人和集于鸿胪寺的西域诸国贡使等所述,故其所计里程,不大可靠,[①]但他说裴罗将军城西四十里至碎叶城这一点很重要,我们如果能够正确地考定唐时碎叶城所在地,即可推定裴罗将军城的位置,我认为记载这一段路程的唐代旅行家,以玄奘所记为比较可靠,玄奘《大唐西域记》卷一谓清池（热海）西北行五百余里至素叶水城（即贾耽所记碎叶城）,素叶城西行四百余里至千泉,千泉西行百四十五里至呾逻私城。证以《新唐书》卷二二一上龟兹传所言素叶城西四百里至千泉,西赢百里至呾逻私城,两书所记地望和里程基本相符,足见《西域记》之言比较可信,据此,则碎叶城适处于热海与呾逻私城之间的中点,呾逻私城究在何处？据中西学者的考证,即今塔剌斯河（Talas River）西岸的奥李阿塔（Aulie Ata）城,今代苏联地图称为江布尔（Джамбул）,若此一考定可信,则我们即可根据今代苏联地图测度由热海至呾逻私城的全程约合四百三十公里,其中点约在哈喇波尔第

[①] 日人桑原骘藏著,杨炼译:《张骞西征考》,第26—27页。

（Катаблты）城或其附近，但据旧图从热海西端至此城另有一条通路，此路非循吹河西北行，而是旁南山西行，若取此路约可缩短十余公里，其中点即须略向西移，大约相当于哈喇波尔第与哈林宁斯克（Калининское）之间或其附近地区，这里就是唐代碎叶城的所在地点，碎叶城的地点既经确定，则其以东四十里处即为唐代裴罗将军城的位置，沙畹指今托克马克（Токмак）为唐时之碎叶城①，而冯承钧、岑仲勉和日人伊濑仙太郎②等亦均从其说，查托克马克东距热海西端仅约一百公里，太偏于东，与《西域记》所述由热海至碎叶城的里程不符，盖一则泥于贾耽所谓出谷八十里至裴罗将军城之言，一则昧于八喇沙衮即裴罗将军城之说，前提有失，结论乃误。③

关于西辽都城虎思斡儿朵的具体地点问题，说者不一，埃利亚斯（N. Eliás）谓此城应在吹河支流哈喇葛第河（Karagaty River）上游或其附近④，亨利玉尔（Henry Yule）则谓应在托克马克⑤，范寿金《西游录略注补》亦主此说，丁谦《西辽都城考》则谓渡吹河行一站至阿拉灭丁，此即西辽都城之所在，埃利亚斯之说，太偏于西，亨利玉尔之说则太近于吹河南岸，丁谦之说，则太偏于北，我认为元代西域纪程，以长春真人《西游记》比较可靠，《西游记》云"十有八日，沿山而西，七八日，山忽南去，一石城当途"，据王国维说此石城即指呾逻私城。依阿历山大山的山脉由东迤西，至塔剌斯河而转向南去，足见王氏之说为可信，长春从西辽都城西行七八日方抵呾逻私城，假定为八日，依中国向来计程习惯，以一百里为一日的行程，共计行了八百里，约合三百三十公里（依一公里约合二.四古代华里强计算），试检阅今代苏联地图，从江布尔（呾逻私城）起向东度三百三十公里处，适当托克马克城附近，似与亨利玉尔之说相符，但据《西游记》云"十有六日西南过板桥渡河，晚至南山下，即大石林牙"，今托克马克城地依吹河西南岸，过河后何必行至晚间才到？丁氏之说已计算及此，但他所指的是从托克马克沿大道西行经一站的阿拉灭丁，据说即卑施皮（Pishpek），此地偏北，与长春所谓"晚至南山下"不符，所以我认为西辽都城虎思斡儿朵应在今托克马克城西南靠近阿历山大山麓，即今代苏联地图岳尔耶夫克（Юрьевка）与客厥第

---

① 沙畹著，冯承钧译：《西突厥史料》，第11、91页。
② 日人伊濑仙太郎著：《西域经营史的研究》，昭和30年东京日本学术振兴会出版，第441页。
③ 或谓玄奘行经清池（热海）乃取道南岸，故《大慈恩寺三藏法师传》卷二谓玄奘"循海西北行五百余里至素叶城"，如此，则由热海至呾逻私城全程的中点（即碎叶城所在地）应往东移，但我认为玄奘应取道北岸，其理由有三：（一）热海南岸路险难行，业经现代欧洲旅行家证实（见冯译《西突厥史料》第10页），寻常通道均取北岸；（二）玄奘谓登凌山后行四百余里至大清池，若沿南岸西北行，必取贾耽所述路线，而此一路线合计由拔达岭至热海只有二百一十里，与玄奘所记里数不符；（三）热海北岸线由东北倾向西南，而不是倾向西北，故玄奘所谓清池西北行，非指从热海西端向西北行不可。至于《慈恩传》乃玄奘死后，由慧立所撰，稿藏地下，慧立死后全部散失，其门人搜求获全，又经彦悰编次，内容必多更易，《西域记》乃玄奘生前所手定，自较《慈恩传》为可靠，故凡《慈恩传》所记事迹，若与《西域记》有差异的地方，应以《西域记》为准。
④ "Caltay and The Way thither", vol. 4, p. 164.
⑤ Ibid. vol. 3, p. 21.

（Кечеты）两地之间或其附近地区①。

综上所论，唐代裴罗将军城不是后来的西辽都城虎思斡儿朵。阿剌伯人和波斯人称西辽都城为八喇沙衮，但单凭对音不能决定八喇沙衮就是裴罗将军城。白库可汗在波斯人关于回鹘族起源的传说中是对回鹘可汗的通称，而不是专指某一可汗而言，而回鹘族自发迹和林山以后，几经迁徙和征战，可汗牙帐屡经迁移，其地不一，所以阿剌伯人和波斯人所称的八喇沙衮，最先也不是专指某一可汗的牙帐而言，自第九世纪或十世纪以后，因为回鹘可汗的势力远及西部土耳其斯坦，乃逐渐变成为该地回鹘可汗牙帐的专称，至十二世纪初期，西辽建国于西部土耳其斯坦，波斯作家又附会成为西辽都城的专称。八喇沙衮一字是波斯语belad（城）和Sakin（住所）缀合而成，可能与突厥语Baligh或蒙古语Balgasun有关，但还没有足够的证明。裴罗将军城的创建者是否为回鹘可汗骨力裴罗，有此可能，但尚难确定。裴罗将军城的具体地点应在吹河以南的大道上，约当哈喇波尔第与哈林宁斯克之间或其附近地区，至于西辽都城虎思斡儿朵的相当位置，应在托克马克城西南，靠近阿历山大山麓，由岳尔耶夫克至客厥第之间或其附近地区。

原载《中山大学学报（社会科学）》1961年第4期

---

① "Атлас Мира" Гдавное Управхение Геодезиии и Каргографии，Мвд СССР，Моеква，1954. К.61–62.

旧图则主要参考沙畹《西突厥史料》所附中亚地图（L'Asie Centrale）、赛克斯（Miss Ella Sykes）："Through Deserts and Oases of Central Asia" – "Map to illustrato Auther's Routes". Henry Lansdell："Chinese Central Asia" vol. 1.– "Maps of Chinese Central Asia, with Author's Route".

骠国考

陈序经

一、骠国的名称

关于骠国,新旧《唐书》均有传,而《新唐书》叙述得较为详细。唐人樊绰在其所著的《蛮书》中,也说到这个国家。关于这个国家的名称,《新唐书》卷二百二十三下列传一百四十七下南蛮传中说:

> 骠,古朱波也,自号突罗朱(按《旧唐书》作突罗成),阇婆国人曰徒里拙。

首先我们要指出这里所说的朱波,既然称为"古"朱波,那么这个朱波国,应该是一个历史较古的国家。这也就是说,在唐以前较久的一个国家,或是在称为骠之前的一个国家。很可惜的,朱波这个国名,虽然数见于史书,如《明史》《续通典》《续通志》《续文献通考》,以及如《西南夷风土记》等书,但这些著作都是在唐以后的,除唐书以外,在唐以前的著作,我们还找不到这个国名。而且,在唐的时代,除《新唐书》外,《旧唐书》没有记载这个国名,其他书籍也还没有找到这个国家的记载。至于上面所说的唐以后的一些著作,虽然说到这个国家,大概都是根据《新唐书》,而且也象《新唐书》一样的,只轻轻说了一句,没有较为详细的叙述。同时还有的似乎是改窜《新唐书》的词句,如《明史》说缅甸,古朱波也,虽在现在的缅甸的疆域里以前有过骠国,但缅甸与骠在种族上,也有差异,在其他方面,如语言风习等等也有不同之处,所以说骠为古朱波,是一件事,说缅甸为古朱波,又是另一件事了。又如《西南夷风土记》的序言中说:"古剽国……又谓之朱波国也。"《新唐书》说骠为古朱波,这就是说,在唐时叫做骠,在唐以前是叫做朱波。在时间上,这个国家有了先后不同的名称,可说若照朱孟震的《西南夷风土记》的序言中的语气来看,古剽国同时也可以叫做朱波国,这样唐书在时间上有了先后不同的名称的差别,就看不出来了。

《新唐书》的撰述者,可能是根据当代或唐以前一些记载而说骠为古朱波国,可惜我们现在已找不到这种记载,也可能的,《新唐书》的撰述者是根据了一些不很正确的传说而这样的说,所以朱波是否为骠国的古名,或前身,象扶南之于真腊,或真腊之于柬埔寨的关系,就无从考订了。

唐杜佑所撰述的《通典》卷一八八真腊条中,曾记载一个叫做朱江国云:

> 真腊国……西有朱江国……其国与参半朱江二国和亲,数与林邑陀洹二

国战争。

真腊当时的版图西到现在的泰国的东部，所谓西有朱江国，在方位上应当是在泰国的西部与缅甸，这些地方，朱波是否为朱江或朱江就是朱波，也是难于确定。朱江这个国名，在新旧《唐书》真腊传中，均没有记载，假使这个朱江国象杜佑《通典》所说在唐代还存在的话，那么这个国名不应是骠国的古名或前身了。

很奇怪的，是在杜佑《通典》的真腊条中说，真腊之西有朱江国，而在《新唐书》的真腊传中说，西属骠，《旧唐书》骠国传也说其东为真腊，那么骠似乎也叫做朱江了。

杜佑是唐朝人，他在《通典》卷一八七与一八八边防三与边防四、南蛮上与南蛮下，记载了好多种族与国家。在南蛮上有了好多在云南与缅甸的国家，如哀牢掸国，在南蛮下叙述海南诸国，共有二十八个，是研究我国西南边境与东南亚诸国较古而又较为详细的著作。骠国在唐代是与中国交通的一个重要国家，诗人如白居易，也注意到这个国家。杜佑没有记载，是很为奇怪，但是他所说的朱江在方位上既正是新旧《唐书》所说的骠国，那么朱江与骠国是一个国家，也是很可能的。

也很可能的，是朱江或朱波正如《新唐书》所说，是骠国的古名。新旧《唐书》的撰述者，是唐代以后的人们用了唐代所称这个国家的名字，而杜佑是唐代人，却用了以往人们所称呼这个国字的名字。我们以为只有这样的解释，《新唐书》所说骠为古朱波，既没有错误，《通典》所说在真腊之西是朱江国，也得到合理的答复。否则，在真腊之西，既是朱江，又是骠，就难于解释。自然，这种看法的前提也是要承认朱江就是朱波，或朱波就是朱江。

我们还要指出，骠这个名称，是我国人或缅甸人所称呼的名字。我们叫做骠（Piao），而缅甸却叫做Pyu，也有叫做Pru。虽然前者较为普遍而正确，至于阇婆人或爪哇人却叫他们为徒里拙。徒里拙应为外文T'ulcut。又根据开辛他（Kyanzitha）的王宫的猛（Mon）文碑文，这个国字是叫突尔居（Tircul），这也可以说是猛国人所称呼的名字，虽然猛人、爪哇人的称呼，也是很相近的。

至于骠人所自称的名字，据《唐书》所说，是突罗朱，突罗朱与徒里拙（Tulcut）或突尔居（Tircul）的说法，还是相近。所以我们可以说爪哇人或猛人所称呼的名字，可能是从骠人所自称的名字，稍为改变而来。

伯希和在《交广印度两道考》（冯承钧译上卷页三五）中曾有一段话，关于骠国的名称的解释。兹录之于后：

> 考Prome之梵名作Crikestra，缅人讹为Sarekhettara（读若Thayekhettaya），玄奘《西域记》卷十所言三摩呾咤东北大海滨山谷中之室利差呾罗国，即以都城之名名缅甸全国。义净《南海寄归内法传》卷一亦曾言及此国。撰修《唐书》者，似亦知之。《旧唐书》卷一九七之骠国"自号突罗成，阇婆Java国人曰徒里拙"。《新唐书》卷二二下则作突罗朱，仅恃此二名，决难求其对音。然徒里拙之拙，古读有齿收音，或者为Thayekhettaya，缅语读法之对音，

《旧唐书》谓此城"相传是舍利佛Csariputra城"。缅人名舍利佛为Sariputtara（读若Thayiputtaya），则其以之为其Sarekhettara（Thayekhettaya）城之神，亦无足异也。

徒里拙可能如伯希和所说是与Thayekhettaya，或是Sarekhettara，或是Crikestra有了关系，这就是说骠人是以其都城的名称当为全国的国名。但应该指出，伯希和这里所说的缅甸或缅人，应该是指着骠人，因为正如上面所说，在缅人未建国前很久，骠人已建立国家。这个骠国的国名是骠人所自称的名字，不会是缅人所叫的名字。

至于缅甸人之所以称他们为骠人，可能是从中国人的称呼而来。在骠国的时代或唐代，缅人之在现在的缅甸的，不只是散居于北部，而且人数也不会多，可能还没有形成国家。而且，他们既也是从中国的西藏经云南而到缅甸的境内，他们当然受了中国的影响，因而就很可能采用中国所用的名字，这就是说跟中国所称呼的名字而称呼。

我国史书为骠国立传的，虽始于《唐书》，但是这个国名之为我国人所知道，是在唐之前。《后汉书》卷一一六哀牢传中说到在哀牢这个国里：

有梧桐木华绩以为布。

唐章怀太子李贤引《广志》注云：

梧桐有白者，剽国有桐木，其华有白毳，取其毛淹渍，缉织以为布也。

又《法宛珠林》卷三六也引《广志》云：

艾纳香出漂国。

这里所说的剽国，或漂国，应该是唐代人们所知道在南诏或永昌之南的骠国。《广志》这本书是郭义恭所撰述，《隋书·经籍志》录有这本书。这就是说，这个国名，已为我国唐代或隋代以前的人们所知道。

《华阳国志》卷四永昌郡条说：

永昌郡，古哀牢国也，哀牢，山名也……明帝乃置郡，以蜀郡郑纯为太守，属县八，户六万。去洛六千九百里，宁州之极南也。有闽、濮、鸠、獠、僄、越、躶濮、身毒之民。

这对于骠国的研究来说，是很重要的记载，因为这里所说的僄，应该就是骠。这与上面所说的漂或剽均是同音。假使我们这种看法没有错误，那么骠国这个名词在三国时代已经传到我国了。

我们知道，永昌是在现在的云南保山一带，靠近缅甸北部，在后汉的时代，在这里有了一个国家叫做哀牢，其种人就是现在的掸、泰、老挝。在后汉时代，这个国家是东西交通的要道。《三国志》引魏略已经指出这个地方可以通大秦。因而这个国家，不只是商品所凑集的商场，而且是各种民族所杂居的地方。最奇怪的是，在各种不同民族之中，还有身毒人。身毒就是印度。我们知道骠国是一个尊崇佛教的国家，我们可以推想，印度人在那个时候，必已到了骠国，又从骠国而到永昌或哀牢。《华阳国志》这本书，是晋朝常璩所撰述，在古代书籍中，这是一本很为可靠的书籍。"其书所述始于开辟，终于永和三年"（西历公元后三四七年），其所记载，是关于当时的四川贵州云南一带的人物情况。

骠国也有叫做缥的，所以僄、缥、剽与瀤，都与骠同音、同名，而写法不同而已。

为什么我国人叫这个国家为骠呢？这是一个难于回答的问题。我们知道，在南诏王号中，有骠信的名称。这个名称自八〇八年异牟寻死，子寻阁劝立，自称骠信。骠信虽不久就死，但这个称号，一直沿用到九世纪的末年。骠国在唐代入朝中国，是与南诏的内附有了密切的关系，这也就是说，这两个国家的关系，也是很密切的。所以，南诏内附，骠国也随之而入朝。骠信这个称号，是南诏王的称号，也可能是骠国国王的称号。《新唐书》卷二二二中南诏传中说，骠信，夷语君也。这里所说的夷，可能是指南诏，也可能是指别的国家，或是骠国。我怀疑骠信这个称号，原来是骠国国王的称号。南诏建国后，受了骠国的影响，采纳了骠国人这个称号。至于我国人在唐代或唐代以前之所以称这个国家为骠或剽，是把国君的称号而名其国。这与玄奘、义净把骠国的国都室利差呾罗而名其全国，有些相似之处。夷语骠信虽是一个名词，但传到我国，遂简称为骠。

这个国名之为我国人所知道，虽象上面所说，至是在三国时代，但是究竟是不是始于三国或是更早的时代，那就不容易考订。但我们从《太平御览》卷一七七引魏晋人所撰述的《西南异方志》及《南中八郡志》中说，传闻永昌西南三千里有骠国，所以把我国人知道这个国家的名称的时间，推上到魏晋的时代，魏的时代是公元二二〇至二二六，晋的时代的二六五至四一九，因此我们可以说，我国人之知道有骠国的名称，应当是在三世纪或是更早于三世的时间。这个国名，在我国以至在南诏，与在缅甸，是叫做骠国，这可能是以国王的称号而名其国。在玄奘与义净的著作里，也可能是采用印度的称呼而称为室利差呾罗，这是以其都城的名而名其国。至于在阇婆或爪哇或是在猛族诸国，是叫做突罗朱，至于骠国人自称，是徒里拙。但应该指出，徒里拙与突罗朱，在声音上是很相近，至于我国人所说的朱波或朱江，是否也与突罗朱或徒里拙有关系，也是值得考究的。

二、骠国的历史

骠国的国名，传到中国，既是在三国魏晋时代，那么这个国家的历史至少可以追溯到这个时期，或是更古的时代。因为这个国家必已建立，而始传到中国。而且，在古代交通不便，可能这个国家建立很久，然后传到中国。因此之故，骠国的建立不只可以追溯到三国魏，也可能追溯到一二世纪的后汉或是公元前一二世纪。可惜魏晋以前的骠国情况如何我们完全没有法子去了解。三国时代，关于骠国，只有《华阳国志》所说的哀牢的僄人，但从这样的简单的记载中，我们也可以推想僄人既到哀牢，其中主要的可能有的是商人，可能也有的是宣传佛教的。这些人，其初是暂住在这个地方，但后来也可能有久居的。又从这里，我们也可以推想骠国人既能到永昌，骠人也可能到印度或其他地方。因为印度人之到永昌的，大致是经过骠国，那么印度与骠国的两国人民互相往来，也是很合理的。又如冯甦的《滇考》卷上诸葛武乡侯南征条记载诸葛亮数擒孟获之后，孟获"欲入哀牢，纠合诸蛮"，其后"孟获计穷，复入骠国，驱象兽以战"。哀牢是在现在的云南永昌及其南部，骠国是在哀牢之南，孟获南逃，可能逃到哀牢以至骠国。但这种记载是否可靠很难断定，就是可靠，也只说明孟获逃到骠，用象兽以作战。此外，又如明末朱秉器（孟震）所著的《西南夷风土记》序中说：

> 摆古旧得棱地，古剽国，夷言朱阁婆，又谓之朱波国也。处在南海之滨，远在诸夷之外，自古不通中国，晋魏间，传闻永昌西南三千里有剽国，君臣父子长幼有序，唐真元中，王雍羌开南诏，异牟寻归唐，有内附心，随遣弟悉利福城五难陀献其国乐，至成都，剑南节度使常乐复谱次其音声以献，于是始与中国通。

这里所说的朱阁婆，可能是错读了《唐书》"自号突罗朱，阁婆国人曰徒里拙"这两句话，把突罗朱的朱字加上阁婆，其所谓晋魏间传闻永昌西南有剽国，是根据《太平御览》而来，紧接下面所叙述的骠国情况，是把《旧唐书》与《新唐书》的记载简抄下来，并没有说明魏晋时代的骠国史实。

因此，在唐以前，我们所能找出关于骠国的史料，除了冯甦苏所说孟获利用骠国的战象（至于冯甦苏根据何书而这样的说，就不得而知）。此外，只有郭义恭在《广志》中所说骠国的桐华与艾纳香。

到了唐代，因为骠国国王遣使到中国，同时从南诏与骠国的关系中，我们对于这个国家的记载，比较详细得多，我们现在所赖以研究其历史的主要材料，就是新旧《唐书》与樊绰的《蛮书》。此外，在原来骠国的国境内，尤其是在其都城中所发掘的好多古物，对于研究这个国家的历史，也有了很大的帮助。我是利用这些材料而写成的。

应该指出，考古学者在缅甸发掘在骠国时代的古物，还是最近数十年的事情。在史料较为缺乏的骠国来说，这些古物是很为宝贵，但是这种发掘的工作，还是工作的开始，假使这种工作能继续下去，可能将来会得到更多的史料。

据近人在骠国的古都附近所发掘的一些古物，尤其是在一些金片上所刻的巴利文的佛教文字来看，其年代是近于公元后五世纪时代的南印度的迦蓝巴（Karamba）文体。这样看起来，在晋时这个国家已经存在，应该是没有问题的。所谓魏晋间传闻有剽国不见得只是传闻而已。而且，自二十世纪初年以来，在原来的骠国的都城及其领土内，已发掘了很多古物，尤其是一九二六年在杜鲁赛（Charles Duroiselle）所主持的发掘工作所得的古物，不只很为宝贵，而且种类繁多，这对于研究骠国历史，有了极大的帮助。

又近来也发现了一些碑文是属于骠人的文字。经过布勒顿（C. O. Blagden）及其他学者的研究，对于研究骠国的历史，也有其作用。我们知道在一九一一年之前，骠语还未为世人所知道。在这一年之后一年，人们发现在蒲甘南边的摩耶齐提宝塔的石柱的四面，找到四种不同的文字，这就是巴梨文，得楞文，或猛文，缅甸文，以及骠文。这个石柱是十一世纪缅王开辛他之子所建立，他镌刻骠文，应该是说明在开辛他的时代骠人与骠文还存在着。不然的话，他不会把这种文字刻于石柱。对于研究骠国的语言文字以至其历史来说，这是一个很重要的发现，虽然这个石柱是建立于十二世纪的时代。兹把这个碑文的译义录之于下：

> 赞扬顶礼佛，时在佛历一千六百二十八年（公元一〇八四年），开辛他即位于阿利摩陀那补罗城（即蒲甘），王有爱妃单浮罗，育一子，名耶娑鸠摩，谕赐三村奴隶。后妃死，将饰物并三村奴隶传其子耶娑鸠摩。王在位二十八年，将薨，王妃之子耶娑鸠摩感王养育恩，制金佛奉王，前示于王曰："臣奴制金佛，以助吾主，吾主所赐三村奴隶当并献此佛，吾主其恩准之。"王闻言，大乐曰：善哉，善哉，乃在此象前，在国师前，在牟伽梨补多帝婆诸尊者须弥驮，婆罗吸摩波梨，婆罗吸摩提婆，孙，与珊伽斯那智者，一切诸尊前，洒水献佛，礼毕，爱妃之子建金顶洞府，供奉金佛。开光之日，率领萨年那隆村、罗丕、兴菩村三村一切诸奴，献奉寺与佛，洒水颂曰：愿奉此行为，获得神智。自今以后子子孙孙，阖族人等，若有凌虐余所献于此佛之众奴者，毋使见至高之阿利宠帝耶佛。（姚枬译哈维《缅甸史》页四七）

此外，在骠国故都，即现在的卑谬附近的Hmawza，曾发现一个美丽的石块，上面刻有一个佛象与两位崇拜者，下面有两种文字，一种为骠文，另一种却难辨别为那一种文字，虽然也有人以为这是一种古梵文。这种骠文，今后若能继续发现，对于研究骠国语文与历史，将有更大的帮助。

马司伯乐（G. Maspero）在其《宋初越南半岛诸国考》一文（见冯承钧译《西域南海史地考证译丛》页一六四）中说：

> 此丽江上猛人国（Ramannadeca）国北，昔有一国颇难举其名称，缅甸纪年则名其国曰蒲甘国（Paganarimaddanapura），其在一〇四四年即位之阿奴律陀（Anuruddha）王，曾南取猛种之国，斥地至海，北服歹夷（Thai）之地与南诏连界。此国应是唐时之骠（Pyu）国。其在唐时，固为越南半岛之一大国，然在九六〇年时，则降为一种不重要之小邦。其境界仅限一部分丽江流域，南起猛族之国，最北之室利差呾罗，北至隶于憍赏弥（Kocambi）歹夷之Singu。其政治状况，究竟如何，颇难知之。缅甸纪年仅言其有争权夺位之人，并言宋初有一种种植胡瓜之园丁，据有王位，民话多于事实，未足据也。

从马司伯乐这段话的语气来看，骠国在十世纪或是九六〇年还是存在，虽则不是一个大邦。我们以为这个国家似乎一直存在至十一世纪，这也就是，阿奴律陀就位的时代。其实，阿奴律陀究竟是缅人还是骠人，或是骠缅的混合人物，还是很值得研究的。因为他的身世，尤其是他的祖先，在缅甸纪年中只是一种传说而已。

据说蒲甘城围的建筑，是在八四九年。建筑这个城的是一位叫做频耶（Pyinbya）。这个城在十一世纪下半叶以后，虽成为缅甸的重镇，可是在九与十世纪的时候，还是一个小城，而且很为简陋。这一点哈维在其《缅甸史》中已经指出。这位频耶，究竟是缅人还是骠人，不得而知。我们知道八三二年，骠国虽然被南诏攻伐，而掠其民三千余人，然而这并不是说骠国就因之而灭亡。就使这个蒲甘城的建筑者是一位缅人，这位城主不只是一位小城主，而且也不会与骠国处于对抗地位。很可能的是在骠人统治之下的一个小城。

相反的，我们很有理由去推断蒲甘城在其建筑的初期，以至十一世纪，还是骠人统治。据《琉璃宫史》，约在十世纪的初年蒲甘有一位王名叫做梯因国（Theinhko），有一天骑马到郊外森林行猎，因途中肚饿，乃取田中胡瓜充饥，田主农人尼雍修罗汉（Nyaung-usaw-rakan）（931—964）乃用锄击死了这个王。王的马夫恐怕王位为他人所夺，乃与王后秘商，就立这位农夫为王，因与后谋，把这位农夫当为国王。到了九六四年，有一位叫做混修恭骠（Kunhsaw Kyaunghpyu）者篡其位，自立为王。

这位国王的最后一字，很为重要。因为其字为骠，可能是一个骠人。应该指出，在九同十世纪的时候，在蒲甘附近的地方可能已有不少的缅人，沿着伊洛瓦底江的上游，移居于这一带。但是骠人还有不少在这个地方。这样就成为骠缅杂居的地方。蒲甘这个城，也有可能是缅人建筑的，但仍在骠人统治之下。而且也可能是骠人建筑的，同时却有不少缅人在这里居住。但是这位混修恭骠是一位骠人，似乎是没有问题的。

《琉璃宫史》又说这位混修恭骠的王位，后来又为修罗汉的两位儿子所废。混修恭骠是阿奴律陀的父亲，当他为修罗汉的儿子被迫退位的时候，他率他的妻子、儿子居在寺中，这二位篡立的兄弟，一为吉须（Kyiso），一为米迦婆（Myinkaba）。前者在一个地方射鹿时为流矢所杀死，后者后来又为阿奴律陀所杀死。

据《琉璃宫史》所载，阿奴律陀杀死米迦婆后，曾要他的父亲复王位，其父不允，终老于寺，王位乃由阿奴律陀继承。假使混修恭骠是一位骠人，那么阿奴律陀也应该是骠人了。

哈维在其《缅甸史》中（译本卷一页十二）曾指出缅甸历史到了阿奴律陀的时代，乃略可稽考，不再为凭空的臆说。其实，《琉璃宫史》关于阿奴律陀以后的好多事情也是不可靠的。至于阿奴律陀之前的记载，正如哈维所说，只是凭空臆说而已。

我们不只怀疑阿奴律陀是骠人的后裔，我们还可以说自蒲甘王朝建立之后，原来的骠国，虽然受了蒲甘王朝征服或压迫，使一部分或大部分的土地被蒲甘王朝所占领，但是骠国并不因此而完全消灭，它还存在着一个相当久的时期，虽则到了这个时期，只是一个小邦而已。至于碑文之记载骠人最晚是在公元一五一〇年。

关于这一点我们可以从《元史》里找出一些例子来说明。比方《元史》卷一二二列传第九爱鲁传中说：

> 至元五年（一二六八）从云南征金齿诸部，蛮兵万人绝缥甸道击之，斩首千余级，诸部震服。

这个缥缅，可能是骠人的一个部落，但是最显明的是《元史》卷七本纪七世祖四中说：

> 丁未（一二七一）金齿，骠国三部酋长阿匿福、勒丁、阿匿爪来内附，献驯象三、马十九匹。

又如卷十本纪十世祖七中说：

> （一二七一）纳速剌丁，将大理军抵金齿蒲骠。

这个蒲骠，也可能是骠人的部落。又卷一三三怯烈传说：

> （一二八三）从云南王入缅，总兵三千，屯镇骠国，设方略招徕其党，由是复业者众。

卷一二五纳速剌丁传说：

> 至元十六年（一二七九）迁帅大理以军抵金齿、蒲骠、曲蜡、缅国，招安夷寨三百、籍户十二万二百。

把金齿、蒲骠、曲蜡与缅国平列，说明了这些民族有独立性，而另成为部落或国家。

又如卷六一《地理志》第十三说：

> 金齿等处宣抚司，其地在大理西南兰沧江界其东，与缅地接其西，土蛮凡八种，曰金齿、曰白夷、曰僰、曰峨昌、曰骠、曰繲、曰渠罗、曰比苏。

又如元人所撰的《招捕总录》中大理金齿条也说：

> 至元七年（一二七〇）征金齿骠国五部未降者。破其二部。

又如《云南通志》引《皇朝职贡图》卷一八六说，缥就是骠。在明初，在保山，还有蒲人、骠人流入其地，所以其地有蒲缥寨。

又在好多的军民府中还有骠甸军民府。应该指出，有的地方原来可能是骠人所居，后来却为他族所占领，而仍用骠名的。如《地理志》中说：

平缅路北近柔远路，其地曰骠睒、曰罗必四庄、曰小沙摩弄、曰骠睒头，白夷居之。

此外，又如在《滇系属夷》十之二蒲人条中也有蒲缥这个名称。虽则《滇系》的撰述者，以为蒲是濮之误，又在同书同处有缥人条。这种缥人，似应是骠国的遗民。但无论如何，《元史》所说的蒲缥，缥甸，而尤其是骠国，还来朝贡献，似乎说明在十三世纪的时候，骠国还存在着，虽则到了这个时候，这个国家可能已很弱小，而且可能分为好多小部落，散居于缅甸之北的各地。

三、疆域与邻国

关于骠国的疆域，及其邻国，《旧唐书》卷一四七骠国条说：

骠国在永昌故郡南二千余里，去上郡一万四千里，其国境东西三千里，南北三千五百里，东邻真腊国，西接东天竺国，南尽溟海，北通南诏些乐城，东北距阳苴咩城七千八百里。

《新唐书》卷二二二下骠国条说：

骠……在永昌南二千里，去京师万四千里，东陆真腊，西接东天竺，南堕和罗，南属海，北南诏，长三千里，广五千里，东北袤长。

樊绰在其《蛮书》卷十中说：

骠国在蛮永昌城南七十五日程，阁罗凤所通也。……与波斯及婆罗门邻接，西去舍利城二十日程。据佛经中天竺国也。近城有沙山，在生草木，恒河经云沙山中过然，则骠国疑东天竺也。

又在卷二说：

丽水一名禄㫋江，源自逻些（按为拉萨）城，三危山下，南流过丽水城西，又南至苍望，又东南过道双王道勿川西，过弥诺道立栅，又西与弥诺江合流，过骠国，南入于海。

又说：

弥诺江在丽水西，源出西北小婆罗门国，南流过泇暞苴川，又东南至兜弥伽木栅，分流绕栅，居沙滩南北一百里，东西六十里，合流正东过弥臣国，南入于海。

又《蛮书》卷十说：

弥诺国弥臣国皆边海国也。……在蛮永昌城西南六十日程，大和九年（八三五）曾破其国，劫金银，掳其族二三千人，配丽水淘金。

又说：

大秦婆罗门界永昌北，与弥诺国江西正东（按此句疑有脱讹）安西城楼接界，东去蛮阳苴哶城四十日程，蛮王善之。

又说：

小婆罗门与骠国及弥臣国接界，在永昌北七十四日程，俗不食牛肉，预知身后事。

又贾耽所撰《十道志》指出从诸葛城：

南至乐城二百里，又入骠国境经万公等八部落，至悉利城七百里，又经突旻城至骠国千里。

明杨慎在其《南诏野史》卷上中说：

考疆域，其地（按指南诏）东至于铜柱铁桥蟠桃玉榆，东南至于交趾国，南至于骠国，西南至于木落山，西至于太石，西北至于吐番。

首先让我们指出新旧《唐书》与《蛮书》所载骠国的幅员，就有了出入之处。《旧唐书》说东西三千里，南北三千五百里。《新唐书》却说长三千五百里，广五千里，这就有了很大的分别。不过这种分别，可能是由于两书所载是根据不同时间的材料而来。这就是说骠国可能在某一时代中，幅员较广，而在另一时代中，幅员又较小。但是从数目字来看，不只有了差别，而且差别是很大的。

关于骠国的疆界，在北边和东边的问题较少。新旧《唐书》都说北界南诏，而且是在南诏所属的永昌南二千里。《旧唐书》还具体的指出，北通南诏些乐城。贾耽的《十道志》中说从诸葛城"南至乐城二百里又入骠国"。这个乐城可能就是《旧唐书》所说的些乐城，也可能就是樊绰《蛮书》卷六越礼城条中所说的磨些乐城。这个城据《蛮书》所载是靠近禄旱江或丽江，乐城是在南诏境内，这是从骠国入南诏的第一的城镇，这个城应该是在现在的大公城之南，海林（Halin）城之北。

至于在东邻或东接陆真腊，也没有什么问题。陆真腊的北部是在现老挝的南部，可能包括了现在的万象。《新唐书》卷二二二下真腊传说真腊……西属骠，这就是说陆真腊的领土是西至现在的暹罗西北以至缅甸东北一带。《隋书·真腊传》说真腊西有朱江国，《新唐书·骠国传》说骠乃古朱波国，不知朱江是否朱波之错。假使朱江乃朱波之误，而朱波又为骠的前身，那么真腊之西为骠，也是没有问题的。关于这一点，我们下面还要再加说明。

同时，我们也得指出《旧唐书》卷一九七真腊传说真腊西边是堕罗钵底国，而《新唐书·骠国传》又说骠的南边是堕和罗。堕和罗就是堕罗钵底，骠国的东境似乎不会超过现在的萨尔温江之东，其南既为堕和罗，那么堕和罗是据有现在暹罗的南部与缅甸的南部，这就是萨尔温江以至伊洛瓦底江的下游与江口地带。

玄奘与义净的著作中，也有关于骠国的记载，而且指出是在骠国之东。但是他们不叫做骠国，而是叫做室利差呾罗国。这正如我们上面所说，可能是以其国都名而名其国。玄奘在其《大唐西域记》卷十三摩呾吒国条说：

> 从此东北大海滨山谷中有室利差呾罗国，次东南大海有迦摩浪迦国，次有堕和罗钵底国，次东讨瞻波国，即此云林邑是也。

义净在《南海寄归传》卷一东裔诸国注也说：

> 从那烂陀东行五百驿，皆名东裔，乃至尽穷有大黑山，计当吐番南畔，传云蜀川西南行可一月余，便达斯岭，次此南畔逼近海涯有室利察呾罗国，次东南有朗迦戍国，次东有杜和钵底国，以东极至临邑国。

《新唐书》说堕和罗在骠国之南，玄奘与义净说堕和罗在骠国之东，又《旧唐书·骠国传》说骠国南尽溟海，这就是说骠国的南境是到了伊洛瓦底江的江口。假使《旧唐书》与玄奘义净所说没有错误，那么《新唐书》说骠之南是堕和罗，就会错了。

然而我们以为《新唐书》所说也不一定是错的。我们知道在缅甸现在的南部，这就是在卑谬之南，从其西边的勃生（Bassein）以至白古、仰光、直通、毛淡棉以至暹罗南部一带，都是猛族（Mon）所居住。他们在古代建立了林阳国，到了六世纪至十世纪或十一世纪又建立了堕和罗国。其国的中心地区，虽然是在湄南河与湄格隆（Meklong）的下游一带，但其领土也可能伸张到缅甸的南部。九世纪自波斯湾来的旅行家苏黎满（Sulayman）在八五一年的笔记中，已经指出缅甸南部有一个罗摩（Rahma）国，这个罗摩国就是猛人国。苏黎满还指出这个国家有五万战象，其国又产犀牛。他又说天竺各地虽均产犀牛，可是这个国家的犀牛更为美丽。《新唐书》卷二二二下堕和罗传说"国多美犀，世谓堕和罗犀"。堕和罗是猛人所建立的国家，中国人与波斯人都知其犀牛最为美丽，这是说明骠国之南是猛人国的一个旁证。直到十世纪，波斯另一位旅行家发吉（Ibn Al Fakih）还说在这个地方有一个罗摩国（Rahma）。

又《蛮书》卷十还载有一个昆仑国，虽然没有说明其与骠国有关系，然我们相信这也是骠国的一个邻国，而且很可能的是与骠国接壤。我们且先把《蛮书》所载关于昆仑一段话抄录于后：

> 昆仑国正北去蛮界西洱河八十一日程，出青木香、檀香、紫檀香、槟榔、水精、蠡坏等诸香药珍宝犀牛等，蛮贼曾将军马攻之，被昆仑国开路放进军后，凿其路通江决水淹浸，进退无计，饿死者万余，不死者昆仑去其右腕放回。

《蛮书》城镇第六安宁镇条说：

> 通海城南十四日程至步头，从步头船行，沿江三十五日出南蛮，夷人不解舟船，多取通海城路，贾勇步入真登州林西原，取峰州路行，量水川西南至龙河，又南与青木香山路，直南至昆仑国矣。

又《蛮书》卷六说：

> 银生城……陆道去永昌十日程，水路下弥臣国三十日程，南至南海，去昆仑国三日程。

从方位来看，这个昆仑国不只是在南诏之南，而且应该在骠国之南。又昆仑这个名称，虽然指出东南亚的一般的肤色较黑的人种，但也指着一些国家，这里的昆仑国，既是一个滨海的国家，而又接近弥臣，弥臣与弥诺据《蛮书》卷十说均皆边海，这里所说的昆仑以至弥臣、弥诺，似乎都是猛人所建立的国家。《新唐书》谓骠国之南为堕和罗，这也就是说是猛人所建立的国家。《蛮书》所说的昆仑国可能是用一个普通的人种的名词去名这个国家。因此，我们以为玄奘与义净说骠国之东为堕和罗，应该改为骠国的东南为堕和罗。至于《旧唐书》说骠国南尽滇海大概是因为骠的都城在那个时候海口还没有沙土冲积，而较近于骠国都城。

《新唐书》卷二二二下骠国传也载有大昆仑及一个国家叫做小昆仑及其都国，今录之于后：

> 繇弥臣至坤朗，又有小昆仑部，王名茫悉越，俗与弥臣同，由坤朗至禄羽有大昆仑国，王名思利泊婆难多珊那，川原大于弥臣。繇昆仑小王所居半日至磨地勃栅，海行五月至佛代国，有江，支流三百六十，其王名思利些弥他，有川名思利毗离芮，土多异香，北有市，诸国估舶所凑，越海即阇婆也。十五日行，逾二大山，一曰正迷，一曰射鞮。有国，其王名思利摩诃罗阇，俗与佛代同。经多葺补暹川至阇婆，八日行，至婆贿伽卢国，土热，衢路植椰子、槟榔，仰不见日，王居以金为甓，厨覆银瓦，囊香木堂饰明珠，有二池，以金为堤，舟楫皆饰金宝。

上面所举出的磨地勃若为现在的Martaban，那么磨地勃应该是在萨尔温江口。昆仑小王所居既是半日程可以到磨地勃，那么小昆仑国是靠近萨尔温江口，大昆仑既占有伊洛瓦底江及萨尔温江的下游地带，小昆仑是一个部落或者是大昆仑的属国。磨地勃是一个部落，当然不会很大。骠国可能因其为通商口岸而征服其地。我们推想磨地勃与小昆仑都是猛族建立的部落。值得注意的是，从磨地勃海行五个月始到的佛代，也为骠国的属国，那么骠国不只是一个陆国，而且是一个海国。佛代似乎是在苏门答腊的东岸阇婆，应该是现在的爪哇。

《文献通考》卷三百三十骠国条说：

> 唐贞元二十一年（八〇五）四月封弥臣国嗣王道勿礼为弥臣国王焉，咸通三年（八六二）二月遣使贡方物。

这样看起来，弥臣与中国在唐代还相往来，其遣使到中国，可能通过骠，也可能是从海道而来。

弥臣与弥诺，假使是猛人所建立的国家，其方位据《蛮书》卷十所说是在永昌西南六十日程，又同处说骠国是在永昌南七十五日程。古人所谓从一个国家到另的国家的日程或里数，往往是指着从这个国家的国都到另一个国家的国都。若以现在的缅甸来说，弥诺与弥臣应该是在缅甸的西岸的阿腊干一带。八三二年南诏曾攻伐骠国，掠其民三千迁于柘东。到了八三五年，又攻伐弥臣，掠其族三二千配丽水淘金。《蛮书》卷十小婆罗门条说小婆罗门与骠国及弥臣国接界，这也说明骠国是与弥臣接近。又说小婆罗门在永昌北七十四日程，那么小婆罗门应该是在骠国的西北，而在现在印度的曼尼坡（Manipur）一带。

《蛮书》还载有大秦婆罗门国，这个大秦，不是罗马的大秦，而是指着东方的婆罗门。这个大秦婆罗门，是与小婆罗门为邻。据《蛮书》卷二弥诺江在丽水西源出小婆罗门国，小婆罗门应该在曼尼坡。卷十说大秦婆罗门界永昌北，这也是在弥诺江的上游。弥诺国也可能是因弥诺江而得名，或者弥诺江是因弥诺国而得名。弥臣据《蛮书》是在弥诺江的下游，弥臣、弥诺既都是边海的国家，其方位应该如我们上面所说是在现在的缅甸的西边的阿腊干一带。而大秦婆罗门与小婆罗门既是在弥诺江（Chind win）或钦德文江的上游，小婆罗门是在大秦婆罗门之北。

《蛮书》卷十骠国条说：

> 骠国与波斯婆罗门邻接，西去舍利城二十日程。

又卷六银生城条中说：

> 银生城（师范《滇系属夷》说为后来四川西南的威远地），在扑赕之南，去龙尾城十日程，东南有通镫川，又直南通河普川，又正南通羌浪川，却是边海，无人之境也。东至送江川，南至邛鹅川，又南至林记川，又东南至大银孔，又南有婆罗门、波斯、阇婆、勃泥、昆仑数种，外通交易之处，多诸珍宝，以黄金麝香为贵货，扑子长鬃等数十蛮。

《南诏野史》后理国中说宋徽宗崇宁二年（一一○三）：

> 缅人波斯昆仑三国进白象及香物。

这个波斯，应该指出绝不会是西亚的波斯，而是东南亚的波斯。不过这个波斯，应该在什么地方，费琅在南海中之波斯一文（冯承钧《西域南海史地考证译丛续编》页九一至一〇九）中在南海中有二个波斯，一个在苏门答腊的北岸的Pase或是Pasi，一个是在磨地勃（Martaban）湾中的Bassein。若《蛮书》卷十所说波斯是与骠国邻接是毗连的话，那么这个波斯应该是在Bassein或其附近，其种族是猛人。

至于这里所说的婆罗门，不知是否大秦婆罗门。这个国家象上面所说是在小婆罗门之南在弥诺江之西，其地可能伸到孟加剌湾的东北沿海地方，而接近于恒河河口。至于上面所抄录几段话中的昆仑，应该是上面所说的猛人所建立的国家。

这样看起来，骠国的西边应该是弥诺、弥臣，而其西北是小婆罗门与大秦婆罗门。新旧《唐书》说骠国西接东天竺，这里所说的"接"，当为接近来说，问题不大，当为接壤来说，就不对了。至于《蛮书》疑骠为东天竺更是错误的。

应该指出，在骠国的时代，尤其是在其初期，伊洛瓦底江的江口可能是很接近于卑谬或室利差呾罗，后来因为沙土从上游流下，使江口往南走，卑谬遂远离海口。但同时我们也得指出，骠国的国都室利差呾罗，应该是在骠国的较南的地方，至于当时的勃生、白古、直通，都是猛人所居住的地方，这也就是波斯人所说的罗摩国，或是《新唐书》所说堕和罗国，或是《蛮书》所说的昆仑国。

从此，我们可以推想，骠国的疆土，大致是这样：其东边是在萨尔温江，其南边是离室利差呾罗或卑谬不远，其西边是在伊洛瓦底江之西，其北是在永昌之南。这个疆域，在地理上是很重要的，因为这个国家是占有伊洛瓦底的流域，不只物产丰富，而且交通方便，因而这个国家在那个时候，在东南的各国中，不只是一个强盛的国家，而且是一个文化很高的国家。在其强盛的时期，属国有了十八个，城镇有了九个，部落有了二百九十八个。据《新唐书》卷二二二下骠国传说：

> 凡属国十八，曰迦罗婆提，曰摩礼乌特，曰迦黎迦，曰半地，曰弥臣，曰坤朗，曰偈奴，曰罗聿，曰佛代，曰渠论，曰婆黎，曰偈陀，曰多归，曰摩曳，余即舍卫、瞻婆、阇婆也。

又说：

> 凡城镇九，曰道林王，曰悉利移，曰三陀，曰弥诺道立，曰突旻，曰帝偈，曰达黎谋，曰乾唐，曰末浦。

又说：

> 凡部落二百九十八，以名见者三十二：曰万公，曰充苾，曰罗君潜，曰弥绰，曰道双，曰道甕，曰道勿，曰夜半，曰不恶夺，曰莫音，曰伽龙睒，曰阿黎吉，曰阿黎阇，曰阿黎忙，曰达磨，曰求潘，曰僧塔，曰提梨郎，曰望腾，曰担泊，曰禄乌，曰乏毛，曰僧迦，曰提追，曰阿末逻，曰逝越，曰腾陵，曰欧咩，曰砖罗婆提，曰禄羽，曰陋蛮，曰磨地勃。

在上面所举出的属国城镇及部落，现在我们所能考订出来的地名，实在太少。属国的弥臣大概是在现在缅甸的西南，可能是在现在的勃生一带。勃生（BASSEIN）声音近于弥臣，不知是否就其对音。伯希和在《交广印度两道考》中曾考订悉利移及突旻以为前者是在大公城（Tagaung），而后者应位在悉利移与骠国都城之间。部落中的磨地勃可能是现在的Martaban，因其声音极相近。

四、骠国的种族

上面是说明骠国的疆域邻国及其属国。现在我们且来谈谈骠国的种族。

应该指出，在缅甸现在已很难找出纯粹的骠人。有些人以为自缅族的阿奴律陀（Anawratha）于一〇四四年建立蒲甘王朝以后，骠国就已灭亡，而其种族也逐渐减少，或是同化于缅族，我们检阅明末朱孟震所著的《西南夷风土记》还有一段说：

> 种类曰阿昌、曰百夷、曰老缅、曰蒲人、曰僰人、曰剽人、曰哈剌、曰古喇、曰得棱子、曰遍些子、曰安都鲁、曰牛达喇、曰孟艮子、曰赤发野人，女多男少，盖西南极坤也。

朱孟震是明穆宗隆庆年间（一五六七至一五七二）进士，这本《西南夷风土记》有序，但没有记年月，故此记记于何时，不得而知。但此书应该作于登进士第之后，这就是说应该是成于万历年间（一五七三至一六一九）。他在这里所说的剽人，应该就是骠人。因此，我们可以推论在十六至十七世纪的时候，在缅甸还有骠人。而且，在那个时候，其人数可能还相当的多，否则不会引起这位作者的注意，而且也不见得会把剽人排列于人数众多的缅人、僰人及得棱子排在一块。从十七世纪到现在时间约为三百年，可是现在几乎已找不出骠人，是否在过去的数百年间，缅人统治缅甸之后，已强迫同化于缅人，或在缅甸的其他种族，如掸或猛等等。

据近代一般学者的看法，骠人是来自西藏一带，在历史上，这个民族应该是属于羌氐族。唐贞元中（七八五—八〇四）骠国王雍有名雍羌，这个羌字，不知是否与羌族有关系。可能在西汉的时候，他们已从中国的西北慢慢的迁移到西藏，再从西藏而到云南，又从云南而抵达缅甸，在公元后一世纪，已散居于缅甸的北部。到了二三世纪到了缅甸的中部及南部，开始建立国家。魏晋人已传闻有了这个国家，到了唐代，始与中国通使。

这个种族与缅族同来自西藏，不过缅族到缅甸的时间比较的晚。缅人在长途的迁移中，以及长期在云南缅甸居住，早已与当地的民族尤其是掸族与居住在缅甸南部的猛人杂居，无论在种族上与在文化上都受其影响，因而与后来到缅甸的缅人远宗虽然相同，但是在血统上，尤其是在文化上，已有很大不同之处。然而他们两者也有其相同之处，比方在语言上缅人就与骠就有其相同之处。近人把骠族的语言列为藏缅系语言，可是或者更正确的说应该说缅族的语言是属于藏骠系语言。骠人先到缅甸既沾染云南方面的民族尤其是掸族的文化，又受猛族文化的影响，这样比之后来的缅人的文化较高，而况在十一世纪之前缅人之在缅甸者，又曾受过骠人的统治，那么缅人的言语文字之受骠人的影响，是无可疑的。此外缅人与骠人在血统上更加混杂，也是无可疑的。

　　骠国既与南诏毗邻，两国人民在血统上在文化上，互有影响，也是自然而然的。近来人们以为南诏是属于掸泰种族，他们所以这样的主张，大概是根据掸族与南诏的祖宗来源的故事，《南诏野史》有一段话说到这一点。这部野史卷一的南诏历代中告诉我们道：

　　　　白古记西天竺摩竭国，阿育王骠苴低娶欠蒙亏为妻，生低蒙苴，苴生九子，长子蒙苴附罗十六国之祖，次子蒙苴廉吐番之祖，三子蒙苴诺汉人之祖，四子蒙苴酬东蛮之祖，五子蒙苴笃生十二子，七圣五贤，蒙氏之祖，六子蒙苴托狮子国之祖，七子蒙苴林交趾国之祖，八子蒙苴颂白子国仁果之祖，九子蒙苴阕白夷之祖。

又接着说：

　　　　哀牢夷传哀牢蛮蒙伽独捕鱼罗池溺死，其妻沙壹往哭之，水边触一浮木有感而妊产十子，后携子至池上，木化为龙，言曰我子安在，九子惊走，独季子背龙而坐，龙舐其背，蛮语谓背为九、坐为隆，故名之曰九隆氏。哀牢山下有名奴息波生十女，九隆弟兄妻之，立为十姓，董洪段施何王张杨李赵皆刻画其身，象龙文，于衣后着尾，子孙繁衍，居九龙山溪谷间，分九十九部，而南诏书焉。

　　后这一段故事见于《后汉书·西南夷传·哀牢传》。前一段故事没有问题是从后一段故事脱胎而来，可是印度化了。这也不见得奇怪。因为南诏曾受佛教的影响，然而南诏的佛教据我们的推断，恐怕还是来自骠国，因而又受了骠国的影响。很可能的是当骠族经过云南时在永昌一带居住过，受了哀牢或掸族的故事的影响，后来他们到了缅甸之后，又受了印度佛教的影响，这种影响主要可能是从猛族而来，哀牢祖宗来源的故事，遂变为骠族的印度化的故事。这里所说的骠苴低的骠是骠的祖宗，也是骠的国名。

　　这个故事后来又影响于南诏，所以南诏又采用了。《南诏野史》卷上南诏称谓官制一段中说：

南诏称帝曰骠信。

又《新唐书》卷二二二下南诏传说：

元和三年（八〇八）异牟寻死……子寻阁劝立，或谓梦凑自称骠信，夷言君也。

不但这样，这个故事还且影响于缅族，关于这一点伯希和在其《交广印度两道考》十六段中说：

阿育王王子与其九曾孙之名，显非汉名，设若观其名称之组合，则见阿育王子骠苴低名末一字，与其子低蒙苴之名相连，而低蒙苴九子之名，八子名首二字皆为蒙苴，此与南诏及缅甸父子连名之习相类者也。而且骠苴低名中之骠恰为中国载籍译写南诏时代统治缅甸种族之Pyu之对音，再以前述之缅甸王世系对核之，此种王名据缅甸史所载，乃二世纪至四世纪在位之王名，其中最可注意者则Pyu-so-ti与其子Ti-min-yi之名，奇类骠苴低与其子低蒙苴之名。……然则一种歹种（按指哀牢）故事何以取一缅王而以之为阿育王之子欤？缅甸史书可以答此问也。据云与Pyu-so-ti为缅王之一系君主，皆自称为孔雀王朝Moriya（Maurya）之后裔。

我们应该指出缅甸的缅族历史，很难追溯至一〇四四年以前。就是一〇四四年以后统治上缅甸的阿奴律陀及其子孙的事迹，也是一种传说，还找不到确实的证据，更说不到三四世纪时代的缅族历史。但是为什么缅族却能把其历史拉得那么长呢？这是因为他们受了骠族的影响，他们既然是都是来自西藏，而其语言又有其相同之处，那么他们把骠族的祖宗的来源的故事，当为自己的祖宗的来源的故事，是很可能的。同样的，南诏既受了骠族的影响，又受了掸族哀牢的故事的影响，因而也把这个故事当为自己的祖宗的来源的故事，也是无足怪的。

至于近人而尤其是暹罗的泰人，以为南诏是掸泰族而当南诏为其故国，这是一种错误。我们以为南诏的民族也是属于藏族，来自西藏，其南来的时间，晚于骠人，而与缅人之南来可能是差不多同一时间。因为云南尤其是在云南的西南一带，乃掸泰，这就是哀牢所建国的中心地带。掸泰人之在这些地方很多。又据《后汉书·哀牢传》在公元一二世纪的时候，哀牢的文化已相当的高。南诏到了云南之后就与掸泰族同化，因而无论在血统上，在文化上，都受其影响。这样，人们遂以为他们是掸泰族。其实南诏不只受了掸泰族的影响，而且受了骠人的影响。这样，南诏的祖宗来源的故事不只是有了掸泰的彩色，而且也印度化了。

应该指出，骠族不只在其南迁的过程中受了云南而尤其在永昌的哀牢的影响，就是到了缅甸以后，在血统上，在文化上，也与掸人混杂起来。所以今日我们找不出骠人，就是因为有的已与掸人同化，有的已与缅人同化。

但在历史上,骠国可能在十一世纪亡于缅族,然而不只人种如上面所说还存在于明末,可能一部分的骠人在明末之前似乎还维持半独立的部落于缅甸北部。《元史》卷二百十缅传中说:

> 至元十二年(一二七五)建宁路安抚使贺天爵言,得金齿头目阿郭所云,奇塔特托音之使缅,乃故父阿必所指也。至元九年三月,缅王恨父阿必,故领兵数万来侵执父阿必而去,不得已厚献其国,乃得释之。比者缅遣阿的八等九人至,乃候视国家动静也。今白衣头目是阿郭亲戚与缅为邻,尝谓入缅有三道,一由天部马,一由骠甸,一由阿郭地界,俱会缅之江头城。

又说:

> 二十年(一二八三)十一月桑阿克达尔命伊克德济取道阿昔江达镇,西阿禾江造舟二百下流至江头城,断缅人水路,自将一军从骠甸径抵其国与台布军会,令诸将分地攻取,破其江头城,击杀万余人。……二十二年(一二八五),缅王遣其盐井大官阿必立相至大公城,欲来纳款,为孟乃甸白衣头目碍塞阻道,不得行,遣瞻马宅者持信札一片来告,骠甸土官匿俗乞报上司免军马入境,匿俗给榜遣瞻马宅回江头城。……宣抚司率蒙古军至骠甸相见议事。

这个骠甸在交通上与在军事上是一个重要地方,是用不着说的,但是这个骠甸是否为骠族所居住,是值得研究。然而既名为骠甸,可能是与历史上的骠国有了关系,也可能象上面所说是一个骠族的部落或城镇。

五、方物与音乐

关于骠国的物产,据《新唐书》卷二二二下骠国传说:

> 宜菽、粟、稻、粱,蔗大若胫,无麻、麦。

直到现在缅甸而尤其是在伊洛瓦底江的下游,稻米是出产的大宗。稻米不只是主要食品,在现在也是出口的大宗。甘蔗是骠人副食品之一,且为骠人所重视,所以在骠国歌曲十二种中,有一种叫做甘蔗王曲,其意思是佛教民如蔗之甘,民皆悦其味道。

动物的种类很多,而象很重要,经常用为交通工具,国王远行也多乘象,在战时也用象作战。白象当为神物来看,所以在骠国京都有一巨大白象象,人民与国王有事向其跪拜。

现在在缅甸最名贵的木材是柚木,可是在当时似乎还不会用或很少利用。《新唐书·骠国传》说荔支为材,说明荔支的用途很大。骠国还产梧桐,其华有白毳,可以用来织布。骠国虽然也出蚕帛,但骠人并没有用以为衣裳。因为他们以为用这种东西去作衣服,有害于身体。

骠国也出各种香木、香花,而艾纳香却闻名于外国,《香谱》引《广志》云:

> 艾纳出西国似细艾,又云松树皮绿衣亦名艾纳,可以合诸香烧之,能聚其烟,青白不散。

骠国也出金银铅锡,其王所居之屋,据《唐书·骠国传》说:"以金为甓,厨覆银瓦,又在王宫中设金银二钟,寇至焚香击之,以占吉凶。"《蛮书》卷十骠国条说"其国用银钱",《唐书·骠国传》说"以金银为钱,形如半月,号登伽陀,亦曰足弹陀",至于一般人民是用"铅锡为瓦"。

《新唐书·骠国传》又说:

> 与诸蛮市,以江猪、白氎、琉璃、罂缶相易。

江猪是一种海兽,属于鲸类,而小于海豚,状似猪,因名江猪,油脂很多,可以用来点灯。《唐书·骠国传》说:

> 无膏油,以蜡杂香代炷。

这种江猪除当吃品外,其油可能用以燃灯,白氎大概是从梧桐的华中所取出者。琉璃、罂缶用以为贸易品,应该是骠国的著名的工艺品。

一九二六年杜鲁赛(G. Duroiselle)在骠国国都发掘出很多的古物,其最显著者有如:

> 金银小佛象数尊,金指环与嵌宝环多枚,空心金珠项圈一条,金叶稿本一卷,银制窣堵波模型多具,纪念钱币多枚,金银莲花多枝,大者径长七吋半,金银蝴蝶多件,金银铃多枚,翠玉小象一具,宝石多种,王髓龟一具,水晶碧玉与玻璃烧珠甚多,另有还愿牌若干块。(参看姚枏译威尔士《向吴哥去》,载《古代南洋史地丛考》页一五六)

骠国的工艺的水平固是很高,骠国的音乐及其乐器也很为中国所欢迎。《新唐书·骠国传》说:

> 贞元中(七八五至八〇四)……雍羌亦遣弟悉利移城主舒难陀,献其国乐,至成都,韦皋复谱次其声,以其舞容乐器异常,乃图画以献。

又说:

工器二十有二，其音八，金、贝、丝、竹、匏、革、牙、角。金二、贝一、丝七、竹二、匏二、革二、牙一、角二。铃钹四，制如龟兹部，周圆三寸，贯以韦，击磕应节。铁板二，长三寸五分，博二寸五分，面平，背有柄，系以韦，与铃钹皆饰条纷，以花氎缕为蕊。螺贝四，大者可受一升，饰条纷，有凤首筝篌二，其一长二尺，腹广七寸，凤首及项长二尺五寸，面饰虯皮，弦一十有项，有轸，凤首外向。其一项有条，轸有鼍首。筝二，其一形如鼍，长四尺，有四足虚腹，以鼍皮饰背，面及仰肩如琴，广七寸，腹阔八寸，尾长尺余，卷上虚中，施关以张九弦，左右一十八，柱二，其一饰彩花，传以虯皮为别；有龙头琵琶一，如龟兹制，而项长二尺六寸余，腹广六寸，二龙相向为首，有轸柱各三，弦随其数，两轸在项，一在颈，其复形如饰子，有云头琵琶一，形如前，面饰虯皮，四面有牙钉，以云为首，轸上有花，象品字，三弦，复手皆饰虯皮，刻捍拨为舞昆仑状，而彩饰之；有大匏琴二，复以牛匏，皆彩画之，上加铜瓯，以竹为琴，作虯文横其上，长三尺余，头曲如拱，长二寸，以条系腹穿瓯及匏本，可受二升，大弦应太簇，次弦应姑洗，有独弦匏琴，以斑竹为之，不加饰，刻木为首，张弦，无轸，以弦系顶，有四柱，如龟兹琵琶，弦应太簇；有小匏琴二，形如大匏琴，长二尺，大弦应南吕，次应钟，有横笛二，一长尺余，取其合律，去节无爪，以蜡实首，上加师子头，以牙为之，穴六，以应黄钟商，备五音，七声；又一管唯加象首，律度与荀勖笛谱同，又与清商部钟声合，有两头笛二，长二尺八寸，中隔一节，节左右开冲气穴，而端皆分洞体为笛量，左端应太簇，管末三穴，一姑洗，二蕤宾，三夷则，右端应林钟，管末三穴，一南吕，二应钟，三大吕，下托指一穴，应清太簇，两洞体七穴，共备黄钟，林钟两均。有大匏笙二，皆十六管，左右各八，形如凤翼，大管长四尺八寸五分，余管参差相次，制如笙管，形亦类凤翼，竹为簧，穿匏达本；上古八音皆以木漆之，用金为簧，无匏音，唯骠国得古制。又有小匏笙二，制如大笙，律应林钟商。有三面鼓二，形如酒缸，高二尺，首广下锐，上博七寸，底博四寸，腹广不过首，冒以虯皮，束三为一，碧条约之，下当地则不冒，四面画骠国工伎执笙鼓以为饰，有小鼓四，制如腰鼓，长五寸，首广三寸五分，冒以虯皮，牙钉彩饰，无柄，摇之为乐节，引赞者皆执之。有牙笙穿匏达本，漆之，上植二象牙代管，双簧，皆应姑洗。有三角笙，亦穿匏达本，漆之，上植三牛角，一簧应姑洗，余应南吕，角锐在下，穿匏达本，柄嘴皆直，有两角笙亦穿匏达本，上植二牛角，簧应姑洗，匏以彩饰。

又说：

凡曲名十有二，一曰佛印，骠云没驮弥，国人及天竺歌以事王也。二曰赞娑罗花，骠云咙莽第，国人以花为衣服能净其身也。三曰白鸽，骠云答都，美其飞止遂情也。四曰白鹤游，骠云苏漫底哩，谓翔则摩空行则徐步也。五曰斗羊胜，骠云来乃，昔有人见二羊斗海岸，强者则见，弱者入山，时人谓之来乃，来乃者胜势也。六曰龙首独琴，骠云弥思弥，此一弦而五音备；象王一德以畜万邦也。七曰禅定，骠云掣览诗，谓离俗寂静也。七曲唱舞皆律应黄钟商。八曰甘蔗王，骠云遏思略，谓佛教民为蔗之甘，皆悦其味也。九曰孔雀王，骠云挑台，谓毛采光华也。十曰野鹅，谓飞止必双，徒侣毕会也。十一曰宴乐，骠云咙聪纲摩，谓时康宴会嘉也。十二曰涤烦，亦曰笙舞，骠云扈那，谓时涤烦瞽以此适情也。

又说：

五曲律应黄钟两均，一黄钟商伊越调，一林钟商小植调。乐工皆昆仑，衣绛氎，朝霞为蔽膝，谓之祴襡，两肩加朝霞络腋，足臂有金宝镮钏冠，金冠左右珥珰条贯花鬘。珥双簪散以氎，初奏乐，有赞者一人，先导乐意，其舞容随曲。用人或二，或六，或四，或八，至十，皆珠冒，拜首稽首以终节，其乐五译而至。

值得指出的是在这段话里说，骠国的乐工皆穿着昆仑衣，我们上面已经指昆仑应该是猛族人，那么所谓穿着昆仑衣，就是穿着猛族的衣裳，这个骠国乐，可能也是受了猛族的影响了。

《旧唐书》卷一九七骠国传说：

骠国……献其国乐凡十曲与乐工三十五人，俱乐曲皆演释氏经论之词意。

《新唐书》同处还指出：

开州刺史唐次述骠国献乐颂以献。

骠国乐工是在贞元十七年（八〇二）随南诏使者到中国京都。德宗对于这个乐队，很为喜悦。可是诗人白居易对于骠国的献乐，却有不同的看法。他在骠国乐的诗中说：

骠国乐，骠国乐，出自大海西南角。雍羌之子舒难陀，来献南音奉正朔。德宗立仗御紫庭，黈纩不塞为尔听。玉螺一吹椎髻耸，铜鼓一击文身踊。珠缨炫转星宿摇，花鬘斗薮龙蛇动。曲终王子启圣人，臣父愿为唐外臣。左右欢呼何翕习，至尊德广之所及。须臾百辟诣合门，俯伏拜表贺至尊。伏见骠人献新乐，请书国史传子孙。时有击壤老农夫，暗测君心闲独语。闻君政化甚圣明，欲感人心致太平。感人在近不在远，太平由实非由声。观身理国国可济，君如心兮民如体。体生疾苦心憯悽，民得和平君恺悌。贞元之民若未安,骠乐虽闻君不欢。贞元之民苟无病,骠乐不来君亦圣。骠乐骠乐徒喧喧,不如闻此刍荛言。(见《白香山集》卷三)

六、佛俗与建筑

据史书所载,及发掘出来的古物来看,佛教在骠国,很为流行。骠国的佛教,究竟是从印度直接传过来,还是从别的国家转输入来呢?照我们的看法,似乎是从别的国家传输进来的。我们知道,在骠国之南,这就是在现在的缅甸滨海一带是猛族所建立的一些国家。最早的是杨林,其他如称臣、昆仑,也是猛人所建立的国家。猛人在这些地方,历史很久,其建立国家,应在公元前一二世纪。中国史书记载杨林早已尊崇佛教。其实在东南亚,而尤其是在暹罗缅甸这一带地方的佛教,多为猛人所传播。猛人先从印度传入佛教,然后再由猛族诸国传入骠国。当然,这并不是说骠国不会同印度有直接关系,也不是说骠国完全没有遣人到印度学习佛法,我们只是说骠国的佛法,主要是传自猛族诸国。

骠国的佛教,主要虽传自猛族诸国,但是骠国也是一个佛教转输站。比方,云南尤其是在南诏时代,佛教是从骠国输进去的。

关于骠国的佛教,《新唐书·骠国传》说:

> 喜佛法,有百寺,琉璃为甓,错以金银,丹彩紫矿涂地,复以锦罽……民七岁祝发止寺,至二十,有不达其法,复为民。

马端临《文献通考》卷三百三十骠国条云:

> 男女七岁则落发,止寺住桑门,至二十五,悟佛理,乃复为居人。

这与《新唐书》所说的词句有了不同之处,然而骠人之重视佛教,从此可以概见了。

直至现在,在缅甸以至在暹罗柬埔寨与老挝这几个国家中,佛教不只流行,而且是成为国教。宏伟美丽的佛寺,到处可见。人民进入佛寺成为一种习惯,因而僧徒众多,所以佛教之在这些国家,是深入人心,而影响到生活的各方面。《旧唐书·骠国传》说骠国乐"皆演释氏经论之词意",不过只是一个例子而已。

骠国的佛教究竟是从那里输入这个问题,有人以为骠人既是来自西藏,这种佛教也可能来自西藏,但是从我们现在所有的史料来看,还找不出这种痕迹。有人以为骠国的佛教是直接从印度而来,输入的路线,可能是从阿参姆(Assum)经陆道而来,也可能是由海道经缅甸西北岸的阿克雅布(Akyab)而来。近来从这两条路线都找出一些古物,说明这两条路是古代从印度到缅甸的交通线,也有可能的,是由海道经伊洛瓦底江口而输入。但我们知道在现在缅甸的南部,很早的时候就有猛人建国。在猛人国佛教很为流行,东南亚的好多国家的佛教,都曾受过猛国的影响,或是由猛国传进去,直到十一世纪蒲甘王阿奴律陀,是因为猛国国王不答应遣派僧徒到蒲甘传教,而引起他征服直通，说明直通或猛国是佛教的中心。猛国与骠国为邻，猛国的佛教既盛行，又为东南亚好多地方的佛教的转输站，那么骠国佛教是深受猛国的影响，是无足怪的。

骠国的佛教的流行，从近来考古学者在骠国的领土上，曾找出的佛象以及有关佛教的遗物来看，就可以说明了这一点。从一些土墩如卑谬附近的坚拔（Khin Ba）所发掘出的丰富古物，包括了金佛象及关于佛经的金叶稿本，就是一个例子。从时代方面来看，考古学者所发掘出来的好多佛教遗物，多为笈多时代的东西，有的东西是从南印度运进来的，但也有的是当地所制造的。

在卑谬附近，还找出一个佛象，是属于巴拉（Pāla）派的佛象，坐在莲花座位，右膝举起，而左脚放平于座位。这个佛象是象印度的俾阿尔（Bihar）的佛象一样，其时代约为九世纪至十世纪。

骠国的佛教，主要是小乘佛教，但是从发现的一些佛象与碑文来看，也有大乘佛教的痕迹。

此外，婆罗门教的遗物，也在这里找出来，在喀拉景恭（KaIagangon）村附近，曾找出一个十四英寸高的凌迦（Linga）残余，说明温婆教（Caivism）也曾传入骠国。此外，大自在天王（Visnu）及其他的婆罗门教的遗物，也在骠国领土上发现。因此，我们可以断定，从五世纪至九世纪的约五百年的时间中，骠国是有了三种印度宗教，这就是小乘佛教，大乘佛教与婆罗门教。但正象我们在上面已经指出，其主要的宗教还是小乘佛教。这种佛教直到现在，还是流行于缅甸。

应该指出，骠国人的宗教信仰，不只是限于上面所说的三种宗教。骠国人所崇拜的东西还有很多。比方，拜象就是一个例子，《新唐书·骠国传》说：

> 有巨白象，高百尺，讼者焚香跪象前，自思是非而退，有灾疫，王亦焚香对象跪，自咎，无桎梏。

《蛮书》卷十骠国条也说：

> 国王所居门前有一大象，露坐高百余尺，白如霜雪。……若有两相诉讼者，王即令焚香向大象，思惟是非，便各引退，其或有灾疫及不安稳之事，王亦焚香对大象，悔过自责。

我们相信，除了崇拜大象之外，骠人也象东南亚的好多其他民族一样对于好多动物植物以至石头，也当为神祇崇拜。

骠人既相信佛教，他们对于死人是用火焚烧，然后将其骨灰放在瓮内埋葬。其国王或其重要人物，死后是用很大的瓮，瓮上有时还刻有文字。据考古学者所掘出的瓮上的文字来看，在八世纪的时候，骠国曾有一个王朝叫做毗讫罗摩王朝（Vikrama Dynasty），哈威在《缅甸史》中，还说这个君主甚似属于印度或半印度血统者（卷上第一章）。我们以为骠国既受了印度文化的影响，骠人采用印度名字，也是一件平常的事情。

关于骠国的刑法，《新唐书·骠国传》说：

> 有罪者束五竹捶背，重者五，轻者三，杀人则死。

《新唐书·骠国传》又说：

> 恶杀，拜以手抱臂稽颡为恭，明天文。

《蛮书》卷十骠国条说：

> 俗尚廉耻，人性和善，少言，重佛法，城中并无宰杀，又多推步天文。

《旧唐书》卷一九七骠国传说：

> 君臣父子长幼有序。

人性和善，而恶杀，这是与佛教的深入人心，有了关系。俗尚廉耻，君臣父子长幼有序，也说明了其国的安定秩序，至于明天文说明其科学的进步。

关于骠国的衣服，《蛮书》物产第七中说：

> 骠国弥臣诺悉诺皆披罗段。

这又说明骠国与弥臣的风俗，有了相同之处。

《新唐书·骠国传》又记其妇女服装说：

> 妇人当顶作高髻，饰银珠琲，衣青婆裙，披罗段，行持扇，贵家者傍至五六。

《蛮书》也有同样的记载，惟其末句说得更为清楚云："贵家妇皆三人五人在旁持扇"，至于国王的居住衣着，更为华丽。

《滇系属夷》十之二中说：

> 缥人妇人以白布裹头，短衫，露其腹，以红藤缠之，莎罗为群，上短下长，男女同耕。

这里所说的缥人，似乎是新唐书所说的骠人。

《新唐书·骠国传》说：

> 王居以金为甓，厨覆银瓦，囊香木，堂饰明珠。有二池，以金为堤，舟楫皆饰金宝。……王出以金绳床，远则乘象，嫔史数百人。……戴金花冠，翠冒，络以杂珠。

上面已经指骠国有九个城镇，但是城镇之最大的，要算其国都。据《新唐书·骠国传》说：

> 青甓为圆城，周百六十里，有十二门，四隅作浮图，民皆居中。

《蛮书》说：

> 以青砖为圆城，周行一日程，百姓尽在城内，有十二门。

《文献通考》卷三百三十骠国条说：

> 其罗城构以砖甓，周一百六十里，壕岸亦构以砖，相传本是舍利佛城，内有居人数万家。

假使一百六十里是现在的中国里，那么要一天周行就不可能的。据近来实地考察，这个城墙周围实际为八英里半，那么周围约为三十华里。就以这个阔度来说，在缅甸任何城镇，都没有这么广。这个城东边约十哩远，为一老河床，或者是旧伊洛瓦底江。其城西边约十哩为伊洛瓦底江。因此城的周围是在两水之间，其面积据估计为五.五二方哩。缅甸人在后来的国土，虽然广大得多，其国势也强盛得多，而一些君主又大兴土木，建筑城池，都比不上这个城的广大，说明了骠国在当时的兴盛的情况。一九〇八年《缅甸考古调查局报告》第十三页中有陶新国（Taw Sein Ko）著一文关于这个城的情况说：

> 所有泥垒砖垣坟场，石象及圮废之浮图，均散见于一广约四百方哩之区域内。换言之，即以火车站为中心，伸展东南西北四方各约十哩之距离内也。（哈威《缅甸史》卷一页二二注二）

马端临的《文献通考》记载，城里有居人数万家，究竟多少万家不得而知。若以五万家来说，每家五人，总共就有二十五万人。在现在来说，一个二十五万居民的城市，并不算为大城市，可是在一千年前一个城市有了这么多人，却可以说很大的城市。而况，这二十五万人通通都住在城里，这更说明这是一个大城市，这样大的城市，在那个时候的东南亚各国中，固不容易找出，就是在世界各国中在那个时候也是一个大城市。

总而言之，从我们现在所能找到的材料，象我们在上面所叙述的来看，骠国的历史约有约一千年之久，这就是从中国的魏晋时代至元代，或是从公元约二三世纪至十三世纪。这不只是在现在的缅甸土地上，是一个国祚很长的国家，就是在东南亚的各国中，也是一个历史很长的国家。

在疆域上，这个骠国，其本部领土占有现在缅甸的中部，其属国则西南到勃生，在南边，假使中国史籍所载的佛代是靠近爪哇的话，那么其势力伸张到苏门答腊一带。我们从《唐书》所载，其属国城镇与部落之多，说明这个国家是东南亚古代一个强大的国家。

这个骠国，据史书所载与考古学者所发掘的东西来看，不只是天然物产很为丰富，而且其文化水平也是很高，工艺很为精巧，商业很为繁荣，城镇多而有的很大，音乐很为发达，佛教很为流行。

除了中国史书记载关于骠国之外，其他种文字之叙及这个国家的，虽然很少，但是考古学者的发掘工作，已有很好的开端，这种工作，若能积极继续不断的进行，那么在骠国的领土上，可能会找出更多的材料，使历史学者能够整理起来，使我们对于这个国家的历史，能够有进一步的认识。

原载《中山大学学报（社会科学）》1962年第4期

中国历代度量衡之变迁及其时代特征

梁方仲　遗作

近数十年来，学者对存世古物进行实测并参考史籍记载，对于我国度量衡史的研究作出了一定的成绩。但是关于一器一物或断代、专门的论著居多，而全面性的综合分析则少；关于度量衡的量的变迁的著述居多，而对于质的变化的阐明则少。一般通论著作，多数只是从官定的度量衡制度和对人民赋税剥削两者的关系来论述，而不是从社会发展阶段和每一种社会经济形态内的两个基本敌对阶级的斗争来探讨问题，因而并没有接触到当时社会经济生活的主要矛盾方面，更没有很好地阐明问题的本质。

在已有的著述中，吴承洛《中国度量衡史》（商务印书馆一九三七年版）一书是较为全面的。但是由于它不大注重实测工作，而往往出之于推算；且态度不够严谨，往往满足于引三四手的史料如《三通考辑要》等书，不能不说是有相当严重的缺点。

一九五七年，吴承洛书经程理浚同志修订，仍由商务印书馆出版。程同志企图运用新的观点来改正吴著中若干错误之处，这个努力方向是应该肯定的。可惜似乎成书较为仓卒，实际改动不大，而且有些吴氏原著本来不误的地方，反被程同志搞错了。

最近两年，万国鼎同志根据古遗物的实测结果，并用积黍法来作校验，证明了吴承洛对于秦汉亩制以至唐尺的考证，都是错误的。万同志实事求是的科学态度值得我们学习。他所得到的数值也大致比吴氏的推算较为准确。这些是可以肯定的成绩[①]。但可惜的是过于偏重实物之测定，却忽略了史籍的系统记载；未能把度量衡的变迁和当时的历史发展结合起来深入考察，所以有些结论也是值得商榷的。即如万同志只根据唐兰同志等对商鞅量尺和刘歆铜斛尺两件实物进行实测所得出长短相同的结果，对两件器物本身在形制上的差异（如鞅量为长方形，莽量为圆柱体等等，余详下文第二部分之2）完全不加理会，就推论商鞅和王莽对前代的度量衡制并没有作过什么改革[②]，这就将古史许多记载推翻。从这种纯数量的观点所作出来的论断对于历史实际的说明自然是不十分切合的。谁都不会否认，南宋末年的斛的形式，由圆柱形改为截顶方锥形，这是我国度量衡史上的一大改革。这一改革对征收田赋曾经发生一定的影响。

本文分为两部分。纲目如下：

[①] 万国鼎：《秦汉度量衡亩考》（载《农业遗产研究集刊》第二册，1958年中华书局版）；同人著：《唐尺考》；王达：《试评〈中国度量衡史〉中秦汉度量衡亩制之考证》（载《农业研究集刊》第一册，1959年科学出版社版）。

[②] 前注万文第一篇，第147页。

一、历代度量衡之变迁
（一）历代度量衡单位量演变的总趋势
（二）度量衡单位量不断增大的原因
（三）度量衡增率不一致的原因
（四）历代地亩的变迁
二、历代度量衡制度的发展过程及其时代特征
（一）度量衡的起源和发展
（二）我国度量衡器具从奴隶社会转入封建社会的发展过程
（三）我国封建时代度量衡制度的特征
1. 官定制度和民用的度量衡之对立和统一关系
2. 地方度量衡单位量增大的无限制性及其剥削性质
3. 封建主义时期度量衡制度中所反映的生产技术停滞状态，及上层建筑对度量衡增大率所起的限制作用
（四）半封建半殖民地时期度量衡制度的特征
1. 帝国主义对我国度量衡制度破坏的过程
2. 时代特征

以上第一部分所讨论的，是以"历代度量衡单位量不断增大"为总题目，但重点不放在增大率的准确数值这个问题上，而在于对增大原因的探讨。

第二部分的重点，在于说明以下一系列的问题：自从阶级社会产生以后，度量衡作为剥削的工具是被如何具体运用的？它们有哪些特点？它们和交换及生产的相互关系究竟怎样？在哪些方面，它们的增大率受到了技术性或上层建筑的限制？等等。

由于我对我国度量衡史素乏研究，且理论水平太低，其中一定有许多幼稚和错误的见解，希望同志们多加指正。

一、历代度量衡之变迁

（一）历代度量衡单位量演变的总趋势

根据近人把我国历代各朝度量衡的单位量换算为公制或市制的情况看，尽管各人换算的数值不尽相同，但总的结果都说明了历代度量衡单位量的演变趋势是明显地一致的。分别言之，度的演变是由短而长，量的演变是由小而大，衡的演变是由轻而重。合而言之，度量衡的单位量同是沿着增大的方向而发展。

增大的程度是随着朝代的变迁而有所不同。如以新莽时的制度为基数，则历代度量衡单位量之总增率可以分作三个时期来说：第一期，从新莽朝（亦即西汉末）开始，至三国西晋止。这三百年中，变化最小，度量衡三量的总增率约为百分之三。由东晋南北朝至隋，为第二期。这三百年中，变化最大，总增率约为百分之一百四十，其中北朝的增率是历史上最高的，南朝低得多。自唐迄清，为第三期。这一千三、四百年中，变化亦不甚大，总增率约为百分之七十。

度量衡三量的总变化，虽同为由小而大，然三量各别的增率是彼此不同的：量的增

率最大，衡次之，度又次之①。

量（升、斗、斛）的增率：在第一期中约为百分之三，第二期中则由百分之百以至百分之二百，第三期约为百分之二百；整个的增率，约为百分之四百。

权、衡（两、斤、石）的增率：在第一期中并不明显，在第二期中则由百分之百以至百分之二百，在第三期中几无变化；整个的增率，约为百分之二百。

度（寸、尺、丈）的增率：在第一期中约为百分之五，第二期中约为百分之二十五，第三期约为百分之十；整个的增率，约为百分之四十。

以上三量的总增率及其各别增率，皆用吴承洛考订的数字。如据杨宽《中国历代尺度考》（1957年商务重印版）的推算，应与此稍异。万国鼎、王达等的论文，更指出吴书错误甚多。但无论如何，用来作为一般趋势的概括说明是未尝不可的，因为诸家数值的差异，并不至影响到历代度量衡不断增大这个结论。

（二）度量衡增大的原因

为什么后代的度量衡总是比前代的加大呢？前人多从政府赋税抽剥之加重来解答问题。清初顾炎武早已说过："权、量之属，每代递增"，乃由于"取民无制"。近人王国维专就尺度的变迁来说："尝考尺度之制，由短而长，殆为定例。其增率之速，莫剧于西晋后魏之间。三百年间，几增十分之三。求其原因，实由魏晋以后，以绢、布为调。官吏惧其短耗，又欲多取于民，故代有增益。"他又指出：尺度之增长，"北朝尤甚。自金元以后，不课绢布，故八百年来，尺度犹仍唐宋之旧。"②王氏这两段话，如果在年代上说得更确切一点，应该是：由于曹魏西晋以后，迄唐代中叶，五六百年间，政府征收的户调是绢、布，因此在这个时期内尺度不断地增长，尤以北朝的增率为最甚——自东晋至北魏不满三百年内，尺度便增长了几乎十分之三，这是增率最速的一段时候。其后，至唐代中叶，朝廷始不复以绢、布为户调正课，所以自宋金元迄清，八九百年来，尺度犹仍唐代之旧，没有多大的变动。王国维这个论点，在吴承洛和杨宽两书中得到了更充实和明确的论证，虽则在个别结论上又有分歧的地方。

一九五七年出版的程理浚修订吴承洛著《中国度量衡史》书中《前言》说道："度量衡器具的变大，和封建剥削的加强是分不开的，而且正是为了加强封建的剥削，才向大的方向演变的。因为在唐朝以前，封建剥削完全是以实物为对象，如粟、米、布、帛、丝、绵之类。放大度量衡就可以在同一税率下多收些实物，达到加重剥削的目的。这样就无增税之名而有增税之实。自唐以后，不是减轻了剥削，而是用钱纳税代替了实物，只要压低物价，同样可以多收实物。"在这一段话中，程同志企图运用新的观点和浅近的道理来阐发前人的论说，这应当承认是前进了一步。但仍有几点似乎是不够切当的：

第一，他把唐朝作为度量衡增率大小的分界线，这是与历史事实不符的。他忘记了

---

① 顾炎武：《日知录》卷十一"权量"条早已指出："今代之大于古者：量为最，权次之，度又次之。"

② 《观堂集林》卷一九《史林》十一，《宋三司布帛尺摹本跋》说是"莫剧于两晋后魏之间"；然《记现存历代尺度》一文则谓"增率之速，莫剧于东晋后魏之间"。以各家推算的数字参验之，应以后一说为长。

三量的增率并不是同时一致的。其实王、吴、杨诸人所已论证的，只是尺度方面。至于量的方面，则唐朝后至清代仍然增大至百分之二百。当时一部分的田赋和绝大部分的地租仍然是征收米粟等项实物。

其次，程同志把用钱纳税和用度量衡这两件事互相对立起来了。他没有考虑到，在古代征钱或征银的时候，是要过秤的；而过秤时，经手人员又总是五花八门地"上下其手"的。姑且置这些舞弊的情形不谈，但难道可以忘记官府另订有种种"合法"的加秤方法吗？即如明清时官府关于"火耗""平余""重戥"一系列的明文规定①，其目的就在于保证取得一定比例的"浮收"，甚至很滑稽地美其名为"养廉"，作为"合法"加秤的理论根据。所以，虽不必把秤锤放大也可以达到多收的实效；如果我们只是注意度量衡法定量的变迁而忽略了它们在实际运用时的情况，是不能明了真相的。

最后，程同志说是："自唐以后……用钱纳税代替了实物，只要压低物价，同样可以多收实物"，这一论断也是站不住脚的。在用钱来代替实物（例如粮食）纳税的情况下，钱的征收是作为实物的代价而出现的，这不过是税粮折合成钱的比率问题。政府为了要多收实物，它就得将钱对于税粮的比率降低，这也是把钱价压低同时把粮价抬高的办法，它是和"压低物价"的作法恰恰相反的②。简单言之，政府还是要通过多收钱的方法才能够实现多收实物的目的；至于"压低物价"，则所触及的阶级利益面（如商人及大地主等）必定广泛得多。两件事是不可混为一谈的。明乎此，便可晓得为什么王莽的"五均、六筦"政策很快地宣布失败，但他所订的度量衡制却不失为后世取法的蓝本的理由了。政府为了要达到"无增税之名，而有增税之实"的目的，其作法是随着时代之不同而有所不同的。在征收实物租税时期，最简便的方法自然是在度量衡方面玩弄花招。在货币经济已相当发达的时候，便可以采用增加货币发行额或通货膨胀的方法加以解决。至如在折价上抽剥的方法，可以说是在这两个时期中间的过渡方法，然而压低"折价"和压低"物价"是迥乎不相同的。

（三）度量衡增率不一致的原因

第一节中已经指出，三量增率的大小并不是同时一致的：量为最甚，衡次之，度又次之。现在要说明这是什么缘故。

量的增率最大，首先是因为量器的大小最难于判定。它不象尺度可以凭眼和手足作出适当的评验，故易于作弊。但最基本的理由，是由于我国田赋和地租一向征收的是农作物，它的历史最为长久，至少也有二千年。

衡的增率，在度、量二者之间。一方面，因为鉴定权衡的轻重比鉴别尺度之长短较为困难，因此，衡的增率较大于度。另一方面，权衡之成为官民出纳上的重要标准，只是元明时银两已取得通货地位之后的事情。然而银的单位价值自非米、粟可比，它在重

---

① 按"火耗"之名，始见《元史·刑法志》，明清两代因之。"平余""羡余"及"重戥""养廉"等项，则分见《明史·食货志》及清《东华录》《清通考》等书。

② 应当附带说明，税粮折价与当时粮食的市价未必一致。假定物价不变，则增加钱的折数，民间便须出卖更多的粮食换钱，这样便会引起市场粮价的低落，虽不用官府的力量来压低物价，而物价也会趋向低落。在这种情况之下，政府一方面提高钱的折数，收取更多的钱，一方面又利用市场上粮价的降低，而收购得更多的粮食。

量上丝毫的增减也会影响到所有者的经济利益，因此人民对于权衡的注意和检查自亦较为精细，所以衡的增率又较小于量。

度的增率最小。因为尺之长短，可以凭目测和手度，舞弊的情状较易于为对方所察觉。所以尺度的增长，比较和缓。如上述，尺度增率最甚的时期，是在魏晋迄唐户调征收绢、布的五六百年中。应当附带指出，在这个时期里，绢、布已经担当起流通手段的职能，实际上已经取得了货币的地位。

从度量衡器具本身作考察，也可以证明上述的论点：度量衡三种，度器最简单，各地度器虽有不同，但是比起法定的尺来，还不算过于离奇。衡器就复杂得多了。除了各器不同以外，一杆秤上，常有几面秤星，大小常不相同；不过十六两一斤，还算是一个共同的标准；又因为用银子的关系，各地银秤的大小，也还不至于太过离奇。我国各地差异最大，和法定的器具相去最远的，要算量器。因为升斗的本身，已经大有出入，再加以量的计算方法是比较复杂的，如有些地区又用秤来代斗，在实际上已是论斤，而名义上却还说是论斗的。如下述民国时山东、甘肃等地的情况，这就不只是名实不相符，而且也说明了斗、石的大小，各地是毫无一定，并且是最紊乱不过的。

清光绪三十四年（1908年）三月，农工商部及度支部会奏，拟订划一度量衡制度等《总说》中指出：“总而言之，则量之制莫先于周礼，尺之制莫备于隋书，权衡与法马之制莫详于宋太宗及明洪武、正德之时。”这一段话概括了历代史籍关于度量衡三者记载的先后和详略的情况，同时也指出了三者在历史上分别成为突出问题的先后次序。

然而必须注意，所谓度量衡制度应当是包括两个方面来说的：总的来说，度量衡都是用来规定物品份量的多少；分开来说，度是定长短的，量是测容量的，衡是称轻重的。三者虽然表明各自不同的标准，但对于自然界来说，实则根据两种基本的物理现象：其一是对于地心所加于物体的吸力（重量）而言；另一是对于物质所占空间的位置（长度）而言。至于那面积和容量，只是由长度的平方和立方推算得来；而重量等于密度乘以容积。由此可知，度量衡三者的相互关系本来又是统一的。因为占有一定容积的米粟亦必有它的一定重量。所以不论是用斗来量，或用秤来称，在份量上是不应有很大差别的。然而在过去的历史条件下，从地主阶级的利益出发，则自以使用量器为易于进行欺骗，所以用权衡来计算米粟轻重的方法只是后起的事——据说至南宋孝宗朝（十二世纪末）以后才逐渐比较普遍起来的。从此，量制也借用了衡制中的名称。古代原以十斗为斛，一百二十斤为石，斛是量之最大单位，石是衡的最大单位，两者原各属于不同量纲的物理单位。至宋时官方法令始定以五斗为斛，两斛为石。这就是所谓"以权之极数，为量的极数"了[①]。又，北宋时四川的成都府及梓州两路已出现了"担"这一权衡单位的名称。不过，当时这些地区仍以石（量制）作为米谷的计算单位，只有一些"杂色"的税物才以担（衡制）来计算（参看拙作《中国历代户口、田地、田赋统计》乙编表8）。自清初以来，在很多省区，民间已通俗称衡百斤为一担，而量一石亦称作一

[①] 参看沈括《梦溪笔谈》卷三"辩证"一"钧石"条（胡道静校证本第107—108页）。按姚鼐《惜抱轩集笔记》卷四史部一"汉书"条云："古人（指西汉以来）大抵计米以石权，计粟（带壳的谷子）以斛量。"此说从近代发现的汉简中似乎得到些有利的证据。

担。担、石二名从此往往通用。但也有例外，如江苏等地，以一百四十斤或一百五十斤为一担。又如民国时，山东兖州和甘肃伏羌县竟有一百斤一斗的小麦，山东滕县居然以一百五十斤算一斗，这些都是用秤代斗的地区，实际上是论斤，但名目上还说是斗[①]。所以尽管用权衡来计算米粟的方法自清代后已渐趋普遍，但直至民国时期在全中国范围内仍以用量器计算米粟的方法居于主要的地位。

总之，二千年来，作为封建主义剥削工具的量器，它所发挥的剥削作用比之尺度和权衡更为巨大得多，广泛得多。它的种类、名称之庞杂，及其运用时的复杂性，都非度、衡所可比拟的。可惜的是，无论史籍记载或专题研究，一向都是详于度而略于量、衡，这固然是受了种种条件的限制；但是把量制的研究提到首位来，不能不是今后的努力方向吧。

还有，更重要的一点是，过去诸家的研究方法，都是根据历代法定标准的变迁而作出结论的，但是官定的度量衡制以及官造的度量衡器具，实际上只是使用于官民双方间的收支方面；至于民间交易，和各行业所使用的，却是另外各有一套。而且后一个系统比前一个系统在整个社会经济活动上重要得多。如果我们的研究只局限于官民对立一点，却没有从阶级对立的全部诸关系来作全面考察，那就基本上仍没有接触到问题的本质。

最后一点，在某些情形之下，并不是将度量衡的单位量改变了，而是在实用单位或名称等方面作出若干改变，这也是值得注意之点：

其一，由于计量的数量是比较巨大的，故有增设大单位之必要。即如度制方面，自汉代以后，历代计算长度，都是自尺以上，到丈为止。至清光绪三十四年（1908年）重定度量衡制时，始规定于丈之上加上"引""里"这两个单位。本来引、里两个名称，古代早已存在，但多半是用来计量面积。虽亦用来表达长度，但仍从面积这个概念引伸而来的，并不是正规的用法。到了光绪末年，才明文规定于尺制之外，另立里制：以"五尺为一步，二步为一丈，十丈为一引，十八引为一里"。所附《说略》把理由说出来："长短度分二种。一曰尺制，以尺为单位，所以度寻之长短也。一曰里制，以一千八百尺为一里，用以计道路之长短也。里制即积尺制而成，盖道里甚长，若仅以尺计，则诸多不便，故必别为里制。"[②]同样的理由，明清计算煤铁等重量通常以斤，偶亦用引、担作单位。但自新式工业生产出现以后，便改用吨了。

其二，政府剥削程度之加深，有时表现为实用计量单位起点之由大至小和计量单位名称之任意增多。此事从表面看来，似乎是和度衡单位量之继续增大的趋势相反的。但其剥削的性质却是一致的。可用宋代权衡之改制为证。本来唐代重量之制，以一百黍为絫，三铢四絫为钱，十六两为斤。但在实用方面，黍絫只是徒具名称而已，一般法码都是至钱为止，十钱即为一两。当时赋税的出纳，号以米粟布帛为主，故用斛、斗或丈、尺计量。唐中叶后，始行用钱纳粮。至宋代，用金银出纳之风渐盛，故以权衡来计量的方法亦日益普遍。但计量金银之重量，如仍以钱为最低的单位，则未免失之过高了；且

[①] 林光澂、陈捷：《中国度量衡》（商务印书馆1930年版），第49—50页。
[②] 刘锦藻：《清朝续文献通考》卷一九一"乐考"四："度量衡"。

唐制从"铢、絫"进到"两"位不是用十进法，计算时又诸多不便。因此，北宋初年（十一世纪初），改唐代的絫黍为厘毫。其法，于"两、钱"之下，又定有"分、厘、毫、丝、忽"五个单位，俱以十退。当时改行新秤，算及厘毫为止；至于丝、忽则仅为名目上的单位，在秤上是计量不出来的①。这一改制，在一定程度上是与当时货币经济的发展情况相符合的。但后来又于丝、忽之下，设立微、纤、沙、尘、埃、渺、漠、糊糊、逡巡、须臾、瞬息、弹指、刹那、六德、虚空、清净等十余位的小数②。这些名目，大半是借用佛经唯心主义的词汇，它们只是代表一种虚构的数目系统。纵使用今天五千分至万分之一克的精密天平或一千万分之一克的微量天平也是不易称出来的。然而在现存的明清赋役黄册和钱粮奏销册籍上，这些小数确是必须一一开列的。这无非是保证经征人员分肥的妙计。由此可见，"取之尽锱铢"（杜牧《阿房宫赋》）还只是代表唐人所能了解的程度。自宋以后直至明清的封建政府剥削之苛刻真是无微不至了。

（四）历代地亩的变迁

土地的面积，是以长度单位的平方来计算的。我国计算面积，亩制向来是用平方步计算，步又用尺计算。所以如果想计算各代亩量的面积大小，即用各该代尺的长度可以推算出来。但历代地亩，并不是完全依照实际面积的大小，而往往结合其他因素如收获、播种及劳动力等来作为亩量的折合，以便于统治阶级征税收租的估计。因此，纵使用尺度来推算亩量也是没有科学价值的，它并不能表明地亩的实际变迁标准。

然而各地的实施情况，大多数是与中央规定不相符合的。即如自唐至清，尽管中央作了规定：五尺为一步（清代改步曰弓），二百四十平方步为一亩；实则各地的亩制极为参差不齐。拿清代的情况来说，苏浙皖鄂鲁晋等省，在尺则有部尺、库尺、营造尺、鲁班尺之分；在弓则有三尺二寸、四尺五寸、六尺五寸、七尺五寸之别；在亩则有一百四十弓、二百弓、三百六十弓、六百九十弓之分歧。至如河南省，有以二亩或三亩为一亩者；陕西宜川县，有以四亩为一亩者。奉天、吉林等省，则以"日""垧""单绳""双绳"，为六亩、十亩的区分。所以亩量的大小宽狭，既有一和二、三、四的比例，亦有一和六、十的比例③。

此外值得一提的是，在古代我国境内少数民族聚居的地区往往另有一套独特的计算土地面积的单位，而当时的统治者亦沿袭这些单位登记入赋役册内。上面所举的"垧""单绳""双绳"等就是我国东北满族人所习用的计算面积单位。云南白族人的习俗，双牛耕一日的田叫做"双"，双的四分之一叫做"角"，角的二分之一叫做"己"，己的二分之一叫做"乏"。据《新唐书·南蛮列传》说，"凡田五亩曰双"；而元末陶宗仪在所作《辍耕录》中则以为双"约有中原四亩地"。可见西南少数民族虽用双来计算面积，但折算标准是随时代与地域而有所歧异的。直至清代，广西局部地区仍有以"白"（合二亩）、"纬"（合四亩）作为计算面积单位，而台湾则通用"甲"（约合十一亩）（以上参看拙作《中国历代户口、田地、田赋统计》乙编表25附注、表

---

① 《宋史》卷六八《律历志》一。

② 明程大位：《算法统宗》卷一"量法"条。明末陈继儒、白石樵：《真稿》卷一二，"查钱谷琐碎易眩之故"。

③ 参看晏才杰《田赋刍议》（1915年版），第12页。

60 注⑨⑰⑱）。

由于土地有肥瘠之不同，也有位置上的差别，所以折亩的办法在上古时便已存在，但到宋元后更趋普遍。顾炎武论述明代的折亩情形和册报亩数的关系最值得注意。他说：自明开国以后，南北各省许多州县都实行了折亩，当时有所谓"小亩"和"大亩"的名称。凡是依照中央规定以二百四十平方步作为一亩的名曰"小亩"，以较多的平方步（以下简称曰"步"）折合成一亩的名曰"大亩"。于是各地有以三百六十步（即一亩五分），或七百二十步（即三亩），或一千二百步（即五亩）为一亩的，甚至有以八亩以上折合为一亩的。州县编造黄册时，便用大亩的数字来上报户部（中央财政部）；但"下行征派"赋役时，则仍用一亩是一亩的小亩来计算。因此，填报的亩数远远低于实际的面积。这就当然有利于官吏胥役的舞弊营私；从而更助长了各地"步尺参差，大小亩规划不一"和"赋役不均"的严重程度。其情况直至清代还是如此。例如扬州府属各州县，泰州和宝应县均用"大地"起税，高邮、兴化两县则用"小地"起税。但是在赋役全书内，大小地的区别是不注明的①。

总之，历代所记的田亩数字，与其认为是开垦田地的面积，毋宁理解为税地单位的数量。这是在参看拙作《中国历代户口、田地、田赋统计》一书所载各表时需要注意的。

二、度量衡的产生和发展过程及其时代特征

（一）度量衡的起源

应当首先指出，度量衡的产生是与人类交换行为的发展发生直接联系的。在原始社会后期，才开始有氏族与氏族之间的交换。最初的情况是，一个部落或氏族和另一个部落或氏族，以偶然剩余的生产品作为礼物而互相赠送。稍后，两个部落或氏族之间，偶尔也以不同的石器进行交换，如以石矛来换石斧等。但这样的交换只属于原始交换的范畴，是极为稀少，极为偶然的。在这里根本没有使用度量衡的必要。

随着人类历史上第一次和第二次大规模的社会分工——农业和畜牧业，手工业和农业，都相继有了分工以后，不同的氏族或部落就有了不同的产品，可以互相交换，如以谷易羊，或以陶器易黍麦等。但初时的交换方法还多半停留在论堆计件的阶段，对于度量衡的需要仍是不迫切的。交换更进一步的发展，就不仅在氏族之间进行，而且也逐步在氏族内部各成员间进行，这时交换行为已经从偶然的现象转入正规化和经常化了。从此，成堆整件的交换方法便一天一天地显得过于粗率，它往往不适合于交换者双方的实际需要而容易引起争执，为了克服这些困难，便借助于最原始的度量衡方法或器具。这种情况的出现应该是在原始社会面临瓦解的时期了。

用什么东西来作度量衡的器具呢？最初就是人自己本身。人用自己的手足和动作可以测出一定的长度。《孔子家语》说："夫布指知寸，布手知尺，舒肘知寻（八尺），

---

① 顾炎武：《日知录》（黄汝成集释本）卷一〇"地亩大小"条。原书引万历《广平府志》说大小亩的起因是，由于万历初年张居正执政时，通令全国清丈，该县丈出无粮地甚多，"有司恐亩数增，取骇于上〔从而起税〕，而贻害于民。乃以大亩该（折）小亩，取合（明初）原额之数。自是，上行造报，则用大亩，以投黄册；下行征收，则用小亩，以取均平"。其言当不尽可信。

斯不远之则也。"①《小尔雅》释长度单位命名之由来云："跬，一举足也。倍跬，谓之步。四尺，谓之仞。倍仞谓之寻。寻，舒两肱也。倍寻谓之常。五尺，谓之墨。倍墨，谓之丈。倍丈，谓之端。倍端，谓之两。倍两，谓之匹。"又释容量单位之命名云："一手之盛谓之溢，两手谓之掬。"②《说文解字》亦说人体是度量衡的标准。其说云："寸，十分也。……尺，十寸也。人手却十分动脉为寸口，十寸为尺。……周制：寸、尺、咫、寻、常、仞诸度量，皆以人之体为法。……中妇人手长八寸谓之咫。"③以上的记载当然不能认为信史，但把它们用来作为远古时度量衡原始状态的说明，却是未尝不可的。这种传说的来源，基本上是历史事实的反映。古代人对于度量衡可以取法于人身的粗率概念，是从交换的实践过程中获得的。但人身之不同，犹如其面。为了接近平均起见，所以又指明用"中妇人"的手为准，其长八寸名曰一咫，这一说法分明是后起之义。不消说，这样的度量衡方法是十分粗陋的。

较上略胜一筹的办法，就是选择一条平直的树枝来做度器，或借用日常用的盛器（如釜、豆、缶、桶等）去作量器等。但是，这些都不过是临时拿来应用的，并非专作度量衡用途的器具。标准器的制作，这时期内还谈不上。人们对于度量衡的概念，仅为代表三种不同用途的东西，尚没有领会到三者本来相通的原理。

程理浚同志根据《史记·夏本纪》"禹，声为律，身为度，称以出"数语，作出推论说："中国历史上所传说的夏代约当这个时候"（按指"氏族社会晚期"言，见吴承洛《中国度量衡史》修订本，第38页），这似乎是不确切的。因为如果对上引文作全面考察而不断章取义的话，这几句话分明就是《尚书·舜典》"同律度量衡"一语的另一说法，这是已经进入到用音律来制定度量衡标准的时代了，这样高度的文化水平并不是原始社会晚期所能达到的。再则，《史记》这段话特别标明以大禹的声音和躯干为律度衡的取法准则，这一虚构的系统颇与英码相传就是英王亨利第一（1068—1135）的鼻端至大拇尖的长度这个传说相似，同样显著地盖下了阶级的烙印④。所以《史记》这段记载只能认为是在奴隶制或封建制早已确立后的情况，而不应理解为原始社会晚期的史影。

（二）我国社会由奴隶制转入封建制过程中度量衡的发展

由于社会生产力的发展，社会劳动分工的扩大，财产私有制的产生，使得交换经济有了重大的发展。在交换形态上表现为以下一系列的变化：由直接的物物交换发展为扩大的交换形态，更进入于一般交换形态以至于间接交换的货币交换形态。这时生产中采取商品形态的成份逐渐增加了，于是出现了不从事生产，而只是经营生产物交换的商

---

① 《孔子家语》卷一，"王言解"第三，此书为伪书之一，有说是魏王肃所撰。

② 《小尔雅》，亦伪书。今用葛其仁疏证本，卷四，度十一（清道光二十年刻本）。又，邹伯奇：补小尔雅释度量衡三篇（清同治刊本）可以参考。

③ 《说文解字》第八下"尺部"；第三下"寸部"略同。

④ 在我国历史上确实有过这样的事情发生。北宋崇宁元年（1102年）蜀人魏汉津为了巴结皇帝，请以宋徽宗的中指定律度。乐成，赐名大晟乐（《宋史》卷一二九乐志四）。有人替魏氏解脱说，他并不真是用徽宗的中指长度来定律度，他建议的主旨乃在钳制反对者之口。这件事情在当时传为笑话。

人。这是社会第三次大的分工，是已经在原始社会崩溃和奴隶社会形成的过渡时期了。

自从奴隶社会确立以后，随着私有制的发展，人们对于财产的计较愈来愈认真。随着商品—货币关系的发展，对于等价交换的要求愈来愈明确。因此对于度量衡的准确性不能不加以讲求，从而把计量的标准固定在一种制造的器具上，而有所谓专器的出现。制造的过程也由粗糙而渐趋精确，于是又有所谓标准器的出现，这是由国家明令颁布，令民人一体遵照使用的。

应当再次强调，度量衡三种器具之作为专器，初时只是由于人民在生产和交换上的需要而分别制定的。政府之明令规定只是承认既成事实而把它制度化起来罢了。这里有一个问题：它们发生的次序究竟哪一种在前，哪一种在后？学者间尚无定论。即如吴承洛的说法，便有自相矛盾之处。《中国度量衡史》第六页云："量器之制，发生最早"，第一百页亦云："量制之兴最早"，然第一七三页却说："量衡起于度"，第二一八页亦云："考中国度量衡之制，先定度，而后生量与衡，故籍载大多均详于度，而略于量衡。"按吴氏前后矛盾的原因，由于前说系据《周礼·考工记》"稟氏为量"一段作出来的，其误在于轻信《考工记》所记确实是周朝行过的制度；后说则据《汉书·律历志》所记黄钟之制立论，是从学理上言之。我以为无论在理论上或历史实际上，都应该是度器的发生最早，量器次之，衡器又次之。因为从理论上来说，如前部第三节所述，面积和容积、容量以至重量，均可由长度推算出来，可见度是最基本的。再则从器具制作之难易看来，也是如此。度器的制作，比较容易简单，量器次之，权衡器则不只是较为复杂，需要较高的手艺，而且它的出现，必定是交换经济已经相当活跃的时候了。然而度量衡制度之完全建立的时候，不只是三者各自有其专器（及其标准器），而且这三种器都是同时根据同一标准而制定出来的，这时三者便共同构成了一个整体，然亦以度为基本量，如新莽嘉量便是。这一发展过程从我国度量衡的历史和文物方面也可以得到证实。

我国远古时期的度量衡器具今仍传留下来的，只有相传是安阳出土的商代骨尺一把，今藏南京博物院。商代的数字是十进制，故商尺分为十寸，此尺但有寸，不刻分。诸寸的长度亦不均等。尺中有一槽，剖面作凹形。如果它真是商尺，可见作为奴隶制时期商代的度具还是相当粗糙的。此尺长合零点一六七九公尺，约等于一个手掌的长度，亦堪注意。

从甲骨文字方面，也可说明殷代已有计量长度的工具。甲骨文已有疆字（《殷虚书契后编》卷下第四页七版），从弓从田。据叶玉森的考证，两田相比，自有界限；从弓，知古代用弓纪步[①]。今天原始民族亦有拿弓作为丈量土地的尺度的。可见商人大概已经晓得丈量土地和划分疆界的方法。至于弓的长度如何，现时不得而知。因此，商代田亩面积的大小，也就无法晓得。

解放以后，我国田野考古工作有了飞跃的发展，出土文物甚多。然能确定其为西周以前的度量衡器似尚无之。至战国时代的度量衡还不少，如长沙左家公山战国墓葬出土

---

① 叶玉森：《说契》（《学衡》第31期，1924年7月，及单行本），按以弓纪步之说始于吴大澂，见所著《古籀补·疆字》。

的木杆天平和砝码共大小九个。可惜我了解的情况很不充分。

我国秦汉时的传世遗物，经过学者的详细考证具有重大意义的，有以下三器①：（1）秦商鞅量；（2）秦始皇及二世的权器；（3）新莽嘉量。关于第一种，唐兰同志《商鞅量与商鞅尺》一文（刊1936年《国学季刊》5卷4号）可以参考。第二种，可参看吴大澂《权衡度量实验考》（清光绪自刊）一书。至于第三种，则古今来考订之者尤众，新莽嘉量，自三国曹魏时起，至清初，至少有过五次发现。今北京历史博物馆尚保存有完整的量一件，又残量一件。抗日战争前，在甘肃省又发现新莽衡附权数件，可惜都残缺不全。新莽嘉量迭经翁方纲、吴大澂、马衡、王国维、刘复诸人作过实物校验以后，其规制已比较清楚。吴承洛的书亦曾据此及《西清古鉴》所记试为推算，其约数与刘复略异。杨宽同志认为刘氏的推算，"自较精密，然犹不能无疑"。

吴承洛认为王莽所改变的，仅为恢复周代的小量，即只改革了秦汉以来的大量。至于从度量衡制度来说，新莽所用五法及其标准、命名、进位等，则仍承袭秦商鞅以来的法规。吴氏说："汉志出刘歆之五法，歆为莽之国师，是汉志言度量衡之制，即为莽制。而刘歆言五法，亦即秦汉之原制。故所变者，非其制，乃其量也。"②就是这个意思。杨宽同志据实测商鞅量之容积与新莽嘉量相同这点事实说道："从此亦可见莽歆之复古，非绝无根据。"③近人认为莽量同于秦量，是实测的结果，否定了吴氏所说的莽量小于秦量的说法。但如结合到具体的历史条件来看，则商鞅量、秦始皇权、新莽嘉量三者是各自代表社会发展过程中不同阶段的产物。理由如下：

我国到了春秋（公元前770—404年）时代，已经发展到奴隶制的末期。当时各国的阶级斗争是十分尖锐的，度量衡的情况也非常紊乱和复杂。统治阶级不只利用度量衡来作剥削工具，同时也运用它作政治斗争工具。最著名的例子莫过于公元前六世纪齐国世族陈成子企图夺取齐国政权所运用的策略。当时齐国公室的量制，是以四升为豆，四豆为区，四区为釜，十釜为钟。陈氏私室的量，则以五升为豆，五豆为区，五区为釜，十釜为钟。他对民人放贷时，用的是家量（大钟），收回贷物时则用公量（小钟）。用这种小恩小惠的方法，使民心归向自己。卒之，陈氏达到了夺取齐国统治权的目的④。其后，公元前479年白公胜在楚国发动政变时，也是用同样的方法来争取人心："大斗斛以出，轻斤两以纳。"⑤两个例子都说明一国之内统治阶层可以各用自己的度量衡制，谁也管不了谁。

到了战国（公元前403—221年）有不少国家早已进入封建制的初期，但秦国是最晚的一个。直至秦孝公十二年（公元前350年）商鞅第二次变法时，秦国才"坏井田，

---

① 此外，尚有公乌半石铁权（见黄浚《尊古斋所见吉金图》卷三第28页），街师子量（前书同卷第36页），战国十三年权（国别及朝代尚未考定，今在北京博物馆陈列）。其重要意义均不能与以下三器相比。

② 吴承洛：《中国度量衡史》（以下简称"吴书"），第146页。"五法"，就是度量衡的单位名称各分为五，度量衡三者又各用不同之进位方法，即所谓"五度""五量""五权"。

③ 杨宽：《中国历代尺度考》（重印版），第32页。

④ 《左传》昭公三年（公元前539年）晏婴答叔向语。按陈氏三量器，即两釜一铜，见吴大澂《愙斋集古录》第24页1—5，三器今陈列于北京历史博物馆。

⑤ 《淮南子》人间训。

开阡陌"，废除了西周以来的井田制度①。统一度量衡的命令，也是同年颁布的。此后便是秦国由奴隶制转入封建制之正式开端，而商鞅量之制作就是这个时期的产物。当时秦国的经济情况是比较落后的。秦献公七年（公元前378年），"初行为市"，早于商鞅统一度量衡时还不满三十年；追统一度量衡后再过十四年，至秦惠文君二年（公元前336年），才"初行钱"②，又可见交换经济仍未甚发达。货币之出现，是交换经济已有相当活跃的标志。当物物交换已采取一般价值形式的时候，度量衡早已存在了；但仍需等待货币的诞生，才可以免除直接交换的困难而达到货币价值形式的阶段。从这点来看，货币的进步意义是应该肯定的。但度量衡在交易上的作用毕竟比货币还更基本，更重要。因为只有度量衡而无货币，交换还是可以进行的；若只有货币而无度量衡，则物品的单位数量及其价格均将无从确定，交换时的麻烦真不知有多少。

再则，商鞅量的制造似乎也比较粗糙。《史记·商君列传》载："平斗、桶、权衡、丈、尺。"③《说文解字》云："桶，木方器，受六升"，段玉裁注云："疑当作方斛，受六斗。《广雅》曰：'方斛谓之桶'，《月令》斗甬注曰：'甬，今（秦汉时六斗）斛也'。甬，即桶。"④故知这个六斗容器以木为之。按秦量有木、匋、铜制三种，其外口形状有长方，椭圆及正圆形。诏版四角有孔，以便钉于木量之上。故知其制作仍颇粗糙且不尽划一。

今存世商鞅量为铜制之升，其旁刻有秦孝公十八年鞅造量铭文和秦始皇二十六年诏书，应为特别精制之器，但与新莽量制作之精巧相比，仍不可同日而语。

商鞅在秦主持变法，前后共计十九年。他所颁布的一系列的变法令，其目的在富国强兵，建立一个中央集权的强有力的政权。秦国诸宗室的特权自然是他开刀的对象。度量衡制法之颁布的理由自然是要建立一个统一的制度，废除私室的度量衡制，但实行的范围最多只能限于秦国。到秦始皇二十六年统一全国后，便颁布了"一法度衡石丈尺"的诏令，亦不过沿用商鞅的制度标准来统一战国以来各国度量衡的紊乱状态，志在全中国范围内推行，这时已是封建主义进入中央集权制的时候了。

秦代的统一局面只维持了十五年。汉兴以后，度量衡未闻有定制的措施，当仍承秦遗制。然又经二百余年间，制度必又趋于紊乱。王莽的改制，便企图对此现象加以整齐划一，这时不仅中央集权制已加强，而且封建经济也有了长足的进展，从新莽嘉量制作之精巧亦可获得证明。我国度量衡制之完备而具著于书的，实自前汉书历志始。此乃当时社会发展实际的反映。

新莽嘉量不仅是古今学者考证的重要资料，而且也是三国以后历代封建王朝修订度量衡制度时的主要参考根据。为什么它如此重要？因为它所代表的是一种空前完整的制度。按新莽嘉量的制度，正是与《汉书》卷二一《律历志》第一上所说"用度数审其容"的原则相符。在这一原则之下，从尺度可以计算量的容积，并从而决定它的容量。新莽嘉量，具备斛、斗、升、合、龠五量，我们可以根据此器测定尺的年度，并从器重

---

① 按秦废周百步为亩之制，增至二百四十步，这一改制似亦始自商鞅。
② 《史记》卷六《秦始皇本纪》；卷十五，六国年表第三。
③ 《史记》卷六八《商君列传》。
④ 《说文解字注》第六篇上。

二钧测定斤的重量。因此，它实际上构成了一个完整的度量衡总体，而彼此之间又存在着相成相通的关系。这个度量衡标准器的制作，不消说需要相当高度的文化和技术水平。它应该是封建制度已经相当成熟时期的产物。所以王莽的度量衡制度，不但后汉沿用，而且它的影响直至清代仍未已。

不但如此，王莽在重订度量衡之前后，亦曾屡次改易货币制度。他初时便假托周钱子母相权的货币理论，最后定下来"宝货五物、六名、二十八品"一套最复杂的货币制度，结果固然是彻底失败了。但他屡次对币制实行改革，这就证明了当时交换经济之发达，已远非商鞅统一度量衡后之十四年才"初行钱"的落后状况可比。王莽所铸各种泉币，在汉时最为精良，其大小轻重，具载《汉书·食货志》及《王莽列传》。古代泉学专家每用古币来验证古代度量衡制度，他们所用的，不外是王莽的大泉（铜钱）和唐代的开元钱两种。因为在古钱中这两种钱的长度数是历史上比较最精密的。

（三）我国封建时代度量衡制度的特征

由上节可知，民间的度量衡是先于官定的制度而存在的，地方的制度又是先于中央制度而存在的。从奴隶社会转入封建社会的历史过程中，双方斗争的结果，是中央制亦即官定制在法令上取得了胜利；但实际上，地方和民间的度量衡仍然保持着它们绝大部分的地盘，并且从全国的经济活动范围来说，它们比起中央制度还重要得多。不错，自从秦汉两大统一帝国相继建立以后，国家权力有了很大程度的提高，而中央集权的加强，则以财产私有制的发展为基础，而私有者的主体则由奴隶主阶级转变为封建主阶级。由于封建社会经济组织的割裂性是与中央集权制不相容的，两者之间既存在矛盾，也需要合作，以便共同瓜分直接生产者的剩余生产品，所以彼此都不能不作一些让步。其结果是中央集权制无法贯彻。这首先表现在作为中央集权制的主要条件之一的官僚制度，其所代表的利益与其说是中央的，毋宁说是地方的封建的罢了。因此，不只是秦始皇、王莽所作的统一全中国度量衡制的企图不能完全成功，就是其后历代封建王朝的此种企图也注定要失败。所以尽管中央颁布的度量衡法令，其首要目的在于便利税收，但对于封建地主阶级的利益必需予以充分的照顾，否则不但税收任务无法完成，而且政权也无法巩固。因此，地方上和民间所用的度量衡不能不落在各地封建地主阶级的掌握之中而归他们支配。所以，作为计量工具的度量衡，其本身原本是没有阶级性的，但在阶级社会里，它便为统治阶级、剥削阶级运用来作剥削工具了。今试将我国封建时代度量衡的特征表述如下：

1. 官定的制度和民用的度量衡之对立和统一的关系

应当首先指出，在我国漫长悠久的封建年代里，度量衡制度之不断更张是一个颇为特出的现象。每当改朝换代以后，新建立的王朝照例必颁布新的制度，甚至在同一君主年号之内，有时也颁布新制。如隋文帝开皇年间尺度屡变，又诏以古斗三升为一升，古秤三斤为一斤。至隋炀帝大业初，又恢复古制。总之，变来变去，徒然增加人民的痛苦，同时也助长了度量衡的复杂化。至于剥削率之提高体现于历代度量衡单位量之不断增大，这点在本文第一部分业已详述，今不复赘。

必须再次强调，上述的变化趋势是就官定的度量衡制度而言。但官定的度量衡只是用于政府收支方面，民间交易用的却往往是另外一套。两者各自有自己的使用范围，官用的不但不能排斥民间的，往往反把旧日的民间标准转化为自己的标准。所以官民制两者的关系，是在空间上相对立，但在时间上却统一起来了。这种辩证的发展，乃由于它们都建立在同一的社会阶级基础上。因为官定度量衡制度之变革完全以官方利益为转移，而民间度量衡制度则控制在一些经济集团（如行会）或少数特权人物（如贵族或大地主）的手里，两者的合流自是早晚必然的趋势。

用前代的民用标准来作本朝的官用标准，在度量衡变动最急剧的南北朝时期就有许多例证，即如，刘宋时民间所用的市尺（0.2456632公尺），传入齐、梁、陈后，便成为三朝的乐律尺（官尺）；及后周平北齐后，此尺又成为后周的官用铁尺，当时周朝民间行用的市尺，其长度是零点二九五七六五六公尺。至隋开皇初，又令以周市尺为官尺，周铁尺来调音律①。以上一系列的嬗递变革，无非是要加长尺度，它是通过把前朝的市尺作为本朝官尺的特定方式而实现的。

2. 地方度量衡增大的无限制性及其剥削性质

关于地方和民间的情况，可分为以下几点来谈：第一，由于自然经济在封建社会里占统治地位，各地区大半自给自足，闭关自守，与外界的联系非常薄弱。因此各地区间的度量衡表现为极端参差纷乱的现象。彼此距离较远的地方固不必提了，就是同一县及各市镇的度量衡亦往往不同；同是一市镇，各业的度量衡，又常不相同；同是一业，同是一家，买进和卖出，趸卖和零售，粗货用的和细货用的，亦常常不同。加以贵族、豪门、奸商、猾吏常常私自制造，至于使用私器更是司空见惯了。所以，对于地方或民间的度量衡要作量的变迁的分析是十分困难的。但有两点似乎值得提出来讨论：其一，各地的度量衡虽无统一的标准可言，但他们量的大小和器具制作之形式及特点，不外是由各该地区生产和交换的情况以及风俗习惯因素来决定的；其二，他们也不能不受官方法律的影响，即如为了供应政府的征求，如岁派、杂派、和买等项，便不得不采用与官方规定相符合的标准，因而地方度量衡的量也只能向大的方向而不能向小的方向演变。更由于私制的度量衡可以任从私制者之意增大，并不受法定标准之约束，所以它们的增率亦比官定度量衡之增率要大得多。吴承洛论述国民党时期的紊乱情形，说"民间应用之裁尺，有合现今市用尺一尺零五六分者，至织布用尺常有合一尺五寸以上者"，"民间实际应用之升，其容量却有十倍此数（指市升）"，"铺店零星卖出，大抵通用十四两上下之秤，其重量在现今市斤之八折至加五厘之间，有时水果秤不及市斤半斤。……店家大批向农家采集原料燃料等，其所用之秤，常合现今市斤一斤半上下，其超出二市斤者，亦间有之"。②这些都可以证明我上面的推论。

其次，由于官用的和民用的两者之并行，这就发生了折算的问题，此中奥妙，并非一般平民所能掌握。于是市面上就有一班专靠这来混饭吃的"市侩、牙行"人等出现，因为只有他们才能搞得明白，这些人可以说是封建社会里商场中的专家。清乾隆末年（十八世纪末），赵翼说："至市斗、市秤，则又有随地不同者；如今川斛大于湖广，湖广斛又大于江南；秤则有行秤、官秤之不同，库平、市平之各别，又非禁令所能尽

---

① 均见《隋书》卷十六《律历志》"审度"。
② 《吴书》第299、304、307页。

一。而市侩、牙行自能参校，锱黍不爽，则虽不尽一，而仍通行也。"①赵瓯北给这些市侩、牙行，以颇高的评价，他当然忘记了这些专家是需索相当代价的这个事实。他们的作用，颇与衙门里的粮房、书办相似，只是服务的对象有点不同罢了，前者为商家老板服务，后者则为官府服务，但皆以小生产者及一般消费者为剥削的对象。

关于私秤的情况，除了市面公开的需索以外，暗中欺骗的情形亦甚为普遍，如制造或使用违法的私器。《武进县志》载："（明代）毛给事中宪刻其家斛曰：'出以是，入以是，子孙守之，永如是！'盖不多取佃田者。"请看只要出入都用同一的"家斛"，便可以称作"乡贤"，则一般家斛的件数，岂不是"不可有一，不可无二"吗？从解放前的俗语中也得到反映："北斗七星，南斗六星，加福禄寿三星"，这就是说一斤应足十六两秤，如果少给一两折福，少给二两折禄，少给三两折寿。这是劳苦大众痛恨剥削阶级使用小秤的诅咒②。其实早在封建制度刚成立的初期——战国时，憧憬于初民社会的庄子学派已提出过"剖斗折衡，而民不争"③的抗议。另一方面，渴望大一统出现的法家则把度量衡之权视作君权一部分，把它神圣化起来，如韩非子所说："上操度量，以割（裁）其下。故度量之立，主之宝也。"④

3. 封建时期度量衡制度和生产、制作、礼制等发展的关系

度量衡的产生固然是交换的发展直接引导出来的结果，但交换的发展是由生产的发展来决定的。如果没有剩余生产品，便极少有交换的可能，所以生产发展和度量衡的发展也有很密切的关系，且愈到近现代，关系愈为密切。随着近现代科学的发展，度量衡便主要为生产服务。在封建社会里，这两者的关系也是相当明显的，同时应该看到上层建筑对度量衡的变化也起到一定的限制作用，可惜过去对这方面的讨论很不充分，今试谈一些浅见。

在前面屡次提及，历代度量衡制度是常常地变，而且总是沿着自小而大的方向变的。但这一结论，主要是指官方收支上和市场贸易上所用的而言。对于专为手工业用的度量衡来说，变动是不大的。这点可以从木工尺的变化情况来说明。这一种尺，是于官尺（法定尺）之外，自成为一系统的。木工尺，亦称鲁班尺，或营造尺，它包括旧式建筑业中木工、刻工、量地等所用的尺，也包括旧时车工、船工所用的尺。各地所用的木工尺，在实际上虽亦有长短不齐的情况，但相差并不大。至其规定的标准，据明韩邦奇、朱载堉，以至近人吴承洛诸家的考证，则自春秋末鲁班（或作公输般）将周尺的长度改定以后，根本上没有第二次的改变。姑且勿论这种说法是否绝对化了，但看来木工尺长期变化甚微却是事实。为什么它不受后代官定尺度变化的影响而变化呢？吴承洛的解答是："盖由于木工为社会自由工业，而在中国又系师徒传授，世代相承，少受政治混乱之影响。"⑤程理浚同志修改为"人民为了自己的便利，也就有了自己一套传统的

---

① 赵翼：《陔余丛考》卷三十"斗称古今不同"条。
② 参看程理浚修订本（以下简称"程本"），第126页。
③ 《庄子·胠箧》第十。
④ 《韩非子》第八篇《扬权》（参看梁启雄《韩子浅解》第56—57页）。
⑤ "吴书"，第59—61页。

制度"①。两说皆有部分的理由。除此之外，似乎跟我国封建社会生产技术长期相对停滞性，也是不无关系的。考中国建筑乃是世界建筑中独树一帜的体系。这个体系至汉代已经发展完备。从那时起到半殖民地半封建社会为期二千余年，但建筑之基本结构及部署原则，并无遽变之迹。而"仅有和缓之变迁，顺序之进展；直至最近半世纪，未受其他建筑之影响"。形成中国建筑之特点有两个方面的因素：其一，属于实物结构技术上之取法及发展者；其二，属于环境思想及历史背景者。前一方面的因素，如：1. 我国建筑皆以木料为主要构材，2. 以斗栱为结构之关键并为度量单位，全部建筑之权衡比例，以横栱之材为度量单位，等等。后一方面的因素，如：1. 建筑活动受旧道德观点的制约。古代统治阶级对于坛社宗庙、城阙朝市，认为宗法仪礼、制度之所依旧，加以阶级等第严格的规定，遂使建筑活动以节约单纯为满足，崇伟新巧创作则受限制。2. 建筑之术，师徒传授，唯赖口授实习，墨守成规，等等。由于以上种种原因，所以我国营造术遂凝固为一定的法式，表现为长期不变的倾向②。因之从鲁班尺分出来的营造尺的长度也是长期不变，这无非是受了技术成规和社会意识形态多方面的影响。更应指出，在古代营造业实际上是一种世代相承的职业，营造工匠的户籍及其身份至少自元明以迄清初是世袭的。

与木工尺的情况有点相类似的，是裁缝工匠所用的尺，叫做衣工尺，亦称裁尺，或布尺。它在历史上的变化情况较为复杂。吴承洛大约根据周礼的传说，说周代衣工原本亦用律用尺（即法定尺）；其后始另自成一系③。后面这个系统，是指民间衣工所用的尺而言，其长度的变化是很大的，而且各地的情况，参差紊乱不堪。吴氏对此的解释："裁缝事业非代代相承不替，故日久则尺度并无标准。而后来民间通用之尺，亦与裁尺不分，故民俗凡通用尺均视为裁尺，而反以朝廷法定之尺，名之为官尺。"④吴氏所论民间通用的尺后来与裁尺不分，确是事实。造成这一现象的原因是由于民间日用之尺主要是用来量布及裁衣，但造成尺度长短之不同，则由于交换或生产的关系。如前所述，国民党反动统治时期，因为在布匹交易上加尺之风气甚盛，故裁尺有合市尺一尺零五六分者；至织布用尺常有合一尺五寸以上者，则由织布机及技术上的理由来决定。

还应当注意，在古代，阶级意识和传统观念对裁尺之长短变迁亦起相当大的作用。如唐代度量衡制度分为大小两种。小制是古制，即隋大业中议复的古制，是以汉代的制度为依据；大制是依据北朝迭次增大最后之结果，亦即隋开皇中的制度。大小的比例是：大尺一尺是小尺（亦称黍尺，学者多数认为即后周之铁尺）的一尺二寸，大斗一斗是小斗的三斗，大秤一两是小秤的三两。开元间明文规定："小者，调钟律，测晷景，合汤药，及冠冕之制，则用之；内外官私悉用大者。"⑤可知尽管都是用来裁制衣服的

---

① "程本"，第233页。
② 以上参看梁思成编《中国建筑史》（高教部教材编审处1955年印），第3—9页。
③ "吴书"，第59页。按周礼天官冢宰"缝人，掌王宫之缝线之事，以役女御，以缝王及后之衣服"，所述不一定真正是周代的事实，吴氏据此遂谓衣工尺其初亦本于律尺，不足深辩。
④ "吴书"，第60页。
⑤ 《唐六典》卷三户部《金部郎中员外郎》；林谦三著、郭沫若译：《隋唐燕乐调研究》附论二《唐代律尺质疑》。

尺，但用于制官服和民服的便各不相同。朝廷冠冕用小尺，民间衣服以至课征布绢便全用大尺。为什么这样规定？理由倒是简单，因为朝服为礼仪所系，为了要保全古制，故仍用古尺为便。但是"礼不下庶人"，民服就只能听其自便。至于官府征收的绢布，不用说是愈长愈有利，所以非用大尺不可。

在"合汤药"方面，因为一向用的是古方，如果改用新秤称量，恐怕容易出乱子，不如"依样画胡芦"，全盘不作改动为妙，所以唐代仍用小制（古制）配药就是这个缘故。早在三世纪末年，西晋惠帝元康（公元291—299年）中，已有过典型性的发言："裴頠以为医方人命之急，而称两不与古同，为害特重，宜因此改治衡权。"[①]这一复古的主张，不知什么原因当日并未见采用。

复古的倾向，在音乐（"调钟律"）方面表现得更为明显，其过程则比较曲折，且与度量衡标准之裁定有不可分割的关系，故有较详细申述的必要。我国历代封建王朝制礼作乐的目的，根本是从政治出发。为了维持封建社会等级和秩序，于是有提倡恢复古礼、古乐的必要。自秦汉后，历代制乐者都标榜以西周初年的古黄钟律为典则，同时也常用来作为制定度量衡的标准。由古黄钟律来制定的乐，据说是代表西周的"雅乐"传统，亦即所谓"古乐"，以别于后世的"俗乐"和"今乐"。黄钟，相沿说是十二律管之一，且为十二律中最低音。古代用长短不同的管子（或竹或铜或玉管）来审音。管子口径相同的，管长则声低，管短则声高。但周代黄钟这个实物谁也没有见过，谁也不晓得它的实长若干[②]。因此，所谓古黄钟律，只能根据古书记载并试制成器物来进行考订、检查的工作。至于古黄钟律管所发之音，其高低如何，亦即古黄钟律究竟如何，是无从推断和证实的。所以制乐诸家，莫不纷纭其说，纠缠不清。至其争论的焦点，大概是自汉至唐，集中于定律问题，亦即制器的问题。自宋以后便转移到律吕配合工尺方面，亦即奏乐和乐谱方面。所谓工尺，就是五音、十二律的简号，关于定乐律方面的争论，又可以分为以下几个问题：（1）用哪一种乐器来定律呢？西汉京房或后周王朴的"准"吗？晋荀勖的"笛"吗？梁武帝的"通"吗？还是用皇帝的手指（见前宋魏汉津请以徽宗的中指定律）？还是用"管"？总的说来，以管定律的学说占了压倒的优势[③]。（2）黄钟之长若干？一尺？九寸？八寸一分？此三说中以九寸说为最占优势。（3）用哪一种尺度来作计算？黄帝尺吗？夏尺？商尺？或周尺？不论是哪一种尺，都难得有真凭实据。于是，（4）又用积黍法来作参验。所谓积黍法（亦名"累黍法"）就是把黍按照一定的方法来排列，然后实测它的长度，再来和乐律及度量衡制的标准作比较的方法。计分为纵累、横累及斜累三种。横累法，首见于《汉书·律历志》。据载：是以横置之黍，其一粒的长度为一分，十粒为一寸，百粒为一尺（黄钟之长为九十分，即九寸）。汉志又载，计度黄钟之长所用的黍子，是"以子谷秬黍者为之"。光是

---

① 《晋书》卷十六《律历志》上"衡权"。《晋书》卷三五《裴秀传》附："頠上言：宜改诸度量，若未能悉革，可先改太医权衡。此若差违，遂失神农岐伯之正，药物轻重，分两乖互，所可伤夭，为害尤深，古寿考而今短折者，未必不由此也。卒不能用。"又参看《三国志·魏书》卷二三《裴潜传》注。

② 屈原《卜居》云："黄钟毁弃，瓦釜雷鸣。"可知战国时黄钟便已无法考究了。

③ 许之衡：《中国音乐小史》（1935年商务印书馆第二版）第十章《今古定律说之参差》。

以上几个字便有许多不同的注解,如"子谷秬黍",晋孟康解作:"子,北方,北方黑,谓黑黍也",故秬黍应为黑黍。吴大澂释为近世之高粱米,实误。所谓北方,又有人说是山西上党郡羊头山,有人说是河南。"中者",唐颜师古注:"不大不小。"朱载堉则谓"中用之黍,非谓中号、中等之黍"。其实累黍造尺,不过是古时的粗简办法,因为黍有大小之不同,一个一个的累,决不能做到稀密始终一致,横直的度数绝对正确。宋仁宗景祐(1034—1037年)间丁度等说得好,"岁有丰俭,地有硗肥,就令一岁之中,一境之内,即以校验,亦复不齐"[①]。可见无论哪一种方法,都做不到十分准确。

由上可知,尽管历朝皆以恢复黄钟古乐为名,实际上没有一朝所考订出来的乐律以至乐尺(律用尺)是完全一致的。这是问题的一方面。

另一方面,自两晋以来,尤其是南北朝隋唐以后,由于中亚细亚、波斯和印度的音乐(即所谓"胡乐")大量地输入,我国原有的雅乐和古乐,也受到深刻的影响而发生变化,其结果便创造性地"醇化出一个新的合成"[②]。这个新的合成,代表着古今中外音乐体系的融合贯通,代表着我国音乐新的创造、新的发展阶段。所以乐尺长度的争论,《晋书》及《宋史》的律历、乐两志所记特详,前书所记的是变化时期的前奏,后书记的是变化时期的尾曲。但乐尺的变化幅度毕竟还不能不受传统乐律的限制;它的增率比起征收绢布的实用官尺来是小得多的。这就是唐代调钟律用小尺,征租调用大尺的原因。西晋武帝泰始十年(274年)后,用荀勖律尺(=0.2308864公尺)调音律,但民间则沿用曹魏尺(=0.2417381公尺),民间尺大于律尺百分之四点七,也是同一理由。

关于唐开元间测晷影用小尺的规定,应当指出,当时在僧一行主持下,天文测量事业以至历法方面都取得了长足的进展。开元十二年(724年),一行为了计算我国各地的昼夜时刻、太阳出没等项目,建议在十三个地点测量北极高度以及冬夏至和春秋分的太阳影子的长。一行派遣了南宫说等在河南滑县、浚仪、扶沟和上蔡四个地点实测了晷影的相差。他据此推算,得出来著名的里差学说,地差三百五十一里八十步,北极高度相差一度。这数据实际上即地球子午线上一度的长,与近代数据比较,虽然差误相当大,但这个概念中已包含了"地球的大小"的意义。它彻底推翻了汉代流行的"地隔千里,影长差一寸"的旧说,较之宋元嘉二十年(443年)何承天的推算又迈进了一大步。这是中国古代天文学中一个卓越的贡献。今天河南登封县告成镇所存的周公测景台的石表就是南宫说的手迹。石表的形式和夏至日中"没景"之理,可由推算而知;更以现存开元的尺来度它,则和推算结果相符合。一行起草的大衍历,于开元十五年(727年)制定。这一律法由于系根据各地实测北极高度来定各地的食分,它确是比同时的其他各历优越。[③]

[①] 《宋史》卷七一《律历志》四。
[②] 参看郭沫若《历史人物·隋代大音乐家万宝常》(新文艺出版社1953年版),第183—185页。
[③] 阮元《畴人传》卷十六唐四《一行》下。参看朱文鑫《天文考古录》(商务1933年版)第10页;陈遵妫《中国古代天文学简史》(上海人民出版社1955年版)第46、154页;薄树人《一行》(载《中国古代科学家》,科学出版社1959年版,第103—104页)。

总之，使用于生产和技术方面的度量衡，除非在生产或技术方面有了相当大的变动，它们的变化率相对于用在交换支付方面的度量衡而言，是比较小的。有时，度量衡的变化率又受到上层建筑如礼仪风俗习惯的影响和限制，而变化得比较迟缓，如唐代制朝服所用的尺是小尺，民间用的则为大尺是。

编者附记：已故梁方仲教授所著《中国历代户口、田地、田赋统计》一书，即将由上海人民出版社出版。该书所收的资料始自西汉，迄于清末，包括统计表二百一十六表，"表说"二十份，统计图六份，并附有实物图片多幅，是一本以历史学教师、历史学研究者为对象的工具书。本文是梁先生为该书撰写的一篇附论。其中第二部分原定的第四目：《半封建半殖民地时期度量衡制度的特征》，梁先生还来不及写出，便已与世长辞，只好从阙。梁先生晚年在病中用铅笔在原稿上作了多处批改。由于日久，字迹模糊，有的已几不可辨。本文是由历史系叶显恩同志负责整理的。

原载《中山大学学报（哲学社会科学版）》1980年第2期

百越对缔造中华民族的贡献

——濮、莱的关系及其流传

梁钊韬

一

世界上没有纯粹的种族，也没有纯粹的民族。这是民族发展的基本事实。毛泽东同志在《论十大关系》中，关于汉族和少数民族的关系说道："汉族人口多，也是长时期内许多民族混血形成的。"这是正确的论断。

人类融合①，从氏族社会就开始。为了生产劳动，巩固生产集团，扩大经济生产的效果，氏族社会一开始就实行族外婚，此后人类的血统混合的范围就越来越扩大了。氏族社会解体，进入农村公社时期，人类为了巩固生产集团，加强生产集团之间的合作，又扩大了族外婚，出现了"环形婚"，即单方姑舅表婚。开始可能是三个氏族，其后更多，循环建立婚姻关系。景颇族和独龙族在民主改革前就残存着这样的制度。

从农村公社时期开始，人类打破了氏族血缘关系，不同的氏族和部落按地域关系杂居在一块地方共同生产劳动。人类社会按照这种循环式的外婚制度，不同氏族和不同部落的人，互相混血、融合而成为一个民族。杂居越扩大，血统混合也越广，民族也越发展扩大。

民族之间的经济、文化交流是促进民族发展扩大的一个原因。部落之间或民族之间的来往，不可以近代交通来想象。从一个部落到另一个部落，环环串联，经济文化的交流可以到达遥远的地方。民族之间的来往向来是有翻译的，因为两个民族或部落之间，总有人能说两方的语言或方言的，他们就成为民族融合的桥梁。如文献记载，"吴越二邦同气同俗"②，交往不用翻译，但楚越之间交往则要翻译③。边远地方的民族，往往经过重译，可以到达中原地区。因此古代各族之间不会因语言或方言不同而阻碍了彼此之间的交往。

人类社会发展到初期农业，进入刀耕火种时期，土地要休耕轮种。各部落要寻找美好的地方进行劳动，以求得农业丰收，保障人们的生活，因而迁移频繁。打猎民族进入饲养家畜时，也要不断迁徙，寻找美好的牧场和草原。不论农业或畜牧业的民族，在迁

---

① 这是指较大范围的自然融合，以下同。
② 《越绝书·外传记范伯》《越绝书·外传记策考》。
③ 《说苑·说善篇》记楚鄂君子哲在新陂舟中听越人歌，经翻译才知其意。

徙过程中，也同别的民族或部落混血。

尤其重要的，部落或民族在接触中，总是向对方学习先进的生产技术，尤以学习制作和使用先进生产工具最为迅速。经济文化交流，符合于各族人民提高生产力水平，发展经济，保障生活的要求。这是民族融合和混血的主要原因。

我国目前有五十六个民族成员，按语言区分：中原以北为阿尔泰语系诸民族，中原以南为汉藏语系诸民族。

汉藏语系各族的文化融合和体质混血，是华夏族或后来所称的汉族的民族组成的基础。在这个基础之上，加上北方阿尔泰语系各族的文化和血统而形成为中华民族。

这一形成过程最早可以从新石器时代讲起。

黄帝是后来称为姬姓的部落联盟，炎帝是姜姓的部落联盟。这两个联盟合为一个大的部落联盟。这是华夏族的最早基础。他们都发源于陕西、四川、甘肃之间一带的地方。

在新石器时代的早期，或者说中石器时代，约一万年前，中原地方还是河流交错、布满砾石的沼泽地带。其后风成黄土越来越厚，形成肥沃的广大平原，这当然是适合农业发展的好地方。因此，周围的部落在新石器时代的中期或晚期，进入初期农业的时候，便向中原地方迁徙，找寻适合于农业的美好耕地。

黄、炎部落，大概在进入新石器时代中期，便最先在陕西关中和河南大平原开辟了锄耕农业的土地。黄帝在黄河北岸发展，炎帝在黄河南岸发展，这大抵是仰韶文化的创造者。黄帝、炎帝不是指个人，而是代表这个时期的部落联盟。当时还是由母系氏族社会向父系氏族社会过渡的时期。

与此同时，南方有三苗集团。根据西汉韩婴的《韩诗外传》记载，"当舜之时，有苗不服，其不服者，衡山在南，歧山在北，左洞庭之波，右彭泽之水，由此阹也。"他们分布在歧山之南、嘉陵江上游，沿长江东至洞庭湖、鄱阳湖一带。其中在湖北、江西地方的三苗，亦沿汉水北上追寻发展农业的好地方，这可能就是河南西南部淅川下王岗文化的主人。从它的文化特点来看，与仰韶文化有密切关系，也就是说，通过经济、文化的交流，与黄、炎部落联盟已有一定程度的融合。

在这时候，与东南沿海诸族一样学会使用有段石锛的东夷，处于山东大汶口文化阶段。它是东南沿海诸族向北迁移，争逐中原美好地方的最前头部落，可能就是古史传说中的蚩尤部落联盟①。蚩尤进居中原后，为争逐耕地与黄帝部落联盟战于涿鹿（今河北省南部巨鹿县），蚩尤虽然战败，但并未被消灭，也没有被俘虏，大抵把耕作地的疆界划分了，也就相处正常。但两个部落联盟还是时战时和，这说明他们之间已有密切的关系。比如大家在毗邻的地方耕作，会为水源利用和牲畜越界逃跑等发生争执甚至战斗，这就会引起互相融合。我们从仰韶文化分布的情况，包括受它影响的地区来看，说明黄、炎部落联盟的扩大，除了陕西、河南华夏族发源的地方，还包括河南西南部的三苗族的先头部落，以及山东西部的东夷和后来被称为越族的最北的先头部落。

考古学上的这个时期，仰韶文化、河南淅川下王岗文化及山东大汶口文化，都已经

---

① 依徐旭生说，见《中国古史的传说时代》，增订本第51至53页，1960年，科学出版社。

开始融合。因而当时的华夏族，既以羌族的黄、炎为基础，又融合了南方的一部分苗族和东南方的一部分东夷、越族。至于中原以北各族所追求的地方是宜于畜牧的草原。他们在阶级社会出现以前，与中原华夏族的融合远不如南方。

二

越族土著的分布，应以新石器时代文化特征为依据。我国对东南沿海新石器时代文化的研究，近三十年来日趋发展，虽各家意见稍有不同，但都认为当时的文化有以下几个特征：一、使用有段石锛和双肩石斧；二、有夹砂或夹炭粗陶，有拍印绳纹，晚期进入铜器时代则有几何印纹软陶及硬陶；三、陶器组合有鼎、豆、壶共存；四、种植水稻；五、住干栏式房屋。具有这些特征的文化，普遍分布在我国浙、闽、台、粤、桂等省（区）及国外印度支那半岛。这一分布状态，大致与《汉书·地理志》臣瓒所谓"自交阯至会稽七八千里，百越杂处，各有种姓"的说法相符。这一分布地带，考古学上表现为既有同而又有异的各种文化，大体说来，这就是"各有种姓"的区分，并以"百"形容其"种姓"之多。

"百越"一词首见于秦人著述《吕氏春秋·恃君》："扬汉之南，百越之际，敝凯诸夫风余靡之地，缚娄阳禺驩兜之国，多无君。"这里写的"百越"是泛指扬州、汉水之南，在今湖北、江西地方，包括羌、氐、巴、苗等族属的许多少数民族。这一地区是夏商以来多民族接触的地带，羌族向东、苗族向南、越族向西迁移、融合、同化的情况，比《汉书·地理志》臣瓒说的东南沿海百越地区复杂得多。

东南沿海百越诸族，在新石器时代已有高度的文化。1973至1974年，在浙江余姚河姆渡村发现的河姆渡（第三、四层）新石器时代文化[1]，距今约七千年前[2]，这里的居民便以栽培水稻的农业为主要经济部门，还豢养猪狗等家畜，兼营渔猎，有大面积和大量带有榫卯技术的干栏建筑遗存。这是迄今为止，有考古资料说明的东南沿海百越族祖先最先进的文化。在它以南的百越诸族地区虽亦出现种植水稻的农业经济文化，但年代比它晚。

河姆渡文化的居民，还向北创造了大江南北的青莲岗文化[3]，这是根据青莲岗文化出现了东方沿海常见的有段石锛，存在的时间上限又接着河姆渡的早期文化等证据而断定的[4]。它晚于河姆渡文化约一千年。

青莲岗文化还越过长江，到达苏北、鲁南，其年代与江南青莲岗文化差不多同时[5]。

大江南北的青莲岗文化大体一致，但也有不同。江北出现了与江南干栏建筑遗存不同的草拌泥烧土块住房墙壁的遗迹，还出现了象牙束发器。这可能是江南越族迁至江北

---

[1] 《河姆渡发现原始社会重要遗址》，《文物》1976年第8期。
[2] C^{14} 测定年代为距今 6310 ± 100 年，树轮校正年代为距今 6960 ± 100 年。
[3] 《淮安青莲岗新石器时代遗址调查报告》，《考古学报》1955年第9期。《江苏邳县四户镇大墩子遗址探掘报告》，《考古学报》1964年第2期。
[4] C^{14} 测定年代为距今 5800 ± 105 年。晚于河姆渡文化约一千年。
[5] C^{14} 测定为距今 5800 ± 105 年。

后，因地理气候条件不同，住房形式结构相应有所改变；潜水捞捕的渔业经济生活改变为陆上农业耕作，断发亦相应改变为束发。另外，这些变化也可能是与中原文化相融合的表现。南、北青莲岗人的体质也有差别，前者与近代南京人略似，后者则近似现代鲁南人，这说明约六千年前，大江南北的居民体质已略有不同。

江北青莲岗文化形成不到两千年便与出现在山东半岛的大汶口文化①相融合。在后者的早期遗存中仍保留着前者的因素，因而另一个可能是后者由前者发展而来，二者存在关系是肯定的。大汶口文化分布在山东、苏北和安徽境内。它创造了蛋壳黑陶和形状原始的陶鬶，也出现了一部分独具风格的彩色陶器，有的纹饰类似仰韶文化。这说明古代东夷越族的前头部落已与中原仰韶文化有一定程度的融合和统一的特征。

在大汶口文化的生产工具中，存在着东南沿海常见的有段石锛，表明西太平洋海岸即我国沿海地带的东夷与越族有共同的特点。

大汶口文化的另一显著特点是当时人们普遍有拔牙风俗。一般十四岁以上的人均拔去上下犬齿或门齿。这种风俗显然是具有民族特点的原始社会"入社式"（initiation）在人体上的表现。近来在湖北房县七里河遗址的多人合葬墓中也发现拔牙现象。在台湾和近年来在广东珠江三角洲地区（佛山）也发现有拔牙现象的原始社会墓葬。南方其他省份亦渐有所发现。拔牙墓葬的分布状况，可能说明大汶口文化在南方的流传。

拔牙风俗，文献中或称为"凿齿"。《淮南子·本经训》载："尧乃使羿诛凿齿于畴华之野。"这里记载的"凿齿"应该说是大汶口文化的主人。晋张华《博物志》载："僚妇生子既长，皆拔去上齿各一，以为身饰。"《太平寰宇记·贵州风俗》载："郡连山数百里，有俚人……女既嫁，则缺去前一齿。"《峒谿纤志》载：打牙仡佬"父母死，则子妇各折其二齿，投之棺中，以赠永诀"。自晋到宋，文献记载拔齿之俗，行于俚、僚、佬等民族，这是值得注意的问题。

在大汶口文化中还发现人的颅骨有改形的特征。在133座墓葬中出土的人骨，有90%以上的颅骨有变形状态。这是由于用扁带压在前额背负重物的习俗而变形的。这种习俗在我国东北相当流行。也早见于山顶洞人。大汶口文化广布于辽东半岛，可能与华北及东北通古斯族的古代民族有关。头颅人工改形现象，还见于原始社会时期的日本人，近代的虾夷人、北美印第安人、美兰尼西亚人、马来半岛和巽他群岛等地方的一些民族。

大汶口文化的民族在我国南方与僚、俚、佬等民族有密切关系，他们可能由长江西上流传至湖北江汉地区，或溯珠江西上流传于华南、西南，或从我国海岸流传至太平洋诸群岛。他们必然是善于驶舟航海的民族。现代住在山东沿海的一些人，称为"老莱子"的，是指"善于驶舟航海的人"②。这个"老莱子"及"善于驶舟航海的人"，应与古代莱夷有历史关系。

大汶口文化进一步发展形成山东龙山文化。1973至1975年，考古工作者从发掘的层

---

① 《大汶口新石器时代墓葬发掘报告》，1974年，文物出版社。大汶口文化经C^{14}测定为距今3910±95年，树轮校正年代为距今2490±145年。

② 承我国航运史研究专家房仲甫同志见告。

位中证明大汶口文化与山东龙山文化的相承关系①。山东龙山文化的分布以山东为主，南到江淮平原，北抵河北北部并延伸到辽东半岛，它虽有自己的特点，如少见或不见中原龙山文化的斝、鬲、甗等器物，但大体上均与中原的社会发展相一致，已进入父系氏族社会并向阶级社会过渡，形成了统一的华夏系统的文化。

三

浙江与山东的原始文化的密切关系，还可就文献资料予以论述。

古代山东与浙江之间，人民互相来往，久而形成历史传说，后遂见于文献记载。文献资料往往有不尽实之处，但其中亦不少具有史料价值。《史记·越王勾践世家》："越王勾践，其先禹之苗裔，而夏后帝少康之庶子也。封于会稽，以奉守禹之祀。文身断发，披草莱而邑焉。"司马迁所指的禹之后是以勾践为代表的东南沿海越族。但其后《汉书·地理志》中臣瓒对此表示怀疑，故曰："百越杂处，各有种姓，不得尽云少康之后也。"并举芈姓夒越为据，说明他的见解，又曰："故《国语》曰'芈姓夒越'，然则越非禹后明矣。"夒越是指在今湖北秭归至四川奉节一带濮人居住过的地方曾被楚国统治而跟了楚姓的夒族。司马迁与臣瓒所处的时代不同，论述的对象和地区又不同，这里二说均有可取，但亦不免有所偏。前者指出夏与越的关系，后者指出越族成分的复杂，都是可取的，其他可暂不论。

近人"越族源出于夏族"说②，却包括了夒越，不无纷繁未理，嫌有未尽之处。盖在夏禹的时候，东夷、越族已成为华夏族的成员，共同建立了夏国，因而东夷、越族在传说中，流传他们是夏的后裔，其后文字记载便把越王勾践的先世认为是源出于禹之后，这是合理的。同样，尽管夒越也许以越人血统为主体，但已与苗族、巴族等江汉地区的一些民族融合，并成为楚民族的成员，因此认为它是芈姓之后也是合理的。我们应珍视历史传说，但也应当有所分析。

夏代中原与山东、浙江有密切的关系。《管子·封禅》："禹封泰山，禅会稽。"封与禅是联系在一起的，不会相隔太远，禹不可能在山东封泰山，又到浙江禅会稽的。因此，这里所说的会稽，必然是在山东泰山附近。无论会稽在山东也好，在浙江也好，按照南北朝的侨迁地名的常例，反映出这两个地方的人民必曾有过密切的关系。《淮南子·氾论训》说："秦之时……东至会稽浮石。"高诱注："会稽，山名也，浮石随水高下……一说会稽在太山下，封于太山，禅于会稽是也。"太山即泰山。会稽与泰山相接，虽古人一再言之，但到底不明其中的关系。可能在夏之时，会稽在泰山附近，为东夷越人所崇敬，其后苏鲁地区与华夏民族融合，不再被称为越人，商以后浙江越人怀念祖先，迁地名于此，因而会稽一名又出现在浙江。故这个传说颇有来历，并非随便臆造。《汉书·地理志》臣瓒说的"自交阯至会稽"的越族分布地区，自是商周以后的情况，而更早的越族分布，应与东夷、莱夷地区结合，及于山东。

至于越之得名，最早见于商代甲骨文，前人多所论述，说是起源于"戉"或"钺"

---

① 《一九七五年东海峪遗址的发掘》，《考古》1976年第6期。
② 罗香林：《中夏系统中之百越》，1943年，独立出版社。

字。戉（钺）是当时的主要生产工具，中原人因其用戉而名其族。根据浙江杭州良渚镇所发现的良渚文化①来看，其主要生产工具是磨制精致的三角形石犁，即铧。《越绝书·外传》记吴王占梦，占者公孙胜以铧比拟越人，文曰："吴王劳曰：……见两铧倚吾宫堂……公孙胜伏地有顷……因悲大王曰……见两铧倚吾宫堂者，越人入吴邦，伐宗庙，掘社稷也。"由此可知，戉就是铧，越人曾被比拟为戉而得名。然而，"戉"是他称而非自称族名，越人自称为"濮莱"，何以故？兹试论之。

《左传·昭公元年》赵孟曰："吴濮有衅，楚之执事。岂其顾盟？"这是公元前541年周景王四年的事。当时吴国已强盛，侵凌邻邦，其最主要的敌人是越国，"吴濮"就是指吴越。因此，"濮"是越人的自称。

濮音仆，广州读为b′，与卜、布音近。现代壮侗语族的布依族自称为布饶，"布"是人的意思，"饶"即僚，越语倒装，布饶或布僚，即饶人或僚人。布即濮，故濮亦为人的意思。

古代濮人分布颇广，超过以有段石锛和印纹陶等为特征的新石器时代文化分布的范围，当为夏商以后濮人迁徙的足迹。《左传·昭公九年》："然丹迁城父人于陈，以夷濮西田益之。"这里所指的"夷""濮"为什么相连？《越绝书·吴内传》解释夷字曰："习之于夷，夷，海也。"故夷濮是指近海的濮人。山东近海而居的民族为莱人，故濮就是莱人。同书又云："宿之于莱，莱，野也。"即指山野，宿之于莱即居于山野。《越绝书·外传记地传》云：越人"水行而山处"，正与莱、夷两字之义相合，即居于近海山野，长于水行（驶舟航行）的人。综言之，东夷是泛指东方近海而居的人，并非自称，其自称为濮，为莱，其习性"水行而山处"，正与后来所称的越人习性相同。濮与莱是越族的原始自称。海南岛黎族的"黎"字，读为loi，与莱同音。1952年，我到海南岛黎族腹地调查，问黎族老妇loi是什么意思，老妇指着山地和树木多的地方，示意山野就是loi。《太平寰宇记·儋州·风俗》载："儋州俗呼山岭为黎。"正和我所耳闻目睹的相合。黎族为古越族后裔，从其自称可见与古代濮与莱夷有历史关系。loi之为山野，并作为民族的自称，盖由来久矣。

濮族所居之地，常与雷、里、历等地名相合。雷、里、历、俚、僚、黎、佬同音，均来源于莱（loi）并与濮相连。濮与莱合而为古越族的自称。春秋战国之世，越国强盛，曾称霸中原，其族已以越而著称，于是他称代替了自称。

刘咸教授于1938年著文②指出："黎人常被他民族称为li与loi，lai，lay，loy等等，而彼自称，则常加唇音，读如b′li，b′loi，b′lay，b′loy等等。"这是胶着语，是"濮莱"这一族称保留在黎语中的证据。由于华夏语言一字一音，历史文献往往只记载其中一音，两音分开为两个字，加以记载者及越族各地方言的不同，于是译音各异，分别为濮、卜、布和黎、僚、俚、里、佬等族名。《逸周书·殷祝解》记载：夏桀被商汤放逐向南迁徙所经的路程，便出现这些地名。文曰："汤将放桀于中野。……桀与其属五百人南徙于里，止于不齐。"我注意到这条材料需要解释的是"里"与"不齐"三个字的

---

① 《杭州水田畈遗址发掘报告》，《考古学报》1960年第2期。
② Hainan, The Island and the people, 见 *The China Journal*, vol. XXX, No. 5—6, 1938.

关系。据王国维《古本竹书记年辑校》考证，"里"，当为《尚书·禹贡》所言之"雷泽"。故"里"与"雷泽"实际上是一个地方，而在《殷祝解》和《禹贡》有不同的译法。如果我们把有关的事情联系起来，便不会认为王国维仅用对音的方法而得知。胡渭《禹贡锥指·兖州》："今山东兖州府曹州东北六十里有城阳故城，北与东昌府濮州接界，雷夏在曹之东北，濮之东南。"我在纸上画个图，算一下，濮州与雷夏连在一起，在城阳的东南。同书又指出："（水经注）雷泽西南有历山。"也正好同濮州与雷泽连在一起，成一个品字形。这是濮与雷、历相合的例证。

至于上引《殷祝解》的"止于不齐"的"不齐"二字尤为值得注意。齐即齐水，即济水，在今山东菏泽、郓城、钜野三县之交。但"不"字作何解释？据罗香林教授考证："《仪礼·大射仪》奏狸首句，注云：'狸之言不来也。'狸从豸，里声，里从土，晶声，盖与雷字同音。虽今日雷与狸已为单音字，而不谈'不来'之复辅音，然古代越族苗裔，如贵州仲家，则至今称雷为'巴来'。与狸字古读'不来'正合。"[①]对罗教授的考证，我作一点补充，他的考证，正好与刘咸教授解释黎族自称为b'loi相合。这也不是偶然的。

上述关于濮与雷、里、历等地名在山东、河南之间混合并称的关系，说明先越时期的濮莱，与现代壮侗语族各民族的自称或语言相符。由此进一步说明壮侗语族各民族的祖先与古代"濮莱"同属于一个种族来源，即人类学上的"海洋蒙古利亚种族"。然而，我国沿海民族，不是由太平洋诸岛移入，而是在我国起源和发展起来的民族。当然其中有些是由南方或太平洋岛屿移殖来的，但不是主流。因为早在七千年前，我国东南沿海已经有高度文化的民族生命力，不断与中原文化熔冶于一炉，在有文字历史时期，沿海又建立了中国统一之下的齐、鲁、吴、越、闽越、南越等分封王国，都有高度的文化水平。他们流传到江汉地区，又与其他民族融合为楚国民族，共同创造了灿烂的楚文化。正因为如此，才能流传于四方。在国内，他们不断与中原华夏族融合混血，并带着华夏文化的因素对我国南方及西南地区扩大影响，他们的足迹遍于中原、华北、辽东半岛、江汉、南方、云贵高原以至四川嘉陵江上游的地方，沟通我国东西方诸民族的文化关系。数千年来，百越民族与羌彝系统诸民族、苗瑶系统诸民族不断交往，相互融合、混血，成为中华民族的成员民族，为缔造中华民族文化及保卫我国边疆作出了伟大的贡献。

*　　　　　*　　　　　*

本文旨在对"濮与莱"的关系及其流传作一初步探讨。至于江汉和西南地区在文献上留下来百越与百濮的关系问题，考古文物资料留下来的拔齿人、船棺葬、悬棺葬的有关问题，以及民族学留下来的高山族、黎族、布依族、仡佬族等民族的关系等问题，都有待于进一步研究。不过，我认为本文所论"濮莱的关系"的论点如能成立，上述问题可能迎刃而解。肤浅管见希同志们指正。

1980年9月于中山大学

原载《中山大学学报（哲学社会科学版）》1981年第2期

---

① 《古代越族方言考》，国立中山大学文史研究月刊，第2卷，第3、4期合刊，1940年。

论汉代太学的学风

张荣芳

汉代太学,是汉朝政府兴办的大学,从严格的意义上说,它不仅是我国历史上有文献记载的正式大学,而且还是世界教育史上有确切文字记载的由统一的中央政府设立的第一所官立大学[①]。汉代太学为封建统治阶级培养了大批官吏和官吏的后备力量,并在促使儒学成为地主阶级的统治思想,从而巩固封建统治等方面起了重要作用[②]。为什么能发挥这样的作用?这与太学里的学风是分不开的。所谓学风,就是学校里学习的风气、学术的风气,包括教师的选择、尊师重道、教学原则、学术研究、考试制度等等。本文就上述问题谈些不成熟意见,就教于方家。

一、严格选择教师

汉代太学的教师叫博士。博士中的长官西汉时称仆射,东汉时改称祭酒。西汉的博士多由名流充当,采用征拜或举荐的方式选拔,西汉选择博士是相当慎重和严格的。成帝阳朔二年,诏曰:

> 古之立太学,将以传先王之业,流化于天下也。儒林之官,四海渊源,宜皆明于古今,温故知新,通达国体,故谓之博士。否则学者无述焉,为下所轻,非所以尊道德也[③]。

从汉成帝的诏书看,明确指出博士必须德才兼备,要有"明于古今""通达国体"的广博学识,具有"温故知新"的治学能力,可以为人师表,可以尊为道德的风范。根据这一标准,各地向中央荐举博士。除荐举外,皇帝还亲自召请一些人任博士,如贾谊"颇通诸家之书,文帝召以为博士"[④]。"鲁人公孙臣上书,陈终始五德传。……文帝召公孙臣以为博士。"[⑤]有的是从贤良文学或明经拜选为博士的,如公孙弘,"年

---

① 熊明安编著:《中国高等教育史》,重庆出版社1983年版,第71—72页。
② 参见拙文《论两汉太学的历史作用》,载《中山大学学报(哲学社会科学版)》1990年第2期。后收入拙著《秦汉史论集(外三篇)》,中山大学出版社1995年版。
③ 《汉书·成帝纪》。
④ 《汉书·贾谊传》。
⑤ 《汉书·张苍传》。

六十，以贤良征为博士"①，平当"以明经为博士"②。也有从其他官升迁为博士的，如晁错"为太子舍人，门大夫，迁博士"③，翟方进"举明经，迁议郎，……河平中，方进转为博士"④。由于严格的挑选，西汉太学的博士，一般说来都是德才兼备，学有专长的。

东汉时，选拔博士要经过考试，《文献通考》卷40《学校一》载："西京博士，但以名流为之，无选试之法。中兴以来，始试而后用，盖既欲其为人之师范，则不容不先试其能否也。"除考试之外还要举荐人写"保举状"。《通典》卷13《选举一》载有一"保举状"：

> 生事爱敬，丧没如礼。通《易》《尚书》《孝经》《论语》，兼综载籍，穷微阐奥。师事某官，见授门徒五十人以上。隐居乐道，不求闻达。身无金痍、痼疾。三十六属，不与妖恶，交通王侯赏赐。行应四科（指东汉选拔人才的淳厚、质朴、谦逊、节俭四项条件），经任博士。
>
> 下署某官某甲保举

这个"保举状"，同样体现了对博士的政治、道德、学术、身体等方面的严格要求。后来皇帝颁布的诏书又规定，任博士须在五十岁以上⑤。

由于经过严格的挑选，在汉代太学执教的博士，一般来说质量较高，其中许多是一代儒宗和学者。例如辕固生、申培公、韩婴、欧阳高、夏侯胜、夏侯建、戴德、戴圣、梁丘、京房等人，都曾担任博士，他们的学问都博大精深，由他们执教，对提高教学质量，起了保证作用。

二、尊师蔚然成风

汉代太学有尊师的风气。尊师表现在三个方面：

第一，博士享有较高的政治待遇。博士从先秦设置以来，其职掌是不断变化的。到汉武帝时博士已经具备了议政、制礼、藏书、教授、试策、出使等六项职能。

议政。《汉书·百官公卿表》载博士"掌通古今"，就是指议政和备顾问。总计两汉博士议政共有四十三例，议政的内容相当广泛，包括内外政策、刑法、教育、宗庙等，甚至处罚大臣、废立诸侯王以至废立皇帝等大事都参与⑥。

制礼。制定礼仪是维护封建皇权的一项重要措施。自叔孙通为汉制定礼仪之后，博

---

① 《汉书·公孙弘传》。
② 《汉书·平当传》。
③ 《汉书·晁错传》。
④ 《汉书·翟方进传》。
⑤ 《后汉书·儒林列传·杨仁》载：杨仁，建武中，诣师学习《韩诗》，数年归，静居教授。"太常上仁经中博士，仁自以年未五十，不应旧科（注曰：《汉官仪》曰'博士限年五十以上。'），上府让退。……显宗特诏补北宫卫士令。"
⑥ 安作璋、熊铁基著：《秦汉官制史稿》上册，齐鲁书社1984年版，第432页。

士在各个时期都负有制定、修改礼仪的职责。上述两汉博士议政四十三例中，就有十二例是宗庙礼仪之事。

藏书。博士掌管国家藏书，《汉书·艺文志》注引《七略》：刘歆曰："外则有太常、太史、博士之藏，内则有延阁、广内、秘室之府。"博士掌管图书资料，与他的议政、制礼的职责是密不可分的。

教授。教授弟子，甚至进宫教授皇帝或太子。例如韦贤以《诗》教授昭帝①，郑宽中、张禹同时分别以《尚书》和《论语》教授太子（成帝）②。

试策。汉代选拔官吏，有两种方法，一种是试策，即地方察举到中央的各科人才，要经过试策之后才能任职。试策由博士主持。另一种是皇帝亲自出题阅卷，称为"对策"。对策也要先由博士、太常提出初审意见，再呈皇帝裁决。

出使。自汉武帝建元间派博士公孙弘出使匈奴，以后相沿成例。武帝时五例，元帝时三例，成帝时四例。出使有两种，一种是为了某种专门的事情而出使；一种是一般的出使，内容大体如《汉书·魏相传》所说"察风俗，举贤良，平冤狱"等。

从这些职能看，博士在社会上的地位是不低的。由于从皇帝到百官都尊重博士，社会上自然有一种尊师的风气，在太学中自然承传这种尊师的传统。

第二，博士享有较高的经济待遇。《汉书·百官公卿表》载：秦朝、西汉博士秩比六百石；《后汉书·舆服志》注引《东观书》云，东汉博士秩六百石。六百石秩是秦汉官吏级别高低的界线。《睡虎地秦墓竹简·法律答问》："六百石吏以上皆为显大夫"。《汉书·惠帝纪》："吏六百石以上"享有减刑减赋的优待。《史记·叔孙通列传》，通制朝仪，"吏六百石"以上方可朝贺。可见博士秩六百石或比六百石，属"高官厚禄"之列。太学还建有"博士舍"供博士们居住。《汉书·儒林传·王式》说王式"诏除下为博士。……既至，止舍中，会诸大夫博士"。说明王式到太学时，住在专为博士准备的宿舍中。至王莽时，把太学扩充，增加数十倍，《汉书·王莽传》载："为学者筑舍万区。"王先谦《汉书补注》沈钦韩曰："王莽起国学于郭内之西南，为博士之官寺。门北出，北之外为博士舍之中区，周环之。"《后汉书·翟酺传》载汉光武时，"起太学博士舍"。可见汉代的太学内是建有宿舍供博士们享用的。博士们有较优厚的经济待遇还表现在朝廷经常赏赐博士酒肉③。

第三，太学经学传授系统严格按照师法家法。对师法家法概念的解释，历来分歧很大。清人皮锡瑞在《经学历史》中说："前汉重师法，后汉重家法。先有师法，而后能成一家之言。师法者，溯其源；家法者，衍其流。"这一论述为近世大多数学者所认同。家法师法虽有不同，但都是以先师传下来的经文和经说作为尊奉的楷模，从宗师的立场说，二者性质上是相同的。严格的师法家法，使师生之间的关系紧密地联系起来，开创了求师问学和尊师重道的学风。教师的学术被视为弟子学术的渊源，弟子的学术被视为教师学术的延伸。这种学术继承关系颇类似血缘继承的父子关系。太学经师去世，

---

① 《汉书·韦贤传》。
② 《汉书·张禹传》。
③ 《东观汉记·甄宇列传》："每腊诏，赐博士羊人一头。"

弟子门生不论处何方、居何职，均有奔丧服丧的义务。如乐恢、楼望、郑玄等去世时，会葬者达数百人数千人。《后汉书·独行传·戴封》记载戴封送丧的事迹：

> 戴封字平仲，济北刚人也。年十五，诣太学，师事鄂令东海申君。申君卒，送丧到东海，道当经其家，父母以封当还，豫为取妻。封暂过拜亲，不宿而去。还京师卒业。

太学生戴封的教师申君，东海人，病逝于太学，戴封亲自送丧到东海。路经其家，父母准备为他娶妻，戴封因师丧在身，只"暂过拜亲，不宿而去"。这种远赴师丧的风气，影响后世甚深。汉代尊师蔚然成风，与恪守师法家法有着逻辑上的必然联系。

三、学以致用的教学原则

"通经致用"是汉代太学教育的一条重要原则。教育的内容就是儒家的五经，"通经"是为了"致用"，把培养人才和选拔任用人才结合起来，通过培养具有儒家思想修养的人才来为封建统治服务。公孙弘拟订了从太学选拔官吏的方案，《汉书·儒林传》载：

> 以治礼掌故以文学礼义为官，迁留滞。请选择其秩比二百石以上及吏百石通一艺以上补左右内史、大行卒史，比百石以下补郡太守卒史，皆各二人，边郡一人。先用诵多者，不足，择掌故以补中二千石属，文学掌故补郡属，备员。

此后，"文学礼义""通一艺以上"都被列为补官、晋级的条件，而且优先使用"诵多者"。

事实上，自汉武帝以后"三公"多是精通儒经的，如韦贤，号称邹鲁大儒，本始三年为丞相[①]，匡衡因专长于鲁诗，元帝时位至丞相[②]，贡禹由于通经，征召做博士，官至御史大夫[③]，薛广德以经行位至三公[④]。所以《汉书·匡张孔马传》赞曰："自孝武兴学，公孙弘以儒相，其后蔡义、韦贤、玄成、匡衡、张禹、翟方进、孔光、平当、马宫及当子晏咸以儒宗居宰相位，服儒衣冠，传先王语。"当时社会上有谚语曰："遗子黄金满籯，不如教子一经。"[⑤]太学的教师和社会上的父兄们都是以做官来鼓励学生努力求学，《汉书·夏侯胜传》载"（夏侯）胜每讲授，常谓诸生曰：士病不明经术；经术苟明，其取青紫如俛拾地芥耳。学经不明，不如归耕"。这生动地反映了通经术可以飞黄腾达的情况。东汉的情况也是如此，最著名的桓荣以研究《欧阳尚书》而世代为高

---

① 《汉书·韦贤传》。
② 《汉书·匡衡传》。
③ 《汉书·贡禹传》。
④ 《汉书·薛广德传》。
⑤ 《汉书·韦贤传》。

官，富贵荣华，致使以前曾讥笑其读经无用的同族桓元卿叹曰："我农家子，岂意学之为利乃若是哉！"①

"通经"可以做官，是"致用"的一个方面。做官之后，又可利用经学的知识，为统治者制定各种政策提供理论依据。当时人们不论干什么事情都要到经书中去找依据，上自朝廷的封禅、巡狩、郊祀、宗庙一类大事，下至庶民的"冠婚吉凶，终始制度"，都以儒家经典为准绳。官僚上朝言事、礼仪外宾，缙绅大夫待人接物、举措应对，都必须引经据典。就连皇帝的诏书，也引用经典。吏员们则用经书来代替法律，"以《春秋》决狱"就是典型事例。

儒学与仕途结合，使太学的教育滋生了一批阿世取荣的章句小儒。但太学也培养造就了不少忠义之士，他们敢于为民请命、直言极谏，又以儒学律己，修身砺志，保持高尚的道德操行，这是太学通经致用教育的又一重要表现。《汉书·鲍宣传》载鲍宣"下廷尉狱，博士弟子济南王咸举幡太学下，曰：'欲救鲍司隶者会此下。'诸生会者千余人"。这是学以致用的显例。至东汉桓帝、灵帝时，政治腐败，宦官专权，鱼肉人民，百姓怨恨。这种现象在太学生和知识分子中引起强烈反响，他们和社会上正直派名士相结合和宦官们进行了英勇的斗争。从桓帝时开始，就不断有太学生上书请愿的事，第一次发生在建和元年（公元147年），由于李固、杜乔下狱，他们的门生王调、赵承等几十人上书请愿②。第二次是永兴元年（公元153年），因朱穆不畏权贵，得罪宦官而入狱，太学生刘陶等几千人上书请愿，在群众的压力下，朱穆被赦免③。第三次是延熹二年（公元159年），发生了杜众上书请求和李云同死的事迹④。第四次是延熹四年（公元161年），皇甫规拒绝向宦官行贿而被捕入狱，太学生张风等三百多人请愿为他辩护，后被赦免⑤。太学生和知识分子反宦官斗争的高潮集中表现在所谓党锢之祸，即两次大搜捕党人事件中，这是人所共知的事实，在此不赘。

太学通经致用的教学原则，曾经起过积极的作用，它密切了教育与政治的关系，培养了一批具有儒家思想观念和道德修养的知识分子，这些人是维护封建大一统的中坚力量。但是将经义附会政治，造成了经学教育的庸俗化，这又是太学通经致用的严重缺陷。

四、学生勤奋学习与问难辩论之风气

太学的学生称做"博士弟子"或简称"弟子"，东汉时常称"诸生"或称"太学生"。由于太学实行考试制度及通经入仕的利禄之路的吸引等原因，太学生的学习是十分勤奋的。

东汉大学者王充，"少孤，乡里称孝，后到京师受业太学"，他"好博览而不守章句。家贫无书，常游洛阳市肆，阅所卖书，一见辄能诵记，遂博通众流百家之言"，后

---

① 《后汉书·桓荣传》。
② 《后汉书·李固传》。
③ 《后汉书·朱穆传》。
④ 《后汉书·李云传》。
⑤ 《后汉书·皇甫规传》。

来，王充成为著名的学者、思想家，并"著《论衡》八十五篇，二十余万言"①。太学生的勤奋好学，还表现在他们能够克服生活的困难，坚持学习。西汉太学生倪宽，家贫无资用，靠替同学烧饭以自给②，翟方进"家世微贱"，"西至京师受经，母怜其幼，随之长安，织履以给方进读"③。东汉太学生公沙穆家贫，"无资粮，乃变服客佣"，为别人"赁舂"④。有些太学生能够排除外界干扰，专心苦读。《后汉书·循吏传·仇览》记载仇览专心学习的故事：

> 仇览入太学，时诸生同郡符融有高名，与览比宇，宾客盈室。览常自守，不与融言。融观其容止，心独奇之，乃谓曰："与先生同郡壤，邻房牖，今京师英雄四集，志士交结之秋，虽务经学，守之何固？"览乃正色曰："天子修设太学，岂但使人游谈其中！"高揖而去，不复与言。

像仇览这样的太学生还不乏其人，如魏应，"建武初诣博士受业，习《鲁诗》，闭门诵习，不交僚党，京师称之"⑤，鲁恭，"年十五，与母及丕俱居太学，习《鲁诗》，闭户讲诵，绝人间事，兄弟俱为诸儒所称，学士争归之"⑥。这种闭门读书，"不交僚党"即不拉帮结派的风气是值得称道的。

太学生中互相问难辩论也是很好的风气。汉代太学中互相问难辩论之风首先在博士中进行。博士在讲经时，互相诘难，讨论经义是必经过程，可以说是太学教育的一个重要方法。朝廷征试博士经常采用辩难的办法。《汉书·朱云传》载，朱云由于能够驳难治《梁丘易》的少府五鹿充宗，而被任命为博士。这种风气的盛行，与皇帝的提倡是分不开的。《后汉书·儒林列传》载，汉光武帝"令群臣能说经者更相诘难，义有不通，辄夺其席以益通者"。他曾多次主持各派经师公开辩论，甚至在朝会上建立了按"讲通经义"来排座次的礼仪。侍中戴凭因为善于讲辩，"重座五十余席"，并获得"解经不穷戴侍中"的评语。建武十九年（公元43年），光武帝亲临太学，"会诸博士论难于前"，名儒桓荣"被服儒衣，温恭有蕴籍，辩明经义，每以礼让相厌，不以辞长胜人"，这种既在学术上针锋相对，又在态度上谦让有礼的儒雅风度，为当时诸儒之最，受到光武帝的赏赐⑦。和帝时期，兼通五经的名儒鲁丕甚至认为经师讲经"传先师之言，非从己出，不得相让；相让则道不明，若规矩权衡之不可枉也。难者必明其据，说者务立其义，浮华无用之言不陈于前，故精思不劳而道术愈章。法异者，各令自说师法，博观其义"⑧。可见辩难的目的是使经义愈明。太学博士们的辩难风气也传给了太

---

① 《后汉书·王充传》。
② 《汉书·兒宽传》。
③ 《汉书·翟方进传》。
④ 《后汉书·吴祐传》。
⑤ 《后汉书·儒林传》下。
⑥ 《后汉书·鲁恭传》。
⑦ 《后汉书·桓荣传》。
⑧ 《后汉书·鲁丕传》。

学的学生。《后汉书·逸民传·井大春》载井大春"少受业太学,通五经,善谈论,故京师为之语曰:'五经纷论井大春。'"丁鸿在太学从桓荣受《欧阳尚书》,也以"善论难"而著称,时人叹曰:"殿中无双丁孝公"①。太学辩难的精神,是研究和发展学术所必须的,为当时培养了不少人才。

汉代太学生除跟随博士学习之外,还可以向校外专家学习,例如郑玄在太学受业同时师事京兆第五元先,王充师事班彪,符融师事李膺②。太学生中的优秀者于《五经》之外,还研究天文、数学等自然科学。例如张衡"入京师,观太学,遂通五经,贯六艺。……衡善机巧,尤致思于天文、阴阳、历算等。……作浑天仪。……阴嘉元年,复造候风地动仪"③。崔瑗,至京师,"因留游学,遂明天官、历数、《京房易传》、六日七分。诸儒宗之"④。郑玄"通《京氏易》《公羊春秋》《三统历》《九章算术》"⑤。可见太学中鼓励根据个人兴趣自由研究,因此太学中出了不少学问家和大科学家。

五、严格的考试制度

汉代太学有严格的考试制度。考试有两种作用:一是选材手段;一是督促、检查学生学习的管理手段。关于考试年限、考试科目和录取人数,汉代四百多年有一个变化过程。西汉是一年一试,《汉书·儒林传赞》说"一岁皆辄课"。根据难易分为甲乙两科,"能通一艺以上,补文学掌故缺;其高第可以为郎中。"到王莽时,仍是每岁一试,增加了录取人数,改为甲乙丙三科。《文献通考》卷40《学校一》载:"岁课,甲科四十人为郎中;乙科二十人为太子舍人;丙科四十人为文学掌故。"东汉初年又恢复了甲乙二科。从质帝起,不分甲乙科,只取高第。后来又增加了补官的名额。到桓帝时,太学生增加到三万多人,旧的考试办法已不能适应当时的要求,改为每两年考一次,并废止人数的限制,而以通经多少为衡量标准。《文献通考》卷40《学校一》有详细记载:

> 永寿二年,诏复课试诸生,补郎舍人。其后复制,学生满二岁试,通二经者,补文学掌故。其不能通二经者,须后试,复随辈试之,通二经者亦得为文学掌故。其已为文学掌故者满二岁试,能通三经者擢其高第为太子舍人。其不得第者后试,复随辈试,第复高者亦得为太子舍人。已为太子舍人,满二岁试,能通四经者,推其高第为郎中。其不得第者后试,复随辈试,第复高者亦为郎中。满二岁试,能通五经者,推者高第补吏,随才而用。其不得第者后试,复随辈试,第复高者亦得补吏。

---

① 《后汉书·丁鸿传》。
② 分别见《后汉书》的《郑玄传》《王充传》《符融传》。
③ 《后汉书·张衡传》。
④ 《后汉书·崔瑗传》。
⑤ 《后汉书·郑玄传》。

从这个规定看，由一年一试改为二年一试，是适应当时需要的。二年一试，不及格者可以留校再考；及格者委任官职的仍可以留校，满二年后参加高一级的考试。这样可使太学生参加多次考试到通五经为止。这有利于把太学生培养成通材。

关于考试的方法，主要是射策和对策两种。所谓射策，颜师古在《汉书·萧望之传注》中曾作如下解释：

> 射策者，谓为难问疑义书之于策，量为大小署为甲乙之科，列而置之，不使彰显，有欲射者，随其所取得而释之，以知优劣。射之，言投射也。

这就是说博士先将儒经中"难问疑义书之于策"，加以密封（"不使彰显"），由学生投射抽取，进行解答。根据难易程度分为甲乙两科，每科规定录取名额。所谓对策，"对策者，显问以政事经义，令各对之，而观其文辞定高下也"[①]。这就是根据皇帝或学官提出的重大政治理论问题，撰文以对。例如董仲舒以贤良文学科被荐举，经过汉武帝亲自考问对策，三问三对，才被任命为江都相。射策多用于太学内的考试；对策多用于朝廷的荐举。太学内实行严格的考试制度，对督促学生勤奋学习及选拔官吏都发生过积极的作用。

汉代太学严格选择博士，尊师重道，推行学以致用的教学原则，鼓励学生勤奋学习、自由研讨，实行严格的考试制度等，创造和积累了丰富的经验。汉代太学这种优良的学风，熏陶了一代代学子，为统治阶级培养了大批人才。今天我们研究汉代太学的学风，对发展社会主义高等教育有借鉴作用。

原载《中山大学学报（社会科学版）》1998年第1期

---

① 《汉书·萧望之传注》。

国家与礼仪：元明二代祀孔典礼的仪节变化*

朱鸿林

一

　　国家政治与礼仪的制定施行，关系密切。宗周礼乐文明，盛极一时，孔子以周文郁郁之故而从周。所谓文，即是礼文，指礼制和仪文，是礼仪的整体。礼仪早有分指的意义和单指的意义。分指时，礼是国家为政的大制度、大措施，仪是典礼的仪文法度。这点春秋后期的政治家已有相当一致的论述。《左传》昭公五年传：鲁召公"如晋，自效劳至于赠贿，无失礼"，但知礼的晋国女叔齐却认为这只"是仪也，不可谓礼"。女叔齐所说的礼之本末，正如杨伯峻注所说，在于"守国、行政、无失民"①。昭公二十五年传：赵简子问郑国子大叔"揖让、周旋之礼焉"。子大叔对以"是仪也，非礼也"。又引子产说的"夫礼，天之经也，地之义也，民之行也，天地之经，而民实则之"一大段理论，以见"礼，上下之纪，天地之经纬也。民之所以生也，是以先王尚之"的道理。这是礼仪的分指义的表现。女叔齐和子大叔所说的礼，可以概括仪，他们所说的仪，却不可以概括礼。《中庸》所谓的"礼仪三百，威仪三千"，便是他们所说的礼的全部内容。②但在《诗经・小雅・楚茨》所见的"礼仪卒度，笑语卒获……礼仪既备，钟鼓既戒"的礼仪意思，以至《周礼・春官宗伯・典命》所见"侯伯七命，其国家宫室车旗衣服礼仪皆以七为节"，《秋官司寇・司盟》所见"凡邦国有疑会同，则掌其盟约之载，及其礼仪"，《秋官司寇・象胥》所见"凡国之大丧，诏相国客之礼仪"等的礼仪意思，却是礼仪的单指义，指的便是典礼上的制定仪式。这也是我们现在一般说的礼仪之意。《礼记・礼器》所谓的"经礼三百，曲礼三千"，便是指这些仪式的全部而言。

　　治国而不用礼仪，典礼而没有仪式，是不可能的。宗周行礼，儒家尚礼，尽人皆知。其实以法家治国的秦始皇也一样尚礼，只是他所尚的是尊君卑臣之礼而已。按照儒家的说法，礼的本质是爱敬，爱敬之意寓于制度文为，因制度文为而展现于外。故此礼仪有示范教化功能，而不止于节制防禁的作用。儒家都相信《孝经》及《礼记・经解》

---

* 本文是1999年2月25日受聘为中山大学客座教授演讲的讲稿修订本，题目配合科大卫教授所讲的《国家与礼仪：宋至清中叶珠江三角洲地方社会的国家认同》而定；第三节有部分内容取材作者论文《明太祖的孔子崇拜》，该文将在《"中央"研究院历史语言研究所集刊》（台湾）第72本第2分（1999）出版。

① 杨伯峻：《春秋左传注》，北京：中华书局1990年版，第1266页。

② 近人讨论礼仪和威仪含义之说，可参考杨向奎《宗周社会与礼乐文明》，人民出版社1997年版，第280—282页。

里孔子所说的"安上治民,莫善于礼"之言,便是因为他们认为礼仪有贯通上下、融洽内外的功能。

由于礼仪本身涵寓象征,也存着示范行为意义和规范行为意义,国家透过礼仪来达致为政目的时,对于自己所制订的仪文节度所能象征和所欲表达的意义,都会作有意识的考虑斟酌。时代不同,国家改了,原有的礼制,也会随之而有所更订。新的仪节所欲强调以及所欲寓托的意义,不必都与前代的相同。它们随着新的国家政治目标而制定,反映出新国的价值认定。同一文化的价值认定可以变化不大,但对个别价值的肯定,却可以有程度上的不同。因此,考察同一典礼的仪节的时代变化,多少可以看出不同时代对于必行之礼的不同认识和强调程度。

本文的旨趣,在于讨论古代中国政治思想和制度中的国家与礼仪关系。论文分为二部分,在讨论以儒家论说为主的国家与礼仪的各种相关理念后,藉元明二朝祭祀孔子典礼中的仪节变化,来论证国家的价值认定与国家的礼仪度数是互相反映的。

二

国家与礼仪的现实关系重大,在古代中国意义尤其重大。朝廷以至州县、社会以至家庭,无一不见国家法定或认可的礼仪存在。这和皇帝天子的政治观念有关。皇帝理论上的职责是奉天子民,天公而无私,凡有生之物都在其覆育之内,皇帝对于万民,因此皆有子育之责。《诗经·小雅·北山》所说的"普天之下,莫非王土,率土之滨,无非王臣",秦始皇二十八年琅琊刻石所说的"皇帝之功,勤劳本事……六合之内,皇帝之土……人迹所至,无不臣者"[1],固然可以反映全面拥有、全面统治的理念,但也可以包含全面负责的意念。

皇帝不能一人独治,故设百官,皇帝加上百官,构成朝廷,成为政治所出之地。统一皇朝时代的皇帝,是封建王朝时代国君的扩大和天下诸侯的单一化,观念上皇帝代表的还是国,百官则如封建时代的公卿大夫之各有其家,只是不能世袭、不成世家而已。所以,百家之于皇帝,不管是辅治天下或是共治天下,朝廷则已体现了国与家的合一。

从政治最高领导的角度来看,国家有时即指皇帝个人或一家而言。但从政治组织全体的角度而言,国家实即朝廷,亦即由皇帝最高领导下的政权和行政机构。汉高祖所说的:"镇国家,抚百姓,给馈饷,不绝粮道,吾不如萧何"[2],便是朝廷即是国家这种认识的反映。朝廷所定的制度法则,因此亦即国家所定的制度法则,其施行的要求是公众性的和普遍性的。在郡县制度和选举制度并行的时代,由于朝廷的成员可来自各地及能够代表人口多数的阶级,国家制度的公众性和普遍性便更明显。

古代哲人都认为天子子育万民的主要项目是教养二事,也都认为国家为政,必须养先于教,而以化民成俗为最终目的。杜佑《通典序》说,"夫理道之先,在乎行教化,教化之本,在乎足衣食",便是这个道理。有养无教,其极端后果将是饱暖思淫,群居而为兽行,故此教化是必不可缺之事。极致而论,经济生活上的养是文化生活上的

---

[1] 《史记》卷六《秦始皇本纪》,北京:中华书局1972年版,第245页。
[2] 《史记》卷八《高祖本纪》,第381页。

教的基础，但必教然后能化，亦即有了好的文化生活才能保障好的经济生活。养与教的关系虽是辩证的和互补的，但教化却是兼手段与目的为一的。在教与养二者的循环更生之中，无食固然人不能受教，但只要曾经教而化之，却便先可以不忧无食，以故为政始终必以教化为大事。管子说："仓廪实而知礼节，衣食足而知荣辱"①，可以概见养先化后而教以为具之意。管子所谓的知，是才能够理会之意，还是在说条件。到了真的知了，则已是化而成俗以后之事。这中间的关键手段便是教，养而后能教，教而后能化，国家既以化民成俗为政治的终极目的，因此教化的工具便与全体臣民有着日用的关系，而君主临民长民，也要日操此具以作示范鼓舞。这个国家的教化工具，便是礼仪。

食养虽是国家存在的基础，礼仪虽是国家教化的工具，但能否使这工具运用无阻，从而得以保障基础于不堕，则是另一个问题。因此古人论治国，也都能从现实层面上考虑事情。整体的最大考虑，是所谓"有文治，必有武功"。没有武力足以抵御外敌和平定内乱，国家先存的基础尚且不保，要达致为国的理想，便更无从而言。但在国家政治和社会生活都走上轨道时，武功总是备而不用的，文治才是国家运作的功能所在。

文治的原则性内容，便是儒教所谓的礼乐政刑或德礼政刑，概括时可以称为礼法之治。《礼记·乐记》说："礼以道其志，乐以和其声，政以一其行，刑以防其奸。礼乐政刑，其极一也，所以同民心而出治道也。"又说："礼乐刑政，四达而不悖，则王道备矣。"据孙希旦集解："极，犹归也；民心，即喜怒哀乐爱敬之心；同，谓同归于和也。"②可见礼仪政刑四者的政治作用，是相辅相成的，终极目的在于使人民的情感得以调和，从而使社会得到安宁。

但从性质和功能方面而言，礼乐政刑的先后轻重，是有分别的。孔子便认为德礼的效果比政刑的效果要好。《论语·为政》说："道之以政，齐之以刑，民免而无耻；道之以德，齐之以礼，有耻且格。"这是探深之论，而所谓的礼已包括礼乐而言。朱子集注认为："免而无耻，谓苟免刑罚，而无所羞愧，盖虽不敢为恶，而为恶之心未尝忘也。"③这和《礼记·缁衣》所论的"教之以政，则民有遁心"之意相通。遁就是逃避之意；以政刑为取向，人民能避到刑罚所不到之处，也便敢于为恶而不以之为耻了。政刑看似积极多效，其实不然。这也就是朱子注释所谓的礼法与政刑虽不可以偏废，"然政刑能使民远罪而已，德礼之效，则有使民日迁善而不自知"④之意。德礼为治道之本，政刑为治道之末，儒家原则上都这样主张。一言以蔽之，德礼的效果比起政刑的效果能够相对的持久，久即成化，因而德礼至少在理论上胜于政刑。

儒家礼治优于法治之说，见于《大戴礼记·盛德》的驾御比喻，尤其详明："德法（即同文所谓的"礼度"）者，御民之衔也；吏者，辔也；刑者，策也。……善御马者，正衔勒，齐辔策，均马力，和马心，故口无声，手不摇，策不用，而马为行也。善御民者，正其德法，饬其官，而均民力，和民心，故听言（犹如讼言）不出于口，刑不

---

① 《史记》卷六二《管晏列传》，第2132页。
② 孙希旦著，沈啸寰、王星贤点校：《礼记集解》卷三七，北京：中华书局1989年版，第978页。
③ 朱熹：《四书章句集注》卷一，北京：中华书局1983年版，第54页。
④ 朱熹：《四书章句集注》卷一，北京：中华书局1983年版，第54页。

用而民治，是以民德美之。……不能御民者，弃其德法，譬犹御马，弃辔勒而专以箠御马，马必伤，事必败。无德法而专以刑法御民，民心走，国必亡，亡德法，民心无所法循，迷惑失道，上必以为乱无道，苟以为乱无道，刑罚必不克，成其无道，上下俱无道。"①可见礼（德法）法（刑法）同是御民之具，而礼以节制均和致胜。德的含意，则和《孟子·离娄上》所说的"徒善不足以为政，徒法不能以自行"互相呼应，政令之行，先在于得人而行礼而已。

礼法的合一，是孔子以后的政治思想主流。即使孔子的探深之论，也没有否定刑罚的重要性；孔子强调的，只是以礼为主。《论语·子路》说："名不正，则言不顺；言不顺，则事不成；事不成，则礼乐不兴；礼乐不兴，则刑罚不中；刑罚不中，则民无所措手足。"可见礼乐兴则刑罚亦会不失其中。孔子所不以为然的，是对刑罚的一味依赖。《礼记·缁衣》载孔子说："《甫刑》曰'苗民匪用命，制以刑，惟作五虐之刑，曰法'，是以民有恶德，而遂绝其世。"②正如孙希旦所解："引《甫刑》之言，以极言尚刑之失也。"这是汉儒尚德缓刑说的思想渊源，但尚德不等于废刑，崇礼不等于废法，却是一致之见。

秦汉以来论治的，都不反对礼法并用。礼法关系的理论更趋于一致，至少在儒家的七十子后学之徒如此。就礼法的相关性质而言，最有影响力的说法，是如《大戴礼记·礼察》所说的"礼者禁于将然之前，而法者禁于已然之后，是故法之用易见，而礼知所为生难知也"。此语见于《汉书·贾谊传》上文帝疏中。③《史记·太史公自序》说《春秋》之为礼仪之大宗，也说"夫礼禁未然之前，法施已然之后，法之所为用者易见，而礼之所为禁者难知"④。这些相因的说话显示，学者认为礼与法有着一体两面的依存关系。礼与法的施为，有先后隐显之别；礼与法的作用，分别为预防和阻吓。出礼则入法。

但礼法目的虽同，其表现形式却不相同。礼与法都以禁制为事，但礼寓禁于防，七十子后学对此没有异见，故《大戴礼记·礼察》又说："然如礼云礼云，贵绝恶于未萌，而起敬于微眇，使民日徙善远罪而不自知也。"《礼记·经解》也说："夫礼禁乱之所由生，犹坊止水之所由来也。……故礼之教化也微，其止邪也于未形，使人日徙善远罪而不自知也。"《礼记·坊记》更说："君子之道，辟（譬）则坊与？坊民之所不足者也。大为之势，民犹逾之，故君子礼以坊德，刑以坊淫，命以坊欲。"郑玄注说："民所不足，谓仁义之道也；命谓教令。"⑤这样，《坊记》所说，又进到以礼治心的地步，正如孙希旦所说的"礼以教之于未然"⑥。

总之，礼和法是相依存的。抬到形而上的论说层面，则如《大戴礼记·四代》所说："阳德出礼，礼出刑，刑生虑，虑则节事而近，而扬声于远。"虽然法后于礼，法

---

① 本文引《大戴礼记》，用王聘珍《大戴礼记解诂》，北京：中华书局1983年版。
② 《礼记集解》卷五二，第1323页。
③ 《汉书》卷四八，香港：中华书局1970年版，第2152页。
④ 《史记》卷一三〇，第3289页。
⑤ 《礼记集解》卷五十，第1280页。
⑥ 《礼记集解》卷五十，第1280页。

以辅礼之意却甚明白。《大戴礼记·盛德》还有进一步阐释礼法各种关系之言："刑罚之源，生于嗜欲好恶不节，故明堂，天法也；礼度，德法也。所以御民之嗜欲好恶，以慎天法，以成德法也，刑法者，所以威不行德法者也。"这是说刑是保证德得以展现之具。刑法这样的作用，使得德法或者礼度具备了犯法就有惩罚的现代法律意义。

但礼法二者毕竟不同。礼须要透过仪式的展现，才能具体成其为礼，法则可以不必。因此古人所说的礼，应当可以理解为包含了礼制（制度）和仪式二者在内，正如《大戴礼记·盛德》所说的"礼度，德法也"。举例说：婚姻是让男女个体可以合法同居、生育、共用财物、同祭祖先等等的制度，但这制度必须经过嘉礼中的婚礼才能合法开展，婚礼本身又必须经过所谓"六礼"的仪式（甚至每个仪式中的各个仪节），才算有效成立。有礼就有仪，如仪然后成礼，正如《诗经·小雅·楚茨》诗句所显示的，要"礼仪卒度"，才能"笑语卒获"。

仪式本身却又多富于象征和暗示意涵。《礼记》可见的例子很多，如《仲尼燕居》说大飨之礼："两君相见，揖攘而入门，入门而县兴，揖让而升堂，升堂而乐阕，下管《象》《武》，《夏》籥序兴，陈其荐、俎，序其礼乐，备其百官，如此而后，君子知仁焉。行中规，还中矩，和、鸾中《采齐》，客出以《雍》，彻以《振羽》，是故君子无物而不在礼矣。入门而金作，示情也；升歌《清庙》，示德也；下而管《象》，示事也。是故古之君子，不必亲相与言也，以礼乐相示而已。"①此文末句的意思最明白，可见象征的内容就是实质的代表，观容知意，此时宾主情意相洽，一切都已尽在不言之中。又如《坊记》之说祭祀之礼："七日戒，三日齐，承一人焉以为尸，过之者趋走，以教敬也。醴酒在室，醍酒在堂，澄酒在下，示民不淫也，尸饮三，众宾饮一，示民有上下也。因其酒肉，聚其宗族，以教民睦也。故堂上观乎室，堂下观乎上。《诗》云：'礼仪卒度，笑语卒获。'"此文最后引《小雅·楚茨》之言，正是说明仪式尽合法度时，意示于物，法取夫上，寓意之中表达了示范之效。同样，《丧大记》说："复衣不以衣尸，不以敛。"郑玄注说："不以衣尸，谓不以袭也；复者，冀其生也，若以其衣袭、敛，是用生施死，于义相反。"②《丧大记》又说："唯哭先复，复而后行死事。"郑注说："气绝则哭，哭而复，复而不苏，可以为死事。"③可见仪式各有寓意，节度错误，意义便成乖违。婚礼的象征寓意也很多，如《昏义》所说的"共牢而食，合卺而酳，所以合体、同尊卑，以亲之也"尤其明显。此外，婚礼用雁，也象征了"顺阴阳往来"，夫唱妇随之意；或以"雁不再偶"象征"一与之齐，终身不改之义"④。凡此都证示了所谓礼，就是透过仪式的进行，来让制度开始其合法性运作，来示范某种行为的意义，来暗示对某种价值的追求。

---

① 此处引文的现代标点符号，基本上从沈啸寰、王星贤点校本《礼记集解》卷二八，第1269—1270页；但"下管《象》《武》，《夏》等序兴"二句的标点，从姜义华《新释礼记读本》，台北：三民书局1997年版。

② 《礼记集解》卷四三，第1134页。

③ 《礼记集解》卷四三，第1135页。

④ 胡培翚著，段熙仲点校：《仪礼正义》卷三《士昏礼》，江苏古籍出版社1993年版，第150页；雁不再偶，程颐曾经说过；此处胡培翚引江筠《读仪礼私记》说。

由此也可见，礼一方面是现实性的，一方面也是理想性的。现实与理想二者能够平衡融合时，礼的真正作用或者功用便算达到。《论语·学而》所见有子"礼之用，和为贵"之说，正有这样的意义可推。

礼的重点是要求将寓有意义的仪式付诸行动。人们只能用错行之礼，不能有不行之礼。因为不行不足以成礼，而这行动又具有规范性质和示范性质，因此礼仪应该由谁制定，便成意义重大的问题。谁人制定的礼仪人们才须要或者才值得去遵守履行的问题，直接牵涉了权力和权威的问题。权力最终得依靠暴力，权威则可以道德力量为基础。圣人贤人可以产生一种令人信服的恒久无形权威，权威则不能不涉及国家和政府。但政府只是权力所在，不是权力来源。就礼仪的权力来源而论，古代中国人多认为是来自王者或天子的，正如，《礼记·乐记》所说："王者功成作乐，治定制礼。其功大者其乐备，其治辩者其礼具。"《中庸》所说的"非天子不议礼，不制度，不考文"，更是耳熟能详。这种说法的原因，正如《礼记·礼运》所说："是故礼者，君之大柄也，可以别嫌明微，傧鬼神，考制度，别仁义，所以治政安君也。"因为礼的政治用途至大，所以人君不能不加以掌握；如《乐记》所说，则这竟是人君的必然权力和责任了。但实际上亲自制定礼乐的人君并不多见。《中庸》所言，其实是说议礼、制度、考文这些事情，都是国家的事情，只有国家才有权力去做它，也只有国家才有能力去推行它。

国家制定礼仪的目的终归是政治性的。国家施行礼仪的对象，都是社会群体和群体中的个人，包括了朝廷上的"予一人"皇帝在内。国家透过它所制定的的礼仪，对群众中的个人产生节制行为和鼓励行为的作用。在节制行为作用方面，礼仪的助力是法律的阻吓力；在鼓励行为作用方面，礼仪的助力则是道德价值的界定和示范。理想的状态是，守礼的人，既能够自我节制，也会自我鼓励，社会因而达到和为贵的政治境界。

礼的节制行为作用是现代人偏好强调的，因而极端时有所谓"礼教吃人"之语。在古代，国家却是对礼的鼓励行为作用从不忽视的。国家往往透过礼仪的展现来鼓励人民达到国家所想达到的目的。这就是经典上所说的礼的"教"义。如《大戴礼记·盛德》所说的，"丧祭之礼明，则民孝矣。故有不孝之狱，则饰丧祭之礼也。……朝聘之礼所以明义也，故有弑狱，则饰朝聘之礼也。……相侵陵生于长幼无序，而教以敬让也。故有门辨之狱，则饰乡饮酒之礼也。……昏礼享聘者，所以别男女，明夫妇之义也。故有淫乱之狱，则饰昏礼享聘也。"又如《礼记·祭义》所说："祀乎明堂，所以教诸侯之孝也。食三老五更于大学，所以教诸侯之弟也。祀先贤于西学，所以教诸侯之德也。耕藉，所以教诸侯之养也。朝觐，所以教诸侯之臣也。五者，天下之大教也。食三老五更于大学，天子袒而割牲，执酱而馈，执爵而酳，冕而总干，所以教诸侯弟也。是故乡里有齿，而老穷不遗，强不犯弱，众不暴寡，此由大学来者也。"孙希旦集解"五者，天下之大教也"句，引周谞说"先王之教也，岂必谆谆然命之哉！礼行于此，而人自得于彼者，乃教之至也。"①这说出了礼的示范功能。古代典礼的教义，事实并不空虚，杨向奎先生说西周的天子藉田礼，便证实了它作为全国春耕动员令的现实意义。②总之，

---

① 《礼记集解》卷四六，第1231页。
② 杨向奎：《宗周社会与礼乐文明》，第236—238页。

只要不为具文，不以敷衍行事，典礼能因示范而产生鼓励，风吹草偃，上行下效，自会有更生行为的情形出现。

但由于礼仪多是历史文化的遗留，本身的仪文节度是繁简不一的，而且即使同一礼仪，也不一定有完全相同的仪节。历代王朝又皆受王者事定功成，制礼作乐，以及《礼记·乐记》所说的"五帝殊时，不相沿乐；三王异世，不相袭礼"之类思想影响，因此同一礼仪的历代仪节便多有不同之处。国家就是透过仪节的制定，来表达它对某种信仰的尊崇程度或对某种价值的鼓励程度。

这种国家意图的表现，在祭礼中尤其容易见到。《礼记·祭统》说："夫祭之为物大矣，其兴物备矣。"前一物字指礼，后一物字指民。祭祀最能感发兴起民心，故此经文又说："祭者，教之本也已。"接着又说："夫祭有十伦焉：见事鬼神之道焉，见君臣之道焉，见父子之伦焉，见贵贱之等焉，见亲疏之杀焉，见爵赏之施焉，见夫妇之别焉，见政事之均焉，见长幼之序焉，见上下之际焉。"孙希旦集解说："伦，谓义礼之次序也。"①可见祭礼的教义最广。但这主要是指宗族的祭祀而言。在国家的祭礼中，祭礼的教义是选择性的。《礼记·祭法》界定国家祭祀的对象如下："夫圣王之制祭祀也，法施于民则祀之，以死勤事则祀之，以劳定国则祀之，能御大灾则祀之，能捍大患则祀之。……此皆有功烈于民者也。及夫日、月、星辰，民所瞻仰也。山林，丘陵，民所取财用也。非此族也，不在祀典。"获祀者之所以获祀，统一原因在于获祀者对国家、人民有功劳有贡献，但因为功有不同，所以祭祀仪式的繁简隆杀也随之不同，透过仪式而传达的意涵也就不同。这类礼仪节度的等差，都由国家制定和操控，是国家对社会价值的认定和肯定程度的有意识表示。

三

历代国家祭祀孔子的典礼，便是一个很好的例证。孔子明伦理之道以教化天下，后世赖之。依照祭法的界定，祀孔属于"法施于民则祀之"之类。在祭统所列的十伦之中，祭孔典礼是可"见爵赏之施"的。祀孔的礼仪有二：隋朝开始，每月一次或二次的例行祭祀，或皇帝、官员视学时举行的祭祀，称释菜礼。唐朝开始，春秋二仲月上丁日的大祭，称释奠礼。此礼用牺牲，用乐舞，降象盛大。祭礼在《周礼》的五礼中属于吉礼，②它的执行原则是虔诚恭敬，要有孔子所说的"祭神如神在"的精神。它的意义和目的是"报功"。也有同时并作祈福的，但正如《祭统》所说，"贤者之祭……不求其为"，祈福贤者不为，报功酬谢才是正义。祀孔典礼所寓的目的，则除了报功之外，还有所谓"崇德"。报功是报答孔子作为先师给后世作出明伦教化的伟大贡献，崇德就是推崇孔子所定立的伦理教化规范。崇德报功的原则，同时也应用到孔庙中配享和从祀于孔子的先贤先儒。这套礼仪，是国家公开表示尊崇儒教的重要表现。

以下要探讨的问题是，祀孔礼仪的差别，是否反映了设祭者对孔子功劳和报答程度的不同认识。推而言之，即国家所定的仪节程度和国家认定受祭者应得的尊崇程度是否

---

① 《礼记集解》卷四七，第1237页。
② 《周礼·春官·大宗伯》："以吉礼事邦国之鬼神示。"

互为因果。用以说明事情的例子，主要是元明二代的释奠礼仪。选择元明二朝，主要是基于史料的可用性考虑和历史知识的考虑。元代的资料，有《元典章》和《庙学典礼》可以采用。这二书载的是元代的行政命令和法规，以及案发事情的报告和办理指示。这些文件的叙述性和现实性较强，比起前代的规则性法典文字更能反映现实。明代的资料，像载于《明太祖实录》和《明太祖文集》的，性质上也有近于元代资料之处。又因为它们是明太祖参与制定的仪式以及仪式制定的背景文字，是行动指示而非纸上具文，更是天子议礼的难得案例，很可以反映确定的国家意志。这些同类资料所表现的内容异同，能够反映问题的意义更大。

就历史知识方面而言，我们都知道元朝曾有普遍兴建庙学和把大量书院官学化的命令，还尊封孔子为"大成至圣文宣王"，构成了一个大事兴崇儒教的形象，但元朝蒙古统治者之实行三教并尊而不特别崇儒，也是不争的事实。这个不协调的现象，是一种名尊实不尊的表现。明朝则明太祖曾经一度罢免过孔子的祭祀，明世祖嘉靖九年（1530）又去掉了孔子的王号，改称"至圣先师"。但明朝的尊孔事情特别多，包括发生在孔子本身、孔子父亲、孔子后裔、孔子门人以及后代从祀孔庙的儒者的礼仪事情，应有尽有。国家用学校和科举来推广儒学，社会也有一定的儒化效果。这个不协调的现象，却是一种实尊而名似不尊的表现。这二个现象的底蕴何在，比较元明二代的祀孔典礼便是可用的探究途径。

我们先看元朝蒙古君主对孔子表示尊崇的记载。早在蒙古太宗窝阔汗台五年（1233）时，就有让金朝所封的衍圣公袭爵和维修孔子庙的诏书可见。① 到了元朝第三代君主武宗，在大德（其父成宗年号）十一年（1307）七月，更将孔子的封号加称为"大成至圣文宣王"，成了真正空前绝后的尊称。但近人的研究却显示了，这些表现其实多是旨在利用的敷衍之事，而元世祖对孔庙有关的人事上和典礼上所表现的，更可说是对儒教充满了轻视。根据陈高华的考证，元世祖平定江南以后，接见了龙虎山的道教天师，封他为真人，命令他统领江南道教。但对作为儒家象征领袖的衍圣公，欲不只不予接见，连悬空的衍圣公爵位也不给实补。元世祖在历史上是以"三教九流，莫不尊奉"这一态度和政策著称的，但在尊重道教和尊崇喇嘛的同时，却令曲阜的孔府遭到空前的冷落。②

元世祖的轻儒表现，看起来可以说是蒙古君王的家法。例如，史载元太宗窝阔台汗五年立了国子学，但正如萧启庆的研究所预示，国子学这理论上和传统上都以儒学为主的最高学府，当时掌控它的主持人，却是全真教的道士，而教学所重视的，也只是汉语语文，而不是儒家经典。③ 元世祖曾经授命元代最有成就的儒者许衡重建京师的国子学，许衡成了国子祭酒，培养了一批蒙古青年学生。但在我做的相关研究中，却也发现

---

① 《钦定续文献通考》（《十通》本）卷四八《学校二》。参看萧启庆：《大蒙古时代衍圣公复爵考》，《蒙元史新研》，台北：允晨文化实业股份有限公司1994年版，第49—62页。

② 陈高华：《金元二代衍圣公》，《元史研究论稿》，北京：中华书局1991年版，第328—345页。

③ 萧启庆：《大蒙古国时的国子学——兼论蒙汉菁英涵化的滥觞与儒道势力的消长》，《蒙元史新研》，第63—94页。

了，终元世祖一朝（总共35年），京师既没有具备独立校舍的国子学，也没有与学并存的新建的文宣王庙，有的都是改建金朝官署的。①

更深刻却又更隐晦地反映元世祖轻视儒教的事情，则有至元三十一年（1294）七月，元朝第二代君主成宗（世祖之孙）下诏全国通祀孔子的事情。这事情发生在元世祖去世半年之后，《元史·成宗本纪》只有"壬戌诏中外崇奉孔子"这样简单一句，②《元史》此外的纪、志、传里，都见不到旁及的相关记载。孔子自唐朝开始，历代都是天下学校通祀的，为什么在元朝偏偏要到世祖死后才有通祀孔子的诏令颁布？这无疑是件耐人寻味的事情。

这事引起了明朝中期的著名学者官员丘濬的怀疑。丘濬的学问是以考据精详、论述该博著名的，在他的考据之下，结果在明太祖的儿子宁王朱权奉敕纂修的《通鉴博论》一书中，找到线索。③《通鉴博论》在至元十八年内，有这样的记载："帝[世祖]信桑门之惑，尽焚中国道藏经书，辟儒道二教为外学，贬孔老为中贤，尊桑门为正道，自是道藏始绝。"④又在论断元世祖的地方这样说他："听妖僧祥迈之诱，作妖书以毁昊天上帝，贬孔子为邪道，拟为中贤，不足称圣。"⑤这样贬低孔子的事情，《元史》本身无所记载。《元史·世祖本纪》同一年（至元十八年），只记载了十月诏谕天下禁毁《道德经》之外的道书的事情。⑥丘濬认为这是纂修《元史》的史臣为世祖隐讳，故意忽略的结果。对于这事的真相，丘濬最后采取的态度，还是"疑以存疑"的史家态度，但他的考据推论，却是发前人所未发的。我们应注意的是，《元史》是洪武元年开始纂修、洪武二年完成的作品，执笔者都是元代成长的儒者及官员；《通鉴博论》是洪武二十九年的作品，作者是明太祖的儿子，《通鉴博论》能够有《元史》所没有的资料。《通鉴博论》对元世祖整体看来是肯定的，肯定他作为开国君主的成就和贡献。因此，关于禁毁道藏，贬称孔子的记载，并没有捏造事实、刻意攻击的需要存在，它表现的只是元世祖笃信或者迷惑于某些佛教宗派的事情。但《通鉴博论》所记，毕竟只是孤证，我们也只能和丘濬一样，高度存疑，不作肯定，只是我们却可肯定的说，元世祖统一天下之后，没有明诏通祀孔子，这事情本身便不能说是尊崇孔子的表现。

其实，元世祖时期的尊孔礼仪，同时也就是尊君的礼仪。这是一个前人未注意到的史实，证据却存于元人自己编纂的《元典章》和《庙学典礼》两书之内。《元典章》礼部卷四有题目作《宣圣庙告朔礼》的命令一条，⑦颁发时间在中统后期到至元十三年（1276）统一全国之前之间，命令针对的地方，是北方各路的孔子庙。和问题相关的文

---

① 详见朱鸿林：《明太祖的孔子崇拜》，《"中央"研究院历史语言研究所集刊》第72本第二分（1999.6）。
② 《元史》卷十八《成宗一》，北京：中华书局1976年版，第386页。
③ 丘濬的研究，见所著《世史正统》（弘治元年刊本）卷三一，第18上—19上页。
④ 朱权：《通鉴博论》（《四库全书存目丛书》本）卷下，第66页下。
⑤ 《通鉴博论》论断元世祖文字，在原书卷中，作者所阅本该适属阙页，本文所引系《世史正统》所录原书。
⑥ 《元史》卷十一《世祖八》，第234页。
⑦ 《景印元本大元圣政国朝典章》（《元典章》）三一《礼部卷之四·儒学》，"国立"故宫博物院1972年版，第4页上—下。

字如下：

> 先放"圣寿辇"于宣圣右边曾、孟位上香案具下，祝案置祝版于上。

接着是叙述司仪官指导学生排班和引导献官就位行礼的步骤。孔庙殿上的献官共有三位，他们首先向孔子神像及颜、孟及十哲神像行跪拜和三祭酒礼。之后就向皇帝的象征行同样的礼仪，这是重点所在，文字如下：

> 〔三献〕礼毕，三献官诣圣寿位前，先再拜，跪上香，就跪祝香读祝，讫。三祭酒，毕，就拜，兴，再拜。礼毕，降自西阶，复位。

这条命令所载的仪式里，我们要注意"圣寿辇"和"圣寿位"这两个特别的名词。"圣寿位"是放在"圣寿辇"上的，它们和明清时代所见的所谓"圣谕牌"和"龙亭"是同样的东西，都是皇帝的代身。圣寿辇和圣寿位的出现，表明在孔庙的告朔礼中，皇帝的象征是驾临现场的。皇帝为何要驾临典礼？有人或者会说他是来向孔子行礼的，但这并不可能。首先，皇帝是不在路学（地方学校）的孔庙中行礼的。其次，如果真的是皇帝前来行礼，那么率先向孔子跪拜祭酒的应该是他，而不是身为儒臣的献官。这点清楚了，便可见在这场合里，圣寿位是放在孔子神庙右边，来和孔子同时接受礼官和学生朝拜的。

这是意义重大的现象。孔庙的主人本身是先圣孔子以及配享、从祀于孔子的先贤先儒，告朔礼是向他们报时请安的致敬礼仪。但以上所见的条文，却反映了在元世祖时代的告朔礼，皇帝已经变成了孔庙和学校的特殊主人，他和孔子至少享有同样的地位。这里所见到的象征意义，不是君师合一的理想，而是君师并临接受学校师生的敬礼。从这个礼仪可见，至少在至元十三年统一之前，元世祖的尊孔态度是现实的而不是谦虚诚敬的。

元朝这种在学校里并尊皇帝和孔子的制度，平宋之后，在南方的地方学校和书院里都是生效的。《庙学典礼》中题作《还复濂溪书院神像》的条文，[①]便有很清楚的反映。此条记载至元三十一年八月御史台的下行文件说：

> 会验江南诸处书院供依宣圣庙，例朔孔子神像，其濂溪书院既是学舍，又有"万寿牌"，合塑宣圣神像，诸儒朔望谒奠，于礼为当。

这文件上所称的"万寿牌"和见于《元典章》所载文件中的"圣寿位"，是同样的东西。二者名称之有不同，只是学校等级不同或者时间先后不同所致。我们要注意的是，这个文件下达的时间——至元三十一年八月。此时已是全国通祀孔子的诏令到达地方的时候，官员们要拟议让濂溪书院塑立孔子神像，事情并不稀奇，但这时候连书院也已有

---

① 《庙学典礼》（《元朝史料丛刊》本）卷四，浙江古籍出版社1992年版，第386页。

了"万寿牌",可见元朝的学校礼仪中,至少终元世祖一朝,尊君的要求是超过尊师的要求的。

元朝通祀孔子之后,"庙学"成了名符其实的制度,有孔庙必有学校。但很多地方的学校,在很长的时间内都是苟简聊备的,孔庙因而也得不到庄严的待遇,祀孔典礼自然得不到恭敬谨严的进行。有了上述的背景性了解,这种情况之所以会发生,也就不难理解了。

在元代相对忽略孔祀的背景下,明太祖的尊孔情状显得更为特出。明太祖尊孔崇儒政策的实质内容,是洪武朝中所建立的学校和科举制度。科举的内容是儒学,学校则是科举的基础;学校普遍,崇儒尊孔也得以普遍。明太祖兴学立教的作为,是历史著名的,他对学校和农桑并重的政策彻底执行,对学校应该负有教化和善俗的社会功能也坚持不易。他的成功之处,是决心和持久。

关于明太祖兴学的决心和规模,杨纳《龙凤年间的朱元章》一文已有很好的详细研究。①我们可以补充的是,明太祖的公开尊孔活动,事实上比他的兴学活动还来得早。龙凤二年太祖下集庆(应天府、南京),首次有了自己的基地后,便立刻有"谒孔子庙,行舍菜礼"的事情。②他的尊孔活动,以后更是与时俱进的。

有两件事情可以反映明太祖的尊孔程度和态度。其一,洪武三年六月曾下诏厘正诸神祀典,将历代相沿的岳镇海渎以及忠臣烈女等的封号一律革去。岳镇海渎皆改以其神称之。③例如,广州府的南海神庙,便由元代所封的"广利灵孚王"称号变成"南海之神"称号;泰山便由元代所封的"天齐大生仁圣帝"称号变成"东岳泰山之神"称号。④各地城隍则以"某府州县城隍之神"称之,前代人臣则只以当时初封名爵称之。只有孔子是例外,仍沿元代加封的"大成至圣文宣王"封号。理由是:"惟孔子善明先王之要道,为天下师,以济后世,非有功于一方一时者可比。"这个肯定反映了太祖认为孔子的贡献是具有恒久性和普遍性的,所以他所应获的尊崇当然也应高于其他神祇。

第二件事情是,洪武十五年四月,诏天下通祀孔子,次月并向天下各级学校颁布划一的春秋仲月上丁日释奠礼仪,确立了政府在全国各级学校同时用同一套礼仪祭祀孔子的制度。⑤太祖要到洪武十五年才下诏通祀孔子,有学者认为这是他吝啬小器所致。释奠礼要用牛羊猪太牢;太祖曾经说过不敢"暴殄天物,以累神之圣法",所以不敢通祀的话。⑥但这样的"吝啬"说,其实不可能是事情的底蕴。领导纂修太祖命修的《大明集礼》的徐一夔,曾提到当时要州县学校停止春秋释奠孔子的理由。理由便是,州县这样的做法,是"近于渎"亦即近于随便不敬;同时也是"有合于昔人学校之议"⑦,

---

① 《元史论丛》4(1992),第169—229页。
② 唐桂芳:《白云集》(《景印文渊阁四库全书》本)卷六《重修兴安府孔子庙记》。
③ 《明太祖实录》卷五三,洪武三年五月癸亥日条,"中央"研究院历史语言研究所1968年版。
④ 《元史》卷七六《祭祀五·岳镇海渎》,第1900—1901页;《明史》卷四九《礼三·岳镇海渎山川之祀》,北京:中华书局1974年版,第1284页。
⑤ 《明太祖实录》卷一四四、一四五。
⑥ 《明集礼》(《景印文渊阁四库全书》本)卷十六,第20页上。
⑦ 徐一夔:《始丰稿》(《景印文渊阁四库全书》本)卷五《临安县新建儒学记》。

亦即太祖这样的做法，是前人曾经提出过的。看来问题的中心正是"近于渎"这三个字。祭祀是要求虔诚恭敬的仪式和态度的。释奠礼除了要用牲之外，还要用乐用舞，明初承元代的随便祀孔之后，还没有拟好满意的祭礼，不能达到太祖一贯坚持的"事亡如事存"和"祭神如神在"的要求，所以与其让州县各自滥行来表示敬意，不如只行每月一次的释菜礼，做到物轻而礼频的敬神表示。通祀释奠之颁于洪武十五年四月，和十三年诛胡惟庸后向儒生示好的事情有些关系，但事实上却是随着南京新太学落成启用而来的，和礼制仪式的制定密切相关。

正是在国学释奠先师和他本人释菜先师的礼仪上，明太祖的尊孔举措最表现得超越前代。在太学行释奠礼以祀孔子的礼制，始于曹魏正始七年（246）。在国学行礼而由皇帝遣官执事，在州县学校则由守令主祭的礼制，则自唐代贞观二十年（646）开始。① 此礼以后历代行之，乱世情况多见苟且废坏，但以唐、宋、金、元四代礼典所载考察，此礼要到明太祖时才达到崇隆诚敬的境地。我们只举《明实录》所载洪武元年八月国学释尊礼中，祭祀孔子本神的部分礼仪为例，便可印证这个看法。试把《明实录》所载的主要仪节和前期此礼的相同部分作如下比较，便可看出异同所在。②

（一）献官方面：
初亚终三献，以丞相、翰林学士、国子祭酒担任，这些献官的地位，比前朝要高出。

（二）祭物：
太牢一套、币二匹、笾豆各八（尊罍从略），乐用大成登歌，这比唐朝乃至元朝较少。

（三）事前准备：
皇帝斋戒；献官及陪祀官、执事官俱散斋二日，致斋一日。祀前一日，皇帝服皮弁服御奉天门降香遣官；献官服法服，集斋所省馔省牲，视鼎簋，涤溉告洁等。皇帝斋戒和亲自御殿遣官，均历代所无。

（四）释奠仪式：
随着音乐起止进行，依序有迎神、奠币、进俎、祭酒、读祝、饮福、受胙、送神各节。中间有若干次数的俯伏跪拜。明朝仪节最近唐朝，较宋、金、元三朝隆重。

明朝这套仪节和元朝之前各朝的，尤其与元朝的比较起来，物轻而礼重的情形相当明显。物轻，指的是祭奠时总数的币数、爵数和笾豆数目较少，比元朝用的就各少二件。礼重，指的是其他的礼数比起前朝的都来得庄严虔诚。比起元朝，尤其显然。譬如，元朝皇帝遣官释奠，事先并不斋戒，也没有要求从事的礼官守斋。皇帝礼服御殿降

---

① 唐代以前的释奠礼，可参考《文献通考》卷四三《学校四》及李之藻《頖宫礼乐疏》等书。
② 此段详细讨论，见朱鸿林《明太祖的孔子崇拜》文；太祖所定仪节，见《明太祖实录》卷三四，洪武元年八月丁丑日条。

香遣官之礼，也没记载可稽。释奠典礼中的乐舞，元朝以乐工充当，明朝则以学生中的乐舞生来充当，乐舞生则用监生及职大臣子弟在学者，明朝与礼官员从事前一日的省馔省牲时开始，使要法服从事，元朝则只用公服从事，直到迎神礼开始前才换服。明朝行于献礼结束后的饮福受胙礼，元朝不行（至少在国学不行）。在象征性最高的跪叩拜礼数上，明朝（直接代替皇帝本人的）初献官一共要行二跪、二俯伏（叩头、兴、平身）、六再拜（鞠躬、拜、兴、拜、兴、平身），比元朝的多了二次再拜。① 明朝此次所定比元朝多二拜的拜数，以后成了定制。礼器数目方面，不久也有所增加，洪武八年重定礼制时，又加入了乐章，调整了拜跪的次序，但总的拜数不变。这套仪式，后来写入了《诸司职掌》，又再收入了《大明会典》，成为有明一代的定制。

太祖本人亲自祭祀孔子时所行的礼数，也是度越前代的。洪武十五年五月新建大学落成，太祖亲行释菜礼。当时有议者认为："孔子虽圣，人臣也，礼宜一奠而再拜。"太祖认为"孔子明道德以教后世，岂可以职位论哉"，结果决定具皮弁服，当着百官之前，在献爵礼前后均行再拜礼。② 这次的祀孔礼拜，成了历史上的空前之举，超过了五代后周太祖（郭威）再拜孔子的美谈记录。此外，还有每月朔望派遣内官降香之礼，③ 来表示个人的敬意。

洪武十七年又规定，每月朔望，祭酒以下行释菜礼于国子监，府州县长官以下，则诣学校行香。④ 洪武十七年下命礼部制大成乐器颁给天下儒学，⑤ 洪武二十六年又颁布大成乐于天下府学，令州县如式制造。⑥ 整套完整的祀孔礼仪，随着音乐的制定得到完成。换言之，明代各级学校祭孔的成套仪式，都在太祖一朝之内次弟完成。这也客观地反映了明太祖对祀孔礼仪的重视。

同样重要的，是明太祖对祀孔典礼所要求的迫真感觉和虔诚态度。《大学衍义补》和《大明会典》都有这样的记载：

> 初，孔子之祀，像设高座而器物陈于座下，弗称其仪，其来已久。至是（洪武四年），定拟各为高案（以乘器物），其豆笾簠簋，悉代以瓷器。⑦

《大明会典》还记载了"牲用熟。乐舞生择监生及文职大臣子弟在学校者，预教习之"。⑧ 到了洪武六年末，又定皇帝降香传旨祀孔时，"先一日淋浴更衣，处外室，次日遣官"。这些都是为了表示恭敬虔诚的高度要求。太祖的特点是，他能严格要求自己，也敢于严格要求臣下。所以《明实录》和《大诰》都记载有官员在祀孔典礼中失礼

---

① 元朝仪节，见《元史》卷七六《祭祀五·宣圣》；《钦定续文献通考》卷四八《学校二》。
② 《明太祖实录》卷一四五，洪武十五年五月壬戌条。
③ 正德《大明会典》卷八四《祭先师孔子》，第8—9页。
④ 丘浚《大学衍义补》（弘治刊本）卷六六《释典先师之礼下》，第8—9页。
⑤ 《明太祖实录》卷一六二，洪武十七年六月辛巳日条。
⑥ 《明太祖实录》卷二二四，洪武二十六年一月戊辰日条。
⑦ 《大学衍义补》卷六六《释奠先师之礼下》，第6页；正德《大明会典》卷八四《祭先师孔子》，第9页。
⑧ 正德《大明会典》卷八四《祭先师孔子》，第14页。

而受罚的事情。①

明太祖的尊孔表现，事实上不只见于上述以释奠为主的礼仪上，同样有说明作用的表现，还见于他对衍圣公和孔裔的礼遇上，以及对其他与孔庙祀事有关的决策上。这些因与仪式本身关系稍隔，这里可以不述。

透过以上的述析，可见元明二朝的尊孔和崇儒程度明显不同。整体来看，元朝不真崇儒，明朝真崇儒，而这个差异，先已反映在元明二朝祭祀孔子典礼的仪节变化上。连同元世祖和明太祖二人的相关行为一并考虑，可见元明二朝祀孔礼仪的差异，并非事出偶然。这些差异透露了：当国家制定祀孔礼仪时，国家对于崇儒的程度，已经作了决定。制礼者对于仪节的安排，是有意识的，因此对于仪节所拟表达的意涵，也是知其然而然的。

原载《中山大学学报（社会科学版）》1999年第5期

---

① 《明太祖实录》卷八四，洪武六年八月丁丑日条，罚刘基、冯冕停俸一月；《大诰·教官妄言七十一》，罪宁国府教授方伯循宁。

陈寅恪先生"胡化""汉化"说的启示

林悟殊

在20世纪50年代,陈寅恪先生最受诟病的一个史学思想,便是他的种族文化史观。检视当年对陈先生的大量批判文章中,力求从学术角度来与陈先生商榷者有之,但毕竟是少数;更多的是,从政治的角度,以一些马列主义的语录、词句,生搬硬套,对陈先生进行不容申辩的批判。当然,这些大批判文章多属"弦上文章",其苍白无力,甚或幼稚可笑,自不必说。我们在重新探讨陈先生的史学思想时,难免要提及其中某些文章;但这绝不是要责怪当年的作者们,而是为了说明问题,并从中吸取一些历史教训,以防重蹈覆辙。作为历史研究者,完全可以理解特定时代的历史产物。今天,研讨陈先生的史学思想,为的是吸取其中的精华,把其当为文化遗产继承下来,推动我们的史学研究。陈先生的种族文化史观,博大精深,对其分析和评价,断非本人能力之所及。本文只就陈先生论著中经常提到的"胡化""汉化"问题,谈谈本人学习的体会,以就教史学界的师长和同人。

有关胡化、汉化的问题,陈寅恪先生早在1940年完成的《隋唐制度渊源略论稿》就指出:

> 总而言之,全部北朝史中凡关于胡汉之问题,实一胡化汉化之问题,而非胡种汉种之问题,当时之所谓胡人汉人,大抵以胡化汉化而不以胡种汉种为分别,即文化之关系较重而种族关系较轻,所谓有教无类者是也。[1]

陈寅恪先生撰于1942年的《唐代政治史述论稿》,对该问题又有所补充阐述,书中举《北齐书·杜弼传》和《北史·源贺传》为证,指出:

> 汉人与胡人之区别,在北朝时代文化较血统尤为重要。凡汉化之人即目为汉人,胡化之人即目为胡人,其血统如何,在所不论。[2]

此处,陈先生尽管只以北朝为例,但却视为中国中古史的普遍现象,故其进一步强调

---

[1] 陈寅恪:《隋唐制度渊源略论稿》,陈寅恪文集之四,上海古籍出版社1982年版,第71页。

[2] 陈寅恪:《唐代政治史述论稿》,唐振常导读,上海古籍出版社1997年版,第16页。

"此点为治吾国中古史最要关键,若不明乎此,必致无谓之纠纷。"①足见陈先生是根据此一理论来理解、解释中国中古史的。他在同书中,考证唐代河朔三镇的胡化现象,把这种现象归源于"民族迁移";②更特别指出:"唐代安史乱后之世局,凡河朔及其他藩镇与中央政府之问题,其核心实属种族文化之关系也。"③陈先生在《白乐天之先祖及后嗣》一文中,针对那种刻意以姓氏来推断白乐天先祖系西域人的思维方法,批评道:

> 鄙意白氏与西域之白或帛氏有关,自不俟言,但吾国中古之时,西域胡人来居中土,其世代甚近者,殊有考论之价值。若世代甚远久,已同化至无何纤征迹象可寻者,则止就其仅馀之标帜即胡姓一事,详悉考辨,恐未必有何发见,而依吾国中古史"种族之分,多系于其人所受之文化,而不在其所承之血统"之事例言之,则此类问题亦可不辨。故谓元微之出于鲜卑,白乐天出于西域,固非妄说,却也赘论也。④

近年学者们的研究,咸认为陈先生的许多文章,都包含着这种胡汉之分在文化而不在种族的思想深意,例如《魏书司马睿传江东民族条释证及推论》《论唐代之蕃将与府兵》《论韩愈》《读东城老父传》《论唐高祖称臣于突厥事》等等。陈先生的这一史学思想,一以贯之,1958年备受批判后,仍毫不动摇,在其晚年撰写的《柳如是别传》中有云:

> 寅恪尝论北朝胡汉之分,在文化而不在种族。论江东少数民族,标举圣人"有教无类"之义。论唐代帝系虽源出北朝文化高门之赵郡李氏,但李虎李渊之先世,则为赵郡李氏中,偏于武勇,文化不深之一支。论唐代河北藩镇,实是一胡化集团,所以长安政府始终不能收复。今论明清之至佟养性及卜年事,亦犹斯意。⑤

在我们研究陈先生的胡化、汉化说时,窃以为首先得理解先生关于胡化和汉化的内涵,即究竟其何所指。观当年的批判文章,我们应当承认,陈先生有关胡化和汉化的内涵,并没有受到刻意的歪曲,例如有篇文章写道:

> 陈著中所谓"胡化汉化"问题,并不是一般所指的民族融合。我们知道,民族融合主要是广大劳动人民的融合问题。但是陈寅恪先生的看法完全

---

① 陈寅恪:《唐代政治史述论稿》,唐振常导读,上海古籍出版社1997年版,第17页。
② 陈寅恪:《唐代政治史述论稿》,唐振常导读,上海古籍出版社1997年版,第26页。
③ 陈寅恪:《唐代政治史述论稿》,唐振常导读,上海古籍出版社1997年版,第27页。
④ 陈寅恪:《元白诗笺证稿》,《陈寅恪文集》六,上海古籍出版社1978年版,第307—309页。
⑤ 陈寅恪:《柳如是别传》,上海古籍出版社1980年版,第982页。

不是这样，他的所谓"汉化"，是指某些少数民族的上层分子、个别人物受汉族儒学的熏染而言；他的所谓"胡化"，是指汉族中某些人物在一些生活习尚方面受少数民族影响，或是指某个政权在个别典章制度的形式上受到某些少数民族原有制度的影响。①

这段话对陈先生"胡化""汉化"的概念归纳得是否准确全面，另当别论；但其明确指出陈先生所言的胡化、汉化，有其自己所指，与马列主义"民族融合"的内涵不同，这倒是道出了事实。的确，陈先生有自己的史学思想体系，其中虽有与马列主义不谋而合之处，但毕竟是两个不同的体系，彼此共同使用的许多术语，各有各的含义，甚至截然不同。对如此两个不同的思想体系，我们自可加以比较选择；但用一个体系来批判另一个体系，却有类堂吉诃德大战风车。例如，陈先生对阶级一词的使用，不外是借用其语言学上"高下等次"的含义，来划分社会人群；与列宁有关阶级的定义显然就是风马牛不相及的两回事。但当年有人用列宁关于阶级的定义来批判陈先生的阶级概念，②在今天看来便实在令人莫名其妙，因为其完全违背了辩论的游戏规则。同理，既然吾人明白陈先生的"胡化""汉化"说，与马列主义的"民族融合"的含义不同，我们又何必强求陈先生修改自己的说法？窃以为，陈先生的史学思想，是一个独立的思想体系，与中外古今各种思想体系一样，未必就完美无缺；但从其学术影响来说，至少不失为百花园中一朵奇葩。在学术领域上，独尊某一家或某一思想流派，对于学术的发展，对于真理的追求并非有益，因为毕竟实践才是检验真理的标准。当然，在那疯狂的年代，即便具有独立思考精神的一些知识分子意识到这一点，也不敢表达或无从表达。

就中古各民族的相互影响、融合，陈先生使用胡化、汉化这两个字眼，汉译的马列主义著作则多使用"同化"一词。如曾一度被反复引用来批判陈先生的恩格斯的一段话：

文明较低的人民之每次侵略，当然中断了经济的发展，并破坏了许多生产力。但是在长期征服中，文明较低的征服者，在最大多数的场合上，不得不与被征服国度较高的"经济情况"相适应；他们为被征服的本地人民所同化。③

从语言学的角度讨论，汉语中的"化"有多种含义，与我们讨论问题有关的，则是作为"改变""无形之变易"或"转移民俗"的意思解，完全是一个中性词汇，不褒不贬。任何人都可依据自己对事物的见解，使用这个词语。就本人的理解，在陈先生的

---

① 北京大学历史系三年级三班研究小组：《关于隋唐史研究中的一个理论问题——评陈寅恪先生的"种族—文化论"观点》，《历史研究》1958年第12期，第38页。
② 《批判陈寅恪的资产阶级历史观》，见《人文杂志》1958年第6期，第77—82页。
③ 转引自胡如雷：《廓清陈寅恪先生资产阶级史学观点的不良影响》，《新建设》1958年12月号，第31页；该段话见恩格斯《反杜林论》，人民出版社1961年版，第188页，但人民版的译文冗长。

胡化汉化说中，其"化"的内涵，乃指客观上接受，或主观上认同另一个民族的生活方式、思想观念等。这种接受或认同，当然随时间、空间的不同而有程度的差异，或深或浅，或较全面，或止于局部；也有群体的差异，即人群因职业、身份、地位等的不同，"化"的内容和形式也不一样。在汉语中，"化"可以作为质变的终局状态理解，即已经变成性质不同的另一事物；但也可以理解为事物处于量变的过程，即正在改变中。中国中古历史的一个非常重要的内容，就是汉族与其他外来民族文化的融合。既然是融合，就是一个相互作用，即互化的过程。50年代后的一段历史时期，学界中形而上学猖獗，片面地理解上述所引恩格斯的话，一味强调汉化，否认胡化，如声称：

> 汉族接受外来民族文化的影响是存在的，但"胡化"却是历史上从来没有的，因为在中国环境内，汉族的经济、文化发展水平很高，它不可能被比较落后的周边各族所同化，而大量存在的事实是落后各族入侵之后，往往被汉族同化。①

这种观点，实际是把"化"只理解为终局的质变，而不承认其作为量变的形态。把同化认定为一方改变另一方，而不承认其间经历了互相影响、互相作用、互相改变的过程。认为只有先进改变落后，没有落后改变先进；而把先进与落后拘泥于生产方式，被认为生产方式先进的民族一切都先进，被认为生产方式落后的民族便一切都落后。这种思维方式显然违反辩证法。

陈先生对某一时期、某一地区汉化或胡化程度的评估，未必就十分准确，尤其是他对唐代安史之乱以前河朔地区胡化程度的估计，学术界就有不同的看法。从学术的角度与陈先生商榷，这属于正常的学术讨论。记得1988年在中山大学举行的纪念陈寅恪先生国际学术讨论会上，方积六先生的论文《唐代河朔三镇"胡化"说辨析》，②实际就不同意陈先生在《唐代政治史述论稿》一书中的有关论点；但这与1958年发表的针对同一问题的批判文章，③便完全是两回事。不过，如果我们不改变思维方式，一味以生产方式为坐标，虽非存心批判，但也难跳出当年的批判模式。例如，在讨论唐代河朔三镇胡人与汉人的关系时，称："他们与当地汉民族的关系，结果是出现汉化或是胡化，按照马克思主义民族学的理论，关键在于研究河朔三镇的具体状况，考察河朔将军们是沿着唐代前期封建主义轨道的统治继续前进，还是倒退到北方游牧民族的社会制度。"④照这一逻辑，推动中华民族发展的是纯血统的汉族，因为任何其他民族的社会制度都被认

---

① 胡如雷：《廓清陈寅恪先生资产阶级史学观点的不良影响》，《新建设》1958年12月号，第31页。
② 方积六：《唐代河朔三镇"胡化"说辨析》，《纪念陈寅恪先生国际学术讨论会文集》，中山大学出版社1989年版，第432—458页。
③ 例如，施山：《从陈寅恪的"河朔胡化说"看他的唯心史观》，《光明日报》1958年11月24日第3版。
④ 方积六：《唐代河朔三镇"胡化"说辨析》，《纪念陈寅恪先生国际学术讨论会文集》，中山大学出版社1989年版，第434页。

为落后于汉族,他们都未曾改变过汉族的封建制度,由是历史上也就不存在过任何胡化现象;这实际也意味着汉人从来没有接受过胡人的文化。但历史的真实并非如此,因为今日的中华文明是由汉族和各个少数民族所共同创造的。历史上的各个民族,无论经济发展水平高低,都有其自具特色的文明;这种文明在民族的接触中,必定会辐射,多少影响到其他民族,甚至为其他民族所接受。各民族之间的融合虽然不是对等、等量的投入,但绝不会是单方面的行为。以中古时代由胡人带入中国的诸多外来宗教为例,信奉这些宗教的胡人,其经济发展水平被认为低于中国,但其宗教能在中国内地传播,便说明有汉人为其所化。外来宗教在中国的传播过程,实际就是一个胡化和汉化的过程:汉人不同程度接受它,就是不同程度的胡化;外来宗教自身加以改造以适应汉人,或为汉人所改造,为汉人所用,也就是不同程度的汉化。只谈汉化,不谈胡化,并非实事求是的态度,实际是大汉族主义的表现。国内外学界对西域文明的研究,已越来越证明了中古时代印度文明、伊朗文明、阿拉伯文明对中国的强烈影响,甚至以"佛教征服中国"为题出版专著。[①]既然我们已承认佛教是中华文化的一个组成部分,那么,在中华文化中,难道就没有伊朗文明、阿拉伯文明等的相当成分?窃以为,汉人既然接受这些外来文明,也就是不同程度受胡所化。而这种胡化,对中国社会历史的发展,自也不可避免地会带来相应的影响。历史学家的任务就是探讨这些现象,揭示这些现象的真相,评估其影响的深度。对胡化讳莫如深,采取不承认的态度,并非历史唯物主义者。

我们评定古代各民族经济文化发展的高低,似乎也不可用马列主义一些现成的框框来对号入座。对于创造或接受印度文明、伊朗文明和阿拉伯文明的各个周边民族,其所采用的生产方式以及被认为由这种生产方式所决定的生活方式,与当时中国汉族相比,孰高孰低,我们实在难以断然判定。例如,以商业民族著称的九姓胡,其生产方式是否就落后于农业民族,难道其就只有被化的份儿,而没有化人的能力?何况,生活的实际告诉我们,社会生活中并非只有先进改造落后的模式,落后腐蚀先进的事例比比皆是;若不,人们何以总要感慨"世风日下",天天讲反腐败?90年代苏联的瓦解、东欧的变色,在在事例都启示我们不能把马列主义当为教条,用这些教条拿来定夺谁先进、谁落后,谁可化人,谁只能被化。其实,论者引上揭恩格斯的话来批判陈先生的胡化、汉化说,自身也未必准确理解恩格斯所论的真谛。恩格斯讲的是"长期征服"后才出现的终局现象,他并不排除文明较高的人群,在某一特定时期、某一地区为文明较低的民族所化。即使文明较低的征服者最后为被征服的本地人民所同化,也不排除本地人民在长期被征服中,不同程度地接受了征服者的某种文明、某些方面的生活方式。

在中华民族大融合的漫长过程中,各个时期、各个地区、各个阶层人群的胡化与汉化问题,是最为复杂的问题。吾师蔡鸿生先生把这个问题当为历史研究中的模糊区域,认为陈先生开展对这一模糊区域的研究,显示其作为史学大师的卓识眼界。窃以为,从方法论看,陈先生把这个问题视为"治吾国中古史最要关键",也就是把其作为主要矛盾来抓。曾师事陈寅恪先生的金应熙教授深知陈先生的这一治学方法,而且十分推崇,

---

① Erich Zürcher, *The Buddhist Conquest of China*, Leiden: E. J. Brill, 1972. 有李四龙汉译本,江苏人民出版社1998年版。

即使在当年的"弦上文章",也以肯定的口吻写道:

> 陈先生是不愿意把自己的研究局限于个别事实的考证的。他的史学方法的特点之一,是企图在错综复杂的历史现象中抓住一些他认为重要的环节,先行解决,然后再以所得的结论为出发点,连带说明一系列的其他问题。这种方法使陈先生的研究成果带有一种系统性,而和其他一些专搞考据的资产阶级史学家有所不同。①

胡化与汉化问题,正是陈先生所抓住的历史中的重要环节。这种抓重要环节的思想方法,与革命领袖所倡导的"抓主要矛盾",很难说有实质性的区别;足见凡是正确的思想方法,虽语言表述有所不同,但内涵却是一样,可谓条条道路通罗马。

研究中华民族的漫长历史,抓住胡化和汉化这一关键环节,显示了陈先生治学中的辩证思想;而陈先生对胡汉之分,重文化而不重血统,与我们倡导的历史唯物主义也是一致的。我们曾费了很大力气批判唯血统论、唯成分论,足见唯心主义在社会流行之广泛。但陈先生在这个学术问题中,却体现了他唯物主义的世界观。用血统来确定一个人的民族属性,在人类学范畴,自然是一个正确的标准;但在历史研究中,热衷于考证血统,以姓氏来定族性,来分析问题,就显得荒唐。陈先生主张以一个人所接受或认同的生活方式、思想观念来判断其民族属性,比起单纯的血统论,自然要高明得多。由于历史的原因,对陈先生这一思想,迄今并未受到学术界的普遍重视,故在国内的刊物上,不时仍可看到一些文章,大发陈先生早已批评的赘论。例如仅凭一胡姓,而奢谈五代时期至宋代在敦煌地区,甚至中原地区的所谓胡人聚落,云云。

陈先生胡化、汉化思想的形成,看来主要是源自其对世界史的学习和研究,从而得以用世界史的眼光来考察中国史的问题。余英时先生根据吴宓先生的年谱、日记,胡适先生的日记等,明确地考证了陈寅恪先生在青年时代"曾经历了一个'学习世界史'的自觉阶段",指出这"对于我们了解他中年以后研究南北朝、隋、唐史的全面构想而言,这一点具有关键性的作用。例如他分析隋唐帝国所运用的若干基本概念如民族集团、宗教势力、社会阶级、地域背景、经济制度、皇位继承、语言变迁、武力消长、通婚状况之类,都流露出他对欧洲历史具有相当深度的认识"。②余先生的这段评论可谓真知灼见。在世界中世纪史中,民族大迁徙所带来的各族互化现象,对今天从事世界史研究的学者来说,是一种常识。但在二十世纪初叶,国人了解者可谓寥寥无几,更谈不上研究了。陈先生先人著鞭,早就了解世界史发展的真谛,运用到中国史的研究,自然就能发国人所未发之覆。

陈先生对中国史的研究,是把中国放在世界的范围内,在世界史的高度来进行考察。在这方面,上揭《唐代政治史述论稿》的下篇《外族盛衰之连环性及外患与内政之

---

① 金应熙:《批判陈寅恪先生的唯心主义和形而上学的史学方法》,《理论与实践》1958年第12期,第11页。
② 余英时:《陈寅恪史学三变》,《中国文化》1997年12月第15、16期,第1页。

关系》，可说是为我们做出一个样板。陈先生也常以此方法教导学生，石泉、李涵先生整理的1944年陈寅恪先生唐史课笔记中，就有关于他"如何研究唐史"的一段教导：

> 首先应将唐史看作与近百年史同等重要的课题来研究。盖中国之内政与社会受外力影响之巨，近百年来尤为显著，是尽人皆知的，但对于唐史，则一般皆以为与外族无关，固大谬不然。因唐代与外国、外族之交接最为频繁，不仅限于武力之征伐与宗教之传播，唐代内政亦受外民族之决定性的影响。故须以现代国际观念来看待唐史，此为空间的观念。①

陈先生的史学思想，除了渊源于中国传统史学外，更是接受了近代西方的进步史学思想，正如王永兴先生在《一代宗师陈寅恪先生》一文中所指出："先生不仅对我国自古及今的历史有人所不及的精深研究，在他留学欧美期间，除学习语言因而能熟练使用20余种语言文字外；还接受了19世纪末20世纪初欧洲进步史学思想，他将这一进步史学思想融冶于他继承的我国传统的优良史学思想之中，形成了陈寅恪的史学思想。职是之故，他对魏晋南北朝史及隋唐史的著述，不只史识卓越，更重要的是他有符合历史实际的体系。这是前无古人的"。②

这里，笔者所要补充的是，现已披露的资料证明，陈先生虽在某一特殊年代，声称过不学马列，但其实他并"不反对共产主义"，只是"不赞成俄国式的共产主义"；青年时代的陈先生还认真读过德文版的马克思《资本论》。窃以为，以陈先生的求知精神，对马克思主义的正确思想方法，谅必不会拒绝。陈先生接受、吸收中外各家史学思想、史学方法的精华，融会贯通，运用到自己的史学研究中，并加以发展，形成自己的体系。其吸收运用外来的思想方法，出神入化，犹如"盐溶于水"，汇成一体；断不像一些实用主义者、教条主义者那样卖弄术语，套用语录。其著作不惟没有任何生搬硬套的痕迹，甚至连一个时髦的外来术语都很难找到。

当前，许多长辈学者正为急功近利、浅薄浮躁的学风忧心忡忡，我们纪念陈寅恪教授，倡导认真学习研究陈先生的治学方法、史学思想，对于匡正学界时弊，可谓功德无量。窃以为，陈先生不是圣人；但陈先生的学人风骨和治学精神永远值得我们学习继承；而他的治学方法、史学思想则是个巨大的金库，我们有必要通过研读先生的著作，接受这个金库的大笔遗产。是为本文立意所在。

原载《中山大学学报（社会科学版）》2000年第1期

---

① 石泉、李涵：《听寅恪师唐史课笔记一则》，北京大学中国中古史研究中心编：《纪念陈寅恪先生诞辰百年学术论文集》，北京大学出版社1989年版，第34页。
② 王永兴：《陈门问学丛稿》，江西人民出版社1993年版，第2页。

敦煌科举文书的社会功能

——兼论敦煌写本中的社会史料

姜伯勤

一

1973年，藤枝晃先生在《敦煌写本》一文中指出，敦煌所出非佛教写本，不超过敦煌写本总集的百分之五[①]。其间，多有反映中古中国及敦煌的社会史料，就中涵盖了氏族、仪礼、学校、科举、职官、良贱、社、祠祀、节令、城坊、村落等方面[②]。

为了深入研究和利用这些社会史料，必须对它们加以分类。

所谓分类，首先是指目录学中的分类。如池田温先生在《加强敦煌汉文文献编目刍议》一文中指出，应该"加以分类排列，其间可参照兜木正亨《敦煌法华经目录》、大渊忍尔《敦煌道经目录编》、王重民氏等《敦煌变文集》、周祖谟氏《唐五代韵书集存》、山本达郎氏等《敦煌吐鲁番文书》（Tunhuang and Turfan Documents）丛刊、陆宏基、唐耕耦两氏《敦煌社会经济资料真迹释录》等诸书之成果"[③]。此种分类着眼于文书体裁及内容之类别，分类的目的是从目录学角度提供全面的信息资料。

所谓分类还指在实际研究过程中为解析和综合史料而进行的分类。刘子健先生在论述史学方法、技术的著作中指出："设分类：科学观察自然界，常先区分类别，尤以生物学为然，社会科学和人文科学，何尝不可仿行？""而历史上的分类，虽然引用客观史实，主要是提出一种观点或角度"，"采另一观点，当然还会有其他的分法和类别，无需强同"。[④]刘先生举例道："例如把北宋晚期的大臣，分为各类以后，就看到旧日有理想的干才，在失去理想之后，就可能有的退为因循，有的进而弄权"。

本文要讨论的就是这种作为史学研究技术的史料学中的"设分类"。我们看到，对敦煌文书在中古沙州社会中功能的探索，以及依照这些文书的实际社会功能来加以分类，对于探讨敦煌社会史大有裨益。例如，一些儒学经书实是科举教育用书，一些诗赋杂文是启发士子准备科举考试的进士文学，有的文书是举子"求知己"的书状。现在，我们就以科举这一问题为线索，来探讨敦煌社会史料依其文书原有社会功能而加以分类的一些实例。

[①] Fujieda Akira, *The Tun-huang Manuscripts Sources Chinese History*, Canberra, 1973, p. 127.
[②] 姜伯勤：《敦煌社会文书导论》，（台北）新文丰出版公司1992年版。
[③] 池田温：《加强敦煌汉文文献编目刍议》，《文史知识》1988年第8期。
[④] 刘子健：《史学的方法、技术和危机》，《新史学》创刊号，第85页，1990年。

二

科举制在隋唐以后的社会史中是一个影响到身份体制、文学生活、士子时尚、都市风俗的重要制度。陈寅恪先生把进士科举之注重看成"唐代统治阶级转移升降"的一大关键①，因此，它是研究敦煌社会史中不可忽视的一个问题。

但是，从既已发现的敦煌社会史料来看，直接记载科举制的文书很少，其数目大大少于氏族志、姓氏录、家传等反映"氏族"体制的文书。因此，在既有的敦煌研究文献中，也就较少提及科举制问题。我们仅仅在D.C.崔维泽先生的《从敦煌文书看唐代统治阶级的构成》一文中，看到若干推论。他说："尽管我们还没有可利用的证据作系统性分析，但我总的印象认为许多科举官员绝不是从不知名的，低下的身世暴发起来的。尽管在名门望族看来，他们是不够高贵，但他们仍然属于敦煌写本所载的地方大族的成员。""我冒昧地度揣，尽管科举对一些出身寒微有碍仕途的青年才子打开仕途，但在初唐，科举制度带来社会流动的主要后果，是对那些相对较不知名的地方士族成员迅速擢升，或多或少取得由名门望族所垄断的最高级官职提供可能性"。②作者在做出这些有启发性的推论的同时，也期待着可以用作系统性分析的那些证据的发掘。

现在，我们可以把敦煌社会史料中与科举制相涉的资料分为两大组。

一组是直接记载了科举制度的史料，如：

（一）科举制制度史料

《莫高窟220窟甬道南壁五代翟奉达题记》（记"乡贡明经"翟通，662年去世）。

S.6032《大唐陇西李府君修功德记碑》（记"乡贡明经"阴庭诚，776年顷）。

P.4640《大蕃故敦煌郡莫高窟阴处士修功德记》（记"乡贡明经"阴庭诚）。

P.2488，P.2621，P.2712《贰师泉赋》（记"乡贡进士"张俠）。

莫高窟332窟所出《李克让修莫高窟佛龛碑》（记有"应制举□［人］"某某某，此即关于沙州"制举"的史料）。

（二）科举制风俗文献

S.4473号《乡贡进士谭象启》，其内容为：

1. 从表侄孙乡贡进士谭象
2. 右象启：象闻子桑之荐，孟明非才□（不）
3. 举；鲍叔之知，管仲惟贤可求。既题
4. 品以知人，乃趋时之得路。象衡门末
5. 士，饮泌微流，偶衣章甫之冠，遂阅
6. 虫文之字。早年姓字，久在科场，不
7. 遇梯媒，漫劳进取。今者虔投
8. 至鉴，获俟

---

① 陈寅恪：《唐代政治史略稿》（手写本），上海古籍出版社1988年版，第84页。

② D. Twitchett, *The Composition of the T'ang Ruling Class*: *New Evidence from Tunhuang Perspectives on the T'ang*, Yale University Press, 1973.

9. 依棱，既秋赋之

10. 选求，入

11. 春官之采听，尽出

12. 剪裁之旨，恐幸

13. 称赞之恩，深切知惭，将何报

14. 德。伏维

15. 谏议老丈，中朝公辅，南浦神仙，

16. 秋水沉珠，晓山架日，学海深而朝

17. 开碧落，辞林峭而剪破烟霞，晨直

18. 彤宫，绶出而从容

19. 玉殿；晚朝凤扆，颉颃而奏对

20. 龙颜。耳听丝纶，口陈献替，将

21. 阴阳之柄，独承

22. 顾问之恩，口俟燮调，万归众望。如象

23. 者，东山末士，北海微生，至亏秤象之

24. 能，蔑有屠龙之美，逐英翘而观

25. 上国，携文赋以谒

26. 雄藩，果遇

27. 至公，获颁文解，

28. 巨人

29. 维挈，必赴

30. 搜扬。永承

31. 门馆之恩，长在荫庥之下。谨修启

32. 事，捧谒

33. 门馆，祗侯

34. 起居，谘

35. 闻陈

36. 谢，卑情无任感

37. 恩激切惶悚之至。伏维俯赐

38. 鉴念，谨启。

39. 十月十二日从表侄孙乡贡进士谭象启上①

本件是唐某乡贡进士往京师"求知己"的一件书启。所谓"从表侄孙"，是科场中门生对知己、座主、庇荫者的谦称。其时门生对座主常常称"曰某外氏某家，或曰甥，或曰弟，又曰某大外氏某家"，"或曰重表弟，或曰表甥孙"。敦煌本《谭象启》为此种"叙中表从"的风俗提供了一个生动的例证。

---

① 唐耕耦、陆宏基编：《敦煌社会文献真迹释录》第4辑，全国图书馆文献缩微复制中心1990年版，第351—353页。

谭象自称是"久在科场，不遇梯媒，漫劳进取"的多次落第者。"不遇梯媒"，即尚未找到"显人"作为"知己"。

所谓"秋赋"指乡试，州试。"春官"采听则指正月礼部试及二月放榜，即所谓"省试"。而"谏议老丈，中朝公辅"，则是谭象对所求知己的赞词。

陈寅恪先生《元白诗笺证稿》①与程千帆先生《唐代进士行卷与文学》②诸书，揭示了唐代科场中的"行卷"风习。行卷即应试举子将自己的诗文写成卷子，试前送呈社会上有地位的人，请求其向主持考试的礼部侍郎推荐。前引《谭象启》中，"逐英翘而观上国，携文赋以谒雄藩"，即提出行卷的要求。而"果遇至公，获颁文解，巨人维挚，必赴搜扬，永承门馆之恩，长在廕庥之下。谨修启事，捧竭门馆"，即前引投以启事请见于未来门主门前的风习。傅璇琮先生《唐代科举与文学》③第10章，亦论述了进士行卷与纳卷。

另一组则是在当时社会功能上与科举制有关的文书，它们亦应视为反映了科举制实情的史料，如：

（三）科举教育史料

《唐会要》卷三十五"学校"条有云："会昌五年正月制：公卿百官子弟，及京畿内士人寄客，修明经进士业者，并宜隶于太学，外州县寄学及士人，并宜隶各所在官学"，可知科举与学校教育有关。

唐代学校教材有九经：礼记、左传、毛诗、周礼、仪礼、周易、尚书、公羊、谷梁等，外加孝经、论语为必读书，一度增加老子。敦煌所出经部书，详见王重民先生《敦煌古籍叙录》。广义地说，敦煌所出多件经学写本，可以视为与科举考试有关的资料。

敦煌所出P.2617号《周易经典释文》题记有云：

1. 开元廿六年九月九日于蒲州赵全岳本写。此年八月七日
2. 敕简过放冬集。　敕头卢济、甲头张皋人奉十五日
3. 敕放春选，差御史王佶就军试　敕头陈令祀
4. 己卯开元廿七年正月十七日在新泉勘音并易一遍
5. 五月廿五日于晋州卫杲本写指例略

此抄本系于开元廿六年（公元738年）据"蒲州赵全岳本"抄写，抄写人显然是正在准备科举考试，故将该年贡举有关敕令附录于后。题记说，开元廿六年八月七日敕令批准卢济等人"冬集"。所谓"放"即敕准，所谓甲头是被批准人中，在呈奏文时同甲呈奏的一甲之首名，其时进士、明经诸科应试者人数众多，根据勒令，有的考生是必须"冬集"的。所谓"冬集"亦即"孟冬之月，集于京师"。不须冬集的，称为"授散"，上件题记，更证明了九经抄本与科举教育有关。

（四）进士文学或科举文学史料

陈寅恪先生《元白诗笺证稿》论唐代文体、文人关系，引宋代赵彦卫《云麓漫

---

① 陈寅恪：《元白诗笺证稿》，上海古籍出版社1978年版，第2页。
② 程千帆：《唐代进士行卷与文学》，上海古籍出版社1980年版。
③ 傅璇琮：《唐代科举与文学》，陕西人民出版社1986年版。

钞》："唐之举人，先籍当世显人以姓名达之主司，然后以所业投献。逾数日又投，谓之温卷，如《幽怪录》《传奇》等皆是也。盖此等文备众体，可以见史才、诗笔、议论。至进士则多以诗为贽。今有唐诗数百种行于世者是也。"

唐代举子以时文——甲赋、律诗应试，旁及杂文、判等。考进士者又以古文行卷，旁及传奇小说。由此，我们看到，敦煌所出文学作品，尤其是甲赋、律诗，旁及判、传奇等，其中不乏与科举文学有关者。

P.2488，P.2621，P.2712号有"乡贡进士张侠撰"《贰师泉赋》，此赋写敦煌古迹贰师泉及李广利西伐匈奴的故事。此乡贡进士未知是否沙州一带人士？同号文书中又有"前进士何蠋撰"。徐松《登科记考》云：举进士而未第者曰进士，曰举进士，得第者曰进士第，曰前进士。以上两例说明，敦煌所出的这类"赋"是确确实实的进士文学。

敦煌写本中发现大量的赋作，如王绩《游北山赋》（P.2819）、《元正赋》（P.2819）、《三月三日赋》（P.2819），刘希夷《死马赋》（P.3619），刘长卿《高兴歌酒赋》（P.2488，P.2544，P.2555，P.2633，P.3812，P.4993，S.2049），卢竧《龙门赋》（P.2544，P.2673，P.3885，S.2049）。同一件赋有多个写本，说明其在沙州广为流行，人们研习诗赋，与隋唐以诗赋取士分不开。敦煌写本中保存的多种唐人选唐诗及《白香山诗集》等，在沙州社会也具有科举制度下举子当作"科举之文"的意义。

敦煌还发现一些不同"乡贡进士"撰制的杂文。P.2718《茶酒论一卷》，署"乡贡进士王敷撰"。P.2732《记室备要一部》，原题"乡贡进士郁智撰"。

在我们以上所举两组四类科举制有关史料中，前两种是直接记及科举制的，而后两种在一般文献目录编制时，常列作经籍或文学作品类，而不当作狭义的社会史史料看待。现在，我们注意到这些经籍或文学作品当日的社会功能，遂把它们当作社会史料看待，从而扩大了科举制史料乃至社会史史料的范围。

通过以上的实例，我们发掘了若干与科举制有关的史料，这些资料也确实为崔维泽先生当年的推论提供了佐证。如前引敦煌乡贡明经翟通、乡贡明经阴庭诫及《贰师泉赋》作者乡贡进士张侠，大都出自"地方大族的成员"，或出自"那些相对较不知名的地方士族成员"。如阴氏即出自武威阴氏，张氏和翟氏亦属敦煌地方名族。这也证明，"在整个唐代中，由考试出身的官吏数目仍然不多，以进士任官者更微乎其微"。诚如李弘祺先生所论，唐时"从整个社会的立场言，考试制度并未促成全面性的社会流动"①。

三

以上我们以敦煌科举制史料的发掘为例，讨论了根据文书在当时社会中的功能而拓宽史料范围的问题。而有些原来不够重视的题目，一旦被重视，我们亦可循此方法追寻

---

① 李弘祺：《科举——隋唐至明清的考试制度》，见郑钦仁主编：《立国的宏规》，台北：联经出版事业公司1982年版，第270页。

出一大片史料。

敦煌礼就是一个例子。

陈寅恪先生在《隋唐制度渊源略论稿》一书中，首先注意的论题即是礼仪。对于敦煌的书仪，那波利贞先生、周一良先生和陈祚龙先生作了许多开拓性研究。南朝以后，三礼之学之外，仪注之学发达。唐礼的修撰使唐代五礼（吉、嘉、宾、军、凶）形成为新的历史时期的规范。书仪属于仪注类，亦涵盖吉凶家礼等。敦煌所出书仪约一百多个写卷①。

其实在书仪而外，敦煌还出有许多五礼文书。在吉礼方面，如S.1725号所载《释奠文》《祭社文》等，大抵系以《大唐开元礼》为蓝本，而所附《用祭诸神物品牒》，明确证明沙州据开元礼释奠、祭风伯、祭雨师等。同号文书中的《祭社文》即本于《大唐开元礼》卷第六十八吉礼《诸州祭社稷》。军礼方面，傩礼见于P.2569，P.3468，S.2055，P.4976，P.2569，P.3270，P.3468，P.4011，P.2552，P.3522，P.3856，P.4976，S.6181等文书。沙州仲夏享先牧与仲秋祭马社之礼，则见于P.3899号《唐玄宗开元十四年二至四月沙州敦煌县勾徵开元九年悬泉府马社钱案卷》②。嘉礼方面，敦煌书仪写本中载有大量婚仪③。凶礼方面，P.4024号写本为《丧服仪》，P.2967为册子本丧礼书残卷。敦煌所出书仪中亦载有凶仪。

以上是直接记及五礼的一组敦煌文书。

还有另一组文书所记虽系其他事类，但这些文书在当时的敦煌社会有维护礼制的功能。例如，敦煌有大量社邑文书，其中有些是佛教社邑，有些是礼教社邑，有些则是佛教与礼教混合的社邑。如P.3730背《某甲等谨立社条（样式）》，略谓："窃以敦煌胜境，地杰人奇，每习儒风，皆[存]礼教"，"所以共诸英流，结为一会。先且钦崇礼典，后乃逐吉追凶。春秋二社，旧规建福。三斋本分，应有条流"。④本件表明，敦煌社邑首先是居民笃行礼教的民间组合，这一组合是为了通过互助来在婚、丧、立庄造舍时执行吉凶家礼，同时也带有斋会及供养香花佛食的佛教信仰活动。但这种组合源于古旧礼制中春秋二季的社祭。

敦煌文书所见的沙州"伎术院"也与礼制有关。如文书中见有"敦煌伎术院礼生张儒通"（P.3716）、"伎术院礼生翟奉达"（P.3192）。按唐制，所谓"礼生"是在司天台通玄院为"掌布诸坛神位"的祭祀人员。沙州伎术院礼生应是祭礼中的执勤工作人员。而沙州学校内有先圣太师庙堂，春秋二时奠祭，其时庙学制⑤下有释奠礼，学校内有习礼教育。因而沙州的学校史料也与广义的礼制史料有关。

---

① 周绍良、赵和平：《书仪》，见颜廷亮主编：《敦煌文学》，甘肃人民出版社1989年版，第45页。

② 卢向前：《马社研究——伯三八九九号背面马社文书介绍》，《敦煌吐鲁番文献研究论集》第2辑，北京大学出版社1983年版。

③ 周一良：《敦煌写本书仪中所见的唐代婚丧礼俗》，《文物》1985年第7期。

④ 唐耕耦、陆宏基编：《敦煌社会经济文献真迹释录》第1辑，北京，1986年，第280页。

⑤ 高明士：《唐代东亚教育圈的形成》，台北："国立"编译馆中华丛书编审委员会1984年版，第188、194页。

以上例子的讨论说明，史料分析过程中的分类，关键是选取一个重要的或新颖的视角。当我们抓住礼这个视角时，无疑可以开掘出大片史料。如前已述，非佛教文书只占敦煌遗书的百分之五，社会史料所占比例更少，因而选取新视角而开掘史料的工作更形重要。

在既有敦煌社会史料中，我们大致可以分为礼仪、氏族、学校、选举、良贱、城坊、乡村、教团、社等类。广义的社会史料还应包括人口、交通、裁判、民俗、依附制、文化区等。但这类项目近年来在敦煌法制文书、经济文书、地理文书及民俗文书诸研究中论及较多，而礼制及科举制等论述相对少些，故值得加倍注意。

讨论敦煌社会史料的分类，以及在此基础上编制敦煌社会史料的分类索引，对于开展敦煌社会史文书的研究有重要的意义。一个可资借鉴的例子是：1987年6月，周绍良先生在香港国际敦煌吐鲁番学术会议上提出《敦煌文学概论》一文，参考《文选》的分类法，把敦煌文学分为30类，后改题为《敦煌文学刍议》发表于《甘肃社会科学》1988年第1期，其结果是大大扩大了敦煌文学史料的范围，1989年甘肃省社会科学院主持的《敦煌文学概论》编写集体根据周先生分类折衷为27类，编成《敦煌文学》一书，该书的出版，确实扩展了既有的关于"敦煌文学"的范围。

我们相信，借鉴上面这个例子，我们对敦煌社会史料的分类进行认真的斟酌，一定会扩展对敦煌文书社会史料的开掘，从而把这项研究推展到一个新的高度。

附记：本文承已故黄约瑟博士（1953—1994）好意，曾得以于1991年夏在香港举行的12届亚洲历史学家大会上宣读。全文迄今未正式在期刊上发表。此次发表仅将文章标题及附注略加修改，正文一仍其旧。

原载《中山大学学报（社会科学版）》2001年第3期

唐宋时代摩尼教在滨海地域的变异

蔡鸿生

摩尼教与古代中国的关系,因时而异,因地而异,在唐宋时代的滨海地域尤其是福建的晋江流域取得丰富多彩的表现,构成宗教文化的独特景观。泉州现存的文献和文物不同程度地证明,正是这个"素号佛国"的清源故郡,使摩尼教具有更广泛的群众基础和更鲜明的本土特色,在形态上几乎完全民间化和地域化了。难怪早在90年前,国际汉学界的两位巨擘沙畹和伯希和就已觉察到,入华的摩尼教在西陲和滨海大异其趣:前者被称为"真正之摩尼教",后者被称为"华化之摩尼教"。[1]经过中外学者的长期探索,尤其是地方贤达的认真访寻,泉州明教作为华化摩尼教的历史标本,可说已经有目共睹。至于进一步作出实证性和系统性的概括,则尚待群策群力。在这方面,先哲之言,不妨记取:

通过分析来寻找宗教幻像的世俗核心,比反过来从当时的现实生活关系中引出它的天国形式要容易得多。后面这种方法是惟一的唯物主义的方法,因而也是惟一科学的方法。[2]

一、在流亡中再生

关于摩尼教流行福建的事迹,包括时、地、人,在《闽书·方域志》中有明确的记述:

> 会昌(841—846)中,汰僧,明教在汰中。有呼禄法师者,来入福唐,授侣三山,游方泉郡,卒葬郡北山下。至道(995—997)中,怀安士人李廷裕,得佛像于京师卜肆,鬻以五十千钱,而瑞像遂传闽中。真宗朝(998—1022),闽士人林世长,取其经以进,授守福州文学。

所谓"汰僧",其实是唐武宗发动的一场扩大化的法难,摩尼教首当其冲,会昌三年即被明令取缔。除封闭寺院、没收资产外,摩尼师不分男女,都在死亡的威胁面前作鸟兽散。据宋通慧大师赞宁撰《僧史略》(金陵刻经处刊本)卷下云:

---

[1] 伯希和、沙畹:《摩尼教流行中国考》,冯承钧译,《西域南海史地考证译丛》第2卷,北京:商务印书馆,1995年,第80页。
[2] 马克思:《资本论》卷1,北京:人民出版社,1975年。

武宗会昌三年，敕天下摩尼寺并废入官。京城女摩尼七十二人死。及在此国回纥诸摩尼等配流诸道，死者大半。五年，再敕大秦、穆护、火祆等二千余人并勒还俗。但未尽根荄，时分蔓衍。

摩尼教在滨海地域"蔓延"的一支，是由著名的呼禄法师传承的。这位法师当时驻锡何处，不得而知；但他"来入福唐"是死里逃生，则是显而易见。人们也许会问：这位法师在水深火热中不西闯、不南逃、不北去，却偏偏东来，究竟是何缘由？其中似有待发之覆。我们认为，呼禄法师流亡生涯的地理取向，选择位于两京之东的福建，并非随心所欲，而是受到形势和教义的双重制约，舍此无他途。

会昌年间的摩尼教徒，面临严峻的形势。漠北的回鹘汗国，自840—843年败于黠戛斯，分崩离析，已经不是摩尼教的庇护所了。西面的葛逻禄，虽曾接纳过回鹘残部，但路途险阻，难以投奔。原曾建置大云光明寺的荆、扬、洪、越诸州，依制行事，张开法网，不可能让摩尼徒众绝处逢生。至于北边的"汰僧"如何雷厉风行，日本僧人圆仁亲历其境，目睹过种种惨状：

> 登州者，大唐东北地极也。枕乎北海，临海立州。州城去海一二许里。虽是边地，条流僧尼，毁折寺舍，禁经毁像，收捡寺物，共京城无异。况乃就佛上剥金，打碎铜铁佛，称其斤两。痛当奈何！[①]

既然西、北两边无异绝境，可供呼禄法师选择的流亡路线，就只有南方和东方了。至于他终于舍南取东的缘由，在缺乏他证的情况下，摩尼教的教义就成为惟一的理据，可以用来充实历史的推断。按照基督教古典作家屡次转述的摩尼教明暗二宗论，空间世界的划分主次分明，光明势力比黑暗势力大三倍，并且分布于明确的方位。以树为喻，光明宝树繁殖于东、西、北，黑暗死树则生于南方。[②]既然南方意味着死路一条，难怪呼禄法师一反历代中原遗民南下避乱的逃亡惯性，只好投奔法网较疏的滨海地域，向东寻求自己的归宿："来入福唐，授侣三山，游方泉郡，卒葬郡北山下"。

呼禄法师的流亡，导致摩尼教再生。经过他的"授侣"和"游方"（详情不得而知），神道化的"明教"终于在福建民间出现了。

二、走向民间

"奇迹是宗教的支柱"[③]，摩尼教也不例外。关于它在泉州如何使用超自然的手段去征服人心，10世纪中叶徐铉的《稽神录》卷三有如下的驱鬼传说：

> 清源（泉州）人杨某为本郡防遏营副将，有大第在西郭。侵晨趋府未

---

① 释圆仁：《入唐求法巡礼行记》卷4。
② 斯马金娜、克弗莱亚译释：《东方文献丛书（俄文版）》，莫斯科，1998年，第461页。
③ 帕斯卡尔：《思想录》，北京：商务印书馆，1997年，第428页。

归，家人方食，忽有一鹅负纸自门而入，径诣西郭房中。家人云："此鹅自神祠中来耶？"令其奴逐之。奴入房，但见一双髻白髯老翁。家人莫不惊走。某归，闻之怒，持杖击之。鬼出没四隅，变化倏忽，杖莫能中。某益怒曰："食讫，当复来击杀之。"鬼乃折腰而前曰："诺。"杨有二女。长女入厨切肉具食，肉落磕，辄失去。女执刀白父曰："磕下露一大黑手。"曰："请斫！"女走，气殆绝，因而成疾。次女于大瓮中取盐，有一猴自瓮突出，上女之背。女走至堂前，复失之。亦成疾。乃召巫立坛治之。鬼亦立坛作法，愈盛于巫。巫不能制，亦惧而去。顷之，二女及妻皆卒。后有善作魔法者，名曰明教，请为持经一宿。鬼乃唾骂某而去，因而遂绝。某其年亦卒。

这则荒诞的物语，似乎包含着两点实情，即明教高于巫术，驱鬼必须持经。清源都将家中的驱鬼奇迹，只能轰动俚俗于一时，要持久地维系人心，还应诉诸现世的利益。宋代"事魔之俗"之所以在闽浙一带流行，确有"相亲相恤"的世俗功能作为信仰的基础。南宋的起居舍人王居正，对此别有会心，说得一清二楚：

> 闻事魔者，每乡每村有一二桀黠，谓之魔头，尽录乡村姓名，相与诅盟为党。凡事魔者，不肉食，而一家有事，同党之人皆出力以相赈恤。盖不食肉则费省，费省故食易足；同党则相亲，相亲故相恤而易济。①

"事魔者"相亲相恤的行为，强化了乡村社会中古老的生活原则，既是魔力的道德化，也是道德的魔力化。②《摩尼教残经》倡导的"齐心和力，以和合故，所得僚施，共成功德"，已经从说教变成实践了。明教作为华化之摩尼教，它对社会生活所表现的尘世关怀，要比真正之摩尼教切实得多。

三、偶像化和神道化

在流亡中再生的摩尼教，通过走向民间而实现自我转型。五花八门的经、文、论、曲，被释门正统视为邪门左道。从宗教文化方面来观察，其偶像、斋品、葬仪和会众，确实出现地域性的变异。在尊奉"无上至真，摩尼光佛"的教旨之下，泉州明教会那种偶像化和神道化的倾向，独具一格，是尤其引人注目的。

（一）偶像

北宋初年怀安士人李廷裕从汴京传入的摩尼瑞像，究竟什么面目，现已无从知晓。元代遗存的晋江草庵摩尼雕像，则至今仍完好无缺，供人观瞻。按其面貌、服饰、姿式和背光，已与高昌壁画所见的摩尼大异，可说是一座佛身道貌的华化偶像。背光十八

---

① 李心传《建炎以来系年要录》卷76。并可参看《名公书判清明集》中的案例，中华书局2002年版，第535—537页。
② 陈垣先生认为摩尼教"不失为一道德宗教"，见《陈垣学术论文集》，中华书局1980年版，第370页。

道，也与摩尼"十二光"的理念不合。很可能，草庵摩尼的十八道背光，意在象征佛教所谓"十八圆净"。其第一净"色相圆净"："光明遍照无明世界"，可与摩尼二宗论附会，并与"清净光明"的偈语对应。

（二）斋品

据突厥语《忏悔文》的规定，摩尼教的信奉者不准伤害兽、禽、鱼、虫。①因此高昌摩尼教徒的斋期食品，以含有光明种子的甜瓜为特色。到了福建，就变成以菌代瓜了，据南宋陆游《老学庵笔记》卷10，可知当年福建的明教信众"烧必乳香，食必红蕈，故二物皆翔贵。"菌类鲜美，除有毒者外，一般都有保健功能，是食疗本草的著名品种。②明教食菌之俗，大概是从佛门染来的。唐末段成式记录过这样的事例："宋州莆田县破冈山，武宗二年，巨石上生菌，大如合簧，茎及盖黄白色，其下浅红。尽为过僧所食，云：美倍诸菌。"③

（三）葬仪

福建明教徒的葬仪，宋代不仅行于当地，还流至温州，遂及二浙。"闻其法：断荤酒，不事神佛祖先，不会宾客。死则裸葬，方殓，尽饰衣冠，其徒使二人坐于尸旁，其一问曰：来时有冠否？则答曰：无，遂去其冠。逐一去之，以至于尽。乃曰：来时何有？曰：有胞衣。则以布囊盛尸焉。"④尽管裸尸以葬，是摩尼法，但非用布囊盛尸不可，则是承袭汉代黄老之徒的遗习。《汉书·杨王孙传》云："杨王孙者，孝武时人也，学黄老之术，家业千金，厚自奉养。生无所不致，及病且终，先令其子曰：吾欲裸葬以反吾真，必无易吾意。死则为布囊盛尸，入地七尺，既下从足引脱布囊，以身亲土。"可见，明教的"胞衣"正合黄老"返真"之意。从葬仪看，明教与道教之间存在着隐蔽的精神交往，是有迹可寻的。华化摩尼教之神道化，除上述草庵道貌佛身的偶像外，在这里又添一证了。

（四）会众

泉州的"明教会"（有出土瓷碗为证），正像温州的"白衣佛会"一样，都是通过结集会社来组织信徒，作为寺院式的摩尼教的社会基础。在呼禄法师"授侣三山，游方泉郡"之后两个多世纪，北宋宣和初年的滨海地域，奉摩尼香火者，已经不是乌合之众，而是有组织的人群：

> 温州等处狂悖之人，自称明教，号为行者。今来明教行者，各于所居乡村，建立屋宇，号为斋堂，如温州共有四十余处，并是私建无名额佛堂。每年正月内，取历中密日，集侍者、听者、姑婆、斋姊等人，建设道场，鼓煽愚民男女，夜聚晓散。⑤

---

① 德米特里耶娃：《忏悔文译注》，《突厥学研究（俄文版）》，莫斯科，1963年，第229页。
② 李时珍：《本草纲目》卷28，北京：人民卫生出版社，1982年。
③ 段成式：《酉阳杂俎（续集）》卷10。
④ 庄绰：《鸡肋编》卷上，北京：中华书局，1997年，第11页。
⑤ 《宋会要辑稿》，刑法二，禁约。

按"密日持斋"是摩尼要法，本属寺院礼仪，现在已经化成民间习俗了。"明教会"碗的发现，表明专用餐具在泉州一度流行。这个来自出土文物的信息，对认识华化摩尼教的普及程度和群众规模，并不是无足轻重的。

四、摩尼教在滨海地域变异的历史趋势

经过偶像化和神道化的泉州明教，并没有缓和政教矛盾或协调左道诸派，因而，在滨海地域的民间信仰中难以取得强势地位。到了南宋时期，摩尼教的变异并未终止，反而出现更加多样化和更加异端化的趋势。陆游之言，可以为证：

> 自古盗贼之兴，若止因水旱饥馑，迫于寒饿，啸聚攻劫，则措置有方，便可抚定，必不能大为朝廷之忧。惟是妖幻邪人，平时诳惑良民，结连素定，待时而发，则其为害，未易可测。伏缘此色人处处皆有，淮南谓之二檜子，两浙谓之牟尼教，江东谓之四果，江西谓之金刚禅，福建谓之明教、揭谛斋之类。名号不一，明教尤甚。①

相对而言，明教可说是"异端中的正宗"，因为它是直接由摩尼师呼禄播种的。因此，泉州明教才可能在明朝初年获得稍为体面的归宿。据《闽书》方域志云：

> 皇朝（明）太祖定天下，以三教范民，又谦其教门上逼国号，摈其徒，毁其宫。户部尚书郁新、礼部尚书杨隆奏留之，因得置不问。今民间习其术者，行符咒名师氏法，不甚显云。庵（晋江华表山草庵）后有万石峰，有玉泉，有空梯百级，及诸题刻。

现存的草庵题刻，并非经文，而是"劝念"十六字偈："清净光明，大力智慧，无上至真，摩尼光佛"。它以缩影的形式昭示后人：明教百变不离其宗。因此，华化摩尼教的转型，并不等于变质。这个区别是原则性的。不然的话，宗教就和迷信混为一谈了。

原载《中山大学学报（社会科学版）》2004年第6期

---

① 陆游：《渭南文集》卷5，条对状。并参林悟殊：《摩尼教及其东渐》，台北淑馨出版社1997年版，第141—155页。

宗法、户籍与宗族

——以大埔茶阳《饶氏族谱》为中心的讨论

刘志伟

明代以降,随着士庶宗法观念的改变,逐渐形成了近世宗族制度的新规范,在这样的规范下建构的地方宗族,成为建立正统化社会秩序的基本方式。① 在以往的研究中,我们已经知道,在明清宗族规范建立和衍变的过程中,宗族内部的权力关系及管理运作机制的改变常常是通过祖先祭祀制度的变化、里甲户籍登记和赋税征收方式的改变来实现的。② 不过,我们对于这个变化过程的具体细节和内在的机制,尚缺乏足够深入细致的了解,而广东大埔县《茶阳饶氏族谱》③ 中的有关记载,对于我们更具体地了解这一社会文化过程,提供了一个很典型的个案。本文着重利用该文献,讨论地方宗族形成过程中宗法原则的变化与里甲户籍登记制度的关系。

一、大埔茶阳饶氏宗族的兴起

大埔县位于广东省东北部山区,境内层峰叠嶂,县民环山以居。在明代中期以前,这一地区在行政上属海阳县辖地,因"僻远官府,政教弗逮",山中所聚多梗化之民。④ 成化十四年,明王朝在征剿这一带的盗贼时,为加强控制,设立饶平县。饶平县设立后,这里仍然是"法度不行,教化不及"⑤ 之地。嘉靖五年,为了"弭盗贼",再将这个地区从饶平县割出,设立大埔县。大埔县虽然地处偏僻,但由于在韩江上游,源自福建的汀江和源自江西的梅江在境内汇合为韩江,向南流经潮州出海,从另一角度看,这里又是一交通便利,路通山海之间的地区。设县之后,这里仍然是山盗海寇活跃之地,但同时也是商业贸易的交通要道,本地的权势也极力利用种种文化资源,同王朝拉上关系,建立起正统化的社会秩序。

---

① 科大卫,刘志伟:《宗族与地方社会的国家认同——明清华南地区宗族发展的意识形态基础》,《历史研究》2000年第3期。
② 郑振满:《明清福建家族组织与社会变迁》,长沙:湖南教育出版社,1992年;叶显恩,谭棣华:《关于清中叶珠江三角洲宗族的赋役征收问题》,《清史研究通讯》1985年第2期;科大卫:《祠堂与家庙——从宋末到明中叶宗族礼仪的演变》,《历史人类学学刊》2003年第1卷第2期。
③ 该族谱为乾隆四十八年饶桐荫重修,光绪三十二年重刊,本文凡引用或参见该谱处,均不一一注明。
④ 江朝宗:《新建饶平县治记》,(康熙)《饶平县志》卷四。
⑤ 饶相:《奏拨大埔县都图疏》,《潮州耆旧集》卷十七。

我们要讨论的大埔饶氏宗族，就是在这样的环境下，由一代又一代的士大夫悉心经营，在当地扮演着"树仪型，胥教化"角色的一个大族。直到今天，在原大埔县城茶阳，最为瞩目的仍然是饶氏宗族树立的"父子进士牌坊"，几百年来，这个牌坊竖立在县城中，彰显着饶氏宗族在本地的声望和地位。

大埔饶氏的兴起，是与明代中期该地区王朝统治秩序的建立联系在一起的。该族的族谱声称他们的始祖名四郎，原籍江西吉安永丰人，宋末随任汀州推官的父亲寓居汀州，后迁于潮州之神泉乡（在原大埔县城北一里）。元末明初的时候，该宗族的四世有兄弟三人，其中一人族谱记载是"无嗣"，另一人是"迁移失稽"（又云"兄弟皆播迁于他方"）。惟元利一人，族谱说他"纠聚乡人，悉力防御，用保闾里，勤力务本，生事稍裕"；而其长子的传记中也提到："公生当明初。土圹人稀，垦荒力田，家用饶裕"。由此看来，这个后来在当地最有影响的宗族发迹的历史，是明代初年由元利开始的，这个叫元利的人及其儿子，很可能在明初的时候是当地有一定势力的小豪强。

不过，我们从族谱资料中看到这个宗族的祖先中，真正同王朝正统拉上关系的，要到元利的曾孙一代，即族谱中记录的七世。根据族谱的记载，四世元利生三子，三子再生七个孙子，后来这个宗族分为"礼、乐、射、御、书、数"六大房，就是以六世七兄弟中的六人为房祖的（六世的另一人因曾孙过继到他房而无嗣）。其中属于乐字房的七世中，有一个名饶金的人在成化十三年（1477）"以春秋领乡荐，历官至剑州知州"，他的弟弟饶鑑则受学于明代大儒江门陈白沙。在各种版本的《大埔县志》的"人物志"中，这两个人分列在"宦迹"与"儒行"之首。更重要的是，饶金在辞官乡居时，出面提议设立大埔县，其家传云：

> （金）自致政于家，苦山寇屡发，滦州、清远当汀漳之末界，鞭不及腹，乃亟请金宪施公，陈建邑之策，以塞盗源。会奏报允，乃于嘉靖丙戌设大埔县治，盗戢民安。

在明代，广东很多新设县都与弭盗的目的相关，而且往往都是在本地势力的推动下发生的，顺德、新安等县的设立都是如此。饶氏家族在大埔设县中充当的角色，既是基于该家族在本地的影响，又毫无疑问强化了这种影响，奠定了饶氏后来成为大埔县望族的基础。

饶金中举出仕之后，这个家族开始按照士大夫的礼仪，建立祖先祭祀制度。饶金卒于嘉靖五年（1526），其次子世庄于嘉靖十三年始建立大宗祠，奉祀始祖、高祖（四世）和曾祖（五世），并设立祭祀尝业。《饶氏族谱》中收录的署"都院盛端明"撰的《大宗祠堂碑记》云：

> 潮之神泉饶氏，钜族也。饶氏之子孙，皆聚居于神泉，故潮人称为神泉饶氏，今以神泉为邑，名曰大埔，饶氏之姓益著……茶山（茶山乃饶金之号——引者按）之次子世庄，字庄民，号北轩，以恩例授秩典膳。松峰（世庄之祖父——引者按）、茶山存日，尝欲建立祠堂祀田，以奉始高曾三祖，有志未就而终。北轩（即世庄的号——引者按）乃克成先志，捐己赀构大宗祠堂

于邑之东门外……复立附廓头坑田种一石二斗，近田山林一套，俱与大宗子孙耕管，饬其岁之所入，以供祭仪香灯之费，其祭不疏不数，一循文公家礼。

30年后，到嘉靖四十四年（1565），大宗祠被洪水冲毁，经过12年，至万历五年（1577），再由同属乐字房（即以松峰为房祖的房份）的饶相出面修复。饶相是这个宗族历史上最重要的一个人物，他的曾祖是世庄父亲之兄，他本人于嘉靖十四年（1535）登进士，官至江西按察副使，其子宾印，亦于万历十七年（1589）登进士，其子孙辈大多为邑庠生，其中数人获举人、贡生等功名。这些科名成就不但确立了饶氏宗族的士大夫身份和在地方上的声望与权势，同时也确立了本来在宗族中作为小宗（二房）的乐字房在宗族内部的绝对优势地位。此后由《饶氏族谱》所记载的大埔茶阳饶氏宗族的发展，基本上是以饶相一房为中心的历史。

二、大宗与小宗

前引《大宗祠堂碑记》中，提到饶氏宗族开始建立宗族祭祀制度，是"一遵文公家礼"。不过，这里似乎只是指祭祀仪式，而不是祭祀场所的安排。《朱子家礼》[①]中规定的以祠堂为名的家庙之设，大小宗的区分，只是在祠堂之内供奉神主的设置上体现出来，无论大宗小宗，祠堂供奉的都是四代神主。这一安排，把包含在程颐设计的礼仪中的始祖祭祀排除在祠堂祭祀之外。但实际上，自程颐主张祭祀始祖之后，作为敬宗收族的基本方式，始祖之祭，在宋明间重建宗法礼仪中，越来越流行起来。明初著名学者方孝孺撰《宗仪九首》就主张："为尊祖之法，曰，立祠祀始迁祖。月吉必谒拜，岁以立春祀，族人各以祖祔食，而各以物来祭。祭毕，相率以齿会拜而宴。"他明确提出"为始迁祖之祠以维系族人之心。"[②]不过，实际上，始祖祭祀在明代嘉靖以前，一直没有合法化，直到嘉靖十五年朝廷批准礼部尚书夏言上疏建议，"诏天下臣民得祀始祖"，[③]始祖祭祀才合法化。从茶阳饶氏族谱的记载，我们看到，就在夏言议准天下臣民得祀始祖前两年，这个宗族已经建立起奉祀始迁祖的大宗祠。

由饶世庄始建，再由饶相重建的大宗祠，奉祀的神主是始祖、四世祖和五世祖。在附图1中，我们可以看到，饶世庄本人作为八世乐字房子孙，当然只是支子，他建立的大宗祠中，除了供奉始祖外，只供奉了作为他的直系祖先的四世绍兴和五世守常，因为这两人同时既是宗子（绍兴之兄无嗣，故绍兴为宗子），又是建祠人的直系祖先。由于世庄的祖祢均非宗子，故未被奉入祠中；而作为宗子的六、七两世祖先，由于不是建祠人的直系祖先，也没有供奉入祠。至于二、三两世，按《朱子家礼》祠堂只祭高曾祖考四世的规矩，以设立祠堂的世庄为本身来计算，已超出四代，谓之亲尽，也没有奉祀祠中。由此，我们看到在这个大宗祠的设立，同时采用了几种不同的原则，一是《朱子家礼》规定的祠堂只祭祀四代祖先，亲尽则迁的限制，二是出于收族的需要而逐渐普遍起

[①] 朱熹：《家礼》，文渊阁四库全书本。
[②] 方孝孺：《逊志斋集》卷一，文渊阁四库全书本。
[③] 朱国祯：《皇明大政记》，《元明史料丛编》第一辑，台北：文海出版社。

来的始祖祭祀习惯，三是宗子祭祀的宗法规范。这三种标准的兼顾，同时体现了宗法原则与收族需要及利益控制的妥协。

由于作为支子的世庄没有把自己的祖祢供奉在始祖的祠堂中，这个祠堂的确是一间大宗祠。可见他是按照比较规范的宗族礼制来设立大宗之祭，并以长房的嫡孙立为宗子。盛端明为饶氏撰写《大宗祠堂碑记》时，曾特别把这套宗法的道理强调了一番：

> 予乃告之曰：祖宗之于子孙，源远流分，难以系属，故古人立宗以维之于礼。有大宗小宗之派，大者始始祖之长而世继之，始祖之庶，则别为小宗，然自高祖以下亦然。今饶氏之为大宗者，实自始祖之长也。北轩之肇祀始祖高祖曾祖，则大宗之嫡孙得以永承宗祀，而毋忘厥初。虽百世而统系益明，统系明则伦理不紊，伦理既定则礼乐可兴。故宗法莫大于正系，家法莫大于明伦。伦明统正则宗法修，岁时举。

从这段论述和饶世庄建立大宗祠时的设计来看，这个在地方上新兴起的家族，当时是很认真地要通过建立合乎宗法规范的宗族制度，把自己与士大夫的正统联系起来。但是，在现实中，主持建立这套制度，特别是主持祠堂的修建和祭祀尝业设置的，都是作为支子的乐字房的士大夫。他们既要遵循宗法原则，又实际上控制着宗族的资源和权力，结果，这个由大宗祠祭祀维系的宗族中的权利和义务，就出现了比较复杂的状态，万历时由布政刘子兴撰的《重修大宗祠堂碑记》记载了这种关系：

> 大宗祠创于刺史之子典膳世庄，祀始祖四郎公暨先祖绍兴公守常公，以乙丑洪水祠毁久之。宪副君谋于十二世宗子一初曰：予频岁助襄为祀田、义田，经营苟完。惟大宗祠毁，先灵久失栖依，为吾后人丑。汝宗子力足自致，亟宜营建，吾当毕力佐不给之需。于是宗子一初因旧址湫隘，遂买地于邻，宅基爽垲，聚材饬工，岁丙子经始，迨丁丑落成……宪副君经画而决策，宗子肯构而干济；经画者佐费，肯构者殚材，一时焕然。

文中提到的十二世宗子一初，生于嘉靖十八年（1539），是世庄建立大宗祠后出生的。世庄建立大宗祠的时候，一初的曾祖大用还在世，《谱传》中称他"秉性孝严，持家勤俭，好礼向义，乡评重之，恩赐冠带寿官"，估计最初他被立为宗子。他儿子比他早逝，估计接替他的宗子是十一世的忠，《谱传》中称他"恪敦祖祀，修筑先茔，乐善好施，绰有长者之风"。对于一初，《谱传》中记载他"治书经，补邑庠生，恩授儒官"。可见从祠堂、祭田到宗子，都是由族中有势力的缙绅所立，宗子实际上不是族中真正掌握权力的家庭，但最初的几代宗子，大概还能够被族中士大夫们所接受，并也实际上在处理族内事务中起过作用。不过，宗子所在的长房礼字房无论在权威上，还是在经济实力上，显然远远逊于科名辈出的二房乐字房。上引文中记载饶相重建大宗祠的情况，就清楚反映出他们之间的关系。

乐字房的绅衿士大夫们，一方面小心地遵循着宗法制的原则，出面并出资建立了大宗祠堂和以大宗祠堂为中心的宗族祭祀制度，另一方面，作为在当地和本族内最有权势和最有经济实力的一支，他们更重视的是本支的祖先祭祀。从前面所述，我们看到乐字房的缙绅之家在最初建立宗族祭祀制度的时候，为了遵循宗法礼制，着力建立的是以大宗祭祀为中心的制度，虽然从世庄在大宗祠安放牌位时，是以自己（八世）为中心来计算四代，而不是以宗子大用（九世）为中心来计算（如果以宗子为中心，则四世绍兴应该亲尽），同时也没有把属大宗世系但不是自己直系祖先的六、七、八世祖先奉祀入祠这个做法来看，大宗祠的设置实际上完全是由乐字房的士大夫家族控制的。不过，为了合乎宗法，他们毕竟只建了大宗祠来作为宗族的中心，同时也仍然举长房之人为宗子主持祭祀，还设立祭田交给宗子耕管。

然而，过了几十年后，从大宗祠被洪水冲毁到重建，有12年其实是没有大宗祠堂的，这12年间，该宗族最为显赫的仕宦饶相本人已经谢病归田，在家乡养老。乡居期间，他除了"分己赀十之三，取先立各祖之蒸尝而悉增之"，并首先在隆庆五年（1571年）创建了本房的小宗祠，然后6年后再重建大宗祠。无论从饶相把修建小宗祠放在优先地位的事实，还是从实际的祭祀安排来看，饶相一房的宗族祭祀的重点，都是以本房祖先为主的。小宗祠修建的时候，饶相请布政使陈天资撰《小宗祠堂碑记》记其事曰：

> （饶相）致政家食垂四十年，思祖宗缔创之难，恩同周极，乃捐所有增置各祖蒸尝祭田。又创立义田以济族中之贫者，立学田以教族之子孙。仍思世远族繁，不可无小宗祠堂，乃择城中地建祠堂一所，以祀高曾祖考。仍于堂后另构一室，以为后代专祀松峰公香火之所。每岁立春日，请松峰神主出就祠堂，南向，其余四代祖考依昭穆东西列向，以配食，其主祭则推本支子孙年高和行辈尊者一人主之。办祭则有轮收蒸尝，子孙专司其事。祭毕，仍奉本主归于后室，永世不祧。盖礼以义起，亦使后世子孙知立德立功，斯可以垂诸不朽也。若夫高曾祖考之祭，依家礼四时举行，量杀。其冬夏二祭，孟月朔日，荐以时食而已。每岁九月，物成之候，特设一祭，祭其考东轩府君，盖尊古人季秋祭祢之义。而宪副君及其嫡长子孙世为小宗子，实主之。若夫冬至追祭始祖之礼，则于大宗祠堂举行。

在这里，祭祀礼仪的核心内容，是根据《朱子家礼》四时举行的家庙祭祀，不过，他们已经作了一个特别的变通安排，就是把本房始祖松峰供奉在祠堂后面一个专门的后室，每年立春日以出祠堂，作为本房祭祀的中心。可以说，这个小宗祠堂的最重要的祖先，其实是这位根据"别子为祖"的原则而成为本房始祖的松峰，只是为了符合《朱子家礼》的规范，才让他平时屈居后室。另一个值得注意的安排，是饶相特别设立了以其父东轩为主的祭祀礼仪，在这个祭祀中，饶相本人作为长子，就获得了宗子的地位。在这里，我们看到宋儒以复明古法标榜的宗法原则，如何被巧妙地变通运用，来适应现实中的宗族权力的运作。饶相在此碑记后撰一按语，讲解了一番古代宗法之义后云：

后世仕无世官,欲求诸侯之别子方为始祖,则不可得矣。官无世禄,欲求圭田而后祀,亦不可得矣。事因世移,礼以义起,故本族特以始迁之祖为始祖,继始祖之正派为大宗,其余支分派别,凡有力能创建祠堂祀田,其嫡长子孙,以世承祀,皆可以为小宗。礼义相先,情爱相孚,贫乏相周,患难相恤,岂不为衣冠之族,淳厚之俗哉。若不知此义,虽或一时致身富贵,爵位轩昂,储蓄充盈,易世之后,无宗法以联之,礼义以率之,其子孙相倾以势,相戕以利,盖虽骨肉之亲,亦已相视如途人矣。

正是根据这些观念,我们看到,在明清之际,为适应现实的社会关系,宗法礼仪的原则逐渐发生了改变,大宗祭祀逐渐转变为以始祖祭祀为重点,而小宗祭祀亦逐渐打破宗法和《家礼》的限制,蜕变为大宗祭祀。明乎此,以下我们可以开始从户籍登记与赋税责任的承担的角度,把祖先祭祀制度的变化,同宗族运作中的现实关系结合起来作进一步考察。

三、户籍与宗法

在大埔饶氏族谱中,与本文论题有关的最为重要的资料,是饶希燮撰写的《大宗香灯簿序》,这篇文字,讲述了从明代中期到清代初年饶氏宗族的族产管理、赋役责任的承担与祭祀之间的关系及其改变的经过。该序全文如下:

平阳郡饶氏通族公佥拨单以永宗祀,以当大宗里役,以完国课,以杜纷争贻累事。本族自始祖四郎公以至五世守常公先年创建祠宇于邑之东门外,屡奉香灯为祭祀之主邕。族有吉事则合族以行庆贺,庶不失尊祖睦族之义也。此事起于六世松峰公之孙世庄公,颇有产业,实缵成之。佥立五传长孙一初为大宗子,拨东门城外之枫头坑田种壹石零以奉始祖至五世祖之香灯,令宗孙耕之,又拨氵心洲都八图里长饶祖里今改承宗一名,以纳粮差,以当里役。厥后,十世三溪公以副使致政,增置田税拾两,十一世宾印公、十二世岱屿公、于岸公各增税数两,以奉祭祀,俱以宗孙之长子嫡孙掌其事。又立六世松峰公为小宗,以配始祖,其祀祖田税粮米寄在大宗里长户内,立丁饶清隐一名,本支子孙轮纳粮差,不烦宗孙陂累也。奈一初传宗孙仁瀚,懦弱无能,听世庄公之孽孙道上占当里长,吮甲拖粮,背卖田税,得银百金私逃。松峰公之孙多方备银,与道上买回田业里长,世庄之子孙概不得与矣。无何。仁瀚故,茂永幼孤,族长令茂魁承接祭田税业里长甲户。迨己丑,茂魁卒,令其仁沐代当,仁沐又死,其弟仁淑当。盖仁沐、仁淑乃里长饶东德户内之人,代当大宗之里役,拨税若干帮贴,亦可无累里长矣。奈己丑乱离,兵荒洊至,里户逃亡贫困,兼以杂派多费。自仁淑当后,拖欠钱粮银两,告扯仁洪帮贴,若仁洪与仁瀚、仁淑皆为疏属,帮贴都不近理,幸仁洪力耕守法,遵官断,已屡贴至贰拾外两矣。时族众思仁淑无家,又荡不知检己,于顺治十六年佥交仁洪父子代当,承接各业里甲。及至康熙三年，仁洪以甲户散稀少，将一切产业里甲当族众交茂永当，至茂永乍当数月，而即收银逃走，仁淑于时又诱永付之再当。康熙四五二年，则又失祭，拖累吮甲，与道上无异。及六年，大差已出，而仁淑私收产业甲户，又席卷而逃，此时并仁淑茂永俱单丁，不可当里也，明矣。况失祭拖粮，上欺国课，下欺祖宗，断不容再贻累也。厥后，康熙六年，复出仁瀚，收银远逃，已为重罪，无端混呈松峰子孙于是相沿成习，有如彦宸，自求当里长，又牵及族印生简生，继又扯及席巨、益宸、应美等摊赔累，殆无休日，幸而祖灵不替，得族长赓韶前后扶持，众等方得竭力供完，自康熙六年以至十年，茂永求当供办，谓可无虞，不意茂永荡检，又复花费矣，失祭拖粮闯逃。忽而道上之孙阿福自出承当，但思阿福只身幼稚，上无片瓦，下无立锥，何能承当，将来比仁淑之耗费，道上之侵渔更甚。上之亏累国课银饷，次之破坏祖宗血食，势必依例摊累决裂，尤可虑耳。今合族相议，择族中贤肖者承之，兹择得十三世孙名启淇，为人忠实谨厚，系松峰公本支孙也，堪仁其事，立为宗孙，以承始祖及五世香火，并承大宗里长。凡原在大宗内产业田税，俱付淇前去征收，一以供冬至祭祀及朔望香灯，一以纳大宗钱粮夏麦人丁等项，及大役应卯，俱系启淇料理，不可攀扯族人。后来子孙繁衍，钱粮广大，自有贤能者阔而充之，非所论于今日也。尔启淇受此重任，不可苟且推诿。一则尽心安置里甲，无负钱粮，一则谨行孝敬，毋耗财失祭，毋花用丢粮。依此遵守，祖宗福荫，必使长享基业，佑尔后人矣，慎之毋忽。

文中提到各人的亲属系谱关系，见附图1、2。为篇幅所限，我们这里权且不就文本作详细解读，只就我个人研读这篇文字得到的认识作一点讨论。

该篇文字的作者希巒是饶相的曾孙，生于万历三十三年（1605），卒于康熙二十年（1681），以恩贡授国子监学正，在清代初年，是饶氏宗族中最有权力的人物。其《家传》说他"董族事，公正严明，宗人率其处分"。本篇文字实际上是他指派了宗子之后写的"训诫"。文中回顾了该族建立和宗族祭祀及其祭产管理的历史，说明了他选用非长房族人担任宗子的理由。

在明代，尽管饶氏宗族中真正的权力控制在乐字房以饶世庄和饶相为代表的仕宦所在的支派手上，但他们建立的宗族，仍然是以宗子为中心的宗族。他们不但要通过建立宗族来维护其家族利益，更要以宗族来表达他们的士大夫文化认同。他们不但出资修建大宗祠堂、立宗子，而且设立祭田供宗子收租，甚至将原来由自己控制的户口也交给宗子支配，而自己设立的小宗祀产，则寄在大宗户口之下，另立一"丁"。甚至声称："凡合族中有大事，当禀大宗而后行"。表面看来，他们似乎在建立着一种合乎理想的宗法礼制的宗族社会。

然而，实际上，宗族内部的权力和实际的管理，从来都是掌控在那些具有官宦身份，同时也拥有财富的势力手上。这个宗族的祠堂尝产，均为在宗法上属于支子乐字房中的士绅建立的，对建立宗族有首创之功的世庄，是官至知州的饶金的儿子，最初所设立的族产也是由他捐出，登记族产的户口也由他拨出，连宗子都是他一手拥立。《族谱》中称他"天性英敏，智术机警，应变不穷，兼善治生"。后来族产的增置也是这一房中拥有举人、进士功名的子孙之所为，虽然他们把具体管理的职责交给了宗子，但实际的权力控制究竟是在宗子手上还是在立宗子的士绅手上，不待烦言而明。因此，在世庄和一初去世之后，随着放弃宗法原则的观念逐渐被普遍接受，而作为大宗的一初子孙又无能为力充当管理族产角色时，世庄的孙子道上就很自然可以通过"占当里长"而从形式到实际都把祭祀产业的控制权夺了回来。

这时，同是松峰子孙乐字房的另一支派，即世庄父亲金之兄侃易的后裔崛起，饶相中进士标志着这一支派在宗族中的权力取代了世庄一支的地位。于是，我们看见，以饶相一房为首的"松峰公之孙"用银从道上手中买回田业里长，同时剥夺了世庄一支的权力。而他们采用的手段仍然是重新恢复宗子在名义上的权力，把掌管"祭田税业里长甲户"的责任重新交还给"礼字房"的人。接下来，就是从明末到清代前期，宗子权力的掌管和转移，表面上都在长房的人中间进行，以至出现很多矛盾，其间的细节这里暂不讨论。不过，很清楚的事实是，经过了一百多年，几代人的纷攘更替的结果是，大约在康熙前期，由饶相曾孙饶希燮控制下的饶氏宗族，废除了礼字房（长房）的宗子权，而在乐字房（二房）中选择一位"忠实谨厚"的"贤肖者"，"立为宗孙，以承始祖及五世香火，并承大宗里长"。宗族的士大夫势力从原则到形式都最终选择了完全放弃宗子宗法制，确立了士大夫宗族的新规范。熟悉宋明以来宗族制度历史变化的学者都很清楚，这是明清宗族制发展中的最重要的一个转变。

这一个案涉及的问题相当广泛，颇有典型的意义，这些问题还需要结合族谱中其他资料，并把该个案置于更广阔的社会文化脉络去讨论，但限于篇幅，这里只就这篇文字所反映出来的事实，简单地提出两点想法来讨论：

第一，遵循宋明理学家的主张，按照古代宗法原则，再根据当时的社会现实加以变通，来建构地方宗族的规范，是明代中期以后地方精英建立地方社会的国家文化认同的一个重要途径。明代宗族社会的建构，是由地方上控制了政治、经济和文化资源的势力去实践的，因此这也是在地方社会借助正统化的文化资源去树立权威和维护权力的基本手段。但是，这种权力基础的建构同时也是一个建立地方社会国家认同的过程，在这样一个以士大夫文化价值和规范为主导的社会中，宋明理学成为主流意识形态，社会身份以及文化认同的正统性，必须建立在遵守由宋明理学家复兴的古代宗法礼仪规范的原则上，这就有可能引起基层社会中实际的权力格局与维持其稳定的文化象征之间呈现紧张的关系，成为宗族运作的一种悖论。饶氏宗族的例子也许过于典型化，但这种紧张在不同地区不同宗族中间会以不同方式表现出来。我们研究明清宗族社会建构和演变的历史，需要深入探讨的一个问题，就是当时的人们如何在既定的社会关系和礼法规范中，通过利用和改变这些关系和礼制，建立起新的宗族社会秩序。

第二，宗族权力的实现和运作，往往是透过祭祀权的控制、祀产管理以及承担里甲户籍的财政责任来体现的。世庄立宗子，建立制度化宗族，以及后来希燮从长房收回宗子权利，都包括了这几方面的内容。尤其是后来担任宗子的人，实际上就是承当"大宗里役"责任之人，宗子设置的安排，变成了承当里甲户役的安排。这里提出了一个问题，就是在一条鞭法改革基础上里甲户籍的变质，与同一时期近世宗族制度的形成之间是否有某种内在的关系？片山刚提出的"里甲户—宗族"的模式，[①]是否足以解释这种关系？从这一个案看，里甲户的结构与宗族的结构可以有某种的联系，如小宗的田产登记在大宗祀产的里长户下的"丁"之中，但是，首先，这其实只是一种登记系统的关系，不说明大宗里长户因此通过对其子户和"丁"的统辖关系形成宗族对房支的控制关系，其次，即使是"丁"的赋税责任，也可以独立于其里长户之外。笔者相信，如果明白"里甲户"由某一社会实体的登记单位变为登记田产和赋税责任的"户口"的意义，[②]就可以明白，问题不在于里甲户籍登记系统与宗族系统有何种对应关系，而是里甲户籍对于宗族的意义何在，从而可以帮助我们理解里甲制改变如何为近世宗族发展提供了制度上的空间，尤其是承担里甲户役的责任和所需要的条件，也许是一种导致宗子制度实行不下去的制度性原因。关于这一点，涉及的问题相当复杂，需从更广阔的领域去作深入的讨论。

附图：

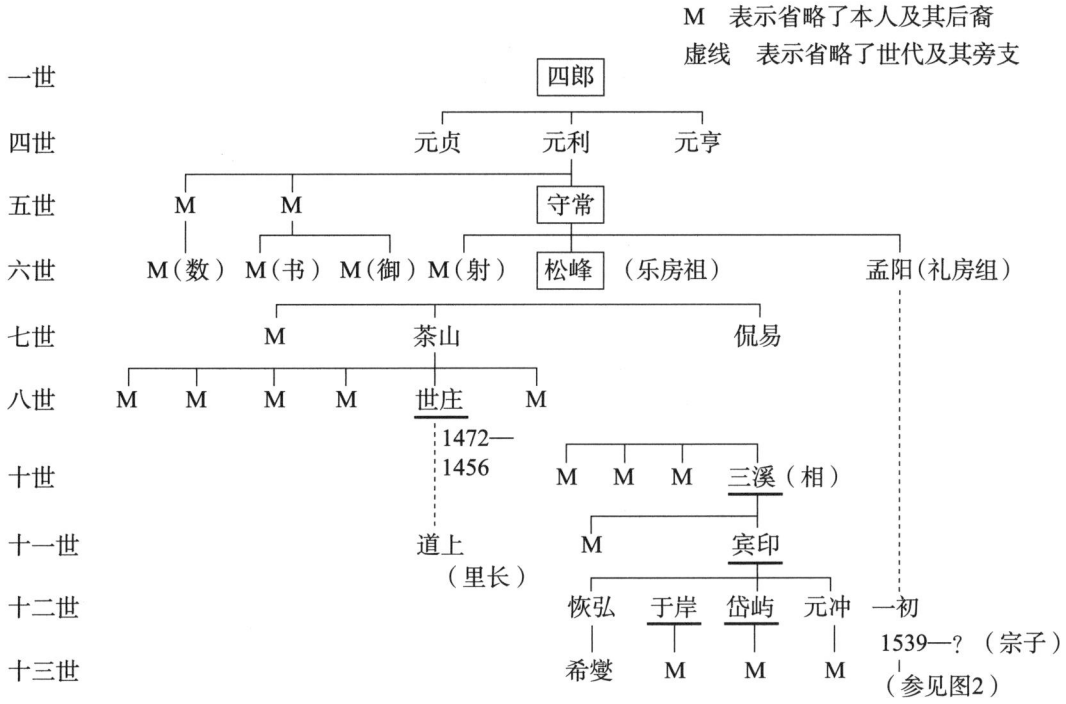

图1　宗族建构时期的谱系

[①]　片山刚：《清代广东省珠江デルタの图甲制について》，《东洋学报》1982年63卷3—4号。
[②]　刘志伟：《明清珠江三角洲地区里甲制中"户"的衍变》，《中山大学学报（社科版）》1988年第3期。

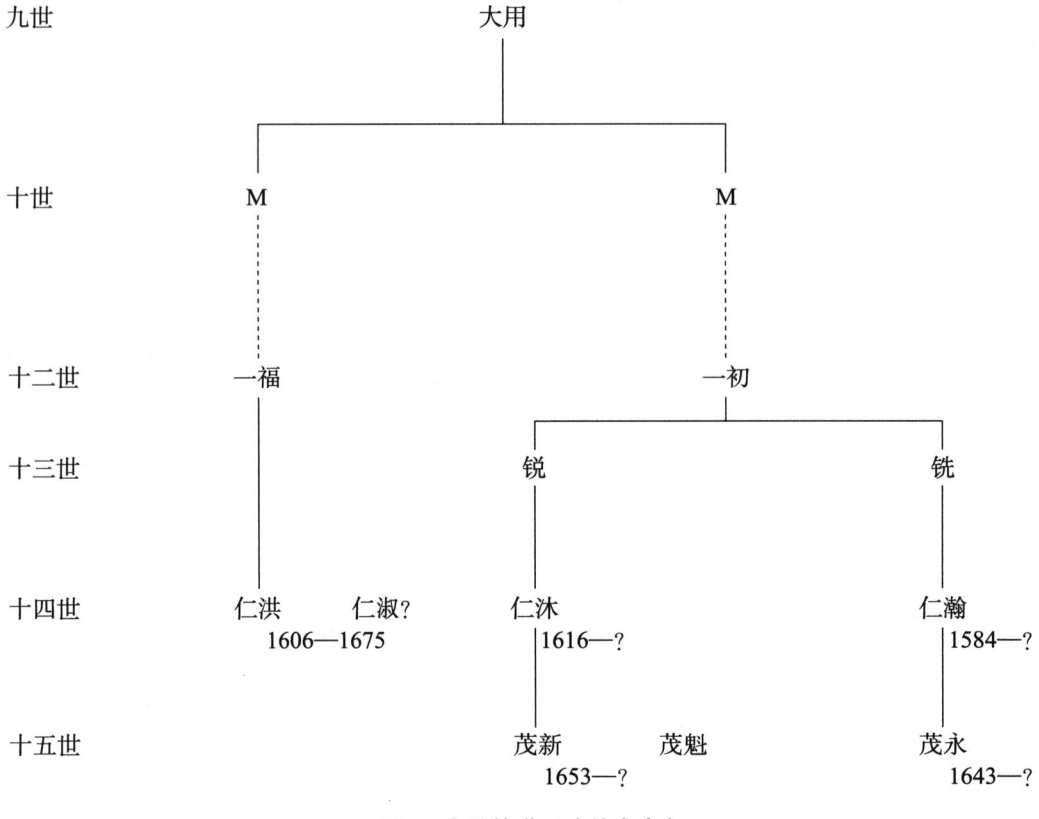

图2　宗子的谱系（礼字房）

原载《中山大学学报（社会科学版）》2004年第6期

明代前期潮州海防及其历史影响（上）*

陈春声

明代洪武年间建立的以沿海卫所为骨干的军事防御制度，是中国历史上首次沿着全国海岸线较完整构筑的海防体系。沿海卫所设立和演变的过程，不仅具有军事上的意义，而且其间所牵涉的城池修筑、户籍与移民、屯田与赋役、宗族组织、宗教信仰、军民关系和贸易交通等等方面的情况，对于社会经济史的研究者来说，也是引人入胜的问题。

众所周知，明太祖沿着整个帝国海岸线普遍建立卫所的直接理由，是为了防御倭寇的侵扰①。本文所研究的潮州地区位于广东最东部，与福建交界，为浙闽经海道入粤的门户，又有韩江贯穿全境，从韩江入海口可溯流而上到达闽西和赣南山区，因而成为有明一代广东受倭寇、海盗和山贼影响最深的地区，也就一直在海防上有其重要的地位。清人蓝鼎元著有《潮州海防图说》一文，这样描述潮州在军事地理上的意义：

> 潮郡东南皆海也，左控闽、漳，右临惠、广，壮全潮之形势，为两省之屏藩，浩浩乎大观也哉。②

明代潮州的海防格局，是在洪武朝30多年间逐步建立起来的。除了设于潮州府城的潮州卫及"内属"的5个千户所和位于内陆的程乡千户所之外，设立于近海地方的有大城、蓬州、靖海和海门4个守御千户所，以及东陇水寨和柘林水哨。这些军事组织在以后近300年地方社会与海盗、倭寇和山贼的复杂互动中，始终处于备受关注的重要地位。卫所制度在明代地方行政体制中的特殊地位，卫所内部的军事组织形式和户籍管理方式的特殊性，以及散布于各州县中的与一般"官民田地山塘"不同的军屯田地的存在，都对地方社会的发展产生了深远的影响。本文主要通过明代地方文献的分析，描述明代潮州海防系统建立的缘由、过程和制度变迁，探讨沿海卫所布局所反映的潮州地方

---

* 本文曾以"明初潮州海防格局及其历史影响"为题，提交2006年3月香港中文大学历史系举办的"明太祖及其时代"国际学术会议和2006年8月在澳门举办的"明清广东海运与海防"国际学术研讨会，参加这两个讨论会的朱鸿林、刘志伟、陈宝良、万明、黄挺、杨培娜、焦鹏等多位学者提出了富于建设性的批评和建议。作者根据这些意见及会后赵世瑜等多位学者的意见，对文章进行了修订。谨致衷心谢忱。

① 氏富生：《试论明朝初年的海防》，《中国边疆史地研究》1995年第1期。
② 蓝鼎元：《鹿州初集》卷12，清雍正十年刊本。

社会情形，从一个侧面反映明代中央王朝的政策在沿海边远地区推行的实况及地方社会的因应过程。

明代潮州海防另一影响深远的举措，是南澳岛的弃守。洪武初年曾将粤闽交界洋面南澳岛的居民纳入版图，并可能在该岛设有水寨，但洪武末年终于"弃而不守"，徙岛民于内地。南澳岛因而成为各国商人和各种海上活动力量聚集之区，从而变成有明一代闽粤海防的心腹大患，其影响直至清初实施迁界政策之后。文章也将对这一举措的历史影响做专门的讨论。

一、洪武年间潮州沿海各卫所的设立

元明之际潮州归附明朝的过程，地方志大多语焉不详。一般的说法是，朱元璋平定福建后，于洪武元年二三月间派征南将军廖永忠率舟师自福州航海直趋广东，其时实际控制广东的元江西行省左丞何真派人"以广、惠、梅、循四州之地奉书内款。四月师至广州，真封库籍户口以归，广州平"①。许多地方志对这一事件有详细记载，不少研究者也以为这就是潮州归附明朝的过程②。其实，只要细读以上引文，自然不难发现，何真奉表归附的只是"广、惠、梅、循四州之地"③，并未包括潮州在内。事实上，潮州早在前1年的冬天，就已经归附了明朝。在《永乐大典》"潮"字部中，录有"归附始末"一节文字，引用永乐初年成书的《（潮州）图经志》④，对元明之际潮州归附的情形做了概要描述：

> 《图经志》：潮自至正壬辰，下岭海寇起，与山峒、徭獠相扇攻破潮、揭二县，人民依险防守自保，豪强各据其县，十有余年。后有江西、福建两陈氏攻敚不一。丁未冬，大兵下七闽，潮之守土者往泉州，迎大兵纳款。洪武元年朝廷始调兵守御，潮民得以安其生矣。⑤

可以看出，从元朝至正十二年（壬辰）开始的十多年时间里，潮州一直处于动荡不安的情势之中，除海盗和山峒、徭獠的骚乱外，还有来自外地的军事力量的进攻，所谓"江西、福建两陈氏攻敚不一"中的"两陈氏"，当指至正二十年在江州（今九江）称帝的陈友谅，以及割据福建地区、屡与陈友谅作战的陈友定。当时的潮州地方社会，实际上掌握在各县的"豪强"手里，且似乎不属何真之势力范围。至正二十七年（丁未）

---

① 郭棐：（万历）《粤大记》卷8，明万历刊本，第370页。
② 例如，饶宗颐：《潮州志》册1《大事志》（一），潮州：潮州市地方志办公室，2005年重印本，第228页；汤开建：《明代潮州海防考述》，《潮学研究》第7辑，广州：花城出版社，1999年，第67-68页。
③ 也有说是"以广、韶、惠诸郡降"（《粤大记》卷3《事纪类》，第2a页）的，同样未包括潮州在内。
④ 《永乐大典》卷5343，十三萧，潮，潮州府，第11a页。根据杨宝霖先生考证，明初的潮州《图经志》成书于永乐元年至永乐五年之间。见杨宝霖《已佚的潮州古方志考》，《潮学研究》第7辑，第14页。
⑤ 《永乐大典》卷5343，北京：中华书局，1986年影印本，第11a页。

冬天，潮州的统治者派人到泉州迎接明军，潮州即已归顺明朝。只是从明代中后期开始，这个过程在地方志和其他文献的记载中，变得模糊起来。而洪武元年何真派人向廖永忠"奉书内款"之事，也就是在明军控制下的潮州进行的：

> 洪武元年三月征南将军廖永忠等率舟师，自福州航海趋广东，先遣人以书至广州，招谕元分省左丞何真。及永忠等师至潮州，真遣其都事刘克佐上其印章，并籍所部郡县户口、兵马、钱粮，奉表归附。故兵不刃血，而梅、循、惠等州悉平。①

洪武二年，潮州路改潮州府，同时，省梅州并入潮州府。明初潮州府领四县，即海阳、潮阳、揭阳和程乡。其中程乡县原属梅州，位于韩江中上游的崇山峻岭之中。其余三县则界乎山海之间，均有很长的海岸线和以韩江三角洲为主的广袤的沿海冲积平原（参见图1）。

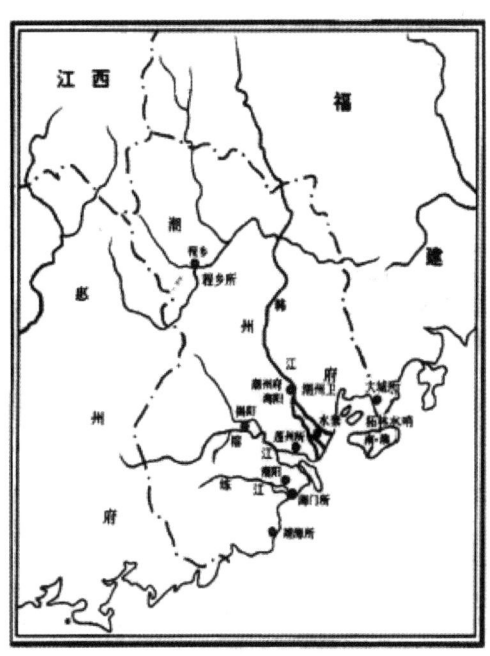

图1 明初潮州府示意图

潮州卫及其所辖10个千户所，就是在洪武二年至洪武二十七年间，逐步建立起来的。戴璟的《广东通志稿》对明初广东卫所的建置情况，有如下简要描述：

> 国朝洪武初年，平章廖永忠、参政朱亮祖取广东，遂命亮祖镇守，建置诸卫所，分布要害。十七年又以岛夷之患，设沿海诸卫所、墩台。每百户所正军百人、总旗十人、小旗二十人。十百户所为千户所，统以诸卫。卫必五

---

① 郭子章：《潮中杂记》卷2，明万历十三年刊本，第1a页。

所，又有都卫以总制之。后改为都指挥使司，隶前军都督府。其尺籍，初选于投降、归附，不足则籍民三丁之一及犯罪编配以充之。其教阅、征调、戍守、候望，皆具令甲云。①

大致说来，潮州地区卫所的建设，也合乎戴璟描述的一般情况。潮州卫及其内附城5所，在洪武二年就已经建立；地处内地的程乡守御千户所，建立于洪武十五年；而沿海的蓬州、海门、靖海和大城等4个沿海守御千户所，则是洪武十七年朝廷决定"以岛夷之患，设沿海诸卫所、墩台"以后，才逐步建立起来的。

潮州归附明朝后，"洪武元年置兴化卫指挥分司。二年改潮州卫指挥司，指挥俞良辅复建经历司、镇抚司。二十七年改为潮州卫指挥使司"②。根据明初《图经志》的记载，潮州卫指挥司位于潮州府城之中，"在金山之麓，子城之内，系元总管府旧廨"③。根据规定，其时潮州卫也设左、右、中、前、后5个千户所，均驻扎在府城之内，位于指挥司的西边④。

潮州府城之外的第一个守御千户所位于程乡县城，即元代梅州的州治所在。根据嘉靖《广东通志》的说法："程乡守御千户所，在县城西北隅，洪武间因寇攻城，奏调潮州卫后千户所。十五年始置。"⑤可知明初程乡县城受到贼寇围攻，先是从300里以外的府城调后千户所的兵士前来驻防的，洪武十五年终于建所。开始时程乡守御千户所建于县城东南，后又改于北隅⑥。

直至洪武二十年，在广袤的韩江三角洲平原和漫长的海岸线上，并无卫所的组织存在。其时负担潮州海防任务的，是洪武三年设立于海阳县苏湾都的水寨：

水寨城，在县南苏湾都白塔寺之右。洪武三年指挥俞良辅创筑。周围三百一十三丈八尺，立四门。凿池于内，置水关于西北隅，内通海港，自南而西转入水关，潴于池，以泊战船。⑦

这个水寨位于苏湾都北部的东陇地方，在韩江支流北溪的岸边。由北溪经宋代人工开凿的运河山尾溪，进入韩江干流，直达潮州府城的水路，是从海上到达府城和韩江中上游地区最便捷的船运通道。实际上，东陇水寨距海较远，俞良辅在潮州卫建立的次年，就在这里设立水寨，其主要目的恐怕还是在于府城的安全。关于东陇水寨建立的时间，万历年间私人编修的《东里志》有另一种说法："洪武二十六年，置水寨，兼哨柘

---

① 戴璟：（嘉靖）《广东通志稿》卷32，民国35年（1946）兰晒本，第4b—5a页。
② 黄佐：（嘉靖）《广东通志》卷31，明嘉靖四十年刊本，第8a页。
③ 《永乐大典》卷5343，北京：中华书局，1986年影印本，第32a页。
④ （嘉靖）《潮州府志》卷2，明嘉靖二十六年刊本，第7a—b页。
⑤ 黄佐：（嘉靖）《广东通志》卷31，明嘉靖四十年刊本，第8a页。
⑥ （顺治）《潮州府志》卷2，清顺治十八年刊本，第37b页。
⑦ 黄佐：（嘉靖）《广东通志》卷15，明嘉靖四十年刊本，第30b页。

林。"① 可能因为《东里志》不易获见，后来的作者大多采用东陇水寨建于洪武三年的说法②。也可能洪武二十六年只是东陇水寨兵士开始"兼哨柘林"的时间，因为《东里志》作者陈天资的家乡就在柘林附近，《东里志》也主要记载这一地域的情形③。

一般认为，明代海防体系的真正构筑，即沿海卫所的普遍设立，始于洪武十七年④。《明史·汤和传》记录了当年方鸣谦向洪武帝提出的有关海防的建议及其实施情形：

> 既而倭寇上海，帝患之，顾谓和曰："卿虽老，强为朕一行"。和请与方鸣谦俱。鸣谦，国珍从子也，习海事，常访以御倭策。鸣谦曰："倭海上来，则海上御之耳。请量地远近，置卫所，陆聚步兵，水具战舰，则倭不得入，入亦不得傅岸。近海民四丁籍一以为军，戍守之，可无烦客兵也。"帝以为然。和乃度地浙西东，并海设卫所城五十有九，选丁壮三万五千人筑之，尽发州县钱及籍罪人赀给役。⑤

前引戴璟《广东通志稿》中"十七年又以岛夷之患，设沿海诸卫所、墩台"一句，所指就是这一事件。广东也在浙江之后，开始在沿海地区系统地设立卫所。潮州卫4个沿海卫所的建立，确是在此之后的事情。

首先设立的沿海卫所是洪武二十年建立的蓬州守御千户所，嘉靖《广东通志》载："蓬州守御千户所城，洪武二十年都指挥花茂具奏，于蓬州都下岭村开置本所，以遏商夷出入之冲。"⑥蓬州所所在的夏（下）岭村，其时属揭阳县管辖，即今日的汕头市中心，位于韩江、榕江两江与牛田洋内海交汇处，在牛田洋入海的这道韩江支流也是直通府城，而榕江则直达揭阳县城，即所谓"遏商夷出入之冲"。此地一直不是太平的地方，前引《图经志》已经记载了元末"至正壬辰，下岭海寇起，与山峒、猺獠相扇攻破潮、揭二县"之事，而明代天顺年间更有震动朝廷的"夏岭之乱"发生（详见本文第三部分）。在这里设立千户所，实际上还是为了保卫府城和揭阳县城的安全。《明太祖实录》卷227有如下记载：

> （洪武二十六年四月乙亥）置潮州蓬山守御千户所。命凡创公宇、修城隍，惟以军士供役，不许劳民。

---

① 陈天资：（万历）《东里志》卷1，饶平县地方志编纂委员会办公室，印行《东里志》（校订注释本）领导小组2001年铅印本，第6页。
② 有关《东里志》编修的情形，可参见拙作《嘉靖"倭患"与潮州地方文献编修之关系——以〈东里志〉的研究为中心》，《潮学研究》第5辑，汕头：汕头大学出版社，1996年，第65—86页。
③ 可参见顾祖禹《读史方舆纪要》卷103《潮州府》；饶宗颐《潮州志》册1《大事志》（一），第230页；汤开建：《明代潮州海防考述》，《潮学研究》第7辑，第72—73页。
④ 黄中青：《明代福建海防的水寨与游兵》，汤熙勇主编：《中国海洋发展史论文集》（第7辑），台北："中央"研究院中山人文社会科学研究所，1999年，第391—438页。
⑤ 《明史》卷126，北京：中华书局，1974年，第3754页。
⑥ 黄佐：（嘉靖）《广东通志》卷15，明嘉靖四十年刊本，第29a—b页。

一般认为，所谓"蓬山"乃"蓬州"之误。这里所说的置千户所事，可能不是讲蓬州千户所始创于洪武二十六年，而是指蓬州所的改迁。因为《明太祖实录》卷245有3年后相关的另一则记载：

> （洪武二十九年三月丙寅）广东揭阳县言："近改设蓬洲千户所，修筑城池，侵民田地。"诏除其租税。

这里明确地使用了"改设"一辞。蓬州所改迁一事，在嘉靖《广东通志》中也有清晰记载："（洪武）二十七年移于鮀江都西埕内地，三十一年百户董兴始砌石城，周围六百四十丈，高一丈五尺。城门四，月楼四，窝铺二十。"①说明实际上要到洪武二十七年才完成迁移的过程。顺治《潮州府志》则将蓬州所创设时间系于洪武二年："蓬州守御千户所，洪武二年置于蓬州都夏岭村。二十七年移于鮀江都"②，在"二"之后疑漏了"十"字。

根据《明太祖实录》卷210的记载，洪武二十四年又有潮阳守御千户所之设："（洪武二十四年七月壬辰）置广东潮阳守御千户所"。该所设立于潮阳县城，正是因为潮阳所的建立，潮阳县城才开始有了城墙：

> （洪武）二十四年城潮阳。初县无城，是年潮州卫指挥杨聚奏置潮阳守御千户所，始即所为城。至二十七年，迁本所于海口村，更名海门城。③

洪武二十七年所城搬离县城后，潮阳所也就更名为"海门守御千户所"：

> 海门守御千户所，去潮阳县南一十五里。洪武二十四年置，二十七年百户蔡春迁今地，更名海门。④

新的所城位于潮阳县最主要河流练江的入海口，地形险要，其内溯流而上十余里就是县城，其外的钱澳湾为当地的重要港口："钱澳山，即海门山，为海船湾泊之处。内为海门千户所"⑤。

在潮阳所迁到海门村，并改称"海门守御千户所"的同时，潮阳沿海地方还建了一个新的千户所，即靖海所。据嘉靖《广东通志》记载，"（洪武）二十七年置靖海守御千户所。以广东都指挥同知花茂奏请添设也，所在大坭都。"⑥同书的另一处记载，则说明具体负责建所事宜的是百户董聚，所城"高二丈一尺，周围五百五十丈，城楼

---

① 黄佐：（嘉靖）《广东通志》卷15，明嘉靖四十年刊本，第29a—b页。
② （顺治）《潮州府志》卷2，清顺治十八年刊本，第37a页。
③ （隆庆）《潮阳县志》卷1，明隆庆六年刊本，第9a页。
④ 黄佐：（嘉靖）《广东通志》卷31，明嘉靖四十年刊本，第8a页。
⑤ （隆庆）《潮阳县志》卷6，明隆庆六年刊本，第2b页。
⑥ 黄佐：（嘉靖）《广东通志》卷31，明嘉靖四十年刊本，第8a页。

四，窝铺一十有六"①。靖海所位于潮阳县城以东约60里②，位于濒海的山岗之上，东南临海。

洪武二十七年建立的，还有海阳县宣化都的大城所。嘉靖《广东通志》记其事："大城守御千户所，在饶平县宣化都，洪武二十七年都指挥花茂奏设。"③"周围六百四十三丈，高一丈六尺八寸，四门各创以屋。"④大城所位于海阳县东南隅粤闽水陆交界之地，从福建进入广东驿道在此地通过，其南10余里就是南澳岛与柘林半岛间的海峡，为闽浙经海道南下广东的必经之途。前述柘林水哨就在大城守御千户所南方的海边，柘林澳为粤东沿海船舶避风和停泊条件最好的内海之一，所谓"系漳州切界，兼外抵诸番"⑤，明初就是各种海上力量十分活跃的处所：

> 柘林澳，内漳、潮海寇，外暹罗诸番，倭常泊舟于澳，为内地方患。洪武年间建大城千户所于腹里，而外筑烟墩以瞭望之。⑥

表1简要地列出了潮州卫各千户所创建和变化的情况，从中不难看出，在潮州沿海各守御千户所设置的过程中，洪武二十七年是一个具有标志意义的年份。蓬州、海门2所于该年迁建，而靖海、大城2所则创设于当年。究其原因，当与洪武帝的一个诏令有关：

> （洪武）二十七年七月甲戌，始命广东备倭。命安陆侯吴全等率致仕武官往广东，训练沿海卫所官军，以备倭寇。⑦

这个诏令在广东的许多地方志上，都有记载，影响深远。《东里志》就直接将大城所的建置与其联系起来：

> 洪武二十七年，置大城守御千户所。盖自元伐日本无功，南人被留于其地者，以数万计。自是习熟海道，寻寇海滨。自澄莱至广惠千余里，咸被其害。至是命安陆侯吴杰督率武职于沿海以总备，仍置寨建所。于是有东陇之水寨、柘林之东路，而大城所也因以建置焉。⑧

---

① 黄佐：（嘉靖）《广东通志》卷15，明嘉靖四十年刊本，第31a页。
② （嘉靖）《潮州府志》卷2，明嘉靖二十六年刊本，第31a页。
③ 黄佐：（嘉靖）《广东通志》卷31，明嘉靖四十年刊本，第8a页。
④ 黄佐：（嘉靖）《广东通志》卷15，明嘉靖四十年刊本，第30b页。
⑤ 黄佐：（嘉靖）《广东通志》卷31，明嘉靖四十年刊本，第24b页。
⑥ 戴璟：（嘉靖）《广东通志稿》卷34，民国35年（1946）兰晒本，第12a页。
⑦ 戴璟：（嘉靖）《广东通志稿》卷3，民国35年（1946）兰晒本，第30a页。
⑧ 陈天资：（万历）《东里志》卷1，饶平县地方志编纂委员会办公室，印行《东里志》（校订注释本）领导小组2001年铅印本，第6页。

表1　明代潮州卫各千户所创建和迁移情况

卫所		始建年代	始建地点	迁移年代	迁移地点
内属	左、右、中、前、后千户所	洪武二年	潮州府城		
	程乡守御千户所	洪武十五年	程乡县城		
外属	蓬州守御千户所	洪武二十年	蓬州都夏岭	洪武二十七年	鮀江都
	海门守御千户所*	洪武二十四年	潮阳县城	洪武二十七年	海门村
	靖海守御千户所	洪武二十七年	潮阳大坭都		
	大城守御千户所	洪武二十七年	海阳宣化都		
	水寨	洪武三年	海阳苏湾都	洪武二十六年兼哨柘林	

＊原为"潮阳守御千户所"，洪武二十七年迁海门村后改名。

从上引资料也可以看出，这些沿海守御千户所城的周长一般在550丈至650丈之间，城墙高度在1.5丈至2.1丈之间。这些千户所都是方城，即每边城墙的长度在1里左右。其内部的建筑和驻兵情况，可以海门千户所为例：

> 海门守御千户所，在县南一十五里，地名海口村。原设官军守御，正千户三人，副千户六人，百户十人，试百户一人，吏目一人，汉达旗军一千一百九十六人，军吏一人。
>
> 初太祖高皇帝既定海内，考图籍，因得备知四方阸塞处，为制军卫以弹压之。继虑岛夷为患，复增沿海卫所官军，命重臣董督教练之。于是潮阳始有专所之设，盖即洪武二十四年指挥杨聚之所奏置也。始所置县内，曰潮阳守御千户所，后以离海稍远，不便控制，故又改移今地，更名曰海门。盖去建设时又三年矣（时洪武二十七年）。
>
> 所有城（周围六百七十五丈）、有教场（在所之南门外，广三百丈）、有仓囷（仓在所城内东南，设官大使一人，攒典一人。囷在钱澳北，废址尚存）、有旗纛庙（庙设军牙六纛之神，每岁春用惊蛰、秋用霜降致祭，该所官主致）。而场、庙则备倭百户蔡春所建者。
>
> 其年都指挥花茂复奏设靖海守御千户所于大坭都，官军、城垣、场庙、仓囷之制，与海门等。①

二、旗军与屯田

前引隆庆《潮阳县志》关于海门千户所官军"正千户三人，副千户六人，百户十人，试百户一人，吏目一人，汉达旗军一千一百九十六人，军吏一人"的记载，大致合乎明初的规定。《明会典》载：

---

① （隆庆）《潮阳县志》卷9，明隆庆六年刊本，第10b—11b页。

> 凡卫所额军，洪武二十六年定，凡内外卫所军士，俱有定数。大率以五千六百名为一卫，一千一百二十名为一千户所，一百一十二名为一百户所。其有卫分军士数多，千百户所统则一。每一百户设总旗二名，小旗一十名，管领钤束，大小相维，以成队伍。①

在一般的情况下，每个卫设5个千户所，即所谓"卫必五所"，每个千户所1120名旗军，1个卫自然就是5600名。在实际运作中，因为"千、百户所统则一"，即百户所和千户所的旗军人数是不可轻易改变的，结果"其有卫分军士数多"的意思，就是每个卫之下可以多于5个千户所。因为潮州卫下有10个千户所，所以其旗军总额数自然就不止5600名了。据嘉靖《广东通志》记载：

> 潮州卫，原额舍人、家人、余丁三千三百二十名，旗军一万一千六百二十一名。马三十九匹。②

平均下来，每个千户所旗军1160名左右，基本合乎洪武二十六年的规定。以上引文中，"旗军"就是卫所的正军，"舍人"为军官的家属，"家人"可能是一般旗军的家属。"余丁"就是所谓"军余"，即正军携带的在营生理，协助正军的户下余丁。舍人、家人、余丁随营居住，卫所要为其提供住房，他们可参加军屯，正军的妻子还有口粮③。所以，他们也被列入官府的统计。我们不知道嘉靖《广东通志》的所谓"原额"是哪个年代的数字，在发现更多的证据之前，假设这可能是明初的额数。

把卫所旗军数与明初潮州官府所控制的户口数做一比较，是有意思的。根据永乐《（潮州）图经志·户口》的记载，"洪武十年分终数，本府海阳等四县，计六万九十七户，二十一万四千四百单四口。永乐元年人户八万六百九十一户，人丁男妇二十八万四千四百五十七口"④。卫籍下的旗军、舍人、家人和军余的额数，既完全不同于户籍制度下的军户数，也不完全等于在卫所中居住的人数。如果勉强将其与当时户籍统计中的"人丁男妇"做一比较，则可以看到，明初潮州卫的旗军、舍人、家人和军余额数，约为永乐元年潮州府人丁男妇数的1/20。

至于这些旗军的来源，没有直接的资料。前引戴璟《广东通志稿》中，对广东卫所旗军的来源，有这样的说法："其尺籍，初选于投降归附，不足则籍民三丁之一及犯罪编配以充之。其教阅、征调、戍守、候望，皆具令甲云。"即包括了"归附""跺集"

---

① 《明会典》卷137，兵部20，军役。戴璟：（嘉靖）《广东通志稿》卷32《军制》有与《明会典》大致相同的记载。
② 黄佐：（嘉靖）《广东通志》卷31，明嘉靖四十年刊本，第21b页。
③ 王毓铨：《明代的军屯》，《王毓铨史论集》（下），北京：中华书局，2005年，第962—971页。李龙潜：《明代军户制度浅论》，《北京师范学院学报》1982年第1期。顾诚：《谈明代的卫籍》，《北京师范大学学报》1989年第5期。
④ 《永乐大典》卷5343，北京：中华书局，1986年影印本，第21a页。

和"谪发"三种名色①。根据本文第四节所引《东里志》关于洪武二十四年把南澳居民发充海门千户所军的记载，应该也有"抽籍"的情况。所谓"抽籍"，也称"简拔"，就是以行政命令直接把民户划归军籍的做法②。

潮州卫各千户所也实行屯田的制度。关于军屯的一般规定，《明会典》有如下被一再引用的记载：

> 国初兵荒之后，民无定居，耕稼尽废，粮饷匮乏。初命诸将分屯于龙江等处，后设各卫所，创制屯田。以都司统摄，每军种田五十亩为一分，或百亩，或七十亩，或三十亩、二十亩不等。军士三分守城，七分屯种，又有二八、四六、一九、中半等例，皆以田土肥瘠、地方冲缓为差。③

至于屯田土地的来源，明初有如下规定："自内地及边境荒闲田土，各卫所拨军开垦，岁收子粒为官军俸粮以省馈饷"④。洪武潮州的情况是："时潮多绝户，荒田税粮，令民赔纳，至鬻子女不能给"⑤，在建立各千户所的同时，划拨一些荒地给屯军屯种，是有可能的。

明初规定各所"军士三分守城，七分屯种，又有二八、四六、一九、中半等例"，据《明太祖实录》卷238载，（洪武二十八年夏四月）"先是广东诸卫新旧军士其在内郡者，守城屯种各居其半，其沿海屯种者十之三，守城者十之七"。根据王毓铨先生的研究，正统八年以前，广东又改沿海24千户所为八分守城，二分屯种⑥。到万历时，就潮州卫的情况而言，内属的五所⑦和程乡千户所，"自第一至第七所管军守城，自第八至第十所管军屯种"，实际上是七分守城，三分屯种；而沿海的蓬州、海门、靖海和大城4所则是"自第一至第八所管军守城，自第八至第十所管军屯种"⑧，实际上是八分守城，二分屯种。

按照顺治《潮州府志》的记载，潮州卫共有"原额"屯军7400名⑨。若与嘉靖《广东通志》所载"原额旗军"11621名相比，屯军人数约为旗军总数的64%。但是，该志所录各千户所之间屯军"原额"的差别实在过于悬殊，大城、蓬州、靖海、海门和澄海⑩5个千户所的屯军均超过1100名（其中大城所达1225名），全都接近或略微超过《明会典》每个千户所军士1120名的规定；程乡守御千户所屯军数则仅为160名，不但

---

① 关于明代军户的来源的名色，可参阅王毓铨《明代的军屯》，第1147—1166页。
② 王毓铨：《明代的军屯》，《王毓铨史论集》（下），北京：中华书局，2005年，第1155页。
③ （万历）《明会典》卷18《户部五·屯田》，台南：中华出版社，1989年影印本。
④ （万历）《明会典》卷202《屯田清史司·屯种》，台南：中华出版社，1989年影印本。
⑤ （顺治）《潮州府志》卷5，清顺治十八年刊本，第7a页。
⑥ 王毓铨：《明代的军屯》，《王毓铨史论集》（下），北京：中华书局，2005年，第959页。
⑦ 嘉靖四十二年澄海建县，改"潮州卫后所"为"澄海守御千户所"。
⑧ 郭子章：《潮中杂记》，明万历十三年刊本，第12a—b页。
⑨ （顺治）《潮州府志》卷2，清顺治十八年刊本，第36b页。
⑩ 王毓铨：《明代的军屯》，《王毓铨史论集》（下），北京：中华书局，2005年，第959页。

与有关屯守比例的规定不符,而且也不足以胜任表3所列该所67.2顷屯地的耕种①;而潮州卫左、右、中、前4所共屯军1417名,平均每所约350名,则比较接近七分守城,三分屯种的规定。据此推断,顺治《潮州府志》的记载,可能把不同时期、不同性质的数字混同起来了。其中,大城、蓬州、靖海、海门和澄海(即潮州卫后所)等5个千户所的额数,应该等于这些千户所的旗军总额②;潮州卫左、右、中、前等4所的数字,就是这些千户所明代中后期的实际屯军数;而程乡千户所的数字则可能反映了明末屯军逃亡(详见后文)之后的情况。近年有研究者直接引用这些数字,作为洪武年间潮州卫各千户所的旗军总数,并据此对明代潮州卫的兵力配备进行分析③。现在看来,似乎还有进一步考证的必要。

明代潮州卫共有56屯,分布于潮州府各地。表2开列了各千户所的屯田地点。这些"屯"的名色及屯粮征收的制度,一直保留到清朝初年④。为了让读者更详细地了解这些"屯"的地理分布情况,表2的"所在县"一栏采用了顺治《潮州府志》所列举的明末的县名。成化以后,潮州府陆续增设了饶平(成化十四年)、惠来(嘉靖四年)、大埔(嘉靖五年)、澄海(嘉靖四十二年)、平远(嘉靖四十三年)、普宁(万历十年)等6县,至明末共领10县。各县的地理位置,可参见图2。就表2所开列的屯地而言,大致上说,饶平、澄海、大埔3县的屯田处所,洪武时属于海阳县的范围;而普宁县的屯田处所,洪武时应归潮阳县所辖。

这些屯地的屯田顷数和子粒额数,可参见表3。当时潮州卫245顷军屯田地,分布于潮州府各县的58处屯地,平均每屯面积仅4.23顷,可见这些屯地的规模都不太大。根据《(潮州)图经志·田粮》,"洪武十年分终数,本府海阳等四县,官民僧道学院没官等顷田地一万一千七百三十二顷四十六亩六分二厘二毫一丝五忽五征八尘。每亩科正米不等,计正耗米六万五千四百八十三石一斗六升四合八抄九撮五粟七征八尘六埃"。"永乐元年,官民田地山塘二万六千九百五顷九十亩一分一厘四毫"⑤。与永乐元年官府登记的"官民田地山塘"面积相比较,潮州卫的屯田面积不足1%,更是微不足道。

---

① 关于明初潮州卫每位屯军的屯田亩数(即所谓"分"),没有直接的记载。雍正《广东通志》有"(正统)元年令每旗军一名给屯田二十亩"的记录,王毓铨先生据此认为广东军屯的"分地亩数"为20亩(王毓铨《明代的军屯》,第975、983页)。据此,67.2顷屯地需要336名屯军。《东里志》卷1《疆域志》在讲到万历四年南澳设副总兵之后的田赋问题时,提到"其田议照屯田事例,每二十亩为二分,纳佃粮六石,以充军饷"。似乎存在以10亩为一分的情况,但现存最早的《东里志》版本为清末的传抄本,疑有误。不过,根据这一说法,每亩屯地缴纳的子粒数为3斗,与后文将提及的正统二年以后的规定也是相符的。

② 一个直接的证据是,(顺治)《潮州府志》记载海门所屯军1196名,与前引(隆庆)《潮阳县志》该所"旗军一千一百九十六人"的说法完全一致。

③ 汤开建:《明代潮州海防考述》,《潮学研究》第7辑,广州:花城出版社,1999年,第67—68页。

④ (顺治)《潮州府志》卷2,清顺治十八年刊本,第39b页。

⑤ 《永乐大典》卷5343,北京:中华书局,1986年影印本,第22a—b页。

表2 明代潮州卫各千户所屯地分布

卫所		屯地	所在县
内属	左千户所	钵壶山、留隍小产、葵头岭、江南	海阳县
		黄岐山、百花临	揭阳县
	右千户所	客洞	揭阳县
		潘田、汤头	海阳县
	中千户所	田心上伍、田心下伍	海阳县
		东洋、章溪上伍、章溪下伍	饶平县
	前千户所	南洋	澄海县
		三洲	大埔县
		黄竹洋、溪西	饶平县
	后千户所	朱坑、车头	揭阳县
		南洋、米场、果陇	潮阳县
外属	程乡守御千户所	梅塘、南口、石扇	程乡县
	蓬州守御千户所	黄岐山、客洞、狗母山、苦竹溪、枫林、朱坑、车头、陆境、石口、北山、乌石	揭阳县
	海门守御千户所	东溪、果陇、莆塘、南洋、南寮、米场	潮阳县
		平林	普宁县
	靖海守御千户所	莆塘、社塘	潮阳县
	大城守御千户所	东洋、樟溪、南洋、黄竹洋、梅花坂、双溪、溪南、西洋、秋溪岗、上寨、黄大潭	饶平县

资料来源：（顺治）《潮州府志》卷2《职役部·屯城》，第37b—39a页；蓬州守御千户所"屯地"，根据（嘉靖）《潮州府志》卷2《建置志》，第22a页。（顺治）《潮州府志》所列蓬州所屯田仅陆境、石口、北山、乌石等4处。郭棐《粤大记》卷30记载与（嘉靖）《潮州府志》同。

如前所述，潮州卫各千户所旗军"原额"平均在1160名左右，即使是根据万历年间的规定，内属5所和程乡所"守七屯三"、沿海4所"守八屯二"的比例计算，应该也有约3480名旗军从事屯种。就算按照正统以后广东"每旗军一名给屯田二十亩"（即分地亩数为20亩）的较低规定，潮州卫的屯田总数应该达到近700顷，而实际的屯田面积不足250顷，仅仅是规定数的1/3强。

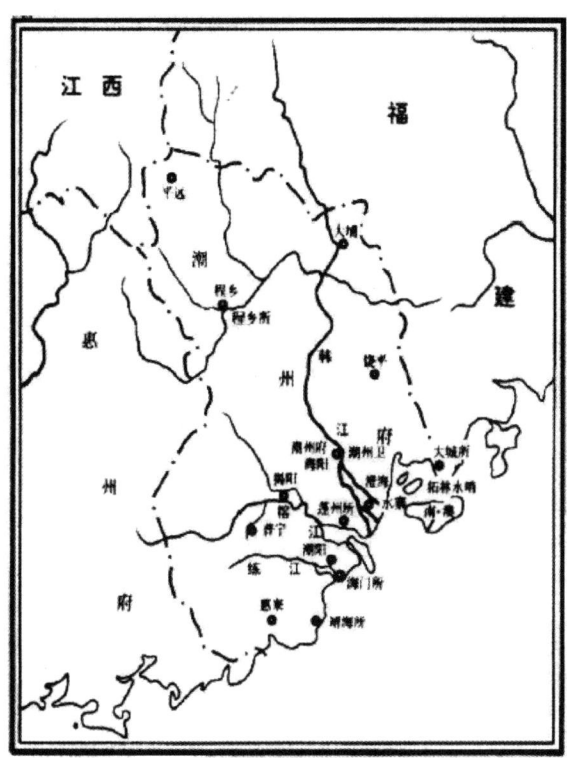

图2 明末潮州示意图

表3 明代潮州卫屯田面积与子粒数

	卫所	屯数	屯田面积（顷）	屯均田地面积（顷）	子粒数（石）	亩均子粒数（斗）
内属	左千户所	6			1172.649	
	右千户所	3			465.172	
	中千户所	5	56.00	2.43	464.468	6.36
	前千户所	4			537.700	
	后千户所	5			919.830	
外属	程乡守御千户所	3	67.20	22.40	2016.000	3.00
	蓬州守御千户所	12	22.22	1.85	1094.000	4.92
	海门守御千户所	7	44.80	6.40	1248.000	2.79
	靖海守御千户所	2	44.80	22.40	1344.000	3.00
	大城守御千户所	11	10.30	0.94	246.165	2.39
	合计	58	245.32	4.23	11523.984	4.70

资料来源：屯数根据表2；屯田数据（嘉靖）《潮州府志》卷2《建置志》，第7a—31a页；屯粮数据戴璟（嘉靖）《广东通志稿》卷29《屯田》，第21a页。

根据王毓铨先生的研究,在军屯分地亩数为20亩①的情况下,按照建文帝四年(即《明会典》中的洪武三十五年)的规定,每亩屯地应缴纳的子粒数为6斗;而按照正统二年以后的规定,则只需交纳3斗②。潮州卫屯田平均每亩屯地缴纳的子粒数为4.7斗,正好处于这两个规定额数的中间。

顾诚先生将明代的卫所分为沿边卫所、沿海卫所、内地卫所和在内卫所4种类型③。根据他的分类原则,潮州卫的10个千户所中,位于府城的内属5所和程乡守御千户所应属于"内地卫所",而蓬州、海门、靖海和大城4个守御千户所则应属于"沿海卫所"。顾诚先生在以大量资料论证"从东北到西北,以至西南的边疆地区,这些构成大约半个明帝国疆域的地方在明代(特别是明初)一般不设行政机构,而由都司(行都司)及其下属卫所管理"之后,进而强调内地卫所和沿海卫所也是"辖地独立存在于行政系统之外"的一种地理单位,特别是"明朝初年沿海卫所同附近州县的界划比较清楚","沿海卫所的设置包括了大部分海岸线附近地区及附近岛屿。这些沿海卫所辖地虽小,但它们不属于行政系统的地理单位是毫无疑问的"。然而,潮州卫的情况可能有与顾先生的结论不尽相同之处。

就明代的户籍和田土管理制度而言,存在着行政和军事两大相互独立的系统,这是不言而喻的。但对所谓"沿海卫所"和"内地卫所"而言,他们是否因为这种管理体制的差别,而成为独立于府县之外的"地理单位",特别是那些花插散布于各州县中的屯田,是否也"同附近州县的界划比较清楚",是值得认真考虑的。从表2可以看出,潮州卫的58个"屯"并不集中在其千户所的周边,而是花插散布于从沿海到山区的广袤地域,许多"屯"设置于其他县份,而且面积都很小,如大城所共有12个屯,屯田面积10.3顷,平均每"屯"不足1顷。很难想象这么小面积的土地能够成为在州县行政系统之外的独立的"地理单位"。明清两代潮州的府志和各县县志,对于其辖地内军屯的情况都有系统的记载,似乎没有将屯田的区域看成其辖地之外的情形。

从卫所所城与周边地域的关系看,明代潮州沿海卫所似乎也没有作为"属于行政系统的地理单位"的"包括了大部分海岸线附近地区及附近岛屿"的"辖地"。以大城所为例,大城守御千户所所在的海阳县东南部地域习惯上被称为"东里",万历年间当地士绅编修了对后来潮州地方志纂修影响很大的《东里志》,其"村落"一节这样描述大城所及周边地方的情形:

> 东里旧名太平乡。东则上里、东埕、大埕,南则神前、岭后、长美、上湾、下湾、柘林、下岱,北有高埕,西有大港,而大城屹立于诸村之中。南碍、北港、均坑、港口、西寨、下寨、南山、磁窑、东段、上村、东山、新甲、北山,则大港之支村也。象头、下底、西山、田上、山边、东头、山兜、北山、上寨寮,则柘林之支村也。红螺山、港湾,附于下湾之东隅。东

---

① 郭子章:《潮中杂记》,明万历十三年刊本,第12a—b页。
② 王毓铨:《明代的军屯》,《王毓铨史论集》(下),北京:中华书局,2005年,第1046—1048页。
③ 顾诚:《明帝国的疆土管理体制》,《历史研究》1989年第3期。

门外北村,附于大城之闉外。此则东里村落之星分棋布者也,皆属宣化都,统四图云。①

《东里志》的作者陈天资是上里村人,为当地著名士绅,曾任湖广左布政使。增补者是曾任岳州通判的上湾人刘健庵②。在以上的叙述中,大城所被置于本地村落的脉络中,而且这些星分棋布的村落散布在约95平方公里的土地上③,平均每村占地面积不足3平方公里,"皆属宣化都,统四图"。无论如何,大城所是没有"包括了大部分海岸线附近地区及附近岛屿"的独立"辖地"的。如下一节将要讨论的,大城所虽属沿海卫所,但所城位于东里腹里地方,距海边尚有相当距离,上面提到的30多个村落都比大城所更接近海岸线。

这些村落在洪武二十七年大城所设立以前,大多已经存在。洪武十三年,本地人陈希道即以明经获得荐辟④。现存记载中,明代本地最早的科第成功者是磁窑人陈垣,他是永乐九年辛卯科的举人⑤。

还要附带提到明中叶以后潮州卫所和屯田制度瓦解的情况。嘉靖《潮州府志》载:

> 潮州屯田最号沃壤,近多为卫所官隐据,又为势室占夺。督屯官索屯丁例金,又多侵渔,军士安得不枵腹以待耶。以此人不乐于屯种,往往以其地贸易于富室,富室亦利其不徭编,遂为故物。而屯丁又鬻于势豪为厮人矣。法至此尽坏耶,伤哉,伤哉。⑥

明末屯田制度的瓦解有更深刻的理由。在屯田之法"尽坏"的同时,卫所中的军士也有了别的谋生之道,结果之一是军籍耗减。后人根据《筹海图编》等史料统计,得知嘉靖年间广东军额平均每卫1168人,仅及原额的23%⑦。潮州卫的情况似乎要更差一点,根据嘉靖《虔台续志》记载,当时潮州卫有军官90人,军余3338人,见表4。较之明初"原额舍人、家人、余丁三千三百二十名,旗军一万一千六百二十一名",只剩下18%。

---

① 陈天资:(万历)《东里志》卷1,饶平县地方志编纂委员会办公室,印行《东里志》(校订注释本)领导小组2001年铅印本,第30页。
② 陈天资:(万历)《东里志》卷4,饶平县地方志编纂委员会办公室,印行《东里志》(校订注释本)领导小组2001年铅印本,第97页。
③ 饶平县《东里大观》编纂委员会:《东里大观》,2000年铅印本,第44页。
④ 陈天资:(万历)《东里志》卷4,饶平县地方志编纂委员会办公室,印行《东里志》(校订注释本)领导小组2001年铅印本,第92页。
⑤ 陈天资:(万历)《东里志》卷4,饶平县地方志编纂委员会办公室,印行《东里志》(校订注释本)领导小组2001年铅印本,第95页。
⑥ (嘉靖)《潮州府志》卷2,明嘉靖二十六年刊本,第8a页。
⑦ 陈懋恒:《明代倭寇考略》,哈佛燕京学社,1937年,第35页。

表4 嘉靖年间潮州卫各千户所官军数

	卫所	官数	军余数
内属	左、右、中、前、后千户所	52	2136
外属	程乡守御千户所	9	175
	蓬州守御千户所	8	218
	海门守御千户所	5	254
	靖海守御千户所	8	330
	大城守御千户所	8	225
	合计	90	3338

资料来源：谈恺（嘉靖）《虔台续志》卷1《舆图纪》，第28a—b页。

原载《中山大学学报（社会科学版）》2007年第2期

明代前期潮州海防及其历史影响（下）

陈春声

三、明代潮州地方社会与卫所地理布局

关于潮州卫所的地理布局，一个值得注意的现象是，蓬州、潮阳、大城3个沿海守御千户所，虽以"备倭"为名，但初设时，都不在海岸线上。蓬州千户所位于牛田洋内海的底部，潮阳千户所位于潮阳县城，大城千户所距海滨也有10余里。后潮阳千户所迁到海滨的海门村，改名海门千户所，其原因确实就是原来建所的地点"离海稍远，不便控制"①。但蓬州千户所则迁移到距海更远一些的鮀江都，而大城千户所一直留在原处。嘉靖年间，饶平知县罗胤凯写有《议地方》一文，对大城所"深居腹里，名虽备倭，实则虚糜粮食"的情况提出指责，也主张迁大城所于海滨：

> 国家大海巨浸，舶倭舟通入内地，乃设大城所以御之。自后海湮，地皆斥卤，所城居于诸村之中，无益守御之数，识者不可无遗议焉。……朝廷储养军士，设御所于海滨者，无非为备御故也。今观水寨置之泊所，其去大金门百有余里。而大城一所，有深居腹里，名虽备倭，实则虚糜粮食。况本所近已奏免征调，专以守御为事，顾置之空间，方且外募兵夫，岁给千金，月支百石，以资顽劣。岁月无穷，公帑易耗，几何不至于上下俱疲耶。……国初倭寇为患，沿海多设备倭官军，故于宣化柘林之东北，特建大城备倭之千户所，而今则无益矣。盖以地理论之，东界一方，北负尖峰峻岭，而大城乃在岭之下，东有大埕，西有大港，南有柘林、上下湾、下岱、神前、岭后诸村，市面环居，隐处内地，去柘林十里之遥，海寇登岸劫掠，尚不知闻，是何益于有无之设也。近时乡官陈珖、苏信，奏欲迁所于海滨，诚是也。②

在罗胤凯之前提出"迁所于海滨"的陈珖和苏信，都是当地最著名的士绅，陈珖是磁窑人，弘治十七年解元，后官至南京户部员外郎；苏信是大埕人，正德十二年进士，后官

---

① （隆庆）《潮阳县志》卷9，第11b页。
② 陈天资：（万历）《东里志》卷4，公移文，第165—166页。该铅印本将"陈珖"误植为"陈磜"，今据潮州市地方志办公室2004年影印之《东里志》民国抄本（第123页）改正。以上引文中提到"本所近已奏免征调"，指成化广西瑶乱之后，每年都从潮州卫调官军更戍梧州，嘉靖初年准大城所旗军永免征调事。可参见陈一松《为盗贼纵横乞天恩复回守御以急救生灵疏》，《潮州耆旧集》卷19《陈侍郎集》，第9a—10b页。

至福建巡抚。他们都长期乡居，是在地方社会中有重要影响力的人物①。可见到了嘉靖年间，位于腹里地方的守御千户所，是很难起到"备倭"的作用的。

罗胤凯的文章对明初设立水寨的地理位置，也提出强烈批评：

> 宋绍兴、熙宁中（原文如此——引者注），海寇黎盛侵犯府城，故于苏湾东陇地方，屯兵把守。至本朝洪武中，设立水寨，而今废守也。然以形势论之，东陇本在南洋之腹心，水寨又居东陇之奥堂，形格势禁，岂可以言守矣？今之议者，复欲仍东陇之水寨，未然也，其必徙之南洋乎。②

正是因为罗胤凯的这篇文章，近年有研究者认为"水寨与大城千户所选择地址不妥"，是明代潮州海防"十分明显的不足和缺陷"之一③。从嘉靖以后沿海士绅的角度看，这样的判断显然是有道理的。但是，若置身于明初的潮州社会，对这个问题又会怎么理解呢？

前文已经提到，蓬州千户所和东陇水寨的位置，正好控制了从海路通往潮州府城的必经水道，如果建立这两个军事据点的目的，主要是为了府城的安全，那么，其地理位置可以说是恰到好处。更重要的是，要对洪武年间潮州所面临的军事形势有更真确的了解。

建立沿海卫所的目的，当然是为了对付倭寇和海盗，但"海盗"不一定来自海上。先看戴璟《广东通志稿》中提到的两个比较极端的例子：

> 洪武十四年海寇饶隆作乱，邑人萧子名捕之。
> 洪武十四年海阳县三饶贼首饶隆起，程乡县万安都人萧子名募民兵追捕之。
> 二十年海寇周三作乱，邑人萧子名讨平之。
> 洪武二十年安远县贼首周三寇程乡县，吴都指挥帅兵驻于境，县官遣萧子名领民兵协力讨平之。④

在上述两个事件中，饶隆和周三都被官府称为"海寇"。有意思的是，饶隆起事的海阳县三饶位于崇山峻岭之中，距海岸线百里以上；而周三起事的安远县地处闽粤赣三省交界，属江西省管辖，比其后来骚扰的程乡县更处于内陆。明代，潮州地方一直"山贼""海盗"难分，这不但是因为这些被称为"盗贼"者活动范围广泛，常常流窜于山海之间，而且，在沿海百姓和士绅看来是"山"的地方，在朝廷和官府高层看来，或许仍属于"海"。正因为如此，海防问题对于不同的人，可能有不同的意义。

相对于"海盗""山贼"来说，"倭寇"来自海上，应没有疑义。洪武十七年以

---

① 陈天资：（万历）《东里志》卷4，第96，117页。
② 陈天资：（万历）《东里志》卷4，第165—166页。
③ 汤开建：《明代潮州海防考述》，香港：香港中国近代史学会，1999年，第73页。
④ 戴璟：（嘉靖）《广东通志稿》卷35，第6b—7a页。

后，在沿海系统地建立卫所的公开理由也是"备倭"。但这些军事据点名为"防御千户所"，即其对倭寇入侵的主要功能是守御，而不是进攻。从实际的作战经验看，这些千户所在倭寇来犯时，最起作用的做法，是利用其城墙和兵力，为所城周围四乡的百姓提供一个庇护所。以大城所城建成后不久的一次战斗为例：

> 洪武三十一年，倭夷寇东里。大城所原设以备倭也，至是倭掠东里，百姓皆趋避城内。东门百户顾实开门纳之，民免于难。其西、南、北三门百户韩、马、谢皆闭门不纳，遇害甚众。事闻，帝命械至京师。太祖曰："是闭门百户来也"，皆斩于市。仍传令本所枭示，子孙革袭，永不调补。至今大城所止七百户，其三所皆缺，谓之缺所。军民讳其故，谓为陈所升官而缺者，非也。①

从这个例子可见倭寇入侵时卫所的真正作用。当时卫所官兵根本不敢出战，甚至对逃难的百姓都闭门不纳。《东里志》所记载明代多系倭寇、海盗来犯事，大城所官军基本上处于守势，且有多次城池被攻陷的记录。正因为如此，大城所建于相对内陆的地方，可能更能发挥有事时收容周围逃难百姓的作用。

《东里志》提到大城所3个百户被朱元璋斩首之事，在正史中未有记载，不过《明太祖实录》卷102也保留了洪武八年诛潮州卫指挥佥事李德等的记载。其时（洪武八年十二月癸巳）"濒海居民屡为倭夷劫掠"，"德等逗留不出兵巡御"。

其实，就在大城所设立之前3年，当地还发生过土豪拥立所谓元太子，建都谋反的事变：

> 明洪武二十四年，大埕狂民陈君济等谋反伏诛。是年靖难师起，东里土豪，互相图戮。有伪称元太子者至大埕，土豪陈君济、傅说拥立于寨上，号召诸乡邻，从者数百人。即建都于大埕，以陈君济为左丞相，傅说为右丞相，立四门更楼，东里嚣然。民人周梅冈潜告于府，捕之。说、济就诛，余党责成，伪太子解京②。

大埕位于大城千户所城以东数里。该事变反映出大城千户所设立之时，东里地方仍是土豪拥有很大影响力的社会，土豪拥立伪太子后，尚能号召诸乡邻，且得到了响应。从这一事实，也可揣度到3年后把守御千户所设立于此地的具体缘由。

更困窘的事实是，明初潮州并非所有居民都已经编入里甲，成为编户齐民。一直到明末，地方社会经常处于"民""盗"不分的复杂情势之中。仅以夏岭及周围地方为例。如前所述，元末夏岭地方已是海盗盘踞之地，洪武二十年至二十七年间，蓬州守御

---

① 陈天资：（万历）《东里志》卷2《境事志》，第49页。该铅印本将"东门百户"误植为"东里百户"，今据潮州市地方志办公室2004年影印之《东里志》民国抄本（第48页）改正。
② 陈天资：（万历）《东里志》卷2，第49页。

千户所曾短暂地设立于此。但就在蓬州所迁离夏岭几十年后，这里发生了明代潮州最剧烈的一次动乱事件：

> 揭邑有沿海而村者曰夏岭，以渔为业，出入风波岛屿之间，素不受有司约束。人健性悍，邻境恒罹其害。寻有豪滑者互争土田，诉于官，连年不决。有司动遣巡司率隶兵而拘执之，则侵扰其众，豪夺其有。民弗堪，乃相率乘舟道海堧而逃。因之以岁凶，加之以水灾，遂大集无赖，攻城剽邑，肆为杀戮，海、揭二邑受害尤甚。①

"夏岭之乱"发生于天顺三年。写下以上记录的李龄曾任江西提学，他是当地人，经历了动乱的过程。这份文件中最值得注意的是"以渔为业，出入风波岛屿之间，素不受有司约束"一句，说明这些参与动乱的人，可能本来就不是官府管辖之下的编户齐民。动乱发生时，"夏岭等二十四村皆被胁从"。事件平息时，官府"拘收大海船一百五十艘，抚过从良民一千二百三十七户"②。据揭阳进士李惠《平寇记》所载，从乱的二十四村除夏岭外，还有西陇、赤窖、乌合、浮陇、华坞、大家井等村③，如此之大的地域范围的百姓一起参与动乱，可见当时地方社会的复杂情形。事件过后，受抚的二十四村一千二百多户"从良民"似乎仍有自己的武装，因为紧接着官府平定烧劫兴宁、长乐等地的山贼罗刘宁时，就"潜起从良民黄伯良等，出贼不意，捣其巢穴，大破贼众"④。

"夏岭之乱"发生时，距明朝立国已经将近百年，其时韩江三角洲上尚有如此之多的"出入风波岛屿之间，素不受有司约束"的人群，那么，明初的情况就可想而知了。这样一来，或许对洪武二十年将第一个沿海守御千户所设在此地，多一份理解之同情。这也说明，沿海各守御千户所建立之初，其实四周村落的百姓也有可能成为作战的对象，从军事的角度看，敌人不仅可能来自海上，而且也可能自四面包抄。再以大城所的另一次经历为例：

> 宣德元年，倭夷犯上里，……通事刘秀勾引倭舟入泊于港湾，咸召各村各里之保长，赴舟领货，名曰"放苏"，邻村皆靡然从之。遂以肆掠，大城所危如累蛋。⑤

明代潮州地方社会这种民盗难分，甚至民盗"合一"的情势，一直持续到明末⑥。

---

① 李龄：《李宫詹文集》，《潮州耆旧集》卷1，赠郡守陈侯荣擢序，香港潮州会馆，1980年。
② 黄佐：（嘉靖）《广东通志》卷66，第79a页。
③ （雍正）《揭阳县志》卷7，《艺文·记》。
④ 黄佐：（嘉靖）《广东通志》卷66，第79a页。
⑤ 陈天资：（万历）《东里志》卷2，第50页。
⑥ 陈春声：《从"倭乱"到"迁海"——明末清初潮州地方动乱与乡村社会变迁》，《明清论丛》（第2辑），北京：紫禁城出版社，2001年。

前引宣德元年倭寇进犯东里的事件，明显是为了追逐贸易利益，而且看来是得到当地百姓配合的。正如许多研究者已经指出的，明朝立国之初，一反宋元时期政府容许、鼓励海上贸易的做法，除有限度的由王朝直接控制的朝贡贸易外，以严刑峻法禁止私人的海上贸易活动。然而，东南沿海的粤、闽、浙诸省百姓至迟从汉唐以来就一直进行海上贸易，获利颇丰，这种地方文化传统与明王朝的法令之间的矛盾，蕴含了由此引发地方动乱的可能①。就潮州的情形而言，有明一代，民间非法的海上贸易活动始终未曾停止②。在此情形之下，沿海卫所的设置自然也与海禁有关。前文已经提到，在潮州沿海各守御千户所设置的过程中，洪武二十七年是一个具有标志意义的年份，当年洪武帝"命安陆侯吴全等率致仕武官往广东，训练沿海卫所官军，以备倭寇"。该年正月，洪武帝重申了"严禁私下诸番互市"的禁令：

> 洪武二十七年正月，命严禁私下诸番互市者。帝以海外诸国多诈，绝其往来。……而沿海之人往往私下诸番贸易香货，因引蛮夷为盗，命礼部严禁绝之，违者必置之重法。凡番香番货皆不许贩鬻，其见有者，限以三月销尽。③

无论如何，沿海地区百姓与倭夷或诸番的走私贸易活动一直在进行，这种活动也必然对当地的社会秩序产生冲击，像宣德元年大城千户所面对的局面，是经常可能出现的。在这样的情况下，沿海卫所是否紧靠海岸线，似乎无碍大局。

其实，在明代潮州府二三百里长的海岸线上，4个沿海守御千户所的存在，更重要的是其象征的意义。对陈珫和苏信两位乡绅来说，其家乡位于大城所的外面，而且备受海盗的骚扰，当然希望大城所外徙至海边，卫所的官军可以捍卫其家园的安全。作为知县的罗胤凯负有"护民保土"之责，要求属于军事系统管辖的千户所外迁，更多地担负起正面抵御外来侵扰者责任，也是对自己十分有利的安排。但若从更广阔的地域格局考虑问题，其实问题并没有他们描述的那么严重，或者说，他们所指出的问题，可能不会因为所城外迁而得以解决。而且，嘉靖年间地方社会的情况已经与明初有很大不同，尽管地方仍然不太安宁，也还有一些本地人参与走私贸易的事件被记载，但大城所周围的乡村已经培植起了势力很大的乡绅阶层④，地方上要面对的安全威胁，更多地来自海上。所以，不能简单地以嘉靖年间地方社会的情形，来衡量明初海防举措妥当与否。就洪武年间地方社会的情况而言，大城所设立于距海岸线稍远的地方，也有其不得不如此之处。

---

① 曹永和：《试论明太祖的海洋交通政策》，中国海洋发展史论文集编辑委员会主编：《中国海洋发展史论文集》（第1辑），台北："中央"研究院中山人文社会研究所，1984年。
② 黄挺：《明代海禁政策对明代潮州社会的影响》，《韩山师范学院学报》1996年第1期。陈春声：《明清之际潮州的海盗与私人海上贸易》，《文史知识》1997年第9期。
③ 王圻：《续文献通考》卷31，《市籴考》。
④ 陈天资：（万历）《东里志》卷4，第94—112页。

四、弃守南澳及其历史影响

洪武年间潮州海防对后世影响最大的举措，是南澳岛的弃守。南澳位于潮州府东南面的外海之中，其与柘林半岛之间宽10多公里的海峡，是从闽浙进入韩江流域和潮州府城的必经之路，战略地位重要。明代有所谓"潮州海寇多从南澳入，山寇多从程乡起"①的说法。《东里志》这样描述南澳岛的情况：

> 南澳，在东里南三十里许大海之中，周围八十余里，翔翎于潮、揭、海、饶之境。中分四澳，其最南曰南澳（又名云澳），东曰青澳，北曰深澳，西曰隆澳。南澳之地广衍，然在外海，登陆处皆涉滥。青澳自南澳东折，风波甚恶，是以二澳少有泊舟者。惟深澳内宽外险，有腊屿、青屿环抱于外，仅一门可入，而中可容千艘，番舶、海寇之舟，多泊于此，以肆劫掠。②

无疑问的是，洪武初年已经将岛上居民纳入版图，但具体的情况不很清楚。时南澳岛属海阳县信宁都，登记户籍为95户，有53项田地，田赋共195石③。嘉靖四十年兵部覆议江广纪功监察御史段顾言题"为条陈三省善后事宜等事"时，提到"南澳实广东冲要之地，原设把总驻札"④，似乎洪武初年岛上还设有水寨。

关于明朝弃守南澳的时间和原因，各种地方志的记载稍有不同。戴璟《广东通志稿》记载是："洪武二十六年因民梗化迁除"⑤；黄佐《广东通志》的说法有明显差别："洪武二十六年居民为海倭侵扰奏徙，遂虚其地，至今不籍，粮因空悬"⑥；嘉靖《潮州府志》则云："旧番舶为患，洪武间奏徙，遂虚其地，粮因空悬"⑦；乾隆《南澳志》又有"明洪武二十年信国公汤和经略海上，徙澳民于内地"的说法⑧。这些记载提到弃守原因有"民梗化"和"番舶为患"两类，实际上，这是将洪武和永乐两次迁徙岛民的举措混为一谈的结果。《东里志》的记载，是目前所能见到的各种文献中，对这个过程描述得最详细的：

> 四澳旧有居民，国初属海阳，与黄隆、海山俱为信宁都地。洪武二十四年，以居民顽梗，尽发充海门千户所军。因误粮饷，仍发回四澳渔耕。永乐间，倭夷越海劫掠，难于防御，将吴宗理等九十五户，徙入苏湾、下外二都

---

① 郭子章：《粤草》卷9，四库全书存目丛书本，第19b页。
② 陈天资：（万历）《东里志》卷1，第19页。
③ 陈天资：（万历）《东里志》卷1，第19页。
④ 涂泽民：《请设大城参将疏》，《明经世文编》卷353，第1a—2a页。
⑤ 戴璟：（嘉靖）《广东通志稿》卷2，第56页。
⑥ 戴璟：（嘉靖）《广东通志稿》卷14，第26b页。
⑦ （嘉靖）《潮州府志》卷1，第32a页。
⑧ （乾隆）《南澳志》卷3，第2a页。

安插。原田地五十三顷令抛荒,不许人耕,以绝祸根。原粮一百九十五石,
派洒二都赔贴,后乃均分海、揭、潮共纳。①

按照《东里志》的说法,洪武二十四年(而非二十六年)把南澳居民发充海门千户所(应为潮阳千户所)军的理由是"居民顽梗"。是年潮阳千户所刚刚建立,发南澳岛民从军的安排,有点像洪武十五年"籍广州蛋户万人为水军"的做法,"时蛋人附海岛,无定居,或为寇盗,故籍而用之"②。南澳"居民顽梗",大概也与广州府蛋民的情况相似。这种征集军户的办法,称为"简拔"或"抽籍"③。"误粮饷"一句,可能意味着这些岛民充当的是屯军。根据《南澳志》的记载,"拨澳民复回原籍耕种"事在永乐二年④。5年后⑤再把回迁的岛民徙入大陆安插的理由,就是"倭夷越海劫掠,难于防御"了。"难于防御"的说法,说明弃守南澳,在当时也有其不得不如此的为难之处。

无论如何,弃守南澳的后果很快就显现出来。这个靠近大陆又没有官府管辖的海岛,成为15、16世纪100多年间各种海上势力聚集活动的乐土,日本和东南亚各地的海商纷纷来到此地从事贸易,闽、广海商也以南澳作为私市贸易的中心,南澳成为当时东南沿海最著名的走私贸易地点之一。关于明代南澳在各种海上活动中的重要地位,已有许多详细的研究⑥,本文不再引证更多资料。

有明一代,以南澳为根据地或在这里有较多活动的,包括了泉、漳、潮地区所有的重要海盗集团,其主要人物有许栋、许朝光、吴平、曾一本、谢策、洪迪珍、林国显、徐碧溪、林道乾、杨老、魏朝义等等。作为有时拥有数万之众的海上武装集团,其活动范围已远远不限于海上走私贸易,而具有明显的政治和军事性质⑦。这些武装集团往来于大陆与海岛之间,对地方社会秩序冲击很大。

从嘉靖年间始,不断有官员讨论弃守南澳岛的不利影响,建议在岛上设官防守。如福建巡抚涂泽民在其《请设大城参将疏》中,就这样议论:

> 议得海防之策,惟在设备周密、将领得人。南澳地属广东,原设水寨,移入柘林;又以兵变废弛,遂致海寇纵横,生民荼毒。臣等卷查嘉靖四十年十一月二十五日准江广纪功监察御史段顾言题"为条陈三省善后事宜等

---

① 陈天资:(万历)《东里志》卷1,第19页。
② 黄佐:(嘉靖)《广东通志》卷7,第7b页。
③ 王毓铨:《明代的军屯》,北京:中华书局,1965年,第1155页。
④ (乾隆)《南澳志》卷3,第2a页。
⑤ 乾隆《南澳志》卷3《建置》第2a页载:"永乐七年迁澳民于饶平县之苏湾,墟其地"。其时饶平尚未设县,苏湾都仍属于海阳。
⑥ 可参见聂德宁《明清时期南澳港德民间海外贸易》,《潮学研究》第3辑,汕头大学出版社1995年,第34—47页;汤开建、陈文源《明代南澳史事初探》,《潮学研究》第3辑,第48—65页;王冠倬《中国古代南澳岛的航海地位》,《潮学研究》第3辑,第66—78页。
⑦ 陈春声:《从"倭乱"到"迁海"——明末清初潮州地方动乱与乡村社会变迁》,《明清论丛》(第2辑),北京:紫禁城出版社,2001年。

事",随该兵部覆议内开:"南澳,实广东冲要之地,原设把总驻扎,不知何年潜移柘林,弃险于贼,委为失策。合行两广总镇官将大金门把总仍旧移驻南澳,督率官军修补战船,专备海寇"等因,题奉钦依在卷。事在隔省,未知曾否遵行?然明命见存,昭然可考。近该镇守福建总兵官戚继光奉敕兼管惠、潮,亦为"直言地方利害条陈勘定事宜等事",议欲南澳东西二路广东、福建各设兵船一枝,选委把总一员统领;仍设水路参将一员驻扎大城所,统督防御。诚为防海要策。本官已经条疏具题,见该兵部议覆上请。臣等恭候明旨,钦遵施行。①

嘉靖四十一年戚继光率军在南澳登陆,驱赶吴平集团,隆庆元年俞大猷等又歼占据南澳的曾一本于附近海面,到万历三年,明朝终于在南澳设副总兵。但其时对是否守御南澳,仍有争论。万历十年任潮州知府的郭子章专门写了《南澳程乡议》,提出在南澳设副总兵的所谓"为利者四":

> 以南澳言之,镇设副总,最为得策。今议者不谙,猥言海外斥卤,何烦重兵。而将士苦涉风涛,乐于撤戍,又从而和之。此寒俭小人之议,未睹国之大计也。以子章权之,为利者四。
>
> 澳昔称饶野,田五千亩,自贼穴其地,粮悬潮籍,以桥盐利,岁时代内。今兵环其外,农耕其垫,即不能尽补虚税,而岁入稍稍少济兵饷,使会稽得人,可收充国孔明屯田之利。一也;
>
> 澳面海背山,往吴平、许朝光据之,缓则入山,出寇州县;急则下海,要结倭奴。今夷为兵营,贼失其窠。二也;
>
> 往海寇之来也,腹因卤水,其力不劲,舟乏火器,厥焰不骎。潜薄澳下,以俟内贼接济,给以米粮,假之硝黄,而后整搠戈楯,入寇我疆。今重兵守之,外贼欲泊以窃淡水,而不敢登岸。内贼欲出为之接济,则惮兵而不敢放身。故自设镇以来,海不扬波。三也;
>
> 澳跨闽粤之交,往分疆而屯,分将而营,彼此推诿。今总以一将,闽粤一家,手足相救。四也。
>
> 嗟乎,守金陵者,不守淮泗,则长江失险;守雷廉者,不守琼崖,则门庭受寇。夫南澳亦漳潮之淮泗、琼崖也,恶可弃也。②

郭子章叙述守防南澳的四个有利之处,反过来也就是弃守南澳后的四个不利影响。

崇祯十三年,原籍泉州、先为海盗、后受抚于明朝的郑芝龙就任南澳总兵,4年后升任福建都督,总兵一职由其部将陈豹接任。陈豹任此职几达20年之久。明清鼎革之际,尽管郑芝龙于顺治三年降清,但陈豹管治下的南澳仍然奉南明正朔,南澳成为郑成

---

① 涂泽民:《请设大城参将疏》,《明经世文编》卷353。
② 郭子章:《粤草》卷9,四库全书存目丛书本,第19b—20b页。

功反清复明活动最重要的军事据点之一,郑成功多次从这里出发进攻大陆各地。明末清初,郑氏武装集团数十年间一直是东南海上最有实力的控制者,在当时复杂多变的政治环境中,基本上独揽了通洋之利,南澳也成为其海上贸易的重要基地。康熙元年,由于明郑集团的内部矛盾,陈豹降清。同年,清政府在潮州沿海实行大规模的"迁海"政策,南澳岛和大陆沿海数十里居民全部内迁,民不聊生。康熙二十三年清王朝统一台湾,同年开海禁,南澳居民尽复旧业,南澳岛为时近三百年的动荡局面终于告一段落①。

不过,明初弃守南澳岛的利弊得失,仍不时被清朝的官员提起。蓝鼎元在《潮州海防图说》中就有这样的议论:

> 明人防海知设水寨于柘林,而不知南澳之不可弃,迁其民而墟其地,遂使倭奴、红彝盘踞猖獗,吴平、林凤、林道乾、许朝光、曾一本先后盗兵,边氓涂炭。万历年间,始设副总兵守之,国家镇以元戎,游魂永靖。盖闽、广上下要冲,厄塞险阻,外洋番舶必经之途,内洋盗贼必争之地,去留明效,固彰彰若此也。②

康熙年间,与蓝鼎元并称"筹台之宗匠"③的陈梦林,在其纂修的《诸罗县志》中,这样反思明初弃守南澳的历史影响:

> 明初漳、潮间有深澳(即南澳)、泉属有澎湖,江夏侯周德兴皆迁其民而墟之,且塞深澳之口使舟不得入;虑岛屿险远,劳师而匮饷也。及嘉靖间,倭入深澳,澳口复通,巨寇吴平、许朝光、曾一本先后据以为巢,罢敝两省;乃设副总兵以守之,至于今而岿然重镇也。澎湖亦为林道乾、曾一本、林凤之巢穴,万历二十年倭有侵鸡笼、淡水之耗;当事以澎湖密迩,不宜坐失,乃立一游、四哨以戍之,至于今又岿然重镇也。向使设险据守,则南澳不必急闽、广之师,澎湖不必为蛇豕之窟;倭不得深入,寇不得窃据,漳、泉诸郡未必罹祸之酷如往昔云云。④

五、简短的结语

明初潮州地方文献能保留下来的为数甚少,本文所依据的史料,主要还是嘉靖以后形成的。其时距明初已二百余年,档案散佚,记忆阙失,文献中常有错乱之处。隆庆年间潮阳著名士绅林大春编纂《潮阳县志》,写到"卫所"一节时,发现海门千户所"其

---

① 陈春声:《从"倭乱"到"迁海"——明末清初潮州地方动乱与乡村社会变迁》,《明清论丛》(第2辑),北京:紫禁城出版社,2001年。
② 蓝鼎元:《鹿州初集》卷12《潮州海防图说》,台北:文海出版社影印,1976年。
③ 谢金銮:《蛤仔难纪略》,丁曰健:《治台必告录》卷2。
④ (康熙)《诸罗县志》卷7《兵防志·总论》。

建置以来，武职官世远莫考"①，档册中只剩下正德以后的零星记载，不禁发出如下的感叹：

> 海门守御之设，肇自国初，则指挥杨聚、百户蔡春均之有建议创造之劳者。乃今并其姓名、爵里而亡之，况其它乎？且所经今已二百岁，其间岂曰无人，而志载竟尔弗著。俾嗣修者无所容手，何武家朴略无文至是？岂军吏更替靡常，兼之世代渐远，以致浸微浸灭，亦奚足怪者。②

可见卫所系统的档案和文献，可能比州县行政系统更难存留下来。本文努力爬梳和比对相关文献，尽量在保存各种相互矛盾的说法的前提下，对有关记载原来的意义作出解释。但因为资料不足和学力所限，阙失仍难以避免，恳请方家指正。

明朝初年潮州地区卫所制度逐步建立的过程，实际上也就是王朝的制度在边远的沿海地方社会逐步推行的过程，因为资料限制，文章未能更详细展现这一过程中王朝与地方社会互动的细节，但仍力图从当时社会的实际情况出发去理解海防体系建构过程的种种安排，并揭示这一过程对地方社会的长远影响。

文章也试图说明，就户籍和田土管理制度而言，明初潮州地方确实存在着行政和军事两大相互独立的系统，但与北方和西南沿边地区不同的是，东南沿海的"沿海卫所"和"内地卫所"可能并未因为这种管理体制的差别，而成为独立于府县之外的"地理单位"。相反的，潮州沿海的各个守御千户所大都与周围的乡村有密切的联系，成为理解小范围地域社会发展脉络不可或缺的重要因素。

原载《中山大学学报（社会科学版）》2007年第3期

---

① （隆庆）《潮阳县志》卷9，第12b页。
② （隆庆）《潮阳县志》卷9，第13a页。

岭南移民与汉文化的扩张

——考古资料与文献资料的综合考察

王子今

秦始皇时代最重大的历史变化，后人称之为"六王毕，四海一"①"六王失国四海归"②。其实，秦始皇实现的统一，并不仅仅限于黄河流域和长江流域原战国七雄统治的地域，亦包括对岭南的征服。战争的结局，是《史记》卷6《秦始皇本纪》和卷113《南越列传》所记载的桂林、南海、象郡的设立。按照贾谊《过秦论》的表述，即"南取百越之地，以为桂林、象郡，百越之君俯首系颈，委命下吏"。岭南文化与中原文化的融合，正是自"秦时已并天下，略定杨越"③起始。秦帝国的国土规模，于是也远远超越了秦本土与"六王"故地。然而，岭南地区在秦末至西汉前期又曾经出现割据政权。当地经济文化与黄河流域先进地区相互隔闭，有相当明显的差距。淮南王刘安反对汉武帝用兵南越，曾说："越，方外之地，劗发文身之民也。不可以冠带之国法度理也"，以为"不居之地，不牧之民，不足以烦中国"；除指出文化传统的界隔之外，又以所谓越地没有城郭邑里，百姓居处于溪谷之间，篁竹之中，"地深昧而多水险"，描述了这一地区文化形态的原始性④。

岭南地区真正与中原实现一统，是汉武帝时代的事。此后，汉朝统一的文化共同体的南界又进一步向南推进，真正至于所谓"北向户"⑤地区。政治文化的统一，便利了经济交往。不过，在汉武帝时代汉王朝直接控制了南越地区之后，当地与中央政权的关系，仍然并非十分紧密。大约在两汉之际中原战乱频仍时，大量北人南迁，许多人行迹又南至于岭南，中原文化的影响于是又一次南下，从而开创了南越地区文化进步的新纪元。

---

① 杜牧：《阿房宫赋》，《樊川集》卷1。
② 莫济：《次韵梁尉秦碑》，《宋诗纪事》卷47。
③ 《史记》卷113《南越列传》。
④ 《汉书》卷64上《严助传》。
⑤ 《史记》卷6《秦始皇本纪》："分天下以为三十六郡，郡置守、尉、监。""地东至海暨朝鲜，西至临洮、羌中，南至北向户，北据河为塞，并阴山至辽东。""北向户"，裴骃《集解》引《吴都赋》："开北户以向日。"应是指北回归线以南地区。

一、军事远征与移民运动

秦汉时期，中原王朝对岭南多次发动远征。这样的军事行为在一定意义上促成了文化重心地区的扩张性影响。有学者称这一现象为"汉文化的强势传入"，以为曾经导致"移入的强势的汉文化完全主导南越社会"的形势①。

《史记》卷6《秦始皇本纪》记载："三十三年，发诸尝逋亡人、赘婿、贾人略取陆梁地，为桂林、象郡、南海，以適遣戍。""三十四年，適治狱吏不直者，筑长城及南越地。"所谓"陆梁地"，张守节《正义》："岭南人多处山陆，其性强梁，故曰'陆梁'。"关于"以適遣戍"，注家亦有解说。裴骃《集解》："徐广曰：'五十万人守五岭。'"张守节《正义》："適音直革反。戍，守也。《广州记》云：'五岭者，大庾、始安、临贺、揭杨、桂阳。'《舆地志》云：'一曰台岭，亦名塞上，今名大庾；二曰骑田；三曰都庞；四曰萌诸；五曰越岭。'"关于"三十四年，適治狱吏不直者"，至"南越地"事，张守节《正义》："谓戍五岭，是南方越地。"这是军事远征带动了移民的史例。不过这是以"適"即"谪"为标志的强制性的移民。所谓"以適遣戍"，体现这些移民承担部分军事责任的身份。《史记》卷118《淮南衡山列传》记载，伍被与淮南王谋反时，曾经说到秦时史事："（秦皇帝）又使尉佗逾五岭攻百越。尉佗知中国劳极，止王不来，使人上书，求女无夫家者三万人，以为士卒衣补。秦皇帝可其万五千人。"有的学者认为，秦远征军与当地居民都存在的性比例失调现象，影响到岭南地区政治文化形态的历史变化②。对于《史记》卷118《淮南衡山列传》中伍被所谓"求女无夫家者三万人，以为士卒衣补"一事，有学者以为可疑③，有的学者以为可信，并看作"妇女从军之创举"④。但是，西汉时期策士以此作为分析政治形势的辩词，或许反映了秦时远征岭南的历史真实⑤。求中原独身女子"以为士卒衣补"事，暗示远征军成员定居岭南的史实。考古学者关于岭南秦式墓葬发现的判断，如广州淘金坑秦墓、华侨新村秦墓，广西灌阳、兴安、平乐秦墓等⑥，以为"说明了秦人足迹所至和文化所及，反映了秦文化在更大区域内和中原以及其他文化的融合"，"两广秦墓当是和秦始皇统一岭南，'以谪徙民五十万戍五岭，与越杂处'的历史背景有关"⑦。这样

---

① 夏增民：《由广州南越王墓所见文化遗存透视岭南文化变迁》，《南越国史迹研讨会论文选集》，北京：文物出版社，2005年，第70页。

② 高凯：《从性比例失调看南越国的建立和巩固》，《佗城开基客安家：客家先民首批南迁与赵佗建龙川2212年纪念学术讨论会论文集》，北京：中国华侨出版社，1997年，第168—179页。

③ 如梁玉绳《史记志疑》卷34。又引陈氏《测议》："求女事《史》不见，伍被欲伪作诏书徙豪朔方以惊汉民，岂即本此策耶？"

④ 马非百：《秦集史》，北京：中华书局，1982年，下册第700页。

⑤ 参看王子今《中国女子从军史》，北京：军事谊文出版社，1998年，第59—60页。

⑥ 麦英豪：《广州华侨新村西汉墓》，《考古学报》1958年第2期。广州市文物管理处：《广州淘金坑的西汉墓》，《考古学报》1974年第1期。王克荣：《建国以来广西文物考古工作的主要收获》，《文物》1978年第9期。

⑦ 叶小燕：《秦墓初探》，《考古》1982年第1期。今按："以谪徙民五十万戍五岭"，语见《通志》卷4《秦纪》，原文作"以適徙民"；"与越杂处"，语见《史记》卷113《南越列传》。

的意见是可信的。

在高后专制的时代，"有司请禁南越关市铁器"，赵佗"乃自尊号为南越武帝，发兵攻长沙边邑，败数县而去焉"。《史记》卷113《南越列传》记述："高后遣将军隆虑侯灶①往击之。会暑湿，士卒大疫，兵不能逾岭。岁余，高后崩，即罢兵。"因为气候条件的不适应，汉军不能逾岭，两军事实上在南岭一线相持了一年之久。吕后去世方才罢兵，于是出现了司马迁所谓"隆虑离湿疫，（赵）佗得以益骄"的局面。

西汉王朝对南越的成功的远征，发生在汉武帝时代，亦即《史记》卷113《南越列传》所记载："元鼎五年秋，卫尉路博德为伏波将军，出桂阳，下汇水；主爵都尉杨仆为楼船将军，出豫章，下横浦；故归义越侯二人为戈船、下厉将军，出零陵，或下离水，或抵苍梧；使驰义侯因巴蜀罪人，发夜郎兵，下牂柯江；咸会番禺。""南越已平矣。遂为九郡。"

中原王朝对岭南地方另一次用兵，是《后汉书》卷1下《光武帝纪下》记载汉光武帝建武十八年（42）四月"遣伏波将军马援率楼船将军段志等击交阯贼征侧等"。据《后汉书》卷24《马援传》："援所过辄为郡县治城郭，穿渠灌溉，以利其民。条奏越律与汉律驳者十余事，与越人申明旧制以约束之，自后骆越奉行马将军故事。"军事征服过程似乎同时又是先进制度的推广过程和地方经济的开发过程。当然，这是掌握了全面的话语权的征服者的历史记录。这一历史变化的实现，亦应与相当数量的远征军人定居当地有关。

汉代对岭南的军事远征，尽管提供了汉文化扩张的可能，却似乎并没有直接牵动移民热潮。大规模的移民运动，是在和平条件下发生的。这与黄河流域居民往江南方向迁移的情形②，大体是一致的。

东汉末年，因为黄河流域严重的战乱和灾荒，又一次掀起了在历史上留下深刻记忆的移民浪潮。许多中原人在北方社会动乱激烈的背景下"避乱交州"。甚至北方军阀刘备也曾经准备南下投靠苍梧（郡治在今广西梧州）太守吴巨③；孙权也曾卑辞致书于曹魏，称"若罪在难除，必不见置，当奉还土地民人，乞寄命交州，以终余年"④。

二、两汉岭南户口比较

我们以《续汉书·郡国志五》提供的汉顺帝永和五年（140）户口数字和《汉书》卷2《地理志下》提供的汉平帝元始二年（2）户口数字相比较，可以看到岭南户口增长的情形：

---

① 司马贞《索隐》："韦昭曰：'姓周。'"
② 参看王子今：《"和合"思想主导下的汉代江南经济开发与社会进步》，《石家庄学院学报》2008年第2期。
③ 《三国志》卷32《蜀书·先主备传》注引《江表传》。
④ 《三国志》卷47《吴书·吴主权传》。

岭南两汉户口比较

	元始二年		永和五年		增长率（%）	
	户	口	户	口	户	口
南海	19613	94253	71477	250282	264.4	165.5
郁林	12415	71162				
苍梧	24379	146160	111395	466975	356.9	219.5
交阯	92440	746237				
合浦	15398	78980	23121	86617	50.2	9.7
九真	35743	166013	46513	209894	30.1	26.4
日南	15460	69485	18263	100676	18.1	44.9
合计	215448	1372290	270769	1114444		

在永和五年缺郁林、交阯郡户口数的情况下，岭南户数增长25.67%，口数则下降了18.79%。

以其余五郡户口增长平均数户144.8%以及口100.8%计，估算永和五年（140）二郡户口数当分别为：郁林郡，30392户，142893口；交阯郡，226293户，1498444口。按照这一估算数合计的岭南七郡户口，增长率则分别为户144.8%，口100.8%。根据有的学者的分析，实际总增长率一定还要超过这一估算。《后汉书集解》引陈景云曰："交阯、郁林二郡，皆阙户口之数。建武中，马援平交阯，请分西于县为封溪、望海二县。时西于一县，户已有三万二千。合余数县计之，户口之繁，必甲岭表诸郡矣。"

我们应当注意到，汉顺帝永和五年（140）全国户口数与汉平帝元始二年（2）相比，呈负增长形势，分别为-20.7%与-17.5%。以岭南地区公元2年和公元140年全国户口数字比较，显然，在全国户口呈负增长趋势的情况下，这样的增长幅度是十分惊人的。户数增长超过口数增长，体现移民是实现这种增长的主要形式。

三、西于县户数的意义

《后汉书》卷24《马援传》记载："援奏言西于县户有三万二千，远界去庭千余里，请分为封溪、望海二县，许之。"李贤注："西于县属交阯郡，故城在今交州龙编县东也。""封溪、望海，县，并属交阯郡。"

顾炎武《日知录》卷8《州县税赋》引此以为"远县之害"一例。《续汉书·郡国志五》列"交阯郡"所属"十二城"：

龙编，羸陵，安定，苟漏，麓泠，曲阳，北带，稽徐，西于，朱䳒，封溪建武十九年置，望海建武十九年置。

我们以为更值得注意的，是西于县的户数。

据《续汉书·郡国志一》，永和五年（140）时，文化中枢地区三河三辅郡级行政区的户数，都十分有限。例如：

> 弘农郡，9城，户46815；
> 京兆尹，10城，户53299；
> 左冯翊，13城，户37090；
> 右扶风，15城，户17352。

"西于县户有三万二千"，与马援家乡右扶风相比悬殊。右扶风这一位列三辅、拥有15县的郡级行政单位，只有"户万七千三百五十二"，仅仅只相当于"西于"一个县户数的54.22%①。

"西于"曾经存在有一定独立性的政权，执政者称"王"。《史记》卷20《建元以来侯者年表》："下酈。以故瓯骆左将斩西于王功侯。元年四月丁酉，侯左将黄同元年。"②《汉书》卷28下《地理志下》记载：

> 交趾郡，武帝元鼎六年开，属交州。户九万二千四百四十，口七十四万六千二百三十七。县十：羸陵，有羞官。安定，苟屚，麓泠，都尉治。曲昜，北带，稽徐，西于，龙编，朱䳒。

"西于"很可能是10县之中户数较多的县。所谓"西于王"的历史存在，以及其他地方发现"西于"器物所反映的这一地区文化辐射的强势③，也暗示"西于"地位的重要。

《晋书》卷15《地理志下》"交阯郡"条云："汉置，统县十四，户一万二千。""统县十四"中，有"望海"县和"西于"县，无"封溪"县。《宋书》卷38《州郡志四》"交阯太守"条下则说："领县十二，户四千二百三十三。""领县十二"中，同样有"望海"县和"西于"县，无"封溪"县。《南齐书》卷14《州郡志上》"交阯郡"条列有10县，同样有"望海"县和"西于"县，无"封溪"县。《后汉书》卷24《马援

---

① 右扶风15县，每县平均只有1156.8户。

② "下酈"，《汉书》作"下鄜"。《汉书》卷17《景武昭宣元成功臣表》："下鄜侯左将黄同，以故瓯骆左将斩西于王功侯，七百户。"《汉书》卷95《闽粤传》："故瓯骆将左黄同斩西于王，封为下鄜侯。"

③ 广西合浦风门岭西汉晚期墓出土铜樵壶有刻划文字"西于"。黄启善：《合浦县风门岭、望牛岭汉墓》，《中国考古学年鉴1986》，北京：文物出版社，1988年。广东德庆新圩大桥村大辽山东汉墓出土铜洗有"元初五年七月中西于造谢著胅"铭文，出土铜壶有"元初五年七月中西于李文山治谢著有"铭文。广东省博物馆：《广东肇庆大辽山发现东汉文物》，《考古》1981年第4期。容庚《秦汉金文录》著录传世铜釜有"汉安二年十月十三日交趾西于作"铭文。有学者以为，这些资料证实了"西于王及西于国的存在"。蓝日勇、蒋廷瑜：《广西汉墓的发掘与南越国史研究》，《南越国史迹研讨会论文选集》，北京：文物出版社，2005年，第241页。我们以为，这些资料可以理解为当时"西于"具有较强文化辐射能力的证明。

传》将"西于县""分为封溪、望海二县"的情形，也许后来又有变化，事实上可能只是从"西于"析出"封溪"县和"望海"县。后来"封溪"县是否又重新归并入"西于"县，已经不得而知。交阯郡户数明显下降的事实，则是值得我们注意的。

西于县户数，可以作为我们考察汉代岭南开发程度的重要信息。我们当然不能忽略户口显著增长有当地土著部族归附汉王朝管理之因素的可能性①，这种归附也是开发成功的重要标志。即使户口增长有可能部分出自当地人附籍，人口密度竟然超过中原富足地区的情形，依然值得重视。

据谭其骧主编《中国历史地图集》，西于，在今越南社会主义共和国河内市东英西；封溪，在永富省福安；望海，在河北省北宁西北②。在西于、封溪方向，陕西省考古研究院和四川省文物考古研究院应越南国家历史博物馆的邀请，与越南国家历史博物馆组成中越联合考古队，在2006年至2007年进行过考古发掘。工作重点在于揭示越南青铜时代早期文化冯原文化的面貌，但是对于两汉时期这一地区文化进程的认识，依然是有意义的③。日本早稻田大学考古学者在邻近地区进行的汉代考古的收获，也许更值得考察汉代岭南文化进步的学者们重视。

四、北来技术传播史的考古学考察

《史记》卷113《南越列传》记载，汉军出南越，韩千秋的部队击破若干居民点，其后不断从当地取得军粮补充。又元鼎六年（前111）冬，楼船将军将精卒攻破石门，缴获"越船粟"，于是占据了军事上的绝对优势。这说明越地农业发展，已有剩余谷物可以积蓄。不过，这一地区农耕事业取得更为突出的成就，是在与汉地地界隔离已基本打破、中原经济文化的影响更为显著之后。

关于岭南地区水稻一年两熟制的最早记载，始于东汉时期④。在广东佛山澜石东汉墓出土的一件陶制水田模型中，附有表现农田劳作的陶俑，有的犁地，有的插秧，有的收割，有的脱粒，展现出在不同田垄中抢种双季稻紧张的劳动场面。"第五方地上有表示秧苗的篦点纹和一个直腰休息的插秧俑。"可见当时已经另有育秧田，采用了适应水稻一年两熟连作需要的育秧移栽技术。陶制水田模型还表现了备耕田中的粪肥堆，体现出当地水稻田已经普遍施用基肥⑤。这件文物，可以说明东汉时期岭南某些地区的农业技术已经达到相当高的水平。

《后汉书》卷76《循吏列传·任延》记载，南阳宛人任延任九真太守，当地传统民俗以射猎为业，不知牛耕，任延于是令铸作铁制农具，教之垦辟，于是田畴岁岁开广，

---

① 黎明钊在"广州考古五十年暨南越王墓发现二十年学术讨论会"（广州，2003年11月）上的评议意见中指出，"西于"县户口数的增长，不能排除山区人口为政府控制而导致急剧增加的可能。
② 谭其骧主编：《中国历史地图集》，北京：地图出版社，1982年，第2册，第63—64页。
③ 参见陕西省考古研究院：《陕西域外考古工作的主要收获》，《考古与文物》2008年第6期。
④ 《初学记》卷27引杨孚《异物志》："交趾冬又熟，农者一岁再种。"《太平御览》卷839引《异物志》作："交趾稻夏冬又熟，农者一岁再种。"《隋书》卷33《经籍志二》："《异物志》一卷，后汉议郎杨孚撰。"又写道："《交州异物志》一卷，杨孚撰。"
⑤ 广东省文物管理委员会：《广东佛山市郊澜石东汉墓发掘报告》，《考古》1964年第9期。

百姓充给，一时"风雨顺节，谷稼丰衍"。先进的农耕技术的引入，是当地经济文化进步的主要因素之一，而大规模南下的移民，可以直接把黄河流域的先进农耕技术推广到岭南。

长期以来岭南移民中集中了许多身份低下的劳动者，据《三国志》卷53《吴书·薛综传》："其南海、苍梧、郁林、珠官四郡界未绥，依作寇盗，专为亡叛逋逃之薮。"南海（郡治在今广东广州）、苍梧（郡治在今广西梧州）、郁林（郡治在今广西桂平西南）、珠官（郡治在今广东徐闻南）四郡，长期成为亡人叛逆避祸藏身的地方。其中未可排除来自"中土"的流亡人口。这种移民数量的大量增加，直接促进了当地经济文化的发展，而逃离北方的动乱社会之后，他们更珍视和平安定的生活环境，于是一时出现了"商旅平行，民无疾疫，田稼丰稔"的局面①。

广西贵县罗泊湾1号汉墓出土自题"从器志"的木牍（M1：161），可见与"越服矢""越筑"对应的"中土瓿卅""中土食物五筍"等，在物质生活方式方面保留了对"中土"传统的记忆。据发掘报告，出土木牍M1：163有如下文字：

东阳田器志
入雪、梧卅·正月甲申中侍□□
□□十八其九在中

发掘报告释文作"入梧"，报告执笔者又写道："第二行第二字亦是'梧'字。'入梧'当是一种农具的名称。"关于"东阳田器志"，发掘报告执笔者认为："（东阳）故址在今江苏盱眙县东阳②。田器即是农具，题为'东阳田器志'，表明此牍所记载乃江淮地区的农具。"③北方铁制农具的引进对于岭南地方经济开发意义重大，所以才出现"高后时，有司请禁南越关市铁器"，赵佗为"今高后听谗臣，别异蛮夷，隔绝器物"所激怒，导致战争危局的历史事实④。广州南越王宫署遗址出土"左官卒犁"及"左犁"瓦文，研究者以为"犁"是陶工人名⑤。《三国志》卷53《吴书·薛综传》可见"锡光为交趾，任延为九真太守，乃教其耕犁"语，是为秦汉史籍中惟一一例推广"耕犁"技术的具体的文字记录。"左官卒犁"瓦文也是惟一一例以"犁"为名字的文物资料⑥。岭南出现以"犁"作为人名用字的现象，正可与"耕犁"技术向南传播的历史记录相印证。

---

① 《三国志》卷61《吴书·陆胤传》。
② 原注："南京博物院：《江苏盱眙东阳公社出土的铁权》，《文物》1965年第11期。"
③ 广西壮族自治区博物馆编：《广西贵县罗泊湾西汉墓》，北京：文物出版社，1988年，第82—83、85页。
④ 《史记》卷113《南越列传》。
⑤ 南越王宫博物馆筹建处、广州市文物考古研究所：《南越宫苑遗址：1995、1997年考古发掘报告》，北京：文物出版社，2008年，上册第148—151页。
⑥ 汉代有"犁"姓。《汉印文字征》可见"犁雠""犁佞私印"，北京：文物出版社，1978年，三·3，十二·14。未有以"犁"为名字者。

广西贵县罗泊湾1号汉墓出土简文"客𥟖米一石"（M1：364）、"客𥟖☐"（M1：365）。发掘报告指出："'𥟖'，即籼字。""客，《说文》'寄也'，外来的意思。客籼米，意即从外地引进来的水稻品种。"①有学者读为"客籼"，以为"客籼就是从外地引进来的籼稻"②。这一判断是正确的。

两汉时期涌向岭南的移民流，促成了中原先进农耕技术的南播。大致以往被看作"山川长远，习俗不齐""重译乃通，民如禽兽"的南边地区③，经先进农耕经验的影响，其经济状况在许多方面可能已经与"中土"农业经济区相当接近了。

五、移民与岭南文化进步

由移民迁入导致的中原先进经济形式对岭南地区的积极影响，当然可以显著推动当地文化的进步。有学者指出，广西平乐银山岭的瓯越人墓的遗存，反映他们还保留了自己的丧葬习俗。"在南越国后期尤其是西汉中期的墓中，这种现象完全消失了。表明这时汉越的民族与文化已经融合在一起。"广东地区"在已发现的南越国时期墓群中，还未见有单独的越人墓地"④。有学者认为："这个事实足以说明，当地土著越人已经不同程度上接受了汉族文化，或者说汉越文化的融合已经初见成效。"⑤有学者总结这一历史过程，以为"大量中原人移居岭南"，使得"南越人逐渐融合在汉族里"，从文化发展的总历程考察，可以肯定这一变化的"划时代的意义"⑥。

《后汉书》卷76《循吏列传·卫飒》说，交州地方有"不知礼则"的文化特征。中原士人桓晔重视修养、志行高洁，"初平中，天下乱，避地会稽，遂浮海客交址，越人化其节，至闾里不争讼"⑦。这应当是北人南下使中原礼仪文明影响南越地区的史例之一。《三国志》卷53《吴书·薛综传》记载交阯太守薛综上疏，又说到这种文化浸渍的漫长历程："汉武帝诛吕嘉，开九郡，设交阯刺史以镇监之。山川长远，习俗不齐，言语同异，重译乃通，民如禽兽，长幼无别。"发型、服饰都与中原不同，地方官吏的设置，虽有若无。此后多有中原移民南下，逐步推广文化知识，"自斯以来，颇徙中国罪人杂居其间，稍使学书，粗知言语，使驿往来，观见礼化。及后锡光为交阯，任延为九真太守，乃教其耕犁，使之冠履；为设媒官，始知聘娶；建立学校，导之经义。由此已降，四百余年，颇有似类"。所谓"教其耕犁，使之冠履"，体现出了经济进步和文化

---

① 广西壮族自治区博物馆编：《广西贵县罗泊湾西汉墓》，北京：文物出版社，1988年，第85页。
② 蓝日勇、蒋廷瑜：《广西汉墓的发掘与南越国史研究》，《南越国史迹研讨会论文选集》，北京：文物出版社，2005年，第243页。
③ 《三国志》卷53《吴书·薛综传》。
④ 麦英豪：《广州地区秦汉考古的发现与收获》，《秦汉史论丛》第7辑，北京：中国社会科学出版社，1998年，第20、12页。
⑤ 王健：《南越国百年史的精神文化寻踪》，《南越国史迹研讨会论文选集》，北京：文物出版社，2005年，第62页。
⑥ 张荣芳：《秦汉时期岭南地区社会发展的划时代意义》，《秦汉史论丛》第7辑，北京：中国社会科学出版社，1998年，第5、1页。
⑦ 《后汉书》卷37《桓晔传》。

进步之间的内在关系。

然而，薛综以中原传统文化的尺度比量当地的民间风习，仍然以为"易以为乱，难使从治"。他说到当地保留有若干原始遗风的婚俗："人民集会之时，男女自相可适，乃为夫妻，父母不能止。交阯麋泠、九真都庞二县，皆兄死弟妻其嫂，世以此为俗，长吏恣听，不能禁制。日南郡男女倮体，不以为羞。"他认为，要实现所谓"章明王纲，威加万里，大小承风"，真正完成文化的一统，还是相当困难的事。

不过，薛综虽然是沛郡竹邑（今安徽宿州北）人，但是"少依族人避地交州"，是少时就在当地就学，终于成为天下名儒的。他虽然客居岭南，"困于蛮垂"，仍然"光华益隆"，在文化史上多有创获。当时以文才丰富当地文化创造的学人，还有许多。马雍曾经指出：汉末士燮治理交阯时，当地的儒学是很盛的[①]。有的学者讨论苍梧一郡的文化贡献，所列举汉时出避交阯的中原士人，除上述诸位外，还有士燮七世祖、胡刚、袁徽、许慈、许劭、袁忠等；又指出："当时苍梧籍经学家的学术思想早已突破岭南的地域限制，在全国经学论坛上占据了重要的一席。""在全国范围而言，苍梧郡亦跻身文化先进地区之列。尤其是越到汉朝后期，这种文化兴盛的表现就越为明显。"[②]这样的见解，是符合历史事实的。通过两汉户口数字比较可以看到，苍梧郡是东汉时期岭南户口增长亦即移民收纳最突出的地方。

原载《中山大学学报（社会科学版）》2010年第4期

[①] 马雍：《东汉后期中亚人来华考》，《西域史地文物丛考》，北京：文物出版社，1990年，第46—59页。

[②] 张荣芳：《两汉时期苍梧郡文化述论》，《秦汉史论集（外三篇）》，广州：中山大学出版社，1995年，第180、185页。

清谈的演变

胡守为

东汉至晋,清谈或清议从评议人物开端,著名的如"月旦评",后转化为玄学的议论,如"四本论"的辩析,清议且定义为对触犯礼教行为的惩罚,其中涉及社会文化及政治因素的流变,试析之如下。

一、东汉末年的乡间评议

东汉通过征辟、察举选官,多依据乡里评议和名士品题,评议人物称清议或清谈,其道德标准乃遵从儒家伦理观,儒家经学便成为最高文化的象征。及后,人物评议"名不副实",经学拘泥于章句,破碎大道,浮华之风盛[1]。庶族代表人物曹操针对大族浮华之风以及以德取士,反其道而行之,其言论如"夫有行之士,未必能进取,进取之士,未必能有行也"[2],"破浮华交会之徒,计有余矣"[3],可以审知。东汉末年,发生黄巾起义,接着军阀争战,本地人民流散他乡,乡间评议难于施行。且东汉末年战乱,军吏、郡国均需求功能之士,曹操倡言选才能,破浮华,实应时而生。

曹操掌权后,多次表明"唯才是举"的选士方针,社会出现重实干之才、轻礼教之德的风气。然而曹操用人却并非全舍弃道德,其庚申令曰:

> 议者或以军吏虽有功能,德行不足堪任郡国之选,所谓"可与适道,未可与权"。管仲曰:"使贤者食于能则上尊,斗士食于功则卒轻于死,二者设于国则天下治。"未闻无能之人,不斗之士,并受禄赏,而可以立功兴国者也。故明君不官无功之臣,不赏不战之士;治平尚德行,有事赏功能。论者之言,一似管窥虎欤![4]

此庚申令可阐释曹操对德行与功能的观点,治国崇尚德行,官吏有功方能受赏。建安五年(200),曹操击败袁绍,北方局面已定。建安八年(203)其令曰:"丧乱已来,十有五年,后生者不见仁义礼让之风,吾甚伤之。其令郡国各修文学。"[5]不但伤

---

[1] 参拙文《汉魏的浮华士风》,《学术研究》1983年第1期。
[2] 《三国志》卷1《武帝纪》,北京:中华书局点校本,第44页。
[3] 《后汉书》卷70《孔融传》,北京:中华书局点校本,第2273页。
[4] 《三国志》卷1《武帝纪》,建安八年注引《魏书》,第24页。
[5] 《三国志》卷1《武帝纪》,第24页。

礼让之风丧失，且下令郡国设学校教授儒家经典。

由此可见，东汉大族与庶族的德才观，同异互见，固由于社会不同阶层的文化素质不同，所以出现形同水火的言论，时事应对不同而已。

二、九品官人法与乡间评议

建安十八年（213），曹操、刘备、孙权三方割据势力仍存，而控制东汉朝廷的曹操一方明显占优势。时何夔入为丞相东曹掾，曾言于丞相曹操曰："自军兴以来，制度草创，用人未详其本，是以各引其类，时忘道德。"身为掌管选举的何夔以为"自今所用，必先核之乡闾，使长幼顺叙，无相逾越"。所谓"时忘道德"是指以道德取士的观念已淡化，何夔希望回复东汉的选人标准，用人必先核之乡间评议，按名位高下而录用。对此"太祖称善"，或是合乎曹操"治平尚德行"的理念①。

沈约云："汉末丧乱，魏武始基，军中仓卒，权立九品，盖以论人才优劣，非为世族高卑，因此相沿，遂为成法。"②说曹操于战乱期间立九品鉴定人才优劣，由此而沿袭成九品官人制。《三国志》记陈群立九品官人法太简略，《通典》略加补充，称延康元年（220），吏部尚书陈群"以天朝选用不尽人才，乃立九品官人之法，州郡皆置中正以定其选，择州郡之贤有识鉴者为之区别人物，第其高下"③。陈群立下的选举法虽沿用九等定官品，却由新创立的中正官根据对选人的清议，定其品第的高下。郡中正能定选人的品第，其事体大。

正始（240—249）初，曹爽辅政，爽之姑子夏侯玄累迁散骑常侍、中护军，太傅司马懿试探他对时政的意见，夏侯玄认为按才能授官，是国家给与吏部选拔人才的权力，中正管的是陈述乡间德行优劣，要使审选条理，在区别其职权，不可使之互相干涉。吏部根据所选的人其才能高下，参以乡间评议德行的次第，恰当定其品级。中正只是考察其行为，定其高下，不能有升降的职权。中正为官定品以来，已有多年，社会上议论纷纷，未闻理顺其关系，皆由职权错乱，吏部、中正各失其权要所引起的。夏侯玄表示不满中正以乡间清议定官品，代表庶族集团的主张。世家大族根源于地方，以郡望显著于社会，并不着意用人集权于吏部，而道德取仕，更是儒家大族的主张，故司马懿以审官择人乃"一相承习"，若要改革此法，"当待贤能然后了耳"，敷衍了事，对夏侯玄的意见并未认同④。

---

① 以上参《三国志》卷12《何夔传》，第381页。
② 《宋书》卷94《恩倖传序》，北京：中华书局点校本，第2301页。
③ 《通典》卷14《选举·历代制中》，北京：中华书局影印万有文库本，1984年，第77页上。
④ 以上参《三国志》卷9《夏侯尚传附子玄传》，第295－298页。《通典》卷14《选举二·历代制中》云："齐王嘉平初，曹爽既诛，司马宣王秉政，详求理本，中护军夏侯玄言曰：'夫官才用人，国之柄也。'"司马懿诛曹爽后，夏侯玄遭猜忌，嘉平元年，夏侯玄改官大鸿胪，朝廷礼仪官也，不会被郑重询问时政。且本文下文引《曹羲集》云"伏见明论，欲除九品而置州中正"，显然针对司马懿置州中正的决议，曹羲与曹爽于正始十年同时被诛，不可能于嘉平年有此论，《通典》误"正始"为"嘉平"。《资治通鉴》卷75，嘉平元年（249）二月条云："爽既诛，司马懿召玄诣京师。"为后来司马师杀玄张本。时玄为朝廷大鸿胪，无须召回京师，《通鉴》此条恐是沿《通典》之讹。

然而中正定官品，议论纷纷并未减息。据《傅子》曰："魏司空陈群始立九品之制，郡置中正，平次人才之高下，各为辈目。州置都而总其议。晋宣帝除九品，州置大中正。议曰：案九品之状，诸中正既未能料究人才，以为可除九（品）制，州置大中正。"①初立九品官人法只置郡中正，州置州都，其职能总览郡中正所定的品第而已。马端临分析诸贤之说多欲废九品罢中正的原因："中正之法行，则评论者自是一人，擢用者自是一人。评论所不许则司擢用者不敢违，其言擢用或非其人，则司评论者本不任其咎。体统脉络各不相关，故徇私之弊无由惩革。"②中正选官的权力太大，遭社会人士的抨击。司马懿为了平息舆论，提出郡中正既未能料究人才，可免除其定品制，却增置州大中正。《册府元龟》对此解读为："晋宣帝除九品，州置大中正。大中正之职掌：访问乡邑，考绩德行，以定上格下格，选平正，无礼力，贬清议。"③州大中正的职掌为考察乡邑德行之人，作定上下品的依据，已超出州都总览郡中正的权限，实是强化中正官评选人物的职权。司马懿何时作此议，不能确定，肯定是在夏侯玄议论时政之后。

针对司马懿的议论，曹爽弟曹羲驳曰："伏见明论，欲除九品而置州中正。欲检虚实，一州阔远，略不相识，访不得知会，复转访本郡，先达者耳，此为问州中正而实决于郡人。"④认为一州辽阔，州中正无法了解选人，仍须转访于郡，除郡中正定九品，设州中正主持，其实仍由郡人决定，如同换汤不换药。曾为曹爽大将军长史的应璩曰："百郡立中正，九州置都士，州间与郡县希疏如马齿，生不相识面，何缘别义理？"⑤都士即州中正，其说相同。

夏侯玄等对中正设立的论争，并未能改变中正官的职权。此乃正始年间大族与庶族的一次政见交锋，司马懿的提议得以实施，此柳冲所谓"魏氏立九品，置中正，尊世胄，卑寒士，权归右姓已。其州大中正主簿，郡中正、功曹，皆取著姓士族为之，以定门胄，品藻人物"⑥。州大中正、郡中正为大族所垄断，尊世胄，卑寒士，且"州大中正、主簿、郡中正、功曹，各有簿状，以备选举"⑦，"簿状"即家族簿阀的纪录，州中正以门第高下作定品的依据，柳冲所以称之为"权归右姓"。

景初三年（239）魏明帝临终引司马懿入卧内，执其手谓曰："吾疾甚，以后事属君，君其与（曹）爽辅少子。"⑧明帝既托孤于家族曹爽，还寄望于司马懿的辅助，可知此时以司马氏为首的大族势力之盛。此后曹党与司马党之争，延续于魏晋之交，从人物评议，亦可察其端倪。

---

① 《太平御览》卷265《职官部·中正》引《傅子》，北京：中华书局影印宋本，1985年，第1243页上。
② 《文献通考》卷28《选举考一·举士》，浙江书局本。
③ 《册府元龟》卷639《贡举部·总序》，北京：中华书局影印明本，1960年，第7660页下。
④ 《太平御览》卷265《职官·中正》引《傅子》及《曹羲集》"九品议"，第1243页上。
⑤ 《太平御览》卷265《职官·中正》引应璩《新论》，第1243页下。
⑥ 《新唐书》卷199《柳冲传》，北京：中华书局点校本，第5677页。
⑦ 《通志略·氏族略第一序》，上海：上海古籍出版社影印世界书局本，1990年，第1页中。
⑧ 《三国志》卷3《明帝纪》，第114页。

三、人物评议与魏末玄风

太和六年（232），行司徒事董昭上疏陈末流之弊，略云：

> 窃见当今年少，不复以学问为本，专更以交游为业；国士不以孝悌清修为首，乃以趋势游利为先。合党连群，互相褒叹，以毁訾为罚戮，用党誉为爵赏，附己者则叹之盈言，不附者则为作瑕衅。①

陈述当时年轻人不好经学而好交游，不以礼教为道德之首而附势逐利为先，合党连群，互相吹嘘，同党者赏誉，不同党者诋毁。风气如此，若以声望取士，则失去东汉以经明行修取士的初衷。《世语》具体叙述当时的情况：

> 是时，当世俊士散骑常侍夏侯玄、尚书诸葛诞、邓飏之徒，共相题表，以玄、畴四人为四聪，诞、备八人为八达。中书监刘放子熙、孙资子密、吏部尚书卫臻子烈三人，咸不及比，以父居势位，容之为三豫，凡十五人。帝以构长浮华，皆免官废锢。②

时诸葛诞累迁御史中丞尚书，与夏侯玄、邓飏等相善，"收名朝廷，京都翕然。言事者以诞、飏等修浮华，合虚誉，渐不可长"③。所谓"四聪""八达"乃合党连群的赏誉，若以社会声望取士，则选官用人，惟在虚誉。魏明帝不满浮华之风，免去诸葛诞及其附从者的官。又针对诸葛诞等共相题表，诏曰："得其人与否，在卢生耳。选举莫取有名，名如画地作饼，不可啖也。"说选举得其人与否，由吏部尚书卢毓作主，特别指出名不副实者不可取。卢毓虽鄙视诸葛诞等所为，但乡举里选依据的仍是社会名声，不能因此废除，故回应说：

> 名不足以致异人，而可以得常士。常士畏教慕善，然后有名，非所当疾也。愚臣既不足以识异人，又主者正以循名案常为职，但当有以验其后。故古者敷奏以言，明试以功。今考绩之法废，而以毁誉相进退，故真伪浑杂，虚实相蒙。④

卢毓出身涿郡大族，父卢植，东汉时名著海内，学为儒宗，士之楷模。卢毓继承儒家传统，认为社会上有名声的人应是遵守礼教向善的常士，不应与浮华之徒等观。选举取有名虽不足以选拔最优秀的人，但可以得常士，乡间评议制度不应废除。为使名实相承接，避免真伪浑杂，虚实相蒙，卢毓提出补救的办法，用一定标准作检验。明帝纳其

---

① 《三国志》卷14《董昭传》，第442页。
② 《三国志》卷28《诸葛诞传》注引《世语》，第769页。
③ 《三国志》卷28《诸葛诞传》，第769页。
④ 《三国志》卷22《卢毓传》，第651—652页。

言，下诏作考课法。散骑黄门侍郎杜恕、司隶校尉崔林、司空掾傅嘏等又以为考课未尽善，议久之不决，事竟不行，而中正以清议作选举的依据不变。

人物的评议既涉及选举，如何衡量人的德行和才能，遂成社会议论的中心，出现了如《隋书·经籍志》记载的刘劭《人物志》、卢毓《九州人士论》等皆"正百物，叙尊卑，列贵贱"的著作①，除此之外，相信还有未记载下来的。

刘劭《人物志》云："盖人物之本，出乎情性。情性之理，甚微而玄……禀阴阳以立性，体五行而著形。"②情性即才性，刘劭认为才性的关系，精深而玄妙，人性决定于阴阳的成分，阴阳成分又决定人的德才。姚信《士纬》云："孔文举（融）金性太多，木性不足，背阴向阳，雄倬孤立。"③是以人性的阴阳成分分析其行为的具体例子。其说为人性乃先天所赋，决定人的才能。

杜恕说："人之能否，实有本性。"④同是认为人的本性决定才能高低。卢毓于人及选举，"先举性行而后言才"，亦本性决定才能之论者。李丰尝以先性后才质疑于毓，毓曰："才所以为善也，故大才成大善，小才成小善，今称之有才而不能为善，是才不中器也。"⑤卢毓以才不合于器辩解才性不相合，未改变性为才之根本的主张。其说亦见刘劭《人物志》"人材各有所宜"的论述⑥。既然本性决定才能，故主张选举先性后才，才性的关系便成当时议论人物即清谈的话题，但所谈的不局限于人的行为表现，已从理论上深入到行为与本性的关系的认识。

何晏、王弼则从道家学说论述才性的关系。老子《道德经》云："无名天地之始，有名万物之母。"王弼注："凡有皆始于无，故未形无名之时，则为万物之始。及其有形有名之时，则长之、育之、亭之、毒之，为其母也。言道以无形无名始成万物，（万物）以始以成而不知其所以（然），玄之又玄也。"⑦王弼阐述万物皆始于无之说，从无到有形有名，玄妙无穷。

史载裴徽为吏部郎，王弼未弱冠往造访，徽一见而异之，问弼曰："夫无者，诚万物之所资，圣人莫肯致言，而老子申之无已，何邪？"裴徽质疑王弼以万物来源于无的立论，问为何儒家圣贤无此说？王弼回答曰："圣人体无，无又不可以训，故言必及有；老、庄未免于有，恒训其所不足。"⑧王弼的解释，说圣人认为天地整体无以名之，无又不可以训释，故不说；老子说万物始于无，而无并非虚无，故常言无之不足。巧妙地掩盖了儒道两家对有无的不同见解。时王弼未弱冠，大概是在正始初年。

儒家经典《周易·系辞上》云："大衍之数五十，其用四十有九。"则其一不用，儒家意"一"乃虚无。王弼注曰：演天地之数五十，用者四十九，其一不用，不用而

---

① 参《隋书》卷34《经籍三》，北京：中华书局点校本，第1004页。
② 《人物志》卷上《九征》，上海：上海古籍出版社影印明刊本，1990年，第4页上。
③ 《意林》卷4，四部丛刊初编本。
④ 《三国志》卷16《杜畿传附恕传》，第504页。
⑤ 《三国志》卷22《卢毓传》，第652页。
⑥ 《人物志》卷中《材能》，第15页上、下。
⑦ 王弼注，楼宇烈校释：《老子道德经校释》，北京：中华书局，2008年，第1页。
⑧ 余嘉锡：《世说新语笺疏》卷上之下《文学》，北京：中华书局，1983年，第199页。并参《三国志》卷28《钟会传》注引何劭撰《王弼别传》，第795页。

用，以之通全局，非四十九之数，而四十九之数赖之以成，《易》称之为太极，数之极也。无不可以无所证明，必因于有，故常表现为有，物之终极才得以明，其所由之宗也①。以此释无并非虚无，而是万物之所宗。此注释也可以作回应裴徽设问的补充。

王弼以老、庄学说解释儒家经典《周易》，并赋以新义，故陈澧认为"辅嗣（王弼字辅嗣）谈老、庄，而以圣人加于老、庄之上。然其所言圣人体无，则仍是老、庄之学也"②。在儒家思想仍占统治地位的社会，王弼等倡导自然论者以老释儒，其说更易于为人们所接受。

何晏《无名论》曰："夫道者惟无所有者也。"③其论与王弼同。

万物之始本属哲学上探讨事物本源的设定，是玄学中的一个主题，若推论到人才的鉴识，主万物始于无者便认为无是人的本性，没有厚薄尊卑之分，也无阴阳成分的差别。有是人的才能，后天所得，因人而异，乃才性异或才性离的理论所归。万物始于无也否定血缘的继承性，从而否定以簿状定选举的倾向，与才性同、才性合之论唱反调。此后，有无之争衍生为"四本论"的讨论。曹党与司马党在"四本论"的主张分野，其中包含着两个政治集团的斗争，陈寅恪先生已有精辟的论述④。

东汉经学昌盛，乃有守文之徒莫不研究微言，讲求古义，章句多者或乃百余万言，浮辞繁长，多过其实，世所诟病。正始年间，何晏、王弼倡导的以老、庄立说，崇尚自然，言谈高妙之清谈被称为玄学，成社会一股新风，士大夫多仰慕，流风波荡，不可防制，遂成为社会文化的主流。

崇尚自然也被用以抨击儒家礼教，乃曹党与司马党在政治上的正面冲突。玄学领袖"竹林七贤"之一的嵇康作《难自然好学论》云：

> 六经以抑引为主，人性以从欲为欢。抑引则违其愿，从欲则得自然。然则自然之得，不由抑引之六经；全性之本，不须犯情之礼律。故仁义务于理伪，非养真之要术；廉让生于争夺，非自然之所出也。⑤

嵇康认为儒家经典的六经，抑制人的本性，违反自然，用违背情欲的礼律对人性加以规范。仁义是为治理虚伪，非修养本性的手段；廉让由于有争夺才产生，亦非自然所出。"竹林七贤"之一的阮籍甚至说："礼岂为我辈设耶？"⑥又比喻惟法是修、惟礼是克的所谓君子，同于藉裈掩护之虱⑦。性顺从自然，便不受儒家礼法拘束。嵇康说：

---

① 参《周易正义》卷7《十三经注疏》本，北京：中华书局影印世界书局阮刻本，1987年，第60页上。
② 参余嘉锡：《世说新语笺疏》上卷下"文学"引《东塾读书记》，第199页。
③ 《列子》卷4《仲尼第四》，张湛注引何晏《无名论》，上海：上海古籍出版社影印，1989年，第28页上。
④ 参《书世说新语文学类钟会撰四本论始毕条后》，收载《金明馆丛稿初编》，上海：上海古籍出版社，1980年。
⑤ 《嵇中散集》卷7《难自然好学论》，四部丛刊初编本。
⑥ 《太平御览》卷489"别离"引《世说》，第2239页上。
⑦ 《晋书》卷49《阮籍传》引《大人先生传》，第1362页。

"又每非汤、武而薄周、孔,在人间不止此事,会显世教所不容。"李周翰注曰:"汤与武王以臣代君,故非之;周公、孔子立礼,使人浇竞,故薄之。言非薄不止,则必会明于世,则为礼教之人不容我也。"①汤、武以臣伐君,故非难之,乃暗指司马氏篡夺曹魏之权;而周公、孔子立礼,使人追求名利,故鄙薄之。所言矛头直指司马党及大族所倡导的儒家礼教,其政治倾向明显。

魏晋名士以道家之自然,否定儒家之名教,言谈超俗,行为放荡,而内心却另有主张,请看阮籍之例。阮籍才学非凡,却沉溺于酒。继承司马懿权力的司马昭为其子求婚于籍,籍醉六十日,不得言而止②。是阮籍借酒醉拒同司马昭结亲。《世说新语》云:"阮籍遭母丧,在晋文王(司马昭)坐进酒肉。司隶何曾亦在坐,曰:'明公方以孝治天下,而阮籍以重丧,显于公座饮酒食肉,宜流之海外,以正风教。'"③母丧而饮酒食肉,儒家礼法大忌,卫道者何曾以为不孝,宜流放蛮夷之地,以纯正风俗教化。关于阮籍于母丧时的表现,《晋书》说:"(阮籍)母终,正与人围棋,对者求止,籍留与决赌。既而饮酒二斗,举声一号,吐血数升。及将葬,食一蒸肫,饮二斗酒,然后临诀,直言穷矣,举声一号,因又吐血数升。毁瘠骨立,殆致灭性。"④阮籍闻母丧,竟与人赌围棋不止,居丧期间,饮酒食肉,乃示人不遵传统礼法,而伤情吐血,乃孝心所致。故《魏氏春秋》曰:"籍性至孝,居丧虽不率常礼,而毁几灭性。然为文俗之士何曾等深所仇疾。"⑤已析其居母丧时虽违背常礼,但其性实孝的两面性。

嵇康《家诫》全篇教导儿子遵守礼法,如说"临朝让官,临义让生,若孔文举求代兄死,此忠臣烈士之节",以大族孔融的德行为例示范。"若会酒坐,见人争语,其形势似欲转盛,便当亟舍去之,此将斗之兆也","强劝人酒,不饮自已,若人来劝已,辄当为持之,勿消勿逆也。见醉熏熏便止,慎不当至困醉不能自裁也"⑥,教子谨小慎微如同儒学正人君子。

愤世嫉俗之人,竟然于母丧时心伤至吐血,还留下了一篇《朱子治家格言》式的家训。出现如此矛盾现象,一方面是曹党名士以自然立说,批判名教抑制人性,意图从文化层面上以高雅超俗之言行取胜司马党奉行的礼教德行;一方面因仁义道德已深入社会,奉为行为的准则,俗化仍难脱离。基于此,在某些情况下,名士的言行于自然、名教之间相逾越,便可理解。

四、自然与名教的认同

正始十年(249),司马懿诛曹爽,连及何晏、邓飏、曹羲,于是司马氏权倾朝野。是年王弼病故,其后,夏侯玄(254)、嵇康(262)相继被杀。山涛窥悉司马懿有

---

① 《六臣注文选》卷43嵇康《与山巨源绝交书》,杭州:浙江古籍出版社,1999年,第784页上。
② 《晋书》卷49《阮籍传》,第1360页。
③ 余嘉锡:《世说新语笺疏》卷下之上《任诞》,第728页。
④ 《晋书》卷49《阮籍传》,第1361页。
⑤ 余嘉锡:《世说新语笺疏》卷下之上《任诞》注引《魏氏春秋》,第728页。
⑥ 《嵇中散集》卷10《家诫》。

政变阴谋，初隐身不交世务，后竟投向司马政权，位至吏部尚书、司徒，名士孙绰讥之为"吏非吏，隐非隐"①。阮籍以佯狂作掩饰，苟存性命。正始名士凋零，形势大变，清谈的论理亦因之而有新的诠释，昔日标榜反礼教的行为又为高门大族所仿效。

王戎（一说王衍）曾提问曰："圣人贵名教，老庄明自然，其旨同异？"（阮）瞻曰："将无同。"戎对其回答赞叹不已②。正始玄谈以自然反名教，阮籍家族的阮瞻却以婉转的言辞说名教与自然旨义相同，竟得到了清谈家的赏识。

"嵇康被诛后，山公（涛）举康子绍为秘书丞。绍咨公出处，公曰：'为君思之久矣！天地四时，犹有消息，而况人乎？'"③司马昭杀嵇康，事隔二十年，原属"竹林七贤"的山涛，选康子嵇绍出仕晋朝，绍犹疑问山涛为之申解，称天地间春夏秋冬此消彼长，乃自然之次序，人事消长也如此。意为彼时司马昭杀绍父，此时绍出仕晋朝，不违背自然之次序。于是自然规律与名教礼律，可以类合于一体。后嵇绍位居侍中，晋王室争权，绍竟于战乱中为护惠帝而死。

琅邪王氏、陈郡谢氏属固守儒家礼法的大族最高门第，而史书说：王戎母丧，"性至孝，不拘礼制，饮酒食肉，或观奕棋，而容貌毁悴，杖然后起"④，其行为与阮籍无别。王戎从弟王衍虽居宰辅之位，"终日清谈"，"口不论世事，唯雅咏玄虚而已"⑤。另一从弟王澄，与"胡毋辅之等皆亦任放为达，或至裸体者"⑥。陈郡谢鲲，其"父衡，以儒素显，仕至国子祭酒"，而鲲好《老》《易》，每与光逸、胡毋辅之、毕卓等八人裸袒酣饮⑦。矜高浮诞遂成风俗，以至贵游子弟多慕王澄、谢鲲为达⑧。高门大族言行放荡，名教、自然不再是大族、庶族文化的区别矣。

事情的另一面却是昔日名士劝子弟收敛放诞行为。阮籍子"阮浑长成，风气韵度似父，亦欲作达。步兵（阮籍）曰：'仲容（籍侄阮咸）已预之，卿不得复尔！'"⑨昔日高言"礼岂为我辈设"的阮籍，而今却告喻其子不宜作达。

元康中（292—299）"王平子（澄）、胡毋彦国诸人，皆以任放为达，或有裸体者。乐广笑曰：'名教中自有乐地，何为乃尔也。'"⑩正始玄谈名士乐广亦改辕易辙，劝说放达之士回归名教。

可见此时已失去魏末庶族与大族对抗的政治背景，放达之行为及主自然之清谈，不再是不同政治集团意识形态的表征。然而浮诞之风已成俗，其消极面甚至泛滥于统治阶层，遂成社会弊病。

---

① 《晋书》卷56《孙楚传附绰传》，第1544页。
② 《晋书》卷49《阮籍传附瞻传》，第1363页。
③ 余嘉锡：《世说新语笺疏》卷上之下《政事》，第171页。
④ 《晋书》卷43《王戎传》，第1233页。
⑤ 《晋书》卷43《王戎传附衍传》，第1236页。
⑥ 《晋书》卷43《乐广传》，第1245页。
⑦ 参《晋书》卷49《谢鲲传》，第1378、1385页。
⑧ 参《晋书》卷70《卞壶传》，第1871页。
⑨ 余嘉锡：《世说新语笺疏》卷下之上《任诞》，第735页。
⑩ 余嘉锡：《世说新语笺疏》卷上之上《德行》，第24页。

五、晋朝浮诞之风的流弊及对策

干宝评论西晋年间的社会风气："风俗淫僻，耻尚失所。学者以老、庄为宗而黜六经，谈者以虚薄为辩而贱名检，行身者以放浊为通而狭节信，进仕者以苟得为贵而鄙居正，当官者以望空为高而笑勤恪。"①指出言谈虚无、行为放诞、不涉世务已是晋朝社会弊病重点所在。

浮诞之风弥散于社会，引起晋朝统治者的忧虑。泰始元年（265）散骑常侍傅玄以魏末士风颓敝，向晋武帝上疏略曰：

> 臣闻先王之临天下也……道化隆于上，清议行于下……近者魏武好法术，而天下贵刑名；魏文慕通达，而天下贱守节。其后纲维不摄，而虚无放诞之论盈于朝野，使天下无复清议，而亡秦之病复发于今。②

社会上不遵礼教，放诞之玄谈流行于朝野，傅玄认为这是由于没有以儒家礼法约束人的行为的清议所造成的。

咸宁年间（275—279），尚书令卫瓘上疏言九品官人法之弊：

> 魏氏承颠覆之运，起丧乱之后，人士流移，考详无地，故立九品之制，粗且为一时选用之本耳。其始造也，乡邑清议，不拘爵位，褒贬所加，足为劝励，犹有乡论余风。中间渐染，遂计资定品，使天下观望，唯以居位为贵，人弃德而忽道业，争多少于锥刀之末，伤损风俗，其弊不细。③

卫瓘认为曹魏九品官人法施行之时，犹采纳乡邑清议，德行仍是选举的重点，其后演变为"计资定品"，资指门第声望，品指官阶等级，品之高下，因其家势而定，而使人舍弃道德，忽视道业，伤损风俗。论的是九品官人法离弃乡邑清议以资定品之弊，忧的是虚无放诞之风盈于朝野，伤损风俗。

裴頠深患时俗放荡，不尊儒术，高名之士口谈浮虚，不遵礼法，尸禄耽宠，为官不理事，至王衍之流，声誉太盛，位高势重，却不管事务，遂相仿效，风教陵迟。玄学崇尚自然，立论以无为万物之本，乃著崇有之论以释其蔽，说："悠悠之徒……建贱有之论。贱有则必外形，外形则必遗制，遗制则必忽防，忽防则必忘礼。礼制弗存，则无以为政矣。"指庸俗之徒建贱有之论，贱有则必形于外，放浪形骸，因此必忘礼，礼制不存，则政事无以施行。又说："夫至无者无以能生，故始生者自生也。自生而必体有，则有遗而生亏矣。"④认为无之极不能产生物，物必自生，自生需有为本体，失有则物

---

① 《六臣注文选》卷49《晋纪总论》，第913页下。并参《晋书》卷91《儒林传序》，第2346页。
② 《晋书》卷47《傅玄传》，第1317—1318页。
③ 《晋书》卷36《卫瓘传》，第1058页。
④ 参《晋书》卷35《裴秀传附子頠传》，第1044—1046页。

不存在。从理论上批驳万物始于无之说。

袁宏撰《后汉纪》，其序云："夫史传之兴，所以通古今而笃名教也。"①表明作《后汉纪》的主旨是宣扬名教，冀能以史为鉴，转移不遵礼教的风气。

裴頠曾言："虚无奚益于已有之群生哉。"司马光指出虚无放诞的言行，已悖吉凶之礼，积重难返，亦只能叹曰："然习俗已成，（裴）頠论亦不能救也。"②袁宏宣扬名教，亦难转移社会风气。

《通典》云："于时虽风教颓失而无典制，然时有清议，尚能劝俗。"指出当时道德沦丧却无惩治的法律，只有清议。杜佑举出两例：陈寿居丧，使女奴丸药，积年沉废；郤诜笃孝，以假葬违常，降品一等③。所举由乡党贬议的两例，是对违反礼制的清议，已不同于东汉时的人物评议。

葛洪说："造器械以戒不虞，创书契以治百官，制礼律以肃风教，皆大明之所为，非偏人之所能辩也。"④认为须仿效先贤制礼律，以整肃风俗教化。李充说："先王以道德之不行，故以仁义化之；行仁义之不笃，故以礼律检之。"⑤认为道德缺乏管督，需以礼律约束。为使清议审定有据，晋朝廷制订礼律。

礼教著之于律，非只道德上之定位，更可循法治罪，礼律因而受重视。太始三年（267），晋武帝令贾充等修律令，及成，四年正月，大赦天下，乃颁新律。其中礼律条文或已制定。请看下例：

> 司空贾充与河南尹庾纯不和，贾充与朝士宴饮，纯行酒，充不时饮，纯曰："长者为寿，何敢尔乎！"充曰："父老不归供养，将何言也。"庾纯又指斥贾充曾指使下属刺杀魏帝高贵乡公，曰："天下凶凶由尔一人。"

庾纯被责不弃官归家供养老父，违反礼教，于是使据礼典正其臧否，参与者有太傅、太尉、骠骑将军、司空、司徒、司徒西曹掾，都是朝廷重臣，已非乡邑评议由中正区别人物矣。骠骑将军齐王攸议曰："凡断正臧否，宜先稽之礼律。八十者，一子不从政，九十者，其家不从政。新令亦如之。按纯父年八十一，兄弟六人，三人在家，不废侍养。纯不求供养，其于礼律未有违也。"⑥断定是否违反礼教，先查核礼律，贾、庾之争发生于泰始八年（272），时晋律已修成，"年八十，一子不从政"，"年九十，乃听悉归"，应俱是礼律条文，齐王攸等认为庾纯并未违反礼律，与指斥刺杀魏帝"骂辱宰相"触犯刑法性质不同，不属礼律惩处的范围，又可知此时清议已失去东汉人物品评即清谈的本义，转变为对违反礼法，特别是违反孝行、丧礼的审定，且有典制可循。

正始名士的放达虽失去挑战礼教的政治作用，仍被视为超脱时俗，甚至被视为

---

① 《后汉纪·序》，四部丛刊初编本。
② 参《资治通鉴》卷82，元康七年条，北京：中华书局，1987年，第2621页。
③ 《通典》卷14《选举二·历代制中》，第78页上。
④ 杨明照：《抱朴子外篇校笺》卷37《仁明》，北京：中华书局，1991年，第223页。
⑤ 《晋书》卷92《李充传》，第2389页。
⑥ 参《晋书》卷50《庾纯传》，第1397—1399页，《资治通鉴》卷79，第2525—2526页。

清高。

王澄为荆州刺史，"既至镇，日夜纵酒，不亲庶事，虽寇戎急务，亦不以在怀"①。"（乐）广与王衍俱宅心事外，名重于时。故天下言风流者，谓王、乐为称首焉。"②王衍，乐广居于高位，犹沉浸于清谈之中，乃至不涉世事。高层官吏如此，晋朝政事腐败亦可见。永嘉五年（311），石勒俘杀王衍，衍将死，顾而言曰："向若不祖尚浮虚，戮力以匡天下，犹可不至今日。"③说出了崇尚浮虚的清谈，荒废了政事，致国亡身死的反省。

清谈虽玄理高深，却无补于现实世务，论者多以此为西晋灭亡的原因。《晋书·儒林传序》曰：

> 有晋始自中朝，迄于江左，莫不崇饰华竞，祖述虚玄，摈阙里之典经，习正始之余论，指礼法为流俗，目纵诞以清高，遂使宪章弛废，名教颓毁，五胡乘间而竞逐，二京继踵以沦胥，运极道消，可为长叹息者矣。④

检讨永嘉年间，五胡入主中原，晋室被迫南渡，其祸源于沿袭正始玄风，不尊礼法，道德沦亡。顾炎武甚至说众多而有碍仁义的清谈为亡天下，盖道德沦亡其祸甚于改朝换代⑤。

六、东晋清谈的主题及延续

东晋南渡名士的玄谈，继承名理的探讨，核心之一是才性论。名重当时的阮裕，"虽不博学，论难甚精。尝问谢万云：'未见《四本论》，君试为言之。'万叙说既毕，裕以傅嘏为长，于是构辞数百言，精义入微，闻者皆嗟味之"⑥。才性同异合离的四本论，乃论才性关系的理论前沿，傅嘏擅长论才性同异，阮裕受其启发而构辞数百言，当是关于才性论的阐发。"殷中军虽思虑通长，然于《才性》偏精，忽言及《四本》，便苦汤池铁城，无可攻之势。"⑦"殷仲堪精核玄论，人谓莫不研究，殷乃叹曰：使我解四本，谈不翅尔。"⑧殷浩、殷仲堪，皆东晋玄学高手，且擅长论才性，对创新四本论的理论却感到难以入手，可见才性四本论仍是清谈的高峰。

支遁与善言玄理的谢朗曾有深入的讲论⑨，史称："沙门支遁以清谈著名于时，风流胜贵，莫不崇敬，以为造微之功，足参诸正始。"⑩说支遁清谈的功力，其精深可与

---

① 《晋书》卷43《王戎传附澄传》，第1240页。
② 《晋书》卷43《乐广传》，第1244页。
③ 《晋书》卷43《王戎传附澄传》，第1238页。
④ 《晋书》卷91《儒林传序》，第2346页。
⑤ 参《日知录》卷13"正始"条，四部备要本。
⑥ 《晋书》卷49《阮籍传附裕传》，第1368页。
⑦ 余嘉锡：《世说新语笺疏》卷上之下《文学》，第222页。
⑧ 余嘉锡：《世说新语笺疏》卷上之下《文学》，第240页。
⑨ 《晋书》卷79《谢安传附朗传》，第2087页。
⑩ 《晋书》卷67《郗鉴传附超传》，第1805页。

正始名士相比。康僧渊"每值名宾，辄清谈尽日"。初未知名，"遇陈郡殷浩，浩始问佛经深远之理，却辩俗书性情之义，自昼至曛，浩不能屈，由是改观"①。上引《人物论》云："情性之理，甚微而玄"，渊以佛经之理辩俗书性情之义，是以佛学辨识才性。释法畅有才思，善谈论，著《人物始义论》②。支僧敦通大乘，兼善数论，亦著《人物始义论》行于世③。可知此时佛教徒也卷入东晋社会上层的清谈，支遁等以佛学注入玄谈，使玄学添增新的因素，亦证东晋高僧的清谈，也涉及才性的原理，但不知其所据的义理内容。

《世说新语》曰："旧云王丞相过江左，止道声无哀乐、养生、言尽意三理而已，然宛转关生，无所不入。"④此三理现存的著作寥寥无几。嵇康有《声无哀乐论》，其中云："夫天地合德，万物贵生；寒暑代往，五行以成。故章为五色，发为五音。音声之作，其犹臭味在于天地之间，其善与不善，虽遭遇浊乱，其体自若而不变也。"辩论天地融合而生万物，音声亦出于其中，声的本体不变，人的哀乐感受与之无关，属辨识事物本源的议题。又著《养生论》，以为神仙禀之自然，非积学所得至，长生之道须"清虚静泰，少私寡欲，知名位之伤德，故忽而不营"⑤。属名教抑人性，妨碍自然的论述。晋欧阳建著《言尽意论》。孔子曰："言不尽意"，说圣人之意思虑宏达，言必不能尽其圣人之意。据称钟会、傅嘏之言才性，亦引言不尽意为谈证。欧阳建辩称："言之于理，无为者也"，盖"言因理而变"，则"相与为二，苟其不二，则无不尽，吾故以为尽矣"⑥。说阐释事理因对象不同而变。理是客观存在的，但非用言不能表达，表达则须立各种名称，比如道德，使人各得其所，便有仁义礼智信等名，其名可以言之无尽。理本来就没有定名，理与言是两回事，言表达一种理，不存在无不尽，故言尽意。属形名学的理论。其说与王弼所谓万物始于无，有形始有名之说相通。丞相王导只谈三理，且将三理运用于其他议题，无所不入，可知声无哀乐、养生、言尽意之论流行于当时玄学。

当时名士以清谈为交际手段，谢安年少时与风流宗主王濛初次谋面，便作长久清谈，成长之后，习好不改。王羲之曾劝谏，曰："今四郊多垒，宜思自效，而虚谈废务，浮文妨要，恐非当今所宜。"谢安曰："秦任商鞅，二世而亡，岂清言致患邪？"⑦时苻秦与东晋对峙，王羲之劝时位居尚书仆射的谢安不宜作浮虚的玄谈，妨碍要务，应致力于政事。谢安不以为然，盖清谈已成清高的象征，谢安不欲改变。

其后，清谈之风不断。

何尚之素好谈玄，元嘉十三年（436）为丹阳尹，仍置馆以玄学聚生徒，曾官南朝

---

① 汤用彤校注：《高僧传》卷4《康僧渊传》，北京：中华书局，1992年，第151页。
② 汤用彤校注：《高僧传》卷4《康僧渊传》，北京：中华书局，1992年，第151页。
③ 汤用彤校注：《高僧传》卷5《竺僧朗传附支僧敦传》，第191页。
④ 余嘉锡：《世说新语笺疏》卷上之下《文学》，第211页。
⑤ 参《嵇中散集》卷5、3。
⑥ 参《艺文类聚》卷19《言语》引欧阳建《言尽意论》，其中有说"钟、傅之言才性，莫不引此（指言不尽意）为谈证"。上海：上海古籍出版社，1982年，第348页。
⑦ 以上参《晋书》卷79《谢安传》，第2072、2074页。

宋中书令的王球称何尚之"西河之风不坠",即指此事。而何尚之又称王球"正始之风尚在"①,则琅邪名门的王球亦清谈名士也。

同出身琅邪大族的王僧虔,南齐时官至侍中,在诫子书中陈述研读玄学的经历,称:"专一书,转诵数十家注。自少至老,手不释卷,尚未敢轻言",并借东方朔语"谈何容易"慨叹谈玄之不易。然后教训其子,曰:"汝开老子('老子',梁玉绳认为应作'《老》《易》',是)卷头五尺许,未知辅嗣何所道,平叔何所说,马、郑何所异,《(老子)指例》何所明,而便盛于麈尾,自呼谈士,此最险事。"指他未熟悉玄学的要理而自诩为谈士,是最险事。又说:"才性四本,声无哀乐,皆言家口实,如客至之有设也,汝皆未经拂耳瞥目。"②责备其子对谈论者经常议论、士大夫社交必备知识的才性四本等主要玄论不闻不学。

梁左户尚书周弘正,十岁通《老子》《周易》。善清谈,夏日放达,着犊鼻裈,衣朱衣,梁末为玄宗之冠。梁元帝在所著《金楼子》中,称"其于义理清转无穷,亦一时之名士也"③。

上例能反映清谈不但在东晋上层社会流行,且延续至南朝仍是士大夫清高的象征。

结　语

东汉大族统治,选举由征辟、察举,其主要依据为以儒家道德标准评议人物的清谈或清议。清谈本有向善规过的作用,却被结党宣扬而流于浮华,且由大族操纵。针对其弊,出现庶族以"唯才是举"的主张。其后人物评议关于才性原理的探讨,被称为玄学,所依据的儒家笃名教与道家尚自然学说不同,亦是大族司马党与庶族曹党不同文化的表征。魏末司马党居统治地位,攻击名教渐失去政治竞争的意义,乃有自然与名教合流之趋向,而玄学清谈仍保留为名士风度,且浸染至社会上流。此后清谈进入抽象的议论,脱离现实,甚至以不涉世务为炫耀,误国误民,可为殷鉴。

原载《中山大学学报(社会科学版)》2015年第5期

---

① 参《南史》卷30《何尚之传》,北京:中华书局点校本,第782页。
② 摘自《南齐书》卷33《王僧虔传》诫子书,北京:中华书局点校本,第598页。
③ 《南史》卷34《周朗传附弘正传》,第899页。

第二辑

中国近代史

鸦片战争前后中国人面对西方双重挑战的回应

陈胜粦

一、引论

发生在1840—1842年的中英鸦片战争,无论在中国历史上,还是在世界历史上,都是一个重大的历史转折点。

对于鸦片战争的历史影响,中国史学界同仁,有一个大体相同的认识:基于鸦片战争打断了中国从封建社会向资本主义社会正常发展的历史进程,使中国从社会性质到阶级关系、革命任务、社会思潮,都发生了前所未有的变化,古老的中国,开始进入了她的"近代"——半殖民地半封建时代,也是中国人民开展反帝反封建斗争的民主主义革命时代。于是,鸦片战争被视为"中国近代"历史的开端。

这是数十年来,我们对以鸦片战争为开端的中国近代"国情"的基本认识。经过中国革命实践检验,证明这种基本认识,是正确观察中国命运、解决中国前途的科学认识。至今还没有任何理由足以动摇我们这种基本认识。

然而,实践同样证明:人们的认识总是会受到许多社会条件的局限,而变革客观现实的实践则还在不断地向前发展;实践的成功与失误又总是在引导人们检讨和加深原有的认识,现实与未来的挑战还将不断地推动人们重新审视过去。因此,对以鸦片战争为开端的中国近代"国情"的基本认识,亦仍有待于深化和丰满。

如果说,上述基本认识,着重把鸦片战争放到中国历史发展的长河中去考察,科学地阐明了"中国的近代"以此为开端的话;那么,深化和丰满上述基本认识,则要求我们进一步把鸦片战争放到近代世界的时空范围内,放到当时"世界整体的联系中"加以考察,以便继续开拓我们的视野,了解鸦片战争时期的"世情",以及"近代世界"对中国的影响,探讨封闭的中世纪的中国,究竟是怎样走向世界、走向近代的?究竟是怎样与"近代世界"建立联系,成为"近代世界的中国"的?

二、时代特征

马克思、恩格斯把人类历史上的"近代",定性为"资产阶级时代",精辟地揭示了这个时代的一个重要特征:"不断扩大产品销路的需要,驱使资产阶级奔走于全球各地。它必须到处落户,到处创业,到处建立联系。""资产阶级,由于开拓了世界市场,使一切国家的生产和消费都成为世界性的了。……把一切民族甚至最野蛮的民族都卷到文明中来了。……正象它使乡村从属于城市一样,它使未开化和半开化的国家从属于文明的国家，使农民的民族从属于资产阶级的民族，使东方从属于西方。"①强调马克思、恩格斯以上重要论断的意义在于：

一是有助于我们理解从近代世界的时空范围内去考察近代中国问题的必要性。

二是有助于我们认识，"半殖民地半封建"性质的、特殊的近代中国社会形态，就是在西方资产阶级力图"使东方从属于西方"的历史进程中形成的、古老的中国被迫卷入并从属于世界资本主义体系的近代东方社会形态之一②。

三是有助于我们从当时世界整体的联系中看到，鸦片战争正是西方资产阶级强迫"东方从属于西方"的重要一环、强迫东方最大的中国变成西方资本主义大国的附庸的起点；同时，也成为中国人民为改变"从属于西方"的命运而奋起斗争的开端，特别是成为中国的先进分子睁开眼睛了解世界和迈开步伐走向世界、去追求中国近代化的开端。

从近代世界的时空范围内，东西方关系格局的变化去考察，毫无疑义，代表东西方两个世界的两大帝国——大清帝国和大英帝国的这场冲突，是当年在世界上号称"海上霸王"的英国殖民者发动的一场图谋征服与掠夺中国的野蛮的殖民战争；同时也反映了当时地球上两种不同的社会制度——腐败的、代表中世纪文明的、经济技术落后的东方封建主义制度，与新兴的、代表近代文明的、拥有先进经济技术的西方资本主义制度之间的一场特殊形式的碰撞。必须首先指出，殖民主义的本质在于侵略和掠夺。"资本主义如果不经常扩大其统治范围，如果不开发新的地方并把非资本主义的古老国家卷入世界经济漩涡之中，它就不能存在和发展。"③这是鸦片战争时期造成国际间两种不同社会制度碰撞的实质与根源。不过，我们也应从中看到，在资本主义战胜并取代封建主义的近代世界范围内，资本主义又处处显示出其优越于封建主义的先进性。因此，这场冲突，对于中国人民来说，既是促使中国开始向半殖民地半封建化的深渊沉沦的悲剧；又成为促使中国人民，特别是中国的先进分子去追求进步，迎接中国走向一个新的起点的一次挑战——接受"侵略的西方"和"先进的西方"同时到来的双重挑战。

三、双重挑战

近代的西方，带有双重性。

从15世纪末地理大发现到鸦片战争前三四百年间，西方经历了从资本原始积累到资本主义迅速发展的进程。

"资产阶级在历史上曾经起过非常革命的作用。"④在其向上发展的每一阶段，都有过相应的政治上的成就。它打破了不再适应生产力继续发展的封建所有制关系，成功地建立了资产阶级的经济统治和政治统治，创造了人类有史以来前所未有的近代文明。

1640年开始的英国资产阶级革命，1775—1783年的美国独立战争和1789—1794年的

---

① 《马克思恩格斯选集》，上海：上海人民出版社，1972年，第1卷，第251、254—255页。
② 参阅拙稿：《关于近代中国社会形态的重新认识问题》，《学术研究》（广东），1989年第2期。
③ 《列宁全集》，北京：人民出版社，第3卷，第545页。
④ 《马克思恩格斯选集》，上海：上海人民出版社，1972年，第1卷，第253页。

法国大革命的胜利，代表了资本主义在西方战胜并取代封建主义的趋势。资产阶级先后在英、美、法等国取得政权，建立了君主立宪制或共和制的资产阶级民主政体，为经济上资本主义生产的发展扫清了道路。

18世纪后半期，英国最早发生了工业革命。半个多世纪以后，英、法、美等主要资本主义国家，以蒸汽机为动力的、机器装备的大工业代替了工场手工业。机器工业的发展，又推动了冶金和采矿业的发展，促进了交通运输业的革新，出现了轮船、火车等先进的交通工具。"资产阶级在它的不到一百年的阶级统治中所创造的生产力，比过去一切世代创造的全部生产力还要多，还要大。"①

在思想文化领域，欧洲启蒙思想家提出的"天赋人权"和"自由、平等、博爱"理论，以及"主权在民""三权分立"等资产阶级政治学说，从不同的角度和层次，向封建专制和宗教迷信发起的猛烈冲击，同样显示了处于上升时期的资本主义充满活力。

这一切都表明，随着资本主义在西方兴起和发展，对于当时的东方来说，西方，是一个生气勃勃的"先进的西方"。

然而，资本主义却"代表着一种掠夺制度"，它在"新时代的商业民族中的发展，是和暴力掠夺、海盗行为、绑架奴隶、征服殖民地直接结合在一起的。"②西方资产阶级不仅残酷剥削压迫本国劳动人民，而且疯狂掠夺海外殖民地，在不断追求高额利润的目标驱使下，为拓展倾销产品的市场、掠夺原料产地和劳动力，到处侵略，到处扩张。特别是随着周期性的资本主义经济危机的出现，它们不得不加紧夺取新的市场，彻底利用旧的市场，更加猖獗地利用近代文明所创制的"坚船利炮"等杀人武器，不断地向东方伸展其殖民势力。为"使东方从属于西方"，不择手段，乃至发动战争。

地大物博的中国，早就成为西方殖民者图谋征服的重大目标。从16世纪起到鸦片战争前，先是葡萄牙、西班牙、荷兰，接着是英国、法国和美国，接踵东来。最早到达中国的葡萄牙殖民者，一开始就以"占据屯门海澳，时肆剽掠"，甚至"设立营寨，大造火铳为攻战具，占据海岛，杀人抢船，势甚猖獗"③的面貌出现于中国；这种海盗行径，连他们自己也承认激起了中国人的"仇恨和憎恶"④。同样，荷兰殖民者也供认："我们对中国人的行为，委实非常残忍凶恶"，"使全中国对我们如此其深恶痛绝，以致把我们看成是杀人犯、山贼和海盗"。⑤英国殖民者也毫不逊色，以炮轰虎门、占据炮台、焚官署、截商艇的海盗行径开创中英关系，长期蓄谋冲开中国大门。在他们看来，"开放"中国这个"目标是太重要了"，必须"采取各式各样的办法来扫除妨害达到目标的障碍"，因而早就宣扬"中英之间迟早会有一场战争"⑥；他们企图通过发动

---

① 《马克思恩格斯选集》，上海：上海人民出版社，1972年，第1卷，第256页。
② 《马克思恩格斯全集》，北京：人民出版社，第25卷，第370页。
③ 靳文谟：《新安县志》（康熙二十七年版），卷一，第1页；卷十一，第6页；卷十二，第20、21页。
④ 转引：严中平《科学研究方法十讲》，北京：人民出版社，1986年，第188页。
⑤ 转引：严中平《科学研究方法十讲》，北京：人民出版社，1986年，第188页。
⑥ 严中平：《英国资产阶级纺织利益集团与两次鸦片战争史料》，见：列岛《鸦片战争史论文专集》，北京：三联书店，1958年，第34、38页。

一场战争，强迫中国政府签订一个"在刺刀尖下，依照我们的命令写下来"的不平等条约，"为我们的贸易争取新的特权和开辟新的市场"，以体现他们"在地球上其他的地区都兴旺地向前推进，在中国却被压制住了"的所谓"英国人的进取精神"①。甚至狂呼："继续前进，征服中国，建立又一个印度帝国！"②

这一切又表明，随着西方殖民主义势力不断向东方扩张，向中国伸展，对当时的东方来说，对当时的中国来说，西方，首先是一个张牙舞爪的"侵略的西方"。

正是这样一个侵略性与先进性兼而有之的双重性的西方，决定了中国乃至整个东方当时所面临的挑战，具有双重性质。鸦片战争前后中国人面临的挑战，就是需要同时回答如何对待"侵略的西方"和如何对待"先进的西方"这两个问题的双重挑战。以当年中国人在与西方殖民者接触过程中感受最早、最普遍和最强烈的船炮为例，葡萄牙殖民者留给中国人的第一印象就是："驾大舶突至广州澳口、铳声如雷"，"恃火铳自固"③。胡宗宪、顾炎武、俞大猷等都以"蓦有大海船"出现、"大炮迅烈、震骇远近"描述葡人之来，并谓其"惟鸟铳颇精，大铳颇雄"④。至于英国，给中国人的印象更为深刻。鸦片战争前，萧令裕在《英吉利记》（1832年）中就说："英吉利恃其船炮，渐横海上，识者每以为忧"；其"所制钟表仪器，中土所重，而船炮尤至精利。"⑤林则徐在鸦片战争时期亦奏称：英国"船坚炮利，……是其长技"；其兵船大者"有炮三层，约七八十门"，"船旁船底皆整株番木所为，且全为铜包，虽炮击亦不能遽透。"中国水师船只与"夷船"相比，各方面"皆属悬殊"⑥，又云："彼之大炮，远及十里内外，若我炮不能及彼，彼炮先已及我，是器不良也；彼之放炮，如内地之放排枪，连声不断，我放一炮后，须辗转多时，再放一炮，是技不熟也。"⑦在鸦片战争中，"先进的西方"以"坚船利炮"显其能，"侵略的西方"亦以"坚船利炮"逞其威。"坚船利炮"成为集西方之先进性与侵略性于一身的怪物，既生气勃勃，又张牙舞爪，跑到中国来了！这就成了鸦片战争时期的中国人不能不正视的"世情"和"国情"。

四、三种回应

（一）闭关主义——导致误国的回应

其实，来自西方的双重挑战，早已出现在中国人面前。可是，直到鸦片战争时期，在中国出现的第一种回应——来自顽固守旧势力的回应，却一直占居统治地位。

---

① 《中国丛报》，第4卷第10期（1836年2月），见：广东省文史研究馆：《鸦片战争史料选译》，北京：中华书局，1983年，第42、48页。
② 《格列维日记》（1842年1月8日），转引：蒋孟引《第二次鸦片战争》，北京：三联书店，1965年，第275页。
③ 张燮：《东西洋考》卷五《东洋列国考·吕宋》，第5页。
④ 胡宗宪：《筹海图编》，卷十三，第34页；顾炎武：《天下郡国利病书》，卷一二〇，第13页；俞大猷：《正气堂集》，卷十五，第41页。
⑤ 中国史学会主编：《鸦片战争（资料）》第1册.上海：神州国光社，1954年，第21—22页。
⑥ 陈锡祺等编：《林则徐集·奏稿》，北京：中华书局，1965年，第676、701、837、865页。
⑦ 林则徐：《致姚春木、王冬寿书》（道光二十二年八月上浣于兰州）。

他们顽固地奉行以闭关锁国的传统政策和闭目塞听的思想路线为特征的闭关主义，坐井观天，夜郎自大，以"天朝上国"自居，夸口"大皇帝君临万国，恩被四表，无论内地外夷，均系大皇帝百姓"①；却从不愿对"万国"与"四表"稍加了解，还设法堵塞可能沟通中外交往的各种渠道，"竭力以天朝尽善尽美的幻想来欺骗自己"②。

从乾隆皇帝自夸"天朝物产丰盈，无所不有，原不籍外夷货物以通有无"③，到嘉庆皇帝把西方创制的"奇巧之物"一概视为"饥不可食，寒不可衣"的奢侈品，宣布要"实力禁绝"④；推而广之，"苟有议缮夷书、刺夷事者，则必曰多事。嘉庆间，广东有将汉字夷字对音刊成一书者，甚便于华人之译字，而粤吏禁之"⑤。顽固守旧势力的典型代表管同，在《禁用洋货议》中，宣称"凡洋货之至中国者，皆所谓奇巧而无用者也"；"是洋之人作奇技淫巧，以坏我人心"，从而主张"严加厉禁，洋与吾商贾皆不可复通，其货之在吾中国者，一切焚毁不用，违者罪之！"⑥极端闭关主义者曾望颜，还提出一个所谓"今日要策，首在封关"的貌似爱国的口号，主张"无论何国夷船，概不准其互市"；无论"大小民船，概令不准出海"⑦。这帮顽固守旧分子，对"先进的西方"，不愿正视；对越来越凶猛地冲击中国大门的"侵略的西方"，却视而不见，不思对策。诚如姚莹指出：他们"坐井观天，视四裔如魑魅，暗昧无知，怀柔乏术，坐致其侵凌，曾不知所忧虑"；这种"拘迂之见，误天下国家也"⑧。

清朝腐朽集团长期奉行闭关主义，严重地阻碍了中国的社会进步、经济发展和科学文化的繁荣，使中国越来越落后于欧美资本主义国家，使中国人，特别是清朝统治者，对外部世界茫昧无知。以"光宅四海，统御万邦"沾沾自喜的乾隆皇帝，谓英吉利"名不隶于职方，事罕征乎史册"⑨，尽管他断然拒绝了英使马戛尔尼提出的侵略性要求，但还是把英使来华进行外交讹诈之举，说成"僻居荒远"的英国人"远慕声教，向化维殷"，嘉许其"恭顺之诚"，著两广总督长龄传知该使："此次尔国所请，未邀允准，系格于定例，大皇帝并无怪意，尔国王尽可安心"，"大皇帝并无嗔怪尔等之心，尔等不必害怕！"⑩同样，尽管嘉庆皇帝也拒绝了英方的侵略性要求，且不像好大喜功的乾隆皇帝那样爱讲排场，而是强调对英使阿美士德不必"迎合夸张"，但在敕谕中，却仍照称："尔国远在重洋，输诚慕化，……遣使赍奉表章，备进方物。朕念尔国王笃于恭顺，深为愉悦"；还嘱其"嗣后无庸遣使远来，徒劳跋涉，但能倾心效顺，不必岁

---

① 梁廷枏：《海国四说·粤道贡国说》，中山大学图书馆藏抄件，第6卷，第10页。
② 《马克思恩格斯选集》，上海：上海人民出版社，1972年，第2卷，第26页。
③ 《东华续录》乾隆朝，卷一一八。
④ 清《仁宗实录》，卷三一二，嘉庆二十年十一月己丑。
⑤ 《鸦片战争（资料）》第5册，第566—567页。
⑥ 管同：《禁用洋货议》，见：《皇朝经世文编》，卷二六。
⑦ 曾望颜：《请封关禁海以清弊源折》，见：《筹办夷务始末·道光朝》，卷九。
⑧ 姚莹：《康輶纪行》，卷十二，第22页。
⑨ 《掌故丛编·英使马戛尔尼来聘案》，第73页。
⑩ 梁廷枏：《广东海防汇览》，卷三六，第7、10页；《东华续录》乾隆朝，卷一一八，第6页。

时来朝，始称向化也！"①乾、嘉二帝对英国两次遣使来华的态度表明，他们对西方的侵略性不能说没有警惕，但其盲目自大、茫昧自安之情，倒是非常突出。直到1834年，道光皇帝在处理英国首任驻华商务监督律劳卑的挑衅事件时，尽管对"该夷人自恃船坚炮利，险蓄诡谋"已有所闻，但对其"因何来省"，"何以一经封舱，狡焉思逞，竟敢阑入内河，放炮回拒"，却仍一无所知，继续大弹旧调："化外蠢愚，未谙禁例，自应先行开导"，"此等外夷，……不谙禁例之处，不值与之深较"②。正如范文澜指出的那样：这帮"最坏的看门者"，却"对欧洲的资本主义文化紧闭大门"③。正所谓"但肯受害不肯受益也！"④正因此，谓西人为"化外蠢愚"者，自己倒越来越愚蠢。不仅"沿海文武员弁不谙夷情，震于英吉利之名，而实不知其来历"⑤；连鸦片战争时期的最高决策者道光皇帝，直到1842年5月，与英国打了两年仗，还不知道这个敌国地有多大、国在何方、岛国还是陆国。在那闭目塞听的氛围中，当年中国人对美洲和美国的了解，也足以令人震惊。1761年（乾隆二十六年），法国汉学家德·歧尼向全世界宣布，他发现中国人在哥伦布到达美洲之前一千年，已经首先发现了美洲，从而挑起了一场延续至今的论争。可是在中国国内，连乾隆、嘉庆、道光三朝最著名的一批知识分子，都不知道美洲在哪里！乾隆进士杨复吉，把加里曼丹岛与菲律宾群岛当作南北美洲；嘉庆、道光年间的大学问家阮元、梁廷枏等人，则把美洲和非洲混为一谈，说美洲在非洲境内；林则徐到广东一段时间后，也还误以为土耳其是美国的一部分⑥。闭关主义导致乾嘉道三朝的博学之士，都变成了聋子瞎子！中国，这个"多病的、沉睡的巨人"，碰上陌生的西方侵略者，能不陷于被动挨打的地位吗？魏源在总结鸦片战争的教训时指出，口喊"制夷"而不问"夷情"，打起仗来，"以通市二百年之国，竟莫知其方向，莫悉其离合，尚可谓留心边事者乎？"⑦姚莹更痛心地说：战争之败，就败于对"海外事势夷情，平日置之不讲"，故"澳门夷人，至于著书笑中国无人留心海外，宜其轻中国而敢肆猖獗也！"⑧实践证明，闭关主义只能封闭自己的头脑和耳目，抵御不住侵略者的野心和步伐。面对西方双重挑战，顽固守旧，闭关锁国，自我孤立于世，非但不能达到民族自卫之效；恰恰相反，只能导致误国，导致民族自杀。

（二）甘当附庸——卖国主义的回应

在鸦片战争中出现的第二种回应——来自投降派的回应，随着战争发展，日益占居主导地位。

鸦片战争中的投降派，许多人原来就是顽固派。他们在张牙舞爪的西方侵略者面前，顽而不固，迅速从盲目自大转变为卑怯惊恐，从轻敌到畏敌。两种表现，出于同一

---

① 梁廷枏：《广东海防汇览》，卷三六，第21页；清《仁宗圣训》，卷一〇五，第15页。
② 清《宣宗圣训》，卷一〇二，第2—9页。
③ 范文澜：《中国近代史》（上册）．北京：人民出版社，1957年，第4页。
④ 《鸦片战争（资料）》第5册，第568页。
⑤ 陈锡祺等编：《林则徐集·奏稿》，北京：中华书局，1965年，第649页。
⑥ 《鸦片战争前后中国人对美国的了解和介绍》，见：陈胜粦著《林则徐与鸦片战争论稿》，广州：中山大学出版社，1985年，第269—285页。
⑦ 《鸦片战争（资料）》第5册，第567页。
⑧ 姚莹：《东溟文后集》，卷八，第10—11页。

本质。连侵略者也早已看到：清朝政府"洞悉"自身的"衰弱"，因此，"只要能够太平无事，他们就不惜牺牲一切，以保存这个外强中干的局面，只在咬文嚼字的敕令中，耀武扬威，虚张声势。及至到这些都不能把外人吓倒，就束手无策，唯有委曲求全，尽可能不使自己过于居下风"①。正是这样。清朝腐朽集团，始则茫昧自安，继则对西方的坚船利炮"惊若鬼神，畏若雷霆"，吓得"惊心咋舌，罔知所为，相顾聚谋，惟以和夷为事，辱国丧师，不知愤耻！"②虚骄的道光皇帝，派林则徐到广东查禁鸦片时，视英国为"区区小丑"，谕诫林则徐"不可畏葸"③；曾几何时，当英军攻占定海、北逼天津时，他自己却首先畏葸起来，为换取英军"返棹南还"，竟宣布林则徐"措置失当"，要"重治其罪"，为英国侵略者"代伸冤抑"④，充当了投降派的总代表。其实，1840年1月18日出版的英文《广州周报》已有所预测：当炮声还在"远方海角"时，"大皇帝不以此事为意。若有一只两枝桅的兵船到白河口，即立变论调。其变调者，即是先出严示：'剿灭大胆蛮夷'；后必下严旨责林'办理不善'，……开导各纵横之蛮夷，各归安分，令其各船只回去。"⑤清朝腐朽集团之"变调"，比侵略者预测的还要严重得多。当道光皇帝任命奕山为"靖逆将军"赴粤征剿时，奕山口出大言："务"使逆夷片帆不返"，道光皇帝亦谓"必能迅奏肤功"⑥；可是，当英军飞炮攻城时，奕山等却惊慌失措，"面无人色"，急令"城上改竖白旗"⑦。道光皇帝此刻亦转弹旧调，谓"该夷性等犬羊，不值与之计较！"表示"朕谅汝等不得已之苦衷"⑧，批准奕山向英军投降的《广州和约》。当道光皇帝又派奕经驰浙征剿时，奕经也口出大言，欲建"一鼓成擒"之功，道光帝亦希望这位"扬威将军"能"速建大勋，以膺懋赏"，并谓其"必能成此大功"⑨。待以为成此大功"易如反掌"的奕经一触即溃，"拟请暂示羁縻"时，道光皇帝又一次变调，转而强调"可战则战，当守则守"，令奕经奏明"作何羁縻"⑩，转向求降。他们完全被侵略者的"坚船利炮"所征服。道光皇帝甚至说：陈化成在吴淞炮台"打坏夷船数只，自是撒谎！我们之炮安能打坏夷船？"⑪故当英军兵临南京城下，以"开炮攻城"逼签《南京条约》时，他尽管一边叹气："何至受此逼迫！"一边却批示"概行允准"⑫；一直跟随英军到南京乞降签约的耆英更无耻招供："此次酌办夷务，……但计事之利害，不复顾理之是非"，皆因"该夷船坚炮猛。……

---

① 《中国丛报》，第4卷第10期（1836年2月），见：广东省文史研究馆：《鸦片战争史料选译》，北京：中华书局，1983年，第47页。
② 姚莹：《中复堂遗稿》，卷一，第11页。
③ 陈锡祺等编：《林则徐集·奏稿》，北京：中华书局，1965年，第685页。
④ 《筹办夷务始末·道光朝》，北京：中华书局，1964年，第391—392页。
⑤ 《鸦片战争（资料）》第2册，第431页。
⑥ 《筹办夷务始末·道光朝》，北京：中华书局，1964年，第960、1005页。
⑦ 《鸦片战争（资料）》第6册，第118页。
⑧ 《筹办夷务始末·道光朝》，北京：中华书局，1964年，第1046页。
⑨ 《筹办夷务始末·道光朝》，北京：中华书局，1964年，第1643—1644、1659页。
⑩ 《筹办夷务始末·道光朝》，北京：中华书局，1964年，第1671、1695页。
⑪ 《鸦片战争（资料）》第5册，第531页。
⑫ 《筹办夷务始末·道光朝》，北京：中华书局，1964年，第2277、2317页。

目睹其炮，益知非兵力所能制伏"，故"不得不降气抑心，冒死强忍"①！充分暴露了这帮卖国君臣跪倒在西方侵略者的"坚船利炮"面前"降气抑心"的卑怯丑态。

他们对西方的认识和态度，"无耻"大为增加，"无知"却没有稍减。畏敌如虎的琦善，也是主张闭关的。他曾说，"外夷之肆毒，由于通商之流弊"，主张"大张晓谕，不准通商"②。到了广东后犹以闭塞为荣。"有探报夷情者，则拒曰：我不似林总督，以天朝大吏，终日伺探外夷情事。"③甚至把林则徐抵粤后"欲悉夷情，多方购求"列为林的罪状，把林留下的有关外国人记述虎门销烟的资料"销毁"④。清朝腐朽集团的井蛙夜郎观念，仍然牢不可破。直到与美、法签订不平等条约后，仍谓"岛夷僻处穷荒，至愚极陋"，"此等化外之人，于称谓体裁，昧然莫觉"；同时，则把他们对华侵略继续说成"藉图观光上国，希冀恩宠"；把清廷屈辱签约，出卖国家主权，说成是对"化外之人"的恩赐，即所谓"嘉其慕义之忱，复以坚其向化之志"，对其"仰戴天朝恩德"表示"优加褒奖"⑤。

这帮投降派，极力渲染"该夷水战之具，船只则大小悉备，火器则远近兼施，更有所谓飞炮者，子内藏有火药，所至炸裂焚烧。……他如火枪、火箭、火罐、火球之类，亦皆远且准，而为我师之所不及"；又谓中国之船炮，"以数计，既不及该夷船炮之多，以力言，又不敌该夷船炮之利"⑥。然而，对了解和学习西方先进的科学技术，他们却毫无热情。投降派代表牛鉴，对火轮船始则"疑其轮转系用牛拉"；投降派的追随者张喜赴英轮参观后将实情相告，牛鉴仍"疑信未决"；直到他与耆英、伊里布赴英舰签约，观看了"火轮机关"，才"叹而信之"。可是，从怀疑到惊叹后，当英人介绍火轮船以煤为动力等问题时，却显出不愿理会的冷淡态度："不答亦不问"。这不是偶然的。张喜尝一语道破云："此技虽巧，天朝之人，用心不在于此。"⑦当年，马戛尔尼邀请福安康观看其卫队演习欧洲新式的火器操法，"福大人意颇冷淡，岸然答曰：看亦可，不看亦可。这火器操法，谅来没有什么稀罕！"⑧从福安康到牛鉴，相距半个世纪，但对西方科技的无知与冷漠，却何其相似乃尔！直到鸦片战争后，投降派代表黄恩彤在其《抚夷论》中，还对积极筹"制夷"之策，图造船制炮者，大泼冷水，极力嘲讽，说什么"无论昔之言战言防，均成画饼，即今之言造船，言铸炮，言练水勇、言筑台堡者，亦复毫无把握"，皆因"不知该夷之船坚炮烈，断难力敌，亦无术破"。他大肆宣扬"夷之不能制者"，在其不但"舟如坚城，铜墙铁壁，舵水纯熟，驾驶如飞"；而且，"炮火猛烈，机法灵巧，连环轰击，竟日不休"。相反，我则船"不足御夷"，

---

① 《筹办夷务始末·道光朝》，北京：中华书局，1964年，第2305、2306页。
② 中国史学会主编：《鸦片战争（资料）》第1册，上海：神州国光社，1954年，第515—518页。
③ 《鸦片战争（资料）》第6册，第338页。
④ 《筹办夷务始末·道光朝》，北京：中华书局，1964年，第615页。
⑤ 《筹办夷务始末·道光朝》，北京：中华书局，1964年，第2846、2892、2900—2901、2961页。
⑥ 《鸦片战争（资料）》第4册，第84、92页。
⑦ 《鸦片战争（资料）》第5册，第337、346、383页。
⑧ 刘半侬译：《乾隆英使觐见记》，上海：中华书局，1917年，第102页。

炮则"火药不及，弹子不及，炮手更万万不及"；包括潘仕成以重金聘请外国技师制造的战船，尽管"坚厚长大，装炮亦多，穷中国工力物力，不能复加于此"，但用"以当夷船，亦难言制胜"。总之，"欲与之争"，乃"不揣本而齐末"；筹"驭夷之法"，只有"捐释前嫌，示之宽大，……无事则抚以恩，有事则折以信"，如此，则彼"自当伏首帖耳，歌咏皇仁"①。既不图振作，不思改革，不愿学习西方先进科学技术，又要打肿脸充胖子，继续以自欺自慰、自我麻醉之态，为清朝腐朽集团屈服于"该夷之船坚炮烈"，甘当西方附庸的犯罪行为辩护。

投降派对西方双重挑战作出如此可怜、可鄙而又可笑的回应，适应了西方侵略者力图"使东方从属于西方"的战略需要，是中国走向世界、走向近代的最大危害。诚如胡绳指出"到了世界的近代，没有一个民族的发展能够和世界隔绝，但是，是以附庸国的地位，半殖民地、殖民地的地位来和世界联系，还是以独立国家的地位来和世界联系，这是关系到一个民族和国家的命运的大问题"②。投降派甘当西方侵略者的附庸，使中国开始以附庸国的地位与世界建立联系，只能称之为卖国。

（三）爱国主义的双重回应

觉醒，总是从痛苦的煎熬中萌生；多灾多难，使中华民族得以千锤百炼。鸦片战争打破了中国长夜漫漫般的宁静，促使近代中国第一批开明进步的爱国者——以林则徐、魏源、姚莹等人为代表的抵抗派、改革派，首先惊醒过来，面对西方的双重挑战，作出了既不同于卖国的投降派、又不同于误国的顽固派的第三种回应——爱国主义的双重回应。

首先，他们不同于卖国的投降派。为了捍卫民族的尊严和独立，对"侵略的西方"，他们坚持不懈地进行了最坚决的抵抗。

林则徐代表了中华民族的正气。他对西方的侵略性，也有一个认识不断加深的过程。虎门销烟后，他虽已看到英国对华侵略，"其肮箧奸谋，总以鸦片为浸淫之渐"，但还以为"彼万不敢以侵凌他国之术窥伺中华"③；迨英军发动武装挑衅后，他才强调指出，"查英夷欺弱畏强，是其本性。向来师船未与接仗，只系不欲衅自我开，而彼转轻视舟师"④；鸦片战争正式爆发后，他的认识大为提高。他在驳斥投降派散布的所谓"夷兵之来系由禁烟而起"的谬论时指出："彼之以鸦片入内地者，早已包藏祸心，……鸦片来则以渐而致寇，原属意计中事。"在驳斥投降派以"内地船炮非外夷之敌"为由，散布"与其旷日持久，何如设法羁縻"的妥协投降论调时，他又指出："抑知夷性无厌，得一步又进一步，若使威不能克，即恐患无已时，且他国效尤，更不可不虑！"强调对胆敢发动战争，"攻占城池，戕害文武"的侵略者，"自当以威服叛"⑤。正是在这些认识的基础上，林则徐曾经大义凛然地对外声明："我们不怕战

---

① 《鸦片战争（资料）》第5册，第434—436页。
② 胡绳：《在纪念鸦片战争150周年座谈会上的讲话》，《光明日报》1990年6月3日。
③ 陈锡祺等编：《林则徐集·奏稿》，北京：中华书局，1965年，第677页。
④ 陈锡祺等编：《林则徐集·奏稿》，北京：中华书局，1965年，第685页。
⑤ 陈锡祺等编：《林则徐集·奏稿》，北京：中华书局，1965年，第884—885页。

争！"并公开号召广东沿海民众"群相集议，购买器械，聚合丁壮，以便自卫！"①当他遭到革职留粤期间，还积极协助和敦促广东巡抚怡良坚持发动民众保卫广州、坚持与琦善的卖国行为作斗争。当英军兵临广州城下，琦善频频乞降之际，林则徐更无畏地以个人名义，捐资招募壮勇，"期于奋袂一呼，不肯临难苟免！"②他在戍途中，还对国家民族命运忧心如焚，写下许多诸如"时事艰如此，凭谁议海防？""绝塞不辞远，中原吁可伤！""小丑跳梁谁殄灭，中原揽辔望澄清，关山万里残宵梦，犹听江东战鼓声！"以及策马出嘉峪关时，悲叹"一骑才过即闭关，中原回首泪痕潸"等悲壮的诗篇；到新疆后，又写下许多诸如"正是中原薪胆日，谁能高枕醉屠苏！""三年羲娥下阪轮，炎州回首剧伤神！"以及送邓廷桢入关时，呼喊"白头到此同休戚，青史凭谁定是非"等感人的诗句③；林则徐获释入关后，直到晚年退休回到福州，仍一再坚持不能让"卧榻前任人鼾睡"④，旗帜鲜明地继续"倡驱夷议"⑤。这一切，不仅充分显示了这位伟大的爱国者以国家民族命运为重的爱国精神和民族大义，同时也体现了中华民族不甘屈辱的民族意志。

对待"侵略的西方"，正需要发扬这种爱国精神、民族大义和民族意志。这是激励当年以林则徐为代表的抵抗派坚持反侵略反投降斗争的精神支柱。在鸦片战争中先后为国捐躯，悲壮殉职的关天培、葛云飞、陈化成等爱国将领，以至裕谦等满蒙大吏，都有一颗"以死报国""有死靡贰"之心和"义在必克""有进无退"之志⑥。与林则徐"合力同心，除中国大患之源"⑦的邓廷桢，直到遭贬新疆，仍心系中原，高歌"万口褒讥舆论在，千秋功过史臣编"！与林则徐共勉；并留下"儿孙应忆我，不肯醉屠苏"的绝唱⑧。在台湾领导爱国军民抗英而遭侵略者和投降派里外夹击的姚莹，尽管一再遭受迫害，也"不肯趋倚权贵，不肯媕阿随俗"，坚持反对投降派"抑民悦夷"⑨。对清朝腐朽集团卖国投降充满"愤与忧"的魏源，则著述总结历史经验，提出"既款以后，夷瞰我虚实，藐我废弛"，此时"严武备，绝狡启者，尤当倍急于未款之时"！并大声疾呼："此凡有血气者所宜愤悱，凡有耳目心知者所宜讲画也！"⑩

---

① 陈锡祺主编：《林则徐奏稿·公牍·日记补编》，广州：中山大学出版社，1985年，第78页；马士：《中华帝国对外关系史》（中译本），第1卷，北京：三联书店，1957年，第272、288页。
② 林则徐：《致苏鳌石书》（道光二十一年五月十八日于镇海）。按：据林则徐致潘德舆函（道光二十一年三月于广州），行商潘仕成（德舆）有感于林则徐捐资雇勇保卫羊城之义举，主动替林付雇资。林则徐获悉后，即致函潘云："弟日前托广益行雇募壮勇三百名，业已送去雇资。……改由尊处给资，于心不安，理亦不顺"，故"特将广益退回原银送缴台府"。
③ 见：林则徐《云左山房诗钞》，卷六、卷七。
④ 林则徐：《复徐青照书》（道光二十七年秋于云南）；《致姚春木书》（道光三十年二月初五于南昌）。
⑤ 《鸦片战争（资料）》第6册，第332页。
⑥ 《鸦片战争（资料）》第6册，第339、340、356、368页。
⑦ 陈锡祺等编：《林则徐集·奏稿》，北京：中华书局，1965年，第636—637页。
⑧ 《鸦片战争（资料）》第2册，第576、577页。
⑨ 姚莹：《东溟文后集》，卷八，第10—11页；《东溟文外集》，卷一，第33页；《康輶纪行》，卷十五，第14页。
⑩ 魏源：《海国图志叙》；《筹海篇》三、四。

其次，以林则徐为代表的开明进步的爱国者，与误国的顽固派也不同。他们对西方侵略者"专以贸易求赢"的特性，及其往往为"争占码头"，"于贸易之处辄起吞并之心"的活动规律，也开始注意探访考察，较早就朦胧地看到这些渡海东来的侵略者，与以往来自"西北口外"的那些"纵辔长驱"的入侵者，已有所不同，并且看到这些侵略者确有其"长技"[①]。因而，对"先进的西方"，持了解和学习的态度，大力倡导为寻求"制夷之策"和"富强之道"而了解西方、学习西方。

林则徐不愧为近代中国"开眼看世界"的第一人和"向西方学习"的首倡者，在于他认识到，要有效地抵抗西方侵略，首先必须切实地了解西方。1839—1840年，他在广东领导禁烟运动与抗英斗争的同时，就有组织、有计划地大量搜集和翻译外国书报，广泛了解敌情外事，接触近代世界。仅仅组织翻译的书报，现已发现的成果，属于军事、政治、经济情报类的，就有《澳门新闻纸》及据此选编的《澳门月报》；属于外人对华评论类的，则有《华事夷言》等；属于介绍世界各国历史与现状的，则有据英人慕瑞所著《世界地理大全》译出的《四洲志》；属于国际法的，则有滑达尔所著《各国律例》选译；属于军事技术类的，则包括造船、制炮、演炮等方面的译作。林则徐还收集了一批"洋务资料"，遭戍时带到新疆，获释后又带回陕甘。从其幕僚陈德培"得录此千百之一"辑成的《洋事杂录》来看，内容相当广泛，不仅收录了英、美、法以及葡、西、荷等西方各国及其向东方扩张的情况，而且在收录"洋事"同时，也收录洋文，反映了他了解外国时，也包括了解外语、学习外语、征集外文图书等等[②]。由于林则徐以开创者的气魄，冲破闭关传统，贯彻"凡以海洋事进者，无不纳之；所得夷书，就地翻译"的方针，注目全球，探求新知，使广州一时"海外图说毕集"[③]，成为当时中国人开眼看世界的活动中心。更为可贵的是，林则徐在对西方各国情况及其"长技"稍有了解的同时，又以高度的爱国热情和改革家的胆识，把向西方学习的问题提上议事日程，带头迈出"师夷长技"的第一步。他设法购买英、葡等国制造的大炮，又从美国人手中购买了一艘货船改装为兵船，并配置英制大炮和新式炮车；他还捐资仿造了两艘欧式双桅战船，并搜集、绘制了八种战船图式，还提出一个建设一支拥有大船百只、中小船五十、大小炮位千位、水军五千、舵工水手一千的新式海军的先进主张。

尽管林则徐由于遭到清朝腐朽集团的残酷打击，他的宏愿未能实现；然而，他开创了新的风气，提出了新的课题，在了解西方和学习西方造船制炮等军事技术方面，开了一个头，取得了最初步的但非常可贵的成效，带动了当时倾向进步的封建士大夫起而了解世界、学习西方。最突出的是魏源，他受林则徐的委托，并总结了林则徐等人的实践经验，编撰了第一部系统介绍全球各地、介绍近代世界的《海国图志》；提出了近代中国向西方学习的第一个完整的口号——"师夷长技以制夷"，倡导为"制夷"（抵抗西方侵略），而"师夷长技"（学习西方先进的科学技术与管理方法，即"一战舰、二火器、三养兵练兵之法"）；为了"尽得西洋之长技为中国之长技"，使"东海之民犹西

---

① 陈锡祺等编：《林则徐集·奏稿》，北京：中华书局，1965年，第676—677页。
② 参阅拙稿：《林则徐开眼看世界的珍贵记录——林氏〈洋事杂录〉评介》，《中山大学学报（哲学社会科学版）》，1986年第3期。
③ 姚莹：《康輶纪行》，卷十六，第1页。

海之民"，还提出了近代中国第一个向西方学习，发展军事工业和民用工业、发展官办工业和商办工业的方案。其中包括在广东创办造船厂、火器局，发展官办军事工业；聘任外国技术人员，引进西方造船、制炮、行船、演炮的先进技术；选拔巧匠精兵学习，培养本国技术力量和建设一支拥有战船百艘、火轮船十艘、水兵三万的新式海军；改革军政制度，于闽粤二省，武试增设水师一科，"凡水师将官，必由船厂火器局出身，否则由舵工水手炮手出身"；改革经济制度，在办好官办军事工业基础上发展官办民用工业，并鼓励沿海商民"仿设厂局"发展民办民用工业。还有必要特别指出的是，这个方案还包括把沙角、大角二处建成当今称之为"特区"的设想。其要点有三：

一是官办船厂、火器局，聘任西人，引进先进技术。"请于广东虎门外之沙角、大角二处，置造船厂一、火器局一。行取佛兰西、弥利坚二国各来夷目一二人，分携西洋工匠至粤，司造船械，并延西洋柁师，司教行船演炮之法，如钦天监夷官之例。而选闽粤巧匠精兵以习之，工匠习其制造，精兵习其驾驶攻击。"筹资二百五十万（银两），以二百万造战船百艘，"再以十万金（银两）造火轮舟十艘，以四十万金（银两）造配炮械"。且造且购，"凡外夷有愿以船炮售官抵税者，听；闽商粤商出贩南洋，有购船炮归，缴官受值者，听。"

二是建洋楼、炮台，控制香港，与澳门鼎峙。"沙角、大角，既有船厂、火器局，许其建洋楼、置炮台，如澳门之例，（使）英夷不得以香港骄他夷，生觊望，而我得收虎门之外障，与澳门鼎峙，英夷不敢倔强，广东从此高枕。"

三是制造民用船械，促进沿海商人仿设厂局。"盖船厂非徒造战舰也，……火器亦不徒配战舰也"，"战舰有尽，而出鬻之船无尽，……造炮有数，而出鬻器械无数"，故沙角、大角之船厂，火器局，可推广制造出鬻之商船以及"量天尺、千里镜、龙尾车、风锯、火锯、火轮机、火轮舟、自来火，自转碓、千斤秤之属，凡有益民用者，皆可于此制造"。"其福建、上海、宁波、天津……沿海商民，有自愿仿设厂局，以造船械，或自用，或出售者，听之。"①

这个方案虽有一定局限性（"如澳门之例"是不妥的），但仍令人耳目一新。这是鸦片战争时期，以林则徐为首的抵抗派、改革派，在从事抵抗西方侵略、谋求祖国独立富强的实践中，了解西方、学习西方的成果。林、魏等人的理论与实践，为当时"中国往何处去"指出了新的方向，给当时的中国人以一种新的希望和力量，成为近代中国人"向西方学习"的新思潮的发端。于是，在林则徐等人的影响和带动下，在爱国官吏、知识分子和商人中，开始出现了近代中国第一批致力于国防工业建设的早期倡导者，包括龚振麟、汪仲洋、黄冕、陈阶平、丁拱辰、丁守存、郑复光和潘仕成等人。他们在学习西方造船与制炮技术、设计与研制"铸炮铁模""磨盘炮车""夷炮火药""自来火铳""空心炸弹""攻船水雷"，以及火轮船、望远镜、大炮瞄准术等等方面，迈出了建设中国近代国防的可喜步伐。如果说，近代中国人向西方学习是从"器"，首先又是从"兵器"开其端的话，那么，林则徐等人的努力，在中国近代史上，在先进的中国人向西方寻找救国真理的征途中，则具有"创榛辟莽，前驱先路"的历史地位与作用。

---

① 《鸦片战争（资料）》第5册，第568—573页。

在关系到中华民族命运的重大历史转折关头,以林则徐为首的抵抗派、改革派,对来自西方的双重挑战,首先作出了爱国主义的双重回应。他们在坚决抵抗"侵略的西方",坚持捍卫国家主权和民族独立的同时,面对"先进的西方",开始睁开眼睛看世界,重新认识"世情"和"国情",探索"中国往何处去"这样一个关系到此后百余年中华民族命运的新课题,唤出了"师夷长技以制夷"这样一个影响百余年、启迪几代人的口号,迈出了中国近代史上先进的中国人既坚决抵抗西方侵略又坚持了解和学习西方,以独立国家的地位走向近代、走向世界、与西方国家建立联系的坚定步伐。

五、民族觉醒

马克思在谈到"英国用大炮强迫中国输入名叫鸦片的麻醉剂"时指出,"历史的发展,好象是首先要麻醉这个国家的人民,然后才有可能把他们从历来的麻木状态中唤醒似的"①。

鸦片战争过了70年以后,1912—1913年,列宁在评论中国革命和亚洲的觉醒时多次指出:"地球上1/4的人口已经从酣睡中清醒"②,"几万万被压迫的、沉睡在中世纪停滞状态的人民觉醒过来了。"③在列宁看来,"觉醒"的标志,主要是"先进的中国人……从欧洲吸收解放思想","几万万人为争取西方已经实现的理想而斗争",使东方"完全走上了西方的道路"④,也就是摆脱帝国主义和封建主义的压迫,走独立发展资本主义的道路。据此论之,近代中华民族的觉醒,正是从鸦片战争时期开始的,以林则徐等近代中国第一批开明进步的爱国者首先"从历来的麻木状态中"惊醒过来,迈开了解西方、学习西方的步伐开其端的。

鸦片战争时期,东方各国面临"从属于西方"的威胁。就中国来说,具有近代意义的民族觉醒应该是:为摆脱民族危亡的困境,使之跟上时代潮流,以独立国家的地位走向近代、走向世界、与西方国家建立联系,而不仅仅是惩罚入侵者,把强盗消灭或赶出去,也就是要为解决"中国往何处去"的新课题,重新认识"世情"和"国情",提出新的历史意向,掀起追求中国独立和进步的新思潮。

这种新意向、新思潮,就是从以林则徐为代表的开明进步的爱国者对西方双重挑战首先作出的双重回应起步的。他们作为鸦片战争时期的地主阶级抵抗派、改革派的代表,在民族矛盾上升为主要矛盾的历史条件下,不但能与人民大众"暂时地团结起来举行民族战争",坚决抵抗英国殖民者的侵略,而且在关键的历史时刻,在中国率先倡导和掀起一个划时代的"开眼看世界"思潮和"向西方学习"思潮。这是对西方双重挑战的最有效的爱国主义的回应,也是近代中华民族觉醒开端的最为重要的标志。

由于西方的双重性在整个中国近代历史时期始终没有改变,如何对待来自西方的双重挑战,又成为近代中国几代人在探索和解决"中国往何处去"的历史课题时不能不正视的"世情"和"国情"。鸦片战争前后出现的三种回应,同样贯穿于整个中国近代

---

① 《马克思恩格斯选集》,上海:上海人民出版社,1972年,第2卷,第2页。
② 《列宁全集》,北京:人民出版社,第18卷,第395—396页。
③ 《列宁选集》,第2卷,北京:人民出版社,1972年,第448页。
④ 《列宁选集》,第2卷,北京:人民出版社,1972年,第425—426页。

史。顽固派与投降派都是陈腐世界的代表，他们从一极跳向另一极，从误国而至卖国，只不过是这帮腐朽势力代表所作的两种表演而已。因此，伴随着三种回应而出现的两个营垒、两条道路、两种前途的殊死搏斗，也贯穿整个中国近代史。中外反动势力相互结合，把一个独立的中国逐步变成"从属于西方"的、半殖民地半封建国家的过程，也是中国人民为改变"从属于西方"的命运，不断反抗帝国主义及其走狗，为谋求中国的独立、富强、民主、文明和统一，即不断追求中国的近代化的"觉醒"过程。鸦片战争前后出现的三种回应，反映了近代中国两个营垒、两条道路、两种前途斗争的酝酿和开端。

鸦片战争的炮声，距今整整150年了。中国而今进入了振兴的当代。然而，当今的世界，西方的双重性依然存在，中国以及许多东方国家，依然存在着面对西方双重挑战的现实问题。因此，对"挑战与回应"的研究，依然是摆在近代中国的研究者面前的一项具有重大理论价值与实践意义的课题。

六、余论

西方一些学者在研究中国近代史时提出一个在西方学术界颇有影响的"冲击与反应"模式（impact-response model）。正如刘大年所指出那样，不管提出者的主观愿望如何，这个模式首先掩盖了西方侵略、中国被侵略的实质；"它即使部分地可以形容中国社会在西方侵略进逼下所发生的某些现象，却完全不能说明中国人民反对外国侵略的态度，完全没有能够估计到中国人民的力量"[1]。本文提出的"挑战与回应"问题，与西方学者的"冲击与反应"模式，字眼相似，但内涵不同。

其一，"挑战"或"冲击"的内容。本文强调的是"双重挑战"，首先是来自"侵略的西方"的挑战——西方殖民主义势力对独立发展的东方各国的野蛮扩张与征服；同时到来的是"先进的西方"的挑战——西方侵略者用于征服东方的、近代文明创制的"坚船利炮"等先进军事技术的刺激，而不是一些西方学者强调的"西方冲击""是西方文化全面而有力地向中亚与东亚的古老传统社会扩展"[2]。这是企图为西方对中国的侵略辩护，把帝国主义视为近代文明的使者。

其二，"回应"或"反应"的对象及其态度。本文强调的是"三种回应"，对回应的对象，分别不同阶级、不同阶层、不同势力，分析其不同表现，而不是一些西方学者所说的"亚洲对西方冲击的回应，开始是畏缩、摇摆而无计划的"[3]。这种反应，仅仅是清朝腐朽集团的部分反应，因为他们也是两极跳动的，是从盲目自大跳向"畏缩"的。至于开明进步的爱国势力，其回应一开始就是双重的，即既抵抗又学习的，而且都是不畏缩的、坚定的、目的明确的。

---

[1] 刘大年：《中国近代化的道路与世界的关系》，"近代中国与世界"国际学术讨论会上的讲话，北京，1990年8月31日—9月3日。

[2] Paul A. Cohen. *Discovering History in China: American Historical Writing on The Recent Chinese Past*. New York：Columbia University Press，1984.10.

[3] Paul A. Cohen. *Discovering History in China: American Historical Writing on The Recent Chinese Past*. New York：Columbia University Press，1984.10.

其三,"挑战与回应"的性质和目的。本文强调,来自西方的双重挑战,其性质是侵略,目的在于力图"使东方从属于西方",使中国朝着适应西方需要、充当西方附庸的方向畸形发展,而不是一些西方学者所说那样,"西方的冲击"是"西方文明对中国的影响"[①]。至于中国人的回应,清朝腐朽集团是通过妥协投降适应西方的需要,达到相互勾结,维护其反动统治。开明进步的爱国势力和革命势力的双重回应,则在于追求以独立、富强、民主、文明和统一为内容的、适应中国国情的近代化,而不是一些西方学者所说的,中国在西方的冲击下,其近代化过程是一个"西化"的过程。

对于"挑战与回应"的问题,还有待专题探讨。不过,对近代中国出现的这个问题,马克思、恩格斯、列宁,特别是毛泽东,都曾从不同侧面指出过。毛泽东关于"帝国主义和中国封建主义相结合,把中国变为半殖民地和殖民地的过程,也就是中国人民反抗帝国主义及其走狗的过程"的论述;关于"帝国主义侵略中国,反对中国独立,反对中国发展资本主义的历史,就是中国的近代史"的论述;关于从"鸦片战争失败那时起,先进的中国人,经过千辛万苦,向西方国家寻找真理",因为"那时的外国只有西方资本主义国家是进步的,它们成功地建设了资产阶级的现代国家",但是"帝国主义的侵略打破了中国人学西方的迷梦"等论述[②],就分别对西方的双重挑战和中国人的回应,作出了实质性的揭示。本文提出的"挑战与回应"问题,也可以说是重新学习与综合应用毛泽东有关论述的一点尝试,盼能得到前辈们、朋友们的批评指教。

原载《中山大学学报(社会科学版)》1991年第1期

[①] 《黄宗智谈美国研究中国近代史和近代经济史情况》,《社会科学》(上海)1980年第4期,第100页。

[②] 《毛泽东选集》,四卷合订本,北京:人民出版社,1969年,第595、640、1358—1359页。

孙中山对中国在未来世界中地位的构想

陈锡祺

孙中山是近代中国的一位伟大的革命家、政治家和思想家。他为了中国的独立、统一和富强，献出了自己的一生。在革命的不同时期，面对种种困难和挑战，孙中山总是以雄伟的气魄和远大的眼光，既不懈地领导着现实的革命斗争，又认真地思考着国家的前途和民族的命运，显示了一个革命家无与伦比的毅力和一个思想家放眼世界、放眼未来的宽博胸怀。孙中山所处的时代，恰是近代中国社会发生深刻变化的时代。西力东侵和西学东渐双重挑战的日益加剧，给中国社会造成了严重的民族危机和社会危机，中国人民也因此陷于对民族命运的深深忧虑之中。对中国落后现实的反思和对西方富强的了解，使人们逐渐放弃过去那种"天朝上国"的虚骄心理，重新认识世界，重新认识中国。同时越来越多的人自觉地把这种反思与了解，与探寻民族振兴之路紧密地联系起来，一种充满新的时代色彩的世界观念和国家民族观念正是在这种孜孜不倦的探索中形成。中国的前途命运如何？中国在未来世界中的地位如何？都成为近代中国进步思潮中的重要议题。孙中山以他非同寻常的经历、学识和对世界未来的远大抱负，对这些问题作过许多精辟的论述和天才的预见。在这里，我仅取其一二，略作分析。

第一，孙中山坚信，中华民族通过革命和建设，必定可以改变中国受侵略受欺凌的弱国地位，在不长的时间内，使中国成为世界上最先进、最富强的国家。

改造中国，振兴中华，是孙中山革命思想的基本宗旨。早在青少年时代，孙中山已在"远观历代，横览九洲"，"留心经济之学"，认真思考着如何改变中国贫穷落后状况，使之赶上世界先进国家的问题。孙中山敢于清醒地面对现实，既摒弃过去王朝统治者那种唯我独尊、斥西方国家为夷蛮的狂妄自大和愚昧无知观念，又反对对民族前途丧失信心的悲观论调，他号召中国人迅速起来"振兴中华、维持国体"，"申民志而扶国宗"。对此，孙中山既有救亡的紧迫感，又有图存的自信心。这种自信心是来源于他对祖国悠久历史中的光荣传统与灿烂民族文化的无限崇敬和他对中国革命、建设事业的必胜信念。早在1903年，孙中山给外国友人写信说，"对此世界上人口最多，历史最悠久的帝国，你有何感想？每一精明的观察家，都认为它是一个前程远大的国家；倘能使中国人民认识到自己的力量和资源并对其加以适当利用，则中国将来定能成为最大的强国"①。孙中山认为，把中国建成一个世界最先进的国家，是中国人义不容辞的责任。他说："中国之为国，拥有广大之土地、无量之富源、众多之人力，是无异一富家翁享

---

① 《孙中山全集》第1卷，中华书局1981年版，第225页。

有广大之田园、盈仓之财宝、众多之子孙，而乃不善治家，田园则封锁不用，子孙则日事游荡。而举家则饥寒交迫，朝不保夕，此实中国今日之景象也。呜呼！谁为为之，孰令致之？吾国人果知天下兴亡，匹夫有责，则人人当自奋矣。"①他还说："中国的文明已有数千年，西人不过数百年，中国又不能由过代之文明变而为近世的文明；所以人皆说中国最守旧，其积弱的缘由也在于此。殊不知不然。……将来取法西人的文明而用之，亦不难转弱为强，易旧为新。……如此看来，将来我中国的国力能凌驾全球，也是不可预料的。"②因此，从孙中山青年时代的《上李鸿章书》《檀香山兴中会章程》开始，一直到他晚年的演讲、著作，他一再号召人们起来反抗列强压迫，改变现有制度，振兴中华民族。他非常自信地告诫人们："现在中国要我们四万万国民兴起。……我们放下精神说要中国兴，中国断断乎没有不兴的道理。"③中国一定要赶上西方国家，也一定可以赶上西方国家。他为实现这个目标进行了不懈的探索和艰苦的奋斗，多次向革命党人和社会各界描绘了未来中国的光辉前景。在孙中山的理想中，未来的中国将获得与世界一切国家平等的地位，经济高度发展，人民生活富裕，而且没有西方国家贫富悬殊的弊病；在有高度物质文明的同时也有高度的精神文明，国家政治趋于民主，每一个中国人都有极高尚的人格，"此时家给人乐，中国之文明，不止与欧美并驾齐驱而已"④。"要中国驾乎欧美之上，改造成世界上最新、最进步的国家"⑤。孙中山振兴中华的理想集中反映了全民族的愿望，无论在当时还是在日后，都是每一个热爱祖国的中国人愿意为之奋斗的目标。

第二，孙中山主张，中国在自己的发展道路上，必须学习外国的先进经验，但要尽力避免外国出现过的弊端；中华民族应根据自己的特点，走一条独立发展的道路。

怎样才能使中国迅速发展，立于世界民族之林呢？孙中山提出过两个基本原则：一是迎合世界潮流去做，一是照自己社会的情形去做。这种把考察世情与考察国情结合起来，把社会发展的时代特色与民族特色结合起来的思想理论，构成孙中山振兴中华思想的基本特点。孙中山的思想是近代中西文化交流的产物。1897年，他在复英国汉学家翟理斯的信中解释中国革命的目的是"拟驱除残贼，再造中华，以复三代之规，而步泰西之法"⑥。可见，孙中山在其革命初期，就已是从融汇中西文化的角度去考虑中国未来建设的问题。

所谓要迎合世界潮流，孙中山认为，就是要使中国社会对外开放，了解、学习近代西方资本主义发展中的某些经验，取人之长，补己之不足。孙中山说："窃以中国之人民材力，而能步武泰西，参行新法，其时不过二十年，必能驾欧洲而上之。"⑦他经常强调对外开放的重要性，指出："现今世界日趋于大同，断非闭关自守所能自立，但开

---

① 《孙中山全集》第6卷，中华书局1985年版，第224—225页。
② 《孙中山全集》第1卷，中华书局1981年版，第278页。
③ 《孙中山全集》第1卷，中华书局1981年版，第279页。
④ 《孙中山全集》第2卷，中华书局1982年版，第323—324页。
⑤ 《孙中山全集》第9卷，中华书局1986年版，第345页。
⑥ 《孙中山全集》第1卷，中华书局1981年版，第46页。
⑦ 《孙中山全集》第1卷，中华书局1981年版，第15页。

放门户,仍须保持主权。""开放门户,不论强弱,能行此政策,必能收效。"①孙中山曾说过要以英国、美国、法国、日本为榜样,甚至说过在开放方面应该向暹罗学习。晚年,孙中山又从苏俄革命的成功经验中受到启发和鼓舞,明确提出要"以俄为师",使其学习西方、迎合世界潮流的思想进入一个新的境界。

明确了学习西方的指导思想后,应该怎样去学习呢?孙中山对此提出三点主张。首先,学习西方最先进的东西,切不可按部就班地跟在别人后面走。他说:"我们为志士的,总要择地球上最文明的政治法律来救我们中国。"②"我们要学习外国,是要迎头赶上去,不要向后跟着他。"③"我们要学习他们的最新发明,才可以驾乎各国之上。"④"譬如学科学,迎头赶上去,便可以减少两百多年的光阴"⑤。学习不是为了跟着西方走,而是要赶超西方,在最短的时间里,使中国摆脱贫穷落后的面貌,步入世界先进国家的行列。孙中山的这一赶超思想,正是他由早年指出学习欧美,晚年转为"以俄为师"的内在思想根源之一。其次,孙中山主张正确地对待西方近代的历史经验,要学习西方经验中的精华,而决不让中国成为西方的糟粕的牺牲品。孙中山指出:"文明有善果,也有恶果,须要取那善果,避那恶果。"⑥他曾对西方人说:"中国社会主义者要采用欧洲的生产方式,使用机器,但要避免其种种弊端。"⑦孙中山的民主主义思想,正是在对近代西方社会的各种利弊进行冷静的分辨之后,取其精华,去其弊端的产物。这种把学习西方与批判西方结合起来,有所撷取,有所抵制的正确态度,是对近代一些人盲目崇拜西方,主张全盘西化错误思想的否定。最后,孙中山主张将学习西方与维护民族利益、捍卫国家主权结合起来,同时,主张大力鼓动和发挥中华民族自己的聪明才智和创造精神。孙中山一面倡导学习西方,一面强烈反对西方列强对中国的侵略和奴役。武昌起义成功和民国成立初年,孙中山在谈其建国立新抱负时,就明确提出应"将条约修正",收回被列强攫取的海关管理权和治外法权,"盖此乃所以保其本国实业之发达,当视中国之利益为本位"⑧。孙中山晚年又多次强调,中国要强盛,就一定要反对帝国主义侵略压迫,废除一切不平等条约⑨。在如何创建新中国的问题上,孙中山十分强调发挥中国人自己的创造精神,他说:"要造成彻底的新民国,在欧美的先进国家无从完全仿效,我们自己便要另想一个新办法。这种新办法,欧美还没有完全想到,我们能不能想到呢?要答复这个问题。自己便不可以轻视自己,所谓妄自菲薄。"⑩

孙中山在倡导迎合世界潮流,学习西方先进经验的同时,十分强调研究我们自己的社会情形,根据中国国情的特点来制定民族振兴的发展方略。他特别反对那种"不研究

---

① 《孙中山全集》第2卷,中华书局1982年版,第530页。
② 《孙中山全集》第1卷,中华书局1981年版,第281页。
③ 《孙中山全集》第9卷,中华书局1986年版,第252页。
④ 《孙中山全集》第9卷,中华书局1986年版,第342页。
⑤ 《孙中山全集》第9卷,中华书局1986年版,第252页。
⑥ 《孙中山全集》第1卷,中华书局1981年版,第327页。
⑦ 《孙中山全集》第1卷,中华书局1981年版,第273页。
⑧ 《孙中山全集》第1卷,中华书局1981年版,第560页。
⑨ 《孙中山全集》第9卷,中华书局1986年版,第122页。
⑩ 《孙中山全集》第9卷,中华书局1986年版,第344页。

中国历史风俗民情，奉欧美为至上"的错误倾向。他说："欧美有欧美的社会，我们有我们的社会，彼此的人情风土各不相同。我们能够照自己的社会情形，迎合世界潮流做去，社会才可以改良，国家才可以进步；如果不照自己社会的情形，迎合世界的潮流去做，国家便要退化，民族便受危险。"①在谈到中国应实行的民权政治时，孙中山就反对不顾国情，照搬西方一套的思想。他说："中国的社会既然是和欧美的不同，所以管理社会的政治自然也是和欧美不同，不能完全仿效欧美，照样去做，象仿欧美的机器一样。……所以中国今日要实行民权，改革政治，便不能完全仿效欧美，便要重新想出一个方法。"②从孙中山的三民主义、五权宪法、革命方略、建国方略等理论来看，他虽然在研究西方社会和思想学说方面下了很大功夫，但在建立自己的革命理论时，照搬西方理论学说的却不多。孙中山刻意于按照中国的国情特点去探索、创造，力图使中国的革命和建设事业"能够照自己的社会情形，迎合世界潮流做去"。

第三，孙中山预见到，一个独立、统一和富强的中国，将促进世界的和平与繁荣，增进人类的幸福。

从19世纪90年代开始，一直到孙中山逝世前夕，他曾反复提醒欧美和日本人士，一个贫弱、分裂、受列强觊觎的中国是东亚乃至世界不安的根源；中国革命的成功，不仅对中国，而且对世界都有绝大的好处。早在20世纪初年，孙中山即指出："一旦我们革新中国的伟大目标得以完成，不但我们的美丽的国家将会出现新纪元的曙光，整个人类也将得以共享更为光明的前景。普遍的和平即将随中国的新生接踵而至，一个从来也梦想不到的宏伟场所，将会向文明世界的社会经济活动而敞开。"③1912年元旦颁布的《临时大总统宣言书》中，孙中山表示："临时政府成立以后，当尽文明国应尽之义务，以期享文明国应享之权利。满清时代辱国之举措与排外之心理，务一洗而去之；与我友邦益增睦谊，持和平主义，将使中国见重于国际社会，且将使世界渐趋于大同。"④在临时政府《对外宣言书》中，孙中山再次表示："吾中华民国全体，今布此和平善意之宣言书于世界，更深望吾国得列入公法所认国家团体之内，不徒享有种种之利益与特权，亦且与各国交相提挈，勉进世界文明于无穷。"⑤后来，孙中山在正式解除临时大总统职务时，又强调"促进世界的和平"是中华民国国民的天职，占世界人口1/4的中国的改良进步，必将会促进世界的文明进步⑥。孙中山还希望，富强起来的中国将对世界承担更大的责任："主张和平，主张大同，使地球上人类最大之幸福，由中国人保障之，最光荣之伟绩，由中国人建树之，不止维持一族一国之利益，并维持全世界全人类之利益焉。"⑦

为了使经济得到更快发展，孙中山主张中国在确保国家主权的前提下，实行开放

---

① 《孙中山全集》第9卷，中华书局1986年版，第320页。
② 《孙中山全集》第9卷，中华书局1986年版，第320页。
③ 《孙中山全集》第1卷，中华书局1981年版，第255页。
④ 《孙中山全集》第2卷，中华书局1982年版，第2页。
⑤ 《孙中山全集》第2卷，中华书局1982年版，第11页。
⑥ 《孙中山全集》第2卷，中华书局1982年版，第317—318页。
⑦ 《孙中山全集》第2卷，中华书局1982年版，第440页。

政策，希望外国在资金、技术等方面帮助中国。孙中山很早就看到："中国天然富源的开发，会增加整个世界的财富。"①提出："共和国成立后，当将中国内地全行开放，对于外人不加限制，任其到中国兴办实业。"②针对外国一些人关于"华人商业大兴，必将祸及全世界之商业"的忧虑，孙中山预言："中国果能日臻发达，则全世界之境况均可借以进步。"③第一次世界大战结束后，孙中山拟定了一个规模宏大的《国际共同发展中国实业计划书》（又称《实业计划》），在这一计划中，孙中山准备大量引进外国资金和先进技术，中外携手，共同开发中国实业。孙中山认为，这一宏伟的实业开发计划不仅造福于中国，也将造福于整个世界。他说："威尔逊总统今既以国际同盟防止将来之武力战争，吾更欲以国际共助中国发展，以免将来之贸易战争。则将来战争之最大原因，庶可从根本绝去矣。"他又说："自美国工商发达以来，世界已大受其益。此四万万人之中国一旦发达工商，以经济眼光视之，何啻新辟一世界？而参与此开发之役者，亦必获超越寻常之利益，可无疑。且此种国际协助，可使人类博爱之情益加巩固，而国际同盟亦得借此以巩固其基础，此又予所确信者也。"④孙中山的这些想法虽未必尽合实际，但他关于中国经济的发展将对世界经济、政治格局发生巨大影响的基本观点，确实是一种高远的预见。

第四，孙中山认为，中华民族在历史上是一个爱好和平的民族，中国独立、富强以后，将要平等地对待世界上一切国家和民族，同时，中国将坚决反对国际关系中的强权政治，帮助弱小民族，反抗列强的侵略和压迫，以平等和睦的"王道"战胜弱肉强食的"霸道"。

针对近代国际上一些人所散布的"黄祸论"，孙中山一再向全世界宣布："中国人在本质上是一个爱好和平的而不是好战的民族。"⑤"我们中国四万万（人）不但是很和平的民族，并且是很文明的民族。"⑥"爱和平就是中国人的一个大道德。"⑦1912年民国创建之初，孙中山在香港对记者说："惟吾意中国无侵略志，因吾人志尚和平，吾人之所以要水陆大军者，只为自保，而非攻人。"⑧为此，孙中山反对中国介入帝国主义的战争，在第一次世界大战时，孙中山反对中国参战，其中一个重要原因就是"希望中国永远保守和平的道德"⑨。他认为："国际战争者，无他，纯然一简直有组织之大强盗行为耳，对此种强盗行为，凡有心人莫不深疾痛恨之。"⑩

孙中山热爱和平，渴望未来的世界能渐趋于大同。但是，现实世界使孙中山清醒地认识到，和平的大同世界要靠斗争来争取。中国和一切受殖民主义、帝国主义侵略奴役的国家民族，都应该团结起来，争取民族独立与平等，反对民族压迫和侵略，反对

---

① 《孙中山全集》第1卷，中华书局1981年版，第106页。
② 《孙中山全集》第1卷，中华书局1981年版，第560页。
③ 《孙中山全集》第2卷，中华书局1982年版，第453页。
④ 《孙中山全集》第6卷，中华书局1985年版，第252页。
⑤ 《孙中山全集》第1卷，中华书局1981年版，第211页。
⑥ 《孙中山全集》第9卷，中华书局1986年版，第230页。
⑦ 《孙中山全集》第9卷，中华书局1986年版，第230页。
⑧ 《孙中山全集》第2卷，中华书局1982年版，第389页。
⑨ 《孙中山全集》第9卷，中华书局1986年版，第229页。
⑩ 《孙中山全集》第6卷，中华书局1985年版，第394页。

国际关系中的强权政治，"共同用公理去打破强权，强权打破以后，世界上没有野心家，到了那个时候，我们便可以讲世界主义"①。孙中山晚年越来越看清，帝国主义和被压迫民族之间的斗争是不可避免的。1924年，孙中山发表《关于建立反帝联合战线宣言》，指出："帝国主义国家形成帝国主义联合战线，不但为压制中国自由运动及国民运动而奋斗，亦不但为压制亚洲弱小民族自由运动及国民运动而奋斗，且亦为压迫世界弱小民族自由运动而奋斗。"因此，他发出号召："起！起！速起！形成反帝国主义联合战线！"②在《对于中国国民党宣言旨趣之说明》中，孙中山提出："要反抗帝国主义，将世界受帝国主义所压迫的人民来联络一致，共同动作，相互扶助，将全世界受压迫的人民来解放。"③中国人不仅要为中华民族的独立而斗争，而且还要"用此四万万人的力量为世界上的人打不平"④，孙中山说："中国如果强盛起来，我们不但是要恢复民族的地位，还要对于世界负一个大责任。……中国对于世界究竟要负什么责任呢？现在世界列强所走的路是灭人国家的，如果中国强盛起来，也要去灭人国家，也去学列强的帝国主义，走相同的路，便是蹈他们的覆辙。所以我们要先决定一种政策，要济弱扶倾，才是我们民族的天职。我们对于弱小民族要扶持他，对于世界的列强要抵抗他。"⑤孙中山还试图从文化传统的角度来阐述他对列强推行强权政治的不满，和他对民族平等及在世界和平的追求。1921年11月28日，孙中山在日本神户发表演说中，就多次提到"王道"与"霸道"的概念。他说："东方的文化是王道，西方的文化是霸道；讲王道是主张仁义道德，讲霸道是主张功利强权。讲仁义道德，是由正义公理来感化人；讲功利强权，是用洋枪大炮来压迫人。"⑥因此，为了民族平等和世界和平，"西方之功利强权的文化，便要服从东方之仁义道德的文化。这便是霸道要服从王道，这便是世界的文化趋于光明"。孙中山还明确指出："我们现在所提出来打不平的文化，是反叛霸道的文化，是求一切民众和平等解放的文化。"⑦这说明，孙中山已经非常清楚地意识到，帝国主义压迫和帝国主义战争是对世界和平的最大威胁，是使世界上大多数国家和人民饱受痛苦和凌辱的真正根源。孙中山的这种见解，对于走向21世纪的世界政治，仍具有它的现实意义。

孙中山逝世已经66年，今天的中国和世界，与孙中山那个时代已有许多不同。孙中山的思想对中华民族的命运和前途将永远有着巨大影响，他关于中国在未来世界地位的构想，无论在今天还是在将来，都有极为重要的意义。毫无疑问，我们在迈步走向21世纪的时候，重温孙中山的有关论述，将会增强对中国和世界前途的信心，从而为中华民族和世界人类的未来作出更大的贡献。

原载《中山大学学报（社会科学版）》1991年第4期

---

① 《孙中山全集》第9卷，中华书局1986年版，第220页。
② 《孙中山全集》第9卷，中华书局1986年版，第23—24页。
③ 《孙中山全集》第9卷，中华书局1986年版，第126页。
④ 《孙中山全集》第9卷，中华书局1986年版，第226页。
⑤ 《孙中山全集》第9卷，中华书局1986年版，第253页。
⑥ 《孙中山全集》第11卷，中华书局1986年版，第407页。
⑦ 《孙中山全集》第11卷，中华书局1986年版，第409页。

粤籍人士与戊戌维新运动

李吉奎

一百年前,在列强的瓜分狂潮中,为救亡图存和振兴国家,一批志士仁人发动了一场被称为戊戌变法的维新运动。这场变法未能成功,但是,它具有巨大的政治影响和深远的历史意义。百年沧桑,国家经历了翻天覆地的变化,回顾戊戌变法的历史,直面新世纪的到来,实在有催人奋进的作用。

戊戌维新(变法)运动,通常是和康梁的名字联系在一起的,这点诚然不错。不过,当我们深入查考这场运动的参与者的时候,就会发现数量相当可观的粤籍人士与这场运动有关联。其中既有参加者、支持者、推动者;也有先是支持而后来反对者;更有始终坚持顽固立场的反对者。另外,还有一批非粤籍人士,他们因父祖辈仕宦广东,或出生岭南,或随宦所在,在广东度过了他们的青少年时代,交游就学,潜移默化,思想意识与近代广东人别无二致,同样也积极参加了维新运动。①本文拟就粤籍和相关人士在维新运动中的作用,从四个方面作简要介绍。

一、在广东成长的一批外省籍维新派人士

近代广东的社会环境较具特殊性。广东是最早受西方殖民主义者侵略的地区;它毗连港澳,容易接触西方思想文化;西方传教士在广东城乡积极活动;华工大批出国,到19世纪末,在海外许多地区形成了华人社区,华侨成为当时中外文化经济交流的重要纽带。世纪之交,风气丕变,新思想通过新闻媒体在岭南广泛传播。广东既得风气之先,促使知识界躁动,先进之士便较早地探索拯救国家前途命运问题。从早期维新派郑观应、何启、胡礼垣,到戊戌时期的康有为、梁启超等人,都表现出巨大的智慧和理论勇气。认识到了这种社会历史环境,就不难理解,何以粤籍人士能在戊戌维新运动中扮演重要的角色。

近代广东人文兴盛,与陈澧、张之洞重视文化教育颇有关系。陈澧是岭南儒学大师,他于1867年创办菊坡精舍,成才弟子有广西于式枚、江西文廷式等人。张之洞于1884年督粤后,改办广东水陆师学堂,又创办广雅书院,作为当时两广最高学府,以梁鼎芬为首任山长。1877年,文廷式与鼎芬论交。编修张鼎华,为鼎芬舅父,由是亦与文廷式成友好。文氏以世谊故,与广州将军长善及其嗣子志锐、侄志钧熟稔,得偕张鼎

---

① 文廷式、汪康年、张元济等与广东关系密切的非粤籍人士,由于他们在变法过程与本文叙及的粤人来往密切,故将他们一起加以论述。

华、梁鼎芬、于式枚结交长善。此时，文氏又因张鼎华之中介结识李文田、康有为等人。文于黄遵宪亦为知友。文氏热衷洋务，1889年前后，居住在北京，曾授志钧的两妹读书，此二人即光绪大婚后的瑾、珍二嫔。因有这种关系，文氏为光绪所重视，官至侍读学士，于政事多所奏陈。

1863年，浙江人汪康年随父到广州，时年4岁。他的家族内多人如堂兄汪大燮等已在广东生活两代。汪康年直到25岁才最后离开广东，他熟悉广东的社会环境。他和汪大燮有许多广东朋友。1889年浙江杭州己丑恩科乡试，大燮、康年与鹏年三人俱中式，主试为顺德人李文田。康年昆仲三人对其"顺德师"一直极为尊敬。次年，会试报罢，康年即入湖广总督张之洞幕。张幕人才极一时之盛，汪氏与之纳交，其中即有番禺梁鼎芬。①1896年8月，汪康年、黄遵宪、梁启超等设《时务报》于上海，是为海内媒体公开鼓吹维新之滥觞。1897年，汪大燮就粤籍京官总署大臣、户部左侍郎张荫桓西席，宾主相处甚好，大燮即于戊戌年进士及第。

戊戌维新运动的积极参与者张元济，是浙江省籍而出生于广东者，其母且为粤人。张元济至14岁始由其母携全家自粤返海盐故里。在《岭南诗存跋》中，自谓对粤地风俗，数十年后尚记怀犹新。1896年，他考取总署章京第一名，为大臣张荫桓所器重，又加以维新倾向一致，颇投合，时有二张之说。元济经由张荫桓引见李鸿章，张荫桓1898年6月15日日记称，是晚李鸿章、康有为、张元济在颐和园外善缘庵共进晚餐，鸿章且在荫桓该寓所借宿。从张元济《戊戌政变的回忆》中，可知其对鸿章印象殊佳。②

在变法期间从侍郎擢为礼部尚书的李端棻，贵州人，在主广东乡试时激赏梁启超，以从妹妻之，他也是变法的积极支持者。此外，浙江吴兴沈曾植、曾桐兄弟，因其叔宗济曾经在两广任职，也与广东有一定的关系，也是变法运动的参与者。

上述有关人士，都在变法运动中起过不同的作用；他们与粤籍人士如康梁、黄遵宪等人，或分或合，其关系实密不可分。

二、康有为、黄遵宪同梁鼎芬始合而终分

戊戌维新运动开始时，康梁师徒、黄遵宪与梁鼎芬，在许多观点上是相近的。他们的变法主张，可能在很大程度上渊源于早期维新派的同乡前辈。

早期维新派的几位思想家，如容闳、何启、胡礼垣、郑观应等人，都在全国范围内有一定的影响，其中郑氏思想最具代表性。郑氏的著作《救时揭要》《易言》以及1894年刊行的《盛世危言》，真实地反映出中国民族资产阶级早期维新思想的发展水平与政经等方面的要求。郑观应在政治上反对封建君主专制，要求君主立宪，他是最早明确

---

① 梁鼎芬与康有为常有往还，且诗歌酬唱。梁与文廷式、于式枚（广西贺县人，李鸿章心腹幕僚）关系特别密切，至有不可理解者。于式枚与康亦故交，据《康南海自编年谱》所记，1898年6月间，"时八股士骤失业，恨我甚，直隶士人至欲行刺。于晦若至，属吾养壮士，住深室，简出游以避之。吾笑而不避也"。据康有为说，张之洞（香涛）梁鼎芬（星海）与康分离（"香涛以论学不合背盟"），是在1896年1月封禁强学会之后，不过，同年8月张仍支持出刊《时务报》，张、梁真正表示政见异于康梁，应是在《劝学篇》发表之际。

② 张树年主编：《张元济年谱》，商务印书馆1991年版，第17—18页。

提出在中国设议政制度之一人，倡议"立议院，达民情"，实行"君民共主"，以"张国势"。在经济上主张民办工商业，发展资本主义，反对"官督商办"。他强调与列强的"商战"，主张收回海关主权，提出加重进口税等项保护本国工商业主张。文化上主张倡西学，造就人才，兴学校。国防思想方面，主张"防外侮更重于防内患"，御外以"防俄宜先"。①《盛世危言》曾不断补充刊刻，广为发行。1895年4月，广东顺德人、江苏藩司邓华熙将该书上呈光绪。同年6月，盛宣怀告知郑氏，皇上饬总署将该书刷印二千部，分送臣工阅看。次年，邓华熙擢皖抚，嗣后曾两次向光绪推荐郑观应，显然有意支持光绪变法。不过，郑观应对任职朝廷似乎缺乏兴趣，他曾向翁同龢表示"藏拙不用"之意。实际上，他在变法之际也仅是同情维新运动的政治实践，并无参与的打算。光绪在1898年6月16日召见康有为，在此之前，康问计于郑："政治能即变否？"郑答："事速则不达，恐于大局有损无益。"②郑氏看出变法成功希望极微，故未积极介入。不过在政变发生之后，他同情受迫害者，曾交给何穗田一百元，让其转给康氏家属，并规劝康氏门人之在沪上者他往，以保护才智之士。

康有为走上变法维新道路，离不开他生活学习的社会环境。据其自编年谱记述，1879年，时年22岁，他在杂读中国载籍之余，还读了一些介绍西方情况的书籍与西书数种，又"薄游香港，览西人宫室之瑰丽，道路之整洁，巡捕之严密，乃始知西人治国有法度，不得以古旧之夷狄之。乃复阅《海国图志》《瀛寰志略》等书，购地球图，渐收西学之书，为讲西学之基矣。"1882年，在顺天乡试后南归途中，"道经上海〔见上海〕之繁盛，益知西人治术之有本。舟车行路，大购西书以归讲求焉。""自是大讲西学，始尽释故见。"既讲西学，进而讲求社会变革，也就顺理成章了。他在阐发公羊学时，"推孔子据乱、升平、太平之理，以论地球"。他宣传所谓孔子托古改制，作为其实施变革的一种手段，1888年第一次上清帝书，即亟言时危，请及时变法，这是康氏希望将其理论变成实际的第一次尝试，但是，上书未能上递。他的主张广被传播，是1895年的《公车上书》（上清帝第二书）。这是一次联合广大士子上书请愿的行动，标志着维新派正式登上政治舞台。上书援引《公羊》之义，虽然强调"道学"（孔孟儒学）一科为"教民"之法，实际却是陈述变法条例，提出维新派的救国纲领。

康有为的变法主张与政治思想，通过其七次上清帝书与《日本变政考》《俄罗斯大彼得变政考》等书及各奏折全面地表达出来。到1898年6月11日光绪"诏定国是"之前，他已概括地阐述了政治改革的各种计划与步骤；进入变法阶段，通过其本人的奏折、代他人草拟或授意他人所上的折片，更是将变法内容具体化，数十件奏疏，涵盖了政治、经济、军事、文化教育等方面。

维新运动从酝酿、起步，逐渐走向高潮，是一个曲折的过程。早在1895年11月，康有为在张之洞、梁鼎芬、黄遵宪、汪康年等人的支持下，在上海、北京先后设"强学会"，出版了《强学报》，旨在讲学术、成人才、挽世变。次年1月21日，御史杨崇伊

---

① 夏东元编：《郑观应集》（上册），上海人民出版社1988年版，第314—316，626，245，902，774页。

② 夏东元：《郑观应传》（修订本），华东师范大学出版社1985年版，第169页。

参劾该会"植党营私",京沪两会即被封禁。8月7日,《时务报》在上海创刊①,它与澳门《知新报》、长沙《湘学新报》成为维新运动重要喉舌。

《时务报》创办的最初发起者系黄遵宪。当康有为开上海强学会时,梁鼎芬代表黄氏签名入会,黄氏随后结识康有为,自是朝夕过从,无所不语。黄氏既愤学会之解散,图谋再振,拟从报馆开始,乃邀汪康年、梁启超等议,商讨宗旨,制订章程。黄且捐千元为开办费,并为筹划经费。《时务报》由汪康年任经理,梁启超任主笔。该报以变法图存为宗旨,在新进士子、开明官僚中颇具影响力,一时煽起讨论政治问题与社会问题的热潮,大力推动了维新运动。黄遵宪在1877年至1882年间曾任驻日使馆参赞,撰有《日本杂事诗》二卷,1879年由总署首次刊行;1890年,所著《日本国志》四十卷刊世。此书虽系学术著作,但研究日本历史,极为广博,尤其叙述明治维新以来变化,极力主张效法日本改革。1898年初,光绪帝令枢臣进《日本国志》,继再索一部。当时读后对日本维新有深刻印象,6月,再次诏黄遵宪来京陛见,并命为驻日使臣。黄因病在沪未即北上就命,旋政变作,遭株连,放归嘉应州故里。

黄遵宪之在戊戌政变中险遭不测,实原于支持湖南巡抚陈宝箴进行变法,政变时御史黄均隆劾黄遵宪与张荫桓结为师生、奸恶与谭嗣同等。1897年7月,黄氏赴湖南长宝盐法道任。既履任,兼署湖南按察使。当时陈宝箴锐行新政②,其助之最力、居功最伟者,即黄遵宪。凡所措施,如保卫局、迁善所、整顿刑狱、课吏馆、时务学堂、南学会、湘报馆皆次第举办,前四项皆由黄氏直接主持。③黄与陈抚"戮力殚精,朝设而夕施,纲举而目张,皆以养民力、倡民智、开民智、伸民权为主。"陈抚极重黄氏才能,凡有举措,悉咨询而后行。④黄氏曾推荐康有为来湘主持时务学堂,但陈三立主张聘请梁启超。梁入湘后,助设南学会于长沙,推黄氏主讲政教。黄氏还任《湘学新报》督办,赞助《湘报》发刊。湖南变法的实施遭到湘中顽固保守势力的攻击,谓"自黄公度观察来,而有主张民权说","我省民心,顿为一变"。⑤湖广总督张之洞极为关注湖南的形势,他曾电示陈宝箴、黄遵宪,敦促他们注意提倡"君权与民权两重"的言论,"防其远近煽播",否则"必致匪人邪士,倡为乱阶",意在推翻湖南变法局面。在内外交攻之下,湖南一省欲求推动新政成功,是不太可能的。难怪当黄遵宪奉命他迁,陈宝箴"别时于湘舟中洒泪满袖,云相见无时"⑥,已预感到变法难望成功。

---

① 《时务报》发刊后不久,就发生汪康年为否定强学会与《时务报》的关系而与黄遵宪、梁启超等人的纠纷,又掺进汪赴日本会见孙文,黄遵宪等欲藉机揭发之事,后以驻日公使裕庚未返国,张荫桓亦不欲因此"兴大狱"而止。但汪与黄、梁已成水火,汪之举措,实出于张之洞的支持。

② 据陈寅恪记述,当时之言变法者,盖有不同之二源,未可混一论之,其祖陈宝箴之主变法,是"历验世务欲借镜西国以变神州旧法者",与康有为治今文公羊之学,附会孔子改制以言变法,本自不同。(《读吴其昌撰梁启超传书后》,载《寒柳堂集》,上海古籍出版社1980年版,第148—150页)

③ 吴天任:《清黄公度先生遵宪年谱》,台湾商务印书馆1985年版,第120页。

④ 吴天任:《清黄公度先生遵宪年谱》,台湾商务印书馆1985年版,第123页。

⑤ 宾凤阳等:《上王益吾院长书》,引自汤志钧《戊戌变法人物传稿》(增订本)上编,中华书局1982年版,第413页。

⑥ 吴天任:《清黄公度先生遵宪年谱》,台湾商务印书馆1985年版,第150页。

在戊戌维新运动中，梁鼎芬的活动值得研究。梁氏入张之洞幕，在两广、湖广和两江，均助张之洞办学，名声甚著。在张授意下，由梁鼎芬出面与康有为组织强学会，梁还与汪康年、黄遵宪、梁启超等发刊《时务报》。对陈宝箴、黄遵宪在湘推行新政，张之洞初无成见。但当张发现梁启超主笔的《时务报》文章立论"悖谬"时，即授意梁鼎芬致函汪康年，予以警告。湖南顽固势力攻击新政，梁鼎芬也跟着抨击，他致函王先谦，说"四夷交侵，群奸放恣。于是崇奉邪教之康有为、梁启超乘机煽乱，昌言变法。恰有阴狡坚悍之黄遵宪、轻谬邪恶之徐仁铸，聚于一方，同恶相济，名为讲学，实与会匪无异"，"邪恶暴作，使湘有无穷之祸，粤有不洁之名，孰不发指"。他要求王先谦诸人，"誓戮力同心，以灭此贼"①。此函殆发于政变之前，张之洞、梁鼎芬之所以亟亟于与变法运动划清界线，目的不言而喻。实际上，张之洞、梁鼎芬对朝廷政治动向，无时不密切注视。自文廷式被革职②，翁同龢被撤毓庆宫差③，顽固派打击光绪变法，已见端倪。张之洞为洗涮与维新运动的关系，采取一个重要举措，便是炮制《劝学篇》。刊刻此书，据张自称，是辟邪说，激忠爱，摧横议，实际则如刘厚生所言，张之洞为脱离康党，急与梁鼎芬制《劝学篇》，以呈皇太后，以此不及祸。④果然，当该书由张氏门人黄绍箕进呈之后，以其"会通中西，权衡新旧"的表面形式和强调"激发忠爱，讲求富强，尊朝廷，卫社稷"的用心，受到两宫的肯定，且挟朝廷之力，风行海内，张氏也在政变中得以无事。梁鼎芬还在政变发生后，发表《康有为事实》的长文，沥数康氏三十二条罪行，称其为"妖孽"，其教"邪淫奇谬"，其说"怪谬"，其人"躁进无品"，"谄谀卑贱"，"招摇撞骗"，"学术至浅至谬"，"操守至贪，心术至劣"，"不过一贪鄙狂悖，苟图富贵之人"。⑤其实，梁氏与康有为不但合作过，过去对康也是颇为尊敬的，他曾有诗遗康，如在《赠康长素布衣》中写道："九流混混谁真派，万木森森一草堂；岂有疏才尊北海，空思三顾起南洋〔阳？〕。"⑥但一旦决裂，便恶言相加，极力粉饰炫耀，以图摆脱自己与维新运动的关系。这是中国政坛常用的一种自我保护的手法，并非是出于为"我广东人"（按梁鼎芬语）殉之之类的用心。

三、张荫桓与许应骙政见异趣，结局亦不相同

维新运动要对传统进行变革，变革势必会使统治阶级失去若干权益。维新运动能否进行下去并取得成效，关键是朝廷意见是否一致，决策能否付诸实施。光绪希望通过变法，救亡图存，使国家臻于富强，但他所能倚为助力的大臣仅有翁同龢与张荫桓二人。翁氏在被开缺之前，已向光绪表示对康有为的不信任，认为康氏的孔子改制说，其居心

---

① 见《戊戌变法人物传稿》下编，第595页。
② 文廷式被革职、驱逐回籍是在1896年3月30日，直接原因系杨崇伊劾其于松筠庵广集同类，互相标榜，议论时政，联名执奏，并与太监文姓结为兄弟，上谕称其遇事生风，语多狂妄。参劾、革职文廷式是打击帝党之举措。
③ 翁同龢罢毓庆宫值，在1896年2月25日。翁密荐康有为，支持北京强学会，亟欲辅光绪筹画新政。撤南书房，实系西太后防止光绪与翁氏师徒密切接触之措施。
④ 刘厚生：《张謇传记》，上海书店影印1985年版，第100页。
⑤ 见汤志钧：《乘桴新获》，江苏古籍出版社1990年版，第63—70页。
⑥ 见《戊戌变法人物传稿》下编，第594页。

叵测。在6月15日翁氏开缺回籍之后，光绪所信任且可帮助他变法的大臣，便仅剩总署大臣、户部左侍郎兼署吏部侍郎（3月28日公布）张荫桓了。

张荫桓（字樵野）是广东南海人。有关张康之间的关系，记载不少。王照说："是时德宗亲信之臣，以张荫桓为第一。"又说，"是时张荫桓蒙眷最隆，虽不入枢府，而朝夕不时，得参密勿，权在军机王大臣之上，康先生与荫桓至厚，闻余调查贿保张上达案甚亟，特来阻止曰：樵野是皇上的人，不可参也"①。贻谷（国子监司业）称："张荫桓与康有为往来最密，通国皆知，康有为时宿其家，无异家人父子。数月以来，种种悖逆，张荫桓与康有为同恶相济。"②胡思敬认为，"（康）进用之初，唯张荫桓以同里，日与之游，常以总署密情相饷。二人称服泰西，私相褒重。尚书许应骙、副都御史杨颐以下，视之蔑如也。时粤人官京朝者，唯应骙位最崇，守旧最坚。"③康有为欲结识翁同龢，也是由张氏引介的。张氏确实曾经将康有为密荐给光绪。④所以，康有为受知于光绪，虽有多种渠道，但张所起作用，则是不容低估的。

张荫桓是捐班出身，属于杂流。以杂流而历迁五部侍郎，已为循正途而达高位的官僚如李鸿藻等所嫉忌。但他先后为李鸿章、翁同龢所重视，被两宫所宠用。他在总署是唯一通英语能办交涉之人。有的论者说："南海张侍郎曾使外洋（按指曾任驻美秘西三国大臣，1897年又奉使赴英贺英女王维多利亚即位六十周年典礼），晓然于欧美富强之机，每为皇上讲述，上喜闻之，不时召见。其为人虽无足取，然启诱圣聪，多赖其力。朝中守旧诸大臣皆忌之，呼翁为老奸巨猾，呼张为汉奸。"⑤尽管张氏屡遭弹劾，但是光绪始终相信他，李鸿章也说张氏"深结主知"。光绪需要从张荫桓那里了解外界情况，故不时单独召对，据张荫桓戊戌日记，从1月22至8月28日，单独召见总计达24次。光绪也需他主持与外国谈判，英国公使认为他是"目下北京唯一懂得洋务的政治家"，乃是沟通中外的重要渠道；更重要的是光绪还需要张荫桓支持他变法。张氏代康有为上条陈，他本人也上陈改革的奏疏，还提供有关改革的资料，实际称为康等维新派人士与光绪的联络人，即所谓"手令不时颁下，说帖时有进呈，南海张侍郎曾代传二三次，皆笔墨所不能表达者"⑥。因为他主张朝廷用新礼仪（握手、赐座之类）接待外宾，成为他受攻击的借口。在这种情况下，张荫桓去帮助光绪变法，更危机四伏了。7月2日、8月22日，许应骙、盛宣怀先后向张荫桓劝退，但他做不到，自谓对皇上虽"曲体捐縻预踵，不足言报也"。

张荫桓从一开始就介入维新运动，是变法的积极参与者与秘密策划者。当北京强学会遭封禁，改成官书局时，他从总理衙门的需要出发，即向沈曾植表示，可月拨千金，

---

① 王照劾张荫桓奏稿案语，《戊戌变法》丛刊本（二），第356页。
② 《国子监司业贻谷折》，《戊戌变法档案史料》，中华书局1958年版，第469页。
③ 胡思敬：《戊戌履霜录》，《戊戌变法》丛刊本（一），第375页。
④ 祁景颐《䕃谷亭随笔》（《近代稗海》第13辑，四川人民出版社1988年版）第124页所记："康南海之进身，外传翁文恭所保，其实由于侍郎密荐也。"张荫桓《戊戌日记》（刊《广州师院学报》1987—1988年各期），便多次记录张荫桓与康有为来往事，7月8日记录，是日康在张宅，恰好许应骙来，弄得张很被动。这段日记，张氏稍后进行了涂改。
⑤ 苏继祖：《戊戌朝变纪闻》，《戊戌变法》丛刊本（一），第331页。
⑥ 苏继祖：《戊戌朝变纪闻》，《戊戌变法》丛刊本（一），第331页。

借用会同四译馆，选译各国新报，拟赶年内开复，"若千金不敷，当再为续筹"，甚至欲将官书局悉照官学办理，自任提调。①张氏还支持张元济等人创办通艺学堂。1897年初，张元济与陈昭常、张荫棠、何藻翔、曾习经、周汝钧（以上皆粤人）、夏偕复等，在英文学馆基础上，联合集资，筹设西学堂，呈请总署提倡。对此，"张荫桓最为热心。约了同僚数人，联名写信向各省督抚募捐，一共捐了好几千元"②。同年9月，西学堂改名通艺学堂，政变后，并入京师大学堂。张元济对荫桓有知遇之感，政变后荫桓获严遣发配新疆出京时，9月30日，元济还到西郊去送别。

张荫桓是勇于任事的大员。变法期间，6月下旬，朝廷收到多件弹劾张氏的折子，特别是胡孚宸奏折，称租借胶澳、旅大、威海各事皆由张氏主持，尤甚者借款图私利，不借便宜之债，而借扣息极重之债，与翁同龢朋比，翁既获咎，若不予张重罚，无以对翁，云云。慈禧见折后盛怒，决定6月23日查抄拿办。不过这个决定最后取消了。尽管受此恐吓，张荫桓还是积极办事，决不言退。光绪需要他办事，指示礼亲王："尔传谕张荫桓不必忧虑。"8月22日，设矿务铁路总局，命令王文韶、张荫桓专理其事。这个新机构实际是张荫桓专理。张起草章程，建立机构，据8月7日张氏日记："午后伯棠（汪大燮）来晤，以现草路矿疏稿示之，谓余将开罪于现办铁路之人，余亦不暇计也。"这些言论，有点揽权的意味，但从支持光绪变法来理解，不也同样合适吗？这个路矿总局，在政变之后仍然存在，应当承认张荫桓是有功劳的。

在清除了翁同龢之后，西太后及顽固派势力将打击力集中在张荫桓身上，张氏自谓"谤书盈匣"。到6月22日为止，参劾张氏的折子达6件之多，即，贻谷、王廷相、徐桐、于荫霖、王鹏运并胡孚宸。如前所述，西太后面对这些折子，显露"不测威怒"，她下令英年、崇礼查抄张氏，又批示从海外调回许景澄，准备取代遗缺。但满天乌云，突然吹散，究其原因，李岳瑞《春冰室野乘》说是"以荣禄力谏而止，实则荣禄别有用心，非为侍郎乞恩也"③。按此说有可疑之处，荣禄在北洋任所，不在北京，仓卒之间，如何力谏？倒是刘声木《异辞录》所记近似。该书记述："是日（按6月23日），慈圣驻跸颐和园，召见庆邸、刚毅、廖寿恒，皇上侧侍。太后问曰：张荫桓遇事专擅，弹劾者众，尔等有所闻否？庆邸曰：总理衙门惟荫桓一人称能，以此招忌，容或有之。慈圣怒曰：若荫桓死，将如之何？皆莫敢对。移时，慈圣色稍霁，曰：予知荫桓能，所询者专擅之迹耳。庆邸曰：荫桓在总理衙门，遇事有与同官商者，有径自决者。荫桓与外人私交往来行踪诡秘，局外不得而知。太后顾谓皇上曰：其严斥荫桓，使知警戒。"④从这则记载可以看出，西太后之所以未敢匆遽收拾张荫桓，可能是条件不成熟，仍需他办事，且恐牵动外人，故从暂缓办。不过要处置荫桓，决心是下定了的，而且要与康梁一起处理。王照谈到荫桓罪行之一，则是挑拨太后与光绪的关系，"两宫不合，半系此人离间"。若断言张荫桓挑拨两宫，似嫌证据不足。但荫桓支持光绪变法，

---

① 《汪康年师友书札》（一），上海古籍出版社1986年版，第721—723页。
② 《张元济诗文》，商务印书馆1986年版，第234页。
③ 李孟符：《春冰室野乘》，山西古籍出版社1996年版，第137—138页。
④ 刘声木：《异辞录》卷3，上海书店1984年影印，第43页。

则肯定不为西太后所乐见,故说者认为"太后深恶张侍郎蛊惑皇上,定欲杀之"①,便是这个意思。

戊戌维新时期,广东人任职北京者不乏其人,但任重要职务者则甚少。当时职务最高的粤籍京官是番禺(今广州市)人、总署大臣、礼部尚书许应骙。1896年初去世的李文田(曾任礼部侍郎、南书房行走、侍读学士),是张荫桓的亲家,他与许应骙同样是保守派人物。许、李二人对康有为均印象极劣,曾扣压康有为1888年末、1895年春的两次上书。关于1888年上书事,据康有为自叙,是"时适冬至,翁(同龢)与许应骙、李文田同侍祠天坛,许、李交攻,故翁不敢上。时乡人许、李皆位侍郎,怪吾不谒彼。吾谓彼若以吾贤也,则彼可来先我,我布衣也,到京师不拜客者多矣,何独怪我?卒不谒,故见恨甚至也"②。

但是,许应骙的说法却完全不是这个样子。6月20日,宋伯鲁、杨深秀合疏参劾许应骙欲将经济科归并于八股等事,上谕饬令许氏按照所参各节明白回奏。许氏在22日奏复中说到:"原奏又称臣接见门生后辈辄痛诋西学,遇有通达时务之士则疾之如仇一节。窃臣世居粤峤,洋务夙所习闻,数十年讲求西法,物色通才……初何尝痛诋西学?该御史谓臣仇视通达时务之士,似指工部主事康有为而言。康有为与臣同乡,稔知其少即无行,迨通籍旋里,屡次构讼,为众论所不容,始行晋京,意图幸进。终日联络台谏,夤缘要津,托词西学,以耸听观,即臣寓所已干谒再三,臣鄙其为人,概予谢绝。"许氏又说:"嗣在臣省会馆私行立会,聚众至二百余人,臣恐其滋事,复为禁止,此臣修怨于康有为之所由来也。比者饬令入对,即以大用自负,向乡人扬言,及奉旨充总理衙门章京,不无觖望。臣在总署有堂属之分,亟思中伤,捏造浮辞,讽言官弹劾,势所不免。""今康有为逞厥横议,广通声气,袭西报之陈说,轻中朝之典章,其建言既不可行,其居心尤不可测,若非罢斥驱逐回籍,将久居总署,必刺探机密,漏言生事,长住京邸,必勾结朋党,快意排挤,摇惑人言,混淆国事,关系非浅。臣疾恶如雠,诚有如该御史所言者。"③许应骙"素以不学名,语言甚鄙"著称,④顽固保守,反对变法,光绪终于把许和礼部满大臣怀塔布等一起开缺,命李端棻继任礼部尚书。许在奏复中提到康有为"夤缘要津",系指康走张荫桓门路,由此亦可知同官总署,从张氏戊戌日记中还记载他们关系十分密切,但是许、张政治态度显然有异,政变后他们二人宠辱不同,也就不难理解了。

当时任副都史的杨颐,字蓉浦,广东茂名人,政变后擢兵部左侍郎。居京时与张荫桓亦有往来,为甲午科会试同考官。康有为、梁士诒、顺德李翘芬(拔予)、南海程友琦、桂坫、新会陈昭常等粤籍士子同科进士。如此,杨与康实有师生之谊,而康视杨亦"蔑如",则可知杨颐亦属守旧之大吏。由于康有为的学术观点与政治主张在粤籍京官

---

① 苏继祖:《戊戌朝变纪闻》,《戊戌变法》丛刊本(一),第349页。
② 《康南海自编年谱》,第15—16页。李文田与许应骙(筠庵)是否曾一起打击康,缺乏他证。汪大燮函康年称:"师(李文田)与许筠老、张樵野诸人皆不相能。"(《汪康年师友书札》(一),第654页)
③ 朱寿朋:《光绪朝东华录》(四),中华书局1984年版,总4100—4101页。
④ 李慈铭:《越缦堂日记》,光绪六年四月廿七日所记。

中得不到认同，当然也就不能指望获得他们在政治上的支持了。老博士容闳当时亦在北京，他的三条胡同金顶庙寓所几乎成为维新派人士的会议场所。政变发生后，他惧怕涉嫌"康党"，不得不逃往上海。

张荫桓被认为是把持朝局之人，他被严谴前最后一次政治活动，是接待日本前首相伊藤博文。维新派有人建议聘伊藤为客卿，刚好变法期间他来华访问，当然更引起顽固派的怀疑，张荫桓认为其被祸即由于此："此次伊藤系自来游历，至京时来见我，我遂款以酒筵。伊藤觐见，又系我带领，时太后在帘内，到班时，我向伊藤拉手，乃外国礼，而太后不知。上殿时挽伊之袖，对答词毕，又挽伊袖令出，就赐坐，太后皆见之，遂疑我与彼有私。及后有康结日本谋劫太后之说，太后愈疑我矣，夫复何言。"①光绪接见伊藤是9月20日。翌（21）日政变发生（另有记载太后在19日晚已发动了政变，对外表面无事，一切照常）。23日，西太后还"若无其事"地令张荫桓为伊藤订制宝星（勋章），但24日即逮捕了张荫桓。在日本代理公使和英国公使干预下，清廷没有杀张，且自己找了一个台阶下，称张氏"尚非康党"。张氏被捕后，遭到刑部主事区某的虐待，由刑部至兵部，辗转点解，不堪其苦，据陈夔龙记述："方侍郎之获谴也，时在戊戌八月十五日，由刑部解赴兵部遣戍新疆。刑部司员押解侍郎者，为其同乡区君。此君夙与侍郎不相能，匿怨已久，特在部求派押解差使，计由提审而司而堂，经历五六处。区君坐堂点解，不肯稍留面子，侍郎亦无如之何。""怨毒之于人甚矣，可不惧哉！余送区君出，即往（兵部）司堂东偏屋内慰问侍郎。侍郎满面流泪，并云：我非康梁一党，不知何以得此重谴。"②张荫桓在朝得罪之人极多，李鸿章便认为自己7月间被逐出总署，系张氏从中播弄所致，说此人若不获严谴，是无天理。所以区某之报复荫桓，也就不足为奇了。

张荫桓是不是康党？从推动、支持、参与变法来说，是属康党。即推荐康有为，代上条陈，来往密切，为沟通光绪与康有为等出力，可说是维新同志属于一党。连李鸿章都向太后说："主张变法者即指为康党，臣无可逃，实是康党。"③但是，康有为、谭嗣同等人要采取暴烈行动对付太后，以扭转败局，对身居高位的张荫桓来说，不会也不可能参与此事，这些人是康党，若把张荫桓作一例看，予以严谴，当然就有点冤枉，故荫桓要辩白自己不是康党，以求从宽处理。

四、刘学询参预疏请训政，且自荐赴日"除康"

在变法期间另一位活跃在北京的广东香山人刘学询（字问刍），也值得一叙。学询进士出身，在广州以操纵"闱姓"赌博，名声极坏，被参革功名，戊戌前已开复。他与康有为有积怨。张荫桓日记称，8月14日，"刘问刍自沪来，谈商务甚透辟，深以卢汉假比（比利时）款为误"。18日又记，"晡后约李木斋（盛铎）、刘问刍晚饭，藉可畅谈"。邓之诚《戊戌政变实录》收入两封蔡金台（字燕生）致李盛铎的信，从中有关刘

---

① 王庆保、曹景郕：《驿舍探幽录》，《戊戌变法》丛刊本（一），第495页。
② 陈夔龙：《梦蕉亭杂记》，《近代稗海》第一辑，四川人民出版社1985年版，第330页。据《康南海自编年谱》，第63页，此刑部主事为区震。
③ 见《戊戌变法人物传稿》下编，第548页注10。

学询部分，可见其活动情况。蔡、李均江西德化人，编修，李则刚离京任驻日公使。

蔡氏11月6日（九月二十三日）信上说："自七月下旬，即得至确之耗于云中（按云中为谁，不详），且属为之谋参奏。以告再芸（华晖），不之信，且行急无暇，间语问亘，则问亘已数言于清河（按张荫桓），已拟发矣。而庆邸言宫中固无恙，遂复止，乃转以属之杨莘伯（按崇伊）。盖惜足下之不与也。"这里是讲杨崇伊之疏请训政的最早过程之密谋及9月26日（八月初五日）夜太后入宫，令崇礼缉捕群党事，"其时宋伯鲁尚递折保康广仁"，"广仁以为于己无关，尚倘徉于南海馆，遂为逻者所得"。"是日，大索康有为于清河第中，逻候尽日夕不少休。""至六日清晨，又闻捕四京卿及徐杨矣。饭后至问亘处告之，尚以清河无端受惊为笑。未几又闻崇传清河去内问话，缇骑布满街衢，忽问亘仓黄拉我上车出城。"刘学询虚惊一场，但证实张荫桓已交部。该函随后叙述了政变其他内情。邓之诚认为蔡金台亦在事之人，所言较为得实。

蔡氏11月8日（九月二十五日）另函又讲到，张之洞"图入军机，亦由问亘怂恿"，王之春导之，春间连文仲之来京，即是为此。王、连通于荣禄，事为翁同龢所阻，荣责翁一掌遮天，后来翁之被逐，邓之诚认为"荣与有力"焉。①

上述两函，说明刘学询是戊戌时期一个兴风作浪的人物。11月19日（十月丙戌、初六）清廷发布上谕："知府衔刘学询、员外郎庆宽，均著自备资斧亲历外洋内地考察商务。"②这个上谕，实际是政变之后刘学询向刚毅自荐能"除康"而发的，经批准，有1899年夏天刘、庆日本之行③，但当他们到达日本时，康有为已不在日本，自然也就未完成"除康"的使命。刘返国不久即由朝廷下令交李鸿章差使，这已经进入另外一个研究课题了。④

粤籍京官，还有一批不太活动或对变法态度消极的人。例如，南海人戴鸿慈（字少怀）与三水人梁士诒（字燕孙，当时任武英殿及国史馆协修），便可作代表。1895年，康有为以徐用仪（军机大臣，总署大臣）在政府，"事事阻挠"，欲去之，六月九日（7月30日）草折，"觅戴少怀庶子劾之，戴逡巡不敢上"，乃与御史王鹏运言之，十四日（8月4日）始以王名义递上。⑤据张荫桓戊戌日记，梁士诒与张亦有交游，但他对变法却不以为然。据梁士诒年谱载："夏秋间，梁卓如来往京沪，时与先生会晤，渐闻变法之论。先生尝语卓如曰：'我辈自甲午公车上书，知中国今日非变法不可。然法如何变，非先有慎密之布置不可；若轻于举动，一击不中，必生他变，转成痼疾。'卓如不省。先生亦不复言。"⑥案二梁原系小时在佛山书院同学，在北京颇有往来，故有此劝。但这种规劝不会有任何效力，因为即使梁启超对其举动欲有所收敛，康有为也不会允许，何况，梁启超正热衷于维新事业，正所谓如悬崖滚石，不达目的决不会中途

---

① 邓之诚：《骨董琐记全编》，北京出版社1996年版，第602—604页。
② 《光绪朝东华录》（四），总4258页。
③ 有关刘学询请求"除康"活动内幕，以及刘成为李鸿章幕僚后的情形，可参见拙文《孙中山与刘学询》（刊中山大学学报编印《孙中山研究论丛》1987年号）。
④ 同上。
⑤ 《康南海自编年谱》，第29页。
⑥ 岑学吕：《三水梁燕孙先生年谱》上册，台北文星书店影印，第30—31页。

止歇。

　　总之,在戊戌维新运动中,粤籍人士所起的作用是巨大的,政变发生以是否"康党"为惩处标准,即可知康有为在其中的地位。康梁等人与翁同龢、张荫桓等的合作,出发点不尽相同,但目的大体是一致的:救亡图存,富国强兵,是维新运动的宗旨。

　　由于变革触动了保守势力的利益,他们不但拒绝康有为孔子改制的变法理论,也鄙薄康氏人品,尤其当维新派要采取对西太后不利的行动之际,发动一场政变,严厉对付康梁党人,便不可避免。①康广仁被杀,康氏门人纷纷走避。张荫桓被查抄(1900年,"用事者"又矫诏诛杀在新疆流放中)。②康梁逃亡海外,继续进行保皇立宪活动。1899年12月19日,清廷命李鸿章署理粤督(旋实授),陛辞时,太后令鸿章赴任后责在"除康"。但他到了广东,对这个任务敷衍了事。他甚至在梁启超亡命日本之初,就托返国的伊藤博文捎口信,劝梁努力上进,增加阅历,将来为国家效力。他之所以如此,表明对主张变法人才,不无爱惜之意。

　　维新运动以流血和追捕亡命者告终。但是,顽固势力并未横行多久,戊戌政变——己亥建储——庚子国变,顽固派经过一阵疯狂之后,终于遭到灭顶之灾(比较幸运的大概只有许应骙。他逃出了惩罚,因为政变后他被任命为闽浙总督兼署福州将军,庚子不在北京)。辛丑之后清廷不得不推行新政,这已是国家惨遭劫难之后的事了;新政措施,比较郑观应、康有为等人的变法诉求,所差甚远。综观上述不同类型的粤籍人士在戊戌变法过程中的表现,可知他们所起的作用实因人而异,不能一概而论;但可以说,若是没有这批粤籍人士的参与,便不会有戊戌变法史。所以,国外有的学者将戊戌维新运动时期的广东比作日本明治维新初期的水户或萨摩、长州两藩,是维新运动的发祥之地③,这种观点,是颇有见地的。

原载《中山大学学报(社会科学版)》1998年第5期

---

　　① 刘声木:《异辞录》卷3,上海书店1984年影印,第42—43页。
　　② 《清史稿·张荫桓》,中华书局1977年版,卷442,第12437页。
　　③ [日]志村寿子:《戊戌变法与日本》(中译刊于《国外中国近代史研究》第7辑,中国社会科学出版社1985年版,第295页)。原文是,当时"革新的气氛十分浓厚,特别是广东,简直可以说是站在了明治维新时水户或者萨长的立场"。

辛亥革命与中国教育的近代化

林家有

一

关于辛亥革命对中国政治的影响，学者已发表了相当多的研究成果，敝人不想再在此重复旧说。至于辛亥革命对中国文化教育方面的影响，尽管也有不少学者在注意研究，并有相当多相关的成果问世[①]，但似乎应该说的话远没有说完。本文拟就辛亥革命与中国教育近代化为题进行一些研究，意在就辛亥革命与教育的关系，也即从政治与教育之间的关系的视角去审视中国社会，发表一些粗浅的见解，借以证明在近代中国"只有革命化，才能近代化"[②]论断的正确性。

中国的封建帝制从秦始皇统一中国称皇开始至1912年清政府被推翻，维持了2000多年。中国的封建政权在不同的朝代尽管有其不同的统治形式，但作为专制国家的权力机构则基本上是相同的。君主具有至高无上的权力，国家的权力机构，国家统治人民的机关及其实施统治的手段，均以皇帝的旨意为准绳。

在封建的中国，皇帝高居于等级制的顶端，皇帝对所有官员和臣民拥有至高无上的绝对权力，实际行使帝国权力的方式也许会因君主及其大臣的能力和个性的不同而有异，但即使如此，它作为政治权威顶点的真实而又象征性的地位也是不可动摇的。[③]与此上层相适应的社会基层，则是由掌握家庭或更大的宗法团体权柄的人来维系，家长或族长仍纳入他们与政治权威之间的系列，并将他们置于一种等级制度之中。而维护这种等级制度的思想则是封建的中国官僚体制以及儒家的伦理和"三纲"，通过维系皇帝的绝对权威，造成有权的等级与无权无势的民众之间等级的尖锐对立，形成全社会的权威等级结构，构成了尊卑关系的复杂网络。在这种官僚体制控制下的人没有人格的独立，

---

① 以教育近代化为题的书和涉及这方面的论著有田正平主编的"中国教育近代化研究丛书"，共出版了《留学生与中国教育近代化》《近代西方教育理论在中国的传播》《中国近代学制比较研究》《中国近代教科书发展研究》《教会学校与中国教育近代化》《从湖北看中国教育近代化》《从浙江看中国教育近代化》（以上各书为广东教育出版社1996年出版）；此外尚有李华兴主编：《民国教育史》（上海教育出版社1997年出版），金以林著：《近代中国大学研究》（中央文献出版社2000年出版），梅汝莉主编：《中国教育管理史》（北京海潮出版社1995年出版），孙培青主编：《中国教育史》（华东师范大学出版社1992年出版），张瑞璠、王承绪主编：《中外教育比较史纲》（山东教育出版社1997年出版），等等。
② 爱泼斯坦：《中国现代化的先驱》，中国和平出版社1987年版，第4—5页。
③ ［美］何炳棣：《中国遗产的突出方面》，见何炳棣等编：《危机中的中国》第1卷，美国芝加哥大学出版社1969年版，第37页。

更没有人身的自主和自由。

与中国封建社会行政权力"官本位"相适应的教育是以小农经济相适应的分散的无序的不规范的教育。自西汉以后形成的分科目察举或制诏甄试人才授予官职的科举制度①，以及隋代设立进士科以后用考试来选拔人才授予官职的狭义科举制度形成以后，中国的封建教育便成为维系社会各阶层效忠君主，维护儒家意识形态和国家权威的基础。诚如有的学者所指出，北宋以后清除了举荐制度残余，一切以考试为准，由于文官治国体制稳固地树立起来，贵族政治、武人政治也随之退出历史舞台。中国通过考试选拔文官制度的形成，把中央集权与儒生阶层和儒家思想结合起来，形成一股统一的民族国家所必须的精神凝聚力。由于科举制度将权力、财富、地位与学识结合起来，这就造成了中国极端重视教育、刻苦勤奋读书的传统，但也带来许多消极的影响，使中国的教育成为培育少数脱离社会发展需要的精英主义教育。教育只为统治阶级维护其落后的统治服务，便使教育失去了它的社会功能和效应，造成中国社会发展的障碍。正如有的学者所正确指出：

> 科举制度促成了中国在古代的先进，也注定了中国在近代的落伍。知识阶层是社会的文化代表，然而古代中国的科举制度却垄断了这个阶层几乎全部精力。行政权力至上，这就决定了富依赖贵，财依赖权，否则财富就没有保障。地主富商要想继续发家或逃避破产，主要依靠政治手段而非经济手段。因此封建社会的富裕之家无不谋求科举仕进，至少也要培养出一个能与当地官府平等打交道的秀才，这就造成弥漫全社会的"官本位"意识，使读书应举、从政当官成为全知识阶层的必由之路，而官僚机构无论如何扩大，也永远只能容纳知识分子的极小部分，科举制度却向每一个读书人展示着进入官僚集团的可能性，他们出入科场、头白身衰仍锲而不舍地追求……千百年来，中国一代又一代的知识分子就在科举考试的绞肉机中挣扎消磨，脚不出书斋，眼不离四书五经、诗赋文章。从整体上说来，中国古代知识分子的"知识"是畸形的，只要不能应举做官的就不成其为知识。②

由于科举制度促成了中国封建社会的极端专制的非人道的发展，致使人才乏匮，也造成士大夫知识阶层的文化创造眼光狭小、精神日益萎缩。由此又造成中国传统文化中最缺乏科学与民主的内容。所以，科举制度所造成的消极影响，使其无法应付近代中国民族的危机和社会发展与人才匮乏的矛盾。

清政府中一些有识之士，认识到教育的危机必然会造成统治和社会的危机，从19世纪中叶以后就有人不断地提出要对以科举为核心的教育制度进行改革，以适应社会的发

---

① 中国的科举制度起源于何时，学术界看法不一，大体说来，有始汉说，有始南北朝说，有始隋说，也有始唐说，以及兼顾始汉与始隋说5种。详见刘海峰：《科举制的起源与进士科的起始》，《历史研究》2000年第6期；何忠礼：《二十世纪的中国科举制度史研究》，《历史研究》2000年第6期。

② 金诤：《科举制度与中国文化》，上海人民出版社1990年版，第9—10页。

展，但是这种单纯的头痛医头，脚痛医脚的应付式改革，它不可能形成体制与制度性的有机结合，废除了旧的科举教育制度，但产生不了全新的教育制度，由此造成的严重的社会脱序和社会危机，又导致社会上下解体。

中国的封建专制统治到了清末已经进入封建制度总崩溃的前夕。从经济上看，由于自给自足的自然经济造成国家的贫穷和统治阶级的愚昧，因而不能对西方的侵略作出敏捷和有力的反应，使得清朝政府在与西方接触时缺乏应变的准备和应变的条件。加上，清朝统治者受到儒家绝对权威思想的影响，造成他们几乎不能接受任何外国的政治观念，养成自尊、自大、抗拒异质文化的封闭习性。由于内外的诸多因素在制约中国的发展，致使中国不能赶上世界发展的步伐，造成国民贫穷落后和社会发展的缓慢。20世纪初年，在维新和革命思潮的激荡下，清朝统治者中的一些较为开明和正视现实的人士与立宪派结合，企图开展一场自救运动，通过这场所谓的自改革——"新政"运动，改变中国政治僵化、经济不发展、文化教育落后的现实，使中国能够适应时代的发展，加速中国近代化的进程。可是，由于顽固、保守的掌握实权的统治者主要关切的问题是如何才能维持满族人继续当皇帝，维护其一民族"宰制于上"的特权，使清政府的行政机构和思想体系不至于因为改革而造成断裂和失衡、失控，所以，他们对改革中国的政治制度采取消极的反应，而且还炮制了一个失去人心，造成体制内分离现象的皇族内阁，结果是一种强大的政治惰性，或者叫坚持封建专制主义统治的顽固性，造成政治改革举步维艰。他们以中国的特殊性来排斥民主政治的进步性，维护封建专制主义统治，造成众叛亲离。正是这个严重的失误致使20世纪初年清政府所推行的自改革——"新政"运动走入了死胡同，引起民众和进步人士的不满，形成民主革命的强大潮流。这种既要推行"新政"，又要保留封建政治体制的改革是一种处于两难境地和矛盾的改革。这种改革不仅不能适应中国政治、经济、文化教育发展的要求，而且随着改革的深入又必然会造成统治的动摇，因此，希望清朝统治者在它行将就木的时候，通过自身推行政治、经济、文化教育的改革将中国推上资本主义的道路，实现中国的近代化，无论从哪个角度去看，它都不具备社会变革所需要的各种条件。

从1901年起，清政府开始推行"新政"，实行中国式的"新教育"，建立了一个统一的学制，实行有序的教育，不管其主观目的如何，这些"新教育"举措在客观上所起的作用是很明显的，也是清末"新政"中值得一叙的事情。

其一，是关于《钦定学堂章程》的制定。1902年，清政府公布了由管学大臣张百熙拟定的一系列章程，即《钦定学堂章程》，由于1902年为中国的阴历壬寅年，故又称"壬寅学制"。正如张百熙在《进呈学堂章程折》中所云：

> 古今中外，学术不同，其所以致用之途则一，值智力并争之世，为富强致治之规，朝廷以更新之故而求之人才，以求才之故而本之学校，则不能不节取欧美日本诸邦之做法，以佐我中国二千余年旧制，固时势使然；第考其现行制度，亦颇与我中国古昔盛行良法，大概相同……大抵中国自周以前选举学校合为一，自汉以后，专重选举，及隋设进士科以来，士皆殚精神于诗赋策论，所谓学校者，名存而已。故今日而议振兴教育，必以真能复学校

之旧为第一要图。虽中外政教风气原本不同，然其秩序条目之至赜而不可乱者，固不必尽泥其迹，亦不能不兼取其长，以期变通而尽利。①

这位张百熙虽言"立学宗旨，无论何等学堂，均以忠孝为本，以中国经学之学为基"，但他还是准备借鉴欧美、日本教育之经验，规范中国之教育，为"西学瀹其智识，练其艺能，务期他日成材，各适实用，以仰副国家造就通才，慎防流弊之意"。②尽管教育宗旨依旧，但将近代中国教育从纵、横方面进行系统的完备的规范这还是第一次。

纵的方面，将教育分为三段七级：第一阶段为初等教育，分蒙学堂4年、寻常小学堂3年、高等小学堂3年。规定儿童从6岁起受蒙学教育4年，10岁入小学堂学习6年。小学堂的宗旨为"在授以道德知识及一切有益身体之事"。第二阶段为中等教育，设中学堂4年，中学堂的设置"为高等专门之始基"。第三阶段为高等教育，分高等学堂或大学预科3年，大学堂3年（分政、文、商、农、格致、工艺、医7科），大学堂上有大学院，年限不定，以科研为主，不立课程，不主讲授。大学的设置是为"激发忠爱、开通智慧、振兴实业"。从蒙学始至大学毕业共20年。

横的方面，与高等小学堂平行的有简易实业学堂；与中学堂平行的有中等实业学堂；与高等学堂平行的有仕学馆、高等学业学堂和师范馆。③

"壬寅学制"虽经公布，但未实施。为什么不实施，后面还会谈到，这里就不去说它。

其二，是关于癸卯学制的颁布。1903年，张百熙、荣庆、张之洞又将现办大学章程、各省学堂章程，"一律厘定"，"切实商订"，他们经过数月的"互相讨论，虚衷商榷，并博考外国各项学堂课程门目，参酌变通，择其宜者用之"，拟成《初等小学堂章程》《高等小学堂章程》《中学堂章程》《高等学堂章程》《大学堂章程》附《通儒院章程》等，通称为《奏定学堂章程》④，并奏准由管学大臣通行各省一体遵照开办。该章程于光绪二十九年十一月二十六日公布（公历为1904年1月13日），阴历即癸卯年，故又称"癸卯学制"。这个学制比"壬寅学制"更加完整，并且在全国公布施行。

这个学制就各级教育作了更加明确的规定，尤其是重视对各级实业学堂的教育如农业、工业、商业、商船等各种实用人才的培养，改变了过去教育脱离社会、远离实际的弊端。还规定设在京师的大学堂必须经科、政法科、文科、医科、格致、农科、工科、商科全备，设在各省的至少须设3科。这些规定明显是为适应社会的发展所需的人才而

---

① 张百熙：《进呈学堂章程折》，《钦定学堂章程·上谕奏稿》，第1—3页；参见舒新城编：《中国近代教育史资料》上册，人民教育出版社1961年版，第195—196页。
② 张百熙、荣庆、张之洞：《重订学堂章程折》，《奏定学堂章程》，湖北学务处本，第2—6页。
③ 舒新城编：《中国近代教育史资料》中册，第398—443、497—525、538—567页。又参见孙培青主编：《中国教育史》，华东师范大学出版社1992年版，第574—575页。
④ 舒新城编：《中国近代教育史资料》上册，第196—219页；中册，第567—646、673—704、750—785页。

作出的制度规定。这些规定无疑为中国传统教育走向近代教育奠定了基础。

1905年9月2日，从隋唐开始，延续到晚清的以科举为规范的教育制度正式废除，中国历史上第一个专职统管全国教育事务的中央机构——学部又于同年12月宣告诞生。①

由此看来，清末的"新政"，在改革教育制度方面用功最力，它完成了新旧教育行政体制的过渡性转换，为新式的教育发展创造了一些条件。据清政府统计，由学制颁布至1909年，全国有小学堂51678所，中学堂460所，高等学堂127所，师范学堂514所，各种实业学堂254所，在各级课程中还引进了不少有关外国的教科书。表明清末的教育还很落后，但较前期有所发展②，尤其是在管理方面有了进步。"新政"在教育改革方面的成就应该肯定。然而，清末的教育改革实质上仍然是在封建思想支配下的"自改革"，它改革的宗旨仍然是"无论何等学堂，均以忠孝为本，以中国经史之学为基"③，以培养学生对封建王朝的孝忠为本位。在1906年《学部奏请宣示教育宗旨折》中，在陈述科举制度造成"自士人以为弋功名希利禄之捷径，而圣经贤传遂无与修齐治平"的弊病，但在朝廷停罢科举、广设学堂后，又强调学堂造士的宗旨在于"忠君、尊孔，与尚公、尚武、尚实五端，尚为扼要"，说"君民一体，爱国即以保家；正学昌明，冀教乃以扶世"。④

此外，为了适应形势，清末的教育虽然在教学上安排了一些适应中国近代工商农业发展需要的课程，设立一些实业学校，但整个教育仍是以经世致用为主，不谈教育的独立性、民主性，更没有将提高人的综合素质这个根本问题列入议题。这一切均充分表明，清末的教育仍是封建主义教育，清末的学制是附在封建主义阴魂上的新旧转换期的学制。它具有不新不旧、又新又旧的特征，所以，它不能适应中国社会、经济和文化的发展，更不能说是为了适应资本主义政治、经济、文化发展所作出的主动回应。而且，清末教育改革带来的负面影响，清朝的改革者也是始料不及的。例如他们强调新学堂之立为忠君为尊孔造就人才，但科举制度被废除，原来效忠王朝的士人阶层便成为不安现状的游离分子，同时在新学堂培养的学生，以及国外培养的留学生，由于他们受教育的条件和经历不同，他们对中外文化的反差和民族受挫的感受相差也甚大，如何整合这些不同学堂培养出来的人的思想是当时急不可待的任务，但清廷已经失去了对他们整合和吸引的能力。正是这些在"新政"改革中产生的社会势力，以及随着清朝旧体制瓦解后出现的社会游离分子，最终成为"新政"变革的主要掘墓人。所以，我们可以这样说，正是"新政"造成的新的社会问题和矛盾，导致清末"新政"中教育改革的失败。这个失败，一方面说明清政府不可能将洋务运动、戊戌维新运动以来中国开始萌芽、兴起的教育近代化事业向前推进；另一方面也表明清政府已经丧失民心，失去支撑政权的智识群体附援的能力，清政府既无力，也无能形成一种促进与控制社会的中坚力量，垮台只是一个时间而已。由此可见，社会在变迁，新旧矛盾也在突出和尖锐，而属于社会思潮的各种力量对清政府的态度则决定清廷的命运。可是清朝"新政"改革者既没有能力进

---

① 关晓红：《晚清学部研究》，广东教育出版社2000年版，第85页。
② 孙培青主编：《中国教育史》，第578—579页。
③ 舒新城编：《中国近代教育史资料》上册，第197页。
④ 舒新城编：《中国近代教育史资料》上册，第225页。

行整合，也没有办法对他们进行调控。它表明时代在变迁，教育必须改革，但由于作为旧时代的改革者适应不了新的时代要求，所以，清末中国的近代化，包括教育近代化不可能由清廷中一些人实行体制内的"自改革"来完成。

二

何谓中国教育的近代化？章开沅先生在《中国教育近代化研究》丛书总序中说过：

> 教育近代化是整个社会近代化的重要组成部分，甚至可以说是关键部分。因为谁都知道，没有近代化的人，就难以建成近代化的社会。所谓近代化的人，指的是具有适合近代化需要的素质（首先是文化教育的素质）的人。中国的传统教育培养不出这样的人，所以才需要改革，于是提出教育近代化的伟大指令。

章先生还指出，从19世纪末、20世纪初开始的中国教育总体转型，虽然远远落后于欧美先进诸国，甚至也落后于刚刚崛起的亚洲近邻日本，但就中国自身而言却也堪称"千古未有之一大变局"。因为它涉及教育观念、教育理论、教育制度、教育内容和教育方法各个层面的深刻变革。①章先生说得很深刻。如果从教育观念、教育理论、教育制度、教育内容和教育方法层面去审视近代中国的教育，在清政府统治期间，无论从哪一方面去看，中国的教育都没有实现根本的转变，也没有能够完成近代教育对传统教育的改造。

人们都说，中国近代的教育始于洋务运动期间。洋务运动，尽管在主观意旨上是为了巩固封建统治，而在军事、外交上又遭到了失败。然而，教育方面，诚如戴逸先生所言："却尚有若干成就，同文馆、方言馆、船政学堂、水师学堂的设立；留美、留欧学生的派遣、西方书籍的翻译，实开风气之先。"②这个时期，中国教育的最明显特征是比较务实，从经济、军事和外交的需要培养和集聚人才，对封建的科举教育进行改良，这都是教育改革的进步。1875年2月清朝礼部奏请清廷考试算学科，在这个奏折中，除强调"水师之强弱，以炮船为宗，炮船之巧拙，以算学为本。……京师设同文馆，闽沪两广均设学堂，以讲明算法，可谓求其本"外，还建议在各省"特开算学一科，诱掖而奖进之，使家有其书，人自为学"，为国家异日培养有用之才。对于那些本系正途出身兼通算学者，也"别加优异，以示殊荣"。对于社会上"有资质明敏、愿学算法者"，礼部奏折中也强调，要将这些人统归国子监学习算学。这些经学习考试者"无论举贡生监及大员子弟，均准录取。其各省学政考试，仍一体录送科场，不阻其上进之路"③。这是对读经致用制度的一种冲击，证明学以致用，学为了用，但学不是读经书，而是学算学等数理知识。可见，学习社会发展需要的有用知识已成为19世纪中叶中国有识之士

---

① 章开沅：《中国教育近代化研究丛书·总序》，该丛书共分7册，全书由田正平主编，广东教育出版社1996年版。
② 蔡振生：《张之洞教育思想研究》戴逸序言，辽宁教育出版社1994年版，第2页。
③ 《礼部奏请考试算学折》，《万国公报》第327卷，光绪元年正月（1875年2月）。

的一种强烈追求。1884年5月，潘衍桐又奏请开艺学科，他指出："求才不若储才；求才者但供一日之需，储才者可备数世之用。"他根据"泰西各国专以船坚炮利为长雄，于是谈兵者，苟炮不利，船不坚，虽韩白之才亦不能折冲御侮。迩来各直省之机器局、船政局、出洋局、同文馆、实学馆，皆欲讲求制造，然费帑千百万，卒无成功"的事实，奏请开艺学科造就各种实用人才。① 同年，郑观应在《盛世危言》中又一次指出："学校者造就人才之地，治天下之大本也。"他在详细介绍西方国家的学校制度，尤其是法国的学制后，针对中国的情况，他指出将原来的州、县、省会、京师的官学和书院，改为小学、中学、大学，创建新学制的过渡办法。② 这些都表明当时中国人才匮乏成为制约军用民用事业发展的主要障碍。为了适应形势的发展，提倡发展中国的近代教育，虽未能成为当时中国多数人的共识，但对于中国的科举制度"意在败坏天下之人才，非欲造天下之人才"③，则为政界学界人士所深察；人才制约了中国的进步，而要培养中国当时社会发展所需的人才，必须加强教育，必须强调学为了用，则成为当时中国学界的中心议题。随着呼唤新时代新人才声音的日益高涨，便宣告中国传统的教育体制已经丧失了其继续存在的价值。科举制度的废弃已经不可挽回。

然而，洋务运动时期，虽然一些有识之士提倡改革中国的教育制度，借鉴欧美、日本的教育培养国内开展洋务所需的人才；虽也建立了京师同文馆、上海广方言馆、广州同文馆、新疆俄文馆、台湾西学馆，还有福建船政学堂等各种武备学堂以及电报、铁路、医学等各类学堂。但由于"中体西用"观的制约，这些学堂尽管对传播近代西方科学技术，为近代中国教育的近代化起了奠基作用，但这时期的学堂就教育内容看仍然是属于一种带有过渡性质的旧教育，这些学堂带有浓厚的封建性、买办性，不能称为具有西方近代意识的新式学堂。因为当时中国没有形成新的教育管理体制，也没有从根本上更新中国教育的内容和目标，在这种状态下进行的教育带有很大的随意性和盲目性。

甲午中日战争以后，随着民族危机的加深和维新思潮的兴起，在"中学"与"西学"的论争中，维新派关于教育改革的主张以前所未有的气魄和智慧，从教育与政治、国家与社会，以及教育对人本身的发展的不同角度陈述了教育改革的必要性。严复指出，洋务派以学习西方实用科学技术为用，维护封建专制主义之体的"中体西用"文化观为不伦不类。他说："中学有中学的体用，西学有西学之体用。分之则并立，合之则两止。"④ 他在强调学习西方科学技术和思想文化变"中体"的君主专制制度为"西体"的君主立宪制度的同时，也强调人的发展与社会政治、经济和文化发展的关系，指出人在社会发展中的主导地位。⑤ 严复主张教育为强国的根本，成为科教兴国敢为人先

---

① 潘衍桐：《奏请开艺学科折》，《岭学报》第2册，光绪二十四年正月（1898年2月）。

② 郑观应：《盛世危言》，《戊戌变法》资料丛刊，第1册，神州国光社1953年版，第44—46页。

③ 冯桂芬：《改科举议》，《戊戌变法》资料丛刊，第1册，第19—22页。

④ 严复：《与〈外交报〉主人书》，王栻主编：《严复集》第3册，中华书局1986年版，第559页。

⑤ 金以林：《近代中国大学研究》，中央文献出版社2000年版，第7—8页；杨正典：《严复评传》，中国社会科学出版社1997年版，第281—282页。

的鼓吹者。他考察了近代中国"民力、民智、民德"的状况，得出一个基本的评价："民智既不足以与之，而民力民德弗足以举其事。"①进而他大声疾呼："是以今日要政，统一三端：一曰鼓民力，二曰开民智，三曰新民德。夫为一弱于群强之间，政之所施，固常有标本缓急之可论，惟是使三者诚进，则具治标则标立；三者不进，则其标虽治，终亦无功。"②"民智之何以开，民力之何以厚，民德之何以明，三者皆以今日至切之务。"③严复将"鼓民力、开民智、新民德"提到极端重要的地位，这是对中国传统教育的彻底否定，也是对近代中国教育革新宗旨的重点阐发，将中国的救亡问题同中国国民主体意识的提高结合起来，说明严复的教育思想贴合了中国教育近代化的主题。④

康有为在《上清帝第二书》中又从国家的富强与人才的关系去论证，指出，教育是国家建设的基础工程，"富而不教，非为善经；愚而不学，无以广才"；国家的重任是在教民："夫天下民多而士少，小民不学，则农、工、商贾无才，产物成器，利用厚生，既不能精；化民成俗，迁善改过，亦难为治；非覆帱群生之意也。故教育及于士，有隶于民，有明其理，有广其智。"⑤康有为呼唤人才、推动教育改革的主张，很明显是从提高国民的素质，为推行中国政治民主化和发展中国近代实业服务。他的教育思想同洋务派有本质上的不同。而谭嗣同则从养民、卫民和教民三位一体的视角考察了中国科举制度教人品行心术不正，造成愚人误政误国的事实，强调"惟变学校变科举，因之以变官制，下以实献，上以实求，使贤才登庸，而在位之人心以正"。他指出："今日误国之臣，即前日之士民；今日之士民不变，他日又将误国矣。"⑥谭氏是在强调通过兴学校，将政治与教育结合起来，培养和造就新时期中国需要的贤才，并通过教育产生一种强大的联合力，为中国的民主化政治和社会的进步创造活力。梁启超则从清朝培养人才不为所用的视角去论证洋务学生"教而不用""学而不见用"，所谓有才器之人皆"束之高阁，听其自穷自达"的弊端，强调兴学校、养人才强中国，"惟变科举为第一义。大变则大效，小变则小效"。学校之办要"远法三代，近采泰西，合科举于学校"，培养学生"以为天下用"。他指出："如是则向之攻八股哦八韵者，必将稍稍捐其故业，以从事于实学，而得才必盛于向日。"⑦在《学校总论》一文中，梁启超又历叙中国传统教育脱离现实造成的损失。他说：

> 凡国之民，都为五等：曰士、曰农、曰工、曰商、曰兵，士者学子之称，夫人而知也。然农有农之士，工有工之士，商有商之士，兵有兵之士。

---

① 严复：《原强》，王栻主编：《严复集》第1册，第15页。
② 严复：《原强修订稿》，王栻主编：《严复集》第1册，第27页。
③ 严复：《原强》，王栻主编：《严复集》第1册，第15页。
④ 林家有：《孙中山与近代中国的觉醒》，中山大学出版社2000年版，第405—406页。
⑤ 康有为：《上清帝第二书》，汤志钧编：《康有为政论集》上册，中华书局1981年版，第130页。
⑥ 谭嗣同：《论变科举，兴学校》，《谭嗣同全集》，三联书店1954年版，第403—406页。
⑦ 梁启超：《论科举》，《饮冰室合集》文集第1册，中华书局1941年版，第26—29页。

农而不士,故美国每年农产值银三千一百兆两,俄国值二千二百兆两,法国值一千八百兆两,而中国只值三百兆两。工而不士,故美国每自创新艺,报官领照者,二万二百十事,法国七千三百事,英国六千九百事,而中国无闻焉。商而不士,故英国商务价值二千七百四十兆两,德国一千二百九十六兆两,法国一千一百七十六兆两,而中国仅二百十七兆两。兵而不士,故去岁之役(按,1895年甲午中日战役),水师军船九十六艘,如无一船;榆关防守兵,几三百营,如无一兵。今夫有四者之名,无士之实,则其害且至于此。夠于士而不士,聚千百帖括卷摺考据词章之辈,于历代掌故,瞠然未有所见,于万国形势,梦然未有所闻者,而欲与之共天下,任庶官,行新政,御外侮,其可得乎。①

在这里,梁启超将就中国缺乏人才致使国家贫弱的境况,揭露得淋漓尽致。他隐约地告诉国人,教育的落后是国家经济、社会、政治、文化落后和民族不能复兴的总源头。所以,要实现社会的转型,走向近代化,而教育的转型则是一项必不可少的基础工程。

在这种思想氛围下形成的维新变法期间的教育改革,无疑是中华民族觉醒的一种深层表现,也是中国近代知识分子以天下为己任,接受西方的挑战做出理性和智慧的回应。正当学界对洋务教育评长论短,众说纷纭之际,清政府的一些官员也开始筹划创办新式学堂。如天津海关道盛宣怀于1895年创办的"北洋大学堂"(初名为天津北洋西学学堂),便被学人称为近代中国第一所新式大学。②这所学堂采用与中国以往所有各类学校完全不同的教育方针,聘请美国教育家丁家立(C. D. Tenney)为总教习,以美国大学为模式,全面系统地学习西学。在维新派的倡议和鼓动敦促下,经光绪皇帝批准又于1898年创办京师大学堂。梁启超起草了《京师大学堂章程》,勾画了中国近代新学制和新教育体系的雏形,对中国教育的近代化起了促进作用。③所以,诚如李华兴先生所言:"悠悠万事,惟兴学为大",维新运动期间掀起的教育改革热潮"却是中国教育由传统转向现代的分水岭,由封闭走向开放的里程碑,因而也就无可争议地成为中国教育近代化的第一章"。④

教育不是政治,但教育的发展和改革离不开良好的政治环境和政府的支持。维新运动的失败,也就断送了维新运动掀起的教育近代化"拨旧开新"的环境。后来,清政府虽推行"自改革"的"新政",教育改革是"新政"的议中之题,并进行了学制改革,但在教育内容上仍然脱离不了传统教育的羁缚;虽然开始重实学,但摈除不了重人伦轻自然科学的传统意识;科举制度虽然废除了,但并没有甩掉传统教育的精英主义旧

---

① 梁启超:《学校总论》,《饮冰室合集》文集第1册,第15—16页。
② 金以林:《近代中国大学研究》,中央文献出版社2000年版,第9页。
③ 王晓秋:《戊戌维新与京师大学堂》,《戊戌维新与近代中国的改革——戊戌维新一百年国际学术讨论会论文集》,社会科学文献出版社2000年版,第237—252页。
④ 李华兴:《戊戌维新与中国教育近代化》,《戊戌维新与近代中国的改革——戊戌维新一百年国际学术讨论会论文集》,社会科学文献出版社2000年版,第233页。

套，树立将知识教育与国民素质教育结合起来进行改革的新思维。所以，维新运动与清末的"新政"是一个性质完全不同的改革运动，体现在教育改革上，前者强调开新，以求"改弦更张"，后者"新旧杂糅"，以求社会稳定达到政治的稳定。戊戌时期的教育改革和清末的学制改革有延续和继承的涵义，但以立学宗旨而言，前者强调以"兴学养才"为本，以西学为基；后者则以"忠孝为本"，以"中国经史之学为基"，不可将两者等同起来。

三

中国教育的出路是中国化，还是西方化，学界的看法似有不一。教育的中国化不能说不对，但中国化不等于封建化。中国化应该是近代的科学指导下的中国教育。这种教育是新时代的教育，它既有对东西方先进教育的吸纳，也有对中国古代教育的继承；也就是说中国教育的出路是新时代化、近代化，但绝不是"全盘西化"，也不是封闭的保守的中国传统教育的复归。

具有中国特色的中国近代化教育指导思想的确立，无疑是在中国的辛亥革命之后，不是在此之前，所以中国教育近代化具有决定性意义的事件是1911年在中国大地上爆发的辛亥革命运动。辛亥革命推翻了在中国统治2千多年的封建专制主义制度，建立了属于民主政治范畴的共和国，这就使一切依附于封建政体的思想文化、意识形态失去了主体。观念的更新带来了新的追求和希望，为中国传统教育的改革奠定了思想基础，而实业的发展和民初经济的复兴又为教育的改革和发展创造了客观的条件。

1912年1月，孙中山就任中华民国南京临时政府临时大总统。1月3日，孙中山便任命蔡元培为南京临时政府教育总长、景曜月任教育次长。① 1月9日，南京临时政府教育部在南京成立，3月迁北京。② 当时，孙中山日理万机，政事非常繁杂，但他对教育非常重视，在2月22日，《命教育部核办女子蚕桑学校令》中强调指出："查民国新建，凡有教育，应予提倡，乃足以启文明而速进化。"③ 在2月24日，《命教育部核办甘霖呈请官费留学令》中，孙中山又强调："查民国新造，奖励游学，而培养人才，实为当今急务。"④ 3月3日在南京召开中国同盟会本部会议通过的《中国同盟会总章》中，孙中山又将"普及义务教育"列为同盟会的政纲。⑤ 3月11日孙中山公布的参议院议决的《临时约法》虽没有明文规定国民具有义务教育的权利，但在3月19日《令教育部通告各省优初级师范开学文》中，孙中山对于中国的教育不仅统筹全局，而且也到了事事躬亲的地步。他说：

---

① 孙中山：《中华民国临时大总统孙文任命蔡元培为教育总长》，《教育杂志》第3卷第10期，记事。
② 孙中山：《临时政府教育部成立》，《教育杂志》第3卷第10、12期，记事。
③ 孙中山：《命教育部核办女子蚕桑学校令》，《孙中山全集》第2卷，中华书局1982年版，第117页。
④ 孙中山：《命教育部核办甘霖呈请官费留学令》，《孙中山全集》第2卷，第126页。
⑤ 孙中山：《中国同盟会总章》，《孙中山全集》第2卷，第160页。

自民国起义以来，教育机关一时停歇，黉舍变为兵营，学子编入卒伍，此诚迫于时势不得不然。然青年之士，向学无途、请业失据者，何可胜道？学者，国之本也，若不从速设法修旧起废，鼓舞而振兴之，何以育人才而培国脉。查阅《临时政府公报》第三十二号，载有该部通告各省电，饬令高等专门学校从速开学，免致高等学生半途废学，中学毕业学生亦无升学之所云云，自是正当办法。惟教育主义，首贵普及，作人之道，尤重童蒙，中小学校之急应开办，当视高等专门为尤要。顾欲兴办中小学校，非养成多数教员不可；欲养成多数中小学教员，非多设初级优级师范学校不可。虽一时权宜与永久经制自殊，而统筹全局，亦不可顾此失彼。此时注重师范，既能消纳中学以上学生，复可隐植将来教育之根本，是真当务之急者。为此令仰该部迅即妥筹办法，通告各省，将已设之优级初级学校一并开学，其中小学校仍不可听其停闭，速筹开办，是为至要。①

从孙中山下达给教育部的这一命令，可以清楚地看到，孙中山对于教育是极其重视的，认为"学者，国之本也"，振兴学校培养人才"而培国脉"是"时势不得不然"。而且他还将教育定位为素质教育，指出"教育主义，首重普及"，这就更改了传统封建教育的精英主义宗旨，改变传统的忠君、尊孔的办学方针，为中国教育的近代化指明了方向。要振兴中华，必须振兴教育。孙中山指出，人"必待教而后学"，"学而后知"，教育的根本任务是培养"人才"和提高"国民"素质，并将"人尽其才"列为教育的出发点和归宿②，这就从根本上确立了中国近代教育的路向，为中国的教育近代化奠定了理论和思想基础。

制定和实施中华民国教育方针的杰出人士是第一任教育总长蔡元培。民国肇建，蔡元培便出长南京临时政府和北京政府教育总长。虽历时只不过半年，但他在中国教育重要的转折关头，在教育总长这个举足轻重的岗位上，为中国教育的改革和发展，作出了重大贡献。③

作为民主革命家、教育家的蔡元培忠实地执行孙中山为中华民国政府制定的教育方针，他锐意改革，整顿学校，改革学制，加强人才的延集和教材的建设，开创学术研究、思想自由的风气，初步建立了我国新式的、与共和政治相适应的教育体制④，成为中国近代教育改革的杰出先驱者和学人的伟大楷模。

1912年1月25日，蔡元培发布《中华民国教育部普通教育暂行办法通令》就普通教育实施办法作了暂行规定。"从前各项学堂，均改称为学校。监督、堂长，一律通称校长。""各州县小学校，应于元年三月初五日（即阴历壬子正月十六日），一律开学。中学校、初级师范学校，视地方财力，亦以能开学为宜。""在新制未颁布以前，每年

---

① 孙中山：《令教育部通告各省优初级师范开学文》，《孙中山全集》第2卷，第253—254页。
② 对于孙中山的教育思想，韦杰廷、邓新华有过详细的论述，可参见他们的著作《孙中山教育思想初探》，湖南教育出版社1992年版，第37—78页。
③ 金林祥：《蔡元培教育思想研究》，辽宁教育出版社1994年版，第94页。
④ 梁柱：《蔡元培与北京大学》，北京大学出版社1996年版，第1—2页。

仍分二学期。""初等小学可以男女同校","凡各种教科书，务合乎共和国宗旨。清学部颁行之教科书，一律禁用。""凡民间通行之教科书，其中如有尊崇满清朝廷及旧时官制军制等课，并避讳、台头字样，应由各该书局自行修改。……如学校教员遇有教科书中有不合共和宗旨者，可随时删改，亦可指出呈请民政司或教育会，通知该书局改正。""大学读经科，一律废止。""小学手工科，应注重兵式。""中学校为普通教育，文实不必分科。""废止旧前奖励出身"①，等等。

这个通令充分反映了中华民国新政府对教育的新要求，宣布废除清学部颁行的一切教科书和读经、尊崇清廷的一切旧时的惯用行文，便宣告旧教育制度的结束和中国近代新教育的诞生。

1912年2月8日，蔡元培又发表《对于新教育的意见》一文，蔡元培权衡中国古代和世界各国教育的利弊，提出新时代的教育应注重军国民主义、实利主义，德育主义、世界观和美育主义五育并举的教育方针。他说："教育有二大别：曰隶属于政治者，曰超轶乎政治者。专制时代（兼立宪而含专制性质者言之），教育家循政府之方针以标准教育，常为纯粹之隶属政治者。共和时代，教育家得于人民之地位以定标准，乃得有超轶政治之教育。清之季世，隶属政治之教育。"他指出，他提倡的军国民主义、实利主义、德育主义三者，为隶属于政治之教育，而世界观和美育主义为超轶政治之教育。"满清时代，有所谓钦定教育宗旨者，曰忠君，曰尊孔，曰尚公，曰尚武，曰尚实。忠君与共和政体不合，尊孔与信教自由相违。""尚武，即军国民主义也。尚实，即实利主义也。尚公，与吾所谓公民道德，其范围或不免有广狭之异，而要为同意。惟世界观及美育，则为彼所不道，而鄙人尤所注重"②，用以证明新时代的新教育同旧时代的旧教育虽有继承，但也有区别，而区别是本质的，根本的，这就是要从根本上否定旧教育为封建专制主义培育卫道者，而新教育是为共和为民主以及社会的振兴培育综合性人才。蔡元培的"五育"方针，从受教育者本体上着想，反映了资产阶级个性解放、自由发展和健全人格的需要，它否定了以培养科名仕宦之才的精英主义封建教育，向造就知识型素质型人才的义务教育体制转变，为中国的近代化教育在民国的实施奠定了方向③，并为中国初步建立了新式的、与共和政治相适应的教育体制。

尽管民初的中国政局动荡，教育受到政治的冲击，新式的教育无论从法制到体制都不可能完善，但政治变革的成功，促进了教育改革的步伐，民初的教育新体系的确立为中国传统的教育向近代教育转型奠定了基础。

"学问为立国的根本"④。世界进化，随着学问而转移，为了建设一个民族的、国

---

① "旧前奖励出身"：系指清代选拔官员不经正规科举考试而靠特权奖励出身的各种办法所取得的资格。如例贡，不经考选，只要援例捐纳，向政府交一定的银两，即可取得贡生（入国子监的生员之一种）资格；或荫监，不经考选，只由其父之地位即可取得入国子监的资格，等等。《中华民国教育部普通教育暂行办法通令》，见《民立报》1912年1月25日。

② 蔡元培：《对于新教育之意见》，先后载于《民立报》1912年2月8、9、10日，《教育杂志》第3卷第11号（1912年2月10日版），《东方杂志》第8卷第10号（1912年4月出版）。参见中国蔡元培研究会编：《蔡元培全集》第2卷，浙江教育出版社1997年版，第9—16页。

③ 李华兴主编：《民国教育史》，上海教育出版社1997年版，第234页。

④ 孙中山：《在北京湖广会馆学界欢迎会的演说》，《孙中山全集》第2卷，第422页。

民的、社会的中国，孙中山认为，培育人才是第一重要的任务。没有近代化的人，就难以建成近代化的社会和近代化的国家。传统教育为我们的国家培养了大量人才，为我们留下了许多丰富的历史遗产。然而，传统的教育毕竟是旧社会的产物，它存在许多与近代社会不相适应，甚至相悖的弊端。所以，传统教育与社会发展不相适应，实际上成为社会近代化的障碍。所以，教育的近代化是整个社会近代化的重要组成部分，没有教育的近代化就不可能有社会的近代化。① 但是，近代中国的事实证明，尽管在旧中国有许多有识之士呼唤教育改革，培养新式人才以追随世界发展潮流，促进中国的近代化进程。可是，无论是洋务派，还是早期维新派，乃至于维新派和清朝中自改革的人士都没有能够完成教育改革的使命，只有革命派通过一场改朝换代的辛亥革命才能实现教育改革的目的。这就说明，革命虽不是灵丹妙药，可治百病，但在半殖民地半封建条件下要实现中国的独立、民主和富强，实现中国社会由农业社会向工业化民主化社会转型离不开革命，没有辛亥革命就不会有中国政治的民主化、工业的机械化和教育的近代化，所以在半殖民地半封建的旧中国"只有革命化，才能近代化"是一个无法否定的正确议题。

辛亥革命后，在改造传统教育过程中出现的新气象和新内容是民主与科学思想所带来的冲击和震撼，也是新的历史条件下我国教育界同人共同努力的结果。

1915年9月15日，中国现代传播民主，宣传科学的刊物《青年杂志》诞生，激进民主主义者陈独秀作为该杂志的唯一编辑，他宣传解放思想，启蒙青年一代担当救国救民重任，使该杂志在青年中具有强大的魅力和感召力。1916年9月1日，《青年杂志》更名为《新青年》，打起民主与科学两面艳丽的大旗，成为"五四运动时代之急先锋"。"民主"的张扬是为了适应当时的中国近代政治建设的需要，是通过输入和传播西方新政治观念来启导国人，指导民主政治的实践。在这一方面孙中山是一位将观念更新和行动结合起来的典型代表。针对民初民主政治初建与袁世凯篡位造成民主政治的失落所带来的文化思想冲突，孙中山发表民主启蒙著作《民权初步》，它讲的虽是议会的一般程序性问题，但又说明民主政治必须要对民众进行启蒙。然而当时的国人大多都没有对民主进行过深入的研究，更没有民主政治的实践，人们对民主知识不多。所以，"民主"与"科学"被《新青年》作为鲜明的旗帜，无疑影响深远。随着民主与科学成为知识界和国人所追求的最有权威性的目标，表明民主与科学在中国学术界获得了不可动摇的地位。随着新文化运动的推进，人们更加关注中国教育的近代化发展。诚如当时人们所说："而欲求此新时代之发达，教育其基本也。"② 1915年10月15日陈独秀发表在《青年杂志》的论文《今日之教育方针》，在回顾有识之士倡导"教育救国"主张其效不彰时，指出其关键在于教育方针不明确。陈独秀指出："现今欧美各国之教育，罔不智德力三者并重而不偏倚，此其共通之原理也。而各国特有之教育精神：英吉利所重者个人自由之私权也；德意志所重者，军国主义，举国一致之精神也；法兰西者，理想高尚，艺术优美之国也；亚美利加者，兴产殖业，金钱万能主义之国也。稽此列强教育之成

---

① 林家有：《孙中山与中国近代化道路研究》，广东教育出版社1999年版，第602页。
② 《本月刊倡设之用意》，《新青年》第1卷第1号（1919年2月）。

功,均有以矜式宇内者。吾国今日之教育方针,将何所取法乎?"他指出:"以吾昏惰积弱之民,谋教育方针,计惟去短择长,弃不适以求其适;易词言之,即补偏救弊,以求适世界之生存而已。外览列强之大势,内鉴国势之要求。今日教学相期者,第一当了解人生之真相,第二当了解国家之意义,第三当了解个人与社会经济之关系,第四当了解未来责任之艰巨。"陈独秀认为,"准此以定今日教育之方针,教于斯,学于斯,吾国庶有起死回生之望乎!"①陈独秀权衡国内外教育的利弊,将教育与培养人树立正确人生观、国家观,以及经济发展和中国未来的责任结合起来考虑制定我国的教育方针,强调教育对于救国、建设社会的重要性,比起那些教育家单纯为教育而谈教育,以及枝枝节节地改革教育方法和手段的主张,实在是高了一个层次。近代化民主国家需要的人才是综合素质较高与通识相结合的学者式的专才,这种人需要有丰富的知识和专业技能,但更需要有为国家、民族服务和献身的精神,没有高尚的人格和处事的能力决不能担当国家未来建设的重任。陈独秀提倡的教育方针是他根据辛亥革命后,国家现实所提出的一种救急对策,但陈独秀的教育主张,尤其是要求受教育者确立正确人生观的主张则震动了学术界和教育界,并在20世纪20年代的中国学术界引起过一场争论。这场争论以科学与人生观的关系争辩开始,但它牵涉到人与教育的关系。1923年2月,张君劢在清华大学作了一个题为"人生观"的讲演,认为人生观有不同于科学的特点,所以人生观问题的解决"决非科学所能为力,惟赖诸人类之自身而已。"同年4月,丁文江在《努力周刊》上发表《玄学与科学》一文,反对张君劢的主张,认为人生观要受伦理学公例、定义、方法的支配,论战遂起。②在辩论中有一位署名菊农的作者在《晨报副刊》发表题为《人格与教育》的文章参与讨论。他指出:教育不是为保存过去,而是在创造将来,"教育不仅是经验界以内事,更有其精神的意义在"。他说:"谈到教育便决不能没有一种理想","人生的理想便是教育的理想,理想的教育,便是理想的人生实现",教育无理想便没有意义。他认为"人生的理想便是人格的实现",所以他指出:教育的目的,"不是教人做好公民,亦不是教人做环境的奴隶,乃是教人做'人'",是"求人格的实现,求人格的完成"。他强调教育的中心问题,就是教人如何才能做到人格的实现。一方面要排除外物的障碍,一方面要磨炼人格的自觉。③这位菊农指出,西方的现代教育是削足适履的教育,它的大病是太偏重知识,而忽视了人生的别方面,磨灭净了人格,即使是知识方面的教育登峰造极,也只是畸型的发展。他强调"知识教育固然重要,而精神教育、情感教育等也极重要"。这就涉及教育改革的本质、近代化教育的本质,即在我们的国家里应该如何将启蒙与救亡、个人与国家、现在与未来结合起来考虑我们的教育,制定我们培养人才的教育方针。

为了实现中国近代民主政治和社会的转型,民主教育必须要建立,而且必须制定与当时中国社会发展相适应的教育制度。何谓民主的教育?著名的教育家陶行知曾经说

---

① 陈独秀:《今日之教育方针》,《青年杂志》第1卷第2号(1915年10月15日)。
② 张利民:《〈科学与人生观〉重版引言》,张君劢、丁文江等著:《科学与人生观》,山东人民出版社1997年版,"重版引言",第1页。
③ 菊农:《人格与教育》,张君劢、丁文江等著:《科学与人生观》,山东人民出版社1997年版,第241—246页。

过，"民主的教育是民有、民治、民享的教育"，"民主的教育必须办到各尽所能，各学所需，各教所知"，实现"文化为公""教育为公"，力求农工劳苦阶级也有机会受教育，达到机会公等，改变旧教育只为少数人的弊端。他说民主的教育，就是"培养创造力，以实现创造的民主和民主的创造"，通过"教育为公以达到天下为公"。①辛亥革命后，我国教育发生了本质的变化，开启了新局面，"五四"前后，我国教育界出现的反对"老八股""洋八股"教育，坚持从中国国情出发，办中国人民所需要的教育，就是这种新变化的标志。此后，出现的民主教育、民众教育、乡村教育、生活教育、国民教育、实业教育、女子教育、师范教育，便使中国的教育与中国人民的生活贴切了很多，通过教育的改革把整个中国推向民众化、民族化及科学化，实现中国社会的转型，表明了我国的教育具有民族性和时代性特色。

据此可知，辛亥革命给我们的启示是多方面的，正如中国同盟会会员、1911年广州黄花岗起义参加者、杰出的国民基础教育家雷沛鸿所言，辛亥革命实带有几层使命："第一，这番革命不是单纯的朝代更替，反之，它是政治革命，依之，即以创造新政治秩序。其实，还不止此，将欲使新政治秩序确实能实现于中国，我们非努力于创造新经济秩序、新道德秩序及新社会秩序不为功。因此之故，辛亥革命虽以破坏为方法，却以建设为鹄的。这是要说，我们中国人民因为不满意于中国固有政治、经济、道德及社会的旧秩序，所以特用革命的手段，以促进新政治秩序、新经济秩序、新道德秩序及新社会秩序的产生。由此类推，我们可知大凡所谓'革命'不应专以破坏为工作；反之，它却应多注意于建设工夫，甚至创造工夫。更由此类推，我们可知大凡自命'革命党'的人们，并不是下凡投胎的一种煞星。反之，他们都应学做悲天悯人的一流人物及美术家一般的创造者。辛亥革命，依这样陈述诠释，说起来，似乎是空洞，又是寻常，实做起来，却是大规模的民众教育。"②雷先生在这里把革命与建设，革命与实现社会秩序的转变，革命与未来中国人才的创造，即革命与教育之间的关系作了精辟的、实实在在的陈述，基本上反映了辛亥革命对中国教育，以及对中国社会转型所发生的深远影响。可见，辛亥革命对中国教育近代化所起的作用同其对政治和思想文化所产生的影响一样，并非微不足道，而是具有里程碑式的伟大的、变革中国历史的标志，也是中国人民民族觉醒和阶级觉醒的生动体现。

原载《中山大学学报（社会科学版）》2001年第6期

---

① 陶行知：《实施民主教育的提纲》，《战时教育》第9卷第2期（1945年5月）；《民主教育》，《民主教育》创刊号（1945年11月）。
② 雷宾南：《辛亥革命与民众教育》，《教育与民众》第3卷2号（1920年10月）。

陈炯明与辛亥革命

段云章

辛亥革命大潮系由各种革新力量及其代表人物相激相荡、相推相拥而涌现的。陈炯明就是当中一种类型的代表。探究他在辛亥革命时期的表现及其活动特点,不仅有助于阐明广东辛亥革命的来龙去脉及其历史地位,而且还可就此略窥一种类型的历史人物的走向和作用。

一

陈炯明如何参加辛亥革命,具有何种特点,可谓众说纷纭,其要者有二:一说陈出生即"来路不正",长为"无行"之辈,参加辛亥革命是投机。①另一说是陈于1901年后即"蓄意图谋民主革命"。②

持前说者在《陈炯明叛国史》中所列事实有违真实;其所持"正本清源"之说,即认为"不知寻源之论,非所以云乎背义之人,改革之基,讵容操于无行之手"③。也就是说,后来表现坏者,前此亦只能是坏,坏必然是从头贯穿到尾。这种方法论,自无足取。持后说者亦缺乏史料根据,它尚不足以回答,陈为何直到1909年11月才加入同盟会投身革命营垒,故此说显有美化、拔高之嫌。

现有史料表明:陈炯明于戊戌变法后与同乡青年志士"开始讨论新政治运动",1900年因八国联军侵华而"起救国之思","时与有志之士,互相研究兵学,以备有用";并曾派人调查郑士良策动的惠州起义的宗旨④,可谓革新救国思想已经萌发,但不能说已是"蓄意图谋民主革命"。1906年1月陈组织了正气社,但其言行仅系反对贪官弊政;1906年后他进入广东法政学堂学习,翌年,朱执信、古应芬、叶夏声、杜之杕等同盟会员从日本回到广州,执教于该校,积极宣传革命,吸收同盟会员,该校实际上成了广州革命党人的一个重要活动基地。陈炯明于此时确受到较多革命影响,朱执信亦赞赏陈"品学兼优,并且热心国事"⑤,但陈并未即时加入同盟会,仅于1908年1月与乡中同志钟景棠、马育航、陈达生等缔盟于纪念文天祥的五坡岭方饭亭,表明有反

---

① 鲁直之等:《陈炯明叛国史》,载章伯锋等主编:《近代稗海》第9辑,四川人民出版社1988年版,第410、415、426页。
② 陈定炎:《陈竞存(炯明)先生年谱》上,台北李敖出版社1995年版,第3页。
③ 《陈炯明叛国史》,《近代稗海》第9辑,第410页。
④ 陈演生编:《陈竞存先生年谱》,香港1954年版,第7—8页。
⑤ 王聿均等:《莫纪彭先生访问记录》,"中央"研究院近代史研究所1997年版,第5页。

清意识，但无革命行动。直至1909年11月，他才由朱执信介绍成为同盟会员。这种情形和陈炯明同时期有密切关系的人显然有别。如黄兴、胡汉民、朱执信、章太炎等人都曾读过诗书，有的甚至当过秀才，但他们都是于19世纪末20世纪初到日本留学，及早受到民主革命思潮熏陶和孙中山的直接影响，转瞬成为革命党人。陈炯明虽早年有志于革新救国，但直到1906年才离开家乡，来到广州，才有较多机会接受新思潮新人物，其步履显然较黄、胡、朱、章等慢了一大步。而陈到广州后所受法政教育，固然促进他破旧立新、为民争权，但也诱发了他跻身政坛诉求法律解决的愿望。从1907年起，广东立宪运动已逐步兴起，追求立宪的粤商自治会和地方自治研究社已经成立并开展活动，1909年2月谘议局筹备处挂牌成立，而孙中山策动的西南边境武装起义于此期间则频遭挫败。这些使得有志于仕途的陈炯明在一段时间企求通过立宪改革来改造社会，1909年6月，他当选为广东谘议局议员，并被委为常驻议员。由于他求改心切，一踏上议坛，就成为谘议局内反对赌博、要求惩治贪官污吏的激进派，因而遭到顽固官僚、腐败议员的激烈反对，社会改革终难如愿。这又促使他潜在的民主革命意识继长增高，转向革命。这年11月，他到上海参加"请愿国会代表团茶话会"，其时，清朝亲贵专政已彰彰在目，真立宪显不可期，有如当时《东方杂志》的评论"国民知谘议局之见厄于政府，资政院又为非驴非马之议会，俱不可恃"①，立宪派要发动的联合请愿国会运动势难奏效。至此，陈炯明终于和君主立宪道路决裂，完成了由企求立宪改革到致力于民主革命的转变。

尽管陈炯明走向革命的道路有如上曲折，但他未加入革命阵营前，反对外国侵略，要求国家独立；反对清朝专制腐败，要求人民民主；他所主办的《海丰自治报》"常以不均产之害"为标题报道盗劫案②，表明其已注意到作为中国民生核心的土地问题。应该说，其思想趋向是谋求解决近代社会所面临的独立、民主、富强三大课题，也和孙中山倡导的三民主义暗合。他坚决勇敢地揭露和抨击清朝地方政府的专制腐败，提倡严禁赌博、筹办地方自治、兴办工艺厂、振兴教育、停止就地正法等有利于人民的法令，虽多格阻未行，但对人民认清清政府面目、提高人民民主觉悟有其作用。而他的转向革命，更属难能可贵。当时全国21个省成立了谘议局，共选出1677名议员，仅广东、四川、陕西、福建、山东、浙江、山西7省谘议局内有同盟会员共14人，占总议员的0.8%。现可查明者有些议员如褚辅成、黄乃棠等原本是同盟会员，被派进谘议局内做工作的③，像陈炯明这样由主张立宪改革转为革命党者，更是凤毛麟角。

诚然，陈炯明之投身民主革命又是有条件的，他极力保持着与其成长的社会历史环境相联系的特性，使他与孙中山等许多革命党人形成相异之处。

其一，黄兴、胡汉民、朱执信等经过孙中山阐明三民主义宗旨后，均表膺服，且对此宗旨多有宣传阐发。但陈炯明却有其独特的思路和个性。素知陈炯明为人的胡汉民认为陈具有"勤、谨、韧"三特点。④勤即勤于攻读、治事和追求，谨即谨慎从事，看准

---

① 《东方杂志》第6卷，第13号，《记载》一，《宪政篇》。
② 陈演生编：《陈竞存先生年谱》，香港1954年版，第12页。
③ 据张朋园：《立宪派与辛亥革命》，台北，中国学术著作资助委员会1979年版，附录，第247-312页统计、甄别。
④ 广东省政协文史资料委员会等编：《有关陈炯明资料》，1965年油印本，第210页。

了才干;韧即朝着自己认定的目标坚持走下去,决不回头。陈本人后来如此表白,"我的精神界早有一个真理来支配他,我的精神生活,就拿我所证悟的真理,来做努力的目的",并且"独来独往"。①他还表示,他"虽可跟人走路,但不能闭起眼睛而瞑索以行;若灼知所引之非路,必明以相告……勉从其强拉,同入迷途,每每不肯迁就"②。遍查陈炯明现有著作,仅一处提到三民主义,其他如孙中山的《建国方略》《建国大纲》《五权宪法》等概未正面提及。察其行,究其实,陈炯明一直和孙中山的具体政治主张、实行手段和步骤等方面都存在较大的分歧。这在早年就已微露苗头。比如,孙中山从建立兴中会后,虽偶兴过乘时策动局部地区和平独立的设想,但总的来看,他着力于武力夺取政权,再谋建设;陈炯明在加入同盟会前虽偶有从事武力救国的动念,但一直热衷于和平改革。孙中山一开始就放眼于全国和世界;陈炯明则有如前述,主要着眼于谋求解决地区性现实问题。

其二,孙中山历来很注重联络中外人士,共同奋斗。兴中会之设,即"专为联络中外有志华人",以谋"振兴中华,维持国体"。③同盟会成立即本于"现今大势及革命方法,大概不外联络人才一义"。④参加同盟会者,不仅有国内大多数省份的同志,还有宫崎寅藏等有志于支援中国革命的外国志士。陈炯明因其际遇,早年联络对象仅马育航、钟景棠、陈达生、钟秀南、陈演生等同乡亲友,后来依靠者也主要是这批人,而这批人多缺乏资产阶级民主观念,偏重乡土,对陈炯明的言行具有较大消极影响。与陈炯明甚有交情的吴稚晖后来指出陈仅谋"一隅之自治","做广东为模范省",乃至把广东视作"惠州人之广东",而不愿"辟广东以外之世界"。⑤还有人评论:"炯明生长海滨斥卤之乡,耳听闻,目所见,海丰而已。海丰以外无天地,海丰以外无人才,且以为吾能雄长海丰矣,天下奚为不吾雄长!"⑥这些评论虽稍涉夸张,但确也道出了陈炯明的一种思想偏向——地方主义情绪及其产生的历史背景。

陈炯明和孙中山等革命党人的上述同异,既决定了他们在民主革命道路上的一定场合的共同奋斗,也势必引发二者间的一系列不协调、矛盾乃至分离,这在辛亥革命在广东的重大问题上已有形迹可见。

二

陈炯明加入同盟会后,即积极投入革命工作。一个是利用谘议局议员的合法身份,通过议坛开展反清活动。1910年后,他在谘议局"遇事反对政府,尤为露骨"⑦。他曾联络有正义感的议员,反复提出严禁赌博和纠举贪赃枉法官吏诸案,"所提各案,不徒

---

① 段云章等:《陈炯明集》下册,中山大学出版社1998年版,第409页。
② 段云章等:《陈炯明集》下册,中山大学出版社1998年版,第943页。
③ 广东社会科学院历史研究室等编:《孙中山全集》第1卷,中华书局1981年版,第22页。
④ 广东社会科学院历史研究室等编:《孙中山全集》第1卷,中华书局1981年版,第276页。
⑤ 《有关陈炯明资料》,1965年油印本,第306页。
⑥ 《近代稗海》第9辑,第442页。
⑦ 筱园:《黄花岗之侧面谈》,《国闻周报》第13卷,第34期。

体念时艰，实欲藉此以暗削清人之政权，而默使其财源之枯竭也。"①禁赌案从议院内舌枪唇剑闹到舆论沸腾，全省震动。②使得"否派议员"（反对禁赌者）声名狼籍，广东地方政府亦受到打击，被迫同意"否派议员"出局，陈炯明领导的"可派"（禁赌派）终获胜利。这场斗争是在清王朝极力对革命乃至立宪活动加强防范和镇压的情况下进行的，陈炯明如此奋不顾身，自非投机者之所为。另一个是参与策划1910年2月广州新军起义。他在香港设立了"乐群书报社"，作为策反联络机关。但这次起义事发仓卒，被迅速镇压，陈炯明亦被列入缉捕名单，经谘议局副议长丘逢甲等出面作保，陈才于这年10月重返广州。

陈炯明惊魂未定，又积极投入了同年11月开始筹备的次年"三·二九起义"。这是孙中山和同盟会集中人才财力全力以赴的大举。在黄兴、赵声主持的起义统筹部中，陈炯明担任编制课课长兼调度课副课长，并一度代替胡汉民行使秘书课课长职责，可谓倚畀良深。在筹备起义方面，陈炯明确也尽心尽力，做了大量的工作。他组织东江选锋、运动防营反正、建立联络机关（广州37处中有4处系陈炯明或其亲信主持③）等，他还与邹鲁按照黄兴嘱托，于起义前夕创办《可报》，该报名为谘议局机关报，实则鼓吹革命，免费赠送给军人，"军界靡然争阅"④，有力地促进了革命思想在军队中的传播。温生才行刺清广州将军孚琦事件发生后，该报著文赞扬其"牺牲一生"，可垂不朽。⑤结果"片纸风传，一倡百合"，清地方政府害怕至极，赶紧勒令该报"永远停版"。⑥

然而，陈炯明却在起义爆发时，逃出城外，躲藏于河南尾珠江水面一个同乡亚弁的盐船里。⑦对此，有的痛责他是"可耻的逃兵""千古的罪人"，其动因是"缺乏革命意识"和"有浓厚的封建地方主义思想"⑧；有的则辩解为陈炯明误以为谭人凤定能劝阻黄兴当机立断，推迟起义日期，故暂时逃避，即仅系出于"误会"⑨。

核诸历史事实，二说似均有不实不妥之处。持后说者称黄兴与胡汉民致谭穗栋等书系胡、陈决裂后胡藉以诋诬陈炯明的捏造，实属臆测。黄兴在1912年5月15日在南京纪念黄花岗之役周年的演讲和上述黄、胡连署的信以及参加该役而又接近陈炯明的陈其

---

① 《有关陈炯明资料》，1965年油印本，第323页。
② 据广州《安雅报》宣统二年十月十七日所载《阖省代表布告庇赌议员渎职罪状书》及有关报道。时人指斥庇赌议员"为宪政之玷"，"其法比之掳人勒赎"，因而当时舆论广泛谴责，澳洲华侨电请广州地方政府严禁，港商亦请除否议员名，三水、番禺学员不承认否议员，广东自治研究社开特别会议，一致认为"正宜利用民气，将赌博一律禁绝"，文艺界发表白话新剧《赌世界》，揭露赌博罪恶，等等。
③ 中国近代史资料丛刊《辛亥革命》第4册，上海人民出版社1981年版，第192—194页。
④ 中国近代史资料丛刊《辛亥革命》第4册，上海人民出版社1981年版，第189页。
⑤ 中国近代史资料丛刊《辛亥革命》第4册，上海人民出版社1981年版，第190页。
⑥ 邹鲁：《回顾录》，独立出版社1947年版，第38页。
⑦ 全国政协文史资料委员会编：《辛亥革命回忆录》第1集，中华书局1981年版，第318页。
⑧ 吴玉章：《辛亥革命》，人民出版社1961年版，第109—110页。
⑨ 参阅陈定炎、高宗鲁：《一宗现代史实大翻案——陈炯明与孙中山、蒋介石的恩怨真相》，香港 Berlind Investment Ltd. 1997年版，第86—87页；吕芳上：《朱执信与中国革命》，台湾师范大学历史研究所1978年版，第110页。

尤的回忆①等，都谈到以下难以更易的事实，一为陈炯明于黄兴集众整装出发前，曾派马育航到黄兴处商量改期，但未被黄兴接受。马返报陈命，告以黄督队出战实情，当系必然之事。因此，陈的出逃，显系有意避战，而非出于"误会"。二为陈在起义前，与姚雨平告黄"顺德三营之同志皆归"，黄遂以为"事必可成"，与陈确定二十九日发难②。但此情况不实，起义计划落空，与此亦有关连。而黄兴又是在不知陈炯明、姚雨平等不来应援的情况下孤军奋战，使起义迅遭失败。仅此，陈炯明等便不能辞其应承之咎。

至于是否由此确定陈炯明是"可耻的逃兵""千古的罪人"，则又需结合当时的情势和陈在这前后的表现进行仔细考察。这次起义是在极端复杂多变的情况下策划发动的，黄兴于败后曾冷静考量："以事势论，防营、新军不能反正，虽有党人数百，恐亦难于占领广东。"③并作自我检讨："此役之失败，统计百二十人中（指其所率该路选锋而言），存者不多，而死者皆吾党之精华，推其原因，皆由兴一人之罪。盖兴当时不坚持迅发，则姚、陈不得愆期，又何至于孤军无援，陷入重地，死我英俊如此之多。"④而其所以坚持发动，确带有激情因素，黄兴曾言他当时深怕备久而不发，有负人民特别是华侨的负托，又为保皇党所讪笑。故"究竟有进无退，方为我辈之决心"⑤。当陈炯明提出改期时，就遭到来穗留学生党人特别是外省党人的激烈反对，他们声称："你们不干，我们就每人带两个炸弹到督署炸张鸣岐，与他同归于尽！"⑥这些志士凭着这种激情确是谱写了一曲惊天地、泣鬼神的悲壮进行曲，也对后来者起到了较大激励作用。但它确如时人和后人所议论的实具冒险性质，其牺牲亦确实惨重。⑦而反观陈炯明当时反对迅速发难的理由，"革命要做到秘密才能成功，现在未发动就把秘密泄漏了，应改期等候机会再发动"⑧，即"保存实力"，以备再举。⑨虽然对外省留学生的激情及其在穗艰难处境缺乏恰切理解和适当处置方法，但确具较多的理性。通观陈炯明此前可谓冒难犯险不屈不挠。此役失败后，他逃到香港，并未因有同志责备而泄气，旋即参加刘师复组织的支那暗杀团，该团同志都当仁

---

① 参阅湖南省社会科学院编：《黄兴集》，中华书局1981年版，第55、182页；陈其尤：《黄花岗起义与炸毙凤山亲历记》，载《辛亥革命回忆录》第1集，第318页。

② 《黄兴集》，第41页。

③ 《黄兴集》，第55页。

④ 广东省政协文史资料研究委员会编：《广东辛亥革命史料》（1962年内部发行），第75页。

⑤ 《黄兴集》，第55页。

⑥ 全国政协文史资料研究委员会编：《辛亥革命回忆录》第7集，文史资料出版社1981年版，第222页。

⑦ 参加此役的谭人凤于发难时，曾劝黄兴改期，黄峻拒。谭后来几次谈到此役准备不足，有冒险性。如词曰："痛恨羊城劫，倒四颠三错铸铁，行止一连三变更，两地隔离莫测。驰赴叮咛耳不接，整队排班情急迫……"认为今后"宏纲要领，预备宜完"（石芳勤编：《谭人凤集》，湖南人民出版社1985年版，第365、7页）。时任清两广总督督署文案的刘乃勋亦评曰："黄兴奋激，力主冒险从事。"（《辛亥革命史料》，第77页）日人犬养毅当时就说："广东之举，虽壮即壮，出（？）牺牲过多。"（黄彦等编：《孙中山藏档选编》，中华书局1986年版，第452页）

⑧ 《辛亥革命回忆录》第7集，第222页。

⑨ 《辛亥革命回忆录》第4集，第318页。

不让，争先赴义，采取"以拑斗方法解决"执行暗杀的人选。①当武昌起义爆发后，他立即奔赴惠州，举兵响应，同当时拥兵驻扎惠州的清广东陆军提督秦炳直较量。这些都表明陈炯明此时是不乏革命意识和牺牲精神的，决非贪生怕死之辈；而他的临战逃避，则是如前所述，表明他不顾大局，只愿照自己认识的道理去做，反此，他就不执行，这应该是问题的主要症结。

三

广东是以和平形式独立的，但它是以遍起于省城外的民军起义为其先导和重要促进力的。这当中，陈炯明率民军经过反复激烈战斗，争得秦炳直所部防营的投诚，造成重兵直逼广州的形势，自是举足轻重。广东军政府成立后，原清军龙济光部虽然反正，但它"受革命影响至浅"，"实存观望"。当选广东都督的胡汉民为"张民军之势，以压迫降军与防营"②，又鉴于陈炯明所部循军有10000余人，且以反正清军为主，训练装备都较好，又有一批军事骨干，是当时民军中人数最多而又颇具战斗力的部队。所以，他提议补陈炯明为副都督，急调陈炯明率部入穗。不久，胡汉民随孙中山北上，陈为代都督，到1912年4月27日，胡汉民复任都督，陈任军统兼广东绥靖处经略、广东警卫军总司令，后又接受北京政府委任的广东护军使职务，在当时军权重于政权的情况下，陈"一时权倾都督"③，成为军政坛上的一个关键人物。

广东是民主革命策源地，又是革命党人在军政界占优势之地，因此孙中山此时就"思以我粤为一模范省"④。本此，陈炯明于二次革命爆发前，虽和胡汉民有矛盾，有权力之争，但他们也协力为广东政权建设、振兴实业、兴办文化教育事业、提高军队素质、加强社会治安、支持北伐和参加拒蒙运动等方面做过不少好事⑤，广东成为当时建设事业较有成就的一个省份。陈炯明在维护社会治安，力除盗贼、会匪、赌博、械斗四害，以及整顿吏治的举措，尤受时人称赞。⑥

可是，在裁撤民军的问题上，却存在着迄今尚待进一步探究的两种不同看法。被视为当时同盟会主要喉舌的上海《民立报》于广东民军解散之次日发表《敬告国民》一文，曰："前乎此者，为异族专制之恶劣政府"，故"与政府立于对立之地位，相处不善，则如当大敌"；"若在民国，则人民与政府本为一体，而仇敌之，是自危也"，故望"能融合结撰而为一致之进行"。同日，该报又发表《广东兵变》的评论，指责不肖民军"乃敢冒不韪以作乱"，宣称"可以暴动目之，若将官作乱，则民国之叛逆也，吾望速以全力扑灭之"。但是，过两天，即3月14日，《民立报》又

---

① 《莫纪彭先生访问录》，第48页。
② 《胡汉民自传》，《近代史资料》1981年第2期，第45页。
③ 《近代稗海》第9辑，第424页。
④ 《孙中山全集》第2卷，中华书局1982年版，第352页。
⑤ 段云章等：《陈炯明的一生》，河南人民出版社1989年版，第64—67页。
⑥ 1912年4月14日香港《华字日报》发表"论陈炯明留镇粤东"的社论，认为陈解散民军"申明大府之威信，闾阎赖安，即此事，粤民之感戴陈炯明者，直有借寇十年之思者矣"，此后，"陈炯明与商民之感情愈为融洽，而商民爱陈信陈之观念，愈觉深且挚托"。转见：《陈竞存（炯明）先生年谱》上，第98—99页。

发表《论广东之兵变》，认为"此次作乱，为陈、王二氏之开衅，名为兵变，实则内讧……呜呼！国家初建，何事相残，为外人开干涉之途，贻万民以流亡之感，其亦不可已矣乎！"

乍看起来，这两则评论似相扞格，仔细考察，则是相辅相成。孙中山于1912年元旦发表的《临时大总统宣言书》强调实行五个统一，其中军政、内治、财政之统一就牵涉到民军问题。同时，孙中山又一向担心革命军起后革命队伍内部的团结问题，1911年12月31日，孙为《民立报》题词就是"'合'之一字最足为吾人警惕"①。1912年1月28日，孙中山"近闻在岭东之同盟会、光复会不能调和，日生轧铄"，特致电陈炯明及中国同盟会，申明"今兹民国新立，建房未平，正宜协力同心，以达共同之目的，岂有猜贰而生阋墙"，切戒"党见横生，而负一般社会之期许"。②两则评论与此精神实成一贯。细审陈炯明解散民军的主客观情况及其后果，亦与上述评论大体相符。

广东民军和其他各地民军一样，多由破产农民、手工业工人、江湖绿林、游兵散勇汇聚而成。他们既具有反抗旧的统治和压迫的革命性，又具有小农的分散性和游民无产者的破坏性。广东民军气势之盛，亦较他省突出。广东光复之初，云集广州的民军达到51股，共148000人，每月需费500万元以上，广东财政司每日需支款23万元左右，军费占广东军政府总支出的十之七八。③而不少民军又胡作非为，造成社会不宁，故遣散民军，确为当务之急，胡汉民北上后，这件难事也确需陈炯明来解决，但如何解决，后果如何，就很值得评议了。

胡汉民、陈炯明上任之初，曾利用民军声势制防初附降军和防营；又成立"民团督办处"和"广东省军团协会"来统制和约束民军。随后，南京临时政府陆军部又通令到粤，指出："各省民军过多，亟宜分别遣留。"④陈炯明亦立饬民军总务兼督练处邀请各军会议，商决以北伐、安抚、工兵（按即从事建设）为裁编民军办法，这些举措应该说是及时的、正确的。但在裁编谁的部队、如何妥善安置等问题上，却引发动乱，造成了某些不良后果。

当时入城民军中有些接受过民主思想熏陶，表示要"改过自新，保卫桑梓，大家捞过一番新世界"⑤。胡汉民亦曾赞叹过民军因革命空气之护持，"无公然违令作恶之事"，其表现较后来披猖于粤东的滇、桂军为佳。⑥这种追述虽有粉饰美化其统治之嫌，但应该肯定民军中确有较好的，不过其多数确有不法扰民情事，当时领导过民军的李朗如、陆满在其回忆录中就不讳言民军进城后坠落腐化、横行霸道，在广州造成

---

① 《孙中山全集》第1卷，第581页。
② 《孙中山全集》第2卷，第47页。
③ 转见吕芳上：《朱执信与中国革命》，第149页。
④ 《孙中山全集》第2卷，第235页。
⑤ 《广东辛亥革命史料》，第158—159页
⑥ 《胡汉民自传》，《近代史资料》1981年第2期，第50页。

混乱的情形。①其中石字号营首领石锦泉尤为凶悍贪婪。②因此，陈炯明裁撤民军，首先惩治石锦泉，理属当然，对其他部亦理应分别遣留，殆无疑义。问题在于以下三个事件上：

其一，武力镇压王和顺部事件。陈炯明在其发布的多项布告、告示、函电中列举王和顺谋逆害民罪状，且不断向陆军挑衅，故予镇压。但王和顺则以告示辩诬，称："本军自克服惠州，所至各境，均遵守文明规则，与同志各军界毫无冲突。今在省城回龙社驻扎，极力保护地方，所有南关一带，如常安静，商民同志称颂。"又称：陈炯明"前此已经利用陆军，强迫各路民军解散，翼集大权于一己，虐全省人民，今竟袭我惠军，声诉不理，肇祸之首，非他人也"③。其本人辩解，自不可轻信，但为之辩解者还另外有人。此事发生后，仗义埋葬黄花岗起义烈士的潘达微即写信质责陈炯明，《广东公言报》《陀城日日新闻》亦载文为王和顺鸣冤叫屈。该两报旋遭查禁，撰文者著名的早期民主革命宣传家黄世仲和著名记者陈听香亦旋被陈杀害。当时广州驻美领事馆的报告亦称"王和顺部下民军因拒绝受改编被遣散"④，这说明陈炯明致孙中山、黄兴电中所称：镇压民军系出自"王和顺所部误信谣言，谓军政府拟缴枪械解散该军，率先狙击派出巡查军队"⑤，显系谎称。曾为惠军秘书的李衡皋也回忆说：其时"省会各民军中，以王和顺惠军势力最为雄厚，又颇有纪律，为时所称，陈炯明心怀嫉忌，视为眼中钉"。引发这场镇压者系双方争夺20万元军火。⑥此回忆似道出某种底蕴，似可作为上述3月14日《民立报》关于"实则内讧"评论的注脚。

对于资产阶级革命者来说，争权夺利，应说是平常事，在辛亥革命中并不罕见。揆诸当时情势，王和顺算是老资格的革命党人，他于1902—1905年参加广西大起义，1907年加入同盟会，旋即参与发动钦州、防城、云南河口等西南边境起义，声名卓著。武昌起义后他率惠军攻克东江各县，又立新功，而今却屈居参加革命不久的陈炯明之下，因而郁郁不得志，曾有率部回广西的打算，但所购枪械又被陈炯明所夺，且所部面临裁遣，无兵无权，何堪忍受，因激而生变，不足为怪。陈炯明率领以投诚清军为主力的循

---

① 李朗如等忆称："他们穿着便衣，携着武器，四处游行穿插。歹徒乘机混迹其中，因而形成兵匪难分，一般人民对之无不提心吊胆。而且遍地烟赌……各营号的民军官兵常有因开设烟赌的区域，或因赌博而争执，追索赌债，从口角而至动武开枪杀人，寻仇报复。因此，各营号民军，不特不能团结，而且互相攻击"，特别是民军领导人入城后多数趋向腐化，"大多数沉迷于嫖、赌、饮、吹的坠落腐化生活"，有的"威风十足，便以为自己在人民之上，于是为所欲为，横行霸道"。见《广东辛亥革命史料》，第174—175页。

② 石锦泉曾在三·二九之役中帮运军火。广东独立后，率起义民军入城，骄悍贪贼，被陈炯明处死后，对其劣迹当时报纸多有披载。如上海《民立报》1912年3月5日"石锦泉伏法余闻"称：石部"所报名册，浮吞额饷千余名……每月蚀军饷巨万"，"自反正后，私囊不下十万元"；《申报》1912年3月1日"粤都督义诛石锦泉"称：石锦泉纠众抢掠水师公所，勒索韭菜栏银一万余两，掳掠女子，恣意杀人，并枪挑人心，沿街夸耀，等等。

③ 广东省政协文史资料研究委员会编：《广东军阀大事记》，广东人民出版社1984年版，第17页。

④ 陈定炎编：《陈竞存（炯明）先生年谱》上，第89页。

⑤ 《陈炯明集》上卷，第72页。

⑥ 《广东辛亥革命史料》，第392页。

军进入广州后,凭其权位,延揽了一批新军军官,组成新建陆军二师一旅,在人数、装备和军队素质等方面都远胜于其他民军,乃决定"用新军力解散驻省民军"①。其中也很自然杂有"排除异己独揽广东军民政权的思想"②,而又咄咄逼人,双方争战自是势所难免。

其二,1912年5月30日,反正的前清巡防营营官吴祥达,奉陈炯明命率部到达潮汕后,公然违背孙中山的告诫,大肆解散民军,枪决民军首领、曾策划潮汕起义的原光复会员兼同盟会员许雪秋、陈芸生、陈涌波等人;并搜捕同盟会员,"讽令回去解散"同盟会③,还焚毁了当地革命党人喉舌《新中华报》报社。

其三,姚雨平所率广东北伐军回粤前已遣散大部,但考虑炮兵培训不易,希图保留炮兵一营,以备后用。讵知该营返抵虎门,即被陈炯明派兵包围缴械。

综上可见,民初的陈炯明,既起了稳定广东局势、推进广东建设的积极作用,也确有排斥异己情事,而以前者为主。于此期间,孙中山对陈炯明多有慰勉,并支持他对王和顺的处置,这主要是从大局主流着眼,当然也有对事件真相不全了解之处。就陈炯明主观愿望看,他谋求广东有一个安定的建设环境,适应了当时许多人尤其是工商界在维持现状或稍谋改进社会条件下求得发展的缓进心态,他为此不惜依靠旧的军官和由旧军队为主组成的陆军来对付昔日的战友,这就造成原本不健全的革命力量更加分裂、削弱。不久后,这种恶果就充分显示了,龙济光兵逼广州,伪装依附的旧势力和被他推向敌方的盟友相纠合,会同他原曾依靠而后却反颜相向的广东资产阶级一起把他轰下台去。

四

正当陈炯明完成裁军任务④、沉醉于和平建设之时,上海车站传来了刺宋枪声。但陈炯明在较长时间仍未十分清醒。他支持法律制袁,到1913年4月13日,即"宋案"真相已大白的情况下,他尚说:"现在法治之国,政府倘有违法行为,皆得以法律范围解决之,所望此案与政府无关系,如果有关系,吾人须以法律对付之。"⑤5月6日,他又致电孙中山、汪精卫,"万望星夜晋京,先将南北意见解释,然后及于党争之调和"⑥。此时,陈炯明与胡汉民暗斗已愈演愈烈,在此问题上亦表现不同。在省议会所开秘密会议上,"胡汉民演说时许,力诋中央政府,谓非从速推翻,由若辈组织不可。陈炯明终席不发一言",被视为陈炯明机关报的广州《自治报》"对于宋案、借款态度甚为镇静,不特无攻击之言论,且对于中央政府近来命令无不详载,与各报不同,并加

---

① 《陈炯明集》上卷,第71页。
② 《广东辛亥革命史料》,第395页。
③ 广州《民生日报》1912年5月4日,"潮州通信"。
④ 1913年3月23日,陈炯明在《辞护军使兼军长职电》中历数一年几次裁军过程,提到"现全省只存警卫军三十九营,警察游击队六营,较之前清分防兵力有减而无增","又陆军原有两师一旅,自昨年陆续办理退伍,现存士兵实数不过一万四千余名"。见《陈炯明集》上卷,第151页。
⑤ 《陈炯明集》上卷,第154页。
⑥ 《陈炯明集》上卷,第156页。

赞同之按语"①。眼见袁世凯将对南方采取军事行动，胡汉民多次提议正式陆军再扩编一个师，但掌握军权的陈炯明迄不答应。故胡虽主反袁，但手中无兵，一度被迫暂主缓进，但胡与袁世凯对立已久，知终难容于袁，故经短暂犹豫后，仍坚主反袁。

广东是国民党的主要地盘，袁世凯窥伺已久，亟思利用胡、陈矛盾，实行分化，最终夺取之。亲近袁世凯的广东大绅江孔殷与袁的亲信梁士诒相勾通，在胡、陈间极尽挑拨离间之能事，"江对于广东议员极力笼络，遇胡党，则是胡而非陈；遇陈党，则是陈而非胡"②，使胡陈间猜忌益深。1913年6月14日，袁世凯下令以陈炯明代胡汉民为广东都督、陈昭常为民政长，并拟以龙济光为护军使。此举用心十分恶毒，一则排去坚持讨袁的胡汉民；二则加剧国民党人的内部分裂，拉陈为己用；三则利用陈昭常、龙济光分夺广东军政大权，架空陈炯明；同时，又通过梁士诒和曾与陈炯明闹矛盾的黄士龙拉拢收买陈的军队部属，嗾其助袁倒陈。此时，孙中山、黄兴深知广东形势险恶，在胡汉民被迫离粤之后，转望陈炯明能撑持广东局面，力促陈就广东都督职，待时反袁；而陈始以"内部不一致，兵力还薄弱"为由拒绝发动。6月26日孙中山赴澳门，约陈到坐舰晤商，促陈"四省独立，广东同时宣布"。③

但是，陈炯明仍在徘徊中，他对袁世凯的大奸面目不能说没有认识，在孙中山未让权给袁前，他曾几次电请孙防范袁，并要求率兵北伐；对袁上述险恶用心亦有所觉，情知自己在粤地位亦处于风雨飘摇中，他与别人谈，以己代胡，"这是将我来过渡，至多三两个月，便调我入京了"④。但他仍难完全摆脱以侥幸避战来谋继续和平建设的幻想。他于6月22日致电北京政府，提出自己暂兼民政长、不再派护军使、由中央拨给现款2000万元整顿广东纸币⑤，其意图恐怕不在于耍弄手段、为作战做准备；而是谋求避战与和平建设。这可从以下事实看到：其一，6月23日，陈与广东省议会议长谢已原等的谈话中，特别申明借款整顿纸币"尤关系我粤生死问题"，否则将不能"规复兑换机关，则我粤商民永无生活之一日，而余亦不敢肩此重责"⑥，即为维护现行统治而非用于战争。其二，陈于7月4日接任都督到18日举兵反袁前，发布数十道政令，均为整理财政、澄清吏治、裁并机关、推行减政、振兴实业、加强教育所发，无一加强军事战备指令。其三，直到7月14日，即李烈钧发动讨袁的第三天，陈炯明在《致北京政府电》中还认为江西讨袁系"赣军误会，致生冲突，现在善后办法，宜以释嫌弭乱为先，应请大、副总统严谕两军，勿得轻动，听候简派双方笃信大臣查办，应使赣军晓然于中央用意所在，不致铤而走险，贻患大局"⑦。其四，孙中山、黄兴曾多次促其举兵讨袁。黄兴于6月27日至7月3日就3次电促陈"接任都督，宣布独立，联合讨袁"，如果拖延，

---

① 朱宗震等编：《民初政争与二次革命》上编，上海人民出版社1983年版，第422页。
② 朱宗震等编：《民初政争与二次革命》上编，上海人民出版社1983年版，第423页。
③ 《广东辛亥革命史料》，第365页。
④ 《陈炯明集》上卷，第162页。
⑤ 《陈炯明集》上卷，第160页。
⑥ 《陈炯明集》上卷，第161页。
⑦ 《陈炯明集》上卷，第192页。

"党人将不能相谅"。① 但陈炯明仍宣称他"并非稍存党见","故今日之意见,断不关乎党界问题"。② 故虽就任都督,并未听从党的意见,立即讨袁。

最后推动他决志举兵讨袁的是江西、江苏、安徽相继独立后的战火向南燃烧,袁军行将取粤的紧迫形势。正如他自己所说:"初时本意,非不欲和平解决,以为正式国会成立,即又别举他人。乃袁世凯速换各都督,斯亦已矣。乃尤征调重兵,直抵赣境,不法之举,尚可掩乎?"③ 而且,他已了解到梁士诒、黄士龙、王和顺已在收买其部属。④ 加上,他这时已知岑春煊已按孙中山、黄兴意旨,南下运动其旧部广西都督陆荣廷、广东济军首领龙济光参加讨袁,故认为必须而且可以起兵讨袁了,遂于7月18日宣布广东独立。

不过,这一仓卒发起的讨袁,至8月4日,即因陈军兵变陈炯明出走而结束,历时仅18天。为什么二次革命在被认为国民党最有影响和实力的广东却失败得如此之快呢?

总的来看,主要是敌强我弱,即使局部地区具有某种优势,也难以改变整体失败的结局,何况这种优势也需具体考量。就以人心归向和社会基础而言,经过辛亥革命后,人心思安厌乱,亟谋建设,尤其是资产阶级,更想和平发展,故发动二次革命的许多地区,出现了资产阶级纷纷谴责革命党欢迎袁世凯军队的怪现象。在广东,更显突出。当袁世凯大借款准备镇压革命党人时,省港商人致电袁世凯,说借款"实属正当办法",反对借款则系"少数无知之徒,出而盲争,意在破坏大局"⑤。讨袁军兴,粤商界因港粤百货停滞,尤增不满,公然在报纸上发表《告商界》,散播"谓商业自商业,国事自国事,袁虽专制,于我商人无与;袁虽卖国,与我商人无与也"⑥。广东总商会竟散发传单,称:"吾等商人,受廛营业,身命财产所寄,惟以治安为前提;目前恐慌,只以战祸为可虑,但使能免战祸,大众自可相安。"⑦ 广东独立之取销,系由第一师炮兵团团长刘佑卿、第二师炮兵团团长徐军雁首先到总商会宣布,由九善堂七十二行商及各界推举苏慎初为临时都督兼民政长。⑧ 龙济光部抵省时,广东总商会总协理偕同七十二行商董暨公安会员、商团、九善堂、自治研究社及各社团前往欢迎,各界人士燃放炮

---

① 毛注青编著:《黄兴年谱长编》,中华书局1991年版,第389页。
② 《陈炯明集》上卷,第206页。
③ 《陈炯明集》上卷,第206页。陈炯明于1921年3月与某议员的谈话称:"癸丑一役,我本不欲轻于一掷,徒以党议关系,不得不尔,至今思之,犹有余痛。"(《陈炯明集》第591页)可见陈当时思想之复杂矛盾。
④ 陈炯明于7月初中旬曾说:"今以北军挟民国,且大用金钱运动,以厚势力;甚至著名三合会党中之恶类,亦收为顾问(按,指王和顺于兵败后一度投靠袁世凯,并回到广东策反旧部倒陈);国会之议员,亦弄于掌握之中……是丧中华民国者,直袁世凯一人也。"见汕头《大风日报》1913年7月22日。《陈炯明叛国史》亦称:陈"顾以所部师旅长皆受梁士诒重贿……而阴与士诒党羽黄士龙、李准等谋逐炯明"。
⑤ 广州《七十二行商报》1913年6月2日,"本省特别要闻"。
⑥ 广州《民生日报》1913年8月1日,"告商界"。
⑦ 广州《民生日报》1913年8月1日,"本省新闻"。
⑧ 广州《民生日报》1913年8月5日,"本省新闻"。

竹。①港商亦"非常欢欣","晚上各行店各燃喜炮志庆"。②有的报纸还为商界如此表白心曲:"粤自取消独立之后,商界之渴望同享共和幸福者,已若久旱望甘霖矣,故当时函电纷驰,欢迎龙使之临莅吾粤,大局始获安定。吾粤之不至受乱党蹂躏者,微龙督未能及此,此固一般粤商所承认者也。"③并认为今后"地方不致有分裂之虞,而国家可以完成统一之治",自身亦可减负。④本来,陈炯明和广东资产阶级的关系比较密切,故"当陈炯明奉命督粤之初,一般商民交口称颂,奉若神明,倚若长城",但当他宣布广东独立,省港商民多不赞成,乃至纷纷致电袁世凯政府,"急盼中央派兵痛剿"。⑤综上可见,当时商民确对讨袁缺乏理解,阶级确实背离了自己的代表。这当然与袁世凯面目的暴露和人民的民主觉悟有关,也和革命党人对民主革命思想宣传不够有关。

值得探究的尚有陈炯明的失误及因此对这次失败应承担的历史责任。甚至可以说,这次失败使陈炯明饱尝了前此失误造成的苦果。

广东革命政权的基础本来不牢固。其建立之初就"意见百出,暗潮迭起"⑥,县市以下政权则多为豪绅巨贾或旧军官把持。随后胡、陈争权,敌人更乘机煽风点火,加剧了革命内部的不和。裁撤民军的某些不当,又使王和顺、姚雨平这些当时具有影响最终证明仍是民主派的人士,在反袁斗争中一度成为自己的对立面和敌人的帮手。⑦被裁撤的官兵,本属不同山头,有其派性,他们被强迫遣散,又未作适当安置,不少又啸聚为"匪",陈亦承认"民军之散于四方者甚众,地方上不无滋扰之虞"⑧。平时他们是陈"绥靖"的对手,广东独立后,东江、西江一带民军。乘机蜂起,打出反陈旗号,并为龙济光反扑广州做前导。⑨

陈炯明苦心经营和极力控制的军队,经过几次整编后,尚存正规陆军两师一旅计14000余人。⑩就数量言,远超过执行扑灭二次革命任务的龙济光军(仅5000人)。然而,广东陆军的军官,多为辛亥革命高潮中卷进来的或者是图谋个人出路而投机革命的反正军官,极少甚至没有民主革命意识;其士兵多数出身于无业游民,是被雇佣者,他们"饱食无事,坐卧游行"⑪,缺乏训练。加之,军内有士官生派与本地生派的暗斗,

---

① 广州《民生日报》1913年8月12日,"本省新闻"。
② 广州《民生日报》1913年8月7日,"取销独立之热闹"。
③ 广州《共和报》1913年12月30日,"镇抚使恤商之一斑"。
④ 广州《华国报》1913年10月3日,"此次乱事平定后之察观"。
⑤ 广州《民生日报》1913年8月14日,"论说"。上海《申报》1913年8月4日,"陈炯明迫胁议会独立别报"。
⑥ 《仓海先生丘公逢甲诗选》,商务印书馆1935年版,第156页。
⑦ 王和顺虽于讨袁前后参与倒陈活动,但民主革命意识仍未泯灭,1916年后,他又参加讨袁、护法。姚雨平亦参与倒陈署名,但随后亦参与讨袁护法。
⑧ 《陈炯明集》上卷,第193页。
⑨ 据《申报》1913年8月15日报载:7月下旬,龙济光军攻肇庆,"绿林之徒已先行布置",肇庆不战而下,"实则起事者,仍先由绿林之徒"。
⑩ 《陈炯明集》上卷,第151页。
⑪ 《申报》1913年7月30日。

两派"积不相能,摩擦日甚"①。由于陈炯明高唱"军人不党",第一师中几无革命党人,第二师虽有不多,平时根本没有进行民主教育。策划反袁时,朱执信曾提出新编革命军一师,与第二师相提携,兼防第一师异动;并表示他愿"辞去一切名义上的职务,专选优秀同志在粤军各军中宣传革命之理论与讨袁之大义,以坚将士讨袁之心"②,但未被陈采纳。这样,讨袁发动之前,曾受陈炯明信赖重用的钟鼎基、苏慎初、张我权等师旅长均被梁士诒、黄士龙等贿买过去,兵随将转,陈炯明实际上成了光杆司令。陈欲调回各地警卫军,但他们多已同当地豪绅巨贾相依托,不听调动。③结果,由陈炯明勒令解散的原北伐军炮兵营余众组成的炮兵团,因策反者"以解散北伐军系为陈所迫来煽惑,所以为他所动"④,首先叛变,炮轰陈炯明司令部,迫陈仓皇出逃,广东二次革命遂迅速失败。

上述陈炯明的活动,从一个方面反映了广东辛亥革命的面貌,也约略显示出一位搏击于辛亥革命激流中的某种缓进派形象。

犹如滔滔前进的江河有急流也有缓流,在历史长河中也常有激进派与缓进派同时活动。他们的存在各有其特殊历史原因和群众代表性,各有其活动特点和历史作用。对此必须做实事求是的客观评估。由于他们有"进"的共性,即在当时社会历史条件下都具有推动社会进步的特性,所以像陈炯明这样的人物虽较晚投入民主革命,但他前此的改革社会的活动,确也起了唤醒人民民主觉悟、激扬人民反清情绪、有助于广东辛亥革命开展的作用;参加革命后,更联系和带动了与他声息相通的群众,壮大了民主革命力量,促成了广东辛亥革命的胜利,接着又与激进派人士一道共同为广东造成一段时间较好的社会环境,采取了一系列有利于广东发展的政策,使得广东的统一和建设事业,位居全国前列。因此,应该肯定,陈炯明对广东辛亥革命作出了积极贡献,这是主要的。

诚然,我们也应看到缓进派和激进派的差异和矛盾。这主要是因为近代中国为帝国主义、封建主义所盘踞,反动势力、旧的思想、旧的习惯势力尚很强大,激进、缓进两派人士既须和他们作斗争,又需和他们周旋,都必然受其影响或制约。缓进派由于其本身历史原因,和旧势力的联系要多些,故在考虑中国的改造问题时,常崇尚和平的渐进的妥协方式;激进派则较多地采用激烈的武装斗争方式。就中国历史情况看,后者确是主要的有效方式,但它又和前者相辅相成。缓进派的主张有时考虑冷静些、客观些,有其历史适应性。因此,我们又不能以人或以派来划线,应根据史料,结合当时具体社会历史条件来判定是非。陈炯明的缓进言行和失误,确对广东辛亥革命的进行和失败有其不好的影响,但不能把他的缓进主张一概斥之为非,更不能把这场革命的失败要陈完全承担。

---

① 罗翼群:《追记仲元先生事略》,《广东文史资料》第3辑。
② 胡汉民:《朱执信别记》,《建国月刊》第1卷,第6期。
③ [美]爱德华·弗里曼:《革命运动还是流血事件》,《辛亥革命史丛刊》第2辑,第195页载:陈炯明为保卫广州,曾下令召回驻潮州、廉州的警卫军,但"当地商会和外国领事串通一气,始终不放驻军去援助同盟会的都督"。
④ 邹鲁:《回顾录》第2册,第69—70页。

本来，激进与缓进的矛盾应属于进步派中的内部问题，在辛亥革命时期陈炯明与孙中山等人的分歧和矛盾亦未越出这一范畴。然而，综观中外古今历史，激进派与缓进派之争，往往由内部发展为流血冲突，随后孙、陈之争亦未摆脱这一历史演化结局，这是一个很值得深思细加考究的问题，而这一端倪，于此似已初露。

原载《中山大学学报（社会科学版）》2001年第6期

晚清民国的知识与制度体系转型

桑 兵

一

美国学者任达（Douglas R. Reynolds）的《黄金十年与新政革命》（*The Xinzheng Revolution and Japan*, Council on East Asian Studies, Harvard University, 1993, 李仲贤的中译本由江苏人民出版社1998年出版）一书, 出版以后引起不小的争议, 包括本人在内, 对其观念和材料方面的种种局限议论较多。① 不过, 作者指出了以下的重要事实, 即新政前后, 中国的知识与制度体系截然两分, 此前为一套系统, 大致延续了千余年; 此后为一套系统, 经过逐步的变动调整, 一直延续至今。作者这样来表述他的看法:

> 在1898年百日维新前夕, 中国的思想和体制都刻板地遵从了中国人特有的源于中国古代的原理。仅仅12年后, 到了1910年, 中国人的思想和政府体制, 由于外国的影响, 已经起了根本性的变化。从最根本含义来说, 这些变化是革命性的。在思想方面, 中国的新旧名流（从高官到旧绅士、新工商业者与学生界）, 改变了语言和思想内涵, 一些机构以至主要传媒也藉此表达思想。在体制方面, 他们按照外国模式, 改变了中国长期以来建立的政府组织, 改变了形成国家和社会的法律和制度。如果把1910年中国的思想和体制与1925年的, 以至今天中国相比较, 就会发现基本的连续性, 它们同属于相同的现实序列。另一方面, 如果把1910年和1898年年初相比, 人们发现, 在思想和体制两大领域都明显地彼此脱离, 而且越离越远。②

也就是说, 中国人百年以来的观念世界与行为规范, 与此前的几乎完全两样, 这一天翻地覆的巨变, 不过是百年前形成基本框架, 并一直运行到现在。今日中国人并非生活在三千年一以贯之的世界之中, 而是生活在百年以来的知识与制度体系大变动所形成的观念世界与行为规范的制约之下。任达认为, 这样的变动是以清政府和各级官绅为主导的具有根本性的革命, 并且强调在此过程中日本影响的主动与积极一面。对于诸如此

---

① 桑兵:《黄金十年与新政革命——评介〈中国, 1898—1912: 新政革命与日本〉》,《燕京学报》新4期, 1998年。
② [美] 任达著, 李仲贤译:《黄金十年与新政革命》, 南京: 江苏人民出版社, 1998年, 第215页。

类的看法，意见当然难期一律，表达异见十分正常。但任达所陈述的知识与制度根本转变的事实，却是显而易见，不宜轻易否定的。

不过，这一转型的过程及其意义，远比任达所描绘的更为复杂和深刻。因为它不仅涉及明治日本，还包括整个丰富多样的"西方"；不仅发生在新政时期，而是持续了半个多世纪；不仅政府主导的那些领域出现了制度变化，全社会各个层面的各种制度体系，几乎全都根本改观；参与其事者不仅是清朝官绅和日本顾问，外国来华人士和中国知识人也大都介入其中。更为重要的是，这样的革命性变动不是单纯移植外国的知识与制度，今天中国人所存在于其中的知识与制度体系，虽然来源多在外国，因而与世界上其他国家大体相似，但还是有许多并非小异。这些千差万别，不能简单地用实际上未能摆脱西化的现代化理论来衡量和解释。

今日中国人在正式场合用来表达其思维的一整套语汇和概念、形成近代中国思想历史的各种学说、教学研究的学科分类，总之，由人们思维发生，独立于人们思维而又制约着人们思维的知识系统，与一个世纪以前中国人所拥有的那一套大相径庭。如果放弃这些语汇、概念和知识，人们很难正式表达自己的意思。而习惯于这些体系的今人，要想进入变化之前的中国人的精神世界，也十分困难，即使经过专门训练，还是常常容易发生格义附会的误读错解。不仅如此，甚至要认识今日中国人的精神世界，尽管处于同一时代，但要分辨那些约定俗成、不言而喻、实际上各说各话的话语，如果不能从发生发展的渊源脉络理解把握，也很难真正做到了解同情。近年来学人所批评的"倒放电影"和所主张的"去熟悉化"[①]，显然都由此而生。同样，体现和规范今人的行为，维系社会有效运作的各种制度，与百年以前也是迥异。这些制度涉及政治、经济、军事、对外关系、教育、金融、司法、医疗、治安、社会组织、社会保障与救济等各个方面，几乎无所不包。除了少数"仍旧"或"全新"的制度外，多数情况是"古已有之"而"变化多端"甚至"面目全非"。这就导致今人既不易理解前人的种种行为方式和运作模式，又无法深究今日各种制度规定及其运行的来龙去脉，难以知其然亦知其所以然。结果，一种制度之下存在着多种行为样式，甚至主要的样式与制度本身的原意相去甚远。有时观念与制度之间发生离异，观念层面的优劣之争并不影响制度层面出现一面倒的局面。如中西医的是非优劣，历来争论不已，至今只能说是各有高下，但医疗和医院制度，几乎完全按照西洋方式。

何以会出现上述情形？重要原因之一，在于晚清民国的知识与制度转型，并非由中国的社会文化历史自然发生出来，而是近代中外冲突融合的产物。在某种程度上，可以说是外部世界移植到本土，并且改变中国基本面貌的产物。换言之，这是世界体系建构过程中，中国一步步被拖入世界体系的结果。今人争议甚多的全球一体化，仍是这一过程的延续。

然而，事情如果只是如此简单，也就不难认识。实际情形不仅复杂得多，而且潜移默化，令人习以为常。所谓"世界"，其实仅仅存在于观念形态，如果要落到实处，

[①] 前者为罗志田教授屡次论及，后者见王汎森教授《中国近代思想文化史研究的若干思考》，《新史学》（台北）第14卷第4期，2003年。

则几乎可以断定并不存在一个笼统的"世界",而具体化为一个个不同的民族或国家。更为重要的是,那个时期的所谓"世界",并非所有不同民族和国家的集合,实际上主要是以同样笼统的"西方"为蓝本和基准。在"西方"人看来,"西方"只是存在于东亚人的观念世界之中。认真考察,西方不但有欧美之别,欧洲内部还分为大陆和英伦三岛,大陆部分又分成历史文化各不相同的众多国家。此外,本来是东亚一部分的日本,因为学习西方比较成功,脱亚入欧,似乎也进入了西方发达国家的行列,而逐渐成为西方世界的一部分。

如此一来,近代中国面临的外部冲击和影响,就知识系统而言,不仅"西学",还有"东学"。而"西学"的基本凭借"西方"既然只存在于观念世界,"西学"相应地也只有抽象意义。一旦从笼统的"学"或"文化"落实到具体的学科、学说,可以发现,统一的西方或西学变得模糊不清甚至消失不见了,逐渐显现出来的是由不同民族和国家的历史文化渊源发生而来的独立系统。各系统之间或许大同,但也有不少小异,这些小异对于各种学科或学说的核心主干部分也许影响不大,但对于边缘或从属部分则相当关键,往往导致不同系统的学科分界千差万别,从而使得不同国度的不同流派关于学科的概念并不一致。来龙不一,去脉各异,不同国度的同一学科的内涵也就分别甚大。大者如"科学",英法德含义不同,小者如政治学、社会学、人类学的分科与涵盖,欧美分别不小,欧洲各国也不一致。至于社会文化研究,究竟是属于社会学的领域还是人类学的范畴,不仅国与国之间存在差异,同一国度的不同学派也认识不一。上述错综复杂是在渐进过程中逐渐展开,因此对于亲历其事者或许不成问题,而后来者或外来人则难免莫名所以,无所适从。当由欧洲原创的人类知识随着世界体系的扩张走向全球时,为了操作和应用的方便,不得不省去繁复,简化约略,使得条理更加清晰。这样一来,原有的渊源脉络所滋生出来的纠葛被掩盖,学科的分界变得清晰起来。将发源于欧洲的各种学科统一分界进行快刀斩乱麻式的后续加工,开始不过是有利于缺少学术传统又是移民社会的美国人便于操作,后来由于美国的实力和地位迅速上升,对世界的影响不断扩大,甚至成为霸主和中心,美式的分科成为不少后发展国家接受外来影响的主要模式。可是,在清晰和方便的同时,失去了渊源脉络,但从定义出发,一般而言也无大碍,仔细深究,尤其是还想弄清楚所以然,就不免模糊和笼统。因此,格义附会、似是而非的现象不仅多,而且乱,看似异口同声,实则各唱各调的情况比比皆是。

西方压力之下发生的知识与制度体系转型,如果只是全盘西化式地移植,问题也就相对简单。可是,中国的文化不仅历史悠久,而且活力十足,一以贯之,始终活跃,其巨大张力所产生的延续性,对于近代的知识与制度转型发生着重要的制约作用。清季民初,是中国固有学术向西式分科转型的重要时期,众多学人对此作了不同程度的努力,其中康有为、梁启超、刘师培、章太炎、严复、宋恕、王国维等人在学术领域的影响尤为突出,而蔡元培等人则更多的是从教育的角度关注分科。他们借鉴来源不同的西学,以建立自己的体系,都希望在统一的整体框架下将各种新旧中西学术安置妥当,尤其是力图将中西新旧学术打通对接。各人的体系分别相当大,反映了各自所依据的蓝本以及对这些蓝本的认识存在很大差异。加之在中国变动的同时,欧洲各国的学科体系也正在随着社会分工的日益细化和知识分类的不断增加,随时新建、调整或重组,时间的接近加剧了空间移动的复杂性，这就进一步增加了中国人对于学术分科的理解与把握的难度，也导致了分科界限的模糊与错乱。早在20世纪初，主讲京师大学堂史学的陈黻宸比较中西学术时就认为："夫彼族之所以强且智者亦以人各有学，学各有科，一理之存，源流毕贯，一事之具，颠末必详。而我国固非无学也，然乃古古相承，迁流失实，一切但存形式，人鲜折中，故有学而往往不能成科。即列而为科矣，亦但有科之名而究无科之义。"① 这显然是用进化论的眼光看待中西学术的结果，将近代等同于西方，以为西学的优势从来如此。其实，整体而言，分科治学在西方也不过是19世纪以来，尤其是19世纪后半叶以来的事。由于各国的学术文化传统不同，造成分科边际的不确定性和不稳定性，使得对西方本来就缺乏全面深入认识的中国人更加难以把握这些舶来的抽象物。

上述难题，几乎所有的后发展国家和民族都会共同面对。而中国还有其独特的问题。在中国的近邻，明治维新后日本率先走上了近代化道路，并通过一系列军事、外交和政治活动向中国人展示了它的巨大成效，以至于新政期间，在朝野人士的鼓动下，中国主要是通过日本来学习西方。这样的取径，在具有留学欧洲背景的严复看来，不仅是舍近求远，甚至会南辕北辙。他说：

> 吾闻学术之事，必求之初地而后得其真，自奋其耳目心思之力，以得之于两间之见象者，上之上者也。其次则乞灵于简策之所流传，师友之所授业。然是二者，必资之其本用之文字无疑也。最下乃求之翻译，其隔尘弥多，其去真滋远。今夫科学术艺，吾国之所尝译者，至寥寥已。即日本之所勤苦而仅得者，亦非其所故有，此不必为吾邻讳也。彼之去故就新，为时近三十年耳。今求泰西二三千年孳乳演迤之学术，于三十年勤苦仅得之日本，虽其盛有译著，其名义可决其未安也，其考订可卜其未密也。乃徒以近我之故，沛然率天下学者群而趋之，世有无知而不好学者如此者乎？侏儒问径天高于修人，以其逾己而遂信之。今之所为，何以异此。②

严复的意见在一段时期内似乎不被普遍认同，但它提醒国人注意，日本化的西学，加入了许多东亚因素，而东学所带有的浓厚的德国色彩，提醒人们进一步抛弃西学的笼统性，关注英国以外的其他欧洲文化系统，并设法弄清不同系统之间的差异。

知道分别就会有所取舍。在大规模地接受东学之后，朝野人士对东学东制移植中土暴露出来的弊病逐渐有所认识，于是再度将目光转向欧洲。从这时起，国人开始跳出西学的笼统观念，不一定在不同系统之间作整体性选择，而是考虑各个系统的具体部分可能各有长短，应当具体地予以了解和把握。民国以后，虽然留美学生渐多，知识人士还是知道，欲求高深学问，还是要去原创性的欧洲。只是后来北美与东欧的影响日益增

---

① 《京师大学堂中国史讲义》，陈德溥编：《陈黻宸集》下册，北京：中华书局，1995年，第675页。
② 《与外交报主人书》第3册，王栻主编：《严复集》，北京：中华书局，1986年，第561页。

强,将已有的复杂因素变得看似简化。

在近代中国人的精神世界发生着翻天覆地的变化的同时,其行为规范也随着涉及社会生活各个方面的各种制度的引进而悄然变更。西制进入中国并导致原有的各种制度发生变动,与西学的进程相近似,也经过了取法日本的阶段。在此之前,这方面的进展相当缓慢。新政时期,中国全面模仿日本,朝野上下,先后派出了为数众多的官绅游历,他们出发前以及抵达日本后,要集中听讲学习,有关方面为此还编制了具体的考察指南,指示考察的程序、步骤和做法。游历们按图索骥,将日本的各种制度一一照葫芦画瓢地搬来中国。当然,后来同样有过再向欧美学习以调整偏差的经历。其间有些先见之明人士并不囿于一途,如孙中山对美国的代议制民主就不以为然,而倾心于瑞士的直接民主。

对于近代中国的知识与制度体系转型,学界往往会用现代化的解释框架来加以认识。现代化的观念,未必不能成为一种解释模式。不过,现代与传统、进步与落后之类的两级范畴,最终实际上落实到了中西对立的概念之上,不仅是简单地找变化,而且所找出的变化归根结底都是西化。而转型决非如此简单,至少应该考虑到:(1)中国固有的知识与制度体系的渊源、变化与状况。(2)外来知识与制度体系的具体形态及其进入中国的过程、样式。(3)中国人如何接受外来的知识与制度,外来知识及制度如何与中国固有的知识及制度发生联系。(4)在上述过程中,本土与外来的知识和制度如何产生变异,形成怎样的新形态。(5)这些变异对中国的发展所产生的制约性影响。

总之,希望通过这一大型研究计划的展开,可以大体把握住中外知识与制度转型之前的情形,外来知识与制度进入中国的过程,由此引起的变化、变化所造成的状况以及发展趋向。

二

知识与制度体系的全面变动,不仅改变了中国人的思维与行为,而且使得现在的中国人在面对过去时,自觉或不自觉地用现行思维行为方式去观察判断,如果没有充分自觉,难免用后来外在的尺度去衡量,难以体察理解前人思维行为的本意真相。也就是说,外来的知识与制度体系进入之前,中国人已有自己的思维和行为方式。而在转型之后,要想了解本来,反而变得相当困难。要做到不带成见从无到有地去探究发生、发展和变化,首先必须对本来的情形有充分的了解同情。

知识与制度转型的大背景是中西交汇,除了必须认识中国固有,对西的一面也要认真探究,而且不仅仅是一般性的了解,应当回到那一时期去,追寻各种知识与制度变化发展的渊源脉络,以免受后来完善化体系化观念的影响。关于此点,近代学人围绕中国有无哲学的问题所展开的讨论颇有启示意义。1928年,张荫麟撰文评冯友兰《儒家对于婚丧祭礼之理论》,指出:"以现代自觉的统系比附古代断片的思想,此乃近今治中国思想史者之通病。此种比附,实预断一无法证明之大前提,即谓凡古人之思想皆有自觉的统系及一致的组织。然从思想发达之历程观之,此实极晚近之事也。在不与原来之断片思想冲突之范围内,每可构成数多种统系。以统系化之方法治古代思想,适足以愈治而愈棼耳。"①这里虽然讲的是中国，实则西方也有类似情况。如欧美学者的社会学史，一般是将斯宾塞的《社会学》作为发端。其实这也是社会学家的倒述。严格说来，斯宾塞那本标名《社会学》的著作，更近似于今人所谓社会科学。而在几乎所有欧美人撰写的社会学史中找不到位置的甄克斯，在20世纪初年的中国人眼中，却是西方代表性的社会学家，影响了众多中国人对社会和社会学的认识。

当然，最为复杂的还是变动不居的阶段。一个本来就没有真正统一认识的外来概念（至多是约定俗成）进入中国，常常要经历相当长的接受过程，而且接受者各自以其原有的知识进行判断和理解。其间不同时期有不同的表述，同一时期的不同个人也会表述各异。而同一表述之下，有时各人的意思大相径庭。一个学科同样如此。西式近代分科因民族国家的传统渊源而千差万别，进入中国后，对应于中国固有学问的何种门类，开始往往五花八门，后来虽然逐渐统一，其实还是各说各话。等到中国的固有分类被外来替代（实则很难对应），或者说按照西式分类的观念将中国的固有学问加以比附，却又出现了用西式分类看待中国固有学术是否合适的问题。如哲学，开始一般对应到诸子，可是后来傅斯年却提出古代中国无所谓哲学，连思想一词也要慎用，因为概念不仅仅是符号，由此可以引起极大的误解。比如用今天通行的美术概念去理解梁启超在戊戌前所主张的工人读制造美术书②，只能是百思不得其解。而张荫麟等人对胡适、冯友兰等人中国哲学史研究的批评，主要也是针对后者用西洋现代系统化的哲学观念去理解或解释中国古代的精神世界，难免格义附会，似是而非，差之毫厘，失之千里。直至今日，中国学人仍然在为诸如此类的差异而感到困惑和困扰，而那些没有困惑与困扰者，并不见得比他人更加清醒，或许刚好相反，从现有的知识来理解前人，已经将现实视为天经地义，从而失去了怀疑的自觉。如有的评论者指那些认为中国无哲学的论点是以西方为标准，殊不知中国非有哲学不可，同样是一把西学的尺度。后来熊十力即批评西方人认为中国无哲学，不无矮化中国学术之意。了解近代学人何以会有上述观念看法，以及他们彼此讨论的具体语境，有助于理解问题本身。

中国古代已有现代西方的各种学术分科，除习惯于附会者外，当然有些匪夷所思。其实，连中国固有学术是否存在分类，学界尚有争议。民国时宋育仁从学制改良和国学教育的角度，断言"经史子集乃系书之分类，不得为学之分科；性理考据词章为国学必要经历之程，而非人才教育专门学科所立"，"北京大学立经学专科，外国学校有历史分科，讲求国学者，因此遂以经史子集四部之名分配为教科。孔经为欧美所无，而彼中大学五科有道科，以其教经为主课；日本大学立哲学，以孔经立为哲学教科。夫四部乃分布书类之名，非支配学科之目"。③不过，古人治学，虽然不讲分科，而重综合，不等于学术没有分别。经学、史学的名目，由来已久，诸子学也有数百年历史，至于集部，实际是文学，只是古人的文章之学，与今日的文学概念不同。晚清那一代新进学

---

① 张荫麟：《评冯友兰〈儒家对于婚丧祭礼之理〉》，《大公报·文学副刊》1928-07-09。
② 《读日本书目志书后》，《饮冰室合集·文集（之二）》，北京：中华书局，1989年，第52—54页。
③ 芸子：《国学学制改进联合会宣言书》，《国学月刊》1923年第17期；宋芸子：《国学研究社讲习专门学科》，《国学月刊》1923年第17期。

人，努力将中国固有学问与西学对应，很少怀疑这种对应是否合适，因此附会之说不在少数。到了民国时期，不少人意识到简单对应的牵强，但已不容易摆脱分科概念的控制。时至今日，分科教育和分科治学的现状，早已将古代中国的学问肢解得七零八落，壁垒森严了。

考古的概念和考古学的分科，不仅在转型过程中困扰着近代中国学人，即使在此之后，认识与理解仍然因人而异，令学人百思不得其解。直到上个世纪90年代，中国考古学界的新锐学人还在为中外考古学的发展趋向明显两歧而大惑不解。一般而言，欧美考古学的主导趋向是离开文献，或者说是要补文献的不足。章太炎对此有过整体性的评论，他指责"今人以为史迹渺茫，求之于史，不如求之于器"是"拾欧洲考古学者之唾余也。凡荒僻小国，素无史乘，欧洲人欲求之，不得不乞灵于古器。如史乘明白者，何必寻此迂道哉？"中国"明明有史，且记述详备"，可以器物补史乘之未备，而不宜以器物疑史乘，或作为订史的主要凭据。①所以中国考古学在很大程度上要承担印证文献记录的使命。加之中国本有金石器物学传统，与考古学不无近似，因此，在相当长的时期内，考古一词更多的是在考证古史的意义上理解和使用。所谓古史，固然也指上古历史，但更主要的是历代典籍对先民历史的记载。这也就是具有留学背景的近代学人所批评的，中国旧式学人的研究重心在于古书而不是古史。由于这一取向较易与金石学传统沟通联系，所以金石学者一直在考古学界扮演重要角色。1930年代在北平成立的考古学社，主导的取向就不一定是掘地，而1920年代在古史辨论战中，李宗侗等一些学人主张由考古发现来解决问题，正是寄希望于掘地。其实，即使掘地，学人最有兴趣的仍然是发现埋藏在地下的文献。王国维著名的二重证据法，说到底所谓地下还是文献，而不是用实物证文献，更不是用实物重建历史。直到1980年代重建考古学会，担任顾问与担任理事的学人取向依然有所不同。这种固有学术传统的制约作用不仅发生在中国学人身上，深受中国学术熏染的域外学人也会近朱者赤。日本考古学大家梅原末治晚年甚至宣称：东亚考古学应当是以器物为对象的学问，几乎认同金石学的理念。更多地接受欧美现代考古学影响的李济批评梅原末治开倒车，实则毋宁说梅原的转向是由于对东亚的历史文化和学术有了更加深刻的体验，因而改变了单纯以欧美考古学为准的的观念。②

近代中国的知识与制度转型的复杂性，因为前述的东学背景而更加难以把握。日本长期以来一直受中国文化的影响，直到明治维新大见成效，特别是甲午战争、戊戌维新和新政之后，才开始乾坤颠倒。此后中国的知识概念大受日本的影响，用于正式学科的许多名词，都是来自日本明治后的"新汉语"。此事已经引起海内外学人的长期关注。不过，所谓明治后的"新汉语"，并不一定是日本人的发明，尽管前人也察觉到其中有借用，有独创，有拼合，但最值得注意的却是，这些新汉语中相当一部分本来源自中国。例如国民，十余年前日本学人已经注意到，1880年王韬等人著述中就出现了现代意义上的"国民"，与中国原有的国民含义大不相同。近来又有学人发现，最早的中文期

---

① 徐一士：《一士类稿·太炎弟子论述师说》，荣孟源、章伯锋主编：《近代稗海（第2辑）》，成都：四川人民出版社，1985年，第105—108页。
② 斋藤忠：《考古学史の人びと》，东京第一书店，昭和60年；角田文卫：《考古学京都学派（增补）》，东京雄山阁，1997年。

刊《察世俗每月统纪传》中，已经出现了现代意义的"国民"一词。哲学一词的出现，同样是中国先于日本，并且时间要早得多。当然，这些新名词大都并非单纯国人的贡献，往往是来华外国人士为了翻译上的用途，而和他们身后的中国助手一起逐渐发明出来。虽然在中国人的圈子当中并不流行，所以后来要从日本"逆输入"，但如果以为要到19世纪末20世纪初才从日本引进，则不仅有时间先后之别，对于过程的理解也会大受影响。

　　诸如此类变化过程的复杂性，在制度方面也有明显的体现。因为作为人与社会的行为规范，制度具有特独的文化内涵，全以西人现代观念对待，难免陷入科学与迷信、先进与落后、文明与野蛮的对应。这种建立在进化论基础上的社会发展观，不可避免地导向西方中心论。银行取代钱庄票号，便是一个相当典型的例证。认定前者在制度上优于后者，显然是以今日的眼光去回顾的结果。这种似乎合理的观点，并不能解释何以在长达半个世纪内银行非但不能取代钱庄票号，甚至在与后者竞争时还处于下风。至少在当时中国人的实际生活中，银行似乎不如钱庄票号来得方便，也不比后者更具诚信。后来银行之所以能够占据上风并且最终取代钱庄票号，与其说是因为银行自身具有优势，不如说是随着西方列强的全球扩张和世界化进程，中国社会日益被拖入其中，整体环境产生了有利于银行的极大的变化，而钱庄票号又被清政府财政信用的不断流失所拖累，直到金融危机爆发，终于陷入万劫不复的境地。

　　另一项东西差异明显的制度是医疗。在进化论观念的主导下，国人一度试图在先进与落后的框架下安置所有的中国与西方，中学、中医乃至国画，都被看成是旧与错的象征。而据现代学人的研究，中国的稳婆与西方的助产士，二者在接生过程中所担当的角色作用相去甚远，前者的文化心理安抚功能在很大程度上弥补了医疗手段的不充分，使得产妇分娩时能够减少痛苦，并且在一定程度上抵消了后者科技水准的优势。晚清以来的教育变革同样经历过曲折，历届政府一直大力推行的国民教育，在实际运行中遭遇重大障碍，而备受争议的私塾教育，则到20世纪40年代仍然具有相当大的规模。清季对学堂的非议很容易被视为守旧，而民国时期倡行乡村教育的知识人对于国民学校的批评，就不再是一个新旧的判语所能了断。其中所包含的对于外来制度与国情现实的反省，值得后人深思。

　　一些制度变更，看似完全由西方移植引进，其实也并不那么简单。三权分立的原则以及相关的制度建设，包括选举的实施、机构的建置、程序的展开，甚至基本的理念，都不是原版复制，引进之时固然有所选择取舍，引进之后还要加以调整，尤其是在许多方面实际上利用了中国已有的基础，或是不能不受固有条件的制约，因而在落实到中土的时候，发生了种种变异。戊戌以来，民主的追求就是中国政治生活中的头等大事，相关的制度在形式上也陆续建立，可是西方民主制的理念源于人性恶的原罪意识，而权力又是万恶之源，性恶之人掌握权力，更加无恶不作，所以天下无所谓好的政治，只是坏的程度多少深浅而已，因此必须分权制衡，以防止掌权者为恶。中国的传统却是圣王观，内圣可致外王。只要找到内圣，就应当赋予其充分的权力，使之可以放手行其外王之道。因为内圣致外王时能够自律，约束太多，反而限制其发挥。而后来的行政机构多由衙门的科房演变而来，分立的三权，也往往被行政长官视为下属。这些都使得制度的移植和建设充满变数，不是主观意愿所能控制。

典章制度研究本来就是中国史学的要项，只是近代史研究中往往有所忽视。涉及者主要也是依据章程条文，加以敷衍，而"写在纸上的东西不一定就是现实的东西。研究制度史不能只看条文，必须考察条文在实际生活中作用"①。也就是说，应当注意章程条文与社会常情及变态的互动关系，这种考察制度渊源与实际运作及其反应的作法，适为近代制度沿革研究的上佳途径。

一般而言，概念往往后出，研究中很难完全避免用后出外来的概念，因为经过近代的知识转型，不使用这些概念，将不可避免地导致失语。不过，在迫不得已的情况下使用后出外来概念，并不等于全盘接受其所有语义，或完全按照其语义的规定来理解事物。反之，对于这些概念的局限或扭曲原义本相的潜在危险，必须具有充分的自觉，否则势必南辕北辙。如按照现代法治社会的观念来看待清代的律法及其实践，将司法与行政分离，已经离题太远，再强分刑法与民法，更加不着边际。试图在司法层面理解古代中国的社会常态，恐怕也有不小的距离，伦理社会的诸多问题乃至纠纷，都不会提到法律的层面来解决。

近年来，知识史的研究也越来越引起国内外学人的关注。研究的方向虽然共通，但路径不尽相同，见仁见智之下，也有一些值得共同注意的问题，其中之一，便是如何防止以今日之见揣度前人。要避免"倒放电影"和做到"去熟悉化"，对于今人而言其实是件极为困难的事，仅仅靠自觉远远不够。因为习惯已成自然，错解往往是在不经意之间。之所以造成这种局面，同样是由于近代中国知识与制度体系的转型。清季以来，以西式学堂取代旧式学校，不仅要分科教学，而且须以教科书为蓝本，在模仿日本编制教科书的过程中，各种知识陆续按照西式系统初步被重新条理化。担心这种情形可能存在某种危险倾向的学人，曾经从不同的角度予以提示，只是在中西乾坤颠倒的大势所趋之下，他们的担忧和呼吁，很容易被视为守旧卫道而遭到攻击。民国以后，整理国故兴起，精神世界已经被西化的中国学人进一步认为固有的知识缺少条理系统，因此要借助西方的系统将中国学问再度条理化。从胡适的《中国哲学史大纲》建立新的范式，中国的知识系统不仅在教科书的层面，而且在学术层面也逐渐被外化。清季开始的教育变革到这时产生了极其重要的效应，正是大批新式学堂培养起来的青年，成为外化的学术最终升上主流位置的决定性因素。守成的学人在失去政治依托之后，又被剥夺了学术的话语权。而今人对近代学术历史的认识，却往往是通过主流派后来写成的历史，有意无意间将后者的看法当成了史实本身。

制度体系的变异进一步强化了知识体系的西化。生长于今，所得知识又是由学校的教科书教育灌输而来，现行的知识与制度体系已经成为今人思维与行为的理所当然。也就是说，今人已是按照西式分科和西式系统条理过了的知识进行思维，依据西式的制度体系规范行为，因而其思维行为与国际可以接轨，反而与此前的中国人不易沟通。这显然是用进化论的观念将人类文明和文化统一排列之后的结果。可是，中国并不因此就能够成为理想中的西方，这种沟通一方面以牺牲文化传统为代价，另一方面，则以对西方

---

① 蒋天枢《陈寅恪先生编年事辑》增订本引卞僧慧文《怀念陈寅恪先生》，第97页。

认识的笼统模糊和似是而非为凭借，因而往往与西方形同实异，或是向不同的西方各取所需，杂糅混淆。这既体现了传统对现状的制约，又反映了国人对域外的陌生。

民主、科学、革命等等概念，都是20世纪主导国人思维行为的重要语义，它们不仅仅是观念，而且形成一整套的政治、法律、社会制度和行为方式。国人对这些约定俗成的概念的认识和解释，肯定并不一致，与其来源地的含义也相去甚远。在内圣外王观念的制导下，近代中国的追寻民主相当长的一段时期是在寻求可以成为民之主的内圣。这个概念本身开始的含义就是民之主，后来又变成民主制推举出来的首脑。科学是另一个让国人半是糊涂半明白的概念。什么是科学，在不同的西方有着不同的内涵外延，如果以必须由实验验证为标准，则数学也不宜称之为科学。至于社会科学，尤其是人文学科能否称之为科学，争议更大。在这方面，近代中国受东学即日本的影响极大，背后则是德国学术的观念。概念本身的差异，使得中国很容易泛科学化，从而令科学的意义反而不易把握。

研究近代中国的知识与制度体系转型，还有更深一层的含义。晚清尤其是五四以来，以西洋系统条理本土材料，已成大势所趋。今人所有的知识，几乎都是被条理过的。近代学人已有比附西学的偏向，今人治学，更加喜欢追仿外国。这虽然是学风不振所致，其知识架构已被西化，则是深层原因。而外人治学，虽然有现代学术的整体优势，治中国学问，还是要扬长避短，其问题意识，也主要是来自本国，并非针对中国。国人不查，舍己从人，既不能发挥所长，又容易误读错解方法和问题。长此以往，国人不可避免地只能跟随在欧美后面，亦步亦趋。学得越像，反而离中国历史文化越远。如果不能及时正本清源，找出理解中国固有的思维行为的门径，则虽有自己就是中国人的自信，对于中国的认识，反倒会出现依赖外国，却不能真正了解中国的尴尬。

三

知识与制度体系转型研究，理想的境界是能够同时提供理解传统、认识过程、了解现在和把握未来的钥匙。其中理解传统和认识过程至关重要，是了解现在和把握未来的基础。知识与制度体系转型，虽然导致今日中国与昔日中国的截然不同，在某种程度上甚至可以说造成了传统的断裂，但不一定意味着今日的一切比过去来得正确、进步、高明，也不是说传统在今日不再发生作用。中国文化从古至今一以贯之，清季民国的知识与制度体系转型，发生在这一文化系统持续活动的过程之中，中国固有的知识与制度，是国人认识和接受外来知识与制度并且加以内化的凭借。因此，近代中国人虽已开始接受西方的观念和制度，但凭借并非西化之后，所理解的与当时的外国人和今天的中国人均有所不同。固有文化不仅制约着知识与制度体系变动的进程和趋向，而且影响着转型后的样态。不了解中国的固有文化，就很难确切把握转型中的种种情形以及转型后的种种面相，也就无从进入近代中国人面对知识与制度转型时的精神世界，难以理解相应的各种行为。

近年来，海内外学人对于近代中国的知识与制度体系转型的研究兴趣渐浓，做法与本计划互有异同。就知识转型而言，美国的艾尔曼教授从格致到科学的近著，日本的狭间直树教授所主持的关于梁启超与明治日本思想界关系的研究，意思与做法从努力的方向看有一致之处，都将概念、学说、思想视为整体，以传播与接受并重，并且注意由西而东，从外入里地输入引进、模仿移植、取舍调整的全过程和各方面。窃以为，这正是通过事实影响进入平行比较，从而进行比较研究的上佳课题①，对于学人的智慧与功力，也将是极大的考验与挑战。

由于近代中国的知识与制度体系转型持续时间长、牵涉范围广、相关资料多、问题又极为复杂，非有长期专深系统的探究，不易体会把握。如果能以10至15年的时间，吸引一批学人，揣摩怎样做的办法，分门别类，潜心做出50本左右的专著（分成6批），近代中国的知识与制度转型大致可见轮廓。这样，今人对近人的理解，可以深入一大步，而不至于太多的格义附会，以今人之意揣度前人，甚至强古人以就我。同时可望逐渐形成日渐清晰的研究架构，以利于后人认识和进一步探究。要达成这样的意愿，不能不仰仗海内外同行的共同努力。因为要以个人之力，兼通欧美、日本、中国三方面的历史情事到具体入微，又对各种社会人文学科的概念、学说、渊源、流派有系统了解和总体把握，而且能够在此基础上，尽量做到重返历史现场，的确难乎其难。如有同好，又比较认同本计划的基本目标和轨则，欢迎加入，共同研究，互相切磋，并将研究成果纳入后续系列之中。

本项研究遵从大处着眼、小处着手的途辙，将宏观作为探究的工具而不是表述的依托，读者高明，自然能够区分这些具体表述背后各自的"宏大框架"的当否高下。参与本丛书的各位作者，对此大义的领悟各有所长，或许不能尽相吻合。而他们的成果一旦独立，读者从中所领悟的也会因人而异，呈现出横看成岭侧成峰的景象。但这并不改变研究的初衷，作为开端，自有其承上启下的意义。首期丛书的出版②，与其说是要提供样板，毋宁说是探索途径，显示一些方向性的轮廓，希望由此引起海内外同好的兴趣，加入到这一潜力巨大的探索中来，循此方向，贡献各自的智慧和功力，在提供具体研究成果的同时，使得研究路径和方法日趋完善。即使本计划完成之日，也不意味着相关研究的结束，而是向学人展现一片广阔的研究领域。同时，同仁们努力追求的目标，又旨在提高思维的能力，而不仅仅是丰富思维的内容。

原载《中山大学学报（社会科学版）》2004年第6期

---

① 关于这一点，详参桑兵《近代中外比较研究史管窥——陈寅恪〈与刘叔雅论国文试题书〉解析》，《中国社会科学》2003年第1期；《梁启超的东学、西学与新学——评狭间直树〈梁启超·明治日本·西方〉》，《历史研究》2002年第6期。

② 《近代中国的知识与制度转型》丛书，首批由生活·读书·新知三联书店2004年底出版。

清末香山的乡约、公局

——以《香山旬报》的资料为中心

邱 捷

关于晚清的士绅，研究成果之多，已难于列举。然而，根据一手资料作出的详细的个案研究却不是很多。例如，迄今很少论著详细论述某个州县、镇乡的士绅与乡村基层权力机构运作的具体情况。这两年，笔者有机会读到保存下来较多的清末广东香山县地方刊物《香山旬报》[①]，发现不少涉及士绅基层权力机构的记载，特别是其中刊登的"牌批"（即官府对禀状的批示），尽管文字简略（多则数百字，少则一二十字），很多批示所涉及案件的来龙去脉并未得到清楚反映，但每期"牌批"的数量都很多，而且很多"牌批"直接提及士绅基层权力机构[②]，所以，利用这些"牌批"，再加上该刊物的"论说""本邑新闻"等栏目的内容以及其他文献，我们得以较多了解有关香山士绅基层权力机构的基本情况及其执行诉讼、缉捕等权力的史实，并探讨其时香山官绅、官民、绅民关系等问题。考虑到晚清的香山是广东经济较发达、社会变迁较迅速的县，旧式士绅权力机构与新政时期成立的绅商机构在行使权力时有不少交集，因此，对香山县的个案作较为深入的分析，对探讨清末珠三角甚至范围更为广阔区域的社会变化，是有一定价值的。

一、晚清香山县的士绅权力机构

从《香山旬报》以及晚清香山县的方志看，清末香山士绅机构大体有三类：一是处理某些具体事务的机构，如印金局（为文武新生致送教官册金赞敬免受苛索）、炭金局（为致送京官"炭金"）[③]、清佃局、坟山公局（坟山公所）等；二是按地域建立的公局（公约）、乡约；三是新政时期建立的警局、县乡镇自治机构、商务分会（所）、农务分会（所）、香洲埠公所等。本文着重讨论第二类机构。

前几年笔者曾对晚清广东乡村地区士绅控制的基层权力机构"公局"做过专题探

[①] 笔者引用的《香山旬报》、《香山循报》（仅见一期，系前者改名），大部分来自中山翠亨孙中山故居纪念馆研究部的内部电子资料，小部分来自北京大学图书馆的藏本。

[②] 例如，第8期共有"县批"100条，明确提及士绅基层权力机构的有30条；第9期共有"县批"78条，明确提及士绅基层权力机构的有27条。

[③] 民国《香山县志续编》卷4"建置·局所"。

讨①，限于资料，研究得尚不够细致深入。所谓公局，从字面看，只是"共同办公事的处所"之意，未必是权力机构，如前面提到的印金局、炭金局，就不能说是权力机构。但在晚清的广东，如单说"公局"（或"乡局"），则主要指乡村地区士绅的权力机构。

《香山旬报》提及的有"局"字的士绅基层权力机构有附城总局、恭都局、隆都局、谷都局、黄梁都防海局、东乡局、榄乡局、卓山局、平山局、榄边局、南朗局、南门局、峰溪局、港口局、官塘乡局、界涌乡局、南屏乡局、濠头分局、牛起湾分局、张家边分局、东海护沙局、七堡团局等等（有时也称"某某公局"）。但很多时候士绅权力机构则是以"公约"为名，如：附城公约、隆都公约、（黄梁都）防海公约等。乡村一级的乡约则称为某乡乡约（没有"公"字）。

民国的《香山乡土志》称本县"分为十乡十四都"，列举出来的"都"是"仁都、良都、隆都、得能都、四字都、大字都、谷字都、恭常都（附场都）、大榄都、黄旗都（附圃都）、黄梁都"②，并没有14个。"都"只是一个大致的地理概念，并非严格按"都"设立了权力、管理机构。

晚清的方志记载了附城总局、员峰张溪公约、东乡公约、隆都公约、恭谷两都公约、黄梁都防海公约、小榄公约、大黄圃公约、小黄圃公约③，以上的公约《香山旬报》都提到过，但《香山旬报》提到的其他公局、公约之名称则不见于方志。

"公局"是乡约、公约的办事处所，一般会选择社学、书院、庙宇等地方。香山县的公局（公约）基本上以地名命名（除黄梁都的"防海公约"），与方志的乡、都不一定对应。

无论公约还是乡约，往往也被称为"公局"。下面有几个例子：

1. 宣统元年，有人控告自己的田桑被纠抢，知县的批说："业由隆都公约当场将桑艇截获，是否属实，其中有无别项轇轕，姑候谕局查明禀复，再行核夺。"下一卯知县对同一案的另一个批说："前据具呈，业经批候谕局查复，据呈前情，候即谕饬隆都约绅查明禀复核夺。"④知县说的"谕局"就是"谕饬隆都约绅"。

2. 宣统二年五月，《香山旬报》一则拿获拐匪解送县城的新闻，杂志叙事时写的是"隆都公约"拿获解送，但报道引用一个疑犯的话则是"被隆都局解案"⑤。

可见，"公局"就是该公约的办事处所，从权力机构的角度，公牍中提及的"公局""公约"含义是相同的。

乡约、公约（几个乡村组成）以上还可能有管辖范围更大的公约（通常是一个都的公约），在县城有附城总局。各级公局应该没有垂直的隶属关系，所以范围较小的公局（公约）也直接向知县负责，但有时小公局处理过的事件，会由大公局再处理。例如：

---

① 拙文《晚清广东的"公局"——士绅控制乡村基层社会的权力机构》，《中山大学学报（社会科学版）》2005年第4期。
② 民国《香山乡土志》卷10"地理"。
③ 同治《香山县志》卷8"海防·炮位"。
④ "县批·伍卫祺批"，《香山旬报》第24期，第59、60页。
⑤ "本邑新闻"：《拐匪被拿解案》，《香山旬报》第61期，第46—47页。

1. 宣统二年，安堂乡林某经常偷窃，被本乡更练拿获，约绅以其屡教不改，捆送隆都公约，过一天由隆都公约解送县衙①。

2. 宣统二年，知县对一个藉口欠项强割田禾的控呈批："究竟如何纠葛，候谕饬防海公约绅士会同原处绅士理妥，免生枝节。"②

3. 新沙公约指攻的一名"掳劫匪犯"，解县后仅认偷窃芋头一次，知县的批说："究竟有无掳劫情事，候谕饬大黄圃约绅查明禀复核办。"③

在第一个案例，隆都公局是下级公局上解疑犯的一站；在第二个案例，知县谕饬黄梁都的防海公约会同原来处理过控案（但未能息讼）的下级公局局绅再处置；在第三个案例，知县命令都一级的公局对下级公局指攻的疑匪再作调查。

在各级公局（公约）办事的绅士被称为"局绅"或"约绅"。各公局局绅人数不得随意增减。宣统二年，有人请求增加约绅名额，知县批："约绅定有额名，未便率增，所请碍难准行。"④局绅的任命、撤换、辞职全部要通过知县。局绅通常由当地绅耆以"投筒公举"的方式选出候选人，再由知县任命。例如，石鼓挞七堡团局自光绪二十九年局董辞退后数年无人管理，等到宣统二年全面更换局戳的时候，知县谕该处绅士"将团防及筹款章程并联合七堡投筒公举绅董，禀复再行核夺"⑤。光绪三十四年，黄梁都的防海公约局绅赵泰病故，知县接禀后批"缺额必须实心办事之人始行谕饬入局"⑥。宣统元年底，城北公约两名约绅"相继代谢，悬缺未补"，知县同意该公约"公举"的吴煦棠等人继任，批示称将下发委任之"谕单"⑦。宣统二年，曹步团防公局的绅董李祥光"外出谋生，不暇兼顾局务"，约绅陈载清呈报监生李畦被"公举"接替局绅，知县批示同意李"入局办事"，并劝谕其"不得推辞"⑧。局绅辞职也必须得到知县批准，宣统二年刚被公举、任命的局绅陈明蔚要求辞职，知县批"所请辞退，应毋庸议"⑨。可见，知县对局绅的任免已形成制度化的机制。

公局有知县颁发的作为权责凭据的"局戳"（或称"约戳"），公局盖戳具禀为首者可称为"戳首"⑩。公局的禀必须盖戳，以防假冒，否则知县会命补盖戳重新递禀，或会拒收⑪。宣统二年九月，鲍桂芬等具禀控告香洲埠禁赌不力，鲍身为恭都山场乡三多约绅，禀上未盖局戳，致被水师提督申饬。⑫并非局绅的绅士则不得在禀、呈中盖

---

① "本邑新闻"：《贼性不改》，《香山旬报》第62期，第61页。
② "县批·赵耀批"，《香山旬报》第69期，第30页。
③ "县批·冯建忠批"，《香山旬报》第82期，第20页。
④ "县批·黄顺经批"，《香山旬报》第64期，第32页。
⑤ "县批·张家骏批"，《香山旬报》第80期，第29页。
⑥ "县批·黄显成批"，《香山旬报》第9期，第44页。
⑦ "县批·城北公约批"，《香山旬报》第49期，第32页。
⑧ "县批·陈载清批"，《香山旬报》第76期，第40页；"县批·曹步团局批"，《香山旬报》第80期，第31页。
⑨ "县批·陈明蔚批"，《香山旬报》第59期，第30页。
⑩ "本邑新闻"：《集讯沙捐控案》，《香山旬报》第60期，第49页。
⑪ "县批·界涌乡局批"，《香山旬报》第49期，第31页。
⑫ "省批·水提批"，《香山旬报》第75期，第46—47页。

戳，否则即被知县申饬。①

宣统二年冬，香山对各公局的局戳实行以旧换新，多期《香山旬报》都有关于换戳的县批。换戳是加强对公局控制和规范管理的一种手段，也与当时大规模推行地方自治的新政有一定关系。

知县与公局的文书往来也参照上下级衙门公文的格式，知县任命约绅、局绅或命令他们办事用下行的"谕"，而约绅、局绅向知县报告则用上行的"禀"②。知县的下属巡检经知县授权有时直接管辖都一级的公局（往往称为"总局"。但全县只有4名巡检，并非每个"总局"都有巡检直接管辖），在某些大公局，官府还派出"驻局委员"。例如，宣统二年五月，卓山学堂开学，淇澳司巡检代表知县参加，与会的还有一位"隆都驻局委员李缵"③。按一般惯例，县以下公局的"驻局委员"应该是低级的候补佐杂。

史料还提到香山局绅汇纳钱粮、沙捐，本来清朝法律并不鼓励士绅汇纳钱粮，甚至还有限制禁止的规定，但事实上州县官在征收税捐时又离不开士绅。在《香山旬报》中，也反映了公局汇收税捐的情况。宣统二年十月，知县在颁发给局绅刘廷魁新戳的同时，提醒要清缴"该绅肩任汇纳"的旧欠地丁正银190余两、屯米3000余石，当年未完的正银960余两、屯米180余石也要按时完纳，不得再拖欠④。新开征的杂税也要公局催征，如宣统元年春，知县命海州公约"催令该处各屠户照章缴捐"⑤。

但史料最多的是关于公局汇收沙捐的。沙捐是晚清在珠三角地区对沙田开征的新捐税，每亩征银二钱，主八佃二，一向都由各沙田区的公约自报亩数并代征汇解，规定留下二成作为护沙公局经费。不过，从一开始这项新税捐的征收就困难重重⑥。香山是沙田特别多的县份，所以也是征收的重点⑦。因为沙田清丈困难，而且很多处于水陆交通不便的沿海，所以，官府很难直接征收沙捐，依靠当地的士绅权力机构便是可行的办法。但公局往往汇缴不足额。如光绪三十四年十月，黄梁都防海公约汇解了1000两沙捐，知县在批示中说："所有短缴前项银两，着即赶紧补缴足数以凭转解，毋再拖延，切切！"⑧公局汇解不足的原因大致上有抗缴、侵吞、公局靡费过多等。宣统元年底，曹步乡业佃抗缴沙捐，局绅禀报后，知县谕令派出差勇会同公局的沙夫逐户催缴，但曹

---

① "县批·潘茂盛批"，《香山旬报》第70期，第29页。
② 一个比较特殊的例子是东海护沙局，关于它，可参看民国《顺德县续志》卷3"建置略二"。东海护沙局又称东海护沙公约，它既是顺德县士绅掌控的武装，也是一个基层权力机构，其运作与其他公局相近。因为东海十六沙的沙田多在香山县，故香山知县经常要同东海护沙局打交道。但香山知县同东海护沙局用平行的公文"照会"而不是用下行的"谕单"（"县批·蒋明批"，《香山旬报》第8期，第49页）。
③ "本邑新闻"：《卓山学堂开幕纪事》，《香山旬报》第64期，第49页。
④ "县批·刘廷魁批"，《香山旬报》第77期，第39页。
⑤ "县批·李嘉乐批"，《香山旬报》第18期，第59页。
⑥ 广东清理财政局编订：《广东财政说明书》卷3《田赋下·沙捐》，广州：宣统二年印本。
⑦ 从谭棣华的研究可以看出，无论在清朝前中期还是后期，香山县都是耕地面积增加最多的县份，增加的绝大部分是新开发的沙田。参看谭棣华：《清代珠江三角洲的沙田》，广州：广东人民出版社，1993年，第177—179、183、222页。
⑧ "县批·梁都公约批"，《香山旬报》第8期，第46页。

步公约对催收一事"并无只字禀复",显然还是收不到;知县打算把"串同抗缴团费"者严予惩处,谕饬局绅不得包庇①。

各公局的日常开支(局绅的薪水、车马等费和办公费)和勇丁薪粮都必须有可靠来源,有的公约有丰富的公产,但并非普遍如此。虽说沙捐有留成,但沙田区以外的公局就没有这项收入,即使沙田区的公局也很难仅靠沙捐留成维持,因此,各公局还以各种名目进行征收。例如,光绪三十年,官派的局勇管带、把总谭志福同黄梁都防海局绅筹议,在沙捐以外征收"联费",后谭志福与局绅因费用收支问题产生矛盾,乃向知县互控②。宣统二年,申堂乡绅士控告局绅中饱捕费,不理捕务,从恭都局的复禀看,恭都公局收取了捕费,但各乡还另收"更谷"③。其他征收的名目还有"沙骨""鸭埠""谷捐""丝捐""桑市行用""柴用""按店抽捐""船费"等等。

公局为了保证各种捐、费的收缴,使用了很多强制手段,例如,宣统二年早稻即将成熟,黄梁都局绅禀请知县出告示晓谕业佃人等把所有捐、费清缴始准收割,知县以"沙捐固关国饷,联、捕各费亦为勇粮所系"予以批准④。同年,冯锦华等欠缴沙捐,隆都局绅就把他们的谷船扣留⑤。

得到官府授权并有强制手段支持的征收,以及用于开支局费的公产,给予局绅大量谋取私利的机会,同时也引发了官绅之间、士绅之间的矛盾和争夺。《香山旬报》一篇论说提到,因为附城总局"弊窦百出",于是成立了官绅组成的公产维持会进行清算,仅据局绅提交的账本,"浮漏串吞"的款项就达11000余两,不合理开支的现银10000余两⑥。

二、乡约、公局与民间诉讼

如果用今天"诉讼法"的观念去看清朝的审判制度,法律明文规定的最低层级的审判机关是州县衙门,只有州县官才有"受民词"的资格。但不少学者早就注意到,清代很多民事纠纷并不由官府审判,而在宗族、保甲、乡约等得到调解和处置⑦。这些学者对有关问题作了颇为深入的研究,提出了不少独到见解。笔者看到的清末香山县民事纠纷案例,无非也是涉及田土、钱债、斗殴、婚嫁、家族、坟山之类,值得注意之处是,按照法律,最先受理词讼的应该是知县,但很多情况下提起诉讼者却被要求先"投

---

① "县批·曹步公约批","县批·曹步乡董事批",《香山旬报》第49期,第32、36页。
② "广告"栏,谭志福的鸣冤广告,《香山旬报》第24期,第61—62页。
③ "县批·谷都局批",《香山旬报》第59期,第30页。
④ "县批·黄梁都约批",《香山旬报》第63期,第28页。
⑤ "县批·冯锦华批",《香山旬报》第82期,第22页。
⑥ 亦隐:《善理财者必能清算公产》,《香山旬报》第77期,第9页。
⑦ 这二三十年,笔者所见的主要有:郑秦的《清代司法审判制度研究》(长沙:湖南教育出版社,1987年),梁治平的《清代习惯法:社会与国家》(北京:中国政法大学出版社,1996年),吴吉远的《清代地方政府司法职能研究》(北京:中国社会科学出版社,1998年),黄宗智的《民事审判与民间调解:清代的表达与实践》(北京:中国社会科学出版社,1998年)、《清代法律、社会与文化:民法的表达与实践》(上海:上海书店出版社,2001年)、《法典、习俗与司法实践:清代与民国的比较》(上海:上海书店出版社,2003年)等。

局",直接到县衙告状者往往被视同越诉。此外,笔者看到的案例,很多具有清末广东,尤其是清末香山的特点。

如果是族内纠纷,知县通常要求告状者"投族",如果经"集祠理处"后当事人对结果不满意,于是就会告官。知县对类似案件,少数要求告状者继续"投族内绅耆理处",更多的是谕饬其"投局",或命公局与宗族会同调处。例如,宣统二年冬,卢氏族人为一宗前任知县批回族内处置的族产收支纠纷再次兴讼,新知县批:"彼此一本至亲,因争尝数抵制,均难尽信。案经前县迭次批饬集祠算处,如该族无可理处之人,着即自投该乡局约绅耆查明公处息事,毋滋讼累。"①但往往族、局均不能解决,如宣统元年十月,谭毓燊控告:自己房屋被飓风吹倒后墙,维修时却被谭荫昌阻止,知县批:"现称投处局族绅耆咸指其非,自此曲直已分,事不难了,着仍投听处息,毋遽涉讼,致伤族谊。"②后一案显然是谭荫昌不遵族、局的理处,谭毓燊才到县衙控告,但知县仍不受理。

从知县一些批示反映出,知县会要求原告先投公局。例如,宣统元年十月,乡民梁爵乾控告是年六月其女被吴某拐走,当时吴某之父允诺稍后便将梁女交回,但后来未做到。知县对案情产生怀疑,责备说:"何以当时不即投明约绅责令立时交出?"最后的批语是"候谕饬约绅查明禀复核夺"③。

涉讼的一方或双方对公局的调处不服,案件再次告到县衙,但知县又一次把案件饬回原来处理过此案的公局。这种情况很多。

宣统二年晚造收割时,吴寿坚被控拖租抢割,经局绅理处,吴曾认错,同意晚造由局绅代割后交回业主。但晚造成熟后吴寿坚仍将稻谷抢割,业主于是告状。知县批:"所呈是否尽实?着即自投明当日原处局绅邀集查明理处清楚。"④同年,知县对一个两村争界纠纷案的批说:"陵岗村在尔村步头越树界石,既经局绅看明劝处,彼村何尚不遵?着仍请原处局绅迅速妥处息事,毋庸一再构讼,原呈保状均掷还。"⑤这两个案例都是一方抗处,公局已无法调解,原告才赴县衙告状,希望知县为自己作主。从县批看,知县对弄清两造真实情况毫无把握,于是再次推给"原处局绅"。

对企图绕过公局要求知县直接裁判或执行的案件,知县甚至会退回诉状,予以申斥。宣统二年四月,知县对一个诉状批:"既经投明隆都局绅,是非应有公论,何至一任抗处?恐系图讼耸渎,仍斥!原词保状发还。"⑥同年五月,知县对一个案件批:"案经迭次批明,应自请局绅妥理,毋得再三渎请,仍斥!"⑦同年夏收时对一个要求准许收割的诉状批:"事已批明前呈,应请原投局令局绅秉公理处,毋庸再请谕割,原

---

① "县批·卢树恩批",《香山旬报》第76期,第35页。
② "县批·谭毓燊批",《香山旬报》第9期,第49页。
③ "县批·梁爵乾批",《香山旬报》第8期,第49—50页。
④ "县批·黄永忠批",《香山旬报》第81期,第27页。
⑤ "县批·陈亦章批",《香山旬报》第65期,第37页。
⑥ "县批·刘景炎批",《香山旬报》第60期,第34页。
⑦ "县批·黄灼林批",《香山旬报》第60期,第30页。

呈保状均发还。"①宣统二年九月，知县对一个前任知县批示过的案件再批："案经前县明白批示，乃你不遵批投处，辄以约绅瞻徇为词，希图成讼，殊属狡健。其中究何实情，候谕小榄局绅确查公处复夺，毋取讼累。"②同年十月的一个批示则说："案经饬批投局公处，该民自应遵照，何得哓哓续呈？着仍投请该处局约绅耆查明处息，毋庸坚图成讼。"③

在中国传统政治文化中，只有"刁民"才"健讼"，知县把诉讼饬回宗族、公局调处，是为了"简讼"。前文说过，其时香山人口已过80多万，县域辽阔，河道纵横，交通不便④，知县既没有能力，也没有资源直接审理那么多案件。且香山的案件也有自己复杂之处。即以传统的田土纠纷而论，一般土地契据有面积四至，尚且经常不清楚，香山沙田特别多，而沙田不仅丈量、界址划分困难，租佃关系也与一般地方有别，一些"佃户"其实是批耕数百、数千亩的"耕家"，这就使田土纠纷涉讼双方往往都具有势力。知县如果直接受理，到现场查勘弄清真相不易，调解双方更难，最便捷的办法是依靠当地士绅控制的公局，因为局绅对土地归属、业佃关系有较清楚的了解，且在当地有一定权威，如果知县授权让他们调处，比知县亲自出面还有效。

不少田土归属、业佃或钱债案发生后，其中一方强割有争议的稻田，或涉案的一方要求禁止对方收割，遇到这种情况，知县就会批给公局处理。例如，光绪三十四年晚造收割时，方严控告"田禾迭被萧宝龄等残毁采割"，知县批："果否属实？候谕饬隆都局绅妥为理处息事，免滋讼端。"与此同时，林德辉控告自己的田禾曾被张均椿抢割，请求知县谕令局绅护割，知县批："究竟应否派丁护割，候谕局查明分别办理可也。"⑤宣统二年早造，知县一个批称："该族祖尝田禾，候谕局约各绅给票护割可也。"⑥后一例显示，公局有得到知县授权后允准或禁止业佃收割的权力，允准收割还需要办一定手续（"给票"）。

宣统二年六月，谭赓尧与郑福亨等打了一场地契按揭钱债官司，对钱债本身，知县作出了判决，两造均已具结，但知县的判决并未提到涉讼禾田晚稻的归属，到了晚造收割时，郑福亨呈请知县"谕局护割"，而谭赓尧则"请谕饬局约各绅准现佃收割晚禾"，此时的知县已经换人，新知县对此案作了几次批示，每次都是批给黄梁都防海局绅和隆都局绅查明理处，最后一次批："究竟该田本年晚造田禾系属某人耕种，本届晚造禾稻应归何人收割，候再谕隆都、黄梁都各绅确切详查，妥为办理。如果互相争执，

---

① "县批·黄乐畤批"，《香山旬报》第65期，第15页。
② "县批·黄今标批"，《香山旬报》第75期，第43页。
③ "县批·林建芬批"，《香山旬报》第81期，第35页。
④ 笔者曾在清朝属于香山黄梁都的平沙（现属珠海市）当过下乡知青多年，了解到当地的大沙田不少在清末民国就已形成。因为通常数百亩的一块围田通过水闸大排大灌，所以，整块围田内没有田埂。如果业主不同，田界就极难确定。而且随着河口的淤积，沙田范围、面积变化也比较迅速。这些地方直到上世纪60—70年代，乘坐轮船到中山县城石岐都要一个夜晚，并无陆路直达（乘汽车要过渡口多次）。
⑤ "县批·方严批"，"县批·林德辉批"，《香山旬报》第8期，第52页。
⑥ "县批·萧湘批"，《香山旬报》第63期，第30页。

则由局约先代割存禀复，本县以凭传集讯断。"①

另一种常见的纠纷是关于坟山的，香山设有由绅士主持的坟山公所（有时也称坟山公局）调解有关坟山的纠纷。但一县有数以十万计的坟墓，分散于山头田野，坟山公所也无法处理如此多的纠纷，加上坟山公所绅士也不可能在全县都有人脉和权威，所以，很多坟山纠纷也由涉讼当地的公局处理。

宣统二年，南门陈某与周某争坟山，周某到麻州公约投诉，并请托大绅干预，麻州局绅带同陈、周两造到坟山勘验，因为陈某一方称所葬者为祖考，周姓一方称是祖妣，在周姓一方坚持下，局绅决定开棺查看，谁知开棺后却发现是男尸②。按照清朝法律，开棺见尸是严重罪行，官员因审案需要开棺，出现失误也要负很重责任。但在此例中，局绅竟不禀报官府就自行决定开棺勘验。

宣统二年，蔡陈氏控告贺子惠等"阻葬夺骸，凌辱致伤"，知县原来批过"自投约绅及坟山局理处"，榄边局绅也调处过，但蔡陈氏再控告时称被殴伤者已身死，要求拘押对方伤人者；知县对这宗涉及伤害致死的坟山纠纷，仍批"究竟该处坟山如何实情，着再投局绅及坟山局查明妥处，毋庸坚请饬拘"③。

公局还调处了一些涉及华侨或外国国籍者的纠纷。光绪三十四年，外国籍人高辉堂与人涉讼，知县一方面以"既系外国籍民则不应佃耕内地田亩"判令高将田退还业主，但对纠纷案则批"候谕饬小榄局绅查明调处息事"④。宣统二年，英籍女子租厘士到县衙喊冤，称其夫为大岚乡李安邦，白饭洲周家欠其夫家钱债，丈夫自幼出洋，回乡后经投卓山公约及周姓族绅断令周家本息清还，周家到期不还，李安邦前往追讨被指为纠抢，继被隆都公约拘捕解县。大岚乡绅耆则具禀保李安邦。知县无法判断是非、作出判决，只是责令双方"不得再滋事端"⑤。在后一个案件中，大岚乡、卓山公约、隆都公约三级公局都参与了处理。

甚至一些国外发生的纠纷也会拿到家乡的公局调解。宣统二年，梁甘氏赴县告状，称其子梁亚汉被诱逼出洋做工，曾亲到石叻报明洋官交香山会馆调处。知县认为梁甘氏"所呈不足凭信"，批"着自经投局绅理处"⑥。同年，杨吉与族人杨炳等在外洋合伙开店发生纠纷，回国告状，知县批："事在外洋，无凭稽考"，"仍着自投约族绅耆详查公处了息，毋遽涉讼，致伤亲谊"⑦。

宣统二年，濠头乡高某被拐卖到高要县的女儿被查到，高要县移文香山县通知亲属领回，先由该乡公局"备文申送"高某到县，然后由县衙发执照让高某到高要领人⑧。在这个案例中，知县是根据公局的文书来证实被拐者亲属的身份。

---

① "县批·谭赓尧批"，《香山旬报》第73期，第28页。
② "本邑新闻"：《约绅承认开棺勘验之无理》，《香山旬报》第63期，第50页。
③ "县批·蔡陈氏批"，《香山旬报》第77期，第37—38页；"县批·蔡陈氏批"，《香山旬报》第82期，第36页。
④ "县批·高辉堂批"，《香山旬报》第8期，第53页。
⑤ "本邑新闻"：《互控案各有不实》，《香山旬报》第60期，第47—48页。
⑥ "县批·梁甘氏批"，《香山旬报》第81期，第35页。
⑦ "县批·杨吉批"，《香山旬报》第82期，第36页。
⑧ "本邑新闻"：《被拐者已领回矣》，《香山旬报》第64期，第53页。

在上述案例，无论按照当时还是今天的法律观念，公局的调处均非法定的审判，只是接受知县的"谕饬"对纠纷进行调解。知县对公局逐次授权，公局的调处结果具有强制性，无判决之名而有判决之实。如果调处不成案件再告到县衙，知县往往也是根据公局的禀复作为判决的依据。研究过清代法制史、社会史的人都知道，很多涉及"户婚田土钱债细故"的民事纠纷并没有进入州县衙门的审判程序，而通过宗族、绅耆、邻里调停解决。但清末香山公局"理处"的案例不少并非"细故"，如宣统元年十一月知县批饬"小榄局绅妥为理处"的田土买卖纠纷就涉及"围田九顷余"①。宣统二年十月，一宗"谕饬防海公约绅董查明禀复"的抢割案也涉及稻谷500多石②。光绪三十四年，凌松茂被凌景南殴伤致死，经卓山公局调处，双方已有甘结。但知县在审看卓山公局的禀时注意到死者与凶手同村同姓，乃批："究竟控凶凌景南等与死者有无服制，着该绅等查明饬取宗图禀复再行核办。"③按照《大清律例》，殴死近亲尊长是死罪，反之，尊长殴死卑幼罪名则轻得多。其时新刑律虽已颁布，但凶手与死者若有辈分的尊卑，判处也不相同。如果卓山公局私和了卑幼殴死尊长的大案，日后死者亲属上控，知县会有大麻烦，所以知县谕饬卓山公局调查控凶与死者有无服制。然而，卓山公局敢于把"私和人命"的案件上禀，也反映出公局有时会出面调处涉及人命的大案。

以上资料显示，香山的各级公局俨然成了调解、审判的一个层级。知县以"谕饬"的方式委托公局进行的调解、处理、调查等事项，局绅是必须遵照执行而不可推卸的。

三、乡约、公局与维持治安

各级公局分别拥有更练、局丁、团练等武装人员，依靠这些人员，公局得以行使各种权力（例如征收、护割）以及维持治安。

更练是一乡雇请的打更、保卫人员，时人说，"四乡之间，警察未设，所恃保卫里间、防御宵小者，则唯更练。更练唯对于一乡负责任，而例为绅士所委任"④。局丁是固定在公约一类较大公局执勤的人员，通常配备武器，承担诸如传召、拘捕、押送、巡逻等事务。而团练是参照军队编练的武装队伍，人数较多。从《香山旬报》刊载的公局办团禀请批示来看，并非所有公局都办有团练。

在晚清，各级公局都合法地拥有包括新式枪支在内的五花八门的武器。但如果举办团练申请购买大批军火，则要按照"购领军火定章"，"须有常年练丁，由官委派管带者方能给发"⑤。例如，宣统二年，士绅简启超具禀请求在"该乡设立团保分局，将原有更练裁汰老弱，添招精壮子弟三十名，以把总简葆泰管带，以资巡防保卫"；知县认为其章程"尚属妥协"，准予立案，移文香山协给谕开办；枪支弹药则命其"自赴团保

---

① "县批·何傅氏批"，《香山旬报》第49期，第33页。
② "县批·梁曜垣批"，《香山旬报》第80期，第21页。
③ "县批·卓山分局批"，《香山旬报》第81期，第32页。
④ 大呼：《绅士何遽听更练一面之词耶》，《香山旬报》第65期，第14页。
⑤ "县批·梁开启批"，《香山旬报》第49期，第26页；"县批·榄乡公约批"，《香山旬报》第60期，第35页。

总局禀请代领"①。同年，神湾公约"筹备常年经费，选募巡勇五十名"，由香山协札委管带点验后，移文香山知县，"再行给文军械局请领枪支子码"②。神湾公约是几个村庄组成的公约（神湾属于黄梁都），也设有50名巡勇，下属各乡还有自己的更练，晚清香山县公局拥有武装之情况，于此可见一斑。

咸丰、同治年间以后，广东各地公局因官府倡导纷纷成立并形成权力机构网络，主要的功能是维持治安。公局如果要办规模更大的联团，就必须向更高级的官府申请。例如，"峰溪与港口两约局原有练勇，仅能平时自顾，彼此漠不相关"，两个公局通过附城总局，拟"合峰溪、港口联办沙团"，于是就向水师提督具禀申请③。

公局的武装常常会配合官府的兵勇参与缉捕。例如，宣统二年五月，两名绿营武官率勇20余名在南朗抓获疑匪3人，接着，得到消息说盗匪将与官兵开仗，带队武官"恐兵勇力薄，即饬请榄边局派乡勇协助"④。

如果发生了治安案件，公局往往是首先接案的机构。

《香山旬报》第24期刊登了两则新闻：一、白企乡甘某几个儿子都在外洋贸易，两个儿媳（其中一人英籍）被人诱拐，案情还涉及警局的"暗查"（便衣查缉人员）。甘某乃"具投榄边局"。二、乡民梁定卓同传闻与其妻何氏有染之梁纯荣动武，互殴过程中将后者刺伤致死，然后自行投小榄沙团局，小榄沙团局首先对梁定卓夫妻进行审讯并录取口供，隔一日再将梁定卓夫妻解送县衙⑤。宣统二年五月，梁正华向知县告状称"被匪十余人搜劫枪伤"，他当时即"投防海约绅"，却没有向县衙报案要求验伤，后因约绅不能为他作主才告到县衙。邓叶氏向知县告状称赵某携去其孙女并打伤追截者，当时也曾"赴约投理"，但无结果，才向县衙告状；知县却仍把以上两案批回原处公局理处⑥。宣统元年，小榄陈、黄两姓乡民因细故动武，黄姓有人被砍至重伤，"经即扛验于榄乡公局。讵该局受凶手运动，置之不理。嗣转禀香山司请验"⑦。此案发生后伤者立即被送到榄乡公局，可见公局作为首先接案的机构已成为乡民的常识，而榄乡公局"置之不理"、不予验伤则被视为失责。

前文说过，知县无法有效管治县域辽阔、交通不便的全县。很多案件的调查依靠公局进行。光绪三十四年，监生刘鼎元控告被抢掠，知县就谕饬隆都局绅调查，隆都局绅禀复并无其事，知县便将此案注销⑧。抢掠不是一般案件，提出控告的事主也有功名，但知县完全依据公局的禀复便销案。宣统二年，承接工程的商人刘润福控告林冠南等率人纠抢，知县怀疑其中别有原因，就批"姑候谕饬卓山局绅查明禀复并饬拘林冠南等到

---

① "县批·简启超批"，《香山旬报》第75期，第30页。
② "县批·神湾公约批"，《香山旬报》第76期，第40—41页。
③ "本邑新闻"：《禀办沙团》，《香山旬报》第63期，第42页；"县批·梁翰携批"，《香山旬报》第77期，第35页。
④ "本邑新闻"：《当场获匪三名》，《香山旬报》第64期，第56页。
⑤ "本邑新闻"：《离奇奸案》，《香山旬报》第24期，第20页；"本邑新闻"：《因奸杀人之疑案》，《香山旬报》第24期，第23页。
⑥ "县批·梁正华批、邓叶氏批"，《香山旬报》第64期，第30页。
⑦ "本邑新闻"：《因鸭伤人》，《香山旬报》第21期，第26页。
⑧ "县批·刘鼎元批"，《香山旬报》第18期，第61页。

案讯明核究"①。此案也涉及抢劫,"纠抢"属于严重的犯罪,知县同样谕饬公局调查并处理。

很多缉捕、拘押、调查、初审、解送、保卫等事项是由公局承担的。

光绪三十四年十月,余锦德控告:雇用何贻章的船载运稻谷,何贻章途中"登岸回家,串匪抢劫",防海局绅接案后已将何贻章的船扣留,知县进一步"谕饬该局绅查明此案"②。宣统二年五月,隆都青姜乡更练拿获企图行劫的盗匪4名,缴获手枪两支及小刀等,"当即解交隆都公约",而隆都公约先对被捕者审讯,取得关于起意、纠党、劫掳对象等口供,再"由局转解县署"③。宣统二年,《香山旬报》同时报道隆都公约、小榄沙团局解送勒收行水匪犯④。同年,衙役林斌私雕伪印勒索,谷都局绅派人从澳门诱回解送县衙⑤。即使是香山协与县衙已经在查缉的案件,也会要求公局参与,宣统二年底,知县对榄乡公约的一个批示说:"当经咨营饬差严缉去后,该绅等应即督饬团丁一体查缉真赃正贼,务获解究。"⑥

盗匪陈载之妻林氏逃回家乡,峰溪公约将其拘押3天。有一名11岁小童被指偷鸭,峰溪公约约绅"将其扣押局中,多方恐吓,并欲将其解县",小童父母托人保释也被拒绝,关了4天小童生病始准亲属领回⑦。可见公局设有羁押的处所。

光绪三十年十月,隆都约绅禀解梁鸿顺到县,吴敏尧禀控系约绅"将梁红信捏匪捉解"并将自己殴伤。知县谕饬约绅处理,约绅禀称"梁鸿顺实系著匪",吴敏尧系"夺犯拒捕受伤",知县的批示主要也是根据约绅的禀复⑧。

隆都叠石乡时新小学校成立后,原归洪圣庙收取的鸭埠(在沙田放鸭收取的费用)等款被指定为学款,遭到"仇学之徒"的敌视,于是出现"骑收埠租""枪击鸭农"的事件,宣统二年八月,知县便出告示责令隆都公约保护鸭农以保证学款⑨。

知县授予公局一定的执行处置案件之权。前面关于民事纠纷部分已有所述及,这里再补充一些:

宣统元年,知县对一个因钱债引发凶杀的案件批:"此案凶犯梁保店内所存赈银、货物,候谕饬局绅督同更练点交该尸亲抵还欠项。"⑩

宣统三年四月,雍陌乡郑焕偷瓜卖与严宅。公约绅耆定议:买赃的严宅罚银2元,郑焕游刑后释放。同月,谷都平湖村黄徐氏,因偷鸭和咒骂绅耆,"各绅耆随判将其游

---

① "县批·刘润福批",《香山旬报》第59期,第29页。
② "县批·余锦德批",《香山旬报》第8期,第51页。
③ "本邑新闻":《图劫未成被获》,《香山旬报》第62期,第50页。
④ "本邑新闻":《禀解勒收行水匪犯两志》,《香山旬报》第77期,第60页。
⑤ "本邑新闻":《林斌仅拟永远监禁之罪耶》,《香山旬报》第73期,第38页。
⑥ "县批·榄乡公约批",《香山旬报》第83期,第39页。
⑦ 道实:《峰溪约绅何以任意拘留无辜》,《香山旬报》第70期,第6页;"本邑新闻":《久押幼童之无理》,《香山旬报》第69期,第52页。
⑧ "县批·吴敏尧批",《香山旬报》第70期,第20页。
⑨ "广告"栏,知县告示,《香山旬报》第78期,第89–90页。
⑩ "县批·程观泉批",《香山旬报》第18期,第55页。

街示众"①。

宣统元年，谷都麻子村一名十三四岁少年持枪"演放"把一名17岁的放牛女子误伤致死，乡人马上把开枪者抓到下涌公约锁押。但尸亲考虑到开枪者并无亲戚，而自己与其雇主是族亲，且雇主又不富有，所以在局绅主持下只索赔100元②。宣统二年七月，谷都乌石乡容某、陈某因田地批耕纠纷互殴，陈某被殴，陈母陈李氏投诉谷都局要求验伤，并责令容某医治，但谷都局绅只是传容某来商议，逼迫陈母接受2元了事，后陈某死亡③。宣统二年九月，谷都下涌村方陈两姓素有嫌隙，方族有人开枪自毙（《香山旬报》的报道称其是"癫狂"者），死者房亲百十多人涌来，谓邻居陈某开枪打死方某，"不控不休"；"后由谷都总局饬丁弹压，并晓以事无凭证，不得任意诬人。方某等始废然而返"。同月，下恭都耙齿村黄亚林开枪打伤山场村渔人郭启，以为郭已死，打算把"尸体"拖到海边抛弃，但刚好有船经过，郭启才捡回一条命。次日山场公约为郭启验伤，"验得郭启头面胸腹均被铁砂所伤，最重者有一枪码从肋旁穿过"，并传到黄亚林，山场绅士"断令给回医药费银五十元，保其五日之内，限外生死不问，随具立甘结了事"④。从上述案例看，遇到致伤案甚至人命案，公局有验伤之责，往往还直接调处而不向县衙报案。在最后一案，局绅显然偏袒黄亚林，本来这样严重的案件，局绅无权处理，而且按照《大清律例》，像郭启这样的伤势，也应该按照"以刃及汤火伤人者"保辜30天⑤，但山场局绅只让黄亚林保5天。

知县还常要求公局对嫌疑人分别"攻"（指攻其为盗匪、歹徒）、"保"（担保其为良民），以及要求公局"捆交"本乡的盗匪或凶手。

光绪三十四年，知县在一个批提到，"查李全成即田成，经前县谕饬小榄局绅查明系属三点会匪首"⑥。宣统二年三月，更练刘五被控"串匪截抢"，知县乃"谕饬该局绅交案究办"。同月，知县一个批示说："候饬差严拘控凶谭富等，并谕谷都局绅赶紧送案讯究。"⑦宣统二年九月，何福被拘后不认供，有人来保释，知县批："候谕饬大黄圃局绅查明平日行径是良是匪，禀复核夺。"⑧宣统二年十月，黄士和禀请保释黄茂泉，但知县根据隆都约绅的"禀攻"，认定黄茂泉是"约党行劫"的贼匪不准保释⑨。知县在另一个保释抢劫疑犯的禀请上批："姑候谕饬小榄约绅查明该犯所认行劫及勒收行水各案是否属实禀复核夺，以昭核实。"⑩

知县得到报告称焚抢盐埠时有隆都人参与，被抢盐斤多藏在该都地方，谕饬该都约

---

① "本邑新闻"：《窃匪连累买主》《妇人游刑示众之奇闻》，《香山循报》（期数不明，当在宣统三年五月出版），第66—67页。
② "本邑新闻"：《放枪毙人》，《香山旬报》第21期，第22页。
③ "本邑新闻"：《殴伤致毙》，《香山旬报》第70期，第50页。
④ "本邑新闻"：《借命嫁祸》《险被轰毙》，《香山旬报》第77期，第68—69页。
⑤ 《大清律例》，"刑律·斗殴"第三百零三"保辜期限"。
⑥ "县批·邓业批"，《香山旬报》第8期，第48页。
⑦ "县批·冯莫批"，"县批·萧陈氏批"，《香山旬报》第59期，第28页。
⑧ "县批·李琼珍批"，《香山旬报》第77期，第44页。
⑨ "县批·黄士和批"，《香山旬报》第80期，第21页。
⑩ "县批·陈辉顺批"，《香山旬报》第81期，第27页。

绅查起捆解，但得不到禀复，便再次谕饬约绅"应即协同确查真赃正匪，禀请核办，以别攻保之责"①。

宣统二年，香山协移送来的疑犯刘来在县衙的审讯中拒不认罪，香山协移文所列罪名为"喜义堂匪犯、迭次劫掳、杀毙多命"，知县无法判断刘来"是良是匪"，于是"谕饬大黄圃局绅确查禀复核办"②。此案涉及"就地正法"的死罪，知县也交公局侦查，这名疑犯的生死很大程度就由公局的禀复所决定。

然而，公局缉捕不力，常被时人诟病。宣统元年十二月，小榄白鲤沙扒船被匪劫去"大尾枪四支、短枪二支、大口扒枪二支"，榄约绅士报案，知县饬令查明为何该约勇厂、扒船一再被抢去军械③。贼匪甚至敢于公然在峰溪公约门首绑票，公约巡船近在咫尺，竟置若罔闻④。《香山旬报》一篇文章说："（本刊）无论何期，邑属各处之劫案掳案，无不层见叠出，而被获则鲜有所闻也。"⑤遍布全县的公局对盗匪活动也无可奈何。

局丁在缉捕过程中扰民伤人更是常事。隆都局的沙勇到白鲤沙围捕，殴打农民，开枪打死无辜的疍民妇女，但局绅为之回护，向知县禀称是误伤⑥。

比较有名的东海护沙局，扰民害民之事更为香山各界痛恨。位于珠江口的"东海十六沙"在香山县辖境内，但田土多为顺德豪绅所有。咸丰年间，顺德县大绅罗惇衍、龙元僖建立东海十六沙护沙公约，也称东海护沙局。顺德士绅控制的东海护沙局向业佃抽收经费，成为顺德士绅维持其特权地位的武力，号称有勇丁千人，超过清朝驻守顺德的巡防营兵额。但到了清末，护沙局被指责苛抽捕费、欺压居民、捕务废弛、包庇贼匪。在防御盗匪方面完全失去了作用⑦。"顺德沙约及沙勇之扒船，任意私押人犯，经旬累月，竟无有人敢问之者"，东海护沙局设立各种非刑如"夹竹桃""猴子箍""寐水龙""天雨花"之类，抽收之数"较之沙捐多至十五六倍"⑧。

四、新旧士绅权力机构的交集与纠纷

《香山旬报》是有革命党人参与、代表香山新型知识分子声音的刊物，对旧式士绅权力机构持严厉批评态度。宣统二年，小榄公约以虚糜费用为理由禀请废除户口调查分所、户口调查归并公局办理，《香山旬报》就此事撰文对"吾邑之乡局先生"予以猛烈抨击，称其历史与行事早失信于社会，公局已成为"新政前途之障碍"⑨。又因附城总局绅士袒护奸污、虐待婢女的士绅，愤怒指斥总局绅士"苟贱不廉""纨绔无识"，

---

① "县批·彭炳纲批"，《香山旬报》第82期，第20页。
② "县批·刘耀光批"，《香山旬报》第78期，第32页。
③ "本邑新闻"：《扒船被劫之骇闻》，《香山旬报》第49期，第51页。
④ "本邑新闻"：《贼匪竟敢在公约门前掳人》，《香山旬报》第81期，第49页。
⑤ 民声：《捕务废弛之可叹》，《香山旬报》第73期，第8页。
⑥ 枕戈：《局绅庇纵杀人勇丁之可恶》，《香山旬报》第59期，第9页。
⑦ 黄彦、李伯新编：《孙中山藏档选编（辛亥革命前后）》，北京：中华书局，1986年，第524页。
⑧ 东海主人：《东海十六沙纪实》，广州：1912年印本，第23—24页。
⑨ 策公：《呜呼局绅呜呼小榄之局绅》，《香山旬报》第62期，第2—6页。

预见其在民智渐开时代"行将在淘汰之列"①。宣统二年，士绅赵桃芳以"公约为陷阱"，禀请辞去局绅专门从事公益，知县在批语中承认赵说有理，但认为"旧习难除，即易尽旧有之绅于事必仍无补，必俟议事会、董事会成立庶几之。良莠公诸舆论，或有惧心，则是非公德心油然而生矣"②。

在新政、预备立宪时期，香山也同很多地方一样，筹办和建立了自治机构（县镇乡之议事会、董事会）、商务分会、农务分会等，它们均为绅商掌控的机构，较之公局，这些新政时期成立的机构规格较高（知县的公文不用下行的谕单而用平行的照会）。

当时广东官绅不少人主张改公局为巡警，在香山也有"改团办警"之议，但进展并不顺利，宣统三年四月，巡警道批示："仰香山县转谕各该绅等，妥筹善法，迅将原来团练改为集合巡警，游击梭巡，以资保卫，并札饬办团各绅充当警区董事之职，以便赞襄。"③

宣统年间，香山县城有巡警正局，城区和北门外还有6个分局，湾仔、长洲、隆都、大黄圃也设立了巡警分局④。

由于士绅内部矛盾重重、纷争不已，直到宣统二年底，县议事会、董事会都因候选人互控不能成立。《香山旬报》的文章也认为总董候选人缪庆燊"人格卑污""不学无术"⑤。香山商务分会虽成立较早，但被"不关痛痒懵于商务之绅士"控制，总办尸位素餐，压制控告违法官员之商人。真正的商人并无发言权，所以，《香山旬报》撰文号召商人不要放弃权利，不必依靠绅士，要学粤商自治会的陈惠普⑥。

这些新成立的士绅权力机构往往承担或分担了公局的若干职能。如宣统元年一宗批耕易佃纠纷，知县批"既投过农务分会，应仍投请公处，毋庸结讼"⑦。宣统二年，知县对一宗经被商会调处过的钱债、房屋召变案件批："亦候照会商会查明呈复，分别办理，总期一了百了……以杜藉口而断讼藤。"⑧宣统元年底，谷都有盗匪寄打单信勒索当铺，谷都自治局绅就"将原函报县查缉"⑨。宣统二年底，谭尧培窃割田禾，被巡警拿获，送本乡自治局，自治局绅令罚银二元⑩。宣统二年，香洲发生怀疑毒杀亲夫的案件，此案是由"香洲埠公所职商王诜等"将涉嫌毒死亲夫之徐詹氏与奸夫送到前山同知衙署⑪。后面三个案件反映出，原来公局对大小案件的缉捕、处置权力，已被警局、自

---

① 一文：《呜呼此之谓总局绅士》，《香山旬报》第62期，第7页。
② "县批·赵桃芳批"，《香山旬报》第60期，第38页。这段批语疑有排印错字。
③ "省批·巡警道批·林文涛批"，《香山循报》（期数不明，当在宣统三年五月出版），第49—50页。
④ 民国《香山县志续编》卷5"经政·巡警"。
⑤ 民声：《缪庆燊果堪为总董耶》，《香山旬报》第75期，第11—12页。
⑥ 尊闻：《评商务分会》，《香山旬报》第8期，第7—9页。关于陈惠普，可参看拙文《辛亥革命时期的粤商自治会》，《近代史研究》1982年第3期；《粤商自治会再研究》，《近代史学刊》（华中师范大学近代史研究所编）第3辑，武汉：华中师范大学出版社，2006年9月。
⑦ "县批·卢庚华批"，《香山旬报》第49期，第33页。
⑧ "县批·萧善贻批"，《香山旬报》第70期，第23页。
⑨ "本邑新闻"：《打单案两志》，《香山旬报》第49期，第57页。
⑩ "县批·谭士桢批"，《香山旬报》第81期，第36页。
⑪ "本邑新闻"：《毒毙亲夫案候验》，《香山旬报》第80期，第42页。

治局等新成立的机构替代或分享。

有时，知县会谕饬新成立的士绅机构与公局会同办理。如武举黄世忠"承充官秤"二十多年，藉以营私，致令柴价高涨，宣统元年，商民向知县控诉，知县乃"照会商务分会暨谕附城总局、城西约绅详细查复，再行体察情形转禀核夺"①。宣统二年，黄华与曾冀灿等因店铺顶受发生纠纷，曾投商会理处，但未能解决，知县命黄华"即录批再投商会及该处局绅查明公处了事，毋滋讼累"②。

新成立的士绅机构的实际权力难以同公局相比，很多情况下还是要公局出头。如宣统二年，米商慎安店在黄阁被抢去米11包，投诉于公约，约绅"不究不追"，米商转投潭州商务分所向知县告状，知县批："该约绅等应速督饬团丁将匪捆送，并起出原赃米石给领，毋得诿延干咎。"③因为当时香山绝大多数地方尚未成立商团，潭州商务分会只能通过知县向公局施加压力，而知县也只能责成公局缉捕。同年，隆都农务分所控告"该都地方近日迭出劫掳各案，卡勇及轮、扒船未闻追踪围捕"；知县也是批："捕务废弛已极！候谕饬该局绅等认真整顿、严密查缉，以靖盗风。"④这种新旧士绅机构同时存在、同时运作的局面，一直延续到清朝统治结束。

在清末最后几年，由于废除科举、实行新政、立宪派和革命党人的宣传等原因，士绅的权力在民众中不断被挑战。《香山旬报》刊登了一个颇为有趣的报道：县城近郊烟洲黄族祖尝丰厚，历来为族绅控制，宣统二年，该族族绅为两名族人是否应该支给红金京费（给予科举考试中式及考职获选族人的奖励）在祠堂设宴讨论，但该族"劳动家"认为彼此都是太祖子孙，"各绅肆意支取红金，我等实不公认"，于是涌入祠堂，将所设宴席"据坐大嚼"，"各绅不敢与较"。记者评论此事说："噫！公理日明，绅权日替，十九世纪之恶习，安能再肆于今日哉！"⑤公局局绅很多是族绅，如果没有族人的支持，局绅就难以行使权力。烟洲的事例未必是普遍现象，但记者的评论则反映了绅权变化的趋向，因此，无论新旧士绅机构，在清末最后几年对地方的控制、管治权力都有所下降。

余论：19世纪后期广东乡村士绅机构的"基层政权化"倾向

瞿同祖在《清代地方政府》一书中将地方政府所拥有的权力称为"正式权力"，而将地方士绅组织拥有的权力称为"非正式权力"⑥。晚清广东的公局，可以作为"非正式权力"的典型事例。而且，正如前文所述，这种"非正式权力"机构的运作，已经在很多方面参照了基层衙门的做法，具有征收、调解、审判、缉捕等权力，有时甚至可以决定乡民的生死。虽然公局的地位与权力没有成文的法律依据，但从督抚到州县官都认可这种权力，局绅也"非正式"地具有"公务"身份。

---

① "县批·陈伟南批"，《香山旬报》第18期，第56页。
② "县批·黄华批"，《香山旬报》第82期，第34—35页。
③ "县批·黄阁公约批"，《香山旬报》第77期，第45页。
④ "县批·隆都农务所批"，《香山旬报》第60期，第36页。
⑤ "本邑新闻"：《争红金京费之怪剧》，《香山旬报》第49期，第59—60页。
⑥ 瞿同祖：《清代地方政府》，北京：法律出版社，2003年，第282页。

一乡一村的乡约本来只是地方讲信修睦的场所，如果按照清朝成文的法律、则例，无论乡约还是若干乡组成的公约、公局都不是权力机构，但从晚清香山县的事例可知，知县通过"谕饬"等形式授权，使乡约、公局实际上成为县以下一级权力机构。

其他地方有无类似广东"公局"的士绅权力机构？不少史料显示，各地士绅控制的乡里组织早就具有一定调解、缉捕等权力。例如，有学者利用巴县档案，对士绅承充乡约以及他们维持治安、民事调解等权责作了论述①，不过，巴县的情况与香山有很多不同。因为乡村的士绅权力机构都是"非正式"的，各地当然不可避免会有差异。

自从孔飞力的名著《中华帝国晚期的叛乱及其敌人》②出版后，学术界对19世纪后期中国绅权的扩张以及地方军事化问题作了很多讨论。有学者认为，鸦片战争、红兵起事期间，岭南传统的乡约成为实施团练、保甲的中介预备组织，后来乡约成为团练的初级组织。原来具有教化功能的乡约，出现了"军事化"的过程③。

关于19世纪后期地方军事化，特别是关于华南地方军事化的观点，毫无疑问是有根据而且予人启发的。读者都会注意到，孔飞力的书也用了不少篇幅讨论清朝前期和中期地方团练的问题。清朝在建立后很快取得汉族官绅的支持与合作，在维护自身统治方面比历史上其他少数民族皇朝显得更为自信。从《大清律例》以及其他资料我们可知，清朝对民间武器的管制是较为宽松的，一般而言，对冷兵器的持有并无严格禁令，很多情况下还允许民间以狩猎、自卫为理由合法拥有鸟铳等轻型火器，对火炮、抬枪等大型火器，虽有禁令但实际上也没有严格执行。到鸦片战争与太平天国起事后，民间拥有武器的情况更为普遍，而这个阶段西方新式火器又大量传入，在晚清，各地士绅，尤其是广东的士绅掌握的武力是相当可观的。很明显，鸦片战争和太平天国起事后中国很多地方的乡村组织"军事化"进程加速了。

香山县就是典型的例子，在鸦片战争和红兵起事前，士绅就已拥有可观的武装。在嘉庆年间为防堵洋匪张保仔，"邑城郑敏达等七姓"捐资创设固围公所，又名附城公所④。香山很多炮台和炮位都是士绅捐建捐置的⑤。该县小榄士绅何应魁，为防御海寇郭婆带，"捐金五百为乡里倡，设公约，分置巡船卡口，建碉台，督勇昼夜堵御"⑥。道光间，该县隆都士绅郑瑞芝主持隆都局，"鼓励丁壮，严密巡缉，屡擒剧盗"⑦。该县大车乡士绅林谦，因庚子年（1840）"英吉利以禁烟启衅，奸宄乘之"，"谦告县集众于云衢书院，立章程，严堵御，东乡赖以安"；道光二十四年，"邑绅曾望颜重修立张溪、员峰两乡公约，咸丰三年增置房三间，又于公局前设土台，左侧置西土台，张溪

---

① 吴吉远：《清代地方政府的司法职能研究》，北京：中国社会科学出版社，1998年，第97—100页。
② 孔飞力著，谢亮生等译：《中华帝国晚期的叛乱及其敌人》，北京：中国社会科学出版社，1990年，英文原著出版于1970年。
③ 杨念群：《论十九世纪岭南乡约的军事化——中英冲突的一个区域性结果》，《清史研究》1993年第3期。
④ 民国《香山县志续编》卷4"建置·局所"。
⑤ 同治《香山县志》卷8"海防·炮位"。
⑥ 同治《香山县志》卷15"列传"。
⑦ 民国《香山县续志》卷11"列传"。

涌口设东土台。四年红贼破港口，续建水栅三道，每道相去三十丈有奇阔三十丈"①。道光后期，"西粤贼起，蔓延东省"，林谦"于是分东乡为六局，督乡团，察游匪，设总局于邑城之东"②。到咸丰年间为平定红兵起事，香山士绅机构的"军事化"有了进一步的发展，到清末所有乡约、公局都有了数量不等的武装人员。

不过，笔者注意到，广东珠三角香山等县的史料显示，19世纪后半期士绅机构进一步"军事化"的同时，出现了"基层政权化"的趋向。康熙、乾隆、道光年间编成的香山方志，对公局（公约）完全没有提及，同治《香山县志》写了附城总局和几个主要的公约的防御职能以及平定红兵的事迹，看来早就"军事化"了，但却没有提及这些机构在征收、诉讼、缉捕等方面的权责。这一定程度反映了"公局"的"基层政权化"过程是咸丰、同治以后才普遍出现的。这在其他史料也可获得佐证③。只是民国后编成的方志才有较多士绅在公局行使权力的记载。如咸丰拔贡郑培垣"充邑绅任局事十余年"。秀才郑瑞兰参与创办隆都局，"鼓励丁壮，严密巡缉，屡擒剧盗"；洪兵起事时他又"先期办团分设乡局防守险要"。黄梁都士绅黄德森在同治年间创立防海公约，曾奉总督瑞麟之命与副将戴朝佐一起往香山境内的高澜、飞沙、三灶诸岛剿匪。举人李鸾仪"在总局有年，排难解纷，人皆悦服，官斯土者每下车多造访"④。在籍参将卢殿藩，"家居无骄色，出入常服短衣，官厅乡局非公不至"⑤。等等。

《香山旬报》中极少提及地保，也许是因为知县谕饬地保通过衙役即可，不必通过公文，所以没有留下记载。但笔者认为，地保的实际作用远没有文献所反映的那样重要，因为地保通常由庶民充当，在士绅如林的广府大县如南海、番禺、顺德、香山，他们根本没有强制乡民服从的威望和实力资源，知县可以饬令地保做一些奔趋的事务，但要实现官府对基层社会的控制，主要还得依靠士绅的权力机构——公局。

遗憾的是，在广东并没有四川巴县那样的州县衙门档案保存下来，公局本身的史料，目前能见到的更少⑥。期望目前正在广东进行的民间文献、文物的普查工作能发现更多有关晚清广东公局的资料，只有在这个基础上，我们才得以进行更为深入的研究。

原载《中山大学学报（社会科学版）》2010年第3期

---

① 同治《香山县志》卷8"海防·炮台"。
② 民国《香山乡土志》卷4"耆旧"。
③ 同治、光绪年间在广东曾任州县官的杜凤治在其日记、徐赓陛在其著作《不慊斋漫存》都有提及公局。南海、番禺、顺德等县同治、光绪以前编成的方志也基本没有提到公约、公局作为权力机构的职能。但宣统年间及民国初年编成印行的方志则有。
④ 民国《香山县志续编》卷11"列传"。
⑤ 民国《香山县志续编》卷11"列传"。
⑥ 刘志伟、陈春声的《清末民初广东乡村一瞥——〈辛亥壬子年经理乡族文件草部〉介绍》一文（收入柏桦主编：《庆祝王钟翰先生八十五暨韦庆远先生七十华诞纪念论文合集》，合肥：黄山书社，1999年），提及番禺沙湾的仁让公局，并对其做了个案研究。两位教授向笔者提供了有关史料的照片：《辛亥壬子年经理乡族文件草部》，这是笔者所知的惟一一种晚清广东公局的文书。

苏联对孙中山黄埔办校建军的资金和军械援助

周兴樑

苏联学界认为,中国上世纪20年代的黄埔军校是在苏联政府的援助下创建起来的。这种看法不无道理,因为事实的确如此。国民党在开办军校之初乃至"黄埔军校成立时,孙中山既没有经费,也没有枪炮"①。苏联在这两方面所提供的援助(其还有顾问人员的援助,将另撰文论述之),对军校的发展、国民党军队之创建及其日后壮大实力,可谓是雪中送炭。尽管它的大量援助未在答应之后就马上兑现,而是在俄中两党关系日趋密切之几年后,并经国民党多方促请的情况下才逐步付诸实际行动的,但它毕竟还是为孙中山和国民党的创校建军等革命事业,提供过大部分财政资金和武器装备——这些物质援助是当时国民党政府急需而不可或缺的,其所起的重要与巨大作用也客观存在,我们对此不可低估。

一、俄共(布)与国民党关系之密切及其实行援孙方针

继孙中山与越飞1923年1月的上海会谈之后,为进一步商谈与落实《孙文越飞联合宣言》的细节问题,孙的得力助手廖仲恺于2—3月间,在日本热海等地又与越飞举行了一个多月的会谈。廖越这次会谈的最大收获是:在商定苏联政府援助孙中山创办广州军校计划之同时,又开辟和疏通了莫斯科全面支援国民党政府的渠道。就在这次会谈期间的3月8日,俄共(布)中央政治局会议作出了每年"给孙逸仙约200万墨西哥元的资助",及"向孙逸仙派出政治和军事顾问小组"的决议②。由于越飞与孙中山、廖仲恺相继会谈的成功,俄共(布)同国民党刚建立起来的友好合作关系,在1923年下半年迈出了新的发展步伐。尽快落实会谈期间双方商定的俄援孙等问题,成为当时双方交往对话的主要话题。

为发展俄中友好关系,苏联政府在热海会谈结束后陆续采取了四项重要举措:(一)它要越飞将3月8日俄共(布)中央政治局会议关于援助国民党之决议内容正式告诉孙中山。据此,越飞于5月1日给广州转来了"苏联政府致孙中山电"。其电文谓:"我们准备向您的组织提供达200万金卢布的款项,作为筹备统一中国和争取民族独立的工作之用。这笔款项应使用一年,分几次付,每次只付500000卢布……遗憾的是,我

---

① [苏]亚·伊·切列潘诺夫著,中国社科院近代史所翻译室译:《中国国民革命军的北伐——一个驻华军事顾问的札记》,北京:中国社会科学出版社,1981年,第139页。

② 中共中央党史研究室第一部译,黄修荣等主编:《联共(布)、共产国际与中国国民革命运动(1920—1925)》1,北京:北京图书馆出版社,1997年,第226页。

们的物资援助数额很小,最多只能有8000支日本步枪,15挺机枪,4门'奥里萨卡'炮和两辆装甲车";希望您"利用我国援助的这些军事物资和教练,建立一个包括各种兵种的内部军校(而非野战部队)",有关的具体问题,"可通过马林同志与我的代理人(指达夫谦——引者注)来解决"①。苏方在此指明并强调其所提供的款项、物资和教练援助,是为了帮助国民党创建一所新式军校。(二)苏联政府迅速为孙中山派来了第一批顾问人员。由越飞的军事助手格克尔上校从全俄参谋学院东方系挑选出来的5位顾问——波里亚克、捷列沙托夫、切列潘诺夫、格尔曼和斯莫连采夫,于6月21日抵达北京,除斯氏留京工作外,其余4人在3个月后分别陆续南下广州工作②。(三)苏联政府指令越飞尤其是马林继续与孙中山和廖仲恺保持联络。因此,时在日本公干的越飞与廖仲恺仍有函电往来。而马林奉命后则于4月专门到广州工作了3个多月。他在穗期间为发展俄中关系,每周与孙先生及廖仲恺"保持三、四次联系"③,并在离开广州前协助孙中山筹组了赴苏联考察的"孙逸仙代表团"。(四)俄共(布)中央书记斯大林亲自派富有政治经验与活动能力的鲍罗廷,到广州任孙中山的政治总顾问,并"责成鲍罗廷同志在与孙中山的工作中遵循中国民族解放运动的利益,决不要迷恋于在中国培植共产主义的目的"④。鲍奉命于10月初抵达广州后,一直将协助孙中山改组国民党以实现国共合作,及创办军校以建立革命军队这两事,作为中心工作来完成。此外,他还肩负着代本国政府向国民党方面具体发放资金与军械等援助之任务。

孙中山和国民党政府为进一步加强中俄关系和促请苏俄政府尽快践行其援助承诺,这期间也积极做了两方面的工作,不过收效不大。其一,立足广州主动与苏联使者进行联络晤谈,力争苏方尽早兑现援助广州革命政府的承诺。在热海会谈结束后到鲍罗廷抵广州前的这段时间里——特别是1923年夏间,廖仲恺常以孙中山助手及广东省长的名义,与时在广州的马林保持着联系——催促转电苏联政府尽快给国民党政权提供经费与军械等援助,是他们交谈的主要话题。如4月30日其要马林转电越飞详询莫斯科:孙先生"迫切需要俄国援助武器,并准备装备10万士兵——不知……枪支弹药……可否直接从符拉迪沃斯托克(即海参崴——引者注)运至广州?请电复"。他在6—7月间常对马林说:"他的主要任务就是为将领们筹款","钱的问题是他最大的忧虑",为此他多次催促马林转告在日本东京的越飞,希望苏联政府能尽快地给予财政援助。与此同时,孙中山也曾要马林转告越飞说:"文急需经费以解决广州事",务请苏联政府"从财政上援助他当前在南方的行动","支付已承诺的援款中的第一次付款,请立即电告莫斯科"⑤。在孙、廖再三要马林转电催请苏俄尽快提供经费援助的情况下,越飞于8月6日

---

① 参见李玉贞等编:《马林与国共第一次合作》,北京:光明日报出版社,1989年,第170—171页。
② [苏]亚·伊·切列潘诺夫著,中国社科院近代史所翻译室译:《中国国民革命军的北伐——一个驻华军事顾问的札记》,第5、7、11页。
③ 中共中央党史研究室第一部译编,黄修荣等主编:《共产国际、联共(布)与中国革命文献资料选辑(1917—1925)》2,第258页。
④ 中共中央党史研究室第一部译编,黄修荣等主编:《联共(布)、共产国际与中国国民革命运动(1920—1925)》1,第265、271、273、275、302页。
⑤ 李玉贞等编:《马林与国共第一次合作》,第151、225、197、260、159、155、165页。

从东京给其"访日后在北京任苏俄政府全权代表的达夫津（又作达夫谦——引者注）汇去一百六十万日元"。这笔钱是他刚从日本政府手中获得的渔业储备金。日本学者山田辰雄教授依据日方的材料推断说：越飞"汇给达夫津的款项的全部或一部分，很可能给了国民党……内藤民治关于渔业储备金通过越飞之手给了国民党的猜测，还是可以成立的"①。如此看来，这笔数目不大、未见于俄文档案记载的款项，可能是苏联政府给国民党政权的第一笔经费援助，而越飞则显然是最早提供这少量经费的人。在1923年10月6日鲍罗廷抵达广州后，孙中山和广州革命政府即主要通过鲍氏来与苏联政府方面进行沟通联络，反映自己希望莫斯科尽快落实援华举措的诉求。这从鲍罗廷与加拉罕的一些密电函中可以看出来。如在孙中山请求苏联援助其实施"北方进军"计划时，加即电示鲍曰，这是一个"空想计划"："您要向他说明，这个计划不可能立即实施。另一方面您要经常强调，在决定实施任何一项重大计划之前，我们应当竭力巩固自己在中国的地位，特别是巩固自己在满洲的地位，要解决中东路问题。"11月底，鲍曾电加并请他转告莫斯科：孙中山要求"提供10000支步枪、10挺机枪、10门轻型火炮和弹药，以及装备两个师的电话器材"等军用物资。加拉罕获电后向齐契林等作了汇报，并"建议减少数量，但不超过二分之一，特别是步枪和机枪……应给予孙逸仙一点支持，以使他能够坚持下去"②。由上我们既可了解孙中山政府通过苏联代表促请其政府提供援助之艰辛过程，又能看到苏联在援孙问题上以其民族利己主义为前提的慎稳做法。

其二是走出国门——孙中山指派蒋介石率"孙逸仙代表团"赴苏联考察求助，促请苏政府尽快兑现援助承诺。蒋介石、沈定一、王登云、张太雷4人于9月2日抵达莫斯科后，时在外国的邵元冲也加入了代表团。他们此行负有两大使命：一是观摩考察苏联的政治与军事等情况，为日后在广州开办军校取经；二是同苏联政要们商定俄方援助孙中山和国民党的"工作方法和手段"，其中主要是商讨苏方资助国民党政府经费、派政治军事顾问团到广州来帮助创办军校以培养军政干部，及为孙实施西北军事计划提供武器之可行性等问题。为此，代表团成员在莫斯科等地参观访问了红军团队和军事院校，并就广州开办军校的问题与俄共中央及苏联红军领导人等进行过会谈。苏俄军事委员会副主席斯克良斯基曾两度与蒋介石晤谈，在谈到"俄国为中国人成立专门的军事学校"时，他的讲法前后不一，最后只答应："中国同志到苏联军事学校学习，总参谋部学院可以接受3—7人，军事学校可以接受30—50人。"蒋介石当即建议应为"在广州开办的学校增加派出人员数量"。斯听后表示："如果成立所设想的50人班收到了良好效果，那么军事委员会不反对增加派出人员。"蒋介石在两次会谈中，还以口头和书面方式先后向斯等提出了孙中山的西北作战计划——拟"在陕西成立对付吴佩孚的兵团"，及另"在库伦以南邻近蒙中边界地区建立一支孙逸仙的新军"，以便"从这里……发起第二纵队的进攻"。斯克良斯基当即明确地否定了孙的计划。他对蒋说："发起你们方案中所说的军事行动，就是事先注定要失败的冒险。"目前，孙逸仙和国民党应"把自己的

---

① 转见《廖仲恺研究——廖仲恺国际学术研讨会论文集》，广州：广东人民出版社，1989年，第238—239页。

② 中共中央党史研究室第一部译编，黄修荣等主编：《联共（布）、共产国际与中国国民革命运动（1920—1925）》1，第294、295、347页。

全部注意力用在对工农的工作上",当然你们在"做好政治工作的同时,也可进行军事准备"①。苏联革命军事委员会主席托洛茨基在11月27日接见蒋介石等人时,也要"孙逸仙和国民党尽快放弃军事冒险,把全部注意力转到中国的政治工作上来",并指出:"国民党……可以从自己国家的本土而不是从蒙古发起军事行动","我们并不拒绝给予军事援助,但在目前的军事力量战略对比的情况下,不可能向孙的军队提供这种援助,而代之以我们将为中国革命者学习军事敞开我们学校。在这方面,我们将履行不久前革命军事委员会做出的那些承诺"②。由上可知,苏联政府在承诺为孙中山培养军政人才方面,仅答应其军事学院可为国民党培养少量军事人才。这成为刺激国民党加速筹建黄埔军校的重要外因。总的来说,蒋介石此次率代表团访苏,没有达到促请苏方尽快对国民党政府实施各项援助——特别是援助其西北军事计划的目的。

在当时及稍后一段时间里,莫斯科没向孙中山和国民党政府提供实质性援助之原因是多方面的。诸如苏联政府内部对应否援助孙政府意见不一,其高层领导人之注意力一度为发展德国革命所吸引,尤其是他们认为国民党政府之军事实力不足以巩固其地位,而担心自己的援助会打水漂,还有对孙专注于军事行动而搁置国民党改组事不满等。因此,苏联政府迟至1924年孙中山改组国民党之事完成、首次国共合作实现乃至黄埔军校开学后,才采取了向广州方面提供大量经费和武器装备援助的实际行动。不过应承认,它最终还是履行了援孙承诺的——迟到的这些援助极大地帮助了孙中山之黄埔创校建军,及国民党政府后来开展的国民革命斗争,从而大大推进了中国的整个新民主革命运动。有学者在论及此事时指出:"俄国的主要财政捐助和人员的支援,可能就是为了建立党的新的军事学校,这就是后来举世闻名的黄埔军校";"这种援助开始了一个既有国民党新生复苏,又有中国共产党发展壮大的过程,这个过程对于尔后的中国人民的生活,有着伟大深刻的意义"③。

二、苏联政府为孙中山黄埔建军所提供的资金

由于资料不足,对苏联给孙中山黄埔创校建军提供财政援助的问题,以往几乎没人作过认真的研究。如今苏联档案之公布,虽为此项研究提供了方便,但由于其资料仍不够完整,再加上决议数与实际提供数又存在出入,故要重建苏联政府给孙中山办校建军提供经费情况的全部史实仍有困难——因其中的许多细节问题还是无法弄清楚。现只能根据所见史料,对此问题作些考察论述。

关于俄府提供给黄埔军校的资金数量,援助方的鲍罗廷和接受援助的孙中山各有各的说法:前者曾"告诉路易士费希尔,苏维埃政府为这所学校的开办和经常费捐赠

---

① 中共中央党史研究室第一部译编,黄修荣等主编:《联共(布)、共产国际与中国国民革命运动(1920—1925)》1,第285、287、310—312页。
② 中共中央党史研究室第一部译编,黄修荣等主编:《联共(布)、共产国际与中国国民革命运动(1920—1925)》1,第340—341页。
③ [美]韦慕廷著,杨慎之译:《孙中山——壮志未酬的爱国者》,广州:中山大学出版社,1986年,第221—222、179页。

了三百万卢布，这大约相当于中国货币二百七十万元"①；后者则对张继说过："俄国从一九二四年前后起，每年给广东提供二百万元的援助，其中七十万元是黄埔军官学校的费用，一百三十万元是国民党政费。"②还有些学者指出："为了帮助解决军校经费方面的困难，苏联资助现金200万卢布。"③或谓："为了援助孙中山创建一支新型的革命军队，苏联政府为孙拨出了90万卢布的援款。"④以上的说法虽然不一致，但却都肯定了一点：这就是苏联援助国民党政权的经费中，有相当大比例是用于黄埔建军的——从目前所见资料可知，它3年下来用于此之资金总额应在200万卢布左右。

曾任孙中山和广州革命政府军事总顾问的加伦将军说过，孙"经我们提议，并由我们出钱，于1924年初在黄埔创办了一所下级军官学校"——"黄埔军校"⑤。他讲的由苏联"出钱办校"一事，并不完全符合实际情况。事实上，在黄埔军校酝酿筹办期间，苏联并未提供资金援助。国民党临时中央执行委员会，在1923年11月19日、26日与27日，接连开会讨论"创办军事学校"的问题，并议决"定名为'国民军军官学校'，以蒋介石为校长，陈翰誉为教练长，廖仲恺为政治部主任（有说是政治部长或政治委员——引者注），推定廖仲恺筹备"。该校之"筹备事项"，分为定校所、预算购置费、购买设备器具、物色教员、征求学生等6个方面进行⑥。这期间，鲍罗廷参与了此事的筹划。他在12月10日向莫斯科的报告中说："改组现在共有5万到10万人的军队，使它完全服从国民党的领导，为此孙必须创立几所军事学校，同时重视培养政治工作人员"；其"在广州创建第一所军事学校的方案"已定出并获通过，"建校原则是以营为单位"，"校址已经选定，最近……学校将开始运转，学校的开支预计每月1.5—2.5万元。这取决于是否接受我们关于每个营设3个连的建议，还是孙本人提议的6个连"⑦。由此可知，大概因孙中山当时在办校建制方面与鲍顾问存在有不同意见，故苏联在军校的酝酿时期未给予经费资助。

现存的史料证明：筹办黄埔军校的资金是由国民党政府自行解决的。该校筹建工作的正式启动，与完成改组之国民党"一大"会议有关。在这次会间的1924年1月23日，即孙中山任命蒋介石为黄埔军校筹备委员长的前一天，他发出帅令曰："着财政委员会十日内筹备一万元，为军官学校开办费，交蒋介石收用。"据此，时任大本营财政委员会主席的廖仲恺，即召开了该财委会的第十次会议并作出决议"陆军军官学校开办费由

---

① ［美］韦慕廷著，杨慎之译：《孙中山——壮志未酬的爱国者》，广州：中山大学出版社，1986年，第223页。
② 参见拙文《廖仲恺同苏联代表越飞的会谈及其影响》，《广东社会科学》2010年第3期。
③ 黄修荣：《国共关系七十年》上卷，广州：广东教育出版社，1998年，第295页。
④ 参见陈建华总主编：《黄埔军校研究》第2辑，广州：中山大学出版社，2007年，第79页。
⑤ 中共中央党史研究室第一部译编，黄修荣等主编：《共产国际、联共（布）与中国革命文献资料选辑（1917—1925）》2，第656页。
⑥ 陈锡祺主编：《孙中山年谱长编》下册，北京：中华书局，1991年，第1741、1751—1753页。
⑦ 中共中央党史研究室第一部译编，黄修荣等主编：《联共（布）、共产国际与中国国民革命运动（1920—1925）》1，第376—377页。

左列各机关担任，限十日内交清"：财政部、沙田清理处各500元，省长公署1000元，市政厅2000元，公安局、财政厅、盐运使署、禁烟督办署各1500元。这区区万元筹备款竟要8个单位才能凑足，足见国民党政府当时财政之窘困。军校筹委会于2月6日在广州南堤正式办公后，孙中山于2月8日又令"财政委员会提前先给军官学校开办经费六万元"；财政委员会据此在第15次会议上决定："陆军军官学校开办费六万元，由本会函禁烟督办署提拨。"①禁烟督办杨西岩奉示后，以本署之禁烟收入多为各军截留、无法应命为由，而"拒发军校开办费"②。这事成为蒋介石于2月21日擅自离职赴沪的借口之一。蒋走后，廖仲恺于23日代行军校筹备委员长职权，主持全校的筹备工作照常进行。他为了筹措创办军校之费用，真是煞费了苦心。据廖夫人何香凝忆述："他常常夜里要到杨希闵吸食鸦片的烟床边等杨希闵签字，然后才能领到款来，送去黄埔军校。黄埔军校几百学生的学费、宿费、伙食费，甚至连服装费、书籍文具费用，都是政府供给。而这些钱就是其这样辛苦筹来的。"③时任黄埔军校教官之一的张治中也回忆说：廖先生"为我们牺牲身份"跑到军阀公馆里去陪谈笑并向其要钱时，"只说有一个紧急用途，始终不敢提到是为黄埔学生的伙食"，在"同我们讲起筹款之种种困难的时候，他几乎落下泪来"。④为整顿财政以增加办校经费，孙中山于4月上旬令："财政委员会通饬各财政机关……每日将所收各款悉数解交该会，公决分配。"他在蒋介石回到黄埔军校视事一个星期后的29日，又令"财政委员会由五月起，每月拨陆军军官学校经费三万元"。廖仲恺奉命后主持财政委员会第34会议决定：这3万办校款，"由公安局租捐下筹拨15000元"，财政厅、市政厅和筹饷局各"筹拨五千元"⑤。上述情况一方面说明，正是由于有代理筹备委员长和财政委员会主席廖的坚强领导、精心筹划和财政支持，黄埔军校的筹备工作才得以顺利进行直至完成；另方面也由此可以看出，黄埔军校筹办时期的费用异常困难——这些钱正如前引文中何香凝所谓"都是政府供给"的，目前尚未发现有苏联当时助款办校的相关记载。

在黄埔军校正式开学、新生受训大半个月后的1924年5月22日，大元帅府财政委员会议决：由财政厅拨支军校开办费"银十八万六千六百元"⑥，黄埔军校的经费状况从此以后大有好转。这事应该与苏联政府已为黄埔办校提供资金援助有关。因为有资料显示：俄共（布）在该年3月间已专门开会研究援孙问题，并开始启动拨款——它在20日和27日的两次中央政治局会议上，先后作出了"向孙逸仙提供资助"的决定："委托伏龙芝同志亲自负责发放50万卢布"给广州，其余款项的发放日期，推迟至接到加拉罕之文件后再来确定。由此可知，苏联政府大概在黄埔军校开学后，才开始为它提供日常维持费，并有时还追加某些临时特别费用。不过，我们对其每次拨付校款的详情仍无法

---

① 陈旭麓主编：《孙中山集外集》，上海：上海人民出版社，1994年，第819、824页。
② 中国第二历史档案馆编：《蒋介石年谱稿》，北京：档案出版社，1992年，第158页。
③ 何香凝：《回忆孙中山和廖仲恺》，北京：三联书店，1978年，第38页。
④ 转见广东革命历史博物馆编：《黄埔军校史料（1924—1927）》，广州：广东人民出版社，1982年，第67—68页。
⑤ 陈旭麓主编：《孙中山集外集》，上海：上海人民出版社，1994年，第836、846—847页。
⑥ 中国第二历史档案馆编：《蒋介石年谱稿》，北京：档案出版社，1992年，第192页。

弄清。

笔者现见到的有关记载时间较后，且史料零散不全：俄共（布）中央政治局9月4日曾议过"关于对中国的援助问题"，并在11日的会上讨论到"关于孙逸仙问题"时作出决定："采纳外交人民委员部的建议，援助中国2.5万卢布。"①同月，美国驻广州总领事"从世界银行总经理处听说，在过去8周内苏俄顾问团共收到了25万港币"；驻军校的顾问组长（首席顾问）波里亚克，曾受命转交给广州政府之中央银行"3万美元"②。这些史料至少能说明：当时的苏联驻广州顾问团手上握有从本国政府汇来的资金，因此就具备了援助黄埔军校经费之能力。从加伦稍后的《广州军务院日志》中，我们可看到廖仲恺两次向他索要军校经费的谈话情况：第一次是11月18日晚上8时许。廖谓："据说自10月15日至11月15日期间，黄埔军校从总数为粤币十万元拨款中只收到了二万五千元。"加伦答曰："10月份又支付了五万九千元……尚欠一万六千元。11月份支付了10月份余欠的一万六千元，另外还要追加四万七千元……大约11月25日支付一部分。"当廖提出"希望今后十万元的定期拨款能一次或最多分两次付清"时，"加伦答应，这个问题将同莫斯科商量解决"。第二次是"12月1日晚八时许，廖仲恺拜访了加伦同志"。他在报告了鲍罗廷同意付给国民党中央政府各部（局）"工作人员薪金"等6项支出计粤币7040元和港币3200元之情况后说："还欠黄埔军校一笔两万八千元的款项。"加伦同志回答说："汇款目前延误了。这个问题不日即可弄清，必要时他请宋（子文）垫付。"第二天，当中央银行总裁宋子文见加伦"又谈及黄埔军校"经费，并"抱怨蒋介石目前财政吃紧"时，加伦表示："我们对国民革命军所承担的义务一定要履行。"③据廖、加以上的谈话可知：苏联政府每月提供给国民党的经费"总数为粤币十万元"，有时还有"追加"拨款；这些钱主要用于黄埔军校之建设，同时也用于"中央政府各部（局）工作人员薪金"等项支出。它的确曾为军校建设提供过大部分日常经费，但不是它办校费用的全部，且其款项往往有不能按时拨付的拖欠情况。

关于苏方每月给黄埔军校提供多少卢布援助的问题，从1925年后俄共（布）中央之信函和会议记录中可以知晓。莫斯科在3月7日给北京的一封信中说："加伦给了黄埔军校两个月的维持费十万卢布。"④3月19日，俄共（布）中央政治局会议决定："成立由伏龙芝、齐契林、莫洛托夫和彼得罗夫（后由维经斯基取代）同志组成的"中国委员会，来"监督日常援助国民党和同情它的团体的措施的执行情况"，并经办以后"中国的一切军政工作和经费发放"。它在5月7日的会上又提出，应为广州"组建的部队拨出必要资金"。这事由中国委员会在5月29日的会上最后作出决定："拨出45万卢布用于组建两个新师团，维护一个老师团及黄埔军校。指示加伦同志，上述款项为9个月，

---

① 中共中央党史研究室第一部译编，黄修荣等主编：《联共（布）、共产国际与中国国民革命运动（1920—1925）》1，第488—489、351、531页。

② 参见陈建华总主编：《黄埔军校研究》第2辑，第79页。

③ 参见[苏]卡尔图诺娃著，中国社科院近代史所翻译室译：《加伦在中国（1924—1927）》，北京：中国社会科学出版社，1983年，第73、84—87页。

④ [美]韦慕廷著，杨慎之译：《孙中山——壮志未酬的爱国者》，第384页。

即到1926年1月1日的费用。"该委员会还在6月5日的开会记录中写道："在两个月内另给加伦拨款10万卢布,资助黄埔军校和一个老的师团。同时……指示北京和加伦,我们资助的45万卢布只用于组建部队的开支,师团建成以后的费用应当完全由中国人承担。"①苏联政府的上述记载说明,它提供给国民党政府用于黄埔办校建军的常费额度,一般是平均每月5万卢布,此外还有些临时追加款不在其中。

由上可知,在孙中山黄埔创校建军的过程中,尤其是在黄埔军校开学后,苏联政府的确为其建校提供过不少经费——苏联学者关于军校"大部分经费由苏联提供"之说法②,是合乎历史史实的。尽管苏联政府当时决定"把拨出的器材和资金作为给中国政府的贷款提供"③——也就是说,这些钱是要还的,并非如鲍罗廷等所谓是无偿地"捐赠"。不过我们还应承认其源源不断的资金支援功不可没。因为这些经费对国民党政府之办校建军事业来说是不可或缺的,它来得及时并确实起过重要而巨大的作用。

三、苏联援助国民党政府创校建军的武器装备

苏联为黄埔党军之肇建与发展,及国民革命军实力的壮大,提供了不少的武器装备。这是它对国民党办校建军事业的又一大贡献。众所周知,孙中山创办黄埔军校,是在既少资金又缺枪械的情况下艰难起步的。当时大元帅府辖下的石井兵工厂,虽"每日出产德式七九步枪三十五支"及"子弹二万发",另每月还能生产"马克沁式机枪三挺和美式自动毛瑟枪两支"④,但该厂在军阀控制下根本不听帅令。军校教练部主任王柏龄后忆述谓:孙大元帅在开办军校前曾"批发300支粤造七九毛瑟枪给黄埔军校……当时兵工厂并不以我们学校为重,只知道往军阀那里跑。廖(仲恺)先生交涉了不少时日,开学时仅仅发下30支,够勉强发给卫兵守卫"学校用⑤。直到黄埔军校"新生于5月入学之际,所得到的枪械,还是只有不足(学生)半数的230支,子弹也没有,简直是徒手状态"。后经蒋介石、邓演达去找厂长马超俊,马才答应"大力帮忙,不久即秘密运来步枪500支"⑥。面对这种情况,孙中山和廖仲恺等即把黄埔建军所需的武器装备,全寄望在苏联政府已允诺的军事援助上面。

前文说过,苏联政府早在1923年5月1日给孙中山的电文中,就答应过要向广州国民党政府提供一批武器,但它对此却迟迟未付诸行动。直到1924年1月24日,俄共(布)中央政治局才开会决定:"拨款50万金卢布用于购买……(可能是武器?——引者

---

① 参见〔苏〕卡尔图诺娃著,中国社科院近代史所翻译室译:《加伦在中国(1924—1927)》,北京:中国社会科学出版社,1983年,第589、623—624、629页。
② 参见〔苏〕卡尔图诺娃著,中国社科院近代史所翻译室译:《加伦在中国(1924—1927)》,1983年,第72页。
③ 中共中央党史研究室第一部译编,黄修荣等主编:《联共(布)、共产国际与中国国民革命运动(1920—1925)》1,第611页。
④ 参见〔苏〕卡尔图诺娃著,中国社科院近代史所翻译室译:《加伦在中国(1924—1927)》,第71页。
⑤ 参见吴少忠、周兴樑编著:《新论廖仲恺》,广州:广东出版集团,广东人民出版社,2009年,第198页。
⑥ 张秀章编著:《蒋介石日记揭秘》,北京:中共党史出版社,2009年,第60页。

注）"，采购地点问题"由齐契林召集"的委员会来解决；后在3月20日的会上，政治局始"委托伏龙芝同志亲自负责发放……1万支步枪和一定数量的火炮"给广州。可它于27日再开会时又议决："重申政治局关于提供武器方面的决定，改变政治局1924年3月20日作出的向孙中山提供越飞在1923年5月1日给孙逸仙的电报中所允诺的武器数量的决定。"①其对已允诺的"武器数量"作了怎样的改变？该决议却未言明。我们目前所知道的是，苏联政府在几经开会讨论后，终于在同年10月8日将其援助国民党的第一批军械，用"波罗夫斯基"号舰从海参崴运到了广州——这真是好事多磨！关于这批军械的种类和数量众说纷纭，目前还一时难于弄清。如黄埔军校的领导干部与学员也忆述不一，《蒋介石年谱初稿》谓：俄舰"内有大本营向俄订购的山炮、野炮、长短枪支、轻重机枪和各种弹药"②——这是蒋校长的说法。黄埔生宋希濂也有相似的说法，认为苏俄运来的武器"有日本三八式步枪数千支，野炮、山炮二三十门，重机枪（那时还没有轻机枪）约百多挺，以及各种弹药、通讯器材等"③。而教官王柏龄则说，苏联这次只运来"八千支完全有刺刀的俄国式步枪，每枪有五百发子弹，还有小手枪十支"④，而没有提及炮和机枪等。另还有其他说法——如有说这次苏俄提供了"大约三千吨军事物资的军事援助"，并推测它运来了"两千支来福枪和七门野炮，或是五千支来福枪和五门野炮"；还有说此苏舰"共装有一万二千支来福枪和四十门野炮"⑤。总之是众说不一、互有歧见。此外，从孙中山在平定广州商团叛乱时及其后"拥有二百五十人的铁甲车两列"来看⑥，苏联这次可能还兑现了其上年5月1日给孙电报中答应提供"两辆装甲车"的承诺。

1925年2月9日，加拉罕在给齐契林之密信中指出，相对于苏联以前给土耳其人的大量军事财政援助而言，目前我们对孙中山"提供的援助是微不足道的"⑦。然而，从现实情况来看，应该说正是苏联运来的这批武器，及时地援助了国民党的黄埔建军及其军事斗争。当时正值广州商团准备发动反孙政府的武装叛乱。黄埔军校师生为进行平叛战斗，立刻利用这些军械在战前"紧急成立了十四人的机枪队，配备了两个炮兵连"，"作好了出发准备"。10月14日晚，他们与其他部队在向商团军发起"猛烈进攻"时"炮击西关，打了六发炮弹，有几处起火"；革命政府军仅"经过两三个小时

---

① 中共中央党史研究室第一部译编，黄修荣等主编：《联共（布）、共产国际与中国国民革命运动（1920—1925）》1，第402、488—490页。
② 中国第二历史档案馆编：《蒋介石年谱初稿》，第241页。
③ 全国政协文史资料委员会编：《第一次国共合作时期的黄埔军校》，北京：文史资料出版社，1982年，第257页。
④ 广东革命历史档案馆编：《黄埔军校史料（1924—1927）》，第72—73页。
⑤ ［苏］亚·伊·切列潘诺夫著，中国社科院近代史所翻译室译：《中国国民革命军的北伐——一个驻华军事顾问的札记》，第163、174—176页。
⑥ 参见［美］韦慕廷著，杨慎之译：《孙中山——壮志未酬的爱国者》，第385页。
⑦ 中共中央党史研究室第一部译编，黄修荣等主编：《联共（布）、共产国际与中国国民革命运动（1920—1925）》1，第414页。

战斗"①，就一举平定了这场叛乱。黄埔军校第一期学员于平定商团叛乱后举行了毕业分发礼。蒋介石和廖仲恺遵照孙中山11日关于"新到之武器，当用于练一支决死之革命军。其兵员当向广东之农团、工团并各省之坚心革命同志招集，用黄埔学生为骨干"的指令②，加快了组建军校教导团工作之步伐；于是教导第一团——由何应钦为团长、王登云任党代表，及教导第二团——以王柏龄为团长、张静如任党代表，遂先后于11月20日和12月26日正式成立。苏联援助之武器对教导团的组建显然发挥了重要作用。军校第一期毕业生宋希濂和李奇中在谈到这个问题时，或说"平定商团叛变时缴获的长短枪约九千余支"和"从苏联购运来的武器"，是教导团装备之两大主要来源；或谓"教导团的装备，包括枪、炮、弹药、手榴弹、工作器具、饮食器皿及被服等等（除一部分被服外），完全由苏联供应"③。

进入1925年后，黄埔军校利用苏联运抵广州之库存武器，及教导第一、二团在首次东征陈炯明战斗中缴获的军械等战利品，在4月间又新组建了教导第三团，以钱大钧为团长、曾扩情任党代表；并同时合3个团成立了党军第一旅，以何应钦为旅长、蒋介石任党军司令官、廖仲恺为党军党代表。同年6月中旬，广州革命政府令东征军回师广州一举粉碎了滇、桂军杨希闵、刘震寰两部之叛乱后，党军第一旅扩建为以何应钦任师长、周恩来为政治部主任的党军第一师。至此，国民党之党军终于正式成师。

这期间，苏联政府在以武器重点援助冯玉祥领导的国民军（人民军）反击张作霖部之同时，也对广州革命军的军事斗争前景充满了信心，因而它在1925年采取了更积极的措施来支持党军之发展和国民革命军的组建。俄共（布）中央政治局于5月7日开会决定："在广州组建新的可靠部队是必要的，责成伏龙芝同志为此目的……拨出2万支步枪，100挺配有子弹的机枪，一定数量的掷弹炮和手榴弹给广州。"中国委员会遵照这一指示精神，及根据先前加拉罕关于"给广州提供物质援助"的建议，在29日的会议上作出以下决议："预定发运，给广州9000支步枪（已在途中），950万发子弹，1万枚手榴弹，100挺带子弹带、弹盒和小型机器的机枪，10支（门）1000发的掷弹炮。"由于齐契林在这次会议上报告说："原先有200万卢布由外交人民委员部支配。这笔钱用于支付广州小组、黄埔军校、政训班，资助组建一个新的师团，援助国民党和中国共产党，目前这笔经费已经花完"，所以中国委员在6月上旬请求政治局：（一）"按相当于转交给国民党将领的军事器材的重购价值，即总额3044076卢布20戈比，恢复给军事部门的贷款"；（二）"鉴于加拉罕同志新的申请，认为除已经拨给的之外，还可以向国民党将领补充提供带子弹的步枪5000支，带炮弹的炮12门，带子弹和附属用具的机枪50挺，及技术器材若干"。俄共（布）中央政治局在6月11日之会上决定："核准、接受中国委员会的建议。"随后，该委员会在9月遂"把海参崴的储备（武器）发往广

---

① ［苏］亚·伊·切列潘诺夫著，中国社科院近代史所翻译室译：《中国国民革命军的北伐——一个驻华军事顾问的札记》，第129—131页。

② 广东省社科院历史所等3单位合编：《孙中山全集》第11卷，北京：中华书局，1986年，第170页。

③ 全国政协文史资料委员会编：《第一次国共合作时期的黄埔军校》，第257、235页。

州"①。显然，中国委员会这两次发给广州的军事器材，是由俄共（布）中央核准重新拨款订购的，故这些应是苏联政府1925年提供给国民党政府的武器装备。

9月30日，中国委员会主席温施利赫特等在给斯大林之书面报告中提出："为了加强黄埔军队，给广州调拨总额为3988242卢布的武器装备。"由此可知，苏联拨给广州的购械款额比前又略有了增加——较6月上旬的3044076卢布多出94.4万多卢布，且尚有约36.5万卢布的运费未计在内。这400万卢布的款项到底用来购运了哪些军事器材给广州政府呢？我们从该报告后面所附的"军事部门在1924—1925年度和预定1925—1926年度调拨的炮兵器材分配"清单中可知，苏联政府在这两个年度调拨给广州的武器有：步枪15000支，步枪子弹2000万发，带附件的机枪100挺，带瞄准器的3英寸炮24门，3英寸炮弹24000发，手榴弹10000枚，掷弹炮50门，掷弹炮弹5000发，坦克3辆，无烟火药1000（单位未标出——引者注），飞机15架。10月9日，俄共（布）中央政治局经过讨论，"基本上赞同中国委员会的建议"；将"派往广州的飞机数量减至12架，拒绝拨给坦克和装甲车的要求"，并将"原预定给广州的"6架飞机"改派给冯玉祥，责成空军总司令加紧发运"②。这次政治局会议最后核准的武器调拨数，当然是包含了苏政府先前已向广州方面发运的枪炮及其弹药在内。

苏联政府提供给广州政府的上述军用器材，大多是在1925—1926年间分若干批运抵广州的。如前述，中国委员会曾于1925年5月和9月先后向广州发运过两批武器——内有14000支步枪，950万发子弹，22门炮，150挺机枪等，其中启运得早的在1925年内已运抵广州——有人提到，苏联"1925年一次运来广州的军火就价值54.6万卢布"；其中发运较迟的，则可能是在次年与政治局稍后新增拨的器材一起分几次运到广州的。有人指出，1926年苏联政府"将各种军火分四批运到了广州"，里面共有步枪2.3万支、子弹5700万发、机枪90挺、子弹带4000个、大炮24门、炮弹1000发、军刀1000把③。这应包含了中国委员会上年已发运的一些武器装备在内。此外，从苏联驻广州的顾问中有一批飞行员，及他们至少曾驾3架战机"进行了多次重要的侦察飞行和轰炸飞行"，在攻占惠州、武昌城的战斗中起了重要作用等情况来看④，苏联政府显然还给国民党军队提供了飞机——也就是说，它兑现或部分兑现了俄共（布）中央政治局9月28日会议的许诺——"给广州6架飞机……为飞机配备必要的飞行员……自成一个完整的飞行中队。"⑤总之上列的各种数据说明，苏联政府在1924—1925及1925—1926这两个年度中，的确平均每个年度向广州国民党政府提供了价值约200万卢布的军事器材，并先后给孙中山政府进行黄埔建军运来了门类较为齐全而又数量可观的多

---

① 中共中央党史研究室第一部译编，黄修荣等主编：《联共（布）、共产国际与中国国民革命运动（1920—1925）》1，第611、624—626、632—634、686页。

② 中共中央党史研究室第一部译编，黄修荣等主编：《联共（布）、共产国际与中国国民革命运动（1920—1925）》1，第697、700、717—718、685页。

③ 黄修荣：《国共关系七十年》上册，第295页。

④ 中共中央党史研究室第一部译编，黄修荣等主编：《联共（布）、共产国际与中国国民革命运动（1920—1925）》1，第685页。

⑤ ［苏］亚·伊·切列潘诺夫著，中国社科院近代史所翻译室译：《中国国民革命军的北伐——一个驻华军事顾问的札记》，第422—423、490、250、270、489页。

批武器装备。

在此需指出的是,俄共(布)中央政治局及其相关人员在作出援助国民党军事器材的决议时,一再强调"凭票据赊销给国民党将军和广州的军事器材两年后付款";他们在谈到为广州提供武器装备之目的时也说,这是为了"使黄埔军队的人数达到25000人,加强空军和技术作战手段",以利于它能"彻底消灭省境内的一切敌对军阀集团",使"全省统一起来,财政掌握在政府手中……能够偿还我们的债务"①。由此可见,苏联为孙中山黄埔办校建军所提供的这些武器装备,是由国民党政府出钱(负债)赊购的,而非如苏方人士所说的是无偿赠送。

通过全文的论述可知,苏方之解密档案记载表明,苏联政府在1924—1926年间先后向孙中山政府提供过600万左右卢布的军事资金,其中用于黄埔军校建设常费及组建校军的款项约为200万卢布,购买与提供各种军事器材之用款达400万卢布——于是就有了"苏联继续不断地供应武器,轮船不远万里把火炮、机枪、步枪和其他武器弹药,从遥远的符拉迪沃斯托克运到广州的情况"②。尽管它的军事资金和器材是作为贷款提供给国民党政府的,但我们却不能因此而否认这些资金和武器对黄埔军校之发展,尤其校军——党军的成立,乃至国民革命军之组建与壮大,曾发挥过重大的作用。军校学员和苏俄顾问皆肯定了这一点,并异口同声地给予赞誉。李奇中指出:"苏联供应军校的武器是分批秘密运来的……运送过好几批,包括山炮等武器,适用完整兵团的装备。除军校所需武器以外,后来北伐战争的武器弹药等等,都是苏联供应的。"③加伦在1925年9月谈及将党军第一师扩建成3个师的国民革命军第一军时说:第二师已有一个团,再"组建两个团所需的武装绰绰有余,苏俄提供的步枪四千五百支及大量的战利品都闲置未用","建立第三师的工作预计不久也要开始"④。切列潘诺夫在说到北伐期间东路军第十四师——原装备最好的"黄埔党军第一师"时指出:"全师共有约三万五千支步枪,二十五挺重机枪(其中十八挺是俄国造的)。"⑤这些说法足以证明:苏联提供的财政经费与军事器材援助,的确促成了孙中山和国民党广州政府创校建军事业的开展,及大有助于中国革命军之成立和其力量的快速扩充与发展。孙中山和广州国民政府正是依恃这支装备有素的、新式的革命武装力量,才能在东征中消灭广东境内的军阀势力而统一全省,并在接着实现两广统一后,再进行打倒北洋军阀的北伐战争,掀起了国民革命运动高潮。因此应该说,黄埔军校与党军之创建,国民革命军的建立与壮大,及其反封建军阀斗争的节节胜利,是与苏联提供的军事资金和武器装备援助分不开的。对于这个问题,国内外人士交口予以肯定。他们或谓:"事实证明,假如没有苏联的物质援

---

① 中共中央党史研究室第一部译编,黄修荣等主编:《联共(布)、共产国际与中国国民革命运动(1920—1925)》1,第625、634、709页。

② [苏]亚·伊·切列潘诺夫著,中国社科院近代史所翻译室译:《中国国民革命军的北伐——一个驻华军事顾问的札记》,第125页。

③ 全国政协文史资料委员会编:《第一次国共合作时期的黄埔军校》,第233页。

④ [苏]卡尔图诺娃著,中国社科院近代史所翻译室译:《加伦在中国(1924—1927)》,第206—207、216页。

⑤ [苏]亚·伊·切列潘诺夫著,中国社科院近代史所翻译室译:《中国国民革命军的北伐——一个驻华军事顾问的札记》,第459、190页。

助，就不可能有黄埔军队，也就不会有东征、北伐的胜利。"①或说："在北伐期间苏联还给予了巨大的物质援助"，"来自苏联的无私援助是北伐获得胜利的重要原因"②。

原载《中山大学学报（社会科学版）》2011年第4期

---

① 全国政协文史资料委员会编：《第一次国共合作时期的黄埔军校》，第233—234页。
② ［苏］贾比才等著，张静译：《中国革命与苏联顾问》，北京：中国社会科学出版社，1981年，第35—36页。

"红龙计划"与清末革命的域外回响

吴义雄

20世纪初，旨在推翻清朝、创立民国的清末革命，不仅将中国社会各阶层卷入，也引起世界各国的关注。关于欧、美、日本等国对清末革命运动的态度与应对，学界已经进行过较多的讨论。值得注意的是，中外研究者长期致力于对各国华侨与辛亥革命之关系、日本社会各阶层与中国革命之关系等问题的专门研究，在将相关史实整合进入以中国革命史为中心的历史叙事方面，取得丰硕成果。但就整体而言，既有研究大多侧重对各国官方态度与动向的考察。实际上，中国革命的国际影响具有多重面相，我们还可以从"他者"视角出发，进行更多层面的探讨。1908—1911年，美国人荷马李等人在北美进行反清谋划——一般称为"红龙计划"，就是十分值得注意的一个极佳案例。

荷马李（Homer Lea，1876—1912）对于研究清末革命的学者来说并不陌生。他与保皇派领袖康有为和梁启超、在中美两国都卓有声望的容闳，以及清末革命领袖孙中山等都有密切联系。国内学界关注荷马李者不乏其人，"红龙计划"也为有些研究者所道及[①]。美国研究者同样注意荷马李与晚清变革之关系，已经出版的几种传记性作品均以此为主题[②]。

然而，既有研究对荷马李生平及策划反清的史实脉络，往往语焉不详，对他的理解在很大程度上停留于踊跃参与"勤王"、热心"赞助革命"的"国际友人"的层面上。

[①] 黄季陆所著《国父军事顾问——荷马李将军（初稿）》（台北："中央"文物供应社，1969年）是迄今关于荷马李最详细的中文著作。中国学界多种关于孙中山和辛亥革命的作品都提到荷马李与孙中山的关系，如：吴相湘《孙逸仙先生传》，台北：远东图书公司，1982年；罗刚《中华民国国父实录》，台北：财团法人罗刚先生三民主义奖学金基金会，1988年；桑兵主编《孙中山史事编年》第2卷，北京：中华书局，2017年；《国外辛亥革命史研究动态》第2辑也曾翻译发表美国学者宗克雷之《一项流产的美中有关中国革命的计划》。两岸出版的多种孙中山文集、辛亥革命史料等都收录了孙中山致荷马李的信件等相关文件。陈丹的《驼背将军：美国人荷马李与近代中国》（上海：上海人民出版社，2023年）最近出版。

[②] 在学术性传记中，Eugene Anschel 之 Homer Lea, Sun Yat-sen, and the Chinese revolution（New York：Praeger，1984）是较为详细的一部，但被 Lawrence M. Kaplan 在其 Homer Lea：American soldier of fortune（Lexington：Univ. Press of Kentucky，2010）批评为"陷入未区分史实与传说的老问题"（p. 209）。卡普兰（Kaplan）还评论了克莱尔·布思（Clare Boothe）1942年为荷马李的《无知之勇》再版而写的长篇介绍，弗里德里克·查平（Frederic Chapin）所撰荷马李传记（博士论文），卡尔·格里克（Carl Glick）所记荷马李训练的勤王军军官Captain O'Banion之回忆录等作品。卡普兰的著作是迄今最出色的荷马李传记，作者认为"李的地缘政治和军事战略作品和他的政治预言一道，代表了他最为持久的遗产"（p. 7）。

近年的研究有一定进展,但在史实的深入挖掘和解读方面仍有很大空间。美国研究者和媒体对荷马李的地缘政治思想的评论较多,对他生前作出、死后应验的关于两次世界大战、太平洋战争、俄国对西方世界战略威胁等地缘政治学预言再三致意,但缺乏对这种思想与"红龙计划"之关系的研究。本文将从相关原始档案史料及其他文献出发[①],考察荷马李反清思想之内容与特征,揭示其地缘战略思想与反清谋划之逻辑联系,梳理其策动孙中山、容闳、美国金融家布思和艾伦等人参与的"红龙计划"之史实脉络,以展现清末革命的域外反应和全球意义。

一、反清事业与"亚太再均衡":"红龙计划"的思想背景

荷马李1876年生于美国科罗拉多州丹佛市。他幼年丧母,少年时代移居洛杉矶。他的身体自幼孱弱,且因驼背而显畸形。中学毕业后,他先是在西方学院(Occidental College)短暂学习,1897年转入斯坦福大学肄业。两年后,他即因健康原因休学,从此再未回到学校[②]。

自1899年离开斯坦福到1912年去世,荷马李并无正式职业,除写作之外,他的社会活动的主要内容就是反清。以1907年为界,他的反清活动可以分为两个阶段。1907年之前的10年,他主要与康梁派合作,在支持保皇会"勤王"的框架下活动。1907年之后,他与康梁派分手,寻觅新的合作对象,策划反清行动,最终与孙中山走到一起。这里首先讨论荷马李走上反清之路的历程。

荷马李对遥远的中国的兴趣始于中学时代。洛杉矶的中国城是他喜欢到访的地方,异国风物对他产生了特别的吸引力。他在与华人交往过程中,接触到当地的洪门组织。其秘密会社的神秘礼仪、反清复明的悲壮叙事和虚实相间的各种传说,都使这位身有残疾、在自己的主流社会并不自在的少年心生神往。他的父母与中国城一位叫做吴朋求(音Ng Poon Chew)的华人长老会牧师的交往,是其与华人社区接触的另一渠道[③]。进入斯坦福大学后,旧金山更大的华人社区给予他更多接触中国事物的机会。

荷马李对中国愈益增长的兴趣,也与其特殊个性相关。他自幼对军事和冒险深感兴趣[④]。曾任斯坦福大学校长的乔丹(David Starr Jordan)回忆说,荷马李"痴迷于军事和战争……他执着地研读关于拿破仑战争和英、德军事哲学的著作"[⑤]。他的一些同学的回忆可以佐证乔丹的说法。他将对中国的想象与他的这种兴趣结合在一起,认为"中

---

① 近年,笔者与深圳大学青年学者恽文捷合作,整理和研究从美国斯坦福大学胡佛研究所收集的《约书亚·鲍尔斯专藏》("Joshua Powers Collection")和《查尔斯·布思文件》("Charles Beach Boothe Papers")。这两种档案文献为研究荷马李的活动和思想提供了很丰富的资料。

② 关于荷马李的早年及受教育情况,见Lawrence M. Kaplan, *Homer Lea: American soldier of fortune*, pp. 9–26。

③ Lawrence M. Kaplan, *Homer Lea: American soldier of fortune*, p. 21。

④ 参见Macro Newmark访谈记录(打印件),The Joshua Powers Collection, Hoover Institution Archives, Stanford University, Box 3:29。

⑤ David Starr Jordan的回忆(打印件),p. 1, The Joshua Powers Collection, Box 3:29。卡尔说,他假期在家也"长时间地学习军事著作",卡尔文章的打印件,The Joshua Powers Collection, Box 3:29。

国对我来说是世界上最好的机会之地"①。他在西方学院的同学回忆说:"李相信他受某种神秘使命的庇佑,因为他在前世是一位地位尊崇的中国人。他的军事天才也来自前生……现在他回到人间来完成未竟之业。"②

1898年的百日维新,令荷马李看到参与中国事务的机会。有关变法和政变的悲壮故事使他开始关注中国这个古老帝国的最新动向和未来前途。他从斯坦福休学后,将自己的精力投入到中国事务当中。1900年3月,荷马李带着洛杉矶保皇会员谭济瀁的介绍信去旧金山见康有为。信中写道,荷马李"曾肄业于史丹佛大学堂多年,长于兵法。今始卒业游历,言论甚为通达。其先祖父当南北花旗大战曾为总兵元帅者也。他愤中国弱肉强食,心抱不平,肯在内地设立武备学堂练兵二千,自愿教习华人兵法以图自存。今同义士张拱胜君,恩平人,亦在本埠大书院习水陆兵法者,游东南洋、港、澳各埠结交帝党诸烈士,愿一见先生言论丰采为快",要求康有为通函各埠沿途接待③。这封信内容不尽真实,但显示荷马李前往中国是出于自己的计划,并非加入保皇会事业,亦非受保皇会派遣。他只是希望借助保皇会的人脉和资金来从事自己的冒险事业。这一点,对理解荷马李反清活动之动机,具有重要意义。

1900年荷马李途经夏威夷、日本等地赴中国,与保皇会接触,其具体活动不在本文讨论范围内。总的来看,他并未如愿获得香港等地保皇会的倚重,所提出的军事计划未被采纳。他在华近半年的活动,包括在广东、两湖、河南、上海等地的冒险,并未取得实际成效,唯一收获是在1900年8月13日获得了勤王军"少将"的头衔④。1901年返美之后,荷马李与保皇会的关系逐渐密切。1903年梁启超访美,1905年康有为访美,均与他交往颇多。这一时期,荷马李在保皇会支持下开办训练该会军事干部的"干城学校"的活动,是多种传记记述的重点。这一活动在全美多个城市铺开,颇有影响,但因合法性问题而遭美国政府的调查和制止。1905年11月,康有为宣布终止此计划。1906年10月,荷马李直接管理的洛杉矶"干城学校"也不得不关闭。

康、梁在清廷宣布预备立宪后逐渐放弃武力勤王的政治目标,导致荷马李与保皇会的关系渐趋终止。但他通过武力改变中国命运的激情未灭。在"勤王"的航船解体之后,荷马李开始寻求搭乘"革命"的战车。在与康有为合作期间,荷马李曾表示并不推

---

① Marshall Stimson, "A Los Angeles Jeremiah-Homer Lea: Military Genius and Prophet"; Charles Van Loan, "Homer Lea's Short Life an Inspiration——His Name will Rank among Immortals". 转引自Lawrence M. Kaplan, *Homer Lea: American soldier of fortune*, p. 34。

② Harry C. Carr, "The Story of Homer Lea", *Los Angeles Times Magazine*, November 15, 1931. 笔者所见为卡尔文章打印件,见The Joshua Powers Collection, Box 3:29。

③ 麦礼谦:《从华侨到华人——二十世纪美国华人社会发展史》,香港:三联书店,1992年,第184页。

④ 荷马李本人曾提及证物是一张委任状和一块"18英寸长的木头和钢制成的带有中英文铭文的军棍(baton)"。Kaplan于1985年6月在纽约与荷马李继子约书亚·鲍尔斯会面时见到此军棍。他形容其为"漆成深绿色的木块上嵌着蓝色钢块饰件",上面的中文铭文为"赠荷马李将军,中国广东,光绪二十六年,西历一九〇〇年八月十三日";英文铭文为"Lt. General Homer Lea, Kwangtung China, August 1900"。委任状则尚未发现。梁启超和孙中山先后赠送给荷马李的个人照片上,都有"敬赠李将军"字样(见The Joshua Powers Collection, Hoover Institution Archives, Box 5)。

翻清政府，自己进行的事业是准备在光绪帝复位后为中国服务的；他并不打算在中国领导革命，相反，训练中国青年是"为了帮助那个帝国"①。但在与康有为等分道扬镳前后，他在思想上发生了明确转向。

荷马李由"勤王"向"革命"的转变，大约发生在1907年前后。其观点集中反映在其未刊文章《新中国的血色黎明》（"The Red Dawn of New China"）中。这篇文章以打印稿形式保存在《约书亚·鲍尔斯专藏》中，论述了如下观点：（1）中国历史呈现周期循环的规律，迄今已经历六次盛衰循环周期，在每一次重新成长和进化之前，都有一个"暗夜"，必须依靠人民革命爆发举世无匹的力量，经过一个"血色黎明"，涤荡整个民族以获得新生；（2）中国此时处于第六周期的衰败期，始自嘉庆朝，百年间经历多次内部动乱和列强侵略，危机深重，"即将面临灭顶之灾"，像以往历次周期一样，又到了"血色黎明"时刻；（3）中国在历史上因地理原因而获得的生存环境不复存在，面临列强瓜分这种前所未有的危机，需要一位如唐宗宋祖或明太祖式的伟人崛起，建立新朝，以拯救国运；（4）中国人民正在觉醒，但不是因为引进了西方文明或基督教，"中国不可能通过引进西学而实现变革，西方对中国的重建不可能有所作为"，中国要进入新周期的兴盛期，只能像历史上那样，再次经历"血色黎明"来实现②。上述观点可以说是很独特的。

在其他场合，荷马李对西方在中国变革中的角色的说法有所不同。1905年他在接受《圣路易斯快邮报》的访谈时就说过："中国作为国家是一个揉捏好的生面团，所需要的是酵母。这酵母就是西方的力量"；"中国之重建必须从她的内部开始，但也需要一些外来的帮助"③。当面对美国读者时，他赋予西方以一定地位。但中国变革主要依靠内部力量的观点则是他反清思想的核心主张。

《新中国的血色黎明》这篇文稿标志着荷马李与康有为代表的保皇—立宪派势力在思想上的分道扬镳④。在康、梁放弃与清朝对抗，积极投身于立宪后，荷马李的眼光从努力襄助光绪帝复位，转向彻底推翻清朝统治。这篇文章为这种政治转向奠立理论基础。如果说1900年荷马李从旧金山踏上的勤王之路是拜伦式的浪漫冒险情怀，那么，刚过而立之年、失去保皇会支持的荷马李，则将自己的反清行动建立在理性思考之上，形成了独特的关于中国历史和政治的观念。

荷马李表达自己思想的另一种方式充满了感性色彩。他在"干城学校"结束后，完成了以中国为主题的小说《朱笔》。1908年，这部小说出版，在当时的美国、英国等地颇受好评，产生较大影响。从中国读者的角度看，此书实在不堪卒读。故事的主线、各

---

① 转引自Lawrence M. Kaplan, *Homer Lea: American soldier of fortune*, pp. 112–113, pp. 121–122。

② Home Lea, "The Red Dawn of New China", typewritten first draft, The Joshua Powers Collection, Box3: 3, pp. 9–16. 档案标示此文为1907年文件。荷马李在文中推测慈禧太后去世后的情形，而慈禧太后于1908年去世，故笔者判定该文大致作于1907年。

③ 转引自Lawrence M. Kaplan, *Homer Lea: American soldier of fortune*, p. 112。

④ 文稿本身未标时间，斯坦福大学胡佛研究所档案目录所标时间为1907年。文稿中有对慈禧和光绪之死的预言，说明写作时间不晚于1908年中。

种细节，及其所述的风土人情和社会制度，均与中国的实际全然隔膜。但笔者认为，如果将此书看作一个政治寓言，则具有研究价值。

《朱笔》的故事梗概是：杭州总督强娶了美丽且充满野性的"天目女"为妻，但该女子对作为满清权力象征的总督极为抗拒，故总督请一位天主教主教推荐家庭教师对其进行教导。主教为获得利益，推荐了一位来自法国布列塔尼的年轻传教士。这位传教士与当地天地会组织有联系，并与"天目女"产生爱情，一起私奔，终被拿获。年轻传教士因有外国人身份，未被追究，但"天目女"却面临凌迟酷刑。最终传教士在天地会的帮助下，冲破政府官员和法国神父共同编织的天罗地网，成功拯救"天目女"①。

在这个故事中，总督对天目女的强娶，象征满清对汉族的征服，她的桀骜不驯和毅然私奔意味着对统治者的反抗。主教的行为说明外国势力在华采用卑劣手段攫取利益，不惜与官府沆瀣一气坑害中国人民。天地会的帮助，说明中国内部因素才是决定性因素。年轻传教士只是充当了那个"酵母"的角色。因此，这部小说实际上是一个受到中外统治者欺凌压迫的民族，奋起反抗统治者的故事。荷马李没有在任何场合说明其小说的政治寓意，但结合他写作这部小说的时代背景和个人经历，以及《新中国的血色黎明》，笔者认为以上解读是合理的②。

将天地会当成中国本土的力量代表，是荷马李的另一个重要观点。他在洛杉矶、旧金山与洪门组织的接触，在庚子之役中对秘密会社贴近和深入的观察，使他将改朝换代的希望寄托于中国的秘密会社。天地会数百年来，坚持反清以匡复旧国的坚韧精神非常契合他的浪漫情怀。在《中国的血色黎明》中，荷马李明确写道，千百万"以改朝换代为宗旨的秘密会社"，正在"可怕的静谧中等待伟人的降临，将他们从衰朽王朝的梦魇中，从普遍腐败的魔咒中，从列强贪婪的嘴中拯救出来"③。在以下要重点讨论的"红龙计划"中，荷马李始终把中国秘密会社作为中心。依托中国的秘密会社，推翻满清统治，使中国摆脱历史演变过程"第六周"之衰退期，通过与清朝腐败的统治进行搏斗的"血色黎明"而进入"第七周"的复兴期，就是荷马李所理解的中国之命运，推动"血色黎明"的到来并参与其中，则是他的志愿。概而言之，反清、兴华，就是他要追求的事业目标。以上认识在很大程度上决定了荷马李后来的反清计划的基本框架。

然而，这种基于中国历史发展脉络的认识并非荷马李思想的全部。荷马李通过多年思考而建立的地缘政治学说，将他的反清计划置于更为宏大的理论背景之中。在写作上述两部作品前后，荷马李也正在酝酿和写作更为系统的理论著作，即令他声名卓著，成为传奇性政治预言家的《无知之勇》和《撒克逊之日》。这两部著作在1909年和1912年相继出版，连同他的其他相关作品一起，标志着荷马李形成了自己的地缘政治学理论。

---

① Homer Lea, *The Vermilion Pencil*, *A Romance of China*, New York: The McClure Company, 1908.

② 尤金·安斯切尔在他的书中做过类似的分析，见Eugene Anschel, *Homer Lea, Sun Yat-sen, and the Chinese revolution*, New York: Praeger, 1984, pp. 91-92。

③ Home Lea, "The Red Dawn of New China", typewritten first draft, p. 18.

研究荷马李的论著大多会介绍这两部著作，二战和冷战期间，美国各界为荷马李在这些作品中所做预言的惊人准确性而倾倒。本文要探讨的是，这种地缘政治理论与荷马李的反清活动之间的关系。

《无知之勇》（*The Valor of Ignorance*）这部地缘政治学作品早在1905年前后就大体写就①。主要讨论美国和日本在太平洋的战略竞争。荷马李认为国家的盛衰从来都与战争联系在一起，而武力的强弱则决定战争的胜败。美国是否能实现国家的"伟大"（greatness），完全取决于能否在与日本的竞争中获胜。荷马李警告，美国当时的军事力量已全面弱于全力扩充军力的日本，不仅难以实现在太平洋上的霸权，而且面临日本的军事威胁。他用很多具体数据支持自己的观点，并设想了具体的战争过程和场景。这本书在当时对日本的崛起产生警惕的美国人中间产生了共鸣，使这位横空出世的地缘政治作家盛誉鹊起，后来也成为他最重要的精神遗产②。

美国和日本是该书的主要论述对象，但讨论太平洋问题无法绕开中国。荷马李认为中国同样受战争和军事规律之制约，无法逃脱扩张—收缩这种盛衰循环的历史剧，能维持千年不灭的奥秘只是因为极有利的自然环境③。但中国在"第六周"的衰退期"面临着自伏羲在陕西平原开创其统治之以来最为严峻的时期"，在衰弱的境况中面对大肆扩张霸权的欧洲和日本。他认为，在太平洋地区的权力角逐中，日本通过甲午战争令中国出局，又通过日俄战争令俄国出局，对手只剩下美国。就中国而言，暂时的出局"不仅因为被日本战败，而是因为其现行政治体系的弱点和分散性"④。当此之时，"除非有另一位武僧（脚注：洪武）的尚武精神从他们灵魂最深处兴起"，才能得到拯救⑤。他系统地阐述了《新中国的血色黎明》中表述的周期盛衰史观，表达了对关键性"伟大人物"的期待。

如果说《无知之勇》是为将要成长为世界强权的美国所写的"警世通言"，那么《撒克逊之日》则是写给国势如日中天的英国的"盛世危言"。这部著作完成于1912年荷马李陪同孙中山来华途中⑥。该书论述主题是英帝国的命运，作为系列著作的第二部，同样运用关于国家与战争及军事能力的关系理论，来分析英帝国的现状和未来。他

---

① Homer Lea, *The Valor of Ignorance*, New York and London：the Harper & Brothers Publishers, 1909, Preface.
② 荷马李遗作的《佩里司令的遗产》一文将此书内容浓缩，发表于1913年（Homer Lea, "The Legacy of Commodore Perry", *The North American Review*, June 1913, pp. 741-760）。《无知之勇》不仅在美国，而且在欧洲和日本都引起很大反响。据陈丹的研究，该书日译本在不长的时间内出数十版之多。
③ Homer Lea, *The Valor of Ignorance*, New York and London：the Harper & Brothers Publishers, 1909, pp. 13–15.
④ Homer Lea, *The Valor of Ignorance*, New York and London：the Harper & Brothers Publishers, 1909, pp. 160–161.
⑤ Homer Lea, *The Valor of Ignorance*, pp. 17-18. 他还写道："中国底层政治的发展，及其对近二十年科学给国际关系带来的革命未能理解，导致其面临解体"。见同书，第154页。
⑥ Homer Lea, *The Day of the Saxon*, New York and London：The Harper and Brothers Publishers, 1912, preface. 该书在1912年6月中旬，即荷马李从上海返回加州后正式出版，见Lord Roberts to Mrs. Homer, June 17, 1912, The Joshua Powers Collection, Box 1：59.

认为这个帝国面临着不可避免的种族战争，在欧洲面临着德国的挑战，而在亚洲大陆的对手则是威胁着印度的俄国。

荷马李预言，撒克逊种族将被地缘政治对手包围，"并在政治上被从西半球剔除"①。他认为英国最大的错误在于忽略了印度，并在另一个关乎英帝国在东方利益和前途问题上犯了错误，即忽略了西太平洋地区政治与军事的平衡②。他分析说，就英帝国而言，只有维持整体的安全，其局部的安全才能保障；一旦某个局部遭遇危机，则等于整个帝国陷入危机之中。他用一章的篇幅讨论英国与东亚的关系，认为英国不应与另一个战争能力不断增强、其扩张方向与英国相重叠的国家结盟，因为它能通过战争蚕食英国的政治霸权和战略地位。荷马李质疑英国与日本结盟的政策，并认为日俄战争已经从多个方面揭示了英国政治家的错误：使俄国势力重回欧洲，使日本成长为在太平洋地区比英国更强的霸权，其政治和经济的扩张将排斥英国的利益，剥夺英国的战略优势。他认为随着日本的崛起，世界已经进入一个新的时代③。

基于以上认识，荷马李提出英美应该联手重建太平洋的政治军事均衡④。他认为："恢复太平洋原有的均衡，即权力的平衡使得所有的征服都是暂时性现象，防止单一强权占有此世界三分之一地区的统治权，这不仅是（英）帝国对于其太平洋领地应尽的义务，而且是对自己应负的责任。"⑤荷马李明确指出，重建均衡所针对的就是日本；英国即使要"与一个亚洲国家结盟以反对某西方强权在亚洲的扩张，那个国家也应该是中国，而非日本"；他还认为，英国本应早已采取措施，"将中国塑造为一个陆上强权"，因为中国与日本不同，日本称霸海洋世界的企图必与英国相冲突，而中国是一个陆上国家，其扩张方向只会与俄国针锋相对，从而制衡俄国向印度方向的扩张，英国的海权和中国的陆权均相互有利于对方。"因此，与一个复兴的中国结盟不仅会恢复西太平洋的政治军事均衡，而且几乎在同样的程度上恢复中亚的均衡。另一方面，如果任由中国继续陷于周期性衰退，也会成比例地增加威胁撒克逊在亚洲和太平洋统治的危险性。正如（英国对）印度的征服预先决定了中国的命运，我们也可以说，中国的解体将在同样的程度上预示撒克逊的霸权被从亚洲和西太平洋驱逐。"⑥

这样，荷马李的地缘政治理论不可避免地包含了中国因素，进而与反清革命联系到一起。按照他的认识，只有通过革命推翻满清统治，中国才能走出衰退而进入历史循环的"第七周"，走向复兴之路。《无知之勇》宣布中国在西太平洋的地缘政治竞赛中已经"出局"，《撒克逊之日》则呼吁让中国重新"入局"，以实现西太平洋的政治军事"再均衡"。由于显而易见的原因，中国需要"复兴"才能成为西太平洋"再均衡"的关键角色。

总而言之，荷马李认为一个强大的中国有利于维持英美在远东的霸权，如果英美支

---

① Homer Lea, *The Day of the Saxon*, pp. 40–41.
② Homer Lea, *The Day of the Saxon*, pp. 66–68.
③ Homer Lea, *The Day of the Saxon*, pp. 86–89.
④ Homer Lea, *The Day of the Saxon*, pp. 93–94.
⑤ Homer Lea, *The Day of the Saxon*, p. 94.
⑥ Homer Lea, *The Day of the Saxon*, pp. 98–99.

持孙中山的革命事业,将在中国得到巨大的回报。英美通过对中国提供政治军事支持,可以帮助中国成长为陆上强权,以抵挡俄国和日本分别在内陆和海上的扩张,实现亚太地区的地缘政治平衡,从而也成为守护英、美利益的关键环节。

1908年后的数年间,荷马李策划并主持,旨在推翻清朝统治的"红龙计划",就是在上述他关于中国历史、现状和前途的认知,及其关于太平洋地区地缘政治理论的思想背景下进行的。

二、"红龙计划"及其初期阶段

所谓"红龙计划"(Red Dragon-China)①,是荷马李等人在美国策划的推翻清朝统治的计划。这个计划从1908年下半年开始酝酿,到1911年终止,中间经历了多次讨论和修订。参与这一计划的先后有荷马李、查尔斯·布思(Charles B. Boothe)、沃尔特·艾伦(Walter W. Allen)和容闳与孙中山。该计划牵连广泛,其核心是以中国各地会党、革命党等政治—军事力量为联络和依托对象,寻求美国资本家、金融家提供资金,组成"财政辛迪加",以策动旨在推翻清朝政权的革命,美国资本得到的回报将是在新政权里发挥巨大的影响力,并获得极为丰厚的经济权益。有关这一计划的基本史实,中外学者已在发掘档案文献的基础上进行过不少研究②。

但笔者仔细研读这些文献后发现,既有研究对于该计划与孙中山的关系多有提及,但对这个计划起始状况、内在逻辑和各方关系,尚未形成清楚认识。本文以档案史料为依托,对其重新进行梳理和辨析。

(一)"红龙计划"的起始

荷马李是"红龙计划"的发起者。他为此计划找到的与各方联系的人物是查尔斯·布思。布思是一位银行家,拥有美国水利协会会长、全国汽车公司副董事长、洛杉矶商会会员等头衔,并在美东金融界具有人脉关系③。容闳评论说:"我想布思先生是适当的地方出现的适当人选。您挑选他来管理我们的事业,让这位非凡人物来主管财务事宜,说明您独具慧眼。"④这表明荷马李赋予布思的角色是"事业管理人",特别是管理财务方面的事务。荷马李与布思商谈酝酿的事务很多,其中最关键事务是找到赞助

---

① 1908年12月28日布思给艾伦的信中,有一句"我一两天前曾就红龙计划相关事务的进展情况写信给您",是笔者见到的最早出现"红龙计划"字眼的材料;而1909年布思致艾伦的信笺,左上角有"Red Dragon-China"字样,表明这是该计划的专用信笺(均见Charles Beach Boothe Papers,1:2)。

② Eugene Anschel之书第七、八章,卡普兰之书第九章,Key Ray Cheong(中文名宗克雷),"The Abortive American-Chinese Project of Chinese Revolution, 1908-1911"(*Pacific Historical Review*, Feb. 1972, vol. 41, No. 1, pp. 54-70),陈丹之书第五章,均有叙述。恽文捷《共和、风投、霸权——清末北美"红龙—中国"反清革命档案史料新解》(《广东社会科学》2021年第3期)一文提出自己的解释。研究者所用资料主要是保存在《查尔斯·布思文件》中的大量通信。由美国资本投资中国革命的具体设想,可从文件之一《筹款计划(1号修订稿)》得其梗概。详见吴义雄主编:《美国所藏容闳文献合编》,北京:社会科学文献出版社,2021年,第89—90页。

③ 布思的情况见Lawrence M. Kaplan, *Homer Lea: American soldier of fortune*, p. 146。Kaplan和Anschel的著作都提到,早在1905年康有为访美时,荷马李就在圣路易斯将布思介绍给康有为。

④ 《容闳致荷马李》,1908年12月4日,吴义雄主编:《美国所藏容闳文献合编》,第86页。

他们策划的革命事业的资金。事实上，筹款计划或财政事务一直是"红龙计划"的核心内容之一。

布思在1908年10月的美东之行，主要使命就是为荷马李寻求美国驻华商务代表的任命而疏通关系，并寻求资金支持。为此，荷马李和布思都做了大量工作。布思取得的一项进展，就是与纽约的金融家、他的朋友沃尔特·艾伦商谈。艾伦是纽约"古根海姆勘探公司"的创办人之一，与纽约和伦敦一些大的金融家保持长期联系。就他们策划的革命所需要巨量资金而言，艾伦的角色非常重要。布思返回洛杉矶后在给艾伦的第一封信（11月18日）中说，他和荷马李讨论的计划方案是，应首先组织一个由中美各方人士参与的"咨议会"（Advisory Board）以作为推动革命的首脑机关。在此"咨议会"组成后"十二个月内能有百万在手，另外保证有百万的款项能在急需时得到，则这项工作将能立即开展，并最多在十八个月内即可取得完全的成功"①。这里所说的"这项工作"，当然是指发动反清武装起义，而两个百万，是指分别由中方势力和美方融资的数字，寻求中方对等投入，是为了保证美国投资人的利益。布思在另一封信中告诉艾伦，荷马李对开展反清军事行动所需要的人力、物力都进行过仔细的计算②。

但艾伦从一个生意人的立场出发，主要考虑投资者的利益和资金安全，故他向布思提出，美国资本对中国革命的投资如何得到"保险"？即拟议中的大笔投资拿什么作为收益与安全保障？这成为布思回到洛杉矶后与荷马李进行讨论的主题。他们讨论的结果是："最合理的保险，是在很短的时间内使目前的抵货运动③彻底平息下去"；而更重要的"保障"则是，美国投资人的利益不管是以现金还是特许权的形式，都应由革命成功后的中国政府在行动开始后六个月内予以兑现④。有必要对这段话再作解释。布思的意思是说，鉴于要争取的美国投资人可能是参与对华贸易的商人，通过终结抵制美货运动将使他们的利益得到最大的保障；而终结这一运动的方法，就是将在中国发起这一运动的人（荷马李和布思认为是华南的会党首领）纳入"红龙计划"，使他们成为将要发动的革命领导机构咨议会的成员，汇集到洛杉矶开会共襄革命盛举，这样就可以从根本上解决抵制美货的问题。

至此，我们就可以理解，布思美东之行的两项工作，即为荷马李获得驻华商务代表的任命，以及与艾伦接触，实际上是联系在一起的。荷马李告诉布思，他的目标就是寻求"将美国对华贸易恢复到抵货运动之前的状态"（指1905—1907年的抵制美货运动），"而这对美国人民来说意味着每年数千万元的生意"⑤。因此，投资支持"红龙计划"符合美国资产者的利益，而寻求政府职位则是荷马李为了达到他的政治目标而采取的一种手段。荷马李曾言，如能获得任命，他打算到广州去履行美国商务代表之职

---

① Charles B. Boothe to Walter W. Allen, Nov. 18, 1908, Charles Beach Boothe Papers, Box 1：2. 在原文中，为保密起见，"百万"以X代替。
② Charles B. Boothe to Walter W. Allen, Feb 3, 1909, Charles Beach Boothe Papers, Box 1：2.
③ 此处原文为Jingo；在11月25日艾伦的回信中再次出现这个词，有一手写旁注"Jingo, Spring 1905"，联系两信中该词之上下文，知其为抵制美货运动之代称或暗语。
④ Charles B. Boothe to Walter W. Allen, Nov. 18, 1908, Charles Beach Boothe Papers, Box 1：2.
⑤ Homer Lea to Charles B. Boothe, Sept. 21, 1908, Charles Beach Boothe Papers, Box 1：4.

责。他说选择这里有几个原因:广州是抵制美货的"风暴中心",广州的商人"是那个帝国当中最活跃的,他们的行会组织分布在从满洲到新加坡的每一个大城市,其商业利益和影响在东方无远弗届"①。荷马李寻求这一职位,就是要向潜在的投资者表明,他们将努力确保其商业利益,以换取他们对中国革命的投资。

不过,荷马李和布思的这种说法只适合于描述半个世纪之前的广州。以荷马李对中国状况的了解,不会不明白上海、香港、天津等地才是当时中国更重要的商业中心,而抵货运动发生时上海的声势更大。他在信中说的"那里是惟一我可以做好事情的地方"这句话,才透露了选择广州的秘密。以广州为中心的华南是秘密会社力量非常强大的地区,荷马李在参与庚子"勤王"活动时,就曾数次制订从华南发动起义,攻克广州再向全国发展的计划。在他看来,回到广州不仅可以通过秘密会社瓦解那里的抵货运动,而且对他的军事计划具有重要意义。可见,荷马李和布思在说服艾伦、争取资金时,也是采取了策略的。

但精明的艾伦在此时已经对这样的论述做过验证。他"对公开出版物进行了两三个星期的研究,辅以其他可以得到的信息",发现在中国发生的抵货运动对美国的制造业并未造成影响,在运动期间,美国大部分商品的出口整体上有明显的上升;而且,美国驻华领事报告"没有提及抵货运动,倒是对我们的人进行贸易的方向提出了强烈批评";所以,就对中国的革命进行投资而言,制造业主不会有什么兴趣,"需要寻找一个完全不同的阶层做支持者,那是银行家而非工业家的事"②。艾伦的研究表明荷马李对于抵货运动的影响估计不当,而且对这一运动已趋落幕的现状缺乏了解③。他11月25日的信实际上否定了布思18日信中提出的"保险"构想。

这样,以运动荷马李赴华就任为中心的"红龙计划"设想告终。事实上,荷马李也没有取得任命。

(二)"红龙计划"与容闳的关系

在否定了通过终止"抵制美货"运动以争取美国工商业资本家对中国革命事业投资这一设想后,艾伦并未将合作之门关上,但表示,只有在他获得的资讯足以向投资者表明,已具备向"如此庞大的计划"合法投资条件的情况下,他才会行动。他认为仅凭通信无法得到他想要的资讯,愿到洛杉矶与布思相谈,"但如果咨议会在洛杉矶召开,那就比我去见你更好"④,因为中国反清领袖齐聚洛杉矶,是更有说服力的事件。即是说,要让他帮助成事,荷马李和布思必须出示新的"保险"。在此情况下,荷马李和布思请出容闳正式登场。

容闳是荷马李和布思更早联系的一方。容闳在庚子年与荷马李相遇,在上海、香港、澳门等地均有可能。1908年9月,荷马李给容闳写信,向他介绍到东部活动的布

---

① Homer Lea to Charles B. Boothe, Sept. 21, 1908, Charles Beach Boothe Papers, Box 1: 4.
② Walter W. Allen to Charles B. Boothe, Nov. 25, 1908, Charles Beach Boothe Papers, Box 1: 2.
③ 艾伦不久后在信中说:"容闳向我确认,而且我从政府统计数字中也得到证实,抵货运动已经是过去的事情了。"见Walter W. Allen to Charles B. Boothe, Feb. 6, 1908, Charles Beach Boothe Papers, Box 1: 2。
④ Walter W. Allen to Charles B. Boothe, Nov. 25, 1908, Charles Beach Boothe Papers, Box 1: 2.

思，并在9月21日告知布思他联系容闳的情况①。10月21日容闳在致布思的信中说："自您上周日离开后，我得知您正快速推进相关事宜。很高兴您收到荷马李将军的书信，得到他已准备好付诸行动，鞍马齐备奔赴疆场。"②这表明布思在受托接触容闳时，已经在某种程度上向他转告了荷马李策划反清行动之事，但因计划还处在上述以寻求荷马李赴华南任职为目标的阶段，故未将容闳正式纳入该计划。此时布思联络容闳，可能是希望利用后者在华南地区的关系。

11月下旬，容闳又收到荷马李和布思先后给他的信。他认为这两封信"改变了事情的前景，启发了我对未来的新希望"，"我完全认同您和布思在长时间商议后得出的结论，该结论与我在数月前致中国友人信中表达的观点合拍"③。档案中未保存这两封信，但容闳概括了其内容："实现有益于中国的任何事项，帝国各地不同政治组织的领导人都必须搁置分歧、偏好或成见，联合创建一个亲善、友好且爱国的团体以面对共同敌人。这正呼应了您们共同决定从事的事业——建立作为临时政府基础的'军政局'。"可见，这个计划的核心内容是荷马李与布思商定后，再向容闳通报的④。这也表明，荷马李和布思二人在1908年11月下旬正式邀请容闳进入"红龙计划"。

那么，容闳在该计划中的角色又是什么？

"红龙计划"各种版本的中心内容，就是如何将中国各地的会党和革命势力联合起来，"聚合众力凝为一军，以雷霆之势共灭强敌"⑤。前文引述荷马李的两个作品，均将会党作为主要依托力量。按荷马李在《新中国的血色黎明》中的说法，中国会党也在等待能够率领他们创建新中国的"伟人"，而这位"伟人"只能出自中国。故荷马李在"红龙计划"中并未为自己设计领袖地位，而是将此位留待与本土社会具有广泛联系的中国人。

布思11月18日给艾伦的信中说道："如果有必要让有关的某人与您共事，以使您能够谨慎地全面了解该方，我们也不会反对。"⑥这显然是指拟议中与"咨议会"相关的人士，实际上就是容闳。艾伦的态度使他们认识到有必要将容闳正式拉入计划，作为艾伦需要的信息渠道和可以当作"保险"的人物。故在容闳11月27日收到的两封信中，荷马李和布思向他发出正式邀请，请他与中国会党及其他政治势力联络。容闳马上做出积极回应，拟出致中国各方首领邀请函。他对自己在计划中处于何种地位并不确定，故在

---

① Homer Lea to C. B. Boothe, Sept. 21, 1908, Charles Beach Boothe Papers, Hoover Institution Archives, Stanford University, Box 1：4；《容闳致布思》，吴义雄主编：《美国所藏容闳文献合编》，第53页。
② 《容闳致布思》，1908年10月21日，吴义雄主编：《美国所藏容闳文献合编》，第54页。
③ 《容闳致荷马李》，1908年12月4日，吴义雄主编：《美国所藏容闳文献合编》，第86页。
④ 《容闳致荷马李》，1908年12月4日，吴义雄主编：《美国所藏容闳文献合编》，第86页。按：布思应是在10月10日到哈特福德见过容闳。从12月4日这封信来看，二人当时未讨论过"红龙计划"相关内容，或当时荷马李尚未构思成熟。
⑤ 《容闳起草致中国各会社政党首领邀请函》，吴义雄主编：《美国所藏容闳文献合编》，第8页。
⑥ Charles B. Boothe to to Chater Walter W. Allen, Nov. 18, 1908, Charles Beach Boothe Papers, Box 1：2.

给布思的信中说，他将当选革命成功后"临时政府大总统"的机会给予受邀各方领袖，"除非他们及贵方均一致提名并请我担任，以及我的健康与精力允许我接受，我实无意成为领袖"①。

但他被荷马李和布思当作拉住艾伦的关键人物。12月28日，布思在信中正式向艾伦介绍容闳，说"你可能会发现这位先生寡言少语，但他确是一位具有伟大能力的人物。日本的伊藤博文侯爵称他是其国家、其时代最伟大的人物"②。

这样，"伟大人物"的角色就暂时落在了容闳的身上。清末的容闳一直有自己的政治抱负。除早年发起幼童留美这样令其毕生骄傲的事业外，他在中国甲午战败之际自美返国，参与、经历了维新变法、义和团与八国联军事变、庚子勤王等重大历史事件。1902年，容闳回美国后仍然与保皇会关系密切，参与其勤王密谋，一直保持对祖国前途的关注。当1908年布思前往哈特福德访问他时，他已年届八十，但他马上对荷马李的计划表现出极大兴趣。在1909年早期，容闳与艾伦数度会面，还通过自己在纽约工作的儿子与艾伦保持联系。按照荷马李定下的基本框架，"红龙计划"的细节就由艾伦和容闳商讨，由此产生了一批该计划的文献③。艾伦渴望从容闳那里得到有别于新闻报道的"内部消息"④，以便做出切合实际的判断。容闳也的确向他介绍中国的大势和近况，和他讨论具体事务。

但最终结果是艾伦对容闳失去了兴趣，或者说失去信心。在理念上，他不赞同容闳关于建立一个"巴拿马式共和国"的目标，认为这场革命的合理结果是建立一个君主立宪国家，建立共和国的目标过大⑤；在策略上，他也不赞同容闳和荷马李都同意的一处（华南）发动、建立政权后再图全国的构想，而希望先在各地首领中进行充分协商，在条件成熟的情况下总体发动，"旦夕之间夺取全国"⑥。

不过，对整个计划更具影响的是艾伦对容闳个人的看法。他在1月初给布思的信中评论容闳在中国曾获的"四品衔道台"身份，认为这不过"相当于我们的巡回法官"，"我们要问自己，'在离开那个变化比一般想象还要快的国家八年之后，此公的声望究竟如何？''此公能在我们计划成功后达到何种地位？''他在其国知名度如何以及人们如何看待其地位？'从我与此人谈话的一些片段可以看出，他并无有组织的通信网络，而且我怀疑，他（在国内）是否有值得信任的代表向他通报最新情势，并在公众面前维持他的知名度"；他认为就容闳的影响来说，惟一可靠的因素是他发起了海外留学

---

① 《容闳致布思和荷马李》，1908年12月5日，吴义雄主编：《美国所藏容闳文献合编》，第55页。

② Charles B. Boothe to to Chater Walter W. Allen, Dec. 28, 1908, Charles Beach Boothe Papers, Box 1：2.

③ 《美国所藏容闳文献合编》选译了其中的几种（见该书第87—93页），全部留存的文献见 Charles Beach Boothe Papers, Box 1：10。

④ Walter W. Allen to Charles B. Boothe, Jan. 6, 1909, Charles Beach Boothe Papers, Box 1：2.

⑤ 见Walter W. Allen to Charles B. Boothe, Jan. 12, 21, 29, 1909, Charles Beach Boothe Papers, Box 1：2。

⑥ 见Walter W. Allen to Charles B. Boothe, Jan. 29, 1909；Feb. 6, 1909, Charles Beach Boothe Papers, Box 1：2。

运动，只在留学生当中有号召力；他甚至对容闳的品格提出质疑，认为他"不是一个勇敢的人"，只是"一个诚实但有限的爱国者"。这就对荷马李和布思赋予容闳的为美国资本提供"保险"的"伟人"地位提出否定看法，从而使整个计划也面临信任问题①。

布思立即对此信做出反应，写了一封长信为容闳辩护，几乎反驳了艾伦关于容闳的所有评价，表示他与容闳的接触使他得出与艾伦相反的结论，甚至说容闳曾被太平天国"封王"，如果这个运动没有失败，"他一定会成为帝国的统治者"（the ruler of the Empire）；他认为容闳具有博大"而非有限的爱国"情怀，他对中国形势也了如指掌；他是一位优雅、友善之士，对各会党领袖具有影响；他要求艾伦对容闳东方式的性格要有耐心②。但没有迹象表明他说服了艾伦。艾伦后来继续保持了和容闳的联系。由于荷马李和布思曾一再邀请容闳前往洛杉矶商议计划，而容闳也有经此地回国考察的打算，艾伦还表示愿意前往共同商议。但容闳的加州之行终未实现，"红龙计划"以容闳为中心的阶段也逐渐进入尾声。

（三）"红龙计划"的停顿

容闳自己实际上并没有成为那个"伟大人物"的打算。他在1909年1月18日到纽约与艾伦面谈时，向后者介绍了三个大人物，即袁世凯、康有为和孙中山。其实，早在1908年11月18日布思在给艾伦的信中，就写过这样一段话："将军今日会写信给Y（容闳），通过他与K及其他将组成咨议会的成员联络，促使他们尽快来此开会。"同时说，"相信K手中就有1—2百万，将要求他将之投入财库以增益基金"③。这里的K即康有为之代称，他手里可能拥有的款项被纳入"红龙计划"的考量。不过，此次容闳提供的信息却是："康有为身上疑云重重。他似乎在美国的洗衣工等人群中募集了80万元，但他却将此数目的款项用于他的个人事项。"④也就是说，他不可能拿出钱来。布思在了解容闳的想法后表示同意，他认为"康有为在美国已经失去大量保皇会成员的支持"，而"保皇会成员中有非常高比例的人抛弃了该组织"；他还说康有为在性格上也有若干缺点⑤。这样，康有为很快就被从"伟人"的名单中删除了。

慈禧太后在1908年11月15日去世。这个消息令"红龙计划"的参与者认为清朝政局将发生重大变化。他们认为袁世凯将是清朝政治舞台上最为重要的人物，而随后登位的

---

① Walter W. Allen to Charles B. Boothe, Jan. 29, 1909, Charles Beach Boothe Papers, Box 1：2. 在2月1日给布思的信中，艾伦使用大量篇幅对容闳进行全面批评，对他"女人般的"行事风格、他的个性、他的思想、他提出的筹款计划进行全面的批评和嘲讽。见Walter W. Allen to Charles B. Boothe, Feb. 1, 1909, Charles Beach Boothe Papers, Box 1：2。

② Charles B. Boothe to Chater Walter W. Allen, Feb 3, 1909, Charles Beach Boothe Papers, Box 1：2.

③ Charles B. Boothe to Walter W. Allen, Nov. 18, 1908, Charles Beach Boothe Papers, Box 1：2. "百万"以X代替。

④ Walter W. Allen to Charles Boothe, Jan. 21, 1909, Charles Beach Boothe Papers, Box 1：2. 容闳在此之前两天的信中更直接向布思建议，应把康有为这样"不切实际、空想和纸上谈兵"的人排除在计划之外，"康再也难以恢复他作为一个稳健可靠的改革者的正常地位"。见《容闳致布思和荷马李》，1909年1月16日，吴义雄主编：《美国所藏容闳文献合编》，第60页。

⑤ 《布思致容闳》，1909年3月6日，吴义雄主编：《美国所藏容闳文献合编》，第71页；Charles B. Boothe to to Chater Walter W. Allen, Jan. 25, 1909, Charles Beach Boothe Papers, Box 1：2.

摄政王载沣也被认为受袁世凯的控制。但载沣却将袁世凯开缺回籍。这令他们既颇为震惊，又认为是拉拢袁世凯的绝好机会。容闳告诉艾伦，"袁世凯仍处于权力顶峰，在全国享有盛誉，相信他对其所创立的军队具有绝对掌控力"①。他建议布思考虑将被罢黜的袁世凯"拉入我们的事业"，认为他价值一千个康有为，广受尊重和支持，"如果他能支持我们，我们为中华帝国进行的战争就已经打响并获得胜利"。他希望从正在美国访问的袁世凯的亲信唐绍仪着手此事②。不过，令其沮丧的是，"唐绍仪到我寓所斜对面朋友家做客之时，我期望能与之一晤。但由于只有他自己知道的原因，他未知会我便悄悄地溜走了"。可见他对这位曾经的留美幼童缺乏真正的影响力。作为袁氏亲信的唐绍仪拒绝与他这样卷入反清活动的人会面，意味着他想与袁世凯联络"此路不通"。鉴于袁世凯是一个可望而不可即的理想人物，他在随后与艾伦见面向其提供中国各政治组织的名单时，"只介绍了康有为和孙中山的名字"，尽管他对康有为仍无好感，也仍然认为"现在正是我们努力争取袁世凯的天赐良机"③。

艾伦对由谁来扮演那个整合力量、号令全国、组织政府、掌握政权的领袖角色的重视，是基于对投资安全的考量。从一个投资协调人角度，他要求在将巨量资金投入一场改朝换代的巨大运动之前，确定一位能够保证这一运动成功的领袖等可行性要素，也是可以理解的，毕竟这其中存在着血本无归甚至更为糟糕的风险。他在与容闳、布思等人的互动中，实际上以主导者地位拟订了"红龙计划"的具体方案，尽管方案的原始理念来自荷马李④。不过，尽管其作风强势，但他实际上也无法解决资金问题，充其量只是一名掮客。他在拟订好计划后，曾于1909年2月2日去游说一位他认为可以支持"红龙计划"的"不二人选"的"大人物"（著名的J.P.摩根），这位财阀的答复是："我可以与世界上任何一个政府做生意，但我不会帮忙创建一个我可以与之做生意的政府。"⑤这一"简洁但清晰"的答复，显示摩根完全不在意计划是否可行，而是直接否定了"在高回报的条件下投资中国革命事业"这一"红龙计划"的基本逻辑。

艾伦关于通过"红龙计划"来终止中国抵货运动这一设想完全不切实际的，而作为"不二人选"的摩根的拒绝也在相当大的程度上代表了美国金融界的态度。这种局面意味着"红龙计划"在1909年初，即荷马李和布思酝酿之后不到半年就走进了死胡同。

容闳的态度也发生了改变。他从6月又开始与布思频繁互动。容闳表示，就发动革命的大计划而言，"不经过详细研究以了解全部情况，则本人难以承担之"。他还说，做出这一决定并非因为他与艾伦关系不睦，而是基于他"进一步思考"后产生的认识。

---

① Walter W. Allen to Charles Boothe, Jan. 21, 1909, Charles Beach Boothe Papers, Box 1: 2.
② 《容闳致布思和荷马李》，1909年1月16日，吴义雄主编：《美国所藏容闳文献合编》，第61页。
③ 《容闳致布思》，1909年1月25日，吴义雄主编：《美国所藏容闳文献合编》，第63页。后来的消息表明，唐绍仪此行乃是为东北铁路计划争取J.P.摩根等美国资本家投资，跟"红龙计划"构成竞争关系。
④ 他在给布思的信中手书附言："我想说清楚一点，即我是'计划'（A Plan）及其一号修订案（Resixion No. 1）的惟一作者，故容闳与两封文件均无关。" Walter W. Allen to Charles B. Boothe, Feb. 1, 1909, Charles Beach Boothe Papers, Box 1: 2.
⑤ Walter W. Allen to Charles B. Boothe, Feb. 6, 1909, Charles Beach Boothe Papers, Box 1: 2.

他认为革命牵涉巨大的责任和义务，一旦发动就关涉广大民众的安危；故就中国而言，"解决有关国家变革和重建的整个问题，也许可以通过和平的方法而非极端暴力手段达成。这种手段造成的社会和政治恶果比罪恶本身更难根除"。故他认为发动革命是一件需要慎重之事，应对整体情况做先行研究，所以他"打算本年秋天访问中国"，以了解整体情况，"如果整个中国都处于骚动不安和渴望变革的状态，就到了考虑我们下一步责任的时候了"。他表示希望荷马李与他同行①。这是一种委婉的退出的告示。

布思在回信中表示理解容闳关于和平变革的想法，也同意对中国事态"需要更多的思考和更多的时间来了解其中的细节"。他还透露，荷马李的"一些朋友正在怂恿他担任美国驻华公使，他的一些有影响力的朋友正努力帮他达成此事"②。10月2日，布思又告诉容闳，荷马李正忙于联系出版他的著作（即《无知之勇》），而且由于其父亲突然去世而"深受打击，以至于对近期的活动感到茫然"③。看来，这位"红龙计划的"的策划者在计划停顿半年之后，也处于退出状态。

从上所述可知，经过诸多曲折，由荷马李主导的反清革命"红龙计划"在1909年春天实际上陷入停顿，而到是年秋天则近于终结。原因在于，在远离中国的北美由外国人策划的这个革命计划，既无法找到可以令其接入中国社会的有效路径，也因此无法获得执行计划所必需的巨额资金。正如艾伦所言，无法确定一位能够整合各方力量、领导革命并建立政府的真正领袖人物，则一切都只是纸上谈兵。

孙中山正是在"红龙计划"陷入如此窘境之时，进入北美的革命策划场景。

三、"长滩协议"与荷马李、孙中山之关系

对容闳和荷马李这样有着自己的信仰和追求的人来说，暂时的放弃并不意味着告别。正如容闳自己所言，不要因他一时的沉默，就认为他"已经全然放弃因中国时势所需而为她努力之希望"④。他始终关注中国的形势，并认识到中国的和平转变"并不可能"，因为"中国政府的无能和腐朽助长了列强对中国领土的攫取"，"正是中国政府的腐朽状态阻碍了中国向伟大国家的进步。因此，摧毁该政府是必须的——这是最高的道德律令"⑤。重新转向反清的政治态度，使容闳通过信件在1909年12月将访美的孙中山介绍给荷马李和布思。孙中山由此与"红龙计划"发生联系。

孙中山于1911年11月途经伦敦接受《滨海杂志》访谈时描述他与荷马李相识的经过，并未说明时间，但从上下文来看，似在庚子年间⑥。但中外研究者都排除了当时二

---

① 《容闳致布思和荷马李》，1909年6月5日，吴义雄主编：《美国所藏容闳文献合编》，第71—72页。容闳一面与艾伦、布思等协商制定计划，一面思考自己的计划，与后者进行过互动而无果。
② 《布思致容闳》，1909年6月11日，吴义雄主编：《美国所藏容闳文献合编》，第74页。
③ 《布思致容闳》，1909年10月2日，吴义雄主编：《美国所藏容闳文献合编》，第75页。
④ 《容闳致布思》，1909年9月14日，吴义雄主编：《美国所藏容闳文献合编》，第74页。
⑤ 《容闳致布思》，1909年10月20日，吴义雄主编：《美国所藏容闳文献合编》，第77页。按：此件在书中日期误标为9月14日，此处按原件改正。谨此致歉！
⑥ 《我的回忆——与伦敦〈滨海杂志〉记者的谈话》（1911年11月中旬），广东省社会科学院孙中山研究室等编：《孙中山全集》第1卷，北京：中华书局，1981年，第552页。

人相遇的可能性①。不管怎样，荷马李与孙中山相结识早于1910年，则是可以肯定的。但1910年的相遇，则将二人的关系提升到中美反清革命者合作的高度。在"红龙计划"框架下孙中山与荷马李、布思等人的合作和互动的过程，亦须在重读档案的基础上进行梳理和解释。

容闳先是邀请荷马李和布思到美东与他和孙中山会晤。但因荷马李健康不佳，布思忙于商务，结果是孙中山在1910年初到洛杉矶与荷马李、布思见面商讨。在此期间，容闳还致函孙中山，谈论他对发动革命的看法②。他还拟订了一份《贷款协商方案》，与上一年艾伦商讨制订的方案相近。在这个方案里，容闳明确地给荷马李安排了军政府中"战争部部长"和"战地统帅"的职位③。更为明显的是，他和荷马李、布思三人都视孙中山这位真正的革命家为值得托付的"伟人"。

从保存的资料看，孙中山与荷马李、布思的通信始于1910年2月。经过磋商，他们在3月12日形成了一份合作革命的协议，即通常所称的"长滩协议"，本质上是上年"红龙计划"的1910版。按此协议描述，中国数达千万以上的会党力量，革命党掌握的四个镇新军和两广、云南的旧式军队，以及这一区域的七千万人口，均为反清革命的基本力量；革命党的总理（孙中山）也被视为上述所有革命力量的总理，即孙中山被确定为统辖革命军、组织并管理革命政府的"伟人"；"外国辛迪加"按四期提供350万元贷款，以利息及三倍于本金的数额偿还，并享有各种特许权；"外国辛迪加"可指定其代表（布思）为革命基金的司库④。3月14日，孙中山委任布思为同盟会"驻国外的唯一财务代表"⑤。

孙中山提供的中国革命力量情况与实际情形显然相差较大，而布思等人做出的筹款承诺也还在描绘理想的阶段。不过，与上年的计划不同，这个协议的一端——由革命领袖进行整合力量、推进革命运动——是很明确的，孙中山毕竟已经从事武装革命多年，

---

① Eugene Anschel, *Homer Lea, Sun Yat-sen, and the Chinese revolution*, New York: Praeger, 1984, p. 29；黄季陆认为二人相识应在1904年，见《国父军事顾问——荷马李将军（初稿）》，第31—33页。尤金·安斯切尔、弗里德里克·查平和约书亚·鲍尔斯撰写的荷马李传记手稿，都提到1901年荷马李返回美国后，多次到亚洲旅行，并参与过孙中山领导的起义，但均未提供资料出处。见Eugene Anschel, *Homer Lea, Sun Yat-sen, and the Chinese revolution*, pp. 89—90；约书亚·鲍尔斯所撰荷马李传记手稿，第15页，见The Joshua Powers Collection, Hoover Institution Archives, Box 3: 14；查平所撰荷马李传记手稿，第40、137—138页，见The Joshua Powers Collection, Hoover Institution Archives, Box 4: 1, 2；Kaplan之书则未提及。笔者认为在有确切资料证实之前，无法具体判断。

② 容闳与布思、孙中山在1909年12月到1910年5月间就反清进行的通信，见吴义雄主编：《美国所藏容闳文献合编》，第77—81页。

③ 《贷款协商方案》，吴义雄主编：《美国所藏容闳文献合编》，第82—84页。

④ 该件无标题，共7页，编为第99件，见Charles Beach Boothe Papers, 1: 10。陈旭麓、郝盛潮主编《孙中山集外集》（上海：上海人民出版社，1990年）收有该件中译文（第557—559页）。荷马李计算起义费用的原稿共4页，未编号，见Charles Beach Boothe Papers, 1: 9。荷马李在此计划中的职位，是起义发动后任总司令。

⑤ 《给布思的委任状》，广东省社会科学院孙中山研究室等编：《孙中山全集》第1卷，第448页。原件见Charles Beach Boothe Papers, Box 1: 3。协议中关于革命党势力的描述当为孙中山为争取外援而进行夸大的结果。

作为同盟会总理正全力谋划推翻清廷的革命；而协议的另一端——将为中国革命注入资金的"外国辛迪加"——却还有待于形成。但在协议中充当"司库"角色的布思却向孙中山提出了一个正式要求，即孙中山领导的下一次起义必须在"时机成熟"的前提下发动，力图一举取得胜利。布思于5月12日写信给身在夏威夷的孙中山，称自己一直在"稳步推进我们的事业"，经常与"将军"（荷马李）会谈，并在两周前请纽约的A先生（艾伦）到洛杉矶磋商，结果"就重要的事务达成几点非常令人满意的决定"。艾伦也同意回纽约"为协议打好基础"，等待布思"前去签署"，这里应该是指"辛迪加"的贷款协议。以此为理由，布思要求孙中山"说服您在各省的朋友加强自己的组织，在您认为时机成熟之前约束自己的行动"，因为任何不当举措都将传到美国，"而我将不得不做出解释，这将使我马上陷入尴尬"。他要求孙中山防止此类行动发生，强调说，"只能有一次行动，并且是计划周详、协调一致的行动"①。这一要求，与一年前艾伦的主张一致，因为"红龙计划"的逻辑仍然没变②。可以看出，艾伦仍然给这个"长滩协议"打上了自己的印记③。不过，此次布思充当了更为积极的角色④。布思的要求也显示"辛迪加"作为协议的投资方对孙中山作为革命领袖的协议另一方的约束力。因此，无论是荷马李或布思，其行为都不是像国民党史家所说"在国父精神人格的感召下前来投效革命"，也不只是充当"孙中山筹款人"的角色，而是进行有条件的合作。

孙中山于6月在东京给布思回信说："在我抵此之前，我们一些领导人为与我会晤而已先期到达。我将你有关中止所有不成熟行动的建议转告，他们均表示同意，并允许将此事通知各省党人，立即停止举事。"⑤这就满足了布思的要求，也显示他作为一位领袖的统率和协调能力。他在7月又函告布思，他在日本及途经上海、香港时，"均曾与领导者多人会见。如不久有举事成功的希望，则他们很乐意接受你的意见，在一段时间内静待时机"⑥。孙中山在8月给荷马李的信中再次重申他在这方面的努力，通报他

---

① Charles B. Boothe to Sun Yatsen, May 12, 1910, Charles Beach Boothe Papers, Box 1: 3.

② 布思此信与艾伦有一定关系。在汪精卫谋刺摄政王载沣的消息传到美国后，艾伦写信给布思，说此事无论是否与孙中山有关，都会被认为孙中山一派所为，"而这将使在此间筹款的希望彻底破灭"。见Walter W. Allen to Charles B. Booth, April 4, 1910, Charles Beach Boothe Papers, Box 1: 2。

③ 布思仍然希望艾伦提供帮助。但艾伦对孙中山的评价相当负面。他认为孙中山"恐怕并非像他自己竭力表明的那样处于（革命）计划的巅峰位置"，"我不相信此人会被确认为领袖。他只会是领导人之一"；而孙的革命计划则为"极度乌托邦式的"，并不可靠。他建议布思"不要给他任何借口向你索要与计划相关的资金"。见Walter W. Allen to Charles B. Boothe, Mar. 14, 1910, Charles Beach Boothe Papers, Box 1: 2。

④ 实际上，容闳也在这一点上与艾伦、布思的想法一致。他在听到1910年2月广州新军起事失败的消息后说："最近的广州事件是一次流产的起义，这正如我所料。""因此，你们失去了筹集几百万元护送孙逸仙返回广州发动征讨的机会。"见《致布思与荷马李》，吴义雄主编：《美国所藏容闳文献合编》，第79页。

⑤《复布思函》（1910年6月22日），广东省社会科学院孙中山研究室等编：《孙中山全集》第1卷，第465页。

⑥《致布思函》（1910年7月15日），广东省社会科学院孙中山研究室等编：《孙中山全集》第1卷，第467页。

在广东新军等数万地方武装中进行的活动,并说:"当我在日本居留时,曾制止长江流域即将爆发的起义……他们原只应诺将起义日期延至今冬,但我现能劝使其作更久的等待,直至我们的募款计划成功为止。因此,你可继续执行我们原定的计划。"他还告知荷马李,在云南出现了一些"动乱",他已派人取道缅甸加以阻止,"我想他能使那些人在一段时间内静待时机"①。直到9月初,孙中山还在信中向布思提及他制止长江流域起义之事,再次保证"今冬之前,长江流域及华南将无骚动。请相信,此间将不扰及你的筹款计划";他还告知"我所允诺收集的签名录,已自横滨挂号寄上"②。此签名录即各地同盟会首领的签名,其意义在于向"辛迪加"的投资者证明,孙中山确为中国各地革命的领袖,在革命势力中具备真实的影响力,投资人可据此确认孙中山有资格、有能力承担他们所投入资金的"保险"的角色。

以上孙中山所述情况的真实性当然是可疑的。但在提供上述说明后,孙中山认为自己有理由要求协议的另一方也履行自己的义务。在回复布思的函件中,孙中山提醒说:"我认为,今年冬季前将会停止此类活动,故今后有数月平静的时间,可供我们工作。"③他回复荷马李的信也表达了同样的意思。布思在收到孙中山的函件之前按计划前往纽约,6月,他从那里致函孙中山,通报"我造访此地的结果非常令人满意","虽然我还不能作完全的保证,但我所启动的进程非常鼓舞人心,在协商开始后一直稳步推进"④。他在收集到相关信息后,对孙中山的地位、声望、领导力均感满意⑤,但他发现自己这边却无法获得进展。收到孙中山此函后,布思在9月26日发了一封电报给孙中山,告知"辛迪加在10月初开会"。但他同日又写了一封信,沮丧地说:"我在纽约和周边花了6个星期,通过专注于艰苦的工作取得很可观的进展,但因那位最重要的人物的缺席而无法达成有效的协议。"那位大人物在欧洲,回美国时间未定,所以他只得在7月返回洛杉矶。此后他和纽约资方代理人及荷马李进行了多次会商,但显然均无决定性的结果⑥。他告诉孙中山,"自6月起这个国家的资本市场非常不安定,很难诱使投资者相信何种方向可以期待成功"。他承认,在此情况下,他只能"不遗余力地寻

---

① 《复咸马里函》(1910年8月11日),广东省社会科学院孙中山研究室等编:《孙中山全集》第1卷,第474—475页。

② 《复布思函》(1910年9月4日),广东省社会科学院孙中山研究室等编:《孙中山全集》第1卷,第479页。

③ 《复布思函》(1910年6月22日),广东省社会科学院孙中山研究室等编:《孙中山全集》第1卷,第465页。孙中山表示他对新疆地区发生的兵变无法约束。按:布思在6月25日给孙中山的信中说,"你获得的签名录应尽快邮寄给我"(Charles Boothe to Sun Yatsen, June 25, 1910, New York, Charles Beach Boothe Papers, Box 1:3)。布思收到这份签名录后,请荷马李鉴定,荷马李认为签名(包括代表湖南的黄兴等)真实无误,其中有些人他见过。见Charles B. Boothe to Walter W. Allen, Charles Beach Boothe Papers, Box 1:2。

④ Charles to Boothe to Sun Yatsen, June 25, 1910, Charles Beach Boothe Papers, Box 1:3.

⑤ Charles B. Boothe to Walter W. Allen, Charles Beach Boothe Papers, Box 1:2. 容闳在1910年孙中山访美期间将他介绍给艾伦,但艾伦对孙中山的评价非常负面(见Eugene Anschel, *Homer Lea, Sun Yat-sen, and the Chinese revolution*, p.135)。布思此函可能是希望消除艾伦对孙的不良印象。

⑥ Charles to Boothe to Sun Yatsen, Sept. 26, 1910, Charles Beach Boothe Papers, Box 1:3.

求理想结果,希望我的协商最终能够成功,但我无法说多久能达此成功结果"①。这就是说,"长滩协议"的投资方无法兑现承诺。

孙中山在收到布思的信之前,对于后者缺乏进展的情况似有预感。他在9月5日致荷马李信中说,自得知布思6月在纽约"鼓舞人心的消息"后就没有音信,故担心"B先生筹款之事已告落空或延迟";如此,请荷马李"通过另外途径筹取五十万元金元,仅作广州计划之用,而在我们达成第一个目标前,其他行动则暂予搁置";实在没有先汇五万元用于筹备也行②。他还声明:"自我依从你的劝告制止今夏在长江流域和华南的起事以后,我们的全部希望均寄托于在美国的筹款计划。如你和B先生的计划均告失败,则盼立即告知,以便于我在最近自行采取措施。"③因为他的压力在于,如果无法取得来自美国的资金,他也无法向听从他劝告的党人交代,"我的信誉将受到巨大打击",而且将"由于缺乏资金而无力制止今冬将发生的起义"。这就是说,革命党方面的克制也是有条件的,一旦"辛迪加"方面或荷马李无法完成其责任,则革命党人即可解除自己对孙中山的承诺,而孙中山也只能解除对"辛迪加"的承诺。在此背景下,他警告说,如果布思无法完成筹款任务,则对他的革命党"财务代表"的任命将会收回④。这种说法带有明显的策略性,但也将双方关系建立于有条件的协议之性质清晰地呈现出来。

孙中山的两封信除表达了对布思筹款能力的担心外,也透露他和荷马李、布思的"长滩协议",还包括革命行动可"先攻取广州"的"广州计划"⑤。他在稍后给荷马李的函件中所言证实了"第二计划"的存在:"望你进行我们曾谈及的另一计划,尽快为我党筹集若干款项",他提出的数字是25万元,远少于"长滩协议"的350万元⑥。收到布思9月26日的信后,孙中山转向为此较小的计划争取款项,相隔一天先后致函荷马李和布思,除明确表示"只要时机来临,我将不再等待"⑦外,还是希望尽可能地从美国方面筹集资金,希望二人再做努力。他向布思表示,只要能筹到原来所议款项的十分之一到五分之一,"即足以胜利完成整个任务",并再给布思三个月的等待期限⑧。

---

① Charles to Boothe to Sun Yatsen, Sept. 26, 1910, Charles Beach Boothe Papers, Box 1:3.
② 《致咸马里函》(1910年9月5日),广东省社会科学院孙中山研究室等编:《孙中山全集》第1卷,第481页。
③ 《致咸马里函》(1910年9月5日),广东省社会科学院孙中山研究室等编:《孙中山全集》第1卷,第482页。
④ 《复咸马里函》(1910年9月29日),广东省社会科学院孙中山研究室等编:《孙中山全集》第1卷,第485、484页。
⑤ 《致咸马里函》(1910年9月5日),广东省社会科学院孙中山研究室等编:《孙中山全集》第1卷,第481页。
⑥ 《复咸马里函》(1910年9月29日),广东省社会科学院孙中山研究室等编:《孙中山全集》第1卷,第484页。
⑦ 《复咸马里函》(1910年11月7日),广东省社会科学院孙中山研究室等编:《孙中山全集》第1卷,第490页。
⑧ 《复布思函》(1910年11月8日),广东省社会科学院孙中山研究室等编:《孙中山全集》第1卷,第491页。

直到次年黄花岗起义前夕，他还在做布思的工作①。而布思到1911年初，也确实仍然在想办法，如游说新泽西州有影响的人物希尔（C. B. Hill）与孙中山联系②。但最后都无结果。

美国学者卡普兰认为，1911年黄花岗起义的失败，"终结了孙中山从美国私人支持者那里获得资金的机会，也终结了荷马李密谋的命运"，布思、艾伦或其他人都不会再与"如此鲁莽的冒险家共事"③。这是从中国革命历史脉络外部的"他者"视角出发作出的评论。已经为推翻清朝奋斗多年的中国革命者不会为了希望渺茫的外来资金无限期地等待，孙中山实际上也没有约束全国范围内革命者"静待时机成熟"的权能，而艾伦、布思等构想的全国发动——朝夕成功——兑现利益的革命，本身也是因为与中国情势极为隔膜而产生的简单幼稚的幻想。实际上，鉴于当时革命党阵营在各方面之分裂状况，孙中山说他可以约束各方、掌控大局，并不符合实际情况，有关的各种说法显然都是争取美方资金的一个策略。

"长滩计划"的这一结局也再次表明，由荷马李策划的整个"红龙计划"的理念和逻辑未被美国的资本力量认可。荷马李之所以为此坚持了一年多的时间，是因为舍此之外他无法构想出其他介入反清运动的途径。容闳之所以在暮年亦为此计划操劳奔波，是因为他在这个计划中看到了报效祖国的可能性。布思充当了资本掮客的角色，尽管1909年摩根的态度已经表明了真正的金融资本不认可"红龙计划"的基本逻辑，但对于巨大利益的预期仍然令他继续尝试。当然，布思与艾伦仍然有别，他与荷马李的密切关系可能使他在一定程度上希望能帮后者实现抱负。孙中山对"长滩计划"抱有相当大的期待，他当时正如饥似渴地为武装起义争取必不可少的资金。但他并非将自己的整个革命事业"加入"那个计划，而只是寻求与美国资本的代表合作，尝试为这一事业寻求资金来源，革命事业本身始终是第一要务，故不可能如美国策划者那样将革命目标置于资本安全的考量之下，所谓"静待时机"的承诺只是权宜之计。反清革命是这些人一致的目标，但各方的出发点、理念和目标均非一致，甚至截然有别。

"长滩计划"难有结果，但荷马李却继续与孙中山这位"冒险家"发展出一种基于反清革命事业的深厚友谊。这是因为荷马李与那些美国投资家不同，他策划"红龙计划"不得不借助资本力量的帮助，但他的追求却超越于那些世俗利益之上，主要在于精神层面。从荷马李的角度而言，推动中国反清革命的精神在"黄花岗起义"之后还延续

---

① 《致布思函》（1911年3月6日），广东省社会科学院孙中山研究室等编：《孙中山全集》第1卷，第513页。布思在10月21日致函孙中山，表示他个人仍在努力，但不能保证努力会成功，不过仍要求孙中山不要过早发动不成熟的起义。见Charles B. Boothe to Sun Yatsen, Oct. 21, 1910, Charles Beach Boothe Papers, Box 1：3.

② 1910年11月，布思即造访希尔商谈相关事宜。但希尔1月初去欧洲，3月才从欧洲回美国看到布思1月12日的信，答应与孙中山联络，不久黄花岗起义即爆发。见Charles B. Boothe to C. B. Hill, Jan. 12, 1911；C. B. Hill to Charles B. Boothe, Mar. 3, 1911, Charles Beach Boothe Papers, Box 1：5.

③ Lawrence M. Kaplan, *Homer Lea: American soldier of fortune*, p. 165.

着①。他和孙中山在关于革命的理论上并不一致，后者对他的"西太平洋再平衡"的理论不表赞同②。但这种观念差异并未影响二人的合作关系。

1911年6月，即"黄花岗起义"后不久孙中山再次到洛杉矶造访荷马李，二人就反清革命计划进行了秘密的磋商，"就1912年3月发动起义的问题达成了一些决定"，"孙中山授予荷马李在革命后制订中国外交政策之职"③。荷马李与孙中山分手后，先是在田纳西州与他的助手伊瑟尔·鲍尔斯（Ethel Powers）结婚，再携妻子前往美东，在华盛顿游说曾任美国国务卿的参议员罗脱（Elihu Root）等政要支持孙中山的革命④。随后，他们前往欧洲，于7月到达德国的威斯巴登，荷马李在那里接受治疗⑤。

武昌起义爆发后，孙中山发电报给正在疗养的荷马李，请他到伦敦与他会合，游说英国各界人士支持中国革命党。荷马李在10月18日赶赴伦敦。他在那里等候孙中山近一个月（孙11月10日抵达伦敦），11月20日他们一起离开伦敦赴巴黎。在此一个月的时间，荷马李投入全部时间和精力，通过各种渠道试图对英国政界、经济界施加影响。孙中山抵达伦敦后也和他一起活动，希望取得英国人的支持。荷马李运用他的地缘政治理论，游说英美政府支持孙中山，为争取外援，孙中山对此默认并配合。荷马李还再次致函罗脱，要求他说服美国政府支持新的革命政府。1911年11月13日，二人共同署名，向英国外交大臣格雷（Edward Grey）递交一份文件，表示"孙中山的党派希望与包括英、美的盎格鲁-撒克逊结盟"。这份文件声称孙中山掌控了中国大量军事力量，并将被推举为"总统"，希望得到英国政府的友谊和支持，作为回报，新政权将给予英美比其他所有国家都优越的条件和利益⑥。罗脱回信说他作为参议员和对外关系委员会成员，只有在总统的顾问向其咨询外交政策时才能提出建议⑦。虽然所有努力都收效甚微，特别是在争取贷款方面毫无收获，但荷马李的这种竭尽全力的无私帮助，仍令孙中山深为感动。11月16日，孙中山前往荷马李下榻的宾馆，任命身着戎装的荷马李为其总

---

① 荷马李1909年出版《无知之勇》，他将此著作的日文版版权收入全部捐献给孙中山作为革命经费。详细情况见陈丹：《孙中山与荷马李〈无知之勇〉在日本的译介》，《广东社会科学》2020年第3期。

② 对于荷马李特别批评的英日关系，孙中山认为英日同盟的续订与否"和我们毫无关系"，日本在近期不会发动战争，故"在新的征服者准备动手之前，我们尚有余裕改造中国"。见《复咸马里函》（1911年8月10日），广东省社会科学院孙中山研究室等编：《孙中山全集》第1卷，第532—533页。

③ Lawrence M. Kaplan, *Homer Lea: American soldier of fortune*, p. 166.

④ 荷马李写信给曾任美国战争部长的参议员罗脱（《无知之勇》即题献给这位参议员，后者非常欣赏这部著作），要求他支持孙中山，包括寻求向孙的起义提供贷款，罗脱回信表示此事他无能为力。见Elihu Root to Homer Lea, Sept. 19, 1911, The Joshua Powers Collection, Box 1：60。荷马李显然向孙中山通报了自己努力的情况，孙中山在复函中说："得悉你在政府和国会的努力获得巨大成就，至为振奋。"详见《复咸马里函》（1911年8月10日），广东省社会科学院孙中山研究室等编：《孙中山全集》第1卷，第532页。

⑤ Lawrence M. Kaplan, *Homer Lea: American soldier of fortune*, p. 167.

⑥ 此件为打印件，无标题，附于英国军火商道森致格雷函后，见Trevor Dawson to Sir Edward Grey, Nov. 15, 1911, The Joshua Powers Collection, Box 4：7。

⑦ Elihu Root to Homer Lea, Dec. 19, 1911, The Joshua Powers Collection, Box 1：60.

参谋长①。在来华途中，荷马李还接受报界采访，宣传他的理论②。

荷马李一路伴随孙中山，于12月21日抵香港，12月25日到达上海。其后直至他因病于4月初返回美国，他在中国三个多月，以下几件史实值得注意：

（1）到上海后，荷马李接受英文《大陆报》等报刊访谈，透露自己乃孙中山之参谋长，引起美国外交部门的干涉和威胁（因违犯美国法律），但他对此予以愤怒的回应。

（2）荷马李参加了孙中山的临时大总统就职典礼，被孙聘为军事顾问。由于美国政府的态度，孙的革命党同僚也不会同意给予他"参谋长"职位③。

（3）荷马李可能参与过南北战事。黄季陆的《国父军事顾问——荷马李将军（初稿）》中，有一份陈其美麾下"北伐先锋队"司令刘基炎的布告，称陈"不日偕同美国陆军大将郝门李君暨孙中山先生来观本队操法"④。荷马李在给出版商贝尔福德（Robert J. Belford）的信中说，他参加了北上沿着津浦线向北推进作战的一支军队，并"在1月下旬将我的司令部从铁路线上的蚌埠（音Peng Fu）移到一个东北方向靠近大运河的村子"⑤。这段话出自他回美国几个月后的回忆。如果属实，则他参加了一些军事行动。

（4）荷马李可能与南北和谈有一定关系。在南京临时政府成立后的南北和谈中，在北方活动的美联社记者罗素·肯尼迪（Russell Kennedy）与在南京的荷马李有较多联系。他在1912年1月17日写信给荷马李，说："唐绍仪认为您建议博士（孙中山）不要跟袁世凯做任何交易，是这样吗？"他认为如果和谈破裂必定导致战火重燃而中国将四分五裂，"但如果满洲退位且按博士的意愿达成良好协议——他最终也就获胜了"。他

---

① 有关荷马李这段时间所做的努力，及其与孙中山之间的互动，参见Lawrence M. Kaplan, *Homer Lea: American soldier of fortune*, pp. 168-175。黄季陆认为荷马李对于中国革命的最大贡献，在于在英期间协助孙中山办理外交，"使英国政府暂时持中立态度，并停止两笔大借款，逼使当时的满清政府陷于外援的绝望，财政的枯竭，因而不得不宣布退位"[《国父军事顾问——荷马李将军（初稿）》，第11页]。英国政府也正式取消对孙中山在香港等处登岸的禁令。见A. Trevor Dawson to Sir Edward Grey, Nov. 15, 1911（同日两封），The Joshua Powers Collection, Box 4：12。

② 他分别在邮轮抵达槟榔屿和新加坡时，接受报纸访谈，宣传其扶助中国、削弱日本、抗击俄国的观点，并公开批评英日同盟。见：Frederick Chapin的荷马李传记打印稿, pp. 294-295, The Joshua Powers Collection, Box 4：4; "Dr. Sun Yatsen, Revolutionary Leader in Singapore", *The Singapore Free Press*, Dec. 18, 1911。

③ 黄季陆谓荷马李为"中山先生辛亥在南京就临时大总统时所聘的军事顾问……是名正言顺的一位中国革命政府的将军"[《国父军事顾问——荷马李将军（初稿）》，第16页]。1911年11月18日英国记者科尔库汉（Archibald R. Colquhoun）报道说，孙中山将"回国组织一个在荷马李将军指导下的军政府"（《纽约时报》转引，见"Says Rebels have Called Sun Yatsen", *New York Times*, Nov. 18, 1911）。从文章内容来看，其信源可能包括孙中山和荷马李本人。

④ 黄季陆：《国父军事顾问——荷马李将军（初稿）》，第16、17页；伍廷芳等对荷马李的排斥，参见Lawrence M. Kaplan, *Homer Lea: American soldier of fortune*, p. 178。

⑤ Homer Lea to R. J. Belford, "Draft I. The Story Letter", circa November 1912, The Joshua Powers Collection, 1：7。按：原文极为潦草，此处参考Kaplan, *Homer Lea: American soldier of fortune*, p. 181 抄正文本。

质问:"究竟是你提出反袁的建议,还是池亨吉或安德森干的?"① 从这封信可知,至少在北方势力看来,孙中山身边的这位美国顾问是反对将权力移交给袁世凯的。

荷马李的辛壬中国之行未能实现自己的抱负,即统率大军奋战疆场建功立业。他在 2 月 11 日忽然中风,险些命丧异域②。孙中山关照全力抢救,他得以醒来并维持生命,经一段时间治疗在 4 月 12 日离开上海返回美国。他在疗养恢复期,仍然念念不忘回到中国"与孙逸仙一起工作"。但他在 10 月 27 日再次中风,11 月 1 日在家中去世③。东西方两位革命者的关系也就此划上句号。

结　语

在荷马李的思想中,反清兴华是满足"西太平洋再均衡"战略目标的一个环节,因此在其理论体系中具有重要意义。按《无知之勇》序言所说,该书在 1905 年《朴茨茅斯条约》签订后基本上就完成了。《撒克逊之日》亦非朝夕酝酿而出,通过"中国复兴"以"重建东方均衡"的想法在其完稿前数年即已形成。可见荷马李策动推翻清朝的"红龙计划"(包括"长滩计划")就是在他思考、写作这两部地缘政治学著作的同时进行的。他在武昌起义爆发后明确地将其反清活动与英美的地缘政治利益联系在一起,可以说体现了他的政治愿景。

荷马李的现实活动却主要围绕反清革命而展开。档案显示,他有不少未刊作品与中国相关。其中一部未竟之作标题为《中国之觉醒》,保存的纲目显示其主要内容为中国近代历史,结论部分论述"中国之前途"④。针对当时甚嚣尘上的"黄祸论",他拟以整章篇幅论证"黄祸论的兴起乃是基于假象,中国过去的历史已证明其为谬误"⑤。

---

① Russell Kennedy to Homer Lea, Jan. 17, 1912, The Joshua Powers Collection, Box 1: 38. 按:池亨吉(Ike Kuok H.)乃日本记者,荷马李《无知之勇》的日文译者,孙中山曾委托他为筹款人;安德森似指美国驻香港总领事乔治·安德森(George Anderson)。半个多月后肯尼迪再次致函荷马李,称南北达成协议后局势稳定,孙中山将在政府内任总理,且将获得很大影响(见 Russell Kennedy to Homer Lea, Feb. 5, 1912, The Joshua Powers Collection, Box 1: 38)。

② 关于荷马李的病发情况,《国父军事顾问——荷马李将军(初稿)》一书所述不确(见该书第 20 页)。据荷马李主治医生厄班内克(M. Urbanek)的报告:"荷马李将军在 1 月曾患流感,但直到 2 月 11 日他都是完全康复的,这天早晨他突然倒下。"(见"Medical Report by Dr. M. Urbanek", Apr. 6, 1912, The Joshua Powers Collection, Box 4: 7)荷马李后来接受洛杉矶一份报纸采访时回忆,他是在早晨 6 点骑马上山时突感眼前发黑、晕眩,被人送进医院的,"医生说我的前额有一条血管破裂"。见 Lawrence M. Kaplan, Homer Lea: American soldier of fortune, pp. 182–183。

③ 有关荷马李最后的日子,见 Lawrence M. Kaplan, Homer Lea: American soldier of fortune, pp. 183–187; Eugene Anschel, Homer Lea, Sun Yat-sen, and the Chinese revolution, pp. 176–179。

④ 荷马李拟订的著作纲目保存在《约书亚·鲍尔斯专藏》(手写稿,The Joshua Powers Collection, Box 3: 2)中。该纲目包括 30 章,主要内容是鸦片战争后的晚清史。他写完了"本书旨趣"("Purpose of the Work")部分,确定了各章主题,附有中国历史 6 个"周期"的断代和说明,以及简略的中国朝代年表。上文引述的《新中国的血色黎明》,是结论"中国之前途"的一部分。他在去世前向夫人表示,他的写作计划还包括一部 12 卷本的中国史,5 卷本国际政治著作,和 1 部小说(Lawrence M. Kaplan, Homer Lea: American soldier of fortune, p. 184)。

⑤ Homer Lea, The Awaking of China, outline (manuscript), The Joshua Powers Collection, Box 3: 2.

他的另一手稿标题为《保卫中国》，他评估中国军事能力，提出必须恢复人民尚武精神，建立统一国防军和全国性防务体系，探讨抵抗日本和欧洲国家进攻之道①。1907年的《中国能战吗？》一文认为，中国具有优秀的军事传统，曾长期保持辉煌的战争记录②。该文以"干城学校"军事训练照片为配图，意在表明经过新式训练，中国能够拥有强大的现代军队并再次崛起。

反清兴华是荷马李竭尽全力追求的现实目标，而地缘政治理论则是现实活动的逻辑归宿。在他那里，两种目标可以相互整合，并具有各自的重要性。他对中国文明复兴的期待是发自内心的。他将追求拿破仑式伟大功业的个人梦想寄托于中国之变革，认为中国终将成为"最强大的国家"，而"他的使命就是引导中国实现此国运"③。可以说他对中国事务有更多的情感寄托。这种情感令孙中山等人深为感动，在他去世之后，孙中山及其他国民党人与他的家人保持了长期的友谊。他和妻子的遗骨在1969年移葬于台北，亦为证明。

围绕"红龙计划"展开的反清活动表明，清末革命具有广泛且多元的国际影响。中国尽管在近代饱受列强侵略欺凌，在清政府统治下国势衰弱，民生凋敝，但因拥有悠久的文明、庞大的人口、辽阔的幅员和丰富的资源，在世界体系中依然具有重大影响。内外因素共同作用下的、旨在改变国运的反清革命运动，成为国际上众所瞩目的重大事件。既往研究揭示了世界各国各种势力与反清革命种种联系的大量史实。但荷马李等异邦人士策划的"红龙计划"，试图借助美国资本的力量，整合中国的革命势力，酝酿发动大规模的反清革命行动，则是绝无仅有的个案。荷马李这样具有自己思想观念和理论体系的活动家和布思、艾伦这样怀着利益冲动的金融界人士，从各自政治理念或利益追求出发，决心投身于反清事业，表明20世纪初中国的革命运动，在遥远异域的"他者视角"下，被当作具有重大意义的全球事件。这是我们认识辛亥革命之国际影响不应忽略的一个角度。

"红龙计划"虽然具有独立于中国革命主流之外的特殊背景和自身的逻辑与脉络，但因为容闳、孙中山的先后加入，它在特定视角下也可以看作清末革命运动的一个部分。容闳一生奔走国事长达数十年，曾长期为清朝效力，但庚子事变后他在种种因素影响下转向反清，即使身在美国，仍与国内反清志士建立了联系，参与相关活动。他在垂暮之年加入"红龙计划"，再次为国尽力。他在此过程中所提出的观念和主张，乃是基于他所参与的清末变革运动的历史脉络，从而为荷马李和布思等人策划的这个庞大的反清计划引入来自中国的"本土视角"。而容闳参与"红龙计划"的这段经历，也使他可以跻身革命活动家的行列。对同盟会领袖孙中山而言，围绕"长滩计划"开展的活动则是他长期革命生涯的一个片段。我们从孙中山与美方人士之间的互动中看到，后者希望孙中山为首的中国革命力量能够配合他们的宗旨与节奏，而孙中山则通过策略性的言论

---

① Homer Lea, *The Defense of China*, typewritten, no date, pp. 1-28, The Joshua Powers Collection, Box 2: 41.

② Homer Lea, "Can China Fight?" *The World Today*, Feb. 1907.

③ 荷马李与纽约报纸记者艾尔文（William Irvin）的谈话，见 Lawrence M. Kaplan, *Homer Lea: American soldier of fortune*, p. 122。

和做法，力图使这一计划成为他准备发起的大规模行动的财政来源，也就是将它当作其领导的革命运动的一部分。这个计划之目标虽然最终并未达成，但如同孙中山领导的多次失败的反清活动一样，它仍然构成了辛亥革命史中一个不应忽视的独特环节。无论是作为反清革命之域外回应的一个典型事例，还是作为"本土视角"下辛亥革命运动一个独具特色的部分，"红龙计划"都是我们研究辛亥革命史不应忽略的一段重要史实，对于我们在更广阔的视野中进一步认识辛亥革命运动的曲折过程与深刻影响，均具有重要价值。

原载《中山大学学报（社会科学版）》2023年第4期

第三辑

海外学者之历史研究

国家与礼仪：宋至清中叶珠江三角洲地方社会的国家认同[*]

［英］科大卫

人类学注意仪式，与儒家提倡礼教在一定程度上表现出相同的倾向。人类学作为一门学问，假设人与人的关系表现于"仪"；儒家作为一种学说，认定人与人的关系根本于"礼"。两者的共同点在于把"仪"或"礼"放到理论的核心。但是，人类学讨论的"仪"，指的是文化产生的设定程序，近似于戏剧的剧本；而儒家所指的"礼"，则源于天理产生的必然定律。所以，假如还是用剧本来比喻设定行为的程序的话，在天理的安排下，剧团演来演去只能演一出剧本。

自宋到清中叶，儒家教化的目的，就是推广这一出剧本，以天理规范的礼教取代地方的风俗。在珠江三角洲，这个目的并没有完全达到，但推广礼教的结果，却扶持了一群以保障"礼教"为己任的士人，发展了一些为国家所认可的地方礼仪。通过这些礼仪，边缘的地方得以归入国家"礼教"的秩序之中。

在珠江三角洲，从北宋到清中叶，这个礼仪的演变过程，可以分为四个历史阶段。

第一阶段始于北宋元祐二年（1087），广州知州蒋之奇初到任，行释奠礼，见广州学宫简陋狭隘，新而广之。[①]10年后，章楶在绍圣三年（1096）记其事，说明这次兴办学校的来龙去脉。原来庆历中（1041—1048），仁宗诏天下兴学，当时广州只有西城蕃坊里的夫子庙，"其制度迫陋，不足以容生徒"。后有郡人刘富，不但捐资，而且亲自建学。但到"始将完"之时，转运使陈安道却"陋其卑陋，止富勿修"，动用官款另建学校。[②]蒋之奇行释奠礼的地点，相信就是这里。可见自庆历至元祐的40年，广州的学宫一直在扩大。据《宋会要》载，仁宗朝多次诏州县兴学。[③]转运使陈安道、知州蒋之奇兴办学校可以从这里得到解释，但夫子庙建在蕃坊，郡人建学宫被止二事，却需要作进一步的考析。

---

[*] 1999年2月25日，我校举行仪式，聘任英国牛津大学中国研究所科大卫博士和香港中文大学历史系朱鸿林博士为历史系客座教授。在聘任仪式上，二位教授分别以"国家与礼仪"为主题发表学术演讲，两个演讲主题相同，研究的角度与风格却迥异，均反映出当前国际学术界对中国历史研究的一些新的取向。承蒙两位客座教授应允，现将他们的学术演讲发表在此。

① 广州市地方志编纂委员会办公室编：《元大德南海志残本》，广东人民出版社1991年版，第156—160页，引《永乐大典》之《蒋之奇撰广州州学记》。

② 前引《元大德南海志残本》，第160—164页，引《永乐大典》之《章楶撰广州府移学记》。

③ 《宋会要辑稿》卷五十六，（台北）新文丰出版公司1976年版，第2174—2175页。

关于这一点，我们在章棨有关广州文化状况的论述中，可略见端倪：

> 四方之人，杂居于市井，轻身射利，出没于波涛之间，冒不测之险，死且无悔。彼既殖货浩博，而其效且速，好义之心，不能胜于欲利，岂其势之使然欤？①

北宋时，广州是个繁荣的海港，蕃坊就是商业繁荣的地方。刘富是否蕃人我们无从可知，但他是个富有的人，则应该没有疑问。更值得注意的是，蒋之奇除了兴学外，还"取前代牧守有清节者……十人，绘其像，建十贤堂祀之"②。从礼仪的角度来看，行释奠（即祭孔夫子），建学宫，建十贤堂以崇祀有功的官僚，禁止当地人随便建学宫这几件事都有异曲同工之处，就是官僚机构把祭祀视为一种专利，把兴办学校、祭祀孔夫子和前代贤吏变成一种官方的宗教活动，可以把办理这些事务的权利收回。这是礼仪演变的第一阶段。

然而，祭祀前代贤吏并没有成为广州读书人所实行的礼仪的一个很重要的部分。从宋末至明代，广州读书人关注的主要是广东出身的士人，而并非外来的贤吏。广州士人按照自己的一套正统观念，所祭祀的先贤可上溯到唐代的张九龄、北宋的余靖、南宋的崔与之和宋末的李昴英。这样的正统观念和崇祀先贤的序列，与理学在广东的发展有很深的渊源。理学在广东的出现，标志着珠江三角洲的礼仪演变的第二阶段。

珠江三角洲的张九龄崇祀，由来已久。蒋之奇《广州州学志》便提到张九龄的名字。在蒋之奇兴建儒学以前，即太平兴国年间（1008—1017），韶州知府已经建立了纪念张九龄的风采楼。③熙宁三年（1071）侬智高乱后，余靖也因为保障韶州而得到崇祀。④蒋之奇在广州兴建儒学，比这些事情要迟，但理学在广东的开始，则又比蒋之奇兴建儒学晚了50年，大约始于绍兴十六年（1146）张浚被贬至连州之后，浚子栻在粤北开始推广理学。明黄佐《广东通志·张栻传》记："浚为书院于嘉鱼池之左，栻亦开书堂以讲学。"其后，浚迁湖广，栻随之，"广州学者多从之游"⑤。从张栻学的学者，可考的有好几个，如简克已，南海人，曾"远游湖湘，师事南轩张木式者数年，讲性理之学，以真知实践为事功"⑥。又如黄执矩，高要人，"厌科举之文，慕濂洛之学，从胡寅、张栻游，讲明正道，参订中庸、大学之义以训后进"⑦。可见张栻在广东、湖南讲学，培养了一些以传授理学自居的学者。

在礼仪的转变方面，比较关键性的发展是韶州相江书院的建立。相江书院乃韶州知

---

① 前引《元大德南海志残本》，第160—161页。
② 黄佐：《广东通志》卷四十七，明嘉靖四十年刻，广东省地方史志办公室1997年版，第54—55页。
③ 前引嘉靖《广东通志》卷十六，第38页。
④ 前引嘉靖《广东通志》卷三十，第23—24页。
⑤ 前引嘉靖《广东通志》卷五十三，第34—35页。
⑥ 前引嘉靖《广东通志》卷五十七，第21—22页。
⑦ 前引嘉靖《广东通志》卷五十七，第22—23页。

州周舜元于乾道六年（1170）建，教授廖德明淳熙十年（1183）增修。主祀周敦颐，配享程颐、程颢。增修时，朱熹为之记其事，其中一段记录廖德明致朱熹函如下：

> 韶故名郡，士多愿悫，少浮华，可与进于道者，盖有张文献、余襄公之遗风焉。然前贤既远，而未有先生君子之教，以启迪于其后。虽有名世大贤来官其地，亦未有能枢衣请业而得其学之传者，此周候之所为卷卷焉者，而德明所以奉承于后而不敢怠也。①

由此可见，理学师承的正统，与前朝崇祀贤吏，完全是两回事。

廖德明在嘉定四年至六年（1211—1213）任广州知州，"立师悟堂，刻朱熹家礼及程氏诸书"②。有关这段时间广州理学兴盛的概况，黄佐在《广东通志》的《简克巳传》中有如下记载：

> 崔与之……被召往来谒见，皆执弟子礼，北面再拜，克巳受之。廖德明师广，日往见之，时延至郡斋讲论旧学，每谛听，必拱立。其为名流所重如此。③

这段资料的真实性值得怀疑。崔与之在广州最有名望的时候，是他在嘉定十五年（1222）退休回来以后。到端平二年（1235）摧锋军之变，他已经能够登城和他们"论祸福"。④廖德明在广州的时候，崔还在外面做官。不过，这段资料却如实地反映了明中叶广州士人对本地理学的演变的看法。南宋初年，广东理学以韶州为中心，至南宋末，广州的地位则愈见重要。虽然崔与之自己写的理论文章不多（差不多没有），但他极力支持理学的活动。例如，他对李昴英等学生加以提拔，又鼓励东莞知县许巨川修建东莞儒学。崔在嘉熙三年（1239）去世，两年后，理学家陈淳门人诸葛珏任番禺知县，建番禺县学，印行陈淳的讲学笔记。⑤淳祐二至七年（1242—1247）方大琮任广州知州。方大琮在元祐二年为《朱子家礼》作序，在广州期间，恢复乡饮酒礼。广州遂成为理学在广东的中心。⑥

元大德二年，崔与之家祠建成，广州"路学儒官"前往致祭，宋末进士何成子为此事写了祭文，其中有云：

---

① 前引嘉靖《广东通志》卷三十八，第11—12页。
② 前引嘉靖《广东通志》卷四十八，第28—29页。
③ 前引嘉靖《广东通志》卷五十七，第22页。
④ 《宋丞相崔清献公集》外集后卷，道光三十年重刻，香港1976年版，第7—10页；李昴英：《崔清献公行状》。
⑤ 李昴英：《文溪存稿》，见《题诸葛珏〈北溪中庸大学序〉》，暨南大学出版社1994年版。
⑥ 前引嘉靖《广东通志》卷五十八，第19—20页；卷四十八，第43页；吴道镕：《广东文征》卷三十五《李昴英东莞县学经史阁记》，香港珠海书院1997年版，第424—427页；方大琮资料见Patricia Buckley Ebrey, *Confucianism and Family Rituals in Imperial China*, Princeton University Press, 1991，第48页注13。

> 唐之中否，天生文献，将以扶之不能也；宋之将微，天生清献，亦将以扶之，又不能也。二公皆以直道落落于时，而清献所遭之时，抑又异夫开元之际矣。自端平更化，当宁虚辖，白麻造门，中使络绎几千里，公辞至十数，竟不起。此其胸中熟知进退存亡得丧之节，尚以曲江之出为戒。夫岂以富贵利达动其心。荣其子孙，耀其乡邦，如前所云者。①

何成子在元朝写下这些话，无疑是对时局有感而发。现存最早的珠江三角洲地方志《大德南海志》，就是在这样的情景下编纂出来的，其目的也是记录类似的心态。

元末社会动荡不安，加上科举中断，对士人的社会观造成很大的冲击。针对重建社会秩序的需要，明太祖一方面恢复科举，另一方面则提倡里甲制度。中国历史的里甲制度，往往很容易被人误解。首先，我们应该明白，里甲不能在短时间内在全中国马上得到推行。另外，对认为传统中国是中央集权的历史观，我们也应该抱有一点怀疑的态度。翻阅里甲的法令，我们很容易会有一种错觉，以为整套制度都是由中央颁布，地方按法令予以实施。其实，如果我们把《大明会典》礼仪的部分和里甲的部分相互参照，我们便明白，与其把里甲看作中央下达到地方的政策，不如把它看成是中央对地方拜祭团体的承认的结果。宋元以来，地方上的社神祭祀，已经很清楚地界定了地方社会的合作范畴。明朝规定对地方神只定时拜祭，也同时肯定了地方拜祭范畴的合作安排。所以，明初的乡和村——我们可以统称为地域社会（日本学者称之为"共同体"）——在里甲和地方宗教上有很清楚的概念。在珠江三角洲，关于这一点的历史资料，明代的比较多见，宋元者则绝无仅有。②

不过，空泛地讨论地域社会，很难说明地方与中央在礼仪方面相辅相承的关系。以下透过一个稍为复杂的例子，可望能够清楚地阐明这个论点。这个例子就是元末明初广东士豪，后来被明太祖封为东莞伯的何真的部属关敏家族的经历，其中反映了田产和祭祀密不可分的关系。

关敏传见黄佐《广东通志》。③洪武元年，明朝征南将军廖永忠授他巡检权，未授官，"贼衔之，乃聚众复围其乡"。敏在乡战死。这句"贼衔之"到底反映了当地人对他的巡检权有什么看法，现在已不可考。但是，他死后，明政府赐他敦武校尉兵马指挥司副指挥，"表其乡曰忠义，令有司立祠，岁时祀焉"。另《广东通志·舆地志》有顺德黄莲乡忠义乡亭的记载。亭有匾，题"忠义乡"三个字。④孙蕡《黄莲乡敦义祠纪事》是当代立祠的记录。⑤据关氏族谱载，关敏至正九年（1349）生，洪武元年（1368）卒，所以他死的时候只有20岁。关敏没有子女，父亲只有一子三女，所以由另

---

① 前引《宋丞相崔清献公集》外集后卷《祠堂诗序》，第16页。
② 有关明代里甲制度，见刘志伟《在国家与社会之间——明清广东里甲赋役制度研究》，中山大学出版社1997年版，第92—118页。
③ 前引嘉靖《广东通志》卷五十九，第8页。
④ 前引嘉靖《广东通志》卷十六，第4页。
⑤ 前引《广东文征》卷五十六，第439页。

房过继。①因此，要了解他聚居地的家族关系，需要从他祖父一辈开始。

据族谱载，他的祖父良辰原居南海山南乡，"元朝迁居黄莲茅谕里，今贯顺德县东涌乡，都黄莲堡，九圆六甲民籍，户名绳武，世居黄莲忠义乡忠国坊报功里"。良辰以下几代的世系如下图（长幼次序从右往左排列）所示：

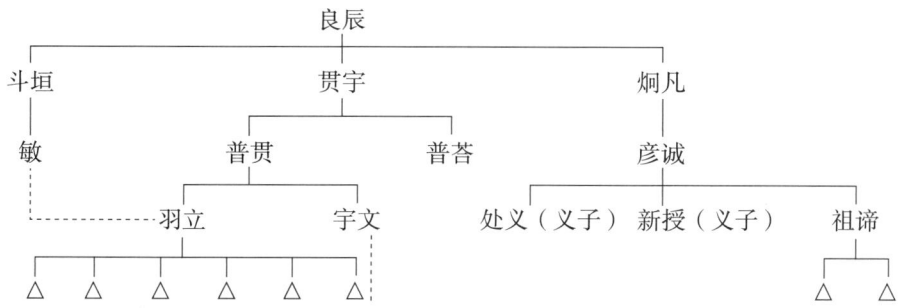

这个以良辰为始祖的家族在第二代以后分为三房，长房的四世祖禘（1369—1425）"屡蒙旌奖……洪武二十七年（1394）倡大义赈集碣石卫军"；二房三世长子普苔（1346—　）"因逆犯抄抜，田地二十一顷入官，后逃亡，故绝"；三房三世敏无子女，但因协助明朝政府平定广东，由朝廷立祠奉祀，同时，关敏一房显然有相当规模的恒产，他妹妹出嫁时也有奁田随嫁。因此，在这个家族中，同时立有祠庙祭祀和财产较为丰厚的是关敏一房，此时，由于家族祠堂还没有建立，家族祭祀很可能是以关敏的祠庙为中心。但由于关敏早故无后，有可能继承其祭祀香火和财产的只有长房和二房下面的羽立一支。但长房的嫡子被垛集为军户，似乎另外立籍了，两个义子或另立户籍，或充军北京。于是，关敏的祠庙祭祀和财产，显然都由过继的羽立继承下来。同时，由于羽立的次子过继给其兄宇文，该家族贯宇和斗垣两房的财产和以关敏祠庙为中心的家族祭祀，遂控制在羽立一支的子孙手中。这个例子反映了继嗣关系、土地控制与祭祀的礼仪之间有密切的关系。

第三个时期的礼仪变化，就是由明初到成弘年间（14世纪中到15世纪末），在里甲体制的主导下，以地方和中央在税收和财政的关系为核心，族谱、田产、拜祭的相互发展。珠江三角洲士人在这个变动之内，以礼仪思想维系地域社会，但是也因为受到动乱的冲击，景泰年间以后再产生了比较大的变动。当时所用的术语，这类礼仪的规范一般称为"乡礼"。"乡礼"这个名词并不代表没有家族的成分，关敏的例子已经说明控制田产与家族承传的关系。而珠江三角洲最主要的"乡礼"，即新会知县丁积和新会名贤陈白沙合编的《礼式》，主要的内容还是《朱子家礼》。②比《礼式》早的，有《唐氏乡约》，比它晚的，有黄佐的《泰泉乡礼》。③在《泰泉乡礼》以后，比较普遍的乡村礼仪手册就称为"家训"，其中比较有名的有《庞氏家训》和霍韬的《霍渭崖家训》，

---

① 广东省图书馆光绪二十三年抄本，编号K0.189/789，误著录为《顺德卢氏族谱》。
② 万历三十七年《新会县志》卷二，第46—53页。
③ 《唐氏乡约》见于前引《广东通志》卷五十九，第48页。《泰泉乡礼》收于《四库全书》经部。

以及很多只收在本家族谱的不同版本的家训。①这类书籍的演变是很有代表性的,因为到了嘉靖年间,礼仪的模式又出现了很大的变动。

在讨论嘉靖年间礼仪的演变之前,值得一提的是动乱对礼仪的影响。我们研究历史,谈到地方和中央的关系,往往都从动乱出发,好像地方和中央的关系完全被征税和抗税的矛盾所控制。其实情况并非如此,动乱——不论是元末的动乱,还是后来在珠江三角洲很有影响的萧养之乱或之后的"瑶乱"——最主要的作用,就是制造出地方与中央互动的行政和文化根据。通过动乱时期的分化,地方上冒升出来的新兴阶层,依靠中央可以接受的理据来决定地方上的权益。②在广东尤其是"瑶乱"对礼仪推广很有影响。但是,"瑶乱"是个复杂的问题,问题不在于"瑶人"为什么叛乱,而在于"平瑶"制造了推广"教化"的机会。成化年间,广东"瑶乱"至烈的时候,"平瑶"很成功的陶鲁,就是支持"除寇贼,化之为先,杀之,不得已也"的主张的。③陈白沙之所以成功,就是因为他以礼教配合陶鲁。但是他和丁积的乡礼,并没有超越朱熹的《家礼》。家族的演变,发生在礼仪变化的第四个阶段。

第四个阶段就是在嘉靖年间发生的宗族制的正统化。在这一段珠江三角洲的历史中,一方面有魏校任广东提学时的毁"淫祠"活动,同时也有士人兴建"家庙"的发展。毁"淫祠"部分目的是反对佛教。到万历年后,因为几个高僧的活动,基本上把儒佛的关系倒过来。但是,宗族修谱建祠的活动,一直延续到清代。我们现在所认识的所谓"传统中国"的"传统",很大部分就是这个演变的创造。④

一直以来,地方官禁止"淫祠"的例子屡有所见。魏校禁"淫祠"独特的地方,在于他的全面性。他禁的是没有列入明朝"祀典"(也就是明朝的法律)的地方神祇和佛寺。在他禁风俗的一段论述中,字里行间对巫觋和僧道仪式作了一定的区别:

> 禁止师巫邪术,律有明条。今有等愚民自称师长,火居道士,及师公师婆圣子之类,大开坛场,假划地狱,私造科书,伪传佛曲,摇惑四民,交通妇女,或烧香而施茶,或降神而跳鬼。修斋则动费银,设醮必喧腾闾巷,暗损民财,明违国法。甚至妖言怪术,蛊毒采生,兴鬼道以乱皇风,夺民心以妨正教,弊故成于旧习,法实在所难容。尔等小民,不知死生有命,富贵在天,且如师巫之家,亦有灾祸病死,既是敬奉鬼神,何以不能救护;士夫之家,不祀外鬼邪神,多有富贵福寿。若说求神可以祈福免祸,则贫者尽死,富者长生,此理甚明,人所易晓。今我皇上,一新正化,大启文风,淫祠既毁,

---

① 《霍渭崖家训》收录在《涵芬楼秘笈》,1924年版;《庞氏家训》收在道光《岭南遗书》,有《丛书集成》版。

② 有关明代里甲制度,见刘志伟《在国家与社会之间——明清广东里甲赋役制度研究》,中山大学出版社1997年版,第92—118页。

③ 有关这个问题,可参阅拙著:David Faure, The emperor in the village: representing the state in south China, Joseph P. McDermott ed. The State and Court Ritual in China, Cambridge University Press, 1999, pp. 267-268.

④ 参阅拙著:《明嘉靖初年广东提学魏校毁"淫祠"之前因后果及其对珠江三角洲的影响》,周天游编:《地域社会与传统中国》,西北大学出版社1995年版,第129—134页。

邪术当除。汝四民合行遵守庶人祭先祖之礼，毋得因仍旧习，取罪招刑。①

由此资料看，修斋和建醮都是浪费，"兴鬼道"乃是"乱皇风"。当然，乡间佛教、道教和所谓邪术有很多重叠的地方，但是，从这一段来看，反巫觋活动和建立正统是有关系的。佛教在万历年间回复以前的兴盛后，士人在理论上反对巫觋活动的态度基本上没有改变。

家庙和家族的发展则比较复杂。我们首先要明白，慎终追远并不是家族唯一的目的。家族的礼仪，是《大明律》根据《朱子家礼》规定的。朱熹等儒学家在南宋提出家礼的年代，庶民不能为祖先立庙。地方上的庙不是神祇的庙就是贵族（或皇族）为祖先所立的庙。庶民供奉祖先的地方，有在坟墓，有在佛寺（所谓功德祠），也有在家里。当时的祠堂，不是在乡村里建立的独立的庙宇，而是在坟墓旁建的小房子。又因为代表先灵的象征不一定是牌位而是画像，所以拜祭的地方亦有称为影堂。宋儒的改革，实际上就是针对这些形形式式的祖先拜祭办法，把祖先和神祇的供奉严格划分。朱熹主张"君子将营宫室，先立祠堂于正寝之东"。他对这一句话的解释说明他用祠堂这个名词来代表祖先祭祀的地点，完全是因为配合当代的法律："古之庙制不见于经，且今士庶人之贱亦有所不得为者，故特以祠堂名之。"朱熹主张祠堂的格式，即"三间外为中门，中门外为两阶，皆为三级，东作阼阶，西作西阶，阶下随地广狭以屋覆之，令可容家众叙立"这几句，收录在明初编的《明集礼》，作为祠堂的规模。②然而，宋儒所提倡的我们可以称为家庙式的祠堂的建筑物在当时尚未有法定地位，所以到嘉靖十五年（1536）夏言上疏请"诏于下臣工建立家庙"，"品官家庙"才制定，规定"官自三品以上为五庙，以下皆四庙。为五庙者，亦如唐制，五间九架，厦两旁隔板为五室。中袝五世祖，旁四室袝高、曾、祖、祢。为四庙者，三间五架，中为二室，袝高、曾，左右为二室，袝祖祢"。万历《大明会典》"品官家庙"项下，就是根据这次诏令写的。与此同时，夏言亦疏准许天下臣民于冬至日祀始祖。至此，祭祖的法定地位才得到确定。③

嘉靖年间的法律改革与当时的"大礼仪"很有关系。霍韬、方献夫等在"大礼仪"中支持嘉靖维护孝道的官员，同时也支持在地方上毁减"淫祠"。这些官僚中有好几个是广东人。明中叶后，因为得到这些人的推动，家族制度在广东发展得特别快。其结果就是庶人（平常人的家族）可以像明初的贵族家庭运用同样的礼仪拜祭祖先。④

有关这个过程在珠江三角洲的演变，比较精彩的记载有以下新会潮连乡嘉靖三十三年（1554）"旧祠堂记"一段：

---

① 前引《泰泉乡礼》卷三，第17—18页。
② 《朱子家礼》，引自《朱子成书》，元至正元年刊，见 Patricia Buckley Ebrey, *Chu Hsi's Family Rituals*, Princeton, 1991, pp 184-212。"祠堂"部分见于第184—185页；另，徐一夔：《明集礼》，见《四库全书珍本》。"祠堂制度"见于卷六十六。
③ 王圻：《续文献通考》卷二一五，明万历刊，第24—27页。
④ 有关"大礼仪"可参阅阎爱民：《"大礼仪"之争与明代的宗法思想》，《南开史学》1991年第1期，第33—55页。

余初祖宣教翁，宋末，自南雄迁居古冈华萼都三图四甲潮连乡芦鞭里。迄今十三四世矣。九世孙永雄，独慨然祖祭无所，愿立祠焉。和之者，七世孙荃也、九世孙永禄也、锦也。爰集众议，佥是之，永禄翁遂捐己输该蒸尝之资，率众购地于乡社之左。成化丁未腊月，四翁督工，建一正寝祠焉。为间者三，崇有一丈九尺，广与崇方则倍其数。爰及弘治甲寅，九世孙宗弘者、璧者，慨未如礼，又购地建三间焉。亦如之。外设中屏，东西两阶。至正德戊辰，十世孙协者，又凿山建一后寝焉。广方舆正寝稍狭阶级之登正，崇与正寝八尺有奇。厨两间，东西余地若干。其董治之劳，辍家事，冒寒暑，日旦弗离，经昼忘疲，且费无靳色。若七翁者，不可谓不重本也。麟（本文作者——引者按）幼学于给事中余石龙先生之门，议及初祖之祠，请撰一记。先生曰：庶人此举，僭也，弗许可。麟退而考诸群书，及司马影堂之说，与一峰罗氏，亦祖程氏以义起之云。盖与朱子疑祢之说，并行不悖。诚所谓报本反始之心，尊祖敬宗之意，实有家名分之受，而开业传世之本也。乃知不迁之祠，未为不韪也。①

从这段资料看，从成化到嘉靖，新会潮连卢氏一直扩建一所符合《朱子家礼》所定的典范的祠堂。但是，迟至嘉靖初年，请人写记文的时候，还是被认为是不合规格。"僭"就是有超越社会等级的意思。然而，到了嘉靖三十三年，这段经过已经可以记录下来了，因为到了那个时候，不仅品官家庙已经合法化，而且建家庙已经变成了一个切合时尚的活动。

郑振满先生的《明清福建家族组织与社会变迁》一书，对宋至明建祠的演变有很详尽的研究。他说，从南宋至明初，建祠活动尚未普及，祠堂的规制也不统一。明代前期的士绅阶层，对建祠活动还颇有怀疑，长期为祠堂是否合于"礼"而争论不休。他引用弘治二年（1489）的碑记来说明时人也注意到家礼的影响：

昔者，程子尝祀始、先祖矣。紫阳夫子本之，著于《家礼》，后疑其不安而止。我太祖洪武初，许士庶祭曾、祖、考。永乐年修《性理大全》，又颁《家礼》于天下，则远祖祖祀亦通制也。然设位无尊祠。今莆诸名族多有之，而世次盒位家自为度。②

这是嘉靖年间以前的事。到了嘉靖以后，同书说："明中叶前后，由于建祠之风盛行，福建沿海各地的依附式宗族得到了普遍发展。在规模较大的聚居宗族中，祠堂已被视为不可或缺的统治工具。"③

为什么礼仪在社会中扮演了一个这样重要的角色？我认为是因为在传统社会中，宗

---

① 《新会潮连芦鞭卢氏族谱》卷二十五上，第2页。
② 郑振满：《明清福建家族组织与社会变迁》，湖南教育出版社1992年版，第159页。
③ 郑振满：《明清福建家族组织与社会变迁》，湖南教育出版社1992年版，第165页。

教和法律的结合往往是透过礼仪表达出来的。经济的演变、赋役制度的更替、社会发展的历史趋势，都推动着礼仪的修改。通过接受礼仪的改动，中央和地方相互之间的认同得到加强。从南宋到明中叶，礼仪改革是权力交替理化性的表现。地方社会依靠接受以中央为核心的士人政权以延续其本身的发展。以往中国礼仪历史的研究，没有注意具体的、地方性的和历史的因素。我们现在提倡的礼仪研究，是建立于已有多年学术传统的地方史上的。在这方面，我们从已故的梁方仲教授和傅衣凌教授的研究中已经得到不少启发。配合社会经济史的研究，我们可以了解礼仪的演变如何表现了整个社会在形式上对各方面的反应。例如，在嘉靖年以后，家庙和宗族变成一个控产机构，在没有公司法的年代，扮演了一个商业团体的功能。这样的方法之所以可行——如果我们用现代的观念解释的话——主要是因为祖先变成了控产的法人，也就是说，一个宗教的观念，变成了一个法律的观念。①

原载《中山大学学报（社会科学版）》1999年第5期

---

① 有关这个问题，可参阅拙著：David Faure, The lineage as business company: patronage versus law in the development of Chinese business, The Second Conference on Chinese Economic History, Taipei, 1989, Institute of Economics, Academia Sinica, 1989.

瑞典与中国的知识交流

[瑞典]马悦然著，张振江译

在20世纪初之前，瑞典与中国之间的知识交流不但相当稀少，而且这些寥寥可数的交流在时间上还彼此间隔甚远。瑞典第一部关于中国的亲身经历的描述是由Nils Mattson Kiöping①于1667年出版的。他是位航海家兼探险家，于1654年到过中国沿海地区。此外，17世纪的瑞典还出版了两部篇幅较小的博士论文，当然，它们都是按照当时的惯例用拉丁文写成的。一本是1694年开始的，讨论中国的万里长城；另一本开始于1697年，是关于中华帝国的。18世纪，瑞典开始较多地出版有关中国的学术论著，反映出瑞典人对由在华耶稣会士的报告转介而来的中国文化的认识。耶稣会士所描述的中国文化使人觉得中国是个杰出的国家，由仁慈而且睿智的君主统治。

但迟至20世纪初期，中国才最早开始尝试对瑞典社会进行描绘。著名的中国学者康有为（1850—1927）在1898年改革中国的努力失败后，于1904—1906年间在瑞典逗留。康有为关于瑞典的著作手稿迄今尚未在中国大陆出版，1956年，他的女儿康同璧把手稿给了我。1971年，我的瑞典语译稿面世，台湾正在着手出版手稿本（作者按：马悦然主编《康有为瑞典游记》中文版2007年10月已由香港商务印书馆出版）。康有为在瑞典的时候，瑞典还是个很贫穷、很落后的国家，但对康有为来说，她已经是天堂了。

随着1731年瑞典东印度公司的建立，瑞典的若干自然科学家、博物学家可以访问中国了，其中有几位是林耐（Carl Linnaeus，1707—1778）的信徒。

到了18世纪下半叶，异域风情的中国映像对瑞典的思想和历史的发展起了重要的推动作用。国王古斯塔夫三世（King Gustav Ⅲ，1746—1792）的母亲Lovisa Ulrika皇后（1720—1772）天赋极高，她既对欧洲的知识发展了如指掌，又对中国的事物怀有极大的兴趣。1753年7月24日Lovisa Ulrika皇后生日那天，建于"皇后岛"花园的"中国宫"献给了她，以作为她33岁的生日礼物②，这可以看作是瑞典人长久以来追求中国艺术风格（chinoiserie）的结果。同一天，皇后还主持了瑞典皇家文学、历史、文物学院成立大会，这个学院是由她创建的，目的在于提高瑞典的文学创作和学术研究的水准。为了这次会议，皇后专门传召来了5位社会名流，其中之一是政府政务会委员（Government Councillor）Carl Fredrik Scheffer（1715—1786）先生，他在巴黎任职瑞典领事10年，刚

---

① 本文出现的人名，如已有通行的中文译名，则直接写出中文译名；如无或者少为人知，则径录原名。

② 译注：现在看到的中国宫是约于1771年重建的。关于此位皇后以及本文提及的部分其他瑞典著名学者，可参考：马悦然，Swedish Sinology：A Historical Perspective。

从巴黎回国。

在巴黎期间，Carl Fredrik Scheffer与米拉波（Marquis de Mirabeau，1715—1789）成为了朋友。米拉波是法国重农学派的代表人物之一，认为农业是国家的经济命脉，他终于在中国发现世界上有这么一个国家实现了重农学派的执政思想。Carl Fredrik Scheffer做过王储的指导者（governor），他尽了最大的努力来影响他的这位皇族学生，即后来的古斯塔夫三世。

到了19世纪，瑞典人对中国的迷恋有了相当程度的减弱，这是当时的国际形势变化的结果。

由于许多特别有利的因素，20世纪上半叶成为瑞典的中国研究的黄金时代。在这50年中，斯文·赫定（1865—1952）、高本汉（1889—1979）、安特生（1874—1960）和喜龙仁（Osvald Sirén，1879—1966）等学术巨人出版了大批关于远东、特别是关于中国的涉及领域广泛的划时代著作。

地理学家兼探险家斯文·赫定在柏林接受教育，师从李希霍（一译李希霍芬，Ferdinand Pau Wilhelm Richthofen，1833—1905）。李希霍是自然地理学的一个分支地貌学的创建者之一，地貌学研究地球表面的形态特征。在1893年至1897年、1899年至1902年、1905年至1909年期间，赫定组织了三次大规模的中亚远征探险，中亚后来成为了他主要的研究领域。他这几次远征探险的主要成就，包括在塔克拉玛干沙漠里发现两座古老的佛教城市（丹丹乌里克和卡拉敦）、调查"游移湖泊"罗布泊以及发现楼兰古城遗址。他的第二次远征探险的成果以《1899—1902年中亚科学考察报告》（*Scientific Results of A Journey in Central Asia，1890—1902*）为题出版，为研究早期中国和西方的贸易路线提供了新线索。在第三次远征探险活动中，赫定证明了喜马拉雅山脉的存在，并且绘制了青藏高原的部分地图。

1927年，受德国国家航空总公司（Luft-Hansa）的委托和部分赞助，赫定又回到中亚探险，探索开辟中国和欧洲空中航线的可能性，以期建立欧洲和远东间的贸易联系。除去几次短暂的离开外，赫定此后在中亚和中国一直呆到1935年，其间他领导了由瑞典和若干国际组织资助的大量的探险和研究工作。1933年，中国政府委托赫定调查沿古商路建立公路的可能性，这项任务花费了他两年的时间和精力。

1927—1935年远征探险的科学发现汇编成《斯文·赫定博士领导的中国西北省份科学考察报告》（*Reports from the Scientific Expedition to the North-Western Provinces of China under the Leadership of Dr. Sven Hedin*），现在已经累积至56卷，部分书稿仍在出版中。

1927—1935年中国—瑞典联合考察过程中，赫定得到了五十多位杰出专家的帮助，他们分别来自瑞典、中国和德国，从事不同领域的研究。在这些专家中，以Folke Bergman（1902—1946）的科学发现对中国的人文、社会科学领域产生的影响为最大。Folke Bergman在内蒙古居延附近的中国古边境线发现了竹简①，这一跨时代的发现开辟

---

① 译注：赫定等在居延地区（当时属甘肃，今属内蒙古）发掘出来的汉简习惯上称为居延旧简，新中国又组织了进一步考察，所得习惯上称为居延新简。新、旧简总计三万余枚，其中，最早的纪年简为汉武帝太初三年（公元前102年），最晚者为东汉建武六年（公元30年）。

了历史学和古生物学研究的一个新分支。这些竹简可追溯到公元前1世纪至公元1世纪，对我们了解汉朝（206B.C.—220A.D.）的军事组织有重要意义。整个20世纪的二三十年代，赫定与我尊敬的老师高本汉（后者当时是东亚语言研究所教授，稍后出任哥德堡大学校长）保持着密切的通信联系，这些联系使两位学者间产生了相互尊重和友谊。在1930年12月的一封信中，赫定邀请高本汉参加竹简破译工作。高本汉从哥德堡复信表示同意，但条件是得有位中国专家在北京做同样的工作。最后，决定把这个研究职位交给北京大学的一个年轻教授刘复（即刘半农，1891—1934）和中央研究院创建者之一、同时也是现代中国知识分子中最重要人物之一的蔡元培（1868—1940）的一个女弟子。不幸的是，刘复还没有来得及接受这个职位就去世了。如果时间允许的话，我非常愿意详述这两位学者，他们深受高本汉景仰。

1913年，赫定获选为瑞典学院（Svenska Akademien）院士后，急切盼望能找到一位合适的中国籍诺贝尔文学奖候选人。他在一封信中请高本汉推荐候选人，可惜这封信件没有保存下来。高本汉在1924年12月20号的复信中先是提及当时的中国社会和政治最新发生的种种急剧变革，然后写道："中国知识分子就他们最感兴趣的所有这些变革写了大量论战文章进行辩论，但如果从文学角度而言，这些论辩则没有多少可取之处。依我的判断，新的中国在散文或诗歌方面还没有出现真正重要的作家。因此，不管梁启超、章太炎和胡适等人的最重要的著作对中国读者来说可能是多么重要、多么能够引起共鸣，一旦译成了西方文字，却毫无欣赏价值可言。因此，我认为尚无法为诺贝尔奖确定一位中国候选人。"在信的结尾，高本汉说他将"和北京的一位年轻教授讨论此事，他是中国新文学革命的领导人之一，也是我的好朋友之一，正在巴黎做研究。要是他能够推荐某位人选，而中国的其他顶尖学者也认为可以和西方最好的作家或者可以与泰戈尔相媲美的话，我会立即悉心阅读他的作品，然后向你报告"。高本汉信中提到的北京年轻教授，除了刘复，不会是其他任何人①。

高本汉给赫定的信中提到梁启超（1873—1929）、章太炎（1868—1936）和胡适（1891—1962），这些人在传统中国向现代国家转变的过程中各自起到了极其重要、但又颇为不同的作用。

高本汉给赫定的信显露了一个讯息，国际上公认为西方汉学领军人物的高本汉，1924年12月时显然还没有读过鲁迅（1881—1936）于1918—1922年间发表在各种文学杂志上的众多作品，也没有阅读过于1923年结集出版的《呐喊》这本书。1922年短暂的中国之行中，高本汉没能抽空读一读当时中国的文学作品。

有一个传言，说作为瑞典学院的院士，赫定间接联系上了鲁迅，问他是否愿意接受诺贝尔文学奖。据说，鲁迅拒绝了提名，并断言按照他的意见当时还没有哪一个中国作家足以获得这个奖项。

赫定并没有放弃为诺贝尔文学奖找位中国候选人的念头。1940年，他提名林语堂（1895—1976）。就在同一年，林语堂的好友赛珍珠（Pearl Buck，1892—1973）也

---

① 译注：高本汉随即写信给刘复讨论，刘回信推荐了鲁迅和梁启超。高本汉关于此事的信现仍存，但刘的回信已遗失。参考《鲁迅全集》第11卷，北京：人民文学出版社，1981年，第580页。

提名林语堂。高本汉应邀为这一提名发表评论时,写了不少好话称赞林语堂的《吾土吾民》(1935)、《生活的艺术》(1937)、《京华烟云》(1939)等作品。但由于1940—1943年间因为战争没有颁发任何诺贝尔奖,这一提名没能成功。1950年,赛珍珠再次提名林语堂,瑞典学院对这一提名有兴趣,但认为林语堂的主要作品都是用英语写的,因此代表不了中国文学。

赫定自述其探险经历的书广受欢迎,已经翻译成了很多种语言,其中就有中文版。这些书激起了瑞典读者对远东的浓厚兴趣,也使中国学术界对瑞典探险者的毅力、智慧、英勇和公平产生了深刻印象。

高本汉在中国语言学的诸多方面都有重大贡献,这些成就使他成为他那个时代最伟大的汉学家。在这篇短短的发言稿中,我只能涉及他最重要的少数论著。

1910年,年仅20岁的高本汉登上了从瑞典开往上海的货船。由于此前他只在列宁格勒大学学过几个月的中文①,因此,他在船上继续学习汉语。他在中国北部的山西省太原的大学堂谋得了德语和法语讲师的教职,从而得以对中国北部为主的多种汉语方言进行实地调查。经过对调查所得的方言材料与成书于公元601年的韵书《切韵》的改订本《广韵》(成书于1008年)和宋朝(960—1279)的若干韵图进行比较之后,高本汉终于构拟出了7世纪早期中国标准语的语音特征。他的研究结果于1915—1926年间以Etudes sur la phonologie chinoise为题发表。1940年,3位杰出的中国语言学家赵元任(1892—1982)、李方桂(1902—1987)和罗常培(1899—1958)将其译成中文,书名为《中国音韵学研究》。可以说,这本著作奠定了中国现代方言学和音韵学研究的基石。

完成了他称为中古汉语的语音构拟以后,高本汉本人仍然不满足。以《诗经》的用韵为基础,他对更早的汉语展开了研究。《诗经》是本诗歌总集,所包括的诗歌时代可以上溯至公元前11到前7世纪。除使用了《诗经》的韵读以外,高本汉还利用了汉字的一种特点——差不多超过90%的中国汉字都由两部分组成:形旁,提示该字大致的意义范围;声旁,表示该字大致的读音。在充分借鉴了清朝(1644—1911)许多著名学者艰苦研究成果的基础上,高本汉得以构拟出公元前600年上古汉语的语音系统。他的中古汉语和上古汉语构拟成果概括体现在Grammata Serica, Script and Phonetics in Chinese and Sino-Japanese(1940)这一字典中②。

高本汉充分意识到他自己作为学者的价值,但同时,他总是时刻乐意表达对古、今中国学者的感激之情。在《中国音韵学研究》中文译本的序言里,他首先对清朝的伟大学者们表达了敬意,接着阐明了现代中国学者的贡献:"一个西方人怎么能梦想和他们相比?这班现代中国学者完美地掌握文言和整个中文典籍世界,完全可以把他们的研究活动扩展至整个中国文化领域,而西方人唯一能作的事情,就是使自己努力熟悉这一领域的一个小角落,并在那做出他的些微贡献。这样,他仍然能够为他所仰慕和热爱的这

---

① 译注:当时称为圣彼得堡大学。1909年10月到次年2月,高本汉在该校学习汉语,与后来成为俄国著名汉学家的伊凤阁是同学。

② 译注:1997年,中国学者潘悟云、杨剑桥、陈重业、张洪明等根据其修订本以《汉文典》为名将其译成中文并出版(上海:上海辞书出版社,1997年)。

个国家、这个民族、这个文化略尽绵薄之力。"

高本汉所进行的上古汉语的构拟,为对最古的中国文学样品进行有洞察力的语文学研究提供了又一途径,这些作品大都是儒家的经典著作,如《诗经》和《尚书》。《尚书》文辞古奥警牙,是最古老时代以来的一些政治协议文献的汇编。

高本汉的上古代汉语构拟也为文本批评和早期文献的鉴定提供了锐利的工具。即使是在这些领域,高本汉也起了重要作用。

1918—1939年间,高本汉荣任哥德堡大学东亚语文学和文化教授。这段时期,他关于早期中国语言的研究大体上全部完成了。1939年,他成为安特生教授的继承人,接任远东文物博物馆馆长一职。此后,高本汉把时间和精力放在对早期中国青铜器装饰品的研究上。由于把语文学研究方法应用于青铜器装饰品的研究,他成功地建立了早期青铜器年代学,这到现在仍然卓有成效。

与赫定一样,高本汉也是一位普及读物作家。他关于中国语言、思想、历史、宗教和知识文化的著作广受欢迎,激起了瑞典读者对中国伟大文化遗产的兴趣。他的中文名字是高本汉("高,本来是汉人"),确实起得好[①]。

瑞典远东收藏馆(the Far Eastern Collections,后来改名为远东文物博物馆,the Museum of Far Eastern Antiquities)的建立与当时的Gustav Adolf王子(后来的国王Gustav Ⅵ Adolf)密不可分,他是当今国王Carl XVI Gustav的祖父。Gustav Adolf王子年轻时在乌普萨拉大学学习古典文学和北欧考古学以及欧洲艺术史,1908年的访问伦敦之旅使他对中国瓷器产生了兴趣,后来扩大为对中国陶器、青铜器、玉器以及漆器等都有兴趣。1921年,王子当选为(瑞典)中国委员会的主席,这个委员会于此前两年成立,为的是给从1914年起就在中国进行考古研究的安特生提供财政支持。

1906年,地质学家安特生获委任为考古学教授和瑞典国家地质调查所所长。1914年,安特生放弃了这个职位,接受了中国政府的农商部矿政顾问一职,直到1924年才卸任。在河南省仰韶村附近进行的地质考察中,安特生发掘出大量新石器时期的史前古器物及陶器。1923—1924年间,甘肃省发掘出了不下于五十处新石器时期遗址。1925年,安特生回瑞典时带回了大量的出土史前文物。根据与中国政府的协议,其中的部分文物在瑞典经过全面检测和分类后要送回中国。不幸的是,送回中国的这批文物的大部分在1930年代的中国与日本之间的战争中遗失了。1926年,安特生获委任为远东考古学教授和远东收藏馆馆长。

1928—1935年间,Orvar Karlbeck(1879—1967)代表中国委员会在中国多方购买添置,这使得远东收藏馆的馆藏大为增加。1906年,Karlbeck还是个毛头小伙子,当时他到中国旅行,此后,留在中国做了20年的铁路工程师,这条铁路最终连接了上海和北京。1939年,高本汉继安特生之后出任远东收藏馆馆长。

1959年,远东收藏馆和瑞典国家美术馆的东亚馆合并为远东文物博物馆,喜龙仁教授把国家美术馆的绘画和雕刻收藏品合为一体。喜龙仁教授是国际上公认的他那个时代

---

① 译注:高本汉曾经说"我姓高,名字叫本汉,因为我本来是汉人"。见《中国音韵学研究》中文版(北京:商务印书馆,2003年)"译者序"。

最杰出的中国艺术专家之一（同时，喜龙仁还是位杰出的摄影家。在20世纪30年代访问中国期间，他拍下了大量的有关建筑和具有重要文化意义的场景的图片。我一生的奢望之一，就是举办个摄影展，一并展出喜龙仁在30年代拍摄的景物与现在拍摄的景物，做一个今昔对照的摄影展，要是这些景物还存在的话）。

1963年，博物馆终于搬进现址，位于一个小岛上靠近国家美术馆的一处建于18世纪的建筑内。由于得到大量的捐赠，特别是国王古斯塔夫·阿道夫六世把他丰富的私人收藏品捐献出来，博物馆的藏品大为增加。

翻译刺激了知识交流，发挥了很大的作用。早在17世纪末，儒家典籍已经翻译成拉丁文，从而为欧洲人所知。但直到18世纪的前25年，才出现了从拉丁文转译过来的瑞典文的儒家著作文集。1928年，高本汉出版了一部极好的选集，收录先秦中国思想家的著作。另一个杰出的翻译家是传教士福克，他在1920年代出版了译自道家《庄子》和《道德经》的瑞典语译作，以及一本中国其他古代思想家著作的选集。

把中国近、现代纯文学作品（长篇小说、短篇小说、诗歌和戏剧）直接从汉语翻译成瑞典语，这要到上个世纪中期才开始大量出现。中国近代五部伟大小说中的三部，即《水浒传》《西游记》和《红楼梦》，都翻译成了瑞典语。在现、当代中国小说家和诗人中，其作品译为瑞典语的小说家有鲁迅、老舍、巴金、茅盾、沈从文、孙犁、浩然、张贤亮、王蒙、高行健、莫言、苏童、余华、虹影、李锐、曹乃谦，诗人有郭沫若、闻一多、艾青、冯至、卞之琳、北岛、顾城、舒婷、芒克、杨炼、江河和其他人。这个名单仅仅只代表差强人意的开始，要做的还太多！

原载《中山大学学报（社会科学版）》2008年第3期

晚清"睡狮"形象探源

[日]石川祯浩

序言——缘起

2004年，梁启超研究不可或缺的《梁启超年谱长编》（丁文江、赵丰田编，上海人民出版社，1983年）日文版出版了①。该日文版的最大特点有二，即在校订汉语原著基础上进行了准确的翻译，并加了丰富的译注（共3940条）。历时十年而成的大量译注与书后的人名索引以及别名一览表，极大地提高了该书的利用价值。笔者也曾参与该书的翻译，并承担了部分译注。但有几个问题最终没能解决，其中最大的问题与戊戌年（1898年）梁启超在北京召开的保国会上所作的演讲有关。

1898年4月21日（闰三月初一日），保国会第二次会议于北京召开，梁启超在会上演讲，敦促中国士大夫奋起。他说：

> 嗟乎，昔曾惠敏作《中国先睡后醒论》，英人乌理西（英之子爵，今任全国陆军统帅）谓中国如佛兰金仙之怪物，纵之卧则安寝无为，警之觉则奋牙张爪，盖皆于吾中国有余望也。②

知道了"乌理西"即吴士礼（Wolseley）、"佛兰金仙"即弗兰肯斯坦（Frankenstein），那么，这段演讲翻译起来本来并不困难；但实际上却大费了一番周折。问题源于译注。日文版译注就"曾惠敏"（即曾纪泽）、"乌理西"（即吴士礼）、"佛兰金仙之怪物"分别有如下注释：

【曾纪泽】（1839—1890），字劼刚，湖南湘乡人，曾国藩长子，近代中国著名早期外交家。离开欧洲外交舞台后的1887年1月，曾在伦敦的《亚洲季刊》（*Asiatic Quarterly Review*）上用英文发表《中国先睡后醒论》（原题China, the Sleep and the Awakening），表达了中国现任外交官的国际政治立场，引起了广泛瞩目。后该文经颜咏经口译、袁竹一笔述被收入《皇朝蓄艾

---

① 丁文江、赵丰田编，岛田虔次编译：《梁启超年谱长编》（共5卷），东京：岩波书店，2004年。
② 丁文江、赵丰田编：《梁启超年谱长编》，上海：上海人民出版社版，1983年，第111页。此处引用，依据《国闻报》第209号（1898年5月31日）、《知新报》第55册（1898年6月9日）就有关字句作了补正。

文编》。该文以北洋海军的建设等军备现代化为中国觉醒的根据，主张强兵应先于富国，强化国势须从速充实外交。后来，持变法论立场的何启、胡礼垣认为曾的这个主张不彻底，并在其《曾论书后》（《新政真诠》）中予以强烈批判。

【吴士礼】（Garnet Joseph Wolseley, 1833—1913），英国军人。1857年初次来华执行军务，参加第二次鸦片战争，战后主张援助清朝镇压太平军。后在英属非洲殖民地历任军政要职，1894年升任陆军元帅，翌年任英国陆军总司令。著有 *Narrative of the War with China in 1860*（Longman, 1862），该书记录了他在中国的经历。

【佛兰金仙之怪物】英国女作家玛丽·雪莱（Mary Shelley）创作的怪异小说中的人造人（Fran-kenstein，今译"弗兰肯斯坦"）。小说出版引发广泛热议是在1818年，因此，吴士礼以此比喻中国并不奇怪。<u>梁启超是如何知道吴士礼的比喻的，不得而知</u>；但他在1899年发表的《自由书·动物谈》（《饮冰室合集·专集》2，第43—44页）中提到，有一个叫"佛兰金仙"的人造怪物沉睡在大英博物馆，还说曾纪泽曾称其为"睡狮"或"先睡后醒之巨物"。但曾纪泽上述<u>《中国先睡后醒论》等文章里，并没有类似表述</u>。[①]（下划线为笔者所加）

笔者编写这段译注时最感困惑的是第3条。分条列目地解释小说《弗兰肯斯坦》（*Frankenstein*：*or the Modern Prometheus*）是由英国人雪莱创作的等并不难；问题在于，梁启超是如何知道吴士礼曾以此比喻中国的。还有，如上所述，梁启超在翌年即1899年发表的另一篇文章中不仅也有类似描述，还将其与曾纪泽的言论（《中国先睡后醒论》）结合起来，更说佛兰金仙之怪物就是"睡狮"。进一步探讨则会隐约发现，我们熟知的近代中国的象征即"睡狮"这一表述（字句），其实最早就出现在梁启超1899年的这篇文章中。也就是说，"睡狮""吴士礼""佛兰金仙之怪物"之间似乎有着密切的关联。

但是，在编写译注的过程中，笔者最终没能搞清来龙去脉，只好暂作"梁启超是如何知道吴士礼的比喻的，不得而知"、关于"睡狮"以及"佛兰金仙之怪物"，曾纪泽的文章中"没有类似表述"。本来，日文版译注的目的，正在于就此类模糊、暧昧的事项为专门研究提供信息，而并不在于对常见事项作一般性说明。因此，笔者一直认为上述语焉不详的注释是一种耻辱，试图得到一个更清晰的解答。

另一方面，由于中国国际地位的上升和史学界有关象征性符号的研究取得进展，这几年围绕"睡狮"这一表述起源的研究日趋活跃。代表学者是费约翰（John

---

[①] 《梁启超年谱长编》（日文版）第1卷，第379—380页。

Fitzgerald）氏和单正平氏①。费约翰极力否定人们熟知的那句"中国（睡狮）醒来时，整个世界都会震撼"的话是出自被囚禁在圣赫勒拿岛的拿破仑之口，说那纯属谣传。他的主张大体如下：

> 拿破仑谈论中国觉醒一事纯属谣传，没有任何的法文书面资料能够证明这句话是拿破仑说的。将它归功于拿破仑，未免剥夺了晚清官员们［指曾纪泽］的知识产权，正是他们，在19世纪末最早让世界注意到了中国的兴起。②

在此，费约翰强调，在19世纪大谈睡狮中国将要崛起的正是中国的知识分子，具体而言，就是从曾纪泽的《中国先睡后醒论》开始的。

单正平则在其著作中单立一章，专门分析"睡狮"说的发生过程，并在涉猎了众多资料后得出结论，强调了曾纪泽和梁启超在其中的作用。他说：

> "睡狮"说的发生过程可能就是：曾纪泽命名博物馆机器人为睡狮（姑妄信其有），且在题画诗中对狮子的特征及其在中西方文化中的象征意义有所提示——英国人将弗兰金仙的命名转述给日本人（？）——梁启超读日文报刊而知此说法——梁启超撰《动物谈》——黄遵宪、邹容等人继而援用。但这仅仅是推测，尚缺乏事实的依据。③

毋庸讳言，单氏的这项研究，其资料基础非常扎实，大大缩小了我们和真相的距离。但是，单氏自己也承认，还缺乏决定性证据。总之，单氏的结论也还有待进一步探讨。

由于这几年中国在政治、经济上的崛起，以及举办奥运会而催发的爱国热情的高涨，中国是"睡狮"这一话题近来重新升温，"睡狮"作为洗雪近百年屈辱的象征而再次引起人们热议。笔者也想借此机会来洗雪编写译注时留下的耻辱。

一、探源之一

上述单氏的研究，无疑为我们探讨"睡狮"说的起源提供了许多启发，但也留下了几个问题。主要有三点：（1）单氏称梁启超初次谈及弗兰肯斯坦（或曾纪泽《中国先

---

① John Fitzgerald, *Awakening China: Politics, Culture, and Class in the Nationalist Revolution*, Stanford: Stanford University Press, 1996（汉译：李恭忠等译《唤醒中国：国民革命中的政治、文化与阶级》，北京：生活·读书·新知三联书店，2004年）；单正平：《近代思想文化语境中的醒狮形象》（《南开学报》哲学社会科学版2006年第4期，收于单正平《晚清民族主义与文化转型》，北京：人民出版社，2006年）。

② 费约翰：《中文版序》，《唤醒中国：国民革命中的政治、文化与阶级》，第2—3页。

③ 单正平：《晚清民族主义与文化转型》，第130页。就那句预言是否出自拿破仑之口，单氏认为费约翰之说理由并不充足，拿破仑有可能的确说过。

睡后醒论》），是发表于1899年的《自由书·动物谈》①，暗示可能存在来自日本的影响；但如本文序言所述，至迟在来日前即1898年4月21日在保国会上作演讲时，梁启超已在谈论弗兰肯斯坦和曾纪泽。（2）包括《中国先睡后醒论》在内，曾纪泽的文集中并没有"睡狮""佛兰金仙"这样的字句。（3）同样，吴士礼的著作中，也没有把中国比作"睡狮""弗兰肯斯坦"的语句。

要解决这三个问题，关键要弄清第一个问题，即梁启超在保国会所作演讲的内容来自何处。梁启超此前数年在上海购得《瀛寰志略》后"始知有五大洲各国"②，而这时却能够谈论吴士礼和弗兰肯斯坦，是因为他不久前读到了天津《国闻报》刊载的一篇文章。这篇文章就是王学廉译自英文的《如后患何》（译自英国《国运报》1898年1月1日），文章主张中国有可能觉醒并存在潜在威胁，文后并附有严复的按语③。其部分内容节选如下：

> 我英现任陆师大元帅某君，曾于数年前论中国事谓：中国民众四百兆假天生拿破仑于其中，奋其才勇以为之君，振长策以鞭笞宇内，数年之后，欧洲之人将绝迹于亚东而太西种族将为所逼处。（严按语：所谓现任大元帅者盖乌理西子爵，其平居论中国之大可用同此。彼盖得于戈登也。）
>
> 中国既寤之后，则将为佛兰金仙之怪物。斯怪者任其卧则安寝无为，警之觉则大奋爪牙起为人害。……呜呼，佛兰金仙之怪物一机械之巧耳，知之则不足畏。若夫，中国物博人众，用西国之法以困西国之民，其将为欧洲之害，迥非金仙怪物所可比者，是则大可畏也。（严按语：佛兰金仙怪物者，傀儡也，见于英闻秀谐理之小说，傅胶鞭革，挺筋骨以为人，机关枨触，则跳跃杀人，莫之敢当，惟纵其酣卧乃无事。论者以此方中国，盖亦谓吾内力甚大；欧之人所以能称雄宇内者，特以吾之尚睡未醒故耳。）

对该文中有关吴士礼和佛兰金仙的表述与梁启超在保国会上的演讲作一比较即可发现，梁在演讲中几乎原文引用了该文的内容。而按语也表明，严复不愧为当时首屈一指

---

① 《清议报》第13号，1899年4月（收于《饮冰室合集·专集》2，北京：中华书局，1989年）。
② 梁启超：《三十自述》（1902年），《饮冰室合集·文集》11，北京：中华书局，1989年，第16页。
③ 《国闻报》（天津）1898年3月22日。严复按语部分，今收于王栻主编《严复集》第1册，北京：中华书局，1986年，第78页。遗憾的是，据称刊登了该译文原文的《国运报》的英文名称不详。

的西学学者,对吴士礼的一贯主张①、小说《弗兰肯斯坦》的著者及其内容等,都有相当准确的把握。当然,在当时的情况下,要将怪物弗兰肯斯坦的形状、印象准确地传达给中国读者,几乎是不可能的。因此,我们也就不可能知道包括梁启超在内的读者在读了按语后会产生怎样的想象。唯一肯定的是,梁启超等想象中的怪物形象与我们现在通过各种途径获得的形象是有巨大区别的;而且,从他们将此形象投射到沉睡的中国身上这一点看,他们对这个怪物的理解似乎是正面的。

《国闻报》刊载的这篇译文和严复的按语,都没有涉及梁启超在保国会演讲时提到的曾纪泽的《中国先睡后醒论》。如后所述,当时关心时局的人,都已经比较熟悉曾纪泽的这篇文章。梁启超是把自己读过的曾纪泽的主张和《国闻报》刊载的译文巧妙地结合了起来,并以此激励参加保国会的变法派人士。在这个意义上讲,梁启超在保国会上的演讲,充分发挥了他作为一个宣传家的杰出才能。

二、探源之二

梁启超在保国会演讲之后,又有两次谈论过弗兰肯斯坦(睡狮)。一是流亡日本后所写的《自由书·动物谈》(1899年4月),再一次是《瓜分危言》(1899年5—8月)。有关部分引用如下:

> 梁启超隐几而卧,邻室有甲乙丙丁四人者,呫呫为动物谈……丁曰:"吾昔游伦敦博物院,<u>有人制之怪物焉,状若狮子</u>,然偃卧无生动气。或语余曰:子无轻视此物,其内有机焉,一拨捩之,则张牙舞爪,以搏以噬,千人之力,未之敌也。余询其名,其人曰:英语谓之<u>佛兰金仙,昔支那公使曾侯纪泽,译其名谓之睡狮,又谓之先睡后醒之巨物</u>。余试拨其机,则动力未发而机忽坼,螫吾手焉。盖其机废置已久,既就锈蚀,而又有他物梗之者。非更易新机,则此佛兰金仙者,将长睡不醒矣。惜哉!"梁启超历历备闻其言,默然以思,愀然以悲,瞿然以兴,曰:呜呼!是可以为我四万万人告矣(下划线为笔者所加,以下同)②。
>
> 其故,"英人"皆坐未深知中国腐败之内情,以为此庞大之<u>睡狮</u>终有撅起之一日也,而不知其一挫再挫,以至于今日。……曾惠敏曾对英人大言曰

---

① 吴士礼曾多次说到,中国只要有拿破仑那样的人物出现,就会成为凌驾于西方各国之上的强国。例如,吴士礼自传(*Wolseley, the Story of a Soldier's Life*, Westminster: Archibald Constable & Co. Ltd., 1903)这样写道:"就人口方面而言,没有任何国家能与中国相比。在这个巨大帝国的任何角落,他们的习惯和生活方式都是相通的。在我看来,中国人是这个世界上最优秀的人种,他们将是世界上未来的伟大统治者。我一直这样认为,现在也这样想。中国只是没有彼得大帝或拿破仑那样的人物而已。"(vol. 2, p. 2)而通过译载西方杂志的文章,中国国内也对吴士礼的观点有所了解。请参阅:《中国实情》,《时务报》第10册,1896年,译自上海《字林西报》(*North China Daily News*)1896年10月17日;《论东方之害》,《外交报》第117期,1905年,译自《康顿白烈报》(*Contemporary Review*)1905年5月。

② 《自由书·动物谈》,《饮冰室合集·专集》2,第43—44页。

中国先睡后醒之巨物也。故英人亦有佛兰金仙之喻。①

《自由书·动物谈》采用转述传闻的方式来描述弗兰肯斯坦；但是，考虑到他在保国会上的演讲，几乎可以肯定这是梁启超自己创作的故事。值得注意的是，在保国会演讲一年之后所写的这篇文章中，梁的讲述又增加了一些新的信息。他说英国人称之为"佛兰金仙"的人造怪物就在大英博物馆内，并且长着狮子的模样；而曾纪泽曾将其译为"睡狮"或"先睡后醒之巨物"。依笔者管见所及，这是清末最早出现"睡狮"二字的文章。更重要的是，此处第一次出现的"睡狮"，已经明确就是弗兰肯斯坦之怪物。在上述《国闻报》刊载的译文、严复的按语以及梁援引该文及按语在保国会所作的演讲中，都没有出现"睡狮"的字句；但在这里，英国人吴士礼、怪物佛兰金仙和曾纪泽的《中国先睡后醒论》已经浑然不可分，中国＝佛兰金仙＝"睡狮"这一等式就此成立了。

这个等式，在随后的《瓜分危言》中被进一步推展开来，发展成为如下表述：即A. 英国人称中国为"睡狮"；B. 曾纪泽曾称中国为"先睡后醒之巨物"；C. 英国人将中国比喻为弗兰肯斯坦。这其中，B和C接近事实，但A却是梁启超第一次说出来的。包括英国人在内，此前的确没有人称中国为"睡狮"——这一点后文将作详细分析。真实情况恐怕是，所谓"睡狮"，是梁启超对吴士礼、佛兰金仙怪物和曾纪泽的《中国先睡后醒论》按自己的需要进行解释而创造出来的，纯粹是梁式想象的产物。

众所周知，1900年以后，"睡狮"（以及"醒狮"）一词为清末知识分子所喜好并经常使用，这方面的例子不胜枚举。比如，"诗界革命"先驱黄遵宪在其《病中纪梦述寄梁任父》（1903年）中有"散作枪炮声，能无惊睡狮？睡狮果惊起，牙爪将何为？""革命军中马前卒"邹容的《革命军》（1903年）中则有"天清地白，霹雳一声，惊数千年之睡狮而起舞，是在革命，是在独立"；甚至有名曰《醒狮》的杂志于1905年在东京创刊，等等②。这些都是基于梁启超创造、发明的"睡狮"而出现的文化现象。应该说，中国＝"睡狮"（Sleeping Lion）这个表述，首先是在清末中国人之间迅速流行，然后才流传到包括日本在内的外国舆论界的。

三、探源之三

（一）中国国外的"睡狮"说

通过上述探讨，我们基本上可以明白，中国即睡狮的说法，是梁启超在戊戌变法时期对其间接得到的有关吴士礼、怪物弗兰肯斯坦的知识，发挥想象力与其读过的曾纪泽的《中国先睡后醒论》结合起来，于1899年创造出来的。不过，读者可能还有一些疑问。难道在那之前外国就真的没有称中国为"睡狮"的例子吗？曾纪泽《中国先睡后醒论》和弗兰肯斯坦这一怪物的形象，与梁启超的表述是如何具体结合在一起的？这些疑

---

① 《瓜分危言》，《饮冰室合集·文集》4，第21、42页。
② 关于清末使用"睡狮""醒狮"的例子，单正平《晚清民族主义与文化转型》第4章，以及杨瑞松《睡狮将醒？：近代中国国族共同体论述中的"睡"与"狮"意象》（《"国立"政治大学历史学报》第30期，2008年）有较全面的介绍。

问也都是形成中国"睡狮"形象的要素,有必要进一步作补充考证。

如前所述,关于"睡狮"出自被囚圣赫勒拿岛的拿破仑之口的说法,已有费约翰认为其根据难以确认,纯属谣传①。另外,查遍当时欧美的主要报刊,也找不出将中国比作"睡狮"的例子。笔者曾通过网上数据库分别查阅了英国和美国最大的报纸《泰晤士报》和《纽约时报》(《泰晤士报》数据文典、Times Digital Archive等),所得到的结果有sleeping leviathan(leviathan即象征邪恶的一种海怪)、decaying monster(衰落中的怪物)、awakening giant(觉醒中的巨人)等②,唯独没有用狮子比喻中国的用例。其原因在于,将一个国家比作某种动物时,"狮子"大都是用来比喻英国的,比喻中国则用"龙"③。在本文后面来自英国大众性漫画杂志《笨拙》(Punch)的两幅图(图1、图2)中,中国都被描绘成恶龙。

日本的报纸和杂志也一样。现在日本采用较多的历史教科书都不约而同地这样表述中日甲午战争:"从前被称为'睡狮'而被深感畏惧的清国,在新兴的日本面前竟然不堪一击。列强各国看到清国已经如此衰弱,于是争相获取租借地,以作为向中国渗透的桥头堡。"但是,从甲午战争到戊戌变法期间,日本的报纸等从未称中国为"睡狮";而使用"睡狮"的一个例子,出现在《读卖新闻》1898年1月23日的社论中,但那也并非用来比喻中国,而是用来比喻面对东亚的国际局势一直持观望态度的英国。这篇社论的开头部分如下:

> 睡狮醒矣。多年来,人们称英国于东亚沉睡不醒,嘲讽其优柔寡断,责骂其迟钝愚鲁,而今竟猛然怂眼圆睁。腊月以来,英国东方舰队调遣骤然活跃,其势恰如猛狮疾驱于旷野。

这篇社论所论述的,正是戊戌变法前夜列强围绕中国的动向,其中以"睡狮""猛狮"特指英国;这从反面表明,就当时日本舆论界的常识而言,"睡狮"不是用来指称中国的④。进入20世纪后,日本也开始称中国为"睡狮"。例如,1905年的《东京日日新闻》就这样说:

> 盛享清国近世大外交家之名、至今声望不衰之曾纪泽氏,十数年前介绍

---

① 费约翰:《中文版序》,《唤醒中国:国民革命中的政治、文化与阶级》第2—3页。另外,不管这句话是否真正来自拿破仑,清末的西方人士似乎一般认为拿破仑那样说过。请参阅:约翰·斯塔德著:《1897年的中国》,李涛译,济南:山东画报出版社,2004年,第97页。

② Planning to Save Pekin/Brilliant Schemes of Defensive Warfare Proposed by Chinese, New York Times, Feb. 11, 1895; J. O. P. Bland, Recent Events and Present Policies in China, Philadelphia: J. B. Lippincott, London: William Heinemann, 1912, p. 413.

③ 其中一个例子是Arthur Diósy, The New Far East, 4th ed., London: Cassell, 1904, pp. 333-334.

④ 当然,在形容清国的萎靡、停滞时,当时一般使用"惰眠""熟睡"的字眼;而在将清国比做动物时,通用的字眼似乎是"睡象"。具体用例请参阅岸田吟香:《吟香翁书牍之续》(《朝野新闻》1880年5月23日)、《亚细亚之前途(愉快节)》(《添田哑蝉坊·知道著作集4演歌の明治大正史》,刀水书房,1982年,第54—55页)。

清国于列强时曾称，清国乃睡狮也。即卧龙二字译作睡狮，由此于当时欧亚外交界风靡一时……①

显然，这个"睡狮"说与梁启超的阐发是一致的。因此，我们可以做这样的推断，即日本的"中国即睡狮"之说，经梁启超阐发而为清末知识分子所广泛接受，在中国得到普及后才传到了日本。

（二）弗兰肯斯坦（Frankenstein）形象的传播

如前所述，梁启超于1898年在保国会上演讲时提到"英人乌理西谓中国如佛兰金仙之怪物"，这并不是因为他读了吴士礼的著作或者小说《弗兰肯斯坦》，而是因为他读了《国闻报》刊载的王学廉翻译的文章。在这篇文章中，吴士礼的见解和弗兰肯斯坦的比喻是两码事，但到了梁启超那里，这二者却被结合在一起。那么，当时，人们是怎样看待怪物弗兰肯斯坦的呢？

众所周知，玛丽·雪莱（Mary Shelley，雪莱夫人）的怪异小说《弗兰肯斯坦》被称为近代科幻小说的先驱；特别是1831年改订版出版后，弗兰肯斯坦在欧洲常被视作向造物主复仇的怪物。不过东亚各国却鲜有介绍，大概是故事的怪异性使然。再比如，该小说在日本最早的译作《新造物者》于1889年发表在杂志《国基［国乃もとゐ］》上，译者"瓠廼舍主人"，其译笔较忠实于原著②；不过，该译作并未完成。后来，在1930年代，根据该小说改编的电影引起很大反响，但直至战后，日本也未有该小说的全译本出版。

在中国，1934年上海曾放映好莱坞影片《科学怪人》③，在某种程度上使人们了解了怪物的名字及其形象；但没有证据表明曾有人翻译过该小说④，最早的译本直至1980年代改革开放时期才出现。在这个意义上讲，严复早在1898年就曾准确地向中国人转述过该小说的作者及其所描述的怪物的形象，是令人十分惊讶的。换言之，即使当时的梁启超受严复按语的启发而把弗兰肯斯坦误解为状如狮子的人造机巧怪物，也是有情可原、不应受到嘲笑的。

就这样，在19世纪的东亚，要准确地表达、传述怪物弗兰肯斯坦的形象及其寓意，是十分困难的（请参见本文附图3、4、5）。但是，如上述《国闻报》刊载的译文所示，在"黄祸论"盛行的西方各国，以怪物弗兰肯斯坦比喻中国则绝非罕见。下面《泰晤士报》的文章所表达的，正是戊戌年（1898）西方国家对中国的典型观感之一：

但是，中国的发展并非如此单纯。亦即，促进这个国家的发展，结果有

---

① 《清国外交之活历史》，《东京日日新闻》1905年11月5日。参见杨瑞松《睡狮将醒？：近代中国国族共同体论述中的"睡"与"狮"意象》。

② 瓠廼舍主人稿《新造物者》，《国基［国乃もとゐ］》第3—12号（未完），1889—1890年。参见横田顺弥《明治时代は谜解——《弗兰肯斯坦》的最早译作［明治時代謎だらけ！《フランケンシュタイン》の初訳について］》，《日本古书通信》61卷3号，1996年。考虑到杂志《国基》的流通范围极其有限，该译作应不可能对梁启超产生任何影响。

③ 《准演外国影片一览》，《中国电影年鉴 1934年》，中国教育电影协会，1934年，第98页。

④ 中国的外国文学研究界有关《弗兰肯斯坦》的研究并不少，但尚未发现有论述该小说在中国的传播过程和影响的。这一点与日本十分相似，期待今后有所突破。

可能使弗兰肯斯坦站立起来。中国可能成为世界的巨大工厂，我们可能被中国取代。也就是说，将来不是我们供应给他们，而是他们供应给我们。①

在稍后的时期，欧美将中国喻为怪物弗兰肯斯坦的人越来越多。孙中山在美国执笔的英文小册子《中国问题的真解决》（*The True Solution of the Chinese Question*）中，也提到过这一点。不过，该小册子原本是面向了解怪物弗兰肯斯坦的欧美人士而作，其中有关弗兰肯斯坦的一段，在随后于1906年在日本出版的中英对照本（《支那问题真解》②）中，"法兰坎士泰"被加上了"自残同类之动物"的注解；而在以后民国、中华人民共和国时期刊行的孙中山文集中，Frankenstein都未用音译，而是灵活的意译。这大概是因为，对于不了解弗兰肯斯坦的中国读者而言，音译不能传达原本含义。总之，要准确传达怪物弗兰肯斯坦的形象和含义，是极其困难的。

（三）曾纪泽《中国先睡后醒论》的传播

如前所述，梁启超在其《自由书·动物谈》中说，把怪物弗兰肯斯坦称作"睡狮"或"先睡后醒之巨物"的是曾纪泽。即使我们能够理解梁在曾的《中国先睡后醒论》启发下将弗兰肯斯坦解释为"先睡后醒之巨物"，但他又是循着怎样的思路推导出"睡狮"的？特别是包括《中国先睡后醒论》在内的曾纪泽的文集中，都找不出"睡狮"的字眼，这就更加重了疑问。下面，我们先从《中国先睡后醒论》的传播加以探讨。

据说，《中国先睡后醒论》最初以英文发表，不久后的1887年2月8日被香港的英文报纸《德臣报》（*The China Mail*）转载，再后来由颜咏经、袁竹一③等译成汉语发表（《新政真诠初编》1901年，《皇朝蓄艾文编》1903年）④。可是，该汉语译文并未收入《曾惠敏公遗集》（1893年出版），梁启超是如何得知这篇文章的呢？此前有关曾纪泽的研究认为，《中国先睡后醒论》是收入《新政真诠初编》等之后，亦即进入20世纪之后才流传开的⑤；但实际上，早在1887年6月，上海《申报》就刊载了该文的汉译本⑥。曾纪泽对用英文发表的这篇文章非常满意。1886年11月回国后不久，即请人翻

---

① "British Association", *The Times*, Sep. 14, 1898.

② 《支那问题真解》孙逸仙演说，公民［国民］俱乐部译述、发行，黄帝纪元4396年腊月出版——神户大学图书馆藏。关于这个小册子的情况，请参阅石川祯浩《山口一郎纪念奖获奖感言》（《孙文研究》第44辑，2008年9月）。

③ 颜咏经大概就是颜永京（颜惠庆之父，时为圣约翰学院学监）。袁竹一，原名袁康，曾任《万国公报》编辑（翻译各国消息）。见杨代春：《〈万国公报〉与晚清中西文化交流》，长沙：湖南人民出版社，2002年，第33、68页。

④ 李恩涵：《曾纪泽的外交》，台北："中央"研究院近代史研究所，1966年，第276页。张立真：《曾纪泽本传》，沈阳：辽宁古籍出版社，1997年，第220—221页。另外，单正平认定，梁启超谈论《中国先睡后醒论》应在《新政真诠初编》和《皇朝蓄艾文编》刊行前，并以此为前提展开分析，认定《德臣报》转载的是汉语，并且梁启超对此是知晓的（前引《晚清民族主义与文化转型》，第124—125、129页），并以此为前提进行分析。但这个前提实属误解。

⑤ 张立真：《曾纪泽本传》，第220—221页。

⑥ 颜咏经口译、袁竹一笔述《中国先睡后醒论》，《申报》1887年6月14—15日。后来被收入《新政真诠初编》的，应该就是这篇译文。笔者得知《申报》曾刊载此文，实承箱田惠子氏（日本学术振兴会特别研究员）所赐，在此特致谢意。

译,以馈国人。他在1887年4月致马格里(Halliday Macartney)的信中曾这样写道:

> 知悉《亚洲季刊》(Asiatic Quarterly)文章备受热议,当然尚不了解近况如何。吾已命同文馆懂英语之学生将其译作汉语,以馈知近传阅。但祈顺遂。①

为"馈知近传阅"而译出的这篇文章,后来是被《申报》转载的,还是《申报》方面独自发表的,个中内情不详;但显然梁启超在戊戌前读到这篇文章是可能的。顺言之,甲午战争时,日本也已有人了解到曾纪泽写过一篇反响很大的《中国先睡后醒论》,尾崎行雄等就曾谈到这点②。

既然包括《中国先睡后醒论》在内的曾纪泽文集中不见"睡狮"一语,那么,梁启超又是如何从怪物弗兰肯斯坦联想到"狮子"的呢?实际上,曾纪泽虽然没有使用"睡狮"的字眼,但在将国家比喻为动物时,的确提到过"狮子"。《曾惠敏公遗集》收录的《为潘伯寅大司空画狮子纨扇率题一首》中有这样一段:

> 英吉利国称雄泰西,军国大纛及宫廷印章,皆雕绘狮子与一角马为饰,殆与俄罗斯画北极之熊,佛朗西、日耳曼画鹰隼者,各有取义。……法尚苍鹰俄白熊,英兰旌旆绘黄狮。③

在这里,曾清楚地写道狮子是英国的象征(白熊和鹰鹫分别是俄、德的象征);而另一首诗的"引"也称"狮子毛群之特,蹲伏行卧,往来前却,喜怒饥饱,嬉娱攘夺,狙伺搏击之变相,尤着意焉"④。读到这些,就狮子的形象产生某种想象是可能的⑤。不过,我们不知道梁启超是否读过曾纪泽的这些诗句;即使读过,由机器人般的怪物弗兰肯斯坦一跃而联想到"睡狮",没有非凡的想象力也是做不到的。

当然,梁启超也有可能从中国传统的狮子形象,尤其是在清末重获中国知识分子喜好的佛教的护法狮子形象得到了启发⑥。但这也仅是有可能,既然各种典籍中都找不出

---

① 《曾纪泽致马格里书(1887年4月26日)》(收于Demetrius C. Boulger, *The Life of Sir Halliday Macartney K. C. M. G.*, London: J. Lane, the Bodley Head, 1908, p. 435)。马格里曾任中国驻英公使馆参赞,并曾协助曾纪泽撰写、发表《中国先睡后醒论》。
② 尾崎行雄《支那处分案》称:"曩者清法有事,清使曾纪泽侯曾大言曰,中国先睡后醒。虽然,今已阅十星霜矣。然其高枕鼾睡也,如故独何欤。"(博文馆,1895年,第16页)
③ 《曾惠敏公遗集》,长沙:岳麓书社,1983年,第315—316页。
④ 《曾惠敏公遗集》,长沙:岳麓书社,1983年,第315—316页。
⑤ 《晚清民族主义与文化转型》,第126—130页。
⑥ 《晚清民族主义与文化转型》,第132—135页。关于中国古代狮子形象,蔡鸿生《狮在华夏:一个跨文化现象的历史考察》(收于王宾、[法]比松主编:《狮在华夏:文化双向认识的策略问题》,广州:中山大学出版社,1993年)述之颇详,可资参考;但遗憾的是,该文几乎未涉及清末的狮子形象。

与梁启超的"睡狮"有关联的例证，我们不能下任何断定性结论①。

结语——"睡狮""醒狮"形象出现以后

在民族主义勃兴、救亡意识高涨的时代，某个号召性语句或形象有时会成为凝缩时代精神的核心。在对外危机意识深重的清末和民国时期，屡屡有巧妙地表达中国屈辱的国家地位、激发爱国热情的语句及形象被发明出来，"东亚病夫"如此，租界公园"华人与狗不得入内"的告示牌亦如此②。而出自梁启超想象的"睡狮"也属于此类发明之一，这个词语以及由此派生出的形象，对近现代中国民族主义形成所发挥的巨大作用，已毋庸赘言。梁启超在评论自己的言论对清末社会的影响时曾说，与新文体一样，"笔锋常带情感，对于读者，别有一种魔力"③；从"睡狮"一词的发明及其后来的广泛流行来讲，他的语言魅力已达到了创造号召性语句并足以激发人们想象力的地步。

"睡狮""醒狮"之说出现数年后，就有人创刊了《醒狮》杂志。可见，在某种程度上，该词语对中国知识界造成的冲击已经超过了梁启超当初的设想。而后来以批判眼光观察自负的中国民族主义者的知识分子，则指出了该词语带有的正负两方面的意义。鲁迅在1933年发表的《黄祸》一文中有如下一节：

> 现在的所谓"黄祸"，我们自己是在指黄河决口了，但三十年之前，并不如此。那时是解作黄色人种将要席卷欧洲的意思的，有些英雄听到了这句话，恰如听得被白人恭维为"睡狮"一样，得意了好几年，准备着去做欧洲的主子。④

这段话之所以意味深长，在于它以当事人的立场表达了清末中国对"黄祸"论所持态度的一个侧面，而这种沾沾自喜的态度与"睡狮"说却同体而栖。因此，鲁迅才认为清末以来的"睡狮"说顶多是中国人满足自尊心的"恭维话"，并对此持批判态度⑤。

当然，为了负载民族主义者的自尊心，"睡狮"形象在形成后就被放大了；对此，发明者梁启超不应负任何责任。而对于鲁迅写于梁启超谢世之后的这篇杂文，梁也不可能反驳。但是，在中国民族主义以"醒狮"的姿态出现时，梁启超则不得不面对自己创造出的这个形象。

---

① 清代诗文提及"醒狮"的，有傅占衡（清中期人）的《述梦》（《湘帆堂集》）、夏敬渠的《野叟曝言》（光绪八年）等。这些中国传统的狮子形象（或出现于狮子舞等民间节日庆典的狮子造型），有可能间接地对梁启超发明"睡狮""醒狮"产生了影响。

② 关于这方面的史学分析，请参见杨瑞松：《想像民族耻辱：近代中国思想文化史上的"东亚病夫"》（《"国立"政治大学历史学报》第23期，2005年）、石川祯浩：《"华人与狗不得入内"告示牌问题考》（黄克武主编：《第三届国际汉学会议论文集：思想、政权与社会力量》，台北："中央"研究院近代史研究所，2002年）。

③ 梁启超：《清代学术概论》，《饮冰室合集·专集》34，第62页。

④ 丁华民主编：《鲁迅文集》第17卷，长春：吉林文史出版社，2006年，第108页。

⑤ 五四时期朱执信也提出过类似的见解。见朱执信《睡的人醒了》，《民国日报·觉悟副刊》，1919年6月28日—7月3日。

提起推崇"醒狮"的中国民族主义，人们自然会想到曾琦等人于1920年代中期组织的中国青年党（中国国家主义青年团、国家主义派）曾主张"醒狮运动"，并以《醒狮周报》作为机关刊物；实际上，在曾琦等劝梁启超入党时，"狮子像"曾在梁启超面前出现过。周传儒在回忆曾琦等欲拉梁启超为首领而与其接触的过程时这样写道：

> 民国十四、五年之交，国家主义派的曾琦到北京见梁启超，意欲组织第三党，推梁与章太炎为南北首领。谈了半天，梁没有答应。……曾琦后来还到启勋〔梁启超弟弟〕家找过梁启超一次，梁推说丁在君〔丁文江〕等不同意，周传儒也要考留美，不能帮忙。于是以无名氏名义赠他三千元帮助活动费。<u>曾琦回赠一个半人长的铜狮子给梁启超，铜狮子为醒狮派的党标，我后来到梁家，看到案上放有一个铜狮，一问才知道是曾琦送的</u>。这次梁没有跟国家主义派搞在一起是很明智的。①

梁启超虽然没有加入"醒狮派"的党派活动，但却称他们"最有朝气，最能奋斗"，似乎实际上对他们期许有加②。但是，曾琦等赠送狮子像给梁启超时，大概不知道在中国最早唤醒"睡狮"的正是梁启超。因为，在《醒狮周报》创刊宣言中，他们称"睡狮"说源于曾纪泽：

> 昔者曾纪泽出使欧洲，鉴于西方东侵之猛，尝以"睡狮"之说，告彼都人士曰：中国地方之大，人口之多，巍然独立于亚洲，其状有雄狮然，今特睡而未醒耳。……呜呼！我国民岂真劣等而不可救药耶？抑矣果如曾氏之言为睡而未醒之雄狮耶？③

正如已经探讨的那样，曾纪泽的《中国先睡后醒论》以及其他文章中从未出现过"睡狮"的字眼，而"醒狮派"却与20多年前的梁启超一样，把曾纪泽与"睡狮"扯在了一起。连以"醒狮"为旗号的政治团体都不过如此，1920年代人们对"睡狮"说历史渊源的一般理解也就可以想见了。

由于醒狮派曾试图拉梁启超加入，梁也对醒狮派的活动报以期待，因而梁当然极有可能读过《醒狮周报》的创刊宣言。而且，醒狮派还送了一座铜质狮子像给梁启超。面对这座狮子像，梁很可能就自己年轻时创造出的"睡狮"形象有所感触。假如他留下一篇《醒狮有感》之类的文章，我们也就可以了解"睡狮"形象出现在中国的来龙去脉，特别是本文未能解明的梁的想象由怪物弗兰肯斯坦到狮子的飞跃过程。但遗憾的是，梁启超没有为我们留下这样的文章。如此，来历依然不明的"睡狮""醒狮"的形象后来不断被放大和强化，直至现在。

---

① 周传儒：《回忆梁启超先生》，夏晓虹编：《追忆梁启超》，北京：中国广播电视出版社，1997年，第375—376页。
② 《给孩子们书（1927年1月18、25日）》，《梁启超年谱长编》，上海：上海人民出版社版，第1112页。
③ 《〈醒狮〉周报出版宣言》，《醒狮周报》第1期，1924年10月10日。

图1 《笨拙》（Punch）1859年　　　　图2 《笨拙》（Punch）1900年

图3 英语版 Frankenstein（1831年）的扉页图　　　图4 日文版《新造物者》（1889年）的插图

图5 《笨拙》（Punch）1892年题目：爱尔兰—弗兰肯斯坦

原载《中山大学学报（社会科学版）》2009年第5期

晚清外务的形成

——外务部的成立过程

[日]川岛真著，薛轶群译

引 言

本文的探讨对象为1901年成立后一直延续至1912年的外务部。该机构介于总理衙门及中华民国外交部之间，负责中国的对外关系。外务部冠以外务之名，而非夷务或洋务，既体现为对此前对外关系的一个终结，也是对20世纪中国对外关系的展望①。

回顾先行研究，关于外务部的研究并不多见。除了早先陈体强对外交行政的重要研究外，研究总理衙门的坂野正高只是对外务部略作涉及②。笔者也仅将其作为民国外交部形成的前身作了简单介绍③。

另一方面，1990年前后中国出现了关于外务部的研究。其中作为先驱存在的杜继东，将外务部的成立及其职能概括为虽然也有不彻底的一面，但强化了中央外交机关的外交权能，围绕中央与地方外交权的问题，改善了在外公使、领事制度，提高了外交人才的资质等，整体适应了客观的形势，在中国外交近代化的道路上迈出了一步；并非将外务部的成立作为列强强加的产物进行批判，而是定位于一种时代的产物，对于改革也着重分析了内在性④。此外，王立诚认为外务部一定程度上清除了传统的残渣，并在严格的定义下建立外交体制，奠定了民国外交体制的基础，给予了肯定的评价。但王也指出外务部尽管符合国际的外交惯例，半殖民地的本质基本上仍未改变⑤。不论是杜还是王，依据国际惯例将外务部视为中国最初的外交机构这一点上，两者是共通的。在这一点上，台湾的蔡振丰也持相同看法⑥。认为中国最初的近代外交机构是外务部而非总理衙门，应已成为中国外交史研究领域的共识。笔者对此大体上并无异议。从先行研究来看，现在的论点似乎集中于外务部改革的不彻底性及半殖民地的性质。另一方面，杜、王及之后的研究可见，将外务部的形成归诸于外因（列强的要求）和内因（中国内部

---

① 冈本隆司、川岛真编：《中国近代外交の胎动》，东京：东京大学出版会，2009年。
② 陈体强：《中国外交行政》，重庆：商务印书馆，1945年。坂野正高：《近代中国政治外交史——ヴァスコ・ダ・ガマから五四运动まで》，东京：东京大学出版会，1973年，第427页。
③ 川岛真：《中国近代外交の形成》，名古屋：名古屋大学出版会，2004年，第85—88页。
④ 杜继东：《清末外务部历史地位初探》，《兰州学刊》1990年第6期。
⑤ 王立诚：《中国近代外交制度史》，兰州：甘肃人民出版社，1991年，第4页。
⑥ 蔡振丰：《晚清外务部之研究》，台湾中兴大学历史学系硕士论文，2005年，第39页。

改革动力）相结合的结果似乎已成定论①。而外因、内因各自的详细情况，则未被充分重视。

因此，围绕外务部的性质可说已进行了各种讨论和解释。但笔者认为其中存在着实证性研究不足的根本性问题。在论述其性质时，甚至连外务部的形成过程这一重要的实证研究也很少见。当然，关于外务部的创设已有中国大陆的高超群、台湾的陈森霖、蔡振丰等一系列先行研究②。高依据中国的史料，探讨了外务部的形成过程及组织编制，重视总理衙门改革这一清朝内部的连续性。在高的研究基础上，蔡进一步提升了实证的水平。蔡虽然使用了英美史料的中文译本，但未使用其原本及日本的外务省记录。这些未被译成中文的英文史料，以及日本外务省记录中，都包含关于外务部形成的重要内容。

本文将外务定位于夷务、洋务的一个终结，同时也是讨论外务部时期的出发点，在吸收上述先行研究成果的基础上，着眼于其中的问题，利用英美日中的相关史料探讨外务部的形成过程及创设期的制度。笔者首先就义和团事件后的议和过程中，列强提议改革总理衙门，从而形成外务部官署这一过程，以及创设期的组织、人事、制度，兼顾列强与清朝的讨论进行分析。笔者认为只有通过实证性考察外务部成立的过程，而不是先进行评价，才有可能实现与19世纪后半期或是民国时期的比较研究。

一、戊戌变法时期的改革方案及和议大纲第十二条

（一）戊戌变法时期的外交制度改革论

笔者在此首先参照茅海建的研究，回顾一下戊戌变法时期的外交（制度）改革论③。康有为在第二次上书时（1895年5月3日），将世界与中国的关系定义为"列国并立之势"，与"一统垂裳之势"相对，同时提出设立使才馆培养外交相关人才，使其积累驻外经验，建立可晋升至随员、公使的职业生涯模式④。坂野正高指出，这是有意识地将近代国际关系与朝贡体制进行对立，"可说是主张中国应积极的自我进取，成为近代国际关系的构成要素"⑤。此外，康有为在1898年的《应诏统筹全局折》中，虽然提倡设立制度局取代军机处，并设法律局等12局取代六部，但未提及处理对外关系的总理衙门制度⑥，只是认为总理衙门大臣的兼任及资质方面存在问题。

在戊戌变法时期的外交制度改革论之后，内容与设立外务部有关的包括户部主事蔡振藩的《奏请审官定职以成新政折》（1898年9月10日）、刑部郎中沈瑞琳的意见书（9

---

① 赵永进：《总理衙门改为外务部新议》，《湖南省政法管理干部学院学报》2002年第2期。
② 高超群：《外务部的设立及清末制度改革》，收入王晓秋、尚小明编：《戊戌维新与清末新政》，北京：北京大学出版社，1998年。陈森霖：《中国外交制度现代化——1901—1911年之外务部》，私立东海大学历史研究所硕士论文，1994年。蔡振丰：《晚清外务部之研究》。
③ 茅海建：《戊戌变法史事考》，北京：生活·读书·新知三联书店，2005年。
④ 中国史学会主编：《戊戌变法》第2册（中国近代史资料丛刊），上海：神州国光社，1953年，第131—154页。
⑤ 坂野正高：《近代中国政治外交史——ヴァスコ・ダ・ガマから五四運動まで》，第430—431页。
⑥ 萧公权：《翁同龢与戊戌维新》，台北：联经出版事业公司，1983年，第90页。

月13日）、翰林院编修宝熙的意见书（9月16日）等①。蔡批评总理衙门的人员兼任，以理藩院为例呼吁设立专任的"外务部"②。沈指出总理衙门的业务与其他部门重复，并批评业务冗繁这一组织性问题及人事的兼任制度，主张应设立"专部"而非临时的机构，并设置"专官"。还提议设置管理王大臣、满汉尚书、侍郎的职位，按业务内容设立部、局。沈的构想援引了各国的外政制度，并参照了六部的制度③。

上述的改革方案可认为是承继之前薛福成、马建忠、黄遵宪、郑观应、陈炽等的议论而来④。而这些戊戌变法时期的方案，也因1898年9月变法失败、推动维新人士的下台，而搁置至将来。

（二）北京公使会议与第十二款方案的制定

清朝颁发宣战上谕是在1900年6月21日。在前一天的20日至8月14日，义和团团员及清军包围了东交民巷的使馆区。8月14日八国联军进入北京，使馆区之围解除。8月15日慈禧太后与光绪帝离开北京避往西安。议和交涉从7月中旬开始，而清朝也通过上谕列出了议和的条件。

列强为在与清朝交涉时调整彼此之间的意见，组织成立了北京公使会议。1900年10月8日，第一次公使会议在英国公使窦纳乐（Claude Maxwell MacDonald）的主持下召开。此次会议在德国提案的基础上⑤，讨论了确认清朝上谕中责任人的妥当性（应追加董福祥、毓贤）、刑罚的妥当性（否）、刑罚执行的确认方法（由公使馆员或是军人），决定通过英法美公使与庆亲王奕劻、李鸿章进行交涉⑥。

10月10日，第二次公使会议召开，根据法国公使提出的停止加害外国人地区的科举及赔偿等六项提案进行了讨论⑦，在这些提案之外，还有关于《促使任命一名清国外务大臣以取代总理衙门》《促使认定外国公使具有觐见皇帝以奏闻相关国际问题的权利》的提案⑧。日本公使西德二郎未提及这一发言者为谁，但根据英国的记录应为意大利公使萨尔瓦葛（Salvago Raggi）⑨。

根据西公使的公使会议议事录，接着论及总理衙门问题的是在10月31日的公使会议上。英国公使"提议关于废除总理衙门或是变更其组织，以及确定宫廷礼仪以解决多年来礼仪上的众多问题"，英美德意及奥地利均表示赞成，但俄、法、日表示反对（比利

---

① 杨家洛主编：《戊戌变法文献汇编》，台北：鼎文书局，1973年。
② 《戊戌变法》第2册，第382—383页。
③ 国家档案局明清档案馆编：《戊戌变法档案史料》，北京：中华书局，1985年，第178—181页。
④ 汤志钧：《戊戌变法史论丛》，台北：谷风出版社，1986年，第139页。
⑤ *British Parliamentary Papers*, *China*, No. 5（1901）（下文简称为*BPP*, No. 5），pp. 4-5.
⑥ *BPP*, No. 5, p. 22.
⑦ *BPP*, No. 5, pp. 22-46.
⑧ *Papers relating to the Foreign Relations of the United States*, 1900（下文简称为*FRUS*. 1900），pp. 213-214.《北京公使会议第一回、第二回》，海军省公文备考，日本防卫省防卫研究所藏（亚洲历史资料中心，Ref. C08040827600）。
⑨ *BPP*, No. 5, pp. 155-159.

时、西班牙赞成多数）①。当时西公使为何持反对意见的原因并不清楚，但加藤高明外务大臣11月5日的电报中指示西公使，对于废除总理衙门或是变更组织，"须赞同代表者的多数意见，以此共同一致努力"，不应加以反对②。

接着在11月8日的北京公使会议这一问题又被提出，据西公使报告称，"昨日会议中，一致同意交付清国全权委员之公文中加入上述条款"，要求"清国政府改革外交事务的衙门，且将有关外交代表觐见的宫廷礼仪依列国指定之宗旨进行变更"③。而11月13日的北京公使会议上，决定了应交付给清朝全权委员的十一条款项，而其中"外交事务的衙门"一项的内容作了若干改动，成为了第十一项④。之后，内容又进行了调整，12月4日的会议正式确定，关于"外交事务的衙门"被写入了第十二款⑤。该文件于12月22日签署，24日交给庆亲王，李鸿章因病未在场⑥。该文件中第十二款的内容，与12月4日的方案几乎没有变化⑦。之后，清朝于30日答复称接受该文件，1901年1月14日和议大纲正式签署。

二、第十二款小委员会方案的制定与对清照会

（一）和议大纲小委员会内的讨论——小村·柔克义案

1901年2月28日，北京公使会议设置了讨论和议大纲各条款的小委员会（Commission）。当时关于第十二款，即总理衙门改革及礼仪改革的小委员会成员为新任的日本公使小村寿太郎、美国公使馆专员（Commissioner）柔克义（William Woodville Rockhill）及德国公使馆随员戈尔茨男爵（Freiherr von Der Goltz）⑧。

小村在制定总理衙门改革方案时，将总理衙门的问题归结为三点。首先小村批评的是职员的兼任、人数及资质。"据本使之意见，清国外交事务常不合理，且缺乏灵活性之原因主要在于当局者选择不当。今日任总理衙门大臣者，为官至各部尚书或侍郎之集体，少则五六名，多则十名，多为庸劣之徒。此等非外交事务进展之障碍，即为尸位素餐之辈。故改革当务之急在于先废除此多头政治，令少数人执掌外交之事。"其次小村批评了总理衙门在官制上的定位。"又今日之总理衙门大臣，弊在因其权力不充分而受

---

① 《北京公使会议，第三回乃至第七回（第八回以下ハ外务省ヨリ送付ナシ）公文案ノ大体决ス》，在清西全权公使致加藤外务大臣，1900年11月1日［发自北京］。海军省公文备考，日本防卫省防卫研究所藏（亚洲历史资料中心，Ref. C08040826700）。

② 《北京公使会议第一回、第二回》，加藤外务大臣致西全权公使，1900年11月5日。

③ 《北京公使会议第三回乃至第七回》，在清西全权大使致加藤外务大臣，1900年11月9日（原文误写为19日）［发自北京］。

④ BPP, No. 5, pp. 111–112.

⑤ FRUS. 1900, pp. 235–236.

⑥ 《第十二条（总理衙門ノ改革並外国代表者ノ谒见礼式ノ变更）》，日本外务省纪录A.6.1.5 3-9-4《連名公書実施 第一卷》，外务省外交史料馆藏（亚洲历史资料中心，Ref. B02031952200）。Satow, E, *The diaries of Sir Ernest Satow*, *British Envoy in Peking*（1900 – 1906），p. 75；edited and annotated by Ian C. Ruxton with an Introduction by James E. Hoare, Lulu.com, Morrisville, 2006。

⑦ *British Parliamentary Papers*, *China*, No. 6（1901）（下文简称为*BPP*, No. 6），pp. 60–63.

⑧ *Appendix*, *Foreign Relations of the United States*, 1901, *Affairs in China*, *Report of William W. Rockhill*（下文简称为*FRUS*. 1901, *Rockhill*），pp. 94–95.

他人牵制，不得尽责断然行事。此次事变之际，一方为总理衙门，另一方为军机处及宫廷，两者之间因外交意见分歧互相冲突之事实，及军机处借总理衙门之名向外国公使发送公文之事实，乃为明证。"提出应重视外交机构的独立性和权限。再次小村批评的重点在于专业性。"辅佐大臣者，不通外国事情、不谙交际，故其言行与世界通例相悖之事极多，致外国代表不得不再三责问之事实，已为吾亲眼所见。"

在这三点的基础上，小村得出结论称："对于清国政府，选用得充分信任及权力的士族为总理衙门之总裁，再以大臣二人辅佐之，一切外交事务委任于此三人，向皇帝负责。并在其下设略通外交知识之次官二人，主要使其学习衙门事务，符合各国通例，实为重要之举。"关于次官要求其中一人应通晓外语①，具体而言考虑由亲王任总裁，两名军机大臣任大臣。小村的这一草案，构成了公使会议关于第十二款方案的主要内容，奠定了外务部组织构成的基础。

（二）名称问题与公使会议方案的制定

对于小村的原案，柔克义并无特别的异议②，1901年3月29日的北京公使会议上，小村的方案作为小委员会案被提出。柔克义1901年11月底提交的报告书中（3月当时持何种意见并未明示），批评总理衙门的组织臃肿无法履行职责，认为应按照公使会议的提案改革组织，设立可尽责的外交机构，并采用与世界各国相同的方法进行组建③。

柔克义称该原案由小村制定，并由自己在会议上诵读。据柔克义向本国的报告，方案内容包括，从外交事务的迅速处理，且必须以制度来保证的观点出发，应由在中央政府具有无可置疑之权威及影响力的亲王任总理衙门大臣，其下自军机处调两人任大臣，将此三人作为对应驻北京公使的中枢存在，在其之下设熟悉外语及对外业务的侍郎两名④。

北京公使会议上，基本同意了该小委员会方案，仅就一点提出了疑问，即关于总理衙门的名称。小村的原案中并未包括名称的变更，但英、意、奥公使认为"衙门"指诉讼审判或官吏办事之处，"不应适用于统理外交之官署"，并提出应仿效户部、吏部等，改名为"外部"。虽然小村反驳称"衙门"是指掌管公务的所有官署，但赞同"改名说"者占多数，最终决定与清朝交涉时就此进行磋商⑤。而据柔克义的记述，除日美

---

① 《第十二条》Report of the Commission on the Reform of the Office of Foreign Affairs and on the Modification of Court Ceremonial, by Komura。

② 美国国务卿约翰·海伊（John Hay）1900年12月31日致驻华公使康格（E. H. Conger）的电报中，强调了中国外交当局首脑通晓西洋语言的必要性。但柔克义反驳称，清朝具影响力且地位崇高的人物不通外语，懂外语者地位及影响力偏低。作为较可行的方法，应由一名懂外语者担任两名侍郎中的一名，他们将来或有可能成为外务大臣。FRUS. 1901, Rockhill, pp.119-121.

③ FRUS. 1901, Rockhill, pp. 3-7.

④ FRUS. 1901, Rockhill, pp. 121-122. 小村与柔克义的草案中，各职位分别译为总裁President、大臣（尚书）Minister、总办（侍郎）副大臣Vice Minister。这表明已设想到是与以Minister为首的六部不同的特殊机构。British Parliamentary Papers, China, No. 1（1902）（下文简称为BPP, No. 1）, pp. 121-122.

⑤ 《第十二条》特命全权公使小村寿太郎致外务大臣加藤周明、1901年4月1日（作）、《总理衙門ノ改革並宮廷ノ儀式變更ノ件ニ關スル調査委員之報告ヲ公使會議ニ於テ議定之件》。

两国外,所有代表均赞成改名,因此决定更改名称①。

(三)与李鸿章、庆亲王的意见交换

4月6日,小村、柔克义会见了李鸿章,向其传达了公使会议的原案。李未表示反对,并提出三项提案。第一,应使用以下逻辑,即鉴于设立迄今逾四十年的总理衙门未发挥作用,沦为非合理及不负责任的机构,结果招致公使馆被围攻、外国人在北京被害的事态,因此须废除总理衙门,成立新的外交负责机构。第二,这一新机构的组织构成由公使会议推荐。第三,专门任职于该新机构的大臣,应授予与外国外政机构职员同样的高薪待遇,此事须由北京公使会议明确提出。另外,关于名称问题,柔克义表示将不使用总理衙门这个名称,并提出若干新名称的候选方案时,李鸿章从多个理由出发表示宜用"外务部"②。4月8日,柔克义与英国公使萨道义(Sir Ernest Satow)面谈,报告了李鸿章同意关于第十二款的公使会议方案,及李鸿章上述提案中的第一、第三项③。

4月9日,小村、柔克义与庆亲王交换了意见。庆亲王在1901年1月23日致荣禄的书简中称"第十二款,译署鼎新,彼如不言,中国亦宜自加整顿",已将总理衙门的改革视为自身整顿的课题④。庆亲王大致同意小村等的原案,但指出并非"亲王",应由更广义概念上的王(Imperial Prince)或公(Duke)担任总裁一职。这是因为皇族的王子并不一定是亲王。而关于官署的名称,庆亲王也认为应用"外务部",担任大臣的二人都为军机大臣存在困难,提议其中一人可由军机大臣担任⑤。

4月16日的公使会议上,制定了汲取李鸿章与庆亲王意见的委员会方案,其中写入了名称改为外务部的内容。而会议同时通告清朝已同意这一名称的更改⑥。

(四)关于第十二款方案的对清照会

4月23日,北京公使会议领衔使臣西班牙公使葛络干(J. B. de Cologan),向清朝发出了关于第十二款的文书照会⑦。照会开头即称:"总理各国事务衙门已设四十年之久,于应办各事实属未能获益,诸国全权大臣以为应照他国成局更易,方克与中国政治及邦交睦宜两有裨益。"该表述正是完全采纳了李鸿章的建议。就总理衙门的缺点,举出"能力、整齐、捷速、明哲"四点,就外政指出:"又欲将国家所当视为首要事宜代皇帝治理之权,置诸朝廷应有极品之上。"同时批评了总理衙门的组织构成,认为新组织内应设总理大臣一名、会办大臣两名(其一为军机大臣,其一具尚书衔)。这一部分是在小村案的基础上加上了庆亲王的意见。另外还按照小村案,指出位居这三人之下的两名总办中,其中一人应通晓欧美语言。

最后关于名称,照会中称:"忆总理各国事务衙门之名,殊厌听闻。大凡外政乃系

---

① *FRUS*. 1901, *Rockhill*, pp. 119-121.
② *BPP*, No.1, pp. 122-123.
③ Satow, E, *The Diaries of Sir Ernest Satow, British Envoy in Peking*(1900-1906), p. 103.
④ 杜春和、耿来金、张秀清编:《荣禄存札》,济南:齐鲁书社,1986年,第9页。
⑤ *BPP*, No. 1, p. 123.
⑥ 《第十二条》Komura to Kato, Peking, April 16, 1901。
⑦ *BPP*, No. 1, pp.123-125.《日国公使葛照会》,光绪二十七年三月初五日,《辛丑议约第十二款专档》,总理各国事务衙门档案01-14-032-06,"中央"研究院近代史研究所档案馆藏。

代承皇帝之责，代发皇帝之令，为国家极重之端。往日之名，不足以显此等权要，故宜革除，以外务部代之。"这也借鉴了4月16日的公使会议及李鸿章、庆亲王的意见。

但在与李鸿章、庆亲王的协调过程中未明确反映的内容是："外务部之品秩应请钦定，驾于六部之上。"法语的原文为："Il sera remplacé, en vertu d'un Impérial, par celui de Ouai-Wou Pou, et dans l'ordre officiel des préséances, le Ouai-Wou Pou passera avant les six bureaux on Tribunaux。"直译应为："奉敕令，总理衙门改为所称外务部之组织，于各部之正式排序中，位列其他六部、裁判所之上。"①那么，为何要位列其他各部之上呢？这应是出于外务部作为代替皇帝处理对外事务，担负着国家重要业务的机构的缘故。虽然也可说体现了小村案中强调外交机构的独立性与权限，但小村案中并未表示要将其置于六部之上。从官制的定位而言，要求外务部职员的品级为钦定，同时还享受特别待遇，这一特别待遇应是参照了李鸿章的意见。

如上所述，外务部形成的主体部分依据公使会议的方案，即以批评兼任、重视专任为前提，以提议包括组织的独立性、权限，觐见皇帝的权利，官员构成及职员专业性等各项要求的小村·柔克义案为基础，以西班牙公使葛络干为首的公使会议更改总理衙门的名称，采用位列六部之上表述的这些内容，奠定了外务部的基础。但公使会议的提案只限于组织的大框架，而李鸿章与庆亲王对总理衙门的改革未表示特别反对，并选定外务部之名，要求职员的特别待遇，告知对清朝的照会中批评总理衙门的逻辑，修改王公的用词等，在公使会议一方制定文书阶段起到了重要作用。戊戌时期及此前的总理衙门改革论与之是否有直接的因果关系尚不清楚，但这一方面在李鸿章与庆亲王的应对中也有所体现了。

三、外务部的成立

（一）设立外务部的奏请

收到北京公使会议的照会后，总理衙门斟酌照会内容，并将其置换成自身的逻辑，于5月14日奏请改组为外务部②。其中称："将总理各国事务衙门改为外务部，冠于六部之首："就职衔表示："管部大臣以近支王公充之，另设尚书二人侍郎二人，尚书中必须有一人兼军机大臣，侍郎中必须有一人通西文西语"，"予以厚禄"。此处的"冠六部之首"并非照着公使会议的照会中解释为代替皇帝行事，只是称效仿西洋各国的方式。

组织构成部分也参照了公使会议的方案。尽管尚书侍郎二人无论在中国还是西方各国都属例外，但奏折中指出由王侯任管部大臣这一点在总理衙门时期已有先例。此外，职员制度沿用六部的规则，人员从总理衙门章京选拔这一点，则从与现行制度的连续性方面加以说明，这是公使会议案中所没有的内容。

同时，相对于总理衙门为临时机构，外务部成为常设机构，职员也从兼任转为专任，并得到高薪的保障。但葛络干照会主旨中对外交涉的重要性和责任未得以明确反

---

① *BPP*, No. 1, pp. 123–125.
② 《本衙门递正折》，光绪二十七年三月二十六日，《辛丑议约第十二款专档》。

映。实际上，总理衙门认为"日国葛使来文多有费解之处"①。

（二）外务部设立的上谕与外务部章程案

1901年6月10日，命令政务处大臣与吏部就外务部的人事制度及职位设置进行调整的上谕颁发。之后，6月22日总理衙门向政务处送达了外务部的组织构想②。在该制度设计中，既有因袭旧例效仿六部的一方面，也有因业务特殊必须设计有异于六部章程的一面。参酌这两方面后，制定外务部章程方案的是总理衙门的四名章京：瑞良、舒文、童德璋、顾肇新③。其中瑞良与顾肇新之后分任外务部左右丞。

四名章京拟定外务部章程后，吸取了其他总理衙门章京的意见，并与政务处、吏部进行了调整，7月24日将总理衙门改为外务部的上谕正式颁发。上谕中指出的前提在于"现当重定和约之时，首以邦交为重，一切讲信修睦，尤赖得人而理"，"从前设立总理各国事务衙门办理交涉，虽历有年，惟所派王大臣等多系兼差，未能殚心职守，应特设员缺以专责成。总理各国事务衙门著改为外务部，班列六部之前"④。

北京公使会议所要求的是设置负责任的机构及有影响力的人物就任总裁。而在上谕中，"六部之上"的用语应是体现了官制上的重视，人事方面由庆亲王总理外务部事务也体现了该点。此外，军机大臣王文韶任外务大臣、外务部尚书由瞿鸿禨担任，并授予瞿鸿禨外务部会办大臣的职衔。大臣中一名由军机大臣出任是庆亲王的意见。同时，还写入了职员专任化的要求，而懂得法语的联芳任侍郎，也满足了外语及专业性方面侍郎中的一人须通晓欧美语言的要求。另外，柔克义还提及徐寿朋侍郎略懂英语⑤。

1901年7月27日，李鸿章向小村通知了北京公使会议的第十二款方案已得到在西安的光绪帝批准及相关人事安排⑥。对于清朝的方案，柔克义认为："从整体来看，这一新官署在帝国的对外关系中，较其他统治机构的诸官署地位更优，因此对新官署的构成极为满意，正是该官署的设立，将为我们与中国的关系带来崭新及重要的变化。"⑦

（三）《辛丑条约》的签订与外务部的成立

1901年9月7日，《辛丑条约》（北京议定书）签订，其中第十二款写明："西历本年七月二十四日，降旨将总理各国事务衙门，按照诸国酌定，改为外务部，班列六部之前。此上谕内已简派外务部各王大臣矣。"⑧之后，在庆亲王与李鸿章的协力下实现了制度化（李鸿章于1901年11月7日逝世），吏部交付的银印于1901年12月8日开始使用。

自公使会议至对清照会后，清朝内部进行了制度设计，对此公使会议也未有疑义，

---

① 总理衙门发《行在军机处文》，光绪二十七年三月二十六日，《辛丑议约第十二款专档》。
② 总理衙门发《行在政务处吏部文》，光绪二十七年五月初七日，《辛丑议约第十二款专档》。
③ 瑞良、舒文、童德璋、顾肇新：《拟外务部章程》（《行在政务处吏部文》），光绪二十七年五月初七日之附件，《辛丑议约第十二款专档》。
④ 总理衙门发《日国领衔公使照会》，光绪二十七年六月十二日，《辛丑议约第十二款专档》。
⑤ *FRUS*. 1901, *Rockhill*, pp. 291–292.
⑥ 《第十二条》Komura to Sone, Peking, July 27, 1901。
⑦ *FRUS*. 1901, *Rockhill*, pp. 291–292.
⑧ 外务省编：《日本外交文书》明治期33卷别册3，东京：日本国际连合协会，1957年，第154—155页。

外务部就此成立。

四、外务部创设时期的制度设计

（一）外务部的制度设计——拟奏事宜四条与本部事宜五条

1901年7月24日颁发设立外务部的上谕之前，6月22日提出了可视为外务部制度设计的拟奏事宜四条与本部事宜五条。在此基础上，12月（或是1902年1月初）又提出了全权大臣案（庆亲王、李鸿章案）。虽然最终后者作为制度被实施，但前者奠定了这一基础。

瑞良、舒文、童德璋、顾肇新制定的拟奏事宜中记述了外务部的组织编制构想等①。第一条提出四局体制（对应商务、教务、外交、内治），名称分别为通惠、安平、和会、绥靖司。具体职能如表1所示。

表1 外务部章程案

名称	管辖	具体业务
通商司	商务	关税、商务、租界、行船、华洋借款、财币、电线、机器制造、邮政、本部经费、出使大臣支销经费
安平司	教务	传教游历保护、赏恤、禁令、警巡、词讼、招工、学校、出洋学生
和会司	外交	各国使臣觐见、更换领事、请赏宝星、遣派使臣、公会、公断、建置工程、各使会晤、本署堂司升调、各项保奖、一切杂务
绥靖司	内治	海防、边防、疆界图籍、铁路、矿务、军火船政、聘用洋将
司务厅		收发文件、清档房、典守档册

以上即是按业务分类的组织编制，与按照相应国家分类的总理衙门的组织不同。第二条与人事相关，四司分别设满郎中二名、员外郎二名、主事一名、汉郎中二名、员外郎二名、主事二名。另外，还设想了外务部内部的职业生涯形式，采用了有别于与总理衙门由非实职官员组成的不同形式。第三条是关于人事录用，规定从进士、举人、拔贡、小京官出身的中书、主事及小京官中推荐"年壮才优、事理通晓者"，通过考试录用。同时，尽管设想了驻外公馆的职员回归外务部的制度化，但与驻外使馆职员由外务部派遣的一元化并未放入考虑范围。第四条中提到了升迁，而这也是在参考六部前例的同时加入的特殊性。

另一方面，关于本部事宜五条，即铸印、派差、厚薪水、重翻译、奖供事这五点，受关注的应是薪水和翻译。前者是李鸿章提出的希望，后者则昭示了对此前被轻视的外语能力的看重。薪水方面，可以预想外务部职员的薪水会高于其他六部，其计算标准与驻外公馆职员挂钩，例如，总办的薪水是驻外二等参赞月薪的一半，帮办则是三等参赞

---

① 瑞良、舒文、童德璋、顾肇新：《拟外务部章程》（《行在政务处吏部文》），光绪二十七年五月初七日之附件，《辛丑议约第十二款专档》。

的四成。翻译则设头等、二等、三等翻译官。而同文馆虽已隶属外务部，但也决定派遣提调和翻译官进行内部调查，推动改革。

（二）庆亲王、李鸿章奏请《外务部额缺养廉各项章程》

1901年12月（或1902年1月初），庆亲王和李鸿章上奏全权大臣案《外务部额缺养廉各项章程》①。此案在先前章京等案的基础上，加以修改而成。如表2所示，组织方面变更了名称和职责。

表2 外务部额缺养廉各项章程

名称	管辖	具体业务
和会司	外交	各国觐见会晤、请赏宝星、派遣使臣、更换领事、<u>文武学堂</u>、本部员司升调、各项保奖
考工司绥靖司	内治	铁路、矿务、<u>电线</u>、<u>机器制造</u>、军火船政、聘用洋将、<u>洋员招工</u>、出洋学生
权算司通商司	商务	关税、商务、行船、华洋借款、财币、邮政、本部经费、出使大臣支销经费
庶务司安平司	教务	<u>界务</u>、<u>防务</u>、传教游历保护、偿恤、禁令、警巡、词讼、此外未尽事
司务厅		收发文件、清档房、典守档册

注：下划线为改动处。

此外，关于人事方面，郎中、员外郎、主事都与提案相同，各司配有6名以上额外行走。规定总办配有左右丞各一名（正三品），左右参议各一名（正四品），有员缺时将从郎中以下补充。而左右丞、参议为出使大臣的候选，郎中、员外郎、主事为驻外公馆的参赞、领事、随员的候选，还设定了从驻外公馆回国后在外务部内部的升迁之路。另外，对各官职正规薪水之外的补贴"养廉银"也作了规定：任总理的王公一万二千两，会办大臣一万两，侍郎八千两，最低级别的额外行走为一年六百两。人事使用上遵循章程案，将每次推荐、考试所录用的人员上限定为20名。

在组织方面与章程案明显不同的是，和总理衙门一样设俄德法英日各股，然后配七品、八品、九品翻译官各一名这一点。虽然限定了人数，但在翻译这一点上沿袭了旧制度，呼应上述按照业务内容分类的组织。吴成章指出外务部的职制虽然"继承了总署的分股办事制度"，但是外务部的分股制和总理衙门的分股制性质不同。总理衙门的各股职掌相当于外务部的各司，而外务部的各股职掌相当于隶属总署的同文馆翻译官（负责相应地域的各股）②。此四司制至外务部被废止的10年间都没有变更，与总理衙门的组织频繁更改形成了鲜明对比③。

---

① 《遵拟外务部额缺养廉各项章程》（日期不明），《辛丑议约第十二款专档》。
② 吴成章编：《外交部沿革纪略》，甲，17，1913。收于沈云龙主编：《近代中国史料丛刊三编》第25辑，台北：文海出版社，1987年。
③ 吴成章编：《外交部沿革纪略》，甲，14，1913。

在分析了上述的组织编制及人事后，表3显示了1902年春外务部的组织情况。

表3 外务部职员一览表（1902年春）

部门名·职务名	职衔	姓名	号	籍贯	科举资格等
总理	钦命全权大臣总理外部事务和硕庆亲王	奕劻			
会办大臣	署全权大臣经讲官大太少保头顶戴双眼花翎体仁内阁大学士国史馆正总裁军机大臣督办政务大臣	王文韶	夔石	浙江仁和县	壬子
尚书	外务部尚书赏穿黄马褂军机大臣政务大臣	瞿鸿禨	子玖	湖南善化县	辛未
侍郎	署左侍郎	吕海寰	镜宇	顺天大兴县	丁卯
	署左侍郎	那桐	琴轩	满洲镶黄旗	举人
	署右侍郎	联芳	春卿	汉军镶黄旗	翻译官
总办	左丞	瑞良	鼎臣	满洲正黄旗	监生
	右丞	顾肇新	康民	江苏吴县	丙子
	左参议	陈名侃	梦陶	江苏江阴县	举人
	右参议	觉罗绍昌	任庭	正白旗	进士
帮总办	掌和会司印郎中	襮寿	仁山	满洲镶黄旗	甲午
	掌考工司印员外郎	雷补同		江苏华亭县	举人
	掌榷算司印郎中	童德璋	瑶圃	四川江北厅	举人
	掌庶务司印郎中	周儒人		安徽宿州	拔贡
和会司	郎中	襮寿	仁山	满洲镶黄旗	甲午
	郎中	徐承焜		汉军正蓝旗	拔贡
	员外郎	汪大燮		浙江钱塘县	举人
	员外郎	保恒		汉军镶黄旗	贡生
	主事	陈懋鼎		福建建宁县	庚辰
	主事	绪儒		满洲镶黄旗	甲午
考工司	郎中	关以镛		广东开平县	举人
	郎中	傅嘉年	莲峰	福建正白旗	监生
	员外郎	恒文		满洲正白旗	监生
	员外郎	雷补同		江苏华亭县	举人
	主事	存格		满洲正红旗	举人
	主事	李清芬		直隶宁津县	举人
榷算司	郎中	童德璋	瑶圃	四川江北厅	举人
	郎中	松年	健乔	满洲正蓝旗	贡生
	员外郎	王清穆		江苏崇明县	庚寅
	员外郎	陈浏		江苏江浦县	拔贡
	主事	唐文治		江苏太仓州	进士
	主事	凌万铭		四川宜宾县	举人

（续表）

部门名・职务名	职衔	姓名	号	籍贯	科举资格等
庶务司	郎中	周儒人		安徽宿州	拔贡
	郎中	何兆熊		四川南充县	甲戌
	员外郎	存善		满洲镶红旗	附贡
	员外郎	朱有基		浙江萧山县	举人
	主事	邹嘉来		江苏吴县	进士
	主事	章十荃		江苏娄县	进士
司务厅	司务	全龄		满洲镶红旗	监生
	司务	江庆瑞		安徽桐城县	进士
额外司员	郎中	灵垕		满洲正蓝旗	举人
	郎中	长晖		满洲正白旗	廪生
	员外郎	吴荫培		安徽歙县	举人
	郎中	联昌		蒙古正蓝旗	举人
	员外郎	奎佑		满洲正黄旗	附生
	员外郎	王昌年		山东长山县	举人
	郎中	陈本仁		云南昆明县	癸未
	员外郎	阿克敦		满洲正红旗	翻译生员
	主事	王荣先		湖北枣阳县	丙戌
	主事	曾述荣		河南固始县	进士
出使各国驻洋大臣	钦差出使英义比等国大臣 三品卿衔	张德彝	在初	汉军正黄旗	
	钦差出使美日秘等国大臣 四品卿衔	伍廷芳	秩庸	广东顺德县	监生
	钦差出使俄奥和等国大臣 工部左侍郎	杨儒	子通	汉军正红旗	举人
	钦差出使日本国大臣 二品顶戴内阁仕读学士	蔡钧	和甫	浙江	监生
	钦差出使德国大臣 头品顶戴正白旗汉军副都统	廕昌		满洲镶黄旗	
	钦差出使法国大臣 通政使司副使	裕庚	朗西	汉军正白旗	优贡
	钦差出使朝鲜国大臣 二品顶戴	许台身		浙江仁和县	监生

出典：《光绪二十八年（壬寅春季）外务部》（《大清搢绅全书》，东京大学东洋文化研究所藏，大木文库）。

（三）外务部时期制度的问题所在

关于清朝制定的这一制度是如何发挥作用的，笔者将另外展开论述，在此仅就外务部创设时期的制度、清朝内部关注的各个问题进行考察，尤其被视为存在问题的是外务部职员与出使大臣的关系、围绕地方交涉的中央与地方关系、人才培养的方法等。

关于出使大臣，由于外务部成立后依然是具有其他正式官职的钦差大臣，外务部之外的部门官员也可就任成为了问题，有意见表示应将出使大臣设为实职官员，明确与外务部官僚的关系。1906年经驻法公使刘式训奏请《变通出使事宜章程》，这一争论在一定程度上得到解决，设定了"专于外交"的职业生涯模式①。

关于地方交涉，总理衙门时代地方将军、总督、巡抚拥有的"总理各国事务衙门大臣衔"，尽管于1901年7月26日被取消，但此后地方大员并非与外交毫无关系，而是被要求与外务部协力处理②。外务部时期，南北洋大臣的影响力确实有限，日俄战争后的满洲问题，也是由中央而非地方进行交涉等，从中可见中央在对外交涉中的主导性③。但中央主导的主要为缔结条约的交涉，围绕领事裁判、教案或是贸易等日常性问题的案件，多数仍由地方交涉，各地方也设以洋务局加以应对，并就其权限及所属进行了调整。

如上述围绕驻外公使及地方交涉的问题，本应在外务部创设之际就进行讨论，但北京公使团所重视的仅限于外务部自身的权限、地位及组织中枢的问题，清朝的章程草案也将重点置于应对北京公使团的要求，因此未就出使大臣与地方交涉问题进行充分的讨论。从该意义上而言，围绕外务部的制度，也可说是偏重于外务部这一组织自身而设计的。

结　　语

本文探讨了外务部的形成过程及创设时的制度。笔者通过追溯外务部的整体形成过程，揭示了北京公使会议在议和大纲的第十二款中增添总理衙门改革事项，而第十二款的草案制定过程中，小委员会的小村、柔克义拟定了北京公使团方案的主体条文，公使会议又加入了更改名称的提议，而李鸿章与庆新王事实上决定了外务部的名称，并在待遇、组织方面，甚至公使会议向清朝提案的表述逻辑方面提出建议，最终在公使会议的西班牙公使葛络干的照会中，写入了"六部之上"的内容。这些考察弥补了先行研究的空白。

---

① 曾历任外务部主事、参议、左丞，民国时期任总理及外交部部长的颜惠庆回忆，外务部职员思想较开明，了解外国国情，对此给予了高度评价。另一方面，庆亲王奕劻一年仅到外务部一次，而大学士那桐每周到部一次，因此外务部的日常工作由专任的尚书、侍郎、丞参、郎中、主事主持办理。在俸禄方面，虽然外务部待遇优厚，但因支不敷出也曾从事副业（颜惠庆著，吴建雍、李宝臣、叶凤美译：《颜惠庆自传——一位民国元老的历史记忆》，北京：商务印书馆，2003年，第71-91页）。

② 王彦威辑，王亮编：《清季外交史料》，《西巡大事记》卷9，北平：外交史料编纂处，1933年。朱寿朋撰：《光绪朝东华录》，光绪二十七年六月甲辰条，北京：中华书局，1958年，第4686页。

③ 杜继东：《清末外务部历史地位初探》，《兰州学刊》1990年第6期。

设立有权威且具影响力的外交机构是列强自总理衙门成立以来一贯的要求①，而关于组织、人事及专业性的问题，也可见诸戊戌时期清朝内部的外政改革论。先行研究中对于这些内外的讨论，解释为外部压力与内部连续性的并存。但正如本文所揭示的，实际上被认为是外压的部分也有清朝的参与，公使团会议的要求只是制度的框架，清朝接到公使团的照会后进行消化，颁发了设立外务部的上谕，其内部进行了详细的制度设计。因此，外务部的形成虽然是由外在的契机引发的，但将其视为契机内在化、制度化的产物似更为妥当。正如《中国近代外交の胎动》第七章所述，若在戊戌时期可以发现清朝对外关系理念的转换，那么作为制度上的表现，应可理解为外务部的成立。然而，尽管清朝接受公使会议的照会后，较自由地进行了制度设计，但必须注意在议和大纲与第十二款的约束下，只是外务部自身的制度设计成为主要课题，对与出使大臣的关系及地方交涉问题并未充分加以考量。

与临时性很强、定位于正式制度之外的洋务机构总理衙门不同，外务部成为正式的常设机构，且被赋予了权威性。同时，面对当时高涨的民族主义，外务部也致力外交交涉，试图收回总理衙门晚期赋予列强的采矿权等②。但对于外务部相关制度的作用问题及制度缺陷，清朝内部的争论也一直延续到之后。关于这一点，笔者希望将民国外交部也纳入考察范围，作为今后的课题进行研究。

原载《中山大学学报（社会科学版）》2011年第1期

---

① 坂野正高：《近代中国外交史研究》，东京：岩波书店，1970年，第271—277页。
② 李恩涵：《晚清的收回矿权运动》，台北："中央"研究院近代史研究所，1963年。

西周留学荷兰与西方近代学术之移植

——"近代东亚文明圈"形成史·学术篇

[日] 狭间直树著，袁广泉译

世界史近代阶段的特点，经济上为资本主义，政治上为民权主义，文化上则是科学主义。18世纪前后确立于西方的这种崭新文明，不久后即席卷全球，以至于今。东亚"世界"被卷入此浪潮之漩涡乃始自19世纪中叶。自此，曾历经数千年发展起独自文明的东亚各国，经过与西方近代文明接触和碰撞，重新形成了近代世界之一部分，即"东亚文明圈"。

要确定东亚之近代始自何时，可以采用不同标准；但从文明史角度考虑，比较恰当的起点应是鸦片战争迫使清帝国开放国门。东亚迈过此起点，标志着地球上几乎所有"世界"已全部跨入近代。其后，经过1945年结束的第二次世界大战，国家和民族形式上的平等得以实现；而在21世纪的现在，我们所置身其中的，似乎是确立民众自身权利的新阶段。本文所述，是东亚迈入近代时东西方文明的接触、碰撞和交融问题[①]，而重点则是对日本最早留学西方的西周的学术活动及其成就进行考察，以探究东亚是如何接受西方近代文明的。

"文明"为"civilization"之译词，产生于明治初期，后被广泛使用。其含义很广，此处首先基于笔者的理解，通过与"文化"对比重作定义。相对于"文化"主要指与特定地域之环境条件及居民密切相关的意识结构的基底，"文明"是指这样一种文化整体，即在一定区域获得优越地位的某种文化，逐步将周边其他文化置于其影响（civil化，城市化）和支配之下；因此，"文明"包含这种文化的上层结构和下层结构。不过，人们认识某种"文明"的优越性，往往首先因其物质、技术的发展水平。

近代以前，地球上曾诞生过几"大"文明，成为人类历史的浓墨重彩。而赋予东亚鲜明特色的，则是以汉字为书写文字、以汉文做书面语言的中华文明。基本上由同一民族在同一地域维持同一文明长达数千年之久者，惟中华文明而已。在中华文明影响下，

---

① 关于该领域的研究，笔者等曾撰写如下论文结集出版：狭间直树编：《共同研究 梁启超——西洋近代思想の受容と明治日本》，东京：みすず书房，1999年（汉译：《梁启超·明治日本·西方——日本京都大学人文科学研究所共同研究报告》，北京：社会科学文献出版社，2001年）；狭间直树编：《西方近代文明与中华世界（西洋近代文明と中華世界）》，京都：京都大学学术出版会，2001年。另请参阅J. A. Fogel ed., *The Role of Japan in Liang Qichao's Introduction of Modern Western Civilization to China*, California Berkeley, University of California, 2004。

周边民族之文字书写形式，不管从左向右，抑或从右向左，最后全都被迫改为从上向下纵向书写①；由此可见中华文明吸引力极强。然而，进入近代后，东亚却开始将从上向下书写方式改为从左向右。在第一阶段，这种改变还稍显扭捏，但后来则几乎成为主流——尽管各地域间尚有差距。这种变化看似纯属表象，但却最直截地反映出文明的核心即文字、语汇、文体、文献等所有层次上发生的综合变化。

前近代与近代在时间上、东方与西方在空间上都是连续的。它们之间当然不存在明确的界线。变化是渐进的，其影响也不分东西。但从东亚角度观察，大体不出乎这样一种结果，即东亚接受了西方文明，传统文明被迫重组。换言之，东西方文明之接触，形成了全球无所不在的近代文明的一部分，即"东亚文明圈"。

作为地域概念，自帕米尔高原向东北和东南所引直线的90度夹角内，基本上皆属于东亚；但在步入近代时，历史意义上最重要的是中国和日本。以两国关系为核心的近代第一阶段（1840—1945）可分为如下四个时期。

（1）初始时期（1840—1860）：鸦片战争至《北京条约》；
（2）发展时期（1860—1895）：《北京条约》至《马关条约》；
（3）成熟时期（1895—1919）：《马关条约》至《凡尔赛条约》；
（4）分裂时期（1919—1945）：《凡尔赛条约》至中国取得抗日战争胜利。

在数千年积累而成的中华文明体系遭遇西方近代文明后，经过上述四个时期，形成了以传统文明为基础的近代东亚文明圈。若就其应对西方近代文明所表现之主动性而言，则可作如下表述：即初始时期清国较为主动；随后的发展时期则是日清两国同时发展；成熟时期日本转为主动；而在分裂时期，日本侵略中国造成混乱，并导致两国决裂。另外，在步入近代以前的16世纪中叶至19世纪中叶，日本和中国都曾与西方文明有过长期接触。

德川政权曾于上述第二时期的1862年向荷兰派遣留学生，这是日本向西方派出的最早一批留学生。本文将以西周为核心考察派遣留荷学生在文明史上的意义。众所周知，西周在移植西方近代文明方面曾做出杰出贡献，其中最为突出者，是将西方近代文明之基础即近代学术移植到日本。这对"近代东亚文明圈"之形成具有极其重要的意义。

该领域之研究成果，较重要者有小泉仰《西周与欧美思想的邂逅》②。该书就西周读过哪些书，以及从中如何汲取了什么而创造了自己的学说，进行了缜密的考证。莲沼启介《西周哲学的成立》③则论述了西周如何以徂徕学为基础接受西方学术，并在日本

---

① 宫崎市定：《历史地域与文字配列法（歴史的地域と文字の配列法）》，《宫崎市定全集》第19卷，东京：岩波书店，1992年。
② 小泉仰：《西周与欧美思想的邂逅（西周と欧米思想との出会い）》，东京：三岭书房，1989年。所列征引文献含1960年代成果。该书有关"邂逅"与西周思想在欧美思想史上的历史定位，见解颇为独到。
③ 莲沼启介：《西周哲学的成立（西周に於ける哲学の成立）》，神户法学丛书，有斐阁，1987年。该书通过周详的文献考证判断事实，值得关注。

建立起哲学。而井上厚史《西周与儒教思想》①则对莲沼持批判立场，称其为徂徕（即丸山真男之"人为逻辑"）引导日本走向近代化之说所累。至此，西周学说中徂徕学和朱子学（宋学、性理学）的关系得到了较为准确的把握。

一、朱子学和徂徕学

西周②，文政十二年二月三日（1829年3月7日）出生，明治30年（1897）1月31日去世，享年69岁（虚岁，下同）。原名时懋；别名很多，幕府档案记作"周助"。明治二年以后始用"周"，本文统一作"周"。

西周生于山阴地区小藩津和野藩御典医（专为大名服务之医生）之家。晚年任东京学士会院会长，并蒙天皇敕选为贵族院议员。从身份变化而言，其一生可分为三个时期，即津和野藩士时期（自出生至安政元年［1854］脱离藩属）、以浪人之身奉职蕃书调所而为幕臣时期（自安政元年至明治三年）、明治政府官员时期（自明治三年至去世）。若从其学问观之，各时期大致如下：第一时期钻研儒学，第二时期研习洋学并留学荷兰，第三时期则致力于把留学所得移植于日本。其一生经历了幕府崩溃、新政权成立这一亘古未有之政治剧变，浮沉于时代波涛之间；然而，作为变革时期的知识分子，他没有辜负时代赋予他的责任。

西周4岁即在祖父膝下接受启蒙教育，作为生于幕府末期知识分子家庭的聪颖幼童，这很平常。据《西家略谱》载，西周所接受之启蒙教育，自《孝经》始，而后循序修习四书，12岁入藩校养老馆时，据说已学完五经，并通读了《近思录》《靖献遗言》（浅见安正编）、《蒙求》《文选》等③。

藩校所授为山崎暗斋派异常严格的朱子学，其祖父亦出自该派，故西周学问之根底为朱子学（宋学、理学、性理学）。他深信程朱为孔孟正统，反复习读《二程全书》《正蒙》及朱子语录、语类、文集，日日不辍，以实现"居敬惺惺之法"，即觉醒心智并持之以"敬"④。崎门派以专重人格修养而闻名天下，有人评之曰："学林中人从朱子而为人乖僻者盖自山崎暗斋始。"⑤西周面对朋辈自视甚高，表现出蔑视世俗，概受

---

① 井上厚史：《西周与儒教思想——"理"应如何解释（西周と儒教思想——「理」の解釈をめぐって）》，岛根县立大学西周研究会编：《西周与日本近代（西周と日本の近代）》，东京：ぺりかん社，2005年。笔者基本赞同井上立场，见解不同之处将在文中论及。

② 西周文集有大久保利谦编《西周全集》全4卷（东京：宗高书房，1981年，除第4卷外曾再版），是一部力作。传记有森鸥外《西周传》，收于《鸥外全集》等。清水多吉《西周——兵马之权何在？（西周——兵馬の権はいずこにありや）》（京都：ミネルヴァ书房，2010年）论述了西周的军事思想也贯穿着启蒙意图，作为以西周为中心的明治维新史也颇有新意。年谱有大久保利谦《西周略年谱》，《西周全集》第3卷，解说，第131—144页。本文据该谱介绍西周经历时不加注释。

③ 《西周全集》第3卷，第723—724页。

④ "居敬"句释义依岛田虔次《朱子学与阳明学（朱子学と陽明学）》（岩波新书，1967年）之第63页，以及三浦国雄《朱子》（人类知识遗产19，东京：讲谈社，1979年）之第27页。以下有关朱子学解释依据该二书者，不加注释。

⑤ 尾藤正英：《山崎暗斋的思想与朱子学（山崎闇斎の思想と朱子学）》，《史学杂志》第65卷第9号，第22页。不过，暗斋著《文会笔录》被岛田虔次誉为东亚朱子学史上"永存的不朽著作"。源了圆：《德川思想小史》，东京：中央公论社，1973年，第35页。

此学风熏陶之故。据说，西周读书范围愈广，从《左传》《国语》《史记》《汉书》到先秦诸子之文章，反倒愈加认为程朱高于孔孟①。换言之，西周把以"理"对人文学以至宇宙论作统一阐释的朱子学体系，视作自己思考的基础。

但是，西周的这种信念后来走向崩溃。18岁时，西周曾卧病数日，其间捧起异端之书荻生徂徕著《论语征》，即崎门派视之如寇仇的徂徕之书——圣贤之书是不可卧读的。因与程朱大异其道，西周初时不解其意，但读了三四遍后就理解到，不可一概摒弃诸子而惟程朱为是。西周进而研读《徂徕集》，未及过半，即发现此前所学朱子学存在谬误。他总结为如下八项，即"严毅窄迫之不如平易宽大，空理无益于日用而礼乐之可贵，人欲不可净尽，气质不可变化，道统拟血脉，居敬效禅定，穷理非学者之事，圣人不舍人情"。要之有二，即学问须有助于日常生活、须与政治（礼乐）结合，学问不能脱离人性（人欲、人情）。西周说他曾"或淫于老庄，或溺于功利"，可见他也曾涉猎过儒学以外的其他思想；但如前所述，其结果使他更加崇拜程朱。然而接触同为儒学的徂徕学后，他受到极大震撼，以致于全盘否定了此前所学。

前引《述对徂徕学志向文》讲述了西周受藩主之命"一代还俗"、专修儒学时的苦衷。因医家位列方外，欲做儒家，必须还俗；所谓"一代还俗"，即西家无须改变医家地位，仅周本人还俗即可。西周时年20，藩主要求其研习者无疑是朱子学。自己的才能为藩主承认是好事，但因此却必须违背自己的信条，西周十分为难，只好以"有好古癖"为由，坦率表示难以从命。"好古癖"之"古"，即"古学"，亦即仁斋·徂徕之学。藩主当然心知肚明，却这样回答：我藩崇奉宋学，宋学、古学皆以"修身治国"为目标，故请研习宋学。由此推断，藩主并未理解问题的关键何在，因为当时举世皆习宋学。文称"然则随宋儒之传注，而我则说我之是耳乎"（《西周全集》第1卷，第6页），由此可见，君命难违，遂使西周选择了阳奉阴违；其后位列"内臣"，任"扈从宿直"（即贴身扈从）。翌年即嘉永二年（1849），西周请求游学获准，去大坂、冈山游历约两年。在大坂入朱子学者后藤松阴所办学塾，结识了终生挚友松冈邻（鏻）次郎。

受时代所限，公开违背藩主之命是不可能的。因此，遵从命令，同时继续研习"我之是"即徂徕学，应是最现实的选择；但做起来却并不容易。后来，西周在大书院进讲《孟子》之"天时不如地利"章，即依据朱子《集注》进行讲释，并谒见藩主，"受到勉励与嘉许"。②

总之，由于此一现实选择，西周获得了一种全新视角，即学问须能处理现实问题，

---

① 《述对徂徕学志向文（徂徕学に対する志向を述べた文）》，《西周全集》第1卷，第3—6页。标题为编者所加。

② 《御前进读天时不如地利之章》，《西周全集》第3卷，第164—171页。进讲之讲释未发生问题。"谒见"句见于《西家略谱》，《西周全集》第3卷，第728页。

同时又不放弃朱子学的宏大体系。①

二、初识洋学

不久后的癸丑嘉永六年（1853），日本迎来剧变。该年六月三日，佩里（Matthew Calbraith Perry，1794—1858）率舰队来日，远东岛国的体制彻底动摇。此次"黑船"来访，后来每每以"癸丑以来"称之，可见其对日本震撼之大。而西周这位山阴地区小藩藩士之人生也因此彻底改变。

藩主感到局势严峻，决定派数位家臣赴江户，西周作为其中一员，于七月一日出发，二十八日抵达江户的津和野藩公馆。同年冬，西周从藩医野村春岱学习荷兰语。他认为，要理解创造出黑船的异域文明，只有学习异域的语言文字。为保证有足够时间用于学习，翌年三月，西周毅然与津和野藩脱离关系。西周时年26岁。对于西周此时之心境，森鸥外这样描述道："余今后欲立身行道，西学终不可阙。而仕小藩役于琐事，纵令偷闲以求，恐难期精通熟达。无若暂绝君父，专心从事。"②西周欲切断与家及藩的关系，为吸收未知文明之精髓而倾注所有时间与精力。

脱藩，等于逃离构成藩的"家"，是重罪之一。津和野藩严厉搜捕，西周不久落网。但藩内藩外皆有人为西周呼吁。时世已变。最终，西周所受处分极轻，仅被剥夺藩士身份，行动受到若干限制而已。尽管难免衣食之虞，却如愿以偿成为自由之身。西周曾致信给帮他脱藩的松冈邻，坦率吐露心迹说："幸得了却，心下甚安……暂以浪人之身游学，前路昏暗，亦露微明。"并表示："此后唯向学一途，誓当尽死力。"③

西周脱藩后入杉田成卿、手塚律藏④所办学塾学习。成卿即著名的杉田玄白之孙、兰学界泰斗。入手塚学塾乃安政二年（1855）底，始为所谓"塾仆"，后手塚嘉其才，结为金兰，并劝其学习英语。自此，西周由兰学而进至洋学，其命运也因此发生戏剧般变化。

安政二年，为应对时代变化，研究、教育和翻译洋学，幕府设立"洋学所"；它实为文化八年（1811）所设"天文方"部门之一"蛮书和解御用"在新形势下独立、升格而成。安政四年（1857）一月，"洋学所"改称"蕃书调所"⑤，开课授学。手塚任英语教授，同年五月聘西周为"教授手传并"。所谓"教授手传并"即现今之"副教

---

① 佐藤诚三郎认为："德川时期日本的儒学家，通过将儒教理念抽象化、非中国化，不仅把清朝，而且把整个中华帝国及其文明的全部历史都划进了括号里。"（渡边浩：《东亚的王权与思想（東アジアの王権と思想）》，东京：东京大学出版会，1998年，第267页引文）而西周的现实态度及其选择，亦即佐藤所表述回路之一。
② 森鸥外：《西周传》，《鸥外全集》第3卷，东京：岩波书店，1972年，第59页。
③ 《西周全集》第3卷，第609页。
④ 手塚律藏（1823—1878），别名濑胁寿人，曾开办又新塾。西周于嘉永六七年迁至本乡元町后师从手塚。见《西周全集》第3卷，解说，第92页。
⑤ 本文有关"蕃书调所"的论述，依据大久保利谦《日本的大学（日本の大学）》（教育名著丛书2，日本图书中心，1981年）之第二编第三章。尤其关于其主要成员，请参阅该书第149—150页。

授"，"并"为"教授手传"席次之一，俸禄"十口"①。浪人进入幕府机关必须办理的一应手续，也由手塚全部代为办妥。手塚请其主公佐仓藩主堀田正笃首先承认西周为家臣佐波银次郎之"食客"，再以佐仓藩派往幕府机关供职的方式，使该问题得以解决。此时，与西周一同成为"教授手传并"的，是津田真道（真一郎，1829—1903）。后来，他们一同留学荷兰，回国所走道路亦很相似。

据称，蕃书调所成立时，条件十分简陋，"洋书籍只有十六卷（而）已"。后经多方搜求，至安政六年（1859）已增至600部②。1857年初，西周已在译《美利坚之历史》，但兰学书籍中除语言学外，能够读到的似只有兵学、炮术、测量、地理等书而已③。而加藤弘之"入蕃书调所后，书籍有外间罕见者，读之兴味盎然，哲学、社会学、道德学、政治学、法律学，此类书籍皆见所未见"④。该文为后来回忆，学科名亦皆非当时旧称，但可看出西周所处条件十分优越。

遗憾的是，西周所读书目不详。但从津田真道《性理论》⑤可以看出他所思考的问题。津田该文末尾识语撰于"文久改元辛酉二十三日（1861年4月2日）"，跋文则出自西周之手。该文执笔时间为西周脱藩7年之后、西周和津田进入蕃书调所4年之后。

首先看该文标题。该文虽题《性理论》，但在正文中，"性理"作为固定语词仅在末尾出现一次，即"予性理论大略如此"。文中"性"字共出现11次，其中5次是"性情"；但"性""情"二字间关系并非如朱子学那样，即"情"并非受"性"之规定与限制，二字皆为一般所谓性质、感情之意，"性"字乃独立使用。"理"字共出现17次，其中12次为现今通常所谓"道理"之意⑥，也并非朱子学中被赋予规范性的"理"⑦。这些语汇，看似朱子学术语，实则皆已失去原有规范性；换言之，所谓"性理论"即"'性之理'之论"。

西周为《性理论》所撰跋文称，西洋之学传来已逾百年（概自元文五年［1740］德川吉宗命青木昆阳学习荷兰语算起），"格物、舍密、地理、器械等诸科"已有人才足以敌之，惟"希哲学一科"不得其人，遂使世人谓"西人论气则备，论理则未矣"⑧；

---

① 下级家臣所领俸米称"切米"，一般按一口（一名被抚养者）每日黑米五合（约合750克）支付。"切米"除自家消费外换成货币。
② 大久保利谦：《日本的大学》，第178页。
③ 《西周全集》第3卷，第615—616页。
④ 《明治十二杰》，《太阳》第5卷第13号（增刊），1899年，第64页。
⑤ 津田真道：《性理论》，大久保利谦等编：《津田真道全集》上，みすず书房，2001年，第17—21页。部分依影印手稿（津田全集，第7—15页）改动。但最初4行与《西周全集》所收《性理论》同样采用栏外朱笔改稿（《西周全集》第1卷，第13页），故出处均作《西周全集》。
⑥ 其他5次，"何理""实理"之"理"亦为"道理"之意；"学也者习古人之练理而资已之练理也，思也者集彼记于魂者而画理象于已也"（15页）之"理"，虽未尝不可释作宋明理学之"理"，但很可能也是用作"道理"。
⑦ 渡边浩曾指出，海保青陵之思考，是以早已偏离朱子学规范的"现今如此"的"理"为基础的。《日本政治思想史》，东京：东京大学出版会，2010年，第283页。
⑧ 此处"气""理"与朱子学之理气说无关，分别指物质和精神领域。"论气"即现今之理科，"论理"即现今之文科（希哲学即其代表）。

吾友津田君于此颇有独到创见，所著该文已超"西哲"。西周为"希哲学"①注音为"斐卤苏比"，即"philosophy"。由此可知，在西周看来，津田著《性理学》正是philosophy，亦即"论理"之文。

《性理论》全文约二千字，依内容可分作三部分。第一部分论宇宙，始自开头"宇宙之荒荒"，至"尤精妙者也"；第二部分论人，自"人身之主宰曰魂"至"画理象于己也"；第三部分论教育，自"夫道理之存于人也"至末尾"折衷焉"。

第一部分论称，"宇宙"于时间、空间无际无涯，"一气"充满其间，西人称之为"曳埵"（津田标音为"エイテル"，即ether，汉语译作"以太"），"日月星辰亿万世界"皆"曳埵"之"自然之力"而成。朱子学认为，构成自然世界之物质性气体即"气"乃"气状"物质②，与光波动说之"媒质"即"曳埵"无直接关系。要之，使用"曳埵"，无非为表明所依据者乃西方科学最先进理论。而有关地球在宇宙所处位置，以及对地球万物组成所作之纵向分类及描述，如"地之万物……括为生死二物""生物又别动植两种"等，亦属来自西方科学的先进见解。"宇宙"于空间和时间上无穷无限，其间充满"曳埵"，而生生万物皆以"曳埵"为本原，是其变化形态。——这种唯物主义认识，津田得自何处，不得而知。另，津田将"ether"译作"天气"③；有时则使用"气"，可见其思想仍有回归朱子学之倾向。其含义，"气"即贯穿中国思想史的揭示物质存在普遍性之"气"，"天气"之"天"亦与现今"宇宙"几乎同义④。

《性理论》第二部分就万物之灵长即"人"论述道"人身之主宰曰魂"⑤，魂近于"曳埵"凝聚而成之"电气"，存于"头脑"。显然，津田所说之"魂"即现今意识作用、精神活动之意。自《解体新书》⑥问世，"意识"藏于"脑髓"已属常识；此处也使用"曳埵"，并以西方科学最新知识之一"电气"（外来语，兰学音译为"エレキテ

---

① 在从荷兰回国后所撰《生性发蕴》中，西周就"哲学"这一译词之产生过程这样说："哲学原语乃英文フィロソフィ（philosophy）……爱贤者之义……周茂叔（周敦颐）之所谓士希贤之意也……指专讲理之学。"直译则为理学、理论，为避误解译作"哲学"，以区别于"东洲之儒学"（《西周全集》第1卷，第31页）。而斋藤毅的研究则理清了因"希贤"而创"希哲学"、再略为"哲学"的详细过程。斋藤并指出，西周和津田避用"理学"而取"哲学"，正如上山春平所说，"概因其已于朦胧中理解到philosophy的真正态度是，希望摒弃一切教条而获得真知"。斋藤毅：《明治词汇——东方架向西方的桥梁（明治のことば——東から西への架け橋）》，东京：讲谈社，1977年，第355页。

② 山田庆儿：《朱子之自然学（朱子の自然学）》，东京：岩波书店，1978年，第420页。

③ 津田在明治30年（1897）所撰《唯物论》中又译为"精气"（《东京学士会院杂志》第19编第2号，收于《津田真道全集》下，第437页）。该文相距《性理论》约40年，但对宇宙及地球上生生万物的理解基本没有变化；译作"精气"，应是为避免因倡导唯物论而竟使"ether"被误作"天"或"神"。顺言之，西周在《生性剖记》（写于明治17年后）中曾说"精气英语埃多（即ether）"。《西周全集》第1卷，第148页。

④ 此处，津田还提到"有物有则"（《诗经·大雅》"烝民"）等朱子学的重要命题，但并不意味着回归朱子学，仅出于论述需要而引用朱子学而已。

⑤ "魂"字读音，津田以汉字标为"多摩之非"，编者注假名"タマシイ"。

⑥ 杉田玄白译：《解体新书》，《文明源流丛书》第二，东京：国书刊行会，1914年，第337页。酒井シヅ：《解体新书（现代日语译本）》，讲谈社学术文库，1982年，第271页。

ル"）作比喻，对此应予以关注。此处还提到汉人误以为"魂"存于"心"，无非是说自己知识水平更高①。

津田说："魂中有道理者焉……盖道理者辨是非于内，而言语者明之于外者，夫耳目口鼻肤者，人身之五门而通万象于魂君者，乃视听臭味觉者魂之五受也。"此即"知觉"。此处称合"五门""五受"谓之"知觉"，以强调西方心理学知识。"魂之无事也，静然无为，独造化生生之气流行其间而不休，如平流然，是性之自然也。"②

此处对"性"字所加之如下栏外批注，尤需关注："至此揭出性字，即生谓之性之说耶。"该注直至论人之第二部分过半（亦全文过半），即解释"魂"之作用为何时才出现。众所周知，"性即理"为朱子学第一原理，其普遍性贯通天地人；而在该文中，却在论人时才第一次出现。

另一需关注者为"生谓之性"一句。该句源自告子"生之谓性"说（惟字序不同，可忽略），孟子曾严斥其为异端。孟子说，如告子般完全肯定与生俱来之性，而不承认有善与不善之分，乃道德上有害之邪说。而朱子则在理论层次上予以进一步批判称，"生"乃形而下之气，"性"乃形而上之理，告子之说对二者未加区分③。亦即，孟子乃至程朱皆将"性"与"生"切割开来，并将"性"置于更高位置，并据此主张人之至高无上。

而津田却把"性"完全视作"生"——并不与"情"作区分——而加以肯定。有人认为，孟子之性善说乃出于无需检验的人性论，而告子（及荀子）之性却无善与不善之分；换言之，"生之谓性"所论者乃现实之人性④。所谓"生之谓性"乃"生之性"之理，并非如"性"那样一个本原性之"理"被分给万物。津田此论，连早已迈过朱子学相对化的西周也予以特别重视。顺言之，受津田此论触发，西周曾论述"情"的不同形态，并断言"性情中正，则仁义礼智信无行而不善矣，圣人之德之大不过如此"。显然，这与徂徕的圣人论将礼乐作者视为圣人截然不同。

不过，"魂"尽管完整无缺，但有时却难以平衡。比如，关于"意"之"公""私"，津田论道："意有公有私，从道理则公也，任己则私也，公则如好好色，如恶恶臭也，私则好恶转到，性情歪邪，忍为恶也。"这与传统公私观别无二致。尤需注意者，津田指出，对于作为生物体的人而言，"魂中道理之性未曾殄灭也，耻即是也"；而西周对此批注称"未发名言"。

可见，把"性"与"生"置于同等位置，亦即摆脱"天人合一论"，确立视人为生物之一的观点。后来，这一立场愈益强化，西周在《生性发蕴》（1873）中说，18世纪

---

① 所谓汉人之误，概指朱子所说"性"宿于心之空处（三浦国雄：《朱子》，第287页）等。但是，关于哪部中国文献曾记述过脑藏意识故为全身之主宰这一重要思想，据说1826刊行之大槻玄泽《重订解体新书》第11卷附录上曾作过详细考证（《洋学》下［日本思想大系65］，东京：岩波书店，1972年，小川鼎三解说，第507页）。考虑到西周、津田不可能没有读过《解体新书》，此处论述应如何理解，须作更深入研究。
② 《西周全集》第1卷，第14页。
③ 岛田虔次：《朱子学与阳明学（朱子学と陽明学）》，第42页。
④ 汤浅幸孙：《近思录》上（中国文明选4），东京：朝日新闻社，1972年，第38页。

以来开"本诸生理学方法讲性理（即现今所谓心理学之'心理'）之基础"，告子、亚里士多德甚至说"生之谓性之说久已湮灭，而今再兴矣"①。

第三部分之"教育"，乃陶冶生得之"性"使其合乎道理之意，而绝非指修为以成形而上之"道"。极而言之即"人性固灵"，故"与造化比其德，与天地同其文"。该段并以个体发展过程比喻人类发展史，称仅有五千年历史之人类，以自然史之悠久观之，"犹婴儿之始生智时"，可以预期人智·人道今后必将大发展。这在当时是全新知识，但尚不知其来自何处。总之，津田说："努力而推明之于家国天下之务者，吾辈志于道希乎圣者之事也。"

该时期津田《天外独语》中可见"广弘人智达于极限之求圣学之教"一句，上述所谓"圣"，亦即"求圣学"之"圣"。津田为"求圣学"注音"斐卤苏比"，由此可见，"求圣学"也是"philosophy"之译词，相当于西周跋文中的"希哲学"②。可见，为阐明"斐卤苏比"可助人获得真正知识，津田频繁运用当时最先进术语，从宇宙一直论述到人的存在，此即《性理论》。

下面对该时期西学普及状况作一鸟瞰。胜海舟称，西周等出国留学前的安政末年，在江户（东京）开办洋学塾者有58人，加上未报备者，不下100人；此外，文久元年（1861），清国解西学者仅11人，而福泽谕吉说，日本有此类人才至少500人③。显然，日本懂西学者多于清国，但西学仍处于起步阶段。再从辞书发行状况观之，日本西学史上具有划时代意义的堀达之助编《英和对译袖珍辞书》于文久二年（1862）出第一版，仅印行200部；而庆应二年（1866）再版时，第一次印刷即达1000部；明治二年（1869）刊行第三版即所谓"萨摩辞书"，第一次印刷即高达1500部④。这些数字反映出学习西学者迅速增加之趋势。

当时，许多有为青年希望前往外国实地学习，西周等亦如此。万延元年（1860），日本派使者赴美，文久元年（1861）派使者赴欧。西周得知此消息后，即积极向主管部门争取，皆未成功。后来海军向美国订购军舰，计划派生留学，西周和津田获准同行。但美国因南北战争激化难以履约，日本遂转向荷兰订购。西周等留学荷兰的愿望也于文久二年以意外形式得以实现。文久元年派出的使者访问欧洲后曾报告称，无论国力还是学术，荷兰皆非一流，留学应赴伦敦或巴黎。但报告尚未传至日本，西周等已出发，目的地因此并未改变⑤。

---

① 《西周全集》第1卷，第37页。
② 《天外独语》，《津田真道全集》上，第73页。津田还以日文在"求圣学"三字旁注解称"求开悟之学"（サトリヲモトムルマナビ）。就笔者所见，"求圣学"只此一例，津田后来也使用"希哲学"。
③ 麻生义辉：《近世日本哲学史——幕府末期至明治维新的启蒙思想（近世日本哲学史——幕末から明治维新の启蒙思想）》，东京：近藤书店，1942年，第164页。
④ 堀孝彦：《英学与堀达之助（英学と堀達之助）》，东京：雄松堂出版，2001年，第190、201页。
⑤ 菅井凰展：《幕府末年日本与荷兰交流之一幕——关于西周与津田真道留学荷兰（幕末における日蘭文化交流の一齣——西周と津田真道のオランダ留学をめぐって）》，《立命馆文学》第451、452、453号合刊，1983年。

出发前，西周致函好友松冈邻，坦率吐露其抱负所在①。他首先说明愿望实现之经过，以及对时代现状之观感。他说，近年，江户"西学颇流行"，但观之樱田门外之变，水户派排外攘夷论横行，难免不使日本重蹈第二次鸦片战争后清国之覆辙，故须速定"国是"以面对世界。

西周认为，西方"性理之学""经济学"乃极其"公平正大"之论，较之从前所学汉土学说截然不同。前者"说性命之理轶于程朱"，已如上述津田《性理论》及西周跋文；而对后者，西周说，其本于"公道自然"之道确立"经济之大本"，其功实"胜于王政"；美英"制度文物"实超乎"尧舜官天下""周召制典型"②所示中华圣人之理想政治。故"由斯道而行新政，国何不富，兵何不强，人民何不聊生，祺福何不可求，学术百技何不尽精微"。就这样，西周以"经济学"③之名所理解的西方学术开始带上更为具体之内容。

将要踏上留学之路的西周，其精神态度就是如此复杂：既对祖国现状抱有强烈危机感，又对拯救祖国的未知文明抱有强烈憧憬。可以说，西周曾因倾心徂徕学而摆脱只向儒家经典和极其烦琐的考证资料寻求真理标准的精神态度，开始重视如何参与现实政治；接触西学后，他已不再止步于精神层面，对学术的另一本质也有所理解，即学术还须"公平正大"。换言之，西周在完成上述第二次飞跃后不久，又将踏上留学之路，开始另一次飞跃。此时，他必须迈过东洋（日本）和西洋之间的空间障碍和西方历史所反映的前近代与近代之间的时间鸿沟。

三、留学荷兰

西周一行于文久二年六月十八日（1862年7月14日）乘军舰"咸临丸"离开品川。同乘一船者有军舰操练所所派留学生5名，即内田恒次郎（正雄）、榎本釜次郎（武扬）、泽太郎左卫门（贞说）、田口俊平（良直）、赤松大三郎（则良）；另有吉川庄八、中岛兼吉、大野弥三郎、上田寅吉、大川喜太郎、山下岩吉等6名"工匠"，还有正随庞倍（Pompe）学习医术的伊东玄伯（方成）、林研海（纪）2人，加上西周和津田，共15人④。可见，一行以海军留学生为主，医学、学术留学生为辅。总负责人为内田。八月二十三日（9月6日），船抵长崎。

---

① 《致松冈鳞次郎述对西方哲学之关心（西洋哲学に対する関心を述べた松岡鱗次郎宛の書翰）》，《西周全集》第1卷第8页。标题为编者所加。

② "官天下"即"公天下"，"制典型"即"制典刑"，意为完善之政治、完整之法制。渡边浩举出许多事例并尖锐指出："明治维新……是'王政复古'的革命，同时，很可能也是旨在实现'儒学式西洋'（被儒学价值观理想化之西洋）的革命。"本文将探明西周等对幕府持支持态度的"'儒学式西洋'化"的内涵。

③ 毫无疑问，西周之使用"经济学"，乃取其"经世济民"之意。然而，较之安政四年（1857）十月给一桥庆喜上书（《丁巳十月草稿》，《西周全集》第3卷，第182页）将西方富强之原因归于带来坚船利炮的"制度之便"和"人才之实"，此处使用"经济学"，显然已着眼于产生该制度的基础即学术。

④ 大久保利谦编著：《幕末荷兰留学史料集成（幕末和蘭留学関係史料集成）》，东京：雄松堂书店，1982年，总说，第30—31页。

九月十一日（11月2日），西周一行在长崎登上荷兰轮船Kallippus号，离开日本。但该轮在爪哇岛北部触礁，于是在巴达维亚换乘另一条荷兰轮船Ternate号，于文久三年四月十六日（1863年6月3日）夜抵达荷兰港口布劳沃斯（Brouwershaven）①。6月4日傍晚抵鹿特丹（Rotterdam），弃舟登陆后，乘火车前往莱顿（Leiden），晚8时许抵。此时，按日荷两国事先商定，莱顿大学日本学教授霍夫曼（Johann Joseph Hoffmann）登船陪同②。在鹿特丹，据说当地许多人到码头欢迎，并"齐声欢呼"；家家户户悬挂日本国旗，国王代表举行接见的馆舍庭院里升起一面旗帜，上面用汉字和假名写着"よく御出（欢迎）"。荷兰"崇奉自由主义并素有宽容精神"，且"于日本理解最深"，"普遍抱有亲日感情"，对于自东方岛国来留学的青年，无疑是首选国度③。

　　霍夫曼事先已请其同事、经济学教授毕晒林（Simon Vissering，1818—1888）④指导日本留学生的学业。6月7日，毕晒林电告霍夫曼西周等已顺利到达。而西周等则似乎是在抵莱顿后才得知指导教授是毕晒林，6月14日给毕晒林写信表达了喜悦之情⑤。

　　还在抵荷兰前的船上，西周等已写下希望学习的内容，这就是据称霍夫曼于6月12日收到的致"有关各位"的荷文信函⑥。由于一切都不习惯，该信送到霍夫曼手上，从其登船之日算起竟也费时一周。其内容如下：日本国原本只与荷兰东印度公司贸易，但开国以后，外交通商增加，深感必须引进"欧洲学术"，遂于江户开设学校（蕃书调所）。该校设物理学、数学、化学、植物学、地理学、历史学，以及荷、德、英、法各语种，然仅读解而已，至于"增进同欧洲各国之关系、实施内政与设施之改良更重要的学问及Statistiek、Regtsgeleerdheid、Economie、Politiek、Diplomatie等"则全无了解，希望于短期内"择要"学习，请介绍教师；若时间宽裕，还希望学习各类学问通用之法

---

① 宫永孝：《幕末荷兰留学年表（幕末オランダ留学関係年表）》，大久保利谦编著：《续幕末荷兰留学史料集成（続幕末和蘭留学関係史料集成）》，东京：雄松堂出版，1984年。

② 《五科口诀记略》，《西周全集》第2卷，第138页。霍夫曼致毕晒林函（1864年7月13日）。沼田次郎：《西周和津田在莱顿——与毕晒林之书信往还（ライデンにおける西周と津田真道——フィッセリングとの往復書簡を通して）》，《东洋大学大学院纪要》第19号，1983年，信函第15封（以下略称沼田论文"第××号信函"）。

③ 菅井凰展：《幕府末年日本与荷兰交流之一幕——关于西周与津田真道留学荷兰》。

④ 最早开始研究西周的麻生义辉早就指出，毕晒林的思想、学说属于自由主义（《近世日本哲学史》，近藤书店，1940年，第83页）；而渡边与五郎亦对此表示赞同（《西蒙·毕晒林研究》，东京：文化书房博文社，1985年，第47页）。

⑤ 沼田论文"第2号信函"，1863年6月7日；沼田论文"第3号信函"，1863年6月14日。

⑥ 沼田论文"第1号信函"。沼田参照的板泽武雄译该信收于《西周全集》第2卷，第701页。另，本文参考荷语文献为《五科学习荷兰文编5往返信函集（五科学習関係蘭文編5往復書簡集）》所收打印整理稿。大久保利谦编著：《幕末荷兰留学史料集成》。

语。另希望学习"名Philosophie或Wijsbegeerte①之学问"。此类学问非"我国法律禁止之宗教思想",乃"笛卡儿、洛克、黑格尔、康德"等所倡,尽管深奥难解,但"有助于我国文化之提高",望稍有涉猎。

该函所提及学科名称,即"Statistiek""Regtsgelerdheid""Economie""Politiek""Diplomatie",沼田分别译作"统计学""法律学""经济学""政治"和"外交"。被认识到有助于改良国政的这五门学科,如前所述,仅"经济学"曾出现于西周离开日本前所撰文章。而今举出这五科名称,表明西周等已朦胧地认识到它们是相互关联的②。

其后,毕晒林根据要求制订学习计划,约一个月后的1863年7月16日寄给了西周等。此即"有关应授课程致津田真一郎及西周助两位备忘"。

此处须就日期问题作一探讨。毕晒林的这份"备忘",现存津田收到后即刻译出之日语文档,因其日期明确标作"六月十六日",此前人们一直认为写于6月16日③。但是,如前所述,霍夫曼6月12日收到信函,6月15日回信称将转交毕晒林④,因此,若上述毕晒林"备忘"果真写于6月16日,则他接到霍夫曼转来的授课要求后,须在24小时内写就。考虑到为来自遥远东方的留学生授课工作之复杂性,一日内订就授课计划,未免太过草率,亦与其选择"备忘"方式以示慎重不相符合。

带着如此疑问仔细梳理有关史料可知,有一份资料可作判断标准,而竟被忽视。此即沼田论文"第5号信函"⑤。读该信可知,西周等的荷兰语信函随霍夫曼6月19日信一同寄给毕晒林。换言之,毕晒林"备忘"不可能写于6月16日。经比对,该"备忘"即为《五科学习荷兰文编5 往返信函集》所收第四封信函(未编号,第181页),撰写日期为"16 July 1863"。也就是说,津田错译日期,西周的译法是正确的。而津田之所以失误,应与该年阳历7月16日恰逢和历六月一日有关。

---

① 关于荷兰语之"Philosophie"与"Wijsbegeerte",斋藤毅推论如下:即,前者为拉丁语系外来语,后者则为其译词,与德语同时使用外来语"Philosophie"和译词"Weisheitsliebe"的现象相同;现今荷兰语辞书解释"Wijsbegeerte"词义为"为获得知识和智慧而努力、寄希望于知识和智慧、渴望知识和智慧",故西周的"希哲学"和津田的"希圣学",都是"Wijsbegeerte"的译词。见斋藤毅:《明治词汇》,第346—348页。

② 关于"Philosophie",请阅第五节。

③ 《毕晒林有关五科学习之备忘(五科学習に関するフィッセリングの覚書)》,《西周全集》第2卷,第142—145页,附照片;另见《津田真道全集》上,第92页。该备忘即沼田论文"第4号信函"。沼田尽管在译文末尾注释称西周译文日期作7月16日(《西周全集》第2卷,第134、136、138页),但最终仍作6月16日。前引菅井凰展《幕府末年日本与荷兰交流之一幕——关于西周与津田真道留学荷兰》及宫永孝《津田真道在荷兰(オランダにおける津田真道)》(大久保利谦编:《津田真道 研究与传记(津田真道 研究と伝記)》,みすず书房,1997年,第137页)也作6月16日。可见津田译文影响之大。

④ 沼田论文"第12号信函"。该信年份有误,暂不深入。

⑤ 该信在前引《五科学习荷兰文编5 往返信函集》目录中再次误作"7月19日"。总之,该信在各类刊物中频频出现失误,简直不可思议。

总之，毕晒林"备忘"无疑撰于7月16日。从中可知①，应西周等要求，毕晒林计划讲授"Staatswetenschappen原理"（沼田首先从西周回国后译法，将"Staatswetenschappen"译为"政事学"，再译作现今通用之"政治学"），并称政事学有五，即"一、Natuurregt（性法学，今作自然法），二、Volkenregt（万国公法学，今作国际公法），三、Staatsregt（国法学，今同），四、Staathuishoudkunde（经济学，今同），五、Statistiek（政表学，今作统计学）"；为掌握该五科"学问之性质与效用"，"尽量简要揭示基础原理"；要求提前预习荷兰语听说，以便在两年内完成授课（授课于大学开课期间在私宅进行）；若"达不到预期效果"等，"保留随时放弃授课的权利"等。

西周在《五科口诀纪略》中所用译词，乃咀嚼授课内容，并在回国后所确定者，故据此难以窥知他们得到毕晒林"备忘"时对五科内容之理解。所幸，上述发生日期错误的津田译文②可供参考。在该译文里，"Natuurregt"译作"天然之本分"，"Volkenregt"译作"民人之本分"，"Staatsregt"译作"邦国之法律"，"Staathuishoudkunde"译作"经济学"，"Statistiek"译作"经国学"③。

荷语中意近"Economie"的另一词语"Staathuishoudkunde"，也译作"经济学"。至于"Statistiek"，他们很可能在1860年就读过于同年问世的福泽谕吉阅《万国政表》④，从而得知有此学问，并拟出基本概括该学问内容之日语名称；而"统计学"译名之固定，如后所述，则在许久以后；其他三科，他们仅粗略了解，与毕晒林所谈学科名称差距较大。因此，"Staatsregt"虽勉强译出，但对"Natuurregt"和"Volkenregt"之"-regt"，却完全没能理解。

回国后经仔细体会，"Volkenregt"被译作"万国公法学"；但实则清国已有前译⑤。问题是"Natuurregt"何以译作"性法"。有关于此，深泽助雄指出，西塞罗（Cicero）曾将哲学分为自然学、伦理学和逻辑学，而傅汎济（Francisco Furtado）、李之藻译《名理探》（1631）中分别与之对应的译词则是"性、修、探"⑥。二者之间是否有直接关系，不得而知；但对应于"自然"之"性"，概即作为"生"之"性"。

西周二人的语言能力还只能把"Natuurregt"和"Volkenregt"译作"天然之本分"和"民人之本分"，显然未能充分理解毕晒林"备忘"之意图。不过，他们无疑乐意接

---

① 沼田论文"第4号信函"。五科名称译词采自西周《五科口诀纪略》（《西周全集》第2卷，第138页），省略部分荷兰语。

② 《毕晒林有关五科学习之备忘》，《津田真道全集》上，第91页。《西周全集》第2卷，第142页。

③ 在《有关五科学习之文档（五科学習関係文書）》中，"Statistiek"皆译作"政表"或"政表学"。《西周全集》第2卷，第134—142页。

④ 福泽子围阅，冈本约博卿译：《万国政表》，万延元年庚申孟冬，霱芳阁藏梓，收于明治文化研究会：《明治文化全集》第12卷 经济篇，东京：日本评论社，1968年。

⑤ 惠顿著，丁韪良（William A. P. Martin）译：《万国公法》，（京都）：崇实馆，1864年；同书，开成所翻刻本，1865年。原书为Henry Wheaton, *Elements of International Law*。

⑥ 深泽助雄：《关于〈名理探〉的翻译（『名理探』の訳業について）》，《中国——社会与文化（中国——社会と文化）》第1号，第36页，注20。

受建议，首先努力学习荷兰语。其荷兰语老师是霍夫曼和一名叫冯戴克（Meester van Dijk）的小学校长①。授课于三个多月后的11月3日开始，毕晒林首先就授课要领作五点说明，此即《性法万国公法国法制产学政表口诀》所译出之如下内容②：其一，授课仅止于"举其纲领，示其基础"；其二，各科皆"欧洲通儒硕学"之"见解"，不考虑其与日本之关系；其三，将该欧洲之"见解"适用于"日本国家人民"之责任在于公等；其四，概不涉及"法教"（即宗教）③。第四条显然接受了西周二人的要求④，也表明毕晒林所讲授之学术未受神学理论影响，属于自由主义立场。这对来自日本的留学生无疑十分有利。

第五点是解释五科相互间关系，全文引述如下：

第一论性法，是乃万般法律之基础也。次论万国公法并国法，是推扩性法，外以律万国之交际，内以准国家之法度者也。又论制产学⑤，是授以富国安民其道如何者也。而终是则以政表，授察国之情状悉知其详之术云。

想来，西周二人曾在抵达荷兰之前的船上写信给"有关各位"，要求学习"Statistiek、Regtsgeleerdheid、Economie、Politiek、Diplomatie等"，竟与后来毕晒林计划讲授之五科基本一致，令人惊叹。当然，如前所述，当初他们所知甚少，还只能把"Volkenregt"译作"民人之本分"，但那是量的问题；本质性关键在于，他们已朦胧地意识到，这几门学问并非各自独立，而是相互关联。而惟其朦胧，他们才会像海绵吸水一样如饥似渴地学习，以拨开眼前迷雾，获得透彻理解。

授课按上述"口诀"依次进行，两年后即1865年11月顺利结束。津田在回国前致信恩师毕晒林，表达最诚挚的感谢。他说："幸得恩师教诲，于欧洲学问之概念知识小有所得，来欧心愿已遂"，并表示将把这些学问"输入我日本"，实现初衷，愿恩师与学生、欧洲各国与日本国之间"友谊永续"⑥。

毕晒林给弟子的临别赠言也令人动容。他首先说，当初答应授课曾有过"踌躇"，考虑到语言困难和"概念及思考方式差异甚大"，担心"能否相互理解"；但现在两年工作结束，感到"非常满意"。他评价授课成果说，"我们在几乎所有方面都达到了彻底的相互理解"；并说，这都是拜二位"热情和求知欲之高昂"，"理解力之丰富、判

---

① 菅井凰展：《幕府末年日本与荷兰交流之一幕——关于西周与津田真道留学荷兰》。
② 《西周全集》第2卷，第142页。
③ 关于最后一条之意义，可与松田清所论法国知日派知识分子卜斯凯（Georges Hilaire Bousquet，1846—1937）的日本观作一比较：抛弃文明人之宗教基督教而"只以引进物质文明为目的的日本知识分子对宗教的漠不关心和怀疑主义，在卜斯凯看来只意味着野蛮……如果真有所谓日本文明，那么，只要不能明示其以何种宗教为支撑，就不能认日本文明为独立文明"。松田清：《法国人眼中之文明开化（フランスから見た文明開化）》，林屋辰三郎编：《文明开化研究（文明開化の研究）》，东京：岩波书店，1979年，第226页。
④ 沼田论文"第1号信函"。
⑤ 此处，"Staathuishovdkunde"被译作"制产学"。约庆应三年所写《记五科授业之略》有"制产之学""制产学"（《西周全集》第2卷，第134、137页），可知回国后某个时期曾停止使用"经济学"；但由《记五科授业之略》改写而成的《五科口诀纪略》，又恢复使用"经济学"（《西周全集》第2卷，第138、139页）。
⑥ 沼田论文"第20号信函"。

断力之明晰和感性之高贵"所赐;还真挚地说,通过授课,发现二位"非止天性善良之学生,亦是朋友",因此,与二位接触总是"带着尊敬",甚至"抱有真挚的爱情"。留学生得到恩师如此临别赠言,可谓"绝无仅有",也表明他们已取得丰硕成果。最后,毕晒林鼓励道,回到祖国,"你们在我指导下已做充分准备,望以勇气、力量和充分的智慧,在日本开始工作",并祝愿"彻底实现最大目的,即国内的秩序和正义","贵国同胞学问日益进步发展"①。

1865年12月1日,西周二人离开莱顿回国。近一年后,西周致信好友松冈邻称:"遍考彼洲内政治概要及百学情状,实有攘夷家嫌忌之者。然其政治之公大、凡百学术之精致、利用厚生之道广开,盛美之极实东西千古未之有矣。"②由此可见,西周留学前的抱负已充分实现,可谓踌躇满志,"满载而归"。庆应元年十二月二十八日(1866年2月13日),船抵横滨,赶到家中,已是夜间一时。

四、毕晒林五科讲义笔录之出版

庆应二年(1866)正月十五日,西周重任开成所教授手传之职。西周赴荷兰前的文久二年(1862)五月,蕃书调所改称洋书调所,翌年八月再改称开成所。名称改变反映西学日益受到重视。不久后的三月十二日,西周作为掌握"关乎国家强弱贫富"的"国内唯一无二之人物"升任开成所教授,继之被提拔为将军家臣"直参"(其资格相当于禄米万石以下之将军直属家臣),禄米百俵,外加十人扶持,赐金二十两③。幕府承认其留学成果,瞩望其为幕府所用,故而加以重用。复职、升格、提拔,津田皆得同序。稍后,西周致信松冈谈及此事情景说:"席列御儒者之次,位属望外,但非勉求之者。俸诚鲜少,仅糊口而已。"④"御儒者"即开成所校长,位列其次,地位的确很高;但对薪俸太低,也如实地吐露不满。

后来,政治形势急剧变化,七月二十日(8月29日),第14代将军家茂逝世。来自一桥家、任将军监护人的庆喜继承了德川家族长地位,但对将军之职却固辞不就,直到十二月五日(1867年1月10日)才就任第15代将军。20天后,孝明天皇因患痘疮于十二月二十五日突然辞世。这些政治变故对讨幕运动起到推波助澜作用。作为应对之举,庆喜于翌年即庆应三年十月十四日(1867年11月9日)上表还政于天皇,此即所谓"大政奉还"。然而,讨幕派则于十二月九日(1868年1月3日)进一步宣布王政复古。庆喜穷

---

① 沼田论文"第21号信函",1865年11月28日。安政四年十一月二日(1857年12月17日)的哈里斯日记,有助于我们理解毕晒林为西周等授课何等困难。哈里斯说:"现在教日本人学习经济学基础,基本上讲授西方有关商业规则应用之知识。然其艰辛难以想象。我必须把那些连适当表述语言还没有的知识概念设法传授给他们,连翻译都不解荷兰语原意。因此,往往要花几个小时才能让他们理解极其简单的概念,需要有无与伦比的忍耐力,才不至于因绝望而撒手。但是我知道,我说过的每一个词、每一句话,我成功讲授的每一个新概念,都会马上报告给阁老会议。所以,不为我自己,为我的继任者不至于再如此艰难,我将继续忍耐下去,并告诫自己艰辛总会得到回报。"斋藤毅《明治词汇》第9—10页引哈里斯(Townsend Harris)著,坂田精一译《日本居处记(日本滞在记)》。

② 《西周全集》第3卷,第626页。

③ 《西周全集》第2卷,第684页。

④ 《西周全集》第3卷,第626页。

途末路，遂退往大坂，翌年一月三日（1月27日）在鸟羽伏见之役战败，于八日夜带少数随从逃往江户。西周二人怀抱着异国恩师的瞩望和期待回国，却没想到在其后17个月内经历如此巨变。

还在庆应二年四月（1866年5—6月），幕府曾命西周、津田分别译述毕晒林讲授万国公法和国法论之笔录。西周于八月译毕，十二月二十八日进献给幕府。而在九月，奉时在京都的德川庆喜之命，西周与津田同来京都。在京别无大事，恰逢友人木村宗三出洋，遂于学塾代其课徒。翌年二月，学塾迁至四条大街更雀寺后，据说学生达五百之众①。顺言之，津田因来京月余即遭免职而回江户②，致使二者在其后幕府崩溃、新政府成立的两年多内境况截然不同。

读《百一新论》，可以窥见西周回国后做幕臣时期思想状况之一斑。该书刊于明治7年，据认为是庆应三年春在京都授课时所用讲义③。治人之"政"与传授做人之道之"教"，其性质不同，该讲义充分把握此点，并进一步论述必须努力追求民生幸福之大目标。正因二者不同，故须使其一致。他批评说，似乎有人以为"格物致知诚意正心"在胸自可"治国平天下"；但那好比"将模仿禅宗和尚坐禅视作政事之本"，无异于缘木求鱼④。批判的对象主要是儒学，而且是朱子学，有时包括徂徕学⑤。之所以讲授这些，乃出自他视塾生知识水平开导蒙昧的方针。在讲义中，西周详细论述现今西方各国"与民共同立法"以实行"公平"政治，而其基础在于人固有之"自主自立之权"以及人不可或缺之"相互生养之道"⑥。

庆喜就任将军后，曾采取各种措施以挽回颓势，三月十四日擢用西周为"侍读"，即其措施之一⑦。庆喜每日10时至下午3时听讲，十分勤奋；但西周并不满意。他在四月二十六日致信津田说，庆喜所学为法语，"与泼利契克（即politics，政治）毫不相关"，"是何益于苍生也"；但也寄希望于"一年半后，大君可解洋书所述之道理"⑧。五月九日致松冈信则称："如此循序以进中兴之业亦有可望之矣。"⑨或许与此有关，五月十九日，西周被特别提拔为"奥诘并"（即准随侍），此职司将军身边事

---

① 《西周全集》第3卷，第757—759页。
② 大久保利谦：《津田真道的著作及其时代（津田真道の著作とその時代）》，大久保利谦编：《津田真道 研究与传记（津田真道 研究と伝記）》，みすず书房，1997年，第63页。
③ 茅野良男认为，《百一新论》下卷论述心理与物理之别乃以《百学连环》为基础，末尾又见"哲学"一词，故非写于京都时期（《明治初期日本哲学初始（明治期早初における日本哲学の端初）》，《国际研究论集》第9卷第1号，1997年）。但是，《生性发蕴》早就将哲学和心理、物理关联起来论述（《西周全集》第1卷，第45页），该文则依据路易斯的解说。因此，推断其为留学期间或回国后不久获得的知识，亦不为虚妄。但至少最后的一问一答是出版时增补进去的。
④ 《西周全集》第1卷，第237—238页。
⑤ 不少学者关注《百一新论》与徂徕学之关系。井上厚史主张，西周在此表明告别徂徕学，具有重要意义（《西周与日本近代（西周と日本の近代）》，第154页）。不过，笔者则认为，在留学前为《性理论》所写跋文中，西周已经"告别徂徕学"。
⑥ 《西周全集》第1卷，第257、282、284页。
⑦ 《西周全集》第3卷，第662页。
⑧ 《西周全集》第3卷，第665页。
⑨ 《西周全集》第3卷，第634页。

务，由将军最信任者充之。不过，西周说，自己与其他"随侍"不同，实为"侍读"和政治文件"翻译官"，因而"大遂吾愿"①。

不久，西周终于有机会发挥学识，即"大政奉还"。二百年来政体以将军为巅峰，而今将改以天皇为至尊。十月十三日（11月8日），在京都之40藩重臣应召齐集二条城，庆喜表明决计实行"大政奉还"；当日，庆喜就"英国议院"、三权分立制度征询西周。十一月，西周草就《议题草案》一文，阐述三权分立，关于"政府之权之事"，西周说："政府即全国之公府，尊奉将军即德川家族长为元首，行法之权悉属此权。"按西周设想，大政奉还后，政体应为以庆喜为首班之立宪政体②。该设想以幕臣立场为出发点，也是以幕府仍在统治日本全国这一政治现实为前提的权力分配方案。

西周此举无疑是遵照毕晒林瞩望而在祖国所做尝试之一。然而，该设想未得实施。十二月九日（1868年1月3日），讨幕派宣称实施"王政复古"，庆喜被迫退避大坂。西周随行，十二月二十八日受命充任"奥御祐笔所诘"，为将军起草和管理机密政策文件；翌年即庆应四年元日（1月25日）又被任为"目付"，负责督察将军家臣之言行。可见，处非常时期，庆喜信任西周有增无减。然而，两天后即爆发戊辰战争，幕府军兵员三倍于对方，反而大败，战斗力之弱暴露于天下。"复古"后成立之新政府进而通令追捕庆喜。八日（2月1日），身为统帅的庆喜，仅带数名重臣，乘夜登上购自荷兰之"开阳丸"离开大坂，脱离战线。而西周则作为"伤病兵取缔"负责处理败军善后，稍后亦取海路回到江户。二月，西周陪庆喜隐居上野宽永寺，四月再随之退隐水户。闰四月回江户闲居，明治元年十月，任德川家所创沼津兵学校"头取"（即校长）。

在从京都到大坂、再到江户不断败逃过程中，西周所有书籍、手稿等宝贵资料丢失殆尽。明治三年九月，西周应新政府之召来到东京，奉职于兵部省，成为明治政府官员。其后事情，有一件不可略却：同年十一月，西周在家里开设私塾，取名"育英舍"，开始讲授《百学连环》③。余事不赘。在东京大学于明治10年成立前，新政府尚无暇设立高等教育机关，代行其功能者即讲授汉学、西学之众多私塾。大久保利谦曾指出，育英舍作为西学私塾，曾与庆应义塾、共立学社等齐名④。

通过上述可知，西周等翻译和刊行其留学成果、深化和发展其学术研究活动之条件相当恶劣。下面首先抄录大久保所整理之一览表，以作整体把握。

---

① 《西周全集》第3卷，第635页。
② 《西周全集》第2卷，第177页。
③ 授课何时结束，不得而知。但塾生之一永见裕"编辑其稿十册"提交给福井藩厅，是在明治四年九月。《西周全集》第4卷录有永见笔记甲、乙两种稿本和西周自己所做笔记《百学连环备忘（百学連環覚書）》。笔者曾将两种稿本之欧语（希腊语除外）译词编为《西周〈百学连环〉译词表》，并得宫原佳昭氏协助将其制作为数据库，在nihu ONE上公开。故有关《百学连环》译词出处，原则上予以省略。
④ 大久保利谦：《明六社》，东京：讲谈社，2007年，第173页。

表1 五科讲义翻译刊行一览表

原名	西周译语	翻译书籍	译者	刊行年
Natuurregt	性法之学	《性法说约》	西周	明治12年
		《性法略》	神田孝平	明治四年
Volkenregt	万国公法之学	《万国公法》	西周	庆应四年
Staatsregt	国法之学	《泰西国法论》	津田真道	庆应四年
Staatshuishoudkunde	制产之学	无	（津田真道译）	
Statistiek	政表之学	《表纪提纲》	津田真道	明治7年

*《西周全集》第2卷，第704页。依据前引大久保利谦《津田真道的著作及其时代》（大久保利谦编：《津田真道 研究与传记》，第30页），部分作增补。

下面简单探讨翻译、刊行之经过。首先看《泰西国法论》。该书为津田于庆应二年四月拜受君命、五月十八日至八月二十五日间翻译，概于九月进献幕府，又由津田参与改稿、校订后，其改译本于庆应四年四月前由开成所出版。新政府成立后亦曾有开成学校版、文部省版刊行，明治8至9年后至10年代初，还出版过几种民间版本①。

《万国公法》曾有官版和民版。官版由大阪的"敦贺屋为七"于庆应四年四月前刊行，民版则由京都的"竹苞楼·瑞岩堂"于同年夏天出版。不过，明治6年2月（于明治6年元旦采用阳历，因此用阿拉伯数字记载），西周曾将该二书寄给毕晒林，并附信称，此为"据小生门人所撰种种写本而印"，错字颇多，拟抽暇刊行"附注释"的修订本②。可见，在西周看来，上述官版和民版皆为"伪版"。

《性法学》由西周于庆应三年译毕，拟题以《性法说约》刊行。但译稿因战乱散佚，后由神田孝平重译（内题下译者名作神田孟恪）。神田译本题名《性法略》，由"纪国屋源兵卫"刊于明治四年③。然而，另有一版本连西周生前也未曾知晓，即《性法说约》。该版本出版人为高田义甫，明治12年10月出版（1970年代后半期重新发现。国会图书馆之近代数字图书馆可以下载）。西周如果看到，肯定会指其为"伪版"；但既然版权页注明译者为西周（内题下作西鲁人），书名亦作《性法说约》，其底本应为西周庆应三年译稿写本之一。简而言之，西周译本阐释性较强，而神田译本不少术语使用至今，反映出庆应三年（1867）至明治四年（1871）间学术研究进步之状况。

关于"政表学"，有津田译《表纪提纲 一名政表学论》于明治7年10月由太政官政表科刊行。该书被誉为"日本近代统计学成立史上意义极深之古典"。关于"制产学"，毕晒林曾以自著作教材传授，其讲义由津田负责翻译，但未译毕④。

---

① 大久保利谦：《津田真道的著作及其时代》，大久保利谦编：《津田真道 研究与传记》，第39页。
② 《西周全集》第2卷，第683—691页。
③ 《西周全集》第2卷，第698—700页。
④ 大久保利谦编：《津田真道 研究与传记》，第46页。

在幕府走向崩溃这一时代巨变中，留学荷兰之成果，五科中有四科勉强得以出版和流传。西周所译两册之出版，其形式既不正常，版权人意向亦被忽视，西周对此必定感到遗憾；但正是通过这种方式，我们才得以了解讲义内容。下面，让我们对上述版本带给日本读者的西方学术实际内容作一概观。

如前所述，毕晒林所授五科，为应西周等希望有助于改善国政之要求而安排；但其讲义却因政治混乱，刊行受阻，未能完整出版。不过，西周曾为五科系列撰成总序一篇，名《记五科授业之略》①。该文简要说明其留学经过和学习概要，从而使我们得以了解他们何以翻译和刊行讲义。

西周为神田重译《性法略》②所撰序文（汉文），与《记五科授业之略》没有关系，乃论述性法（自然法）作为近代法源泉的地位，以酬答神田辛劳译述而作。其中引汉高祖故事譬喻称："虽然不可遂以马上治天下，则丁公之戮雍齿之封不可已。而约法三章，不可谓无用意也。法律渊源乎人性云者，岂谓虚妄耶。"亦即，为开始实施正常政治，使群臣深明忠节之重，高祖果断杀掉有恩于己之丁公，而首先封切齿痛恨之雍齿为侯，说明法律之基础在于人性。然后将其引申到西方，称"西洲有此论，创乎荷兰虎哥氏（即胡果·格老秀斯，Hugo Grotius，1583—1645）"。有学者认为该序是对毕晒林的批判，但作为师说译本之序言，亦无可厚非。而津田序言（日文）说，该书阐述"万般律法皆基于神授之人性"，亦即所论者为近代法之基础，即自然法。

正文开篇为"第一编 总论"，次之为"第二编 固有之权"，以下分论其中"生存之权""言行之权""用物之权"，共15编。总论又分15条，第1条"性法乃基于人（之）性之法"，第2条"人之在世须相生养，命也"，第3条"相生养，故万般之事以兴"，第4条"既有事不可无规则，法之所以生也"，等等。由此可知，毕晒林授课之方式，乃将要点分条列目作简要讲释。

毕晒林称"性法"为"万般法律之基础"，而吉野作造则认为《性法略》即"法学通论"。③国际法和国内法皆以"性法"为基础而制订，又辅以经济学和统计学而形成体系，因此，"性法"居"政事学原理"之关键位置。而"性法"又建立在"人性"之上，规定着人与人"相生养"之关系。"相生养"见于韩愈《原道》，当时的人应不陌生④。然须注意者，"相生养"原意为"生存"，而《性法略》则用作"互助而生存"。《百学连环》称"Society即相生养之道"⑤，即其例证。西周为"Society"首先注"社"字，继之解释道："党（乡党之党）"更好，表人须"相互扶助以生活"。在接受毕晒林以人相互扶助而构成的"Society"为基础的授课后，西周对出国前即曾凭直觉惊叹其"公平正大"的西洋学术有了更透彻的理解。

再看"自在（自由）"的问题。"性法之最要条例"乃"不得以己之自在害他人之自在"（第一编第11条）。该条提出人与人平等，其重要性毋庸赘言。但该句为神田

---

① 《西周全集》第2卷，第134—137、704页。
② 《西周全集》第2卷，第103—133页。
③ 《明治文化全集》第13卷 法律篇，解题，第12页。
④ 原文为"古之时，人之害多矣。有圣人者立，然后教之以相生养之道"。
⑤ 《西周全集》第4卷，第239页。

所译，西周《性法说约》译作"人可各自制己之行而自在，唯不得制己之行而亏损人之为自在"。可见，文意相同而表达迥异，西周译文长于阐释。另外，两种翻译前后相差4年，但关键词语"自在"却未被取代。顺言之，前引神田译文中"原有·生存·言行·相生养·规则"，在西周译文中分别作"自有之原（权）·存立·制行·取物供用（之权）·相生养·规矩"。

次为《万国公法》①。西周曾遵将军之命于庆应二年底进献译本，但该译本及其底稿后来均已散佚，上述官版和民版，乃庆应四年私自利用西周译本之写本而刊行②。卷首载"上万国公法译本表"，并附"凡例"，正文并仔细标出参照《性法说约》之处，故我们仅需进行推敲和"注解"即可③。

所谓"万国公法"，依毕晒林之说，为性法行于万国者。《万国公法》正文由四卷组成，即"公法总论""平时泰西公法之条规""战时泰西公法之条规""万国聘问往来之条规及礼仪"。第一卷之"第一章万国公法之宏旨"称，"国"于公法指"各自特立、对他国不服属而以礼相交之建奠自主之国"（第2节）。该书详细阐述国与国之间平时和战时交往之规则，此处不加赘述，仅依据田冈良一的观点④就毕晒林讲义在学说史上之定位作一探讨。

田冈提醒人们注意，西周使用"万国公法"作书名，而正文则使用"泰西公法"；并指出毕晒林所授乃实在法学派之学说，以马尔腾斯（Georg Friedrich von Martens, 1756—1821）等人为代表；⑤西周助译《万国公法》对1860年代欧洲国际公法学（主要是德国国际公法学）所作解说堪称恰当公允，可谓之"国际公法概论"。大平善梧主张，西周所介绍之学说尚处于旧自然法阶段，该主张已被广泛接受；而田冈却试图纠正大平观点之错误⑥。对田冈的贡献，曾有大久保利谦以史学家立场给予正确评价⑦，但在国际法和政治思想史学界却至今未引起重视。

田冈也曾高度评价西周翻译准确、译词恰当。尽管留学时间仅有两年，但其翻译能力之提高"绝非云泥之隔、霄壤之别等寻常比喻所可形容者"。西周翻译上述毕晒林所定学科名称而表现出的进步，自然与其对授课内容更加完整而深刻的理解分不开；选择术语也呕心沥血，力求准确表达原意，作为日语又须自然通畅。总之，为将西方最新主要学说移植到日本，西周尽了最大努力，充分发挥了其卓越的翻译才能。然而，《万国公法》之出版自始即充满坎坷，后来仍时运不济，未曾增印或再版，致使西周费尽心机选定的该领域一系列译词在"明治以降之政府及学界几乎无人问津"⑧。这与后述哲学

---

① 《西周全集》第2卷，第3—102页。
② 《西周全集》所收以官版为底本，并标注与民版对校之结果。两种版本均有疏漏，但大久保称，较之官版，民版稍胜。《西周全集》第2卷，第693页。
③ 沼田论文"第36号信函"。
④ 田冈良一：《西周助〈万国公法〉》，《国际法外交杂志》第71卷第1号，1972年。
⑤ 前引田冈论文，第37页。
⑥ 大平善梧：《国际法学之移入与性法论（国际法学の移入と性法論）》，《一桥论丛》第2卷第4号，1938年。
⑦ 大久保利谦编著：《幕末荷兰留学史料集成》，第947页。
⑧ 前引田冈论文，第48、27页。

思想领域之状况形成鲜明对比。

顺言之，西周在凡例中向"初学之辈"建议，丁韪良译《万国公法》（汉译）甚难，故应先读此书（日译）。明治三年（1870）一月，有热心人为京都的小学捐赠《万国公法》"前后各百部"，应为西周所译。彼时"小学课业表"显示，"句读"教材分五级，而《万国公法》与《日本外史》等同列最高级①。毕晒林若知此事，定会高兴异常；因为万国公法已成为日本开国后之必备知识和开眼看世界的京都人、日本人不可或缺的基本修养。

再次之，为津田译《泰西国法论》②。该书凡例首论西方各国大学生学习法律者众多，以及"right（权）"与"law（法）"之异同；随后叙述随"人文（文明）"开化"律法上人人皆得同权"的历史③，一语道破"法论之本意在使人保其自立自主之权"。该命题乃保证人在近代市民社会、国民国家中得以自立的法的精髓；而在正文开始之前先强调此点，表明来自"概念及思考方式甚异"国度的留学生，已充分汲取毕晒林授课核心部分之精华。

正文分四卷，即"卷一 国法论总旨"，"卷二 国家及其国居民双方之权义"，"卷三 政体种种"，"卷四 现今定律国法之大旨"。各卷分数篇，各篇以条目列数章至三十余章。其范围几乎涵盖宪法、行政法、刑法等国内法所有领域。而且，还以毕晒林认可者为中心，广泛论述各国主要法律及其历史，故内容十分广博。

"卷一 国法论总旨"之首篇为《国法论之释义及其界限》，其第一章（条）叙大要称："国法论汇集国家国民双方之权与义而论之。国家者干，国民者支；干支相维持，国以立。互有权义，不可不辨。"国乃"人间公会（社会）"之最大者，与"寻常公会"不同，其"自立自治之权完整无缺，且不受邻国抑压，凌驾于凡百小公会之上"。这些规定应适用于所有国家；但第三、四章却主张"主权即君权"，"一切国人服从此权而称臣民"。其原因在于，荷兰为君主国，且毕晒林厌恶众愚政治效率低下而以君主制为善。不过，毕晒林所崇尚之君主制，第二篇第十章指出其前提是"主权原本在民"，"国民因其方便而将其主权暂时"托付给君主而已。因此，卷三第三篇第七章冷静指出："平民政治之利在于张国民自立之性，长其羞恶之心，壮其自主之志，念念不忘国事。"

卷三第三篇名为《平民政治 一名民主之国》。所谓"民主"，意为大统领（总统）而非君主为国家统治者。日本此时已在政府文件中使用"大统领"，而津田等知识分子仍在使用"民主"，值得关注。因为他们认为，用与"君主"相对立的"民主"翻译"President"更恰当。该篇第一章称"平民政治之根本主旨在举国全民悉领政权"，

---

① 拙稿：《小学的创办与〈万国公法〉——山本觉马对京都文化国际性的贡献（番組小学校の創設と『万国公法』——京都文化の国際性にみる山本覚馬の役割についての考察）》，《京都産業大学日本文化研究所紀要》第12、13号合集，2008年。京都于明治二年设小学64所，覆盖市内所有地区。

② 《津田真道全集》上，第110—173页。本文同时参照《明治文化全集》之13法律篇所收该书。

③ 并举古代之奴隶、近代之"黑奴"解放之例，正面批判"我邦士人责人失礼而害人性命之权"。

但接着又说"是故,身为儿女废疾自然不可与闻政事者外",从而将支撑半边天的女性排除在政权之外。这在当时尽管是常识,但其以"是故"表述的排除女性的逻辑所带有的不容置疑的公理性,仍令人印象深刻。然而,按照卷三第五篇第二章所论,"君主无需必为男子",妇女可以"领有主权",即承认女帝、女王存在的现实论与上述排除理论共同存在。顺言之,"平民"相当于法兰西的第三身份,与第四身份称"细民"(第四篇第十一章)相区别。

为避繁杂,下面不再一一标注出处。总之,其余还论述国家需要"根本律法(宪法)","主权"分为"制法(立法)·政令(行政)·司法"三权,"民法"须规定"人权""物权";关于"居民对于国家所有之通权(基本人权)",则详细论述"自身自主之权"等,还阐释了议会制、选举权、地方自治、预算、决算报告、会计监察等制度。总之,该书论述各项法律及其相互关系,以使读者理解西方国家之法制体系。

吉野作造对《泰西国法论》《性法略》和《万国公法》三书评价极高,认为在日本站在近代起点时,它们曾起到使人们"在思想方面理解事物之条理和秩序"的作用,是"照亮黑暗之唯一光明";并说,其影响极其重要,且较之福泽谕吉著《西洋概况(西洋事情)》等广泛流传的"述大体形势之书",有着本质性不同①。吉野能够如此评价,表明毕晒林的努力已得到回报,西周等也已充分尽到责任。

津田真道译《表纪提纲 一名政表学论》刊行于明治7年。其说明几乎尽在"第一篇"之"第一章表纪之本义"的开头部分,即"表记之原语谓斯塔齐斯齐克(Statistiek),直译则邦国或形势之谓也。盖识晓一国数国乃至万国之人民互相生养实际形势之术也。此形势名之人间结合(原文为'人间会社')或人际伙伴(原文为'人间仲间')"。据认为,"统计"始见于琼奈著、箕作麟祥译、1874年刊行之《统计学》②。

对事物作数量把握之行为,与人类历史同样古老;但考察"人民互相生养实际形势"这种复杂关系,并将其用于制定国家政策,却始于近代。因此,太政官政表课撰述如下序文一篇将其刊行于世。序称:"凡土地、人民以至法度、学问、教化、财政、守御及农业、匠作、贸易、物产、航海、运输等,或表章其变更事实,或比较彼此而明辨其利害得失者,谓之政表。政府观之可考立法行政之绩,人民观之可知开智自勉之道。"③

所谓"表纪""政表",并非数值之单纯罗列或一览表,而是把握某团体所拥有力量如何,进而推断其变化趋势之学问(科学)。"津田劳心之处在于,当时maatschappij = society = '社会'这一等式尚未成立,他必须不使用'社会'一词而向日本读者传达乃师思想,即统计学是在尽量广阔范围内把握人民或人们生活各种状态之

---

① 吉野作造:《解题》,《明治文化全集》第13卷法律篇,解题,第9页。
② 《明治文化全集》第12卷经济篇,解题,第23页。
③ 《表纪提纲—名政表学论》,《津田真道全集》上,第222页;同时参考《明治文化全集》第12卷经济篇所收该文。

'社会科学'。"①西川俊作和斯特恩贝克（Onno Wieger Steenbeck）的这个看法，可谓抓住了事情的本质。

津田分任译述之《制产学（经济学）》最终未得翻译。但据西川等研究，作为自由主义经济学著作，毕晒林之著作②尽管"并非最优，但确属次优（second best）"，"非常适于"作教科书；从津田留下的笔记看，他们二人对这门课消化得相当彻底③。毕晒林曾说，经济学和统计学"譬如被服之表里然……该两学相彰而成人际伙伴之最大最紧要之学问"④。因此，该科未能译出，令人遗憾。

据说毕晒林曾有一句"名言"，即"富强生于民工，民工出于政事，政事立于自主，自主本于智识"⑤。该语载于神田孝平译、庆应3年刊《经济小学》序文后之余白录。富强创生于劳动，劳动始于政治，政治以自主为基础，自主以知识为根本——近代市民社会这种自立的人的形象与其社会和学术前提之间的连环思考方式，正是毕晒林意欲传授给西周二人的。《经济小学》刊行于庆应三年（1867），先于五科讲义；但没有西周、津田作媒介，神田不会知道此语。很可能，西周二人将留学成果向开成所的同事多方介绍，而神田则率先抽取其精髓，并整理成六字四句一组之箴言，并将其冠于有关著作卷首。毕晒林地下有知，当可瞑目。

五、孔德实证主义哲学之介绍

留学前的西周，与对"经济学"一样表现出浓厚兴趣的是"斐卤苏比"，即"philosophy"。毕晒林没有讲授这门学问，相关知识来自西周自学。观诸其回国后丰富多彩的活动可知，西周二人留学期间所汲取知识极其丰富。

《开题门》⑥一文，可使我们了解西周二人的留学收获。该文开首称："东土⑦谓之儒，西洲谓之斐卤苏比，皆明天道而立人极，其实一也。"⑧略述其于东土之变迁："兴于孔孟，盛于程朱，少变于阳明，清儒考据之学，无功于斯道。"以现今学

---

① 西川俊作、斯特恩贝克：《毕晒林的经济学与统计学（フィッセリングの経済学と統計学）》，《津田真道 研究与传记》，第170页。
② Simon Vissering, *Handboek von Practische Staathuishoundkunde*, *Eerste Deel*, 1860–61, en tweede deel, 1862–65. 《津田真道 研究与传记》，第152页。
③ 西川俊作、斯特恩贝克：《毕晒林的经济学与统计学》，第165页。
④ 《表纪提纲—名政表学论》，《津田真道全集》上，第228页。
⑤ 《明治文化全集》第12卷 经济篇，第23页。神田孝平重译《经济小学》，庆应三年刊，底本为W. Ellis, *Outlines of Social Economy* 之荷兰语版。
⑥ 《西周全集》第1卷，第19—20页。该文撰写时期，麻生义辉作明治三年起稿；大久保认为，尽管难以断定，但"从笔迹看，也可能是留学期间所作"（同书第615页）。鉴于"理学"（今之"文科"）、"气学"（今之"理科"）之用法与留学前之"津田真道稿本《性理论》跋文"相同，而回国后却不见同样用例，笔者以大久保推断为佳。
⑦ 《生性发蕴》文中可见"东洲"，指支那、日本、朝鲜，以别于天竺以西，尤其今之所谓"西方"。《西周全集》第1卷，第30页。
⑧ 1873年的《生性发蕴》和1877年的《译利学说》则强调二者不同，称："本译所称哲学乃欧洲之儒学，今译作哲学，所以别东方儒学也。"《西周全集》第1卷，第61页。

术史常识观之，该评价亦无不妥之处①。关于"西洲"，他说，"斐卤苏比之学"肇始于泰勒斯（Thales）、毕达哥拉斯（Pythagoras）和苏格拉底（Socrates），盛于柏拉图（Platon）和亚里士多德（Aristotle），"须杜威拖派"（即"斯多葛学派"，Stoa School）以降，"士架罗崇垤架"（即"经院学"，Scholasticism）衰退；培根（Francis Bacon）、笛卡尔（Descartes）重振"新斐卤苏比"后，有"闾矩"（即"洛克"，Locke）、"列慕驲突"（即"莱布尼茨"，Leibniz）②出，至康德（Kant）、黑格尔（Hegel）而达于极盛。在略述历史后，西周得出结论称，宋儒与"罗觐奈仙士谟"（Rationalism，理性主义）"其说虽有出入，所见颇相似"，并说"汉土希腊，人文夙兴，邹鲁亚典，为斐卤苏比之襁褓"。

而现在，西方又有"据证坚实、辩论明哲"之"孛士氏非士谟"（Positivism，实证主义）兴起，此我亚洲所无者。理性主义仅凭"胸臆"，致使谬误百出，引发"斐卤苏比"发生"亚那尔几"（即anarchy，混乱）。似如此，则"是所以晏比离③之方不可已，而因数矩知否之术不可弃也"，即经验方法不可丢，反复检验以判断正确与否的方法不可抛；并提到穆勒（John Stuart Mill，1806—1873）于此学名声最盛。Positivism译作"实证主义"。该术语现今使用范围极广，但本文单称"实证主义"时，指孔德的实证主义，即关注能够观察到的现象本身，尽可能从中导引出某种有助于预测未来的法则④。

西周这样论述实证主义与"百学"的关系："百学"分作"气科"与"理科"，其集合"气科之成功"不分巨细，同时又在所有领域开启"理科之大义"；于是，"斐卤苏比之能事毕也"。在这里，"斐卤苏比"被视作"气科"与"理科"的统驭者。

此处所谓气科之"气"与理科之"理"，与上述津田《性理论》跋文"西人论气则备，论理则未矣"之"气""理"相对应；气科即现今所谓自然科学，理科则几乎与包括哲学在内的人文社会科学相对应。然而，明治三年之《生性发蕴》中之"理学"，如"无机性体之理学""有机性体之理学"等⑤，则与现今之"科学"几乎同义。查《明治语汇辞典》可知，"理学"语义曾发生变化，明治6年以前有6部辞书以之作philosophy之译词（其中一部同时列出physics），而明治14年以后则基本指物理学等自

---

① 西周评价日本儒学称，仁斋·徂徕之后重返朱子学，文运不昌，缺乏进步，对朱子学持批判态度。这一方面是其曾经崇奉徂徕学而留下的余韵，但更是从西学高度出发的新认识。《百一新论》称，欲"概论百教"，"须居高临下从旁尽览百教"，可见西周十分留意自己观察问题的角度（《西周全集》第1卷，第289页）。

② 此处解释与编者大久保利谦不同。

③ "晏比离"，英文应为"emperic"，即《百学连环》论述之"即实事而学"。《西周全集》第4卷，第21页。

④ 金森修：《科学思考的考古学（科学的思考の考古学）》，人文书院，2004年，第232页。另外，大久保曾指出，西周对孔德的理解来自George Henry Lewes，*Comte's Philosophy of the Sciences*：*Being an Exposition of the Principles of the Cours de Philosophie Positive of Auguste Comte*，1853；*The Biographical History of Philosophy*：*From Its Origin in Greece Dawn to Present Day*，1857。《西周全集》第1卷，第620—622页。

⑤ 《西周全集》第1卷，第59—60页。

然科学①。

此处阐述"百学"十分抽象；但是，各领域实证研究积累到一定程度即可全面把握真理，在各领域间起桥梁作用的是"斐卤苏比"——这种认识是19世纪中叶实证主义在西方兴盛的真实反映。实际上，上述"斐卤苏比之能事毕也"一句后，西周还接着说："盖分业则效速，专事则功精，有统纪则不纠，孌理则不争，学术亦然。"作为表明自己已受西方学术濡染，《开题门》本可在此作结，但西周却又加一句："所谓穷一草一木之理者，在今日乎庶几焉"，即只有通过实证主义，朱子学最根本所在即"穷理"才能发挥其真正价值。不久后，西周又在《百学连环》中断定，进行必要改革（八条）后，中国学术也"必不输于西方"②。

《开题门》初步提起之上述各点，在明治6年（1873）所撰《生性发蕴》③中有更加明确、详细的论述。因此，下面依据该文就几个问题作一探讨。

首先是"哲学"一词的正式诞生。西周说，"斐卤苏比""直译作'理学''理论'，然易生混淆，故今译作'哲学'，以别东洲之儒学"④。该表述载于明治7年之《百一新论》，为现存最早使用"哲学"的文章。他还说，psychology译作"性理学"，前者专论"灵魂之体"，后者论"心性之用"，二者存在差异；但"以大要相似，直译作性理"⑤。此处理解"性理"与津田之《性理论》相当，已远离朱子学的根本命题——使万物皆备之"性""各归应有状态"之"理"⑥。

其次是哲学史分期。西周说，"人类世界之进步"分三个阶段，即由"神理学"（theology，即神学阶段）而"超理学"（metaphysics，即形而上学阶段）、再进至"实理学"（positive，即实证阶段）；学术见解亦随之由"理外说"而"超理说"，再进至"实理说"⑦。并举雷电为例说："昔时以雷电乃Giove（注：意大利朱庇特［Jupiter］之名）所起，其后超理学立天怒说，而物理学则归之于重力、电气、光等理法。"并为"天怒"注释道："迅雷风烈必变矣，朱注敬天怒也，东西相符。"⑧可见，在西周看来，朱子学处于"超理"阶段。

由"超理"向"实理"演变，各领域当然不尽相同。牛顿（Newton）于1679年前后"发明引力"后，格物学（物理学）获得"实理"地位而顺利发展（现代科学论的批判性观点认为，牛顿的"发明"本是为阐释神的意志。此处无意深究该观点）；而哈维（Harvey）于1620年前后"发明血液循环"后，生体学（生物学）却仍停滞在"超理"阶段。此种差异，不仅因生理学更加复杂，也因为生理学"所据之道""所取之法"不

---

① 惣乡正明、飞田良文编：《明治语汇辞典（明治のことば辞典）》，东京堂出版，1989年，"理学"条。
② 《西周全集》第4卷，第182页。
③ 《西周全集》第1卷，第29—129页。
④ 《西周全集》第1卷，第31页。
⑤ 《西周全集》第1卷，第30页。《百学连环》以"性理学"译"psychology"和"metaphysics"，《百学连环备忘》则以"心理学"译"psychology"。《西周全集》第4卷，第415页。
⑥ 岛田虔次：《大学・中庸》，第168页。
⑦ 《西周全集》第1卷，第48页。
⑧ 《西周全集》第1卷，第50页。

正确,以致难以脱离"超理家"阶段;其错误在于,不仅把"惕缩与触觉"误认为"肌纤维·脑髓纤维之性质",还要探究其起源①。这部分乃翻译路易斯著作而来。

再其次,即第三阶段之"实理学"。其开拓者为孔德(Auguste Comte,1798—1857)。对西周而言,孔德《实理哲学史》(*Cours de Philosophie Positive*,汉译《实证哲学教程》),"其宏大、全面、皆真乃哲学亘古未曾有之"②。回想起来,达尔文《物种起源》出版于1859年,其后,各领域都开始建立学理,现代科学即由此起步;而西周二人在1863年夏至1865年秋留学荷兰,正值现代科学起步不久。孔德之所谓"实理哲学",将该阶段学术分为"基本五学",即天文学、格物学(物理学)、化学、生体学和"人间学"(后述)。亦即,"基本五学"基于一以贯之的学理形成完整体系,"人间学"也被纳入其中。西周通过路易斯著作而理解的该体系如下表③。

	现象相通之图	举现象之一例
无机性—天上理学—天文学	○	引力
└地上理学—格物学	○○	器械力
└化学	○○○	化力
有机性———生体学	○○○○	知觉运动
└人间学	○○○○○	相生养

学术各有"学域"。西周就学域大分类"五学"之相互关系解释道,研究"无机性"现象者为"天文学""格物学""化学",研究有机性现象者为"生体学""人间学"。"人间学",西周为其注音"扫西奥劳吉",即"sociology";上表举"相生养"为其"现象之一例"④。现今,"sociology"表社会科学(social science)领域之一,即"社会学";但作为孔德"五学"之一,其概念范围极其广泛,包括法学、经济学乃至道德、宗教等"与人有关的现象"。

理解上升到如此程度,西周眼界开阔起来,已足以统一驾驭留学前津田《性理学》所论"理"学、"气"学二领域;他毫不怀疑自己在学问上已完成一大跨越。西周作为孔德之徒,其所设想的"学问"体系是"实理"贯穿全部"五学"。他说,蒙彼利埃派的"生元说"⑤已打出白旗,而"无机性体"之"学"与"有机性体"之学,准确地说即"化学"和"生体学"间"一大鸿沟"上已架起"一大船桥";由于"生体学"兼有"生理"和"性理",故将来"生理"与"性理"之关系若能解明,则由"生体学"通

---

① 《西周全集》第1卷,第93—94页。
② 《西周全集》第1卷,第62页。
③ 《西周全集》第1卷,第61页。
④ 《西周全集》第1卷,第59—60页。
⑤ 据称,"生元说"为"animism"之译词,主张生活根本在于灵魂。后为"机生学"(organism,即有机体说)、再为"生力学"(vitalism,即生命力说)所取代。《西周全集》第1卷,55页。

向"人间学"的道路将会打通①。

西周还指出，人过于复杂，仅凭"性理"不可能解释清楚；但是，"欲立人道之大本，开治道之渊源，置法律之根基，必自性理而开条理，明也"；亦即，作为"人道之大本"的"morale"和"politic"须以性理为基础，因为连法律亦须如此②。

上述探讨比较抽象。下面再看《百学连环》所论有关"politic（政事学）"的几个具体例子。曰"无二之真理乃'liberty'，译作'自在'。自由自在，草木皆所欲也，而非唯动物"。束缚自由者是法，但"其法者无戾自由之力"； 故制订禁杀戮、掠夺之法无妨，然禁饮酒、游乐之法，纵订之亦属枉然。要让"政事学"成为真正有意义之学，须"基于人之天性自在者而毋悖之"③。此处所述，即立于"性理"并被赋予哲学基础的近代"自由"。

如上所述，《百学连环》乃西周于明治三年九月开始在新政府兵部省翻译局奉职后，在私塾育英舍授课的讲义。经过"大革命战争"（西周语）劫后余生而在敌方政权为官，西周内心不可能没有任何烦恼，在一年多后致信毕晒林时也坦承其职"非我所望，仅谋衣食"。对新政府短时间内"模仿欧洲文明，成就如许变革"，他予以公正评价；但根据对西方的亲身体验，他又严厉批评其无不呈现"浅薄皮相"之观④。而向日本移植西方近代学术这一艰辛工作，就是他为克服这种矛盾心情而做出的选择。

要理解《百学连环》的宏大体系和丰富内涵，最好首先阅读《西周全集》第4卷载编者大久保利谦所编《总目次》。门类分"总论""第一编普通学""第二编殊别学"。总论述学术之定义、方法和学史；"普通学"讲历史、地理学、文章学、数学；"殊别学"讲心理上学（神理学·哲学·政事学［法学］·制产学·计志学）、物理上学（格物学·天文学［星学］·化学·造化史）。不过，该讲义之一部分仅存"备忘"。上述学科名称均已省略，这些名称，包括西周所用译名，当时尚未确定。其下位学科，如哲学多达八科，即致知学（Logic）、性理学（Psychology）、理体学（Ontology）、佳趣论（Aesthetics）等。麻生义辉称赞道："在明治三年这样的时代，竟有人尝试如此体制详备、规模宏大的学术讲义，可见当时我日本精神文化所达到的水准之高，直令人叹为观止。"⑤

尚需探讨之内容很多。下面探讨"归纳法"和"演绎法"——西周认为这是理解西方近代学术的重要方法论。

学术最终目的在于探求真理，而作为探求真理的"方略"，《百学连环》总论所关注者为J. S. 穆勒发明的"新致知学之一法（A Method of the New Logic）"。学术有"演绎、归纳"二法，但古来主流为演绎之学。然而，通过演绎所获认识并非"发自五

---

① 《西周全集》第1卷，第63—65页。
② 《西周全集》第1卷，第65—66页。
③ 《西周全集》第4卷，第56—57页。
④ 沼田论文"第30号信函"，1871年12月15日。不久后，津田也致信毕晒林称，日本人"只看到欧洲文明表面"，不去看"将来其繁荣之基本法则"。沼田论文"第35号信函"，1873年2月20日。
⑤ 麻生义辉编：《西周哲学著作集》，东京：岩波书店，1933年，第380页。

官"，而是"仅凭我知其善而推断"之方法，容易落入陷阱。但归纳法乃"悉就其事自小处由外向内集中真理"，故可做到"无论何事，集其众多而知其中真理"，"西洋亦自古皆演绎之学，近来则全为归纳之法，无例外"①。顺言之，小泉仰指出，西周所倡归纳法乃培根式单纯列举一致法，至于穆勒之差异法等，西周很可能不太了解②。这一观点十分重要。但若换个角度也可这样看，即这是西周对新学术方法论倾注全部热情、从而实现巨大飞跃的反映。

如前所述，西周认为，西方近代学术已进入"实理学"阶段，而其开辟者乃孔德。换言之，西方学术此前尚处于"超理学"阶段；而西周则指出其中包括向新阶段演进的胎动时期。《生性发蕴》把培根、笛卡尔到康德、黑格尔的哲学称作"新哲学"；而笛卡尔"虽曰自疑入门，万象皆疑，无一无取其实，然发疑之主即己之独知，则自知其存于真，不容间疑"；并为"独知"注音"孔奚安斯"（即conscience），附注释称"己独知而毋及他知，所同于大学（传第六章）之独知也"③。

新哲学贡献于学术发展，乃因其方法。德国哲学家从笛卡尔"取一理而演绎推论（analysis）之法"，奉行"概念之说"；而英国哲学家则受培根遗风影响，确立"百学之基础"乃依凭"集实验（experience）征真理（truth）之法"④。显然，西周有些过于相信归纳法的优点，这可能是1860年代孔德实证主义风靡西方学术界的反映。

"演绎""归纳"二译语，为西周最先使用之西方逻辑学术语，现今几乎化作日常用语。但现在随时使用，并不意味着西周当初选定译语时轻而易举。某一概念只属别人所有，又须用自己的语汇表达，任何学者都能想像出个中之艰难。然而，若不在时空相隔的两岸之间架设桥梁，东亚又不能移植和接受西方近代文明。西周不仅勇敢地承担起这个重任，而且成果丰硕。让我们来探讨他确定译词时所作的努力。

六、确定学术术语之过程

日本近代汉语语汇史开拓者之一铃木修次就"演绎""归纳"二词进行广泛调查研究后指出，不妨认为，曾对"学（science）"之确立起决定性重要作用的，是"归纳

---

① 《西周全集》第4卷，第23—25页。
② 小泉仰：《西周与欧美思想的邂逅》，第299—300页。另一方面，对于实证主义本身，第二代留欧学生中江兆民等则通过指出其检验踬踣性之局限而予以批判。《续一年有半》，《中江兆民全集》第10卷，东京：岩波书店，1983年，第260页。
③ 《西周全集》第1卷，第32、34页。
④ 《西周全集》第1卷，第37页。

法"一词①。国语学领域研究西周始自栗岛纪子②，至手岛邦夫而臻细致、深入。手岛曾对"演绎"和"归纳"二词在《学原稿本》《五原新范》和《致知启蒙》中的用例作过追踪调查③，其另一论文则对《百学连环》中的使用情况一并作过探讨④。下面，让我们循着手岛的足迹，来观察在上述四文中"演绎"和"归纳"作为译词是如何形成的。

《学原稿本》《五原新范》和《致知启蒙》皆收于《西周全集》第1卷。据大久保利谦解说⑤称，《学原稿本》和《五原新范》是明治7年7月刊行的日本最早的形式逻辑学解说本《致知启蒙》的稿本。《学原稿本》写于明治二年八月，时西周在沼津。其第一章"学原大旨"开头解释道："学者，易言而释之，大学有致知之谓，适解也。此篇论西方逻辑之学，所涉甚广，以示人致知之规则，故名之。"⑥《五原新范》作于明治三年九月下旬其赴东京之后、明治6年1月之前，现存三种稿本；《致知启蒙》则收入了据稿本对刊本所做修订。粗略而言，《学原稿本》作于明治二三年间，《五原新范》作于明治四五年间，《致知启蒙》作于明治6、7年间。而《百学连环》因为是明治三年底至翌年的讲义录，其时期与《五原新范》重合。

如前所述，西周于明治元年十月就任德川家设于沼津的兵学校校长。其时庆喜退隐，德川家达继承族长受封骏河远江藩。在各种规则制订完毕、学校走上正轨后，西周于明治二年八月开始研究逻辑学；该研究在明治三年九月遵新政府命令来到东京、奉职兵部省后仍坚持不辍，《致知启蒙》因此方得以于明治7年7月刊行。

兵学校为德川家所设。据说，该校人才及文献、器材等均佳，新政府惧其将来强大，设法抑之，招校长西周等优秀人才到京服务，将学校本身亦并入位于东京的兵学寮，使兵学校仅三年即告关闭⑦。越前藩主松平庆永感佩西周学识，曾特命家臣永见裕

---

① 铃木修次：《日本汉语与中国——汉字文化圈的近代化（日本漢語と中国——漢字文化圏の近代化）》，中公新书，1981年，第106-113页。继铃木之后，该领域代表性学者又有沈国威和陈力卫。沈氏主要从中国汉语史角度出发，著作有《近代日中语汇交流史》（东京：笠间书院，1984年）等；陈氏则通观日语和制汉语之历史，著有《和制汉语的形成及其展开》（东京：汲古书院，2001年）。另外，Federico Masini, *The Formation of Modern Chinese Lexicon and its Evolution toward a National Language*: *The Period from 1840 to 1898*, Berkley, U.S.A., 1993（汉译：马西尼著，黄河清译：《现代汉语词汇的形成——十九世纪汉语外来词研究》，上海：汉语大词典出版社，1997年）。也是一部具有划时代意义的力作。
② 栗岛纪子：《译词研究——以西周为中心》，《东京女子大学日本文学》第27号，1966年。收于森冈健二编著：《近代语汇之确立 明治时期语汇编（近代語の成立 明治期語彙編）》，东京：明治书院，1969年。
③ 手岛邦夫：《西周〈致知启蒙〉之译词》，《文艺研究》第147集，1999年。
④ 手岛邦夫：《西周的转用词（西周の転用語について）》，《国语学研究》第43号，2004年。
⑤ 《西周全集》第1卷，第638–650页。
⑥ 《西周全集》第1卷，第309页。圈点为西周所加。
⑦ 三轮修三：《幕末维新时期的理工著作与在华外国传教士——近代日本理工学史断面之一（幕末維新期の理工学書と在華外人宣教師——近代日本理工学史の一断面）》，《日本机械学会志》，vol. 96, No. 890, 1993年。

入兵学校学习；西周被调赴东京，永见等亦随往。为对其施教，西周开办育英社，所授课业即《百学连环》；现存讲义稿本即为永见听讲笔记①。如前所述，西周曾译《性法》，但译稿散佚；而此时的西周，大概兴趣已转向哲学、逻辑学，故委托神田重译《性法》，而自己未再重译。总之，预示着日本哲学黎明时期即将到来的《百学连环》讲义和日本第一部形式逻辑解说著作《致知启蒙》就这样诞生了。

众所周知，"演绎"和"归纳"，是西周为"deduction"和"induction"选定的译词。但其间过程颇曲折，并非一蹴而就。首先是"deduction"，其翻译，《学原稿本》作"引出之思考方式"；然而，《五原新范》《百学连环》和《致知启蒙》皆作"演绎""钩引"（原文作"演绎法""钩引法"）②。手岛称《五原新范》无"deduction"，但实则第372页栏外之"reduction"即"deduction"，另有几处"reduction"，皆应视为"deduction"。依《百学连环》用例③推测，这几处"reduction"极有可能为西周误写，而非排版错误。

"induction"之译，《学原稿本》作"引入之思考方式"，而《五原新范》《致知启蒙》则作"归纳""套插"。《百学连环》不用"套插"，概因其稳定感不及"归纳"④。手岛认为《学原稿本》亦有"归纳"，概因"十四 学原稿本"条末尾列表可见"induction 归纳"⑤。然而笔者认为，该表与《学原稿本》正文差距太大，为《学原稿本》与《五原新范》之间的过渡，实则距《五原新范》更近。其过程图示如下：

deduction："引出之思考方式"（《学原稿本》）
→"钩引/演绎"（《五原新范》《百学连环》）
→"钩引/演绎"（《致知启蒙》）
induction："引入之思考方式"（《五原新范》）
→"套插/归纳"（《五原新范》）||"归纳"（《百学连环》）
→"套插/归纳"（《致知启蒙》）

西周在《学原稿本》中对"deduction"和"induction"解释如下：

由主辞之内引出宾辞之附着状，以为宾辞，谓之"引出之思考方式（deduction）"；将此下位主辞归入上位，以为其宾辞，谓之"引入之思考方式（induction）"。譬如，牛兽也，兽动物也，其意即牛乃兽类之一，兽乃动物类之一，其思考方式即为引牛入兽类、引兽入动物类也。或曰此胜于彼，然彼为将主辞之状由上引下，此乃依其状同而引于上段，其所命题者无异，

---

① 《西周全集》第4卷收有永见裕听课笔记甲、乙两种稿本和西周手写授课笔记（《百学连环备忘》）。甲乙两种稿本并存者仅纵论部分，编者解题称，甲本为初稿，乙本为修改补充稿。
② 《西周全集》第1卷，第328、372、408页，《西周全集》第4卷，第23页。
③ 《西周全集》第4卷，第319页。
④ 出处同"deduction"。
⑤ 《西周全集》第1卷，第340—341页。

故无需深究优劣也。①

也就是说，从主辞内引出宾辞决定之状，以之为命题，即为"引出之思考方式"，亦即"deduction"；将下位主辞入上位作其宾辞，即为"引入之思考方式"，亦即"induction"。如说牛是兽、兽是动物，意为牛是兽类之一，兽是动物类之一，亦即引牛入兽类、引兽入动物类之思考方法，前者渐次向上提引，后者相反。由上而下与由下而上两种方法实为相互补充。

但在《五原新范》中，相关说明则改为"由前述主位钩引分属性作属位，谓之演绎之法，将下行主位套插于上行属位作属位，谓之套插运用，或归纳之法"②，并于上栏外附注"reduction/induction"二词。显然，"reduction"即"deduction"，与"钩引""演绎"对应，而"induction"则与"套插""归纳"对应。而以"牛⇔兽⇔动物"为例进行说明，就在此前后。

而《致知启蒙》之说明，除平假名改为片假名外，与上述引用完全相同；而且该段文字前后以牛、兽、动物为例所作说明亦相同③。

"引出之思考方式"，的确能较好传达逻辑学术语"deduction"的意思，但不是单词，而是短句，总有过长之嫌。于是，西周又以"钩引""演绎"代之。该二词尽管不含表示"思考"的汉字，但词语本身已含同样意思（需要明确表达时，则在其后加"法"字）。《汉语大词典》载有"钩引"用例，但似乎不足以影响西周确定译词。"钩引"不久即被抛弃，只留"演绎"。同样，"引入的思考方式"也是先改作"套插""归纳"，最后仅余"归纳"。

西周本人参与编辑的《英和对译袖珍辞书》初版，释"deduction"为"抽减事、推出事"，释"induction"为"规定事"④。"推出事"已颇似逻辑学术语，但仍嫌过长，且其释义性不如"引出之思考方式"。当时，罗布存德（Wilhelm Lobscheid, 1822—1893）著《英华辞典》⑤被誉为最好辞书，其对"deduction"和"induction"仅简单释作"裁夺，卓夺"和"酌夺，裁夺"。含义稍有不同，但其意皆为"规定"，对西周几无参考价值。

众所周知，"演绎"一词见于朱子《中庸章句序》。西周当然烂熟于胸，一般知识分子也不陌生。原句为"更互演绎，作为此书"，意为推论古传道统内涵，再验之以

---

① 底线（原文作旁线）为西周所加，笔者断句。原文"ぬし"即主辞（subject），"きめ"即宾辞"predicate"。《西周全集》第1卷，第322页。

② 《西周全集》第1卷，第372页。

③ 《西周全集》第1卷，第408页。顺言之，底本（刊本）之"钩引（deduction）"在第405页据别稿改为"reduction"，实则无需改动。

④ 收于杉本つとむ编《江户时代翻译日本语辞典》（东京：早稻田大学出版部，1981年），原书为洋书调所文久二年（1862）出版，庆应二年（1866）刊之改订增补再版，对"deduction""induction"的释义与第一版同。

⑤ 《英华辞典》，东京美华书院，1991年。原书为The Rev. W. Lobscheid, *English and Chinese Dictionary, with the Punti and Mandarin Pronunciation*, Hongkong: Daily Press, 1866–1869。

父、师之语,两方"演绎"而成此书(《中庸》)①;亦即将来自两方的教诲置于相同层次相互考察、征验之意。西周本人就因何选择该词这样解释道,"所谓演绎,犹如字义。演者,延也;绎者,剥茧抽丝之意也②。自主要处而及于多方之谓也";孔子之仁智、孟子之性善"皆主要处之符号,由是引出几多道理"③。要之,经过西周之手,"演绎"始成为如下思考方式,即由根本命题引出道理,并渐次向另外层次转移——就像由动物而兽、而牛那样。西周基于《中庸章句序》之用例,并按照"演""绎"的字义扩展其意思范围,从而将"演绎"改造成西方近代逻辑学的最新术语。

西周付出的非凡努力基本上获得成功。不过,《中庸章句序》中"演绎"之原意与逻辑学术语"deduction"之间的距离并未因此完全消失。而这种距离正是东方传统文明与试图汲取的西方近代文明之间的落差。只有跨越这个差距,换言之,只有演绎将这种差距内化,并作为新术语固定下来,作为世界近代文明一部分的"东亚文明圈"才能形成。近来,不少学者基于对从前过于强调明治后巨大时代性变化的反省,转而论述江户到明治的连续性。尤其是渡边浩指出这种连续性植根于中华思想④,实属真知灼见,使人感到试图跨越东西方差距的勇气。

关于改造"引入之思考方法"而成的"归纳",《汉语大词典》列举有苏轼等人用例。西周对唐宋八大家当然不生疏;但是,"归纳"之被选定,似乎并非如"演绎"那样严格遵守最初用例原意,而是基于汉字意思而采用的。

由于"演绎"是初学者亦较熟悉的术语,因而人们理解"deduction"应较容易;但这似乎并不足以使人们摆脱传统认识的束缚。在理解层面上倾向何方,最终决定于社会知识水准之提高,或说取决于教育之普及。但是,作为语言,使用方便与否也是重要因素;从这个角度讲,二字词远比解释性短句方便,二者之间存在本质性区别。就这样,转用词"演绎"被赋予崭新意思,并广泛流通于日本及东亚各地。

结　　语

西周认识到,日本要与西方各国为伍,就必须学习孕育西方文明的学术,因而决意留学荷兰。通过短短两年随毕晒林学习,他除掌握改造和建设国家所必需的政事学五科外,还在学术思考的基础哲学以及法语等方面成果斐然。

通过接受毕晒林授课,西周等理解到学术有领域之分,而领域各有体系,并相互关联;学术须以拥有自主之权的人为前提,使之与现实政治及生活密切相关,还必须能够正常处理源于人性的社会关系。如本文所述,还在留学之前,西周既已体会到,西方文明所体现的内涵之"公正"是学术的基础。

村上阳一郎说,科学的许多概念,在其诞生的欧洲也须与日常经验保持一定距离才

---

① 岛田虔次:《大学·中庸》,第154页。
② 朱子释"经纶"称:"经纶皆治丝之事,经者理其绪而分之,纶者比其类而合之也。"(四书集注《中庸》第32章)西周举抽丝为例,想到的应是朱子的这个解释。
③ 《西周全集》第4卷,第23页。
④ 渡边浩:《东亚的王权与思想(東アジアの王権と思想)》,第255—256页。

能成立，在这个意义上，科学领域对操欧洲语言者而言也是一种"外来文化"①。为理解、吸收产生并只存在于其他文明圈的概念，西周等必须创造新的日语术语。该工作极其困难，但他们没有畏缩不前。

据手岛邦夫研究，西周赋予其新意的转用语不下一百个，有理性、悟性、命题、先天、后天、经验、现象、物质、分解、具体等②。所谓"转用语"，指那些既未完全脱离古典语义、又可表达新意的词语，"演绎"和"归纳"即其代表。另外，西周首创的汉语双声词（许多为词根），如主观、概念、概括、定义、理想、盖然、外延、内包、全称、特称、反证等，共有240个之多；若加上借用词、再生词，则达600多个③。当然，随着研究深入，这些词语数量还会发生变化；但这数百词语之相当部分不仅在日语中已不可取代，而且由于是汉语而为东亚所共有，其在文明史上之意义，无论如何评价都不过分。

这种现象之所以成为可能，有几个原因。首先汉字本身有极强的造词能力。汉语造词能力强，是因为汉语属于孤立语，每个字都带有一定意思，而且词汇积累极其丰富——包括精神领域。这使位于汉语文化圈东端、儒学典籍为必备修养的日本知识分子能够充分利用汉语的这个优点。在这点上，箕作麟祥是很好的例子。麟祥生于兰学世家，被誉为语言学天才。他在奉职明治政府时曾翻译拿破仑法典等，尽管条件极差，甚至连参考书都没有，但他仍然很快完成任务；据说，他在碰到日语难以表达之处时，就使用汉语，而汉语则总能找到合适词语。麟祥本人汉学素养并不差，但仍没少下"字的功夫"，常向精通汉学的辻士革请教"哪个字表达这个意思？"，辻士革就回答说："这个字怎样？"④

其次，是因为繁殖和利用汉字的文化积累——即历史传统——极其丰富。西周回国后不到一年，松冈邻曾问他儿子怎样学习才好。西周回答说，"然而西学有汉学方可，开始即入西学甚为不可也"⑤，即汉学是学好西学的前提。西周还在《百学连环》中主张，要对国政有所裨益，仅"学过西方国法政律"不行，日本的政治法律学自汉土，故"必须钻研和汉古今之书"⑥。

---

① 村上阳一郎：《作为文化的科学和技术（文化としての科学/技術）》，东京：岩波书店，2001年，第94页。
② 手岛邦夫：《西周的转用词》。
③ 手岛邦夫：《西周的新造词（西周の新造語について）》，《国语学研究》第41号，2002年。关于借用词，请参阅手岛邦夫：《西周的借用词（西周の借用語について）》，《西周与日本近代（西周と日本の近代）》；关于再生词，请参阅手岛邦夫《西周的转用词》。另外，Wolfgang Lippert, The Integration of Western Concepts and Terms into Chinese and Japanese in the Nineteenth Century, M. Lackner, I. Amelung and J. Kurtz eds., *New Terms for New Ideas, Western Knowledge and Lexical Change in Late Imperial China*, Brill, 2001, 曾就西周在日中语汇交流史上所发挥的历史性作用，作了明确定位。
④ 大槻文彦：《箕作麟祥君传》，东京：丸善，1907年，第119、42页。松井利彦：《明治初期的法令词语与造词法（明治初期の法令用語と造語法）》，《广岛女子大学文学部纪要》第19号，1984年。
⑤ 《西周全集》第3卷，第626页。
⑥ 《西周全集》第4卷，第235页。

毋庸赘言，操揽汉字、汉语、汉文之柄，握持于汉人（中国人）之手。不过，宫崎市定通过对日本人需要"汉和辞典"、而不需要"和汉辞典"这一乍看上去非常奇怪的现象进行分析后说，对日本人而言，这不单纯是外国文化问题，也是自己国家语言文化问题[①]。也就是说，译欧洲语言为日语却需要学习汉文，这是"以训读为主流，名词及动词、形容词、副词的词根使用汉字几成法则"的日本文化无可逃避的命运。文化单向流通现象意味着什么，至今尚无人探讨。在19世纪开放国门时，该问题尤其突出。佐竹昭广指出："汉语世界在明治以后与以前是否连续？恐怕许多要素既是连续，同时又是断裂的。这个问题是现今汉语研究中最大空白。"[②]

身处动荡时期，在学术这一最根源性位置担当文明变革大任的，是西周，是津田真道。当然，国内外参与其事者不在少数，仅就日本而言，引人注目者不在少数，同时代人就有上述箕作麟祥等官员，稍后开始活跃者则有井上哲次郎[③]等大学教员。尽管如此，西周等发挥了极其重要的作用，这是不可否认的历史事实。

然而，鹤见俊辅说，西周之创造译词，是"舍弃语词含义多重性"的"一种戏法"，它"视19世纪中叶之学问为一完成体，且以简便方法将其置换为日语"[④]。但是，如果考虑到西周是降生于19世纪东亚之日本这一事实，则其试图准确、高效地移植西方学术本质的一番作为，绝非"简便"的"戏法"。为在以朱子学为核心的东亚学术体系基础上吸收西方近代文明——主要是其学术——他终其一生倾注了全副精力。麻生义辉高度评价西周是幕府末期至明治初期"哲学界的代表人物"，"当得起哲学家之名的唯一哲学家"，甚至称西周是日本"哲学界的陈胜、吴广"[⑤]。基于上述考察，笔者赞成麻生的观点。行文至此，不禁深深感到，"近代东亚文明圈"得以形成，致使现今能够用母语实施直至大学的教育，实肇启于兹。

【附记】本文撰述曾蒙武田时昌教授示教，特此感谢。

原载《中山大学学报（社会科学版）》2012年第2期

---

① 宫崎市定：《为何没有和汉辞典（和漢辞典 なぜないか）》，《宫崎市定全集》第23卷，1993年。
② 尾崎雄二郎、岛津忠夫、佐竹昭广：《日语词与汉语词之间——宗祇叠字百韵会读（和語と漢語のあいだ——宗祇畳字百韻会読）》，东京：筑摩书房，1985年，第262页。
③ 关于井上等人的重要业绩《哲学字汇》，三浦国雄的《翻译与中国思想——读〈哲学字汇〉》从中国思想角度作了考察，是同类研究中之佳作。《人文研究（大阪市立大学文学部纪要）》第47卷，第3分册，1995年。
④ 网野善彦、鹤见俊辅：《历史讲话（歴史の話）》，东京：朝日新闻社，1994年，第228页。
⑤ 麻生义辉编：《西周哲学著作集》，第402页。

突厥语的体动占卜书

[德] 茨默

"在真和美的疆域之外,存在着一个幻想的疆土,在这里希腊罗马世界和东方诸国有着奇妙的共识。"①这是1849年福来舍——德国阿拉伯学的奠基人——就东方民族有关身体部位抽动的先兆认识一文的开篇之句。现在我就这个题目续写新篇②,虽并无许多新见,但也事出有因:其一,这项研究对古代突厥学有一个词汇学上的贡献,以往我们对其解剖学的名词所知尚少;其二,民俗信仰在不同的宗教文化圈乃至文明圈中往往有惊人的相似,这里提供几个新的例证。

古代游牧民族相信身体部位的抽动有预示预言性的意义。德国民俗学家、耳鼻喉科医生卡鲁茨曾游历中亚柯尔克孜和土库曼部族作民俗学调查,在他的日记里曾写下这样一段话:"就身体抽动我收集到如下材料:右眼跳,有吉事,举事有成,(不成)有喜;左眼跳,有不顺。手痒,得馈赠。右耳鸣,人念我善;左耳鸣,人对我有恶言。嘴唇跳,有美食。鼻痒,有头疼喷嚏。右手跳,有财或馈赠;左手跳,牲畜将死。妇人哈欠,寤寐思男。"③上世纪初,古典希腊学家第尔斯就身体抽动的占卜文献作了一项大规模的比较性研究④,奥斯曼文献自然也在他涉猎的范围之内。突厥语、蒙古语的材料当时还不为人知,卡拉教授(György Kara)告诉我:海西希释读、公布了蒙语写本

---

① Heinrich Leberecht Fleischer,'Über das vorbedeutende Gliederzucken bei den Morgenländern'.*Berichte über die Verhandlungen der Königlichen Sächsischen Gesellschaft der Wissenschaften zu Leipzig*,Phil.-hist.Klasse(海因里希·雷伯来希特·福来舍:《东方民族的具有预兆性质的肢体抽动信仰研究》,《王家萨克森科学学会哲学史学学部纪要》),1849/1,S. 244.

② Peter Zieme,'Türkische Zuckungsbücher'. I. Hauenschild/C. Schönig/P. Zieme(Hrsgg.),*Scripta Ottomanica et Res Altaicae*.Festschrift Barbara Kellner-Heinkele. Wiesbaden:Otto Harrassowitz Verlag(Veröffentlichungen der Societas Uralo-Altaica. 56)(郝恩舍尔德、薛尼希、茨默主编:《纪念芭芭拉·凯尔纳-海因克勒教授荣休奥斯曼学与阿尔泰学论文集》,《乌拉尔阿尔泰学会丛刊》第56号,威斯巴登:哈拉索维茨出版社),2002,S. 379-395.

③ R.Karutz, *Unter Kirgisen und Turkumenen.Aus dem Leben der Steppe*. Leipzig:Verlag Klinkhardt&Biermann(理夏德·卡鲁茨:《与柯尔克孜、土库曼人打成一片——中亚草原生活游历记》,莱比锡:克林克哈特与毕尔曼出版社),1911,S. 138.

④ Hermann Diels, *Beiträge zur Zuckungsliteratur des Okzidents und Orients*. Abhandlungen der Preußischen Akademie der Wissenschaften,Phil.-hist. Klasse,Berlin:Georg Reimer(赫尔曼·第尔斯:《古代东西方体动文献丛考》,《柏林普鲁士科学院哲学史学学部丛刊》,柏林:来默出版社),1907/1908.

《全身部位抽动书》①，其开头部分如下："右耳鸣，有流言；左耳鸣，得［…］。左［…］动，遇人安雅。上指甲动，有喜事。右眼睫跳，亲属久别重逢。"

关于知识盲点，第尔斯坦诚写道："我们可以相当有把握地认为，体动论的东向传播相当深广，比如说我们知道，毛利人就有这方面的基本信念习俗。但是目前我没有可能一一去追踪探源，同样，对中国和日本有关习俗及其文本的掌握在本研究中只能暂付阙如。"②就古突厥语残片的背景，汉学家艾伯华有这样的陈述："当今的历书将身体抽动按地支的顺序排列，然后给出占辞。但是历书并不说，抽动的是哪一个具体身体部位。"③业已知道的是敦煌汉文文献中也有类似内容的占卜文本④。

奥斯曼土耳其语身体抽动占卜文献为数甚多，类称为Segirname（体动书），有整部书如此冠名的，也有丛抄写本中的单篇有如此标题的。我将目前了解的公私藏家文献列出：

柏林	Pertsch, W, *Die Handschriften-Verzeichnisse der königlichen Bibliothek zu Berlin*. 6: *Verzeichniss der türkischen Handschriften*. Berlin: A. Ascher & Co.（派弛：《柏林王家图书馆藏写本注记目录》第6卷《突厥语写本注记目录》，柏林：阿舍书局），1889，收藏编号41: 8［Diez A. 8° 26.］（指出有关联的收藏编号10: 3与4，27: 13以及125: 4）；H. Sohrweide, *Türkische Handschriften*, Teil 5, Wiesbaden: Otto Harrassowitz Verlag（左卫德：《突厥语写本》第5卷，威斯巴登：哈拉索维茨出版社），1981, Nr. 302［Ms. or. quart; Teil 18, 1988（Bl. 439b—422a）］。
哥达	Pertsch 1889（派弛，前揭书），收藏编号1: 17。
波恩	Universitätts-und Landesbibliothek So 241（波恩大学暨北莱茵州立图书馆），参见M. Götz, *Islamische Handschriften*. Teil 1: Nordrhein-Westfalen. Stuttgart: Franz Steiner Verlag（葛茨：《伊斯兰写本》第1卷《北莱茵-威斯特法伦卷》，斯图加特：弗朗茨·施代纳出版社），1999，收藏编号3，图版30b—31a（片段）。
萨拉热窝	参见W. Zajączkowski, 'Zwei türkische Zuckungsbücher

---

① Walter Heissig, *Mongolische Handschriften, Blockdrucke, Landkarten*. Wiesbaden: Otto Harrassowitz Verlag（瓦尔特·海西希：《古蒙语写本、版刻书、舆图解题目录》，威斯巴登：哈拉索维茨出版社），1961, Nr. 88: Cod. Ms. Asch. 124 SuUB, Göttingen, 9v8–11v16.

② 第尔斯前揭著作卷2, S. 115 n. 2。

③ W. Eberhard在 *Türkische Turfantexte* Ⅶ, S. 96 Nr. 34的附注。

④ Hou Ching-Lang, 'Physiognomie d'après le teint sous la dynastie des Tang', in: Michel Soymié（ed.）, *Contributions aux études sur Touen-Houang*, Genèves-Paris: Librairie Droz（侯锦郎：《唐代基于气色的相术》，苏远鸣主编：《敦煌研究论文集》，日内瓦/巴黎：德劳兹书局），1979, pp. 55-66并附图版。

	（segirname）'. *Folia Orientalia*（扎尧芝科夫斯基：《两部突厥语体动书研究》，《东方学散叶》），8（1967）：89—109。
伊斯坦布尔	托普卡珀王宫博物馆（Topkapı Sarayı Kütüphanesi）收藏编号3157，参见H. Ersoylu, 'Segir-name Ⅱ'. *Türk Dili Araştırmaları Yıllığı-Belleten*（爱速禄：《体动书（二）》，《突厥语言研究辑刊》），1995：99—145。梅夫拉纳博物馆（Mevlana Müzesi）收藏编号2179，参见H. Ersoylu, 'Segir-name Ⅰ'. *Türk Dili Araştırmaları Yıllığı-Belleten*（爱速禄：《体动书（一）》，《突厥语言研究辑刊》），1989：28—48。
私人收藏	Kemal Özergin（凯末尔·玉泽金）。
私人收藏	Osman Sertkaya（奥斯曼·赛特卡亚）。

古突厥语文献是本文的主要对象，但是目前我们所拥有的都是断章残简，完整程度远不如奥斯曼文献。将两者加以比较可以看出相当多的共同之处，而共性在于，两者都有意表达一些正能量的、能给人类带来幸福的东西。

首先，我想对阿拉提曾经公布的写本稍加补充。1930年代，土耳其学者阿拉提曾在柏林科学院进行吐鲁番写本研究，其时他对一直受到忽视的草写体写本特别下了工夫，而这部分写本恰好是生活在吐鲁番盆地的回鹘人在日常生活事务中留下的，其中有一些司法行政事务的公私文书，也有历本、符咒和占卜书。阿拉提的《古代突厥语司法文书》（*Eski Türk Hukuk Vesikaları*）和《吐鲁番出土突厥语文献》第7辑（*Türkische Turfantexte* Ⅶ）都是他对吐鲁番文书作出的贡献[①]。

1. U 5820（T Ⅲ T 295），在阿拉提TT Ⅶ书中编号34，出自吐峪沟。写本以"吾人欲言"（sözlälim）开头，也就是说，讲的是肢体抽动占卜。文本的构成可以这样划分：

1）	（行2—3）	凡足、头抽动，有财富。
2）	（行4—5）	右头抽动，有远行。
3）	（行6）	左头抽动，得权势。
4）	（行7）	耳鼓抽动，有得。
5）	（行7—9）	右耳动，必有大得。
6）	（行9）	左耳动，有财获。
7）	（行10—11）	耳垂动，见赐见赏于公侯。

[①] Reşid Rachmeti Arat（G. R. Rachmati），*Türkische Turfantexte* Ⅶ. Abhandlungen der Preußischen Akademie der Wissenschaften，Phil.-hist. Klasse，Berlin（拉赫马提·阿拉提：《吐鲁番出土突厥语文献》卷7，《柏林普鲁士科学院哲学史学学部丛刊》），1936/12.

8）（行11—12） 右眉动，有乐事。
9）（行12） 左眉动，无忧。
10）（行13） 右上睫毛动，［…］

2. Ch/U 6796 + Ch/U 6238，汉文、回鹘语双面书写，可以完全缀合①。背面文本含有汉字，似乎用以替代回鹘语词，当以回鹘语读之。

与本文主题有关的内容起自第12行，其文如下：

（行12） 吾人欲言身体、四肢之抽动：
1）（行12—13） 头抽动，有财富。
2）（行13） 发际线抽动，出行至另一城。
3）（行13—14） 头左半抽动，有权望。
4）（行14—15） 头右半抽动，有利益。
5）（行15） 右耳动，有大利益。
6）（行16） 左耳动，入货。
7）（行16—17） 脑（？）动，有［…］
8）（行17） 右眉跳，有喜乐。
9）（行17—18） 左眉跳，有厄。
10）（行18—19） 右眼上（睑？）跳，［…］
11）（行19） 左眼上（睑）跳，有喜。
12）（行19—20） 右眼下（睑）跳，有谎言。
13）（行20） 左眼下（睑）跳，［…］

3. Mainz 153（T I α）写本带有所谓摩尼文字特有的标点符号，因此之故，维尔金斯将之收入突厥语摩尼教文献目录②。但是，这件占卜书残片是否就一定有摩尼教的性质，尚不易断定。文本语译如下：

（正面行1—5） 手掌痒，有大［…］，长壮敏捷有为者（？），必强。
（正面行5—背面行2） 手臂抽动，兄弟亲属为仇。
（背面行3—5） 孕妇腹中子多思，有三重危急，疼痛而抽搐。

上述这些文本时有晦涩难懂之处，但无疑都属于占卜术的范围。从语言上看，所有

---

① 汉文为佛教内容写本，内容在《大正藏》中无法勘定。
② J. Wilkens, *Alttürkische Handschriften*, Teil 8: *Manichäisch-türkische Texte der Berliner Turfansammlung*, Stuttgart: Franz Steiner Verlag（维尔金斯：《古代突厥语写本解题目录》卷8《柏林吐鲁番特藏摩尼教突厥语文献》，斯图加特：弗朗茨·施岱纳出版社），2000，Nr. 432："纸质写本，内容为肢体搐动及其离奇的寓意。"

身体部位的词语都是用方位格形式（Lokativ），此点与其他古突厥语和奥斯曼土耳其语有异。

流传下来的奥斯曼时代占卜书较回鹘语占卜书为多。两相比较，根本性的区别不是很大，多属用词与小节之别。构成结构一样，几乎是套路文体，都是先说身体部位、肢体名称，续以"抽动"一词——总是使用同一个突厥词täprä-，这是在古代突厥语中很少见的一个词；奥斯曼土耳其语文本中与此对应的词是segir-。

以上的占卜书有一个特征：很少提到凶兆。只有一处"左眉跳，有厄"（Ch/U 6796 + Ch/U 6238，行17—18）。

柏林藏吐鲁番写本Ch/U 6796 + Ch/U 6238背面有两段有关民俗的文字，在此一并略作释读。首先是行1—7：

> ［…］不跟从［…］。在这些天里，无建议（ötüg sav）。望［…］，其面不合，必从军。作恶（事），有殃，马失亡，人有危亡之虞。举行婚礼，有口舌争执。祭祀施舍，人必穷。
>
> 在此利于生子女，必利父母兄弟，利己身无尽。了也。

行8—11是使用十二支，术法体系来自汉文化，为突厥人继承而成为其日常的习俗。术法以时间单位分割为架构，其用途可以是多方的。在这里，十二支明显指的是年，所以这个术法或许是供婚娶择时以利生子吉利使用的。

> 相配的［生辰］年：
> 子申辰，合。
> 丑巳酉，合。
> 未亥，合。
> ［不相配的生辰年：］
> 子午，不合。
> 丑未，不合。
> 申寅，不合。
> 卯［酉］，不合。
> 巳亥，不合。

类似的术法也见于U 328（T Ⅲ Kurutka），发现地Kurutka的位置大约在今天吐鲁番北的小桃沟，属于景教遗址。这个回鹘语写本用景教聂斯托利字母书写，殊堪注意：

> 吾人欲言（如下的）相配：
> 鼠年、龙年、猴年：此三种人相配。
> 牛年、蛇年、鸡年：此三种人相配。
> 虎年、马年、狗年：此三种人相配。

兔年、羊年、猪年：此三种人相配。

这个表单式样的十二支相配表有一个数理排列的规律，以数字表示地支从子到亥的序列如下：

   1—4 5—8 9—12
   1   5   9
   2   6   10
   3   7   11
   4   8   12

这里，等差数列的性质显然。

原载《中山大学学报（社会科学版）》2016年第5期

粟特语摩尼教文献中所见10至11世纪的粟特与高昌关系

[日]吉田豊

绪　言

丝绸之路的鼎盛时期无疑是在唐代，无数的外邦人，尤其是胡人（Sogdians）来到中国，侨居在长安、洛阳等地，以"胡"字冠名的林林总总物品，诸如"胡服""胡食"，都深受当地人的喜爱①。很多有关丝绸之路的著作都使用大量篇幅对唐代及唐以前时期中原与西域的关系加以叙述②，对安史之乱以后的丝路史则着墨不多。也正是在这一时期，中亚的伊斯兰化悄然发生。这很容易给人一种印象，便是伴随着伊斯兰化，丝路贸易也便达至终点。实则不然，丝路的货物交流仍在继续，10世纪前后的敦煌文书为此给出的证据不一而足，来自伊斯兰西方的货品屡见于记载③。对于另一座绿洲名城高昌，则由波斯作家加尔迪齐所撰《记述的装饰》（Gardīzī's *Zayn al-Akhbār*，约成书于1049—1052年间）为西回鹘王国可汗留下来这样一段记录："可汗的宫阙地面铺毡，毡上覆以穆斯林的地毯。"④吐鲁番考古发现的纺织品中的确有伊斯兰世界的织物产品遗存，可为上述记载提供实物例证⑤。

本文荟集三件以粟特语写下的摩尼教文本，旨在揭示10至11世纪粟特与高昌两地之

---

① 有关这方面的题目，E. Schafer, *Golden peaches of Samarkand: A study of T'ang exotics*（Berkeley: University of California Press, 1963, reprint 1985）仍是必读之作。编者按：此书由吴玉贵先生中译，先后出有三版：谢弗《唐代的外来文明》，北京：中国社会科学出版社，1995年；谢弗《唐代的外来文明》，西安：陕西师范大学出版社，2005年；薛爱华《撒马尔罕的金桃——唐代舶来品研究》，北京：社会科学文献出版社，2016年。

② 可举三书为代表：É. de la Vaissière, tr. J. Ward, *Sogdian traders: A history*, Leiden: Brill, 2005（编者按：中译本有魏义天著，王睿译《粟特商人史》，桂林：广西师范大学出版社，2012年），如今已成标准著作，法文第三版现已出版（*Histoire des marchands sogdiens*, Institut des hautes études chinoises, Paris: Collège de France, 2016）。V. Hansen, *The Silk Road: A new history*, Oxford: Oxford University Press, 2013（编者按：中译本有韩森著，张湛译《丝绸之路新史》，北京：北京联合出版公司，2015年）最新，而以森安孝夫《シルクロードと唐帝国》（东京：讲谈社，2007年）为最具内涵。

③ 荣新江：《于阗花毡与粟特银盘——九、十世纪敦煌寺院的外来供养》，《丝绸之路与东西文化交流》，北京：北京大学出版社，2015，第263—277页。

④ 参A. P. Martinez, "Gardīzī's two chapters on the Turks", *Archivum Eurasiae Medii Aevi*, Tomus Ⅱ, 1982, pp. 109-175, 尤其是第135页。承森安孝夫教授垂告，据《宋会要辑稿》卷197第7720页记载，龟兹回鹘，"其宰相着大食国锦彩之衣"。

⑤ K. Sakamoto, "Two fragments of luxury cloth discovered in Turfan: Evidence of textile circulation from West to East", in: D. Durkin-Meisterernst et al. (eds.), *Turfan revisited—The first century of research into the arts and cultures of the Silk Road*, Berlin: Dietrich Reimer Verlag, 2004, pp. 297-302。

间的交流关系。

一、粟特与焉耆的棉布

首先，让我们看一件未刊的现存柏林的吐鲁番特藏中的文书残片Ch/U 6879[①]，其大有研究旨趣之处在于其中的 swγδ'ny wš'yny "粟特缏布"一词。这个写本书于一张原来抄有汉文《大般若经》旧纸的背面，残片尺幅为21.6×11.2公分。从残存部分的尺寸判断，原纸完整高度应在26公分左右。因为残缺严重，今已无法提供粟特语全文的译文，但是其摩尼教文献的属性仍然可以确定，即写本中出现的δyn″βr″y "电那勿"一语，义为"选民，摩尼教僧侣"。根据研究，绝大多数粟特语摩尼教文献出自10至11世纪[②]，则本件晚期草体写本当也不出此时间范围。

Ch/U 6879文本：[③]

1 [　　　　　　] (. . w . . .) rt ['yw″xr'ny ?　　　　　]
2 zm'š″yky kwrδy o nw' [　　　　　　　　　　　　　]
3 'δry'rk-c'ny wš'yny (.) [　　　　　　　　　　　　]
4 'rk-c'ny o'βt' kwm'n [　　　　　　　　　　　　　　]
5 wš'yny oo ctβ'r'yw″x (r .) [　　　　　　　　　　　]
6 δyn″βr″y wx (w) šw pr (t) [　　　　　　　　　　　]
7 pncw prt kwm'n [　　　　　　　　　　　　　　　　]
8 'yw xw'nš'y wcny w (r) [nh?　　　　　　　　　　]
9 swγδ'ny wš'yny kwrδy [　　　　　　　　　　　　　]
10 (w) [š'yn] (y) 'yw knpy 20 + 20 + 20 oo [　　　]
11 [ty] m δβrw 10 + iii 'rk-c'ny [　　　　　　　　　]
12 (wxw) šwmy m'xy wx [w] šw [sγty'　　　　　　]
13 δy [n″] βr (″yᵃ p) ncw prt (w) [　　　　　　　]

[①] 参看Ch. Reck, *Mitteliranische Handschriften. Teil 1. Berliner Turfanfragmente manichäischen Inhalts in soghdischer Schrift* (Verzeichnis der Orientalischen Handschriften in Deutschland, Band XVIII, 1), Stuttgart: Franz Steiner Verlag, 2006, p. 282, No. 394。

[②] 有关吐鲁番出土的摩尼教写本的年代，可以参考所谓摩尼教历书，有粟特语和回鹘语两类，迄今如下各件的年代已有学者提出：（一）粟特语部分，（1）M796 = 929—930年，（2）大谷文书6191 = 932—933年，（3）M148 = 984—985年，（4）M5268 = 1000—1001年；（二）回鹘语部分，（5）Ch/U6932 = 988—989年，（6）U495 = 989—990年，（7）黄文弼《吐鲁番考古记》No. 88 = 1002—1003年。粟特语写本，请参看Y. Yoshida, "Buddhist influence on the bema festival?", in: C. G. Cereti, M. Maggi and E. Provasi (eds.), *Religious themes and texts of pre-Islamic Iran and Central Asia. Studies in honour of Professor G. Gnoli on the occasion of his 65th birthday on 6th December 2002*, Wiesbaden: Otto Harrassowitz Verlag, 2003, pp. 453–458；回鹘语历书，可参看J. Hamilton, "Calendriers manichéens ouïgours de 988, 989, et 1003", in: J.-L. Bacqué-Grammont and R. Dor (eds.), *Mélanges offerts à Louis Bazin par ses disciples, collègues et amis*, Paris: Éd. d. de L'Harmattan, 1992, pp. 7–23。

[③] 写本图片见：http://turfan.bbaw.de/dta/ch_u/images/chu6879versototal.jpg（2016年8月12日读取）。

14（ZY'δry kw）［m'n？　　　　　　　　　　　］

（a）本人读为βr的字母，写本更似kr。

语译：

　　　新僧（？）袍一件，九……三（匹）焉耆……缣布……焉耆（缣布所制），七条袴子（？）……【第5行】缣布。四新僧（？）……电那勿一人绢六匹……绢五匹造（？）袴……食单（？）一，故毡（？）……粟特缣布造袍一……【第10行】缣布五十九（匹）……又，我给出（？）十三（匹）焉耆……（叠布）。六月六日，电那勿一人绢六匹……三条袴子（？）

注解：

2.1　zm'š''yky"新僧（？）"[1]。这个看上去有点怪异的词，很可能与见于柏孜克里克千佛洞信札A（行120）的另一个费解词z-m'š'yktw/'yw'rx'ny有关。为读解这个词，我曾经征引到森安孝夫研究过的一件回鹘语摩尼教文本，其中有'ywrx'ny z-m'štyk[2]。在这两个文本中，我们讨论的这个词似乎都指称摩尼教僧侣系列中相对低的一个僧阶。值得注意的是本残篇行5中的'yw'rx'ny（或读'ywrx'ny）似乎也是同一个词，不过拼法略异罢了。类似的拼法不稳定现象也见于zm'š''yky、z-m'š'yktw与z-m'štyk。拼法上的这种不一致似乎事出有因，也许是来自其源文本的外语背景，但是词源上我们现在还不确定。两词的语序不同，也许意味着它们是不同的僧侣类别。吐鲁番发现的摩尼教壁画和工笔画中可以见到两组年轻僧侣头戴一种形状特别的冠饰，一种是白色扁平帽，另一种是黑色帽，见MIK III 4979 a，b左半部分[3]，都不同于普通摩尼僧。

行6的δyn''βr''y一词以及行13的类似词，词中间的双写"字母属于书手的特异正字法。并请参zm'š''yky及'yw''x（r）［ ］。

2.2　kwrδy"袍、衫"，参景教粟特语的写法qwrθy[4]。这个词无疑指摩尼僧惯常穿着的白色长袍。

3.1　'rk-c'ny"来自焉耆（城）的"。该形容词的阴性形式见于圣彼得堡写本L44行7：'rkc'nch（x't'wnh）"焉耆（回鹘）珂敦"[5]。

---

[1] 前揭Reck著作，p. 282，No. 394读为zm'š'n'ky。k前的两个字母写法很近似，所以Reck的释读也可能是正确的。请参下文对δyn''βr''y一词的注解。

[2] T. Moriyasu, *Die Geschichte des uigurischen Manichismus an der Seidenstraße*, Wiesbaden：Otto Harrassowitz Verlag, 2004, pp. 85–86.

[3] 彩色图版刊载于Zs. Gulácsi, *Manichaean art in Berlin collections*, Turnhout：Brepols, 2001, pp.71, 245。头戴白色扁平帽子的年轻摩尼僧亦见于另外两类美术品，参Gulácsi, *ibid.*, pp. 90, 204。古乐慈就此给出解释："（白色扁平帽子）代表特别的僧阶，但其地理分布与种族归属尚无从得知。"不过，指称摩尼僧的另一个词jw'nwtr 也有学者提出，见N. Sims-Williams and D. Durkin-Meisterernst, *Dictionary of Manichaean Sogdian and Bactrian*, Turnhout：Brepols, 2012, p. 94a.

[4] 参W. Sundermann, "Nachlese zu F. W. K. Müllers 'Soghdischen Texten I', 2. Teil", *Altorientalische Forschungen* 3, 1975, pp. 55–90, 有关部分见p. 85, n. 146。

[5] Sims-Williams and Durkin-Meisterernst, *op. cit.*, p. 18a。

3.2 *wš'yny* "缣布"是由辛姆斯-威廉姆斯最先释读出来的①。根据现存的词语我们可以推断,这件文书的内容系为僧侣制作袍服支用纺织品的记录。类似内容的747年汉文文书《天宝六载四月十四日给家人春衣历》也来自吐鲁番②,内容系一佛寺为寺院役使的作人制作"春衣",计有衫、裈、袴三种衣装。

4 *kwm'n* "袴(?)"。既然*kwrδy*有可能是"衫"的粟特语对应词,似乎可以将*kwm'n*与于阗塞语*kaumadai*"袴"比较③,但是应该承认仅有音韵上的近似性④。

5 *'yw''x* (*r.*) [ ] "新僧(?)",详前文注2.1。

6 *prt* 丝绢⑤。我认为这个词是梵语词pata的粟特化形式。尼雅文书中所见的俗语pata以及有关形式,见H. Lüders的考证:"Textilien im alten Turkistan", *APAW*, no. 3, Berlin, 1936, pp. 24–28。至于附赘的*r*用以音写印度语的卷舌音,可据粟特语*kwrty*转写*koti*"千万"以及*pwrny'nyh*转写*punya*"功德、福田"的例子类推。

8.1 *xw'n2'y* "食单"(?)。这一语译仅是一个猜测,依据是假如可以把这个词看作一个复合词,其中的*xw'n*就可以看作是来自中古波斯语,本义为"桌子",但为摩尼教粟特语、回鹘语所承用,意义引申为"摆放食物的桌面、圣餐聚会"。*xw'n*的汉文对应形式,最近由王丁在《下部赞》中甄别出来⑥。不过,另一个可能是,假如*xw'n*代表中古汉语"冠"(高本汉构拟*kuan)的音写,则*xw'nš'y*可以是一个表示"头饰、冠"的汉语词。但是,我找不到一个音韵上接近*š'y*的汉语词。

8.2 *w*(*r*)[*nh*]"毡"是基于巴黎藏伯希和文书Pelliot sogdien 19的*wrnh*一词的复原尝试,参E. Benveniste, *Textes sogdiens*, Paris 1940, p. 232⑦。

---

① N. Sims-Williams & J. Hamilton, *Documents turco-sogdiens du IXe-Xe siècle de Touen-houang*, London: School of Oriental and African Studies, 1990, pp. 56–57。另参英文本*Turco-Sogdian documents from 9th-10th century Dunhuang*, London: School of Oriental and African Studies, 2015, pp. 67–68。

② 池田温:《中国古代籍帐研究》,东京:东京大学东洋文化研究所,1979年,第472页,no. 214:

1 天寶六載四月十四日給家人春衣歷
　　　　　　已上肆人々各給緤
2 常住　大及　□子　□奴　一段充衫八尺充裈
3 祀奴　末如　已上兩人々各給一段充衫祀奴八尺充裈
4 可僧付緤一段充衫　胡尾子付緤一丈二尺充袴
5 右件緤玖段每段用錢貳伯貳買到用給上件
6 家人春衣謹以爲案請僧連署　僧無生
7 僧　　僧玄藏　僧法藏　僧澄練

③ 参H. Bailey, *Dictionary of Khotan Saka*, Cambridge University Press, 1979, p. 58b。

④ 也可以比较梵语*kaupîna*,其汉文义为裈,参荻原云来:《汉译对照梵和大辞典》,东京:铃木学术财团,1979年,第382页b栏。并参下文*kwmp'n*的讨论。

⑤ Sims-Williams and Durkin-Meisterernst前引字典, p. 144a 将*prt*译为roll of cloth"匹布",但加引号表示存疑。他们也提及Lüders的著作。*prt*在本文中前后共3次出现,均与电那勿(*δyn''βr''y*)相关,看来,棉布、丝绢的支用跟新僧和普通僧侣的等级有关。

⑥ Wang Ding, "Tablecloth and the Chinese Manichaean hymn *Shou shidan ji* 收食單偈",《東方學研究論集:高田時雄教授退職紀念(日英文分冊)》,京都:臨川書店,2014年,pp. 438–454。

⑦ 柏林藏未刊粟特语医药写本So 14822的*wrn'*似为同一个词。

11.1 δβrw，拙译"我给出"是基于猜测δβrw 有可能是δ'βrw的笔误。着眼于无人称中性过去式 xwrtw "被吃掉（it was eaten）"（见于穆格山文书①），δβrw 也可以看作是*δβrtw "被给予（it was given）"的笔误。但无论如何，δβr-的第一人称单数祈使态"给予"在此处上下文中都是绝无可能的。

11.2 在行11和12之间有一道划线。因为行12中有一个日期，所以这条线可能表示此前一节文字到此为止，也就是说属于比六月六日更早的一个日期的记录②。

文中提及的两种缞布分别为"焉耆缞"（'rk-c'ny wš'yny）③和"粟特缞"（swyδ'ny wš'yny）。在同时代的汉文文书中有两种缞布的名称出现：末禄缞（末禄/木鹿国产）、安西缞（龟兹产）④。拙见后两者正是粟特语文书中提及的缞布，焉耆（Ark）位于龟兹东面，在唐代被称为安西⑤。西域西半部分生产的棉布，中国人既可以称为末禄缞，也未尝不可叫它粟特缞。在Ch/U 6879文书记录者的心目中，两种缞布的来源地分别是粟特、焉耆。前者当来自粟特，或至少经粟特地方转运到中国⑥，文书为粟特与吐鲁番之间的贸易往来留下了记录。

在结束本节之前，我顺带征引一件大谷探险队得自吐鲁番、现藏旅顺博物馆的粟特语摩尼教文书LM20 1514/528⑦。文书为残片，现存5.9×38.3公分，可以推测写本左半部分约有四分之三已经佚失，仅有一两个字可见。粟特语写本书于汉文佛典《大般若经》抄本的背面⑧。

LM20 1514/528背面文本与语译：

1 δyn″βr ['y?　　　　选民（电那勿）⋯
2 kwrδy XII [　　　　袍十二 + x⋯

---

① 参Y. Yoshida, "Sogdian", in：G.Windfuhr（ed.）, *The Iranian languages*, Windfuhr（ed.）, London：Routledge, 2009, pp. 279–335, esp. p. 301。

② 这个较早的日期可能是正月六日，如果可以把接续的部分理解为下半年的出入帐历的话。正月六日正好是为时28天（即上月的初八日开始）的斋月的最后一天，历日头一天就在这一天，这是一个偶然的巧合。

③ 森安孝夫教授提示笔者，在一通回鹘语信札中有 *solmï böz* "唆里迷缞"一词，唆里迷是焉耆的晚近别名。参S.-Ch. Raschmann, *Baumwolle im türkischen Zentralasien*, Wiesbaden：Otto Harrassowitz Verlag, 1995, p. 55。

④ E. Trombert, "Une trajectoire d'ouest en est sur la Route de la Soie", in：*La Persia e l'Asia centrale de Alessandro al X secolo*, Roma：Accademia nazionale dei Lincei, 1996（Atti dei convegni Lincei 127）, pp. 205-227.

⑤ 参前揭Trombert论文，p. 225。

⑥ 在西域，每一个重要的绿洲城市都有可能生产自己的棉布。于田附近的Phema（媲摩）就有闻名遐迩的"绀城细缞"，参前揭荣新江文，第271页。又见荣新江：《真实还是传说——马可·波罗笔下的于阗》，《西域研究》2016年第2期；Rong Xinjiang, "Reality or tale? Marco Polo's description of Khotan", *Journal of Asian History* 49, 2015, pp. 161-174, esp. p. 171。

⑦ 旅顺博物馆、龙谷大学主编：《旅顺博物馆藏新疆出土汉文佛经选粹》，京都：法藏馆，2006年，第160页。

⑧ 行12之后留空，后接两行以及不完整的几行文字，因文字仅存开首的几个字母，且内容与前面的主要文本关系不明，在此暂不予讨论。

  3 XI prt'y〔　　　　　　　　 绢（？）十一（匹）…
  4 'yw'x'〔 rny?   新僧…
  5 'βt'〔　　　　　　　　 七…
  6 'δw p'n（．）〔   二？①…
  7 tym'（y）〔w   而且一…
  8 tym'ny（w）〔   即另一…
  9 'yw prt（'）〔y   绢一匹…
  10 kwmp'n〔   袴（？）…
  11 wšyny kw〔rδy   缭，袍…
  12 'δry wr〔nh（？）   毡（？）三匹…

  *prt'y*可能跟*prt*是同一个词，或者也可能是其派生形式。*'yw'x'〔 〕*可与*'yw'rx'ny*等词比较。*kwmp'n*也许是前文讨论过*kwm'n*的一个异写。

二、粟特语摩尼教文书中的撒马尔罕

  旅顺博物馆收藏的另一件大谷探险队收集品LM 20 1552（23）P. 22.9，是一个大小为11.0×27.0公分的纵幅写本②，单面书写，背面空白，纸张由至少两张纸粘贴为一卷。内容上的摩尼教属性系由典型语汇确定，如*'δw wkry'ncmn*"二部教团"、*δy-np'šyt pryšty-（t）*"护法诸天使〔angels protecting the（Manichaean）religion〕"③。作为在吐鲁番地区发现的摩尼教写本文献，其年代可能是在10世纪。写本使用晚期草体书法，也与这个定年相符合。遗憾的是写本保存状况不佳，残断严重，对勘定内容影响很大。如前所述，写本系单面书写，说明是很高级的文字制作，情形与柏孜克里克发现的两件摩尼教书信正同，其中文字表述中亦颇有平行处。

  LM 20 1552（23）P. 22.9 文本：
    1 〔   〕（．m．．ZY s）〔 〕（．．．．）〔   〕mγwnw
    2 〔mδy-c〕yk'δw wkry'ncmn^a o βγ'nyk'nt'c ZY sγtm'nw
    3 〔 〕（y-）t šyrxwz-yty'pryw（o）pr'nz-'wy-n'kw^b xwβw〔 〕
    4 〔'yšwy〕（r）o Z（Y）〔 mγw〕（n）δy-np'šyt pryšty-（t）〔 〕
    5 〔prn ZY w'xšykt?   〕ptnw smr〔kn〕（δ）〔h〕^c
    6 〔   〕（．．）'x〔   〕

  （a）最后的字母n上划有一道短线，用意不明。So 11500中我们也见到同样的一个

---

  ① 此处上下文期待的是一个织物或衣装名，所以*p'n*的"桌"义在此是不合适的。
  ② 这个残片我曾经刊布过，见吉田丰：《旅顺博物馆所藏のソグド语资料》，旅顺博物馆、龙谷大学编：《〈中央アジア出土の佛教写本〉国际学术会议》，大连：旅顺博物馆/京都：龙谷大学佛教文化研究所西域文化研究会，第39－53页，特别是第41－44及53页。
  ③ 这两个粟特语词见于吐鲁番柏孜克里克千佛洞发现的摩尼教教务书信，详后文。

位于词尾的n字母长撇上面的线。So 11500显然属于在此讨论的旅顺博物馆藏写本。A. Benkato博士垂教笔者，So 20226和So 11500是同件写本的两个断片。这三件残片所保留下来的，就是本文讨论的一通寄给一位回鹘可汗的书信。（b）字母z的下面有两点。（c）字母δ（lamed）典型的上半部分可见，可据以拟补这个δ。

语译：

整个二部教团咸集于此，与圣众、群［……及］善友一道，以救赎之主夷数的［……］，［……］所有护教天使，［护教神灵］……撒马尔［罕］城

注解：

2.1　［*mδy-c*］*yk*"（停留）于此"。这仅是猜测，读［*tδy-c*］*yk*"（停留）于此（与你一道）"同样是可能的。

2.2　'*δw wkry'ncmn*"二部教团"。这个复合词此前已见于柏林藏吐鲁番文书M 697A和由本人释读的两通柏孜克里克的书信①。这个术语有回鹘语形式*iki ančman*，Peter Zieme释为"（由男女信众构成的）两个教部"②。科普特语摩尼教经典Kephalaion 87支持这种理解："神圣教会由两种形式组成：众兄弟、众姐妹。③" A. van Tongerloo意见不同，他主张"二部"的构成成分是僧、俗二界④。

3　*βγ'nyk'nt'c ZY sγtm'n*［　　］（*t*）*šyrxwz-yty'pryw*"与圣众和整个……善友一道"。这一表达可能指称摩尼教僧俗一切众⑤。

3—4　'*nẓ-'wy-n'kw xwβw*［'*yšwy*］"救赎之主夷数"。拟补'*yšwy*的依据是柏孜克里克书信A行76与106中出现的同一复合词'*nz-'wn'y xwβw'yšwy*。就介词*pr*和'*yšw*的复合构词，可参见*pr xwβw*⑥'*yšwy frm'nw δstwβry*（柏孜克里克书信A行19；柏孜克里克书信B行77—78）"据有我主夷数所赋予权威之人"⑦，因此为残文部分拟补［'*yšwy δstwβr*］（*y*）似有根据，但最后一个漫漶的字母似为*r*而不像是*y*。

4—5　拟补的依据见*mywnw δyn-p'šytw pryšt'kt*（*y*）［*prn*］*ZY w'xšykty*（柏孜克里克书信A行77—78），"所有护教天使，护教神灵"。

5.1　*ptnw*"城"，这个粟特词借自印度语*pattana*，在摩尼教、佛教粟特语文献中都有使用，已化为粟特语汇的一员。

5.2　*smr*［*kn*］（*δ*）［*h*］撒马尔罕这个地名的粟特语本名*sm'rknδh*曾出现于"粟

---

① 有关我对这3通柏孜克里克书信的释读，详下文。

② 见Peter Zieme, "Ein uigurischer Text über die Wirtschaft manichäischer Klöster im uigurischen Reich", in：L. Ligeti（ed.）, *Researches in Altaic languages*（Bibliotheca Orientalis Hungarica 20）, Budapest：Akademiai Kiadó, 1975, pp. 331-338, 特别是pp. 332-333。

③ 参I. Gardner, *The Kephalaia of the teacher*, Leiden：Brill, 1995, p. 225。

④ A. van Tongerloo, "L'identitéde l'église manichéenne oriental（env. 8ᵉs. ap. J.-C.）. La communauté des croyants：ir. *hnzmn/'njmn*, ouig. *anăm*（*a*）*n*", *Orientalia Lovaniensia Periodica* 12, 1981, pp. 265-272, esp. p. 272。

⑤ 如果此说成立，则为前文所述van Tongerloo对'*δw wkry'ncmn*的解释提供了支持。然而，教史中对男女僧众的二分法概念，不仅见于摩尼教，佛教也有"二部僧"的说法，因此我仍然维持已见。

⑥ 书信B中，该字写作*xwβw*。

⑦ 比较*pr xwβw'yšwy-y δstwβry*（柏孜克里克书信B行13—14）"据有我主夷数所资权威之人"。

特古信"之二的封缄部分。其形容词派生形式见于"粟特古信"之二、穆格山文书和拉达克题铭①,均写作 sm'rknδc,唯独穆格山文书A14出现两次 smrknδc②。该词在写本中残佚,但从现存的smr-推测,其后出现δ字母的词,舍smr［kn］（δ）［h］也恐无其他了。

文书中提及撒马尔罕,这一点很可能是暗示,撒马尔罕或者是发出地或者是收达地,进而撒马尔罕和高昌两地的摩尼教徒之间的交往关系也就得到了确认。撒马尔罕地区存在有摩尼教团的事实,此前有史料记载,同时代的伊斯兰史家纳迪姆（Ibn al-Nadîm,932—990）和比鲁尼（Al-Bîrûnî,973—约1050）在著作中都见证了这一史实。《世界境域志》（Hudûd al-Âlam,成书于982/983年）也提到撒马尔罕的摩尼教活动③。此事的背景应是巴比伦的摩尼教徒遭遇厄运,在穆克塔迪尔当政期间（908—932）被驱逐到撒马尔罕,为此西回鹘王国的一位君主深感忧心。伊本·纳迪姆《群书类述》有如下记录④:

> 他们最后一次露面是在穆克塔迪尔治下时期的呼罗珊附近。因为要保全性命,那些留下的人销毁了个人物件,在那个地区东西飘泊。（也许）大约有五百人一起流落到撒马尔罕。后来他们的事业为人所知,呼罗珊总督决定处死他们。中国王——我想（其实）是九姓回鹘的首领——得知此事,就派遣使者去告诉他:"在朕的国内,穆斯林的人数要比贵国所有的朕之宗教的信徒多。"他发下誓言,倘若呼罗珊总督胆敢杀掉一个人,他就会杀绝所有在他国家的穆斯林。他（还许下诺言,）将拆除所有清真寺,在全国设立观望哨卡,以缉杀穆斯林。呼罗珊总督遂放弃初衷,不再加害他们,转而以接受他们缴纳人头税（jizya）为妥协。

因为纳迪姆的《群书类述》一般认为成书于公元987年,他所记载的九姓回鹘君主就应

---

① 在哈萨克斯坦库勒塔佩（Kultobe）发现的上古铭文中已见撒马尔罕的名字,其形容词形式拼作symrkntc,见N. Sims-Williams with F. Grenet and A. Podushkin, "Les plus anciens monuments de la langue sogdienne: Les inscriptions de Kultobe au Kazakhstan", *Comptes rendus des séances de l'Académie des Inscriptions et Belles-Lettres*, 2007, pp. 1005-1034. 有关δ在早期铭文中用t字母书写的现象,参见N. Sims-Williams, "From Aramaic to Manchu: Prehistory, life and after-life of the Sogdian script", 荣新江、罗丰主编:《粟特人在中国:考古发现与出土文献的新印证》,北京:科学出版社,2016年,第414-421页。

② 对有关文本的释读,参（1）粟特古信Ⅱ: N. Sims-Williams, "The Sogdian Ancient Letter Ⅱ", in: M. G. Schmidt and W. Bisang (eds.), *Philologica et Linguistica, Pluralitas, Universitas. Festschrift für H. Humbach zum 80. Geburtstag*, Trier: Wissenschaftlicher Verlag, 2001, pp. 267-280; (2) 穆格山文书: V. A. Livshitz, *Sogdian epigraphy of Central Asia and Semirech'e*, London: SOAS, 2015; (3) 拉达克题铭: N. Sims-Williams, "The Sogdian inscriptions of Ladakh", in: K. Jettmar (ed.), *Antiquities of northern Pakistan*, vol. 2, Mainz: Philipp von Zabern, 1993, pp. 151-163+plates。

③ 以上三条伊斯兰史料的英译,见J. Reeves, *Prolegomena to a history of Islamicate Manichaeism*, Sheffield/Oakville: Equinox Publishing, 2011, pp. 227-230。

④ Reeves前引著作, p. 228。

该是西回鹘可汗当中的一位，而那个时代他们都是摩尼教的支持者。

三、柏孜克里克书信

1981年，柏孜克里克石窟发现了3通粟特语、5通回鹘语书信，其中3通粟特语书信是由笔者整理公布的①。3通粟特语书信被称为书信A、B、C。书信A尺幅最大，高26公分，长268公分，文字有135行，卷子左端严重损毁。书信B存79行，高26公分，长133公分；书信C高30公分，长45.5公分，两者均保存状况良好，几乎是完整无损。书信C书写于一张整幅的纸张上，A、B则是多纸粘接而成的卷子。书信A不同于B、C的一大特点，是其中行25—26之间插入一幅彩绘工笔画（miniature），描绘的是一顶慕阇的头冠，两侧各立一位乐伎。细审纸张，这幅工笔画系另外在一张纸上单独绘制的，然后粘接进写本卷子。

（一）书信的年代②

书信C是一个名为沙畏思普罗（šʹγ wyspwxr）的僧侣寄给他的长老花儿扎德（xwʹrz-ʹδʹkʹ）的，在内容上较其他两通书信更为私人化一些，提到了19位发信人熟识的人，回鹘语名字有寅住毗伽地略老爷（ʹyncw pylkʹ tyrʹk xwβw）等等，最后请求收信人向他们转达问候。书信A和B的收信人都是末阿利牙满普罗（mrʹryʹmʹn pwxr），他是摩尼教会的"东部慕阇"（xwrsncyk mwzʹk）。两信的主要内容都是为了庆贺新年，在对慕阇极尽称颂赞美之能事的用词上也如出一辙。两信都多处钤有深红色的戳印，表明更为正式。不同之处在于书信A主体由对新年的吉祥祝福构成，而书信B则条列发信人与他的法侣同人在斋月（cxšʹpt mʹx）期间的法事活动；斋月是阴阳历新年前的12月。

当最初整理刊布这组书信的时候，对年代问题我只作了比较笼统的处理，将之放在10世纪后半段，理据采用的是塔基扎德（Taqizadeh）的纪年研究。他认为，在10世纪末的西回鹘王国历法中，斋月前移一个月，此外别无可以更确切断代的线索③。不过，森安孝夫教授提醒我，书信C中出现的一个回鹘语人名Isig Ädgü Totoq Ögä（ʹysykʹδkw twtwyʹwykʹ）同样出现于所谓木杵文书（又称杭棒文书）Ⅰ与Ⅲ号，年代分别为1008年、1019年。他主张两处的同名人实为同一人④。遵循森安教授的提示，我比对了柏孜

---

① 新疆吐鲁番地区文物局编，柳洪亮主编：《吐鲁番新出摩尼教文献研究》，北京：文物出版社，2000年，第3–199页。

② 本节是此前本人所作论文有关部分的一个修订本：Yutaka Yoshida, "Manichaean Sogdian letters discovered in Bäzäklik", in: *Annuaire résumédes conférences et travaux*（École Pratique des Hautes Études.Section des sciences religieuses）Tome 109, 2000–2001〔2002〕, pp. 233–236。

③ 摩尼教历法的斋月最初落在中国阴阳历的正月，见Taqizadeh *apud* Henning, "The Manichaean fasts", *JRAS* 1945, pp. 146–164, esp. p. 160。书信A和B本来应有纪年，但因A写本尾部残断佚失，B只存留了"写于Pushnu（pwšnw）月（或正月）六日莫日"，太过宽泛，无法复原准确日期。

④ 他的这一主张见吉田豊、森安孝夫：《ベゼクリク出土ソグド語・ウイグル語マニ教徒手紙文》，《内陸アジア言語の研究》15，2000年，第178页。

克里克3通书信和2件木杵文书中的人名①，发现除了森安教授指出的一个名字，还有另外三个人名重合出现于两组文书：（1）合都督于伽（Alp Totoq Ögä *'lp twtwx'wyk'*，书信A和两件木杵文书），（2）萨里拔施达干（Sarïɣ Baš Tarqan *sryɣ p'š trx'n*）②以及（3）乌苏密施邓林（Asmïš Tängrim *"smyš tnkrym*）③见于书信C及1008年木杵文书）。

尤其值得注意的是合都督于伽。书信A（行123）提及他是一位地位仅次于回鹘可汗的官人，为高昌平信众的首领，也就是与驻锡高昌的教道师同在一地："（你所在之）地，外面（对世俗事务抱有尊重之心，）［听者的尊首］合都督于伽"（*tδy βyk*（*k*）［*yr'nw nywš'kptw*］ *'lp twtwx'wyk'*）。木杵文书中提及的回鹘大臣有一个同名的："高昌城长合都督于伽"（木杵文书Ⅰ，行18）、"宰相合都督于伽乃吉祥的高昌国的元首"（木杵文书Ⅲ，行3—4）。由此可以推断，合都督于伽曾于1019年顷由高昌城长擢升为高昌一国之宰相。虽然无从得知合都督于伽在书信A里的官衔是什么，但从上述三个人名都出现于书信C和木杵文书Ⅰ这一事实，我们可以推断柏孜克里克的3通书信必定在年代上接近于木杵文书Ⅰ的年代，即1008年，而与木杵文书Ⅲ的1019年稍远④。书信B纪年记录有"于正月六日莫日"的残留，案之于中国古历，契合的日期为1007年（1月27日）、1010年（1月23日）以及1014年（2月8日）。无论如何，所有3通柏孜克里克书信的年代都应落在11世纪前期⑤。

（二）*Twδ kδ*：书信B提及的送达地

西回鹘王国有两个都城，冬都高昌（今吐鲁番）和夏都北庭（今吉木萨尔）。书信A记录了回鹘可汗与阿利牙满普罗一起共度新年，可以想象他们当时居停在高昌。同样也是书信A记述了王子们、公主们和其他王室成员与寄信人在一处（行125—127）。这很明确地指向一个事实，即书信A的发出地点是北庭。根据书信C提到一些有回鹘语名字的人从发信人的居停地离开这个事实，似乎可以合理地推测，这通信是发自西回鹘王国疆域之内的某地。在这一点上，书信B跟另两通书信有所不同，它没有提及任何回鹘人名。这暗示书信B的发出地位于西回鹘王国之外。事实上，书信B（行70）提到了发出地 *twδ-kδ*："又一次在此，Tûdh城的保护神"（*mδy ms twδ-kδcykw prn-w'xšykw*）。在2000年发表的研究中，本人曾提议将 *twδ* 与伊斯兰史料中提及的地名Tûdh勘同，该地距

---

① 木杵是建筑佛塔时的奠基纪念物，上书施造功德主的名字。有关吐鲁番回鹘语木杵文书的研究，请参T. Moriyasu, "Uighur Buddhist stake inscriptions from Turfan", in: L. Bazin and P. Zieme (eds.), *De Dunhuang à Istanbul. Hommages à J. R. Hamilton*, Turnhout: Brepols, 2001, pp. 149-233。

② 在此我声明放弃旧读法Sarïɣ Bars Tarqan（*sryɣprs trx'n*），接受森安的读法Sarïɣ Baš Tarqan。

③ 森安读为Ašmïš，而就Asmïš的读法，参见Sims-Williams and Hamilton, *Documents turco-sogdiens du IX*^{e}*-X*^{e} *siècle de Touen-houang*, p. 59。

④ 不过话说回来，正如Sundermann认为的那样，在木杵文书Ⅲ中提及的那位可汗Kün Ay Tängridä Qut Bulmïš Uluɣ Qut Ornanmïš Alpïn Ärdämin Il Tutmïš Alp Arslan Qutluɣ Köl Bilgä Tängri Xan治下时代，不仅佛教广为传布，摩尼教文献也很兴盛，因此柏孜克里克书信的性质当置于这一历史背景之中加以考量。见Sundermann, "Iranian Manichaean Turfan texts concerning the Turfan region", in: A. Cadonna (ed.), *Turfan and Tun-huang: The texts*, Florence: Leo S. Olschki Editore, 1992, pp. 63-84，特别是p. 70。

⑤ 这一定年无疑也适用于与3通粟特语书信同时同地发现的5通回鹘语书信。

离撒马尔罕3法尔萨赫（换算约18公里）①。

后来通过Dodge的《群书类述》英译本，我得知纳迪姆曾提到过粟特地区有一个名为Tūnkath（twnkθ）的地方，当时有不少摩尼教徒居住，所以我又提议将twδ-kδ与纳迪姆的twnkθ勘同。至于拼写上的歧异可以阿拉伯字母n（nūn）、δ（dhāl）因形似容易混淆来解释，正确写法当是*twδkθ。

> 这些人（摩尼教徒）人称阿扎拉，住在鲁斯塔格、撒马尔罕、粟特，屯卡特尤其多。②

在注解中，Dodge推论说，twnkθ的地理位置在柘枝（Shash）或石国（Tashkent）境内。后来，森安与本人发现了一件回鹘语摩尼教写本，当中提及一些中亚怛罗斯（Semirech'e, Talas）的供养人，文本的年代也可以追溯到11世纪前期③。由此本人的twδ-kδ=twnkθ说似乎得到一种史实上的支持。不过，此后我得知Dodge对那段阿拉伯史料的释读仅是一种说法，此外还有不同的解读。

（1）摩尼教徒被称作阿扎利，住在撒马尔罕、粟特的村庄里，嫩卡特（Nûnkat）那里尤其多。（Flügel译文）④

（2）纳迪姆说道，当时在撒马尔罕、粟特特别是大约叫那维卡特（*Nawēkaθ）的地方住有摩尼教徒。那维卡特更可能是撒马尔罕的那拂卡德卡里施（Nawqad Quariš），位于Nasaf和石城Kiš之间（…），不很可能是Shāsh、Īlāq地区的弩卡特（Nūkath）。（Sundermann说）⑤

（3）滞留呼罗珊地区的摩尼教徒住在撒马尔罕、粟特特别是在那维卡特

---

① 参W. Barthold, *Turkestan down to the Mongol invasion*, 2nd ed., London: Luzac, 1958, p. 132（编者按：巴托尔德著，张锡彤、张广达译：《蒙古入侵时期的突厥斯坦》，上海：上海古籍出版社，2007年，第153页，该地名音译为"图德"）。粟特语人名twδ'yc有可能是由这个地名派生而来。参N. Sims-Williams, *Sogdian and other Iranian inscriptions of the Upper Indus*, vol. II, London: School of Oriental and African Studies, 1992, p. 74。

② B. Dodge, *The Fihrist of al-Nadīm: a tenth-century survey of Muslim culture*, New York: Columbia University Press, 1970, p. 803.

③ T. Moriyasu, "Four lectures at the College de France in May 2003. History of Manichaeism among the Uighurs from the 8th to the 11th centuries in Central Asia", in: T. Moriyasu (ed.), *World history reconsidered through the Silk Road*, 大阪大学21世纪COEプログラム「インターフェイスの人文学」, 2003, pp. 23-111；吉田豊：《シルクロード出土文献における言語変化の年代決定——ウイグル語文献中の借用形式の例から——》，《Ex Oriente》（《大阪外国語大学言語社会学会誌》）11, 2004年，第3-34页。

④ G. Flügel, *Mani, seine Lehre und seine Schriften. Ein Beitrag zur Geschichte des Manichäismus aus dem Fihrist.* Leipzig: Brockhaus, 1862, p. 106.

⑤ W. Sundermann, "Ein manichäischer Lehrtext in neupersischer Sprache", in: L. Paul (ed.), *Persian origins—Early Judaeo-Persian and the emergence of New Persian*, Wiesbaden: Otto Harrassowitz Verlag, 2003, pp. 243-274, esp. p. 244.

地区。（de Blois说）①

（4）被称为阿扎拉的人住在撒马尔罕、粟特特别是那维卡特的乡下。
（Reeves前揭著作，p. 229）

从以上引文可见，Dodge读为 *twnkθ* 的地名也曾被其他学者读为Nawēkath（*nwykθ*）等等。不过很遗憾，有关地望迄未得到确定②，但一般认为是在撒马尔罕一带。值得注意的是粟特这个地方，按《世界境域志》的说法，粟特的版图在当时仅在布哈拉和撒马尔罕之间这一片，比我们通常在Sogdiana这个名字之下理解的行用粟特语的地区远为狭小③。无论如何，撒马尔罕附近的这个Tūdh城更可能要在纳迪姆所说的"撒马尔罕地面"求之，而不很可能是那维卡特（Nawēkath）。由此可以断定，书信B是由撒马尔罕寄往吐鲁番的，因此证明了两地之间在11世纪早期存在着交通往来。

四、所谓摩尼教书信：是否发自撒马尔罕？

前一节的结论部分很自然地会令读者发问，在吐鲁番发现的古代文书中是否有其他伊朗语系的文本有撒马尔罕来源。人们很快会想到那些在吐鲁番发现的用新波斯语书写的摩尼教文本可以是候选者。宗德曼对其中的一件进行了研究，他说：这件写本"极有可能是11世纪的产物，其故乡可广而言之为撒马尔罕或粟特地区"④。斯坦因在高昌故城K遗址挖到一件羊皮写本（Kao. 0111=Or. 12452D/3），所用语言为中古波斯语，因为书写材料的特性，可以推测为在撒马尔罕制作的抄本⑤。倘若此说可存，那么写本中的工笔画便也是在当地绘制，理应得到从摩尼教艺术史的角度加以全新的审视。

---

① 见F. de Blois, *apud* de Blois and Sims-Williams (eds.), *Dictionary of Manichaean texts*. vol. Ⅱ. *Texts from Iraq and Iran*, Turnhout: Brepols, 2006, pp. 26-27, 82-83。

② 因为回鹘语文献支持在怛罗斯有过摩尼教徒活动的推断，森安和本人提议将Nawēkath与见于穆格山文书的*nwykt*勘同，参吉田豊、古川摄一：《中国江南マニ教絵画研究》，京都：临川书店，2015年，第35页。一般认为，*nwykt*的地望在今天的红列奇卡（Krasnaya Rechka，即唐代的新城，见《皇华四达记》），位于楚河左岸，参V. Livshitz, *Sogdian epigraphy of Central Asia and Semirech'e*, p. 22及note 3。另参看P. B. Lur'e, "O sledax manixeizma v Srednej Azii", in: P. B. Lurje et al. (eds.), *Sogdijcy, ix predšestvenniki, sovremenniki i nasledniki*, St. Petersburg: Izdat. Gos. Ermitaza, 2013, pp. 219-251, esp. p. 251。

③ V. Minorsky (tr.), *Ḥudūd al-'ālam. 'The Regions of the World': A Persian Geography 372 A.H.-982 A.D.*, 2nd ed., London: Luzac, 1970, p. 113. 对粟特地理范围的这种理解，有喀什噶里的佐证："他们（即粟特人）居住在粟特，其地处在布哈拉和撒马尔罕之间。"参R. Dankoff and J. Kelly (eds.), *Maḥmūd al-Kāšyarī, Compendium of the Turkic Dia-lects (Dīwān Luγāt at-Turk)*, Cambridge (Mass.): Harvard University Printing Office, 1982-1985, p. 352。

④ 参Sundermann, "Ein manichäischer Lehrtext in neupersischer Sprache", p. 251。据al-Muqaddasī说，10世纪的时候，撒马尔罕和布哈拉的语言已经使用新波斯语的一种变体（参Yoshida, "Sogdian", 2009, p. 330），如此看来，其时粟特语已经江河日下了。

⑤ 该写本由Zs. Gulácsi、U. Sims-Williams和W. Sundermann共同研究刊布，"An illustrated parchment folio from a Middle Persian Manichaean codex in the collection of the British Library, Or. 12452/D (Kao. 0111), *Journal of Inner Asian Art and Archaeology*, vol. 1, 2006, pp. 149-155。

在此，我想讨论一下Henning、Sundermann先后研究过的两通摩尼教书信①，我认为它们也来自撒马尔罕。尤其是在书信i中，写信人是一个本地的摩尼僧，他对外邦来的摩尼教僧侣不端行为颇致不满，在他看来，那些人就是唐突规诫的伪滥僧。他用的两个词，密罗之党（*myhry'nd*）和密克拉斯之党（*mkl'syktyy*），是Mihriyya和Miqlāsiyya的同义词。这个线索引导Henning、Sundermann根据教史记载将这两通书信的年代放在教派分裂大局已定之前的时段。Henning认为，教派分裂发生于880年之前②。Sundermann则基于书信中未见有回鹘因素这一点，推定书信写于回鹘离开漠北的840年之前。

然而，书信中*myhry'nd*和*mkl'syktyy*两词分散出现于已经残损的上下文中，无法确知其间究竟是何关联。更何况即使教派确曾分裂，他们各自的信徒仍然可以保持原来的名义继续存在。我认为，摩尼教书信ii行15提到的"这些肮脏卑鄙的苏邻人"（*myš'nd rymnyt kmbyt swrykty*），指的当是在纳迪姆书中出现的在穆克塔迪尔朝离开美索不达米亚、流亡撒马尔罕的那五百余人众。在10世纪以粟特语在吐鲁番书就的书信中不出现任何突厥语词或突厥语名字，固然是件怪事，但是，如果这些书信是从撒马尔罕寄出，没有什么回鹘痕迹却是正常不过的。事实上，书信B也确实没有回鹘形式。Sundermann本人就认真考虑过摩尼教书信中提到的外来教民与巴比伦驱逐摩尼教徒事件之间的关联，并将此事放入10世纪③。

如果本人就书信i的时代和发出地的意见可取的话，那么见于书信ii的语句中的动词*sn-*"走上去"、*'wxz*"走下去"的具体所指应该就是摩尼僧在撒马尔罕和高昌之间的往返旅行④。*'rty cw w'nw w'β'nd skwn kt srδ（ng）t pr 'ywp'zky'sn'（nd）['] ty δβtyk'wxz'nd δymyδ w'xš i p'ryk n's xcyy*（书信ii行16—17）"如果他们说，那些尊首们东行西来穿梭造访，那么在这个世界里就只有毁灭一途了"。莫达（Māhdād）慕阇（从撒马尔罕）上高昌（去），显然为的是替代去世了的蜜利扎（Mihrīzad）慕阇，可是无所建树（*pr βyrw'n myh（r 'y）[zd]（mwj'k）yy sryy m'hd'd mwj'k sttyy cn（d）n（f）[rtry"krtw]（δ）'rt*, 书信ii行18—19）。

摩尼教书信i有一点特别之处：其纸张背面有回鹘语的文字。在考证书信年代的问

---

① W. B. Henning, "Neue Materialien zur Geschichte des Manichäismus", *ZDMG* 90, 1936, pp. 1–18; W. Sundermann, "Probleme der Interpretation manichäisch–soghdischer Briefe", in: J. Harmatta (ed.), *From Hecataeus to Al-Ḫuwārizmī*, Budapest: Akademiai Kiadó, 1984, pp.289–316; idem., "Eine Re-Edition zweier manichäisch-soghdischer Briefe", in: M. Macuch et al. (eds.), *Iranian languages and texts from Iran and Turan. Ronald E. Emmerick memorial volume*, Wiesbaden: Otto Harrassowitz Verlag, 2007, pp. 403–421. 两封信现有英译文，见D. Durkin-Meisterernst, "Was Manichaeism a Merchant Religion?", 《古代钱币与丝绸高峰论坛暨第四届吐鲁番学国际学术研讨会论文集》，上海：上海古籍出版社，2015年，第245–256页。
② 据我所见，Henning与Sundermann对此定年都没有给出根据。
③ 参Sundermann, "Probleme der Interpretation manichäisch-soghdischer Briefe", 1984, p. 302。Sundermann本人基于语言和内容时代过早的原因拒绝这种可能性。
④ 就这些表达，参Sundermann, "Probleme der Interpretation manichäisch-soghdischer Briefe", pp. 207–208。粟特语中*'sky kyr'n*字面义"向上"（upwards）、*c'δr kyr'n*"向下"（downward）分别也表示"向东"（eastward）、"向西"（westward）的意思，参F. Grenet, "Where are the Sogdian Magi?" in: *Bulletin of the Asia Institute* 21, 2007 [2012], pp. 171–175, esp. p. 175, n. 54。

题之时，Henning和Sundermann对此都未措意。Karl Menges认为，背面文字内容与正面没有关系①。当森安孝夫对这件回鹘语文本继耿世民和Klimkeit之后再次进行释读之时，他找到了对之精确断代的办法，根据的线索是其中使用的印度式纪年法，由此研究印度星占术的专家矢野道雄将之勘定为公元983年②。文本的作者是一个名为腾阿于（Käd Oγul）的长老，他对高昌的一座摩尼寺的厄运大加感慨，说那里的一些美仑美奂的建筑装饰被运去妆点了佛寺。虽然在这里的确看不出有什么跟粟特语书信有直接关系的情节，但两面的文字内容都排到10世纪，与其他粟特语书信一体，也并无滞碍之处。

自10世纪前期开始，随着美索不达米亚的摩尼教徒加入撒马尔罕教区，具有组织形式的摩尼教团就只在中亚有存在了③。本文讨论的柏孜克里克书信B的作者摩尼娃满（m'ny wxmn'βt'δ'nw）是撒马尔罕教区的尊首，他的教衔是拂多诞（aftāδān）。如此，他的地位应该次于阿利牙满普罗。阿利牙满普罗身居吐鲁番，领导着包括撒马尔罕在内的整个教团。他不仅是东方教区的教道师，甚至可能是摩尼教会的总统领。在书信A、B中，他都被称作"继任者、副手"（pš'γryw）。据Sundermann研究，pš'γryw这个词在摩尼教东传系统中义为圣灵（paraclete）、摩尼的继任人④。濒临中亚摩尼教尾声的11世纪前期，整个摩尼教世界的中心很可能就是吐鲁番。

结　　语

本文蒐辑三件发现于吐鲁番的摩尼教文书以揭示公元10—11世纪间粟特地区与天山东段地区吐鲁番盆地绿洲国家之间的交流关系。前一件文书记述由粟特地区输入棉布，后两件则证明了撒马尔罕和吐鲁番两地摩尼教徒之间的通信联系。吐鲁番发现的新波斯语文献很可能代表了居住在萨曼王朝或黑韩王朝统治时期的撒马尔罕的摩尼教徒的著作。柏孜克里克书信B是由一位摩尼教主教（拂多诞）寄送的，他的居住地是撒马尔罕附近的Tūdh城，发信事由是祝贺新年。收信人是住在高昌的摩尼教师阿利牙满普罗。因此我们可以推测，11世纪前期撒马尔罕的摩尼教徒是处在一位驻锡高昌的慕阇的统辖之下的，其教会中心很可能就在今天考古学家所称的高昌故城K遗址。最后讨论围绕摩尼教书信i、书信ii的几个问题，拙见认为，其内容涉及纳迪姆所记述的穆克塔迪尔治下时期（908—932）摩尼教徒被从美索不达米亚驱逐这一史实的大背景。

原载《中山大学学报（社会科学版）》2017年第5期

---

① Henning前引文，pp. 17-18 n. 4。

② T. Moriyasu, *Die Geschichte des uigurischen Manichäismus an der Seidenstraße*, 2004, pp. 174-181。这个回鹘语文本后来又有L. Clark的释读，其待刊文稿由Z. Gulácsi引用于其新书：*Mani's pictures: the didactic images of the Manichaeans from Sasanian Mesopotamia to Uygur Central Asia and Tang-Ming China*, Leiden: Brill, 2015, pp. 118-123。

③ 中国南方的摩尼教属于另一个区域，不在本文议题范围之内。

④ W. Sundermann, "Der Paraklet in der ostmanichäischen Überlierefrung", in: P. Bryder (ed.), *Manichaean studies. Proceedings of the First International Conference on Manichaeism*, Lund: Plus Ultra, 1988, pp. 201-212。

阿拉伯、波斯史料中的海南岛

[德] 廉亚明著，王丁译

一

中古时期伊斯兰化以降，阿拉伯、波斯商船最重要的目的地中国港口是 Ḫānfū خانفو，也就是广府（广州）①。一段记载对航程的后半段是如此描写的：

> 船只在 [Ṣanf صنف] 上足淡水之后，接着起航，十天后抵达一个叫 Ṣundur Fūlāt صندر فولات 的海岛。此处也有淡水可用。然后继续航行，经过涨海（Ṣanhai صنخي）抵达"中国之门"（abwāb aṣ-Ṣīn ابواب الصين）。②

这段出自《中国印度故事集》的简要记述是我们的主题基础，它是否有关海南，关注的只是经过南中国海的通常航路，也就是沿越南海岸而行的这条航路，而不再讨论其他路途是否可能。

上述史料中提到的航行出发点是占婆（Čampā）国，阿拉伯语常称为Ṣanf。大多数阿拉伯史料都提到，占婆国以出产芦荟著称。占婆从前是从马来半岛到远东海洋交通的

---

① 在萨珊波斯王朝（226—651）末期，一种新职业兴起：航海。在漫长的伊朗历史中，这种行业对伊朗人而言虽然并不陌生，但并非人人喜爱。在被伊斯兰征服之后阿拉伯人继承了波斯人在印度洋的这门技艺——至今在阿拉伯语中很多航海业的术语仍然保留了波斯语源的很多词汇，就是这个传统的最好证明。有关阿拉伯航海业的一般性导论，有G. F. Hourani的 *Arab seafaring in the Indian Ocean in ancient and early medieval times*, Princeton University Press, 1951; *Encyclopaedia of Islam*, ²1960（《伊斯兰百科全书》第二版，Leiden：E. J. Bill) Milāha条。本文涉及的时段垂至16世纪，这个时期的船只由波斯湾出发，船员主要由阿拉伯人、波斯人混合构成。对中国古人而言，这两个种族很难区分开来，因此本文直接使用"阿拉伯航海"等词语来概称他们的共同活动，而无意贬低波斯人的历史贡献。在唐代及以后相当长的时期，广州都是中国海外交通的最重要港口，地位在交州、扬州、泉州之上。参桑原骘藏《蒲寿庚考》（Kuwabara Jitsuzô, "On P'u Shou-kêng…", *Memoirs of the Research Department of the Toyo Bunko*, 2, 1928, pp. 10-11注5）及《伊斯兰百科全书》第二版Khānfū条。桑原等人曾质疑Ḫānfū即"广府"（广州）但现今此点已几成定论。

② *Aḫbār aṣ-Ṣīn wa'l-Hind*, 据G. R. Tibbetts译文，见 *A study of the Arabic texts*, Leiden/London：Brill，1979，p.27。Ṣanf是占婆国的阿拉伯语名称。参Gabriel Ferrand, *Relations de voyages et textes géographigues arabes*, *person et turks rélatifs à l'Extrême-Orient du XIIIᵉ au XVIIIᵉ siècles*. Paris：Leroux，1913-1914，vol. I, pp. vii-viii；伊斯兰百科全书第二版Ṣanf条。"涨海"是当时阿拉伯人对南中国海的称呼。

重要枢纽①。航程的终点往往是广州，也有一些船继续驶往福建。所谓中国之门户，很有可能指的是珠江口海域②。

沿着越南沿海一线的航道，位于西沙群岛和海南岛之间，其东面是西沙群岛。理论上从越南南端向群岛的东部航行，经过中沙群岛浅水区，也可以是一种走法。不过，这第二条航线一般认为比较危险难行，也比第一条航线距离长。在第一条航线上，海南岛显然是重要的一站，为过往船只在补给食品、饮水方面提供了条件。这一点想必为阿拉伯的船长们所熟知，海洋旅行记的作者们把它记录下来，也就是很自然的事了。顺理成章，上述记载中的地名Ṣundur Fūlāt可以看作对海南的一个称呼。

对航海地理因素的考虑，再加上与《中国印度故事集》（Aḫbār aṣ-Ṣin）的关联以及占婆国和广州两个确定地点的重要性，使得我们把海南岛置于观察的焦点。阿拉伯和波斯史料中可能存在相关的记述，可以查考。然而问题仍然是，到底是什么原因让阿拉伯航海人注意到遥远的海南岛，最终使它进入阿拉伯语的地理志记载。

唐武德五年（622），亲唐的部落首领冯盎率海南投到将军李靖的治下。如果说，此前海南与中国的关系断断续续，那么从此以后海南便牢牢地在中国的管治之下，例外仅限于王朝政权的过渡期③。海岛经历了多次政区分合重整，越来越多的汉人移民涌入——往往以移民潮的方式发生，跟早期的情形颇为相似④。民变时常发生，尤其是在中部地区，主导力量为黎人⑤。在食物及其他物资的供应上，移民似对大陆有很深的依赖关系。本岛产品为棉花、香料、贵重木材、槟榔、椰子、珍珠等。在唐代，岛上就有了富商大贾，然而整体而言，相对于中国其他沿海地区，海南的商业活动远谈不上兴隆⑥。阿拉伯、波斯商人对此也应该心知肚明，他们对海南的兴趣在于奢侈品，而非棉花。可以想见，海南因为其边远的地理位置，诱人作奸犯科，为褫夺沉船货物大开方便之门。

海南也许为前往中国大陆的阿拉伯商人提供了一个中继站。薛爱华指出，728年的广州之乱也许实际上是以海南为策源地的⑦。不过，我们对参与其中的阿拉伯、波斯人

---

① 《伊斯兰百科全书》第二版Ṣanf条。

② 根据G. R. Tibbetts, *A study of the Arabic texts containing material on South-East Asia*, Leiden：E. J. Brill，1979，p. 193，进入珠江口处有所谓"中国之门"。根据Jean Cauvaget的*Aḫbār aṣ-Ṣin wa l-Hind*, *Relations de la Chine et de l'Inde*, rédigée en 851, Paris：Société d'édition "Les Belles Lettres"，1948，页xlv地图及注释16/6，"中国之门"位于南海诸岛之间，它们是矗立于海上的山岛，之间有空隙（*furǧa*），可由船只通过。见该书p. 9；Ferrand, *Relations* I, p. 41；Ahmad S. Maqbul, *Arabic classical accounts of India and China. Book one：Al-masālik wa 'l-masālik*（*Roads and kingdoms*）by Ibn Khurdādhbih, d. c. A. H. 300/A. D. 912. *Book two：Akhbār al-Sīn wal-Hind*（*An account of China and India*）by Sulaymān al-Tājir et al., compiled in A. D. 851, Shimla：Indian Institute of Advanced Studies，1989，p. 40.

③ 参Eva Ehmke, *Das Hai-cha yu-lu als eine Beschreibung der Insel Hainan in der Ming-Zeit*. Hamburg：Gesellschaft für Natur-und Völkerkunde Ostasiens，1990，pp. 13–16.

④ Ehmke, *Das Hai-cha yu-lu*, pp. 42–47.

⑤ 参Edward H. Schafer, *Shore of Pearls*, University of California Press，1970，p. 20.

⑥ Schafer, *Shore of pearls*, pp. 79–83.

⑦ Schafer, *Shore of pearls*, p. 84.

的数目不得而知。尤其是汉文记载中提到的"波斯人"是一个很模棱两可的字眼，它可以指伊朗波斯，也可能是马来人中的一些部族①。倘若事实当真如此，那么当年的广州之乱恐非只与阿拉伯、波斯人有关，背后可能有种种不同的部族参与其中。

让我们继续追寻年代学方面的线索。自10世纪末起，来自占婆的移民在海南落住下来，其中颇有一些信奉伊斯兰教②。在同一时期，占婆本土也经历着伊斯兰化的进程③。不过，信奉伊斯兰教的民众在占婆只是一个主流，居民主体仍然以信仰传统的印度宗教为主④。占婆和波斯商贾的联系表明在宋代已有来自中东的商人在海南停留，不过数量不详⑤。此前的唐代情形如何，不得而知。

对阿拉伯商人还有其他的事情应有关系，比如海盗每每以海南为据点。记载中有一个叫冯若芳的海盗，在唐代以劫掠波斯船舶闻名⑥。《太平广记》中有一件轶事，说到振州之民以巫术将经行当地的船舶阻留下来，大肆抢掠⑦。

经济方面既缺乏具有吸引力的产品，海上又缺乏航行安全，常有遭遇海盗洗劫之虞，使得海南难以被人视为远航中国的一个理想停靠站。另一个对海南不利的原因，是占婆到广州的距离过短，中途补给淡水、食物的需求不大。所以，海南之于阿拉伯航海家的意义应该只是导航性的意义，充其量作为中华帝国边缘的一个停靠点。

二

Gabriel Ferrand和G. R. Tibbetts⑧的书中收录了一些有关海南的阿拉伯、波斯史料。关于海南，有三个地名殊堪注意：（1）Ṣundur Fūlāt，前文已经提及⑨；（2）Ḫaynām "خينام；（3）Bandar Aynam。Bandar Aynam بندر اينم（Hafen Aynam）。

有三个地名可能指称海南岛：（1）上文已经提及的Ṣundur Fūlāt，存在一些异写，其年代可以追溯到公元13世纪。从音韵上看，这个词很难找到与海南有关的一个汉语地名与之对应。勘同的线索只是地理位置一项，即其位于前往广州的路线上这一点。（2）作于蒙古时代的拉失都丁《史集》中记载的Ḫaynām。这个记录不仅在地理上，特

---

① 参Kuwabara, "P'u Shou-kêng", p. 54 n. 21.
② 张秀民：《中越关系史论文集》，台北：文史哲出版社，1992年，第311页；Emke, *Das Hai-cha yu-lu*, S. 41。
③ 《伊斯兰百科全书》第二版Ṣanf条，并参Paul Ravaisse, "Deux inscriptions confiques du Čampa", *Journal asiatique*, 2. ser., 20（1992）, pp. 247–289; Piere-Yves Manguin, "etudes cam. II. L'introduction de l'Islam au Campā", *Buletin de l'ecole française d'Extrême-Orient* 66, 1979, pp. 255–287。
④ 参Ehmke, *Das Hai-cha yu-lu*, S. 41–42。
⑤ Schafer, *Shore of pearls*, p. 84.
⑥ Schafer, *Shore of pearls*, p. 83.
⑦ 《太平广记》，北京：中华书局，1995年，第2282页。
⑧ Tibbetts, *A study of the Arabic texts containing material on South-east Asia*；龚方震：《古代阿拉伯人记中国》，韩振华主编：《中外关系史论丛》第三册，北京：世界知识出版社，1991年，第212—230页。
⑨ Ferrand, *Relations* I, p. 40将ful فول与马来语pulo"岛屿"勘同，-at作为波斯语复数形式附为词缀。

别是从音韵角度看，这个词很可能指称海南。（3）两百多年后苏莱曼撰写的航海书记录的地名Bandar Aynam，其音韵形式与汉语的海南接近。

Tibbetts对阿拉伯地理记有关东南亚的评论有必要在此复述一下，以突出问题所在：（a）所有的作者当中几乎没有人亲自去过他们描述、提及的国度及地区，他们的知识来自海员、商人的讲述，见闻实录与想象故事特质并存，一如许多汉文奇异志与早期欧洲旅行记[①]；（b）现存的抄本源流多歧，手民之误在所不免；（c）专名的转述常常有误，又因为阿拉伯文字对短元音不加表示，使得外语专名转写的可靠性大打折扣；（d）综上各种原因，阿拉伯地理志在信息的精确性上不甚理想、可靠[②]。

（一）Ṣundur Fūlāt：见于9—13世纪阿拉伯史料的记载

如果Ṣundur Fūlāt可以与海南岛勘同的话，那么，海南就已经见诸最早的阿拉伯史料《中国与印度报道》（Aḫbār aṣ-Ṣīn-wa'l-Hind）中了。原书作者佚名，后来为阿布萨义德斯拉菲（Abū Zayd as-Sīrāfī）以及很多其他作者引用[③]。有关该书的作者，以往有过一些猜测，如认为是一个叫"商人苏莱曼"（Sulaymān at-Taǧīr）的人独力撰述了这本书，不过更有可能的情形，是很多人的见闻聚合起来辑成了本书[④]，商人苏莱曼或许只是其中信息源之一。我们可以推测，这些东南亚信息的报道者或者有亲身实地游历经历，或者根据其他人的讲述加以记录。集合成书的年代大约在公元800—851年之间[⑤]。

上文已经引述过，从Ṣanf往广府的海路航船，需先在Ṣanf（Čampā）加足淡水，然后经过10天的航行抵达Ṣanf Fūlāw صنف فولاو[⑥]，该处也有淡水供给。由此航船继续驶向涨海，航向为"中国之门"。这个称呼的来由是海中有山，航船须经其"中间地带"驶过。到中国的航程为一个月，到达此门则仅需7天。过得此门，船只即进入广府的河流航段。

航程的起点、终点业已明了。两者之间的Ṣundur Fūlāt（即Ṣanf Fūlāw），费琅考订为湄公河半岛迤南的昆仑岛群（Pulo Condore）[⑦]。Tibbetts就此加以注释正确地指

---

① Tibbetts，p.21.伊本白图泰。

② Tibbetts，p.16–17.伊本白图泰。

③ Sauvaget，'Aḫbār aṣ-Ṣīn，xv-xii（涉及1948年以前可以使用的抄本、校勘本）；Tibetts, *A study of the Arabic texts*，p.27；Ahmad, *Arabic classical accounts*，pp.39–40，p.60注16；Ferrand, *Relations*，I，pp.40–41。

④ Sauvaget，'Aḫbār aṣ-Ṣīn，xix，在此也征引伯希和在为Gabriel Ferrand书*Voyage du marchand arabe Sulayman en Inde et Chine rédigé en 851 syivi de remarquea par Abû Zayd Ḥasan*（Paris：Bossard，1922）所作书评（刊1922年《通报》，第401–402页）时的意见。伯希和对商人苏莱曼的著述权表示了怀疑。另参Ahmad，p.xv。

⑤ 同上。

⑥ 此处据Sauvaget，而不是前文引用的Tibbetts简本。

⑦ Ferrand, *Relations*，I. p.40注6.此外请参伯希和"Deux itinéraires de Chine en Inde à la fin du VIIIe siècle"，*Buletin de l'école française d'Extrême-Orient* 4（1904），p.191以及Pierre-Yves Manguin, *Les Portugais sur les côtes du ViêtNam et du Campā. études sur les routes maritimes et les relations commerciales, d'après sources portugaises*（XVIe，XVIIe，XVIIIe siècles）. Paris：école française d'Extreme-Orient，1972，p.71注1.

出,从Čampā开船到昆仑岛未免迂回,先南后东北的航向殊不合理①。将Ṣundur Fūlāt与海南勘同,则于路途顺序怡然理顺,而且合乎10天航程的记述。记载中所说"航程为一个月"不可思议,Tibbetts认为是个误解;也许这一时间后面指的是另一个目的地。同样困难的是"到达此门则仅需7天"这句话②。不管怎么说,这段记述说明,驶过"中国之门"之后,船只就进入了河流地区。很多迹象表明,这些"门"指的是珠江口的各个驶入点,而非在大海之上。如此一来,Ṣundur Fūlāt只能是海南,那些"门"也与南海诸岛了无关系③。

另一种可能,是将Ṣundur Fūlātt(Ṣanf Fūlāw)跟Cù-lao Ré(亦即Pulo Canton、Pulo Cantão等)或位于越南沿海的Pulo Champello(Cham相当于Ṣanf,Pulo、pello相当于Fūlāw)勘同。在这种情况下,航程即是要从Ṣanf的南段或中段开始。如果风向不好,这个航程当然要开行得久一些,但说走10天,则未免夸大其词了。下一段航程到那些"门(山岛)",花费7日。这里的所谓"门",有可能是西沙群岛,有可能是海南岛迤北的"七洲"④。但是此说有一个很大的困难,也就是山岛之后旋即出现的进入内河的入口,两者之间距离之近,使人很难不将七洲洋、西沙群岛与珠江入海口牵连起来的设想放弃⑤。

另一个可能是把关于距离的两种说法"一个月""7天"都放在同一个出发点之下来想象,这个始发地就是Ṣanf。这样的话,所谓7天的航程,只是一个月航程的一个部分,也就是前往广州这一航程的第一段。在这一假说中,我们的问题"Ṣundur Fūlāt(Ṣanf Fūlāw)安在"仍有待回答⑥。

最后还有一个概念问题:"门"与"山岛"须合二而一,作通盘考虑。无论是西沙群岛,还是七洲洋上都没有值得一提的高耸凸起地貌;"岩"(Felsen)或许是那里小岛的合适名称。所说的"山岛",多半是指上川岛(西语São João),即今天的澳门半岛以西的一大岛。展读Manguin书收录的近现代地图可见,上川岛正是发自越南海岸航线历经若干航段之后的终点⑦。

现在让我们再看一下晚些时代的记载。10世纪作者Ibn al-Faqīh于902年完成一部名为Kitāb al-buldān的地理志,该书几乎将Aḥbār aṣ-Ṣin的记述逐字照录⑧。下一个对

---

① Tibbetts,*A study of the Arabic texts*,p. 72.
② 同上,并参Sauvaget,*Aḥbār aṣ-Ṣin*,pp. 45–46注4。
③ 参见本文第505页注②。
④ 韩振华根据葡语史料试图在"虎头门"(Hutoumen,及其各种别写)和Paracel群岛之间建立起联系。参氏著《南海诸岛史地考证论文集》,北京:中华书局,1981年,第161—165页。有关Cù-lao Ré、Pulo Champello等越南海岸线岛屿,参Manguin,p. 59注1及pp. 72–74注5。
⑤ 在地图上看,北部湾直到16世纪还经常被画成细长的漏斗状。可否因此认为,有关记述中的山岛与内河入口指的是此处,而不是广州呢?中国的旧地图往往在"交趾"后面加上一个"界"字,义为"分界",或者指水域的分界,或者指中国与越南北部在水中的分界线。有关地图显示,参Manguin书的地图索引。
⑥ Tibbetts,*A study of the Arabic texts*,p. 72,似乎就是作此假想的。
⑦ Manguin书附录地图3。
⑧ Ferrand,*Relations*,pp. 58–59,p. 65.

Ṣundur Fūlāt加以记述的是波斯船长Buzurg ibn Šahriyār所著 'A ğā'ib al-Hind（《印度珍奇录》）。他的笔调多属猎奇求异，但是一个时间点被他提及：相当于公元953年①。种种传奇尽管可与辛巴德航行的故事相比而毫不逊色，但是他在地理记述上却也不无根据②："介于Ṣanf与中国之间，距离Ṣundur Fūlāt不远③，位于涨海④的一头，涨海也就是中国海。"便是他的一个记录，重要之处在于其未受Aḫbār aṣ-Ṣin的影响。Buzurg的本意是娱乐读者，但是他有关Ṣundur Fūlāt的说法大体与9世纪作家的说法一致。Buzurg在他的书里不厌其烦地一再强调，他是一个沧海历尽的老船长。我们可以设想，他的种种述说符合实情。这是将Ṣundur Fūlāt看成海南的又一根据。

Al-Idrīsī是我们的下一位作者。他不仅因为他的地理作品闻名，而且因为他撰作该书是受到诺曼国王罗杰二世的委托。1154年该书完成，这个年份也是有关Idrīsī生平唯一可靠的信息。他大约去世于1165年⑤。Ṣundur Fūlāt在书中出现了两次。第一次的情况与Aḫbār aṣ-Ṣin和Ibn Ḫurdāḏbih的地理志（约成书于公元850年）一致⑥：从Ṣanf起航，抵达Ṣundur Fūlāt岛⑦，需10日。从Ṣanf岛起航，抵达Lūqīn城，需3日。Lūqīn城是中国的第一站。第二条材料也包含对Ṣundur Fūlāt岛的简短记述⑧：首先提到的是从Ṣanf至Ṣundur Fūlāt的标准里程，即10日航程。然后接着是如下的描述：

> Ṣundur Fūlāt岛幅员广大，有淡水、耕地、稻米和椰子树。国王自号Znbd（زنبد），种人披戴巾布，或为袍服，或为束带。Ṣundur Fūlāt岛为中国海岸所环绕，有山阻隔，难以逾越。有巨风。此岛为中国的诸门户之一。由此航行，4日抵达广府（Ḫānfū）。

Al-Idrīsī接着还讲述了中国的12个门户，由此航船可以抵达不同的港口城市。

Al-Idrīsī的描述当然带有不少想象的成分，我们无从得知，他是从哪里得到的这些信息，这些信息的可靠性有多高，其真实性几乎无法验证。此外，他的说法内容空泛，

---

① 《伊斯兰百科全书》第二版Buzurg Shahriyār条。

② P. A. van der Lith编纂、L. Marcel翻译，*Liure des merveilles de l'Inde par le capitaine Bozorg, fils de Chahriyar de Ramhormoz: Texts arabe publié d'après le manuscrit de M. Schefer collationé sur le manuscrit de Constantinople*. Leiden: E. J. Brill, 1883–1886, pp. 85–86。

③ Lith录为Ṣandal，词尾的"r"ر和"l"ل极易混淆。阿拉伯语的元音标注（Lith的读u为a）一直是一个问题。

④ Lith录为Ṣandji，也就是字母"ğ"ج，而不是"ḫ"خ。这个词无疑是"涨海"，也就是当时对南中国海的称谓。

⑤ 《伊斯兰百科全书》第二版al-Idrīsī条。

⑥ Al-Idrīsī, *Opus geographicum*, Guiseppe Tucci等校勘整理，Napoli/Roma: Istituto Universitario Orientale di Napoli, Istituto Italiano per il Medio ed Oriente, 1970, p. 84。书中将Ṣundur误写成Ṣundī صندي，这种书写错误在阿拉伯语中常见。并参Ferrand, *Relations*, I, p.188; Tibbetts, *A study of the Arabic texts*, p. 29。

⑦ 此处所谓岛屿（gazīra）在古代的意思实为"港口"，参Tibbetts, *A study of the Arabic texts*, p. 18。

⑧ Al-Idrīsī, *Opus geographicum*, p. 89; 参Ferrand, *Relations*, I, p. 192。

椰子树不仅见于海南，东南亚的热带地区无处没有椰子树。所说的巾布使人想到一种披巾，如同海南黎族人常用的式样。如此这般的细节只是一些"积木"，可以组装到其他任何地方，此种可能无法排除。总之这条记述也许只是一种装饰性的段落，旨在为整体枯燥无味的叙事带来一点活泼的气氛。

最后一条有关Ṣundur Fūlāt的记述来自Ibn Saʻīd（卒于公元1274年）：在Ṣundur Fūlāt之南有Ṣanf岛，其地生长茂盛的芦荟树①。此说大谬，因为Ṣanf位于陆地地区，根本不是什么岛屿；称之为岛，也许是由它的港口地位导致的误会②。

以上汇集叙述的Ṣundur Fūlāt史料，就是阿拉伯史料中保存下来的关于这个岛屿的主要知识了③。核心的信息是Ṣundur Fūlāt位于Čampā与广州之间。即使存在某种可能，在这两大地点之间的其他小岛或者岛屿群都应予考虑，但是基于作为重要导航指示这一因素，仍然有更多理由认为，应该将Ṣundur Fūlāt（以及这个地方的其他名称）视为海南岛。

（二）拉施都丁著作中的Ḥaynām

最伟大的波斯史家、最重要的蒙古纪年传记作者拉施都丁所撰《史集》（Ǧāmiʻ at-tawārīḫ）成书于1316年，书中包含对海南岛的记述④。涉及忽必烈汗治下王朝的南界，书中有如下段落⑤：

> 西南有一省，名为Kaf ǧah Gūh，彼处森林茂密，临近喀喇章（Qārāgāng）、印度的一部分，而且濒海。彼处有城二座，名为Lū čak、Ḥaynām……

当年Quatremère起手翻译《史集》之时，已经将这两个地名分别与海南、海南对岸的雷州半岛挂钩⑥。Kaf ǧah Gūh可能就指交趾国⑦，喀喇章指云南⑧。困难在于"城"这个

---

① Tibbetts, *The study of the Arabic texts*, p. 60.
② Al-Idrīsī, *Opus geographicum*, p. 89; 参Ferrand, *Relations*, I, p. 192。
③ 同时代最为重要的波斯语地理志《世界境域记》主要以陆地地区为对象，但是也包含极个别的沿海及南方城市，保留下来三个晦暗不明的地名：Burḥīmū、Nawī ǧkat（？）、Sarandīb。见 *Ḥudud al-ʻālam, The regions of the world*, V. Minorsky译注，London: Luzac, 1937, p. 86及注234-235。
④ 有关拉施都丁该书的简要导读，参见Karl Jahn, "Die Erweiterung unseres Geschichtsbildes durch Rašīd al-Dīn", *Anzeiger der Österreichischen Ahademie der Wisenschafien*, Philosophisch-historische Klasse 107.15（1970），S.139-149。
⑤ Rašīd al-Dīn Faẓlallāh Hamadānī, *Ǧāmiʻat-tawārīḫ*, ed. by Muḥammad Rawšan Muṣṭafā Mūsawī, 4 vols., Teheran: Našr-i Alburz, 1994-1995, II, p. 912.
⑥ Étienne Quatremère, *Historire des Mongols de la Perse écrite en Persan par Raschid-eddin*, vol. 1, Paris: Impremerie Royale, 1836, p. xcv. 此外，Edgar Blochet, *Djami el-Tévarikh: Histoire générale du monde par Fadl Allah Rashid ed-Din, Tarikh-i Moubarek-i Ghazani: Histoire des Mongols*, vol. 2, Leiden: E. J. Brill, 1911, p.49也认为Ḥaynām就是海南。
⑦ Paul Pelliot, *Notes on Marco Polo*, vol. I, Paris: Impremerie nationale, 1959, p. 243.
⑧ Henry Yule, *Cathay and the way thither: Being a collection of mediexal notices of China*, vol. 3, p. 127 n. 1.

概念：我们是否应该按其字面意义理解海南是一座城？海南有一个古地名琼州，州表示其行政级别。但是拉施都丁没有提琼州。因此这个勘同仍然带有某种不确定性。

在这里，我们还可以继续猜测一下：在Lū čak和al-Idrīsī提到的"中国的第一站"Lūqīn之间是否有某种关联？喀喇章（Qārāgāng）会不会指广西？喀喇章这个地名是否跟"黑水"（gang：港；jiang：江）甚或越南北部的河江（Ha Giang）有关？

（三）苏莱曼记载的Bandar Aynam

16世纪初叶，当伊斯兰的航船业已日显窘迫之时，仍有两种新的航海书籍问世，为这一时代收尾①。其中之一由苏莱曼（Sulaymān al-Mahrī，1511年）撰述。书中确定了东京的位置，而后，作者提到了一个海港，名为Bandar Ayam。这个名字理论上也可以读为Bandar Aynam，这样就很接近明代的地名海南了②。地理位置与地名形式的相近表明，这个地方很有可能指的就是海南。

三

海南的地理位置处于通向广州的航线之上，这一点说明了阿拉伯地理学家何以提及它的缘由。想由占婆到达华南，海南是必经之地：一方面，海南岛对于古代的航行者而言意味着险阻，正如后世的记载表明，风暴可以把船只打向海南的东海岸；另一方面，海南提供上淡水、补给养的机会，甚至便利走私。在一幅绘制于1375年的加泰罗尼亚地图里，海南被以Caynam的名义收入③。

1512年Francisco Rodrigues跟一位爪哇助手合作，将著名的《爪哇世界地图》译为葡萄牙语。在这张图里，海南被绘在狭长的北部湾上，并署上地名。该图绘制水平高超，其原型有待在阿拉伯制图学中寻求④。

以上引据的阿拉伯语史料提及海南的段落，还不足以作为真正确证。上面提及的两幅地图提供的才是证据。说到底，对阿拉伯航海者而言，海南是否具有核心商业乃至战略意义，我们已不得而知。无论如何，海南至少意味着一种重要的心理安慰：如果航船能够通过西沙群岛和越南东海岸之间的海域，并平安驶过海南，目的地广州就在望了。

（王丁　译）

原载《中山大学学报（社会科学版）》2020年第2期

---

① G. R. Tibbetts, *Arab navigation in the Indian Ocean before the coming of the Portuguese*. London：The Royal Asiatic Society of Great Britain and Ireland, 1971, pp. 7–46.

② G. R. Tibbetts, *Arab navigation in the Indian Ocean before the coming of the Portuguese*. London：The Royal Asiatic Society of Great Britain and Ireland, 1971, pp. 488–489.

③ Pelliot, *Notes on Marco Polo*, vol. I, p. 243; Hans-Christian Freiersleben, *Der hatalanische Welatlas vom Jahre 1375*, Stuttgart：Brockhaus, 1977, S. 22.

④ Fuat Sezgin, *Geschichte des arabischen Schrifitums*, Band 11：Mathematische Geographie und Kartographie im Islam und ihr Forleben im Abendand. Kartenband. Frankfurt am Main：Institut für Geschichte der Arabisch-Islamischen Wissenschaften an der Wolfgang Goethe-Universität, 2000, XI, S. 73；XII, 12, 图198t。

比中国人更像中国人：17—18世纪在华耶稣会士

[法] 弗朗索瓦·穆罗著，桑瑞译，程曾厚校

自1582年利玛窦（Matteo Ricci，1552—1610）到达澳门，到1724年雍正帝颁布禁教令，其间在全球传播天主教的耶稣会的在华经历可谓是一场非凡的精神探险。在华耶稣会成功地推行文化适应策略，将"中国神话"传到西方，使中国成为欧洲启蒙思想的典范。本文力图说明这一中国形象的形成根源，避免单向表述的模糊性。

一、中国：一块神奇的东方土地

研究欧中关系却不谙中文的西方历史学者，往往难以摆脱只掌握单方面文献资料的陷阱。西方人如伏尔泰等名人对中国的了解不多，仅限于旅行家提供的内容。中国人与热爱旅行的欧洲人不同，不喜外游，早期到西方的中国人寥寥可数，只有一些受洗的基督徒，这就让当时的西方世界对中国人如何看待耶稣会士的情况所知极少，而对这些长途跋涉到达中国、试图让自己变得比中国人更像中国人的西方耶稣会士，西方世界也无详细记录。尽管如此，在17世纪中国文人浩如烟海的记载中，我们还是可以找到一些珍贵文献，见证当时宋明理学和佛教信奉者对于西方传教士的抵触。编纂于1608—1639年间的《破邪集》汇集了60多篇来自中国南方的批评文章，差不多同时期的《辟邪集》则源于佛教思想。而与二者相比更为知名、且到了18世纪仍在传播的作品当属信奉宋明理学的士大夫杨光先的《不得已》。这部完成于1664—1665年间的文集影响颇深，导致了当时宫廷传教士的严重危机。显然，这些文集当时完全没有在西方传播。①

对于一个欧洲人来说，在欧洲他国旅行是置身于一个已知的国家，尤其当旅行者是一名文化修养良好的贵族，在其与同类人相遇时更是如此。就像蒙田或者孟德斯鸠在意大利或者德国旅行时，其交谈对象皆为同类人，都是受到过同类型教育（往往是耶稣会教育）的社会与文化精英。对于他们来说，所谓的"外国"并不古怪。这让人联想到中世纪大学生的"学术朝圣"（peregrinatio academica）：他们穿越整个欧洲，从博洛尼亚到巴黎，从哥廷根到牛津，在各国大学间游学。拉丁语是他们的共同语言，古老的中世纪经院哲学主导着他们的思想，相比之下，中国则完全是另一片天地了。

当然，对于欧洲人来说，除中国之外，还存在着其他的"外国"。然而那些地方，

---

① Sur ces questions, voir la bibliographie chinoise et l'analyse fournies par Shenwen Li, *Stratégies missionnaires des jésuites français en Nouvelle-France et en Chine au XVIIe siècle*, Québec et Paris: Presses de l'Université Laval et L'Harmattan, 2001, pp. 22-23.

要么是被他们武力征服的土地，例如美洲大陆，他们给这片土地命了名，还把当地人误认为亚洲人，而称之为印第安人；要么因与欧洲有着共同的"圣典宗教"（religions du Livre）的"历史"，而与欧洲有着不可分割的渊源关系。对于一个基督徒而言，耶路撒冷并非异国他乡，在某种程度上说，耶路撒冷是他的故乡，橄榄山、各各他山、加利利海、约旦河，无处不驻守着他的记忆。对于一个中世纪或古典时期的基督教徒来说，近东要比他的祖国更为重要。然而，中国所在的"东方"与上述被认作"西方世界的根"的"东方"迥然不同。中国的东方，那是绝对的奇异之地。

中华文明无疑是这个星球上最古老的文明，在西方世界尚未为它命名时①，它已然存在了数个世纪。公元初几个世纪中，圣依西多禄（Isidore de Séville，560—636）在《词源》中收录"赛里斯"（Seres）一词，并提及赛里斯人"面孔陌生，但其出产的羊毛闻名遐迩"（此处"羊毛"即指丝）。那时丝绸之路尚未开启，中西两个世界对彼此全无了解。中国与周边的游牧民族、他们眼中的"夷人"毫无瓜葛，而西方的古埃及与古希腊-罗马帝国的目光所及，也从未逾越亚历山大一度征服的印度。东西两个世界是如此之隔绝，以至于它们好像分属于两个不同的星球。唯有征服了亚洲大草原的伊斯兰民族曾在一段时期内，把从托莱多（Tolède）到撒马尔罕（Samarcande）的两个世界联系在一起。纵观历史，再无任何两个文明的相遇是如此地出人意料，又如此地颠覆人们既往的认知。

二、西欧制图学的发展和欧洲人对中国的认知

从希罗多德（Hérodote，约前480—约前425）到托勒密（Ptolémée，约100—约170），早于基督教诞生若干世纪的古代西方制图学普遍认为世界是封闭的。希罗多德提出世界是以地中海为中心，托勒密则认为世界是向东方开放的，但他的地图只画出了北半球。中世纪的制图学与前代相比无甚进步，当时绘制地图的目的只是为了在

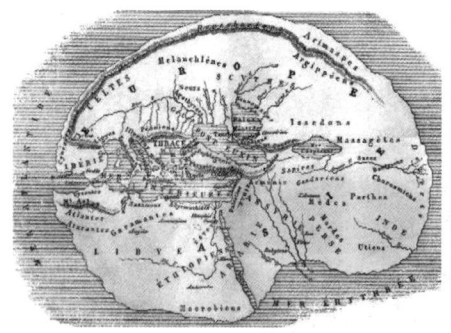

图1　公元前5世纪希罗多德绘制的世界地图；公元2世纪托勒密绘制的世界地图；14世纪的加泰罗尼亚世界地图（Atlas catalan）

---

① Sur l'aventure cartographique universelle, on consultera Christian Jacob, *L'Empire des cartes. Approche théorique de la cartographie à travers l'histoire*, Paris: Albin Michel, 1992.

地球上留下基督教是世界正统的印记。在中世纪的地图上，世界是一个被水域环绕的大圆盘，耶路撒冷位于圆盘中心，"天堂"位于顶端，也是传统上归放东方的位置，即从幼发拉底河的河口到印度和塔普罗巴奈-锡兰（Taprobane-Ceylan）①。在这被创造的世界边缘，也就是圣地外围，存在着塔尔塔洛斯（Tartarus）。

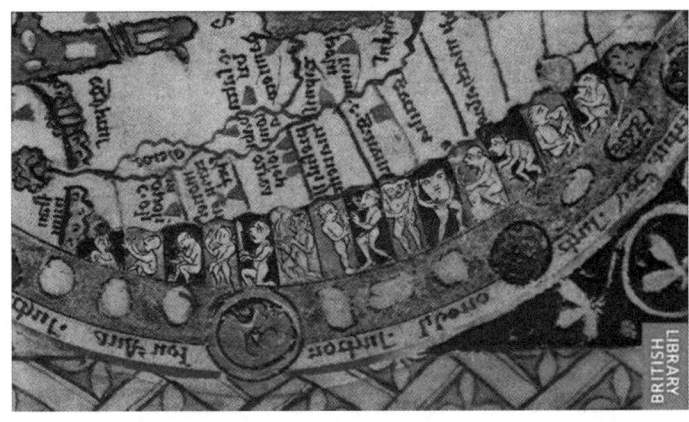

图2　西欧知识界想象中的歌革和玛各（Gog et Magog）王国

塔尔塔洛斯是地狱的代名词，圣经《启示录》（20：7）宣称在末日审判时，歌革和玛各（Gog et Magog）将会从那里出来。在马可·波罗时代过去很久之后，14世纪问世的《加泰罗尼亚地图集》（*Atlas catalan*）（法国国家图书馆馆藏，编号：Cartes et Plans，Esp. 30）仍明确标出歌革和玛各的王国位于亚洲东南部，而位于当今中国的北部地区的契丹（Cathay或Catayo）则被视为食鱼族的王国，那里坐落着大汗的城市汗八里（Chambaleth）②。《马可·波罗游记》第85章中将汗八里写作"Cambalut"，在突厥语中有"帝王之城"之意。《加泰罗尼亚地图集》还称广州为辛迦兰（Cincalan）。当代地图学家帕斯图罗（Mireille Pastoureau，1947—　）重新整理了1375年一位马略卡王国犹太学者的地图集之后，指出方济各会士鲁布鲁克（Guillaume de Rubrouck，约1220—约1293）和鄂多立克（Odoric de Pordenone，约1286—1331）的游记是该地图的参考资料，因为前者对契丹进行了描述，后者指出了广州的位置③。被妖魔化的东方和圣经中描述的东方乐园就这样被重叠在了一起。

　　文艺复兴时期的世界地图将中国置于最东端，而圣地和欧洲仍然是世界的中心，正如中世纪地图所展现的那样。卡伯（Sébastien Cabot，约1476—1557）的世界地图（1544年，法国国家图书馆馆藏，编号：Rés. Ge AA 582）甚至将大西洋作为中心，从而导致中国被分成两部分，分列于地图两端④。霍曼（Andreas Homem，1497—1572）的世界地图（1559年，法国国家图书馆馆藏，编号：Rés. Ge CC 2719）以同样的方式将中国分成两部分，并在其北部标出"赛里斯契丹"（Serica Cathaya，18世纪德意志学者德堡仍使用该词的法语形式"Sérique"），在南部标出"中国"（China）和"中国外海"（mare Chinorum）⑤。1634年，让·格拉尔（Jean Guérard，15..—

---

① 指今斯里兰卡。——译注
② M. Pastoureau, *Voies océanes. De l'ancien aux nouveaux mondes*, Paris: Hervas, 1990, p. 18-23.
③ M.Pastoureau, *op. cit.*, p. 25.
④ M.Pastoureau, *op. cit.*, p. 63.
⑤ M. Pastoureau, *op. cit.*, pp. 64-65.

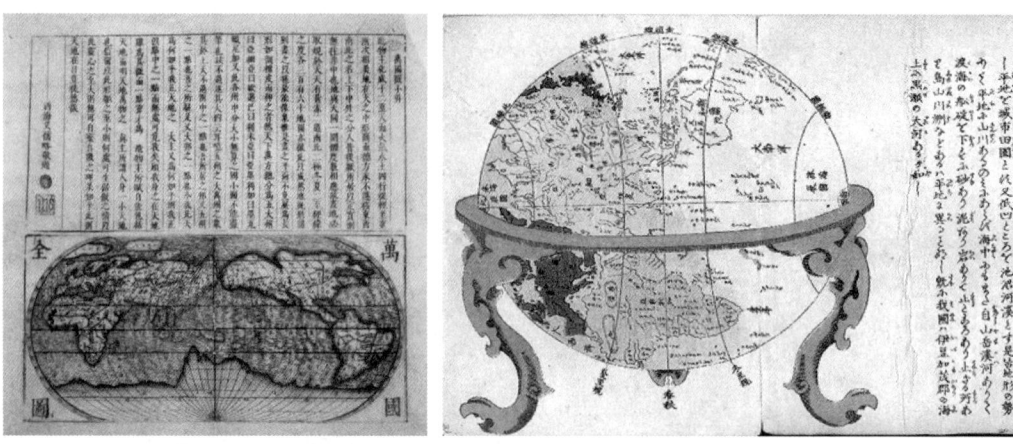

图3　利玛窦对奥特里乌斯和麦卡托所绘制的世界地图进行改造之后的版本：《坤舆万国全图》；根据利玛窦的《两仪玄览图》制作出来的中国式地球仪

1640）把《世界水文地图》（*Carte universelle hydrographique*，法国国家图书馆馆藏，编号：S. H. Archives n° 15）献给黎世留，地图展现的中国与同时代在华游历者的描述一样，以长城为界，"中国"与"契丹"被分开。而这一时期对中华帝国描绘最清晰准确的当属耶稣会的制图师。卫匡国（Martino Martini，1614—1661）于1655年出版的《中国新地图集》（又称《中国新图志》，*Imperii Sinarum Nova Descriptio*，法国国家图书馆馆藏，编号：Rés. Ge DD 1210）①是当时对中国地理资料记录最丰富完整的地图集，包含中国总图一幅和15个省份的地图各一幅。这部著述融合了中西方的最新研究成果，而"融合创新"的思路则来自利玛窦②。利氏在奥特里乌斯（Abraham Ortelius，1527—1598）和麦卡托（Gérard Mercator，1512—1594）绘制的世界地图基础上进行了修改完善，将中华帝国放置到了世界的中心位置。他没有遵循西方绘制地图"上北下南"的传统，而是按照"上东下西"的方式呈现了他设想的地球，这样可以使远东和中国处于"地球的最顶端"，从而取悦托付他掌管钦天监重任的万历皇帝③。

三、基歇尔的《中国图说》让中国进入西方知识体系

被基督教主宰的西方世界在与中华文明的接触过程中，始终感受到强烈的反差和冲击。这是一个如此古老而又如此精致的文明，它与航海者们早已习以为常的、每次登陆后遇见的人群有着天渊之别。而正如面对美洲印第安人时的疑虑，关于中国人的人种问题同样存在。基督教的启示显然不知道有这群人，那他们也在神的计划之中吗？当时在耶稣会或其他教派的学者圈中传播最广泛、影响最大的假说之一，是认为中国人本不是

---

① M. Pastoureau, *op. cit.*, p. 142.

② Voir P. M. d'Elia, *Fonti Ricciane. Documenti originali concernenti Matteo Ricci e la storia delle prime relazioni tra l'Europa e la Cina*, Roma：Libreria dello Stato, 1942, t. I, n° 262, pp. 207–211.

③ 首次掌管钦天监的外国传教士是汤若望（Johann Adam Schall von Bell，1592—1666）。此处作者意指利玛窦利用其数学、天文学知识帮助中国进行历法改革。——译注

中国人，而是埃及人。这一假说在美洲很有吸引力，面对阿兹台克金字塔（pyramides aztèques）①，亦有学者认为当地人本是埃及移民。17世纪任教于耶稣会创办的罗马学院（Collegium Romanum）、自诩破译了圣书体的埃及学家阿塔纳修斯·基歇尔（Athanasius Kircher，1602—1680）就在大著《中国图说》（China illustrata，1667）中为这一大胆的理论辩护。《中国图说》后来被不断再版和翻译成多国语言，证明了基歇尔的论述在文学界获得了认可②。这部著作提供的中国地图，很大程度上受到了近一世纪以来在华耶稣会的工作成果的启发。无论是通过对生机勃勃的风景、大自然的奇特之处及日常生活的描述，还是通过对现有本土宗教多样性和汉语起源的研究，基歇尔这部在副标题中强调了"文物"和"带插图"的著作，为西方带来了第一部关于中国的"百科全书"。《中国图说》介绍了彼时西方人眼中的中国，这要归功于那些穿华服、写汉文、积极汉化的在华传教士：他们通过在中国的日常活动、科技和传教工作，从一种全新的世界性视角出发，把中国和世界其他地方紧紧联系在一起。

中国人突然变成了"古埃及失落的后裔"，"重返"圣经的世界。但是，闻名于世的中国纪年表却将历史推溯到所谓的诺亚大洪水发生之前（根据希伯来日历推算法，大洪水发生于公元前2528年）③。巴黎马萨林图书馆藏有一份1722年由西人编写的中国历代帝王年表（馆藏编号：ms. 2006, pièce 1, 41f）。该表说明中国纪年开始于公元前2697年，这使人不禁思忖它先于圣经洪水的事实。这也使得基督教的学者们必须运用巧妙的说法来驳斥中国历史纪年的准确性。伟大的万有引力之父艾萨克·牛顿（Issac Newton，1643—1727）就曾致力于此，他写了一本世界年代史纲要（法译本书名为 *Abrégé de la chronologie de M. le chevalier Isaac Newton, fait par lui-même et traduit sur le manuscrit anglais*，1725）④，但并未获得很大成功。

基歇尔的思想建构在接下来的一个世纪受到了一定程度的欢迎。学识渊博的阿夫朗什市（Avranches）主教于埃（Pierre-Daniel Huet，1630—1721）是耶稣会的朋友，也是一位作家。人们猜测他参与了18世纪著名小说《克莱芙王妃》（*La Princesse de Clèves*）的撰写。他曾写过很多关于人间乐园的文章，还对古代民族的航海有一定研究。于埃深信中国和印度都曾是埃及殖民地。法国科学院院士梅朗（Dortous de

---

① 阿兹特克（或译为阿兹台克、阿兹提克）是存在于14世纪至16世纪的墨西哥古文明，主要分布在墨西哥中部和南部，因阿兹特克人而得名。——译注

② 《中国图说》当时有如下译本：*China Monumentis, qua Sacris qua profanis*, Romae, Typis Varesij, s.d.., fol. (autre éd.: Amstelodami, apud Joannem Janssonium a Waesberge et Elizeum Weyerstraet, 1667, [fol., 237 p.]; Antwerpiae, apud Jacobum a Meurs, 1667 [fol., XIV-246 p., 这个版本是阿姆斯特丹版本的伪造版]; F. S. Dalquié, *La Chine d'Athanase Kircher de la Compagnie de Jésus, illustrée de plusieurs monuments tant sacrés que profanes, et de quantité de recherches de la nature et de l'art*, Amsterdam, Chez Jean Janssons à Waesbergae et les Héritiers d'Elizée Weyerstraet, 1670 [fol., XVI-367 p.]; J. H. Glazemaker, Amsterdam, Johannes Janssonius van Waesberge en de Wed. Wijlen Elizeus Weyerstraet, 1668 [fol., 286 p.]。英译本的译者是John Ogilby，1669年在伦敦出版。——作者注

③ Shun-Ching Song, *Voltaire et la Chine*, Aix-en-Provence: Publications de l'Université de Provence, 1989, pp. 20-25.

④ 牛顿的编年史考察了埃及、希腊、亚述、巴比伦、所罗门和波斯，但并未提及中国。——译注

图4　基歇尔的《中国图说》及其中的中国地图

Mairan，1678—1771）在1759年也提出了同样的论点。同年，另一位法国科学院院士德经（Joseph de Guignes，1721—1800）在《论中国曾是埃及殖民地》（*Mémoire dans lequel on prouve que les Chinois sont une colonie égyptienne*，1759）中提出汉字无疑是由埃及圣书体直接派生而来的。对于此类观点，巴多明（Dominique Parrenin，1663—1741）表示反对，伏尔泰更是不忘大加嘲讽。1770年，修道院长鲁西埃（Pierre-Joseph Roussier，1716—1792）表示希腊、埃及和中国的音乐同根同源，他还因此曲解了真正熟悉中国艺术的钱德明（Joseph-Marie Amiot，1718—1793）的著作①。让-尼古拉·德·圣佩拉维（Jean-Nicolas de Saint-Peravi，1735—1789）紧跟"潮流"，在其带有乌托邦色彩的故事《观点，或中国人在孟斐斯》（*L'Optique, ou le Chinois à Memphis*，1763）②中，将一位中国哲学家"送回"他在尼罗河畔的"祖国"。相反，启蒙时代另一位知识分子德堡（Cornelius de Pauw，1739—1799）曾预言美洲是一块没有前途的大陆，而他对于中国的看法则更为现实。1773年，他在柏林出版了两卷本的

---

①　鲁西埃是拉米斯（Petrus Ramus，1515—1572）思想的拥护者，著有《古代音乐考》（*Mémoire sur la musique des anciens*，1770）。他在书中为"埃及假说"辩护，并在钱德明的《中国古今音乐考》（*Mémoire sur la musique des Chinois tant anciens que modernes*，1779）出版前，以译注和评论的方式曲解了钱氏之意。远在北京的钱德明对此非常不满，他在1781年致鲁西埃的一封信（比利时皇家图书馆馆藏，编号：ms. Ⅱ 7379）中，用委婉的语气手写了一份对《中国古今音乐考》的《补篇》（法国国家图书馆馆藏，编号：ms. Bréquigny 13），以表达他对鲁西埃假设理论的反对。这份手稿已发表在《鲁汶考古学家与艺术史家杂志》上，作者分别为米歇尔·布里（Michel Brix）和伊夫·勒诺（Yves Lenoir），题为《钱德明神父致鲁西埃院长的一封未被出版的信》（*une lettre inédite du père Amiot à l'abbé Roussier*）和《钱德明神父〈中国古今音乐考〉之补篇（含注解）》（*Le "Supplément" au Mémoire sur la musique des Chinois du père Amiot*）。钱德明在《补篇》中写道："和声学家们……可以去将这些研究成果（中国音乐理论）和埃及人与希腊人做的那些比较一下，他们会不无吃惊地发现后者关于音乐的言论早在很久之前就已被中国人以同样的方式提及……是希腊人仿效了中国人。鲁西埃院长说这两者都仿效了一个更为古老的源头。那这个源头是什么呢？他告诉我们是埃及人或者其他比埃及人和中国人更古老的民族……在等待这些名称及被核实信息之前，我们可以坚持相信中国人所创造的东西。早在黄帝时代，也就是说公元前2637年，他们已经了解了十二律（中国音乐和声的基础）。"——作者注

②　孟斐斯，古埃及城市。据佩拉维在序言所述，该书并非他原创，而是一部埃及作品的译本，原作时代未知。——译注

《关于埃及人和中国人的哲学研究》(*Recherches philosophiques sur les Égyptiens et les Chinois*)。该书以仇华的心态推翻了这一理论,这种仇华的观点逐渐取代了18世纪传统的亲华学说。德堡对美洲的评价已经证明了他是一位爱唱反调的人,而面对中国,他从妇女的生活条件、人口状况、饮食制度以及艺术、化学、宗教、政府、建筑(他提到埃及也有"长城")等角度出发,把埃及和中国这两种文明进行比较,得出埃及要比人们所喜爱的中国更加优越的结论。事实上,上述杰出知识分子无一人曾到过中国旅行。德堡轻率地断定亲华学说是热衷于中国文化的天主教传教士们布下的阴谋:

> 在这里看到的中国人不是根据世俗观念描绘的,而是根据事实记录的。我们必须承认,以这种方式评价,他们的形象变差了许多。真正的学者早已发觉,这些亚洲人一直以来的美好声誉是建立在那些只习惯往好处看的传教士在欧洲的传播热情上的。然而,有一些作家不想着迷途而返,不去纠正如此多的错误和片面之词,反而在吹捧中国人的道路上越走越远,而从来不去仔细考虑他们是否值得这种称颂。①

作为普鲁士国王的子民和一名新教徒,德堡显然字字针对耶稣会,没有表现出任何好感。他论证的巧妙在于指出亲华开明之人的自相矛盾之处。在他看来,耶稣会在欧洲宣扬的美好中国模式,是现代性、进步和自由观念的公敌所捏造之物。德堡的观点非常重要,他的书出版,意味着欧洲启蒙时代亲华倾向的终结和早期陈旧中国形象的再现,这一割裂在19世纪随着欧洲民族帝国主义计划的提出而再度扩大。

四、耶稣会的亲儒著述及其对欧洲思想界的影响

就法文文献而言,耶稣会对中央帝国的叙述和研究直接或间接地影响和产生了很多作品,主导了启蒙时代的中国形象。这个主题是众所周知的,我们在此仅强调几个方面,以交代那场争论的背景。在日本对西方天主教关闭大门之后,耶稣会士(以葡裔为主)作为"印度使徒"圣方济·沙勿略(François Xavier,1506—1552)的门徒,以"桥头"澳门为起点,将传教主力集中于中国大陆的外围地区。在明朝最后几十年间,法意传教士抓住了门户开放的机会,力图融入中国社会,把握中国社会的主要特征,将中央帝国引向基督教启示之路。从某种意义上说,要变为"他者",或者可以借用使徒保罗对哥林多人的告诫"与犹太人在一起,成为犹太人,以战胜犹太人"(哥林多前书1:9,20),将其引申为"与中国人在一起,成为中国人,以战胜中国人"。前文关于"中国起源于埃及"的奇谈,主张的是把"他者"变成"第二个自我"或者类似的人。耶稣会的活动策略则与之不同,他们倾向于消除自己作为欧洲人奇特而神秘的个体殊异感,将自身融化于儒家传统礼仪的熔炉中。该策略是"礼仪之争"的源头。如前文所述,利玛窦是成功实现这种文化融入的第一人。他在肇庆穿着佛教僧侣的长袍

---

① C. de Pauw, *Recherches philosophiques sur les Égyptiens et les Chinois*, t. I, Berlin: C. J. Decker, 1773, p. V.

宣传天主教义（一神论）和中文版的十诫（《祖传天主十诫》），与罗明坚（Michele Ruggieri，1543—1607）共同出版了一本看似来自佛教的教理书《天主实义》，删掉了一些讲述终极真理的天主教信条。整本书使用中文撰写，用词优雅，以书籍的经典形式，即异教徒与欧洲学者的对话形式呈现。两位神父因此得到了本地官员的重视和保护。"本地化"（inculturation）①策略的第二步是在1593年放弃僧衣而改穿了儒家士大夫以红色丝绸制作的华服，转向亲近儒家人文主义。在他们看来，儒家学说更适合对中国人进行宗教教育，至少早期儒家的形式如此，而非朱熹（1130—1200）倡导的带有唯物色彩并成为统治思想和科举考试的基础的理学。利玛窦把孔子视为"文人的领袖"，他将孔子与一种有神论形式联系在一起，这种形式建立在存在一位赏罚分明的神（指上天或天公）的基础上。因此我们也不难理解倡导同一学说的伏尔泰亦在儒家思想的智慧中寻找到某种"伏尔泰思想"②。利玛窦在紫禁城的最后几年证明了"本地化"策略的成功，而在推行这项策略的同时，他向中国士大夫积极传播后者渴求的西方科学技术知识。可以说利氏策略是耶稣会在华活动的基石。

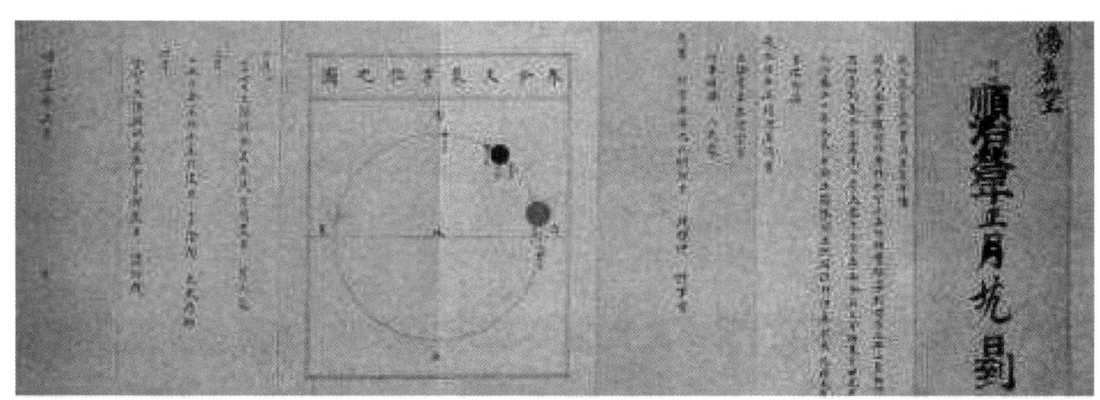

图5　汤若望的科学书信

从17世纪中叶到1773年罗马教宗解散耶稣会这段时期，亲儒传教士文献存在两种类型，法文版著作是占大多数的：第一类是见证式文学，如著名的《耶稣会士中国书简集》，这种文学形式须凸显其"他异性"以激发和维持传教热情；第二类文献是"本地化"策略和1692年康熙容教令的附带产物，耶稣会必须"如同文人和学者一样在中国生活"，于是圣依纳爵的门徒燃起对中国社会生活其他方面的兴趣，尽管这些领域并不属于福音领域。例如火炮之于天文学家汤若望（Adam Schall，1591—1666），绘画之于郎世宁（Giuseppe Castiglione，1688—1766）和王致诚（Jean-Denis Attiret，1702—1768）。

在这种情况下，"他异性"之感不复存在，耶稣会士们似乎必须比中国人更像中国人。实用的道德人文主义儒家学说与基督教的斯多葛派思想相似，耶稣会士们非常受

---

① Y. Raguin, "Un exemple d'inculturation, Matteo Ricci", *Lumen Vitæ*, 1984 (39), pp. 261-277.

② Shun-Ching Song, *op. cit.*, pp. 153-175.

用，这成为他们从"西夷"脱胎换骨的有力保证，使他们积极融入中国社会。《耶稣会士中国书简集》自1702年起连续在巴黎刊行，直至1776年完结。这系列著作共34卷，涵括耶稣会在世界各地区的传教活动之叙述，而在此之前的16世纪，传教士写给长上的信函就开始被印刷，后来被重编再版。从巴西到日本，葡籍耶稣会士无疑冲在了布道的最前锋。但若仅谈及中国，法国耶稣会的步伐也并未落后。那些从1632年起每年都出版一本《在新法兰西发生的事情的记述》（Relation de ce qui s'est passé […] en la Nouvelle France，新法兰西即今加拿大）的法国神父，也是环球旅行游记的作者，比如17世纪有罗历山（Alexandre de Rhodes，1591—1660，其游记出版于1653年）①、陆方济（François Pallu，1626—1684，其游记出版于1668年）、南怀仁（Ferdinand Verbiest，1623—1688，其游记出版于1684年）、菲利普·阿弗里尔（Philippe Avril，1654—1698，其游记出版于1692年）②等等。他们的环球游记促使中国成为当时旅行的热门目的地和终点站。

可是中国思想到底如何传播呢？当时方济各会、多明我会、外方传教会不断斥责耶稣会不仅没将儒家"科学"欧洲化和理性化，反而陷基督教思想于汉化和异端化的危险之中，可是利玛窦的法国门徒还是冒着风险积极传播中国思想。胡格诺教徒福尔梅（Jean-Samuel Formey，1711—1797）在柏林鼓吹孔子是耶稣基督的翻版，是弥赛亚还未降临前的弥赛亚③。殷铎泽（Prospero Intorcetta，1625—1696）的手稿《论中国文字》（De Sinarum Literis，1660，法国国家图书馆馆藏，编号：ms.，Latin 6277）④论述了中国文字的发展史，还将孔子的著作译介为西方语言。1662年，殷铎泽在江西建昌府出版了《中国的智慧》（Sapientiasinica, exponente P. Ignatio a Costa, […] a P.Prospero Intorcetta, […] orbi proposita），将《大学》和《论语》译为拉丁文。十年后，他又在巴黎出版《中国的政治道德学》（Sinarum scientia politico-moralis，为《中庸》拉丁译版），法文版《中国之科学或孔子经典逐字翻译》（La Science des Chinois ou le Livre de Cum-fu-su traduit mot pour mot de la langue chinois）于隔年问世。1686—1687年间，耶稣会将《四书》的新拉丁文译本《中国哲学家孔子，或中国科学》（Confucius Sinarum Philosophus, sive Scientiasinensis）献给"法国康熙"路易十四；

---

① 罗历山的游记《罗历山神父1618—1653年间在中国及东方其他国家的旅行和传教活动简述，写于从中国返回罗马后》（Sommaire des divers voyages et missions apostoliques du R. P. Alexandre de Rhodes de la Compagnie de Jésus à la Chine et autres royaumes de l'Orient, avec son retour de la Chine à Rome, depuis l'année 1618 jusques à l'année 1653）由巴黎朗贝尔（F. Lambert）印刷厂出版。——作者注

② 阿弗里尔的游记《在欧洲不同国家和亚洲地区旨在发现通往中国的新道路的旅行》（Voyage en divers États d'Europe et d'Asie entrepris pour découvrir un nouveau chemin à la Chine）在巴黎克罗德·巴尔班（Claude Barbin）印刷社出版，《学者杂志》（Journal des Savants）在1692年3月10日和24日刊登了两期书评。——作者注

③ Voir J.-S. Formey, La Belle Wolfienne, La Haye：Jean Neaulme, 1746.

④ 该手稿有一英译本：the Traditional history of the Chinese script: from a seventeenth century Jesuit manuscript [ed. by] Knud Lundbaek, Aarhus（Danemark）：Aarhus University Press, 1988.——作者注

隔年，德·拉布吕纳（Jean de la Brune，？—1743）又在巴黎出版了《中国哲学家孔子的道德箴言》（*La Morale de Confucius, philosophe de la Chine*）。无论使用拉丁语还是本地语言，这些著作显然都在寻求尽可能多的读者。这样出于何种目的呢？把孔子介绍为世俗的哲学家，用莱布尼茨的话来说是"中国的柏拉图"。这产生了耶稣会未曾想到的后果：一方面，若干年后的"中国礼仪之争"导致部分传教士和教派怀疑耶稣会的做法，在他们看来，耶稣会如此推崇一位与宗教毫无瓜葛的"哲学家"，而这位哲学家又是中国人的崇拜对象，他们责备耶稣会此举会殃及基督教的纯洁性①；另一方面，对宗教持有怀疑态度的比埃尔·培尔（Pierre Bayle，1647—1706）在他抱有好感的儒家文人身上找到了无神论社会可以存在的证据，此假说在欧洲各地引起轩然大波。自由思想哲学家如拉莫特·勒瓦耶（La Mothe le Vayer，1588—1672）在《论异教徒的道德》（*De la Vertu des païens*，1641）的第二部分《论中国的苏格拉底——孔子》中写道："孔子和苏格拉底一样，两人都强调道德的权威性，使哲学从天上降临人间。"②奥拉托利修会修士马勒伯朗士（Nicolas Malebranche，1638—1715）虽未与耶稣会交好，也未到过中国，但仍在《一个基督教哲学家和一个中国哲学家关于上帝本性和存在的谈话》（*Entretien d'un philosophe chrétien et d'un philosophe chinois sur l'existence et la nature de Dieu*，1708）中借鉴耶稣会的作品，表达了同样的观点。他另著有《真理的探求》（*Recherche de la vérité*），将"中国的宗教"类比为"斯宾诺莎式的不信教"，看作泛神论式的无神论③。18世纪中期，无神论的倡导者、反教会人士霍尔巴赫男爵（baron d'Holbach，1723—1789）在《被揭穿的基督主义》（*Le Christianisme dévoilé*，1766）中亦大力歌颂这些处于迷信社会的无神论文人们，甚至孟德斯鸠也在《论法的精神》里莫名其妙提到"孔子的教义否认灵魂不死"④。

中国文人的无神论和近乎神圣的祭孔仪式频繁出现在当时来华旅行者的游记中，但由于语言隔阂，其中关于中国科学的部分往往是他们阅读耶稣会的记叙之后才写出的。例如有位弗拉芒商人在《从奥斯坦德到中国珠江畔的游记》（*Relation du voyage depuis le départ d'Ostende jusqu'à l'arrivée dans la rivière de Canton dans la Chine*，1723）⑤中，洋洋洒洒地论述了"中华帝国的宗教及其不同教派"（书信四）及"中国人对孔子的

---

① 郭弼恩（Charles Le Gobien，1653—1708）在《致曼恩公爵大人：对中国人祭孔和祭祖活动的解释》（*Éclaircissement donné à Monseigneur le duc du Maine sur les honneurs que les Chinois rendent à Confucius et aux Morts*）中为耶稣会辩护。此信收录于《中国近事报道》（*Nouveaux Mémoires sur l'état présent de la Chine*，Paris：Jean Anisson，1698）卷3第217—322页。耶稣会的敌人们就此关键问题进行了激烈争论，并向罗马教廷控诉。详见路易·提贝尔热：《外方传教会士就中国偶像崇拜和迷信问题致教皇的信》（Louis Thiberge，*Lettre de Messieurs des Missions étrangères au Pape sur les idolâtries et sur les superstitions chinoises*，s. l. n. d.［Paris，1700］）。——作者注

② La Mothe le Vayer，"De la Vertu des païens"，in *Œuvres*，Paris：Louis Billaine，1669，p. 239.

③ 耶稣会会刊《特雷武回忆录》（*Mémoires de Trévoux*）的报告与这一阐释相去甚远（参见1708年7月，第134—1143页），我们将其归因于路易·马奎尔（Louis Marquer）。——作者注

④ De Montesquieu，*De l'Esprit des lois*，t. II，Paris：Folio/Essais，1995，p. 818.

⑤ 手稿《从奥斯坦德到中国珠江畔的游记》佚名，为对开本，共9封信，210页，藏于慕尼黑巴伐利亚州立图书馆，编号为ms.，cod. gall. 674。——作者注

尊敬"（书信六）。他认为中国人已然忘记"诺亚的后代"在圣经中所揭示的真正的上帝①；至于"僧侣"，"他们神秘的学说是一种纯粹的无神论"，"学者和文人将自然视为神灵"，他们"信奉一种高雅的无神论，且远离一切宗教崇拜"②。另有一位佚名旅行者，是白晋（Joachim Bouvet，1656—1730）的旅伴，他于1702年9月秘密在广州参加了"中国官员在孔庙举行的祭孔典礼"，并对此做了记录③。《从奥斯坦德到中国珠江畔的游记》的作者其实也在同一港口参加过这种仪式，但他似乎并未理解多少内容④。就这样，在西方逐渐形成了"中国人没有宗教信仰"的共识，耶稣会是这种"中国知识"的诠释者，甚至是发明者。加拿大学者宋顺钦（Shun-Ching Song）整理过一份伏尔泰图书馆⑤收藏的中国著述书单⑥，其中有钱德明、阿弗里尔、韩国英（Pierre-Martial Cibot，1727—1780）、宋君荣（Antoine Gaubil，1689—1759）、杜赫德（Jean-Baptiste Du Halde，1674—1743）、殷铎泽、德·拉布吕纳、李明（Louis Le Comte，1655—1728）、德·马尔绪（François-Marie de Marsy，1714—1763）、金尼阁（Nicholas Trigault，1577—1628）的著作以及《耶稣会士中国书简集》全集。

一方面，启蒙哲学家们始终渴望收集更多可以用来反驳西方固有观念的探索经历，而另一方面，儒家"科学"更充分地扩展了原有的欧洲中心主义哲学视野。从18世纪中叶起，西方人开始将中国历史纳入世界历史的范畴。德·马尔绪的著述标题便可证明这一点。他著有《现代中国、日本、印度历史……作为对罗林先生古代史的补充》（*Histoire moderne des Chinois, des Japonais, des Indiens* [······] *pour servir de suite à l'histoire ancienne de M. Rollin*，1755），此书在当时各学校所教授的古代西方文化的传统模式基础上，整合了中国历史。被称为"教会人士出版社"的迪多印刷社（Didot l'aîné）于1782年在巴黎出版《古代道德家辑录，献给国王》（*Collection des moralistes anciens, dédiée au Roi*）一书，全面介绍了古代圣贤，内容涵盖《孔子的道德箴言》（*Pensées morales de Confucius*）和《其他中国思想家的道德箴言》（*Pensées morales de divers auteurs chinois*）。该书作者是狄德罗的门生勒维斯克（Pierre-Charles Lévesque，1736—1812），他后来服务于叶卡捷琳娜二世。他在序言中写道："在这种普遍的疯狂中，唯有中国人，保留着正确的思想和对幸福的热爱，总是喜爱给他们启示的人，而不是杀害他们的人。"⑦此言论视孔子为知识分子的榜样，视中国人为智慧的人民，这说明中国的"启蒙思想"滋养了大革命前的法国。此前，雷纳尔（Guillaume-Thomas

---

① Anonyme, *Relation du voyage dépuis le départ d'Ostende jusqu'à l'arrivée dans la rivière de Canton dans la Chine*, 1723, p. 74.

② Anonyme, *op. cit.*, pp. 85–87.

③ Anonyme, *Journal du voyage de la Chine fait dans les années 1701, 1702 et 1703*, pp. 380–396.

④ Anonyme, *Relation du voyage dépuis le départ d'Ostende jusqu'à l'arrivée dans la rivière de Canton dans la Chine*, 1723, pp. 69–73.

⑤ 伏尔泰图书馆位于俄罗斯。1795年，叶卡捷琳娜二世受到法国教育观念的触动，决定修建一座帝国图书馆，买下了伏尔泰的私人藏书。——译注

⑥ 书单详见Shun-Ching Song, *op. cit.*, pp. 255–259。

⑦ P-Ch. Lévesque, "De la philosophie des Chinois", in *Collection des moralistes anciens, dédiée au Roi*, Paris: Didot l'aîné, de Bure l'aîné, 1782, p. 8.

Raynal,1713—1796)也曾著有一篇抨击文章，言辞辛辣地反对西方殖民帝国主义。文章得到狄德罗修订，以悖论的方式称颂中国社会是一个家长式的、和平的、农业的、共产的乌托邦：

> 对于这个由智者组成的民族，束缚和教化民众的唯一力量就是宗教，而宗教本身只是社会道德的实践。这是一个成熟而理性的民族，他们只需要民法的约束就可以实现正义……大海、江河、运河等一切本质上无法分享的事物都是公共的，每个人都可以享受它们，但没有人可以拥有它们。航海、渔业和狩猎都是自由的……他们的生活方式通常颇为简单，花销甚少，并趋向于越来越节省……中国就像一个大家庭，皇帝是这个大家庭的家长……如此完美的平等可以让中国人接受均等的教育，可以让他们拥有相同的规则……孔子创立了中国的民族宗教。他使用的法典仅仅是自然法典，这本应是地球上所有宗教的基础，一切社会的根基，任何政府须遵循的规则……有这样的制度，中国定是世界上最人道的国家。①

文中提及"自然法典"②，是狄德罗和摩莱里（Étienne-Gabriel Morelly，1717—1778或1782）所称道的，但并未说服德堡。德堡只在雷纳尔的文章中注意到关于"农奴制在中国不存在"的观点。他认为雷纳尔作为废除奴隶贸易的使徒，似乎已为其亲华立场所害，甚至心甘情愿变得盲目。他反驳说："这好似他（雷纳尔）断定了那些在圣多明戈种植甘蔗的黑奴是真正的共和国公民。我全心全意地希望在中国奴隶制真的被永远废除了。"③而卢梭早在《论科学与艺术》（*Discours sur les sciences et les arts*，1750）中持相同观点，一个被文人统治的国家只会"充斥着奴隶和为非歹的人"④。再往前推两年，孟德斯鸠在《论法的精神》中也谴责了中国的专制主义，同时承认儒家文化（"礼仪"）能使中国抵抗各种侵略者，这次也将抵抗基督教⑤。18世纪60年代主导法国经济思想的重农主义理论则认为重视农耕的君主寓意着完美的统治。马布利（Gabriel Bonnot de Mably，1709—1785）在重农派"政治社会"的评论中驳斥了以德·拉·里维埃尔（Paul-Pierre Le Mercier de la Rivière，1719—1801）为首的"经济学家"，并详细分析了他们这种受耶稣会著述影响而产生的错觉。在马布利看来，耶稣会翻译的孔子思想只不过是一些"普遍的真理"，而在中国官僚体制下的活动被局限在"一个禁锢思

---

① G-Th. Raynal, *Histoire philosophique et politique des deux Indes*, t. I, Genève: Jean-Léonard Pellet, 1780, in-8°, pp. 201–219.
② "自然法典"是摩莱里一部著作的名字，此书在很长一段时间内曾被误认为是狄德罗所作。此外，"自然法典"也是狄德罗在其《布干维尔游记补篇》（*Supplément au Voyage de Bougainville*）中设想的塔希提岛上所遵循的社会法则。——作者注
③ C. de Pauw, *op. cit.*, t. I, «Préface», p. VII.
④ J-J. Rousseau, *Œuvres complètes*, t. III, Paris: NRF/La Pléiade, 1964, p. 11.
⑤ De Montesquieu, *op. cit.*, pp. 581–583.

想的圈子"里①。他总结道:"我们必须避免把一个偶然对中国有利的统治方式当作天然和基本的社会秩序,更确切地说,这种统治方式虽在中国未展现弊端,但并不代表在别国也是如此。"②就这样,耶稣会士笔下的中国社会被捍卫不同思想体系的西方哲学家们解读成了两种截然不同的形象:"东方专制国家"和"已实现的乌托邦"。这些哲学家们实际只是纸上谈兵,未曾亲历中国。而那些传教士们就完全不同了,他们在多方面意义上表现出大胆和勇敢。

结　语

1722年,康熙在遗诏中重申他对中华传统文化的热爱和对基督教的拒绝(康熙遗诏后多次被来华旅行者转载③),1724年雍正颁布禁教令,尽管如此,宫廷耶稣会士继续得到皇权的眷顾。他们几乎成功地融入了中国社会,不再以探索"他者"为主题,即便有些表面看似"中国传统的完美模仿者"的耶稣会士画家,也仍然被中国人认为其作品缺少某些"气韵"。他们也获得法国一些开明大臣的庇护,譬如从1765—1790年一直与北京教会保持着学术通信的亨利·伯丁(Henri Bertin,1720—1792),从而逐渐成为中国史专家、建筑师、天文学家、音乐家,甚至成为满族王朝的传记作家。那是杜赫德、宋君荣、马尔绪、钱德明们的时代,是各位杰出法国汉学家的时代。

中国也逐步登上了世界舞台。时光荏苒,传教士和学者唱主角的时代很快过去,外交家和商人以及随后的军人们,纷纷走到幕前。古老的中国相对于西方而言,具有绝对的"他异性",是独特而非凡的人道主义符号。现在,一个现代化的中国紧跟着到来,它拒绝成为世界的中心,却不得不为了抵御西方工业社会咄咄逼人的胃口而无限靠近这个中心。

原载《中山大学学报(社会科学版)》2020年第6期

---

① G. B. De Mably, *Doutes proposés aux philosophes économistes sur l'ordre essentiel et naturel des sociétés politiques*, La Haye et Paris:Nyon et Veuve Durand, 1768, p. 125, 134.

② G. B. De Mably, *op. cit.*, p. 136.

③ 慕尼黑巴伐利亚州立图书馆藏有《1720—1724年在中国、暹罗、马六甲及其他印度地区,附中国康熙皇帝遗诏及有关该帝国革命的报告》(*Voyage fait pendant les années 1720, 1721, 1722, 1723 et 1724 à la Chine, à Siam, à Malaca et autres pays de l'Inde, avec le testament de Kamhy empereur de la Chine et un mémoire des révolutions de cet empire par le sr. Gardin du Brossay*),编号为ms., cod. gall. 624,《报告》第170-242页抄录康熙遗诏。同一藏书区还收藏有另一份康熙遗诏的副本,编号为cod. gall. 674。——作者注

敦煌出土元代回鹘文书中的行在缎子

[日]森安孝夫著，冯家兴、白玉冬译

一、另一敦煌文书

1908年，伯希和（P. Pelliot）调查（之后获得）的敦煌文书概要报告从敦煌寄到了巴黎。此报告另有续篇称，在有别于所谓藏经洞（伯希和编号第163窟，敦煌文物研究所编号第17窟）的蒙元时代的两个窟（位于千佛洞的北部，内部装饰为纯西藏怛陀罗佛教样式）中发现了相当数量的属于13—14世纪的汉文、蒙古文（不是回鹘文！）、藏文、婆罗米文、西夏文的文书（抄本和刊本）残片①。伯希和所获敦煌出土品，现在分别收藏于巴黎的国家图书馆（Bibliothèque Nationale）和吉美博物馆（Musée Guimet）。我于1978—1980年留学巴黎期间，有幸广泛调查伯希和带回的这些出土品，结果发现，在国家图书馆中除了藏经洞出土的大量汉文、藏文、回鹘文、于阗文、粟特文、梵文及其他文书外，还有伯希和编号第181窟及第182窟出土的汉文、回鹘文、蒙古文、西夏文的文书残片。另外，在吉美博物馆，除伯希和第181窟出土的回鹘文木活字（约900个，在目录中误认作蒙古文！）外，还有在敦煌发现，但无法确定具体出自何处的回鹘文和婆罗米文的文书。森安1985年论文《ウイグル語文献（＝回鹘语文献）》（以下简称前稿）以总览敦煌出土的全部回鹘文献为中心课题，同时根据以上事实和其他信息，主张：（1）伯希和在报告续篇中提到的"蒙元时代的两个窟"确实是指这个第181窟和第182窟；（2）王圆箓在首次发现藏经洞后到斯坦因及伯希和访问敦煌的7—8年间，将在第181窟和第182窟以及其他地方发现的贵重物品搬运进藏经洞的可能性很大；（3）指出出土于藏经洞的所有敦煌文献（及画卷）迄今一直被认为属于11世纪上半叶以前，但实际上其中混杂有蒙元时代东西的可能性极大，从而向敦煌学界敲响了警钟。只是上述（1）的主张必须建立在1908年伯希和尚无法立即区分以回鹘文字书写的回鹘语和蒙古语的前提下。虽然有些犹豫，但之后参与刊行Mission Paul Pelliot系列第11卷 *Grottes de Touen-houang. Carnet de notes de Paul Pelliot*②的贝萨尔（R. Jera-Bezard）先生给我寄来了收录在未出版的第6册中的、伯希和关于第181窟的亲笔笔记的复制

---

① P. Pelliot, "Une bibliothèque médiévale retrouvée au Kan-sou", *Bulletin de l'École Française d'Extrême Orient*, vol. 8, 1908, p. 529, n. 1.

② 预计共6册，已出版5册（Paris 1981–1986）。1：Grottes 1 à 30（1981）. 2：Grottes 31 à 72（1983）. 3：Grottes 73 à 111a（1983）. 4：Grottes 112a à 120n（1984）. 5：Grottes 120n à 146（1986）。

品①。据此，得以证明我的主张是正确的。这是因为，其中不仅有与前面所讲的从"蒙元时代的两个窟"中发现物品的报告续篇的法语原文几乎相同的句子，而且还把那个木活字误认为蒙古文。重新审视前页脚注（1）中所引用的伯希和报告的正文，由于他还犯了将藏经洞本身存在的粟特文误认为回鹘文的错误，所以1908年时的伯希和尚没有当场识别用同系统文字书写的粟特文、回鹘文和蒙古文的能力，看来有将回鹘文误认为蒙古文、将粟特文误认为回鹘文的倾向。当时他年方29岁，尽管是个天才，但是在没有充裕的时间和词典的情况下当场匆忙写下来的。因此，在当时的笔记和书信形式的报告中出现这样的错误，亦不足为奇②。

第181窟和第182窟出土文书的复原和再发现，给了我们一个契机，让我们把目光转向后代文书的"混入"。这不仅是迄今为止已经引起注意的回鹘文，还涉及到汉文、藏文、婆罗米文和绘画类等与敦煌学整体相关的重大问题。但是，还不止于此。我们通过对第181窟和第182窟本身及其出土文书的总体把握，开始向着迄今未曾想象到的"另一个敦煌学"（蒙元时代）的构建迈出了一步。在这一点上，我想通过上面言及的前稿及其补遗③，以及通过活用拙稿积极推进研究的百济康义的诸论文④，正逐渐得到学术界的认可，在此我再次提出一个新的具体例子。

---

① 该第6册带有副标题"6：Grottes 146a à 182 et divers"，已经在1992年出版。

② 在本文之前的森安孝夫：《元代ウィグル仏教徒の一書簡——敦煌出土ウィグル語文献補遺》，護雅夫（編）：《内陸アジア・西アジアの社会と文化》，东京：山川出版社，1983年，第209—231页，以及森安孝夫：《ウイグル語文献》，山口瑞鳳（編）：《講座敦煌6 敦煌胡語文献》，东京：大东出版社，1985年，第1—98页中，我对"另一敦煌文书"的由来进行了探讨。当时，我仅基于宣传伯希和所获敦煌文献的著名报告论文P. Pelliot, "Une bibliothèque médiévale retrouvée au Kansou", *Bulletin de l'École Française d'Extrême Orient*, vol. 8, 1908, pp. 501-529。之后，我注意到了P. Pelliot, "Les grottes des Mille Bouddhas", *Journal of the Royal Asiatic Society*, 1914, pp. 421-426这一简短的追加报告的存在，发现我的推测是正确的。尽管如此，伯希和对我在本文中推测到的他自己年轻时的不足点保持了沉默。

③ Takao Moriyasu, "An Uigur Buddhist's Letter of the Yüan Dynasty from Tun-huang（Supplement to 'Uigurica from Tun-huang'）", *Memoirs of the Research Department of the Tōyō Bunko*, Tokyo, vol. 40, 1982, pp. 1-18及其日文原稿森安1983《元代ウィグル仏教徒の一書簡——敦煌出土ウィグル語文献補遺》。由于收载本来应该先出版的森安1985年论文《ウイグル語文献》的《講座敦煌6敦煌胡語文献》出版延迟，补遗先公开出版。

④ 请参阅百济康义：《天理図書館蔵ウイグル語文献》（《ビブリア》，第86辑，1986年，第180—127页（逆序页）及其注18（第130页）所引用的各种论文。不过，氏言"一听说敦煌发现或敦煌出土，就立刻想起现在的第17窟藏经洞，并将其与此直接相结合起来，这已经不是今天的学问所应有的存在方式"（第132页）。此种说法为时尚早。氏从1980年起开始过目我的文稿《回鹘语文献》的复印件，但那个文稿是在1985年才公开出版的。我不认为我用日语发表的新看法已经被世界的敦煌学者所广泛了解。（以下为原补注）作为证据，在最近刚刚发表的书评论文中，爱尔达尔（M. Erdal）虽然提到了拙稿《回鹘语文献》，但由于看不懂日语，所以不理解其内容，发表了"敦煌藏经洞（从11世纪到20世纪）并不是一直封闭的"等难以想象的言论。相关内容，见M. Erdal, "Uigurica from Dunhuang", *Bulletin of the School of Oriental and African Studies*, vol. 51-2, 1988, p. 252。

二、伯希和编号181窟出土回鹘文书No. 193＋No. 194

此处使用的文书是伯希和第181窟出土回鹘文No. 193组（No. 193 + No. 194）[①]。No. 193和No. 194肯定是从同一文书中分离出来的，但由于过于零碎，相互间的位置关系不明。即使看原文本，也无法判断哪个是正面，哪个是背面，所以将其中一个称为A面，另一个称为B面。No. 193和No. 194的A面是同一个人的笔迹，B面也是同一个人的笔迹，但是A面和B面是不同的笔迹。受篇幅所限，下文仅引用A面。

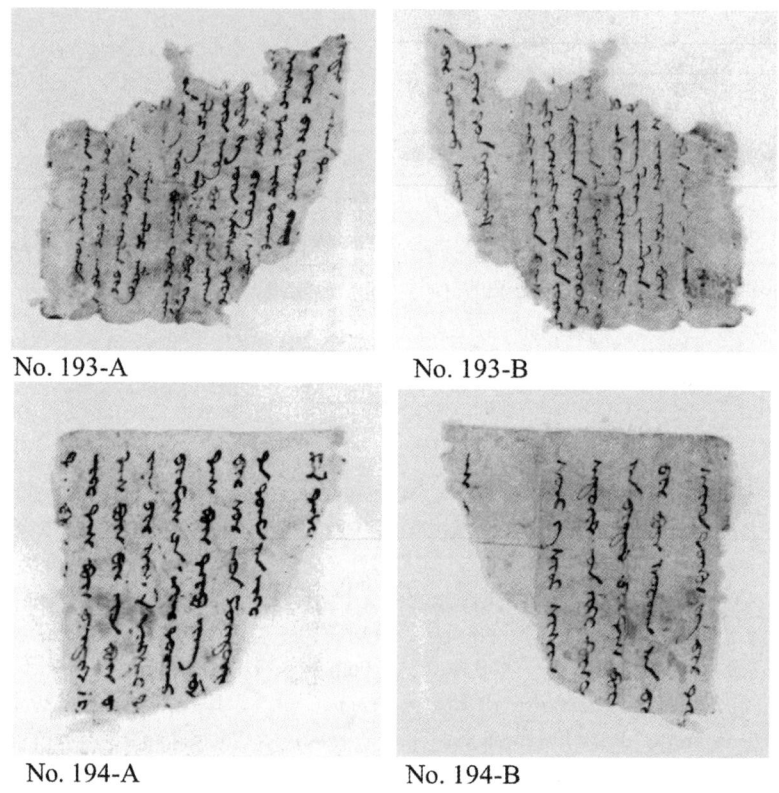

No. 193-A　　　　　　　No. 193-B

No. 194-A　　　　　　　No. 194-B

No. 193 A

1. ···//// tayšingdu toγma
   　　　　　　　　　　大乘都[1]Toγma
2. ···///WR atlïγ bir aymaγ
   　　　　　　　　　　叫……的一个爱马[2]
3. ···////'äsän tämür atlïγ bir
   　　　　　　　　　　叫阿贤铁木尔的一个
4. ···/// aymaγ ilči alïp
   　　　　　　　　　　爱马的使臣[3]获取

---

① 见森安孝夫：《ウイグル語文献》，第49、61—62页。

5. ·················///WN-nïng qor bolmïš tavar-nïng
　　　　　　　　的蒙受损失的财产的①
6. ·················ilči-kä altï taš böz-kä
　　　　　　　　给使者6外棉布[4]
7. ·················üč qap bor birlä ayaq
　　　　　　　　3皮袋葡萄酒和盃一起
8. ·················tidim-kä üč qïngsai tavar
　　　　　　　　给Tidim 3 qïngsai tavar
9. ·················taš böz birip·S'Y'///······
　　　　　　　　给[5]外棉布，
10. ············qïngsai tavar iki torqu············
　　　　　　　　qïngsai tavar 2绢
11. ············Z tavar bir torqu//////············
　　　　　　　　tavar 1绢
12. ············//YWDY///'äsän tämür············
　　　　　　　　阿贤铁木尔

No. 194 A
1. T//// P/////·····································
2. iki taš böz birdim·/·····························
我把2外棉布给了。
3. taš bös bir ič böz bir///·······················
外棉布，我给了（？）1内[6]棉布
4. yana bir qï//1 qïngsai tavar ···················
又，1 qï//1 qïngsai tavar
5. birmiš ča tavar torqu ···························
给了的茶[7] tavar绢
6. taš böz taypu-nïng ol ···························
外棉布是太傅[8]的东西。
7. bir sätir at mündür////·························
把1两[9]放马上（送？）
8. -ta toγma-qa iki ·································
给Toγma 2
9. mal tämür ··
所有物铁木尔

---

① 松井太把qor解释为经费、支出，指出此处的qor bolmïš tavar译作"花费的财物"的可能性。见松井太：《西ウイグル時代のウイグル文供出命令文書をめぐって》，《人文社会論叢（人文科学篇）》（弘前大学）第24期，2010年，第30–31页。但并未完全否定我所主张的"损害"之解释。

词注：

［1］tayšingdu：这个人名在No. 193B第4行中也有出现，在未发表的大谷文书Ot. Ry. 4570，Ot. Ry. 5292中也有出现。另见茨默论文①。茨默未特意指出，但这毫无疑问相当于汉文史料中的回鹘人名"大乘都"②。其作为大乘都这个名字的实例，可以从程钜夫《雪楼集》卷8所收录的《秦国先墓碑》主人公中举出，是忽必烈的孙子安西王阿难答的佛教教师，出身于北庭的人物③。

［2］aymaγ：爱马aymaγ是指根据时代和地域的不同，作为上至自治领、民族集团、部落，下至部队、氏族、家庭等大小不一的社会组织和军事、行政单位而使用的突厥蒙古语。最早可以追溯到突厥的翁金碑文④。

［3］ilči：这个ilči"使、使者、使臣"指代什么是重大问题，现不考察⑤。

［4］taš böz：新疆维吾尔自治区博物馆的多鲁坤·阚白尔、克由木·霍加两位赐教，这个"外（棉布）"与⑥的"内（棉布）"相对应，分别是"面料用（棉布）"和"里料用（棉布）"之义。兹从此说。然亦不能抛弃认为这是"劣质的"之义的山田信夫意见⑥。特别是山田认为与tas böz（粗棉布）相对应的inčkä böz"细缣（优质棉布）"存在于No. 193B第9行中，故更是如此。

［5］bir-"给予"只是采用了原义，有充分的余地可以理解为"支付""偿还"⑦。

［6］ič böz：参见词注［4］。

---

① P. Zieme, "Drei neue uigurische Sklavendokumente", *Altorientalische Forschungen*, 1977, pp. 161, 163.

② 由于原论文中的例子不恰当，所以替换了更恰当的用例。

③ 松田孝一：《元朝期の分封制——安西王の事例を中心として》，《史学雑誌》第88编第8号，1979年，第47页。

④ 白鳥庫吉：《〈高麗史〉に見えたる蒙古語の解釈》，《東洋学報》第18卷第2号，1929年，收入氏著《白鳥庫吉全集》第3卷，东京：岩波书店，1970年，第397—398页；P. Pelliot, "Les mots mongols dans le Korye Sǎ 高麗史", *Journal Asiatique*, vol. 217, 1930, p. 254; G. Clauson, *An Etymological Dictionary of Pre-Thirteenth Century Turkish*, Oxford University, 1972, p. 152, s. v. uluš; G. Doerfer, *Türkische und mongolische Elemente im Neupersischen*, Wiesbaden: Franz Steiner Verlag, 1963, vol. 1, pp. 182-186; L. Ligeti, "Un vocabulaire sino-ouigour des Ming. Le *Kao-tch ang-kouan Yi-chou* du Bureau des Traducteurs", *Acta Orientalia Academiae Scientiarum Hungaricae*, vol. 19, 1966, p. 127.

⑤ 关于语注［2］［3］，我翻译为"爱马使"的地方，松井太译作"投下的使臣"。见松井太：《西ウイグル时代のウイグル文供出命令文书をめぐって》，第30页。所谓爱马即投下，虽然也被认为是行政区划，但原本是指人的集团。

⑥ 山田信夫：《ウイグル文貸借契約書の書式》，《大阪大学文学部紀要》第11辑，1965年，第109-110页；收入氏著，小田壽典、P. ツィーメ、梅村坦、森安孝夫编：《ウイグル文契約文書集成》第1卷，吹田：大阪大学出版会，1993年，第95-96页。

⑦ 梅村坦：《ウイグル文書〈SJ Kr. 4/638〉——婚礼・葬儀費用の記録》，《立正大学教養部紀要》第20辑，1987年，第57页。另外，根据语境的不同，bir-也可以代替"卖、买"使用。参见P. Zieme, "Drei neue uigurische Sklavendokumente", *Altorientalische Forschungen*, vol. 5, 1977, p. 165.

［7］ča：茶，《华夷译语》有实证。但是，-čä也许应该解释为"……的样子"。

［8］taypu：汉语"太傅"的借用词。

［9］sätir：从粟特语st'yr借用的货币和重量单位，相当于中国的"两"①。

那么，这里想要讨论的问题是，在A面3处可以见到的qïngsai（也可以读作qïngšai/γïngsai/γïngšai）这个单词。这个词在以往的任何回鹘语词典，甚至在突厥语方言词典中都没有收录。

（1）No. 193A第8行，üč qïngsai tavar

（2）No. 193A第10行，…… qïngsai tavar

（3）No. 194A第4行，bir qï//l qïngsai ta**var**

后续的tavar原意为"家畜、活着的财产"，由此一般可派生出"财产、所有物"以及"商品、贸易品"的意思。而且这些词义至今仍为广泛分布于欧亚大陆的突厥语诸方言所承袭②。在我们的文本中，No. 193A第5行的tavar是"财产"乃至"商品"的意思，但是（1）（2）（3）的tavar如果按这些意思来理解，则极其含糊不清，不能很好地与文本贴合。从上下文来看，应该是与böz（棉）、torqu（丝绸）、bor（葡萄酒）、ay-aq（杯，盏，碗）等处于相同级别的具体的商品名称。故值得注意的是，在现代突厥语诸方言中，作为与我们的回鹘语（当需要与新回鹘语区别时，称为古回鹘语或中世纪回鹘语）关系最为密切的东部方言的代表，新疆的新回鹘语对此单词所给予的silk-stuff, cloth③，"杂色，多彩的丝绸"④，或者说是"缎子"⑤等意思，这是比"商品、贸易品"更加具体的意思。尤其是"缎子"，其存在可以追溯到清代的《五体清文鉴》⑥，甚至与元代直接联系在一起的明代前期的《华夷译语（高昌馆译语及畏兀儿馆

---

① 吉田豊：《ソグド語の燒印について》，《ミュージアム》第433辑，1987年，第17—18页。

② M. Räsänen, *Versuch eines etymologischen Wörterbuches der Türksprachen*, Helsinki：Suomalais-Ugrilainen Seura, 1969, pp. 451–452; G. Clauson, *An Etymological Dictionary of Pre-Thirteenth Century Turkish*, Oxford University, 1972, pp. 442–443.

③ G. Jarring, *An Eastern Turki-English Dialect Dictionary*, Lund, 1964, p. 297. 还有G. Clauson, *An Etymological Dictionary of Pre-Thirteenth Century Turkish*, p. 442作"silk goods"。

④ 鲍尔汉：《维汉俄辞典》，北京：民族出版社，1953年，第150页；Э. Н. Наджип, *Уйгурский-Русский Словарь*, Москва, 1968, p. 286. 其中，前者汉译作"库缎"，即指收藏在宫廷仓库中的高级缎子。

⑤ 新疆大学中国语文系（编）：《维汉词典》，乌鲁木齐：新疆人民出版社，1982年，第460页。

⑥ 《五体清文鉴（故宫博物院藏）》中册，北京：民族出版社，1957年，第3151—3152页。田村実造、今西春秋、佐藤長（编）：《五体清文鑑訳解》上卷，京都：京都大学文学部，1966年，第671页中。回鹘语作taoguwar，但这只是以满文标记的发音的单纯转写，将其作为拼写是错误的。正确的应该依据原本的阿拉伯文字表记，写成tawar。见庄垣内正弘：《〈五体清文鑑〉18世紀新ウイグル語の性格について》，《言語研究》第75号，1979年，第46、49、51页。

译语）》①。联想起我们的文本是古回鹘语中最新的蒙元时期的文本，那么对将其中的tavar解释为"缎子"，应当不会有异议吧②。

如此，qïngsai在（1）（3）中，分别夹在üč（3）或者bir（1）这两个数词与名词tavar（缎子）之间。qïngsai从词形来看不是动词的变化形（形动词），因此应该是纯粹的形容词或名词。另一方面，（3）中qï//l这个单词在数词和qïngsai之间，如果这是名词的话，那么在一个短语（one phrase）中就有3个没有表示领属关系词缀的名词连续出现，这对回鹘语来说是极其不自然的。假设qï//l为形容词，那么它将落在"缎子"上。因此，qï//l除了qïzïl（红色）之外，别无他意。即，（3）是"一个红色的qïngsai缎子"。连同（2）（3）综合考虑的话，首先可以推测到qïngsai是表示形状、花纹和产地等的形容词或名词。而且，从语感来看，qïngsai与其说是固有的回鹘语，不如说是外来语，特别是汉语的音写。亚洲内陆的回鹘人原本是从中国了解到丝绸，对他们来说丝绸属于输入品，并不是自产物（通常认为代指"丝绸"的torqu也是外来语）③。何况缎子是高级绸缎，它的特定用语是固有的回鹘语单词，这难以成立。事实上，该用语在迄今已获发表的回鹘语文献中并未被发现。

三、qïngsai即行在、杭州

那么，如果将qïngsai假定为汉语的音写，会浮现出怎样的原语呢？我探索了各种可能性，最后得出的结论是，这是那个著名的地名"行在"，除此之外别无他选。

其根据是，第一，音韵上的完全一致。关于马可波罗（Marco Polo）作为世界第一大城市介绍的Quinsai（也作Quinsay/Qinsay/Kinsai等等）是指杭州（南宋时期的临安），学术界没有异议，但关于其原语有三种说法。即京师说、杭州说、行在说。据

---

① 《高昌馆译语》，见L. Ligeti, "Un vocabulaire sino-ouigour des Ming. Le *Kao-tch'ang-kouan Yi-chou* du Bureau des Traducteurs", *Acta Orientalia Academiae Scientiarum Hungaricae*, vol. 19, 1966, pp. 117-199, 257-316, incl. many pls, pp. 261, 305（Ⅱ6b）。年代参见第120—121页；胡振华、黄润华（整理）：《高昌馆杂字》，北京：民族出版社，1984年，第47页第455号，《畏兀儿馆译语》，见庄垣内正弘：《〈畏兀儿館訳語〉の研究——明代ウイグル口語の再構》，《内陸アジア言語の研究》第1辑，1984年，第140页，尤请参见第51—55页的重要解说。只是李盖提和庄垣内都将tavar翻译为satin（缎子）略欠正确性。参见第533页注⑤。

② 此想法的前提性考察已经在山田信夫：《ウイグル文売買契約書の書式》，西域文化研究会（编）：《西域文化研究6歴史と美術の諸問題》，京都：法藏館，1963年，第38页（收入氏著，小田壽典、P. ツィーメ、梅村坦、森安孝夫编：《ウイグル文契約文書集成》第1卷，第43页）中给出。但是山田氏也列举了据说保留有很多中世纪回鹘语的甘肃回鹘人（黄回鹘，即西部裕固族）语言的例子，将tawar说成"大概是中国产的优质纺织品"，但并没有特别指定为"缎子"。与此相对，在山田信夫：《ウイグル文貸借契約書の書式》，《大阪大学文学部紀要》第11辑，1965年，第133页（收入《ウイグル文契約文書集成》第1卷，第119页）的例句中，没有一句明确地把tawar翻译为"缎子"。

③ 参见G. Clauson, *An Etymological Dictionary of Pre-Thirteenth Century Turkish*, p. 539。

1957年发表名为Quinsai专著的穆尔（A. C. Moule）之说①，京师说自16世纪以来在欧洲普遍获得相信，至今仍未消亡，但在学术上基本被否定。杭州说曾经是穆尔自己在1917年倡导的，但除了岑仲勉之外，并没有得到太多赞同，在1957年的论文中，他也已经不再坚持了。与此相对，日本的藤田丰八在1913年，那珂通世在1915年，桑原骘藏在1915年、1923年几乎同时开始独立倡导行在说②。之后行在说在日本已经成为定论。而且，这是当今世界上最有力的学说。

不言而喻，"行在"是被金朝逐出南迁的宋朝，在恢复旧都汴京开封的夙愿之下，对临时设立的都城杭州所赋予的称呼，虽然绝对不是专有名词，但由于长达150年的习惯，它对当地人和外国人来说均成为一个固有的地名。正因如此，在元世祖忽必烈灭亡南宋之际，虽然下达了"宋宜曰亡宋，行在宜曰杭州"的圣旨③，命令恢复旧称，但世祖时访问当地的马可波罗言其是Quinsai。此后，鄂多立克（Odoric，意大利人，1320年代访问杭州）称其为Cansay/Camsay/Cansaia/Casay/Chansay/等//Guinzai//Ahamsane，马里诺利（Marignolli，意大利人，1340年代访问杭州）称其为Campsay，伊本·拔图塔（Ibn Baṭṭūṭah，摩洛哥人，1340年代访问杭州）称其为Kh（a）nsā。此外，出任伊朗伊尔汗国宰相的拉施特（Rašīd al-Dīn，1310年左右完成《史集》*Jāmi'al-Tavārīkh*）和历史学家瓦撒夫（Wassaf al Hadrat，1328年左右完成《瓦撒夫史》*Ta'rikh-i Wassaf*）都称为Khingsai（但瓦撒夫书中也写作Kh（a）nzai）。活跃于14世纪上半叶，并著有国际贸易指南书《通商手册》的意大利商人裴哥罗梯（Pegolotti）记作Cassai/Chassai，出仕马穆鲁克王朝的叙利亚历史学家、地理学家阿布阿尔·菲达（Abū al-Fidā，1273—1331年）记载为Kh（a）nsā/Khinza④。不过，如果列举这么多，谁都会注意到，"行在"除了Kinsai系统外，还有Kansai（Hansai＞Ansai）系统的发音。以往

---

① A. C. Moule, *Quinsai*, Cambridge：Cambridge University Press, 1957. 关于此书，有斯波義信的书评，见斯波義信：《Ｃ・Ａ・ムール〈キンサイ〉》，《東洋学報》第40卷第4期，1958年，第105—113页。

② 藤田豊八：《ユール氏註マルコ・ポーロ紀行補正二則 1. Kinsayは京師の対音に非ず》，《東洋学報》第3卷第3号，1913年，收入氏著《東西交渉史の研究 南海篇》，东京：岡書院（东京，荻原星文馆1943再版），第69—71页；那珂通世：《成吉思汗実録続編》，《那珂通世遺書》，东京：大日本图书株式会社，1915年，第17—18页；桑原隲藏：《宋末の提挙市舶使西域人蒲寿庚に就いて（１）》，《史学雑誌》第26編第10号，1915年，第1—35页；桑原隲藏：《キンザイ キンザイ京師説 キンザイ行在説 行在の字音の研究》，《宋末の提挙市舶西域人・蒲寿庚の事蹟》，上海：東亜攻究会，1923年，收入氏著《桑原隲藏全集》第5卷，东京：岩波书店，1968年，第45—49页。为便于参照，兹使用藤田、桑原二位论文的再录本。

③ 宋濂等：《元史》卷9《世祖纪六》至元十四年（1277）十一月之条，北京：中华书局，1976年，第193页。

④ 以上主要依据A. C. Moule, *Quinsai*, p. 3。对其出处的确认工作涉及Moule执笔后出版的作品（获得松田孝一和杉山正明二位的帮助，特别是烦请杉山氏查看了《史集》伊斯坦布尔抄本），因内容繁杂，兹不一一注明。只是鄂多立克Ahamsane这一形式，仅依据鄂多立克著，家入敏光译：《東洋旅行記》，《東西交渉旅行記全集》第2卷，东京：桃源社，1966年，第259页。未能对照原本。

即使在采用行在说的人之间，对于如何解释这两个系统的存在，也没有准确答案①。我很单纯地认为，这是从黄河流域到包括北京在内的北方音（中原音）和长江流域以南的南方音（散布着海外贸易港的地区方言，即长江下游流域的江南音和更南边的福建音和广东音）的区别，两者是同时并存的。现在，虽然还没有找到正确地用字母抄写当时南方音的实例，但是在反映当时江南音的日本唐音（唐宋音）中，"行"读成"an"，例如行在（あんざい）、行燈（あんどん）、行脚（あんぎゃ）②。在现代吴语圈白话音中，此"行"字一般都带有-aŋ系统的韵母（不过杭州本身例外是-In）③。现代广东话也发音作hang④等，无法批判我的推定——在南方行在读作Kansai系统是无稽之谈⑤。但相比之下，北方的发音为Kinsai系统，这有确凿证据。首先，代表当时北方音的《中原音韵》（1324年成书）中的"行"被复原为君xiəŋ（hiəŋ）⑥。现代北京音是xing（shing）。此外，在元朝末期的1362年建于河西永昌（甘肃省武威市永昌镇）的"大元敕赐追封西宁王忻都公神道碑"（用汉文和回鹘式蒙古文写成）中，汉文的"行中书省"在蒙古文中没有意译，而是原样音写为qing ǰungšu šing⑦。这个qing和我们的qïngsai的qïng只是转写上的不同，实际上是用完全相同的回鹘文写成的。"行在"的"在"基本没有问题，故在此附上。在同一个碑文上，不管是元代北京音，还是元代中原音，与"在"同音的"宰"都被音写为sai⑧（蒙古文面第53行saisang = 宰相）⑨。

综上所述，元代的"行在"有北方音的Kinsai系统和南方音的Kansai系统两种称

---

① 桑原骘藏：《宋末の提挙市舶西域人・蒲壽庚の事蹟》，第47—49页；A. C. Moule, *Quinsai*, pp. 9–10；斯波義信：《C・A・ムール〈キンサイ〉》，第108页。Moule也曾经主张过杭州说，但其语气是认为Kansai是把Kinsai（行在）和杭州混为一谈之结果。对此不敢苟同。

② 有坂秀世：《諷経の唐音に反映した鎌倉時代の音韻状態》，《国語音韻史の研究》（増補新版），东京：三省堂，1957年，第192—193页。

③ 比如以aŋ, Aŋ, ã这样的变体出现。请高田时雄氏协助查阅了赵元任《现代吴语的研究》，北京：清华学校研究院，1928年，表2的-5。另外，据Moule之说，中国东南方言是hang，杭州郊外是ang。参见A. C. Moule, *Quinsai*, p.10；斯波義信：《C・A・ムール〈キンサイ〉》，第108页。

④ R. T. Cowles, *The Cantonese Speakers Dictionary*, Hong Kong：Hong Kong University Press, 1965, p. 224；B. Karlgren, *Analytic Dictionary of Chinese and Sino-Japanese*, Paris：Paul Geuthner, 1923, p. 73, No. 156.

⑤ 据Moule之说，不知何故，伯希和反对用方言差来解释这个问题。见A. C. Moule, *Quinsai*, p. 9。

⑥ 杨耐思：《中原音韵音系》，北京：中国社会科学出版社，1981年，第168页。另外，"行"有"去，旅行，进行"和"列，顺序，同业公会"这两个完全不同系统的意思。虽然两者在很多方言中发音也不同，但绝不会混淆。顺便提一下，《中原音韵》中是xaŋ（hang），参见杨耐思上书，第82页，在现代北京音中也是hang。由于"行在"的"行"是属于第一系统的，所以绝不能认为Kinsai和Kansai（>Kansai）的不同来源于上述两个系统的不同。这一点已经正如Moule所指出。参见A. C. Moule, *Quinsai*, p. 9；斯波義信《C・A・ムール〈キンサイ〉》，第108页。

⑦ F. W. Cleaves, "The Sino-Mongolian Inscription of 1362 in Memory of Prince Hindu", *Harvard Journal of Asiatic Studies*, vol. 12-1/2, pp. 63, 77, 85, 108–109（n. 71）.

⑧ 根据杨耐思：《中原音韵音系》，第114—115页，元代中原音都是tsai。

⑨ F. W. Cleaves, "The Sino-Mongolian Inscription of 1362 in Memory of Prince Hindu", pp. 68, 78, 92, 131–132（n. 263）.

呼，并且我们文本中的 qïngsai 作为北方音的转写是无可挑剔的，这一点已经得到了认可。不过，有一点需要注意的是，居住在杭州的人自己是怎么称呼自己的城市的。如前所述，在现代吴语圈中杭州音是个例外，而且在反映元代杭州读书音的《蒙古字韵》（1308年）中，"行"用巴思八文字标作 ɦïiŋ[①]。也就是说，当地音不是南方的 Kansai 系统，而是北方的 Kinsai 系统。乍看起来，这似乎与我的看法相矛盾。然而在杭州这个大城市的上层知识分子阶层中，大多是过去从北宋都城汴京（开封）迁来人的后裔，杭州便呈现出一种漂浮在南方音中的语言岛屿的气象[②]。鄂多立克、瓦萨夫和阿布阿尔·菲达之所以同时转录了 Kansai 和 Kinsai 两个系统的叫法，不仅因为前者是通过南方海路流传下来，后者是通过北方陆路流传下来，难道不是还因为在杭州当地并用了这两种叫法的原因吗？

再者，把（1）（2）（3）qïngsai 视为行在的第2个根据是它与 tavar（缎子）密切相关。在回鹘语中，先行的名词A修饰后续的名词B时，一般是A加上所有格的后缀 +ning/+ing，B加上第三人称的所有（限定）后缀 +si/+i 等，或者两者都加上。然而，在我们的文本中，A（qïngsai）和B（tavar）都是孤立的，也就是说，两者的关系紧密到不需要刚才所说的后缀的程度。

这样，不仅从语言方面，而且从实质上把两者联系起来也是很容易的。这是因为，虽然中国是在全国范围内生产丝织品，但在高级丝织品方面，早在唐代，江南、剑南（四川）的产地数就超过了河北、河南[③]。在宋朝，论产量江南（含浙江）亦居首位。就丝织品整体而言，宋代江南的生产额就已经有压倒性优势了[④]。即使到了明朝，以南京、苏杭为中心的江南地位也没有动摇[⑤]。由此也可以基本洞察元代的情况。进言之，如果把目光投向个别具体缎子上的话，在元人汪大渊的《岛夷志略》里可以看到作为南海贸易品的"苏杭五色缎"[⑥]，同时我们也知道明朝内陆贸易点宣府镇曾有过"苏杭罗缎铺"[⑦]。对我们来说重要的是，这些不仅是苏州和杭州生产缎子的说明，而且根据斯波义信和藤井宏的说法，在宋代丝织品开始显著商品化、按不同类别向特定产地集中、成为特产后向全国市场乃至国外市场流通。换句话说，我们可以从上面这些非常零星的史料中了解到，在元明两代，"杭州缎子"不仅在中国国内，甚至在国外都是著名

[①] 罗常培、蔡美彪：《八思巴字与元代汉语》，北京：科学出版社，1959年，第102页（上十四）；《影印大英博物馆藏旧抄本蒙古字韵二卷》，吹田：关西大学东西学术研究所，1956年，第27页；服部四郎：《元朝秘史の蒙古語を表はす漢字の研究》，东京：文求堂，1946年，第43（行）、56页（幸）。

[②] 有坂秀世：《諷経の唐音に反映した鎌倉時代の音韻状態》，第194页；服部四郎：《元朝秘史の蒙古語を表はす漢字の研究》，第54—55页。

[③] 佐藤武：《中国古代絹織物史研究》下，东京：风间书房，1978年，第323—326页。

[④] 斯波义信：《宋代商業史研究》，东京：风间书房，1968年，第272—277页；松田壽男、森鹿三编：《アジア歴史地図》，东京：平凡社，1966年，第72页"宋代の織物産地"。

[⑤] 藤井宏：《新安商人的研究（一）》，《東洋学報》第36卷第1号，1953年，第17、18、24页。

[⑥] 汪大渊著，苏继顾校释：《岛夷志略校释》，北京：中华书局，1981年，第297页；斯波義信：《宋代商業史研究》，第280、292页；佐藤武：《中国古代絹織物史研究》下，第288、293页。

[⑦] 藤井宏：《新安商人的研究（一）》，第8页。

的特产。正因为如此,对于回鹘人来说,没有必要特意说qīngsai-nïng tavarï或者qīngsai tavarï,而一定是仅以十分熟悉的表达方式qīngsai tavar就可以通用①。

四、回鹘联系网的倡议

根据以上情况,很明显qīngsai tavar是"行在的缎子"。反过来,以这个结论再来考虑一下No. 193组的文书,甚至包括它在内的伯希和编号第181窟出土文书全体时,会有怎样的发现呢?

首先是关于年代的发现。元军攻陷南宋都城临安(行在,杭州)是在1277年。在此之前,元与南宋是敌对关系,因此,很难想象持有南宋都城之名的高级丝织品,如此容易流通到敌国元朝,而且是边疆地带的敦煌。即,可以认为本文书的上限是1277年②。在前稿中,我们已经得出了以下结论:蒙元时期敦煌的回鹘佛教的主角是(旧)西州回鹘王国人本身,第181窟是为回鹘人服务的,而且第181窟出土文书整体属于蒙元时期进行显著佛教活动的回鹘佛教教团③。所谓蒙元时期,更准确地说是指从蒙古军队消灭西

---

① 顺便说一下,缎子和繻子基本上都是从宋代出现的。参见佐藤武:《中国古代絹織物史研究》下,第288页;藪内清编:《天工開物の研究》,东京:恒星社厚生阁,1953年,第101页。这一观点也与日语中的缎子和繻子反映宋元代江南音的唐音(唐宋音)的语言特征相符合。缎子和繻子之间的区别未必被严格区分,但是通常繻子是厚而光滑且有光泽的丝绸织物,缎子是在繻子的底面上用金丝、银丝等精美的丝线编织出图案而制成的织物。——由于该注释中关于缎子定义的一文有误,后来在森安孝夫《ウイグル文書箚記(その四)》(《内陸アジア言語の研究》第9期,1994年,第88页)中作出如下修改:"繻子织成的高级丝织品,主要使用两种颜色(经线一种颜色和纬线一种颜色;有时经纬线颜色相同;即便是三种以上颜色,但仍以两种颜色为主基调)的彩线来突出花纹。"——而且,看来拉丁语damasc(-us)、中世纪英语damaske、英语damask、法语damas等与缎子大致对应,中世纪意大利语zetani、中世纪法语zatony、中世纪英语satine、法语satin、英语satin等与繻子大致对应。前一系统严格来说是指叙利亚大马士革出产的,在西方很早就为人所知的与缎子非常相似的纺织品,后来也包括了中国出产的真缎子。然而,缎子和damas等之间不存在名称上的关联。相反,后者的谱系实际上是基于伊斯兰商人对南宋至元代世界上最大的贸易港口福建泉州的称谓Zaitun、Zayton、Zaiton等,这是源自使泉州城别具特色的刺桐树的别称。关于泉州城与刺桐树之间的关系,参见桑原隲藏:《宋末の提挙市舶西域人·蒲寿庚の事蹟》,第56—62页。关于Zaitun源自泉州的别称刺桐,参见H. Yule,A.C.Burnell,Hobson-Jobson,London,1903,p. 797;H. Yule,H. Cordier,Cathay and the Way Thither,Ⅳ,London,1914,p. 118。纺织品名称源自其生产地点和出口地点的名称,古今东西存在多例,如muslin(伊拉克摩苏尔)、calico(印度西海岸的加尔各答)、cashmere(印度西北部的克什米尔)、栈留(印度东岸的Sao Thomé)、大岛䌷(日本的奄美大岛)、黄八丈(日本的八丈岛)、tibet(西藏)、赞丹尼奇zandanījī(粟特地区布哈拉近郊)。何况"地名+纺织品名称"的例子不胜枚举,唐代的敦煌文献和吐鲁番文献中多见到在疏勒锦、龟兹锦、波斯锦(关于疏勒锦、丘兹锦、波斯锦,参见坂本和子:《織物に見るシルクロードの文化交流 トゥルファン出土染織資料——錦綾を中心に》,东京:同時代社,2012年,索引)、钵斯锦、高梨锦、末禄緤(氍)、安西緤、河南府绝、陕郡绝等等(译者按:有关赞丹尼奇zandanījī的所指,学界曾有误读误解,最新解读请参尼古拉·辛姆斯–威廉姆斯、杰弗里·汗:《赞丹尼奇误读辨正》,《中山大学学报》2021年第1期,第159—164页;尤小羽:《赞丹尼奇是撒答刺欺吗》,《中山大学学报》2021年第1期,第165—166页)。

② 这里有很多人指出论据薄弱。我反省认为的确如此,但目前还是保留原文。

③ 森安孝夫:《ウイグル語文献》,第74—76、86—87页。

夏的1227年到元朝灭亡的1368年（或1388年）。进言之，在前稿的补遗中①，我重新提出了更多新的史料并且反复考证，更进一步主张第181窟出土文书全部是14世纪初至中叶的东西②。上限为1277年虽然不能充分强调这一主张，但也不与之冲突。1277年只是理论上的上限，从文书的性质来看，实际上年代应该更晚一些。总之，即便只了解到文书大概的上限，也可以对理解本文书内容以及对文书中出现的人名、aymaɣ与ilči等特殊用语提供考察的线索，这里就不赘述了。

接下来引人注目的是敦煌与杭州的联系。大岛（铃木）立子已经以裴哥罗梯的《通商手册》为基础，推定14世纪上半叶从敦煌经过甘州到杭州的道路，特别地被商人所活用，但同时又言"看不到记录下来的东西"。③然而，现在我们可以说已经发现了"记录的东西"。这样看来，正如前稿所述，在第181窟出土西夏语佛典中，有14世纪初在杭州印刷、奉献给"沙州文殊舍利塔寺"的残片的事实④，再次具有了重大意义。

姑且把目光转向外部，从敦煌回鹘佛教徒的故乡吐鲁番地区，出土有14世纪上半叶在大都（北京）、杭州一带印刷的几种回鹘佛典⑤，以及13世纪50、60年代印刷的大都的回鹘人一家（丞相蒙速速一族）以佛教装束列队的木版画⑥。此外，还存在活跃于江南并发财致富的回鹘人亦黑迷失于1315年左右曾派人去河西，给甘州和西凉府佛教寺院发放布施的事实⑦。另外，如所周知，旧西州回鹘王国出身的武将、政治家、文化人世

---

① Moriyasu Takao, "An Uigur Buddhist's Letter of the Yüan Dynasty from Tun-huang", *Memoirs of the Research Department of the Tōyō Bunko*, Tokyo, vol. 40, 1982, pp. 1–18；森安孝夫：《元代ウィグル仏教徒の一書簡——敦煌出土ウィグル語文献補遺》，護雅夫編：《内陸アジア・西アジアの社会と文化》，东京：山川出版社，第209—231页。

② 森安孝夫：《元代ウィグル仏教徒の一書簡——敦煌出土ウィグル語文献補遺》，第224—227页。

③ 大岛（铃木）立子：《敦煌の歴史——元時代》，《講座敦煌2敦煌の歴史》，东京：大东出版社，1980年，第379—380页。

④ 森安孝夫：《ウイグル語文献》，第9、73—74、89—90页脚注6。

⑤ P. Zieme, "Bemerkungen zur Datierung uigurischer Blockdrucke", *Journal Asiatique*, vol. 269-1/2, 1981, pp. 385-399. [Repr.: Zieme 2009, *Fragmenta Buddhica Uigurica*, pp. 512-527]；ペーター・ツィーメ、百濟康義：《ウイグル語の観無量寿経》，京都：永田文昌堂，1985年，第30—33页。

⑥ H. Franke, "A Sino-Uighur Family Portrait: Notes on a Woodcut from Turfan", *The Canada-Mongolia Review*, vol. 4-1, 1978, pp. 33-40, +2 pls.；北村高：《〈孟速思一族供養図〉について》，《神女大史学》第5号，1987年，第83—105页。

⑦ 《闽中金石略》卷11所收《一百大寺看经记》，台北新文丰出版公司印行《石刻史料新编》第17卷，第12886—12888页；北村高：《元朝色目人"亦黑迷失"の仏教活動》，《僧伝の研究：木村武夫教授古稀記念》，京都：永田文昌堂，1981年，第262—265页。

世代代活跃在元朝宫廷和江南[①]。包括这些在内，如把迄今为止已知的回鹘人的活动舞台标出的话，如图所示。

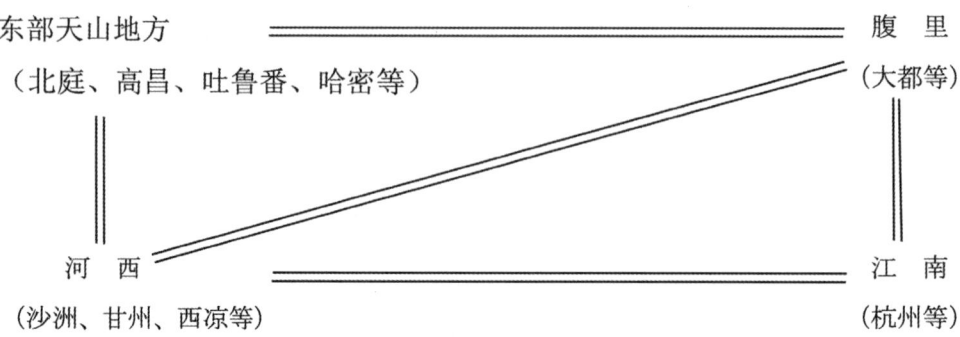

浮现在这里的网络，是追寻偶然残留于史料中的极其零散的回鹘人轨迹的结果。虽然这完全是个偶然的产物，但实质上难道没有什么深刻的意义吗？我不这么认为。梅村坦早已追踪离开故乡、获元朝重用的回鹘人的活动，阐明他们当中存在为确保"血统

---

① 安部健夫：《西ウィグル国史の研究》，京都：彙文堂書店，1955年，第304—313页；冯家升、程溯洛、穆广文：《维吾尔族史料简编》上，北京：民族出版社，1958年，第109—116页（1981年再版，第112—119页）；B. Ögel, *Sino-Turcica. Çingiz Han ve Çin'deki Hanedanının Türk Müşavirleri*, Taipei, 1964, pp. 1–191; Ch'ên Yüan (tr. by Ch'ien Hsing-hai & L. C. Goodrich), *Western and Central Asians in China under the Mongols*, Monumenta Serica Monograph, 15, Los Angeles, 1966（陈垣：《元西域人华化考》英译本）；李符桐：《回鹘与元朝建国之关系》，《师大学报》第15期，1970年，第173–192页；杨巩：《贯云石新考》，《新疆大学学报》1983年第1期，第92—93页（谈及杭州的回鹘寺）；刘志霄：《维吾尔族历史》上，北京：民族出版社，1985年，第260—278页；ツィーメ・ペーター、百濟康義：《ウイグル語の観無量寿経》，京都：永田文昌堂，1986年，第43–48、58–59页［追加信息：Th. T. Allsen, "The Yüan Dynasty and the Uighurs of Turfan in the 13th Century", in：M. Rossabi (ed.), *China among Equals. The Middle Kingdom and Its Neighbors, 10th-14th Centuries*, Berkeley/Los Angeles/London：University of California Press, 1983, pp. 243–280; I. de. Rachewiltz, "Turks in China under the Mongols：A Preliminary Investigation of Turco-Mongol Relations in the 13th and 14th Centuries", in：M. Rossabi (ed.), *China among Equals*, Berkeley/Los Angeles/London：University of California Press, 1983, pp. 281–310; H. Franke, "A Sino-Uighur Family Portrait：Notes on a Woodcut from Turfan", *The Canada-Mongolia Review*, vol. 4-1, 1978, pp. 33–40, +2 pls.; H. Franke, "Chinesische Quellenüber den uigurischen Stifter Dhanyasena", in：K. Röhrborn/W.Veenker (eds.), *Memoriae Munusculum. Gedankband für Annemarie von Gabain*, (VSUA 39), Wiesbaden：Harrassowitz Verlag, 1994, pp. 55–64; H. Franke, "A Note on Multilinguality in China under the Mongols：The Compilers of the Revised Buddhist Canon 1285–1287", in：Ed. H. Kaplan/D. W. Whisenhunt (eds.), *Opuscula Altaica*, Bellingham：Western Washington University, 1994, pp. 286–298; H. Franke, "Chinesische Nachrichten über Karunadaz und seine Familie", in：R. E. Emmerick et al. (eds.), *Turfan, Khotan und Dunhuang*, Berlin：Akademie Verlag, 1996, pp. 80–93。此外尚有众多有关研究作品，限于篇幅兹从略］。

的同一性"而保持同族之间结婚的强烈意识①。基于此，元朝时期回鹘人之所以在各方面都扮演着显著的角色，是因为上面所看到的这种形式的网络，下至家族、一族，上至整个回鹘人全体，都被牢固地绑定，人、物、信息都能通过网络顺利地进行②。说到同族间的联系时，马上就会想起犹太商人和华侨。即使没有那么大的时间和空间的扩展，但元代的"回鹘联系网"的规模也是相当大的。史料中单纯残留商人活动的情况罕见，回鹘商人的情况也不例外。如果不设想到这种"回鹘联系网"和利用它所获得的巨大收益，就很难理解元代回鹘人的显著的文化活动（学术、艺术、宗教等）。

让我们再把目光转回河西。不言而喻，那里在蒙古兴起以前是西夏统治下的地方，无论对于构成西夏核心的唐古特人来说，还是对于自古以来的居民汉人来说，河西都是一块不可替代的宝地。但是对于元代的回鹘人来说，此地具有特别重大的价值。这是因为，由于海都之乱引起的大混乱，旧西州回鹘王室不得不将大本营从东部天山地区转移到河西。因此，恐怕有上万的回鹘人移居到了那里，而且大多数是佛教徒，还包括很多商人。当时的河西，作为连接对元朝宫廷产生巨大影响的藏传佛教的本土西藏和内地交通路线，以及作为从世界最大商业中心江南通往中亚陆上丝绸之路的连接点，在经济上、宗教（佛教）上、文化上无疑都占有极高的地位。如果去掉这样的河西，那么上面所见到的回鹘族之间的联系网就不可能成立。

最后我想指出的是，本文最后提到的"回鹘联系网"这一命题，对于元朝史和回鹘民族史的理解到底有多大帮助，今后尚有待于各个方面的验证。对于第1节所述的"另一个敦煌学"来说，这也是无法忽视的。

［原补记］1987年9月初，我来到敦煌莫高窟，在敦煌研究院孙修身先生的帮助

---

① 梅村坦：《内陸アジアの遊牧民——ウイグル族における時間と空間》，永田雄三、松原正毅编：《イスラム世界の人々——3牧畜民》，东京：东洋经济新报社，1984年，第109—149页。其实此处忘记了梅村坦发表过关于吐鲁番的回鹘人与唐古特（即旧西夏领土）之间维持通好关系的史料，特此补记。那是一则关于婚礼和丧葬费用的回鹘世俗文书〈SJ Kr Ⅳ 638〉的记录。见梅村坦：《ウイグル文書〈SJ Kr. 4/638〉——婚礼・葬儀費用の記録》，《立正大学教養部紀要》第20期，1987年，第53页。另参见本论文后记2。

② 最近柏孜克里克出土了杭州泰和楼大街某商店的广告传单，其中在商品金箔的外包装纸上有木刻墨印。参见吐鲁番地区文物管理所：《柏孜克里克千佛洞遗址清理简记》，《文物》1985年第8期，第56页，图版壹。报告者认为这是11—12世纪的东西，我推测这也是元代回鹘人联系网带来的东西。——之后，我在柏林德国国家图书馆西馆收藏的吐鲁番文书中，发现了同样由杭州商店经营的金箔包装纸3件：Ch 1064（T Ⅱ M 1046）、Ch 1103（T Ⅲ M 137-i）、Ch 1875（T Ⅱ M 1047）。这三件都是相同物品，但与《文物》所发表的不同。在注解43中解释为广告传单，这是为《文物》的图解说明"招贴"诱导所致，不为准确，这依然应该视为商品金箔的包装纸。在吐鲁番用于壁画、幡画和佛像的制作、修理的金箔，从遥远的杭州远道运来这一事实浮出水面，这在美术史上也具有意义。——同时出土的物品中有大量回鹘文献，其中包括明确为元代的回鹘文印刷佛典——我从以前预测用回鹘语印刷的佛经全部属于元代的13世纪后半期至14世纪中叶，但是根据中村健太郎的新研究，进一步限定为13世纪末至14世纪中叶。见中村健太郎：《ウイグル文〈成宗テムル即位記念仏典〉出版の歴史的背景》，《内陸アジア言語の研究》第21期，2006年，第66-73页；《14世紀前半のウイグル語印刷仏典の奥書に現れる〈Könčögイディククト王家〉をめぐって》，《内陸アジア言語の研究》第24期，2009年，第143—148页——这也值得参考。参见《文物》1985年第8期，第49—65页；森安孝夫：《ウイグル語文献》，第10、12—13页注19、91页注23。

下，得以研究墙面上残留的回鹘文、蒙古文、藏文等题记铭文和墨迹。并有幸解读了前稿《ウイグル語文献》以及与本文内容相关的一则回鹘文题记。那则题记位于第61窟甬道上，第61窟是在五代开凿，因中央有文殊菩萨而始称文殊堂，后来元代在窟前建有皇庆寺。这个窟也因描绘有与10世纪归义军节度使曹元忠及曹延禄等有因缘的汉人、回鹘人、于阗人女性供养人像以及在内壁上画有五台山图而闻名。那条甬道被称为元代重修，其所绘西夏人供养人像"扫洒尼姑播盃子愿月明像"的左侧有此处所言的题记（右侧题记为蒙古文）。关于莫高窟的汉文题记，敦煌研究院编《敦煌莫高窟供养人题记》（北京，1986）已经出版。关于汉文以外的其他文种题记，据说也有同样计划，故此处恪守不引文本全文。不过，该窟是对一般游客开放的窟，而且已经在敦煌文物研究所编《中国石窟　敦煌莫高窟　五》（东京，1982）图160（解说为第235-236页）中发表了略不清晰的照片，故引用部分内容概无大碍。在所有4行中，第2行写着 *bu mančuširi bodistv-qa yüküngäli* "自从敬拜此文殊菩萨以来"，第4行写着 *qočo-luy mungsuz šabi qay-a bitiyü tägintim* "高昌（即火州）人*Mungsuz šabi qay-a*谨书"。如果这个*Mungsuz*是注39的木版画中的蒙速速（=孟速思），那就是一个大发现。即便此种看法无法成立，但至少元代吐鲁番地区（旧西回鹘王国）的回鹘人与敦煌有很深的关系的论据又多了一个。此次调查是在获得三菱财团人文科学研究补助金的情况下进行的，对该财团以及孙修身先生表示衷心的感谢[①]。

[后记1] 本稿中首次使用的"回鹘联系网"这一抽象概念[②]，与在地图上视觉显示的交流关系的回鹘网络相映成对。本文的目的之一，是利用当地出土文献论证13世纪末到14世纪中叶回鹘佛教徒在吐鲁番盆地和河西地区的活跃情况，进而凸显欧亚东部的回鹘网络，嘱托以后的研究者验证我所提倡的"回鹘联系网"这一命题对蒙古时代史和回鹘民族史的理解是否有益。幸运的是，其有效性被松井太和中村健太郎所证实[③]，高兴至极。

[后记2] 关于元代大都的回鹘人丞相孟速思一族以佛教装束列队的木版画的年代，森安2015年论文依福赫伯（H. Franke）和北村高1987年研究，取14世纪初之意见[④]。不过，北村高在1993年发表新的研究成果，认为图版刊刻于1260—1267年之

---

① 参见本文后记2。
② 森安孝夫：《敦煌出土元代ウイグル文書中のキンサイ緞子》，载《榎博士頌寿記念東洋史論叢》，东京：汲古书院，1988年，第417—441页+2图版。
③ 松井太：《東西チャガタイ系諸王家とウイグル人チベット仏教徒——敦煌新発現モンゴル語文書の再検討から》，《内陸アジア史研究》第23期，2008年，第38—41页；中村健太郎：《ウイグル文〈成宗テムル即位記念仏典〉出版の歴史的背景》，《内陸アジア言語の研究》第21期，2006年，第156—160页。
④ 森安孝夫：《敦煌出土元代ウイグル文書中のキンサイ緞子》，载氏著《東西ウイグルと中央ユーラシア》，名古屋：名古屋大学出版会，2015年，第503页。关于14世纪初之年代，见H. Franke, "A Sino-Uighur Family Portrait: Notes on a Woodcut from Turfan", *The Canada-Mongolia Review*, vol. 4-1, 1978, pp. 33-40, +2 pls.；北村高：《〈孟速思一族供養図〉について》，《神女大史学》第5号，1987年，第83—105页。

间①。党宝海在2000年重新研究，重点依据孟速思自署丞相官号的年代，考述该木版画创作于1258—1260年的燕京②。兹予以修正。另，关于本文原补记中提到的Mungsuz题记，松井太与其旁边的其他题记一起进行了解读。虽然明确否定了Mungsuz是侍奉忽必烈的有名的蒙速速（=孟速思）③，但就回鹘联系网而言，他提供了补充强调其不仅限于蒙元时代，而且还可以追溯到西州回鹘时代的新材料。即，他不仅追加了回鹘佛教徒串联起东部天山地区和河西地区，并进行广泛移动、交流的证据，而且还指出在蒙元时代，其行动范围进一步扩大到了tangut čölgä，即曾经的唐古特人统治的西夏的旧领土，也就是元代的西夏中兴路—宁夏府路④。

［后记3］也许完全是个偶然，当得知中亚—中国的丝织品相关图录中也使用了与森安1988文首次提及的"回鹘联系网"这一概念时，笔者多少有些吃惊。这是J. C. Y. Watt和A. E. Wardwell（eds.），*When Silk Was Gold. Central Asian and Chinese Textiles*（New York：The Metropolitan Museum of Art，1997）的第2章"Kesi：Silk Tapestry"的"The Uyghur Connection"（pp. 61-62）一节，内容讲述西州回鹘和宋、辽、金、元朝之间通过高级丝织品刻丝、尅丝、缂丝（缀织）存在联系，其媒介是回鹘人。真是一个颇具意思的话题。不过，在森安2015年专著第116页中，莫高窟第409窟的著名肖像依然被视作西夏王。正如我所断言，此乃回鹘王⑤。之后，由于这种观点在学术界已经普及⑥，故如果将其作为资料加以引用，并结合坂本和子关于前近代中亚丝织品的研究成果⑦，必能进一步加深讨论。

［后记4］围绕kinsai即行在说，最近发表有具有史学史意义的介绍，兹作引介：堤一昭：《石濱文庫所蔵の桑原隲蔵書簡——マルコ・ポーロの〈キンサイ=行在〉説をめぐって——》，《待兼山論叢（文化動態論篇）》第46期，2012年，第1-20页。

原载《中山大学学报（社会科学版）》2021年第4期

---

① 北村高：《关于孟速思家族供养图》，《元史论丛》第5辑，北京：中国社会科学出版社，1993年，第9—152页。

② 党宝海：《十三世纪畏兀儿蒙速速家族供养图考》，《欧亚学刊》第2辑，北京：中华书局，2000年，第139—152页。

③ 松井太：《敦煌諸石窟のウイグル語題記銘文に関する箚記》，《人文社会論叢（人文科学篇）》，2013年，第42、44页。

④ Matsui Dai, "Revising the Uigur Inscriptions of the Yulin Caves", *Studies on the Inner Asian Languages*（*Nairiku Ajia gengo no kenkyū*），（Kōbe/）Toyonaka：Chūō Yūrasia-gaku kenkyūkai, vol. 23, 1998, pp. 27-29；松井太：《敦煌諸石窟のウイグル語題記銘文に関する箚記》，《人文社会論叢（人文科学篇）》（弘前大学）第30辑，2013年，第39—44页。

⑤ 森安孝夫说，见《東西交渉》第1期第3号，1982年，第28页；森安孝夫：《ウイグル=マニ教史の研究》，《大阪大学文学部紀要》第31、32合集，丰中：大阪大学文学部，第146页。

⑥ 谢静、谢生保：《敦煌石窟中回鹘、西夏供养人服饰辨析》，《敦煌研究》2007年第4期，第80—85页。

⑦ 坂本和子：《織物に見るシルクロードの文化交流 トゥルファン出土染織資料——錦綾を中心に》，东京：同時代社，2012年。

亦列、合答、豁孛格秃儿：蒙古史书中的三位金朝将领

［美］艾骛德著，马晓林译

蒙古征金朝的史料之难读，在于《元朝秘史》《圣武亲征录》《世界征服者史》《史集》《金史》《元史》等书所载人名、专名很多难以勘同。蒙古文史料原文皆散佚，只能依靠其他语言文献构拟复原；诸书在流传中文字舛讹颇多，必须校正，都给研究带来了困难。近期的研究越来越发现很多问题不只涉及中古蒙古语、中古突厥语、汉语，更关乎方言以及一些迄今研究不足的语言，如契丹语、女真语等①。如果超越纯粹汉语、蒙古语的视野，考虑有些词汇是从契丹语、女真语进入中古蒙古语或汉语的，那么很多疑难问题就容易解决了。本文将考察三个案例。

一、文本与写形

我最近的一篇文章，勘定波斯史家拉施特（Rašīd al-Dīn）《史集》所记窝阔台平金史事有两种蒙古语史源。第一种是"史料A"，叙事核心是金朝皇帝"阿勒坛汗"（Altan Qa'an）及其残余势力的内部矛盾。第二种是"史料T"，叙事核心是拖雷（Tolui）平金事迹、其死亡及其寡妻唆鲁禾帖尼别吉（Sorqaqtani Beki）的事迹②。拉施特还利用了波斯史家志费尼《世界征服者史》中关于蒙古征金的记载，志费尼的记载本身显然源自另一种蒙古语史料。经过分析后，我认为，志费尼所用的这种蒙古语史料，后来编入史料T，而史料T后来编入《元睿宗实录》，后者是《元史·睿宗传》的史源；在这种史料编入史料T之后的某个时间点，它也被《元朝秘史》所使用③。

志费尼《世界征服者史》有这样一段记载："那些地方的汗——阿勒坛汗（Altun-Khan，即金朝皇帝——引者），得到蒙古军来临的消息，派出他的两员大将QDAY

---

① 本文的女真语转写，大致遵循穆麟德（Paul Georg von Möllendorff）系统，但不使用w、y划分音节，而使用ḥ、ġ表示后元音。

② 我又称史料T为"拖雷汗颂"（Encomium of Tolui Khan），见Christopher P. Atwood, "Rashīd al-Dīn's Ghazanid Chronicle and Its Mongolian Sources", in *New Approaches to Ilkhanid History*, ed. Timothy May, Dashdondug Bayarsaikhan, and Christopher P. Atwood, Leiden: Brill, in Press, pp. 53-120（76-80）.

③ 见Christopher P. Atwood, "Pu'a's Boast and Doqolqu's Death: Historiography of a Hidden Scandal in the Mongol Conquest of the Jin", *Journal of Song-Yuan Studies*, vol. 45, 2015, pp. 246-251.

RNKW和QMR NKWDR御敌。"①拉施特《史集》引用这段文字时，将QMR NKWDR写作QMR TKWDR，波斯文字母N变为T，即识点从一点变为两点②。波伊勒（John Andrew Boyle）英译此二书时，请教了柯立夫（F. W. Cleaves），将QDAY勘同为《秘史》之合答（Qada）、《金史》之合达；但他对QMR NKWDR的处理前后不一致，在《世界征服者史》英译本中转写为Qamar Neküder，在《史集》英译本中却作Höbegedür③。后者显然改动了波斯文，但未作说明。萨克斯顿（Wheeler Thackston）的《史集》英译本将此二人名写作Qoda Rigo和Qobägädür④。Qoda显然是根据威妥玛拼音Ho（"合"）构拟的，又以Rigo对"芮国"（详见下文），对音拙劣，不足为训。第二个人名从Neküder到-bägädür不难，字母n上面的点下移即为b，而字母k和g是不明确的，而元音在波斯文中皆省略了。但是在一个词里将后元音qo与前元音g、ä、ü并置，严重违背了蒙古语元音和谐律。不过，萨克斯顿凑巧与正确读音接近。

《元朝秘史》第251节有一段对应的记载，但是出现了三个人名。蒙古文复原及译文如下：

> Cinggis Qa'an-i Tunggon Amasar-iyar bolba ke'en Altan Qan medejü Ila Qada Qu-Bögetür ġurban-a ceri'üt mede'üljü cerik böklejü Hula'an Degelen-i manglailan jasaju Tunggon Amasar-i temecen daba'a bu daba'ulutqun ke'en Ila Qada Qu-Bögetür ġurban-i ceri'üt qurduilan ile'ejü'üi.
>
> 阿勒坦汗闻知成吉思汗前来潼关，命亦列、合答、豁孛格秃儿三人统率军队守关，说："以红袄军为先锋，固守潼关，勿使过岭！"就这样派亦列、合答、豁孛格秃儿三人率军疾驰前去。⑤

这与波斯文史书的叙述结构是相似的——阿勒坦汗派遣将军抵御蒙古军。《元朝秘史》所记地点潼关更具体。这是《元朝秘史》所用的史料T比志费尼所用的蒙古语史源有进步之处。史料T中也多出了第三位将领亦列。而且在《元朝秘史》后文中，金军将领是亦列、合答二人，豁孛格秃儿不见了。

---

① Juvaynī, ʿAlāʾ al-Dīn ʿAṭā Malik, Trans. John Andrew Boyle, *The History of the World Conqueror*, Cambridge：Harvard University Press, 1958, p. 192. 有疑问的专名以大写拉丁字母换写，遵从波伊勒所用的波斯文换写系统。

② Rashīd al-Dīn, trans. John Andrew Boyle. *Successors of Genghis Khan*, New York：Columbia University Press, 1971, p. 35. 波斯文本，见Rašīd ad-Dīn, Fażlallāx, ed. A. A. Ali-Zade. *Džāmiʿat-Tavārīx*, vol. 2, part 1, *Kritičeskii text*. Moskva："Nauka", 1980, p. 61。

③ Juvaynī/Boyle, p. 192, n. 5. Rašīd/Boyle, p. 35, n. 115.

④ Rashiduddin Fazlullah, trans. and ed. W. M. Thackston. *Jamiʿuʾt-Tawarikh：Compendium of Chronicles：A History of the Mongols*. Cambridge：Harvard University Press, 1998–1999, p. 314.

⑤ 乌兰校勘：《元朝秘史（校勘本）》续集卷1，北京：中华书局，2012年，第12r–v叶，第345页。Igor de Rachewiltz, *Index to the Secret History of the Mongols*, Bloomington：Indiana University, 1972, ll. 10111–10114（p. 147）. Šarawyn Čoimaa, "Mongolyn nuuc towčoon"；Luwsandanzany "Altan towč" exiin xaricuulsan sudalgaa. Ulaanbaatar：Mongolian National University and the International Association of Mongol Studies, 2002, §251（pp. 168–169）。

以往学者皆未能正确处理这三个人名，因为他们过于遵从《元朝秘史》的明初汉字音写（约1395年），而没有充分参校其他文献，也没有参考17世纪蒙古文史书罗桑丹津（Lubsang-Danzin）《黄金史》（Altan tobci）。《元朝秘史》明初音写"亦列" "ᶜᵘ合荅" "豁字格秃ʳ儿"可还原为Ile、Qada、Höbögetür。第一个人名的回鹘体蒙古文AILA，读音既可以是Ile也可以是Ila①。明初人音写《秘史》时显然已不知其正确读音，将其读作蒙古语词ile（明显的、公开的）。然而ile并不用作人名。实际上，Ila即契丹皇族姓氏移剌。《圣武亲征录》此人名作"移剌蒲阿"②，契丹人，金朝将领，生平事迹清晰。《秘史》的汉字音写显误。

第三个人名的问题不是在于译音，而在于文本传承。罗桑丹津《黄金史》中的文本与《元朝秘史》相当接近，只是人名有差异，作Ila、Qataġu、Bögetür③。Qataġu是蒙古语常用形容词，义为"坚硬"。而合达（Qada、Ḥada）作为著名的女真将领，其名在女真语、蒙古语中义为"山崖、山峰"，是毫无疑问的。因此-ġu原本并不是Qada名字的一部分④。

将Qada分离出去，就很容易调和《秘史》和《世界征服者史》的写形。第三个人名由Qo/Qu和Bögetür两部分组成。Qo/Qu在波斯语中作QW，后者容易讹写为QMR，尤其是在蒙古时期的抄写者知道有个蒙古语词qamar（鼻子）的情况下。《元朝秘史》音写原应作"ᶜᵘ豁字格秃ʳ儿"。前面的小"中"字标识刚性元音，后来在文本流传中脱漏了。也有可能是"豁" "字"之间原有空格，后来在传抄中不明显了，两部分连在一起，"豁"就被跟着后面一起被理解为柔性元音Hö-。蒙古文文献仍然传承了Qo，但后人不解其意，便将其与前面的Qada连起来，成了Qataġu。

将第三个人名分成两部分后，立刻就能发现后半部分是蒙古语。在现代蒙古语中，bögetür、bögtür义为"弯曲的、驼背的"⑤。《元朝秘史》描述一匹马时用到了这个词，音写为"孛戈秃ʳ儿"（bögötür），旁译"拱脊"⑥。因此，Qo/Qu是这位将领的姓或者名，而字格秃儿是他的绰号。复原了蒙古文写形之后，我们便能讨论此三人名的拼写了。

二、三位将领

下面我将逐一讨论这三人。前二人移剌蒲阿（契丹语Ila Puwa）、完颜合达（女真

---

① 大写拉丁字母换写，遵从亦邻真的换写系统。亦邻真：《亦邻真蒙古学文集》，呼和浩特：内蒙古人民出版社，2001年，第629ff页。

② 贾敬颜校注，陈晓伟整理：《圣武亲征录（新校本）》，北京：中华书局，2020年，第326页。

③ Čoimaa 2002, pp. 168–169（据Lubsang-Danzin, Altan tobci, 112r–v）。

④ 回鹘体蒙古文t、d不分。而q、ġ在18世纪末才用两点加以规范区分，此前如罗桑丹津《黄金史》中也不予区分。

⑤ Ferdinand D. Lessing, Mongolian-English Dictionary, Bloomington：Mongolia Society 1982, s.v. Bøgtyr, Bøgetyr（pp. 126a, 125a）. Charles Bawden, Mongolian-English Dictionary, London：Kegan Paul International, 1997, s.v. Бөгтөр（p. 61a）。

⑥ SHM §§ 95, 205；栗林均：《「元朝秘史」モンゴル語漢字音訳・傍訳漢語対照語彙》，仙台：东北大学，2009年，第84、85页（bögötür、bökötür）。

语Wongian Ḥada）的事迹是很清楚的，《金史》皆有传①。忽必烈潜藩时知此二人为金朝最后的将领②。《圣武亲征录》记平金史事时只记合答、移剌二人之名③。从1229年到1232年，此二人作为金朝最高将领，常常同时出现在文献中④。

（一）亦列（Ila）：移剌蒲阿

1. **其姓移剌**

移剌（Ila）是契丹皇族姓氏的两种形式之一。另一种形式是耶律（契丹语Yäruwud），此处不展开讨论。《元史》中载录了多种音译。移剌蒲阿本人的姓名就有两种音译：第一种是亦剌哈台，根据元代汉语蒙古语译音规律，可复原为Ilaqadai；第二种是亦来哈觪，可复原为Ilaiqadai⑤。这两种形式都可以拆分为：Ila（i）+qa（人名后缀）+ dai（阳性后缀）⑥。注意-a ~ -ai之异在蒙古语中相当常见，但只出现在词尾或词根之尾⑦。因此整个词的意思是姓移剌的男人。

姚景安《元史人名索引》将亦剌哈台、亦来哈觪勘同，但没有指出这就是移剌蒲阿⑧。《元史·尤赤台传》载，尤赤台（Ĵürčedei）之子怯台（Ke'etei）之子端真拔都儿（Dönjin Ba'atur）"太宗时与亦剌哈台战，胜。帝即以亦剌哈［台］妻赐之。"⑨《元史·昔儿吉思传》载，昔儿吉思"太宗时，从睿宗西征，师次京兆府，会亦来哈觪率诸部兵作乱，昔儿吉思挺身斫贼阵，下马搏战，贼众莫不披靡，俄失所乘马，步走至睿宗军中。贼退，睿宗嘉其勤劳，妻以侍女唛火台"⑩。这两处记载的只能是蒙古军围攻凤翔府期间的华阴之战。《金史》记载，移剌蒲阿和完颜合达出潼关，解救凤翔府，遂有华阴之战。京兆府位于潼关和凤翔之间，围攻凤翔时，肯定有一支蒙古军驻扎于此，防御潼关的金朝大军。这就是拖雷军，端真拔都儿、昔儿吉思皆在其麾下。这两篇列传都使用了契丹人名的蒙古化形式，说明在那场战争中这种形式是通用的。这证明Ila、

---

① 脱脱等：《金史》卷112，北京：中华书局，1975年，第2463—2470、2470—2474页。

② 苏天爵著，姚景安点校：《元朝名臣事略》卷13，北京：中华书局，1996年，第261页。Hok-lam Chan, "A Recipe to Qubilai Qa'an on Governance: The Case of Chang Te-hui and Li Chih", Journal of the Royal Asiatic Society, series 3, vol. 7, No. 2, 1997, pp. 257-283（273）。

③ 贾敬颜校注，陈晓伟整理：《圣武亲征录（新校本）》，北京：中华书局，2020年，第326页。

④ 脱脱等：《金史》卷17，第381-385页；卷112，第2467页。Atwood 2015, pp. 239-278。

⑤ 宋濂等：《元史》卷120，北京：中华书局，1976年，第2963页；卷122，第3015页。

⑥ 关于名词构词后缀-KA（∅ ~ -i ~ -n），学界少有讨论。但它在12世纪仍很活跃。伯希和（Paul Pelliot, and Louis Hambis, trans. and ed., Histoire des Campagnes de Gengis Khan: Cheng-wou ts'in-tcheng lou, Leiden: E. J. Brill, 1951, pp. 23, 129）曾论及之，例证为含义不明的词根čara-与sö'e-。但更清晰的例证是人名Ca'urqa、Ca'urqai、Ca'urqan，来自契丹语、中古蒙古语词根čawur ~ ča'ur"战争、战士"；还有人名Taγaiqa，来自突厥语taγai"舅舅"。后缀-dAi是阳性的，对应的阴性后缀是-jin（Nicholas Poppe, Grammar of Written Mongolian, Wiesbaden: Otto Harrassowitz, 1974, §125）。见Rašīd/Thackston, pp. 44-45。它常与中性后缀-tai混淆。

⑦ Pelliot and Hambis 1951, pp. 23, 129, 252. Paul Pelliot, Notes on Marco Polo, vol. 1, Paris: Adrien-Maisonneuve, 1959, 31, 136, 220.

⑧ 姚景安：《元史人名索引》，北京：中华书局，1982年，第13c页。

⑨ 宋濂等：《元史》卷120，第2963页。

⑩ 宋濂等：《元史》卷122，第3015页。

Ilaqadai、Ilaiqadai都源自同一个契丹姓，经过蒙古语的人名化（anthroponymic）、族名化（demonymic）过程，成为了人名。

辽金史料中还有基于契丹语Ila、Ilai、Ilaqa的其他音译形式：1）Ila：金元时期的姓氏曳剌①，如《元史·食货志》所载"曳剌中书兀图撒罕里"②，即移剌楚材，中书是他的职官。兀图撒罕里（Urtu-Saqal）是他的蒙古语绰号，义为"长髯"。因此，曳剌是移剌的异译。2）Ilai：辽代人名夷列③。虽然我们不清楚其音为Ile或Ilia抑或类似Iliä的混合形式，但它肯定经历了从契丹语到中古蒙古语的ia～ai单元音化、颚音化以及音位转换。3）Ilaqa：辽代人名夷腊葛、夷剌葛④。

关于移剌的词源，罗依果指出，这个词是一个常用名词，本义是"种马、低级官员（使臣、旗手、士兵）"⑤。他将此名联系到唐代安禄山的亲兵"曳落河"，其成员有突厥、契丹、奚、室韦等，按唐代读音可构拟为Yaila（k）ğa⑥。这个词大概就是更早时期辽东慕容鲜卑首领的名字弈洛韓（*Yailaqan）、弈洛瓌（*Yailaqai）⑦。蒙古语人名Ilqa～Ilaqa、Ilaqan无疑与其同源。最著名的当属王汗之子Ilqa Senggüm，《元朝秘史》音写误作"你勒合"（Nilqa，义为"婴孩"）⑧，因为在不加点的蒙古文中Ilqa与Nilqa写形难以区分。虽然早期的形式Yailaqa的第一音节已有发展⑨，但与移剌词义相吻合，所以罗依果将它们勘同无疑是正确的⑩。拉施特记载察兀儿罕（Ča'urqan）绰号Īlāğān（Ilaqan），而他实际上是一位使臣⑪，可以证实这一词源。

2. 其名蒲阿

蒲阿之名，在《元史》中又作蒲瓦（Puwa）、蒲兀（Puwu）⑫。这些转写都体现出契丹语音p-，这个音位在女真语、中古蒙古语中都是没有的。《元史·按扎儿传》

---

① 崔文印：《金史人名索引》，北京：中华书局，1980年，第314c页；姚景安：《元史人名索引》，第349b页。

② 宋濂等：《元史》卷95，第2438页。

③ 曾贻芬、崔文印：《辽史人名索引》，北京：中华书局，1982年，第47b-c页。

④ 曾贻芬、崔文印：《辽史人名索引》，北京：中华书局，1982年，第47c页。

⑤ Igor de Rachewiltz, "Some Remarks on the Khitan Clan Name Yeh-lü~I-la", *Papers on Far Eastern History*, 9, 1974, pp. 191–198. 但罗依果认为移剌、耶律是同一个词的不同音译。这显然是不对的，导致他的文章中出现了一些混淆。

⑥ W. South Coblin, *A Compendium of Phonetics in Northwest Chinese*, Journal of Chinese Linguistics Monograph Series No. 7, 1994, §0230, 0883, 0019.

⑦ 魏收：《魏书》卷101，北京：中华书局，1974年，第2233、2234页；卷92，第2060页。

⑧ 栗林均：《「元朝秘史」モンゴル語漢字音訳・傍訳漢語対照語彙》，第319页。

⑨ 类似的现象，见喀什噶里《突厥语大词典》中Imar（鄂毕河）作Yamār。Maḥmūd al-Kāšğarī's *Compendium of the Turkic Dialects*.

⑩ 施姆内克提出的"Erlig Qa-"于音于义皆不合。Andrew Shimunek, *Languages of Ancient Southern Mongolia and North China*, Wiesbaden: Harrassowitz, 2017, pp. 201–202.

⑪ Rašid-ad-Din, trans. L. A. Xetagurov, ed. A. A. Semenov. *Sbornik letopisej*, vol. I, part 1. Moscow: Academy of Sciences Press, 1952, p. 192. Rašid/Thackston, p. 108. Rašīd ad-Dīn, Fazlallāx, ed. A. A. Romaskevič, A. A. Xetagurov, A. A. Ali-Zade. *Džāmi'at-Tavārīx*, vol. 1, part 1, *Kritičeskii text*. Moskva: "Nauka", 1968, p. 545.

⑫ 姚景安：《元史人名索引》，第175c页。

记载了第四种音译"移剌不花"，与姚景安索引中的其他形式不能勘同①。"（蒙古大军）至钧州三峰山，金将完颜合达引兵十五万来战，俘其同金移剌不花等，悉诛之。"从事迹来看，这位移剌不花只能是移剌蒲阿。但众所周知，不花音译自蒙古语buqa，义为"牤牛"。《元史·按扎儿传》的蒙古文史源肯定作AILA BOQ-A，是Puwa的"蒙古化"形式。蒙古语中没有p-，只能用b-来表示。蒙古文的Q可以表示q或者ġ，契丹语的-w-可以用中古蒙古语-ġ-表示。书写者是用BOQ-A表示Bu'a的读音，但这个写形也可以读作buqa，因而被音译为不花。

契丹语puwa与中古蒙古语buqa的相似只是一种巧合。《金史·国语解》释"蒲阿"为"山鸡"②。鉴于蒲阿、蒲兀指的是一个人，我们认为puwa ~ puwu是同一个词的两种形式。契丹语词首的p-，对应于女真语f-、中古蒙古语h-。虽然在蒙古语中没有同源词，但这两个形式在满语中都能找到。满语通常称山鸡为ulḫûma，但也常常加上各种前缀，其中之一是fa ulḫûma，义为"黑松鸡"。其他加前缀的形式还有nilḫûma、salḫûma、šalḫûma、fulḫûma。显然，最后一个是由fu＋ulḫûma构成的。我们推测前缀fa、fu，分别是契丹语puwa、puwu的女真语同源词。而fa、fu从女真语进入满语，构成了fa ulḫûma和fulḫûma。

（二）合答（Ḥada）：完颜合达

1. **其名字**

合答的姓是完颜（女真语Wongian，满语Wanggiyan）③。他的名字的音译，《金史》作合达、合打，《元史》作合达、哈达、合答④。所有这些音译都来自女真语Ḥada或蒙古语Qada。女真语Ḥada即《金史》之哈丹（Ḥadan），义为"山之上锐者"⑤。其同源词是蒙古语qada（n）（义为"岩、崖、峭壁"）以及满语ḥada（"峭壁、小山崖；岩顶；山峰"）⑥。

因此Ḥada ~ Qada可能有Ḥadan ~ Qadan的形式。就完颜合达本人而言，文献中没有记录带有尾音-n的形式，但波斯史家记载了尾音-i的形式。志费尼所记QDAY，即Qadāy，此前一直被认为是误写⑦。但正如上文所述Ila ~ Ilai的情况，蒙古语族中-Aϕ与-An并存互换是常见的现象。在-Aϕ与-An并存的时候，Ai也很可能存在，构成-ϕ、-i、-n一组。这是伯希和最先发现的，例证如Čaraqa ~ Čaraqai ~ Čaraqan，Sö'eke ~ Sö'ekei ~ Sö'ekei，Alta ~ Altai ~ Altan，Qita ~ Qitai ~ Qitan⑧。因此，

---

① 宋濂等：《元史》卷122，第3007页；姚景安：《元史人名索引》，第175b页。
② 脱脱等：《金史·金国语解》，第2896页。
③ 关于Wongian，见金启孮：《女真文辞典》，北京：文物出版社，1984年，第12、86、132、263页。其中古蒙古语形式*Wongion在拉施特《史集》中讹为*Yūnkyūn。关于此问题，我拟另文探讨。
④ 崔文印：《金史人名索引》，第203页；姚景安：《元史人名索引》，第184页。
⑤ 脱脱等：《金史·金国语解》，2895页。
⑥ Jerry Norman, *A Comprehensive Manchu-English Dictionary*, Seattle：University of Washington Press, 2013, s. v. hada（p. 159）。
⑦ 拉施特《史集》显然逐个字母抄自志费尼《世界征服者史》。Juvaynī/Boyle, p. 192, n. 5.
⑧ Pelliot and Hambis 1951, pp. 23, 129, 252. Paul Pelliot 1959, pp. 31, 136, 220.

Qada ~ Qadai ~ Qadan应该是同一个名字的三种形式。在满语中，确实有人名Hada与Hadai，尽管Hadan未见记载①。

2. 其称号

志费尼用波斯文记载合答的称号为RNKW，拉施特从之。正如Qamar Nekūder之名所示，志费尼原文已有讹误。波伊勒建议将RNKW校改为SNKM，读作seng'üm（将军）。但是词首字母R与其他字母是分写的，不太可能是字母S之讹。萨克斯顿读作Rigo，以对应合达的封号"芮国公"②。但这不能成立：第一，金朝芮国公不止一人；第二，在非汉语文献中，这种称号极为罕见；第三，"芮"在中古蒙古语中作šui而非rui。波斯文在转写汉语、女真语、蒙古语时，词首不可能出现字母R，因此我认为，R很可能是字母W（vāv）之讹。

《金史》指称合达的职衔时，最常用的是元帅、帅臣，另外常用的是平章，只有一次称他为行省。元朝文献最常称他为"将"，其次是"帅"。平章，女真语作finjan，蒙古语作bingjang，与RNKW相差很远。元帅，《史集》所转写的回鹘体蒙古文写形当为yongšai ~ ĵongšai、wangšai、wanšai③。志费尼省略了元音，那么Wangšay应转写为波斯文WNKŠY。后者容易讹为WNKW。总之，志费尼的QDAY RNKW原来应作*QDAY WNKŠY，即译写回鹘体蒙古语Qadai Wangšay（合答元帅）。

（三）豁孛格秃儿（Qu Bögetür）：纥石烈牙吾塔

Qu Bögetür的勘同不容易。在合答、蒲阿之下有完颜草火讹可、纥石烈牙吾塔、完颜陈和尚等几位将领。《秘史》先记载了豁孛格秃儿，后来不提他，说明他在1229—1330年金朝的胜仗中是主要角色，但没参加1231—1232年的潼关之战、三峰山之战。陈和尚在三峰山英勇赴死，如果他足够重要，不可能不见于蒙古文史料，所以陈和尚可以排除。从史实角度，备选项限定于完颜草火讹可、纥石烈牙吾塔。如果其中一人是驼背，那么就很容易勘同了，但史料中似乎没有直接的记载。我们需要从他的名号入手。

1. 豁（Qu）、纥石烈

牙吾塔的姓是纥石烈。契丹语、女真语研究显示这个姓由纥、石烈两部分组成。纥的词义不明，石烈是一个常用词，指一个行政层级。吴英喆的研究显示，石烈可与契丹语šire（契丹小字§§028，235，348）勘同④。《辽史·百官志》记载⑤，"斡鲁朵"

---

① Giovanni Stary, *A Dictionary of Manchu Names*: *A Name-Index to the Manchu Version of the "Complete Genealogies of the Manchu Clans and Families of the Eight Banners"*, Weisbaden: Harrassowitz 2000, s. vv. Hada, Hadai（pp. 169a-b）.

② 脱脱等：《金史》卷112，第2467页。

③ 在拉施特《史集·成吉思汗纪》中，这三种形式所指的人物如下：1）yongšai~ĵongšai：高琪、留哥、李英；2）wangšai：乌也儿（Üyer）、秃花（Tuġan）；3）wanšai：乌也儿、秃花。

④ 契丹字形见Shimunek 2017, pp. 425-440, 441-444; Wu Yingzhe and Juha Janhunen, *New Materials on the Khitan Small Script*: *A Critical Edition of* Xiao Dilu *and* Yelü Xiangwen, Folkestone, Kent: Global Oriental, 2010, pp. 259-272; Daniel Kane, *The Kitan Language and Script*, Leiden: Brill, 2009, pp. 301-305, index, and 35-81.

⑤ 脱脱等：《辽史》卷31，北京：中华书局，1974年，第362—370页；卷33，第384—389页；卷46，第723—726页。

（ordo）或"部"（ñowur）之下皆有石烈（šire）①。石烈之下又分为更小的单位"瓦里"（war）或"弥里""抹里"（mir/*meiri）②。

因此，用契丹的方式来说，纥石烈是一个具体的石烈（分部）的名称，意思是一个叫作纥的分部。关键问题是纥的读音。这个字除用于译音外很少见③，最常见的是唐代音译回纥（Huyġur），纥字反映了唐代的入声。

契丹语资料反映出纥用于音译后元音qu。《辽史·营卫志》记载，耶鲁盌（Yäruwun）斡鲁朵下属的十抹里之一是纥斯直④。纥斯直可以勘同为突厥语quščǐ，义为"鹰人"⑤，旁证是其他斡鲁朵位下多次出现"稍瓦直""稍瓦只"，即契丹语šawačǐ，义为"鹰人"。语音š＞s的转变，是远东突厥语方言的特点⑥。纥字在契丹、奚人名中各出现了一次：纥石保、搭纥。此二人名完全可以对应满语人名Ḥûsiboo、Daḥû⑦。这反映出契丹时期的纥读音是Qu-。总之，辽代纥石烈应为*Qu-Šire。

但是，纥石烈在女真语中的读音是He-Širie⑧。对应"纥"的女真字（496）频繁地用作前元音词的前缀，因此，从元音和谐的角度看He是前元音。除此之外，这个女真字显然只用于汉语借词hē（来自汉语动词"刻"）⑨。后来在明代，它更频繁地见于其

---

① Ñowur契丹小字作222（~251）、090（~252~377~138）、97。见Kane（2009，§3.223，cf. §3.024）；Wu Yingzhe，"A Study of the Tribal Name *Diela* in the Khitan Small Script"，in *Tanguty v Central'noj Azii*：*Sbornik statej v čest' 80 letija professora E. I. Kyčanova*，ed. I. F. Popova, Moscow：Oriental Literature. 2012, pp. 454-460。不同的字形表示的是ñowur、ñuwur、nowur（见Kane 2009 §§2.138, 2.377）。这个词就是满族的显赫部落钮祜禄（Niohuru）的词源。Stary 2000, s. v. Niohuru, p. 596。

② 关于瓦里，见Christopher P. Atwood, "Some Early Inner Asian Terms Related to the Imperial Family and the Comitatus", *Central Asiatic Journal* 56, 2012/3, pp. 53-57。Mir契丹小字作133, 235。我认为mir（弥里）是*meiri（抹里）的音变，其词根是mei-，与满语meiren（mei+re）（肩、边）以及meilembi（mei+le+mbi）（切除、剖开）是平行词。

③ Edwin G. Pulleyblank, *Lexicon of Reconstructed Pronunciation in Early Middle Chinese, Late Middle Chinese, and Early Mandarin*, Vancouver：UBC Press, 1991, s. v. *hé* 纥（p. 122）.

④ 脱脱等：《辽史》卷31，第364页。

⑤ *Drevnetjurkskij slovar'*, ed. V. M. Nadeljaev, D. M. Nasilov, E. R. Tenišev, and A. M. Ščerbak. Leningrad：Nauka, 1969, p. 471a.

⑥ Christopher P. Atwood, "Middle Turkic Dialects as Seen in Chinese Transcriptions from the Mongol Yuan Era", in *Philology of the Steppes*：*Essays in Mongolic, Turkic, and Tungusic Studies*, ed. Ákos Bertalan Apatóczky and Christopher P. Atwood, Leiden：Brill, 2018, pp. 16-27.

⑦ 见脱脱等：《辽史》卷70，第1182页；卷85，第1314页。参Stary 2000, s. v. *Husiboo* (p. 200a), s. v. *Dahū* (p. 82b)。关于满语人名作为契丹语词汇库的重要性，见Christopher P. Atwood, "Looking for Words in All the Wrong Places：Using Stary's *Dictionary of Manchu Names* to Shed Light on the Vocabulary of the First Inner Asian Linguistic Exchange", Paper, Manchu Studies Conference, University of Michigan, May 7, Ann Arbor, 2016。

⑧ 女真字496、556、610，见金光平、金启孮：《女真语言文字研究》，北京：文物出版社，1980年，第308页；金启孮：《女真文辞典》，第138、192页；Gisaburo N. Kiyose, *A Study of the Jurchen Language and Script*：*Reconstruction and Decipherment*, Kyoto：Hōritsubunka-sha, 1977, pp. 62-94。

⑨ 金启孮：《女真文辞典》，第138页；金光平、金启孮：《女真语言文字研究》，第283页。

他词汇中，而且不是汉语借词①，发音与现代汉语官话hé相合。

虽然纥石烈无疑是女真姓，但我相信它更像是契丹语形式。就像大多数女真姓一样，纥石烈在辽代契丹统治下的女真人中已经出现。而且"石烈"来自契丹语，除了纥石烈这一姓之外不见于女真语中。元代汉语"纥"的读音是ğu或hu②；现代官话hé的发音尚未出现。女真姓He-Širie的第一音节he-相对于契丹语形式qu-，第三音节-rie相对于契丹语形式-re，都产生了音变。类似的音变例子，如čenhu（千户）③。金末牙吾塔的姓也被写成"克石烈"④，也说明了音变。无论是受汉语影响还是女真语自身发展的结果，He-Širie是*Qu-Šire的音变。

总之，牙吾塔的姓纥石烈（*Qu-Šire）与豁字格秃儿的第一部分Qo/Qu相契合。回鹘体蒙古文Qo/Qu写形相同，虽然《元朝秘史》的明初译者将其读作"豁"，但也可能读作Qu。在蒙元时期，契丹语尚未消亡，蒙古人在使用契丹语Qu-Šire时，省去Šire（部），简称为Qu，并不令人奇怪。

2. 牙吾塔、孛格秃儿、卢鼓椎

在金代文献中，牙吾塔（Yawuta）又译牙吾答、牙古塔、牙古太⑤。《金史·国语解》释牙吾塔为"疡疮"⑥。其满语同源词应是yoo（在满语正字法中，oo代表双元音au）。塔、答（-ta）是分配性复数后缀（例如满语aḫûn"哥哥"，aḫûta"哥哥们"）。古、吾的歧异，说明更早时期的音节-aġu-脱落了中间辅音而成为au、awu。女真语、蒙古语都有这种脱落中间辅音的倾向。其他的例子如begile（勃极烈）>beile（贝勒）；digu->diu-（来）；jugu>juu（路）。元代音译牙吾塔之名为牙兀䚟⑦，也能证实这种倾向。此名在回鹘体蒙古文中肯定写作IAQODAI，读作Ya'udai或

---

① 例如：heki"堤"（金启孮：《女真文辞典》，第138页；Kiyose 1977，p. 100）；heke"西瓜"（金启孮：《女真文辞典》，第138页；Kiyose 1977，p. 104；参Daniel Kane，*The Sino-Jurchen Vocabulary of the Bureau of Interpreters*，Bloomington：Indiana University，1989，p. 205）；hetun"横"（金启孮：《女真文辞典》，第138页；Kiyose 1977，p. 131）；helun"黑龙江"（金启孮：《女真文辞典》，第139页；Kiyose 1977，p. 164）。

② 八思巴字作Xu，柯蔚南释为γu或ğu（W. South Coblin，*A Handbook of 'Phags-pa Chinese*，Honolulu：University of Hawai'i Press，2007，p. 130）。虽然这个字不见于《中原音韵》，但其同音字作［xu］。见杨耐思：《中原音韵音系》，北京：中国社会科学出版社，1981年，第104页。

③ 金启孮：《女真文辞典》，第112、131页。这种音变亦见于马可·波罗所记cenchu（千户），接近于现代汉语官话［tɕʰiɛn］。而在14世纪北京附近的回鹘体蒙古文音写用s而非č，说明千的读音仍是［tsʰ］。

④ 元好问：《通奉大夫钧州刺史行尚书省参议张君神道碑铭并引》，狄宝心校注：《元好问文编年校注》卷6，北京：中华书局，2012年，第1256页；脱脱等：《金史》卷119，第2596页。

⑤ 脱脱等：《金史》卷111，第2456–2460页；刘祁著，崔文印点校：《归潜志》卷6，北京：中华书局，1983年，第64页（参Hok-lam Chan，*The Historiography of the Chin Dynasty: Three Studies*，Wiesbaden：Franz Steiner，1970，p. 154）；崔文印：《金史人名索引》，第137页。元好问：《内翰冯公神道碑铭》，《元好问文编年校注》卷5，第562页。

⑥ 脱脱等：《金史·金国语解》，第2894页。

⑦ 宋濂等：《元史》卷199，第4476页。脱脱等：《金史》卷111，第2460页。"'塔'亦作'太'，亦曰'牙忽带'，盖女真语，无正字也。""䚟""太""带"是元人将女真语复数后缀-ta重释为蒙古语阳性部族后缀-dai。

Yaġudai①

纥石烈牙吾塔姓名的字面意思是纥部落的一个有疮疙的人。这与豁孛格秃儿（Qu Bögetür）的驼背之义不完全吻合。但从史实来看，牙吾塔很可能就是蒙古语史料T、《世界征服者史》《史集》《元朝秘史》中的豁孛格秃儿。牙吾塔与完颜合达、移剌蒲阿、完颜草火讹可、完颜陈和尚率军在庆阳府取得金朝的最后一场胜利，大败蒙将朵豁勒忽（Doqolqu），以致窝阔台为之震动，御驾亲征②。幸运的是，宋、金史料皆记载，牙吾塔在淮泗与南宋交战时，有"卢鼓椎""卢鼓槌"的绰号③。金朝史料释此绰号为"好用鼓椎击人"④，但无法解释"卢"字的含义。金、元史料又称他为"卢国瑞"⑤，看起来像是汉名，然而纥石烈对应的汉姓是高，而且《金史·牙吾塔传》开篇记载他"一名志"更可能是他的汉名。实际上，牙吾塔的绰号来自汉语俗语，因为当时用字不固定而出现了不同的写法。"卢鼓"应该来自"瘘疴"，《广韵》（1008年成书）释"瘘疴"为"曲脊"⑥。今之俗语"罗锅"，亦源自"瘘疴"。"罗锅"一词最早元末才出现，作为非汉人的人名⑦。因此，宋元时期这一俗语词用字不固定，"卢鼓"是13世纪初的一种写法。中古"椎""槌"同音（djwi），且与"瑞"（dzjwe）音近。此处之"椎"当指脊骨。总之，牙吾塔的汉语绰号"卢鼓椎"与蒙古语Bögetür的驼背之义是完全一致的。

原载《中山大学学报（社会科学版）》2021年第4期

---

① 刘祁所记"牙虎带"（《归潜志》卷5，第51页；卷6，第61、64页）可能来自蒙古语形式，或者反映了女真语、满语将原始的g读作h的例子（例如满语Barḫu、Daḫur的原始形式是Barġu、Daġur）。

② 关于这场战役，参Atwood 2015，pp. 263–266。

③ 脱脱等：《宋史》卷419，北京：中华书局，1985年，第12561页；卷476，第13823页；卷477，第13838—13839页。感谢马晓林教授提示牙吾塔的汉语绰号。

④ 脱脱等：《金史》卷111，第2460页；刘祁：《归潜志》卷6，第65页。

⑤ 元好问：《通奉大夫钧州刺史行尚书省参议张君神道碑铭》，狄宝心：《元好问文编年校注》卷5，第1256页；王恽：《题张季云先生山庄图》，杨亮、钟彦飞点校：《王恽全集汇校》卷29，北京：中华书局，2013年，第1429页。

⑥ 周祖谟：《广韵校本》卷1，北京：中华书局，1960年，第79页。

⑦ 宋濂等：《元史》卷192，第4365页；蔡美彪：《元代白话碑集录》，北京：科学出版社，1955年，第82、108页。

摩尼教审判绘画二帧*

[匈牙利] 康高宝

在2006年确证大和文华馆所藏之画为摩尼教画像之前,仅有一幅画作与审判有关,即MIK Ⅲ 4959的背面[①]。该残片出自9至10世纪间的吐鲁番,目前藏于柏林达勒姆区的亚洲艺术博物馆,大和文华馆所藏画作则是出自13到14世纪的浙江宁波及其周边地区。尽管两者存在种种差异,但两幅画作却包含共通的母题:都表现了判官及其身前站立的两个人物[②],且这两位身不着衣仅用布裹腰。然而这两幅画作从不同的文化背景而来,因此在判官、其周遭人物及他们之下的人物的刻画上大相径庭,其他方面也是如此。本文将首先分说这两幅画作,对其中人物提出新解。我将基于宋元绘画传统、摩尼教及佛教文献和表现形式上的内在画像学逻辑展开论述[③]。

一、MIK Ⅲ 4959 V

MIK Ⅲ 4959 V(图1)表现了三个人物:左侧那位身着红袍,面朝右侧,左手食指竖起,右手持棒。其前站立两名几近赤裸的人物,仅腰间缠以布条,一人脖子上环绕

---

*本文是在2015年论文 "Two Manichaean judgment scenes—MIK Ⅲ 4959 V and the Yamato Bunkakan Sandōzu painting"(in: Mani in Dublin, Leiden: Brill, 2015, pp. 196-226)的基础上增订而成。该论文受2008年日本学术振兴会博士后奖学金资助,后期又得Chiang Ching-kuo Foundation for International Scholarly Exchange(PD003-U-09)支持。在此我要感谢我当时的合作导师、京都大学的吉田豊教授告知我大和文华馆的画作。同时也要感谢Jorinde Ebert(艾有邻)女士和Michael Jamentz先生审阅论文。谢谢柏林亚洲艺术博物馆的Lilla Russel-Smith(毕丽兰)女士及大和文华馆的古川摄一先生授权我使用画作。本文引用的《波斯教残经》和《摩尼教下部赞》系大正藏本。

① Hans-Joachim Klimkeit, *Manichaean art and calligraphy*, Leiden: Brill, 1982, p. 37. Gulácsi Zsuzsanna, *Manichaean art in Berlin collections*, Turnhout: Brepols, 2001, pp. 79-81. 在都柏林的会议上吉田豊教授提到另一幅含有审判景象的宇宙图。我曾以The Affiliation and the Meaning of the Judgment Scene in the Cosmology Painting(《宇宙图中审判景象的归属及意义》)为题在奈良的一个会议上讨论两幅画在审判画面上的不同(MIK为Museum für Indische Kunst的缩写,该印度艺术博物馆现已并入亚洲艺术博物馆Museum für Asiatische Kunst,但其以MIK标注的藏品编号仍为学术界所沿用)。

② MIK Ⅲ 4959缺损,但左侧部分画的是另一景象。古乐慈指出:"平等王左侧第四位人物是另一画面开始的标志,其肩部状态表明他处于另一状态中,即目前画面缺失的那一部分。"参Gulácsi, "The Central Asian roots of a Chinese Manichaean silk painting in the collection of the Yamato Bunkakan, Nara, Japan"(稿本),2009, pp.8-19。

③ 最后这种方法的准则或仍存在争议,但必须指出的是,先行研究并未清晰地表现出它们充分运用了画像学分析这一手段。

带角动物。两人之间有一对裸露脚掌,其上是一捆绿色谷物。我将集中论述这几处有些古怪的部分,我认为脚掌及这捆谷物提供了一条线索,指向一种更为复杂的解释。

图1　摩尼教典籍插图（MIK Ⅲ 4959 V）,彩色描金纸本,
11厘米×8.2厘米
© Museum für Asiatische Kunst, SMB/Jürgen Liepe

该残片由勒柯克公布,但他并未联系到审判。勒柯克对空中的脚掌踟蹰难决,作出这样的解说:"肉色脚掌的意义不详。它们或许代表某个人的足迹……这个人的脚步向左而行？"在此勒柯克做了一个阿兹特克象形表意文字的类比（Aztec analogy）[①]。克林姆凯特是首位指出该画为审判景象的学者,他指出左侧人物为判官,右侧的两个人物则是被审判者,不过他也没有排除一种可能性,那就是右边的两个人物可能代表的是同一个人。至于他们之间画面表现的内容,他有如下说法:"他们中间有一束绿色植物及两个肉色足印在下面。让人觉得似乎暗示一种两个人物间的因果联系（或许指的是业[karma]？）。"[②]克林姆凯特认为所看到的其实是第一个人的脚印,实际上指代他的过往行为。这建立了两个人物间的联系,但他的假说却未论及那束植物。

在古乐慈关于柏林吐鲁番特藏中的摩尼教绘画的书中,她基本接受了克林姆凯特的主要说法,即该画为审判的画面,但在具体的解释上却不完全认同[③]。在对大和文华馆摩尼教绢画的专门研究中,古乐慈提出了一个新说:"画面背景上可见两个腰间缠布的

[①] Albert von Le Coq, *Die buddhistische Spätantike in Mittelasien. Ergebnisse der Kgl. Preussischen Turfan Expedition. vol. 2. Die Manichäischen Miniaturen*, Berlin: D. Reimer, 1923, p. 61, 8b.

[②] Klimkeit, *Manichaean art and calligraphy*, p. 37.

[③] Gulácsi, *Manichaean art in Berlin collections*, p. 81. 关于该残片在原写本中的位置,请见 Gulácsi, *Mediaeval Manichaean book art: A codicological study of Iranian and Turkic illuminated book fragments from 8th-11th century East Central Asia*, Leiden: Brill, 2005, pp. 163-165. 正面文字为赐福功德主的祷词,见 Hans-Joachim Klimkeit, *Gnosis on the Silk Road, Gnostic texts from Central Asia*, New York: HarperSanFrancisco, 1993, p. 275; Gulácsi, *Manichaean artin Berlin collections*, pp. 227-228.

人物中间有一对脚印和一捆绿色谷物茎秆,很可能表示的是一位已被审判过的人,人已消逝,仅留其足印和他在收获行为(摩尼教选民所禁止的行为)中所犯罪业的象征。"此外,在一个脚注中,古乐慈为这一解释提供了依据:"将这一部分画面视为前景后面的中景乃是因为脚印的位置比两位腰间缠布的人物的脚要高。"①古乐慈因此认为两个人物之间有第三个人,即现在看不见的那位,其脚掌象征着他的离开,其罪业在画中用新鲜植物象征,代表收获之罪。

在此我想提供另一种解释,因为我认为画面中的内在逻辑使得后一种解释似是而非。上面古乐慈提到的两位人物,在判官前排成一队,很有可能脖子缠有带角兽首的那位在判官之下,也就是说处在画面的现在时叙述(narrative present)中。而等待审判的第二位,他的顺序应该是在第一位之后,则处于画面的未来时叙述(narrative future)②。因此,介于画作"现在时"和"未来时"中间的,应该不会插入一种过去时的状态,脚掌的位置抬高可以说明这一点。如果脚掌是位于判官左侧的话,那古乐慈的解释就更可信。

我的看法受前一种解释启发而来。克林姆凯特和古乐慈都认同第一位半裸人物的罪业由其脖子上悬挂的带角兽首表示。古乐慈倾向于这代表的是食肉的罪③,这当然是一种可能的解释,不过我个人认为如画所示,更有可能指代杀害带角动物的罪。这或可由没有任何指向口即"吃"这一行为的事实证实,并且人物的手缚于身后,暗示其罪由双手犯下。同时显然的是双手绑缚并非这些人物的典型姿态,毕竟第二位人物无此特征。相反的是,他双手的活动看起来表明双手并未犯下罪行。因此第一位人物或许双手做出罪业,罪本身可能是斩首、杀害某一种家畜。从逻辑上而言当然也涉及食用杀死动物之肉的罪,只是这在画作中并不明确,或许这不是最恰当的假设,但我从根本上同意古乐慈的观察。如果在第一个情境中所见的缚手及显露出的杀生都有所指示的话,那么同样适用于第二个情境的假设便不那么牵强附会了。

倘若我们猜测在第二位人物之前的"物品"事实上从属于他的话,那么就有如下的解释:他的双脚踩在新鲜的植物之上,因此他的罪可能是破坏明性(the Living Soul),即损毁草木。脚掌指向践踏这样的行为,而植物是象征罪业的对象。这一解释正好也与第二位人物的双手状态吻合,表明他与第一位相反,双手未曾犯下罪行。在此我转引数条摩尼教材料,它们基本都是从忏悔文中来的,其中明确地提及践踏土地或植被是一大罪过:

---

① Gulácsi, "The Central Asian roots", p. 18, n. 46, p. 28. 日译本《大和文華館蔵マニ教絵画にみられる中央アジア来源の要素について》,《大和文華》119, 2009年, 第28页及第34页脚注46。

② 对此古乐慈的看法是"图上所示后面那个人正等待审判,他正好在画面的右侧边缘上",见Gulácsi, "The Central Asian roots", p. 15; 日译本第34页。关于"叙事绘画"这一类型, 参见 Julia K. Murray, "What is 'Chinese Narrative Illustration?'" *Art Bulletin*, vol. 80, No. 4, 1998, pp. 602–615。

③ Gulácsi, *Manichaean art in Berlin collections*, 2001, p. 81, n. 75.

无上明尊，我等业行不圆，愆咎缠身，所欠甚多。乃因念、语、业中有无羞耻之贪魔阿兹（Āz），仿若以其眼睹之，用其耳听之，用其舌言之，用其手取之，迈其腿行之，于五分法身光中，干湿二地，五类众生，五种草木中招致长久苦痛。①

第七种（作者注：伤害干地明性）：踩踏于活物之上，即那些踩踏干地的活物。②

行于道者慎观其步，以免误踏光之十字（Cross of Light），损毁草木。③

若人于土地上行走，则破坏其地，若活动双手，则坏清净气，清净气者，人类、禽兽、虫鱼、世间万物之明性也。④

上引前三条材料都是出自吐鲁番发现的写本，与画作出处相同。因此受审判的两个人物至少是两类造业者：一位双手有罪，杀害动物；另一位以其脚损坏植物。此种情景不像是为了描述特定两个人的审判，更像是一般的说教，这一点可由人物没有特定面部特征看出，以此涵括更多罪的类型，那些对动植物犯下罪业的，以手或以脚犯下的。我们知道，不斩伐草木的禁律是摩尼教选民的基本戒条，奥古斯丁所述可证实：

他们相信听者的明性将返回到选民身上，或许是通过供给选民食物这条捷径，明性得以净化而不会迁居其他肉身。同时他们也相信其他明性将进入牲畜或者植根大地并由此得到滋养的万物之中。因为他们坚信，植物树木均属有情之物，当遭到毁坏时能感受到疼痛，但凡拔除或采摘，都是伤害荼毒。因此，他们认为清理即使是长有荆棘的田地也是错误的。所以，他们痴狂地把农业生产这一最无辜清白的营生也看成罪恶多端的杀戮活动。另一方

---

① 转译自英译本：J. Asmussen, *X^uāstvānīft*, Kopenhagen：Prostant apud Munksgaard, 1965, pp.198-199。另参 *X^uāstvānīft* XV C, *X^uāstvānīft* Ⅲ C。

② 文书M 12 V 行9-13，参W. Sundermann, "Die vierzehn Wunden der lebendigen Seele", *Altorientalische Forschungen*, vol. 12, 1985, p. 295。

③ 转译自英译本：I. Gardner, *The Kephalaia of the Teacher*, Leiden：Brill, 1995, p. 208, 17-19；另参A. Böhlig & H. J. Polotsky, *Kephalaia I*, Stuttgart：W. Kohlhammer, 1940, p. 208。

④ 转译自英译本：M. Vermes（trans.）& S. N. C Lieu（comm.）, *Hegemonius：Acta Archelai*, Turnhout：Brepols, 2001, p. 55。另参 C. H. Beeson（ed.）, *Hegemonius*. Leipzig：J. C. Heinrichs, 1906, p. 17。文书M 801a行577-582的句子理论上适用于此："若我曾触摸过雪、雨或露水，或曾踩在地球的胞宫上，即某物发芽或生长之地，则造成了伤害（伤害一词的字面义为'混合'）。"参W. B. Henning, *Ein manichäisches Bet-und Beichtbuch*, Berlin, 1937, S. 35, Z. 449；Klimkeit, *Gnosis on the Silk Road*, p. 140；另有译文稍异者见J. D. BeDuhn, *The Manichaean Body in Disciple and Ritual*, Baltimore-London：The Johns Hopkins University Press, 2000, p. 44。上引文书原文为：'tyh wfr' w'r nmb ps'wt̠δ'rm z'yh̠ / z'tyβrcy tγtyy kww / rwwδ ptyrwδ mn'h̠ / prywyδ wryδ ptryδδ /'skw't̠。I. Gershevitch, *A Grammar of Manichean Sogdian*, Oxford：Basil Blackwell, 1961, p. 128, §864曾对此句释读提出异议，他在脚注中讨论tγtyy一词说道："该句可能是说雪、雨或露水曾进入地球胞宫。"感谢吉田豊教授曾于2009年8月20日京都的一次私人谈话中告诉我他的意见，他认为该句大义为"我曾触摸过雪、雨或露水；它曾进入某物发芽的地球胞宫处，则混合由我而生"。

面,他们相信听者的这些罪愆是可以宽恕的,因为听者以这种方式供应食物给选民,意在奉纳给选民的神圣物资在他们的胃中得到净化,供品得到净化,由此奉献它们的听者获得宽宥。这样一来,选民自己并不在田地里劳作,不采摘水果,连一片树叶也不碰,却指望听者带来所有这些为他们所用的物品,一依他们自己愚蠢的思想,终身不劳而活,以他人犯下无数可怕的罪行为生。①

我们可据此猜测画中的人事实上都是选民,这是为什么伤害动植物将带来后果的原因,而从判官举起的双手可知其审判之严厉②。毋庸讳言的是,任何对摩尼教图像遗存的解释都很难找到相关文献,特别是针对一件单独的残片,或多或少存在假说性,当我们谈论这一件或下一件画作都是如此,但是多种解释确实存在可能性高低的差异。

二、大和文华馆的三道图

(一)三道图的基本特征

大和文华馆所藏绢画三道图(图2)是在2006年由吉田豊教授确定为摩尼教的一件绘画③。该画为立式卷轴画,尺寸142厘米×59.2厘米,约13至14世纪作品,是由带明显界线的、高度不一的五个分区组成的。其中三个区域较窄,由上而下分别是:R1、R3和R5;另两个区域较宽,为R2和R4。之前的研究已考证,R1、R3和R5描绘的分别是天堂景象,人间轮回景象和地狱受苦景象④。根据摩尼教教义,这三种去向构成三个可能的重生地⑤。尽管这幅画作一般归入六道图⑥,我仍使用三道图一词,毕竟它只包

---

① 《论异端》(*De haeresibus*)46. 12。英译文见I. Gardner & S. N. C. Lieu, *Manichaean texts from the Roman Empire*, Cambridge University Press, 2004, pp. 189–190。另参*Patrologia Latina*(《拉丁教父著作集成》)42:37。

② 参Gulácsi, "The Central Asian roots", p. 18;日译本第28页。Mani's pictures. *The didactic images of the Manichaeans from Sasanian Mesopotamia to Uygur Central Asia and Tang-Ming China*, Leiden, Brill, 2015, pp. 296–297。

③ Yoshida, "Discovery of Mani image in Japan", *Manichaean Studies Newsletter* 22, 2007, pp. 21–24. 吉田豊:《寧波のマニ教画いわゆる「六道図」の解釈をめぐって》,《大和文華》119, 2009,第3–15页。Yoshida, "A newly recognized Manichaean painting: Manichaean Daēnā from Japan", in: M. A. Amir-Moezzi, J.-D. Dubois, C. Jullien & F. Jullien (eds.), *Pensée grecque et sagesse d'Orient. Hommage à Michel Tardieu*, Turnhout: Brepols, 2010, pp. 694–714。

④ 有关画作描绘的景象,请参:Gulácsi, "The Central Asian roots", pp. 2–3, 日译本第17—18页。吉田豊:《絵画の内容の解釈をめぐって:絵画に表現されたマニ教の教義と教会の歴史》,吉田豊、古川攝一編:《中国江南マニ教絵画研究》,京都:臨川書店, 2015年,第88—89页。

⑤ 参W. Sundermann, "Manichaean Eschatology", in: *Encyclopaedia Iranica*, VIII, 1998, 569b–575b. 吉田豊:《絵画の内容の解釈をめぐって:絵画に表現されたマニ教の教義と教会の歴史》,第90—94页。

⑥ 如David Neil Schmid, "Revisioning the Buddhist Cosmos Shifting Paths of Rebirth in Medieval Chinese Buddhism", *Cahiers d'Extrême-Asie* 17, 2008, pp. 293–325。

图2 大和文华馆藏三道图，设色绢画挂轴，142厘米×59.2厘米
© Yamato Bunkakan, Nara

含三种而非六种重生处①。在R2区，其景象围绕摩尼或说摩尼像，前方有焚香②。R2区的左侧，分别有一坐着和站立的人物，右侧对称分布两个法师样的人物，如左一坐一立。R4区两名犯人由怪物喽啰领到坐于书案后的判官面前，有文官在侧，其后还有些许侍从。在梅维恒（V. Mair）的研究之后，古乐慈认为画作近似于日本的"图解"（絵解き）③样式，功能为从视觉上说明宗教教义④。

---

① 基于从上而下的第二区图像，古乐慈将此画命名为"摩尼救赎说"（Mani's Teachings about Salvation），参Gulácsi, *Mani's Pictures*, p. 245。

② Ebert, "Individualisation of Redemption in a Manichaean Painting from Ningbo", in: *Mani in Dublin*, Leiden: Bril, 2015, p.157. 这一疑似摩尼画像的绘画出自甲府市栖云寺，参见泉武夫：《景教圣像的可能性——栖雲寺藏傳虚空藏畫像について》，《国華》1330，2006，第7—17页及2图版；Gulácsi, "A Manichaean *Portrait of the Buddha Jesus* (*Yishu Fo Zheng*): Identifying a 12th/13th-century Chinese painting from the collection of Seiun-ji Zen temple, near Kofu, Japan", 亦出自13至14世纪的中国东南地区，就此范围我很难不推想栖云寺虚空藏菩萨像其实描绘的是摩尼，与古乐慈所持意见（上引论文）不同。

③ 有关"絵解き"，请参 I. Kaminishi, *Explaining pictures: Buddhist propaganda and Etoki storytelling in Japan*, Honolulu: University of Hawai'i Press, 2006。

④ Gulácsi, "A visual sermon on Mani's teaching of salvation: A contextualized reading of a Chinese Manichaean silk painting in the collection of the Yamato Bunkakan in Nara, Japan", 《内陆アジア言語の研究》23，2008年，第1—16页。"The Central Asian roots", p. 3. 日译本第19页。

学者们都认同两次出现在R1区和R4区的那位是妲厄那（Daēnā），是从亡者功德化现出来的神①。在R1区的左边部分，可见妲厄那和她的两名随侍正抵达明界，得到三人一组的主人迎接；R1的右边部分，他们被送离②。送迎二景之间，妲厄那和明界之主端坐大殿之上，建筑上有幡。妲厄那和明界之主三人一组的两次出现都是对称的描绘，不过并非毫无差异③，也就是说这两位神共同出现在R1区三次。同时，妲厄那在同一幅画作中的到来（R1、R4）和离去（R1）表明该画通过空间关系来表示活动的时间先后。

　　这样的一种叙事技巧，借用古希腊、古罗马和希腊化研究的术语来说，可冠以循环式叙事或连续式叙事的标签④。虽然我认为仅这幅画作的叙事技巧就要复杂得多，但这个方面的分析已在本文研究范围之外。循环式叙事（cyclic narrative）的一个关键之处在于主人公数次出现在同一幅绘画中，以此暗示伴随着主人公活动的时间进程，如日本的"异时同图"（iji dōzu）之说。这样一种古早并广泛运用的技巧，用来表达时段中间或者缺乏任何时间参照的空间坐标中的时间性。就这个因素而言，这幅画并非一个静态世界的描绘，而是叙述一连串的事件。

---

　　① 关于此神的考证请见吉田豊：《寧波のマニ教画いわゆる「六道図」の解釈をめぐって》第6页；"A newly recognized Manichaean painting: Manichaean Daēnā from Japan", pp. 700–701。妲厄那一神，参 W. Sundermann, "Die Jungfrau der guten Taten", in: P. Gignoux（ed.）, *Recurrent patterns in Iranian religions: From Mazdaism to Sufism*, Leuven: Peeters, 1992, pp. 159–173. C. Reck, "84000 Mädchen in einem manichäischen Text aus Zentralasien", in: P. Kieffer-Pülz & J.-U. Hartmann（eds.）, *Bauddhavidyāsudhākaraḥ*, Swisstal-Olendorf: Indica et Tibetica Verlag, 1997, pp. 543–550. "Die Beschreibung der Daēnā in einem soghdischen manichäischen Text", in: Carlo G. Cereti, Mauro Maggi, & Elio Provasi（eds.）, *Religious themes and texts of pre-Islamic Iran and Central Asia*, Wiesbaden: Reichert Verlag, 2003, pp. 323–340。事涉摩尼教、佛教绘画，三道图中的妲厄那人物图像相当复杂，或须另文专门论述。在此我沿用学界的一致看法，即吉田豊的结论，此前亦已为古乐慈和艾有邻接受。

　　② Gulácsi, "The Central Asian roots", p. 2；日译本第17页。

　　③ 值得一提的是，对画的细加核查可知，虽然妲厄那和前来迎接的神确实以同样一种模式出现了三次，但他们的随从在迎和送两种场景中都有所变化：前来迎接的神的两名随从调换了他们袍子上的图案；送离场景中正移交香花宝瓶（常为观音宝物）的那位随从显然与妲厄那到达时带的随侍不是同一人物。另一相近（很可能不是同一个）宝瓶见于R4区其中一名随从之手。

　　④ F. Wickhoff, *Die Wiener Genesis*, Vienna: F. Temsky, 1895称之为"连续性类型"，后有Carl Robert批评并提出有所启发的"纪年法"，然后由K. Weitzmann（*Illustrations in Roll and Codex: A Study of the Origin and Method of Text Illustration*, Princeton: Princeton University Press, 1970, pp. 17–36）扩展为"循环法"，并将主人公反复出现在每一个场景中视为主要特征。在A. Snodgrass（*Narration and Allusion in Archaic Greek art*, London: Leopard's Head Press, 1982）的术语中，包括"单一景"（凝固的瞬间）和"符号型"（多个无同一主人公出现的场景暗示了随机性或时间性）两种描绘类型在内，"循环式"和"连续型"由独立场景中的各自存在或界限上的模糊区分开。从这一点来说，妲厄那在R1的三次现身可以说是连续性，因为她在R1和R4区的出现反映出一种循环模式。另一方面，三道图中妲厄那仅出现在R1和R4，因此是否适用于普遍的"循环连续性叙述"（即暗示同一主人公的进程）仍存在问题。另需注意的是上引术语虽是用来描述希腊、罗马及希腊化艺术的叙述结构，它们也被艺术史学家用来描述其他东方艺术。如一篇讨论早期佛教叙述模式的名作，即扩展使用"符号型"叙述，并提出一种新的"合并式"叙述，见V. Dehejia, "On the modes of visual narration in early Buddhist art", *The Art Bulletin* 122, 1990, pp. 373–392。

（二）三道图与十王信仰

正如以往研究所指出的那样，三道图多个方面基于十王图①。一般而言，中国十王图现存有两种类型样式。第一种与《十王经》32种写本紧密相关②，其中有6种包含出自10到11世纪敦煌的插图③。另一种十王信仰的重要类型显现于中国的东南地区，尤其是13至14世纪时浙江的宁波地区。在这里，"制作"是一个恰当的说法，因为这类画作曾基于明显的商业目的进行批量制作，其中能够证实这一点的是那些带有商业推广性质的题记：庆元府车桥石板巷陆信忠笔。"庆元府"一名仅用于1195年至1276或1277年间，所以这些画作一般认为是13世纪的产物。尽管在陆信忠（约1192—1276）名下有多部画作，这些画作水平却良莠不齐，如雷德侯所说，"它们势必由雇有多名画工的作坊所制作"④。这些画作尤受日本商人青睐，将其中多数带往日本，在所销往之处，触发了此后日本画工对同类主题独特且集中的痴迷⑤。这很有可能也是大和文华馆那幅绢画流往日本的路径，金处士和陆信忠之作得以集中仿制，这些画作今藏于多处：

> 它们在中国的闻名仰赖于雕版印刷在批量生产中带来新的图像形式。数以百计的画作在这个世纪收入日本、欧洲及美国馆藏。这些画作实则是于12世纪晚期至13世纪早期，由宁波的一些作坊与金氏、陆氏家族联合制作的。它们包含十幅卷轴画，每一轴即一个冥王。⑥

---

① Gulácsi, "The Central Asian roots", p.16. 日译本第27页。有关十殿明王像见秃氏祐祥、小川贯弌：《十王生七经讚图卷の構造》，《中央アジア佛教美術　西域文化研究》5，1993年，京都：法藏館，第255—296页；宫次男：《十王経絵について》，《実践女子大美学美術史學》5，1990年，第81—118页。《十王経絵拾遺》，《実践女子大美学美術史學》7，1992年，第1—63页。《十王地獄絵》，《実践女子大美学美術史學》8，1993年，第5—24页；海老根聡郎：《金処士筆十王図》，《国華》10，1986年，第20—29页；梶谷亮治：《日本における十王図の成立と展開》，《仏教芸術》97，1974年，第84—95页。《陸信忠筆十王図》，《国華》1020，1979年，第22—38页；鷹巣純：《めぐりわたる悪道——長岳寺本六道十王図の図像をめぐって》，《仏教芸術》211，1993年，第39—59页。

② 完整经名为《佛说阎罗王授记四众预修生七往生净土经》，有时简称为"阎罗王授记经""预修生七往生净土经""十王经"。多种钞本参见S. F. Teiser, *The Scripture on the Ten Kings and the Making of Purgatory in Medieval Chinese Buddhism*, pp. 239—241，包含经变的版本见该书第228—229页，日本版本情况见第58—61页。本文延用太史文说法（是书第7页），使用《十王经》一名。

③ Teiser, "Picturing purgatory: Illustrated versions of the Scripture of the Ten King", in: J. Drège et al. (eds.), *Images de Dunhuang*, Paris, 1999, p. 177。多数钞本署名"藏川"，此人居成都府大圣慈寺。

④ Lothar Ledderose, "A king of hell"，《鈴木敬先生還暦記念中國繪畫史論集》，东京：吉川弘文館，1983年，第33—42页。

⑤ Teiser, "The growth of purgatory", in: P. B. Ebrey & P. N. Gregory (eds.), *Religion and society in T'ang and Sung China*, Honolulu: University of Hawai'i Press, 1993, p. 129。日本的地狱概念及十王图，参 C. Hirasawa, "The inflatable, collapsible kingdom of retribution: A primer on Japanese hell imagery and imagination", *Monumenta Nipponica* 63.1, 2008, pp. 1-50。

⑥ Teiser, "The growth of purgatory", p. 129.

即便是匆匆一瞥，也能看出三道图所现图景与宁波画作更契合，而非敦煌类型①。这一绘画与宁波画像有共通之处，亦可由我们对于摩尼教在浙江、福建的了解佐证，这使得在宁波画作中寻找一种最紧密的画像学类比成为可能。不仅如此，十王经的文本也是在分析中必须纳入考虑的，因为它同时包括了敦煌的写经背景和宁波一地的视觉表现形式。还应当提及的是，近年确证的中国东南的摩尼教文献，其中有《冥福请佛文》，包括十王名录，清楚地证实了这些摩尼教徒毫无意外地对这种宗教信仰有所耳闻。

在进一步分析之前，应当指出借用十王信仰并非浙江摩尼教徒的随机选择，而应放置在更广阔的情境中看待。对敦煌样本的调查表明，十王信仰与净土信仰紧密交织在一起，这对于汉地摩尼教徒的重要性已为人知②。无论是文献本身还是题记，都反映了十王信仰的终极目标是避免轮回至三种恶道（畜生、饿鬼、地狱）而重回人道，或更为人期许的，重生于阿弥陀佛的西方极乐世界③。在汉地摩尼教绘画中远非异域之躯的十王信仰，通过清净世界的学说与修行之中介得以最恰当地融合，与诸种宗教信仰密不可分地联结起来。

（三）画像学的进一步考察

作为一种更具体的分析，依据目前已接受的解释，R4区描绘了妲厄那出现在评判人类功过的景象中，而R1、R3和R5区刻画的是审判的可能结果。R1为天堂，R3为人道，R5为地狱；在R4中可见判官坐于案前，在他面前有一幅展开的卷子，正欲在上面写下他面前那位褐色皮肤者的最终判词。在听取了这个人的功过是非后，他左边的那个怪物喽啰将读过的卷轴卷回去，判官看着犯人，或是某个不确定远处，手中的笔举起或将完成判决。这是十王画像中的典型一幕（人甚至能发现同一位置举起的手，如柏林达勒姆区画像），即象征人的命运最终被确定前的那一刻④。根据已接受的画像学说法，判官两边的喽啰分别负责读取受审判者的善与恶。宁波所出十王像的审判场景中，着红

---

① 在我有关宇宙图中审判画面的前述讲演中，我提出此画面更接近于敦煌类型如P. 2870，而非宁波类型。

② 有关两者联系的研究综述，请见G. Mikkelsen, "*Sukhāvatī* and the Light-world: Pure land elements in the Chinese Manichaean eulogy of the Light-world", In: Jason D. BeDuhn (ed.), *New light on Manichaeis*, Leiden: Brill, 2009, pp. 201–212。

③ Gulácsi, "The Central Asian roots", pp. 6–10, 日译本第20—23页。

④ Ledderose, "A king of hell", Pl. 1. 同样的手势也见于宇宙图，见Kósa Gábor, "The iconographical affiliation and the religious message of the Judgment Scene in the Chinese cosmology painting", 张小贵、王媛媛、殷小平主编：《三夷教研究——林悟殊先生古稀纪念文集》，兰州：兰州大学出版社，2014，第77—161页。Kósa Gábor：《中国のマニ教宇宙図に描かれた裁きの場面：図像の起源と宗教的なメッセージ》，《中国江南マニ教絵画研究》，第275—291页。

图2.1 大和文华馆藏三道图（局部）判官与红、绿喽啰

衣的喽啰陈述的是善，青衣喽啰读的是恶簿①。这样一种颜色的运用也见于三道图（图2.1），说明它正是源自宁波，本质上分派了同样的角色。

与此一致的是两名喽啰的面部特征，它们都呈现兽形怪物样，绿喽啰看起来性情更凶猛恐怖，这也是宁波十王画中青喽啰的常见特征②。既然红喽啰手中有两卷善簿，读完并卷到一起，而青喽啰只有一卷，显然在绘画的进行时叙述中，即善恶簿卷起的进程中，这一具体的情况，对褐色皮肤者的结论是功多于过。

卷轴数量的差异并不仅仅通过确切的两轴或一轴这样的描绘来强调，同时也由红喽啰第一卷上面的汉字"壹"来表明③。事实上，卷轴的数量是一种突出重要性的双重强

---

① "善童子丹，恶童子绿"，见M. Soymié, "Un recueil d'inscriptions sur peintures: le manuscrit P. 3304 verso". in: Michel Soymié (dir.), *Nouvelles contributions aux études sur Touen-houang*, Genève: Droz, 1981, pp. 171-172。"善簿""恶簿"，参C. Kwon, *The 'Ten Kings' from the Seikadō Library*. Ph.D. Dissertation, Princeton University, 1999, pp. 69-70; *Efficacious underworld: The evolution of Ten Kings Paintings in medieval China and Korea*, Honolulu: University of Hawai'i Press, 2019, p. 23。中野照男编：《阎魔·十王像》，东京：至文堂，1992，图版3；M. Soymié, "Notes d'iconographie chinoise: les acolytes de Ti-tsang", *Arts Asiatiques* 14, 1966, pp. 46, 74。Fig. 1. Wen C. Fong, *Beyond representation: Chinese painting and calligraphy 8th-14th Century*, New York: The Metropolitan Museum of Art; New Haven-London: Yale University Press, 1992, pp. 338-339. Pl. 74c, 74e, 74f.

② 从这一方面而言，三道图与其他十王像不同，其善簿喽啰无面部特征，见梶谷亮治：《陆信忠笔十王图》，《国华》1020，1979，第23页图版1；中野照男编：《阎魔·十王像》，第32—33页图版20，第37页图版25。吉美博物馆（Musée Guimet）中的一幅画可见两名喽啰，持恶簿的那位表情凶恶，手捧的书卷展开，另一位则表情和缓，书轴卷起，见M. Soymié, "Notes d'iconographie chinoise: les acolytes de Ti-tsang", p. 55, 78, Fig. 6。波士顿美术馆藏12—13世纪的金处士绘画中的绿袍喽啰，其脸如猿猴或怪物，见Wen, *Beyond representation*, pp. 338-339, Pl. 74c, 74e, 74f.

③ 吉田豊：《寧波のマニ教画いわゆる「六道図」の解釈をめぐって》，第9页注释32。Yoshida, "A newly recognized Manichaean painting: Manichaean Daēnā from Japan", p. 704, n. 33.

调。相应地，画家将观者的注意力吸引到善多于恶的这一事例上，因此褐色皮肤者理论上受较轻判罚。

在褐色皮肤者后面我们看到一位肤色较白的人物，由三名鬼差看管，脖子上戴着枷锁。紧随两名杰出的艺术史学者艾有邻和古乐慈其后，我也同意这个人物是位妇人。此外，我还认同他们的看法，即这位妇人应该是题记中提及的妻子，但不同意他们的假说，说R4的褐色皮肤者是另一位功德主，即丈夫①；和艾有邻一样②，我认为丈夫为R2区坐着的那位平信徒。

这位妇人显然将在前一位带走后受审。她的罪要比前面那位重得多，这可由两个彼此独立的方面推断出：其一，皮肤白者由三名携不同武器的侍卫看管，而褐色皮肤者仅有一名不带武器的怪物喽啰看管；其二，她的脖子上有枷锁，而褐色皮肤者身上没有任何限制行动能力的物件。枷锁，借自中古中国现实生活中的刑罚③，是十王画中用来说明人有罪时，大量使用的一种符号，如S. 3961、P. 2003、P. 2870和P. 4523，以此形成一种明显对照。第二位稍显畏缩的姿态（这类戴枷者的普遍特征）和前面褐色皮肤者的笔挺姿态（尽管明显受他身后喽啰反扣）相对照，进一步显示出上述的差异。总而言之，画像似提示人们关注此人的善簿数，仅有一个鬼差看管，不戴枷锁，笔挺站立，说明这位褐色皮肤者所犯的罪显然比后面的妇人轻。

如若我们将罪的轻重纳入考量的话，那么在R3即人间这层或甚至是R1区的天堂遇到褐色皮肤者就是合理的，同时白色皮肤者被带到R5区，于地狱受折磨。这应当是一种意料之内的公正审判的结果，一种司空见惯的惩恶奖善。然而在我看来，通过画像学分析，这幅画作并非只是这样一种老生常谈，而是包含了更为复杂的信息。

我们可首先检视画作中肤色的象征性：那些白色皮肤者属于与光明有联系的区域，而褐色皮肤者则归属黑暗些的地区。这样一种浅色和深色的象征用法，更可由与光明教义相联系的所有人物证实。在天堂景象中的摩尼僧、功德主、摩尼像、人间一层的人及判官都是浅色皮肤。那些与黑暗层面有联系的，鬼卒、鬼差和那些在地狱受折磨的人，皮肤颜色不同，或褐或青。在这条基本法则下没有例外。因此，这两类人的肤色就应以象征手法来解释，说明他们的内在性格，而非物理表现，这显然与他们过去的功绩及未来的命运相关。如果肤色是象征性地使用，就不难得出结论，褐色皮肤的人走向他的那类归属，到人人都是褐色皮肤的地狱去，而白皮肤人物最终走到都是白皮肤的人间去。他们分属两种不同地界：作画者使用两种人物的肤色来表明他们在审判后的命运。

这一假说可由其他画像符号证明。更确切地说，是R4区褐色皮肤人的下方，在R5区火轮下的左边那个人物。虽然两者不是同一人，但很相近，他们肤色一样，头发稀疏，牙齿的描绘很典型（图2.2）。不管是头发或是牙齿，在画作其他人物里都没有这样的特征。受审者和稍后受折磨者方面的相似性并不仅限于三道图。

---

① Gulácsi, *Mani's Pictures*, p. 247.
② Ebert, "Individualisation of redemption in a Manichaean painting from Ningbo", pp. 156, 159, 158.
③ 律法、刑罚词汇广泛见于该文本，见Teiser, *The scripture on the Ten Kings*, p. 168。

因此，R4和R5区里两名褐色皮肤者的相似性或暗示一种未来时状态，该名在现在时叙述状态下的受审者将很快被带离，并送往未来时叙述下的火轮受苦。总之，宁波十王画的技巧运用，包括肤色、牙齿刻画和褐色皮肤者的位置都指向一种结论，他未来到地狱的命运在此已有所铺垫。在判官作出不利判决后，鬼卒将褐色皮肤者领到地狱，而白皮肤者则向前走到判官前。既然她属于白的一类，她很可能成为人道轮回中的一类。图中可视的是中国传统的四民范畴：从左往右，依次为商、工、农、士①。

从中国式的看法来说，这样一种排序的高低等级应该是从左往右排的。因此，画作也许暗示，虽然白色皮肤者身犯多种罪业，轮回人间后她依然可以达到士或上层阶层。重生于贵胄之家在《佛说十王经》中也公然得到强调，尽管其他三种阶层从未提及：

> 生处登高位，富贵受追长……欲求富乐家长命，书写经文听受持……往生富贵家，善神常守护。②

图2.2 三道图（局部）火轮下的褐色皮肤人物

相应地，据此说明，罪业较轻的褐色皮肤者去地狱，但白色肌肤妇人，很可能是题记中的妻子，罪业重得多却能轮回人道。为什么会是这样一种逻辑，为什么看起来作恶少的所受判决反而要重得多呢？

对此的解释，我认为画者已经明显地表现出来了：白色皮肤妇人有守护和帮助的妲厄那在她上方，而褐色皮肤者却无人保护或帮助。所以审判后的不同命运不是简单地由对象的功罪决定，还由受审时出现的额外助力决定。带着侍从飘扬在白皮肤者之上的妲厄那确实陪同她前往受审，显然将提供帮助，或正看着白皮肤者受囚禁的信仰和善业。正如我们可推断一尊摩尼教神明自然地守护、帮助一名摩尼教信徒那样，很有可能白皮肤者为摩尼教信士，她虽然犯有多种罪业（特别是考虑到可能违反了严格的摩尼教戒律时），但作为一名信仰坚定的听者，在她最后时刻仍得妲厄那拯救。如若R3显现的确实是白色皮肤者的命运，显然是因为她只是一名听者，毕竟选民能完美地到达明界。汉文摩尼教经《下部赞》中存在希望怜悯并宽恕摩尼教信徒（通常是听者）所犯下的罪

---

① Yoshida, "A newly recognized Manichaean painting: Manichaean Daēnā from Japan", p. 698. 相近绘画，请见明正统元年（1436年）《新编对相四言》中的插图。

② 参见 Teiser, *The Scripture on the Ten Kings*, pp. 207, 208, n. 116。

的祷词，通常是向固定的某一个或某一些神祇祈祷①。另外，题记清楚表明该画是以一名已婚摩尼教听者的名义供奉的，其名张思义，是"茂头保弟子"，这里的"弟子"很可能指平信徒（听者）。《三道图》中的题记如下：

东郑茂头保弟子张思义
偕郑氏辛娘喜舍
冥王圣［帧］恭入
宝山菜院永充供养祈保
平安愿（王？圣？）□□（安？）日②

众所周知，佛教徒中的"供养"是抄写经文或供奉画像、造像背后的一种基本动机。这种动机在十王图中起到重要的作用，对罪者的严厉判罚可由奉纳写经或造像而减轻，通过功德回向来消除或至少减少功德主亲人死后的罪过③。正如回鹘语文献所示，这样一种实践在摩尼教教团中也并非闻所未闻④。

就此方面，应当注意R2区的场景看起来更确切的是题记所述的供养画面，一名着褐衣年轻男子将一卷轴画（可能指我们看到的这幅）或一写经呈给摩尼僧，即一名白衣选民。供奉行为应发生于一摩尼教寺院，即题记中的"宝山菜院"，画中央的摩尼像和香炉说明了这一点。尽管R2左侧人物身份仍需进一步调查，然而总体上看，R2为供奉场景是比较合理的。选民微张的嘴⑤暗示紧随供养行为之后，可能是坐着的选民对供养带来的福报进行训示，因此，古乐慈将此场景定名为"摩尼像旁布道"⑥是可接受的，然而我觉得这一定名却没有表达出这一景象的原始用意。

根据R2四名人物的手印可知，前景是供养行为的发生，其中站立的年轻人手持即将供奉的卷轴，白衣摩尼师双手合十并微微抬起准备接受。后景中坐着的摩尼师在布道。也许是以此次供养的功德为主题，同时坐着的平信徒聆听其训示，并同样双手合十。前景和后景中的活动同时发生，营造出一种供养和接受双边行为的独特平衡。至于

---

① 下部赞行11、28、29、46、54、64、80、121、148-150、358-359、371、393、404、414和415。

② 吉田豊：《絵画の内容の解釈をめぐって：絵画に表現されたマニ教の教義と教会の歴史》，第96-97页。另参吉田豊：《寧波のマニ教画いわゆる「六道図」の解釈をめぐって》，第8页。Yoshida, "A newly recognized Manichaean painting: Manichaean Daēnā from Japan", p. 704.《マニの降誕図について》，8a.

③ A. von Gabain, "Kṣitigarbha-Kult in Zentralasien, Buchillustrationen aus den Turfan-Funden", p. 49; Teiser, *The Scripture on the Ten Kings*, pp. 202-203, 215; "The growth of purgatory", p. 121. "Picturing purgatory", pp. 180-181.

④ Klimkeit, *Gnosis on the Silk Road*, pp. 374-375. L. V. Clark, "The Manichaean Pothi-book", in: *Altorientalische Forschungen* 9, 1982, pp.179-180, 190-191. Clark一文的第156—158及210页中注释摩尼教梵夹装书籍中的功德回向可由早一些的佛教供养人发愿来解释。

⑤ Ebert, "Individualisation of redemption in a Manichaean painting from Ningbo", p. 158. 画作中，嘴微张这一描绘同样见于其他意欲说话的人物，如判官和受审者身边的喽啰。

⑥ Gulácsi, "A visual sermon on Mani's teaching of salvation", p. 4.

R2左侧人物的身份，如果艾有邻所说R4待受审白皮肤者为妇人，那就不能排除坐者是其夫（如题记所述），立者为其子，两者面部特征极为相近。这两位和白皮肤者的紧密关系，还可通过画面中的空间位置证明，他们被分别放置在R2和R4的同一纵轴线上。

如果上述解释是正确的，那么此次供养行为所积的德也许就是妲厄那出现在R4区助白皮肤妇人（可能是功德主的妻子）一臂之力的根本原因，这些都基于同在画面左侧的那名褐衣年轻人的供奉行为。褐色皮肤者更多的是代表非摩尼教徒，即使罪业不重也要下地狱，因为不受摩尼教万神殿中神明的庇护，必遭永世诅咒。就像《群书类述》（Al-Fihrist）里引用的摩尼原话所说："人之灵魂分途于三路。其中一条走向天堂花

图2.3　三道图显示妲厄那救扶信士和题记部分

园，那是选民的路。第二条走向世间和恶物，那是守护信仰帮助选民之人（作者注：即听者）的路。第三条走向地下，那是给罪人的路。"①此处"罪人"显然指向非选民非听者的那些人，即非摩尼教徒者。古乐慈恰当地描述此场景为妲厄那"介入审判"②，虽然此次介入在我看来，仅仅是为了白肤色的摩尼教徒。或许供养人题记题写在慈悲的妲厄那和白皮肤摩尼教信士之间不仅仅是个巧合（图2.3），而是明示供养人像此人一样忏悔曾经犯下的罪业，但仍相信妲厄那的救扶。题记看起来准确地将驾云的慈悲圣众和押解摩尼教徒的那组人连在一起。

另一方面，如果以上解释无误的话，这幅画的原型不会是摩尼《图经》（Picture-Book）的一部分，因为此书明确地缺少对听者命运的刻画③。这表明浙江的摩尼教徒，借用同时期十王信仰的宗教图像表现，增补《图经》缺失部分，补充了对于众听者而言（包括此画的供养人）都可理解的信息。

本文所讨论的两个摩尼教审判场景源自不一样的文化背景（9—10世纪的吐鲁番和13—14世纪的浙江），因此应用于图像后大有不同。尽管如此，有意思的是，它们都特写了判官及其前受审的两人，都将重点放在两个受审者的差异上。在我看来，吐鲁番的绘画区分了两类罪行（用手或脚犯下的；对动物或植物犯下的），而更为复杂的三道图

---

① B. Dodge, *The Fihrist of al-Nadim*, New York：Columbia Press，1970，p. 796.
② Gulácsi, "The Central Asian roots", p. 3.
③ 《师尊篇章》页234行25—28，页235行1—13，页235行18—21，页236行1—4，即A. Böhlig & H. J. Polotsky, *Kephalaia I*, pp. 234–236；I. Gardner, *The Kephalaia of the Teacher*, pp. 241–242。另参W. Sundermann, "Was the *Ārdhang* Mani's Picture-book？", in：A. van Tongerloo & L. Cirillo（eds.）, *Il manicheismo-nuove prospettive della ricerca. Quinto Congresso Internazionale di studi sul manicheismo*, Napoli, 2–8 *settembre* 2001-*Atti*, Turnhout：Brepols, 2005, p. 374。

对照了非摩尼教徒和摩尼信徒的命运，后者罪孽更重，却因妲厄娜的介入而受更轻的惩罚。此种介入反过来是罪者亲人积德的结果，很可能是因其夫向摩尼教寺院供奉画帧或写经。尽管MIK Ⅲ 4959 V与大和文华馆三道图描绘的都是审判景象，却不只是着眼于描绘，更多的是劝诫摩尼信徒勿犯诸不善业，激励他们践行更多的可能路径，如供养经像经文，以蠲除己罪。

原载《中山大学学报（社会科学版）》2021年第4期

一种独特的哺乳动物

——大熊猫的科学发现及相关文献的人类世研究意义

[法]埃玛纽埃尔·卡尼亚尔（Emmanuel Garnier）著，郭丽娜、洪日译

"一种独特的哺乳动物"①一说出自巴黎国立自然史博物馆（Muséum national d'histoire naturelle）前负责人、动物学家阿尔封斯·米勒-爱德华兹（Alphonse Milne-Edwards，1835—1900）的一本动物学指南，专指谭卫道（Jean Pierre Armand David，1826—1900）在19世纪发现的新物种，拉丁学名为 *Ailuropoda melanoleuca*，俗称"大熊猫"。

自保罗·克鲁岑（Paul Crutzen，1933—2021）正式提出"人类世"这一术语以来，科学界对该术语以及与生态环保相关的议题多有讨论，科学家普瓦文（Nicolas Boivin）和克劳瑟（Alison Crowther）建议引入历时数据和信息来建构一种更为合理的人类世模态②。年鉴学派一贯主张"整体史观"，亦尝试有所回应。本文旨在强调大熊猫作为一种科学界长期观察和研究的对象，其相关知识对于地球物种知识模态的科学建构具有重要价值，为此力图避免一切暗示大熊猫知识是西方向中国人"揭示"的"西方中心主义"倾向，也无意讲述大熊猫知识史，而是尽量从生态—环境角度入手，讨论人类世物种模态建构问题。循此思路，本文先从谭卫道个人档案入手，考察他的科学志向是否坚定，接着研读《华中与藏东旅行日志》，考查谭卫道发现这一物种的过程以及1869年之后相关信息和知识在西方科学界的传播状况。在直接提取大熊猫信息和做环境信息分析基础上，本文尽量从生态—环境角度而非社会—经济角度讨论大熊猫作为一种

---

① Milne-Edwards A, *Recherches pour servir à l'histoire naturelle des mammifères comprenant des considérations sur la classification de ces animaux*, Paris, Masson, tome 1, 1868–1874, pp. 321–338.

② Boivin, Nicole; Crowther, Alison. "Mobilizing the past to shape a better Anthropocene", *Nature Ecology & Evolution*, 2021（5）.

独特物种的科学研究意义[①]。

一、谭卫道档案与《华中与藏东旅行日志》：
一批有科学价值的生态资料

据谭卫道生前所立遗嘱，他的家族将他的个人档案赠予法国巴黎遣使会。这批档案如今完好无损地保存在修会档案馆，文献起始时间涵盖谭卫道的生卒年份，非常完整，共9箱。

A箱是个人出生证明及履历、婚姻状况、唁电、生前身后发表的期刊文章和科学报告。C/1和C/2两箱保存1867—1898年的函件，私人函件分两类：第一类是谭卫道与法国各类科学机构之间的往返函件，比如他与巴黎国立自然史博物馆和法兰西工学院（Institut de France）同事之间的通信；第二类是他与伦敦动物学会（Zoological Society of London）等国外科研机构成员的往返函件。D箱基本是《自然史博物馆新档案公告》

[①] 人类世的科学讨论主要在地质、地层、地理和生态等领域展开。最近三年，《自然》（Nature）和《科学》（Science）两大杂志主刊、子刊上共有54篇文章讨论人类世问题，主要议题是人类世分期、地层金钉子和区域生态环保等。主刊发表如下：Kunnas, Jan. "Anthropocene event idea is empowering", Nature, 2021（598）; Bauer, Andrew M. "Anthropocene: event or epoch?", Nature, 2021（597）; Lelieveld, Jos. "Obituary Paul J. Crutzen (1933-2021)", Nature, 2021（591）; Elhacham, Emily; Ben-Uri, Liad et al.. "Global human-made mass exceeds all living biomass", Nature, 2020（588）; Subramanian, Meera. "Humans versus earth", Nature, 2020（572）; Redding, David W. et al.. "Location-level processes drive the establishment of alien bird populations worldwide", Nature, 2020（571）; Jonkers, Lukas et al.. "Global change drives modern plankton communities away from the pre-industrial state", Nature, 2019（570）; Subramanian, Meera. "Anthropocene now: influential panel votes to recognize Earth's new epoch", Nature, 2019（569）. Waters, Colin N.; Turner, Simon D. "Defining the onset of the Anthropocene Twelve sites are considered for defining the Anthropocene geological epoch", Science, 2022（378）; Exposito-Alonso, Moises et al.. "Genetic diversity loss in the Anthropocene", Science, 2022（377）; Ellis, Erle C.; Maslin, Mark. "Altered Earth: Getting the Anthropocene Right", Science, 2022（376）; Voosen, Paul. "GEOLOGY Bids for Anthropocene's 'golden spike' emerge", Science, 2022（376）; Goulson, Dave; Nicholls, Elizabeth. "Anthropogenic influences on bee foraging", Science, 2022（375）; Donovan, Mary K. "Local conditions magnify coral loss after marine heatwaves", Science, 2021（372）; Duarte, Carlos M. "The soundscape of the Anthropocene ocean", Science, 2021（371）; Kelly, Luke T. "Fire and biodiversity in the Anthropocene", Science, 2020（370）; Denolle, Marine A.; Nissen-Meyer, Tarje. "Quiet Anthropocene, quiet Earth Seismic noise levels that correlate with human activities fell when pandemic lockdown measures were imposed", Science, 2020（369）; Rasher, Douglas B. et al.. "Keystone predators govern the pathway and pace of climate impacts in a subarctic marine ecosystem", Science, 2020（369）; Zheng, Guangjie et al.. "Multiphase buffer theory explains contrasts in atmospheric aerosol acidity", Science, 2020（369）; Belcher, Oliver et al.. "The US military is not sustainable", Science, 2020（367）; Coen, Deborah R. "The evolution of knowledge: Rethinking Science for the Anthropocene", Science, 2020（367）; Jackson, Stephen T. "Humboldt for the Anthropocene", Science, 2019（365）; Stephens, Lucas et al.. "Archaeological assessment reveals Earth's early transformation through land use", Science, 2019（365）; Therkildsen, Nina O. et al.. "Contrasting genomic shifts underlie parallel phenotypic evolution in response to fishing", Science, 2019（365）; Deichmann, Jessica L. "Broadly defining working lands", Science, 2019（363）。

（*Bulletins des nouvelles archives du Muséum*），内有谭卫道的科学研究成果。F箱文献的内容更加有趣，内有五个信封，编号从2A—2Z，分别是与野生动植物相关的文献，还有一些昆虫清单，有来自叙利亚的，也有来自中国的鞘翅目昆虫，还有1862—1870年在中国观察到的鸟类目录，其中大部分已经送交巴黎国立自然史博物馆鉴定，此外还有欧洲和拉丁美洲昆虫标本，最后是大量植物标本。出人意料的是，文献中附有注释，是谭卫道应皇家亚洲文会北华支会（North China Branch of the Royal Asiatic Society）[①]之约，为建构中国自然史而写的。这部分文献内容丰富，足以说明这位修士探险家具有普世情怀，也有开阔的文化视野。G/1和G/2箱主要是文章或样稿。H箱是纯宗教文献，有退省（祷告和默想方面）、圣文的美德或灵修等内容。I箱文献比较庞杂，有科学文献，也有法国科学机构或政府机构的资助证明或授予荣誉称号的证书。J箱正是著名的《华中与藏东旅行日志》，上面有作者亲手所写的"Moupin"字样。

《华中与藏东旅行日志》为线装手稿，深蓝色硬皮封面，共75页，无页码，写于1869年2月28日至11月22日，即谭卫道在四川宝兴穆坪逗留期间。他后来向巴黎国立自然史博物馆学术委员会解释，穆坪生存环境艰苦，勘探过程偶遇极端天气，日志用铅笔书写，极为潦草不清。确实，《日志》大部分页面笔迹模糊，难以辨认，时有删改，穿插着密密麻麻的注释，没有任何图画或照片，阅读起来十分困难（如图2所示）。《日志》至今尚未公开发表，原件保存在巴黎遣使会档案馆多年，罕为科学界所使用。

图1　《华中与藏东旅行日志》的封面，谭卫道在穆坪所写，现藏于巴黎遣使会档案馆

图2　《华中与藏东旅行日志》内页，无法辨认的页面样例

[①] 皇家亚洲文会北华支会是英国人在上海和北京设立的科学研究机构。参见http：//www.royalasiaticsociety.org.cn/about–ras/。«Quelques renseignements sur l'histoire de la Chine septentrionale et occidentale», *Bulletin North China Branch of the Asiatic Society*, 12 août 1872.

二、谭卫道：一位献身科学的法国修士

谭卫道1826年9月7日生于法国巴斯克地区巴约讷（Bayonne）附近的埃斯佩莱特（Espelette），1848年在巴黎遣使会初修，1850年发愿，立志赴远方传播福音。不过意大利萨沃纳遣使会初级学校自然科学教师的职位空缺，需要他前往，因此他在10年后才实现赴远方传教的梦想。在意大利任教对于谭卫道来说是教学相长，他夯实自然科学知识，在学生的协助下建构科学分类框架，并掌握动物标本剥制术。他后来在穆坪土司寨传教，也鼓励当地学生学习这一技术。他虽终生服务于遣使会，但科学界却一直将他定位为一位杰出的动物学家和植物学家。他与19—20世纪许多法国传教士一样，为巴黎国立自然史博物馆系列藏品的形成做出了巨大贡献，是法国自然史的开拓者之一。

如I箱档案所示，谭卫道在华期间，多次获得巴黎国立自然史博物馆的资助，开展科学研究①，与当时著名比利时籍学者阿尔封斯·米勒-爱德华兹保持通信联系②。米勒-爱德华兹是医学博士、教授，先后担任巴黎科学院（Faculté des sciences de Paris）教务长和巴黎国立自然史博物馆馆长（Muséum national d'histoire naturelle）。他是法国现代生理学学科缔造者之一，主要研究领域是软体类动物和甲壳类动物。他于1838年当选科学院院士，出版《解剖学与生理学课程（1855—1881）》一书，1869年成为动物学教授，承担哺乳类和鸟类知识教学，并负责巴黎植物园附属动物园（la Ménagerie）的管理工作。

谭卫道在华期间发现大熊猫、麋鹿（*Elaphurus davidianus*）、中华鲵（*Salamandre de Chine*）等物种和另外60多种鸟类③。此外在植物学史上，有70个物种采用他的姓氏来命名，这是非常罕见的，足以说明他的科学成就和学术贡献是不容置疑的。法兰西工学院和法国政府均认可这一事实。法兰西第三共和国总统菲力克斯·福尔（Félix Faure，1841—1899）接受法国公共教育、美术与信仰部（Ministère de l'Instruction publique, des Beaux-Arts et des Cultes）部长的建议，授予谭卫道荣誉骑士称号④。

图3　在华期间身着中国服装的谭卫道

令人遗憾的是，谭卫道的动物学研究成果卓越，却为世人所遗忘。这可能是因为他既为灵牧，又是科学家，身份尴尬。作为灵牧，难以为世俗所重视，加之当时法国科学界普遍反教权；作为科学家，他持进化论，又与教会创世论相悖。1888年4月8日，他在天主教科学大会（Congrès

---

① Cf. Carton I du fonds David des archives de la Congrégation de la Mission.
② Cf. Garnier E, «Une nouvelle espèce du genre Rhinopithèque», *Revue des Missions Étrangères de Paris*, vol. 530, 2017, pp. 43–46.
③ Cf. Boutan E, *Le nuage et la vitrine. Une vie de Monsieur David*, Chabaud Editions, 1993, p.371.
④ *Notices sur quelques services rendus aux sciences naturelles par M. Armand David, membre de la Congrégation de Saint-Lazare, membre correspondant de l'Institut*, Lyon, imprimerie Mougin-Rusand, 1888.

scientifique catholique）上作报告，支持达尔文的进化论，遭现场听众喝倒彩。不过过度夸大教会对科学的敌意是不可取的，教会实际上并不反对修士从事自然科学研究。我们还是回到《日志》本身，讨论科学问题。

三、1869年的穆坪小社会和区域生态状况：人类世在行进

（一）居民结构及其生活状况：多民族聚居的农业社会

清政府禁教期间，地方官员限制穆坪土司为传教士提供庇护，遣使会只能在宝兴邓池沟创办初修院，已有60年之久。生活艰辛，但谭卫道并无过多怨言，毕竟天主教在川流传遇到文化调适问题并非遣使会独有，也非19世纪才出现这一情况，巴黎外方传教会1760年代进入四川成都，早碰到类似问题①。

谭卫道在穆坪生活了大概9个月，《日志》透露了当地的社会经济和生态状况。1869年的穆坪仍然不安宁，当地居民时向谭卫道传递信息，"官府缺乏善意"，成都官员试图说服土司"消灭土司寨中的基督徒"②。于是谭卫道对当地人和汉移民有了一种直观的区分，前者是当地主要居民，记为"*manzu*"或"*barbares*"。"*manzu*"是汉移民对当地人的称谓，这说明双方的文化感知和适应过程是相当长的。谭卫道还注意到藏东嘉绒地区的居民并非汉人，也非藏人。即使毗邻藏区，信奉藏传佛教，但他们可能是与中古党项人通婚的羌族中的一支③。在农业方面，当地人种植玉米、小麦、荞麦，饲养牦牛、奶牛、山羊、绵羊和"小种"马。至于汉人，谭卫道在《日志》开头就写道："中央帝国的居民尽管风俗习惯与当地人不同，尽管也有'缺点'，但是他们勤奋，精力充沛，迅速进入这片土地，并在此扎根。"④

《日志》字里行间流露出一种自豪感，肯定法国的农艺学成就，赞扬传教士在当地引种土豆和欧洲甘蓝。据谭卫道称，当地人以这些西方食品为生，他丝毫没有意识到，法国传教士实际上与汉人一样都处在文化调适过程中。传教士与当地人同甘共苦，初修院修生种植玉米、荷兰豆、土豆等蔬果作为主食，稻米只能到四川平原购买。在蛋白质摄入方面，《日志》提到猪肉，这是初修院唯一的肉食。令人吃惊的是，修生竟然在修院厨房内酿制玉米酒和葡萄酒。

《日志》也间接反映文化活动与福音之间的连带关系。比如"山民"方神父的近邻和初修院学生们常协助谭卫道解决日常生活问题，为他从事科学研究提供帮助；当地有不少农民皈依信仰，1869年4月底芒种时分，50多名"基督工人"慷慨帮助修生种地等诸如此类的轶事。

---

① *Lettres édifiantes et curieuses écrites des missions étrangères. Mémoires des Indes et de la Chine*, tome 26, Paris, Mérigot, 1783, pp. 355-416.

② Archives de la Congrégation de la Mission. Carton J, sp. sd..

③ Gros S, «Deveniers identitaires dans les confins sino-tibétains: contextes et transformations», *Cahiers d'Extrême-Asie*, 2014, n° 23, pp. 63-102.

④ Archives de la Congrégation de la Mission. Carton J, sp. sd..

（二）生态状况：处于守势的大自然

谭卫道在《日志》和1871年送巴黎国立自然史博物馆的一份报告中，将穆坪描写为"失落的大自然"，对其自然生态状况之良好不吝溢美之词①。他刚到穆坪不久，《日志》中便记录多处"世间难觅的、尚有参天大树之山谷"，只有"土著"②。至于他如何下此论断，我们无从得知，估计是婉转批评发生在低海拔地区森林被大面积砍伐的现象，并指向其责任人：汉移民。他们进入低海拔地区，在穆坪土司的支持下从事冶金活动，对环境和生态产生不良影响。谭卫道旅居穆坪期间，初修院16公里外便有多处采矿点和一座铸铜厂。

山顶的自然景观与山谷截然不同，山上树木茂盛，郁郁葱葱，尤其是谭卫道常去的邓池沟红山顶高原。红山顶高原海拔在800—2500米之间，盛产高大树木，以冷杉和其他硬木、巨衫叶松柏目植物为主。1869年3月15日，谭卫道在附近山头远足，在海拔约2500米处发现了一种新冷杉属树木（Abies），也可能是冷杉的亲近种属。5个月后，他在红山顶海拔4000米处再次看到了新树种：两棵针叶树，分别为泡杉木（Pao-cha-mou）和铁杉木（Thié-cha-mou），前者有球果且质软，后者是一种质地非常坚硬的杉树。

此外山涧中淤积大量腐烂的树干，说明那是一片原始森林，受人类活动的影响几乎为零。树木自然衰老，自根部腐烂，倒伏成一个沉积地带。这种树木生态与当代学术界的森林自然生态评估标准高度吻合。在那里遇到大量罕见动物也就绝非偶然，尤其是灵长类动物，如藏酋猴，谭卫道记为"Macavus Tibetanus"。此外熊类、野牛类和虎类众多。《日志》还不时出现"野生竹林茂密"的字样，遗憾的是，目前无法确定这些竹林的具体位置。

不过即使在这样一处生态良好的大自然天堂中，还是可以观察到人类活动的痕迹。当地人有伐木的习惯，越往西行走，森林越是稀疏。伐木现象即使无法从量上加以估算，也可以从垦殖的规模加以推算。黑麦、荞麦和玉米等农作物普遍种植，烧秸制肥的做法流行，四处可见人类活动的痕迹。《日志》还提到土司发布禁猎令，难道是当地过度狩猎，威胁到野生动物的生存，引起土司的关注？答案是否定的！禁令不过是一纸空文。《日志》显示，动物界受到人类活动的严重干扰，尤其是某些种属。

据《日志》，除了大熊猫，穆坪还有如下18种哺乳动物：华北豹（*Panthera perdus japonensis*）、小熊猫（*Ailurus fulgens*）、贡山羚牛（*Budorcas taxi color tibetana*）、"野牛"（*boeuf sauvage*）、藏酋猴（*Macaca thibetana*）、川金丝猴（*Rhinopithecus roxellana*）、棕猴（*singe brun*）、藏羚羊（*Pantholops hodgsonii*）、林麝（*Mosco nano*）、藏熊（*Ursus thibetanus*）、老虎、花面狸（*Paradoxurus larvata*）、白足澳洲林鼠（*Conilurus albipes*）、盘羊（*Ovis ammon*）、水獭（*Lutrinae*）、亚洲野猪（*Sus scrotal ssp. Vittatus*）、猪獾（*Arctonyx collaris*）、小麂（*Muntiacus reevesi*）。

---

① David A, «Rapport adressé à MM. les professeurs-administrateurs du Muséum d'Histoire Naturelle», *Nouvelles Archives du Muséum d'Histoire Naturelle*, 1871, n° 92, pp. 75–100.

② Archives de la Congrégation de la Mission. Carton J, sp. sd..

小熊猫栖息于树上或山洞，叫声类似人类幼童，被中国人称为"山车娃儿"，曾数量丰富，1869年极为罕见；贡山羚牛的中文名是"马头羊"；金丝猴因人类过度垦荒，1869年几乎绝迹；林麝被过度猎杀和捕杀，1869年之后数量稀少；《日志》中的野牛可能是"扭角羚"，和棕猴一样，在《日志》中被多次提及，但无特别说明。花面狸，又名果子狸，是穆坪汉人最喜欢的肉类，因此遭到捕杀。1869年穆坪几乎看不到林麝，猎人不得不到更偏远的地方狩猎。棕猴因破坏农作物被捕杀，甚至在谭卫道未到达穆坪之前，棕猴的数量已大为减少。《日志》提及一位老猎人应村民的要求，捕杀将近800只猴子。最后是水獭，其命运迥异，它们被捕获之后，被加以驯化，和鸬鹚一样为人类捕鱼。

四、大熊猫："一种为科学而出现的新熊"

1869年3月21日，谭卫道在写给米勒-爱德华兹的信中提到大熊猫，采用了"一种为科学而出现的新熊"这一说法①。然而，我们不能因此夸大谭卫道的贡献，即便从严格科学意义上讲，是谭卫道"发现"了这个物种，可实际上，有关大熊猫的知识早已为中国人所知，即使这种知识的传播范围仅限于穆坪当地人和当地汉移民。

（一）中国"白熊"的各种称谓

中国历来有关于大熊猫的记载，《尔雅》中的"白豹"（貘）是大熊猫，另外《说文解字》也提到四川"黄黑熊"②。中国古代关于大熊猫体态和生存状况的描写，虽非出自现代自然史专业研究者之手，但各种文献之间仍然能够形成互证。西晋（265—316）时期，熊猫被称为"驺虞"，因食竹，对其他物种不构成威胁，故被认为是仁兽③。中国文学家和哲学家郭璞（276—324）注《尔雅》曰："似熊，小头庳脚，黑白驳。"④他还提到它们栖息四川邛崃山。而谭卫道1869年才到达四川，距西晋有约1500年的时光。在法国，谭卫道还没出发之前，雷慕沙（Jean-Pierre Abel-Rémusat，1788—1832）已根据一份中国百科全书勾勒出熊猫的原型。他在《亚洲杂纂》中根据18、19世纪西方动物学家的观点，将"貘"描述为一种"东方奇蹄亚目哺乳动物"（un tapir oriental）⑤，并附图如下（图4）。

谭卫道到达穆坪之后，从康定东部猎人口中得知当地人把大熊猫叫作"白熊"。他在1869年4月1日函件中写道：

> 猎户给我带来一只白熊，是成年熊；它的毛色与我见过的幼熊非常相

---

① *Nouvelles archives du Muséum d'histoire naturelle de Paris*，Tome 5，1869，p.13.
② https：//archive.ph/PIVn. https：//www.npm.kov.tw/index.aspx. https：//ctext.org/er-ya. Harper D，The cultural history of the Giant Panda（"Ailuropoda melanoleuca"）. Early China，vol. 35/36，2012，pp. 185-224.
③ 赖皆兴：《中国大熊猫古代名称研究之反思》，2006，https：//nccur.lib.nccu.edu.tw/bitstream/140.119/72509/1/7793.pdf.
④ 郭璞注：《尔雅》，杭州：浙江古籍出版社，2011年，第72页。
⑤ Abel-Rémusat J-P，«Sur le tapir de Chine»，*Journal asiatique*，vol. 1，1824，pp. 161-165.

似，只是毛皮的黑色部分不太清晰，白色部分有些脏。①

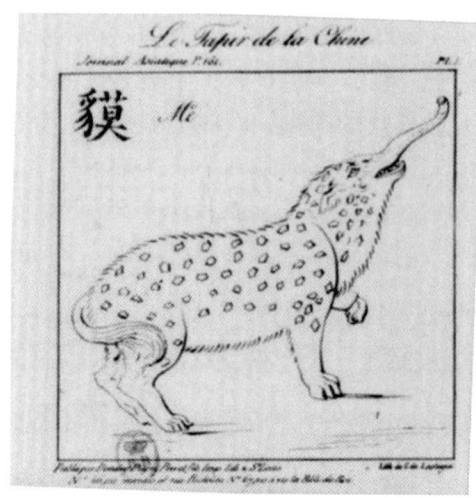

图4　1824年，雷慕沙笔下的中国大熊猫，
一种"东方奇蹄亚目哺乳动物"

（二）谭卫道的意外发现及其后续的自然史观察

谭卫道确实是"偶遇"大熊猫。1869年3月11日他外出远足，受邀到李姓猎户家中喝茶品尝糖果，在那里看到了大熊猫。不过他当时见到的仅是一张"黑白熊皮"，可能悬挂于墙壁之上。他惊讶地写下，这是"一个非常不可思议的物种"②。李猎户承诺，会尽快捕捉一只，满足他的好奇心。3月23日，李猎户果然为他带来一具大熊猫尸体。谭卫道在《日记》中使用"食肉"一词，欧洲自然史学者据此将大熊猫划入"食肉目"。然而我们现在都知道大熊猫是以竹子为主食的，应是"食草目"。该词说明谭卫道及其同时代自然史学者对这一动物的认识存在偏差。

谭卫道对新物种非常感兴趣，不惜重金招募十几位猎户，限期上山捕捉。尽管"稍有延迟"③，他还是在12天后，即4月1日看到了幼熊尸体。这也说明大熊猫早已在谭卫道居住的山谷中绝迹，需要到更远的山谷捕杀。猎户送来尸体时，向谭卫道索取高价，并解释说路途太远，无法送来活体。尽管如此，谭卫道还是有机会亲自观察这一物种，并成为首位描述这一物种的西方人。他根据大熊猫的毛色和多毛的爪子等无可辩驳的生理特征，推断这是一种新熊。这一论断后来在西方科学界引起争论，持续多年，影响深远：

　　猎户们带来一只白熊幼熊尸体（Airulopus melanoleucus）。捕捉到的时候是活着的，为了运输方便而被杀死。他们高价售予我的这只年轻白熊，除

---

① Archives de la Congrégation de la Mission. Carton J, le 1er avril 1869.
② Archives de la Congrégation de la Mission. Carton J, sp. sd..
③ Archives de la Congrégation de la Mission. Carton J, sp. sd..

四肢、耳朵和眼圈是黑色之外，全身白色，与我在李猎户家中看到的成熊一样。因此这是一种新熊，不仅其毛色非常特别，熊爪毛茸茸，也非常特别，此外还有其他特殊的外在特征。①

一周后，谭卫道又得到一份新标本。这回是一只成熊，身体特征与之前看到的幼熊一模一样。谭卫道熟悉生物测定步骤，他对熊猫的特征做了科学分析。他在日志中强调，新熊头大，鼻圆且短，与"北京熊"，即颈部有一圈白色毛纹的亚洲黑熊（拉丁学名 Ursus thibetanus）不一样，后者鼻尖。

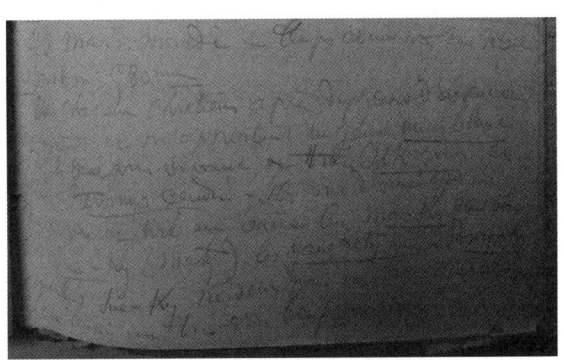

图5　1869年3月23日日记片段，记录猎户将一具大熊猫尸体送给谭卫道

4月7日，谭卫道终于看到活熊。他立刻观察熊的行为，"性格温和，与小熊无异"②，接着他解剖大熊猫，观察到胃部填满树叶。这一步骤在现在看来是疯狂的，不过这是当时自然史学家的普遍做法。这种观察手段在科技落后时代是有必要的，否则谭卫道还会继续误以为此物种是食肉动物。随着观察的深入，谭卫道对新物种有了更深入的认识，特别是对它的饮食结构有了更全面的了解。几天后，猎户向他证实，熊猫是纯粹食草动物。1871年，谭卫道向巴黎国立自然史博物馆呈送报告，确认这一点，并指出熊猫依据时令和食物情况，主要以植物、水果、叶子、嫩芽、野生竹笋为食③。

当下科学界的主要疑难是，无法划出大熊猫当时的栖息范围。唯一能够确定的是，大熊猫在当时已经受到捕猎和生态环境破坏的威胁，栖息范围缩小。4月1日为谭卫道带来熊猫尸体的猎人证实，"以前熊猫数量很多"，但他说不清楚什么时候"（穆坪）山谷中有很多大熊猫"。1869年在人迹罕至、"树木茂盛的"红山顶还是能碰到大熊猫群落的。其他猎户也证实，捕捉到熊猫的机会比捕捉到西藏熊的机会大多了④。

（三）征服西方科学界的大熊猫

谭卫道在穆坪的考察活动持续了将近6个月。1869年8月28日，他将研究成果装进三个大箱子，打算从成都寄往巴黎国立自然史博物馆。四川主教的脚夫恰好在成都，10月初顺道将三个箱子带到武汉汉口，从那发往巴黎。谭卫道在穆坪搜集到的标本多达几百个，里面应有不少大熊猫标本。据《日志》，起码4只熊猫，1只幼体和3只成体，其中至少1只雄性。然而据邮寄记录，谭卫道寄出"一只完整的成年雄熊标本和一只青年雌熊标本"。这与巴黎国立自然史博物馆保存的标本数量一致。可是《日志》中提到的另

---

① Archives de la Congrégation de la Mission. Carton J，le 1ᵉʳ avril 1869.
② Archives de la Congrégation de la Mission. Carton J，sp. sd..
③ David A，«Rapport adressé à MM. les professeurs-administrateurs du Muséum d'Histoire Naturelle»，op. cit.
④ Archives de la Congrégation de la Mission. Carton J，le 15 avril 1869.

外两只大熊猫去哪里呢？是否因为运费过贵，无法寄出？

谭卫道在寄出标本之前，已将新发现告知巴黎国立自然史博物馆的同行，强调在科学界通报新物种知识的必要性。3月23日猎户带来第一具熊猫尸体时，他就写信请求公布新物种“黑白熊”（*Ursus melanoleucus*）的发现。米勒-爱德华兹高度重视，在1869年《巴黎国立自然史博物馆新档案》第5号公报中发布了相关信息。

原文抄录如下：

> *Ursus melanoleucus*（谭卫道）
>
> 猎户称，该物种体型庞大。
>
> 耳短。
>
> 尾极短。
>
> 毛较短；四掌底多毛。
>
> 毛色：白色，耳朵、眼周、尾端和四肢呈黑棕色；两前肢的黑色毛发收至背部，呈窄条纹状。
>
> 我前天收到一只幼熊，此前看过成年熊的残缺毛皮。它们皮毛颜色相同，分布情况也相同。欧洲博物馆从未展出过这种物种。这是我见过的最好看的熊。但愿这是一个新的科学发现！早20多天前，我就招募了十来个猎户，捕捉这种不凡的熊类。
>
> 4月4日。我得到了一只雌性成年黑白熊：它体型中等；白色皮毛略泛黄；黑色皮毛较之幼体颜色更深。①

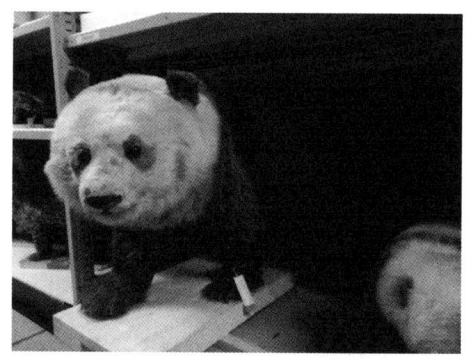

图6 1869年9月，谭卫道寄给米勒-爱德华兹的雌性成年大熊猫标本，现藏于巴黎国立自然史博物馆

URSUS MELANOLEUCUS A. D.

Très-grand, d'après mes chasseurs.

Oreilles courtes.

Queue très-courte.

Poil assez court ; dessous des quatre pattes très-poilu.

Couleurs : *blanc*, avec les oreilles, le tour des yeux, le bout de la queue, et les quatre membres d'un *noir-brun*; le noir des bras se réunit sur le dos par une raie étroite.

Je viens de recevoir avant-hier un jeune Ours de cette espèce, et j'ai vu des peaux mutilées de sujets adultes ; les couleurs sont les mêmes toujours et également distribuées. Je n'ai point observé dans les cabinets d'Europe cette espèce qui est bien la plus jolie du genre que je connaisse ; puisse-t-elle constituer une nouveauté pour la science ! Depuis vingt jours j'emploie plus de dix chasseurs pour capturer des vieux sujets de cet Ours remarquable.

4 avril. — Je viens d'avoir une femelle adulte de l'Ours blanc et noir ; elle est de taille moyenne ; le blanc de son pelage est plus jaunâtre, et le noir plus foncé et lustré que dans le sujet jeune.

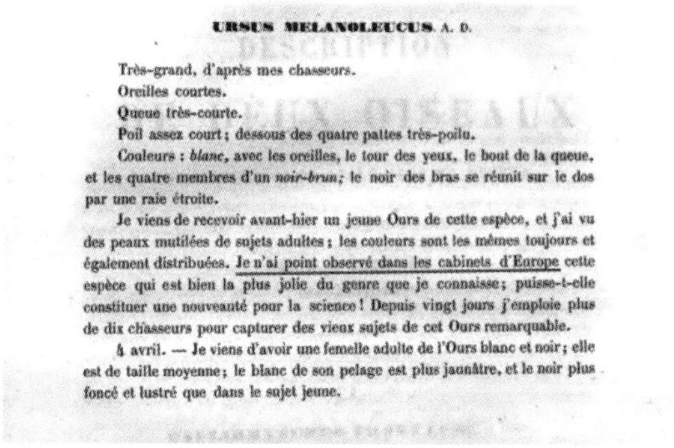

图7 谭卫道的大熊猫信息，截取自1869年《巴黎国立自然史博物馆新档案》第5号公报

谭卫道判定新物种是熊科。从科学的角度看，这点非常重要，说明他具备从事自然史研究的专业素养。不过有一个小疑问：他在上述出版物中提到4月4日从猎人处得到一

① David A，«Voyage en Chine»，*Nouvelles Archives du Muséum d'Histoire Naturelle*，1869，n° 5，pp. 3–13.

只雌性熊猫，然而《日志》并无相关记录。这是怎么回事呢？

一年后，米勒-爱德华兹以个人名义在科学学术院每周例会上宣读《藏东几种哺乳动物备忘录》，介绍了大熊猫。他指出新物种的发现者是谭卫道，获命名为"*Ursus melanoleucus*"。不过他认为，从新物种的骨骼和牙齿特征看，新物种更接近"*Ailurus fulgens*"（即小猫熊）和"*Procyon lotor Linnaeus*"（即浣熊），因此他认为新物种属于猫科，并重新命名为"*Ailuropoda melanoleuca*"（等同于"大猫熊"）①。

1874年，米勒-爱德华兹出版《哺乳动物自然史研究》（*Recherches pour servir à l'histoire naturelle des mammifères*）一书，用17页的版面向国际科学界宣布了大熊猫这一重大发现②。他提供的大熊猫知识非常详尽，在未来几十年中一直影响国际科学界。

图8 米勒-爱德华兹出版物中的大猫熊，即*Ailuropus Melanoleucus*或谭卫道的*Ursus Melanoleucus*

后来法国和其他国家的自然史研究者，凡涉及大熊猫，无不引述米勒-爱德华兹尤其是大英博物馆自然史部主任弗劳尔（William Henry Flower，1831—1899）和英国皇家学会哺乳动物学家莱德克（Richard Lydekker，1849—1915）的观点。他们在1891年共同署名发表专著《现存和灭绝哺乳动物研究入门》（*Introduction to the study of mamals living and extinct*），肯定谭卫道和米勒-爱德华兹的大熊猫研究成果：

> 1869年谭卫道在藏东部穆坪深山老林处发现了一个极为稀有的物种，据称它以竹笋、竹子和其他蔬菜为主食。③

---

① Milne-Edwards A, «Note sur quelques mammifères du Thibet oriental», *Comptes rendus hebdomadaire des séances de l'Académie des sciences*, n° 70, 1870, pp. 341-342.

② Milne-Edwards A, *Recherches pour servir à l'histoire naturelle des mammifères comprenant des considérations sur la classification de ces animaux*, Paris, Masson, tome 1, 1868–1874, pp. 321-338.

③ Flower W. H, Lydekker R, *An introduction to the study of mamals living and extinct*, A. and C. Black, London, 1891, pp. 560-561.

至于大熊猫的科属问题，弗劳尔和莱德克同意谭卫道的观点，即大熊猫是"熊科"，而非米勒-爱德华兹认定的"猫科"。

尽管米勒-爱德华兹的判断有误，但他为传播大熊猫知识不遗余力，在欧洲举办多场学术研讨会，这点是必须承认的。1901年，牛津大学自然史博物馆展出大熊猫头骨模型，自然史博物馆主任兰克斯特（Ray Lankester，1849—1929）发文支持法国同行米勒-爱德华兹的观点，对英国同行弗劳尔和莱德克提出质疑[①]。由此国际自然史学术界围绕大熊猫展开了一场传奇式的争辩，激烈程度甚至超过棕熊归属问题的争论。学术界分裂为两大阵营：一方认为新物种是"亲熊科"；另一方认为是浣熊科，即偏肉食。学术界的争论持续了一个多世纪，直到20世纪末21世纪初"克分子"研究取得实质性进展，2017年美国田纳西大学生态科学家洛伦·M.里昂（Lauren M. Lyon）建构了大熊猫生态龛，确定大熊猫为熊科动物，才终结了这场世纪之争[②]。

结　　语

谭卫道档案是迄今为止唯一一份能够反映人类世进行期大熊猫生存状况和区域生态状况的完整文献。《华中和藏东旅行日志》不仅为当代科学家了解谭卫道偶遇大熊猫的那个时代的地理和生态状况带来曙光，而且对当下生态理念和环境保护意识形成具有启示意义。

谭卫道的科学工作，不论从科学研究层面看，还是对于大熊猫知识在全球的传播，都起到决定性作用。谭卫道的前期田野考察，以及米勒-爱德华兹和其他自然史学者对大熊猫的科学探讨，经过媒体传播，在20世纪下半叶得到中国科学界的回应，促成科学合作。

科学界认为1850—1860年代是人类世转折期，谭卫道发现大熊猫时，穆坪的人口指标和经济指标显然正在变动，对环境与当地物种—大熊猫产生了影响。谭卫道心无旁骛，从事动物学研究，却意外记录下人类活动影响区域生态的情况，见证了人口增长，自然资源开发，工业活动增加，资本渗入，土地开垦力度加大，地方生态和居民生活状况发生变化，这些都值得我们深思。更加令人遗憾的是，谭卫道提供的大熊猫信息后来激起西方人猎奇的兴趣。他们深为着迷，为了拥有一种非凡的战利品，开始追捕大熊猫。1920年代，美国西奥多·罗斯福总统之子克米特（Kermit）和小罗斯福（Theodore

---

[①] Lankester ER, «On the Affinities of Eluropus melanoleucus, A. Milne-Edwards», *Zoology*, n° 7, 1901, pp. 163–172.

[②] Lyon ML, *Niche modeling for the giant panda, ailuropoda melanoleuca, and the original panda, ailurus fulgens: Habitats preferences and evolutionary consequences*, 2017, p. 27. Electronic Theses and Dissertations, Paper 3234. https：//dc.edu/edt/3234.

Roosevelt Jr.）兄弟在四川冕宁县成功猎杀一只雄性熊猫①，成为首批猎捕大熊猫的西方人，在西方引起轰动。这种出于猎奇而非科学研究的行为，是谭卫道不愿意见到的，也是最值得我们反思和质问的。

原载《中山大学学报（社会科学版）》2023年第6期

---

① Cf. Roosevelt, K., *Trailing the giant panda*, *Seribner's*, New York, 1929, p.278. https：//www.pdxwildlife.com/did-you-know-the-history-of-pandas-part-2/. Montgomery RA, Carr M, Booher CR, Pointer AM, Mitchell BM, Smith N, Calnan K, Montgomery GM, Ogada M, Kramer DB, "Characteristics that make trophy hunting of giant pandas inconcevable", *Conservation Biology*, 2020, vol. 34, n° 4, pp. 915–924.

后　记

《中山大学学报（社会科学版）》（简称《学报》）自1955年创刊，至今已整整70周年。值此之际，《学报》编辑部决定选取历年所刊发的有影响力的代表性文章，分为语言文学、史学、哲学、社会科学四卷，结集出版，以资纪念。

《中山大学学报社会科学版（1955—2025）·史学卷》编选《中山大学学报（社会科学版）》历史学学科70年来刊发的高水平、有影响力的代表性文章48篇，依次分为"中国古代史及相关研究""中国近代史""海外学者之历史研究"三辑。

此项工作2024年年初即启动，由丛书主编彭玉平教授、李青果编审统揽全局，各学科的编辑作为执行主编负责各分卷的出版工作，本人有幸承担了史学卷的具体工作。在出版过程中，编辑部多次召开专门会议，讨论、确定编选的基本原则、每卷的篇幅等等。在编辑同仁的协作努力之下，本卷得以如期出版。

中山大学历史学研究传统深厚，名家辈出，成果丰富。《学报》创刊伊始，多位中国现代史学的奠基人，如陈寅恪、岑仲勉、刘节等即在《学报》发表多项重要研究成果。我们将这些史学大师的文章作为重点编入史学卷，如，1956—1957年《学报》刊发了陈寅恪先生《述东晋王导之功业》《书世说新语文学类钟会撰四本论始毕条后》等5篇文章即在其中；岑仲勉先生1955—1962年在《学报》发表文章15篇，其中最具代表性的3篇收入史学卷；刘节先生1957—1981年在《学报》发表文章3篇，此次均收入。此外，本卷对于敦煌学研究、中西交流史研究、明清史研究也有侧重，收入相关领域的代表性学者姜伯勤、蔡鸿生、陈春声、刘志伟等的作品；依托中山大学历史学系中国近代史和孙中山研究之重镇，《学报》刊发陈锡祺、陈胜粦、林家有、桑兵等著名学者的重要研究成果，本卷亦有体现；同时，《学报》重视加强与海外学者的联系，马悦然、狭间直树、廉亚明等海外知名学者的作品在本卷也得以集中展现。回首《学报》70年的历程，历史学科不断呈现学术引领性强、文化底蕴厚重的研究成果。由此可见，《学报》在当代学术史上占有重要的一席之地。

本卷编选的文章时间跨度大，分属不同的时期，我们对少数文章使用的繁体字、异体字及参考文献注释格式进行了转换和调整，其他除明显的文字、符号等错误外，一仍其旧。所辑录的文章，均在文末注明刊发时间，卷内各辑文章以刊发时间先后排序。

本卷的最终出版，得到许多师友的帮助。在文稿的初选阶段，中山大学历史学系的向群、万毅、杨勇、任建敏老师对早期的个别文章提供了专业意见；在整理阶段，中山大学历史学系的硕士研究生沈可馨、于千骄、李先垚三位同学在文稿扫描、版本转换以及文稿校对方面付出了巨大努力，很大程度上保证了交给出版社的稿件的准确性；中山大学出版社的梁锐萍、邓诗漫等编校人员为本书的出版做了大量细致的文稿编辑、文字校对工作。在此对这些老师和同学表示衷心的感谢。

《中山大学学报（社会科学版）》创刊70周年，历史学研究成果丰富，优秀文章数不胜数，因本文集篇幅所限，不得不忍痛割爱。遗漏或不当之处，敬请专家与读者指教。

赵洪艳

2025年5月9日于康乐园